EBS 중학

뉴런

| 사회 ① |

개념책

| 기획 및 개발 |

박영민 이은희

| 집필 및 검토 |

김용걸(청담고) 김웅(신현고) 김은희(은계중) 조성호(중동고) 조수진(옥정중)

| 검토 |

김연주(지도중) 김은정(부천내동중) 김연화(연무중) 김윤정(동암중) 맹선영(평택중) 박서연(개봉중) 박성윤(세종과학예술영재학교) 박의현(창덕여중) 송승민(남한고) 송윤화(충주예성여고) 송훈섭(저현고) 심희용(매송중) 안진태(양천고) 이용직(명덕여고) 이은규(미사고) 장동민(시흥능곡고) 조민기(청안중) 조성백(오산중) 조수익(고양국제고) 조철민(인천재능중) 하경환(양정고) 황미애(병점고) 황미영(부산대) 황태성(상명고)

교재 정답지, 정오표 서비스 및 내용 문의 EBS 중학사이트 → 교재학습자료 → 교재 메뉴

EBS 중학

뉴런

| 사회 ① |

개념책

Structure 이 책의 구성과 특징

개념책

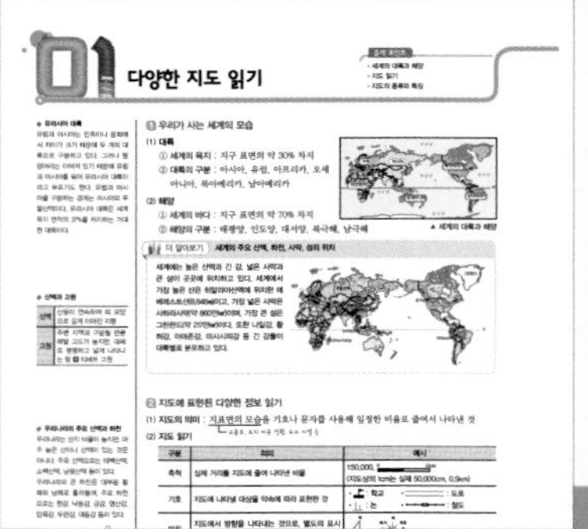

내용 정리

중단원의 핵심 개념을 체계적으로 정리하였습니다. 시험에 자주 나오는 자료를 다룬 '집중 탐구 코너'와 교과의 배경지식을 풍부하게 하는 '더 알아보기' 코너를 통해 핵심 개념을 완벽하게 공부할 수 있도록 구성하였습니다.

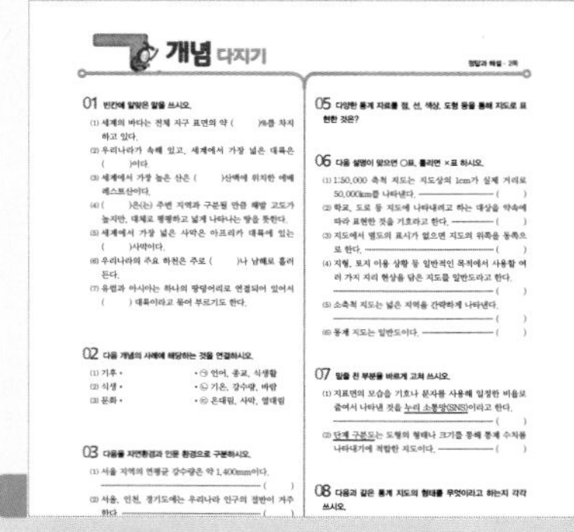

개념 다지기

중단원의 핵심 개념을 간단한 문제를 통해 확인할 수 있도록 구성하였습니다. 핵심 개념을 단단하게 짚어 학습하는 코너로 활용하세요.

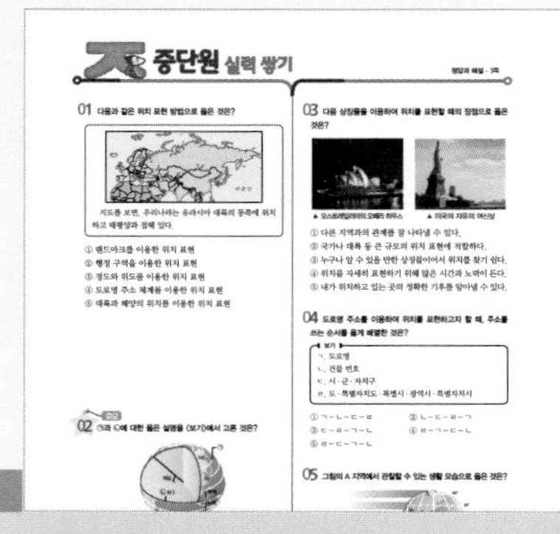

중단원 실력 쌓기

다양한 유형을 풀어보면서 학습한 내용을 확인하는 코너입니다. 특히 중학교에서 보다 확대된 서술형·논술형 평가를 대비하기 위한 코너가 준비되어 있습니다. 다양한 유형의 문제로 실력을 탄탄하게 쌓아보세요.

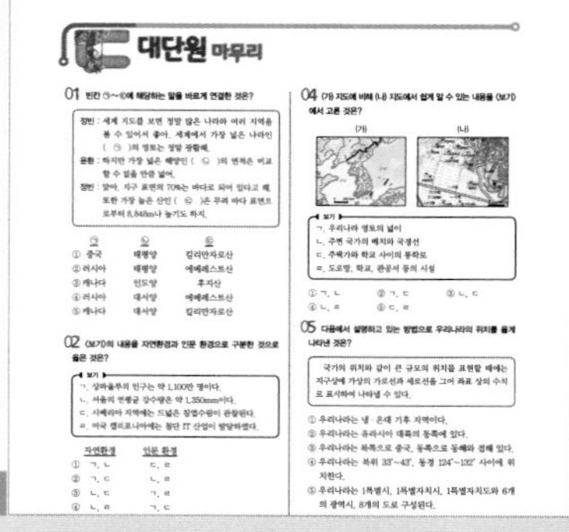

대단원 마무리

대단원의 핵심 문제를 엄선하여 구성한 코너입니다. 대단원의 다양한 유형의 문제를 통해 대단원의 핵심 개념을 마무리해 보세요.

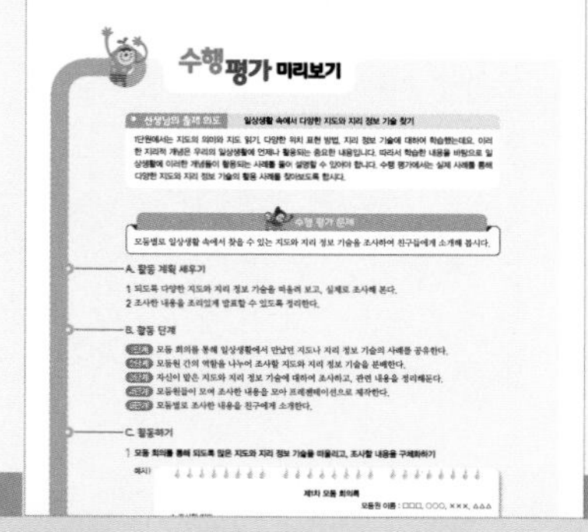

수행 평가 미리보기

중학교에서 보다 확대된 수행 평가를 대비할 수 있는 코너입니다. 선생님께서 직접 출제하신 문제를 통해 수행 평가를 준비해 보세요.

실전책

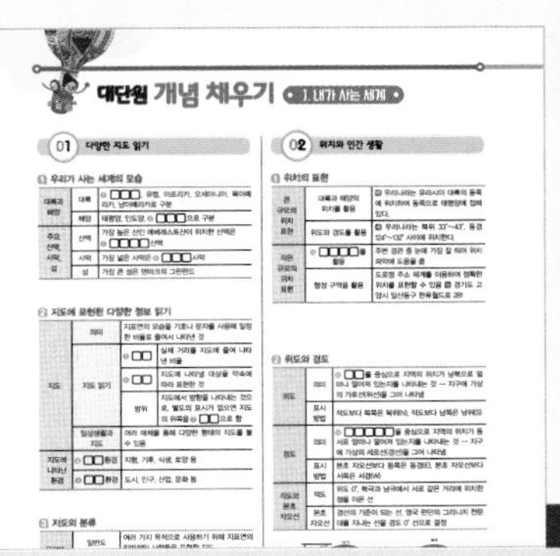

대단원 개념 채우기

단원별 핵심 내용을 표로 일목요연하게 정리한 코너입니다. 빈칸의 핵심 개념을 채우면서 주요 개념을 완벽하게 익힐 수 있습니다.

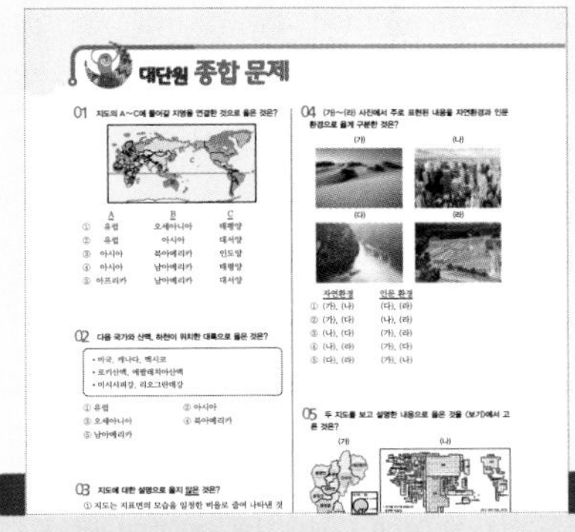

대단원 종합 문제

단원 통합형 문제를 확실하게 대비할 수 있도록 다양한 문제를 구성하였습니다. 다양한 실전 문제를 통해 학교 시험에 완벽히 대비할 수 있습니다.

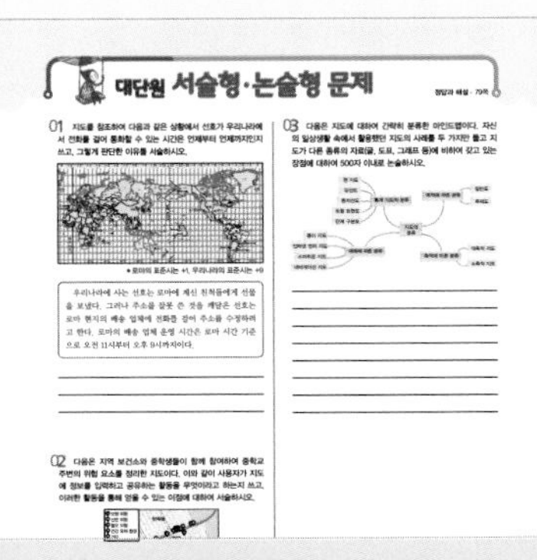

대단원 서술형·논술형 문제

중학교에서 보다 확대된 서술형·논술형 평가를 대비하기 위한 코너입니다. 문제를 통한 탄탄한 연습을 통해 서술형·논술형 평가에 대한 자신감을 쌓아 보세요.

정답과 해설

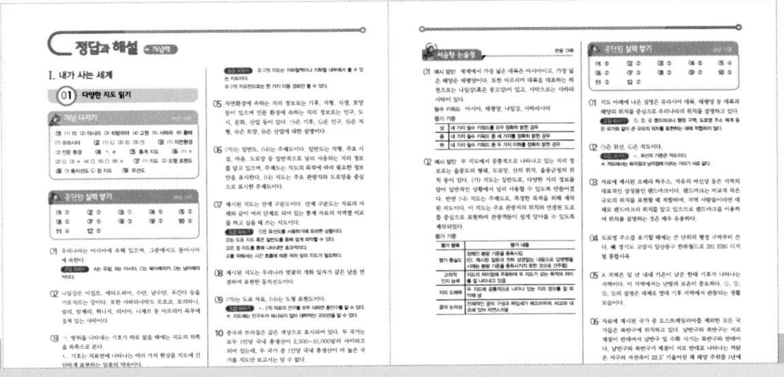

정답과 해설

모든 문항마다 상세한 해설을 곁들여 부족한 학습 내용을 보완할 수 있도록 하였습니다. 문제 풀이 후 해설은 꼭 읽고 넘어가야 공부의 완성이라는 거, 잊지 마세요!

대단원명	중단원명	집필자	페이지
Ⅰ. 내가 사는 세계	01. 다양한 지도 읽기	김웅	6
	02. 위치와 인간 생활		
	03. 지리 정보의 이용		
Ⅱ. 우리와 다른 기후, 다른 생활	01. 세계 기후 지역	김용걸	30
	02. 열대 우림 기후 지역의 생활		
	03. 온대 기후 지역의 생활		
	04. 건조 기후 지역과 툰드라 기후 지역의 생활		
Ⅲ. 자연으로 떠나는 여행	01. 산지 지형으로 떠나는 여행	조성호	60
	02. 해안 지형으로 떠나는 여행		
	03. 우리나라의 자연 경관		
Ⅳ. 다양한 세계, 다양한 문화	01. 다양한 문화 지역	조성호	84
	02. 세계화와 문화 변용		
	03. 문화의 공존과 갈등		
Ⅴ. 지구 곳곳에서 일어나는 자연재해	01. 자연재해 발생 지역	김용걸	108
	02. 자연재해와 주민 생활		
	03. 자연재해 대응 방안		
Ⅵ. 자원을 둘러싼 경쟁과 갈등	01. 자원의 특성과 자원 갈등	김웅	132
	02. 자원과 주민 생활		
	03. 지속 가능한 자원 개발		

대단원명	중단원명	집필자	페이지
Ⅶ. 개인과 사회생활	**01.** 사회화와 청소년기	김은희	150
	02. 사회적 지위와 역할		
	03. 사회 집단과 차별		
Ⅷ. 문화의 이해	**01.** 문화의 의미와 특징	김은희	174
	02. 문화를 바라보는 태도		
	03. 대중 매체와 대중문화		
Ⅸ. 정치 생활과 민주주의	**01.** 정치와 정치 생활	조수진	198
	02. 민주 정치의 발전		
	03. 민주 정치와 정부 형태		
Ⅹ. 정치 과정과 시민 참여	**01.** 정치 과정과 정치 주체	조수진	220
	02. 선거와 정치 참여		
	03. 지방 자치와 시민 참여		
Ⅺ. 일상생활과 법	**01.** 법의 의미와 목적	조수진	244
	02. 법의 유형과 특징		
	03. 재판의 이해		
Ⅻ. 사회 변동과 사회 문제	**01.** 현대 사회의 변동	김은희	264
	02. 한국 사회 변동의 최근 경향		
	03. 현대 사회의 사회 문제		

교재 및 강의 내용에 대한 문의는 EBS 중학 홈페이지(mid.ebs.co.kr)의 Q&A 서비스를 활용하시기 바랍니다.

I. 내가 사는 세계

01
다양한 지도 읽기

02
위치와 인간 생활

03
지리 정보의 이용

다양한 지도 읽기

출제 포인트
- 세계의 대륙과 해양
- 지도 읽기
- 지도의 종류와 특징

✚ 유라시아 대륙
유럽과 아시아는 민족이나 문화에서 차이가 크기 때문에 두 개의 대륙으로 구분하고 있다. 그러나 땅덩어리는 이어져 있기 때문에 유럽과 아시아를 묶어 유라시아 대륙이라고 부르기도 한다. 유럽과 아시아를 구분하는 경계는 러시아의 우랄산맥이다. 유라시아 대륙은 세계 육지 면적의 37%를 차지하는 거대한 대륙이다.

✚ 산맥과 고원

산맥	산들이 연속하여 띠 모양으로 길게 이어진 지형
고원	주변 지역과 구분될 만큼 해발 고도가 높지만, 대체로 평평하고 넓게 나타나는 땅 예 티베트 고원

✚ 우리나라의 주요 산맥과 하천
우리나라는 산지 비율이 높지만, 아주 높은 산이나 산맥이 있는 것은 아니다. 주요 산맥으로는 태백산맥, 소백산맥, 낭림산맥 등이 있다.
우리나라의 큰 하천은 대부분 황해와 남해로 흘러들며, 주요 하천으로는 한강, 낙동강, 금강, 영산강, 압록강, 두만강, 대동강 등이 있다.

1 우리가 사는 세계의 모습

(1) **대륙**

① 세계의 육지 : 지구 표면의 약 30% 차지

② 대륙의 구분 : 아시아, 유럽, 아프리카, 오세아니아, 북아메리카, 남아메리카

(2) **해양**

① 세계의 바다 : 지구 표면의 약 70% 차지

② 해양의 구분 : 태평양, 인도양, 대서양, 북극해, 남극해

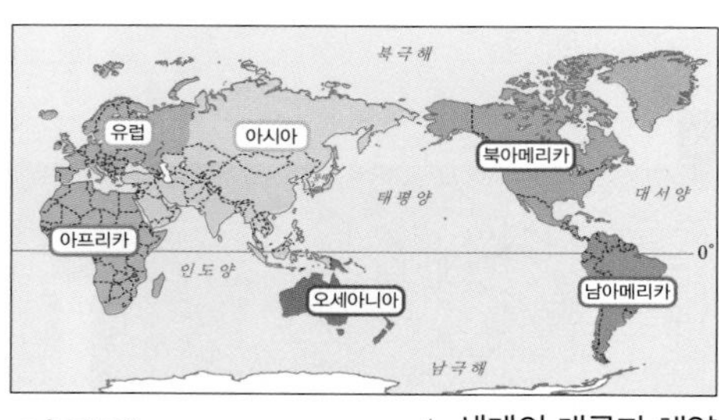

▲ 세계의 대륙과 해양

더 알아보기 세계의 주요 산맥, 하천, 사막, 섬의 위치

세계에는 높은 산맥과 긴 강, 넓은 사막과 큰 섬이 곳곳에 위치하고 있다. 세계에서 가장 높은 산은 히말라야산맥에 위치한 에베레스트산(8,848m)이고, 가장 넓은 사막은 사하라사막(약 860만㎢)이며, 가장 큰 섬은 그린란드(약 217만㎢)이다. 또한 나일강, 황허강, 아마존강, 미시시피강 등 긴 강들이 대륙별로 분포하고 있다.

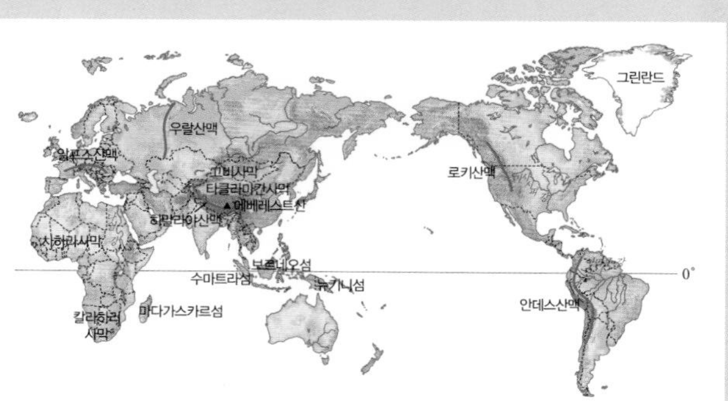

2 지도에 표현된 다양한 정보 읽기

(1) **지도의 의미** : 지표면의 모습을 기호나 문자를 사용해 일정한 비율로 줄여서 나타낸 것
→ 교통로, 토지 이용 상황, 주요 시설 등

(2) **지도 읽기**

구분	의미	예시
축척	실제 거리를 지도에 줄여 나타낸 비율	1:50,000, 0 ▬▬ 1km (지도상의 1cm는 실제 50,000cm, 0.5km)
기호	지도에 나타낼 대상을 약속에 따라 표현한 것	• : 학교 • : 도로 • : 논 • : 철도
방위	지도에서 방향을 나타내는 것으로, 별도의 표시가 없으면 지도의 위쪽을 북쪽으로 함	북, 동, 남, 서 / 북, 북동, 동, 남동, 남, 남서, 서, 북서

(3) **일상생활과 지도** : 책, 신문, 텔레비전, 인터넷, 누리 소통망(SNS) 등 여러 매체를 통해 다양한 형태의 지도를 볼 수 있음 예 지하철 노선도, 관광 안내도, 약도, 일기 예보 지도 등
→ 신문, 인터넷 등 정보를 얻기 위한 수단이다.

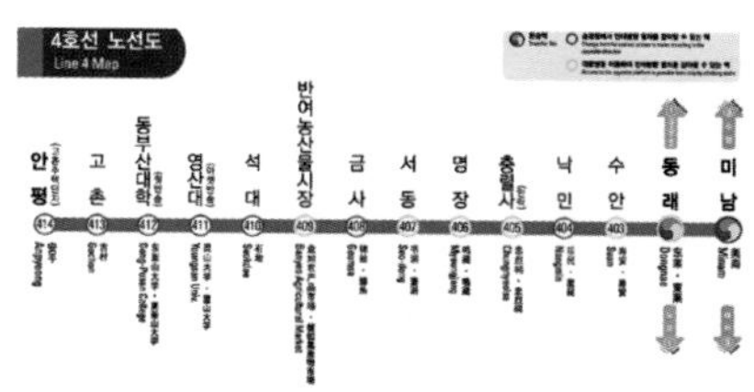

▲ 부산 도시 철도 4호선의 노선도

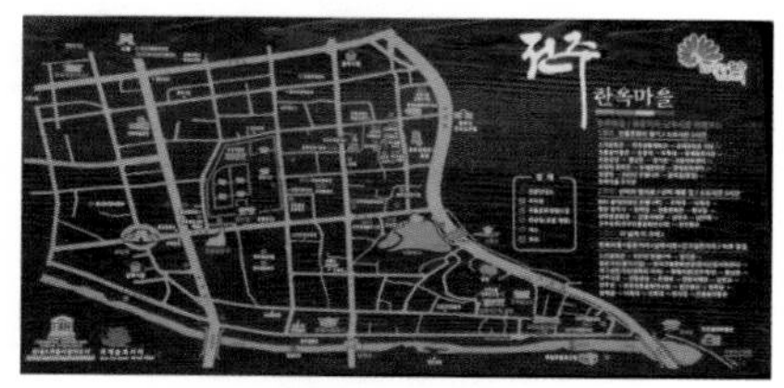

▲ 전주 한옥마을 관광 안내도

(4) 지도에 나타나는 자연환경과 인문 환경

구분	의미	사례
자연환경	인간 생활을 둘러싼 자연계의 모든 요소	지형, 기후, 식생, 토양 등
인문 환경	인간 활동의 결과로 만들어진 환경	도시, 인구, 산업, 문화 등

→ 오랜 기간 동안의 평균적인 날씨를 기온, 강수량, 바람 등으로 나타낸 것이다.

✚ 식생
지표면 위를 살아가고 있는 식물 집단을 뜻한다. 기온과 강수량, 토양 등의 영향을 받아 삼림(냉대림, 온대림, 열대림 등)과 초원, 사막 등으로 구분한다.

3 지도의 분류

(1) 일반도와 주제도

① 일반도 : 여러 가지 목적으로 사용하기 위해 지표면의 일반적인 사항들을 표현한 지도

② 주제도 : 특정한 목적을 위해 필요한 지표 현상만을 선택적으로 표현한 지도

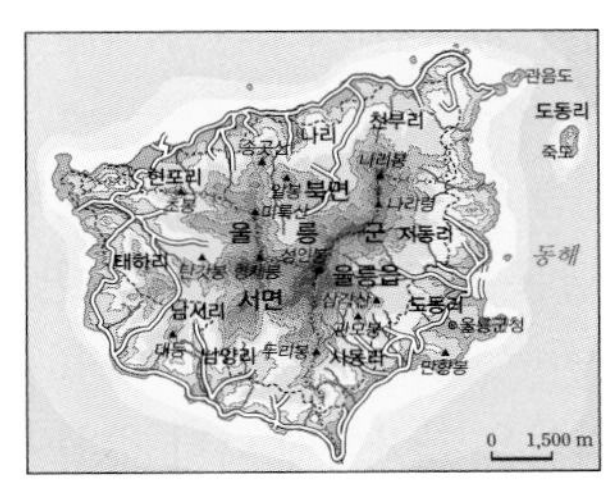

▲ 일반도(울릉도)

▲ 주제도(울릉도 관광 지도)

✚ 일반도에 표시되는 내용
일반도에 표시되는 내용은 지도의 축척에 따라 달라진다. 우리나라 전도와 같은 소축척 지도에는 도로, 행정 구역, 지형 정도의 내용만 표시된다. 대축척 지도의 경우 지형, 토지 이용 상황, 마을, 도로, 주요 관공서, 학교 등 다양한 정보가 표시된다.

집중 탐구 | 통계 지도 읽기

통계 지도는 다양한 통계 자료를 점, 선, 색상, 도형 등으로 표현한 주제도이다. 자료의 (가)는 도형 표현도로, 도형의 형태나 크기 등을 통해 지리적인 통계값을 나타내기에 적합한 지도이다. (나)는 단계 구분도이다. 단계 구분도는 색상의 밝기나 무늬를 통해 지역의 통계값을 나타낸 지도로, 여러 단계로 되어 있는 통계 자료를 지역별로 비교할 때에 유리하다. 이외에도 점을 이용하여 밀도와 분포를 표현하는 점 지도, 지도에 담는 통계의 내용에 따라 땅의 크기를 변형하여 만드는 왜상 통계 지도 등이 있다.

(가) 평창군의 읍·면별 인구 비교

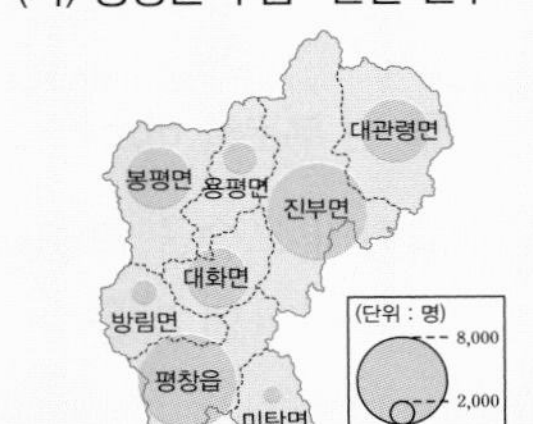

(나) 멕시코의 주별 지역 내 총생산

(2) 대축척 지도와 소축척 지도

① 대축척 지도 : 좁은 지역을 상세하게 표현한 지도 → 건물 위치, 도로망 등이 잘 나타남

예 지하철역 주변 안내도, 학교 안내도 등

② 소축척 지도 : 넓은 지역을 간략하게 표현한 지도 → 넓은 공간 범위를 표현할 수 있음

예 우리나라 전도, 세계 전도 등

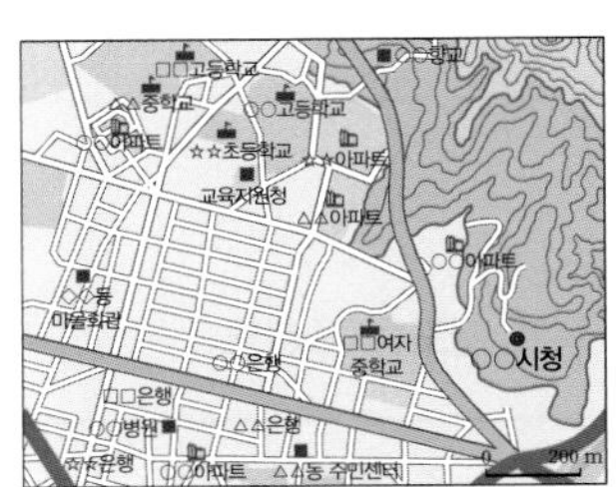

▲ 대축척 지도

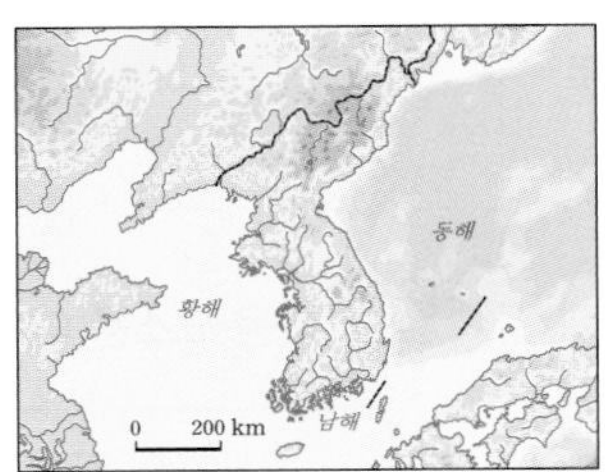

▲ 소축척 지도(우리나라 전도)

✚ 여러 가지 통계 지도

• 등치선도
기온, 날짜 등의 수치가 서로 같은 지점을 연결하여 만든 지도이다.

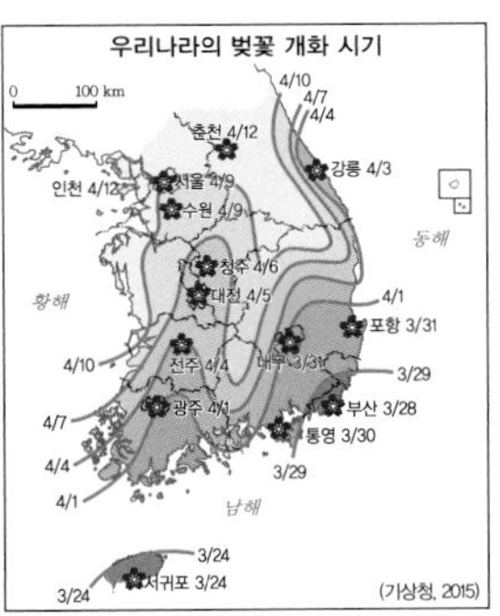

• 유선도
사물이나 현상의 흐름을 화살표나 연결선을 통해 표현한 지도이다.

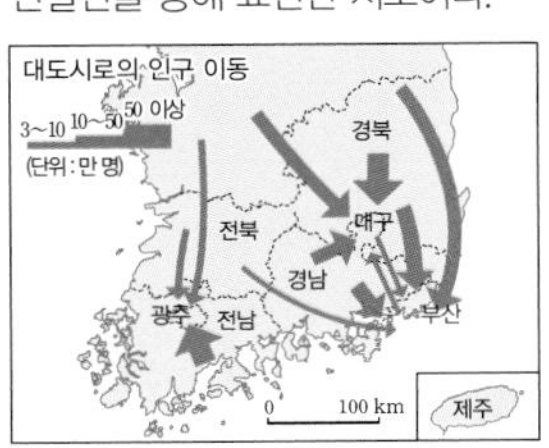

개념 다지기

정답과 해설 • 2쪽

01 빈칸에 알맞은 말을 쓰시오.

(1) 세계의 바다는 전체 지구 표면의 약 (　　　)%를 차지하고 있다.
(2) 우리나라가 속해 있고, 세계에서 가장 넓은 대륙은 (　　　)이다.
(3) 세계에서 가장 높은 산은 (　　　)산맥에 위치한 에베레스트산이다.
(4) (　　　)은(는) 주변 지역과 구분될 만큼 해발 고도가 높지만, 대체로 평평하고 넓게 나타나는 땅을 뜻한다.
(5) 세계에서 가장 넓은 사막은 아프리카 대륙에 있는 (　　　)사막이다.
(6) 우리나라의 주요 하천은 주로 (　　　)나 남해로 흘러든다.
(7) 유럽과 아시아는 하나의 땅덩어리로 연결되어 있어서 (　　　) 대륙이라고 묶어 부르기도 한다.

02 다음 개념의 사례에 해당하는 것을 연결하시오.

(1) 기후 • 　　　　• ㉠ 언어, 종교, 식생활
(2) 식생 • 　　　　• ㉡ 기온, 강수량, 바람
(3) 문화 • 　　　　• ㉢ 온대림, 사막, 열대림

03 다음을 자연환경과 인문 환경으로 구분하시오.

(1) 서울 지역의 연평균 강수량은 약 1,400mm이다. ············ (　　　)
(2) 서울, 인천, 경기도에는 우리나라 인구의 절반이 거주한다. ············ (　　　)

04 소축척 지도에 해당하는 것의 기호를 〈보기〉에서 있는 대로 고르시오.

보기
ㄱ. 우리나라 전도　　ㄴ. 마을 관광 안내도
ㄷ. 학교 교실 배치도　　ㄹ. 국제선 항공기 항로도
ㅁ. 지하철역 주변 안내도

05 다양한 통계 자료를 점, 선, 색상, 도형 등을 통해 지도로 표현한 것은?

06 다음 설명이 맞으면 ○표, 틀리면 ×표 하시오.

(1) 1:50,000 축척 지도는 지도상의 1cm가 실제 거리로 50,000km를 나타낸다. ············ (　　　)
(2) 학교, 도로 등 지도에 나타내려고 하는 대상을 약속에 따라 표현한 것을 기호라고 한다. ············ (　　　)
(3) 지도에서 별도의 표시가 없으면 지도의 위쪽을 동쪽으로 한다. ············ (　　　)
(4) 지형, 토지 이용 상황 등 일반적인 목적에서 사용할 여러 가지 지리 현상을 담은 지도를 일반도라고 한다. ············ (　　　)
(5) 소축척 지도는 넓은 지역을 간략하게 나타낸다. ············ (　　　)
(6) 통계 지도는 일반도이다. ············ (　　　)

07 밑줄 친 부분을 바르게 고쳐 쓰시오.

(1) 지표면의 모습을 기호나 문자를 사용해 일정한 비율로 줄여서 나타낸 것을 <u>누리 소통망(SNS)</u>이라고 한다. ············ (　　　)
(2) <u>단계 구분도</u>는 도형의 형태나 크기를 통해 통계 수치를 나타내기에 적합한 지도이다. ············ (　　　)

08 다음과 같은 통계 지도의 형태를 무엇이라고 하는지 각각 쓰시오.

수치가 서로 같은 지점을 연결하여 만든 지도를 (　㉠　)(이)라고 하고, 분포 상황이나 밀도에 대하여 점을 찍어 나타내는 지도를 (　㉡　)(이)라고 한다.

09 다음 요소를 이용하는 통계 지도를 쓰시오.

• 화살표의 방향　　• 화살표의 굵기

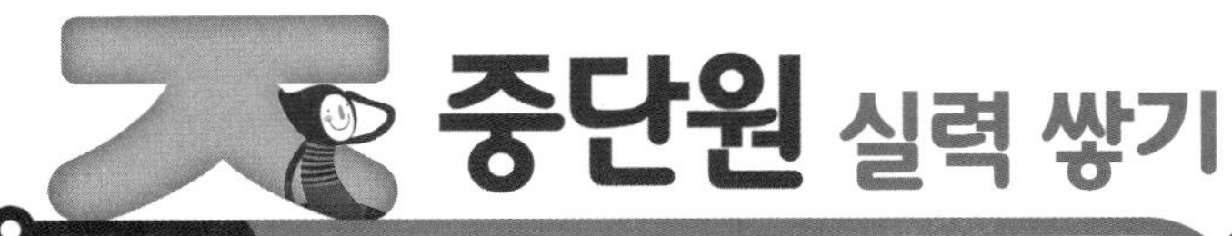

중단원 실력 쌓기

정답과 해설 • 2쪽

중요

01 우리나라가 속한 대륙의 기호와 명칭을 연결한 것으로 옳은 것은?

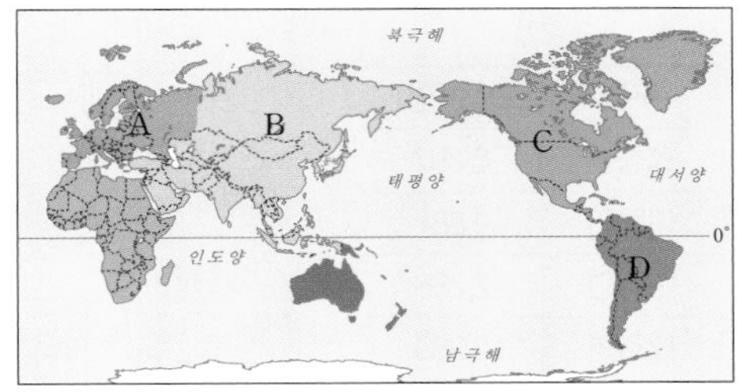

기호	명칭
① A	유럽
② B	아시아
③ B	북아메리카
④ C	아시아
⑤ D	남아메리카

02 다음 지형이 위치한 대륙으로 옳은 것은?

- 나일강(6,671㎞)
- 사하라사막(약 860만㎢)

① 유럽　② 아시아　③ 아프리카
④ 오세아니아　⑤ 북아메리카

03 지도에 대한 설명으로 옳은 것을 〈보기〉에서 고른 것은?

보기
ㄱ. 지도에서 별도의 표시가 없으면 위쪽을 북쪽으로 한다.
ㄴ. 지도에 나타낼 대상을 약속에 따라 표현한 것을 기호라고 한다.
ㄷ. 일상생활 속의 지도는 큰 비용을 내고 따로 구매하여 사용하여야 한다.
ㄹ. 지도는 지표면의 모습을 기호나 문자를 사용하여 실제보다 확대하여 표현한 것이다.

① ㄱ, ㄴ　② ㄱ, ㄷ　③ ㄴ, ㄷ
④ ㄴ, ㄹ　⑤ ㄷ, ㄹ

04 (가)와 (나) 지도는 각각 도시 철도 노선과 관광지 주변 지역을 안내한 지도이다. 두 지도에 대한 설명으로 옳은 것은?

(가)

(나)

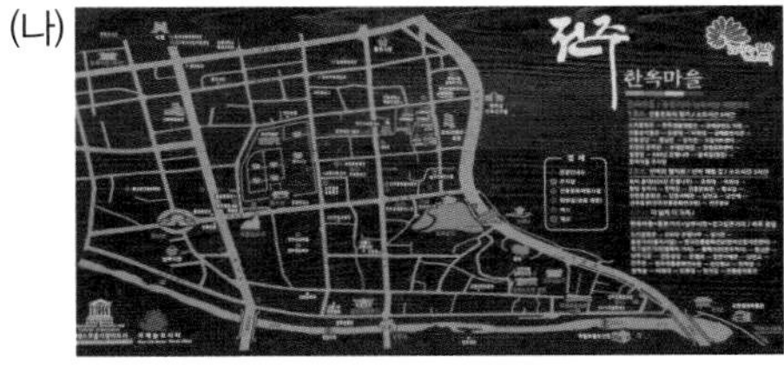

① 두 지도 모두 실제 지형의 모습을 나타내고 있다.
② (가) 지도는 자동차 운전자가 많이 이용할 것이다.
③ (가) 지도는 세계의 모습을 대략적으로 표현하고 있다.
④ (가) 지도는 두 지점 사이의 이동 경로를 두 가지 이상 제시하고 있다.
⑤ (나) 지도는 주요 관광지의 위치를 찾고자 하는 사람들에게 유용하다.

중요

05 다음은 제주도를 조사한 수행 평가 보고서이다. 밑줄 친 ㉠~㉤의 내용을 자연환경과 인문 환경으로 옳게 구분한 것은?

수행 평가 보고서	
조사자	조사 내용
소영	㉠ 제주도는 겨울에도 따뜻하다.
영재	㉡ 제주도로 이주하는 인구가 늘고 있다.
연수	㉢ 제주도에는 화산 지형이 많이 있다.
승범	㉣ 제주도에서는 검은 흙이 관찰된다.
지현	㉤ 제주도에는 관광 산업이 발달하였다.

자연환경	인문 환경
① ㉠, ㉡, ㉤	㉢, ㉣
② ㉠, ㉢, ㉣	㉡, ㉤
③ ㉡, ㉢, ㉤	㉠, ㉣
④ ㉡, ㉣	㉠, ㉢, ㉤
⑤ ㉢, ㉣, ㉤	㉠, ㉡

중단원 실력 쌓기

중요

06 두 지도를 비교한 내용으로 옳지 않은 것은?

(가)

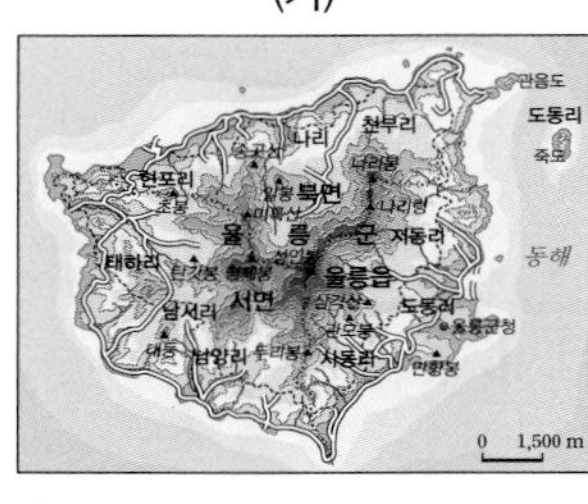

(나)

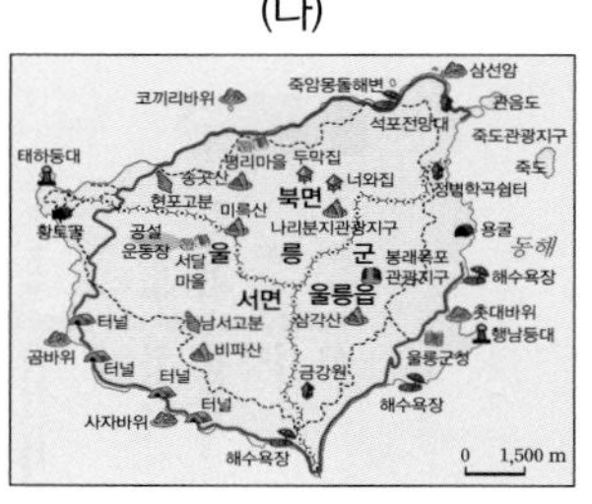

① 두 지도는 같은 지역을 나타내고 있다.
② (가) 지도는 일반도이다.
③ (가) 지도는 다목적으로 이용하기 위해 지표의 일반적인 사항들을 표시하고 있다.
④ (나) 지도는 주제도이다.
⑤ (나) 지도는 해당 지역의 인구와 토양에 대하여 중점적으로 나타내고 있다.

07 다음과 같은 통계 지도를 사용하기에 적절한 것은?

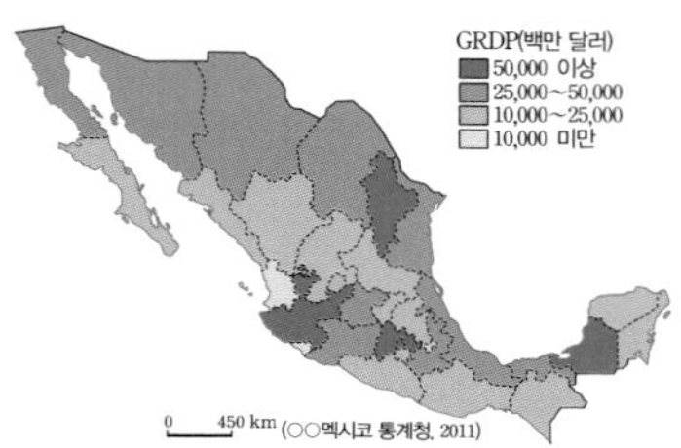

▲ 멕시코의 주별 지역 내 총생산

① 지역별 흐름과 이동을 나타낼 때
② 도로의 연결 상태만 간단히 파악할 때
③ 분포 상황이나 밀도에 대하여 알고 싶을 때
④ 시간 흐름에 따라 나타나는 지역 변화를 표현할 때
⑤ 단계별로 되어 있는 통계 자료를 지역별로 비교할 때

08 다음과 같은 통계 지도의 명칭으로 옳은 것은?

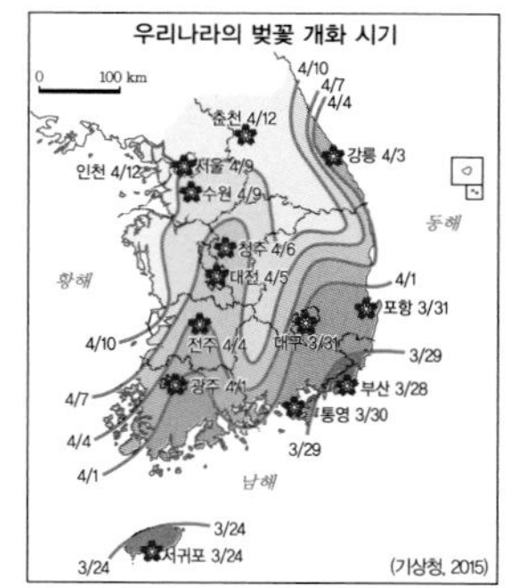

① 유선도
② 점 지도
③ 등치선도
④ 도형 표현도
⑤ 단계 구분도

09 다음은 강원도 평창군의 인구 분포를 나타낸 자료이다. 자료를 보고 분석한 내용으로 옳은 것을 〈보기〉에서 고른 것은?

(가)

구분	인구(명)
평창읍	8,397
미탄면	1,581
방림면	2,286
대화면	5,289
봉평면	5,586
용평면	2,874
진부면	8,654
대관령면	5,760

(나)

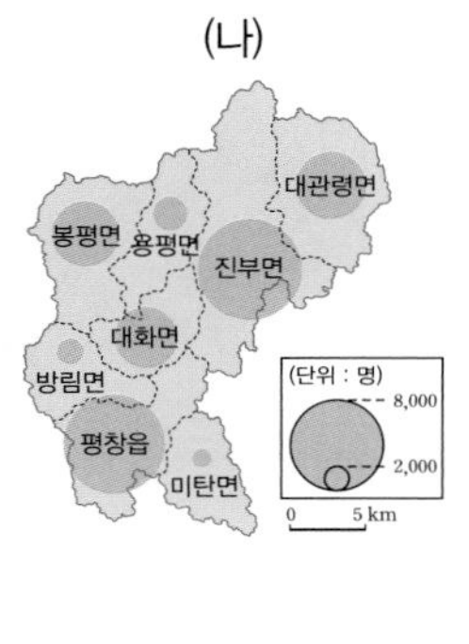

보기
ㄱ. (가) 자료로는 읍·면의 위치를 알 수 없다.
ㄴ. (가) 자료로는 평창군의 총인구를 알 수 없다.
ㄷ. (나) 자료는 읍·면별 인구 규모를 한눈에 비교하기 쉽다.
ㄹ. (나) 자료를 통해 읍·면의 정확한 인구를 파악할 수 있다.

① ㄱ, ㄴ　② ㄱ, ㄷ　③ ㄴ, ㄷ
④ ㄴ, ㄹ　⑤ ㄷ, ㄹ

10 다음 지도를 분석한 내용으로 옳지 않은 것은?

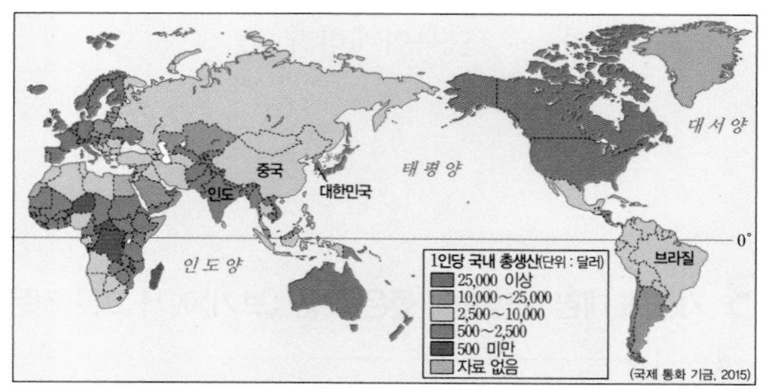

▲ 세계의 1인당 국내 총생산

① 단계 구분도이다.
② 우리나라는 인도보다 1인당 국내 총생산이 높다.
③ 유럽 국가들은 남아메리카 국가들보다 1인당 국내 총생산이 대체로 높다.
④ 아프리카 국가들은 북아메리카 국가들보다 1인당 국내 총생산이 대체로 낮다.
⑤ 이 지도를 보면 중국과 브라질 중 1인당 국내 총생산이 높은 국가를 파악할 수 있다.

11 다음 신문 기사에서 아래와 같은 지도를 함께 제시한 이유로 옳은 것은?

세계로 뛰는 산림청, '아시아 산림 협력 기구(AFoCO)'의 기적

우리나라 산림청이 주도하는 국제 산림 기구인 아시아 산림 협력 기구(AFoCO)가 메콩강 유역의 산림 복원 프로젝트를 진행하였다. 이 협력 사업에는 미얀마 · 타이 · 라오스 · 캄보디아 · 베트남의 5개국이 참여하였다.

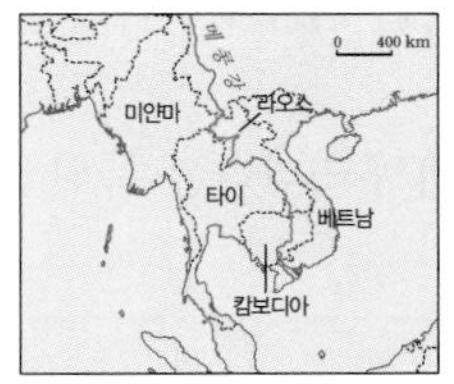

① AFoCO 회의 장소를 안내하기 위해
② 기사의 내용을 쉬운 그림으로 표현하기 위해
③ 우리나라의 주요 도시 위치를 소개하기 위해
④ 메콩강과 그 주변 국가들의 위치를 표현하기 위해
⑤ 산림 복원 프로젝트의 효과를 시간의 흐름에 따라 비교하기 위해

중요

12 두 지도에 대한 설명으로 옳지 않은 것은?

(가)

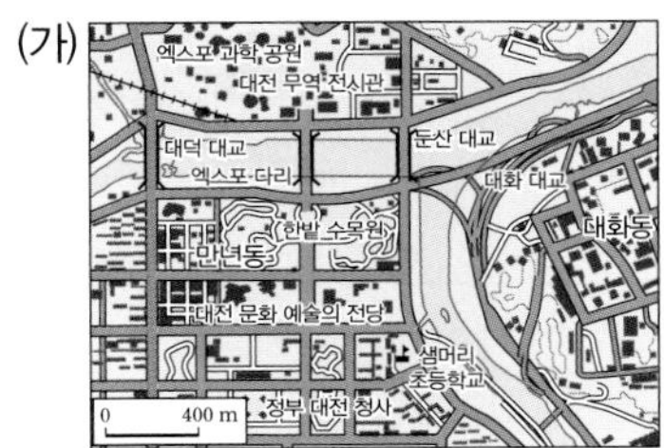

(나)

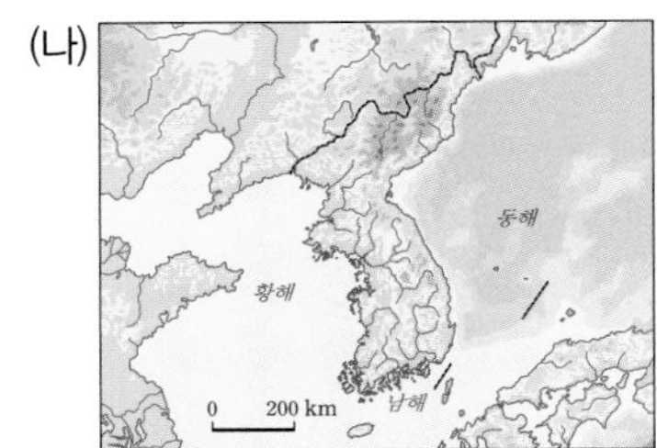

① (가) 지도는 대축척 지도이다.
② (가) 지도의 위쪽은 북쪽이다.
③ (가) 지도에서는 학교의 위치, 도로망 등을 알 수 있다.
④ (나) 지도는 소축척 지도이다.
⑤ (나) 지도는 좁은 지역을 자세하게 표현하였다.

서술형

01 지도를 보고 세계에서 가장 넓은 대륙과 해양이 어디인지 쓰고, 아프리카 대륙을 대표하는 하천과 사막이 무엇인지 쓰시오.

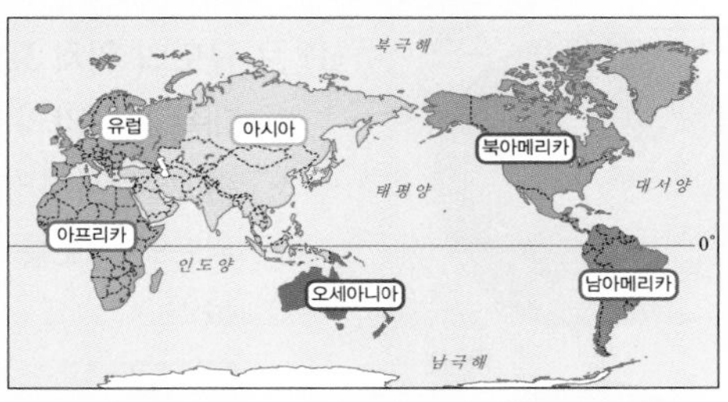

논술형

02 (가)와 (나) 두 지도를 관찰하여 공통으로 나타나고 있는 지리 정보가 무엇인지 쓰고, 두 지도의 용도가 어떻게 다른지 300자 이내로 논술하시오.

(가)

(나)

위치와 인간 생활

출제 포인트
- 위치의 표현 방법
- 위도와 인간 생활
- 경도와 인간 생활

✚ 위도와 경도

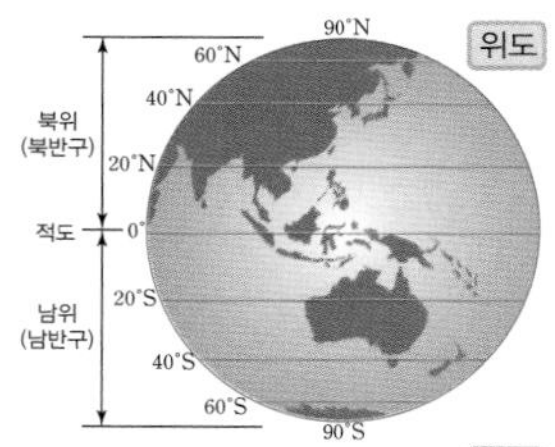

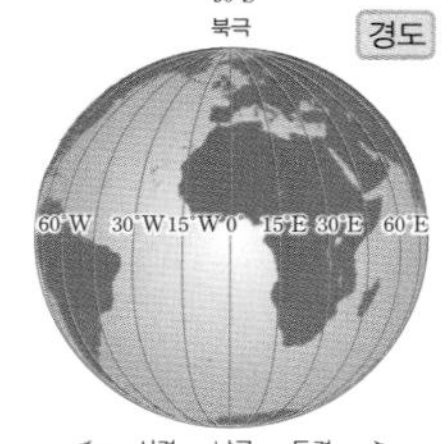

위도는 적도에서 남·북으로 얼마나 떨어져 있는지를 나타내는 가로선(위선)으로 표시하고, 경도는 본초 자오선에서 동·서로 얼마나 떨어져 있는지를 나타내는 세로선(경선)으로 표시한다.

✚ 적도와 본초 자오선

적도	위도 0°, 북극과 남극에서 서로 같은 거리에 위치한 점을 이은 선
본초 자오선	경선의 기준이 되는 선, 이전에는 나라마다 다른 자오선을 사용하였으나 1884년 영국 런던의 그리니치 천문대를 지나는 선을 경도 0° 선으로 결정

✚ 랜드마크

지역을 대표하는 상징물이나 역사적 장소, 주위의 경관 중에서 두드러지게 눈에 띄는 사물을 의미한다.

▲ 대표적인 랜드마크인 오스트레일리아의 오페라 하우스

✚ 백야와 극야 현상

극지방 인근 고위도 지역에서는 여름철에는 해가 지지 않는 백야 현상이 발생하고, 겨울철에는 밤이 계속 이어지는 극야 현상이 발생한다.

1 위치의 표현

(1) 큰 규모의 위치 표현

① 대륙과 해양의 위치를 활용하는 방법 : 예 우리나라는 유라시아 대륙의 동쪽에 위치하며 동쪽으로 태평양에 접해 있다.

② 위도와 경도를 활용하는 방법 : 예 우리나라는 북위 33°~43°, 동경 124°~132° 사이에 위치한다.

구분	의미	표시하는 방법
위도	적도를 중심으로 지역의 위치가 남북으로 얼마나 떨어져 있는지를 나타내는 것 → 지구에 가상의 가로선(위선)을 그어 나타냄	적도보다 북쪽은 북위(N), 적도보다 남쪽은 남위(S)
경도	본초 자오선을 중심으로 지역의 위치가 동서로 얼마나 떨어져 있는지를 나타내는 것 → 지구에 가상의 세로선(경선)을 그어 나타냄	본초 자오선보다 동쪽은 동경(E), 본초 자오선보다 서쪽은 서경(W)

(2) 작은 규모의 위치 표현

① 랜드마크의 활용 : 주변 경관 중 눈에 가장 잘 띄어 위치 파악에 도움을 줌 (예 우리 학교는 ○○역 바로 앞에 있어.)

② 행정 구역의 활용 : 도로명 주소 체계를 이용하여 정확한 위치를 표현할 수 있음

더 알아보기 도로명 주소 체계

건물이나 학교, 시설 등 공간 범위가 좁은 지역의 위치를 표현하고자 할 때는 행정 구역 및 도로명 주소를 이용하면 정확하게 표현할 수 있다. 이때에는 도·특별자치도·특별시·광역시·특별자치시, 시·군·자치구, 도로명, 건물 번호순으로 기록한다. 예 경기도 고양시 일산동구 한류월드로 281

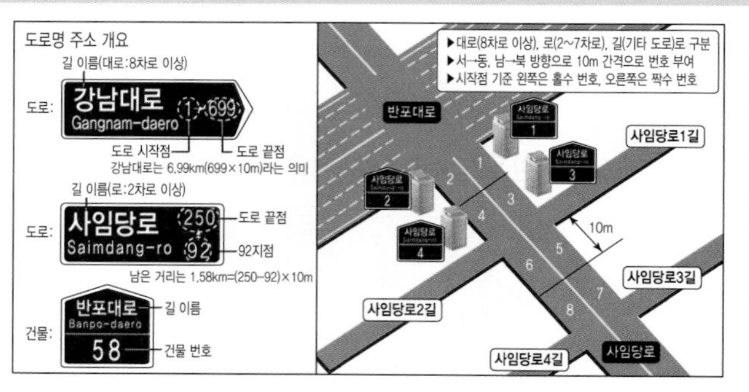

2 위도와 인간 생활

(1) 위도에 따른 기온 차이 – 지구는 둥글기 때문에 위도에 따라 태양 에너지를 받는 양이 달라서 기온이 다르게 나타난다.

① 적도 부근(저위도) : 단위 면적당 비추는 태양 에너지의 양이 많아 일 년 내내 기온이 높음 → 통풍이 잘되는 가옥에서 간편한 옷차림으로 생활

② 극지방(고위도) : 단위 면적당 비추는 태양 에너지의 양이 적어 일 년 내내 기온이 낮음 → 난방 시설이 갖추어진 가옥에서 두꺼운 옷을 입고 생활하며 겨울철에는 극야, 여름철에는 백야 현상이 발생

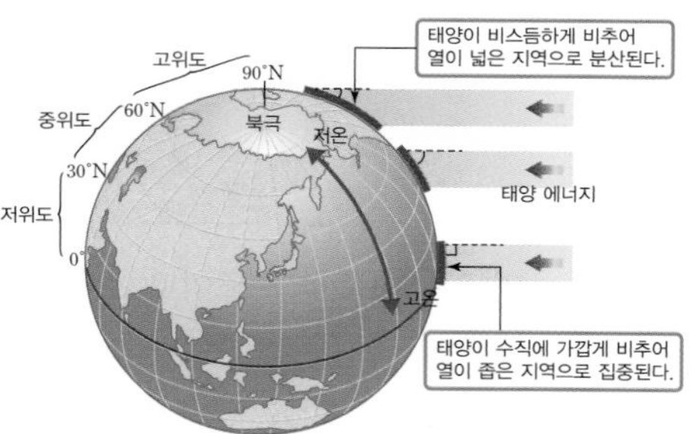

▲ 위도에 따른 일사량의 차이

(2) 위도에 따른 계절 차이

① **계절의 차이** : 북반구와 남반구는 서로 계절이 정반대로 나타남

② **원인** : 지구의 자전축이 23.5° 기울어진 채로 공전하기 때문

③ **영향** : 농작물의 수확 시기가 달라짐, 계절 차이를 이용한 관광 산업에 활용

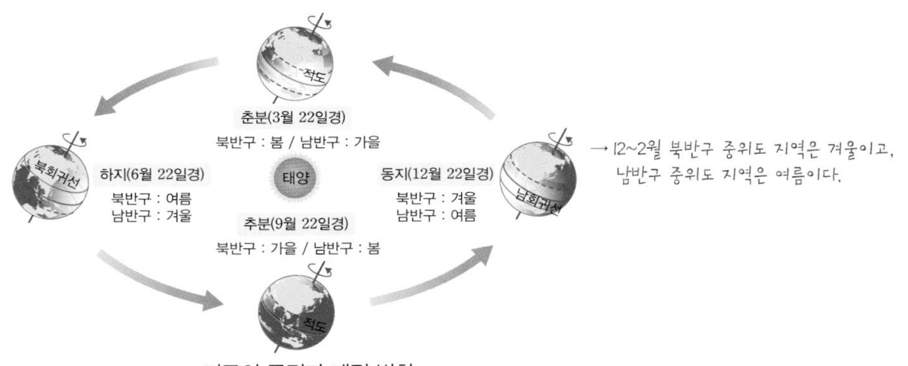

▲ 지구의 공전과 계절 변화

3 경도와 인간 생활

(1) 경도에 따른 시간 차이

① **시차** : 지구는 하루 24시간 동안 360°를 자전하기 때문에 시차가 발생함

② **시차의 계산** : 본초 자오선(경도 0°)을 기준으로 15°씩 동쪽으로 갈수록 1시간씩 빨라지고, 서쪽으로 갈수록 1시간씩 늦어짐

③ **날짜 변경선** : 본초 자오선의 반대편인 경도 180°선을 기준으로 각국의 영토를 고려하여 태평양에 그어진 선 → 이 선을 동에서 서로 넘어갈 때는 하루를 더하고, 서에서 동으로 넘어갈 때는 하루를 뺌

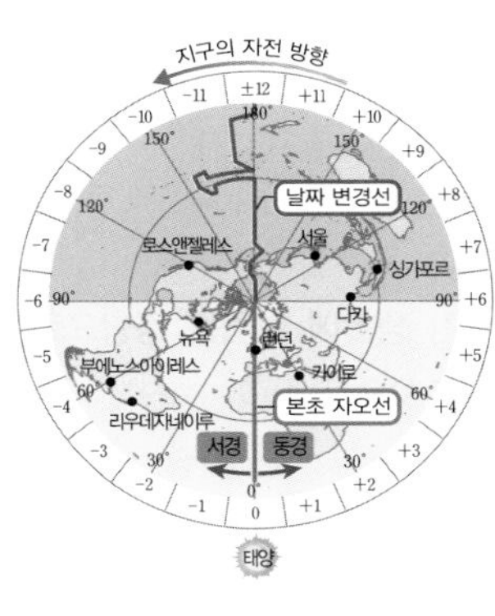

더 알아보기 세계의 시간대

세계 각 지역에서는 표준 경선을 정해서 그에 맞는 표준시를 사용하고 있다. 우리나라의 경우 동경 135°를 표준시로 하여 영국보다 9시간 빠르다. 러시아 등 동서로 넓은 영토를 가진 국가들은 여러 개의 표준시를 사용하기도 한다. 반면 중국은 영토가 동서로 넓지만, 하나의 표준시를 사용한다.

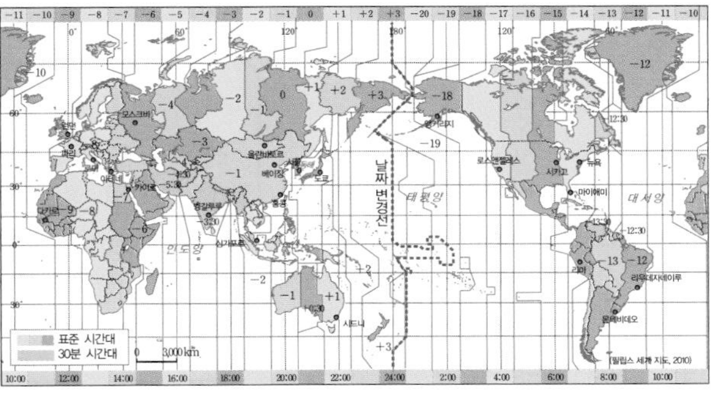

(2) 시차가 인간 생활에 미치는 영향

① 해외여행을 떠날 때나 해외로 전화를 할 때는 시차를 고려해야 함

② 해외에서 스포츠 경기가 열릴 때는 선수들이 미리 이동하여 시차 적응 훈련을 실시

③ 미국 서부와 인도 사이에는 약 13시간의 시차가 있어 연속적 업무 처리가 가능

④ 키리바시, 사모아 등 날짜 변경선 근처에 위치한 국가들은 해돋이 관광 산업이 발달

✚ 계절의 차이를 이용한 산업

남반구에 위치한 오스트레일리아는 북반구 국가들과 계절이 서로 반대이다. 이 점을 이용하여 농업과 관광 산업에 활용할 수 있다. (가) 자료를 보면, 오스트레일리아는 북반구에서 밀이 수확되지 않는 11~1월 사이에 밀을 수출할 수 있어 밀 농사에 유리하다. 또한 오스트레일리아에서는 (나)와 같이 여름철에 크리스마스를 보내게 되어, 관광지에서 특별한 경험을 하려는 사람들이 많이 찾는다.

(가) 여러 국가의 밀 수확 시기 비교

(나) 한여름의 크리스마스를 보내는 오스트레일리아

✚ 표준시

세계 여러 지역에서는 본초 자오선을 기준으로 하여 자기 지역을 지나거나, 인근의 경선을 표준 경선으로 정하여 그 경선을 기준으로 표준시를 사용하고 있다.

예 우리나라 : 동경 135°(+9시간)
미국 뉴욕 : 서경 75°(−5시간)

✚ 동서로 긴 나라들의 표준시

러시아, 미국 등 영토가 동서로 긴 나라들은 여러 개의 표준시를 사용하는 경우가 많다. 그러나 중국은 동경 120°를 기준으로 하는 하나의 표준시만을 사용한다.

✚ 키리바시의 해돋이 관광

키리바시는 날짜 변경선에 의해 영토가 나뉘어져 있었으나, 1995년부터 날짜 변경선을 동쪽으로 꺾어 전국이 같은 날짜를 사용하게 되었다. 뿐만 아니라 새해를 가장 빨리 맞는 국가로 해돋이 관광 상품이 등장하기도 하였다.

개념 다지기

정답과 해설 • 3쪽

01 빈칸에 알맞은 말을 쓰시오.

(1) 우리나라는 유라시아 대륙의 동쪽에 위치하며, 동쪽으로는 (　　　)에 접해 있다.
(2) (　　　)은(는) 적도를 중심으로 지역의 위치가 남북으로 얼마나 떨어져 있는지를 나타내는 것이다.
(3) (　　　)은(는) 경도를 표시하기 위해 북극점과 남극점을 이은 선이다.
(4) 경도는 (　　　)을(를) 중심으로 지역의 위치가 동서로 얼마나 떨어져 있는지를 나타내는 것이다.
(5) 적도보다 북쪽에 위치한 지역의 위치를 나타낼 때는 (　　　)(이)라고 표시한다.

02 지역을 대표하는 상징물이나 역사적 장소, 주위의 경관 중에서 두드러지게 눈에 띄는 사물을 뜻하는 말은?

03 위도에 따른 계절 차이가 인간 생활에 미치는 영향으로 옳은 것을 〈보기〉에서 있는 대로 고르시오.

보기
ㄱ. 농작물의 수확 시기가 달라짐
ㄴ. 남반구와 북반구의 언어가 서로 비슷해짐
ㄷ. 계절의 차이를 이용한 관광 산업이 발달함
ㄹ. 북반구보다 태양 에너지 차단에 효과적인 남반구의 인구가 증가함

04 경도의 차이가 인간 생활에 미치는 영향으로 옳은 것을 〈보기〉에서 있는 대로 고르시오.

보기
ㄱ. 해외여행을 떠날 때는 그 지역의 기후를 고려해야 한다.
ㄴ. 해외여행을 떠날 때나 해외로 전화를 할 때는 시차를 고려해야 한다.
ㄷ. 미국과 인도 사이에 시차를 활용하여 각국의 담당자가 연속적으로 업무를 처리한다.
ㄹ. 외국에서 열리는 스포츠 경기를 우리나라에서는 늦은 밤이나 새벽에 중계하기도 한다.

05 다음 개념과 관계 깊은 설명을 연결하시오.

(1) 자전축 •　　　　• ㉠ 영국 런던을 지남
(2) 표준시 •　　　　• ㉡ 23.5° 기울어져 있음
(3) 본초 자오선 •　　　　• ㉢ 여러 개를 사용하는 국가도 있음

06 다음 설명이 맞으면 ○표, 틀리면 ×표 하시오.

(1) 국가나 대륙 등 큰 규모의 위치를 표현하고자 할 때는 도로명 주소 체계를 활용하는 것이 적절하다. (　　)
(2) 도로명 주소 체계를 표시할 때에는 도로명과 건물 번호를 가장 앞에 쓴다. ········ (　　)
(3) 저위도에서는 고위도보다 단위 면적당 받아들이는 태양 에너지의 양이 적다. ········ (　　)
(4) 지구는 하루 동안 180°를 자전하기 때문에 시차가 발생한다. ········ (　　)
(5) 날짜 변경선은 위도 180°선과 일치하도록 그어져 있다. ········ (　　)
(6) 경도 15°마다 1시간의 시차가 존재한다. ········ (　　)
(7) 우리나라는 영국보다 9시간 빠른 표준시를 사용한다. ········ (　　)
(8) 날짜 변경선을 동에서 서로 넘어갈 때는 하루를 더하고, 서에서 동으로 넘어갈 때는 하루를 뺀다. · (　　)

07 빈칸 ㉠, ㉡에 들어갈 알맞은 말을 각각 쓰시오.

(㉠)은(는) 날짜 변경선에 의해 영토가 둘로 나뉘어 한 나라 안에서도 서로 날짜가 달라 큰 불편을 겪었다. 1995년부터 날짜 변경선을 동쪽으로 꺾어 사용하면서 하나의 시간대를 사용하게 되었고, 새해를 가장 빨리 맞는 나라로 알려져 (㉡) 관광 상품이 발달하기도 했다.

08 밑줄 친 부분을 바르게 고쳐 쓰시오.

(1) 중국은 <u>여러 개</u>의 표준시를 사용한다. ········ (　　)
(2) 우리나라는 북위 33°~43°, <u>서경</u> 124°~132° 사이에 위치한다. ········ (　　)

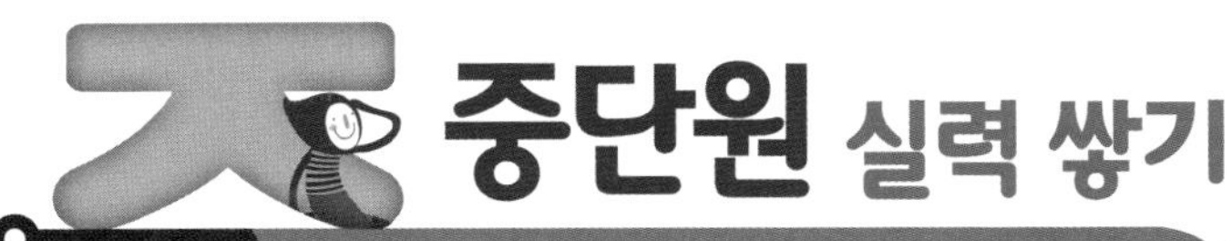

정답과 해설 • 3쪽

01 다음과 같은 위치 표현 방법으로 옳은 것은?

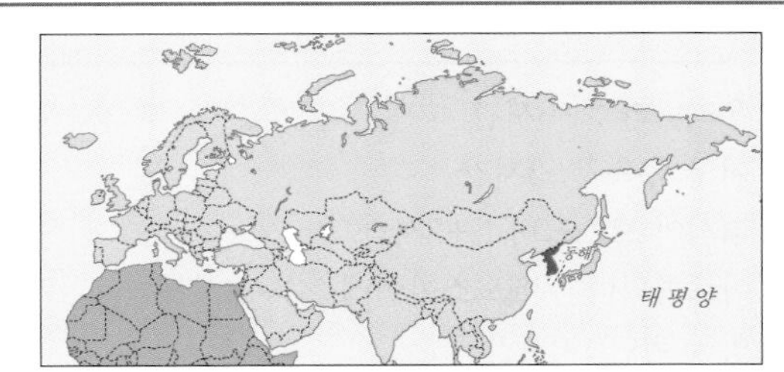

지도를 보면, 우리나라는 유라시아 대륙의 동쪽에 위치하고 태평양과 접해 있다.

① 랜드마크를 이용한 위치 표현
② 행정 구역을 이용한 위치 표현
③ 경도와 위도를 이용한 위치 표현
④ 도로명 주소 체계를 이용한 위치 표현
⑤ 대륙과 해양의 위치를 이용한 위치 표현

중요

02 ㉠과 ㉡에 대한 옳은 설명을 〈보기〉에서 고른 것은?

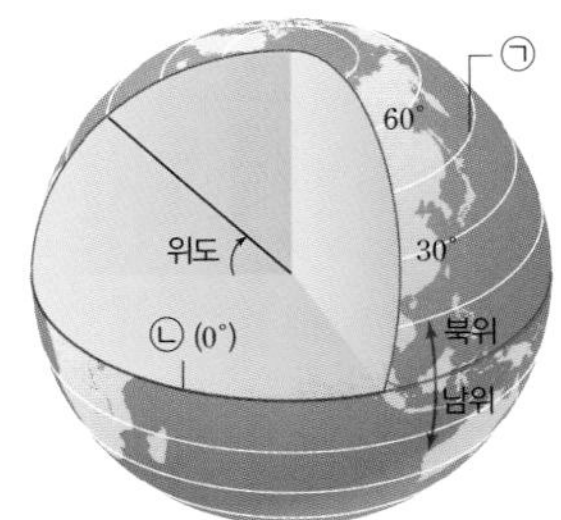

보기

ㄱ. ㉠은 위선이다.
ㄴ. ㉠의 기준선은 본초 자오선이다.
ㄷ. ㉡은 위도를 설정하는 기준이 된다.
ㄹ. ㉡에서 북극점에 이르는 거리는 남극점에 이르는 거리보다 가깝다.

① ㄱ, ㄴ ② ㄱ, ㄷ ③ ㄴ, ㄷ
④ ㄴ, ㄹ ⑤ ㄷ, ㄹ

03 다음 상징물을 이용하여 위치를 표현할 때의 장점으로 옳은 것은?

▲ 오스트레일리아의 오페라 하우스

▲ 미국의 자유의 여신상

① 다른 지역과의 관계를 잘 나타낼 수 있다.
② 국가나 대륙 등 큰 규모의 위치 표현에 적합하다.
③ 누구나 알 수 있을 만한 상징물이어서 위치를 찾기 쉽다.
④ 위치를 자세히 표현하기 위해 많은 시간과 노력이 든다.
⑤ 내가 위치하고 있는 곳의 정확한 기후를 알아낼 수 있다.

04 도로명 주소를 이용하여 위치를 표현하고자 할 때, 주소를 쓰는 순서를 옳게 배열한 것은?

보기

ㄱ. 도로명
ㄴ. 건물 번호
ㄷ. 시 · 군 · 자치구
ㄹ. 도 · 특별자치도 · 특별시 · 광역시 · 특별자치시

① ㄱ－ㄴ－ㄷ－ㄹ ② ㄴ－ㄷ－ㄹ－ㄱ
③ ㄷ－ㄹ－ㄱ－ㄴ ④ ㄹ－ㄱ－ㄷ－ㄴ
⑤ ㄹ－ㄷ－ㄱ－ㄴ

05 그림의 A 지역에서 관찰할 수 있는 생활 모습으로 옳은 것은?

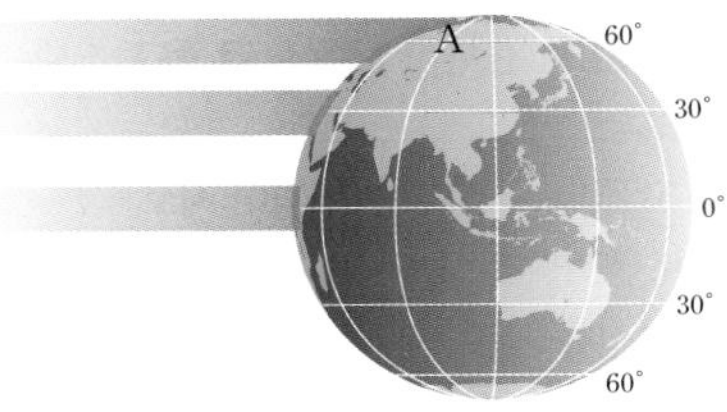

① 햇볕을 피할 수 있는 옷차림을 한다.
② 해충과 습기를 피할 수 있는 집을 짓는다.
③ 쌀과 같은 곡식을 일 년에 여러 번 수확한다.
④ 난방이 잘되는 집에서 두꺼운 옷을 입고 생활한다.
⑤ 음식이 더운 날씨에 상하지 않도록 보관하는 방법이 발달하였다.

중단원 실력 쌓기

중요

06 다음은 주요 밀 생산 국가의 밀 수확 시기를 나타낸 것이다. 오스트레일리아가 11~1월 사이에 밀을 수확할 수 있는 이유로 옳은 것은?

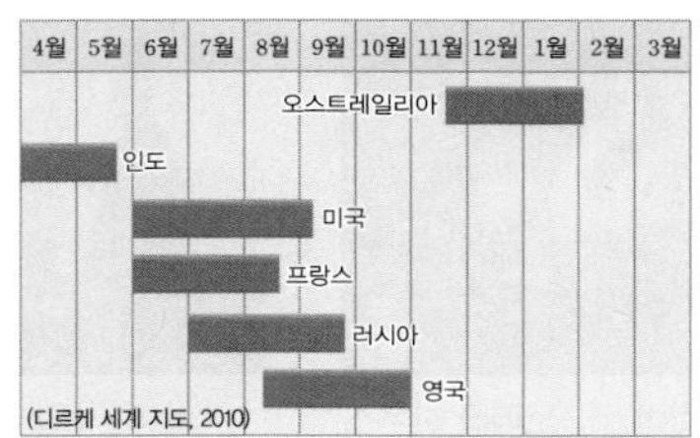

① 밀을 온실에서 재배하기 때문
② 북반구의 국가들과 계절이 반대이기 때문
③ 밀 수확을 위한 노동력이 가장 싼 시기이기 때문
④ 한겨울에 수확할 수 있는 밀 품종을 재배하기 때문
⑤ 다른 나라와의 조약을 통해 밀 수확 시기를 정했기 때문

07 밑줄 친 ㉠과 같은 현상이 나타나는 지역으로 옳은 것은?

요즘은 해가 많이 길어져서 오후 7시인데도 밝아.

맞아. 낮이 길어져서 야외 활동을 하기에 좋은 것 같아.

㉠ 여름철에는 밤늦도록 해가 지지 않는 나라들도 있어.

① 적도 부근의 저위도 지역
② 우리나라와 위도가 같은 지역
③ 북극점에 가까운 북유럽과 시베리아 지역
④ 일 년 내내 기온이 높고 비가 많이 내리는 지역
⑤ 우리나라와 계절이 서로 반대인 남반구 중위도 지역

08 시차에 대하여 조사한 내용으로 옳지 않은 것은?

〈시차〉 ㉠ 지역마다 사용하는 시각이 서로 다른 것
〈시차의 계산〉
(1) 본초 자오선을 기준으로 ㉡ 동쪽으로 갈수록 시간이 빨라지고, 서쪽으로 갈수록 시간이 늦어짐
(2) ㉢ 경도 30°마다 1시간씩의 시차가 발생
〈표준시〉 ㉣ 자기 지역을 지나거나, 인근의 경선을 표준 경선으로 하여 그 경선에서의 시각을 국가나 지방의 표준시로 사용하는 것
〈날짜 변경선〉 ㉤ 서에서 동으로 넘을 때는 하루를 뺌

① ㉠ ② ㉡ ③ ㉢ ④ ㉣ ⑤ ㉤

09 다음은 여러 지역의 표준시를 나타낸 것이다. 자료를 분석한 내용으로 옳은 것을 〈보기〉에서 고른 것은?

- 우리나라 : +9시간
- 미국 뉴욕 : −5시간
- 러시아 모스크바 : +3시간
- 아르헨티나 부에노스아이레스 : −3시간
- 영국 런던 : 0시간

보기
ㄱ. 우리나라는 영국보다 9시간 빠르다.
ㄴ. 모스크바는 우리나라보다 동쪽에 있다.
ㄷ. 미국 뉴욕의 표준시는 서경 75°를 기준으로 한다.
ㄹ. 모스크바와 부에노스아이레스는 표준 경선이 같다.

① ㄱ, ㄴ ② ㄱ, ㄷ ③ ㄴ, ㄷ
④ ㄴ, ㄹ ⑤ ㄷ, ㄹ

중요

10 세계의 시간대를 나타낸 자료이다. 자료의 내용을 보고 분석한 것으로 옳지 않은 것은?

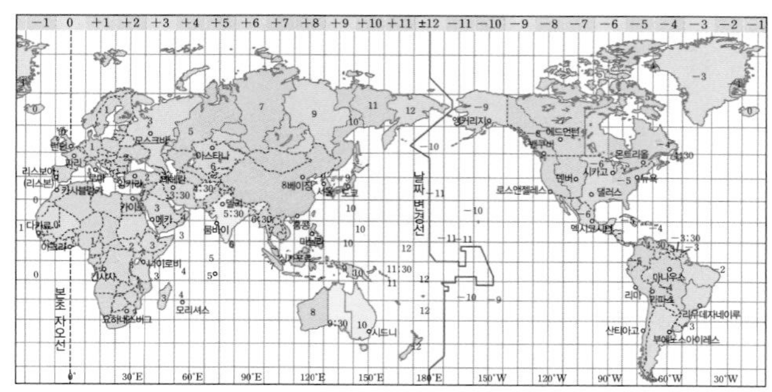

① 본초 자오선을 기준으로 한다.
② 중국은 하나의 시간대만을 사용한다.
③ 한 국가가 여러 개의 시간대를 사용하기도 한다.
④ 우리나라보다 빠른 시간대를 사용하는 나라도 있다.
⑤ 로스앤젤레스에서는 우리나라보다 8시간 늦은 시간대를 사용한다.

11 다음은 태평양에 위치한 키리바시에서 날짜 변경선을 조정한 사례이다. 이와 같이 날짜 변경선을 동쪽으로 꺾은 이유로 옳은 것은?

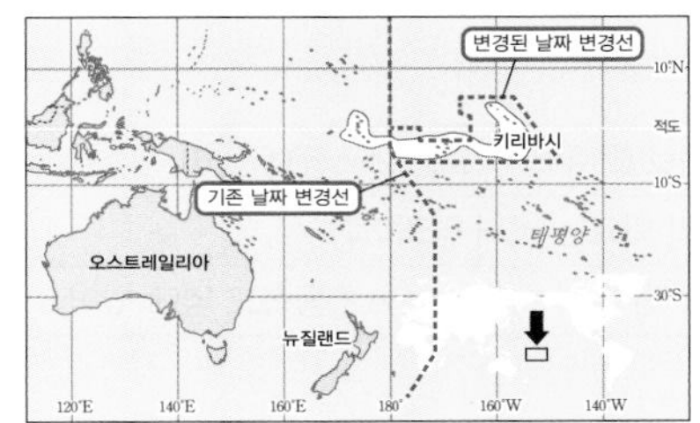

① 미국과 같은 날짜를 사용하기 위해
② 해수면 상승으로 섬들이 침수되었기 때문에
③ 한 국가 안에서 날짜가 서로 달라 불편했기 때문에
④ 유람선이 운항하는 항로를 따라 날짜 변경선을 설정하기 위해
⑤ 오스트레일리아와의 영토 분쟁에서 유리한 입장을 차지하기 위해

12 다음과 같이 업무를 연속적으로 처리할 수 있는 이유를 〈보기〉에서 고른 것은?

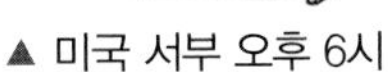
▲ 미국 서부 오후 6시

▲ 인도 오전 7시 30분

〈보기〉
ㄱ. 두 지역의 시차가 존재하기 때문이다.
ㄴ. 두 지역의 계절이 서로 반대이기 때문이다.
ㄷ. 담당자가 사용하는 언어가 동일하기 때문이다.
ㄹ. 두 지역 담당자의 임금 수준이 비슷하기 때문이다.

① ㄱ, ㄴ ② ㄱ, ㄷ ③ ㄴ, ㄷ
④ ㄴ, ㄹ ⑤ ㄷ, ㄹ

서술형

01 다음은 서로 다른 두 지역에서 일 년 내내 관찰되는 옷차림을 나타낸 것이다. (가)와 (나) 지역이 어떤 기후 지역인지 쓰고, 이러한 기후 차이가 나타나는 까닭을 위도와 관련지어 서술하시오.

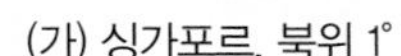
(가) 싱가포르, 북위 1°

(나) 알래스카 놈(Nome), 북위 64°

논술형

02 국토가 동서로 넓은 국가들이 여러 개의 표준시를 사용하는 이유를 밝히시오. 그리고 중국의 사례를 들어 동서로 넓은 국가가 하나의 표준시를 사용했을 때의 유리한 점과 불편한 점을 300자 이내로 논술하시오.

지리 정보의 이용

출제 포인트
- 지리 정보의 의미와 종류
- 지리 정보 시스템의 활용
- 생활 속의 지리 정보

✚ 지리 정보
지리 정보는 주로 학교, 아파트, 백화점과 같은 건물이나 시설 등의 위치, 특징, 관계를 나타내는 정보이다. 그러나 특별한 사건이나 현상이 있었던 위치나 특징을 표현하는 것도 지리 정보에 속한다.
예 ○○ 해수욕장 앞바다에서는 매년 가을 불꽃 축제가 열린다.

1 지리 정보의 의미와 종류

(1) **의미** : 지리적 현상과 관련된 지식과 정보로, 공간적 의사 결정 과정에 많은 영향을 미침

(2) **종류**

구분	내용
공간 정보	지리 현상이 발생하는 위치에 관한 정보 예 우리 학교는 △△동에 있어.
속성 정보	지리 현상의 특징에 관한 정보 예 우리 학교는 남녀 공학이야.
관계 정보	다른 지리 현상과의 관계에 관한 정보 예 우리 학교는 △△초등학교 옆에 있어.

(3) **지리 정보의 수집**
① **간접 조사** : 인터넷, 지도, 문헌 등을 이용해 지역을 방문하지 않고 자료를 수집하는 방법
② **직접 조사** : 지역에 직접 방문하여 관찰, 실측, 면담 및 설문 조사 등을 활용하는 방법
③ **원격 탐사** : 멀리 떨어진 곳의 정보를 수집하기 위해 인공위성이나 항공기 등에 있는 감지기를 통해 전자기파를 탐지하여 지리 정보를 수집하는 방법

✚ 원격 탐사
원격 탐사가 지리 정보 획득에 널리 쓰이게 된 것은 인공위성과 항공 기술이 발달하면서부터이다. 인공위성 및 항공기에서 발생시킨 전파를 통해 지표면의 상태를 파악하는 것은 물론, 최근에는 매우 정밀한 수준의 사진 촬영도 가능하게 되었다.

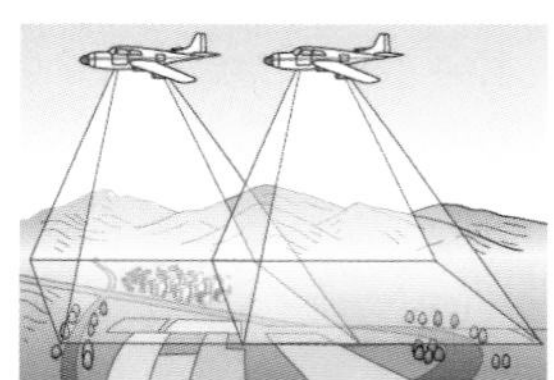
▲ 항공 사진의 촬영 방법

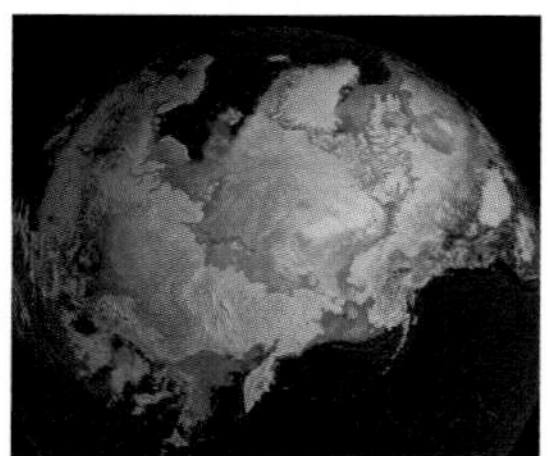
▲ 인공위성을 통해 관측한 북극 빙하

더 알아보기 | 공간적 의사 결정

공간적 의사 결정이란, 공간을 둘러싸고 다양한 이해관계가 얽힌 쟁점에 대해 합리적인 해결 방안을 선택하는 것을 말한다. 특히 어떤 시설물의 입지 선정(시설물 설치를 위해 어떤 장소를 선택하는 것)에는 공간적 의사 결정이 꼭 필요하다. 예를 들어 쓰레기 소각장의 입지 선정, 고속도로 건설 노선 결정 등에는 수많은 공간적 의사 결정 과정이 뒤따른다.

2 지리 정보 시스템(GIS)

(1) **의미** : 다양한 지리 정보를 디지털 자료로 변환시켜 저장 · 분석 · 활용하는 종합적인 관리 체계
(2) **장점** : 원하는 정보를 쉽게 추출하고, 이를 사용자의 요구에 맞게 효과적으로 표현할 수 있음
(3) **이용** : 시설물과 사업체의 입지 선정 등 공간적 의사 결정이 필요한 다양한 분야에서 활용

집중 탐구 | 지리 정보 시스템을 이용한 입지 선정

마을에 태양광 발전을 위한 시설을 설치하려고 한다. 다음 조건을 만족시키는 최적의 입지를 골라 색칠하시오.

1. 경사도 5° 미만　　2. 맑은 날 일조 시간 8시간 이상　　3. 마을과의 거리 3km 이상

5	5	6	6	6
4	4	4	4	4
2	2	2	2	3
0	0	3	3	3
0	0	3	3	3

경사도 (°)

9	9	9	9	9
8	8	8	9	8
7	8	7	9	9
7	7	7	7	7
6	7	7	6	6

맑은 날 일조 시간

4	4	4	4	4
3	3	3	3	4
2	2	2	3	4
1	1	2	3	4
0	1	2	3	4

마을과의 거리(km)

선정된 입지

지리 정보 시스템은 공간적 의사 결정을 하는 데에 유용한 도구이다. 위의 사례와 같이 지리 정보 시스템을 활용하면 경사도, 일조 시간 등의 다양한 지리 정보를 불러와 필요한 조건에 맞는 최적의 입지를 선정할 수 있다. 이와 같은 과정을 중첩 분석이라고 한다. 지리 정보 시스템을 활용하면 수십 가지 이상의 다양한 조건을 동시에 만족하는 입지를 선정할 수도 있다.

✚ 중첩 분석
지리 정보 시스템에서 필요한 조건에 따라 입지를 선정하고자 할 때, 각 조건이 기록된 지도를 여러 장 겹쳐서(중첩해서) 적합한 입지를 분석해 나가는 과정을 의미한다.

여기가 가장 적절한 곳이란 말이지!
의사 결정에 활용

▲ 지리 정보 시스템의 활용

✚ 내비게이션의 발달
위성 위치 확인 시스템(GPS)이 포함된 내비게이션은 처음에는 가격이 비싸고 크기도 무거운 별도의 기기를 구매해야만 이용할 수 있었다. 그러나 통신 기술의 발달로 GPS 센서가 내장된 스마트폰에서 간단한 어플리케이션 설치만으로도 내비게이션을 이용할 수 있게 되었다.

③ 생활 속의 지리 정보

(1) **위성 위치 확인 시스템(GPS)** : 인공위성이 지구 상공에서 정해진 궤도를 돌며 보내주는 신호를 이용하여 현재 자신의 위치를 정확하게 알아낼 수 있는 시스템 → 위치와 관련된 다양한 서비스와 연계

지리 정보 서비스	의미	활용 사례
내비게이션	• GPS로 현재 위치를 파악하고, 현 위치에서 목적지까지 이르는 가장 빠른 길을 탐색 • 자동차에 부착하거나 스마트폰, 태블릿 PC 등으로 실행	
인터넷 지도, 스마트폰 지도	• 포털 및 지도 사이트에서 제공하는 인터넷, 스마트폰 지도 서비스를 이용 • 축척의 조정이 자유롭고 GPS를 활용하여 현재 위치 주변의 정보를 검색	
증강 현실(AR)	• 사용자가 눈으로 보는 현실에 가상의 물체를 겹쳐 보여주는 서비스 • 스마트폰 카메라와 GPS를 결합하여 현 위치 주변의 맛집, 상가 정보, 도로 정보 등을 제공 • 모바일 게임으로도 활용	

(2) **지리 정보를 이용한 공공 서비스** : 국가 및 각 지방 자치 단체에서는 도시 계획 수립, 재해·재난 관리 등 종합적인 국토 및 환경 관리에 지리 정보 기술을 활용

① **지능형 교통 시스템(ITS)** : 버스 정류장이나 도로에 설치된 전광판, 스마트폰 앱 등에서 서비스 → 사용자에게 버스 노선 정보, 버스 도착 시각, 도로 상황 등을 제공

② **일기 예보 서비스** : 기상청에서 제공하는 기상 정보를 실시간으로 받아 스마트폰 앱으로 확인할 수 있음

③ **공공 지도** : 교통, 재해, 보육, 관광, 상권 등 다양한 주제에 대한 지도를 인터넷이나 스마트폰으로 제공 예 문화재청 문화재 공간 정보 서비스 등

✚ 인터넷 지도 서비스
인터넷 지도 서비스를 활용하면 지도뿐만 아니라 항공(위성) 사진과 거리의 모습을 나타낸 사진 자료, 지하상가의 모습까지도 검색할 수 있다.

▲ 포털사이트에서 검색한 광화문 광장과 세종문화회관 주변의 거리 경관

✚ 커뮤니티 매핑
커뮤니티 매핑(Community Mapping)이란 여러 명의 사용자가 직접 지도에 다양한 정보를 표시하고 공유하면서 의미 있는 정보를 지도에 만들어 내는 과정을 의미한다. 지방 자치 단체와 국가는 커뮤니티 매핑을 통해 지역 사회의 문제를 인식하고 이에 대한 대책을 수립하는 데에도 도움을 받을 수 있다.

▲ 지역 보건소와 중학생들이 함께 참여하여 중학교 주변의 여러 위험 요소를 커뮤니티 맵으로 만든 사례

개념 다지기

01 빈칸에 알맞은 말을 쓰시오.

(1) 지리 현상이 발생하는 위치에 관한 정보를 (　　　) (이)라고 한다.

(2) (　　　)은(는) 지리 현상의 특징에 관한 정보이다.

(3) 다른 지리 현상과의 관계에 관한 정보를 (　　　)(이)라고 한다.

02 다음 설명이 맞으면 ○표, 틀리면 ×표 하시오.

(1) 지리 정보를 수집할 때 인터넷, 지도, 문헌 등을 이용하여 지역을 방문하지 않고 수집하는 방법을 직접 조사라고 한다. .... (　　)

(2) 공간을 둘러싸고 다양한 이해관계가 얽힌 쟁점에 대해 합리적인 해결 방안을 선택하는 것을 공간적 의사 결정이라고 한다. .... (　　)

(3) 최근에는 멀리 떨어진 곳의 지리 정보 획득에 인공위성이나 항공기를 활용하기도 한다. .... (　　)

(4) 인공위성이 지구 상공에서 정해진 궤도를 돌며 보내주는 신호를 이용하여 현재 자신의 위치를 정확하게 알아낼 수 있는 시스템을 GIS라고 한다. .... (　　)

(5) 인터넷 지도는 축척의 조절이 자유롭다. .... (　　)

(6) 내비게이션을 이용하기 위한 절차와 장비가 점점 복잡해지고 있다. .... (　　)

03 다음은 공간적 의사 결정의 과정에 컴퓨터를 활용하는 과정을 나타낸 것이다. 순서에 맞게 바르게 배열하시오.

ㄱ. 공간적 의사 결정에 활용한다.
ㄴ. 컴퓨터에 지리 정보를 입력 · 저장한다.
ㄷ. 지리 정보를 다양한 방법으로 수집한다.
ㄹ. 사용자의 요구 조건에 맞도록 중첩 분석을 실시한다.

04 다양한 지리 정보를 디지털 자료로 변환시켜 저장 · 분석 · 활용하는 종합적인 관리 체계를 뜻하는 말은?

05 다음은 태양광 발전소 건설을 위한 조건들이다. 조건에 적합한 입지는 몇 칸인지 쓰시오.

1. 경사도 5° 미만　　2. 맑은 날 일조 시간 8시간 이상
3. 마을과의 거리 3km 이상

경사도 (°)	맑은 날 일조 시간	마을과의 거리 (km)	선정된 입지
5 5 6 6 6	9 9 9 9 9	4 4 4 4 4	
4 4 4 4 4	8 8 8 9 8	3 3 3 3 4	
2 2 2 2 3	7 8 7 9 9	2 2 2 3 4	
0 0 3 3 3	7 7 7 7 7	1 1 2 3 4	
0 0 3 3 3	6 7 7 6 6	0 1 2 3 4	

06 인터넷 지도 서비스를 통해 얻을 수 있는 정보를 〈보기〉에서 있는 대로 고르시오.

보기

ㄱ. 위성(항공) 사진
ㄴ. 내 위치 주변 지하철역
ㄷ. 두 지점 사이의 이동 방법
ㄹ. 1일간 지역을 지나간 인구수
ㅁ. 거리의 모습을 나타낸 사진 자료

07 밑줄 친 부분을 바르게 고쳐 쓰시오.

(1) <u>지능형 교통 시스템(ITS)</u>은 사용자가 눈으로 보는 현실에 가상의 물체를 겹쳐 보여주는 서비스이다. .... (　　)

(2) 다수의 사용자들이 직접 지도에 정보를 표시하여 지도를 구성해 나가는 활동을 <u>지리 정보 시스템(GIS)</u>이라고 한다. .... (　　)

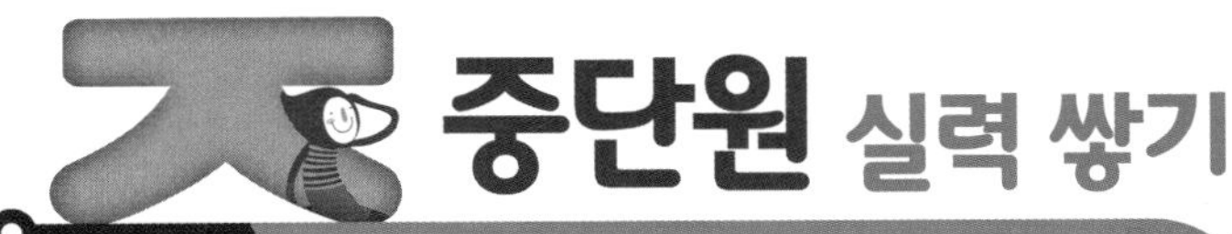

중단원 실력 쌓기

정답과 해설 • 4쪽

01 밑줄 친 ㉠과 ㉡에 해당하는 지리 정보의 종류를 연결한 것으로 옳은 것은?

	㉠	㉡
①	공간 정보	관계 정보
②	공간 정보	속성 정보
③	관계 정보	속성 정보
④	속성 정보	공간 정보
⑤	속성 정보	관계 정보

02 다음은 한울이네 가족이 속초 여행을 가기 전 조사한 내용이다. 자료를 보고 분석한 내용으로 옳은 것을 〈보기〉에서 고른 것은?

〈이동 방법〉 자동차 혹은 고속버스
〈이동 경로〉
- 자동차 : ○○ 고속도로와 △△ 고속도로를 이용한 후 7번 국도로 이동
- 고속버스 : 지하철로 버스터미널에 가서 1시간 간격으로 운행되는 버스를 이용

〈인근 관광지〉 설악산 탐방, 영랑호, 갯배 체험, 속초해수욕장, 오색온천 등 → 다른 사람들의 여행기를 참조!
〈숙소〉 ○○ 리조트
〈먹거리〉 ……

보기
ㄱ. 직접 조사로는 얻을 수 없는 정보이다.
ㄴ. 여행 전에는 공간 정보만 얻을 수 있다.
ㄷ. 인터넷, 스마트폰 등으로도 조사할 수 있다.
ㄹ. 다른 사람들의 여행기에는 관광지의 지리 정보가 포함되어 있을 것이다.

① ㄱ, ㄴ ② ㄱ, ㄷ ③ ㄴ, ㄷ
④ ㄴ, ㄹ ⑤ ㄷ, ㄹ

03 다음과 같은 자료를 만들기 위한 지리 정보의 획득 방법으로 옳은 것은?

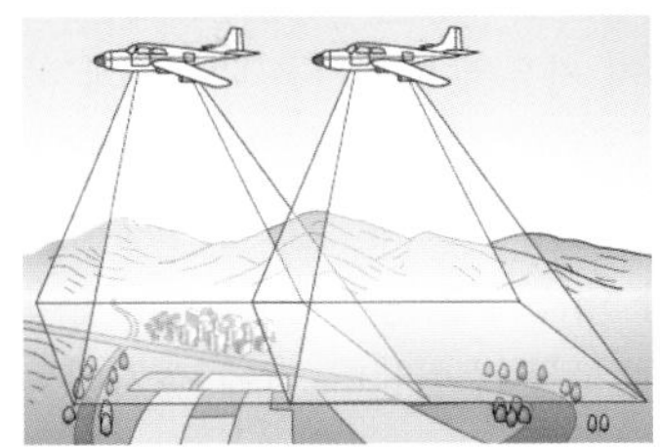
▲ 항공 사진의 촬영 방법

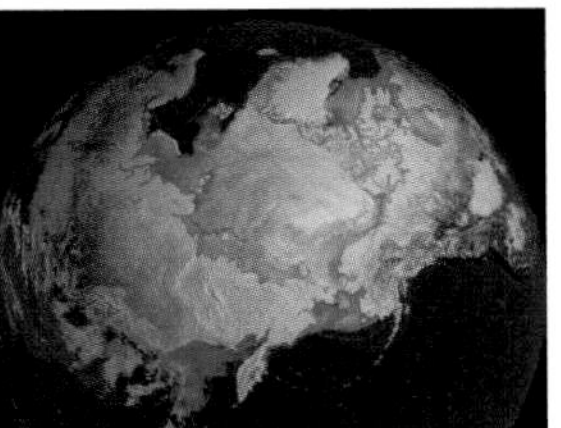
▲ 인공위성을 통해 관측한 북극 빙하

① 답사 ② 직접 조사 ③ 문헌 조사
④ 원격 탐사 ⑤ 실측 조사

중요
04 다음 조건에 맞는 피자 가게의 입지로 옳은 것은?

〈새로운 피자 가게의 입지 조건〉
1. 기존 피자 가게와 같은 구역에 입지할 수 없다.
2. 한 구역 안에 400명 이상이 거주해야 한다.
3. 월 임대료는 120만 원을 넘지 않아야 한다.

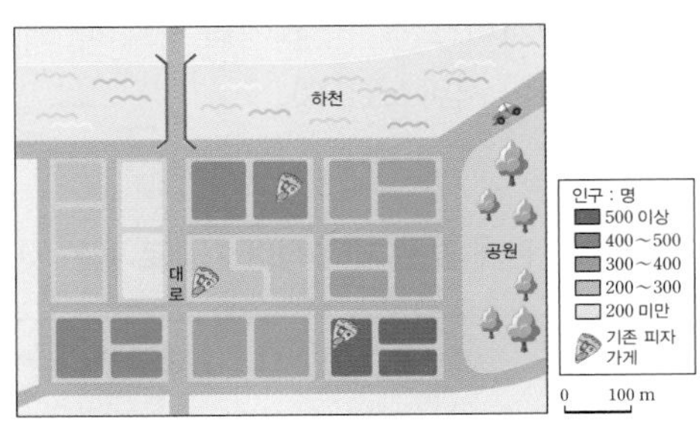

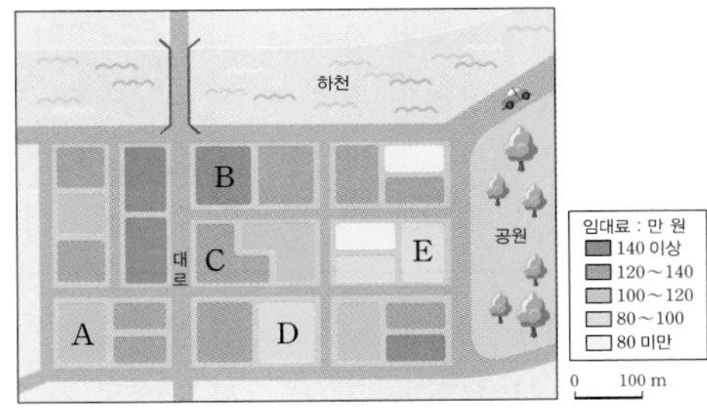

① A ② B ③ C ④ D ⑤ E

05 다음 사례와 같은 과정을 의미하는 용어로 옳은 것은?

의장 : 5년 후 우리 시에 새롭게 개통될 도시 철도역을 어느 지역에 둘 것인지 자유롭게 의견을 내주시기 바랍니다.
행복동 대표 : 우리 행복동에서는 도시 철도를 이용하기 위해서 30분 이상 버스나 자동차를 타야만 합니다. 새로운 역은 행복동 주민센터 앞에 설치해야 합니다.
상쾌동 대표 : 행복동에 역을 설치하면 주변 지역과의 연결성이 떨어지고 노선이 너무 빙빙 돌아가게 됩니다. 주변 도시와 가장 빠르게 연결할 수 있는 우리 상쾌동에 역을 설치하면 편리할 것입니다.

① 님비 현상 ② 방문 조사
③ 원격 탐사 ④ 위치 기반 서비스
⑤ 공간적 의사 결정

06 다음과 같은 특징을 갖는 지리 정보 기술은?

- 인공위성이 지구 상공에서 정해진 궤도를 돌며 보내주는 신호를 이용하여 현재 자신의 위치를 정확하게 알아낼 수 있는 시스템
- 위치와 관련된 다양한 서비스와 연계

① 일기 예보 서비스 ② 내비게이션 시스템
③ 인터넷 예매 서비스 ④ 지리 정보 시스템(GIS)
⑤ 위성 위치 확인 서비스(GPS)

07 다음 자료와 관계 깊은 지리 정보 기술로 옳은 것은?

이 서비스는 스마트폰 앱을 실행하면 카메라가 작동되면서 현실 세계에 가상의 물체를 겹쳐 보여줍니다. 이를 이용하면 주변 맛집, 상가, 도로 정보를 검색할 수 있음은 물론이고, 게임으로도 활용할 수 있습니다.

① 가상 현실(VR) ② 증강 현실(AR)
③ 인터넷 지도 서비스 ④ 실시간 빠른 길 찾기
⑤ 공공 지리 정보 서비스

중요 08 인터넷 지도의 장점을 〈보기〉에서 고른 것은?

보기
ㄱ. 축척의 조절이 자유롭다.
ㄴ. 지도 전용 기기를 구매하여 이용한다.
ㄷ. 소수의 사람들만 활용할 수 있는 서비스이다.
ㄹ. 거리의 경관이나 상가 내부의 모습까지도 확인해 볼 수 있다.

① ㄱ, ㄴ ② ㄱ, ㄹ ③ ㄴ, ㄷ
④ ㄴ, ㄹ ⑤ ㄷ, ㄹ

중요 09 다음 상황에서 사용된 지리 정보 서비스를 〈보기〉에서 고른 것은?

한별이네 가족은 다음과 같은 지리 정보 서비스를 생활에 이용하였다.

07:00 한별이
스마트폰으로 오늘 우리 동네의 날씨를 확인하고 가족에게 알려준다.

08:00 아버지
운전하기 전 내비게이션으로 회사까지 가는 실시간 최단 경로를 검색한다.

08:10 오빠
버스 도착 예정 시간을 확인한 후 느긋하게 버스를 기다린다.

14:00 어머니
상권을 분석하여 고객을 확보하기에 유리한 지점을 선정한다.

보기
ㄱ. 증강 현실(AR) ㄴ. 일기 예보 서비스
ㄷ. 내비게이션 서비스 ㄹ. 지능형 교통 시스템(ITS)
ㅁ. GIS를 활용한 상권 분석
ㅂ. 해외 판매 물품 배송 서비스
ㅅ. 위치 기반 택시 호출 서비스

① ㄱ, ㄴ, ㅁ, ㅅ ② ㄱ, ㄷ, ㅂ, ㅅ
③ ㄴ, ㄷ, ㄹ, ㅁ ④ ㄷ, ㄹ, ㅁ, ㅂ
⑤ ㄹ, ㅁ, ㅂ, ㅅ

정답과 해설 • 4쪽

10 다음 사례를 읽고 분석한 내용으로 옳지 않은 것은?

오른쪽 지도는 지역의 보건소와 중학생들이 함께 참여하여 중학교 주변의 여러 위험 요소를 지도로 만든 것이다.

① 커뮤니티 매핑의 사례이다.
② 사용자가 직접 지도에 정보를 표시할 수 있다.
③ 여러 명의 이용자가 함께 정보를 공유할 수 있다.
④ 지리 정보 기술이 발달하면서 이러한 작업을 할 필요가 없게 되었다.
⑤ 지역 사회의 문제점을 인식하고 이에 대한 대책을 수립하는 데에 활용될 수 있다.

11 다음과 같은 공공 서비스를 일컫는 말로 옳은 것은?

▲ 서울시 함께 서울 지도 (gis.seoul.go.kr)

▲ 문화재청 문화재 공간 정보 서비스(gis-heritage.go.kr)

① 국가 통계 포털
② 정보 공개 청구
③ 공공 지도 서비스
④ 지능형 교통 시스템
⑤ 실시간 재해 예보 서비스

서술형·논술형

정답과 해설 • 5쪽

서술형

01 다음과 같은 과정을 거쳐 공간적 의사 결정에 활용되는 지리 정보 기술이 무엇인지 쓰고, 이러한 지리 정보 기술을 이용했을 때의 이점을 서술하시오.

공장을 지어야 하는데 …
땅값이 비싼 곳 제외
교통이 불편한 곳 제외
학교나 주거지가 위치한 곳 제외
남은 지역
여기가 가장 적절한 곳이란 말이지!

지리 정보 수집 → 컴퓨터에 입력·저장 → 사용자의 요구에 맞는 분석 → 의사 결정에 활용

논술형

02 지난 일주일간 자신의 생활 속에서 이용한 지리 정보 기술을 두 가지 이상의 사례를 들어 서술하고, 이러한 지리 정보 기술이 가진 장점에 대하여 300자 이내로 논술하시오.

대단원 마무리

01 빈칸 ㉠~㉢에 해당하는 말을 바르게 연결한 것은?

> 정빈 : 세계 지도를 보면 정말 많은 나라와 여러 지역을 볼 수 있어서 좋아. 세계에서 가장 넓은 나라인 (㉠)의 영토는 정말 광활해.
> 윤환 : 하지만 가장 넓은 해양인 (㉡)의 면적은 비교할 수 없을 만큼 넓어.
> 정빈 : 맞아. 지구 표면의 70%는 바다로 되어 있다고 해. 또한 가장 높은 산인 (㉢)은 무려 바다 표면으로부터 8,848m나 높기도 하지.

	㉠	㉡	㉢
①	중국	태평양	킬리만자로산
②	러시아	태평양	에베레스트산
③	캐나다	인도양	후지산
④	러시아	대서양	에베레스트산
⑤	캐나다	대서양	킬리만자로산

02 〈보기〉의 내용을 자연환경과 인문 환경으로 구분한 것으로 옳은 것은?

> **보기**
> ㄱ. 상파울루의 인구는 약 1,100만 명이다.
> ㄴ. 서울의 연평균 강수량은 약 1,350mm이다.
> ㄷ. 시베리아 지역에는 드넓은 침엽수림이 관찰된다.
> ㄹ. 미국 캘리포니아에는 첨단 IT 산업이 발달하였다.

	자연환경	인문 환경
①	ㄱ, ㄴ	ㄷ, ㄹ
②	ㄱ, ㄷ	ㄴ, ㄹ
③	ㄴ, ㄷ	ㄱ, ㄹ
④	ㄴ, ㄹ	ㄱ, ㄷ
⑤	ㄷ, ㄹ	ㄱ, ㄴ

03 다음 설명에 해당하는 지도로 옳은 것은?

> • 여러 가지 목적으로 사용되는 지도
> • 지표면의 일반적인 사항들을 표시한 지도

① 일반도 ② 주제도 ③ 등치선도
④ 도형 표현도 ⑤ 단계 구분도

04 (가) 지도에 비해 (나) 지도에서 쉽게 알 수 있는 내용을 〈보기〉에서 고른 것은?

(가) (나)

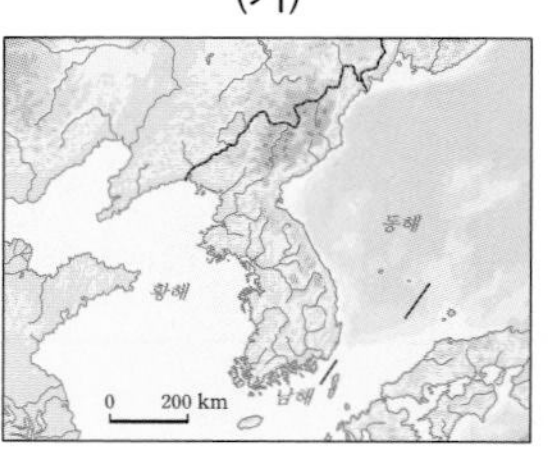

> **보기**
> ㄱ. 우리나라 영토의 넓이
> ㄴ. 주변 국가의 배치와 국경선
> ㄷ. 주택가와 학교 사이의 통학로
> ㄹ. 도로망, 학교, 관공서 등의 시설

① ㄱ, ㄴ ② ㄱ, ㄷ ③ ㄴ, ㄷ
④ ㄴ, ㄹ ⑤ ㄷ, ㄹ

05 다음에서 설명하고 있는 방법으로 우리나라의 위치를 옳게 나타낸 것은?

> 국가의 위치와 같이 큰 규모의 위치를 표현할 때에는 지구상에 가상의 가로선과 세로선을 그어 좌표 상의 수치로 표시하여 나타낼 수 있다.

① 우리나라는 냉·온대 기후 지역이다.
② 우리나라는 유라시아 대륙의 동쪽에 있다.
③ 우리나라는 북쪽으로 중국, 동쪽으로 동해와 접해 있다.
④ 우리나라는 북위 33°~43°, 동경 124°~132° 사이에 위치한다.
⑤ 우리나라는 1특별시, 1특별자치시, 1특별자치도와 6개의 광역시, 8개의 도로 구성된다.

06 빈칸 ㉠, ㉡에 들어갈 말로 옳은 것은?

> (㉠) : 위도 0°, 위선의 기준이 되는 선
> (㉡) : 경도 0°, 경선의 기준이 되는 선

	㉠	㉡
①	적도	본초 자오선
②	적도	날짜 변경선
③	날짜 변경선	표준 경선
④	본초 자오선	표준 경선
⑤	본초 자오선	적도

서술형

07 다음 그림을 보고 남반구와 북반구의 계절 차이를 쓴 다음, 이러한 계절 차이가 산업 활동에 미치는 영향을 두 가지 사례를 들어 서술하시오.

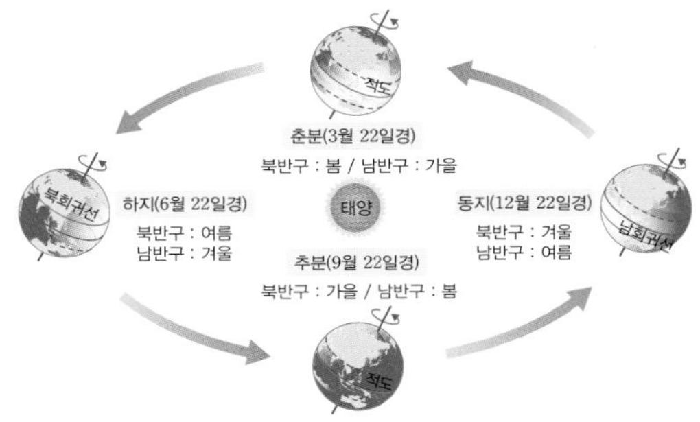

[08~09] 다음은 세계의 시간대를 나타낸 지도이다. 이를 보고 물음에 답하시오.

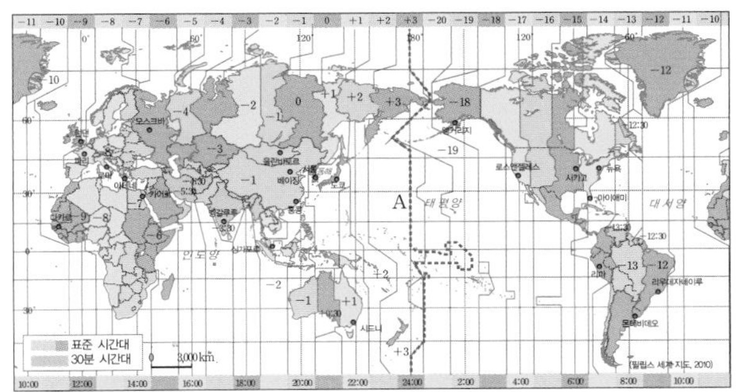

08 지도를 보고 분석한 내용으로 옳지 않은 것은?

① A는 날짜 변경선이다.
② A는 경도 180°선과 일치한다.
③ 서울과 도쿄 사이에는 시차가 없다.
④ 중국의 표준시는 우리나라보다 1시간 늦다.
⑤ 시카고와 뉴욕은 서로 다른 시간대를 사용한다.

09 다음 경기를 우리나라에서 시청할 수 있는 시각은?

① 4월 1일 오전 10시
② 4월 1일 오후 10시
③ 4월 3일 오전 4시
④ 4월 3일 오전 10시
⑤ 4월 3일 오후 4시

10 빈칸 ㉠~㉢에 해당하는 개념을 바르게 연결한 것은?

〈지리 정보의 종류〉	
(㉠)	지리 현상이 발생하는 위치에 관한 정보
속성 정보	지리 현상의 (㉡)에 관한 정보
(㉢)	다른 지리 현상과의 관계에 관한 정보

	㉠	㉡	㉢
①	관계 정보	특징	공간 정보
②	관계 정보	연결	공간 정보
③	공간 정보	특징	속성 정보
④	공간 정보	연결	관계 정보
⑤	공간 정보	특징	관계 정보

11 그림과 같은 지리 정보 기술을 뜻하는 말로 옳은 것은?

① 원격 탐사
② 내비게이션
③ 증강 현실(AR)
④ 지리 정보 시스템(GIS)
⑤ 위성 위치 확인 서비스(GPS)

12 다음 상황에서 사용된 지리 정보 기술을 〈보기〉에서 골라 순서대로 옳게 연결한 것은?

보기
ㄱ. 증강 현실(AR)
ㄴ. 인터넷 지도 서비스
ㄷ. 지능형 교통 시스템(ITS)
ㄹ. 위치 기반 일기 예보 서비스

① ㄱ－ㄷ－ㄹ
② ㄴ－ㄱ－ㄹ
③ ㄴ－ㄷ－ㄱ
④ ㄷ－ㄱ－ㄴ
⑤ ㄹ－ㄴ－ㄷ

수행 평가 미리보기

● 선생님의 출제 의도 **일상생활 속에서 다양한 지도와 지리 정보 기술 찾기**

1단원에서는 지도의 의미와 지도 읽기, 다양한 위치 표현 방법, 지리 정보 기술에 대하여 학습했는데요. 이러한 지리적 개념은 우리의 일상생활에 언제나 활용되는 중요한 내용입니다. 따라서 학습한 내용을 바탕으로 일상생활에 이러한 개념들이 활용되는 사례를 들어 설명할 수 있어야 합니다. 수행 평가에서는 실제 사례를 통해 다양한 지도와 지리 정보 기술의 활용 사례를 찾아보도록 합시다.

수행 평가 문제

모둠별로 일상생활 속에서 찾을 수 있는 지도와 지리 정보 기술을 조사하여 친구들에게 소개해 봅시다.

A. 활동 계획 세우기

1 되도록 다양한 지도와 지리 정보 기술을 떠올려 보고, 실제로 조사해 본다.

2 조사한 내용을 조리있게 발표할 수 있도록 정리한다.

B. 활동 단계

1단계 모둠 회의를 통해 일상생활에서 만났던 지도나 지리 정보 기술의 사례를 공유한다.

2단계 모둠원 간의 역할을 나누어 조사할 지도와 지리 정보 기술을 분배한다.

3단계 자신이 맡은 지도와 지리 정보 기술에 대하여 조사하고, 관련 내용을 정리해둔다.

4단계 모둠원들이 모여 조사한 내용을 모아 프레젠테이션으로 제작한다.

5단계 모둠별로 조사한 내용을 친구에게 소개한다.

C. 활동하기

1 모둠 회의를 통해 되도록 많은 지도와 지리 정보 기술을 떠올리고, 조사할 내용을 구체화하기

예시)

제1차 모둠 회의록

모둠원 이름 : □□□, ○○○, ×××, △△△

1. 조사할 지도
   주변 안내도, 학교 안내도, 노선도, 사회과 부도 등
2. 조사할 지리 정보 기술
   인터넷 지도, 스마트폰 내비게이션, 내 위치 찾기, AR 모바일 게임 등
3. 조사할 사람
   - 지도 :
   - 지리 정보 기술 :

2 조사한 내용을 공유하고 내용 정리하기

예시)

제2차 모둠 회의록

모둠원 이름 : □□□, ○○○, ×××, △△△

1. 지도 조사 내용 공유
- 주변 안내도(조사자－○○○) : 지하철역과 주민센터 앞 등에서 볼 수 있음. 처음 방문한 사람들이 쉽게 알 수 있도록 함
- 노선도(조사자－□□□) : 버스나 지하철 내부와 정류장 및 역에서 볼 수 있음. 목적지까지 남은 거리를 알 수 있게 함

2. 지리 정보 기술 조사 내용 공유
- 인터넷 지도(조사자 － ×××) : PC나 스마트폰에서 볼 수 있음. 주변 검색이나 빠른 길 검색 가능
- AR 모바일 게임(조사자－△△△) : 모바일 게임 앱을 다운로드 받으면 볼 수 있음. 실제 거리를 걸으며 게임을 즐김

3. 발표 자료 제작
- 자료 정리를 할 사람 :
- 발표를 맡을 사람 :

3 프레젠테이션 제작하기

예시)

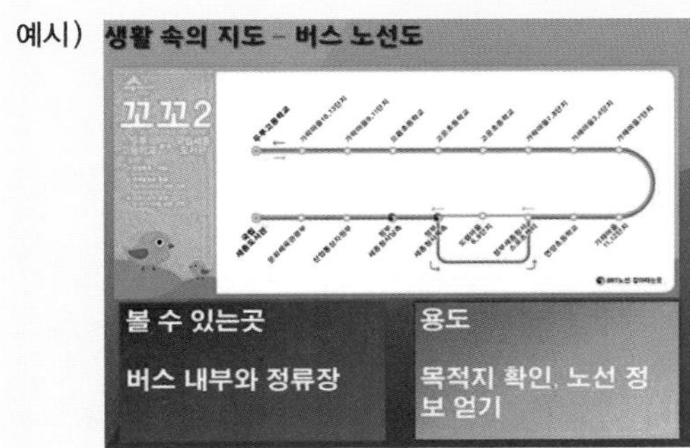

채점 기준

평가 영역	채점 기준	배점
사례 조사	다양한 지도와 지리 정보 기술의 사례를 조사하고 정확히 표현하였다.	상
	지도와 지리 정보 기술의 사례를 조사하였으나, 다양성과 정확성이 다소 부족하였다.	중
	지도와 지리 정보 기술의 사례를 조사하였으나, 다양성과 정확성이 미흡하였다.	하
발표 및 협동	모둠원 모두가 협동하여 발표 자료를 만들고 조리있게 발표하였다.	상
	발표 자료 제작에 모둠원의 협동 정도 및 완성도가 다소 부족하였고 보통 수준으로 발표하였다.	중
	발표 자료 제작 및 발표 수준 모두 미흡하였다.	하

Ⅱ. 우리와 다른 기후, 다른 생활

01
세계 기후 지역

02
열대 우림 기후 지역의 생활

03
온대 기후 지역의 생활

04
건조 기후 지역과
툰드라 기후 지역의 생활

세계 기후 지역

출제 포인트

- 세계 기후 지역 구분
- 열대 · 온대 · 냉대 · 한대 · 건조 기후의 특징
- 인간 거주에 유리한 기후 지역과 불리한 기후 지역

✚ 날씨와 기후의 차이
날씨는 짧은 시간 동안 나타나는 대기의 상태를 말하며, 기후는 오랫동안 반복되는 종합적이고 평균적인 대기의 상태를 말한다.

✚ 해류
성질이 비슷한 바닷물이 일정한 방향과 속도로 흐르는 것을 말한다. 해류는 수온에 따라 난류와 한류로 구분된다.

✚ 연교차
일 년 중 가장 따뜻한 달의 평균 기온과 가장 추운 달의 평균 기온의 차이를 말한다.

✚ 위도별 강수량 분포

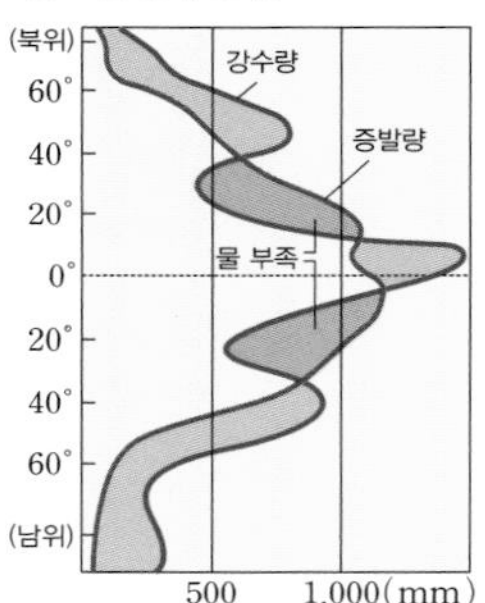

적도 부근에서 강수량이 가장 많고, 성질이 서로 다른 공기가 만나는 중위도 지역도 강수량이 많은 편이다. 일 년 내내 고기압의 영향을 받는 위도 20°~30°의 남 · 북회귀선 부근과 극지방은 강수량이 적다.

✚ 남 · 북회귀선
남 · 북위 약 23°27′의 위선으로 동지와 하지 때 태양의 고도가 가장 높게 나타나는 위도의 한계이다.

✚ 침엽수림
바늘 모양의 잎을 가진 상록수로 이루어진 숲을 말하며, 유라시아 대륙 북부의 침엽수림은 '타이가'라고 부른다.

1 기후의 의미

(1) **기후** : 한 지역에서 여러 해 동안 반복적으로 나타나는 종합적이고 평균적인 대기의 상태

① 기후 요소 : 기후를 구성하는 요소 예 기온, 강수량, 바람 등

② 기후 요인 : 기후 요소의 지역적 차이를 가져오는 원인 예 위도, 육지와 바다의 분포, 지형, 해류 등

(2) **세계의 기온과 강수량 분포**

① 기온

위도	연평균 기온은 대체로 적도에서 높고 고위도로 갈수록 낮아짐 → 위도에 따라 받는 일사량이 달라지기 때문이다.
육지와 바다의 분포	육지가 바다보다 가열 및 냉각 속도가 빨라 대륙 내부의 연교차가 바다보다 큼

② 강수량

강수량이 많은 곳	적도 부근, 성질이 다른 공기가 만나는 중위도, 해안가, 난류가 흐르는 지역 등
강수량이 적은 곳	남 · 북회귀선 부근, 극지방, 바다로부터 떨어진 내륙, 한류가 흐르는 지역 등

2 세계의 기후 지역

(1) **기후 지역의 구분**

① 구분 기준 : 기온과 강수량의 특성에 따라 다양하게 구분

② 분포 : 적도에서 극지방으로 가면서 열대 · 건조 · 온대 · 냉대 · 한대 기후 지역의 순으로 나타남

(2) **각 기후 지역의 특징**

열대 기후	적도 부근에 주로 분포, 일사량이 많아 일 년 내내 덥고, 강수량이 많은 곳에 밀림이 형성되어 있음 (→ 가장 추운 달의 평균 기온이 18℃ 이상)
건조 기후	남 · 북위 20°~30° 부근에 분포, 연 강수량이 500㎜ 미만, 강수량보다 증발량이 많아 식물이 잘 자라지 못함 → 주로 사막이나 초원이 나타남
온대 기후	중위도 지방에 분포, 계절의 변화가 뚜렷하여 계절에 따라 기후 경관이 다름, 비교적 기온이 온화하며 강수량이 적당함 (가장 추운 달의 평균 기온이 -3~18℃)
냉대 기후	온대 기후 지역보다 위도가 높은 지역에 분포, 극지방에 가까울수록 겨울이 길고 추움, 기온의 연교차가 크며, 대규모 침엽수림(타이가)이 분포함
한대 기후	극지방과 가까운 곳에 분포 → 북극해 연안과 남극 대륙 일대, 연중 기온이 낮고 눈과 얼음으로 덮여 있거나 이끼류가 분포하기도 함 (가장 따뜻한 달의 평균 기온이 10℃ 미만)

(→ 가장 추운 달의 평균 기온이 -3℃ 미만, 가장 따뜻한 달의 평균 기온이 10℃ 이상)

집중 탐구 세계 기후 지역 구분

적도 주변 지역은 열대 기후, 남 · 북회귀선과 대륙 내부에는 건조 기후, 중위도 지역은 온대 기후, 고위도 지역으로 가면서 냉대 기후와 한대 기후가 나타난다.

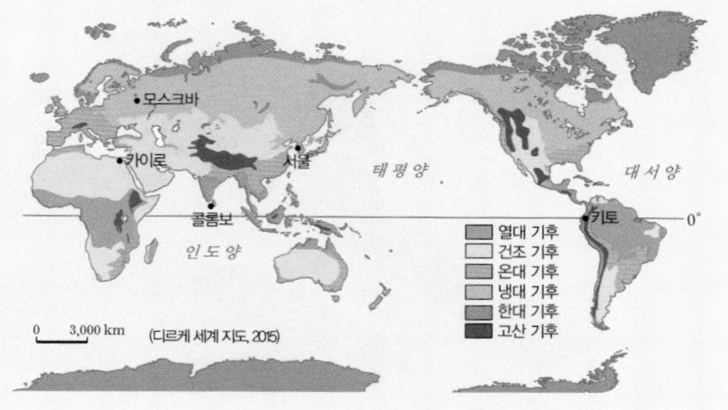

더 알아보기 경관으로 알아보는 세계의 기후 지역

열대 기후 지역	건조 기후 지역	냉대 기후 지역	한대 기후 지역
연중 기온이 높고 비가 많이 와서 밀림이 발달	증발량이 강수량보다 많으며, 사막 지역은 식물이 자라기 어려움	겨울이 길고 추우며 대규모 침엽수림이 분포	연중 매우 춥지만 일부 지역에서는 짧은 여름철에 이끼류가 자람

Q & A

Q 기후 그래프는 어떻게 해석하나요?

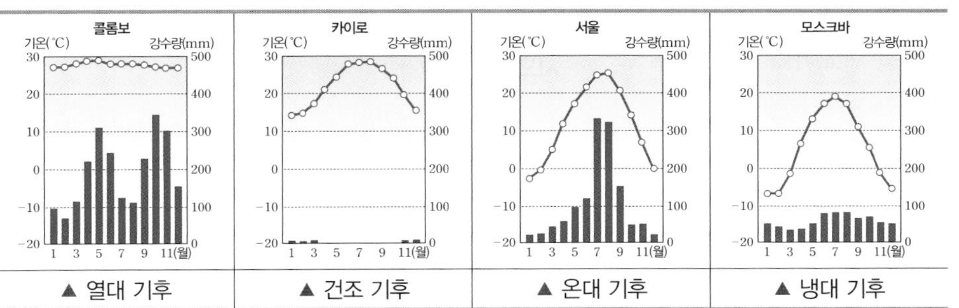

▲ 열대 기후 ▲ 건조 기후 ▲ 온대 기후 ▲ 냉대 기후

A 기후 그래프에서 꺾은선 그래프는 기온을 나타내고, 막대 그래프는 월 강수량을 나타냅니다. 기온은 그래프 왼쪽의 ℃ 눈금을, 강수량은 오른쪽의 mm 눈금을 읽습니다.

3 인간 거주와 기후

→ 사람들은 기후가 온화하고 강수량이 충분하여 농업 활동을 통해 식량을 생산하기에 유리한 곳에 터를 잡고 살아왔다.

(1) 인간 거주에 유리한 기후 지역

온대 기후 및 냉대 기후 지역(남부)	• 사계절이 나타나고, 기온과 강수 조건이 농업 활동에 유리 • 온대 기후 지역 : 농업과 상공업 발달로 인구 밀집 예 서부 유럽 지역
열대 계절풍 기후 지역	벼농사에 유리하여 많은 사람이 거주 예 동남아시아 지역
열대 고산 기후 지역	• 지역 : 적도 부근의 해발 고도가 높은 곳(남아메리카 안데스 산지, 아프리카 동부 지역 등) • 특징 : 일 년 내내 봄과 같이 온화한 날씨가 나타남 → 고산 도시 발달

→ 해발 고도가 올라갈수록 기온이 떨어지기 때문이다.

(2) 인간 거주에 불리한 기후 지역

→ 최근에 삼림 자원의 개발과 관광 산업의 발달로 인구가 늘어나는 곳도 있다.

열대 기후 지역(적도 부근)	일 년 내내 덥고 습하며 열대 우림으로 덮여 거주에 불리함 예 아마존강 유역
건조 기후 지역	연 강수량이 부족하여 농업에 부적합하기 때문에 인구가 적게 분포
한대 기후 지역	기온이 너무 낮아 농업 활동이 어려움 예 시베리아 북부, 북극해 주변 지역, 남극 대륙 등

→ 극지방에서 석유나 천연가스가 개발되면서 사람들이 모여들기도 한다.

+ 한대 기후 그래프

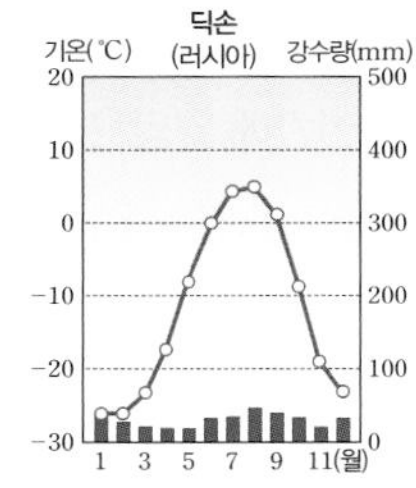

여름에도 평균 기온이 10℃를 넘지 못할 만큼 연중 기온이 매우 낮다.

+ 안데스 산지의 고산 도시

볼리비아의 수도 라파스(약 4,058m), 에콰도르의 수도 키토(약 2,850m), 콜롬비아의 수도 보고타(약 2,625m), 페루의 쿠스코(약 3,400m) 등이 대표적이다.

+ 열대 고산 기후 그래프

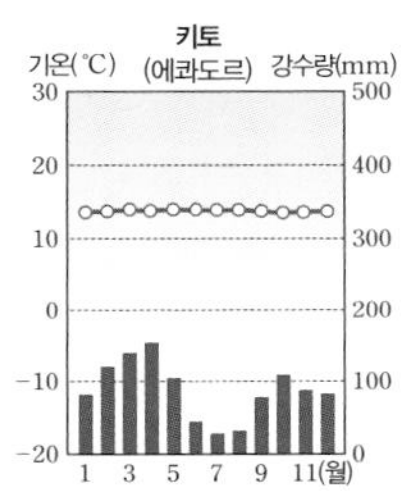

적도 부근의 해발 고도가 높은 곳에서는 일 년 내내 봄과 같이 온화한 날씨가 나타난다.

▲ 키토의 위치

+ 동남아시아의 벼농사 지역(인구 밀집 지역)

+ 북극해 주변 지역(인구 희박 지역)

정답과 해설 • 7쪽

01 빈칸에 알맞은 말을 쓰시오.

(1) 한 지역에서 여러 해 동안 반복적으로 나타나는 평균적인 대기 상태를 (   )(이)라고 한다.

(2) 세계의 기온 분포는 (   )에 따라 다르게 나타나는데 일반적으로 적도에서 고위도록 갈수록 낮아진다.

(3) 세계의 기후 지역을 구분할 때 기온과 (   )이(가) 가장 큰 기준이 된다.

02 기후의 명칭과 해당 특징을 바르게 연결하시오.

(1) 열대 기후 • • ㉠ 연중 기온이 높고 비가 많이 내린다.

(2) 건조 기후 • • ㉡ 기온의 연교차가 크고 침엽수림이 넓게 분포한다.

(3) 온대 기후 • • ㉢ 강수량보다 증발량이 많아 나무가 자라기 어렵다.

(4) 냉대 기후 • • ㉣ 계절의 변화가 뚜렷하며 기온과 강수량이 적당하다.

03 〈보기〉의 기후를 적도에서 극지방으로 가면서 나타나는 순서대로 배열하시오.

보기

ㄱ. 온대 기후　　ㄴ. 냉대 기후

ㄷ. 한대 기후　　ㄹ. 열대 기후

04 다음 설명이 맞으면 ○표, 틀리면 ×표 하시오.

(1) 열대 기후 지역은 적도 부근에 주로 분포한다. ( )

(2) 냉대 기후 지역은 연중 눈과 얼음으로 덮여 있고, 기온의 연교차가 작은 편이다. ( )

(3) 건조 기후 지역은 주로 위도 20°~30° 부근에 분포하며 사막이나 초원이 나타난다. ( )

(4) 적도 부근의 안데스 고산 지역에서는 일 년 내내 봄과 같은 온화한 날씨가 나타난다. ( )

(5) 한대 기후 지역은 기온이 너무 낮아 농업에 불리하다. ( )

05 괄호 안의 내용 중 알맞은 말에 ○표 하시오.

(1) 북극해 연안에서는 (냉대, 한대) 기후가 나타난다.

(2) (적도 지방, 극지방)은 강수량이 많다.

(3) (열대, 온대) 기후 지역에는 밀림이 형성되어 있다.

06 각 기후 지역에서 볼 수 있는 경관을 바르게 연결하시오.

(1) 열대 기후 • • ㉠ 밀림

(2) 건조 기후 • • ㉡ 타이가

(3) 냉대 기후 • • ㉢ 사막 혹은 초원

07 (가), (나)는 각각 어떤 기후의 그래프를 나타낸 것인지 쓰시오.

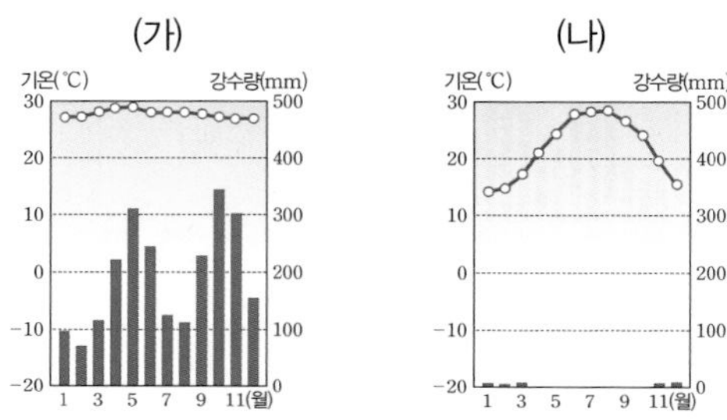

08 인간의 거주에 유리한 기후 지역은 '유리', 불리한 기후 지역은 '불리'라고 쓰시오.

(1) 온대 기후 지역 ( )

(2) 한대 기후 지역 ( )

(3) 열대 계절풍 기후 지역 ( )

(4) 적도 부근 고산 기후 지역 ( )

09 밑줄 친 부분을 바르게 고쳐 쓰시오.

(1) 위도, 지형, 육지와 바다의 분포 등은 대표적인 <u>기후 요소</u>에 해당한다. ( )

(2) 주변에 <u>한류</u>가 흐르는 지역은 강수량이 많은 편이다. ( )

(3) <u>온대 기후</u>는 기온의 연교차가 크고, 대규모 침엽수림인 '타이가'가 분포한다. ( )

(4) <u>냉대 기후</u>는 연중 기온이 낮고, 일부 지역에서는 짧은 여름철에 이끼류가 자라기도 한다. ( )

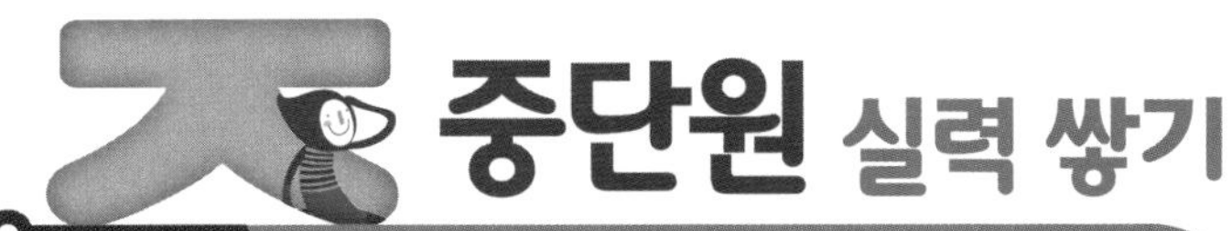

[01~02] 세계의 연평균 기온과 연 강수량 분포를 나타낸 지도이다. 이를 보고 물음에 답하시오.

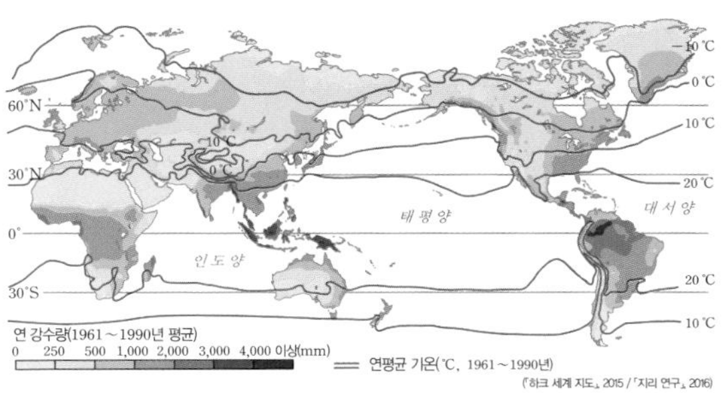

01 세계의 기온 분포에 대해 옳게 해석한 것을 〈보기〉에서 고른 것은?

〈보기〉
ㄱ. 적도 부근 저위도 지역에서 높게 나타난다.
ㄴ. 등온선이 대체로 경도와 평행하게 나타난다.
ㄷ. 중위도 지역이 고위도 지역보다 낮게 나타난다.
ㄹ. 세계의 연평균 기온은 위도의 영향을 많이 받는다.

① ㄱ, ㄴ ② ㄱ, ㄹ ③ ㄴ, ㄷ
④ ㄴ, ㄹ ⑤ ㄷ, ㄹ

02 지도를 보고 강수량이 적은 지역을 〈보기〉에서 고른 것은?

〈보기〉
ㄱ. 극지방 ㄴ. 적도 부근
ㄷ. 남·북회귀선 부근 ㄹ. 위도 40°~60° 부근

① ㄱ, ㄴ ② ㄱ, ㄷ ③ ㄴ, ㄷ
④ ㄴ, ㄹ ⑤ ㄷ, ㄹ

03 세계의 강수량 분포에 대해 설명한 글이다. 밑줄 친 ㉠~㉤ 중 옳지 않은 것은?

세계의 강수량 분포는 ㉠ 위도에 따라 차이가 크다. 또한 바다의 영향을 많이 받는 ㉡ 해안은 강수량이 많고, 바다로부터 멀리 떨어진 ㉢ 대륙 내부는 강수량이 적다. 그러나 같은 해안이라도 ㉣ 난류가 흐르는 지역은 강수량이 적다. 이 밖에도 바람을 가로막는 ㉤ 산맥의 바람받이 지역은 강수량이 많은 편이다.

① ㉠ ② ㉡ ③ ㉢ ④ ㉣ ⑤ ㉤

[04~06] 세계의 기후 지역을 나타낸 지도이다. 이를 보고 물음에 답하시오.

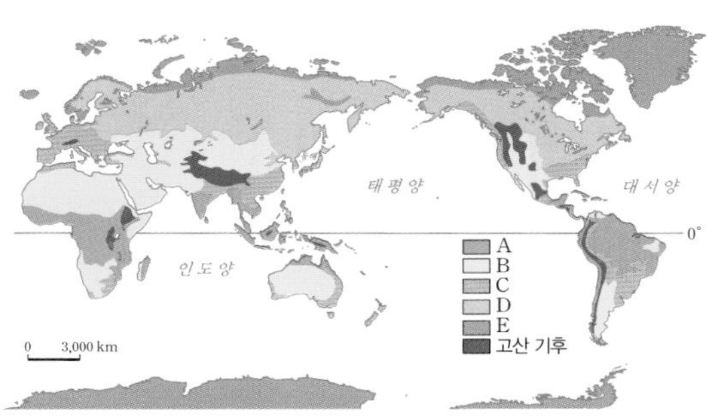

04 다음 설명에 해당하는 기후 지역을 지도의 A~E에서 고른 것은?

이 기후 지역은 겨울이 길고 추우며, '타이가'라고 불리는 침엽수림 지대가 분포하고 있다.

① A ② B ③ C ④ D ⑤ E

05 사진과 같은 경관이 나타나는 기후 지역을 지도의 A~E에서 고른 것은?

① A ② B ③ C ④ D ⑤ E

중요
06 각 기후 지역에 대한 옳은 설명을 〈보기〉에서 고른 것은?

〈보기〉
ㄱ. B-강수량이 적어 식물이 잘 자라지 못한다.
ㄴ. C-기온과 강수량이 적당하며 계절의 변화가 뚜렷하다.
ㄷ. D-여름이 짧으며 기온의 연교차가 매우 작은 편이다.
ㄹ. E-연중 봄과 같이 온화한 날씨가 나타난다.

① ㄱ, ㄴ ② ㄱ, ㄷ ③ ㄴ, ㄷ
④ ㄴ, ㄹ ⑤ ㄷ, ㄹ

[07~10] 다음 기후 그래프를 보고 물음에 답하시오.

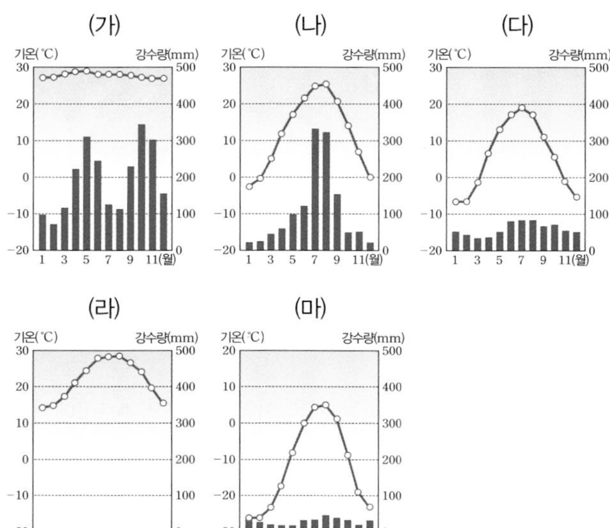

07 다음과 같은 경관을 볼 수 있는 지역의 기후 그래프로 옳은 것은?

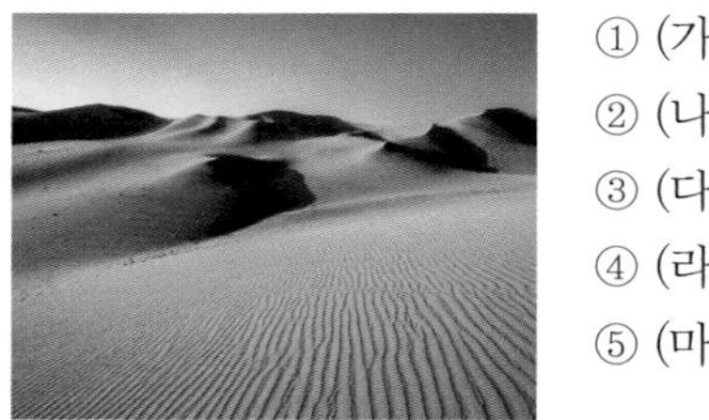

① (가)
② (나)
③ (다)
④ (라)
⑤ (마)

08 (마) 그래프가 나타나는 지역에서 볼 수 있는 경관으로 가장 적절한 것은?

①
②
③
④
⑤

09 중요 적도에서 극지방으로 올라가면서 일반적으로 나타나는 기후 그래프를 순서대로 바르게 배열한 것은?

① (가)－(나)－(라)－(마)－(다)
② (가)－(다)－(라)－(나)－(마)
③ (가)－(라)－(나)－(다)－(마)
④ (나)－(가)－(라)－(다)－(마)
⑤ (나)－(라)－(가)－(마)－(다)

10 ㉠, ㉡이 설명하는 지역의 기후 그래프를 연결한 것으로 옳은 것은?

> ㉠ 중위도 지방에 나타나며 계절의 변화가 뚜렷하고, 적절한 기온과 강수량으로 다양한 종류의 식생이 분포한다.
> ㉡ 적도 부근에 주로 분포하며 일 년 내내 덥고 강수량이 많은 편이며, 크고 작은 나무들이 빽빽하게 들어서 있다.

	㉠	㉡
①	(가)	(나)
②	(나)	(가)
③	(다)	(가)
④	(다)	(마)
⑤	(마)	(나)

11 수업 시간 선생님의 질문에 대해 시안이가 제출한 답안이다. 시안이가 받게 될 점수로 옳은 것은?

[질문] 인간이 거주하기에 유리한 기후 지역에는 '유', 불리한 기후 지역에는 '불'이라고 쓰시오. (한 문제당 1점씩이며, 틀려도 감점하지 않음)

문항	지역	표시
1	온대 기후가 나타나는 서부 유럽 지역	유
2	열대 계절풍 기후가 나타나는 동남아시아 지역	불
3	안데스 산지의 열대 고산 기후 지역	불
4	열대 우림으로 덮인 아마존강 유역	유
5	사하라사막 주변의 건조 기후 지역	불

① 1점 ② 2점 ③ 3점
④ 4점 ⑤ 5점

중요

12 지도에 표시된 지역에서 나타나는 생활 모습으로 옳은 것은?

① 일 년 내내 눈과 얼음으로 덮여 있어 사람들의 거주에 불리하다.
② 밀림으로 덮여 있고 농경지 개간이 어려워 사람이 살기가 어렵다.
③ 일교차가 크고 비가 적게 내려 농업에 불리하므로 사람들이 살기 어렵다.
④ 기온과 강수 조건이 적절하고 벼농사가 발달해 많은 사람들이 모여 산다.
⑤ 일 년 내내 봄과 같이 온화한 날씨가 나타나서 사람들이 살기에 유리하다.

중요

13 인간이 거주하기에 유리한 기후가 나타나는 지역을 지도의 A~E에서 고른 것은?

① A, B ② A, C ③ B, E
④ C, D ⑤ D, E

14 건조 기후 지역과 한대 기후 지역의 공통점으로 옳은 것은?

① 농업 활동을 하기에 불리하다.
② 나무들이 덮여 있어 도시를 개발하기가 어렵다.
③ 해발 고도가 높아 기온이 낮고 산소가 부족하다.
④ 일찍부터 다양한 농업과 상공업이 발달한 지역이다.
⑤ 여름 기온은 높지만 겨울은 매우 추워 거주에 불리하다.

서술형·논술형

서술형

01 적도 부근에 위치한 키토와 벨렝의 기후 그래프를 나타낸 것이다. 두 지역 중 인간 거주에 유리한 곳을 쓰고, 그 이유에 대해 서술하시오.

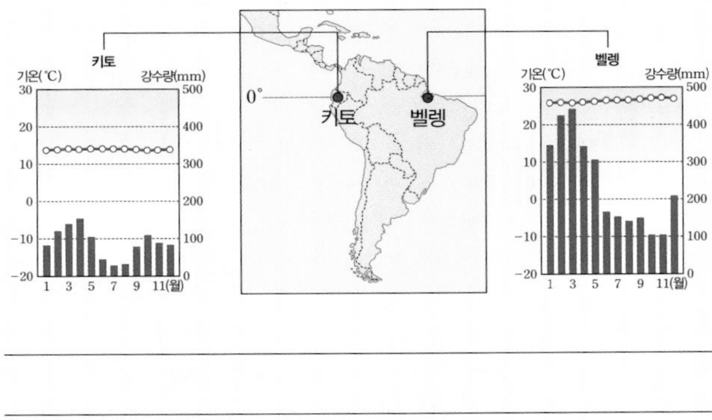

논술형

02 다음은 세계의 주요 기후 지역을 나타낸 지도이다. A~E 기후의 명칭을 쓴 뒤, 각 기후 지역을 인간 거주에 유리한 지역과 불리한 지역으로 구분하고 그렇게 판단한 이유를 해당 기후의 특성을 토대로 300자 이내로 논술하시오.

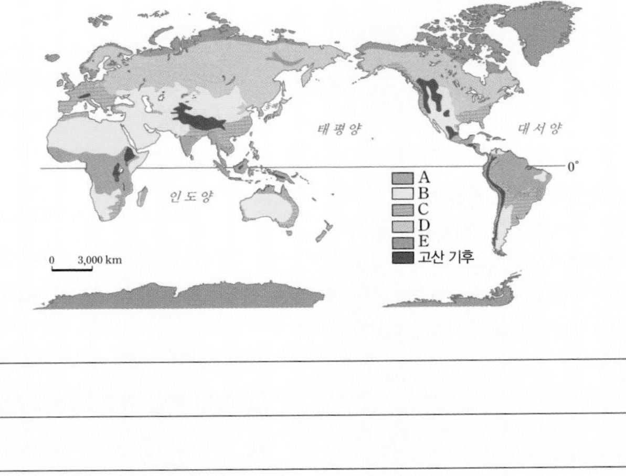

열대 우림 기후 지역의 생활

출제 포인트
- 열대 우림 기후의 특징
- 열대 우림 기후 지역의 식생
- 열대 우림 기후 지역의 의식주
- 이동식 화전 농업과 플랜테이션의 특징

✚ 열대 우림 기후 그래프

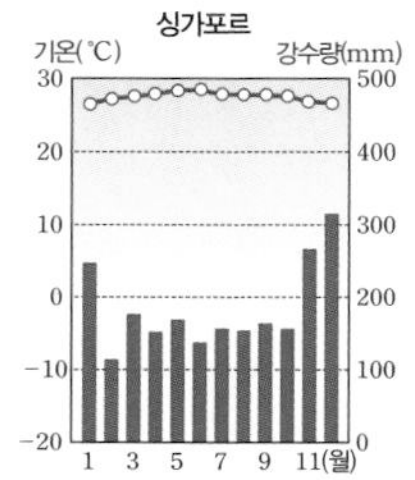

✚ 열대 기후의 구분
열대 기후는 강수량의 특징에 따라 열대 우림 기후, 열대 사바나 기후, 열대 계절풍 기후로 구분한다. 이 중 열대 우림 기후는 일 년 내내 강수량이 풍부하고, 열대 사바나 기후는 건기와 우기의 구분이 뚜렷한 것이 특징이다.

✚ 열대 우림

상층부는 키가 큰 나무들이 빽빽하게 뻗어있고, 하층부는 키가 작은 나무들과 덩굴들이 자라고 있다.

✚ 열대 우림의 의학적 가치
열대 우림은 지구상에서 생물 종의 다양성이 가장 높은 곳으로, 오늘날 인류는 전체 의약품의 약 1/4 이상을 열대 우림에서 자라는 식물들로부터 구하고 있다.

✚ 향신료
음식의 맛과 향을 더해 식욕을 돋우거나, 방부 및 살균 작용을 하여 음식이 부패하는 것을 방지한다. 후추, 강황, 고추, 겨자 등이 대표적이다.

1 열대 우림 기후 지역의 자연환경

(1) 열대 우림 기후

① 의미 : 열대 기후 중에서 일 년 내내 비가 많이 내리는 기후

② 특징
- 기온 : 가장 추운 달의 평균 기온이 18℃ 이상, 계절의 변화 없이 연중 더운 날씨 지속, 연교차보다 일교차가 큼
- 강수량 : 연중 강수량이 많아 매우 습함, 열대성 소나기인 스콜이 거의 매일 내림

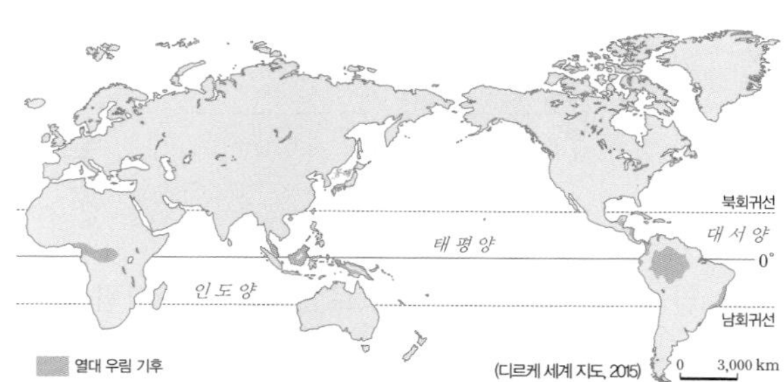

▲ 열대 우림 기후 지역의 분포

③ 분포 : 적도를 중심으로 분포 → 아프리카의 콩고 분지, 남아메리카의 아마존강 유역, 동남아시아의 인도네시아 등
(→ 일 년 내내 태양 에너지를 많이 받기 때문이다.)

(2) 열대 우림(식생)

① 경관 : 다양한 높이의 나무들이 빽빽하게 들어서 밀림을 형성 (→ 덥고 습한 기후가 나무들이 잘 자랄 수 있는 환경을 제공한다.)

② 구조 : 키가 큰 나무(상층부)와 작은 나무 및 덩굴(하층부)들이 어우러져 여러 층을 이룸 (→ 키가 큰 나무들 때문에 햇빛을 잘 받지 못하기 때문이다.)

③ 역할
- 다양한 동물의 서식지 : 지구 전체 동식물 종의 절반 이상이 분포 → 생태계의 보고
- 이산화 탄소를 흡수하고 산소를 공급, 온실 효과 억제
- 경제적 가치 : 식량 자원 및 의약품의 원료 공급지

2 열대 우림 기후 지역의 주민 생활

(1) 생활 양식

① 의생활 : 통풍이 잘되는 얇고 간편한 옷 → 덥고 습한 날씨를 이기고 땀이 잘 증발하도록 하기 위한 목적이다.

② 식생활 : 기름에 튀기거나 향신료를 많이 사용함, 다양한 열대 과일을 즐겨 먹음 (→ 음식이 쉽게 상하지 않도록 하기 위해서이다.)

③ 주생활
- 전통 가옥의 재료 : 주변에서 쉽게 구할 수 있는 나무, 풀 등을 사용
- 전통 가옥의 구조 : 통풍에 유리하도록 단순하고 개방적인 구조 → 창과 문을 크게 냄
- 최근에는 냉방 시설이 갖추어진 현대화된 주택에서 많이 거주하고 있음

Q&A

Q 열대 우림 기후 지역의 전통 가옥(고상 가옥)에 반영된 기후의 특성은 무엇일까요?

A 지붕의 경사를 가파르게 하여 폭우가 쏟아져도 빗물이 쉽게 흘러내려가도록 하였으며, 벽을 얇게 하고 문과 창을 크게 내어 통풍에 유리하도록 하였습니다. 또한 바닥을 지면에서 떨어지게 지어 지표면에서 전달되는 열기와 습기를 피하고 해충과 뱀, 짐승 등의 침입을 막을 수 있도록 하였습니다.

(2) **열대 우림 기후 지역의 농업**

① **벼농사** : 토양이 비옥한 동남아시아 지역의 하천 유역에서 발달(일부 지역 2~3기작 가능) → 쌀을 중심으로 한 음식 문화가 발달

② **이동식 화전 농업**

- 경작 방식 : 숲에 불을 질러 만든 경작지에서 작물을 재배하다가 지력이 떨어지면 다른 곳으로 이동
  (숲에 불을 질러 만든 경작지 → 나무를 태운 재는 흙에 양분을 주어 농사가 잘되게 한다.)
- 재배 작물 : 카사바, 얌, 옥수수 등

집중 탐구 이동식 화전 농업

열대 우림 기후 지역은 비가 많이 내려 토양의 양분이 쉽게 빠져나가 비옥하지 않고, 나무도 우거져 있어 농사를 짓기에 적합하지 않다. 그래서 밀림의 나무를 태워 경지를 확보한 후 작물을 재배한다.

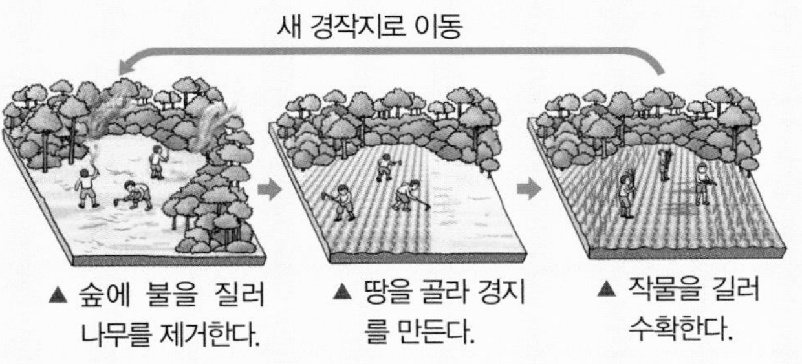

▲ 숲에 불을 질러 나무를 제거한다. ▲ 땅을 골라 경지를 만든다. ▲ 작물을 길러 수확한다.

③ **플랜테이션**

- 경작 방식 : 선진국의 자본과 기술, 개발 도상국 주민들의 노동력을 결합하여 상품 작물을 대규모로 재배 → 상업적 농업
  (상품 작물 → 시장에 내다 팔기 위해 재배하는 농작물)
- 재배 작물 : 카카오, 천연고무, 바나나, 야자나무 등
- 최근 경향 : 현지 주민이 직접 운영하는 다각적 경영으로 변화
- 문제점 : 식량 작물 재배지 축소로 곡물 생산량 감소 및 식량 부족 문제 제기

3 열대 우림 기후 지역의 변화

(1) **열대 우림 면적의 감소**

① **원인** : 도시 건설, 농경지 및 목초지 개간, 자원 개발, 도로 건설 등

② **문제점**

- 동식물의 서식지 파괴 → 생물 종 다양성 감소
- 원주민의 생활 근거지 파괴 → 전통적 생활 방식 변화
  (전통적 생활 방식 변화 → 원주민들의 토착 문화가 사라지고, 원주민들이 농장 노동자가 되거나 도시 빈민이 되어 살아가기도 한다.)
- 지구 온난화 가속화 및 이상 기후 증가
  (→ 대기 중 이산화 탄소를 산소로 바꾸는 기능이 약화되었기 때문이다.)

(2) **현대적 거주 공간 확대**

① 교통이 편리한 해안이나 강가를 중심으로 도시 발달 예 싱가포르(중계 무역의 중심지)

② 열대 해안 지역을 중심으로 세계적인 휴양 도시 건설

③ 생태 관광 발달, 다양한 관광 상품 개발을 통한 관광지 건설 등

더 알아보기 열대 우림 기후 지역에 발달한 도시의 모습

◀ 싱가포르
태평양과 인도양을 잇는 해상 교통의 요충지로 일찍부터 물류 산업의 중심지가 되었으며, 화려한 도시 경관으로 인해 관광객이 많다.

◀ 브라질의 마나우스
네그루 강 연안에 위치한 항구 도시로 천연고무의 수출항으로 성장하였으며, 오늘날 브라질 내륙 개발의 상징적인 도시가 되었다.

+ 카사바

고구마 같은 덩이뿌리에 녹말이 들어 있으며 뿌리는 가루를 내어 빵 등을 만들거나 각종 음식의 재료로 사용한다. 아메리카 열대 우림 지역이 원산지이다.

+ 얌

고구마나 감자처럼 삶거나 구워서 먹는 덩이줄기 채소로 남아메리카와 서인도제도에서 주요 식료품으로 사용된다.

+ 카카오

열매를 빻아 만든 가루로 코코아와 초콜릿을 만들며 현재 가나, 코트디부아르 등 서부 아프리카에 위치한 국가들의 열대 우림 지역에서 플랜테이션의 형태로 재배되고 있다.

+ 천연고무

천연고무는 고무나무에서 수액의 형태로 채취한다.

+ 중계 무역

외국에서 수입한 상품을 그대로 다른 나라에 재수출하는 무역의 형태를 말한다. 싱가포르, 홍콩 등 해상 교통이 편리한 곳에 주로 발달하였다.

+ 생태 관광

환경 피해를 최대한 억제하면서 자연을 관찰하고 이해하며 즐기는 여행 방식이나 여행 문화를 뜻한다.

정답과 해설 • 8쪽

01 빈칸에 알맞은 말을 쓰시오.

(1) 열대 우림 기후는 (   )을(를) 중심으로 분포한다.
(2) 열대 우림 기후 지역에서 오후에 거의 매일 내리는 열대성 소나기를 (   )(이)라고 한다.
(3) 열대 우림 기후 지역에서 지면의 열기와 습기를 피하기 위해 건물을 바닥에서 띄워 짓는 가옥을 (   )(이)라고 한다.

02 다음 설명이 맞으면 ○표, 틀리면 ×표 하시오.

(1) 열대 우림 기후 지역은 기온이 높고 강수량이 많다. ··········· (   )
(2) 열대 우림은 키가 큰 나무들이 단일한 층을 이루는 단순한 구조를 띠고 있다. ··········· (   )
(3) 플랜테이션은 최근 현지 주민이 직접 운영하는 단일 경작 방식으로 변하고 있다. ··········· (   )
(4) 이동식 화전 농업이 증가하면서 식량 부족 문제가 제기되고 있다. ··········· (   )
(5) 열대 우림 기후 지역에서 전통적인 생활 방식을 유지하며 살아가는 사람들의 수가 감소하고 있다. ···· (   )

03 다음과 같은 역할을 하는 식생을 부르는 명칭을 쓰시오.

• 다양한 동물의 서식지로 지구 전체 동식물 종의 절반 이상이 분포한다.
• 이산화 탄소를 흡수하고 산소를 공급해 온실 효과를 억제한다.

04 열대 우림 지역의 가옥에 대한 설명 중 알맞은 말에 ○표 하시오.

(1) 열대 우림 지역의 가옥은 지붕의 경사가 (급하다, 완만하다).
(2) 열대 우림 지역의 전통 가옥은 (개방적, 폐쇄적) 구조를 띠고 있다.
(3) 열대 우림 지역의 가옥은 창문의 크기가 (크다, 작다).

05 다음 내용과 관련된 농업 방식의 명칭을 쓰시오.

밀림의 나무를 태워 경지를 확보한 후, 작물을 재배하고 지력이 떨어지면 다른 곳으로 이동하여 새롭게 밭을 만든다.

06 열대 우림 기후 지역의 생활 양식을 바르게 연결하시오.

(1) 의생활 •   • ㉠ 얇고 간편한 옷
               • ㉡ 온몸을 감싸는 두꺼운 옷
(2) 식생활 •   • ㉠ 날고기, 날생선을 즐김
               • ㉡ 향신료를 사용한 음식
(3) 주생활 •   • ㉠ 고상 가옥
               • ㉡ 이동식 천막

07 〈보기〉의 내용을 (가), (나)의 기준에 의해 구분하시오.

보기

ㄱ. 얌   ㄴ. 카사바   ㄷ. 바나나
ㄹ. 천연고무   ㅁ. 옥수수   ㅂ. 카카오

(가) 플랜테이션 재배 작물 ··········· (   )
(나) 이동식 화전 농업 재배 작물 ··········· (   )

08 열대 우림 기후 지역에서 이루어지는 농업 방식에 대해 설명한 글이다. 빈칸 ㉠~㉢에 들어갈 알맞은 말을 쓰시오.

열대 우림 기후에서 선진국의 (㉠)와(과) 기술, 개발 도상국 주민들의 (㉡)을(를) 결합하여 상품 작물을 대규모로 재배하는 방식을 (㉢)(이)라고 한다.

09 밑줄 친 부분을 바르게 고쳐 쓰시오.

(1) 싱가포르와 마나우스 등은 <u>온대 기후</u> 지역에 발달한 대표적인 도시들이다. ··········· (   )
(2) 최근에는 열대 우림 기후 지역의 주민들이 <u>고상 가옥</u>에 많이 거주하고 있다. ··········· (   )
(3) 플랜테이션은 대표적인 <u>자급적 농업</u> 방식에 해당한다. ··········· (   )

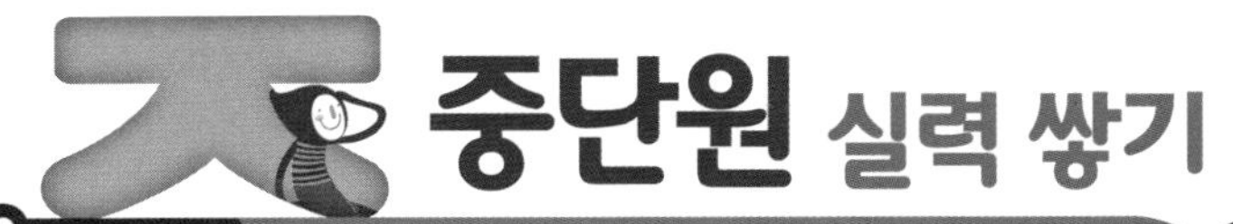

중단원 실력 쌓기

정답과 해설 • 8쪽

중요

01 지도에 표시된 지역에서 나타나는 기후 특색으로 옳은 것은?

① 건기와 우기의 구분이 뚜렷하다.
② 계절의 변화가 뚜렷하게 나타난다.
③ 강수량보다 증발량이 많은 편이다.
④ 일 년 내내 기온이 높고 강수량이 많다.
⑤ 기온의 연교차가 일교차보다 크게 나타난다.

02 사진과 같은 식생이 주로 나타나는 지역에 대한 옳은 설명을 〈보기〉에서 고른 것은?

〈보기〉
ㄱ. 주로 적도 부근에서 살펴볼 수 있다.
ㄴ. 나무의 종류가 단순하여 개발하기에 유리하다.
ㄷ. 다양한 동물들이 서식하여 생태계의 보고 역할을 한다.
ㄹ. 키가 큰 나무들로만 구성되어 단일한 층의 구조를 형성한다.

① ㄱ, ㄴ ② ㄱ, ㄷ ③ ㄴ, ㄷ
④ ㄴ, ㄹ ⑤ ㄷ, ㄹ

03 다음과 같은 날씨 변화가 거의 매일 반복되는 기후는?

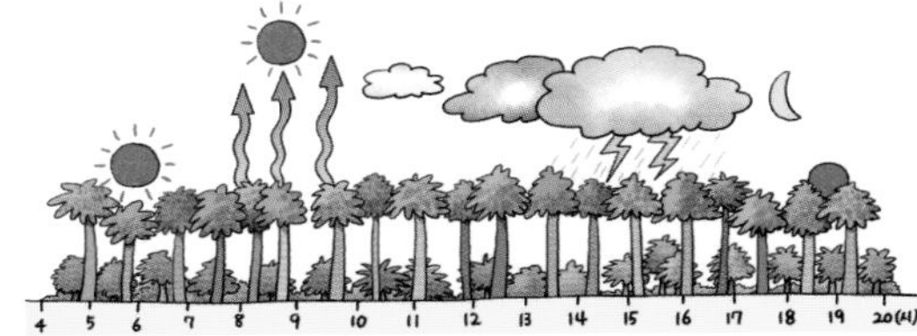

① 스텝 기후 ② 툰드라 기후
③ 지중해성 기후 ④ 열대 우림 기후
⑤ 온대 계절풍 기후

04 다음과 같은 강수가 연중 나타나는 지역에 대한 옳은 설명을 〈보기〉에서 고른 것은?

> 강한 태양열에 의해 데워진 공기가 상승하면서 구름을 형성하여 비가 거의 매일 오후에 짧은 시간 동안 집중적으로 쏟아지며 천둥, 번개, 강풍 등을 동반하는 경우가 많다.

〈보기〉
ㄱ. 기온의 연교차보다 일교차가 크게 나타난다.
ㄴ. 계절의 변화 없이 연중 더운 날씨가 지속된다.
ㄷ. 우기에만 키가 작은 풀이 자라는 초원이 나타난다.
ㄹ. 연중 봄과 같이 온화한 날씨가 반복적으로 나타난다.

① ㄱ, ㄴ ② ㄱ, ㄷ ③ ㄴ, ㄷ
④ ㄴ, ㄹ ⑤ ㄷ, ㄹ

중요

05 다음 기후 그래프가 나타나는 지역의 주민 생활 모습으로 옳은 것을 〈보기〉에서 고른 것은?

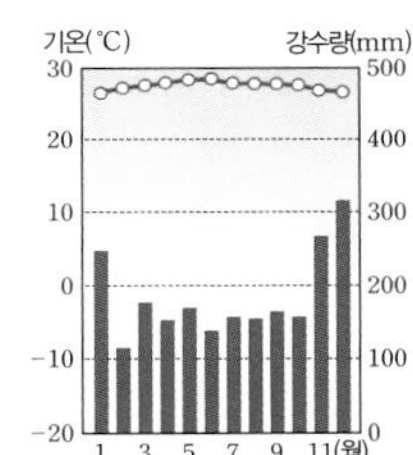

〈보기〉
ㄱ. 온몸을 감싸는 헐렁한 옷을 착용한다.
ㄴ. 음식을 조리할 때 향신료를 많이 사용한다.
ㄷ. 주변에서 쉽게 구할 수 있는 돌로 집을 짓는다.
ㄹ. 이동식 화전 농업을 통해 카사바, 옥수수 등을 재배한다.

① ㄱ, ㄴ ② ㄱ, ㄷ ③ ㄴ, ㄷ
④ ㄴ, ㄹ ⑤ ㄷ, ㄹ

06 이동식 화전 농업에 대한 설명으로 옳은 것은?

① 바나나, 카카오 등을 주로 재배한다.
② 토양이 척박해지면 다른 곳으로 이동한다.
③ 식량 작물의 재배 면적이 점차 증가하고 있다.
④ 유럽인들이 진출하면서 시작하게 된 농업 방식이다.
⑤ 선진국의 자본과 기술, 원주민의 노동력을 이용한다.

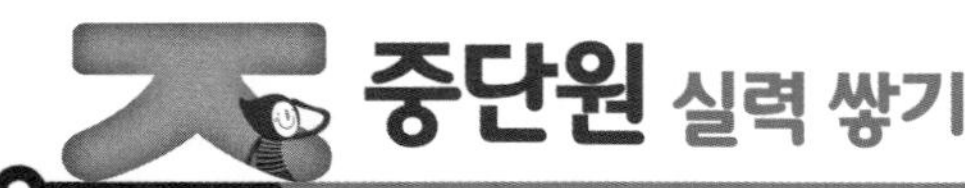

중단원 실력 쌓기

07 열대 우림 지역에서 살펴볼 수 있는 전통 가옥의 모습이다. 이에 대한 설명으로 옳지 않은 것은?

① 통풍에 유리하도록 문과 창문을 작게 만든다.
② 주변에서 쉽게 구할 수 있는 나무를 사용한다.
③ 빗물이 잘 흘러내리도록 지붕을 가파르게 만든다.
④ 벽을 얇게 하고 개방적인 구조를 갖도록 집을 짓는다.
⑤ 지면에서 올라오는 열기와 습기를 피하도록 바닥을 띄워서 짓는다.

중요

08 두 학생의 대화 속 사진과 같은 농장 경영 방식에 대한 옳은 설명을 〈보기〉에서 고른 것은?

이 사진은 뭘 찍은 거니? 우리나라에서는 볼 수 없는 경관인데?

이번에 인도네시아를 여행하면서 찍은 대규모 야자수 농장의 모습이야.

보기

ㄱ. 식량 작물을 대규모로 재배하는 자급적 농업에 해당한다.
ㄴ. 땅의 힘이 떨어지면 다른 곳으로 이동하여 농장을 조성한다.
ㄷ. 이러한 농업이 발달하면서 식량 부족 문제가 나타나기도 한다.
ㄹ. 선진국의 자본과 개발 도상국 주민의 노동력이 결합된 방식이다.

① ㄱ, ㄴ　② ㄱ, ㄷ　③ ㄴ, ㄷ　④ ㄴ, ㄹ　⑤ ㄷ, ㄹ

09 다음과 같은 음식 문화가 발달한 지역의 주민 생활 모습으로 옳지 않은 것은?

이 지역에서는 닭고기와 각종 채소를 넣고 향신료로 양념하여 만든 볶음밥인 '나시 고렝'을 즐겨 먹는다. '나시'는 쌀을, '고렝'은 튀기거나 볶는 것을 의미한다.

① 다양한 열대 과일을 즐겨 먹는다.
② 통풍에 유리한 개방적 형태로 가옥을 짓는다.
③ 더위를 이기기 위해 가볍고 얇은 옷을 착용한다.
④ 토양이 비옥한 하천 유역에서 벼농사가 활발하게 이루어진다.
⑤ 가축을 데리고 물과 풀을 찾아서 이동하는 유목이 이루어진다.

10 그림과 같은 농업 방식을 통해 재배하는 작물의 종류를 〈보기〉에서 고른 것은?

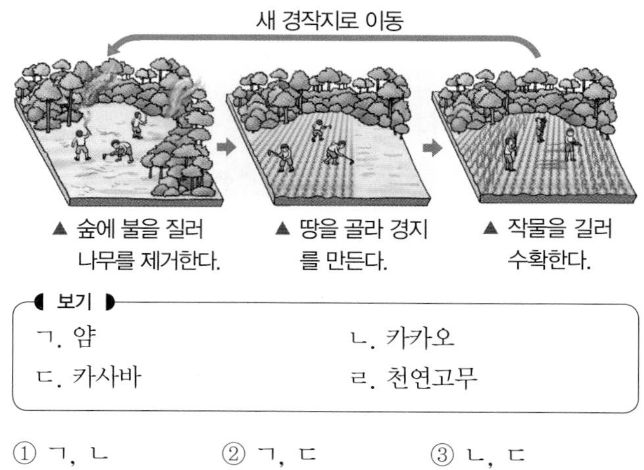

새 경작지로 이동
▲ 숲에 불을 질러 나무를 제거한다.
▲ 땅을 골라 경지를 만든다.
▲ 작물을 길러 수확한다.

보기

ㄱ. 얌　ㄴ. 카카오
ㄷ. 카사바　ㄹ. 천연고무

① ㄱ, ㄴ　② ㄱ, ㄷ　③ ㄴ, ㄷ　④ ㄴ, ㄹ　⑤ ㄷ, ㄹ

11 다음과 같은 주제로 지리 신문을 만들고자 한다. 기사에 들어갈 내용으로 적절하지 않은 것은?

제목 : 열대 우림 지역에 변화의 바람이 불고 있어…….

① 생태 관광을 비롯한 다양한 관광 상품 개발
② 열대 해안 지역을 중심으로 세계적인 휴양지 건설
③ 교통이 편리한 해안 지역을 중심으로 발달한 도시
④ 도로 건설 및 자원 개발로 인한 열대 우림 면적 감소
⑤ 열대 우림 개발로 인해 발달하고 있는 원주민의 토착 문화

중요

12 재석이가 작성한 수행 평가 보고서의 일부이다. 보고서에 들어갈 사진으로 옳지 않은 것은?

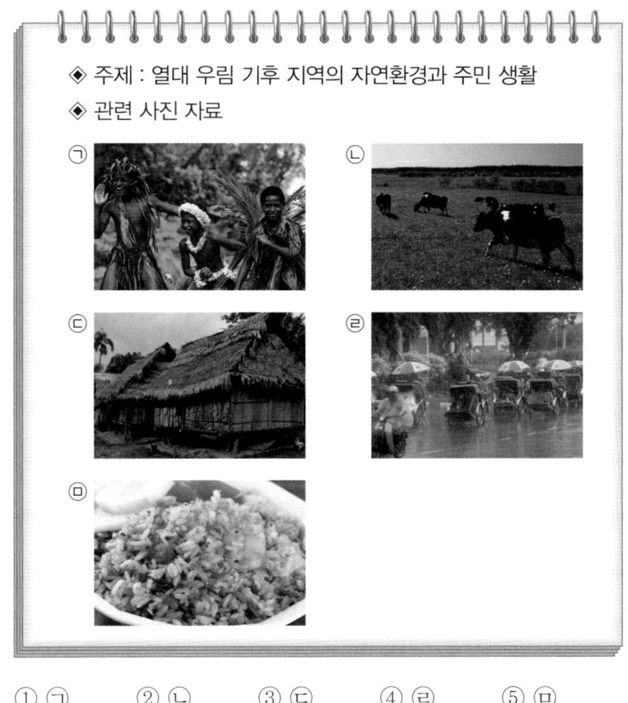
◈ 주제 : 열대 우림 기후 지역의 자연환경과 주민 생활
◈ 관련 사진 자료
㉠ ㉡ ㉢ ㉣ ㉤

① ㉠ ② ㉡ ③ ㉢ ④ ㉣ ⑤ ㉤

13 교사의 질문에 대한 학생의 대답으로 옳은 것은?

다음의 도시가 발달하게 된 가장 큰 원인은 무엇일까요?
태평양
인도양
0 1,000 km

① 해상 교통의 요충지로 중계 무역이 발달했기 때문입니다.
② 대규모로 상품 작물을 재배하는 플랜테이션이 발달했기 때문입니다.
③ 열대 우림의 희귀한 동식물을 관찰하는 생태 관광이 발달했기 때문입니다.
④ 하천 교통이 편리하며, 내륙 지역의 개발에 중심지 역할을 했기 때문입니다.
⑤ 풍부한 석유 자원의 개발을 통해 얻은 이익으로 도시화가 이루어졌기 때문입니다.

서술형·논술형

서술형

01 열대 우림 기후 지역에서 볼 수 있는 식생의 모습이다. 이러한 식생의 역할 및 중요성에 대해 두 가지만 서술하시오.

논술형

02 동남아시아 지역에서 볼 수 있는 천연고무 농장의 모습이다. 이와 관련된 농업 방식에 대해 구체적으로 서술하고, 이러한 농업 방식의 증가로 나타날 수 있는 문제점과 운영에 있어 최근 변화되고 있는 경향에 대해 250자 이내로 논술하시오.

온대 기후 지역의 생활

- 온대 기후의 구분과 각 기후별 특징 비교
- 온대 기후 지역의 농목업
- 온대 기후 지역의 주민 생활

✚ 계절풍
계절에 따라 주기적으로 방향이 바뀌는 바람을 말한다. 여름에는 바다에서 대륙으로, 겨울에는 대륙에서 바다로 바람이 불어온다.

✚ 편서풍
남·북위 30°~60°의 중위도 지방에서 일 년 내내 서쪽에서 동쪽으로 부는 바람을 말한다.

✚ 지중해성 기후
지중해성 기후 지역은 여름에는 아열대 고압대의 영향으로 덥고 건조한 날씨가 이어지며, 겨울에는 온대 해양성 기단 및 전선대의 영향으로 온화하고 여름보다 비가 많이 내리는 편이다.

✚ 우리나라 기후(대륙성 기후)
우리나라의 경우 비슷한 위도의 대륙 서안보다 기온의 연교차가 큰 대륙성 기후가 나타난다. 대륙성 기후는 대륙의 영향을 많이 받아 연교차가 크다. 반면 해양성 기후는 바다의 영향을 많이 받아 연교차가 작다.

✚ 서울과 런던의 기후가 차이나는 이유
서울은 대륙의 동안에 위치하여 계절풍의 영향을 받는다. 여름에는 북태평양에서 바람이 불어와 고온 다습하지만, 겨울에는 시베리아에서 불어와 한랭 건조하다. 반면 런던은 일 년 내내 서쪽에서 동쪽으로 편서풍이 불어 대서양의 습기를 전달해주며, 멕시코만에서 출발해 대서양을 따라 고위도 지역으로 흐르는 북대서양 해류(난류)의 영향을 받는다.

1 온대 기후의 구분과 특징

(1) 온대 기후의 특징과 분포

① 특징 : 계절의 변화가 뚜렷하고, 기온이 온화하며 강수량이 적당하여 인간 생활에 유리함
→ 다양한 농업 활동, 상공업과 도시 발달

② 분포 : 중위도 지역을 중심으로 분포

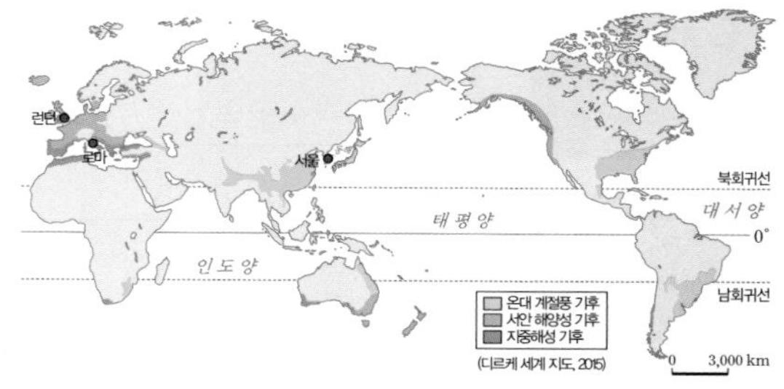

▲ 온대 기후 지역의 분포

(2) 온대 기후의 구분

① 기준 : 계절별 강수량 분포와 여름철 기온

② 구분

구분	내용
온대 계절풍 기후	• 분포 : 유라시아 대륙 동안, 북아메리카 대륙 동안 • 유라시아 대륙 동안의 경우, 계절풍의 영향을 강하게 받음 • 특징 ┌ 여름 : 기온이 높고, 비가 많이 내림(고온 다습) 　　　└ 겨울 : 춥고 건조함(한랭 건조) → 기온의 연교차가 크고, 강수량의 계절 차가 크게 나타남
서안 해양성 기후	• 분포 : 서부 유럽, 북아메리카 북서 해안, 뉴질랜드 등 • 특징 : ┌ 기온의 연교차가 작고, 계절별 강수량이 고르게 나타남 　　　　└ 비가 자주 내리고 흐린 날이 많으며 일조량이 풍부하지 않음 • 원인 : 편서풍과 난류의 영향 → 여름에는 서늘하고 겨울에는 따뜻하기 때문이다.
지중해성 기후	• 분포 : 지중해 연안, 미국의 캘리포니아, 오스트레일리아 남서부 등 • 특징 ┌ 여름 : 기온이 높고, 강수량이 적음(고온 건조) 　　　└ 겨울 : 따뜻하고 강수량이 많음(온난 습윤)

Q&A

Q 서울, 런던, 로마의 기후는 어떤 특징이 나타날까요?

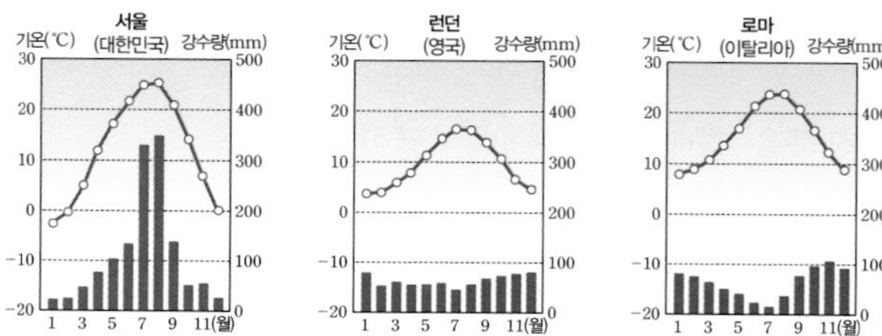

A 서울은 런던에 비해 여름과 겨울의 기온 차가 크고 강수량은 주로 여름에 집중되어 있습니다. 런던은 서울에 비해 여름과 겨울의 기온 차가 작으며, 연중 비가 고르게 내리고 흐린 날이 많은 편입니다. 로마는 여름철에 기온이 높고 강수량이 적으며, 겨울에는 비교적 강수량이 많고 따뜻하여 다른 두 도시와 차이를 보입니다.

❷ 온대 기후 지역의 주민 생활

(1) 온대 기후 지역의 농목업

온대 계절풍 기후	• 여름철의 고온 다습한 기후를 이용해 벼농사가 활발함 → 동부 아시아, 동남아시아 일부 지역 • 저위도의 온대 기후 지역에서는 벼의 2기작이 이루어짐
서안 해양성 기후	• 혼합 농업 발달(곡물 재배+가축 사육) → 서늘하고 습윤한 기후로, 목초지 조성에 알맞기 때문이다. • 선선한 여름 날씨에 잘 자라는 밀, 호밀, 감자 등을 재배 • 대도시 주변 : 원예 농업과 낙농업 발달 → 신선한 상태의 상품을 소비자에게 빠르게 공급하기 위해서이다.
지중해성 기후	• 여름 : 수목 농업 발달(포도, 올리브, 오렌지 등을 재배) • 겨울 : 곡물 농업 발달(밀, 보리 등을 재배) → 고온 건조한 기후가 나타나기 때문이다.

더 알아보기 혼합 농업

여름이 서늘한 서부 유럽은 곡물 농사에 불리해 이를 혼합 농업으로 극복해 왔다. 서늘하고 습한 기후는 풀이 자라는 데 유리하여 목초지를 조성하기에 알맞다. 서늘한 기후에서 잘 자라는 밀과 보리 등을 재배하면서 목초지를 따로 조성하여 소나 돼지 등을 함께 기르는 혼합 농업이 발달하게 되었다. 이러한 이유로 이 지역의 식탁에는 빵과 함께 육류가 자주 오른다.

(2) 온대 기후 지역의 주민 생활

온대 계절풍 기후	• 추위와 더위에 대비하기 위한 시설이 모두 발달 예 온돌·대청과 같은 냉난방 장치가 함께 설치된 가옥 • 쌀을 중심으로 한 음식 문화 발달
서안 해양성 기후	• 흐리고 비가 내리는 날이 많아 외출할 때는 가벼운 겉옷이나 우산 준비 • 날씨가 맑은 날 일광욕을 즐김 • 벽난로 설치 : 집안의 습기를 제거하고 온도를 높이기 위한 목적 • 하천 교통 발달 겨울에도 하천이 얼지 않고, 연중 하천의 수위가 일정하기 때문이다.
지중해성 기후	• 강한 햇빛을 막기 위해 가옥의 벽을 흰색으로 칠한 경우가 많음 • 올리브, 토마토 등을 사용한 피자, 파스타를 즐겨 먹음

더 알아보기 온대 기후 지역의 다양한 주민 생활 모습

우리나라의 냉난방 장치	영국의 벽난로	영국의 일광욕 모습	그리스의 가옥
우리나라는 기온의 연교차가 크기 때문에 추위와 더위에 대비하기 위한 냉난방 장치가 가옥에 함께 설치된다.	영국은 집안의 습기를 제거하고 온도를 높이기 위해 실내에 벽난로를 설치한 가정이 많다.	영국은 흐리고 비가 내리는 날이 많기 때문에 날씨가 맑은 날에는 공원 등지에서 일광욕을 즐긴다.	지중해 지역의 가옥들은 강한 햇빛을 막기 위해 벽의 외부를 흰색으로 칠한 경우가 많다. 대체로 벽이 두껍고 창문이 작다.

+ 2기작
같은 장소에서 1년에 2회 같은 농작물을 재배하는 농업 방식을 말한다.

+ 혼합 농업의 원리

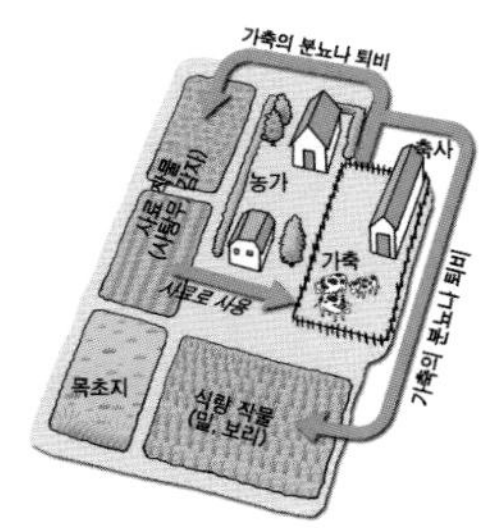

+ 원예 농업
꽃, 채소, 과일 등을 재배하는 농업을 말한다.

+ 낙농업
가축에서 젖을 얻거나 그 젖으로 버터, 치즈 등의 유제품을 만드는 산업이다.

+ 수목 농업
기온이 높고 건조한 여름철 날씨에 잘 견디는 과실나무를 재배하는 농업을 말한다.

+ 올리브 나무와 열매

올리브는 지중해 주변 지역에서 많이 생산된다. 음식 재료로 이용할 뿐만 아니라, 생활 전반에 걸쳐 다양하게 사용된다.

정답과 해설 • 10쪽

01 다음의 특징을 갖는 기후의 명칭을 쓰시오.

중위도 지역을 중심으로 분포하는 기후로, 사계절의 변화가 뚜렷하고 기온이 온화하며 강수량이 비교적 적당한 편이라 인간 생활에 유리하다.

02 다음 설명에 해당하는 단어를 쓰시오.

(1) 계절에 따라 주기적으로 방향이 바뀌는 바람 ( )
(2) 남·북위 30°~60°의 중위도 지방에서 일 년 내내 서쪽에서 동쪽으로 부는 바람 ( )
(3) 가축에서 젖을 얻거나 그 젖으로 버터, 치즈 등의 유제품을 만드는 산업 ( )
(4) 기온이 높고 건조한 여름철 날씨에 잘 견디는 과실나무를 재배하는 농업 ( )
(5) 서늘하고 습윤한 기후에서 곡물 재배와 가축 사육을 함께하는 농업 ( )

03 괄호 안의 내용 중 알맞은 말에 ○표 하시오.

(1) 유라시아 대륙 동안의 경우 대체로 (여름, 겨울)에는 바다에서 대륙으로 바람이 분다.
(2) 유라시아 대륙 (동안, 서안)의 경우 해양성 기후의 특징이 나타난다.
(3) 유라시아 대륙 서안의 경우 (계절풍, 편서풍)의 영향을 강하게 받는다.

04 다음 설명에 해당하는 기후를 〈보기〉에서 고르시오.

보기
ㄱ. 지중해성 기후　　ㄴ. 서안 해양성 기후
ㄷ. 온대 계절풍 기후

(1) 기온의 연교차와 강수량의 계절 차가 비교적 크게 나타난다. ( )
(2) 기온의 연교차가 작은 편이고, 계절별 강수량이 고르게 나타난다. ( )
(3) 여름에는 기온이 높고 강수량이 적으며, 겨울에는 따뜻하고 강수량이 많다. ( )

05 밑줄 친 부분을 바르게 고쳐 쓰시오.

(1) 유라시아 대륙 동안의 경우, 여름철이 <u>한랭 건조</u>하다. ( )
(2) <u>지중해성 기후</u>는 비가 자주 내리고 흐린 날이 많아 일조량이 풍부하지 않다. ( )

06 ㉠, ㉡에 들어갈 알맞은 말을 쓰시오.

런던은 서울에 비해 여름과 겨울의 기온 차가 작고 연중 비가 고르게 내린다. 런던은 일 년 내내 서쪽에서 동쪽으로 (㉠)이(가) 불어 대서양의 습기를 전달해 준다. 또한 멕시코만에서 고위도로 흐르는 (㉡)인 북대서양 해류의 영향을 받는다.

07 다음 기후 지역에서 발달한 농업을 바르게 연결하시오.

(1) 지중해성 기후 •　　• ㉠ 벼농사
(2) 서안 해양성 기후 •　　• ㉡ 수목 농업
(3) 온대 계절풍 기후 •　　• ㉢ 혼합 농업

08 다음 설명이 맞으면 ○표, 틀리면 ×표 하시오.

(1) 온대 계절풍 기후 지역에서는 겨울철이 따뜻하여 벼의 재배가 활발하다. ( )
(2) 지중해성 기후 지역에서는 겨울철에 밀, 보리 등을 재배한다. ( )
(3) 서안 해양성 기후 지역에서는 선선한 여름 날씨에 잘 자라는 포도, 올리브 등을 재배한다. ( )

09 다음과 같은 주민 생활이 나타나는 기후를 〈보기〉에서 고르시오.

보기
ㄱ. 지중해성 기후　　ㄴ. 서안 해양성 기후
ㄷ. 온대 계절풍 기후

(1) 대청과 온돌 등 추위와 더위에 모두 대비하기 위한 시설이 발달했다. ( )
(2) 날씨가 맑은 날 공원 등에서 일광욕을 즐기는 사람이 많다. ( )
(3) 강한 햇빛을 막기 위해 가옥의 벽을 흰색으로 칠했다. ( )

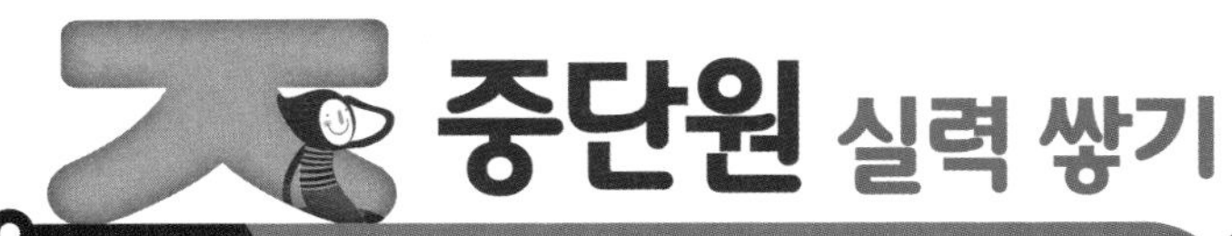

정답과 해설 • 10쪽

01 지도에 표시된 지역에서 나타나는 기후 특색으로 옳은 것은?

보기
ㄱ. 계절의 변화가 뚜렷하다.
ㄴ. 강수량에 비해 증발량이 많다.
ㄷ. 기온의 연교차보다 일교차가 크다.
ㄹ. 기온이 온화하고 강수량이 적당한 편이다.

① ㄱ, ㄴ ② ㄱ, ㄹ ③ ㄴ, ㄷ
④ ㄴ, ㄹ ⑤ ㄷ, ㄹ

02 지도에 표시된 바람의 명칭으로 옳은 것은?

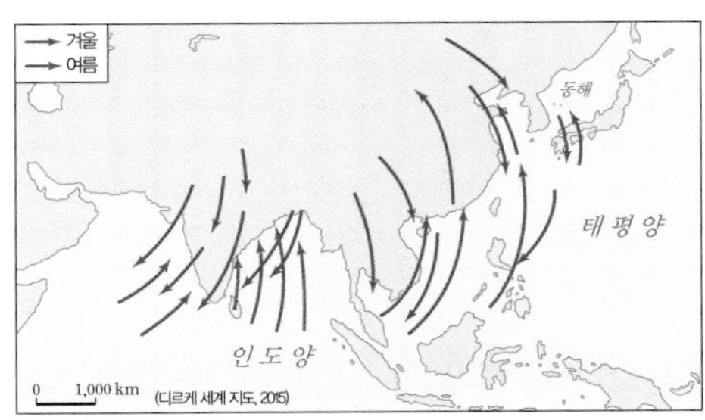

① 태풍 ② 극동풍 ③ 무역풍
④ 계절풍 ⑤ 편서풍

03 우리나라 기후의 특성을 설명한 글이다. 밑줄 친 ㉠~㉤ 중 옳지 않은 것은?

우리나라는 대륙 동안에 위치하여 ㉠ 계절풍의 영향을 받는다. 여름에는 바다에서 불어오는 바람의 영향으로 ㉡ 기온이 높고 습하며, 겨울에는 대륙에서 불어오는 바람의 영향으로 ㉢ 춥고 건조하다. 우리나라는 비슷한 위도의 대륙 서안에 비해 ㉣ 기온의 연교차가 작고, 강수량의 계절 차가 큰 ㉤ 대륙성 기후가 나타난다.

① ㉠ ② ㉡ ③ ㉢
④ ㉣ ⑤ ㉤

[04~06] 다음 지도를 보고 물음에 답하시오.

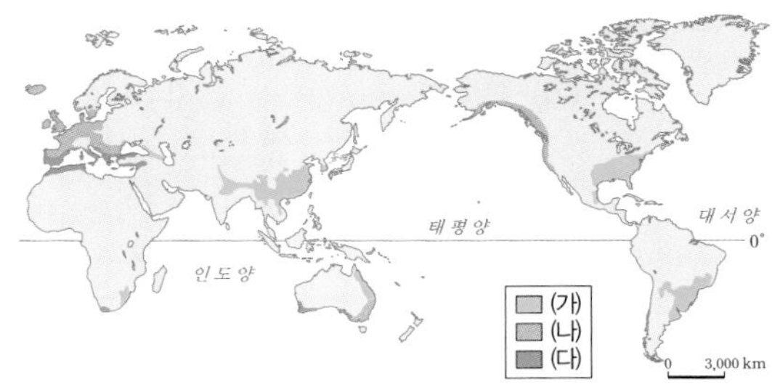

04 (가) 기후의 특징을 나타낸 그래프로 옳은 것은?

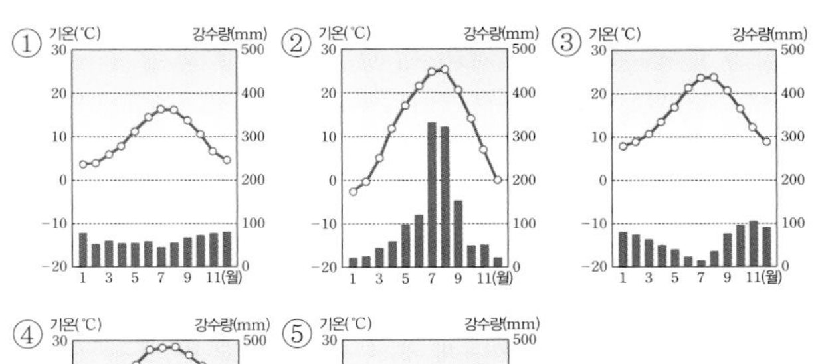

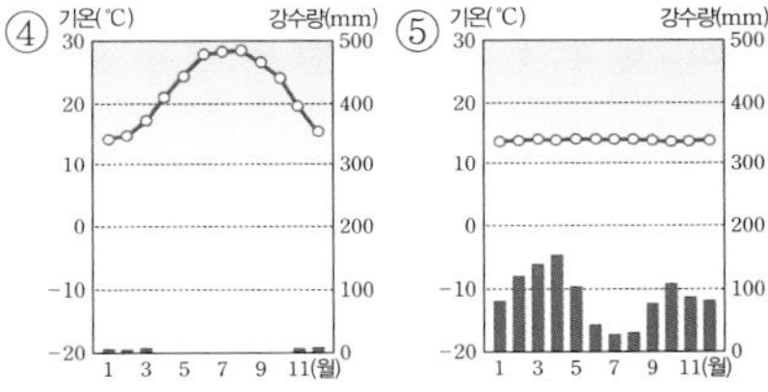

중요
05 (나) 기후의 특성으로 옳은 것을 〈보기〉에서 고른 것은?

보기
ㄱ. (가)에 비해 기온의 연교차가 작게 나타난다.
ㄴ. (다)에 비해 여름철이 덥고 건조하다.
ㄷ. (가), (다)에 비해 강수량의 계절 차가 작은 편이다.
ㄹ. 계절풍의 영향을 받아 겨울에는 한랭 건조하다.

① ㄱ, ㄴ ② ㄱ, ㄷ ③ ㄴ, ㄷ
④ ㄴ, ㄹ ⑤ ㄷ, ㄹ

06 (다) 기후의 특성에 대한 설명으로 옳은 것은?

① 겨울은 따뜻하고 비가 많이 내린다.
② 여름은 기온이 높고 비가 많이 내린다.
③ 흐린 날이 많고 일조량이 풍부하지 않다.
④ 기온의 일교차와 연교차가 모두 크게 나타난다.
⑤ 편서풍과 난류의 영향으로 연중 비가 고르게 내린다.

중요

07 (가), (나) 지역의 기후 그래프를 보고 해석한 내용으로 옳은 것을 〈보기〉에서 고른 것은?

(가)

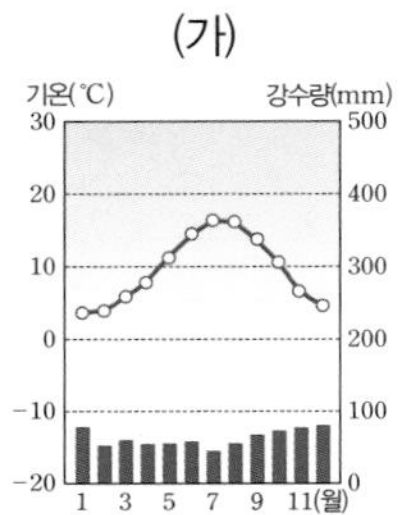

(나)

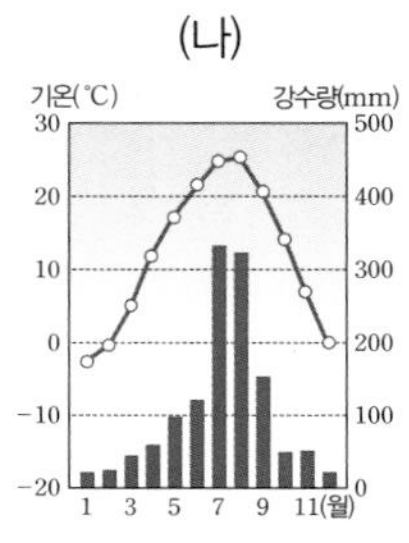

보기

ㄱ. (가)는 (나)보다 겨울철 기온이 높다.
ㄴ. (가)는 (나)보다 기온의 연교차가 작다.
ㄷ. (가)는 (나)보다 강수량의 계절 차가 크다.
ㄹ. (나)는 대륙의 서안에 위치해 편서풍의 영향을 강하게 받는다.

① ㄱ, ㄴ ② ㄱ, ㄹ ③ ㄴ, ㄷ
④ ㄴ, ㄹ ⑤ ㄷ, ㄹ

08 서부 유럽 지역에서 전통적으로 다음과 같은 농업이 행해졌던 이유로 옳은 것은?

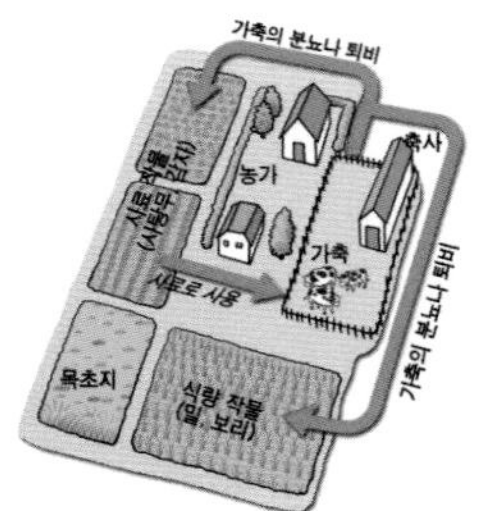

① 여름철 고온 다습한 기후가 나타나기 때문
② 여름철 서늘하고 습윤한 기후가 나타나기 때문
③ 겨울철 따뜻하고 건조한 기후가 나타나기 때문
④ 계절에 따른 기온과 강수량의 차이가 크기 때문
⑤ 대도시의 인구가 늘어나고 교통이 편리해졌기 때문

중요

09 다음 기후 그래프가 나타나는 지역에서 발달한 농목업에 대한 설명으로 옳은 것은?

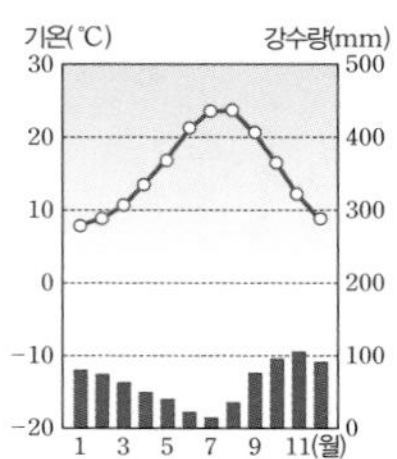

① 벼의 재배가 활발하게 이루어진다.
② 지하 관개 수로를 활용한 관개 농업이 발달했다.
③ 곡물 재배와 가축 사육을 함께하는 농업이 발달했다.
④ 상품 작물을 대규모로 재배하는 플랜테이션이 활발하다.
⑤ 여름철에 포도, 올리브 등을 재배하는 수목 농업을 한다.

10 영국, 그리스, 우리나라 농민들이 나눈 대화이다. (가)~(다)의 대화와 해당 국가를 바르게 연결한 것으로 옳은 것은?

(가)

목초지 조성에 알맞아 곡물 재배와 가축 사육을 동시에 하죠.

(나)

여름철에 기온이 높고 강수량이 많아 주로 벼를 재배합니다.

(다)

여름철에 뿌리가 깊고 잎이 단단한 나무들을 재배한답니다.

	(가)	(나)	(다)
①	영국	그리스	대한민국
②	영국	대한민국	그리스
③	그리스	영국	대한민국
④	그리스	대한민국	영국
⑤	대한민국	영국	그리스

중요

11 선생님의 질문에 대한 학생의 대답으로 옳지 않은 것은?

온대 기후 지역의 다양한 주민 생활 모습에 대해 발표해 볼까요?

① 서안 해양성 기후 지역에서는 빵과 함께 육류를 자주 먹어요.
② 온대 계절풍 기후 지역에서는 쌀을 중심으로 한 음식 문화가 발달했어요.
③ 지중해성 기후 지역에서는 올리브나 토마토 등을 사용한 파스타를 즐겨 먹어요.
④ 서안 해양성 기후 지역에서는 날씨가 맑은 날 공원에서 일광욕을 즐기는 사람들이 많아요.
⑤ 지중해성 기후 지역에서는 여름철 집안의 습기를 제거하고 온도를 높이기 위해 벽난로를 설치해요.

12 민호가 방학 때 여행한 지역에서 찍은 사진들을 순서대로 정리한 것이다. 여행한 경로로 옳은 것은?

〈사진 1〉  〈사진 2〉 〈사진 3〉

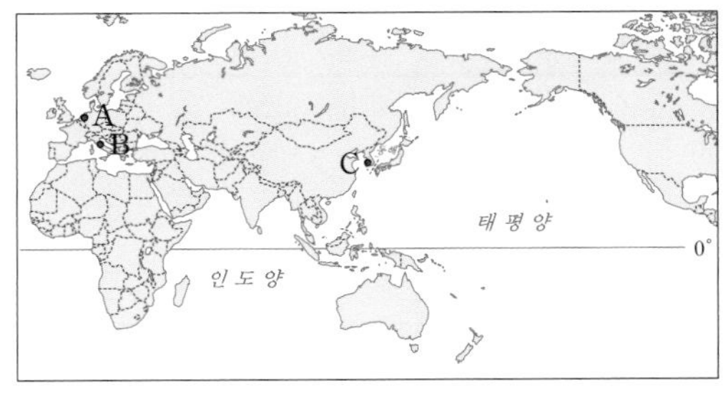

① A → B → C ② A → C → B
③ B → A → C ④ B → C → A
⑤ C → A → B

서술형

01 서부 유럽에서 나타나는 기후의 특성을 설명한 것이다. 이러한 특성이 나타나는 원인을 서술하시오.

> 서부 유럽은 같은 위도대의 다른 지역보다 겨울에 온화하고, 여름에는 비교적 서늘하다. 또한 비는 연중 고르게 내린다.

논술형

02 (가)~(다)는 온대 기후 지역에서 나타나는 다양한 기후의 그래프를 나타낸 것이다. 해당 지역의 기후적 특성을 토대로 각 기후 지역에서 발달한 농목업에 대해 250자 이내로 논술하시오. (단, (가)~(다) 기후의 명칭을 반드시 답안에 포함할 것)

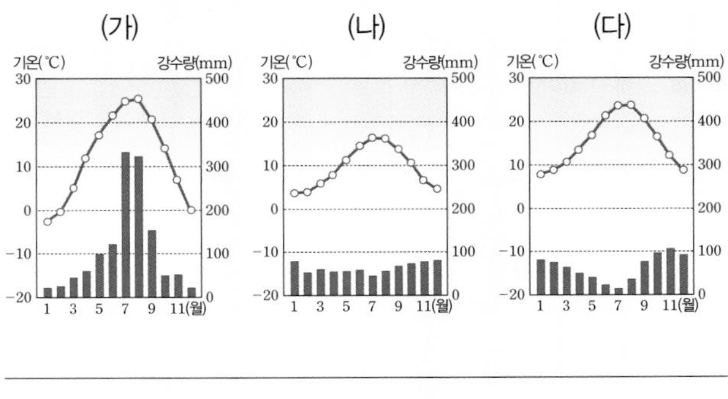

건조 기후 지역과 툰드라 기후 지역의 생활

출제 포인트
- 건조 기후의 특징
- 건조 기후 지역의 의식주
- 툰드라 기후의 특징
- 툰드라 기후 지역의 의식주

✚ 사막 기후 그래프

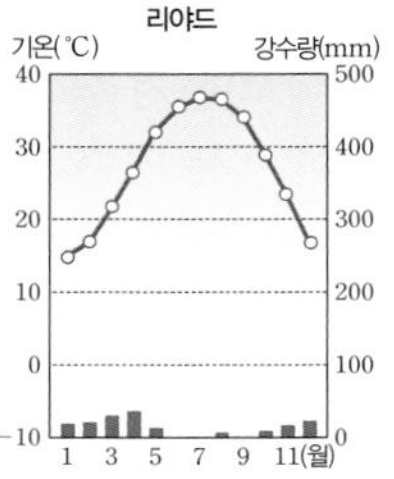

✚ 스텝 기후 그래프

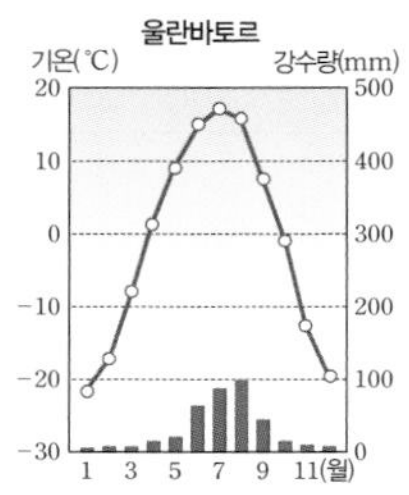

✚ 흙벽돌집(사막 기후)

✚ 대추야자

야자나무의 일종으로 열매, 줄기, 잎 등 나무의 모든 부분을 이용할 수 있는 오아시스의 중요한 작물이다. 특히 당도와 열량이 높아 사막에 사는 사람들에게 매우 중요한 식량 자원이다.

✚ 지하 관개 수로(이란-카나트)

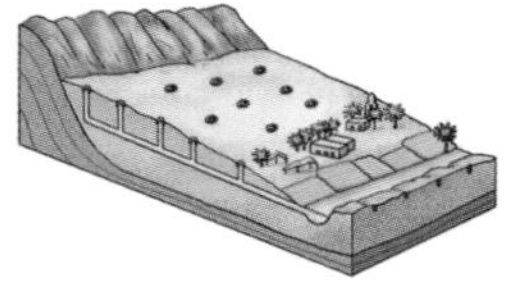

산기슭 부근에서 지하수까지 수직으로 땅을 판 뒤 수평으로 지하 수로를 만들어 멀리 떨어진 곳까지 물을 끌어온다.

✚ 이동식 가옥(몽골-게르)

1 건조 기후 지역의 자연환경

(1) **건조 기후의 특색**
① 특색 : 연 강수량 500㎜ 미만, 강수량보다 증발량이 많음, 일교차가 매우 큼
(→ 강수량이 부족해 농업 활동에 불리하다.)
(→ 나무와 풀이 적고 습도가 낮기 때문에 낮에는 지표면이 빠르게 가열되고, 밤이 되면 기온이 급격히 내려간다.)
② 구분 : 연 강수량 250㎜를 경계로 사막 기후와 스텝 기후로 구분
- 사막 기후 : 연 강수량 250㎜ 미만, 식생이 거의 없으며 자갈·암석 사막이 대부분
- 스텝 기후 : 연 강수량 250~500㎜ 미만, 짧은 풀이 자라 초원을 이룸
(→ 긴 건기와 짧은 우기가 나타나는 건조 초원 지대)
(→ 모래사막보다 암석 사막이 더 넓게 분포한다.)

(2) **건조 기후 지역의 분포**
① 사막 기후 : 남·북회귀선 부근, 대륙 내부, 한류가 흐르는 해안 등
(→ 바다로부터 멀리 떨어져 수분 공급이 적기 때문이다.)
(→ 한류의 영향으로 대기가 안정되어 공기가 상승하기 어렵기 때문에 사막이 형성된다.)
② 스텝 기후 : 사막을 둘러싼 지역에 분포

울란바토르 / 리야드 / 북회귀선 / 대서양 / 태평양 / 인도양 / 0° / 남회귀선 / 0 3,000 km (다르게 세계 지도, 2015) / 사막 기후 / 스텝 기후

▲ 건조 기후 지역의 분포

2 건조 기후 지역의 주민 생활

(1) **사막 기후 지역**

구분	내용
의생활	온몸을 감싸는 헐렁한 옷 → 모래바람과 강한 햇빛으로부터 피부 보호
주생활	• 진흙집, 흙벽돌집이 발달 ← 비교적 주변에서 재료를 구하기 쉽기 때문 • 지붕이 넓고 평평함 ← 비가 거의 오지 않기 때문 • 벽이 두껍고, 창을 작게 냄 ← 큰 일교차를 극복하고 뜨거운 바람을 막기 위해 • 건물 간 좁은 간격 ← 그늘이 생기도록 하기 위해
농업	• 오아시스 농업 : 오아시스를 중심으로 밀, 목화, 대추야자 등을 재배 • 지하 관개 수로를 이용한 관개 농업 발달

(→ 관개 농업: 인공적으로 물을 끌어와 작물을 재배하는 농업)

(2) **스텝 기후 지역**

구분	내용
의생활	가축의 가죽이나 털로 만든 옷
식생활	가축의 젖을 가공한 유제품, 가축의 고기
주생활	이동식 가옥 예 몽골의 게르 → 유목 생활에 편리하도록 조립과 분해가 쉬운 천막의 형태
농업	• 가축(말, 염소, 양 등)을 이끌고 물과 풀을 찾아 이동하는 유목 • 기업적 밀농사와 목축업(아메리카, 오세아니아 등)

3 건조 기후 지역의 변화

(1) **자원 개발 및 유목민의 정착화**
① 석유 자원 개발 : 소득 증대를 통한 산업화 진행, 지역 개발을 통해 불리한 자연 조건 극복
(→ 인공 수로, 해수 담수화 시설 등을 건설)
② 유목민의 정착 증가 : 관개 농업의 확대, 국경선 설정으로 인한 이동 제약
③ 사막의 풍부한 일사량을 이용한 태양광 발전

(2) **사막화 현상** : 북부 아프리카 사헬 지대가 대표적
(→ 식생 파괴나 기후 변화로 토지가 황폐해져 불모지로 변해가는 현상이다.)

4 툰드라 기후 지역의 자연환경

(1) 툰드라 기후 → '나무가 자랄 수 없는 땅'이라는 라프족의 말에서 유래한 것으로, 기온이 너무 낮아 나무가 자라기 힘들다.

① 특색

- 기온 : 가장 따뜻한 달의 평균 기온이 10℃ 미만, 짧은 여름 동안에만 기온이 0℃ 이상으로 오름
- 강수량 : 강수량은 적은 편이나, 기온이 낮아 증발량이 많지 않아 지표가 습함

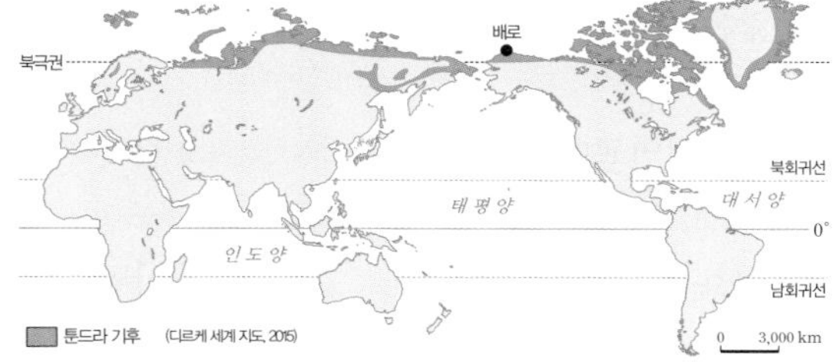

▲ 툰드라 기후 지역의 분포

② 분포 : 북극해를 중심으로 한 고위도 지역 → 유라시아 대륙 북부, 북아메리카 대륙 북부, 그린란드 해안 등

(2) 툰드라 지역의 모습

① 여름 : 지표면이 녹으면서 짧은 풀이나 이끼류 등이 자람, 백야 현상 발생, 땅속으로 스며들지 못한 물이 습지를 형성

② 겨울 : 땅이 눈과 얼음으로 덮임, 극야 현상 발생

③ 토양 : 연중 녹지 않고 얼어 있는 영구 동토층과 여름에만 녹는 표토층

5 툰드라 기후 지역의 주민 생활

(1) 툰드라 기후 지역의 생활 양식

의생활	동물의 털과 가죽으로 만든 두꺼운 옷과 신발
식생활	• 생선과 고기를 날로 먹음 → 비타민과 무기질을 보충하기 위함 • 냉동, 훈제, 염장, 건조 등의 저장 방법 사용
주생활	이동식 천막(순록 유목민), 고상 가옥, 폐쇄적 가옥 구조
산업	순록 유목, 사냥, 어업, 채집 등 ← 기온이 너무 낮아 농사를 지을 수 없기 때문

Q&A

Q 툰드라 기후 지역에서 건물과 송유관 등을 지면에서 띄워 짓는 이유는 무엇인가요?

A 건물과 송유관 등을 통해 토양층에 열기가 전달될 수 있고, 여름철 기온이 오르면서 얼었던 지표면이 녹아 건물과 송유관 등이 기울어지거나 붕괴되는 것을 막기 위해서입니다. 툰드라 기후 지역에서는 기둥을 깊숙이 박고 지면에서부터 바닥을 높게 띄워 건물과 시설물을 건설합니다.

▲ 고상 가옥

▲ 송유관 → 석유를 다른 곳으로 보내기 위하여 설치한 관

(2) 툰드라 기후 지역의 변화

① 관광 산업 발달 : 백야, 빙하, 오로라 등 자연 경관을 체험하기 위해 많은 관광객 방문 → 관광 산업에 종사하는 원주민 증가

② 석유, 천연가스 개발 : 자원 수송을 위한 도로, 철도, 파이프라인 건설 → 환경 파괴 문제

③ 환경 문제 발생 : 개발 과정에서 이끼류 훼손, 강물 오염 등 → 순록 유목민의 수 감소 (이끼류는 툰드라 생태계의 근원)

④ 현대 문명 보급 : 카약과 썰매를 대신해 모터보트와 스노모빌 사용, 도시의 현대화된 주택에 거주, 가공된 음식을 즐겨 먹음

+ 툰드라 기후 그래프

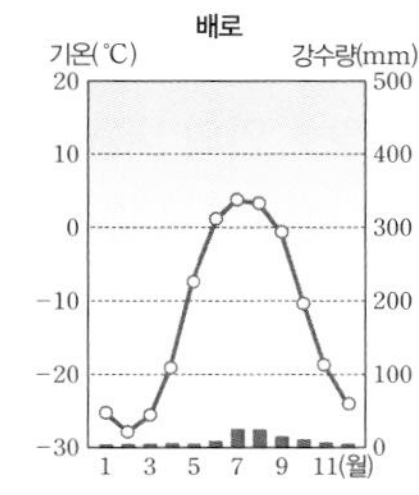

+ 한대 기후의 구분

한대 기후는 가장 따뜻한 달의 평균 기온 0℃를 기준으로 툰드라 기후와 빙설 기후로 나누어진다. 툰드라 기후는 짧은 여름 동안만 기온이 0℃ 이상으로 올라가지만, 빙설 기후는 연중 영하의 기온이 나타나 지표면이 항상 얼음이나 눈으로 덮여 있다.

+ 백야 현상

지구의 자전축이 23.5° 기울어져 자전하기 때문에 고위도 지방의 여름철에 밤이 되어도 해가 지지 않는 현상이다.

+ 극야 현상

고위도 지방의 겨울철에 하루 종일 해가 뜨지 않는 현상을 말한다.

+ 순록

북극해 연안에서 이끼를 먹고 사는 사슴의 일종으로 툰드라 기후 지역 사람들의 생활과 밀접한 관련이 있다. 과거 썰매를 끄는 이동 수단이 되었으며, 고기는 식량으로 쓰고 가죽은 옷과 이동식 가옥의 재료로 활용한다.

+ 오로라

태양에서 방출된 전기 성질의 입자가 대기 중의 공기와 반응하여 빛을 내는 현상으로 고위도 지방에서 나타난다.

개념 다지기

정답과 해설 • 12쪽

01 괄호 안의 내용 중 알맞은 말에 ○표 하시오.

(1) (스텝, 사막) 기후 지역은 짧은 풀이 자라 초원을 이룬다.
(2) 건조 기후 지역은 기온의 (일교차, 연교차)가 크다.
(3) 건조 기후는 연 강수량 (250mm, 500mm)를 경계로 사막 기후와 스텝 기후로 구분한다.
(4) 툰드라 지역의 (여름, 겨울)에는 땅속으로 스며들지 못한 물이 습지를 형성하게 된다.
(5) 툰드라 기후 지역의 가옥은 (개방적, 폐쇄적) 구조를 나타낸다.
(6) 툰드라 기후 지역의 주민들은 (사냥 · 어업, 밀농사)을(를) 하며 살아왔다.

02 ㉠에 공통으로 들어갈 말을 쓰시오.

> 남 · 북회귀선이 지나는 서남아시아와 북부 아프리카, 오스트레일리아 등에는 넓은 (㉠)이(가) 나타난다. 또한 바다로부터 멀리 떨어진 대륙 내부에 (㉠)이(가) 형성되기도 한다.

03 사막 지역의 생활 양식을 바르게 연결하시오.

(1) 의생활 •
- • ㉠ 짧고 간편한 옷
- • ㉡ 온몸을 감싸는 헐렁한 옷

(2) 농목업 •
- • ㉠ 오아시스 농업
- • ㉡ 기업적 목축업

(3) 주생활 •
- • ㉠ 고상 가옥
- • ㉡ 진흙집, 흙벽돌집

04 빈칸에 들어갈 알맞은 말을 쓰시오.

(1) 몽골의 스텝 지역에서는 가축을 데리고 물과 풀을 찾아 이동하는 (　　　)이(가) 이루어지고 있다.
(2) 사막 기후 지역에서는 카나트와 같은 (　　　)을(를) 이용한 관개 농업이 행해지고 있다.
(3) 건조 기후 지역에서는 (　　　) 자원이 개발되면서 지역 개발이 이루어지기도 한다.

05 밑줄 친 부분을 바르게 고쳐 쓰시오.

(1) 사막 지역에서는 건물 간의 간격이 <u>넓게</u> 나타난다. ………… (　　　)
(2) 사막 지역의 가옥은 <u>벽이 얇고 창을 크게</u> 낸다. ………… (　　　)
(3) 사막 주변의 오아시스에서는 <u>벼</u>를 주로 재배한다. ………… (　　　)
(4) 툰드라 기후 지역에서는 <u>겨울</u> 동안 이끼류가 자란다. ………… (　　　)

06 다음 설명에 해당하는 단어를 쓰시오.

(1) 땅속 온도가 연중 0℃ 이하를 유지하며, 항상 얼어 있는 토양층 ………… (　　　)
(2) 고위도 지방에서 여름철 밤에도 해가 지지 않는 현상 ………… (　　　)
(3) 북극해 연안에 사는 사람들의 생활과 밀접한 관련이 있는 이끼류를 먹고 사는 사슴의 일종 ………… (　　　)

07 툰드라 지역의 생활 양식을 바르게 연결하시오.

(1) 의생활 •
- • ㉠ 통풍이 잘되는 간편한 옷
- • ㉡ 동물의 털, 가죽으로 만든 옷

(2) 식생활 •
- • ㉠ 날고기, 날생선 섭취
- • ㉡ 조리 시 기름, 향신료 사용

(3) 주생활 •
- • ㉠ 고상 가옥
- • ㉡ 벽을 흰색으로 칠한 가옥

08 다음 설명이 맞으면 ○표, 틀리면 ×표 하시오.

(1) 최근 건조 지역에서는 정착하는 유목민이 감소하고 있다. ………… (　　　)
(2) 툰드라 기후는 일 년 내내 기온이 영하이다. ………… (　　　)
(3) 툰드라 기후 지역에서는 인공 열에 의해 지표면이 녹아 가옥이 기울어지는 것을 막기 위해 바닥을 지면에 붙여서 집을 짓는다. ………… (　　　)
(4) 툰드라 지역에서 환경 문제가 발생하면서 순록 유목민의 수는 증가하고 있다. ………… (　　　)
(5) 최근 툰드라 지역에서 석유, 천연가스 등이 개발되고 있다. ………… (　　　)

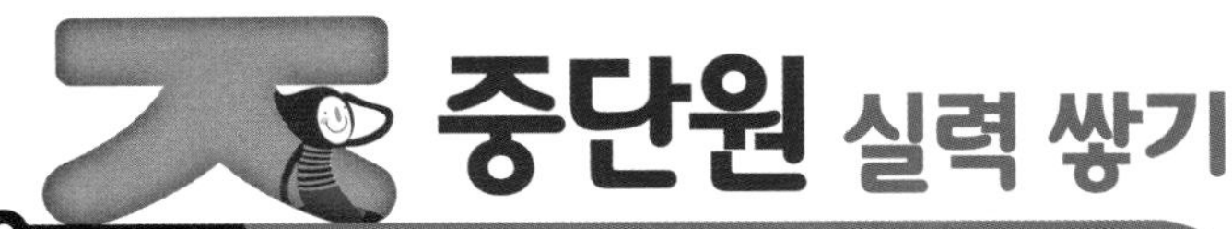

정답과 해설 • 12쪽

01 지도에 표시된 A, B 지역에 대한 옳은 설명을 〈보기〉에서 고른 것은?

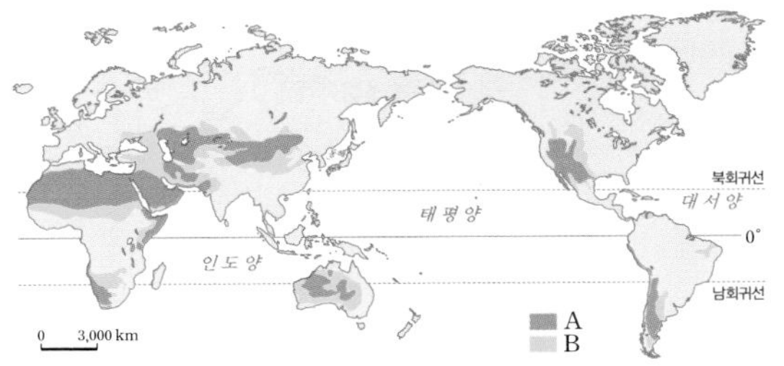

보기
ㄱ. A 지역은 강수량에 비해 증발량이 많은 편이다.
ㄴ. A 지역은 다양한 높이의 나무들이 자라고 있다.
ㄷ. B 지역은 기온의 일교차와 연교차가 모두 작다.
ㄹ. B 지역은 키가 작은 풀들이 자라 초원을 이루는 곳이 많다.

① ㄱ, ㄷ ② ㄱ, ㄹ ③ ㄴ, ㄷ
④ ㄴ, ㄹ ⑤ ㄷ, ㄹ

[02~03] 다음 기후 그래프를 보고 물음에 답하시오.

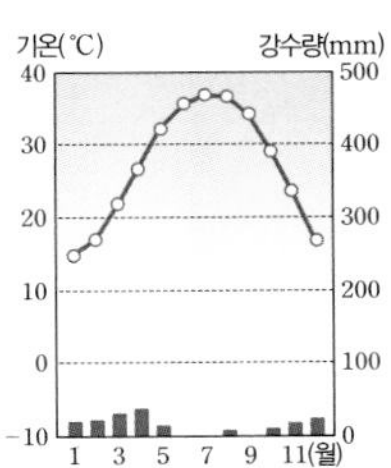

02 위 그래프와 같은 기후 특징이 나타나는 지역을 〈보기〉에서 고른 것은?

보기
ㄱ. 적도 부근 ㄴ. 남·북회귀선 부근
ㄷ. 난류가 흐르는 해안 ㄹ. 바다에서 떨어진 대륙 내부

① ㄱ, ㄴ ② ㄱ, ㄷ ③ ㄴ, ㄷ
④ ㄴ, ㄹ ⑤ ㄷ, ㄹ

03 위 그래프가 나타나는 지역의 경관으로 옳은 것은?

① 대규모 침엽수림이 우거져 있다.
② 짧은 여름 동안 이끼류가 자란다.
③ 자갈이나 암석 등으로 덮인 곳이 많다.
④ 키가 작은 풀들이 자라 초원을 이룬다.
⑤ 키가 큰 나무와 긴 풀들이 번갈아 가며 나타난다.

중요

04 사진과 같은 경관이 나타나는 지역의 주민 생활 모습을 〈보기〉에서 고른 것은?

보기
ㄱ. 온몸을 감싸는 헐렁한 옷을 입는다.
ㄴ. 오아시스 주변에서 밀과 대추야자를 재배한다
ㄷ. 통풍에 유리한 개방적인 형태의 가옥을 짓는다.
ㄹ. 냉동, 훈제 등의 방법을 이용해 음식물을 저장한다.

① ㄱ, ㄴ ② ㄱ, ㄷ ③ ㄴ, ㄷ
④ ㄴ, ㄹ ⑤ ㄷ, ㄹ

05 건조 기후 지역에서 볼 수 있는 가옥의 모습이다. 이에 대한 설명으로 옳지 않은 것은?

① 주변에서 구하기 쉬운 흙을 사용했다.
② 비가 거의 오지 않아 지붕이 평평하다.
③ 그늘이 생기도록 건물 간의 간격이 좁은 편이다.
④ 큰 일교차를 극복할 수 있도록 가옥의 벽이 얇다.
⑤ 집안으로 들어오는 일사량을 줄이기 위해 창을 작게 만들었다.

중요

06 다음과 같은 경관이 나타나는 지역의 주민 생활 모습으로 옳은 것은?

① 날고기, 날생선 등을 즐겨 섭취한다.
② 통풍이 잘되도록 얇고 간편한 형태의 옷을 입는다.
③ 이동식 화전 농업을 통해 얌과 옥수수 등을 재배한다.
④ 주변에서 쉽게 구할 수 있는 흙을 재료로 집을 짓는다.
⑤ 가축을 끌고 물과 풀을 찾아 이동하는 유목 생활을 한다.

07 다음 기후 그래프가 나타나는 지역의 주민 생활 모습을 〈보기〉에서 고른 것은?

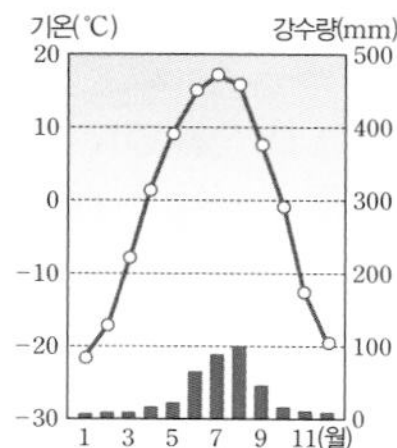

〈보기〉
ㄱ. 가축의 가죽이나 털로 만든 옷을 입는다.
ㄴ. 농사를 짓기 어려워 어업 활동을 주로 한다.
ㄷ. 가축의 고기와 젖을 가공한 유제품을 즐겨 먹는다.
ㄹ. 지하 관개 수로를 통해 다른 지역의 물을 끌어와 대추야자를 재배한다.

① ㄱ, ㄴ ② ㄱ, ㄷ ③ ㄴ, ㄷ
④ ㄴ, ㄹ ⑤ ㄷ, ㄹ

08 건조 지역의 변화를 주제로 수업 시간에 학생들이 나눈 대화이다. 옳지 않은 내용을 이야기한 학생은?

갑 : 석유 자원의 개발로 급격히 산업화가 진행되고 있어.
을 : 사막의 풍부한 일사량을 이용해 태양광 발전이 이루어지고 있어.
병 : 관개 시설 확충을 통해 기업적 농업과 목축업이 이루어지기도 해.
정 : 사막 주변의 초원 지대가 불모지로 변하는 현상이 심화되고 있어.
무 : 관개 농업이 확대되면서 정착 생활을 하는 주민들의 비중이 감소하고 있어.

① 갑 ② 을 ③ 병 ④ 정 ⑤ 무

09 건조 기후 지역을 여행하면서 볼 수 있는 경관으로 옳지 않은 것은?

① 물과 풀을 찾아 이동하는 유목민의 모습
② 오아시스 주변에서 대추야자를 재배하는 모습
③ 지붕이 평평하고 창문이 작은 흙벽돌집의 모습
④ 더위를 피하고자 짧고 노출이 많은 옷을 입은 주민의 모습
⑤ 주변 지역으로부터 물을 끌어오는 지하 관개 수로의 모습

10 지도에 표시된 지역에 대한 옳은 설명을 〈보기〉에서 고른 것은?

〈보기〉
ㄱ. 사계절의 변화가 뚜렷하게 나타난다.
ㄴ. 일 년 내내 기온이 0℃ 아래로 떨어진다.
ㄷ. 증발량이 많지 않아 지표는 습한 편이다.
ㄹ. 짧은 여름 동안 풀이나 이끼류가 자란다.

① ㄱ, ㄴ ② ㄱ, ㄷ ③ ㄴ, ㄷ
④ ㄴ, ㄹ ⑤ ㄷ, ㄹ

중요
11 다음과 같은 경관이 나타나는 지역의 자연환경에 대한 옳은 설명을 〈보기〉에서 고른 것은?

〈보기〉
ㄱ. 여름철에는 백야 현상을 관찰할 수 있다.
ㄴ. 키가 크고 잎이 뾰족한 나무들이 자라고 있다.
ㄷ. 땅속에는 연중 얼어 있는 영구 동토층이 분포한다.
ㄹ. 겨울에는 땅속으로 스며들지 못한 물이 곳곳에 습지를 형성한다.

① ㄱ, ㄴ ② ㄱ, ㄷ ③ ㄴ, ㄷ
④ ㄴ, ㄹ ⑤ ㄷ, ㄹ

12 다음에 제시된 지역의 자연환경 및 주민 생활에 대한 내용을 검색하고자 할 때, 해당 검색어로 적절하지 않은 것은?

■ 지역 : 시베리아 북부, 알래스카, 그린란드 해안
[ ] 검색

① 오로라 ② 타이가 ③ 극야 현상
④ 순록 유목 ⑤ 영구 동토층

중요

13 다음 기후 그래프가 나타나는 지역의 주민 생활 모습을 〈보기〉에서 고른 것은?

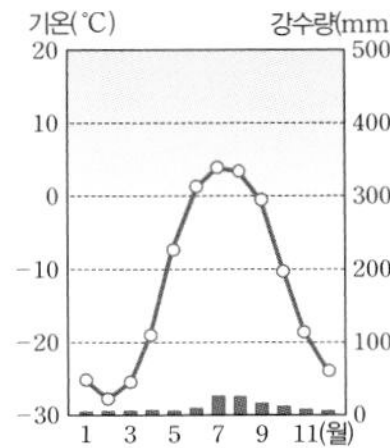

◀ 보기 ▶
ㄱ. 여름 날씨가 선선하여 혼합 농업이 발달했다.
ㄴ. 집을 지을 때 벽을 얇게 하고, 창을 크게 낸다.
ㄷ. 동물의 털과 가죽으로 만든 두꺼운 옷을 입는다.
ㄹ. 냉동, 훈제, 염장 등의 음식 저장 방법을 사용해 왔다.

① ㄱ, ㄷ ② ㄱ, ㄹ ③ ㄴ, ㄷ
④ ㄴ, ㄹ ⑤ ㄷ, ㄹ

14 툰드라 지역에서 다음과 같이 송유관을 지면에서 높이 띄워 건설하는 이유로 옳은 것은?

① 이동하는 석유가 얼 수 있기 때문
② 관광객들의 통행에 방해가 되기 때문
③ 석유 수송에 드는 비용을 절약하기 위해서
④ 나중에 송유관의 이동을 쉽게 하기 위해서
⑤ 여름철에 기울어지거나 붕괴되는 것을 막기 위해서

15 다음 보고서의 내용 중 옳지 않은 것은?

▣ 주제 : 툰드라 지역의 변화 모습

- 석유, 천연가스 개발 과정에서 환경 파괴 ········ ㉠
- 순록 유목의 규모와 유목민의 수 점차 확대 ········ ㉡
- 항공 교통의 요지로 북극 지역의 중요성 확대 ········ ㉢
- 독특한 자연 경관을 체험하고자 하는 관광객 증가 ········ ㉣
- 순록 썰매, 카약 대신 스노모빌이나 모터보트 사용 ········ ㉤

① ㉠ ② ㉡ ③ ㉢ ④ ㉣ ⑤ ㉤

서술형·논술형

서술형

01 툰드라 기후 지역의 주민 생활에 대한 학생들의 발표 장면이다. (가)~(다)와 같은 현상이 나타나는 이유를 각각 서술하시오.

(가)
옛날부터 생선과 고기를 날로 먹는 경우가 많았습니다.

(나)
동물의 털과 가죽으로 만든 두꺼운 옷과 신발을 신어요.

(다)
순록을 유목하거나 물고기, 바다표범 등을 사냥하며 살았지요.

논술형

02 (가)~(다)는 서로 다른 기후 지역에서 살펴볼 수 있는 가옥의 모습이다. (가)~(다) 가옥의 특징을 각각 쓰고, 이러한 특징이 나타나는 이유를 해당 지역의 기후 측면을 중심으로 300자 이내로 논술하시오.

(가)

(나)

(다)

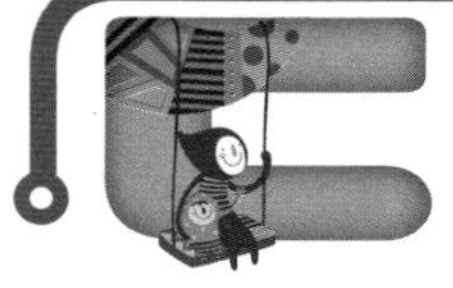

대단원 마무리

01 세계의 기후 지역을 나타낸 지도이다. A~E 지역에 대한 설명으로 옳지 않은 것은?

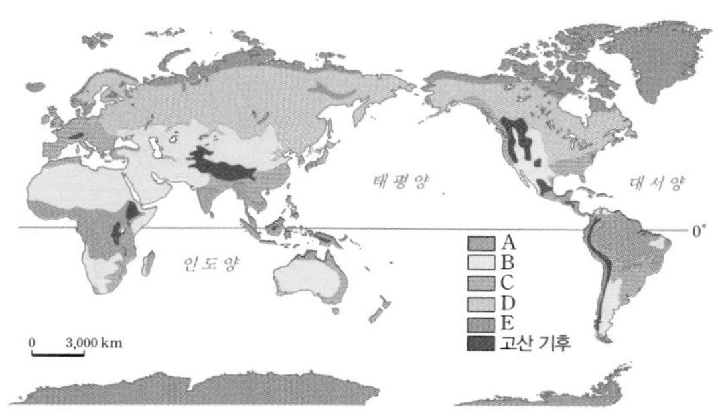

① A－연중 기온이 높고 강수량이 많은 곳에는 밀림이 나타난다.
② B－증발량에 비해 강수량이 많아 식물 성장에 유리하다.
③ C－기온이 대체로 온화하며 계절의 변화가 뚜렷하다.
④ D－기온의 연교차가 매우 크며, 침엽수림대가 분포한다.
⑤ E－연중 기온이 낮으며, 짧은 여름철에 이끼류가 자라는 곳도 있다.

02 다음과 같은 기후 그래프가 나타나는 곳에서 볼 수 있는 경관의 모습으로 옳은 것은?

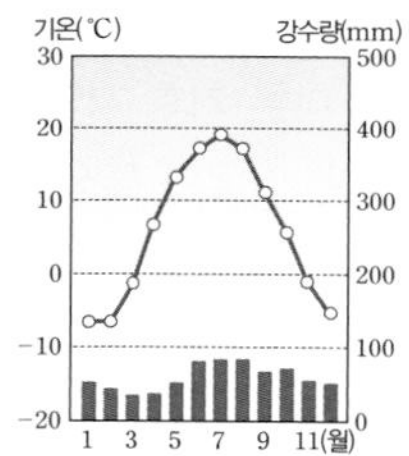

①

②

③

④

⑤

03 지도에서 인간의 거주에 유리한 기후가 나타나는 곳을 묶은 것으로 옳은 것은?

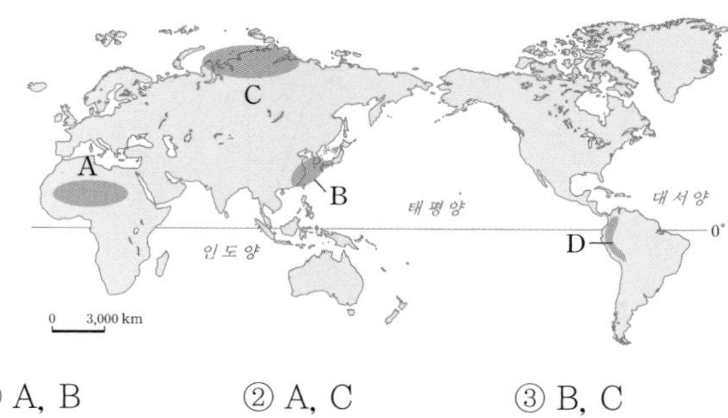

① A, B ② A, C ③ B, C
④ B, D ⑤ C, D

[04~05] 다음 지도를 보고 물음에 답하시오.

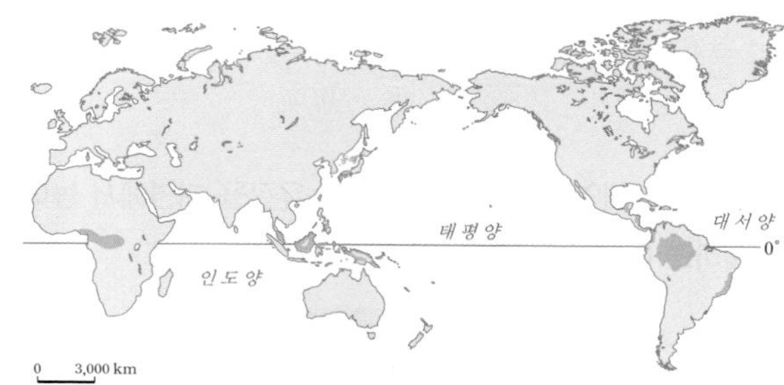

04 지도에 표시된 지역에서 나타나는 자연환경 특색으로 옳은 것을 〈보기〉에서 고른 것은?

보기
ㄱ. 건기와 우기의 구분이 뚜렷하게 나타난다.
ㄴ. 열대성 소나기인 스콜이 거의 매일 내린다.
ㄷ. 기온의 연교차가 일교차보다 크게 나타난다.
ㄹ. 생태계의 보고 역할을 하는 열대 우림이 분포한다.

① ㄱ, ㄴ ② ㄱ, ㄷ ③ ㄴ, ㄷ
④ ㄴ, ㄹ ⑤ ㄷ, ㄹ

서술형

05 지도에 표시된 지역에서 볼 수 있는 전통 가옥의 모습이다. 이러한 형태의 가옥을 부르는 명칭을 쓰고, 사진에 표시된 ○처럼 가옥을 짓는 원인을 서술하시오.

06 다음과 같은 기후 그래프가 나타나는 지역의 농업에 대한 설명으로 옳지 <u>않은</u> 것은?

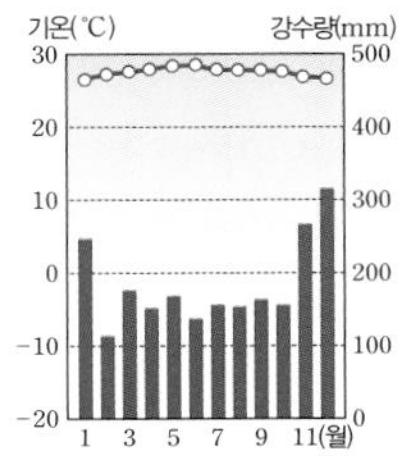

① 이동식 화전 농업을 통해 카사바, 얌 등을 재배한다.
② 플랜테이션을 통해 카카오, 바나나, 천연고무 등을 재배한다.
③ 유럽인의 자본과 기술, 원주민의 노동력이 결합된 자급적 농업이 발달하였다.
④ 토양이 비옥한 지역의 하천 유역에서는 벼농사가 활발하게 이루어지고 있다.
⑤ 숲에 불을 질러 만든 경작지에서 작물을 재배하다 지력이 떨어지면 다른 곳으로 이동하기도 한다.

07 다음 기후 그래프의 특징을 바르게 해석한 것을 〈보기〉에서 고른 것은?

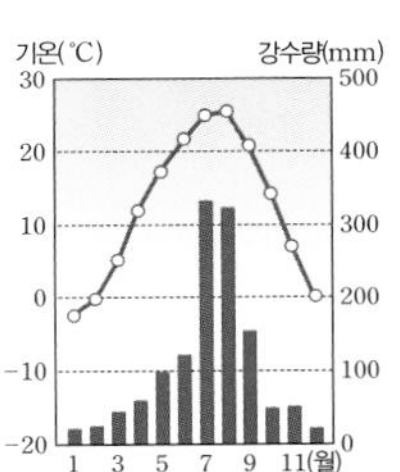

〈보기〉
ㄱ. 강수량이 계절별로 고르게 나타난다.
ㄴ. 겨울은 기온이 낮고 비가 많이 내린다.
ㄷ. 기온의 연교차가 크게 나타나는 편이다.
ㄹ. 계절풍의 영향을 강하게 받는 유라시아 대륙 동안에서 나타난다.

① ㄱ, ㄴ ② ㄱ, ㄷ ③ ㄴ, ㄷ
④ ㄴ, ㄹ ⑤ ㄷ, ㄹ

서술형

08 다음과 같은 경관을 볼 수 있는 기후 지역에서 이루어지는 농업 활동을 여름과 겨울로 구분하여 서술하시오. (단, 기후의 특징과 연결하여 서술할 것)

09 (가), (나) 기후 그래프가 나타나는 지역의 주민 생활에 대한 옳은 설명을 〈보기〉에서 고른 것은?

(가)

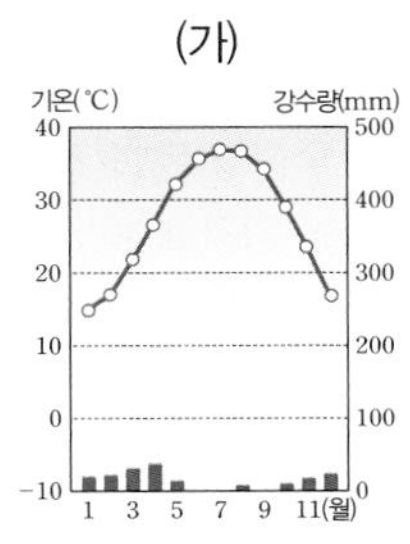

(나)

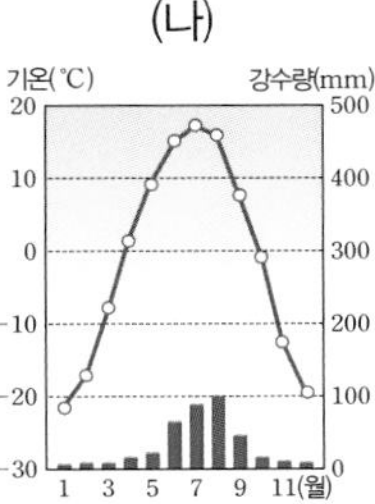

〈보기〉
ㄱ. (가)의 주민들은 온몸을 감싸는 헐렁한 옷을 입는다.
ㄴ. (가)의 주민들은 기업적 밀농사와 목축업을 하는 경우가 많다.
ㄷ. (나)의 주민들은 오아시스 주변에서 대추야자를 재배한다.
ㄹ. (나)의 주민들은 유목 생활을 하면서 이동식 가옥에 거주하기도 한다.

① ㄱ, ㄷ ② ㄱ, ㄹ ③ ㄴ, ㄷ
④ ㄴ, ㄹ ⑤ ㄷ, ㄹ

10 지도에 표시된 지역에서 나타나는 주민 생활 모습으로 옳은 것을 〈보기〉에서 고른 것은?

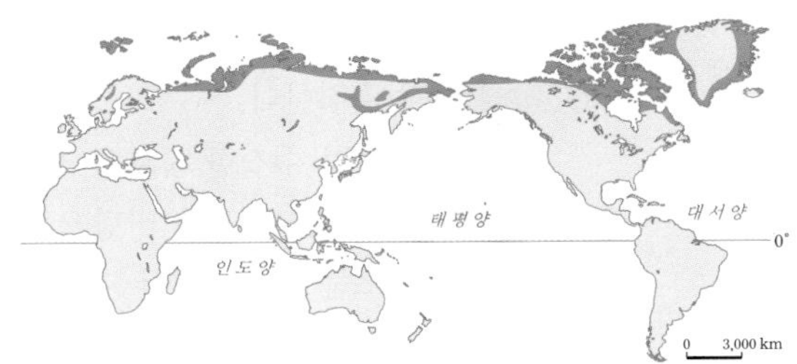

〈보기〉
ㄱ. 여러 겹의 털가죽 옷을 입고 가죽신을 착용한다.
ㄴ. 순록을 유목하거나 물고기 사냥, 채집 등을 하며 살아왔다.
ㄷ. 음식이 상하는 것을 방지하기 위해 기름과 향신료를 많이 사용한다.
ㄹ. 여름철에 기온이 오르거나 난방열에 의해 가옥이 붕괴될 수 있어 바닥을 지면에 붙여 짓는다.

① ㄱ, ㄴ ② ㄱ, ㄷ ③ ㄴ, ㄷ
④ ㄴ, ㄹ ⑤ ㄷ, ㄹ

수행평가 미리보기

● 선생님의 출제 의도 관광 홍보 자료 제작을 통해 세계의 기후 지역 이해하기

2단원에서는 우선 기온과 강수량 등을 기준으로 세계의 여러 기후 지역을 구분해 보고, 인간 거주에 적합한 기후 조건에 대해 탐구해 보았습니다. 또한 지도, 그래프, 경관 사진 등의 다양한 자료를 통해 각 기후 지역의 특색을 파악하고, 기후 환경에 적응하거나 이를 극복하면서 살아가는 사람들의 다양한 삶의 모습을 이해할 수 있었습니다.

세계화 시대에 다른 지역의 생활 양식에 대해 관심을 기울이고, 다양한 문화를 존중하는 태도를 갖는 것은 대단히 중요한 일입니다. 각 기후 지역에서 나타나는 다양한 생활 모습을 모둠별로 조사한 후, 체험할 수 있는 내용을 개발하여 관광 홍보 자료를 만들어 봄으로써 다양한 기후 지역의 매력을 느끼는 한편, 우리와 다른 생활 모습에 대한 이해와 존중의 태도를 기를 수 있을 것입니다.

수행 평가 문제

모둠별로 기후 지역을 선정한 후, 해당 기후 지역의 특징과 생활 양식을 반영한 관광 홍보 자료를 제작해 봅시다.

A. 활동 계획 세우기

1 다양한 자료의 수집을 통해 해당 기후 지역의 특성과 주민들의 생활 양식을 정확하게 파악하도록 한다.
2 미니북, 포스터, 광고 글, 체험기 등 다양하고 창의적인 형태로 내용을 정확히 표현할 수 있도록 한다.
3 작성한 홍보 자료를 발표하고 다른 모둠의 자료도 평가하면서 다양한 기후 지역에서 나타나는 삶의 모습을 종합적으로 이해하도록 한다.

B. 활동 단계

1단계 모둠별로 가장 여행하고 싶은 기후 지역을 한 곳 선택한다.(단, 모둠별로 중복되지 않도록 협의함)
2단계 선택한 기후 지역 중 구체적인 장소를 선정하여 위치, 특성, 다양한 생활 모습 등에 대해 자료를 수집한다.
3단계 각자 수집한 자료를 정리하여 홍보 자료의 구성 방향에 대해 토의한다.
4단계 토의한 내용을 바탕으로 다양한 형태(포스터, 광고 글, 체험기 등)를 통해 홍보 자료를 제작한다.
5단계 모둠별로 작성한 자료를 발표하고, 다른 모둠이 제작한 자료를 평가한다.

C. 활동하기

1 모둠별로 여행하고 싶은 기후 지역 선택하기

예시)

- ▣ 우리 모둠이 선택한 기후 지역 : 건조 기후 지역
- ▣ 해당 기후 지역을 선택한 이유 : 드넓게 펼쳐진 사막 지역에서 즐길 수 있는 각종 레포츠 활동을 체험할 수 있으며, 유목민의 전통 생활을 체험해 보고 싶기 때문

2 구체적인 장소 선정 후 관련 자료 수집하기

예시)

선정한 장소	아프리카 사하라사막 지역			
위치 (지도 포함)	• 아프리카 북부의 대부분을 차지하고, 홍해 연안에서 대서양 해안까지 이르는 세계 최대의 사막 • 이집트, 리비아, 알제리, 니제르, 차드, 수단 등 여러 나라에 걸쳐 있음			
주민 생활 (사진 포함)	• 전통 의복 : 강한 햇빛과 모래바람으로부터 피부를 보호하기 위해 온몸을 감싸는 헐렁한 옷을 입음		• 전통 가옥 : 흙벽돌로 집을 짓거나, 유목 생활을 통해 얻은 동물 가죽으로 천막집을 지음	
체험 내용	낙타 타기 체험	모래스키 타기	사막 랠리	유목민 캠프 체험

3 다양한 형태로 홍보 자료 제작하기

예시)

끝없이 펼쳐진 모래 언덕의 사하라로 여러분을 초대합니다!

(1일차) 모래스키 타기, 모래 언덕 등반하기, 사막 랠리 체험을 통해서 일상의 스트레스를 확 떨쳐 버리고, 평생 잊지 못할 사막의 매력을 피부로 느껴보세요!

(2일차) 도전! 유목민 따라 하기! 전통 복장을 입고 사막의 배, 낙타와 함께 사하라사막을 횡단하면서 쏟아질 듯한 수많은 별빛 아래 유목민 캠프에서의 환상적인 밤을 즐겨 보시지 않을래요?

4 작성한 자료 발표 및 상호 평가하기

채점 기준

평가 영역	채점 기준	배점
관련 자료 수집 및 탐구	기후 특성과 생활 양식을 반영한 다양한 자료를 정확하게 조사하여 정리하였다.	상
	기후 특성과 생활 양식을 반영한 다양한 자료를 조사했으나, 정확성이 다소 부족하였다.	중
	기후 특성과 생활 양식을 반영한 자료를 조사했으나, 다양성과 정확성이 모두 미흡하였다.	하
홍보 자료 제작	다양하고 창의적인 방법을 활용하여 홍보 자료를 타당하고 정확하게 작성하였다.	상
	다양한 방법을 활용하여 홍보 자료를 타당하게 작성했으나, 창의성이 다소 부족하였다.	중
	다양한 자료를 사용해 홍보 자료를 작성했으나, 타당성과 창의성이 모두 미흡하였다.	하
발표 및 활동 참여도	자료의 핵심을 논리적으로 설명했으며, 모둠원이 적극적으로 활동에 참여하였다.	상
	자료의 핵심을 정리하여 발표했으나, 일부 모둠원의 참여가 소극적이었다.	중
	자료를 발표했으나 논리성이 떨어지고, 모둠원 대부분이 과제 수행에 소극적이었다.	하

III. 자연으로 떠나는 여행

01
산지 지형으로 떠나는 여행

02
해안 지형으로 떠나는 여행

03
우리나라의 자연 경관

산지 지형으로 떠나는 여행

출제 포인트
- 산지 지형의 형성 과정
- 세계의 산맥과 산지
- 산지 지역의 주민 생활

+ 지형 형성 작용

지구 내부 힘에 의한 작용	• 규모가 큰 지형 형성 • 지표의 기복 발달 • 조륙 운동, 조산 운동, 화산 활동
지구 외부 힘에 의한 작용	• 규모가 작은 지형 형성 • 지표면의 평탄화 작용 • 침식 · 운반 · 퇴적 작용, 풍화 작용

+ 풍화 작용

지표의 암석이 부서지거나 약해지는 현상으로, 이로 인해 토양이 형성된다.

+ 해발 고도

평균 해수면을 기준으로 하여 측정한 어떤 지점의 높이를 의미한다.

+ 히말라야산맥

히말라야산맥을 형성하고 있는 지층은 6,000만 년 전에는 바다 아래 있었지만, 인도 · 오스트레일리아 대륙판과 유라시아 대륙판이 충돌하는 과정에서 솟아올라 거대한 산맥을 형성하였다.

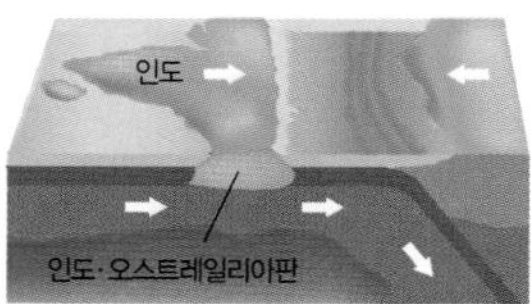

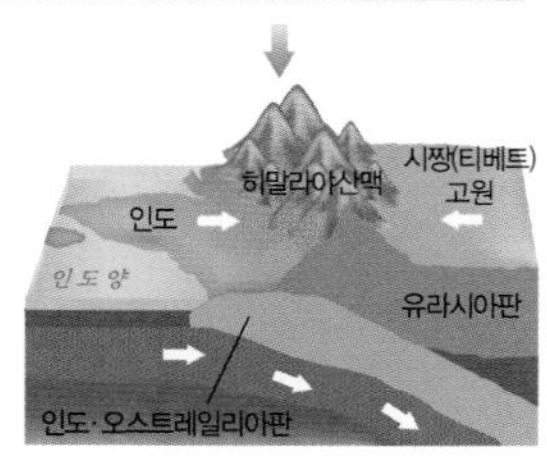

+ 코토팍시산

에콰도르에서 두 번째로 해발 고도가 높은 산이며, 세계에서 화산 활동이 가장 활발한 곳 중 하나이다.

1 산지 지형의 형성 과정

(1) **지형의 형성 작용** → 내인적 작용과 외인적 작용으로 구분할 수 있다.

① 지구 내부의 힘에 의한 작용(내인적 작용)

- 지구 내부의 열에너지가 지각에 작용하여 지표의 기복을 만드는 작용
- 조륙 운동(융기, 침강), 조산 운동(습곡, 단층), 화산 활동 등
  → 지구 내부의 마그마가 지각의 갈라진 틈을 뚫고 분출하면서 다양한 화산 지형을 형성한다.

② 지구 외부의 힘에 의한 작용(외인적 작용)

- 지구 외부의 태양 에너지에 의한 물과 공기의 순환으로 인해 지표가 변형되는 작용
- 침식 · 운반 · 퇴적 작용, 풍화 작용 등

Q&A

Q 습곡 작용과 단층 작용의 차이는 무엇인가요?

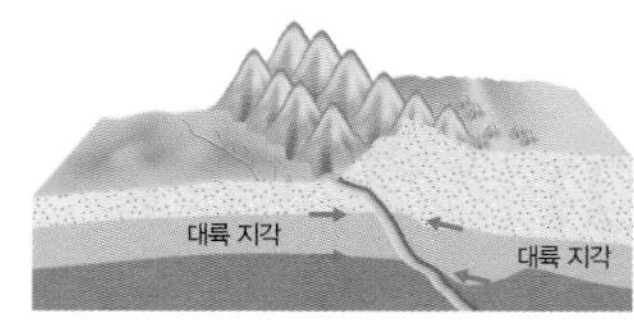

▲ 습곡 작용

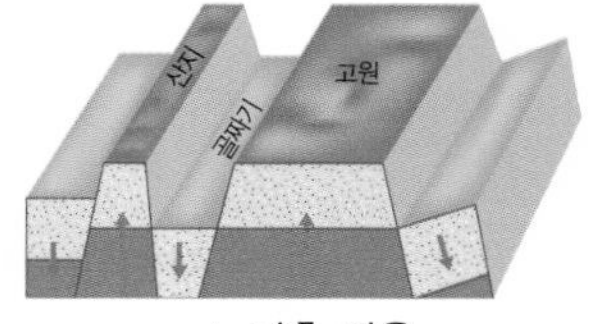

▲ 단층 작용

A 습곡 작용은 양쪽에서 미는 힘이 작용하여 지층이 휘어지는 현상을 의미하며 이로 인해 높고 가파른 산지가 형성될 수 있습니다. 단층 작용은 서로 다른 방향으로 작용하는 압력을 받아 지각이 끊어지거나 어긋나면서 고원이나 골짜기를 형성합니다.

(2) **세계의 산맥과 산지**

① 습곡 산지

구분	고기 습곡 산지 (→ 주로 고생대 때 형성)	신기 습곡 산지 (→ 중생대 말기 및 신생대 때 형성)
특징	오랫동안 침식을 받아 신기 습곡 산지에 비해 고도가 낮고 완만함	해발 고도가 높고 험준하며, 지각 운동이 활발하여 지진이나 화산 활동이 일어남
대표 산지	스칸디나비아산맥, 우랄산맥, 그레이트디바이딩산맥, 애팔래치아산맥 등	알프스산맥, 히말라야산맥, 로키산맥, 안데스산맥 등

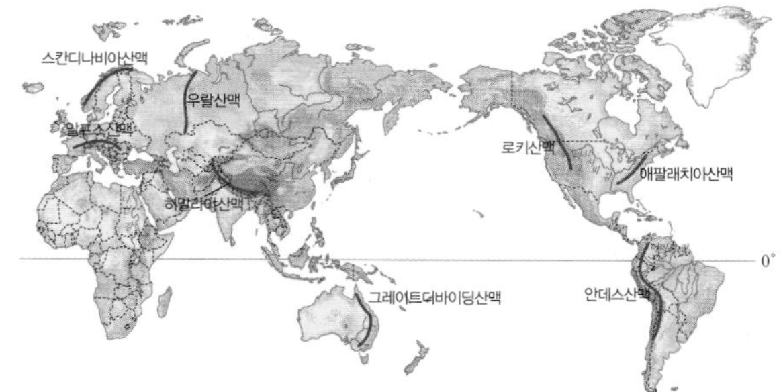

◀ 세계 주요 산맥의 분포

② 고원

- 해발 고도가 높지만 지형의 높낮이가 크지 않고 평탄한 지형
- 낮고 평탄했던 지형이 융기하거나 화산 활동으로 흘러나온 용암이 굳어져 형성

③ 화산 : 지하 또는 해저의 마그마가 분출하여 형성된 지형 예 에콰도르의 코토팍시산, 하와이제도, 산토리니섬 등

2 산지 지역의 주민 생활

(1) **산지의 주민 생활** → 낮은 기온, 농업 불리, 거주 공간 부족 → 평지에 비해 불리한 생활 조건

① 경사지를 개간하여 농경지나 목초지로 이용하거나 임산물을 채취함

② 지하자원이 풍부한 산지에는 광업 도시 발달 → 로키산맥의 구리 광산이 대표적이다.

③ 산악 스포츠 및 관광 산업 발달

더 알아보기 **관광 산업 발달의 빛과 그림자**

세계 최고봉인 에베레스트산을 오르기 위해 네팔을 방문하는 관광객은 해마다 늘어나고 있다. 네팔에서 에베레스트산을 통해 벌어들이는 관광 수입은 네팔의 막대한 수입 원천이다. 또한 히말라야산맥을 오르는 사람들 중 대부분이 전문 등반 기술을 갖추지 못한 일반 여행객이기 때문에 이들을 안내할 현지인(셰르파)이 필요하며 이는 일자리 창출에 큰 도움이 된다. 그러나 에베레스트산은 늘어난 관광객들 때문에 심각한 환경 문제를 겪고 있다.

▲ 셰르파

▲ 버려진 쓰레기

(2) **세계 주요 산지의 주민 생활**

① 알프스 산지

- 산악 스포츠 및 관광 산업 발달 예 마터호른
- 소몰이 축제 : 여름 동안 고산 지역에서 방목하던 소 떼가 마을로 내려오는 행사
- 치즈 분배 축제 : 여름 동안 고산 지대에서 생산된 치즈를 목동들에게 맡겼던 소의 마릿수에 따라 분배하는 축제 → 여름에는 소 떼를 산지에서 키우고, 기온이 낮아지는 겨울이 되면 소 떼를 저지대로 몰고 내려오는 방식의 목축이 이루어진다.

② 히말라야 산지

- 세계적으로 높은 봉우리에 등산객이 몰려들어 관광 산업 발달
- 춥고 건조한 고산 지역에서는 양이나 야크 등을 방목하는 목축업 발달
- 서늘한 기후에서는 사과, 살구, 보리, 밀 등을 재배함

③ 안데스 산지

- 고산 지역은 일 년 내내 봄처럼 따뜻한 기후가 나타남
- 고산 지역에는 고대 문명이 발달함 예 마추픽추
- 오늘날 라틴 아메리카의 주요 도시는 고산 지역에 분포함 예 보고타, 키토, 라파스 등

집중 탐구 **안데스 산지의 주민 생활 모습**

적도 근처에 위치한 안데스 산지는 해발 고도에 따라 재배되는 작물과 주민 생활의 모습이 다르게 나타난다.

저지대에는 열대 기후가 나타나 바나나, 카카오, 목화 등을 재배하는 플랜테이션 농업이 발달하였다. 해발 고도 1,000m~2,000m 사이의 고원 지대에서는 사탕수수, 커피, 옥수수 등을 많이 재배한다. 해발 고도 2,000m 이상의 고원 지대에서는 서늘한 기후를 이용하여 감자, 밀, 보리 등을 재배한다. 해발 고도 3,000m 정도에 이르면 우리나라의 봄과 같은 온화한 날씨가 일 년 내내 나타나며 볼리비아의 라파스, 포토시 등과 같은 고산 도시가 발달하였다.

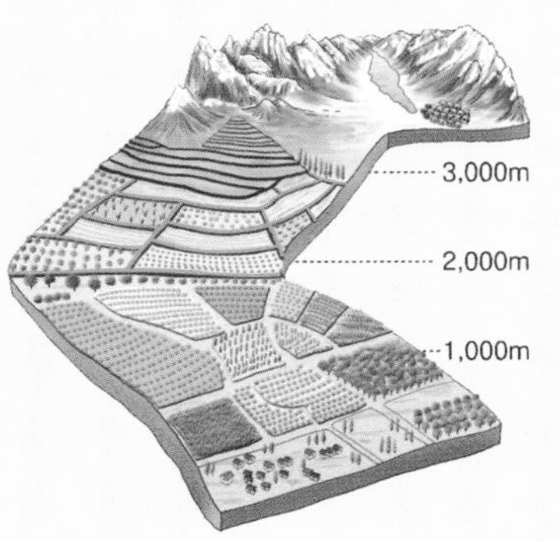

+ 임산물
목재, 낙엽, 이끼류, 초본류, 버섯류 등 산림에서 산출되는 모든 것을 임산물이라 할 수 있다.

+ 안데스 산지의 주민 생활
- 안데스 산지 주민들은 알파카를 기른다. 알파카는 짐을 운반하는 것은 물론, 주민들에게 젖과 고기, 털까지 제공하는 유용한 동물이다.

- 고산 지역은 일교차가 크다. 낮의 강한 자외선을 막기 위해 모자를 사용하고, 밤의 낮은 기온에 대비하여 망토를 보온용으로 사용한다.
- 원주민의 전통 가옥은 좁은 공간에 부엌과 방이 함께 있는 경우가 있다. 가옥에는 불 피우는 화덕은 있지만 난방 시설은 없다.

+ 호른
빙하에 의해 깎여 만들어진 뾰족한 산봉우리를 말한다.

+ 마추픽추
페루에 있는 잉카 문명의 고대 도시로, 매년 수많은 관광객이 이 지역을 찾는다. 해발 2,430m에 자리한 마추픽추(Machu Picchu)는 열대 산악림 가운데에서 놀라울 정도로 아름다운 절경을 자랑한다. 잉카 제국의 절정기에 건설되었다.

개념 다지기

정답과 해설 • 16쪽

01 빈칸에 알맞은 말을 쓰시오.

(1) 주변 지역보다 해발 고도가 높고 경사가 큰 지형을 (　　　)(이)라고 한다.

(2) 산지들이 길게 연속적으로 나타나는 지형을 (　　　)(이)라고 한다.

(3) 해발 고도가 높지만 비교적 평탄한 곳을 (　　　)(이)라고 한다.

(4) 산지를 형성하는 작용 중 지층이 압력을 받아 휘어지는 것을 (　　　)(이)라고 한다.

02 다음 설명이 맞으면 ○표, 틀리면 ×표 하시오.

(1) 히말라야산맥은 인도·오스트레일리아 대륙판과 유라시아 대륙판이 충돌하는 과정에서 솟아올라 만들어졌다. ( )

(2) 신기 습곡 산지는 오랜 시간 동안 풍화와 침식을 받아 비교적 고도가 낮고 경사가 완만하다. ( )

(3) 고기 습곡 산지는 형성된 지 오래되지 않아 높고 험준하며, 지진이나 화산과 같은 지각 활동이 활발하다. ( )

(4) 산지는 지형과 기후 환경의 제약으로 평지에 비해 농업 활동에 불리한 편이다. ( )

(5) 국토 대부분이 산지로 이루어진 스위스, 오스트리아 등지는 깨끗한 자연환경을 이용하여 산악 스포츠 및 관광 산업이 발달하였다. ( )

(6) 저위도 지방의 고산 지역에서는 일 년 내내 봄처럼 따뜻한 날씨가 나타나기도 한다. ( )

(7) 관광지로 유명한 하와이제도나 그리스의 산토리니섬은 화산 활동으로 형성되었다. ( )

(8) 알프스의 산지에서는 계절에 따라 가축을 이동시키며 목축을 한다. ( )

03 라틴 아메리카에 속하고 키토, 라파스 등의 고산 도시가 위치하고 있으며 고대 문명이 발달하기도 했던 산지는?

04 세계에서 가장 높은 봉우리가(산이) 있는 산맥으로 인도와 중국, 네팔 등에 걸쳐 위치하는 산지는?

05 다음 산맥들을 신기 습곡 산지와 고기 습곡 산지로 구분하시오.

(1) 히말라야산맥, 로키산맥, 안데스산맥 ( )

(2) 우랄산맥, 애팔래치아산맥, 그레이트디바이딩산맥 ( )

06 제시된 산지와 산지가 위치한 대륙을 연결하시오.

(1) 로키산맥 •　　• ㉠ 유럽 대륙
(2) 알프스산맥 •　　• ㉡ 아시아 대륙
(3) 히말라야산맥 •　　• ㉢ 북아메리카 대륙

07 밑줄 친 부분을 바르게 고쳐 쓰시오.

(1) 산지는 해발 고도가 높기 때문에 평지에 비해 기온이 <u>높다</u>. ( )

(2) <u>하천</u>은 낮고 평평했던 지형이 융기하거나 화산 활동으로 흘러나온 용암이 굳어져 형성된다. ( )

(3) <u>습곡</u>은 지각 사이의 틈을 경계로 압력을 받아 지층이 끊어지거나 어긋나면서 고원이나 골짜기를 주로 형성하는 지각 현상이다. ( )

(4) 잉카 문명의 유적지인 마추픽추는 고산 지역인 <u>로키산맥</u>에 위치하고 있다. ( )

08 안데스 산지와 관련된 내용을 〈보기〉에서 있는 대로 고르시오.

보기
ㄱ. 셰르파　　ㄴ. 고산 도시
ㄷ. 마야 문명　　ㄹ. 라마와 알파카

09 제시된 지형에 대한 설명을 〈보기〉에서 각각 고르시오.

보기
ㄱ. 과거 습곡 작용으로 지반이 융기하면서 해발 고도가 높아졌다.
ㄴ. 산을 덮고 있던 빙하가 흘러내리면서 뾰족한 봉우리를 형성하였다.
ㄷ. 여러 차례에 걸쳐 화산이 폭발하면서 원뿔 모양의 높은 산지를 형성하였다.

(1) 티베트(시짱) 고원(중국) ( )

(2) 마터호른(스위스) ( )

(3) 후지산(일본) ( )

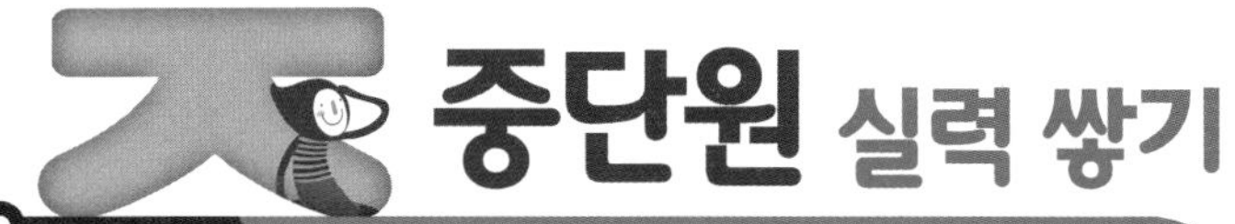

중단원 실력 쌓기

정답과 해설 • 16쪽

01 〈보기〉에 제시된 지형 형성 작용을 옳게 구분한 것은?

보기
ㄱ. 습곡　　ㄴ. 단층　　ㄷ. 풍화　　ㄹ. 침식

	지구 내부 에너지의 작용	지구 외부 에너지의 작용
①	ㄱ, ㄴ	ㄷ, ㄹ
②	ㄱ, ㄷ	ㄴ, ㄹ
③	ㄴ, ㄷ	ㄱ, ㄹ
④	ㄴ, ㄹ	ㄱ, ㄷ
⑤	ㄷ, ㄹ	ㄱ, ㄴ

02 산지에 대한 설명으로 옳지 않은 것은?

① 주변 지역보다 해발 고도가 높다.
② 습곡이나 단층 작용에 의해 형성된다.
③ 화산 활동에 의해서 형성되기도 한다.
④ 세계적인 산지는 지각 변동이 활발한 지역에 주로 분포한다.
⑤ 한 번 형성된 산지는 그 모양이나 형태가 변화하지 않는다.

03 지도의 A～D에 해당하는 산맥을 〈보기〉에서 골라 옳게 짝지은 것은?

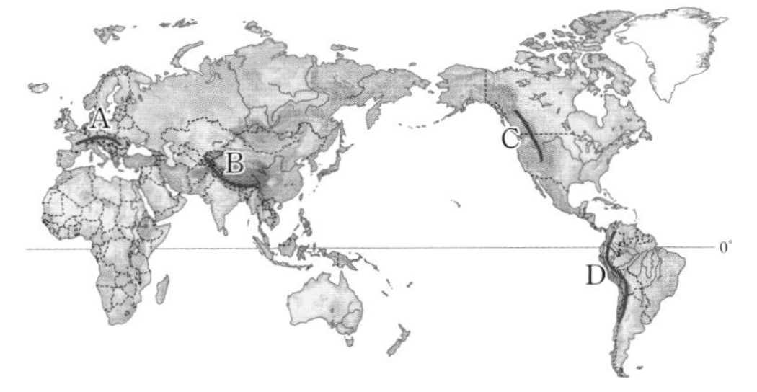

보기
ㄱ. 로키산맥　　ㄴ. 알프스산맥
ㄷ. 안데스산맥　　ㄹ. 히말라야산맥

	A	B	C	D
①	ㄱ	ㄴ	ㄷ	ㄹ
②	ㄴ	ㄷ	ㄱ	ㄹ
③	ㄴ	ㄹ	ㄱ	ㄷ
④	ㄷ	ㄱ	ㄹ	ㄴ
⑤	ㄷ	ㄹ	ㄱ	ㄴ

04 그림과 같은 과정을 통해 형성된 산맥은?

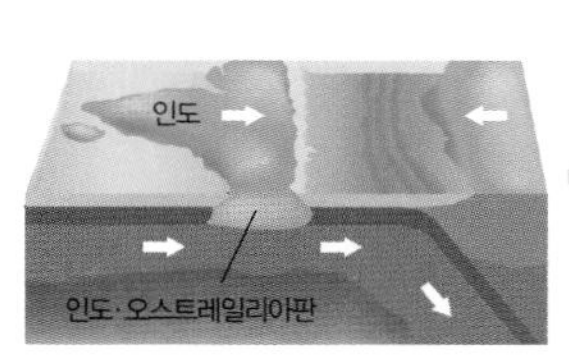

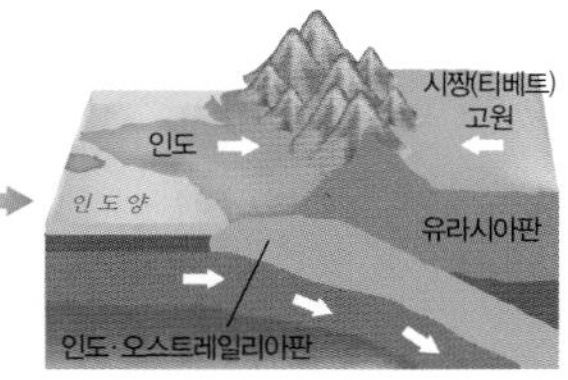

① 우랄산맥　　② 로키산맥
③ 안데스산맥　　④ 히말라야산맥
⑤ 애팔래치아산맥

중요
05 밑줄 친 ㉠, ㉡에 대한 옳은 설명을 〈보기〉에서 고른 것은?

> 습곡 작용으로 형성된 산지는 ㉠ 신기 습곡 산지와 ㉡ 고기 습곡 산지로 나눌 수 있는데, 이에 따라 높이와 형태가 다르게 나타난다.

보기
ㄱ. ㉠은 ㉡보다 먼저 형성된 산지이다.
ㄴ. ㉠은 ㉡보다 대체적으로 높고 험준하다.
ㄷ. ㉡은 ㉠보다 지진이나 화산 활동이 자주 일어난다.
ㄹ. ㉠의 예로 히말라야산맥, ㉡의 예로 우랄산맥이 있다.

① ㄱ, ㄴ　　② ㄱ, ㄷ　　③ ㄴ, ㄷ
④ ㄴ, ㄹ　　⑤ ㄷ, ㄹ

중요
06 (가), (나) 산지에 대한 설명으로 옳지 않은 것은?

(가) 히말라야산맥

(나) 애팔래치아산맥

① 평균 해발 고도는 (가)보다 (나)가 높다.
② (나)는 (가)보다 형성된 시기가 이르다.
③ (가), (나) 모두 습곡 작용으로 형성되었다.
④ (가)는 (나)보다 지각판의 경계부와 가깝다.
⑤ 화산·지진 활동은 (나)보다 (가)에서 활발하게 일어난다.

07 사진 속 산지 지형의 기복을 형성하는 데 가장 큰 영향을 미친 지형 형성 작용은?

① 습곡 ② 단층 ③ 침식
④ 운반 ⑤ 퇴적

08 빈칸에 공통으로 들어갈 지형은?

> 해발 고도가 높지만 지형의 높낮이가 크지 않고 평탄한 곳을 (　　)(이)라고 한다. (　　)은(는) 낮고 평탄했던 지형이 융기하거나 화산 활동으로 흘러나온 용암이 굳어져 형성된다.

① 평야 ② 고원 ③ 하천
④ 산지 ⑤ 해안

중요
09 (가), (나) 산지의 형성 과정으로 옳은 것을 〈보기〉에서 고른 것은?

(가)

(나)

보기
ㄱ. 산을 덮고 있던 빙하가 정상 부근을 깎아 뾰족한 봉우리가 형성되었다.
ㄴ. 화산이 폭발하면서 화산 분출 물질이 쌓여 원뿔 모양의 산지가 형성되었다.
ㄷ. 과거에 지각 변동으로 형성되었던 높은 산지가 오랜 기간 침식 작용을 받아 고도가 완만해졌다.

	(가)	(나)		(가)	(나)
①	ㄱ	ㄴ	②	ㄱ	ㄷ
③	ㄴ	ㄱ	④	ㄴ	ㄷ
⑤	ㄷ	ㄱ			

10 다음 글에서 소개하고 있는 지역을 지도의 A～E에서 고른 것은?

> 우리 고장은 적도 부근이지만, 높은 산지에 위치하고 있어서 일 년 내내 선선한 기후가 나타나요. 그래서 많은 인구가 모여 사는 고산 도시가 발달하고, 농촌에서는 감자와 옥수수를 재배하거나 라마나 알파카 같은 가축을 기르지요.

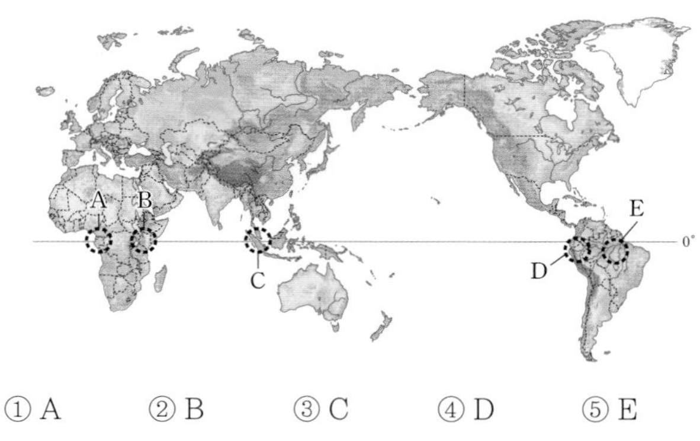

① A ② B ③ C ④ D ⑤ E

중요
11 빈칸 ㉠에 들어갈 알맞은 말은?

> 제목 : (　㉠　)에서 생활하는 사람들의 모습
> ○ 저는 히말라야 산지 곳곳의 길을 잘 알고 있어요. 그래서 등반가의 짐을 들어주거나 관광객에게 길을 안내해 주는 일을 하고 있어요. 그들은 저를 '셰르파'라고 불러요.
> ○ 예전에 우리 가족은 알프스 산지에서 목축업을 했어요. 여름에는 산 위에서, 겨울에는 산 아래에서 소와 양을 길렀지요. 이곳의 아름다운 경치를 감상하러 많은 관광객이 찾아와요.

① 산지 지역 ② 해안 지역 ③ 빙하 지형
④ 고산 도시 ⑤ 온대 기후 지역

12 산지 지역에 거주하는 주민들의 생활 모습으로 옳지 않은 것은?

① 가축을 사육하여 털이나 다양한 유제품을 얻는다.
② 관광객을 대상으로 숙박이나 음식 서비스를 제공한다.
③ 지하자원이 풍부한 곳에서는 광업이 발달하기도 한다.
④ 기후 조건이 유리하여 평야 지역보다 농업이 발달하였다.
⑤ 고산이나 빙하 지역에서 산악 안내나 트래킹 인솔 등을 담당한다.

13 밑줄 친 ㉠의 구체적인 사례로 옳지 않은 것은?

> 세계 최고봉인 에베레스트산을 오르기 위해 네팔을 방문하는 관광객은 해마다 늘어난다. 에베레스트산을 통해 벌어들이는 관광 수입은 네팔의 막대한 수입 원천이 되고 있다. 그러나 관광 수입의 원천인 에베레스트산은 늘어난 관광객들 때문에 ㉠ 심한 몸살을 앓고 있다.

① 등산로의 증가로 지형이 훼손된다.
② 등산객들에 의해 식생이 파괴된다.
③ 등산로 주변 마을의 인구가 감소한다.
④ 캠핑장이 늘어나면서 농경지가 훼손된다.
⑤ 등반객들에 의해 많은 양의 쓰레기가 발생한다.

14 다음은 여행 중인 친구가 보낸 이메일의 내용이다. 친구가 여행하고 있는 산지를 지도에서 고른 것은?

> • 여기는 소금으로 이루어진 사막이야. 해발 고도가 3,600m가 넘고, 면적은 서울의 약 20배 정도나 된다고 해. 끝도 없이 펼쳐진 소금 사막이 정말 장관이야.
> • 이곳은 '공중의 도시'라고 불리는 잉카 문명의 고대 도시야. 높은 곳에 있기 때문에 계곡 아래에서는 안 보였다고 해. 관광객이 매우 많아.

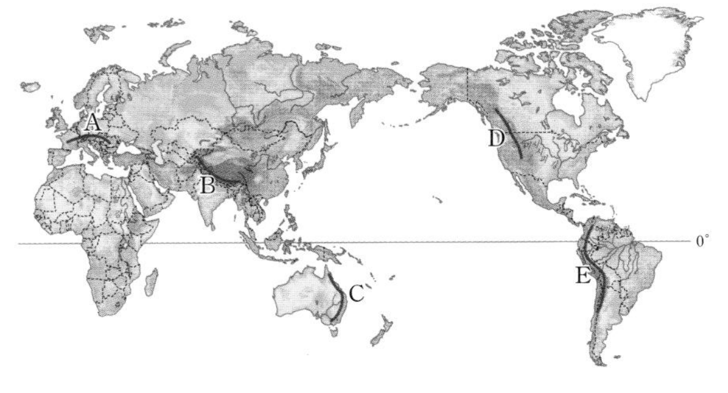
A
B
C
D
E
0°

① A ② B ③ C ④ D ⑤ E

서술형

01 다음과 같은 축제가 열리게 된 배경을 이 지역의 목축 방식과 관련하여 서술하시오.

> • 스위스의 ○○○○에서는 여름 동안 고산 지역에서 방목하던 소 떼가 마을로 내려오는 시기에 소몰이 축제가 열린다. 이때 소의 머리에 각종 장식을 달고 화려한 행진이 펼쳐진다.
> • 스위스의 □□□□에서는 여름 동안 고산 지역에서 생산된 치즈를 목동들에게 맡겼던 소의 마릿수에 따라 분배를 하는데 이를 기념하여 흥겨운 축제가 열린다.

논술형

02 그림에 나타난 것처럼 안데스 산지에서 해발 고도에 따라 서로 다른 작물을 재배하게 된 이유를 기후와 작물의 특성 측면을 고려하여 150자 이내로 논술하시오.

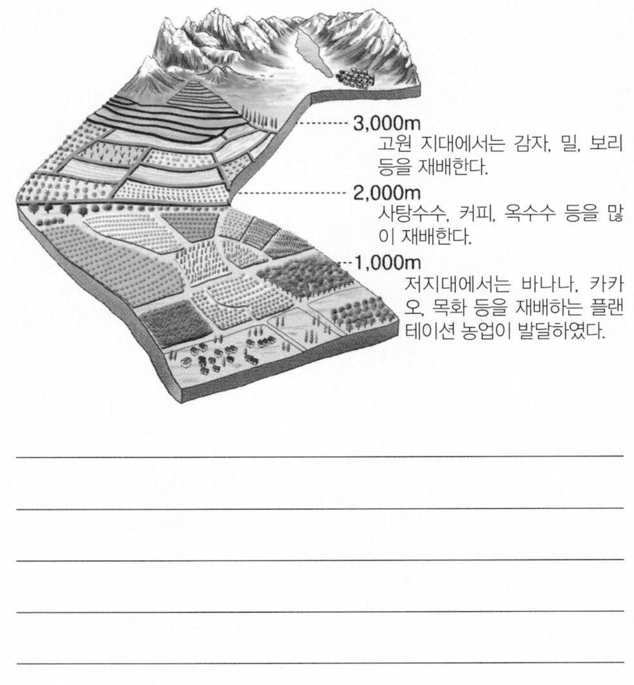
3,000m
고원 지대에서는 감자, 밀, 보리 등을 재배한다.
2,000m
사탕수수, 커피, 옥수수 등을 많이 재배한다.
1,000m
저지대에서는 바나나, 카카오, 목화 등을 재배하는 플랜테이션 농업이 발달하였다.

해안 지형으로 떠나는 여행

출제 포인트
- 다양한 해안 지형
- 해안 지역의 주민 생활

✚ 파랑의 작용
파랑은 바닷물이 바람의 영향을 받아 일렁이는 물결이다. 바다 쪽으로 돌출된 곶은 파랑의 에너지가 집중되어 침식 작용이 활발하며, 육지 쪽으로 후미진 만은 파랑의 퇴적 작용이 활발하다.

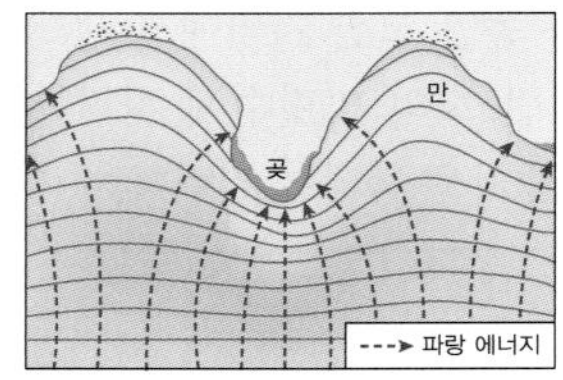

✚ 시 스택과 시 아치
- 시 스택 : 단단한 암석으로 이루어져 파랑에 의해 침식되지 않고 남아있는 외딴 바위를 시 스택이라고 한다.
- 시 아치 : 시 스택과 형성 원리는 같으나, 파랑의 침식 작용에 의해 생긴 아치 모양의 지형을 시 아치라고 한다.

✚ 산호초
산호충의 분비물이나 유해인 탄산 칼슘이 퇴적되어 만들어진 암초이다. 산호초는 주로 열대 지역의 얕은 바다에 사는 산호가 자라서 형성된 것이다.

✚ 맹그로브
열대와 아열대의 갯벌이나 하구에서 자라는 목본 식물의 집단으로 줄기와 뿌리에서 많은 호흡근이 땅으로 내려와 있는 것이 특징이다.

✚ 12사도 바위
12사도 바위는 그레이트오션로드의 끝자락에 있는 해안 지형으로, 석회암으로 된 바위 절벽이 파랑의 침식 작용을 받아 해식애와 돌기둥이 형성되었다. 현재 8개만이 남아 있지만, 파도의 침식 작용에 따라 돌기둥은 새롭게 생겨나기도 하고 무너지기도 할 것이다.

1 다양한 해안 지형

(1) 암석 해안

① 파도의 침식 작용이 활발함

② 주요 지형
- 해식애 : 파도의 침식 작용으로 형성된 절벽, 경관이 아름다워 관광지로 이용됨
- 파식대 : 파도의 침식 작용으로 형성된 해식애 전면에 생긴 완경사의 평탄면
- 해식 동굴 : 파도의 침식 작용으로 해식애에 형성된 동굴
- 시 스택, 시 아치 : 파도의 침식 작용으로 형성된 기암괴석
  → 파도의 침식에 의해 약한 주변이 침식되고, 비교적 단단한 부분이 남은 암초를 의미한다.

(2) 모래 해안

① 파도의 퇴적 작용이 활발함

② 주요 지형
- 사빈 : 파도와 연안류가 해안을 따라 모래를 쌓아 형성된 퇴적 지형
- 해안 사구 : 사빈의 모래가 바람에 의해 이동되어 퇴적된 모래 언덕 → 해안 생태계에 중요한 역할
- 석호 : 후빙기 해수면 상승으로 해안 저지대가 침수되어 만을 만들고 그 앞에 사주가 발달하여 형성된 호수

Q&A

Q 석호는 어떤 과정에 의해 형성되었나요?

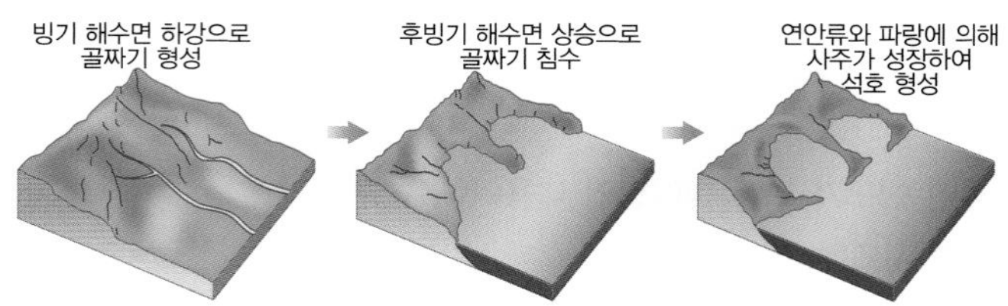

A 빙기 때는 해수면이 하강하여 골짜기였던 부분이 후빙기에 해수면이 상승하면서 골짜기가 침수됩니다. 침수된 골짜기는 만이 되고, 이후 파랑과 연안류에 의한 퇴적 작용으로 사주가 성장하여 만의 입구를 막으면 바다와 분리된 호수가 형성되는데, 이를 석호라고 합니다.

(3) 갯벌 : 조류의 작용으로 미세한 흙이 퇴적되어 형성된 지형

→ 조류: 밀물과 썰물 때문에 나타나는 바닷물의 흐름

→ 갯벌은 미국 동부 해안, 캐나다 동부 해안, 북해 연안, 우리나라 서해안이 세계적으로 유명하다.

(4) 산호초 해안, 맹그로브 숲 : 해일이나 파도의 침식에서 해안을 보호하며 다양한 바다 생물의 안식처가 됨

(5) 세계적으로 유명한 해안 지형

송네 피오르 (노르웨이)	피오르는 빙하의 침식으로 생긴 골짜기에 바닷물이 들어오면서 형성된 만으로, 수심이 깊은 곳은 약 1,300m에 이름
그레이트배리어리프 (오스트레일리아)	'대보초'라고도 불리는 세계 최대의 산호초 지대로, 산호초의 대부분은 바다에 잠겨 있고, 일부만이 바다 위로 올라와 있음
12사도 바위 (오스트레일리아)	석회암으로 된 바위 절벽이 파랑의 침식 작용을 받아 해식애와 돌기둥이 형성됨
코파카바나 해변 (브라질)	리우데자네이루 남부의 코파카바나 해변은 길게 뻗은 모래사장(사빈)이 유명하며, 세계적인 해안 휴양지임

2 해안 지역의 주민 생활

(1) 해안 지역의 이용

① 전통적으로 어업과 양식업에 종사

② 대규모 무역항이나 공업 도시로 성장 → 해상 교통 발달, 국가 간 교류가 활발해지면서 변화한다.

③ 휴양 시설과 편의 시설을 갖춘 관광지 → 아름다운 경관, 휴양, 체험 등을 위한 관광지로 활용된다.

(2) 관광 산업이 미친 영향

긍정적 측면	• 일자리 창출 및 수익 증대 • 주민들의 삶의 질 향상
부정적 측면	• 해수욕장을 따라 방파제나 콘크리트 구조물 조성 → 경관 훼손 및 모래사장 침식 등 해안 지형 변화 • 해안 사구를 훼손하여 도로와 건물 건설 → 해안 생태계 파괴 • 외부 관광객과 지역 주민들 사이에 문화적 갈등 발생

집중 탐구 관광 산업이 몰디브 주민 생활에 미친 영향

섬나라 몰디브는 대부분의 산업 활동이 수산업으로 이루어졌으나, 1970년대 이후 해안 지역 곳곳을 관광지로 개발하기 시작하였다. 이후 매년 100만 명 이상의 관광객이 몰디브에 찾아오고 있으며, 국가 경제 수입의 상당 부분을 관광 산업에 의존하고 있다. 몰디브의 국내 총생산에서 관광 산업이 차지하는 비중이 70%에 이를 만큼 관광 산업은 이 지역 주민에게 많은 일자리를 제공한다.

▲ 몰디브 휴양지

▲ 쓰레기로 뒤덮인 섬

몰디브의 관광 산업이 발전하면서 일부 섬은 엄청난 쓰레기로 뒤덮이고 있다. 틸라푸쉬섬은 20년 전 산호초 바다를 메워 쓰레기 매립용으로 만든 인공섬이다. 관광객들은 하루 평균 약 8.2kg의 쓰레기를 배출하고 있으며, 재활용 쓰레기는 매일같이 배에 실어 이웃 나라인 인도로 보내고 있다. 게다가 국가 경제 수입의 대부분을 관광과 관련된 서비스 산업에 의존하고 있어, 관광 산업에 문제가 생긴다면 국가 경제가 위기에 놓일 위험성이 크다.

(3) 개발과 보존의 균형을 꾀하는 해안 지역

① 해안에 대한 시각 변화 : 해안 환경을 보전하고 후대에 물려주고자 노력함

② 해안 침식 방지를 위한 인공 구조물 설치 : 그로인, 모래 포집기 등

③ 갯벌 보전을 위한 노력 : 람사르 협약에 가입 및 갯벌 보호

④ 관광 형태의 변화 : 해안 생태계를 체험하고 즐기는 생태 관광으로 변모

더 알아보기 갯벌 보호를 위한 람사르 협약

우리나라 서해안과 남해안의 갯벌은 캐나다 동부 연안, 미국 동부 조지아주 연안, 유럽 북해 연안, 브라질 아마존강 하구와 더불어 세계 5대 갯벌에 속한다. 갯벌은 각종 식물, 어패류, 조류 등 다양한 생물이 서식하는 생태계의 보고이다. 또한 각종 오염 물질을 정화하고 홍수, 태풍, 해일 등 자연재해를 줄여 주기도 한다.

세계의 갯벌을 보호하기 위해 1971년 이란의 람사르에서 채택되어 1975년에 발효된 람사르 협약은 국경을 초월해 이동하는 물새를 국제 자원으로 규정하여 가입국의 습지를 보전하는 정책을 이행할 것을 의무화하고 있다. 우리나라는 1997년 7월 28일 세계에서 101번째로 람사르 협약에 가입하였다.

▲ 우리나라의 갯벌

✚ 해안의 기능

• 해안 사구는 해안 모래의 저장고이자 희귀 동식물의 서식지이며, 태풍이나 해일로부터 육지를 보호하는 기능을 한다.

• 아름다운 해변, 섬 등은 인간에게 여가 활동과 휴식 공간을 제공한다.

• 맹그로브 숲은 연안을 보호하며 해양 생물의 산란장 및 서식지가 된다.

• 산호초는 아름다운 경관을 제공하며, 의약품이나 건강 식품의 원료가 된다.

✚ 양식업

물고기나 해조류, 조개 등을 인공적으로 길러 내어 사람들에게 파는 산업을 말한다.

✚ 해안 사구

해안 사구의 모래는 바다 쪽에서 육지 방향으로 강한 바람이 불어올 때 모래 해안에 있는 모래가 육지 방향으로 이동하여 형성된 언덕이다.

✚ 그로인

침식이 심한 사빈은 그로인(groin)을 축조하여 사빈을 보호한다. 그로인은 일정한 간격을 두고 사빈에서 수직으로 설치한 석축 또는 콘크리트 구조물이다.

✚ 생태 관광

관광 지역의 자연환경 보전, 고유 문화와 역사유적의 보전, 생태적으로 양호한 지역에 대한 관찰과 학습, 관광 지역과 사업체의 지속 가능한 관광 사업, 관광객의 지속 가능한 관광 활동 등을 포괄하는 관광을 의미한다. 지속 가능한 관광(sustainable tourism), 녹색 관광(green tourism), 자연 관광(nature tourism) 등과 유사한 개념이다.

개념 다지기

정답과 해설 • 17쪽

01 빈칸에 알맞은 말을 쓰시오.

(1) 바닷물이 바람의 영향을 받아 일렁이는 물결을 (　　　) (이)라고 한다.

(2) 밀물과 썰물 때문에 나타나는 바닷물의 흐름을 (　　　)(이)라고 한다.

(3) 열대나 아열대의 갯벌이나 하구에 자라는 목본 식물 집단으로, 나무들이 물속 깊숙이 뿌리를 내리고 있는 식생을 (　　　)(이)라고 한다.

(4) 밀물 때는 잠기고 썰물 때는 육지로 드러나는 지형을 (　　　)(이)라고 한다.

(5) 물고기나 해조류, 조개류 등을 인공적으로 길러 내어 판매하는 산업을 (　　　)(이)라고 한다.

(6) (　　　)은(는) '물새의 서식지로서 중요한 습지 보호에 관한 국제 협약'이다.

02 밑줄 친 부분을 바르게 고쳐 쓰시오.

(1) <u>사빈</u>은 파랑에 의해 운반된 모래가 좁고 긴 형태로 쌓여 발달하면서 사주가 만의 입구를 막아 형성된 호수이다. ········ (　　　)

(2) <u>파식대</u>는 하천에 의해 운반된 모래나 주변에서 침식된 물질이 파랑에 의해 해안에 퇴적되어 형성된다. ········ (　　　)

(3) 파랑의 침식 작용으로 형성된 아치 모양의 지형을 <u>시 스택</u>이라고 하고, 육지와 분리된 암석 기둥을 <u>시 아치</u>라고 한다. ········ (　　　,　　　)

03 환경 파괴를 최소화하면서 자연을 관찰·학습하며 즐기는 지속 가능한 여행 형태는?

04 다음 각 지형을 침식 지형과 퇴적 지형으로 구분하시오.

(1) 해식애, 시 스택, 해식 동굴 ········ (　　　)

(2) 사빈, 석호, 사구 ········ (　　　)

(3) 갯벌 ········ (　　　)

05 해안 지형과 형성 과정에 영향을 준 주요 요인을 연결하시오.

(1) 갯벌 •　　　　• ㉠ 빙하

(2) 피오르 •　　　　• ㉡ 파랑

(3) 시 스택 •　　　　• ㉢ 조류

06 다음 설명이 맞으면 ○표, 틀리면 ×표 하시오.

(1) 파랑 에너지는 만에서는 집중되고 곶에서는 분산된다. ········ (　　　)

(2) 만에서는 주로 퇴적 지형이 형성되고, 곶에서는 침식 지형이 형성된다. ········ (　　　)

(3) 갯벌은 조류의 작용으로 미세한 흙이 퇴적되어 형성된 지형이다. ········ (　　　)

(4) 산호초 해안과 맹그로브 숲은 주로 냉대 기후 지역의 해안에서 볼 수 있다. ········ (　　　)

(5) 산호초와 맹그로브 숲은 해일이나 파도의 침식에서 해안을 보호하며 다양한 바다 생물의 안식처가 된다. ········ (　　　)

(6) 해안 지역의 무분별한 개발로 해안 침식, 환경 오염 등의 문제가 나타나기도 한다. ········ (　　　)

(7) 해안 지역의 주민들은 전통적으로 어업과 양식업에 종사하면서 생활하였다. ········ (　　　)

(8) 해양은 다양한 해양 스포츠 활동을 즐길 수 있는 공간을 제공한다. ········ (　　　)

(9) 산호초는 아름다운 경관을 제공하며 의약품이나 건강 식품의 원료가 되기도 한다. ········ (　　　)

07 다음 설명에 해당하는 지형을 〈보기〉에서 고르시오.

보기

ㄱ. 사빈	ㄴ. 해식애
ㄷ. 시 스택	ㄹ. 해식 동굴

(1) 모래가 쌓여 있는 해안 ········ (　　　)

(2) 파랑의 침식으로 육지와 분리된 돌기둥 ········ (　　　)

(3) 암석 해안에서 파랑의 침식으로 형성된 동굴 ·· (　　　)

(4) 암석 해안에서 파랑의 침식으로 형성된 해안 절벽 ········ (　　　)

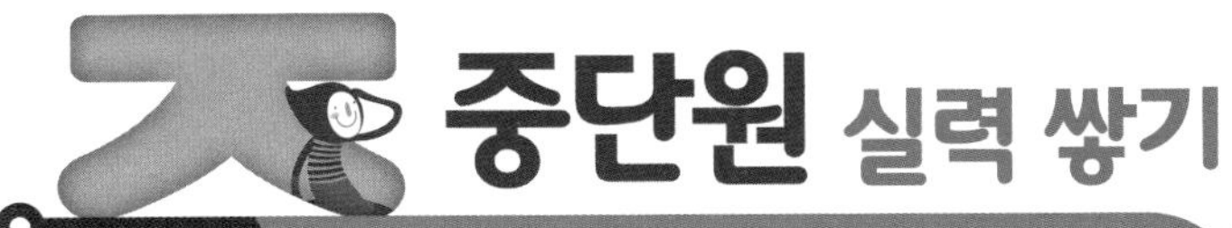

중단원 실력 쌓기

정답과 해설 • 17쪽

[01~02] 그림을 보고 물음에 답하시오.

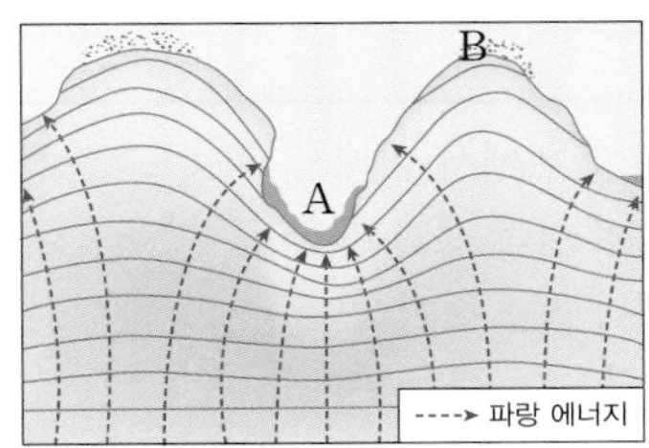

01 빈칸 A, B에 들어갈 말로 옳은 것은?

> 해안에서 바다 쪽으로 돌출한 지형을 (A)(이)라고 하고, 안쪽으로 들어간 지형을 (B)(이)라고 한다.

	A	B		A	B
①	곶	만	②	곶	섬
③	만	곶	④	만	섬
⑤	섬	곶			

중요

02 A, B에서 주로 발달하는 지형을 〈보기〉에서 고른 것은?

> 보기
> ㄱ. 사빈 ㄴ. 석호
> ㄷ. 해식애 ㄹ. 해식 동굴

	A	B		A	B
①	ㄱ, ㄴ	ㄷ, ㄹ	②	ㄱ, ㄷ	ㄴ, ㄹ
③	ㄴ, ㄷ	ㄱ, ㄹ	④	ㄴ, ㄹ	ㄱ, ㄷ
⑤	ㄷ, ㄹ	ㄱ, ㄴ			

03 다음 글에서 설명하고 있는 지형을 그림의 A~E에서 고른 것은?

> 파랑의 에너지가 집중되면서 침식 작용을 강하게 받아 육지와 분리된 형태의 돌기둥을 이루게 되었다.

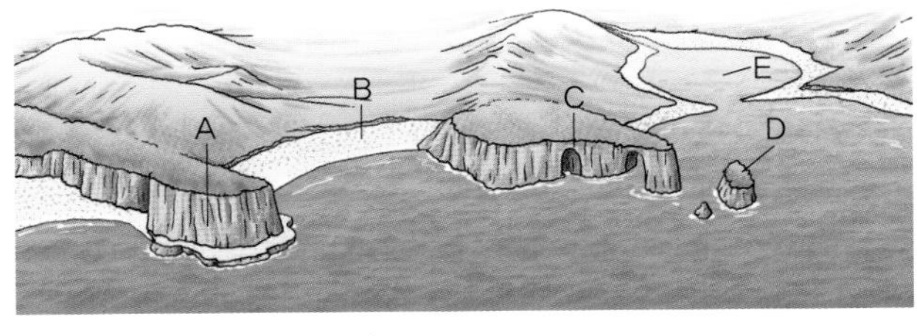

① A ② B ③ C ④ D ⑤ E

04 다음 글에서 설명하고 있는 지형으로 옳은 것은?

> 해안에 위치하며 민물과 바닷물이 섞여 있는 호수이다. 파랑에 의해 운반된 모래가 좁고 긴 형태로 쌓여 발달하면서 만의 입구를 막아 형성된다.

① 사빈 ② 사구 ③ 석호
④ 해식애 ⑤ 해식 동굴

05 사진과 같은 지형에 대한 설명으로 옳지 않은 것은?

① 조류에 의한 퇴적 작용으로 형성된다.
② 밀물 때는 잠기고 썰물 때는 드러난다.
③ 양식장이나 염전으로 이용되기도 한다.
④ 모래보다 입자가 고운 물질들이 퇴적된다.
⑤ 바다 쪽으로 돌출된 해안 지역에서 주로 발달한다.

06 다음은 사회 수업 장면이다. 교사의 질문에 옳게 답한 학생을 고른 것은?

> 교사 : 사진은 브라질의 유명한 해안이에요. 이런 해안의 특징에 대해 이야기해 보세요.
>
> 
>
> 갑 : 모래가 퇴적되어 형성된 해안입니다.
> 을 : 썰물 때에만 접근할 수 있는 곳입니다.
> 병 : 해수욕장으로 이용할 수 있는 지형입니다.
> 정 : 파랑 에너지가 집중되는 곳에서 주로 발달합니다.

① 갑, 을 ② 갑, 병 ③ 을, 병
④ 을, 정 ⑤ 병, 정

중요

07 ㉠~㉤에 대한 설명으로 옳지 않은 것은?

- 오스트레일리아의 골드코스트는 ㉠ 모래 해변이 약 5km에 걸쳐 펼쳐진 세계적으로 손꼽히는 아름다운 해변이다. 이곳의 모래는 없어지기도, ㉡ 새로운 모래가 쌓이기도 하면서 해변이 변화된다.
- 오스트레일리아의 그레이트오션로드 끝자락에 있는 ㉢ 이곳은 많은 절벽과 (㉣)이(가) 발달한 해안으로, 예수의 열두 제자를 의미하는 12사도 바위가 있었다. 그러나 ㉤ 과거에 12개였던 바위는 일부가 무너져 현재 8개만 남아 있다.

① ㉠은 침식 작용으로 형성된 해안이다.
② ㉡은 파랑의 작용으로 일어난다.
③ ㉢은 퇴적 작용보다 침식 작용이 우세한 지역이다.
④ ㉣에는 '돌기둥'이 들어가야 한다.
⑤ ㉤을 통해 고려할 때 앞으로도 바위 숫자가 변화할 수 있다.

08 다음은 사회 사이버 학습 장면이다. 질문에 대해 옳은 댓글을 단 학생을 고른 것은?

교사 : 아래 사진은 멕시코의 유명한 해안이에요. 이 사진을 보고 지형의 특징과 관련하여 댓글을 달아 보세요.

☞ 파랑의 힘이 매우 강한 곳인 곳 같아요. ············ 갑
☞ 왼쪽의 바위들도 원래는 절벽의 일부였을 것 같아요. ············ 을
☞ 안쪽으로 깊숙이 들어간 만의 형태를 이루는 곳에서 주로 발달할 것 같아요. ············ 병
☞ 사빈, 사주, 석호 등이 잘 발달한 모습이에요. ········ 정

① 갑, 을 ② 갑, 병 ③ 을, 병
④ 을, 정 ⑤ 병, 정

[09~10] 다음 자료는 여름 방학을 맞아 여행을 다녀온 학생이 작성한 기행문의 일부이다.

높은 절벽 위에서 아래쪽의 긴 수로처럼 생긴 바다를 내려다보는 것이 인상적이었다. (㉠)이(가) 깎아낸 U자형의 골짜기에 바닷물이 차올라 형성되었으며 보기보다 수심이 깊다고 한다.

09 빈칸 ㉠에 들어갈 말로 옳은 것은?

① 하천 ② 바람 ③ 빙하
④ 파랑 ⑤ 조류

10 학생이 다녀온 여행지를 지도의 A~E에서 고른 것은?

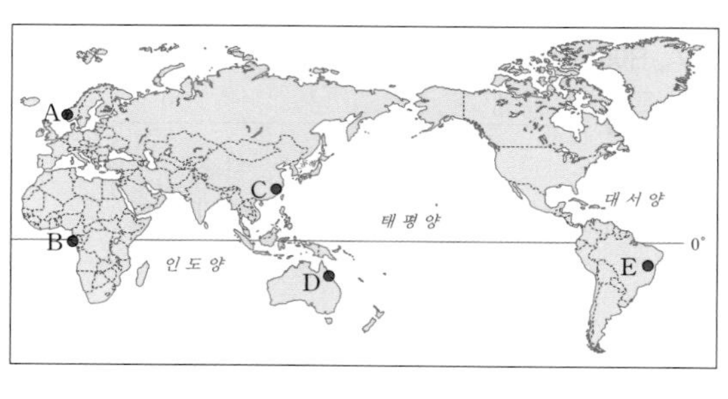

① A ② B ③ C ④ D ⑤ E

11 (가), (나) 지형에 대한 설명으로 옳지 않은 것은?

(가) 산호초

(나) 맹그로브 숲

① (가)가 발달하면 섬을 형성하기도 한다.
② (나)는 오염 물질을 정화하는 기능이 탁월하다.
③ (가), (나) 모두 생명체의 서식과 관련이 깊다.
④ (가), (나) 모두 주로 열대 기후 지역에서 잘 발달한다.
⑤ (가), (나) 모두 무분별한 개발로 현재는 남아 있지 않다.

중요

12 다음은 사회 사이버 학습 장면이다. 교사의 질문에 대한 댓글 중 옳지 않은 내용은?

> 교사 : 해안은 바다와 육지가 만나는 공간이에요. 해안은 다양한 기능이 있는데요. 해안이 갖는 기능에 대해 댓글을 달아 보세요.
> ☞ 해안가의 모래 언덕은 태풍이나 해일의 피해를 줄여 줄 수 있어요. ㉠
> ☞ 아름다운 해변과 섬 등은 여가 활동과 휴식 공간을 제공합니다. ㉡
> ☞ 수산업은 지역의 일자리를 창출하고 경제를 활성화시켜 줍니다. ㉢
> ☞ 해양은 산소를 생산하고 이산화 탄소를 흡수하여 기후 변화에 대응하는 데 도움을 줍니다. ㉣
> ☞ 맹그로브 숲은 농경지를 잠식하여 식량 생산을 어렵게 만드는 요인이 되기도 합니다. ㉤

① ㉠ ② ㉡ ③ ㉢ ④ ㉣ ⑤ ㉤

중요

13 다음 글을 통해 파악한 내용 중 옳은 것을 〈보기〉에서 고른 것은?

> 바덴해는 덴마크에서 독일을 거쳐 네덜란드에 이르는 해안 생태계 보호 구역으로 세계적 규모의 넓은 갯벌이 형성되어 있다. 과거 이곳은 간척 사업으로 많은 갯벌이 사라졌으나, 갯벌의 중요성이 강조되면서 복원 사업을 추진하였다. 그 결과 갯벌과 모래사장의 생태계가 되살아나 수많은 동식물이 서식하는 지역이 되었다. 생태계 복원 이후에는 매년 1천만 명에 이르는 관광객이 생태 관광을 목적으로 방문하고 있다.

보기

ㄱ. 지나친 개발은 자연환경을 훼손할 수 있다.
ㄴ. 자연환경을 보전하기 위해서는 생태 관광과 같이 지속 가능성을 고려해야 한다.
ㄷ. 인간은 이익 추구를 위해 다양한 수단과 방법을 사용하여 자연을 이용해야만 한다.
ㄹ. 자연은 인간의 힘으로 얼마든지 원래 모습 그대로 복원할 수 있으므로 활발한 개발 사업을 시도할 필요가 있다.

① ㄱ, ㄴ ② ㄱ, ㄷ ③ ㄴ, ㄷ
④ ㄴ, ㄹ ⑤ ㄷ, ㄹ

서술형·논술형

서술형

01 밑줄 친 내용의 구체적인 사례를 한 가지만 서술하시오.

> 해안 지역은 그 자체로 볼거리와 즐길 거리가 많은 곳이다. 해안선을 따라 펼쳐진 다양한 지형 경관은 관광지로 개발되고 있다. 하지만 오늘날 해안 지역은 개발과 함께 인구와 관광객이 집중하면서 많은 문제점도 나타나고 있다.

논술형

02 다음 자료를 보고 해안 지역의 개발이 바람직한지 혹은 개발에 신중하게 접근해야 하는지 하나의 주장을 선택하고 근거를 들어 300자 이내로 논술하시오.

> 〈인도양의 아름다운 해변, 몰디브의 두 얼굴〉
> 수산업이 대부분의 산업 활동이었던 몰디브는 1970년대 이후 아름다운 해안 지역 곳곳을 관광지로 개발하여 이후 매년 100만 명 이상의 관광객이 찾아오고 있으며 국가 경제 수입의 상당 부분을 관광 산업에서 거두고 있다.
> 몰디브의 관광 산업이 발달하면서 일부 섬은 엄청난 쓰레기로 뒤덮이고 있다. 관광지에서 발생한 쓰레기를 몇몇 섬에 모아 매립하면서 나타난 현상이다. 게다가 산호섬의 수중 생태계가 훼손되었으며 생활용수가 부족해졌다.

우리나라의 자연 경관

출제 포인트
- 우리나라의 산지 지형
- 우리나라의 해안 지형
- 화산 및 카르스트 지형

✚ 우리나라 산지의 특징

저산성 산지	오랜 침식으로 낮고 완만한 산지
동고 서저의 지형	기후, 인구 분포, 교통 발달 등의 지역 차에 영향을 미침
고위 평탄면	과거의 평탄면이 융기 이후에 높은 곳에 남은 지형 → 고랭지 농업, 목축업, 관광지로 이용

✚ 중부 지방의 단면도

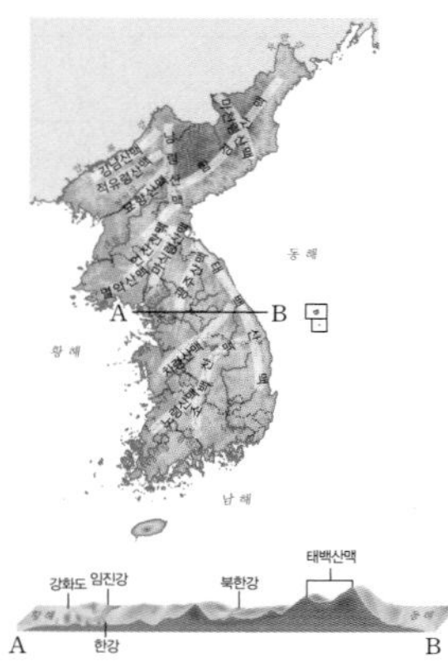

태백산맥이 동쪽으로 치우쳐 솟아 있어 서쪽으로는 경사가 완만하고, 동쪽으로는 경사가 급하다.

✚ 리아스 해안

하천에 의해 만들어진 골짜기가 후빙기 해수면 상승으로 침수되면서 형성된 복잡한 형태의 해안을 말한다. 섬, 반도, 만 등으로 이루어져 있다.

✚ 우리나라 해안의 특징

서·남해안	• 복잡한 해안선 : 리아스 해안, 산지가 해안으로 뻗음 • 큰 조차 : 갯벌 발달
동해안	• 단조로운 해안선 : 해안과 평행한 산맥 • 파랑의 작용 활발 : 모래 해안(사빈, 석호), 암석 해안(해식애, 시 스택 등)

1 산지 지형

(1) 우리나라 산지의 특징

① 국토의 약 70%가 산지이지만, 대체로 낮고 완만함

② 높은 산지는 대부분 북동부 지역에 분포하며, 동고서저의 지형이 나타남

(2) 돌산과 흙산의 특징

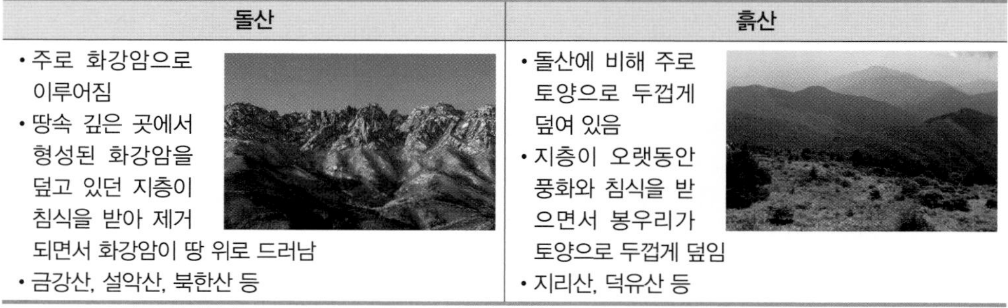

돌산	흙산
• 주로 화강암으로 이루어짐 • 땅속 깊은 곳에서 형성된 화강암을 덮고 있던 지층이 침식을 받아 제거되면서 화강암이 땅 위로 드러남 • 금강산, 설악산, 북한산 등	• 돌산에 비해 주로 토양으로 두껍게 덮여 있음 • 지층이 오랫동안 풍화와 침식을 받으면서 봉우리가 토양으로 두껍게 덮임 • 지리산, 덕유산 등

(3) 하천의 특징 : 동쪽에 높은 산지가 많아 큰 하천은 대부분 동쪽에서 서쪽으로 흐름

└→ 일반적으로 상류에서는 산지 사이를 흐르면서 깊은 계곡을 만들고, 하류에서는 넓은 평야 위를 흐른다.

2 해안 지형

(1) 서·남해안

① 리아스 해안 : 만이 발달하여 해안선의 드나듦이 복잡하고 섬이 많이 분포

② 갯벌

- 조차가 크기 때문에 썰물 때 넓은 범위에 걸쳐 바닷물이 빠져나가면서 갯벌이 드러남
- 염전, 양식장, 관광지로 활용하거나 간척 사업을 통해 농경지, 공업 단지로 조성

→ 밀물과 썰물로 생겨나는 바닷물의 흐름을 조류라고 하며, 밀물과 썰물 때의 해수면 수위 차이를 조차라고 한다.

→ 갯벌은 밀물 때는 침수되고, 썰물 때는 육지로 드러나는 지형이다.

(2) 동해안

① 특징 : 산맥과 해안선이 평행하게 발달하여 해안선이 단조로운 편

② 주요 지형 : 조차가 작고 파랑의 작용이 활발하여 다양한 지형이 발달 예 모래 해안(사빈, 석호 등), 암석 해안(해식애, 시 스택 등)

집중 탐구 우리나라 해안의 각기 다른 매력

동해안은 파랑의 작용이 활발하다. 파랑의 퇴적 작용이 활발한 곳은 모래사장이 발달하여 해수욕장으로 이용되며, 침식 작용이 활발한 곳은 해식애가 절경을 이룬다. 서해안은 조류의 작용이 활발하다. 썰물 때는 드넓은 갯벌이 드러나는데 우리나라의 갯벌은 수심이 얕고 물살이 잔잔하여 해수욕장으로 이용될 뿐만 아니라, 염전이나 양식장, 체험 학습장으로 이용된다. 남해안은 바다와 섬이 어우러지는 다도해가 발달하였다.

3 카르스트 지형 → 지표수가 부족하여 주로 밭농사가 이루어지며, 시멘트 공업이 발달한다.

(1) 형성과 분포

① 형성 : 석회암의 주성분인 탄산칼슘이 빗물과 지하수에 의해 녹으면서 형성

② 분포 : 강원도 남부와 충청북도 북동부 일대 → 석회암의 탄산칼슘이 빗물이나 지하수에 의해 녹는 현상과 같이 암석이 물에 의해 화학적 반응을 일으켜 용해되는 침식 작용을 용식 작용이라고 한다.

(2) 석회동굴

① 대표적인 카르스트 지형으로 동굴 내부에 종유석, 석순, 석주 등이 발달함

② 단양의 고수동굴, 삼척의 환선굴, 울진의 성류굴 등

Q&A

Q 석회동굴은 어떤 과정에 의해 형성되나요?

A 석회암의 탄산칼슘은 빗물이나 지하수에 함유된 이산화 탄소와 결합하여 화학적 반응을 통해 암석이나 지층이 녹는 작용이 일어납니다. 빗물이나 지표수가 땅속으로 흘러들면서 석회암층을 녹이고, 하천이 흐르는 골짜기가 침식으로 깊어지면서 지하 동굴이 확장됩니다. 동굴 내 떨어지는 물속에 있던 탄산칼슘이 침전하여 종유석, 석순, 석주 등이 형성됩니다.

4 화산섬, 제주도

(1) 세계 자연 유산

① 유네스코 지정 자연환경 분야 3관왕 : 생물권 보전 지역, 세계 자연 유산, 세계 지질 공원

② 한라산, 성산 일출봉, 거문오름 용암동굴계는 유네스코 세계 자연 유산에 등재

(2) 다양한 화산 지형

한라산	• 전체적으로 경사가 완만하여 방패 모양을 이루나 정상 부분은 급경사를 이룸 • 백록담 : 화구호
오름	• 한라산의 산록부에 360여 개 분포 • 주화산의 산록의 틈을 따라 용암이나 가스가 분출하여 형성된 소규모 화산
현무암	• 지표수를 구하기 어려워 벼농사가 어려움 → 밭농사 중심의 토지 이용 • 주상 절리 : 해안에 폭포 또는 해안 절벽이 발달함
용암동굴	용암이 지하에서 식으면서 냉각 속도의 차이에 의해 형성된 동굴 예 만장굴, 협재굴, 김녕굴 등

더 알아보기 우리나라의 다양한 화산 지형

우리나라에는 신생대에 활발한 화산 활동으로 형성된 화산 지형이 여러 지역에서 나타난다. 백두산, 울릉도, 독도, 철원의 용암대지 등이 대표적인 사례이다.

▲ 백두산 천지 백두산의 정상 부근에는 화산 활동 이후 물이 고여 형성된 호수가 있다.

▲ 울릉도 나리분지 화산 폭발 이후 만들어진 분지로 주변 봉우리 중 가장 높은 것이 성인봉이다.

✚ 탄산칼슘($CaCO_3$)
진주나 분필의 주성분인 탄산칼슘은 우리 주변에서 매우 흔하게 볼 수 있는 물질이다. 탄산칼슘은 치약을 비롯하여 페인트, 건축 재료에도 포함되어 있다.

✚ 석회동굴 내부
종유석은 석회동굴의 천장에서 고드름처럼 자라나는 석회암 덩어리이고, 석순은 석회동굴의 바닥에서 위로 자라나는 것이다. 석주는 종유석과 석순이 서로 연결되어 기둥 모양을 이룬 것을 말한다.

✚ 유네스코 세계 자연 유산

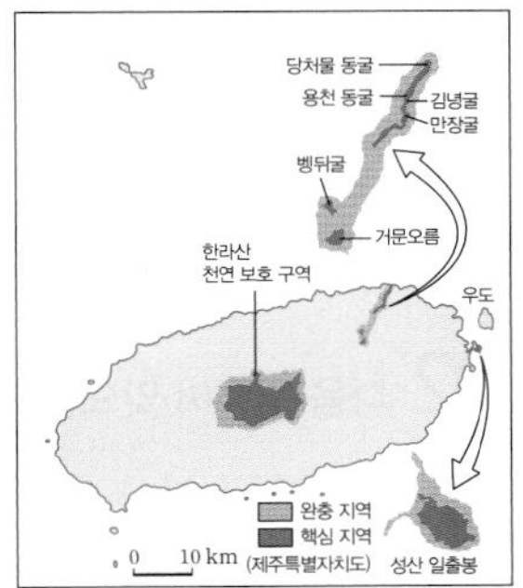

✚ 지표수
지표면 위의 물을 말한다. 보통 하천이나 호수를 포함한다.

✚ 주상 절리
용암이 식으면서 규칙적인 균열이 생겨 형성된 다각형의 기둥을 의미한다. 다각형의 기둥이 절벽을 이루거나 폭포가 되기도 한다.

✚ 용암동굴
용암이 지표면을 덮고 흐를 때 표면이 먼저 굳고 안쪽으로 용암이 빠져나가면서 형성된 동굴이다.

01 빈칸에 알맞은 말을 쓰시오.

(1) (　　　)은(는) 생물권 보전 지역, 세계 자연 유산, 세계 지질 공원 등으로 등재되었다.
(2) 한라산, 성산 일출봉, 거문오름 용암동굴계는 유네스코 세계 (　　　)에 등재되었다.
(3) 제주도에서는 용암이 굳는 과정에서 용암 내의 가스가 빠져나가면서 많은 구멍이 생긴 (　　　)을(를) 흔히 볼 수 있다.
(4) (　　　)은(는) 물에 잘 녹는 성질을 지닌 암석이다. 이런 성질 때문에 (　　　)이(가) 분포하는 지역에서는 땅 표면이 움푹 파인 지형이나 동굴이 발달한다.
(5) 우리나라 서 · 남해안에는 만이 발달하여 해안선의 드나듦이 복잡하고 섬이 많이 분포하는 (　　　) 해안이 나타난다.
(6) 서 · 남해안은 조차가 크기 때문에 썰물 때 넓은 범위에 걸쳐 바닷물이 빠져나가면서 (　　　)이(가) 드러난다.

02 다음 설명이 맞으면 ○표, 틀리면 ×표 하시오.

(1) 제주도는 화산 활동으로 형성되어 독특하고 아름다운 자연 경관이 곳곳에 분포한다. ………… (　　)
(2) 금강산, 설악산, 북한산 등은 돌산으로 화강암 바위가 드러나 있어 기암괴석이 절경을 이룬다. ………… (　　)
(3) 지리산, 덕유산 등은 바위 위에 두꺼운 토양층이 덮여 있는 흙산이다. ………… (　　)
(4) 우리나라의 하천은 대체로 동쪽에서 서쪽과 남쪽으로 흐른다. ………… (　　)
(5) 우리나라의 서 · 남해안은 대체로 해안선이 단조롭고 동해안은 해안선이 복잡하다. ………… (　　)

03 우리나라의 서 · 남해안에 위치한 국립공원으로, 수많은 섬으로 이루어진 특징을 갖는 국립공원은?

04 원래 바닷물이 들어온 만이었는데 파도의 퇴적 작용으로 발달한 사주에 의해 입구가 막혀 바다와 분리되면서 형성된 호수는?

05 다음 지형들을 구분하여 바르게 연결하시오.

(1) 사빈, 석호, 사구 •　　　• ㉠ 해안 지형
(2) 종유석, 석회동굴 •　　　• ㉡ 화산 지형
(3) 화구, 오름, 주상 절리 •　　　• ㉢ 카르스트 지형

06 다음 지형이 제주도에서 볼 수 있는 지형이면 ○표, 그렇지 않으면 ×표 하시오.

(1) 기암괴석의 화강암이 절경을 이루는 돌산 ………… (　　)
(2) 야트막한 언덕 모양으로 생긴 규모가 작은 화산 ………… (　　)
(3) 용암이 식으면서 다각형의 기둥 모양으로 굳어진 지형 ………… (　　)

07 바닷물의 퇴적 작용에 의해 형성된 지형을 〈보기〉에서 있는 대로 고르시오.

보기
ㄱ. 사빈　　ㄴ. 사구　　ㄷ. 갯벌　　ㄹ. 석회동굴

08 밑줄 친 부분을 바르게 고쳐 쓰시오.

(1) <u>동해안</u>은 드넓은 갯벌과 낙조가 아름답고, <u>서해안</u>은 일출을 볼 수 있으며 모래사장과 해식애가 푸른 바다와 어우러져 장관을 이룬다. ………… (　　,　　)
(2) <u>용암동굴</u>은 석회암이 오랜 시간 동안 지하수에 녹아서 만들어진 동굴이다. ………… (　　)
(3) 우리나라에서 <u>동해</u>로 흘러들어 가는 하천은 <u>황해</u>로 흘러가는 하천에 비해 유로가 길다. ………… (　　,　　)

09 다음 설명에 해당하는 지형을 〈보기〉에서 각각 고르시오.

보기
ㄱ. 오름　　ㄴ. 주상 절리
ㄷ. 용암동굴

(1) 용암이 흘러가면서 형성한 동굴 ………… (　　)
(2) 한라산의 사면에서 용암이 분출하여 형성된 작은 화산 ………… (　　)
(3) 용암이 굳으면서 다각형의 기둥 모양으로 쪼개진 지형 ………… (　　)

중단원 실력 쌓기

정답과 해설 • 19쪽

01 지도에 표시된 지역의 공통적인 특징으로 옳은 것을 〈보기〉에서 고른 것은?

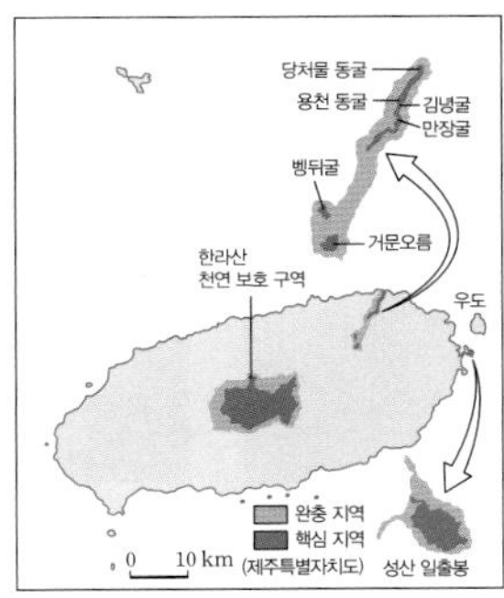

보기
ㄱ. 화산 활동으로 형성된 지형이다.
ㄴ. 보전을 위해 관광객의 접근이 불가능하다.
ㄷ. 인류가 보전해야 할 가치가 있는 경관이다.
ㄹ. 전국 어디에서나 쉽게 볼 수 있는 지형이다.

① ㄱ, ㄴ ② ㄱ, ㄷ ③ ㄴ, ㄷ
④ ㄴ, ㄹ ⑤ ㄷ, ㄹ

중요
02 제주도에 분포하는 지형에 대한 옳은 설명을 〈보기〉에서 고른 것은?

보기
ㄱ. 소규모의 화산 활동으로 오름이 형성되었다.
ㄴ. 조차가 큰 해안을 따라 넓은 갯벌이 형성되었다.
ㄷ. 석회암이 물에 녹으면서 석회동굴과 같은 지형이 형성되었다.
ㄹ. 비교적 묽은 용암이 분출하여 방패 모양의 제주도를 형성하였다.

① ㄱ, ㄴ ② ㄱ, ㄹ ③ ㄴ, ㄷ
④ ㄴ, ㄹ ⑤ ㄷ, ㄹ

03 그림과 같은 원리로 형성된 소규모 화산을 제주도에서 주로 부르는 명칭으로 옳은 것은?

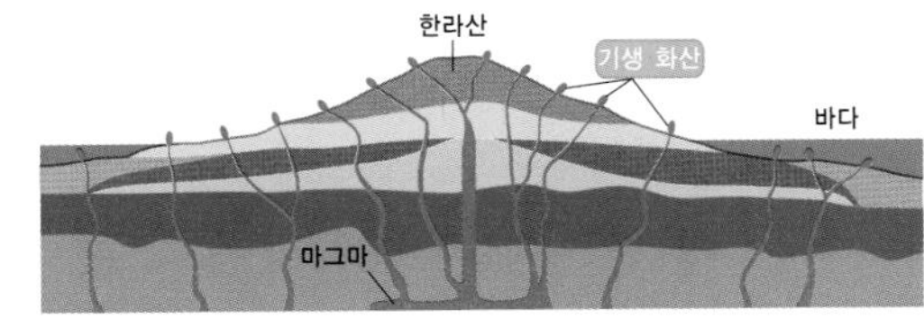

① 오름 ② 돌산 ③ 흙산
④ 호른 ⑤ 고원

04 그림 (가)~(다)는 용암동굴의 형성 과정을 나타낸 것이다. 순서대로 나열한 것은?

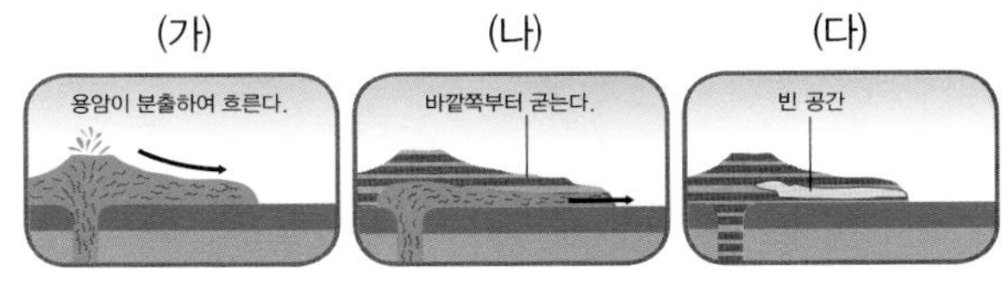

① (가)－(나)－(다) ② (가)－(다)－(나)
③ (나)－(가)－(다) ④ (나)－(다)－(가)
⑤ (다)－(가)－(나)

중요
05 (가), (나) 산지에 대한 옳은 설명을 〈보기〉에서 고른 것은?

(가)

(나)

보기
ㄱ. (가) 산지는 주로 화강암으로 이루어져 있다.
ㄴ. (가) 산지는 지리산, (나) 산지는 설악산이다.
ㄷ. (나)는 (가)보다 두꺼운 토양층으로 덮여 있는 산지이다.
ㄹ. (나) 산지가 시간이 지나면 (가)와 같은 모습으로 변한다.

① ㄱ, ㄴ ② ㄱ, ㄷ ③ ㄴ, ㄷ
④ ㄴ, ㄹ ⑤ ㄷ, ㄹ

06 우리나라의 지형 경관에 대한 설명으로 옳지 않은 것은?

① 큰 하천은 대부분 서쪽에서 동쪽으로 흐른다.
② 전체 국토 면적의 약 70%는 산지로 이루어져 있다.
③ 높고 험준한 산지는 주로 북쪽과 동쪽에 치우쳐 있다.
④ 동해안은 서·남해안에 비해 해안선의 길이가 짧고 단조롭다.
⑤ 큰 하천의 상류는 골짜기가 깊게 형성되고, 하류는 넓은 평야가 분포한다.

07 다음 지도의 제목으로 가장 적절한 것은?

① 우리나라의 국립공원
② 우리나라의 화산 지형
③ 우리나라의 천연기념물
④ 우리나라의 화강암 산지
⑤ 우리나라의 카르스트 지형

08 (가), (나) 지형에 대한 옳은 설명을 〈보기〉에서 고른 것은?

(가) 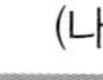 (나)

〈보기〉
ㄱ. (가)는 동해안, (나)는 서해안에서 주로 볼 수 있다.
ㄴ. (가), (나) 모두 관광 자원으로 활용될 수 있는 지형이다.
ㄷ. (가)는 (나)보다 입자가 작은 물질들이 주로 퇴적되어 있다.
ㄹ. (가)는 (나)보다 파랑의 에너지가 더 큰 영향을 미치는 지역이다.

① ㄱ, ㄴ ② ㄱ, ㄷ ③ ㄴ, ㄷ
④ ㄴ, ㄹ ⑤ ㄷ, ㄹ

[09~10] 다음은 우리나라의 천연 동굴이다. 이를 보고 물음에 답하시오.

(가) (나)

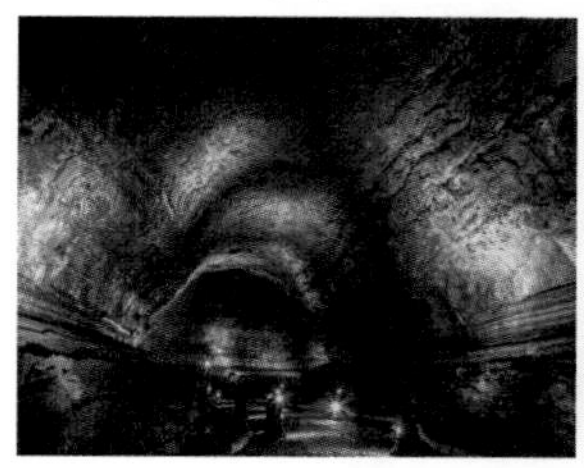
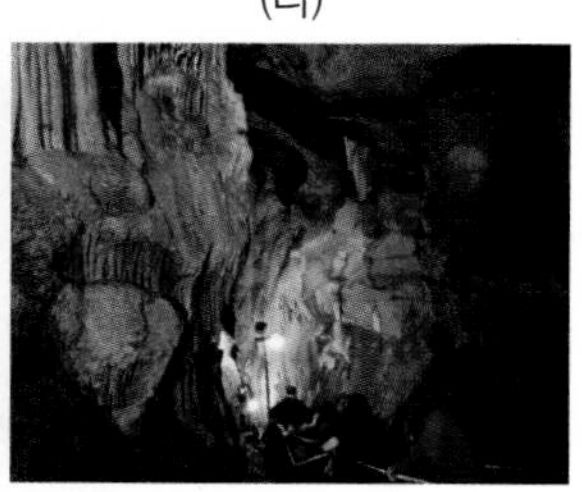

09 (가), (나)와 같은 동굴을 형성하는 암석으로 옳은 것은?

	(가)	(나)		(가)	(나)
①	현무암	화강암	②	현무암	석회암
③	퇴적암	현무암	④	석회암	화강암
⑤	퇴적암	석회암			

10 (가), (나) 동굴에 대한 설명으로 옳지 않은 것은?

① (가)는 용암이 흐르는 과정을 통해 형성되었다.
② (가)와 같은 형태의 동굴은 제주도에서 찾아볼 수 있다.
③ (나)는 암석이 물에 녹는 과정을 통해 형성되었다.
④ (나)는 (가)보다 단순한 형태를 갖는 동굴이다.
⑤ (가), (나) 모두 관광 자원으로 활용될 수 있다.

11 화산 활동으로 형성된 산지를 〈보기〉에서 고른 것은?

〈보기〉
ㄱ. 울릉도 성인봉 ㄴ. 제주도 한라산
ㄷ. 북한산 인수봉 ㄹ. 지리산 천왕봉

① ㄱ, ㄴ ② ㄱ, ㄷ ③ ㄴ, ㄷ
④ ㄴ, ㄹ ⑤ ㄷ, ㄹ

중요
12 다음 글에 나타난 지형을 통틀어 일컫는 말로 옳은 것은?

석회암은 물에 잘 녹는 성질을 지닌 암석이다. 그래서 석회암이 넓게 분포하고 물이 풍부한 지역에서는 땅 표면이 움푹 파인 지형이나 석회동굴이 잘 발달한다. 강원도와 충청북도 일대에는 동굴 내부에 종유석, 석순 등이 계속 자라고 있는 석회동굴이 많다.

① 화산 지형 ② 카르스트 지형 ③ 해안 침식 지형
④ 하천 침식 지형 ⑤ 하천 퇴적 지형

정답과 해설 • 19쪽

중요

13 다음 글은 우리나라의 해안 지형을 서술한 것이다. 밑줄 친 ㉠~㉤ 중 옳지 않은 것은?

> 우리나라의 서·남해안에는 만이 발달하여 ㉠ 해안선의 드나듦이 복잡하고 섬이 많이 분포하는 피오르 해안이 나타난다. 빙하기에 황해와 남해는 대부분 육지였다가 ㉡ 후빙기 해수면 상승으로 바닷물이 육지로 들어오면서 골짜기는 만이 되고 산봉우리는 섬으로 변하였다. 서·남해안은 조차가 크기 때문에 ㉢ 썰물 때 넓은 범위에 걸쳐 바닷물이 빠져나가면서 갯벌이 드러난다. 우리나라의 동해안에서는 ㉣ 단조로운 해안선을 따라 해수욕장이 줄지어 있는 모습을 볼 수 있는데, 이는 모래 해안인 사빈이 발달했기 때문이다. 이러한 모래 해안은 ㉤ 동해로 흐르는 하천이 운반해 온 모래를 파도가 해안을 따라 퇴적하여 만든 것이다.

① ㉠ ② ㉡ ③ ㉢ ④ ㉣ ⑤ ㉤

14 다음은 어떤 학생이 작성한 여행기의 일부이다. 지도의 A~E 중 이 학생의 여행 경로로 옳은 것은?

> 첫째 날 : 오늘은 넓은 갯벌과 그 위에 펼쳐진 갈대숲을 구경했다. 멸종 위기종인 흑두루미의 서식지로도 알려져 있으며, 조류를 보호하기 위해 람사르 협약에도 가입된 습지라고 한다.
> 둘째 날 : 아름다운 석회동굴을 구경하였다. 물이 만든 지하 궁전이라는 말이 딱 어울리는 것 같았다. 동굴 속은 수많은 종유석과 석순이 자리 잡고 있었다.

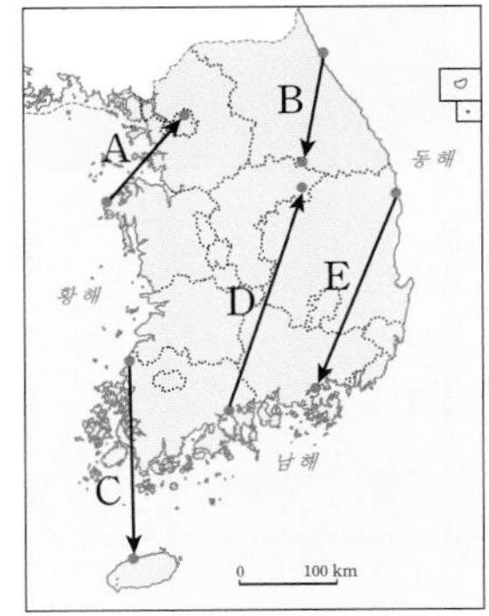

① A ② B ③ C ④ D ⑤ E

서술형·논술형

정답과 해설 • 20쪽

서술형

01 사진에 나타난 호수의 형성 과정을 간략하게 서술하시오.

논술형

02 지도를 보고 우리나라의 산지 분포와 하천의 특색을 150자 내외로 서술하시오.

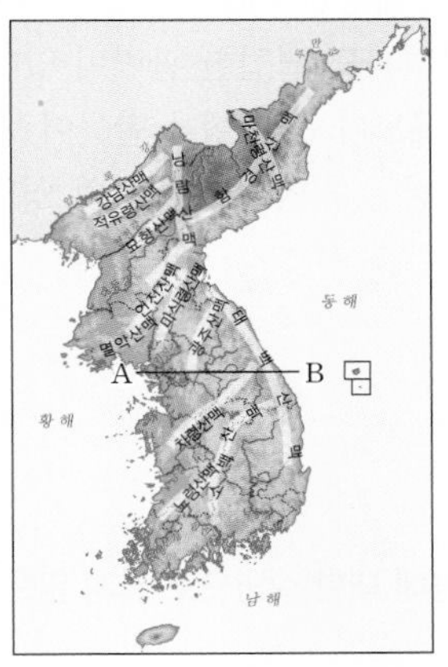

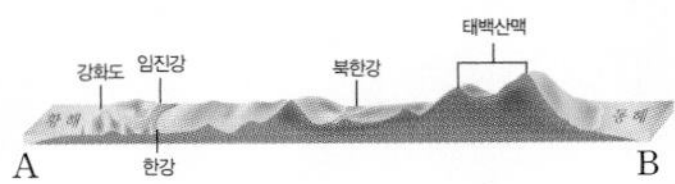

대단원 마무리

01 빈칸에 들어갈 요소로 옳지 않은 것은?

> 지각 변동에 의해 형성된 지형은 하천이나 빙하, 바람 등에 의한 (   ) 작용을 거치면서 완만한 지형으로 변화한다.

① 풍화 ② 침식 ③ 운반
④ 퇴적 ⑤ 융기

02 밑줄 친 ㉠, ㉡에 대한 설명으로 옳지 않은 것은?

> 지구는 매우 다양한 지형들로 이루어져 있는데 이러한 지형은 ㉠ 지구 내부로부터 작용하는 힘과 ㉡ 지구 외부로부터 작용하는 힘에 의해 형성되는 것이다.

① ㉠에는 습곡, 단층, 화산 활동 등이 포함된다.
② ㉡은 지표면의 울퉁불퉁한 기복을 줄이는 작용을 한다.
③ ㉡은 기후 환경과도 밀접한 관련이 있다.
④ ㉠은 ㉡보다 규모가 큰 지형을 만들어 낸다.
⑤ ㉠의 영향을 받는 지역에서는 ㉡의 영향이 나타나지 않는다.

03 (가), (나) 작용에 대한 설명으로 옳지 않은 것은?

(가)

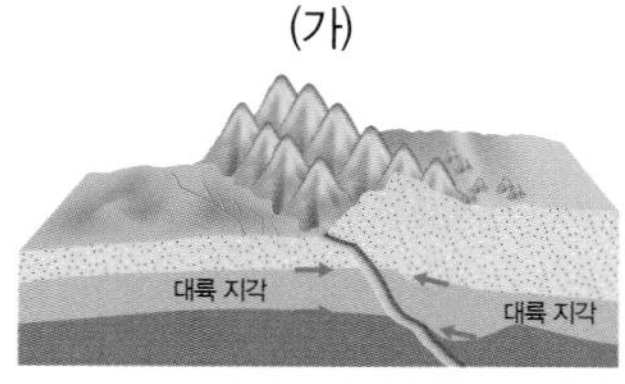

(나)

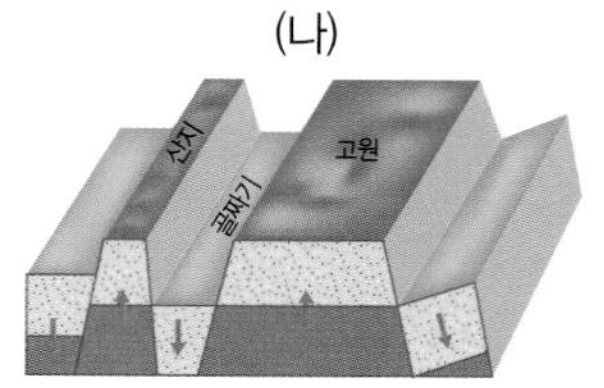

① (가)는 지각판의 경계부에서 잘 나타난다.
② 히말라야산맥은 (가)와 같은 작용을 거쳐 형성되었다.
③ (나)는 지각판이 서로 다른 방향으로 움직일 때 나타나는 작용이다.
④ (가), (나) 모두 산지를 형성하는 작용이다.
⑤ (가), (나) 모두 지구 외부 에너지의 영향으로 나타난다.

04 빈칸 ㉠에 공통적으로 들어갈 산맥으로 옳은 것은?

> (㉠)산맥은 해발 고도 8,000m 이상의 봉우리들이 14개나 있는 높고 험준한 산맥이다. (㉠)산맥은 인도·오스트레일리아판과 유라시아판의 충돌로 융기하여 형성되었으며, 지금도 끊임없이 움직이며 솟아오르고 있다. 이 때문에 과거 바다였던 (㉠)산맥의 정상 부근에서는 암모나이트와 같은 해양 생물의 화석이 발견된다.

① 로키 ② 우랄 ③ 알프스
④ 안데스 ⑤ 히말라야

05 〈보기〉의 산지를 형성 원인에 따라 구분한 것으로 옳은 것은?

> **보기**
> ㄱ. 후지산(일본) ㄴ. 몽블랑산(프랑스)
> ㄷ. 마우나로아산(하와이) ㄹ. 에베레스트산(네팔)

	판과 판의 충돌로 형성된 산지	마그마의 분출로 형성된 산지
①	ㄱ, ㄴ	ㄷ, ㄹ
②	ㄱ, ㄷ	ㄴ, ㄹ
③	ㄴ, ㄷ	ㄱ, ㄹ
④	ㄴ, ㄹ	ㄱ, ㄷ
⑤	ㄷ, ㄹ	ㄱ, ㄴ

06 다음 사진을 보고 옳게 분석한 내용만을 〈보기〉에서 고른 것은?

> **보기**
> ㄱ. A는 주로 모래로 이루어져 있다.
> ㄴ. A는 파랑의 침식 작용으로 형성된 것이다.
> ㄷ. B는 시 아치라고 불린다.
> ㄹ. B는 밀물과 썰물의 영향을 받아 형성되었다.

① ㄱ, ㄴ ② ㄱ, ㄷ ③ ㄴ, ㄷ
④ ㄴ, ㄹ ⑤ ㄷ, ㄹ

07 밑줄 친 '이곳'에 대한 옳은 설명을 〈보기〉에서 고른 것은?

> 오스트레일리아 북동부 해안에 위치한 <u>이곳</u>은 2,600km에 이르는 세계 최대의 산호초 지대이다. 1981년 유네스코 세계 자연 유산에 지정되었다.

보기

ㄱ. 육지화되어 섬을 형성하기도 한다.
ㄴ. 모래나 자갈 같은 물질이 퇴적되어 형성된다.
ㄷ. 스쿠버 다이빙과 같은 체험 관광 장소로 활용된다.
ㄹ. 수심이 깊고 수온이 낮은 바다에서 주로 형성된다.

① ㄱ, ㄴ ② ㄱ, ㄷ ③ ㄴ, ㄷ
④ ㄴ, ㄹ ⑤ ㄷ, ㄹ

08 해안 지역의 개발로 인해 나타나는 문제점으로 보기 <u>어려운</u> 것은?

① 간척 사업으로 갯벌이 사라진다.
② 관광객이 버리고 간 쓰레기가 늘어난다.
③ 각종 구조물의 건설로 모래사장이 침식된다.
④ 오염 물질로 해안 지역의 생태계가 위협을 받는다.
⑤ 전체 소득에서 서비스업 관련 소득 비중이 증가한다.

09 (가), (나)는 하나의 하천에서 촬영한 것이다. 이에 대한 옳은 설명을 〈보기〉에서 고른 것은?

(가)

(나)

보기

ㄱ. (가)의 강물이 (나)로 흘러간다.
ㄴ. (가)는 (나)보다 평상시 유량이 많다.
ㄷ. 래프팅을 하기에는 (가)가 더 적합하다.
ㄹ. 강 바닥의 경사는 (가)보다 (나)가 크다.

① ㄱ, ㄴ ② ㄱ, ㄷ ③ ㄴ, ㄷ
④ ㄴ, ㄹ ⑤ ㄷ, ㄹ

10 그림과 같은 과정으로 형성된 동굴에 대한 설명으로 옳지 <u>않은</u> 것은?

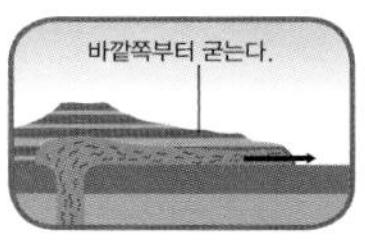

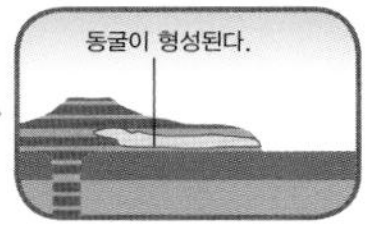

① 암석은 주로 현무암으로 이루어져 있다.
② 우리나라에서는 제주도에서 볼 수 있다.
③ 암석이 물에 의해 용식되는 과정을 통해 형성되었다.
④ 잘 흐르는 성질을 갖는 용암이 분출하여 만들어졌다.
⑤ 우리나라의 일부 동굴은 세계 자연 유산으로 등재되기도 하였다.

11 다음은 사회 사이버 학습 장면이다. 교사의 질문에 대한 댓글 중 옳은 내용을 고른 것은?

> 교사 : 그림은 천연 동굴의 형성 과정을 나타낸 것입니다. 이와 관련하여 여러분의 생각을 써 주세요.
>
>   
>
> ☞ 석회암이 분포하는 지역에서 주로 볼 수 있습니다. ······ ㉠
> ☞ 화산 활동과도 밀접한 관련이 있습니다. ······ ㉡
> ☞ 주로 강원도 남부 지방과 충청북도 북부 지방에서 볼 수 있습니다. ······ ㉢
> ☞ 우리나라에 있는 이런 동굴 중 일부는 세계 자연 유산으로 등재되었습니다. ······ ㉣

① ㉠, ㉡ ② ㉠, ㉢ ③ ㉡, ㉢
④ ㉡, ㉣ ⑤ ㉢, ㉣

서술형

12 그림을 참고하여 사진과 같은 지형이 형성되는 과정을 간략하게 서술하시오.

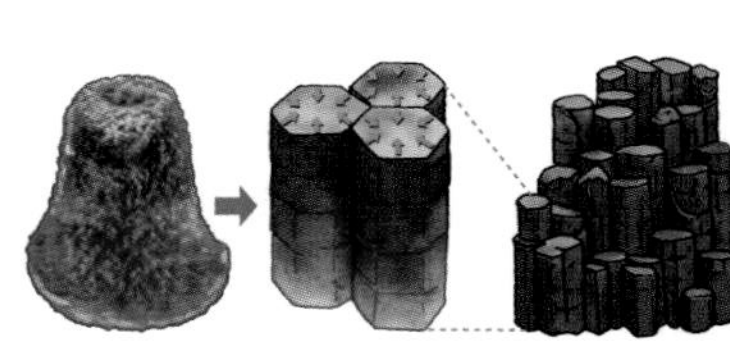

수행 평가 미리보기

선생님의 출제 의도 여행 계획을 통해 우리나라의 주요 지형 이해하기

3단원에서는 산지 지형, 해안 지형의 형성 과정과 주민 생활, 지역의 변화 그리고 우리나라의 주요 지형에 대해 학습했는데요. 지형의 특징과 인간 생활과의 관계를 파악하고 이를 통해 인간의 삶과 자연환경의 상호 작용을 이해하는 것이 이 단원의 목표입니다. 지형과 인간 생활의 관계를 공부하면서 자연환경의 바람직한 활용 및 보전 방안에 대해 생각할 수 있어야 합니다. 따라서 수행 평가에서는 수업 시간에 배운 핵심 개념을 잘 이해하고 활용할 수 있는지 종합적으로 묻는 문제가 출제될 수 있습니다.

수행 평가 문제

모둠별로 우리나라에 분포하는 다양한 지형을 여행하는 여행 계획을 세워 봅시다.

A. 활동 계획 세우기

1 우리나라의 주요 지형에 대해 학습한 후, 지도에 여행할 지역과 순서를 표시한다.
2 여행 지역에서 볼 수 있는 주요 지형을 조사하여 각 지형의 형성 과정, 형태 및 특징, 이용 등을 조사한다.
3 실제로 여행할 수 있도록 계획을 세운다.

B. 활동 단계

1단계 모둠 내에서 역할을 분담한다.(지도에 표시, 인터넷 자료 검색, 내용 정리, 발표 등)
2단계 우리나라의 매력적인 자연 경관을 종합적으로 이해하고, 관심 있는 지형이 분포하는 지역을 찾아본다.
3단계 모둠 내에서 충분히 의견을 교환하고, 지도 위에 여행하고 싶은 지역을 표시한다.
4단계 여행하고 싶은 지역에서 볼 수 있는 자연 경관을 검색하여 정리한다.(사진, 그림, 관련 기사 등)
5단계 모둠별로 정한 여행 경로 및 여행지를 다른 모둠원에게 갤러리 워크 방식으로 소개한다.

C. 활동하기

1 모둠 내에서 역할 분담하기(활동에서 소외되는 학생없이, 능력과 흥미에 맞는 역할을 분담하여 참여를 유도하기)

예시)

지도에 표시	전지에 지도를 그린 후, 모둠에서 결정한 여행 경로를 표시한다.	자료 검색	여행지에서 볼 수 있는 자연 경관의 특징 및 정보를 검색한다.
내용 정리	여행지에서 볼 수 있는 자연 경관의 특징을 간략하게 정리한다.	발표	다른 모둠원에게 자기 모둠의 여행 계획에 대해 소개한다.

2 우리나라의 매력적인 자연 경관을 찾아 조사하기 – 사진, 그림, 관련 기사 등

예시)

산지 지형	돌산(설악산, 북한산, 관악산 등) 흙산(지리산, 덕유산 등)	해안 지형	해식애, 파식대, 해식 동굴, 시 스택, 사빈, 석호, 사구, 갯벌 등
카르스트 지형	석회동굴	화산 지형	한라산, 오름, 주상 절리, 용암동굴 등

3 지도 위에 여행 경로를 표시하고, 각 지역에서 볼 수 있는 자연 경관을 조사하여 소개하기

예시)

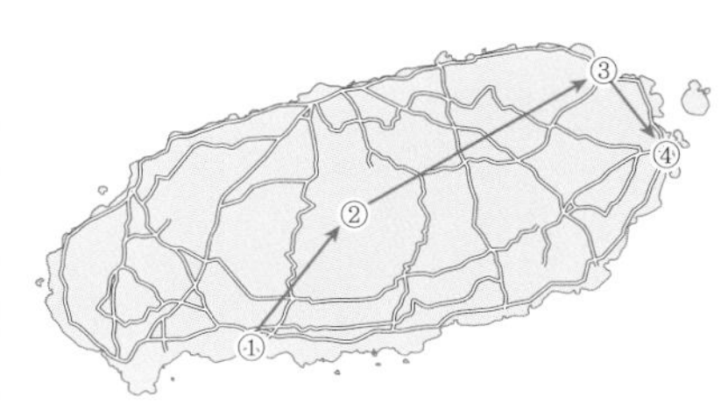

① 지삿개 주상 절리
② 한라산
③ 만장굴
④ 성산 일출봉

채점 기준

평가 영역	채점 기준	배점
자료 수집 및 탐구	우리나라의 매력적인 자연 경관을 5개 이상 제시하였다.	상
	우리나라의 매력적인 자연 경관을 3~4개 제시하였다.	중
	우리나라의 매력적인 자연 경관을 2개 이하로 제시하였다.	하
여행지 소개 및 발표	제시한 지형의 형성 과정, 경관의 특징, 활용 등의 설명이 정확하였다.	상
	제시한 지형의 형성 과정, 경관의 특징, 활용 등의 설명이 보통 수준이다.	중
	제시한 지형의 형성 과정, 경관의 특징, 활용 등의 설명이 미흡하였다.	하
실제 여행의 가능성	여행 경로 및 설명을 통해 실제로 여행이 가능하다.	상
	여행 경로 및 설명은 정확하나 실제 여행이 가능하지 않다.	중
	여행 경로 및 설명이 미흡하고 실제 여행이 불가능하다.	하

수행 평가 꿀 Tip 여행 계획은 어떻게 세울 수 있을까요?

우리나라의 매력적인 자연 경관들은 이미 많은 사람들이 여행을 해 본 곳이겠죠? 따라서 많은 여행기를 책이나 인터넷에서 찾아볼 수 있어요. 우리보다 먼저 경험해 본 사람들의 여행 경로와 느낀 점 등을 참고하면 여행 계획을 세우는 데 도움을 받을 수 있어요.

Ⅳ. 다양한 세계, 다양한 문화

01
다양한 문화 지역

02
세계화와 문화 변용

03
문화의 공존과 갈등

다양한 문화 지역

출제 포인트
- 문화와 문화 지역의 형성
- 문화 지역의 구분
- 문화 차이가 발생하는 이유

1 지역마다 다른 문화

(1) 문화와 문화 경관

① 문화 : 인간이 자연환경을 극복하고 자연과 상호 작용하는 과정에서 만들어낸 사고방식이나 생활 양식 → 사람들은 누구나 환경에 적응하거나 환경을 극복하면서 살아간다.

② 문화 경관 : 종교 경관, 건축 경관, 축제 등 눈으로 볼 수 있는 형태로 나타나는 문화
→ 그 지역의 문화를 이해하고, 지역 간 문화의 차이를 파악할 수 있다.

+ 문화 경관
인간이 자연환경에 적응하는 과정에서 땅 위에 만들어 놓은 모든 생활 모습을 의미한다. 종교 경관, 건축 경관 등이 대표적이다.

(2) 문화 지역의 형성

① 문화 지역 → 지리적으로 가까운 지역은 오랜 기간 접촉하고 교류하면서 서로 비슷한 문화가 나타나기도 한다.
- 같은 문화 요소를 공유하거나 유사한 문화 경관이 나타나는 공간적 범위 → 문화권
- 종교, 언어, 민족, 의식주 등 다양한 문화 요소를 기준으로 구분

② 문화 지역의 특징
- 문화 지역은 고정된 것이 아니라 구분 기준에 따라 달라질 수 있음
- 어떤 문화 요소를 기준으로 구분하는지에 따라 하나의 지역이 서로 다른 문화 지역으로 나뉘기도 하고 여러 지역이 하나의 문화 지역에 포함되기도 함

+ 축제
개인 또는 집단에 특별한 의미가 있는 일 혹은 시간을 기념하는 일종의 의식이다. 오랜 전통을 갖고 있는 축제는 지역 주민들의 생활 양식과 문화가 배어 있다.
- 스웨덴–하지 축제
- 프랑스–망통 레몬 축제
- 브라질–리우 카니발 축제
- 타이–송크란 축제
- 네덜란드–큐겐호프 튤립 축제
- 에스파냐–산 페르민(투우) 축제, 발렌시아 토마토 축제

(3) 문화 지역의 구분

① 다양한 언어와 문화 지역 → 언어는 문자를 통해 인류의 역사와 문화를 다음 세대로 전달하는 역할을 한다.
- 언어는 사람의 생각이나 느낌을 나타내거나 전달하는 기능이 있음
- 일반적으로 하나의 민족은 같은 언어를 사용하기 때문에 민족을 구분하는 기준이 되기도 함
- 현재 약 6,000여 종의 언어가 존재하며, 구조나 어법에 따라 비슷한 계통끼리 묶어 몇 가지 어족으로 분류

② 다양한 종교와 문화 지역 → 종교는 세계 전 지역으로 전파되는 보편 종교와 특정 지역의 특정 민족이 믿는 민족 종교로 구분할 수 있다.
- 종교는 개인의 신앙을 넘어 지역의 의식주 생활이나 행동 양식에 많은 영향을 줌
- 크리스트교 문화 지역 : 높고 뾰족한 십자가를 세운 성당이나 교회
- 불교 문화 지역 : 사찰, 불상, 탑 등
- 이슬람교 문화 지역 : 둥근 지붕과 뾰족한 탑으로 이루어진 모스크, 돼지고기 금기 등
- 힌두교 문화 지역 : 지역마다 다른 신을 모시는 사원, 소를 숭배하여 소고기를 먹지 않음

+ 어족
선사 시대부터 존재한 공통된 언어에서 갈라져 나온 언어들의 집합을 말한다.

+ 세계의 언어 분포
세계 인구의 절반 이상이 인도–유럽 어족에 속하는 언어를 사용하며, 세계 인구의 약 1/5 정도가 두 번째로 큰 어족인 중국–티베트 어족에 속하는 언어를 사용한다.

+ 세계의 종교 인구

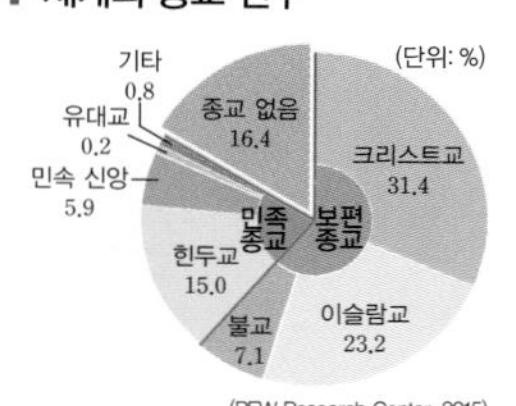

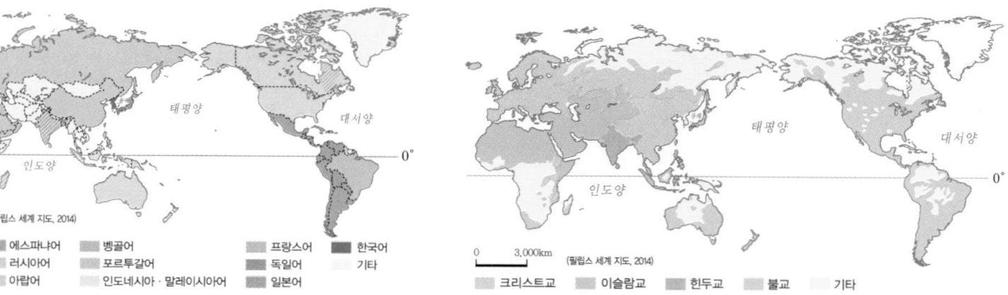

▲ 언어를 기준으로 구분한 문화 지역

▲ 종교를 기준으로 구분한 문화 지역

2 지역별로 문화 차이가 발생하는 이유

(1) 자연환경에 따른 문화의 지역 차

① 오래전부터 사람들은 자연환경에 적응하거나 이를 이용하면서 지역마다 다른 문화를 형성

② 의식주 문화 → 의식주 문화는 그 지역의 자연환경 특성을 잘 반영한다.

- 의복 : 추운 곳에서는 몸을 감싸는 털옷, 더운 곳에서는 통풍이 잘되는 옷을 입음
- 음식 : 환경에 따라 구할 수 있는 재료가 다르기 때문에 조리 방식과 먹는 방법이 다양함
- 가옥 : 주변에서 쉽게 구할 수 있는 재료를 이용하며, 기후 환경을 극복하는 형태로 발달

③ 농업 방식

- 강수량이 풍부한 지역 : 벼농사(동남아시아)
- 강수량이 부족한 지역 : 유목(서남아시아, 극지방)

(2) 경제 · 사회적 환경에 따른 문화의 지역 차

→ 산업이 발달한 곳은 교통 · 통신 수단이 함께 발달하기 때문에 세계적으로 유행하는 대중문화의 전파 속도도 빠르다.

① 문화는 산업 발달, 소득 수준과 같은 경제적 환경에 따라 다르게 나타남

- 경제 발전 수준이 높을수록 인공적인 경관이 두드러지며 현대적인 생활 모습이 나타남
- 문화가 서로 교류하여 다양해지고 융합되거나 사라지기도 함

② 문화는 종교, 언어, 관습과 같은 사회 · 문화적 환경의 차이 때문에 생기기도 함

- 이슬람교 : 돼지고기와 술을 먹지 않고 할랄 식품만 먹음, 여성들은 부르카나 히잡 착용
- 힌두교 : 소를 신성시하여 소고기를 먹지 않고, 여성들은 사리를 입음

(3) 세계의 다양한 문화 지역

건조 문화 지역
주로 유목 생활을 하며, 대부분의 주민들이 이슬람교를 믿는다.
유럽 문화 지역
크리스트교 문화가 발달하였으며, 일찍 산업화를 이루었다.
북극 문화 지역
순록을 유목하며, 추운 기후에 적응한 생활 양식이 나타난다.
앵글로아메리카 문화 지역
산업이 발달하였으며, 인종 구성이 매우 다양하다.
0 3,000 km
북극 문화 지역
유럽 문화 지역
대서양
앵글로아메리카 문화 지역
동아시아 문화 지역
건조 문화 지역
인도 문화 지역
동남아시아 문화 지역
태평양
0°
아프리카 문화 지역
인도양
라틴 아메리카 문화 지역
오세아니아 문화 지역
아프리카 문화 지역
유럽의 식민 지배를 받았으며, 부족 중심의 생활을 한다.
라틴 아메리카 문화 지역
인디오, 백인, 흑인, 혼혈족으로 구성되어 독특한 문화를 형성한다.
인도 문화 지역
불교와 힌두교의 발상지로 다양한 종교와 언어가 나타난다.
동남아시아 문화 지역
주로 벼농사를 지으며, 인도와 중국의 영향을 받았다.
동아시아 문화 지역
유교, 불교, 한자, 젓가락 문화 등의 공통점이 나타난다.
오세아니아 문화 지역
유럽인이 개척한 지역으로, 원주민 문화의 전통이 남아 있다.
(디르케 세계 지도, 2015, 휴먼 지오그래피, 2010)

Q & A

Q 앵글로아메리카와 라틴 아메리카 문화의 특징은 무엇인가요?

A 아메리카 대륙을 문화 지역으로 구분할 때, 리오그란데강을 기준으로 앵글로아메리카와 라틴 아메리카로 구분하는데 이는 유럽인의 이주 역사와 관련이 있습니다. 앵글로아메리카는 주로 영국의 앵글로색슨족이 이주하였으며, 이후 아프리카, 라틴 아메리카, 아시아 등지의 이주민이 유입되어 다양한 문화가 공존하게 되었습니다. 한편 라틴 아메리카는 주로 에스파냐와 포르투갈의 라틴족이 이주하였고, 식민 지배에서 독립한 이후에도 남부 유럽의 영향이 많이 남게 되었으며 원주민, 유럽계, 아프리카계의 다양한 혼혈 문화가 형성되었습니다.

+ 유목

거처를 정하지 않고 가축 떼를 몰고 물과 풀을 찾아 이동하는 원시적인 목축 방식을 말한다. 유목은 크게 주기적으로 목초지를 찾아 가축을 몰고 장거리 이동을 하는 수평 유목, 양이나 염소를 몰고 계절적으로 고지와 저지를 왕복하는 수직 유목(이목), 목축과 작물 재배를 겸하는 반유목 등 세 가지 유형으로 구분된다. 대부분 유목민의 생활은 가축 사육에 전적으로 의존하고 있기 때문에 양과 낙타는 유목 가축의 상징이라고 할 수 있다.

+ 할랄 식품

'할랄'은 아랍어로 '허용된 것'이라는 뜻으로, 할랄 식품은 이슬람 율법으로 허용되는 이슬람교도가 먹을 수 있는 식품을 의미한다.

+ 부르카와 히잡

이슬람교 여성들은 외출할 때 부르카나 히잡을 착용한다. 부르카는 눈을 포함한 전신을 가리며, 눈 부위는 얇은 천을 사용하며 장갑을 끼기도 한다. 아프가니스탄, 이집트 여성들이 주로 착용한다. 히잡은 얼굴만 내놓고 머리와 목을 가리는 천을 두른다. 시리아, 이란 등의 여성들이 주로 착용한다.

+ 문화 지역의 특징

문화 지역	특징
북극	털옷, 날고기, 순록
유럽	크리스트교, 인도-유럽 어족
동아시아	벼농사, 한자, 유교, 불교
건조	이슬람교, 유목
인도	힌두교, 소 숭배
아프리카	원시 종교, 부족 중심 생활
동남아시아	벼농사, 고상 가옥
오세아니아	애버리지니, 마오리, 유럽 문화
앵글로아메리카	영어, 크리스트교
라틴 아메리카	에스파냐어, 포르투갈어, 크리스트교

개념 다지기

정답과 해설 • 22쪽

01 빈칸에 알맞은 말을 쓰시오.

(1) 인간이 환경과 상호 작용하는 과정에서 형성된 의식주, 종교, 언어 등에서 나타나는 공통된 생활 양식을 (　　　)(이)라고 한다.

(2) 문화 요소를 공유하거나 유사한 문화 경관이 나타나는 공간적 범위를 (　　　)(이)라고 한다.

(3) 유럽 문화 지역은 종교 중에서 (　　　)이(가) 생활 양식에 크게 영향을 미쳤다.

(4) 동아시아에 속하는 우리나라, (　　　), (　　　)은(는) 지리적으로 가까워 일찍부터 활발하게 교류했다.

(5) 동남아시아 문화 지역은 주로 (　　　)을(를) 심어 주식으로 삼는다.

(6) (　　　) 문화 지역은 유목 생활을 하는 사람들이 남아 있으며 대부분의 주민이 이슬람교를 믿는다.

(7) (　　　) 문화 지역은 인디오, 백인, 흑인, 혼혈족으로 구성되어 독특한 문화를 형성한다.

02 다음 설명이 맞으면 ○표, 틀리면 ×표 하시오.

(1) 세계 여러 지역은 자연환경과 사회·경제적 환경이 다르기 때문에 지역마다 서로 다른 다양한 문화가 나타난다. ( )

(2) 문화 지역은 오랜 시간에 걸쳐 형성된 것으로 대부분의 기준에 비추어 볼 때 한 번 형성된 범위는 변화되지 않는다. ( )

(3) 문화 경관으로는 종교 경관, 언어 경관, 도시 경관, 촌락 경관 등이 대표적이다. ( )

03 빈칸에 공통으로 들어갈 말을 쓰시오.

(　　　)은(는) 지역의 문화적 특성을 나타내는 대표적인 문화 경관으로, (　　　)을(를) 보면 지역의 자연환경은 물론 주민들의 생활 모습, 역사와 종교적 특성까지 알 수 있다. (　　　)은(는) 종교적 의미가 담긴 공동체의 제사 의식에서 시작하였지만 지금은 그 의미가 많이 퇴색하였다. 오늘날에는 지역의 기후, 지형, 특산물, 역사, 전통, 문화적 자산 등과 같은 특성을 (　　　)(으)로 발전시켜 새로운 문화를 만들어 가고 있다.

04 다음 축제들을 국가와 연결하시오.

(1) 리우 카니발 • 　　　　• ㉠ 브라질
(2) 망통 레몬 축제 • 　　　　• ㉡ 프랑스
(3) 큐겐호프 튤립 축제 • 　　　　• ㉢ 네덜란드

05 다음 문화 지역의 특징을 〈보기〉에서 고르시오.

보기
ㄱ. 날고기와 순록
ㄴ. 벼농사와 유교
ㄷ. 힌두교와 소 숭배
ㄹ. 애버리지니, 마오리, 유럽 문화

(1) 북극 문화 지역 ( )
(2) 인도 문화 지역 ( )
(3) 동아시아 문화 지역 ( )
(4) 오세아니아 문화 지역 ( )

06 그림은 문화 지역과 문화 요소를 퍼즐로 나타낸 것이다. 밑줄 친 부분을 바르게 고쳐 쓰시오.

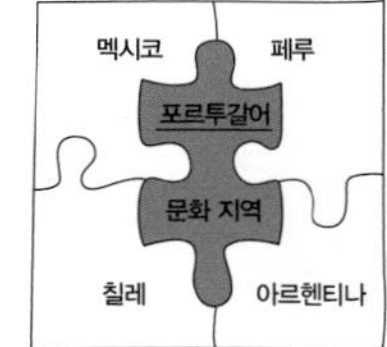

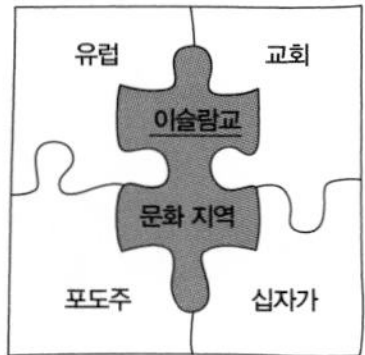

07 다음 종교와 종교 경관을 연결하시오.

(1) 크리스트교 • 　　　　• ㉠ 사찰, 불상, 탑
(2) 불교 • 　　　　• ㉡ 십자가를 세운 성당
(3) 이슬람교 • 　　　　• ㉢ 둥근 지붕의 모스크

08 빈칸 ㉠, ㉡에 들어갈 말을 쓰시오.

종교에 따라 독특한 생활 양식이 나타나기도 한다. 이슬람교도들이 (㉠)을(를) 금기시하여 먹지 않으며, 힌두교도들이 (㉡)을(를) 숭배하여 이를 먹지 않는 것이 그 예이다.

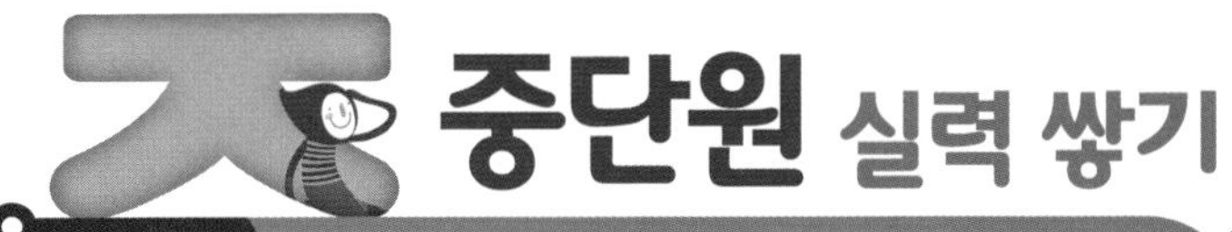

중단원 실력 쌓기

정답과 해설 • 22쪽

01 문화에 대한 설명으로 옳지 않은 것은?

① 각 지역의 문화는 변화하고 발달한다.
② 어떤 지역에서 나타나는 공통적인 생활 양식이다.
③ 문화 지역의 경계는 대륙의 경계와 항상 일치한다.
④ 의식주, 언어, 종교 등은 문화를 구성하는 요소이다.
⑤ 지리적으로 가까운 지역에서는 비슷한 문화가 나타나기도 한다.

02 (가), (나)와 같은 가옥 구조가 나타나는 지역을 〈보기〉에서 고른 것은?

(가)

(나)

〈보기〉
ㄱ. 몽골의 초원 지역
ㄴ. 서남아시아의 사막 지역
ㄷ. 동남아시아의 열대 기후 지역

	(가)	(나)		(가)	(나)
①	ㄱ	ㄴ	②	ㄱ	ㄷ
③	ㄴ	ㄱ	④	ㄴ	ㄷ
⑤	ㄷ	ㄱ			

중요

03 자료를 통해 파악할 수 있는 문화의 특징으로 옳은 것은?

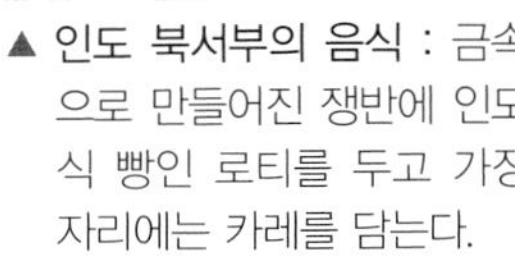

▲ 인도 북서부의 음식 : 금속으로 만들어진 쟁반에 인도식 빵인 로티를 두고 가장자리에는 카레를 담는다.

▲ 인도 남동부의 음식 : 바나나 잎 위에 밥과 채소 반찬이 함께 나오며, 맵고 강한 향신료를 많이 사용한다.

① 종교에 따라 문화의 지역 차가 나타난다.
② 언어와 종교가 동일하면 음식 문화도 동일하다.
③ 지형과 기후에 따라 지역마다 고유한 문화가 나타난다.
④ 동일한 자연환경이라도 다양한 문화가 나타날 수 있다.
⑤ 음식 문화는 자연환경보다 인종과 민족의 영향을 크게 받는다.

04 문화 지역을 구분하는 대표적인 요소를 〈보기〉에서 고른 것은?

〈보기〉
ㄱ. 언어　ㄴ. 종교　ㄷ. 인구　ㄹ. 남성과 여성의 비율

① ㄱ, ㄴ　② ㄱ, ㄷ　③ ㄴ, ㄷ
④ ㄴ, ㄹ　⑤ ㄷ, ㄹ

05 다음 사례를 종합할 수 있는 제목으로 옳은 것은?

제목 : ______________

- 북부 아프리카의 모로코와 에스파냐의 남부 지역은 같은 지중해성 기후 지역에 위치한다.
- 모로코 사람들은 술과 돼지고기를 금기시한다.
- 에스파냐 남부 지역 사람들은 포도주와 돼지고기로 만든 햄을 즐겨 먹는다.

① 자연환경에 따라 달라지는 문화
② 민족 종교가 지역의 문화에 미치는 영향
③ 공통된 특징을 갖는 문화의 공간적 범위
④ 교통 · 통신의 발달이 문화에 미치는 영향
⑤ 문화 요소의 지역적 차이가 문화에 미치는 영향

06 지도의 (가), (나) 지역에 대한 설명으로 옳은 것은?

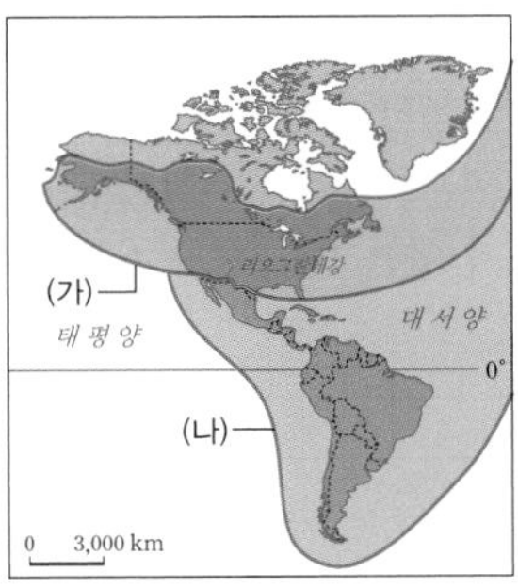

① (가)는 주로 열대 기후가 나타나는 지역이다.
② (나)의 주민은 원주민과 앵글로색슨족으로 이루어졌다.
③ (가)는 라틴 아메리카, (나)는 앵글로아메리카이다.
④ (가), (나)는 이주민과 원주민의 문화가 공존하는 지역이다.
⑤ (나)는 (가)보다 북부 유럽의 영향을 강하게 받은 지역이다.

중요

07 지도는 종교를 기준으로 문화 지역을 구분한 것이다. A~C 종교로 옳은 것은?

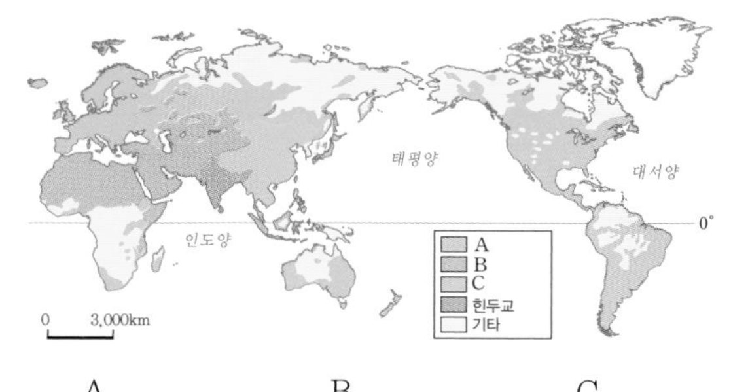

	A	B	C
①	불교	크리스트교	이슬람교
②	불교	이슬람교	크리스트교
③	이슬람교	크리스트교	불교
④	크리스트교	이슬람교	불교
⑤	크리스트교	불교	이슬람교

08 밑줄 친 (가), (나)의 사례로 옳은 것을 〈보기〉에서 고른 것은?

> 동아시아에 속하는 우리나라, 중국, 일본은 지리적으로 가까워 일찍부터 활발하게 교류해 왔다. 문화적 요소를 고려해 보면 세 나라를 (가) 동일한 문화권으로 묶을 수 있는 요소가 있는 반면 (나) 서로 다른 문화 지역으로 구분하는 요소도 존재한다.

보기
ㄱ. 한자 사용　　ㄴ. 전통 복장
ㄷ. 유교 사상　　ㄹ. 젓가락의 종류와 용도

	(가)	(나)
①	ㄱ	ㄴ, ㄷ, ㄹ
②	ㄱ, ㄴ	ㄷ, ㄹ
③	ㄱ, ㄷ	ㄴ, ㄹ
④	ㄷ, ㄹ	ㄱ, ㄴ
⑤	ㄱ, ㄴ, ㄷ	ㄹ

[09~11] 다음 지도를 보고 물음에 답하시오.

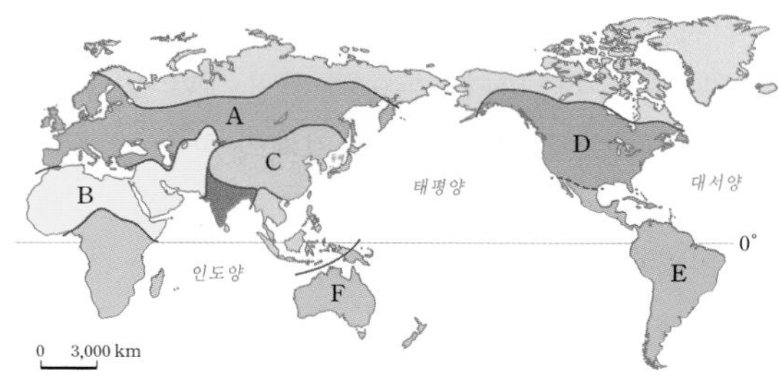

09 A 문화권과 언어, 종교적으로 밀접한 연관성이 있는 문화권을 고른 것은?

① B　② C　③ B, C
④ C, D　⑤ D, E, F

10 각 문화권에 대한 설명으로 옳은 것은?

① B 문화권은 유목 생활을 바탕으로 형성되었다.
② C 문화권을 상징하는 요소는 모스크, 할랄 음식 등이다.
③ D 문화권은 F 문화권의 영향을 받아 형성되었다.
④ E의 문화는 A 문화권 형성에 큰 영향을 끼쳤다.
⑤ F는 B, C 문화권의 영향을 크게 받은 문화 지역이다.

11 다음 글과 같은 특징이 나타나는 문화권은?

> 이 나라의 도시에 가면 곳곳에 솟아있는 탑을 볼 수 있다. 바드기르라고 불리는 이 시설은 탑 안으로 바람을 통과하게 해 집 안을 시원하게 만드는 천연 에어컨이다. 이 지역의 여학생들은 학교에 갈 때 교복을 입고 머리에는 마그나에라는 일종의 히잡을 쓴다.

① B　② C　③ D　④ E　⑤ F

12 (가)~(다)와 같은 가옥 구조가 나타나는 지역에 대한 옳은 설명을 〈보기〉에서 고른 것은?

(가) (나) (다)

〈보기〉

ㄱ. (가)는 (다)보다 기온이 낮아 추운 지역이다.
ㄴ. (가)에서는 낙타, (나)에서는 순록을 볼 수 있다.
ㄷ. (나)는 (다)보다 건조한 날씨가 나타나는 지역이다.
ㄹ. (다)는 (가), (나)보다 유목 문화가 발달한 지역이다.

① ㄱ, ㄴ ② ㄱ, ㄷ ③ ㄴ, ㄷ
④ ㄴ, ㄹ ⑤ ㄷ, ㄹ

중요

13 (가)~(다)와 같은 종교 경관이 나타나는 지역의 문화 특징을 〈보기〉에서 각각 고른 것은?

(가) (나) (다)

▲ 쾰른 대성당 (독일)

▲ 술탄 아흐메트 사원 (터키)

▲ 쉐다곤 파고다 (미얀마)

〈보기〉

ㄱ. 불상 ㄴ. 십자가
ㄷ. 소 숭배 ㄹ. 돼지고기 금기

	(가)	(나)	(다)
①	ㄱ	ㄴ	ㄷ
②	ㄴ	ㄷ	ㄹ
③	ㄴ	ㄹ	ㄱ
④	ㄷ	ㄱ	ㄴ
⑤	ㄷ	ㄹ	ㄴ

서술형·논술형

서술형

01 다음은 문화 지역의 특징을 조사하여 보고서를 만들기 위한 계획이다. 사진 수집 계획 내용 중 틀린 곳을 골라 바르게 고치시오.

• 조사 목적 : 사진 자료 수집을 통해 해당 지역의 특징과 문화를 깊이 있게 이해한다.
• 조사 지역

• 사진 수집 계획

〈자연환경〉	〈주민〉
• 오스트레일리아 동해안의 주요 해안 지형 • 울룰루	• 유럽계 백인 • 애버리지니 • 마오리
〈건축물〉	〈주요 산업〉
• 모스크 • 오페라 하우스(시드니)	• 관광 산업(해안) • 목축업(소, 양)

논술형

02 다음 내용에 해당하는 구체적인 사례를 200자 내외로 한 가지만 서술하시오.

자연환경이 비슷한 지역에서도 산업, 종교, 관습과 같은 경제·사회적 환경에 따라 서로 다른 문화가 나타나기도 한다.

세계화와 문화 변용

출제 포인트
- 문화 변용의 의미
- 세계화와 문화 변용

1 문화 변용

(1) 문화 접촉과 문화 전파

① 문화 접촉 : 서로 다른 문화적 배경을 지닌 개인이나 집단이 문화적인 면에서 지속적으로 접촉하는 것 → 오늘날 문화 변화의 커다란 요인으로 작용한다.

② 문화 전파 : 문화 접촉이 반복적으로 이루어지고 시간이 흐르면 한 사회의 문화 요소가 다른 사회로 전해져 정착하게 되는 것

③ 문화 변용 : 문화 접촉이나 문화 전파를 통해 둘 이상의 서로 다른 문화가 만나 지역의 고유한 문화 형태에 변화가 나타나는 현상이나 과정

(2) 문화 전파에 따른 문화 변용

문화 공존	서로 다른 두 문화가 함께 존재함
문화 동화	하나의 문화는 남고, 다른 문화는 사라짐
문화 융합	두 문화가 만나 새로운 문화가 만들어짐

(3) 문화 변용에 따른 지역 변화

① 지역마다 다양한 모습으로 나타남

② 고유의 문화적 특성을 유지하면서 다른 문화를 받아들여 새로운 문화를 창조하기도 함

③ 전파된 문화를 선택적으로 받아들여 변형하기도 함

④ 접촉하거나 전파된 문화에 동화되어 지역의 고유한 문화적 특성이 사라지기도 함

집중 탐구 문화 변용에 따른 지역 변화 사례

필리핀에서는 영어와 함께 고유 언어인 타갈로그어를 사용하고 있는데, 이는 문화 공존의 사례로 볼 수 있다. 필리핀은 에스파냐와 미국의 영향으로 대부분의 사람이 크리스트교를 믿고 있으며 전통 신앙을 믿는 사람들은 거의 사라졌다. 이는 문화 동화의 사례에 해당한다. 필리핀의 지프니는 사람과 짐을 실을 수 있는 승합차로, 서양에서 들여온 자동차에 독특한 색과 문양으로 장식한 것이다. 이는 기존의 문화가 외국의 문화와 만나 새로운 문화를 형성한 문화 융합에 해당한다.

우리나라에서는 영어와 함께 고유 언어인 타갈로그어를 사용해. 안녕이라고 말할 때, "헬로."라고 하거나 "까무스따."라고 해.

우리나라는 에스파냐와 미국의 영향으로 대부분의 사람들이 크리스트교를 믿어. 이제 전통 신앙을 믿는 사람은 거의 없어.

나는 '지프니'라고 해. 나는 승합차로, 서양에서 들여온 자동차에 독특한 색과 문양으로 장식한 것이 특징이야.

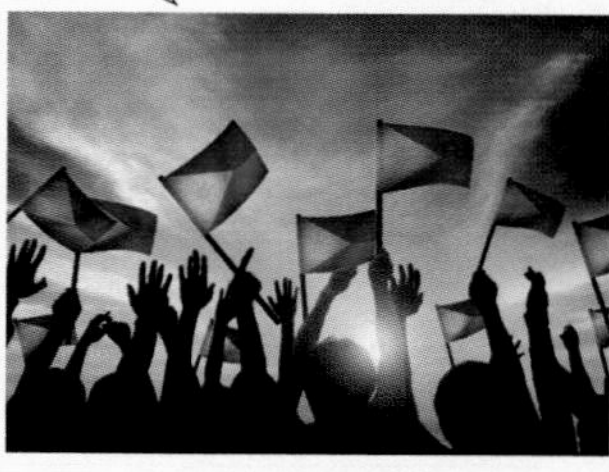
▲ 필리핀의 언어

▲ 필리핀의 종교

▲ 필리핀의 지프니

+ 문화 접촉과 문화 전파

문화 접촉	서로 다른 문화를 지닌 집단이 문화적인 면에서 지속적으로 접촉하는 일
문화 전파	한 지역의 문화가 다른 지역으로 이동하거나 주변으로 퍼져나가는 현상

+ 발견과 발명
발견은 이미 존재하고 있었던 것을 모르고 있다가 지식 또는 기술의 발전으로 존재가 밝혀지는 것을 말한다. 비타민, 태양의 흑점이나 새로운 병원균의 발견이 있다. 발명은 전에는 존재하지 않던 물건을 새롭게 만들어내는 것을 말한다. 예를 들어 전화나 비행기, 컴퓨터, 바퀴, 종교, 신화의 발명이 있다.

+ 문화 변용

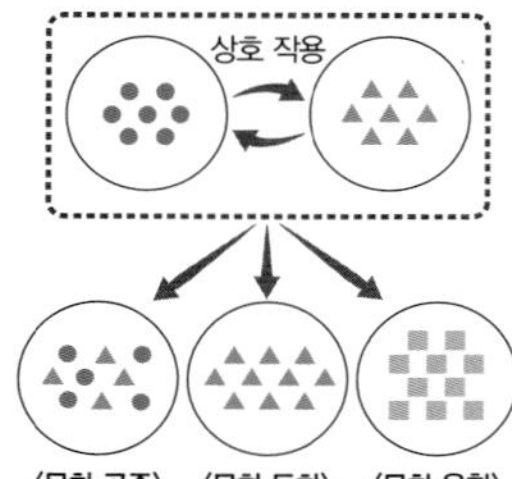
상호 작용
〈문화 공존〉 서로 다른 두 문화가 함께 존재함
〈문화 동화〉 하나의 문화는 남고 다른 문화는 사라짐
〈문화 융합〉 두 문화가 만나 새로운 문화가 만들어짐
A 문화 B 문화 C 문화

+ 타갈로그어
필리핀 마닐라를 중심으로 하는 루손섬 중부, 민다나오섬, 비사얀섬 등에 분포하는 타갈로그족의 언어로 영어와 함께 필리핀의 공용어로 사용된다.

+ 지프니
필리핀의 대표적인 대중교통 수단으로 원래는 제2차 세계 대전 후에 남겨진 미군용 지프를 개조하여 만든 것이다. 지프 차량의 뒷부분에 좌석을 늘리고 외부를 화려한 색으로 치장하였다. 오늘날 필리핀 문화의 상징물로 여겨진다.

2 세계화가 문화에 미친 영향

(1) 세계화에 따른 문화 변용

→ 국제 사회가 국경을 초월하여 하나의 지구촌으로 통합되어 가는 현상을 의미한다.

① **문화의 세계화** : 교통과 통신이 발달하면서 국경을 초월하여 지역 간 상호 작용이 활발해짐 → 세계화에 따라 각 지역의 문화가 점차 유사해지는 현상

② **문화의 다양화** : 세계화에 따라 지역 간 문화 교류가 늘어나면서 문화가 다양해짐 → 문화의 다양화에 따라 삶이 더욱 풍요로워짐

③ **문화의 획일화** : 강력한 영향력을 가진 외래문화가 유입되면서 전통문화가 사라짐

✚ 세계화
전 세계의 상호 의존성이 커지면서 세계가 하나의 체계로 통합되는 현상을 말한다.

더 알아보기 | 세계화가 문화에 미치는 영향

문화의 세계화는 문화 변용에 많은 영향을 미친다. 빠른 속도로 외국의 문화가 유입되면서 지역의 전통문화가 해체되고 특정 문화로 획일화되는 경향이 나타나서, 한 지역의 정체성이 사라질 우려도 있다. '할리우드(Hollywood)'는 미국 영화 산업을 상징하는데, 할리우드 영화를 개봉하면 전 세계의 영화 상영관이 그 영화로 도배되다시피 하여 문화의 다양성이 훼손될 우려가 있다.

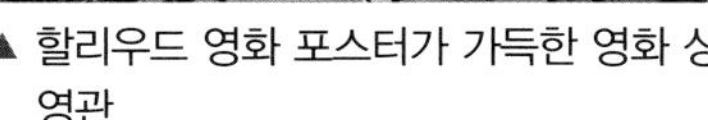

▲ 할리우드 영화 포스터가 가득한 영화 상영관

▲ 인도 영화의 포스터

이와는 달리 다양한 문화가 교류하면서 문화의 다양성이 커지고 기존의 문화를 더욱 풍성하게 하기도 한다. '발리우드(Bollywood)'는 인도 뭄바이의 옛 이름인 봄베이(Bombay)와 할리우드(Hollywood)를 합성한 말로, 인도 영화 산업을 상징한다. 할리우드 영화의 영향을 받았지만, 인도 특유의 문화적 특징을 부각하여 인도 영화 산업이 더욱 발달하는 계기가 되었다. 인도 영화는 작품성을 인정받아 각종 국제 영화제에서 호평을 받고 있으며, 인도 내에서는 할리우드 영화가 쉽게 진출하지 못하고 있다.

✚ 획일화
다양한 사고, 행동 등이 무시된 채 모두가 같은 방식으로 생각하거나 행동하는 것을 의미한다.

✚ 발리우드(Bollywood)
발리우드 영화의 특징은 영화, 뮤지컬, 콘서트, 무용이 합쳐져 나타나고 반복되는 스토리와 영화의 흐름을 끊을 만큼 자주 등장하는 뮤지컬적인 요소 등이다.

(2) 문화의 세계화가 지역에 미친 영향

① **문화적 갈등 발생** → 서로 다른 문화들이 같이 공존할 수밖에 없는 상황에서 발생하는 문제를 문화 갈등이라고 한다.

- 특정 문화가 전 세계로 확산되는 과정에서 지역 간 문화적 차이로 갈등이 나타나기도 함
- 청소년 문화의 급격한 서구화로 세대 간 문화 격차가 커지기도 함

② **서구 문화로의 획일화**

- 지역의 전통문화가 소멸하기도 하고 문화적 다양성이나 정체성이 훼손되기도 함
- 세계화를 계기로 전통문화의 소중함과 가치를 새롭게 인식하기도 함

③ **지역 문화를 창조적으로 발전시키기 위한 노력**

- 전통문화에 새로운 문화를 더하여 지역 문화를 창조적으로 발전시키기 위한 시도
- 전통문화를 이용한 축제를 개최하여 전통문화의 가치를 재발견하고 보존하기 위한 노력

✚ 서구화
좁은 의미로는 서유럽의 문화나 생활 습관의 영향을 받는 것을 의미하지만, 반드시 구체적 공간으로서의 서유럽에 관한 것은 아니며 17~19세기의 산업 혁명 · 시민 혁명 이후의 서유럽에서 유래하는 합리적인 사고 양식이나 근대적인 인간관계가 널리 퍼지는 것을 의미한다.

Q & A

Q 문화의 세계화로 인해 어떤 현상이 나타나나요?

A 문화의 세계화가 가속화되면 세계 각 지역의 문화가 유사한 모습으로 변해갑니다. 문화의 세계화에 따라 음식, 의복, 음악, 영화, 스포츠 등 다양한 분야의 문화가 빠르게 확산되어 전 세계 사람들이 같은 문화를 비슷한 시기에 함께 즐길 수 있게 되었는데, 우리 주변에서 흔히 볼 수 있는 유명한 패스트푸드 음식점이나 커피 전문점 등이 대표적입니다. 세계화에 따라 확산된 문화는 각 지역의 특성에 맞게 지역 문화와 융합되기도 합니다. 전 세계로 확산된 햄버거와 피자는 세계 각 지역의 고유한 음식 문화에 맞게 다양한 형태로 변형되었습니다.

✚ 세계화와 한류
한류는 우리 문화가 해외로 전파되어 인기리에 소비되는 현상을 의미한다. 영화, 드라마, 음악에서부터 최근에는 패션, 음식, 한글에 이르기까지 우리 문화가 전 세계로 퍼지고 있다.

정답과 해설 • 23쪽

01 빈칸에 알맞은 말을 쓰시오.

(1) 서로 다른 문화를 지닌 집단이 문화적인 면에서 지속적으로 접촉하는 일을 (   )(이)라고 한다.
(2) 한 지역의 문화가 다른 지역으로 이동하거나 주변으로 퍼져나가는 현상을 (   )(이)라고 한다.
(3) 둘 이상의 서로 다른 문화가 만날 때 지역의 고유한 문화 형태에 변화가 나타나게 되는 현상을 (   )(이)라고 한다.
(4) 세계화에 따라 확산된 문화는 각 지역의 특성에 맞게 지역 문화와 (   )되기도 한다.
(5) 세계화에 따라 강력한 영향력을 가진 외래문화가 유입되면 전통문화가 사라지면서 문화가 (   )된다.

02 밑줄 친 부분을 바르게 고쳐 쓰시오.

(1) <u>지역화</u>는 세계 여러 국가가 정치, 사회, 경제, 문화 등 다양한 분야에서 서로 영향을 주고받으면서 국제 사회가 국경을 초월하여 하나의 지구촌으로 통합되어 가는 현상을 말한다. ………… (   )
(2) 특정 문화가 전 세계로 확산되는 과정에서 지역 간 문화적 차이로 갈등이 나타나기도 하고, 청소년 문화의 급격한 서구화로 세대 간 문화 격차가 <u>작아지기도</u> 한다. ………… (   )
(3) 세계화로 전 세계의 문화가 서로 비슷해지는 <u>다양화</u> 현상이 나타나고 있다. ………… (   )

03 다음 내용에 해당하는 문화 변용을 쓰시오.

(1) 서로 다른 두 문화가 함께 존재한다. ………… (   )
(2) 하나의 문화는 남고 다른 문화는 사라진다. ………… (   )
(3) 두 문화가 만나 새로운 문화가 만들어진다. ………… (   )

04 다음 설명이 맞으면 ○표, 틀리면 ×표 하시오.

(1) 교통과 통신의 발달로 지역 간 교류가 확대되었으며 그로 인해 접촉과 전파에 따른 문화 변화가 증가하였다. ………… (   )
(2) 일반적으로 문화는 주변 지역으로 서서히 전파되며 거리가 멀리 떨어진 곳으로는 전파되지 않는다. ………… (   )
(3) 최근에는 세계화에 따라 각 지역의 문화가 유사해지는 현상이 나타나기도 한다. ………… (   )
(4) 문화는 접촉 이외에도 발견과 발명 등에 의해서도 바뀔 수 있다. ………… (   )
(5) 문화의 세계화에 따라 음식, 의복, 음악, 영화, 스포츠 등 다양한 분야의 문화가 빠르게 확산되어 전 세계 사람들이 같은 문화를 비슷한 시기에 함께 즐길 수 있게 되었다. ………… (   )
(6) 세계화에 따라 확산된 문화는 각 지역의 특성에 맞게 지역 문화와 융합되기도 한다. ………… (   )
(7) 전 세계로 확산된 햄버거와 피자는 다른 지역의 음식 문화에 의해 변용되지 않고 원래의 형태와 특징을 지니고 있다. ………… (   )

05 다음 글의 내용과 관계 깊은 것을 〈보기〉에서 고르시오.

보기
ㄱ. 문화 공존　　ㄴ. 문화 융합　　ㄷ. 문화 동화

(1) 불교, 유교, 크리스트교는 서로 다른 시기에 우리나라로 들어왔지만 모두 우리 문화의 일부를 이루고 있다. ………… (   )
(2) 우리나라에서는 과거에 글을 쓸 때 세로쓰기를 하였으나, 가로쓰기 방식이 들어오고 확산되면서 세로쓰기는 찾아보기 어려워졌다. ………… (   )
(3) 우리나라의 온돌이 서양에서 들어온 침대와 결합하여 돌침대라는 제품이 탄생하게 되었다. ………… (   )

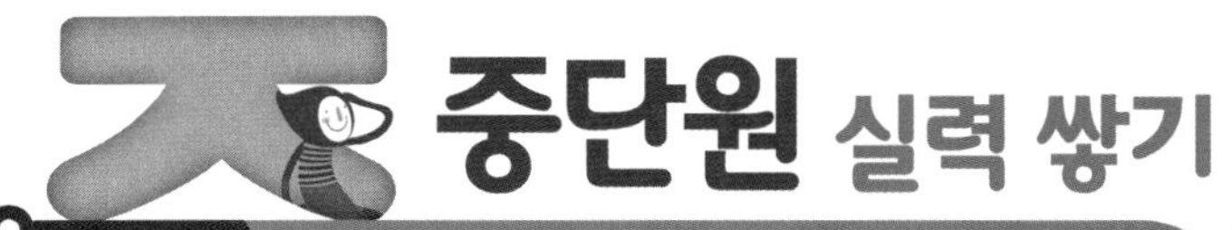

중단원 실력 쌓기

정답과 해설 • 23쪽

01 다음 그림을 통해 파악한 내용으로 옳은 것은?

라임, 스웨그, 펀치라인, 턴업, 디스….
이제 힙합에서 사용되는 이런 말들이 우리에게 낯설지 않게 되었어.

① 지역 간 교류 없이 문화가 바뀔 수 있다.
② 문화는 다른 지역으로 전파되기도 한다.
③ 문화는 특정 계층이나 연령대에서만 누릴 수 있다.
④ 문화는 민족의 고유한 특성이므로 변화하지 않는다.
⑤ 한번 형성된 문화는 시간이 흘러도 원래의 특징이 변화하지 않는다.

02 다음 글의 내용과 가장 관련이 깊은 것은?

> • 미국 광부의 작업복으로 제작했던 청바지는 오늘날 전 세계 사람들이 즐겨 입게 되었다.
> • 유목민의 주거 문화였던 이동식 가옥이 오늘날의 텐트로 발전하였으며, 전 세계에서 널리 이용되고 있다.

① 문화 창조 ② 문화 전파 ③ 문화 접촉
④ 문화 공존 ⑤ 문화의 다양화

중요

03 빈칸 ㉠, ㉡에 들어갈 말로 옳은 것은?

> 서로 다른 문화적 배경을 지닌 개인이나 집단이 만나는 것을 문화 (㉠)(이)라고 하는데, 지역 간 문화 (㉠)은(는) 오늘날 문화 변화의 커다란 요인으로 작용하고 있다. 문화 (㉠)이(가) 반복적으로 이루어지고 시간이 흐르면 한 사회의 문화 요소가 다른 사회로 전해져 정착하게 되는데, 이를 문화 (㉡)(이)라고 한다.

	㉠	㉡		㉠	㉡
①	접촉	전파	②	접촉	공존
③	전파	접촉	④	전파	공존
⑤	공존	접촉			

04 지도는 영국에서 처음 시작되어 전파된 축구와 크리켓을 즐기는 국가를 나타낸 것이다. 이를 통해 파악할 수 있는 내용으로 옳지 않은 것은?

① 크리켓보다 축구를 즐기는 국가가 더 많다.
② 문화의 전파 범위는 문화별로 다르게 나타난다.
③ 축구는 크리켓보다 더 넓은 지역에 전파되었다.
④ 축구를 즐기는 국가에서는 크리켓을 하지 않는다.
⑤ 크리켓을 즐기는 국가들은 영국의 영향을 강하게 받았다.

중요

05 그림에 나타난 문화의 변화에 대한 옳은 설명을 〈보기〉에서 고른 것은?

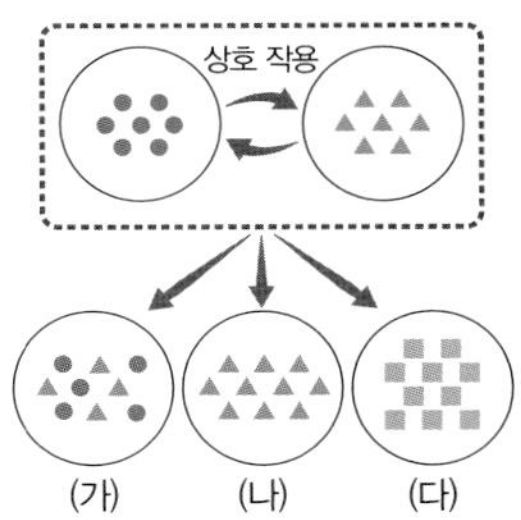

> **보기**
> ㄱ. (가)~(다) 모두 문화의 변용에 관한 내용이다.
> ㄴ. 두 개의 문화가 공존하는 것은 (나)보다 (가)에 가깝다.
> ㄷ. (가)~(다) 모두 문화의 획일화로 인해 나타나는 것이다.
> ㄹ. 두 문화가 만나 새로운 문화가 생기는 것은 (나)와 관계 깊다.

① ㄱ, ㄴ ② ㄱ, ㄷ ③ ㄴ, ㄷ
④ ㄴ, ㄹ ⑤ ㄷ, ㄹ

06 다음 자료에 나타난 문화 변용에 대한 옳은 설명을 〈보기〉에서 고른 것은?

베트남은 프랑스의 식민 지배를 받은 이후 한자음을 알파벳으로 표기하는 독특한 문자를 사용하고 있다.

〈보기〉

ㄱ. 주변 국가들과 동일한 문화 경관이 형성되었다.
ㄴ. 전파된 문화를 선택적으로 받아들여 변형하였다.
ㄷ. 전파된 문화로 인해 고유한 문화적 특성이 사라졌다.
ㄹ. 베트남 문화에 프랑스 문화가 전파되어 나타난 현상이다.

① ㄱ, ㄴ　② ㄱ, ㄷ　③ ㄴ, ㄷ
④ ㄴ, ㄹ　⑤ ㄷ, ㄹ

[07~08] 다음 글을 읽고 물음에 답하시오.

(　　　) 아메리카는 리오그란데강 남쪽의 아메리카 대륙과 카리브해의 여러 섬을 포함하는 지역이다. 이 지역에는 아메리카 원주민들이 살고 있었으며, 이들은 마야·아스테카·잉카 문명에 이르는 다양한 문화를 발달시켰다.

그러나 16세기 초 유럽인들이 이 일대를 지배하면서 지역의 문화가 변화하기 시작하였다. 에스파냐인들과 포르투갈인들은 (　　　) 아메리카에 자신들의 언어, 종교 등을 전파하였다. 이후 이 지역은 지중해 주변 남부 유럽의 (　　　) 민족의 문화와 비슷한 문화적 특성을 띤다는 뜻에서 (　　　) 아메리카라고 불리게 되었다.

주관식

07 윗글의 빈칸에 공통으로 들어갈 말을 쓰시오.

08 윗글에서 소개하고 있는 지역의 문화적 특성으로 옳지 않은 것은?

① 에스파냐와 포르투갈의 언어를 사용한다.
② 남부 유럽의 문화가 전파되어 영향을 미쳤다.
③ 아프리카에서 건너온 흑인들의 문화도 수용하였다.
④ 토착 원주민 문화는 완전히 사라져 찾아보기 어렵다.
⑤ 다양한 문화를 결합하여 자신들의 생활에 적합하도록 변용하였다.

중요

09 (가), (나) 요리에 대한 옳은 설명을 〈보기〉에서 고른 것은?

(가) 영국이 인도를 식민 지배하던 시절 커리가 영국으로 건너왔고, 매운 것을 잘 못 먹는 영국인의 입맛에 맞게 빵과 곁들여 먹는 부드러운 맛의 양념으로 자리 잡았다.

(나) 커리는 일본에 전해지면서 '카레'로 불리게 되었다. 영국 해군 식단에 있던 커리와 빵을 일본 해군에 도입하여 카레와 밥을 선보인 것이 '카레라이스'의 시초가 되었다.

〈보기〉

ㄱ. 커리는 영국에서 처음 만들어 낸 음식이다.
ㄴ. 영국, 일본 이외의 국가에도 이와 비슷한 요리가 존재한다.
ㄷ. (가)의 커리와 (나)의 카레에 쓰인 재료들은 모두 동일하다.
ㄹ. (가)의 커리와 (나)의 카레는 문화 변용의 사례에 해당한다.

① ㄱ, ㄴ　② ㄱ, ㄷ　③ ㄴ, ㄷ
④ ㄴ, ㄹ　⑤ ㄷ, ㄹ

10 다음 자료를 통해 설명할 수 있는 내용으로 옳은 것은?

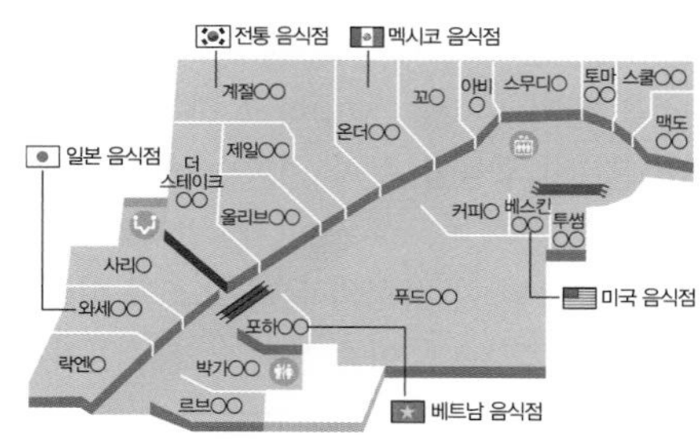

▲ ○○쇼핑몰의 식당가 모습

① 문화의 발달　② 문화의 창조
③ 문화의 소멸　④ 문화의 세계화
⑤ 문화의 획일화

11 다음 글에서 설명하고 있는 음식은?

- 아프리카의 고원 지대에서 유래되었다.
- 이슬람 문화와 유럽의 궁중 문화를 거치면서 오늘날 전 세계의 대표적인 음료 문화로 확대되었다.
- '문화의 획일화'의 사례로 자주 언급된다.

① 커피 ② 홍차 ③ 녹차
④ 콜라 ④ 밀크티

중요

12 밑줄 친 '재즈'에 대한 설명으로 옳지 않은 것은?

미국 남부에서 기원한 재즈는 흑인 노예들의 감정을 표현한 아프리카 전통 음악과 미국 남북 전쟁 이후 군악대 연주 기법이 결합하여 새로운 음악 장르로 자리 잡았고, 전 세계에 전파되었다.

① 아프리카계 흑인들의 감정과 정서가 담겨있다.
② 여러 문화가 결합하여 새롭게 만들어진 문화이다.
③ 전 세계에 거주하는 흑인들만의 문화로 재탄생하였다.
④ 미국 남부에서 처음 시작되었지만 지금은 전 세계에 널리 퍼졌다.
⑤ 한 지역의 문화가 다른 지역으로 전파되면서 상호 작용한 결과로 탄생하였다.

13 '한류'에 대한 설명으로 옳지 않은 것은?

① 문화의 세계화 사례로 볼 수 있다.
② 우리 문화의 정체성은 점차 사라지고 있다.
③ 우리 문화가 해외로 전파되어 인기리에 소비되는 현상이다.
④ 영화, 드라마, 음악, 패션, 음식 등 다양한 분야에 걸쳐 나타난다.
⑤ 교통과 통신의 발달로 인한 지역 간 교류 확대가 큰 영향을 미쳤다.

서술형

01 다음 자료의 밑줄 친 내용에 해당하는 구체적인 사례를 한 가지만 서술하시오.

우리가 먹는 햄버거 속에 들어가는 패티는 몽골족의 음식에서 유래되었다. 몽골족이 말 위에서 먹을 수 있고, 휴대가 간편하도록 다진 생고기를 납작하게 만들어 말 안장 안쪽에 넣고 다니면서 먹은 것이 햄버거의 시초인 것이다.

제2차 세계 대전 이후, 빵 사이에 고기 패티를 넣어 먹는 '햄버거'가 생겨났다. 세계적 기업이 된 패스트푸드 음식점을 통해 전 세계에 널리 퍼졌다.

오늘날 햄버거는 세계 어디에서나 쉽게 볼 수 있는 음식이 되었지만, <u>지역마다 그 지역의 특색을 반영한 독특한 햄버거 메뉴가 나타나기도 한다</u>.

논술형

02 다음 자료의 주장에 대해 반박하는 글을 쓰려고 한다. '문화의 세계화로 인한 부정적인 영향'이라는 주제로 300자 이내의 반박문을 논술하시오.

문화는 시대의 흐름에 따라 항상 변화합니다. 다른 문화와 교류하지 않고 변화를 받아들이려 하지 않으면 우리 문화는 점점 고립됩니다. 한류는 다양한 문화가 창조적으로 발전한 사례이지요. 이처럼 세계화는 우리의 문화를 발전시키는 기회가 될 수 있습니다. 지금은 더욱더 세계화의 문을 열어야 할 때입니다.

문화의 공존과 갈등

출제 포인트
- 문화 공존과 문화 갈등
- 문화 갈등 극복을 위한 노력

✚ 로만슈어
라틴어에서 갈라져 나온 로망스어 군의 하나이다.

✚ 브라질의 혼혈 인종
- 메스티소 : 아메리카 원주민과 유럽계 백인 간의 혼혈 인종
- 삼보 : 아메리카 원주민과 아프리카계 흑인 간의 혼혈 인종
- 물라토 : 유럽계 백인과 아프리카계 흑인 간의 혼혈 인종

✚ 캐나다 퀘벡주
캐나다에서는 주로 영어를 사용하지만, 퀘벡주에서는 프랑스어를 주로 사용하고 프랑스의 문화를 유지하며 살아간다.

✚ 벨기에의 언어 갈등
언어의 차이뿐만 아니라 플랑드르 지역과 왈롱 지역 간의 경제적 격차 문제와 관련이 깊다.

1 서로 다른 문화의 공존과 갈등

(1) 서로 다른 문화의 공존

① 세계의 다양한 문화는 오래전부터 지역 간 교류를 통해 서로 영향을 주고받음

② 오늘날 세계의 각 지역에는 서로 다른 문화를 가진 사람들이 공존하는 곳이 늘고 있음

③ 사례 지역
- 스위스 : 독일어, 프랑스어, 이탈리아어, 로만슈어를 공용어로 사용
- 싱가포르, 말레이시아 : 서로 다른 민족, 언어, 종교가 공존하는 대표적인 국가
- 브라질 : 아메리카 원주민, 유럽계 백인, 아프리카계 흑인이 함께 문화를 가꾸어 온 나라, 전체 인구에서 혼혈 인종의 비중도 매우 높지만 인종과 민족 간의 갈등은 적은 편
- 남아프리카 공화국 : 아파르트 헤이트라는 인종 차별 정책을 실시하였으나, 넬슨 만델라가 집권하면서 인종 차별 철폐를 추진함

→ 브라질은 주민들 간의 경제적 격차는 크지만, 민족 간의 갈등은 큰 편이 아니다.

집중 탐구 서로 다른 언어로 조화를 이루는 나라, 스위스

스위스는 여러 민족, 언어, 종교가 뒤섞여 종교와 언어로 인한 문화 갈등이 존재하였으나, 스위스 정부가 균형적이고 다양한 언어 정책을 펼치며 서로 다른 문화가 공존할 수 있도록 하였다. 스위스는 독일어, 프랑스어, 이탈리아어, 로만슈어를 공용어로 사용하고 있다. 스위스는 공공 기관의 모든 문서를 네 가지 공용어로 각각 발행하고, 언어별 인구에 비례하여 공무원을 채용한다. 모든 학교에서 주로 사용하는 언어 외에 다른 언어를 하나 이상 배우도록 의무화하는 등 다양한 노력을 기울이고 있기 때문에 언어로 인한 갈등이 거의 나타나지 않는다.

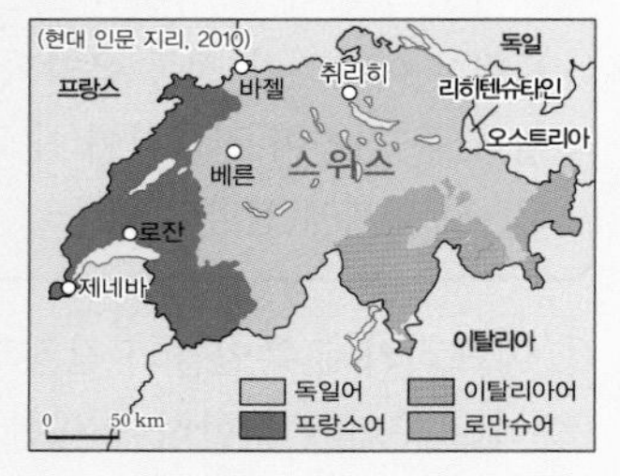

(2) 문화적 갈등이 나타나는 지역

① 원인 → 서로 다른 문화에 대한 이해와 존중이 부족하여 갈등이 발생한다.
- 종교와 언어는 지역이나 집단을 가르는 가장 기본적인 문화 요소 → 서로 다른 언어와 종교는 조화를 이루면서 공존하기도 하지만, 갈등의 원인이 되기도 함
- 종교 갈등에 영토, 자원, 국제 하천, 교통로 등을 둘러싼 정치적 · 경제적 이해관계까지 맞물려 갈등이 깊어지기도 함

② 언어 갈등
- 캐나다 퀘벡주 : 프랑스어를 사용하는 퀘벡주와 캐나다 본토와의 갈등
- 벨기에 : 네덜란드어를 사용하는 북부와 프랑스어를 사용하는 남부 지역 간의 갈등

Q&A

Q 스위스와 달리 벨기에에서는 서로 다른 언어로 인해 갈등이 발생하는 이유가 무엇인가요?

A 벨기에는 네덜란드어를 사용하는 북부 지역과 프랑스어를 사용하는 남부 지역 간에 갈등이 나타나고 있습니다. 언어로 인한 지역 감정이 심해 언어권별로 신문과 방송이 따로 제작될 정도로 갈등이 심합니다. 언어 갈등으로 시작된 대립은 두 지역 간 경제적 격차가 벌어지면서 심화되었고, 국가의 분리 독립을 요구하는 시위로 이어지기도 하였습니다.

③ 종교 갈등

• 팔레스타인–이스라엘 분쟁 : 이슬람교를 믿는 팔레스타인과 유대교를 믿는 이스라엘 간의 분쟁
• 카슈미르 분쟁 : 카슈미르 지역을 두고 인도(힌두교)와 파키스탄(이슬람교) 간의 분쟁
• 북아일랜드 분쟁 : 영국(개신교)과 아일랜드(가톨릭교) 간의 분쟁
• 스리랑카 분쟁 : 불교를 믿는 싱할라족과 힌두교를 믿는 소수 민족인 타밀족 간의 갈등

더 알아보기 팔레스타인 분쟁과 카슈미르 분쟁

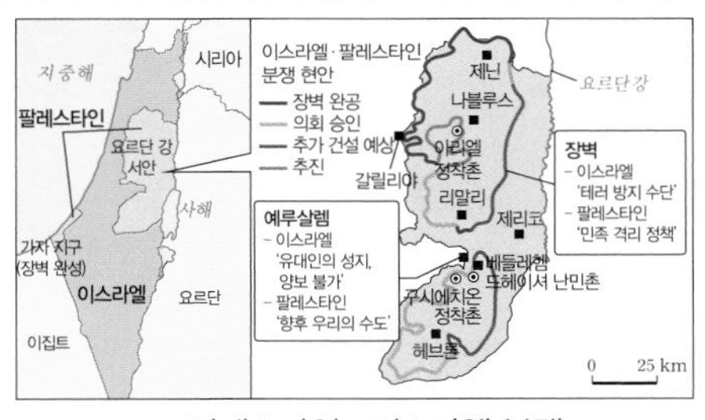

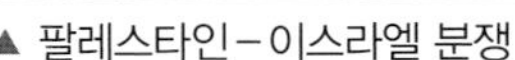
▲ 팔레스타인–이스라엘 분쟁

▲ 카슈미르 분쟁

• 제2차 세계 대전 이후 유대교를 믿는 유대인들이 이스라엘을 세운 뒤 영토를 넓혀 가자, 이슬람교를 믿는 팔레스타인 사람들은 자신들의 영토를 빼앗겼다. 팔레스타인 사람들은 이스라엘의 지배에 대항하고 있으며, 이스라엘은 팔레스타인에 보복 공격을 가하고 있다.
• 인도 북서부의 카슈미르 지역은 많은 주민이 이슬람교를 믿고 있기 때문에 영국으로부터 독립할 때 파키스탄의 영토가 될 예정이었다. 그러나 힌두교를 믿던 카슈미르의 지배층이 이 지역의 통치권을 인도로 넘기면서 인도와 파키스탄 간의 갈등이 시작되었다.

2 다양한 문화의 공존

(1) **문화의 다양성 인정**

① 다양한 삶의 방식을 지닌 개인이나 집단 간의 문화적 차이를 인정
② 사회 통합과 평화를 보장하고 창조적 사고와 사회 발전의 토대가 되기 때문에 중요

(2) **국가적 차원의 노력** : 다민족으로 구성된 국가에서는 여러 개의 공용어를 지정하거나 종교의 자유를 법으로 보장

(3) **개인적 차원의 노력** : 문화 상대주의와 다문화주의의 태도를 지녀야 함

① 문화 상대주의 : 다른 문화의 고유한 가치를 내 입장이 아닌 상대의 처지에서 이해하고 존중하는 태도
② 다문화주의 : 다양한 문화적 요소를 다수의 힘으로 동화시키기보다 문화적 다양성을 인정하며 공존을 위하여 노력하는 태도

집중 탐구 다양한 민족과 종교가 공존하는 싱가포르

무역이 발달한 싱가포르는 노동력 확보를 위해 이민 정책을 적극적으로 펼쳤고, 그 결과 중국계, 말레이계, 인도계 등의 민족과 불교, 크리스트교, 이슬람교, 힌두교 등의 종교가 공존하게 되었다. 싱가포르는 헌법을 통해 민족 간 평등주의를 명시하고, 종교별로 균등하게 법정 휴일을 지정하도록 하였다. 더불어 싱가포르는 실력주의와 실용주의를 바탕으로 여러 민족과 문화가 어우러져 살아간다.

▲ 싱가포르의 다양한 종교 사원

✚ 문화 상대주의
세계 문화의 다양성을 인정하고, 각 문화는 독특한 자연환경과 역사적·사회적 상황에서 이해해야 한다는 견해이다.

✚ 종교의 자유
자기가 원하는 종교를 자기가 원하는 방법으로 믿을 자유를 의미한다. 종교의 자유는 신앙, 종교적 행사, 종교적 집회·결사, 선교 활동 등을 행할 수 있는 적극적인 자유뿐만 아니라, 신앙을 가지지 아니할 자유, 즉 무신앙의 자유, 종교적 행사 및 종교적 집회·결사 또는 선교 활동 등을 강제 받지 아니할 소극적 자유까지 의미한다.

✚ 실력주의
학력이나 학벌, 연고 따위와 관계없이 본인의 능력만을 기준으로 평가하려는 태도를 의미한다.

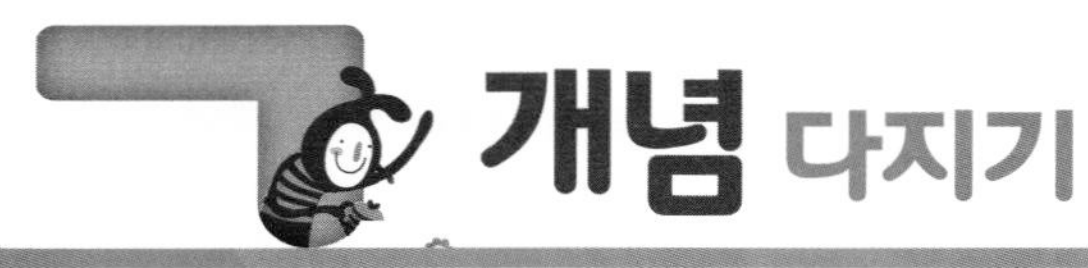

정답과 해설 • 24쪽

01 빈칸에 알맞은 말을 쓰시오.

(1) 프랑스, 독일, 이탈리아, 오스트리아 등으로 둘러싸인 (   )은(는) 여러 민족, 언어가 뒤섞여 있다.

(2) 캐나다에서는 주로 영어를 사용하지만 퀘벡주에서는 (   )을(를) 주로 사용한다.

02 다음 설명이 맞으면 ○표, 틀리면 ×표 하시오.

(1) 오늘날 세계의 각 지역에는 서로 다른 문화를 가진 사람들이 공존하는 곳이 늘어나고 있다. ( )

(2) 싱가포르와 말레이시아는 서로 다른 민족, 언어, 종교가 공존하는 대표적인 국가로 꼽힌다. ( )

(3) 언어 갈등을 겪고 있는 스위스는 영어를 공용어로 사용하며 정부의 공식 문서도 영어로 작성한다. ( )

(4) 브라질은 전체 인구에서 혼혈 인종이 차지하는 비중이 매우 높고 주민들 간의 경제적 격차가 크지만, 인종과 민족 간 갈등은 크지 않은 편이다. ( )

(5) 서로 다른 언어와 종교는 조화를 이루면서 공존하기도 하지만, 갈등의 원인이 되기도 한다. ( )

03 세계 문화의 다양성을 인정하고, 각 문화는 독특한 자연환경과 역사적·사회적 상황을 바탕으로 이해해야 한다고 보는 견해는?

04 다음 각 사례에 해당하는 국가를 〈보기〉에서 고르시오.

보기
ㄱ. 싱가포르 ㄴ. 스위스 ㄷ. 브라질

(1) 원래 말레이인이 살던 곳이었으나, 영국의 식민 지배 과정에서 영국인과 인도인, 중국인 등이 유입되었다. 영어, 말레이어, 타밀어, 중국어가 공용어로 사용된다. ( )

(2) 아메리카 원주민, 유럽계 백인, 아프리카계 흑인이 함께 문화를 가꾸어 온 나라로, 전체 인구에서 메스티소, 삼보, 물라토 등의 혼혈 인종이 차지하는 비중이 높다. ( )

(3) 독일어, 프랑스어, 이탈리아어, 로만슈어를 공용어로 사용하는 다언어 국가이지만, 이로 인한 갈등이 적은 편이다. ( )

05 문화 갈등 지역과 주요 갈등 원인을 연결하시오.

(1) 벨기에 •
(2) 퀘벡주 •
(3) 북아일랜드 •

• ㉠ 종교
• ㉡ 언어

06 빈칸에 들어갈 지역을 쓰시오.

(1) 인도 북서부의 (   ) 지역은 많은 주민이 이슬람교를 믿기 때문에 영국으로부터 독립할 때 파키스탄의 땅이 될 예정이었다. 그러나 힌두교를 믿던 이 지역의 지배층이 인도에 통치권을 넘기면서 이 지역을 놓고 인도와 파키스탄 간에 갈등이 시작되었다.

(2) 제2차 세계 대전 이후 유대교를 믿는 유대인들이 이스라엘을 세운 뒤 땅을 점점 넓혀 가자, 이슬람교를 믿는 (   ) 사람들은 자신이 살던 땅을 빼앗겼다.

(3) (   )은(는) 네덜란드어를 사용하는 북부 지역과 프랑스어를 사용하는 남부 지역 간의 갈등이 나타난다. 언어로 인한 지역 감정이 심해 언어권별로 신문과 방송이 따로 제작될 정도이다.

07 지역이나 집단을 가르는 가장 기본적인 문화 요소를 〈보기〉에서 있는 대로 고르시오.

보기
ㄱ. 종교 ㄴ. 언어 ㄷ. 음식 ㄹ. 음악

08 다음 설명에 해당하는 지역을 〈보기〉에서 고르시오.

보기
ㄱ. 벨기에 ㄴ. 카슈미르
ㄷ. 팔레스타인 ㄹ. 캐나다 퀘벡주

(1) 종교적인 문제로 갈등을 빚고 있는 지역 ( )

(2) 언어 갈등 문제가 나타나고 있는 지역 ( )

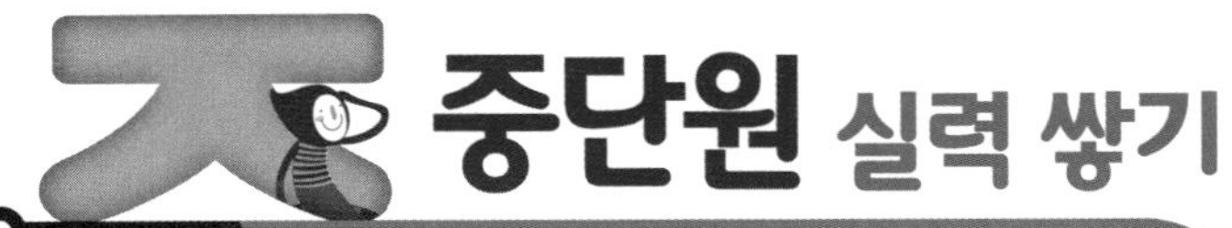

중단원 실력 쌓기

정답과 해설 • 24쪽

01 자료는 인도의 화폐를 나타낸 것이다. 이를 보고 파악할 수 있는 내용으로 옳은 것은?

① 다양한 문화는 서로 공존할 수 있다.
② 종교가 다른 민족은 공존하기 어렵다.
③ 세계화는 문화의 획일화를 가져오게 된다.
④ 문화가 공존하기 위해서는 우열을 가려야 한다.
⑤ 자기 문화를 우선시하는 가치관을 가지고 있다.

중요

02 자료를 통해 파악할 수 있는 내용으로 옳은 것을 〈보기〉에서 고른 것은?

동서 무역의 중심지로 발전했던 말레이시아의 항구 도시 믈라카 거리를 걷다 보면 힌두교와 이슬람교, 크리스트교, 불교 등 다양한 종교의 건축물들을 모두 볼 수 있다. 또 종교별로 다양한 축제와 기념일이 있어 믈라카 주민들은 이를 함께 즐기고 기념한다.

보기

ㄱ. 종교적 차이로 인한 갈등이 극대화되었다.
ㄴ. 자기와 다른 종교를 믿는 사람들을 존중한다.
ㄷ. 말레이시아는 단일 민족이 모여 사는 국가이다.
ㄹ. 다양한 종교가 말레이시아 국민에게 영향을 미쳤다.

① ㄱ, ㄴ ② ㄱ, ㄷ ③ ㄴ, ㄷ
④ ㄴ, ㄹ ⑤ ㄷ, ㄹ

03 다음 두 국가가 공통적으로 안고 있는 문제로 옳은 것은?

• 벨기에 • 캐나다 퀘벡주

① 종교의 차이
② 민족의 차이
③ 언어의 차이
④ 지역 간 인구 차이
⑤ 원주민과 이주민 사이의 갈등

04 다음 글의 제목으로 옳은 것은?

브라질은 아메리카 원주민, 유럽계 백인, 아프리카계 흑인이 함께 문화를 가꾸어 온 나라로, 전체 인구에서 메스티소, 삼보, 물라토 등의 혼혈 인종이 차지하는 비중도 매우 높다. 주민들 간의 경제적 격차가 크지만, 인종과 민족 간의 갈등이 큰 편은 아니다.

① 문화의 획일화
② 자문화 중심주의
③ 종교와 언어의 갈등
④ 서로 다른 문화의 공존
⑤ 서로 다른 문화 간의 갈등

05 다음 글의 내용과 관계 깊은 국가로 옳은 것은?

넬슨 만델라는 이 국가의 흑인 인권 운동가이다. 그는 백인 정부에 대항하다가 종신형을 선고받고 27년여 동안을 감옥에서 지냈다. 넬슨 만델라는 흑인들의 지속적인 저항 운동 덕분에 석방되었으며, 그 이후 대화와 타협을 통해 새로운 정권을 만들어냈다. 그는 대통령이 된 후 자신의 조국을 흑인, 백인, 혼혈인, 아시아계가 무지개처럼 공존하는 나라로 만들기 위해 최선을 다하였다.

① 스위스 ② 싱가포르
③ 말레이시아 ④ 오스트레일리아
⑤ 남아프리카 공화국

06 문화 상대주의를 실천한 사례로 옳지 않은 것은?

① 전 세계 사람들이 커피를 주로 마신다.
② 말레이시아는 종교의 자유를 보장하고 있다.
③ 인도의 화폐에는 다양한 언어가 표시되어 있다.
④ 스위스는 여러 개의 언어를 공용어로 지정하였다.
⑤ 싱가포르는 다문화주의를 국가의 주요 정책으로 삼았다.

중요

07 빈칸 ㉠, ㉡에 들어갈 종교로 옳은 것은?

> 유대인들이 팔레스타인 사람들이 사는 땅으로 들어오기 시작하면서 갈등이 시작되었다. (㉠)를 믿는 유대인들이 이스라엘을 세운 뒤 땅을 점차 넓혀 가자, (㉡)를 믿는 팔레스타인 사람들은 자신이 살던 땅을 빼앗겼다. 팔레스타인 사람들과 이스라엘 사람들 간의 갈등은 아직도 지속되고 있다.

	㉠	㉡
①	불교	이슬람교
②	유대교	불교
③	유대교	이슬람교
④	이슬람교	불교
⑤	이슬람교	유대교

08 빈칸에 들어갈 국가(지역)로 옳은 것은?

> (　　　)은(는) 원래 말레이인이 살던 곳이었으나, 영국의 식민 지배 과정에서 영국인과 인도인, 중국인 등이 유입되었다. 이에 따라 영어, 말레이어, 타밀어, 중국어가 공용어로 사용되고 있다. (　　　)은(는) 실력주의와 실용주의를 바탕으로 여러 민족과 문화가 어우러져 살아간다. (　　　) 사회는 민족이나 종교가 아닌 능력에 따라 사람을 대우한다.

① 인도　② 필리핀　③ 스리랑카
④ 싱가포르　⑤ 팔레스타인

09 밑줄 친 '갈등'의 대표적인 사례 지역으로 옳은 것을 〈보기〉에서 고른 것은?

> 종교와 언어는 지역이나 집단을 가르는 가장 기본적인 문화 요소이다. 서로 다른 종교와 언어는 조화를 이루면서 공존하기도 하지만, <u>갈등</u>을 일으키는 원인이 되기도 한다.

보기
ㄱ. 일본　ㄴ. 팔레스타인
ㄷ. 말레이시아　ㄹ. 캐나다의 퀘벡주

① ㄱ, ㄴ　② ㄱ, ㄷ　③ ㄴ, ㄷ
④ ㄴ, ㄹ　⑤ ㄷ, ㄹ

10 밑줄 친 부분에 들어갈 내용으로 옳은 것은?

> 벨기에는 언어로 인한 지역 감정이 심해 언어권별로 신문과 방송이 따로 제작될 정도이다. 언어 갈등으로 시작된 대립은 ______________. 이는 국가의 분리 독립을 요구하는 시위로 이어져 세계 최장 기간 무정부 상태를 기록하기도 하였다.

① 종교 갈등이 더해져서 심화되었다.
② 영토 문제가 새롭게 발생하면서 심화되었다.
③ 두 지역 모두 경제가 쇠퇴하면서 심화되었다.
④ 두 지역 모두 인구가 증가하면서 심화되었다.
⑤ 두 지역 간 경제적 격차가 벌어지면서 심화되었다.

11 다음은 사회 수업 장면이다. 질문에 옳게 답한 학생은?

> 교사 : 이 도시에는 이슬람교도 구역과 크리스트교도 구역, 유대교도 구역이 나누어져 있어요. 세 종교의 성지로도 유명한 이 도시는 어디일까요?

(현대 인문 지리학, 2012)

① 갑 : 런던입니다.　② 을 : 뉴욕입니다.
③ 병 : 플라카입니다.　④ 정 : 예루살렘입니다.
⑤ 무 : 바그다드입니다.

12 다문화주의의 사례로 옳지 않은 것은?

① 싱가포르에는 다양한 종교의 기념일이 존재한다.
② 말레이시아의 믈라카에는 다양한 종교의 사원이 있다.
③ 인도의 지폐에는 15가지 언어로 내용이 표현되어 있다.
④ 에스파냐의 카탈루냐 지방은 에스파냐로부터 독립을 꾀하고 있다.
⑤ 스위스에서는 학교에서 의무적으로 다른 공용어를 배우도록 하고 있다.

중요

13 두 자료를 활용한 사회 수업의 주제로 옳은 것은?

① 문화 갈등 ② 문화 전파
③ 문화의 다양성 ④ 문화의 세계화
⑤ 문화의 획일화

중요

14 다음과 같은 활동을 통해 학습한 내용으로 옳은 것은?

- 우리 지역에 다문화 축제가 있는지 조사하기
- 다른 나라의 음식을 직접 만들어보고 발표하기
- 여러 나라의 전통 음악을 들어보고 느낀 점 적기
- 세계 여러 나라의 문화 및 종교에 관한 책을 읽고 독후감 쓰기

① 어느 사회에나 공통된 문화가 존재한다.
② 자기 문화를 기준으로 다른 문화를 낮게 평가해야 한다.
③ 다른 나라의 문화를 기준으로 우리 문화를 낮게 평가해야 한다.
④ 문화의 다양성을 인정하고 그 사회의 입장에서 이해해야 한다.
⑤ 우월한 문화와 열등한 문화를 합리적으로 판단할 수 있어야 한다.

서술형·논술형

서술형

01 문화 상대주의의 개념을 간략하게 서술하시오.

논술형

02 자료는 싱가포르의 종교 기념일이다. 이와 같은 현상이 나타나게 된 이유를 문화 상대주의 관점에서 200자 내외로 서술하시오.

날짜	명칭	설명
4월 14일	성 금요일	크리스트교의 기념일로 예수의 십자가 죽음을 기리는 날이다.
5월 10일	베삭 데이	불교의 기념일로 부처의 탄생을 기념하는 날이다.
6월 26일	하리라야 푸아사	이슬람교의 기념일로 금식 기간이 끝나는 것을 축하하는 날이다.
9월 1일	하리라야 하지	이슬람교의 기념일로 성지 순례를 마치고 돌아온 것을 축하하는 날이다.
10월 18일	디파발리	힌두교 및 시크교의 최대 명절이다.
12월 25일	크리스마스	크리스트교의 기념일로 예수의 탄생을 기념하는 날이다.

(2017년 기준)

대단원 마무리

01 그림을 보고 옳은 이야기를 한 학생을 〈보기〉에서 고른 것은?

〈보기〉

갑 : 모자를 쓴다는 것은 공통적인 문화인 것 같아.
을 : 러시아의 모자가 다른 지역으로 전파된 것 같아.
병 : 각 국가의 자연환경이 모자의 차이를 가져온 것 같아.
정 : 동일한 형태의 모자로 바뀌는 문화의 획일화 현상이 나타났군.

① 갑, 을 ② 갑, 병 ③ 을, 병
④ 을, 정 ⑤ 병, 정

02 다음 글을 통해 파악할 수 있는 문화의 특징으로 옳은 것을 〈보기〉에서 고른 것은?

> 유럽은 크리스트교가 생활 양식에 크게 영향을 미친 곳으로, 하나의 문화 지역을 이룬다. 그렇지만 유럽 문화 지역에서 이탈리아의 전통 가옥은 주로 돌로 이루어진 반면, 폴란드의 전통 가옥은 주로 통나무로 이루어져 있다.

〈보기〉

ㄱ. 기준에 따라 문화 지역의 범위는 변화할 수 있다.
ㄴ. 문화는 지형과 기후에 따라 지역마다 고유한 특징을 가진다.
ㄷ. 한 지역의 문화는 다른 지역의 문화와 영향을 주고받으며 변화하고 발달한다.
ㄹ. 동일한 자연환경일지라도 인간과 자연의 상호 작용에 의해 다양한 문화가 형성된다.

① ㄱ, ㄴ ② ㄱ, ㄷ ③ ㄴ, ㄷ
④ ㄴ, ㄹ ⑤ ㄷ, ㄹ

03 지도와 같이 문화 지역을 구분할 때 기준으로 옳은 것은?

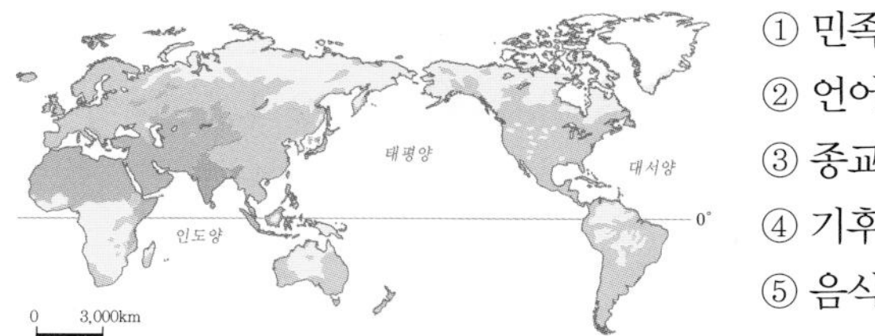

① 민족
② 언어
③ 종교
④ 기후
⑤ 음식

04 지도의 A~C 문화 지역에 대한 설명으로 옳지 않은 것은?

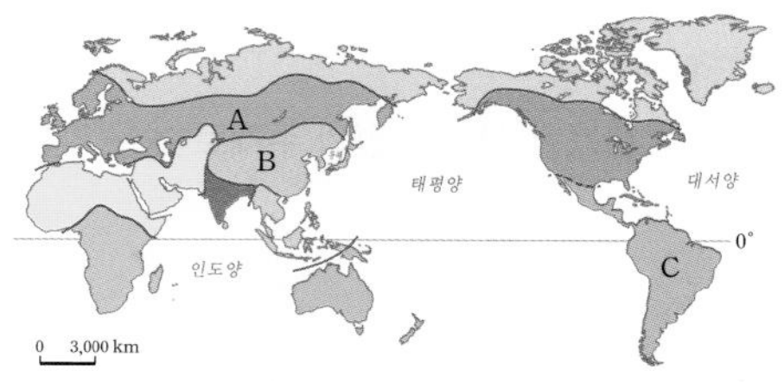

① A 지역의 문화는 앵글로아메리카와 오세아니아에도 큰 영향을 미쳤다.
② B 지역에 속하는 국가들은 동일한 언어를 사용한다.
③ B 지역은 유교와 불교의 영향을 강하게 받은 지역이다.
④ C 지역의 문화는 유럽 문화의 전파에 따른 영향을 크게 받았다.
⑤ A와 C 지역은 언어와 종교 면에서 유사한 문화 지역이다.

05 (가)~(다)의 사례를 옳게 구분한 것은?

(가)

우리나라에서는 영어와 함께 고유 언어인 타갈로그어를 사용해. 안녕이라고 말할 때, "헬로."라고 하거나 "까무스따."라고 해.

▲ 필리핀의 언어

(나)

우리나라는 에스파냐와 미국의 영향으로 대부분 사람이 크리스트교를 믿어. 이제 전통 신앙을 믿는 사람은 거의 없어.

▲ 필리핀의 종교

(다)

나는 '지프니'라고 해. 나는 승합차로, 서양에서 들어온 자동차에 독특한 색과 문양으로 장식한 것이 특징이야.

▲ 필리핀의 지프니

	(가)	(나)	(다)
①	문화 공존	문화 동화	문화 융합
②	문화 공존	문화 융합	문화 동화
③	문화 동화	문화 공존	문화 융합
④	문화 동화	문화 융합	문화 공존
⑤	문화 융합	문화 공존	문화 동화

06 문화 변용에 대한 설명으로 옳은 것에만 ✓표를 한 학생은?

구분	갑	을	병	정	무
문화 공존은 서로 다른 두 문화가 함께 존재하는 것을 의미한다.	✓		✓		✓
문화 접촉은 하나의 문화만 남고 다른 문화는 사라지는 것을 의미한다.	✓	✓		✓	
문화 융합은 두 문화가 만나 새로운 문화가 만들어지는 것이다.			✓	✓	

① 갑 ② 을 ③ 병 ④ 정 ⑤ 무

07 다음 글에서 설명하고 있는 지역을 지도의 A~E에서 고른 것은?

> 문화가 다른 사람들이 어울려 사는 지역은 다양한 민족, 언어, 종교 등이 조화를 이루면서 독특한 문화를 형성하기도 한다. 이 지역은 해상 교통의 중심지에 위치하며 이슬람교, 크리스트교, 불교의 영향을 받았지만 서로 다른 문화를 존중하며 다문화가 조화롭게 자리 잡은 지역으로 손꼽힌다.

① A
② B
③ C
④ D
⑤ E

08 다음 자료와 관련된 국가와 문화 갈등 요인으로 옳은 것은?

1505년	포르투갈의 식민 지배를 받음
1658년	네덜란드의 식민 지배를 받음
1796년	영국의 식민 지배를 받음
1948년	영국 연방 자치국인 실론(Ceylon)으로 독립함

> 이 국가는 싱할라족이 전체 인구의 3/4을 차지하며, 이 밖에 타밀족, 무어족 등이 사는 다민족 국가이다. 불교 신자(주로 싱할라족)가 국민의 약 69%를 차지하며, 그 밖에 힌두교 신자(주로 타밀족), 이슬람교 신자, 크리스트교 신자가 있다.

① 스리랑카 – 종교 갈등 ② 스리랑카 – 언어 갈등
③ 말레이시아 – 종교 갈등 ④ 말레이시아 – 언어 갈등
⑤ 팔레스타인 – 종교 갈등

09 다음은 문화 갈등 지역에 대한 스무고개이다. 빈칸에 들어갈 내용으로 옳지 않은 것은?

질문	대답
1. 아시아에 속하는 국가로 영토 갈등을 겪고 있습니까?	예
2. 하나의 섬을 두고 여러 나라가 갈등을 겪고 있나요?	아니요
3. 전쟁과 테러 같은 문제가 발생하기도 했나요?	예
4. 이민족의 이주와 국가 건설 등이 원인인가요?	예
5. 힌두교와 관련이 있나요?	아니요
6. ______________	예

① 유대교와 이슬람교 사이의 갈등이 있나요?
② 예루살렘이라는 도시가 갈등 지역에 포함되나요?
③ 유대교를 믿는 사람들이 이스라엘을 건립하면서 갈등이 시작되었나요?
④ 국제 사회가 중재 노력을 기울이고 있지만 아직도 문제가 해결되지 않았나요?
⑤ 프랑스의 식민지였다가 독립하는 과정에서 서로 다른 종교 문제 때문에 갈등이 시작되었나요?

서술형

10 밑줄 친 내용의 구체적인 사례를 한 가지만 쓰시오.

> 인도양과 태평양을 잇는 해상 교역로에 있는 싱가포르는 일찍이 무역항으로 성장하여 오늘날 동서양의 민족과 문화가 공존하는 대표적인 지역이 되었다. 싱가포르는 나라를 세울 때부터 각 민족의 고유문화를 존중하여 다민족·다언어·다종교 등 '다문화주의'를 국가의 주요 정책으로 내세웠다.

11 문화 갈등에 관한 설명으로 옳지 않은 것은?

① 서로의 문화가 다르다는 것을 인정하는 태도에서 비롯된다.
② 문화적인 갈등이 자원이나 영토 등의 문제로 연결되기도 한다.
③ 전 세계에서 문화 갈등을 겪는 지역이 점점 더 확대되고 있다.
④ 다른 문화 집단 간의 불신이 사회적·경제적 차별로 이어지기도 한다.
⑤ 자신의 문화가 다른 문화보다 우월하다는 생각이 갈등을 일으킬 수 있다.

수행 평가 미리보기

● 선생님의 출제 의도 홍보물 제작을 통해 다양한 문화 지역의 특징 이해하기

4단원에서는 세계의 다양한 문화 지역의 특징을 이해하고, 세계화로 인한 문화 접촉, 문화 전파 등의 현상을 파악합니다. 더불어 문화의 세계화로 인한 긍정적 · 부정적 영향을 파악하고, 문화의 차이로 인한 갈등과 충돌의 실제 사례를 접하면서, 다양한 문화가 평화롭게 공존하고 갈등을 해결할 방안을 모색하고자 합니다. 따라서 수행 평가에서는 수업 시간에 배운 핵심 개념을 잘 이해하고 활용할 수 있는지 종합적으로 묻는 문제가 출제될 수 있습니다.

수행 평가 문제

모둠별로 무작위로 문화 지역을 뽑아 그 문화 지역을 전 세계인에게 홍보하는 리플릿을 만들어 봅시다.

A. 활동 계획 세우기

1 모둠을 구성하고, 수업 시간에 배운 10개의 문화 지역 중에 무작위로 뽑는다.
2 각 문화 지역의 의식주, 종교, 언어, 산업 등의 특징을 조사하여 리플릿을 만든다.
3 완성된 리플릿을 바탕으로 다른 모둠에 소개한다.

B. 활동 단계

1단계 모둠 내에서 역할을 분담한다.(지도에 표시, 인터넷 자료 검색, 리플릿 내용 구성, 발표 등)
2단계 모둠 대표가 10개의 문화 지역 중 하나를 뽑는다.
3단계 모둠 내에서 충분히 의견을 교환하고 교과서, 인터넷, 기타 자료에서 문화 지역의 특징을 조사한다.
4단계 조사한 내용을 바탕으로 모둠이 뽑은 문화 지역을 소개하는 리플릿을 제작한다.(사진, 그림, 관련 기사 등을 활용)
5단계 모둠별로 제작한 리플릿을 토대로 다른 모둠원에게 발표한다.

C. 활동하기

1 모둠 내에서 역할 분담하기(활동에서 소외되는 학생없이, 능력과 흥미에 맞는 역할을 분담하여 참여를 유도하기)

예시)

지도에 표시	전지에 지도를 그린 후, 모둠에서 뽑은 문화 지역을 표시한다.	자료 검색	모둠에서 뽑은 문화 지역의 의식주, 종교, 언어, 산업 등의 특징을 검색한다.
내용 정리	문화 지역에서 볼 수 있는 특징적인 문화 경관을 그림, 사진 등으로 표현하고 내용을 정리한다.	발표	제작한 리플릿을 바탕으로 다른 모둠원들에게 자기 모둠의 문화 지역에 대해 소개한다.

2 문화 지역의 문화 경관 및 문화 특징을 찾아 조사하기 – 사진, 그림, 관련 기사 등

예시)

의식주	자연환경 및 종교 등의 특징에 따른 의식주 문화의 특징	종교, 사상	해당 지역에서 나타나는 특정 종교 및 사상의 영향과 그 특징
언어, 문자	문화권 내에서 사용되고 있는 언어나 문자	산업	다른 문화 지역과 구별되는 특징적인 산업

3 리플릿을 제작하여 다른 모둠원에게 소개하기

예시)

〈동아시아 문화 지역〉 벼농사, 한자, 유교, 불교의 특징

동아시아에 속하는 우리나라, 중국, 일본은 지리적으로 가까워 일찍부터 활발하게 교류해 왔다. 동아시아 지역은 문자로는 한자 문화 지역에 속하고, 식사 도구를 기준으로 젓가락 문화 지역에 속하며, 사회 제도 형성에 영향을 준 사상 측면에서는 유교 문화 지역에 속한다.

한편 전통 복장을 기준으로 할 때 우리나라는 한복, 중국은 치파오, 일본은 기모노로 서로 다른 문화 지역으로 구분되며, 전통 음악극을 기준으로 할 때도 우리나라는 창극, 중국은 경극, 일본은 가부키로 서로 다른 문화 지역에 속한다.

▲ 우리나라의 창극

▲ 중국의 경극

▲ 일본의 가부키

채점 기준

평가 영역	채점 기준	배점
문화 지역의 자료 수집 및 탐구	문화 지역의 의식주, 종교, 언어, 산업 등의 특징을 정확히 파악하였다.	상
	문화 지역의 의식주, 종교, 언어, 산업 등의 특징을 보통 수준으로 파악하였다.	중
	문화 지역의 의식주, 종교, 언어, 산업 등의 특징을 제대로 파악하지 못하였다.	하
리플릿 구성의 적절성	리플릿에 문화 지역의 특징이 잘 나타나도록 효과적으로 구성하였다.	상
	리플릿에 문화 지역의 특징이 보통 수준으로 나타나도록 구성하였다.	중
	리플릿에 문화 지역의 특징이 잘 드러나지 못하게 구성하였다.	하
조사 내용 발표	조사한 내용을 다른 모둠 구성원의 흥미를 유발하도록 발표하였다.	상
	조사한 내용을 다른 모둠 구성원에게 보통 수준으로 발표하였다.	중
	조사한 내용을 다른 모둠 구성원에게 제대로 발표하지 못하였다.	하

V. 지구 곳곳에서 일어나는 자연재해

01
자연재해 발생 지역

02
자연재해와 주민 생활

03
자연재해 대응 방안

자연재해 발생 지역

출제 포인트
- 자연재해의 종류와 발생 원인
- 자연재해가 자주 발생하는 지역과 해당 지역의 특징

1 자연재해

(1) 자연재해의 의미와 종류

① 의미 : 인간과 인간 활동에 피해를 끼치는 자연 현상 → 기상 재해라 부르기도 한다.

② 종류 : 지형적 요인(지각 변동)에 의한 재해와 기후적 요인에 의한 재해로 구분

지각 변동에 의한 재해	화산 활동, 지진, 지진 해일(쓰나미) 등
기후와 관련된 재해	홍수, 가뭄, 열대 저기압, 폭염, 폭설, 한파, 토네이도 등

(2) 자연재해의 특징

① 특정 지역에서 반복적으로 나타나는 경우가 많음

② 자연재해의 종류와 강도에 따라 피해 규모가 달라짐

③ 기상 이변으로 세계 곳곳에서 대규모의 자연재해가 자주 발생

+ 토네이도
미국 중남부의 대평원 지역에서 주로 발생하는 강력한 회오리바람으로 진행 방향에 있는 물질들을 빨아들여 감아올리기 때문에 파괴력이 매우 크다.

+ 마그마
땅속 깊은 곳에서 지구 내부의 높은 열로 암석이 녹아 있는 상태의 물질을 말한다.

2 지각 변동에 의한 재해

(1) 화산 활동 및 지진

① 의미

화산 활동	마그마가 지각의 약한 부분을 뚫고 나와 분출하는 현상
지진	지구 내부 힘이 지표면에 전달되면서 땅이 흔들리거나 갈라지는 현상

② 발생 지역 : 지각판의 경계 부근에서 주로 발생, 알프스·히말라야 조산대와 환태평양 조산대(불의 고리)에서 활발

지각판과 지각판이 만나는 경계 지역을 조산대라고 하며, 지각판의 충돌 및 분리 현상이 나타나 지각이 불안정하다.

+ 환태평양 조산대
뉴질랜드, 필리핀, 일본, 아메리카 대륙의 서해안 경계를 따라 둥근 고리 모양을 형성하고 있는 조산대로 태평양을 둘러싼 섬과 해안 지대를 따라서 발달하였다. 지구 전체에서 발생하는 화산 활동과 지진 대부분이 집중되어 있기 때문에 '불의 고리'라고도 부른다.

집중 탐구 | 지진과 화산 활동이 자주 발생하는 지역

지구상에서 지진과 화산 활동이 빈번하게 발생하는 곳은 아메리카 서부에서 일본을 지나 뉴질랜드로 이어지는 환태평양 조산대와 유라시아 대륙의 알프스산맥과 히말라야산맥을 잇는 알프스·히말라야 조산대이다.

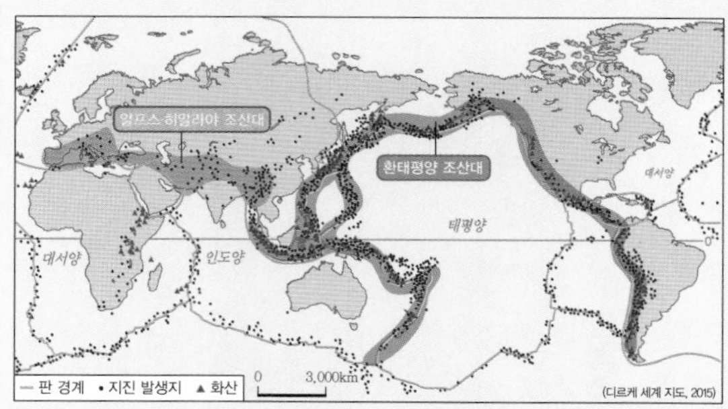

(2) 지진 해일(쓰나미) → 매우 빠른 속도로 진행되며, 발생 지점으로부터 수천 km 떨어진 곳까지 영향을 미친다.

① 의미 : 해저에서 지진, 화산 폭발 등이 발생하면서 일어나는 대규모 파도가 해안을 덮치는 현상

② 발생 지역 : 화산 활동과 지진이 잦은 인도양과 태평양 일대

+ 지진 해일(쓰나미) 발생 과정
- 1단계 – 해저에서 지진이나 화산 활동에 의한 충격으로 파도가 발생한다.
- 2단계 – 파도가 빠른 속도로 퍼져 나간다.
- 3단계 – 해안에 가까워지면서 파도의 속도는 느려지지만, 높이가 점점 높아져 해일이 발생한다.

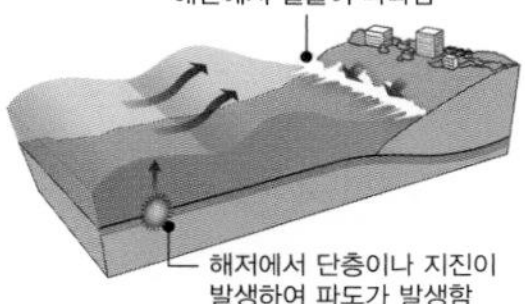

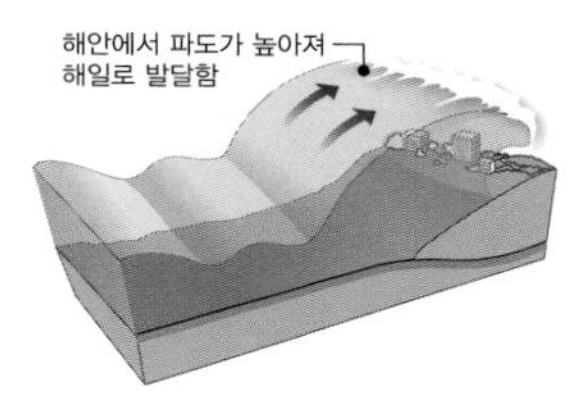

3 기후적 요인에 의한 재해

(1) 홍수

① 의미 : 한꺼번에 많은 비가 내려 하천, 호수 등의 물이 흘러넘쳐 삶의 터전이 잠기는 현상

② **발생 지역 :** 계절풍과 열대 저기압의 영향을 받는 아시아 지역, 북극해로 유입되는 하천 유역, 큰 강의 하류 및 저지대, 일시적인 강수의 영향을 받는 건조 기후 지역
→ 봄에 기온이 급격하게 상승하여 겨울철에 쌓였던 눈이 일시에 녹아 갑자기 강으로 흘러들어가기 때문이다.

+ 건조 기후 지역에서 발생하는 홍수
식생이 거의 없기 때문에 순식간에 낮은 지대로 빗물이 모여 급류를 형성한다. 홍수의 발생 빈도는 낮은 편이나, 빠른 시간에 홍수가 발생해 피해는 크게 나타날 수 있다.

Q & A

Q 방글라데시는 왜 홍수의 피해가 자주 나타날까요?

A
- 지형적 요인 – 방글라데시는 갠지스강과 브라마푸트라강이 만나는 평평한 저지대에 자리 잡고 있는 국가이다. 큰 강의 하류에 위치하고, 상류에는 세계에서 가장 높은 히말라야산맥이 분포하여 비가 내리면 여러 하천의 상류에서 흘러들어온 물이 모여 유량이 빠르게 증가합니다. 또한 국토의 대부분이 해발 고도가 낮은 평야로 이루어져 침수될 가능성이 큽니다.

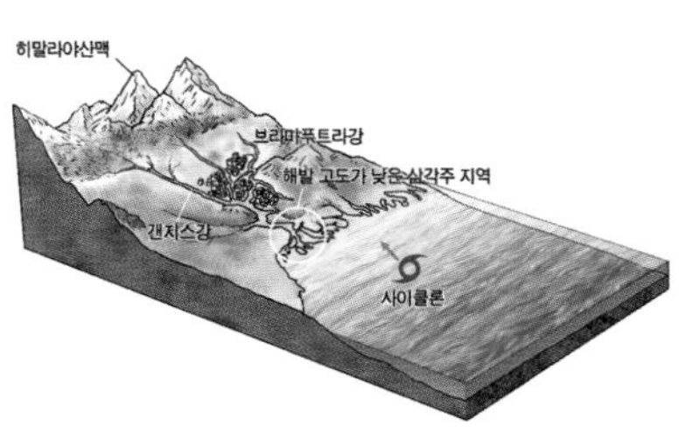

- 기후적 요인 – 바다에서 불어오는 습윤한 계절풍이 북쪽의 히말라야산맥을 타고 넘어가는 시기인 6~10월 사이에 많은 양의 비가 내립니다. 또한 이곳은 열대 저기압(사이클론)의 영향을 받는 지역으로 강풍과 폭우로 인해 저지대에 홍수가 발생할 가능성이 더욱 커집니다.

+ 사헬 지대
아랍어로 '가장자리'라는 뜻으로 사하라사막 남쪽의 반건조 지역을 가리키는 말이다. 과거에는 초원이었으나 오랜 가뭄, 무분별한 가축 사육 등으로 사막화가 빠르게 진행되고 있다.

(2) 가뭄

① **의미 :** 오랫동안 비가 내리지 않아 땅이 메마르고 물이 부족해지는 현상

② **특징 :** 진행 속도가 느리며, 오랜 시간에 걸쳐 넓은 범위에서 발생

③ **발생 지역 :** 건조 기후 지역과 그 주변, 수분 공급이 원활하지 않은 내륙 지역 등 예 중국 내륙, 인도 서부, 북아메리카 중서부, 사헬 지대 등
→ 강수량이 적고 증발량이 많기 때문이다.

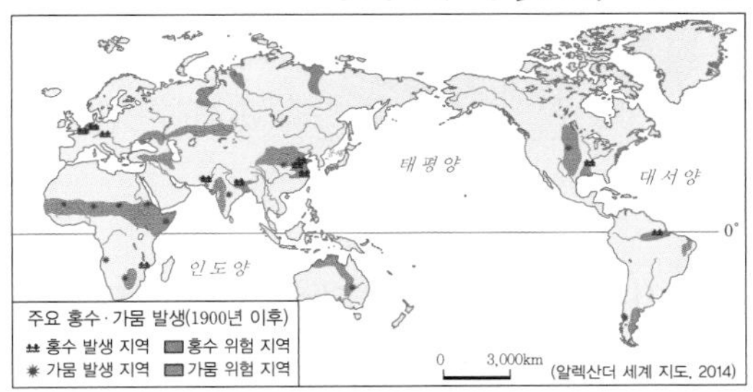

▲ 홍수와 가뭄 피해가 잦은 지역

+ 열대 저기압
해수면 온도가 높으며 대기가 따뜻하고 불안정하여 공기 중에 수증기가 많은 적도 부근의 해상에서 잘 발생한다. 발생 후 따뜻한 해수면 위를 이동하면서 세력이 점점 커지지만, 육지나 차가운 수면 위를 이동할 때는 세력이 약해진다.

(3) 열대 저기압

① **의미 :** 열대 지역의 해상에서 발생하여 중위도 지역으로 이동하면서 강한 바람과 많은 비를 동반하는 저기압

② **특징 :** 이동 경로 예측이 쉽지 않아 큰 피해가 발생하기도 함

③ **발생 지역 :** 북태평양 서부, 대서양, 인도양 및 아라비아해의 저위도 해상 지역

+ 우리나라에 영향을 미치는 태풍
주로 여름철에서 초가을 사이에 우리나라 부근을 지나며 일 년에 2~3개 정도 직접적인 영향을 주는 편이다.

더 알아보기 | 열대 저기압의 지역별 명칭

열대 저기압은 발생 지역에 따라 불리는 이름이 다르다. 북태평양 필리핀 동부 해상에서 발생하여 동부 아시아로 이동하는 열대 저기압을 태풍, 북대서양·카리브해에서 발생하는 열대 저기압을 허리케인, 인도양 벵골만과 아라비아해에서 발생하는 열대 저기압을 사이클론이라고 한다.

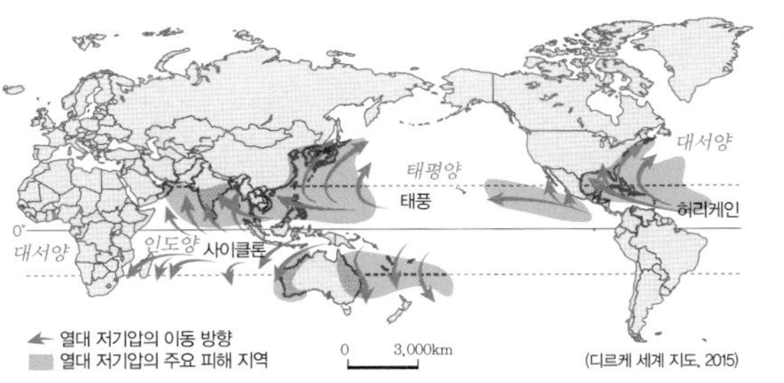

+ 열대 저기압(태풍) 위성 사진

개념 다지기

정답과 해설 • 27쪽

01 빈칸에 알맞은 말을 쓰시오.

(1) 인간과 인간 활동에 피해를 끼치는 자연 현상을 ( ) (이)라고 한다.

(2) 지구 내부 힘이 지표면에 전달되면서 땅이 흔들리거나 갈라지는 현상을 ( )(이)라고 한다.

(3) 지구 전체에서 발생하는 화산 활동과 지진 대부분이 집중되는 곳은 '불의 고리'라고 불리는 ( ) 조산대 부근이다.

(4) 홍수는 계절풍과 열대 저기압의 영향을 받는 ( ) 지역에서 자주 발생한다.

(5) 가뭄은 ( ) 기후 지역과 그 주변, 수분 공급이 원활하지 않은 내륙에서 발생한다.

(6) ( )은(는) 열대 지역의 해상에서 발생하여 중위도 지역으로 이동하는 저기압을 말한다.

02 〈보기〉의 자연재해를 지각 변동에 의한 재해와 기후적 요인에 의한 재해로 구분하시오.

보기

ㄱ. 지진	ㄴ. 가뭄	ㄷ. 폭설
ㄹ. 홍수	ㅁ. 토네이도	ㅂ. 화산 활동

(1) 지각 변동에 의한 재해 .... ( )

(2) 기후적 요인에 의한 재해 .... ( )

03 다음 설명이 맞으면 ○표, 틀리면 ×표 하시오.

(1) 최근에는 대규모 자연재해의 발생 빈도가 점차 줄어들고 있다. .... ( )

(2) 지진과 화산 활동은 지각판의 경계 부근에서 자주 발생하고 있다. .... ( )

(3) 홍수는 오랜 시간에 걸쳐 넓은 범위에서 발생한다는 특징이 있다. .... ( )

(4) 열대 저기압으로 인한 피해는 고위도로 갈수록 커진다. .... ( )

(5) 북극해로 유입되는 하천 부근에서는 가뭄의 피해가 심각하게 나타난다. .... ( )

04 다음이 설명하는 지역의 이름을 쓰시오.

> 사하라사막 남쪽에 위치한 반건조 지역으로 과거에는 초원이었으나 최근 사막화가 빠르게 진행되고 있다.

05 자연재해와 그 발생 지역을 바르게 연결하시오.

(1) 지진 • • ㉠ 조산대
(2) 홍수 • • ㉡ 큰 강 하류 및 저지대
(3) 가뭄 • • ㉢ 중국 내륙, 북아메리카 중서부
(4) 열대 저기압 • • ㉣ 북태평양 서부 저위도 해상 지역

06 그림이 나타내는 자연재해의 명칭을 쓰시오.

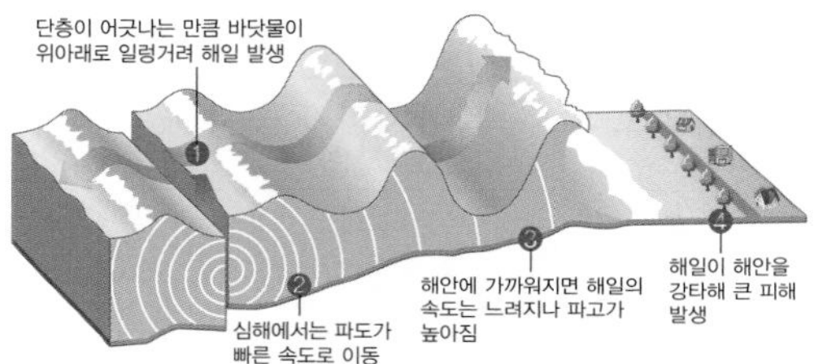

07 열대 저기압의 명칭과 발생 지역을 바르게 연결하시오.

(1) 태풍 • • ㉠ 북대서양, 카리브해
(2) 사이클론 • • ㉡ 인도양 및 아라비아해
(3) 허리케인 • • ㉢ 북태평양 필리핀 동부 해상

08 밑줄 친 부분을 바르게 고쳐 쓰시오.

(1) 홍수, 가뭄은 <u>지각 변동</u>에 의한 자연재해이다. .... ( )

(2) 아프리카 사헬 지대에서는 <u>홍수</u>로 인한 피해가 심각하게 나타난다. .... ( )

(3) 홍수는 고온 다습한 <u>편서풍</u>과 열대 저기압의 영향을 받는 동아시아 하천 하류 지역에서 자주 발생한다. .... ( )

(4) 열대 저기압은 <u>중위도</u> 부근의 바다에서 발생하여 이동하며, 지역에 따라 불리는 명칭이 다르다. ...... ( )

중단원 실력 쌓기

정답과 해설 • 27쪽

01 (가)에 해당하는 자연재해 종류를 〈보기〉에서 고른 것은?

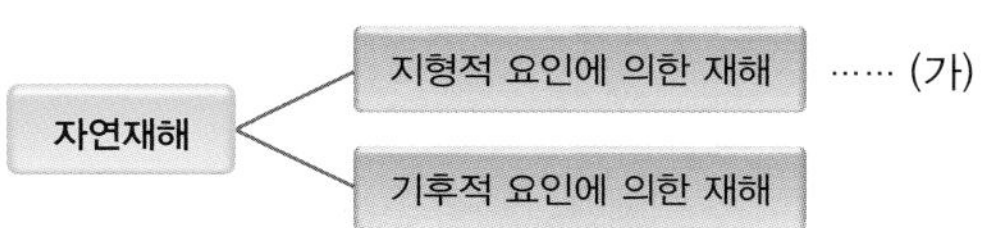

〈보기〉
ㄱ. 토네이도　　ㄴ. 지진 해일
ㄷ. 화산 활동　　ㄹ. 열대 저기압

① ㄱ, ㄴ　② ㄱ, ㄷ　③ ㄴ, ㄷ
④ ㄴ, ㄹ　⑤ ㄷ, ㄹ

02 (가), (나) 자연재해에 대한 설명으로 옳은 것은?

(가) 유럽에 쏟아진 폭우로 프랑스 센강이 범람하면서 파리 곳곳이 물에 잠겼다.
(나) 네팔의 수도 카트만두 북서쪽 지역에서 강진이 발생해 많은 인명 피해가 나타났다.

① (가)는 지구 온난화 등의 영향으로 발생 빈도가 감소하고 있다.
② (가)는 기후적 요인에 의해 인간 생활에 피해를 입히는 재해이다.
③ (나)는 지구상의 모든 국가에서 반복적으로 나타난다.
④ (나)는 예측이 쉬워져 피해 규모가 점차 줄어들고 있다.
⑤ (가), (나) 모두 지각 변동에 의해 발생한 재해이다.

03 그림이 나타내는 자연재해에 대한 옳은 설명을 〈보기〉에서 고른 것은?

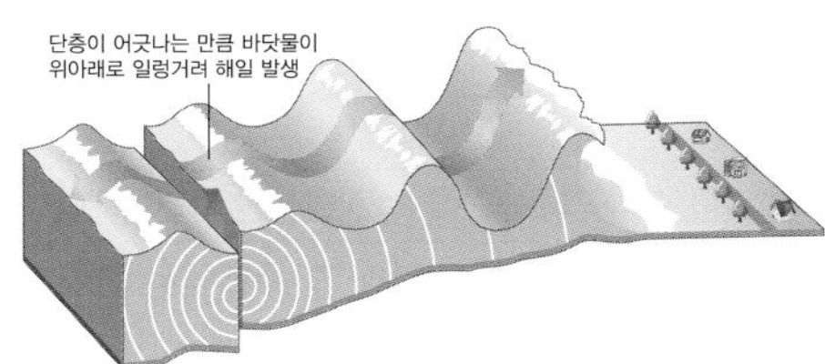

〈보기〉
ㄱ. 기후적 요인에 의해 발생한 자연재해이다.
ㄴ. 해저에서 발생한 지진, 화산 활동과 관련 있다.
ㄷ. 진행 속도가 빠르고 멀리 떨어진 곳까지 영향을 미친다.
ㄹ. 해안에 가까워지면서 파도의 속도가 빨라지고 높이는 낮아져 피해를 입힌다.

① ㄱ, ㄴ　② ㄱ, ㄷ　③ ㄴ, ㄷ
④ ㄴ, ㄹ　⑤ ㄷ, ㄹ

[04~05] 다음 지도를 보고 물음에 답하시오.

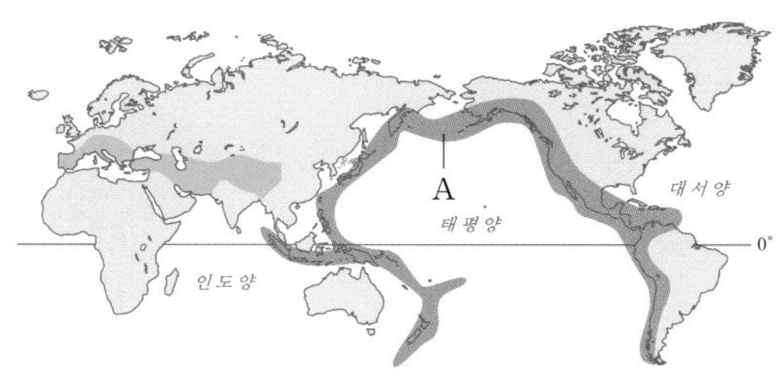

04 지도에 표시된 두 지역에서 자주 발생하는 자연재해를 〈보기〉에서 고른 것은?

〈보기〉
ㄱ. 지진　　ㄴ. 가뭄　　ㄷ. 홍수
ㄹ. 화산 활동　　ㅁ. 열대 저기압

① ㄱ, ㄷ　② ㄱ, ㄹ　③ ㄴ, ㄷ
④ ㄴ, ㅁ　⑤ ㄹ, ㅁ

중요
05 지도에 표시된 두 지역에 대한 설명으로 옳지 않은 것은?

① 지각이 안정되어 있다.
② 조산 운동이 활발하게 나타난다.
③ A는 '불의 고리'라고 불리기도 한다.
④ 판이 충돌하거나 분리되는 경계에 해당한다.
⑤ 지형적 요인에 의한 자연재해가 자주 발생한다.

06 신문 기사에 대한 옳은 설명을 〈보기〉에서 고른 것은?

일본 구마모토현에서 나흘째 계속된 (㉠)(으)로 많은 인원이 희생된 가운데 지구 반대편 에콰도르에서도 규모 7.8의 (㉠)(으)로 많은 사람들이 숨졌다. 이밖에 필리핀과 타이완에서도 (㉠)(으)로 인한 피해가 이어졌다. (㉡)에서 도미노 현상이 강하게 나타나는 게 아니냐는 우려가 나오고 있다. -○○신문, 2016.4.18.-

〈보기〉
ㄱ. ㉠에 들어갈 말은 지진이다.
ㄴ. ㉡에 들어갈 말은 알프스·히말라야 조산대이다.
ㄷ. 제시된 자연재해는 세계 전 지역에서 고르게 나타난다.
ㄹ. 피해를 입은 국가들은 주로 판과 판의 경계 부근에 위치한다는 공통점이 있다.

① ㄱ, ㄴ　② ㄱ, ㄹ　③ ㄴ, ㄷ
④ ㄴ, ㄹ　⑤ ㄷ, ㄹ

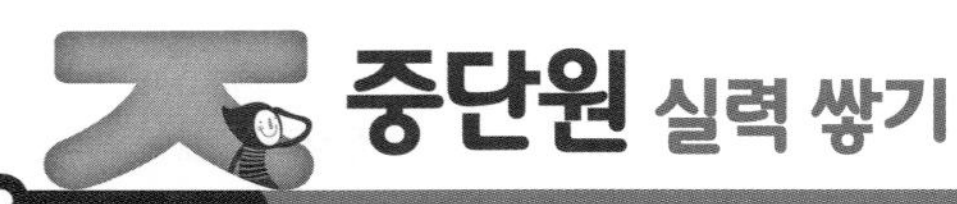

중단원 실력 쌓기

중요

07 지도에 표시된 지역에서 자주 발생하는 자연재해에 대한 설명으로 옳지 않은 것은?

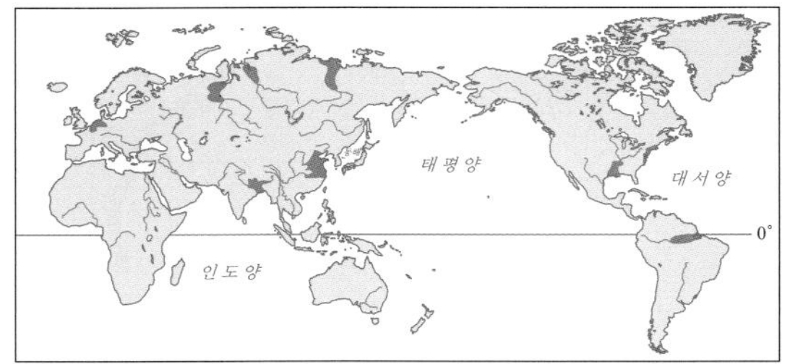

① 건조 기후 지역에서 자주 발생한다.
② 기후적 요인에 의한 자연재해에 해당한다.
③ 큰 강의 하류 지역에서 피해가 크게 나타난다.
④ 사람들의 생활 터전이 물에 잠기는 피해를 입기도 한다.
⑤ 북극해 연안 지역은 쌓였던 눈이 봄에 녹으면서 피해가 나타난다.

08 다음 내용과 관련된 자연재해에 대한 옳은 설명을 〈보기〉에서 고른 것은?

> 오스트레일리아의 퀸즐랜드주는 오랫동안 비가 내리지 않아 물이 부족하고 땅이 메말라가는 현상이 심각하게 나타나 주의 80%가량이 재난 지역으로 선포되었다.

〈보기〉
ㄱ. 오랜 시간에 걸쳐 넓은 범위에서 나타난다.
ㄴ. 기상 이변과 관련하여 발생 빈도가 감소하고 있다.
ㄷ. 강수량이 증발량보다 많은 기후 지역에서 자주 나타난다.
ㄹ. 아프리카 사헬 지역에서도 유사한 자연재해가 발생한다.

① ㄱ, ㄴ ② ㄱ, ㄹ ③ ㄴ, ㄷ
④ ㄴ, ㄹ ⑤ ㄷ, ㄹ

09 자료를 보고 방글라데시에 홍수 피해가 자주 나타나는 이유로 옳은 것을 〈보기〉에서 고른 것은?

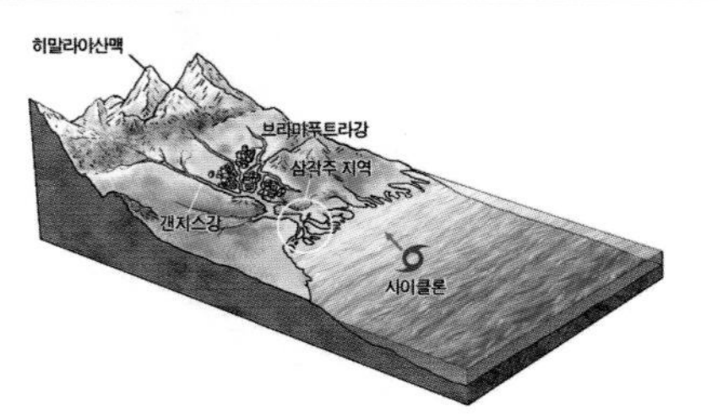

> 방글라데시는 바다에서 육지로 불어오는 바람의 영향을 받아 많은 비가 내린다. 이로 인해 우기에는 강이 흘러 넘쳐 전국의 약 40%가 물에 잠길 정도라고 한다.

〈보기〉
ㄱ. 국토 면적의 대부분이 큰 강 상류에 위치하고 있다.
ㄴ. 해발 고도가 낮은 평야가 많아 침수 가능성이 높다.
ㄷ. 계절풍의 영향을 받아 겨울철에 강수량이 집중된다.
ㄹ. 열대 저기압의 영향을 받아 짧은 시간에 강수가 집중될 수 있다.

① ㄱ, ㄴ ② ㄱ, ㄷ ③ ㄴ, ㄷ
④ ㄴ, ㄹ ⑤ ㄷ, ㄹ

10 수업 시간 선생님의 질문에 대해 민호가 제출한 답안이다. 민호가 받게 될 점수로 옳은 것은?

[질문] 가뭄에 대해 설명한 내용 중 옳은 것은 ○표, 틀린 것은 × 표를 하시오. (한 문제당 1점씩이며, 틀려도 점수를 감점하지 않음)

번호	설명	답안
1	가뭄은 지형적 원인에 의해 발생한 자연재해이다.	○
2	가뭄은 건조 기후 지역과 그 주변에서 자주 발생한다.	×
3	가뭄은 짧은 시간에 걸쳐 좁은 범위에서 발생하는 것이 특징이다.	×
4	아프리카 사헬 지대, 중국 내륙 지역에서 피해가 나타나고 있다.	○
5	가뭄은 특정 지역에서만 나타나며 발생의 예측이 쉬운 편이다.	×

① 1점 ② 2점 ③ 3점
④ 4점 ⑤ 5점

중요

11 (가), (나) 자연재해에 대한 설명으로 옳은 것은?

(가)

(나)

① (가)는 오랫동안 피해가 지속되며, 발생 범위도 넓다.
② (가)는 증발량이 강수량보다 많은 상태에서 발생한다.
③ (나)는 지형적 요인에 의한 자연재해와 관련 있다.
④ (나)는 사막화와 관련이 깊으며, 특히 사막 주변 지역에서 발생하는 경우가 많다.
⑤ (가), (나)는 지구 온난화의 영향으로 발생 횟수 및 피해가 감소하고 있다.

12 열대 저기압과 관련된 신문 기사의 제목이다. ㉠, ㉡에 들어갈 개념을 바르게 연결한 것은?

• (㉠) 차바, 한반도로 북상할 가능성 매우 높아
최대 풍속 40m/s로 몰아쳐 피해 늘어나
• 미국, (㉡) 매슈로 사망자 수 늘어
홍수로 정전 사태 발생

	㉠	㉡		㉠	㉡
①	태풍	사이클론	②	태풍	허리케인
③	사이클론	태풍	④	사이클론	허리케인
⑤	허리케인	사이클론			

중요

13 지도는 어느 자연재해의 발생 지역과 이동 방향을 나타낸 것이다. 이에 대한 설명으로 옳은 것은?

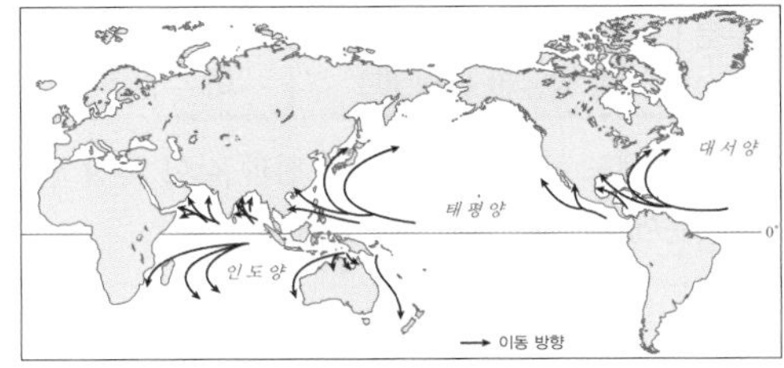

① 강한 바람과 비를 동반하는 저기압이다.
② 우리나라는 주로 봄에서 여름 사이에 영향을 받는다.
③ 중위도 지역에서 발생해 열대 해상 지역으로 이동한다.
④ 지진 해일을 일으켜 해안 저지대에 피해를 주기도 한다.
⑤ 이동 경로의 예측이 쉬워 이로 인한 피해는 작은 편이다.

서술형·논술형

서술형

01 지도는 최근에 화산 활동과 지진이 발생한 지역을 나타낸 것이다. 이를 토대로 화산 활동과 지진이 자주 발생하는 지역의 공통점을 서술하시오.

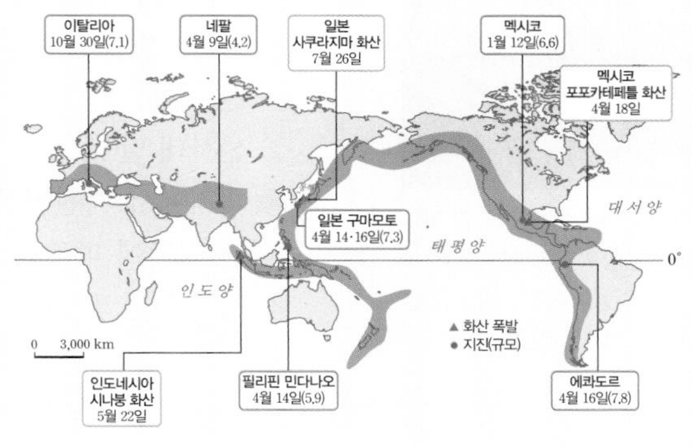

논술형

02 (가), (나)를 토대로 방글라데시에 홍수 피해가 자주 나타나는 이유를 지형적 요인과 기후적 요인을 모두 포함해 300자 이내로 논술하시오.

(가) 방글라데시 지형

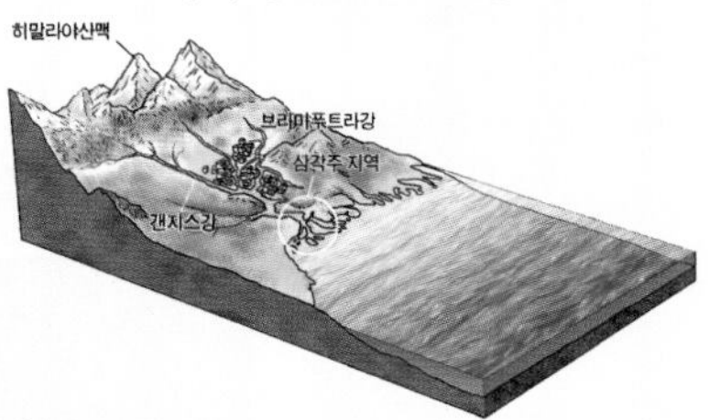

(나) 계절풍(여름)

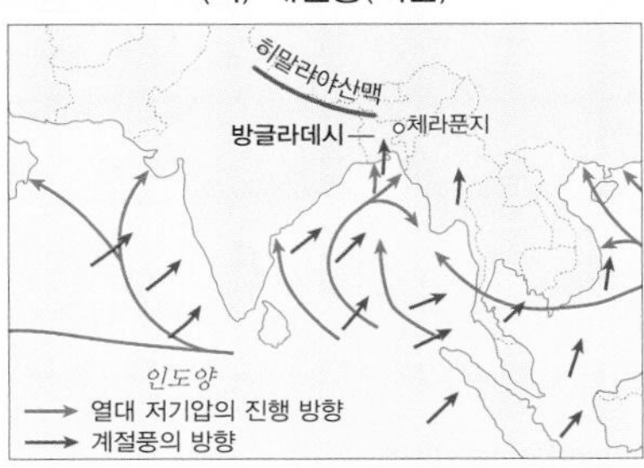

02 자연재해와 주민 생활

출제 포인트
- 자연재해가 인간에게 미치는 피해
- 화산 활동, 열대 저기압의 긍정적 측면

1 지각 변동에 의한 재해의 영향

(1) **지진의 피해** → 짧은 시간 안에 넓은 지역에 걸쳐서 피해가 발생한다.

① 건물, 가옥 등의 각종 시설물 붕괴로 인한 인명 및 재산 피해

② 산사태 발생

③ 해저에서 지진이 발생할 경우 지진 해일이 일어나 해안 지대에 피해

④ 전기 누전 및 화재 발생, 수도와 가스 및 통신망 등 파괴

▲ 지진 피해(네팔)

(2) **화산 활동의 영향**

① 피해

- 화산 분출물(용암, 화산재 등)로 인한 농경지 및 각종 시설물 매립
- 화산 활동의 영향으로 화재, 산사태 발생
- 화산재 분출로 인한 햇빛 차단으로 기온 하강, 항공기 운항에 지장

② 긍정적 영향

- 화산재가 토양을 기름지게 하여 농업 활동에 유리 → 화산회토를 이용해 벼농사, 커피 · 포도 · 바나나 등 재배
- 온천 및 화산 지형 경관을 이용한 관광 산업 발달
- 지열 발전을 통한 전력 생산
- 광물 자원(유황, 구리 등) 채굴을 통한 광업 발달

유황은 의약품, 화약, 성냥 등을 만드는 데에 사용된다.

Q&A

Q 화산 활동이 활발한 지역에 사람들이 많이 사는 이유는 무엇일까요?

▲ 비옥한 화산재를 이용한 이탈리아의 포도 재배 모습	▲ 지열 발전을 통해 난방열과 전력의 상당 부분을 얻는 아이슬란드	▲ 독특한 화산 지형과 온천을 이용해 관광 산업이 발달한 뉴질랜드	▲ 유황 채굴을 통해 소득을 얻고 있는 인도네시아 주민들

A 화산 활동이 자주 발생하는 지역은 위험한 지역임에도 불구하고 위의 사진과 같이 화산 활동의 유리한 점을 이용해 얻을 수 있는 이익이 있기 때문에 많은 사람이 살고 있습니다.

2 기후와 관련된 재해의 영향

(1) **홍수의 영향**

① 피해 : 농경지, 가옥, 도로 등의 침수로 인한 재산 및 인명 피해, 산사태 발생, 생태계 파괴 등

✚ 지진 해일의 피해(일본)

지진 해일이 발생하면 거대한 파도와 막대한 양의 바닷물이 해안을 덮치면서 건물, 농경지 등을 휩쓸어 버려 큰 피해를 입는다.

✚ 화산 분출로 인한 피해(아이슬란드)

아이슬란드 화산 폭발로 화산재가 대기 중에 확산되어 유럽 지역을 오가는 항공기 운항에 차질을 빚었다.

✚ 화산회토

화산이 분출할 때 나오는 화산재 등이 퇴적되어 형성된 토양으로 매우 비옥한 것이 특징이다.

✚ 홍수로 인한 피해(방글라데시)

② 긍정적 영향

- 하천의 범람으로 인해 물과 영양분이 공급되어 토양이 비옥해짐
- 한꺼번에 많은 물을 공급하여 가뭄 해소 → 홍수를 잘 통제하기만 하면 농업용수와 식수를 풍족하게 할 수 있다.

더 알아보기 **나일강의 홍수와 이집트 문명**

이집트의 인구 대부분은 나일강 유역에 모여 살고 있다. 나일강은 주기적으로 범람하면서 상류로부터 많은 퇴적물을 공급받아 하천 주변에 비옥한 평야를 형성하였고, 일찍부터 농경과 문명이 발달할 수 있었다. 이와 같이 주기적으로 범람하는 큰 강 유역은 예로부터 고대 문명의 발상지였고 현재도 많은 인구가 밀집해 있다.

▲ **나일로 미터** 나일강의 수위를 측정하여 범람 시기를 예측하는 데 사용

✚ 가뭄의 피해(칠레)

✚ 난민

전쟁, 테러, 극도의 빈곤, 정치적 괴롭힘, 자연재해 등을 당해 어려움에 빠져 다른 나라로 이동하는 사람들을 말한다.

(2) 가뭄의 피해

① 하천수와 지하수의 고갈로 농업 활동에 어려움을 겪음
② 식수 및 산업 용수의 부족
③ 가뭄이 지속될 경우 식량 및 물 부족으로 인한 난민 발생
④ 고온 건조한 바람이 지속될 경우 농작물이 말라 죽거나 산불 발생 위험성이 커짐

✚ 태풍으로 인한 피해(부산)

(3) 열대 저기압의 영향 → 강한 바람과 집중 호우를 동반하며 영향을 미치는 범위가 수백 km에 달할 정도로 매우 넓다.

① 피해

- 해안가의 항만 시설, 선박, 제방(→ 물이 넘어 들어오지 못하게 하는 둑) 등이 파괴되면서 재산 및 인명 피해 발생
- 해일로 인한 해안 저지대의 침수
- 강풍으로 인한 차량, 가옥, 철탑 등의 각종 시설물 파괴
- 집중 호우로 인한 홍수, 산사태 발생 가능성이 커짐

② 긍정적 영향

- 무더위를 식혀주며, 많은 비를 동반하여 가뭄 해결
- 바닷물을 순환시켜 적조 현상을 완화함
- 지구의 열적 균형을 유지시켜 줌 → 열대 지방에 집중된 태양 에너지를 중위도로 전달해 열적 균형을 맞추어 준다.

✚ 항만

풍랑을 막아주며, 선박이 안전하게 드나들고 머물 수 있도록 설비를 해놓은 장소이다.

✚ 적조 현상

수온 상승이나 수질 오염 등의 원인으로 인해 플랑크톤이 이상 번식하여 바다, 강 등이 붉게 변하는 현상이다. 바닷속 산소가 부족해질 경우 많은 수중 생물이 죽게 되며 특히 양식장에 큰 피해를 주기도 한다.

더 알아보기 **을축년 대홍수**

1925년(을축년) 7월 한반도를 휩쓸고 지나간 태풍은 서울에 기록적인 폭우를 내려 한강이 범람하는 대홍수를 일으켰다. 이때의 홍수로 이촌동, 뚝섬, 잠실, 신천, 풍납동 지역 대부분이 물에 사라지다시피 했고, 뚝섬 정수장도 물에 잠겨 주민들은 마실 물을 구하지 못했다. 최종 집계된 피해 상황은 사망자 647명, 가옥 유실 약 6,000여 채, 가옥 침수 약 4만 6,000여 채였다.

✚ 눈을 활용한 축제(캐나다)

(4) 폭설

① 의미 : 짧은 기간에 많은 양의 눈이 내리는 현상
② 피해 : 가옥이나 건축물 붕괴로 인한 재산 및 인명 피해, 교통 대란
③ 이용 : 눈을 이용한 축제 개최로 관광 산업 발달, 자연환경을 이용한 동계 스포츠 발달

개념 다지기

정답과 해설 • 29쪽

01 괄호 안의 내용 중 알맞은 말에 ○표 하시오.

(1) (지진, 화산 활동)은 기온을 하강시키고, 항공기 운항에 지장을 준다.

(2) (홍수, 가뭄)은(는) 물 부족을 해소하고 토양의 비옥도를 높여준다.

(3) (열대 저기압, 지진 해일)은 무더위를 식혀 주고 지구의 열 균형을 유지시킨다.

(4) (폭설, 한파)은(는) 피해를 주지만 해당 지역에 축제나 동계 스포츠를 발달시키기도 한다.

02 빈칸에 알맞은 말을 쓰시오.

(1) 화산 활동이 활발한 지역에서는 (　　　) 발전을 통해 전력을 생산한다.

(2) 해저에서 (　　　)이(가) 발생할 경우 대규모 파도가 일어나 해안 지대에 큰 피해를 준다.

(3) 홍수는 한꺼번에 많은 물을 공급하여 (　　　)을(를) 해소하기도 한다.

(4) 열대 저기압은 바닷물을 순환시켜 (　　　)을(를) 완화시켜주기도 한다.

03 다음 내용과 관계 깊은 자연 현상을 쓰시오.

> 이집트는 나일강이 주기적으로 범람하면서 상류로부터 많은 퇴적물을 공급받아 하천 주변에 비옥한 평야를 형성하고 일찍부터 문명이 발달할 수 있었다.

04 〈보기〉의 내용을 (가), (나)의 기준에 따라 구분하시오.

보기
ㄱ. 지구의 열적 균형 유지
ㄴ. 무더위 해소 및 가뭄 해결
ㄷ. 광물 자원 채굴을 통한 경제적 이익
ㄹ. 토양을 비옥하게 하여 농업 활동에 유리

(가) 화산 활동의 긍정적 영향 .... (　　　)

(나) 열대 저기압의 긍정적 영향 .... (　　　)

05 자연재해와 그 피해를 바르게 연결하시오.

(1) 지진 •		• ㉠ 농경지 및 시설물 매립, 햇빛 차단
(2) 화산 활동 •		• ㉡ 농작물 피해, 식수 부족, 산불 발생
(3) 가뭄 •		• ㉢ 해안 저지대 침수, 강풍으로 시설물 파괴
(4) 열대 저기압 •		• ㉣ 시설물 붕괴, 산사태, 전기 누전 및 화재

06 다음 설명이 맞으면 ○표, 틀리면 ×표 하시오.

(1) 지진은 긴 시간 동안 좁은 지역에 걸쳐서 피해를 발생시킨다. .... (　　　)

(2) 화산 주변의 온천과 지형 경관은 해당 지역의 관광 산업을 발달시킨다. .... (　　　)

(3) 가뭄이 지속될 경우 식량 및 물 부족으로 인한 난민이 발생하기도 한다. .... (　　　)

(4) 지진 해일은 강한 바람과 집중 호우를 동반하며, 시설물 파괴와 홍수 등을 유발하기도 한다. .... (　　　)

(5) 홍수가 지속될 경우 농작물에 피해를 주고 산불 발생 위험성이 커진다. .... (　　　)

07 밑줄 친 부분을 바르게 고쳐 쓰시오.

(1) 화산 활동으로 화산재가 분출하면 햇빛이 차단되어 기온이 <u>상승하게</u> 된다. .... (　　　)

(2) 일본과 아이슬란드에서는 땅속의 열에너지를 이용한 <u>화력 발전</u>을 통해 전기를 생산한다. .... (　　　)

(3) <u>가뭄</u>이 반복적으로 발생할 경우 토양에 물과 영양분을 공급하여 땅이 비옥해진다. .... (　　　)

(4) <u>지진 해일</u>은 가뭄 및 적조 현상을 완화해주는 긍정적인 효과가 있다. .... (　　　)

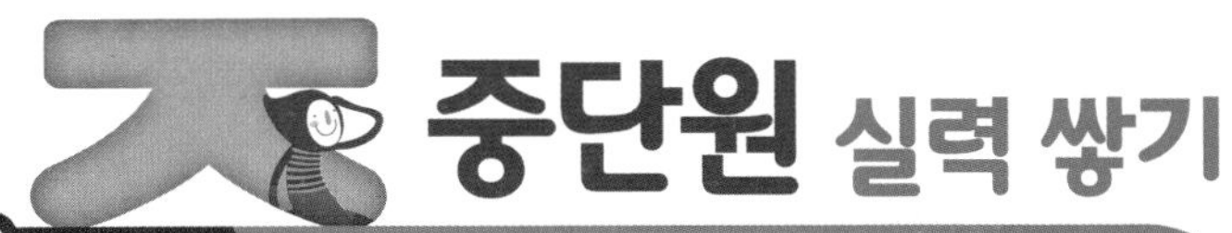

중단원 실력 쌓기

정답과 해설 • 29쪽

01 사진과 같은 현상을 일으키는 자연재해에 대한 설명으로 옳지 않은 것은?

① 산사태를 일으키기도 한다.
② 발생 시기를 예측하기가 쉽지 않다.
③ 오랜 시간에 걸쳐 좁은 지역에 피해를 입힌다.
④ 해저에서 발생할 경우 해일 피해를 유발하기도 한다.
⑤ 수도, 전기, 통신망 등이 파괴되어 피해가 커질 수 있다.

02 수업 중 선생님의 질문에 대한 학생의 대답으로 옳지 않은 것은?

일본, 필리핀, 칠레 등은 환태평양 조산대 부근에 위치하고 있어 지진이 자주 일어납니다. 지진은 우리 생활에 어떤 영향을 미치게 될까요?

① 쓰나미와 산사태를 동반할 수 있습니다.
② 전기가 누전되어 화재가 발생하기도 합니다.
③ 댐이나 제방이 무너져 홍수가 발생하기도 합니다.
④ 가옥과 시설물이 무너져 인명 피해가 나타나기도 합니다.
⑤ 용수가 부족해져 농업 활동에 어려움을 겪기도 합니다.

03 다음과 같은 자연재해가 인간에게 주는 피해로 옳은 것을 <보기>에서 고른 것은?

> 땅속의 마그마가 지각의 약한 부분을 뚫고 나와서 분출하는 현상

보기

ㄱ. 화산 분출물로 농경지와 시설물이 매립된다.
ㄴ. 집중 호우로 인해 홍수 위험성이 커지게 된다.
ㄷ. 시야를 흐리게 해 항공기 운항에 지장을 준다.
ㄹ. 화산재 분출로 인한 온실 효과로 기온이 상승한다.

① ㄱ, ㄴ ② ㄱ, ㄷ ③ ㄴ, ㄷ
④ ㄴ, ㄹ ⑤ ㄷ, ㄹ

중요

04 다음 글의 밑줄 친 부분에 대한 예로 옳지 않은 것은?

> 화산 활동이 자주 발생하는 지역은 위험한 지역임에도 불구하고 많은 사람이 거주하고 있다. 미국 지질 조사소에 의하면 화산의 위험을 안고 살아가는 인구는 약 5억 명에 이를 정도라고 한다. 화산 활동은 피해를 주기도 하지만 이를 활용하여 얻을 수 있는 혜택이 많기 때문이다.

① 유황 등의 광물 자원을 채굴하기도 한다.
② 지구의 열적 균형을 유지시켜 줄 수 있다.
③ 지열을 이용해 난방용 전기를 생산할 수 있다.
④ 독특한 지형 경관을 이용해 관광 산업이 발달한다.
⑤ 화산재로 비옥한 토양이 형성되어 농업에 유리하다.

05 시안이가 사회 수행 평가를 위해 수집한 사진 자료를 나타낸 것이다. 수행 평가의 주제로 가장 적절한 것은?

◈ 주제 : ____________________

◈ 관련 사진 자료

① 지진이 인간 생활에 미치는 피해
② 기후 변화에 의한 자연재해의 영향
③ 화산 활동에 적응하는 주민들의 생활 모습
④ 인간의 무분별한 개발로 인한 자연환경 훼손
⑤ 열대 저기압이 인간 생활에 주는 긍정적인 영향

06 수업 중 선생님의 설명을 듣고 자연재해가 주는 피해를 필기한 내용이다. 빈칸 ㉠, ㉡에 들어갈 자연재해의 종류를 바르게 연결한 것은?

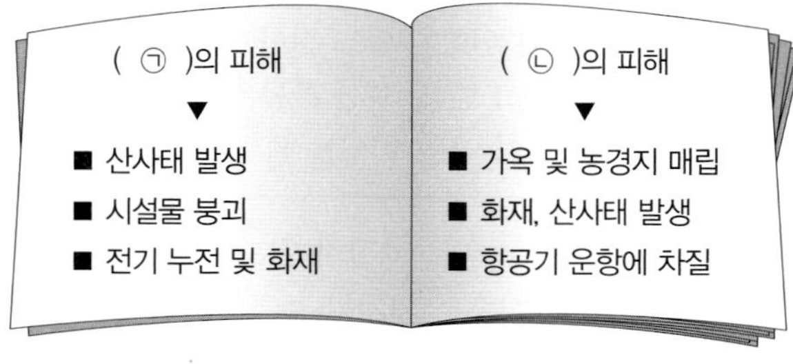

	(가)	(나)		(가)	(나)
①	지진	화산 활동	②	지진	열대 저기압
③	가뭄	홍수	④	지진 해일	가뭄
⑤	화산 활동	지진			

07 사진 속 자연 현상이 인간에게 미치는 영향으로 옳은 것을 〈보기〉에서 고른 것은?

보기
ㄱ. 물 부족 문제를 해결할 수 있다.
ㄴ. 산불 발생 위험성이 커질 수 있다.
ㄷ. 양분이 공급되어 토양 비옥도가 높아질 수 있다.
ㄹ. 지하수가 고갈되어 농업 활동이 어려워질 수 있다.

① ㄱ, ㄴ ② ㄱ, ㄷ ③ ㄴ, ㄷ
④ ㄴ, ㄹ ⑤ ㄷ, ㄹ

08 다음 글의 빈칸에 들어갈 내용으로 옳은 것은?

큰 강 유역은 예로부터 고대 문명의 발상지였고 현재도 많은 인구가 밀집되어 있다. 과거 이집트의 나일강 유역에도 많은 사람들이 모여 살았고 일찍부터 농경과 문명이 발달할 수 있었다. 그 이유는 ________________ .

① 큰 강이 여름철 무더위를 식혀주었기 때문이다.
② 강이 지구의 열적 균형을 유지시켜 주었기 때문이다.
③ 홍수와 가뭄이 반복적으로 나타나 지하수가 풍부했기 때문이다.
④ 강이 범람하면서 퇴적물을 공급해 토양이 비옥해졌기 때문이다.
⑤ 강 주변에 지하자원이 풍부하여 일찍부터 공업에 유리했기 때문이다.

중요
09 지도에 표시된 지역에서 발생하는 자연재해에 대한 옳은 설명을 〈보기〉에서 고른 것은?

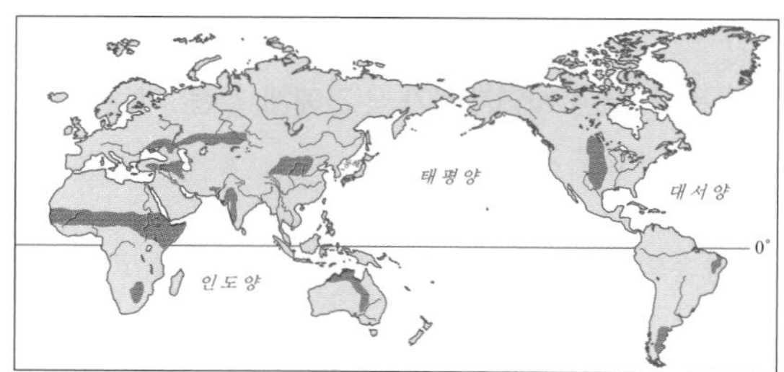

보기
ㄱ. 산사태가 일어나기도 한다.
ㄴ. 물과 영양분을 공급해 토양 비옥도를 높여준다.
ㄷ. 농작물에 피해를 주고, 산불의 위험성을 높인다.
ㄹ. 식량과 물 부족으로 인해 난민이 발생하기도 한다.

① ㄱ, ㄴ ② ㄱ, ㄷ ③ ㄴ, ㄷ
④ ㄴ, ㄹ ⑤ ㄷ, ㄹ

중요

10 위성 사진이 나타내는 자연 현상의 긍정적인 영향을 〈보기〉에서 고른 것은?

보기
ㄱ. 적조 현상을 완화한다.
ㄴ. 산성 토양을 중화시켜 준다.
ㄷ. 중위도 지역의 냉해를 감소시킨다.
ㄹ. 많은 비를 동반해 가뭄을 해소한다.

① ㄱ, ㄴ ② ㄱ, ㄹ ③ ㄴ, ㄷ
④ ㄴ, ㄹ ⑤ ㄷ, ㄹ

11 폭설이 자주 발생하는 지역에 대한 설명으로 옳지 않은 것은?

① 교통 대란이 일어나기도 한다.
② 토양이 비옥해 농업 활동에 유리하다.
③ 캐나다 로키산맥 주변이 대표적인 지역이다.
④ 가옥이나 건축물이 붕괴되어 인명 피해가 나타난다.
⑤ 눈을 이용한 축제와 동계 스포츠가 발달하기도 한다.

12 지도는 어떤 자연 현상의 발생지와 이동 경로를 나타낸 것이다. 이 자연 현상에 의한 피해로 옳은 것만을 〈보기〉에서 있는 대로 고른 것은?

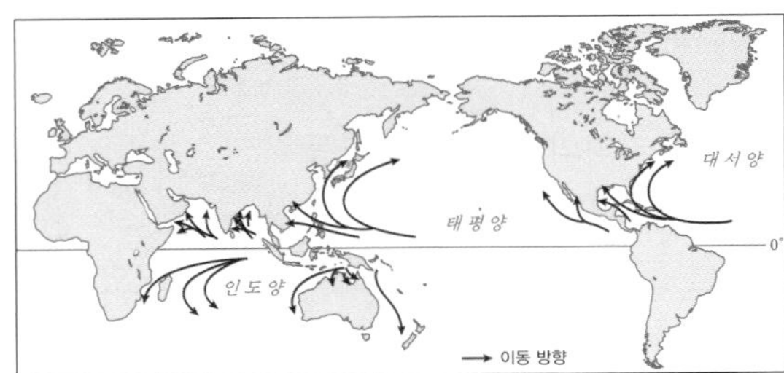

보기
ㄱ. 가뭄이 심화된다.
ㄴ. 폭우로 홍수 피해를 동반할 수 있다.
ㄷ. 강풍으로 시설물 파괴가 나타날 수 있다.
ㄹ. 해저 지진을 일으켜 항만과 선박을 파괴한다.

① ㄱ, ㄴ ② ㄴ, ㄷ ③ ㄷ, ㄹ
④ ㄱ, ㄴ, ㄹ ⑤ ㄴ, ㄷ, ㄹ

서술형·논술형

서술형

01 다음 글의 밑줄 친 부분에 해당하는 사례를 두 가지만 서술하시오.

화산 활동이 자주 발생하는 지역은 위험한 지역임에도 불구하고 <u>화산 활동의 유리한 점을 이용해 얻을 수 있는 이익</u>이 있기 때문에 많은 사람이 살고 있다.

논술형

02 (가)에서 밑줄 친 ㉠의 내용을 구체적으로 쓰고, (나)를 참고하여 ㉡에 해당하는 내용을 고대 이집트 문명의 형성과 관련하여 300자 이내로 논술하시오.

(가) 홍수는 자주 발생하는 자연재해 중 하나이다. 홍수가 발생하면 큰 ㉠ <u>피해</u>가 발생하지만 이를 잘 통제하기만 한다면 ㉡ <u>인간 생활에 좋은 영향</u>을 주기도 한다. 따라서 주기적으로 범람이 발생하는 큰 강 유역에는 현재도 많은 인구가 밀집해 있다.

(나) 이집트 나일강변의 계단을 내려가면 나일강의 수위를 측정하여 주기적으로 발생하는 홍수를 예측하는데 사용하는 시설인 나일로미터를 볼 수 있다.

자연재해 대응 방안

출제 포인트
- 인간 활동으로 인한 홍수와 사막화의 피해 증가
- 각 자연재해의 대응 방안

✚ 포장 면적 증가
시가지가 확대되면서 건물과 도로가 건설되고 지표면이 흙이 아닌 콘크리트, 아스팔트 등으로 포장되는 면적이 증가하게 된다.

✚ 곡류 하천의 직선화
굽이굽이 흐르는 하천을 곧게 만들면서 물이 빠르게 하류에 도달하여 하류 지역에서 급격하게 불어난 물로 홍수가 발생한다.

✚ 뉴올리언스의 홍수 피해
미국 뉴올리언스는 도시 대부분이 평균 해수면보다 낮아 홍수 피해가 자주 발생한다. 이 지역에 큰 피해가 생기는 이유는 미시시피강과 주변의 호수보다 낮은 지역에 제방을 쌓고 도시를 만들었기 때문이다.

✚ 사막화
사막 주변의 초원 지대가 황폐한 땅으로 변하는 현상이다.

✚ 사막화의 진행 과정

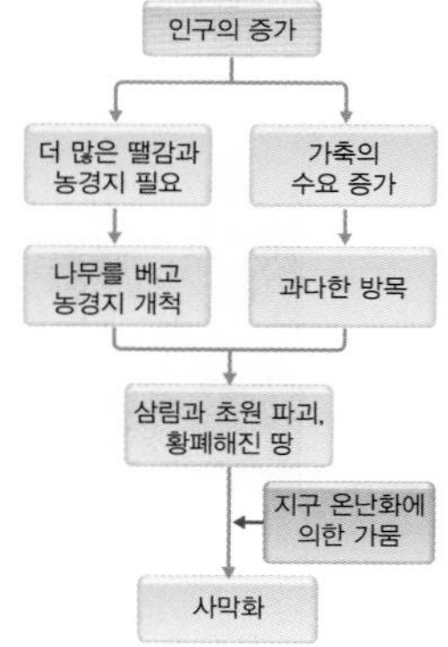

✚ 사막화 방지 협약
심각한 사막화 문제를 겪고 있는 개발 도상국을 경제적·기술적으로 지원하기 위해 만들어진 국제 협약으로 1994년 제49차 유엔 총회에서 채택되었다.

1 인간 활동과 자연재해

→ 산업화, 도시화 등에서 오는 인위적인 환경 변화는 자연환경의 균형을 파괴하여 자연재해의 피해를 증가시키는 경향이 있다.

(1) 인간 활동과 홍수

① 원인
- 인구 증가로 인한 무분별한 산지 및 도시 개발 → 삼림 면적 감소, 포장 면적 증가
- 하천 변에 도로 및 각종 시설 개발
- 곡류 하천의 직선화
- 산업화에 따른 온실가스 증가로 지구 온난화 심화

② 결과 : 인간 활동에 의해 홍수 발생 횟수 및 피해 규모가 증가하는 경우가 많음

집중 탐구 삼림 지역과 도시 지역의 빗물 흡수 능력 비교

삼림 지역이 넓게 형성되어 있는 경우 많은 비가 내리더라도 빗물이 하천으로 바로 유입되지 않고 많은 양이 토양으로 스며들어 홍수의 위험성이 낮다.

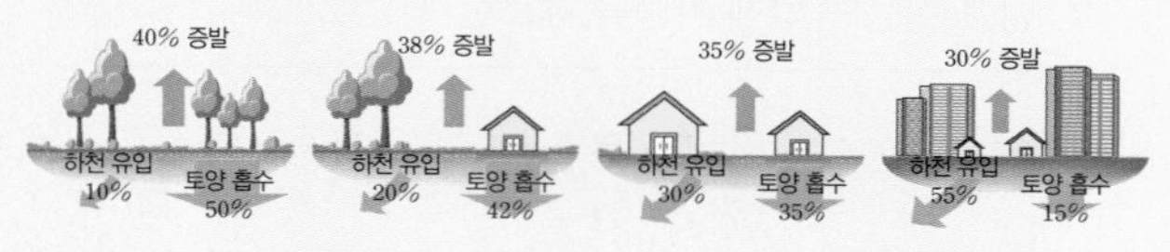

반면 시멘트나 아스팔트로 덮인 지역은 빗물이 토양으로 잘 스며들지 못하고 대부분 하천으로 유입되기 때문에 홍수의 발생 가능성이 높다.

(2) 인간 활동과 사막화

→ 건조 기후 지역과 그 주변 지역에 해당

① 발생 지역 : 아프리카 사헬 지대, 중국 내륙 지역, 북아메리카 대륙 서부 지역 등

② 원인 : 과도한 농경지 개발 및 가축 방목, 무분별한 삼림 벌채, 지나친 지하수 개발로 인한 관개 농업 증가 등 → 자연적 원인 : 지구 온난화로 인한 이상 기후로 오랫동안 가뭄이 지속되고 있다.

사헬 지대 / 인도양 / 태평양 / 대서양 / 0° / 사막 / 사막화 위험 지역 / 0 3,000 km (필립스 세계 지도, 2014)

▲ 사막화 피해 지역의 분포
→ 전 세계 육지 면적의 약 40%에 이르는 지역에서 사막화가 진행되고 있다.

③ 결과 : 최근 인간 활동으로 피해 범위가 확대

④ 대책
- 사막화 방지 협약 체결 및 지원, 사막화 지역의 난민 구호 활동
- 나무 심기 운동을 통한 녹지 면적 확대, 무분별한 방목 규제 등

Q&A

Q 아랄해의 호수 면적은 왜 줄어들고 있을까요?

A 아랄해는 세계에서 네 번째로 큰 호수입니다. 그러나 아랄해로 흘러 들어가는 강물을 과도하게 농업 용수로 사용하면서 호수의 면적이 크게 줄고 주변 지역에도 사막이 확대되고 있습니다.

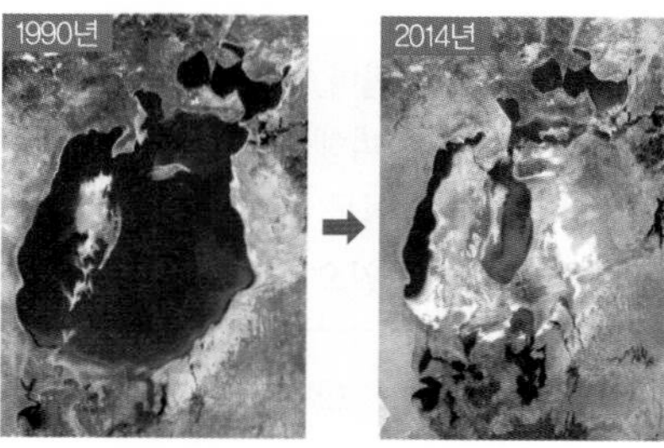

2 자연재해의 대응 방안

(1) 지각 변동에 의한 자연재해 대응

① 지진

- 건물을 지을 때 내진 설계 의무화
- 정밀한 예보 체계 구축
- 주기적인 대피 훈련 실시 및 복구 체계 마련
- 지진 해일 관측과 경보 전파 체계 구축 및 대피 안내 표지판 설치

② 화산 활동

- 지속적인 화산 관측 → 무인 관측소를 설치해 화산 활동을 감시하는 곳도 있다.
- 용암이 거주 지역을 덮치지 않도록 인공 벽이나 인공 하천 건설

(2) 기후와 관련된 자연재해 대응

① 홍수

- 녹색 댐(숲) 조성 → 홍수 조절 기능, 가뭄 완화 기능, 수질 정화 기능, 산사태 예방 등의 효과가 있다.
- 다목적 댐이나 제방 건설 및 배수 시설 정비 → 사방 댐을 설치할 경우 토사의 유출을 차단하는 기능을 하여 산사태나 홍수의 피해를 줄여준다.
- 하천변에 홍수터 조성, 저류 시설 마련
  → 유수지, 저수지 등은 홍수를 예방하기 위해 만든 시설에 해당한다.

집중 탐구 **라인강 옛 물길 복원 사업**

라인강은 기존에 강가에 세웠던 제방을 더 바깥쪽으로 옮겨 홍수가 났을 때 필요한 침수 면적을 확보할 수 있도록 하천 주변의 땅을 비워 두었다. 또한 증가하는 홍수 피해로 생태 하천 복원 사업이 추진되었고, 비가 많이 내릴 때 주변 습지로 강물이 스며들 수 있게 옛 물길을 복원했다.

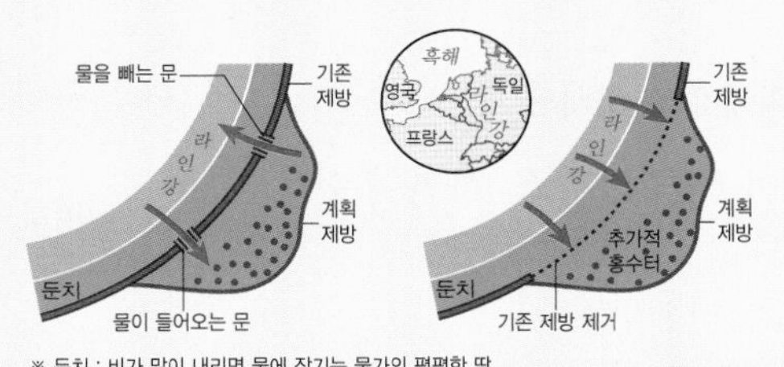

※ 둔치 : 비가 많이 내리면 물에 잠기는 물가의 평평한 땅

② 가뭄 : 녹색 댐(숲) 조성, 다목적 댐 건설 및 저수 시설 마련, 지하수 개발, 해수 담수화 시설 구축, 물 절약 및 물 보존 방안 마련 등

③ 열대 저기압

- 발생 시기와 이동 경로, 영향권 등 정확한 예보 체계 구축
- 풍수해를 대비한 제방이나 시설물 점검 및 관리
- 외출 자제 및 주민 대피 체계 마련
- 습지(갯벌이나 늪지) 보존

(3) 생활 수준에 따른 자연재해 대응

① 자연재해 발생 지역의 사회·경제적 상황에 따라 피해 정도가 달라짐

② 생활 수준이 높은 지역 : 일반적으로 피해가 작음 → 자연재해의 피해를 줄이기 위한 철저한 대비 훈련 실시, 많은 비용을 들여 피해 방지 대책 마련, 각종 대비 시설 및 의료시설 구축을 위한 노력

③ 생활 수준이 낮은 지역 : 일반적으로 피해가 큼 → 경제적 어려움으로 인한 대비 체계 미흡

+ 내진 설계

지진으로 인한 건물의 흔들림과 충격을 줄여 건물의 붕괴를 막을 수 있도록 하는 설계이다.

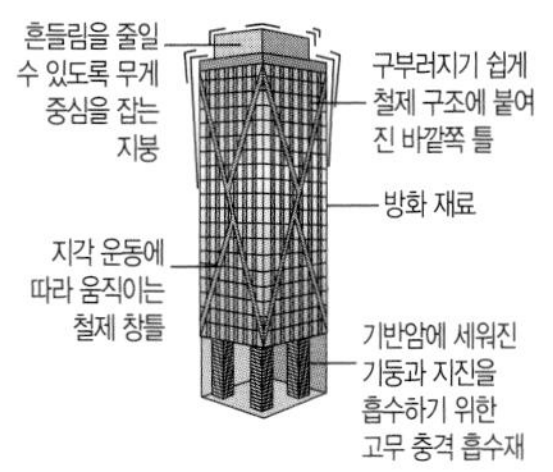

+ 지진에 대비한 일본의 가옥

전통적으로 단층의 목조 가옥 형태였으며, 현대식 고층 건물의 경우에도 난간을 합판으로 막아 놓아 지진으로 불이 났을 때 옆집으로 쉽게 피할 수 있도록 하였다.

+ 녹색 댐

숲이 빗물을 흡수하였다가 서서히 흘려보내 홍수와 가뭄을 조절해 주어 마치 인공 댐과 같은 역할을 한다 하여 붙여진 이름이다.

+ 저류 시설

홍수에 대비해 일시적으로 물을 가두어 놓는 역할을 하는 시설을 말한다. 비가 많이 올 때 도시의 홍수 피해를 줄이기 위해 지하에 빗물을 저장하는 빗물 저장 탱크가 대표적인 예이다.

+ 두 나라의 지진 피해 비교

칠레	구분	아이티
2010년 2월 27일	발생일	2010년 1월 12일
8.8	지진 규모	7.0
700명	사망자	22만 명
1만 3,331 달러	1인당 국내 총생산(GDP)	830달러
의무화	내진 설계	규정 없음
주기적 실시	대비 교육	대비 교육 미흡

칠레는 지진 대비를 철저히 해왔으나, 아이티는 경제적·정치적 불안정으로 지진 대비 체계가 미흡하여 많은 인명 피해가 발생했다.

개념 다지기

정답과 해설 • 30쪽

01 빈칸에 알맞은 말을 쓰시오.

(1) 무분별한 도시 개발로 인해 삼림 면적은 감소하고, (   )은(는) 증가하고 있다.
(2) 사막 주변의 초원 지대가 황폐한 땅으로 변하는 현상을 (   )(이)라고 한다.
(3) 아프리카 사하라사막 남쪽의 (   )은(는) 토지가 황폐해지는 현상이 빠르게 진행되고 있다.
(4) 지진의 피해를 줄이기 위한 건축 설계 방식을 (   )(이)라고 한다.
(5) (   )의 피해를 줄이기 위해 배수 시설을 정비하는 한편, 저류 시설을 마련해야 한다.

02 다음이 설명하는 단어를 쓰시오.

> 숲이 빗물을 흡수하였다가 서서히 흘려보내 홍수와 가뭄을 조절해 주어 마치 인공 댐과 같은 역할을 한다 하여 붙여진 이름이다.

03 괄호 안의 내용 중 알맞은 말에 ○표 하시오.

(1) 도시화로 인해 녹지 면적이 (증가, 감소)하면 홍수의 위험성이 높아진다.
(2) 하천 주변의 땅을 (비워두고, 개발하고), (인공 하천, 생태 하천)을 조성하는 것은 홍수의 피해를 줄이기 위한 방안이다.
(3) 아랄해로 유입되는 강물을 과도하게 사용하면서 호수의 면적은 점차 (축소, 확대)되고 있다.
(4) (지진, 화산 활동)의 피해를 막기 위해 인공 벽이나 인공 하천을 건설하기도 한다.
(5) 생활 수준이 (높은, 낮은) 국가는 자연재해의 피해를 줄이기 위한 다양한 대책들을 마련하고 있어 일반적으로 그 피해가 적은 편이다.

04 <보기>의 내용을 (가), (나)의 기준에 따라 구분하시오.

보기
ㄱ. 과도한 농지 개간　　ㄴ. 지나친 지하수 개발
ㄷ. 곡류 하천의 직선화　　ㄹ. 무분별한 하천 유역 개발

(가) 홍수의 원인 ············ (   )
(나) 사막화의 원인 ············ (   )

05 자연재해와 그 대응 방안을 바르게 연결하시오.

(1) 지진 •　　• ㉠ 다목적 댐 및 제방 건설, 숲 조성
(2) 화산 활동 •　　• ㉡ 주기적 대피 훈련, 지진 해일 대피 안내판 설치
(3) 홍수 •　　• ㉢ 용암의 피해를 막기 위해 인공 벽, 인공 하천 건설
(4) 열대 저기압 •　　• ㉣ 풍수해를 대비한 시설물 관리, 정확한 예보 체계 구축

06 다음 설명이 맞으면 ○표, 틀리면 ×표 하시오.

(1) 무분별한 삼림 벌채, 과도한 농경지 개발 등은 사막화에 영향을 미친다. ············ (   )
(2) 뉴올리언스는 녹지 조성을 통해 도시 홍수를 예방하고 있는 대표적인 생태 도시이다. ············ (   )
(3) 도시 홍수를 줄이기 위해서는 습지와 공원 등을 많이 조성해야 한다. ············ (   )
(4) 숲을 가꾸어 녹지 면적을 확대하는 것은 홍수와 가뭄의 피해를 모두 줄일 수 있는 대책이다. ············ (   )

07 다음과 같은 가옥 형태는 어떤 자연재해에 대비하기 위한 것인지 쓰시오.

> 전통적으로 단층의 목조 가옥 형태가 많았으며 현대식 고층 건물의 경우에도 난간을 합판으로 막아 놓아 불이 났을 때 옆집으로 쉽게 피할 수 있도록 하였다.

08 밑줄 친 부분을 바르게 고쳐 쓰시오.

(1) <u>콘크리트와 아스팔트로 덮인 지역</u>은 빗물의 흡수율이 높아 홍수의 발생 가능성이 낮다. ············ (   )
(2) <u>기후 변화 협약</u>은 사막화 문제를 겪고 있는 개발 도상국을 경제적·기술적으로 돕기 위해 체결했다. ············ (   )
(3) 열대 저기압의 피해를 줄이기 위해 습지를 <u>개간하는</u> 것이 바람직하다. ············ (   )

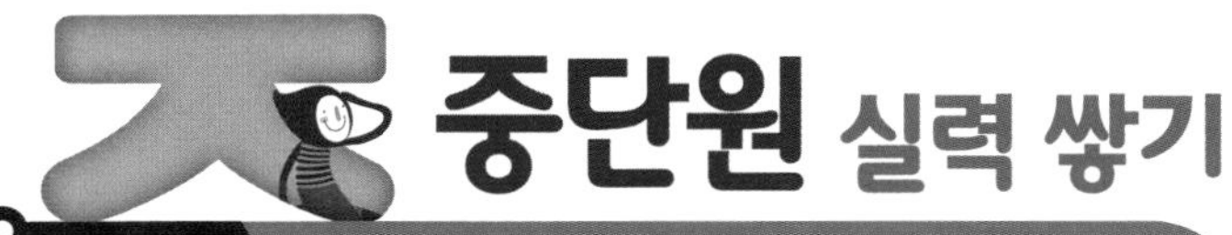

정답과 해설 • 31쪽

01 교사의 질문에 대한 옳은 대답을 〈보기〉에서 고른 것은?

홍수는 인간의 활동에 의해서 그 피해가 점차 커지고 있습니다. 그 이유는 무엇일까요?

보기
ㄱ. 곡류하던 하천을 곧게 만들었기 때문이다.
ㄴ. 홍수터나 저류 시설을 조성하였기 때문이다.
ㄷ. 무분별한 도시 개발로 숲이 사라졌기 때문이다.
ㄹ. 콘크리트, 아스팔트로 포장된 면적이 줄었기 때문이다.

① ㄱ, ㄴ ② ㄱ, ㄷ ③ ㄴ, ㄷ
④ ㄴ, ㄹ ⑤ ㄷ, ㄹ

중요
02 삼림과 도시의 빗물 흡수 능력을 비교한 그림이다. 이를 보고 해석한 내용으로 옳은 것은?

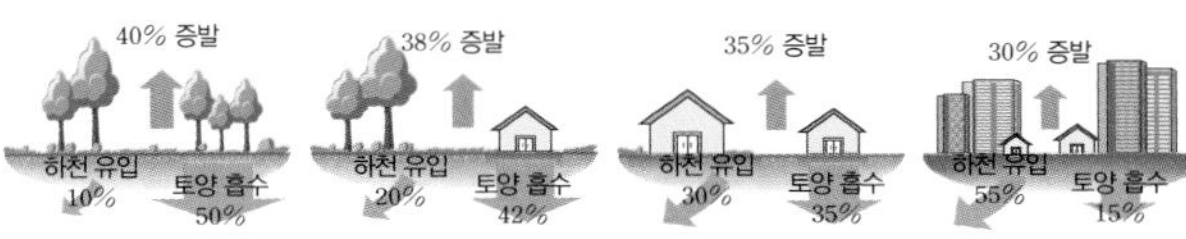

① 삼림 지역은 빗물을 저장하는 역할을 한다.
② 도시 지역에 내리는 비는 대부분 토양에 흡수된다.
③ 도시화가 될수록 자연의 홍수 조절 능력이 높아지게 된다.
④ 삼림 지역에 내리는 비는 상당 부분이 하천으로 유입된다.
⑤ 도시 지역은 빗물이 하천으로 빠르게 흘러나가 홍수 위험성이 낮다.

03 다음과 같은 인간의 활동이 자연에 미치는 영향으로 옳은 것을 〈보기〉에서 고른 것은?

• 무분별한 습지 개간 • 곡류 하천의 직선화
• 하천 변에 건물과 도로의 건설

보기
ㄱ. 하천의 유량 조절 기능이 강화된다.
ㄴ. 홍수나 산사태의 위험성이 감소한다.
ㄷ. 빗물이 지표로 흡수되는 능력이 떨어진다.
ㄹ. 하류 지역에 홍수가 도달하는 시간이 빨라진다.

① ㄱ, ㄴ ② ㄱ, ㄷ ③ ㄴ, ㄷ
④ ㄴ, ㄹ ⑤ ㄷ, ㄹ

04 다음 글을 읽고 해석한 내용으로 옳은 것은?

미국 뉴올리언스는 도시 대부분의 지역이 평균 해수면보다 낮아 크고 작은 홍수 피해가 자주 발생한다. 미시시피강과 주변의 호수보다 낮은 지역에 제방을 쌓고 습지를 개간해 도시를 만들었기 때문이다. 또한 무분별한 지하수 개발로 지반이 낮아진 것도 원인이었다. 그 결과 2005년 허리케인 '카트리나'가 통과하면서 도시 지역의 대부분이 물에 잠기는 엄청난 피해를 겪었다.

① 제방의 건설을 통해 홍수의 피해를 줄일 수 있다.
② 허리케인이 통과하는 지역은 인간이 거주할 수 없다.
③ 해수면보다 낮은 지형은 홍수의 예방에 도움이 된다.
④ 인간의 지나친 개발로 인해 자연재해의 피해가 커졌다.
⑤ 도시의 확대보다 기후적 요인이 피해에 더 크게 작용했다.

[05~06] 다음 지도는 어떤 자연재해의 발생 정도를 나타낸 것이다. 각 물음에 답하시오.

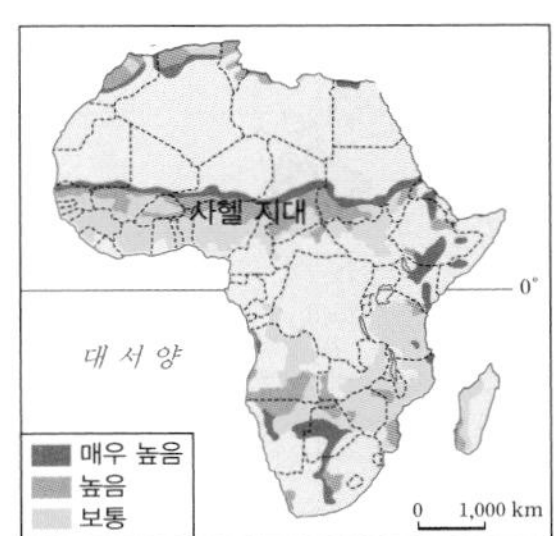

05 지도에 표시된 지역에서 발생하고 있는 문제점으로 옳은 것은?

① 도시 홍수가 자주 발생한다.
② 열대 저기압으로 인한 풍수해가 나타난다.
③ 초원 지대가 황폐해지는 현상이 발생한다.
④ 토네이도가 자주 발생해 인명 피해가 크다.
⑤ 지진 해일로 해안 저지대가 자주 침수된다.

중요
06 지도에 표시된 지역에서 심각하게 나타나는 자연재해의 원인으로 옳지 않은 것은?

① 과도한 가축 방목 ② 지나친 농경지 확대
③ 무분별한 삼림 벌채 ④ 오랫동안 지속된 가뭄
⑤ 산업화로 인한 공업 지역 확대

07 다음과 같은 과정을 통해서 발생하게 되는 자연재해가 인간에게 미치는 피해로 옳은 것을 〈보기〉에서 고른 것은?

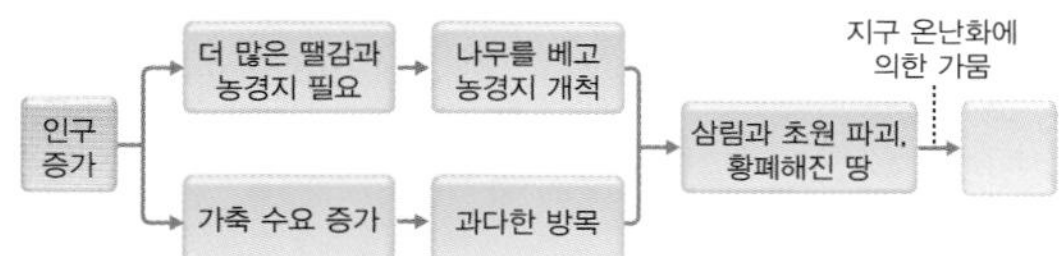

〈보기〉
ㄱ. 곡물 수확량이 감소하게 된다.
ㄴ. 집중 호우로 인한 재산 피해가 증가한다.
ㄷ. 잦은 침수로 인해 질병 발생이 증가한다.
ㄹ. 식량 및 물 부족으로 인한 난민이 발생한다.

① ㄱ, ㄴ ② ㄱ, ㄹ ③ ㄴ, ㄷ
④ ㄴ, ㄹ ⑤ ㄷ, ㄹ

중요

08 지도에 표시된 지역에서 발생하고 있는 문제를 해결하기 위한 노력으로 옳은 것을 〈보기〉에서 고른 것은?

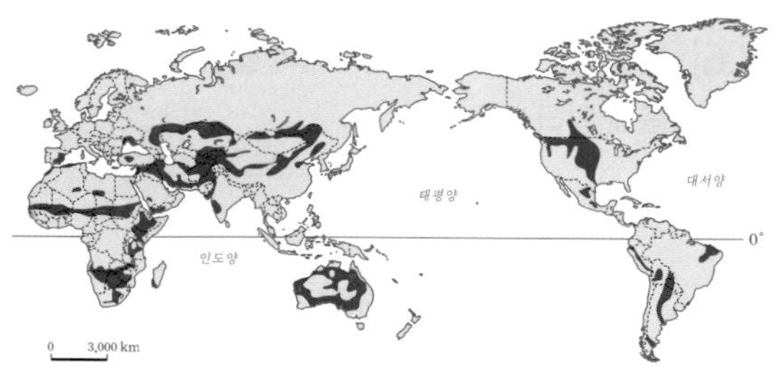

〈보기〉
ㄱ. 방목지와 농경지를 개간한다.
ㄴ. 나무 심기를 통해 녹지 면적을 넓힌다.
ㄷ. 국제적 차원의 협약을 체결해 지원한다.
ㄹ. 지하수를 개발해 관개 농업을 확대한다.

① ㄱ, ㄴ ② ㄱ, ㄷ ③ ㄴ, ㄷ
④ ㄴ, ㄹ ⑤ ㄷ, ㄹ

09 사막화에 대한 설명으로 옳지 않은 것은?

① 삼림의 파괴는 사막화를 가속화시킨다.
② 인구 증가로 인한 농경지 확장은 피해를 키울 수 있다.
③ 중국 내륙, 북아메리카 대륙 서부에서 진행되고 있다.
④ 최근에는 인간의 활동보다 자연적 요인이 더 큰 영향을 미치고 있다.
⑤ 사막화 방지 협약을 통해 피해 국가들을 기술적·재정적으로 지원하고 있다.

10 수업 중에 선생님의 설명을 듣고 학생이 필기한 내용이다. 잘못 정리한 부분을 고른 것은?

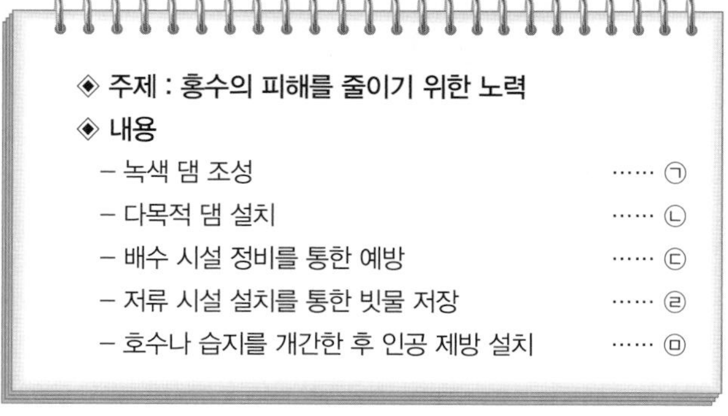

◈ 주제 : 홍수의 피해를 줄이기 위한 노력
◈ 내용
– 녹색 댐 조성 …… ㉠
– 다목적 댐 설치 …… ㉡
– 배수 시설 정비를 통한 예방 …… ㉢
– 저류 시설 설치를 통한 빗물 저장 …… ㉣
– 호수나 습지를 개간한 후 인공 제방 설치 …… ㉤

① ㉠ ② ㉡ ③ ㉢
④ ㉣ ⑤ ㉤

11 다음과 같은 노력을 통해 대비할 수 있는 자연재해로 가장 적절한 것은?

- 저류 시설을 확보한다.
- 도로 포장 시 투수성 재료를 사용한다.
- 토사의 유출을 차단하는 사방댐을 건설한다.

① 폭설 ② 지진 ③ 홍수
④ 사막화 ⑤ 화산 활동

12 수업 중 교사의 질문에 대해 학생들이 대답한 내용이다. 이를 통해 대비할 수 있는 자연재해로 옳은 것은?

① 가뭄 ② 황사 ③ 지진 해일
④ 화산 활동 ⑤ 열대 저기압

13 사진 속 자연재해의 생활 속 대처 요령으로 옳지 않은 것은?

① 라디오를 통해 대피 정보를 주의 깊게 청취한다.
② 단수, 절전 등에 대비하여 손전등, 음료 등을 준비한다.
③ 해안 지대에서는 지대가 낮은 곳으로 신속하게 대피한다.
④ 전열 기구를 끄고 가스 밸브를 잠근 후 안전한 곳으로 대피한다.
⑤ 위급 시 낙하할 물건이 없는 곳으로 피하고 단단한 탁자 밑으로 들어간다.

중요

14 다음 국가들에서 자주 발생하는 지형적 요인에 의한 자연재해에 대응하는 주민들의 모습으로 적절하지 않은 것은?

• 일본　• 필리핀　• 인도네시아　• 뉴질랜드

① 건물을 지을 때 내진 설계 방식을 의무화한다.
② 평상시에 대피 훈련을 주기적으로 실시하고 있다.
③ 지진 해일의 관측과 경보 전파 체계를 마련하고 있다.
④ 강풍에 대비해 제방이나 시설물을 점검하고 관리한다.
⑤ 인공 벽이나 인공 하천을 건설하여 용암 피해에 대비한다.

15 두 국가에서 발생한 지진에 대해 비교하여 정리한 표이다. 이에 대한 해석으로 옳은 것을 〈보기〉에서 고른 것은?

칠레	구분	아이티
8.8	지진 규모	7.0
700명	사망자	22만 명
의무화	내진 설계	규정 없음
주기적 실시	대비 교육	대비 교육 미흡

〈보기〉
ㄱ. 지진의 규모가 작을수록 사망자 수는 늘어난다.
ㄴ. 칠레가 평소 지진에 대한 준비를 철저히 해왔다.
ㄷ. 칠레가 아이티에 비해 생활 수준이 더 높을 것이다.
ㄹ. 아이티에서 발생한 지진이 칠레에 비해 강도가 세다.

① ㄱ, ㄴ　② ㄱ, ㄹ　③ ㄴ, ㄷ
④ ㄴ, ㄹ　⑤ ㄷ, ㄹ

서술형·논술형

서술형

01 그림은 일본에서 볼 수 있는 건축 방식과 가옥 구조를 나타낸 것이다. 이러한 특징과 구조가 나타나게 된 원인을 서술하시오.

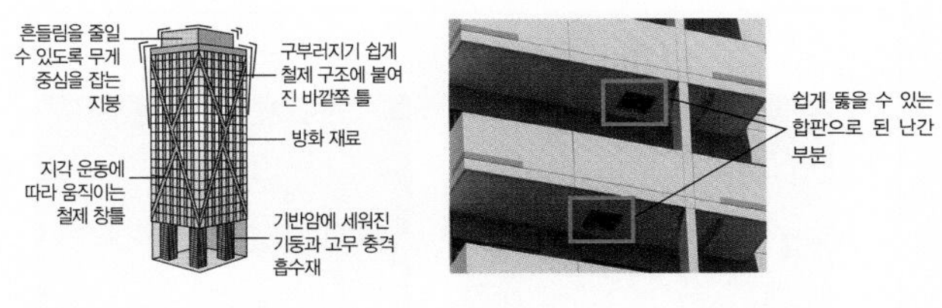

논술형

02 라인강의 옛 물길 복원 사업을 나타낸 자료이다. 라인강의 옛 물길 복원 사업이 주는 시사점에 대해 쓰고, 이와 관련하여 홍수 피해를 막기 위한 적절한 대응책을 200자 이내로 논술하시오.

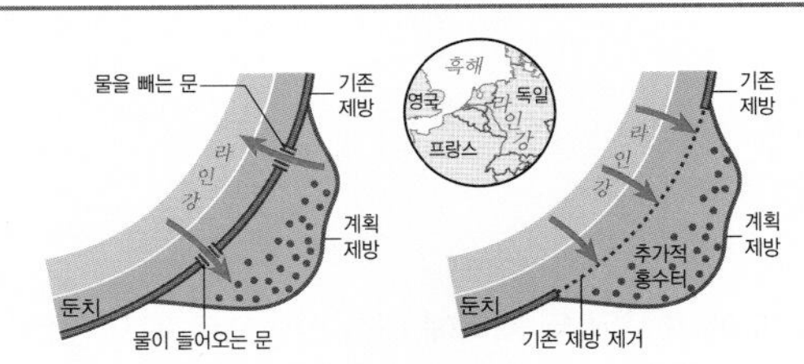

※ 둔치 : 비가 많이 내리면 물에 잠기는 물가의 평평한 땅

독일은 기존에 라인강의 강가에 세웠던 제방을 더 바깥쪽으로 옮겨 홍수가 났을 때 필요한 면적을 확보하고 옛 물길을 복원하는 사업을 실시했다. 또한 생태 하천 복원 사업을 추진하는 과정에서 과도하게 개간된 농경지는 산림, 습지, 초지로 되돌리기도 했다.

대단원 마무리

01 (가)~(라) 중 기후적 요인에 의한 자연재해를 연결한 것으로 옳은 것은?

① (가), (나) ② (가), (다) ③ (나), (다)
④ (나), (라) ⑤ (다), (라)

02 지도에 표시된 두 지역에 대한 설명으로 옳지 않은 것은?

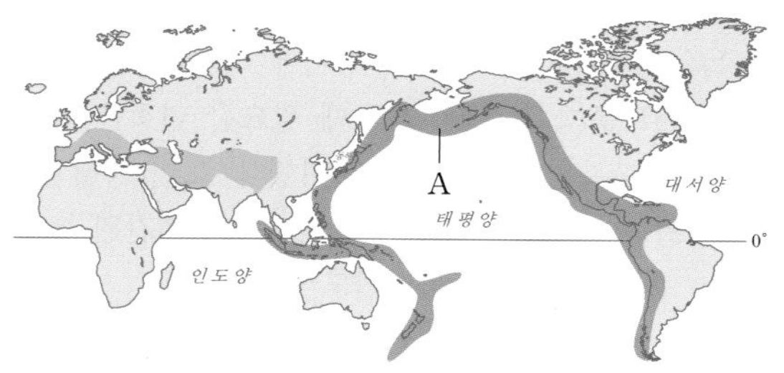

① 조산 운동이 활발하게 발생한다.
② A는 '불의 고리'로 불리며, 지각이 불안정하다.
③ 지각판과 지각판이 충돌하는 경계에 해당한다.
④ 지진 해일이 나타나기도 하며 강풍과 폭우로 인한 피해가 나타난다.
⑤ 지진과 화산 활동 등 지형적 요인에 의한 자연재해가 주로 발생한다.

03 지도에 표시된 지역에서 자주 발생하는 자연재해는?

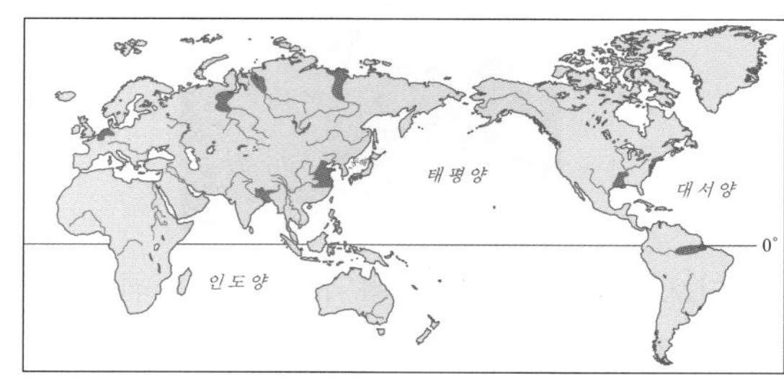

① 가뭄 ② 지진 ③ 홍수
④ 토네이도 ⑤ 열대 저기압

[04~05] 어떤 자연 현상의 발생 지역과 이동 경로를 나타낸 지도이다. 이를 보고 물음에 답하시오.

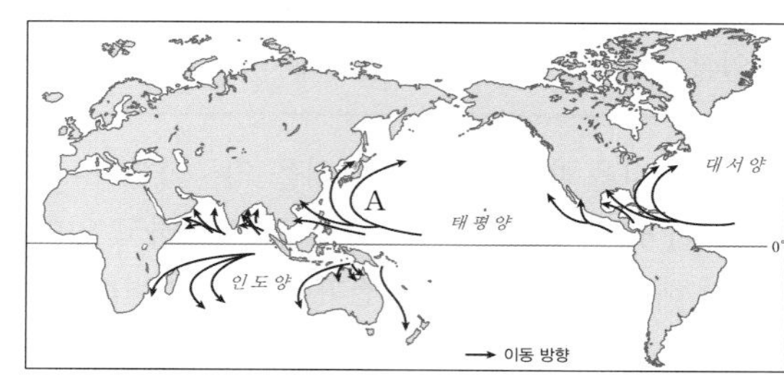

04 지도의 자연 현상과 관련된 재해에 대한 옳은 설명만을 <보기>에서 있는 대로 고른 것은?

보기
ㄱ. A를 태풍이라고 부른다.
ㄴ. 강풍으로 인해 각종 시설물을 파괴하기도 한다.
ㄷ. 저위도보다 고위도 지역에서 피해가 크게 나타난다.
ㄹ. 기후적 요인에 의한 재해로 조산대 부근에서 발생한다.
ㅁ. 지진 해일을 일으켜 저지대에 침수 피해를 주기도 한다.

① ㄱ, ㄴ ② ㄷ, ㅁ ③ ㄱ, ㄴ, ㅁ
④ ㄱ, ㄷ, ㄹ ⑤ ㄴ, ㄹ, ㅁ

서술형

05 지도와 관련된 자연 현상이 인간 생활에 미치는 긍정적인 영향을 두 가지 서술하시오.

06 (가), (나)와 관련된 자연재해에 대한 옳은 설명을 〈보기〉에서 고른 것은?

(가) (나)

〈보기〉
ㄱ. (가)는 생태계 파괴 및 산사태 등의 피해를 가져온다.
ㄴ. (가)가 지속될 경우 식량 및 물 부족으로 인한 난민이 발생할 수 있다.
ㄷ. (나)는 농작물에 피해를 주고 산불의 위험성을 높인다.
ㄹ. (나)는 가뭄을 해소하고 영양분을 공급해 토양을 비옥하게 만들기도 한다.

① ㄱ, ㄴ ② ㄱ, ㄷ ③ ㄴ, ㄷ
④ ㄴ, ㄹ ⑤ ㄷ, ㄹ

07 다음 대화의 빈칸에 들어갈 내용으로 적절하지 않은 것은?

화산 활동이 자주 발생하는 지역은 위험한 지역임에도 불구하고 많은 사람들이 모여살고 있다.
화산 활동이 인간에게 주는 유리한 점이 있기 때문이 아닐까? 예를 들면 ________.

① 뉴질랜드는 독특한 화산 지형과 온천으로 관광 산업이 발달했어.
② 이탈리아에서는 화산재를 이용한 포도 재배가 활발하게 이루어져.
③ 아이슬란드에서는 난방열의 상당 부분을 지열 발전에서 얻고 있어.
④ 인도네시아의 화산 주변 주민들은 유황을 채굴해 소득을 올리기도 해.
⑤ 이집트에서는 비옥한 화산회토를 바탕으로 일찍부터 농경과 문명이 발달했어.

[08~09] 지도는 어떤 자연재해가 발생하는 지역을 표시한 것이다. 이를 보고 물음에 답하시오.

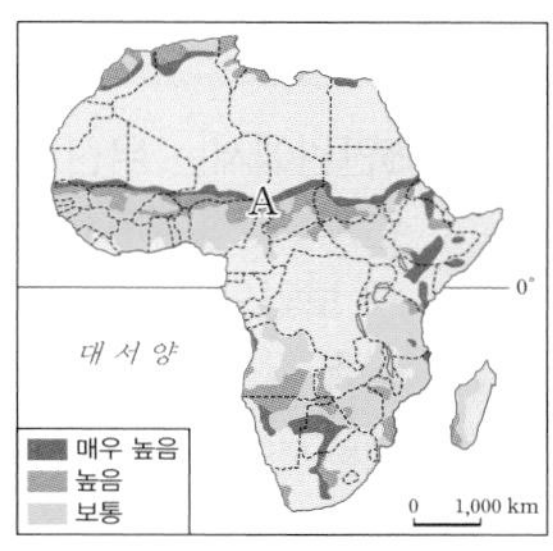

08 A 지역에 대한 옳은 설명만을 〈보기〉에서 있는 대로 고른 것은?

〈보기〉
ㄱ. 과도한 목축이 이루어졌다.
ㄴ. 사헬 지대로 오랫동안 가뭄이 지속되었다.
ㄷ. 초원 지대가 황폐해진 땅으로 변하고 있다.
ㄹ. 식량 증가를 위해 농경지 확대가 필요한 곳이다.
ㅁ. 자연재해의 피해가 일시적으로 나타나며, 그 범위가 좁다.

① ㄱ, ㅁ ② ㄱ, ㄴ, ㄷ ③ ㄴ, ㄷ, ㄹ
④ ㄷ, ㄹ, ㅁ ⑤ ㄱ, ㄴ, ㄷ, ㅁ

| 서술형

09 지도에 표시된 지역에서 나타나고 있는 문제를 해결하기 위한 노력을 두 가지 서술하시오.

10 그림은 어떤 자연재해가 발생했을 때의 대처 요령을 나타낸 것이다. 이와 관련된 자연재해에 주민들이 대응하는 적절한 방법을 〈보기〉에서 고른 것은?

▲ 집안에 있을 경우

▲ 집밖에 있을 경우

▲ 산이나 바다에 있을 경우

〈보기〉
ㄱ. 인공 벽이나 인공 하천을 건설한다.
ㄴ. 건물을 지을 때 내진 설계를 의무화한다.
ㄷ. 갯벌이나 늪지를 개간하지 않고 보존한다.
ㄹ. 평상시에 주기적으로 대피 훈련을 실시한다.

① ㄱ, ㄴ ② ㄱ, ㄷ ③ ㄴ, ㄷ
④ ㄴ, ㄹ ⑤ ㄷ, ㄹ

수행 평가 미리보기

● 선생님의 출제 의도 뉴스 제작을 통해 자연재해와 인간 생활에 대해 이해하기

5단원에서는 우선 자연재해가 빈번하게 발생하는 지역을 찾아보고, 자연재해의 발생 원인을 지리적 위치와 관련지어 확인해 보았습니다. 또한 여러 사례와 자료들을 바탕으로 자연재해가 주민들의 삶에 미친 영향을 탐구해 보았으며, 인간이 자연환경을 극복하는 과정도 확인할 수 있었습니다. 마지막으로 인간과 자연의 긍정적인 상호 작용 속에서 자연재해로 인한 피해를 줄일 수 있는 여러 방법에 대해서도 고민해 보았습니다.

이론적인 내용의 학습을 넘어 실생활 속에서 접하게 되는 여러 자연재해에 대해 관심을 갖고 나의 삶과는 어떤 관계가 있으며, 자연재해로 인한 피해를 줄이기 위한 합리적인 대응 방안을 탐색해보는 것은 중요한 의미가 있습니다. 관련 항목들을 모둠별로 협력하여 탐구하고, 이를 가상의 뉴스로 제작하여 보도해보는 활동을 수행함으로써 자연재해와 인간 생활에 대해 보다 깊이 있는 이해가 가능할 것입니다.

수행 평가 문제

모둠원과 자연재해에 관련된 내용을 탐구한 후, 이를 바탕으로 뉴스를 제작하고 발표해 봅시다.

A. 활동 계획 세우기

1 선택한 자연재해에 대해 사실과 통계 자료를 토대로 핵심 내용을 파악한 후, 뉴스 대본을 작성한다.
2 논리적이면서 정확한 전달이 이루어질 수 있도록 대본을 작성하여 실제 뉴스를 진행하듯이 보도한다.
3 다른 모둠의 발표를 잘 경청하고 내용을 정리하여 자연재해에 대해 종합적으로 이해한다.

B. 활동 단계

1단계 모둠별로 관심 있는 자연재해를 한 가지 선택한다.(단, 모둠별로 협의하여 중복되지 않도록 함)
2단계 선택한 자연재해와 관련된 뉴스 제작을 위해 모둠원 간 역할을 분담한다.
(예 아나운서, 기자, 현지 주민, 전문가 등)
3단계 최근 사례를 바탕으로 발생 지역, 피해 상황, 발생 원인, 대응 방안 등에 대해 조사해 탐구한다.
4단계 각자의 역할에 맞추어 탐구한 내용이 적절하게 포함될 수 있도록 뉴스 대본을 작성한다.
5단계 작성한 대본을 바탕으로 3분 이내의 뉴스를 보도한다.

C. 활동하기

1 관심 있는 자연재해 선택 및 뉴스 제작을 위한 역할 분담

예시)

▣ 우리 모둠이 선택한 자연재해 : 지진
▣ 뉴스 제작을 위한 역할 분담(모든 모둠원에게 역할이 부여되어야 함)

역할	아나운서	기자	현지 주민	전문가
할 일	뉴스 진행, 흐름에 맞게 역할 호명	발생 지역 안내, 발생 원인에 대한 설명	현지 상황 소개	대응 방안 제시

2 선택한 자연재해에 대해 자료 수집 후, 탐구하기(가급적 최근의 사례를 중심으로 조사)

예시)

발생 지역	중국 남서부 쓰촨성 부근
발생 원인	• 알프스 · 히말라야 조산대 부근에 위치 • 인도판과 유라시아판의 경계에서 멀지 않아 판과 판이 부딪히는 과정에서 단층 운동 활발
피해 상황	규모 7.0의 강진 발생, 산사태로 인한 많은 인명 및 재산 피해 발생 (사상자 약 280여 명 발생, 주민 6만 여 명 대피, 가옥 수만 채 붕괴 및 파손, 도로 파손 등)
대응 방안	정밀한 예보 체계 구축, 건물 건축 시 내진 설계 의무화, 주기적인 대피 훈련 실시 및 대피 요령 보급, 국가 단위의 신속한 대응 복구 체계 마련 등

3 뉴스 제작을 위한 대본 작성(단, 3분 이내로 보도가 이루어질 수 있도록 분량 조절

예시)

▣ 뉴스 제목 : 쓰촨성 덮친 강진, 지진 공포에 휩싸인 쓰촨성

▣ 대본 구성 (3분 이내)

[아나운서] : 중국 쓰촨성에서 어제 규모 7.0의 강진이 발생했습니다. 피해가 계속해서 커지고 있다고 하는데요, 김기자 이번 지진 왜 발생하게 된 겁니까?

[기자] : 아시다시피 쓰촨성은 2008년에도 강진으로 엄청난 인명 피해가 발생한 곳입니다. 이곳 쓰촨성은 알프스 · 히말라야 조산대 부근에 위치해 있으며, 인도판과 유라시아판의 경계에서 멀지 않아 판과 판이 충돌하는 과정에서 지진이 자주 발생하는 곳 중 하나입니다.

(중략) … 자세한 피해 상황을 알아보기 위해 현지 연결 …

[현지 주민] : 집 전체가 좌우로 심하게 흔들렸고, 가게에서는 진열된 식료품이 마구 쏟아졌어요. 산이 통째로 흔들리는 듯한 충격을 받았고 잠시 뒤 거리 곳곳은 아수라장이 됐습니다. 주변 마을을 연결하는 아스팔트 도로도 심하게 갈라졌고요.

채점 기준

평가 영역	채점 기준	배점
자연재해 관련 자료 수집 및 탐구	적절한 최근의 사례를 선정한 후 주어진 모든 항목에 대해 사실과 통계 자료에 근거해 자료를 정확하게 조사하여 정리하였다.	상
	적절한 사례를 선정해 주어진 대부분 항목에 대해 내용을 정확하게 조사하고 정리하였으나, 근거 자료가 다소 부족하였다.	중
	사례의 선정이 적절하지 않았으며 주어진 일부 항목에 대해서만 내용을 조사하였다.	하
뉴스 대본 작성	조사한 내용을 토대로 전달할 사실을 논리적이고 간결하게 잘 정리하였으며, 적절한 분량의 대본을 작성하였다.	상
	조사한 내용을 대부분 반영해 전달할 사실을 정리하고 적정 분량을 준수했으나, 논리적인 연계성이 다소 부족하였다.	중
	내용의 간결성과 논리적 연계성이 부족하였으며 적정 분량을 준수하지 못하였다.	하
뉴스 보도 및 참여	주어진 역할에 따라 뉴스 보도를 자연스럽고 전달력있게 진행하였으며, 모둠원들이 적극적으로 활동에 참여하였다.	상
	뉴스 보도를 자연스럽게 진행하였으나, 모둠원들의 참여가 소극적이었다.	중
	뉴스 전달력이 부족하고, 일부 모둠원에게만 역할이 편중되어 과제 수행이 미흡하였다.	하

VI. 자원을 둘러싼 경쟁과 갈등

01
자원의 특성과 자원 갈등

02
자원과 주민 생활

03
지속 가능한 자원 개발

자원의 특성과 자원 갈등

출제 포인트
- 자원의 의미와 특성
- 자원의 분포와 이동
- 자원을 둘러싼 경쟁과 갈등

❶ 자원의 의미와 특성

(1) **자원의 의미** : 인간 생활에 유용하게 사용되는 모든 것

(2) **자원의 특성**

① **편재성** : 자원이 공간상에 고르게 분포하지 않고 일부 지역에 집중적으로 분포

② **유한성** : 자원은 대부분 매장량이 한정되어 있으며 재생 가능성도 각각 다름

- 재생 불가능한 자원의 사례 : 석유, 석탄, 천연가스와 같은 대부분의 화석 연료
- 재생 가능한 자원의 사례 : 태양광, 풍력, 수력과 같이 지속적으로 사용할 수 있는 에너지

③ **가변성** : 자원의 가치는 시대와 장소, 과학 기술 수준, 사회 · 문화적 배경에 따라 달라짐

예 이슬람교에서는 돼지고기를 먹는 것이 금지되어 있어, 이슬람교를 따르는 국가에서는 돼지고기가 식량 자원으로서의 가치가 없다.

❷ 에너지 자원의 분포와 소비

(1) **석유** : 전 세계에서 가장 많이 소비하는 에너지 자원

① 페르시아만을 중심으로 한 서남아시아 지역에 집중적으로 분포

② 편재성이 높아 국제적 이동량이 많음

(2) **석탄** : 석유보다 고르게 분포, 제철 공업의 주원료로 사용되며 화력 발전에 이용

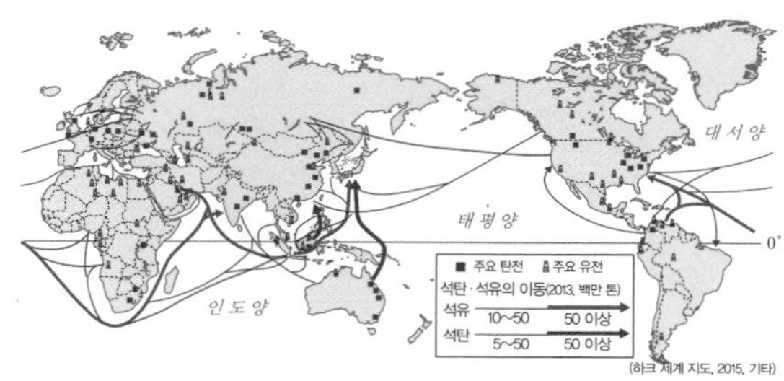

▲ 석유와 석탄의 분포와 이동

❸ 식량 자원과 물 자원의 분포와 이동

(1) **식량 자원의 분포** : 자연환경과 농업 기술, 운송 및 저장 수단 등에 따라 차이

① **쌀** : 아시아 계절풍 기후 지역에서 주로 생산

② **밀** : 서늘하고 건조한 지역에서도 재배가 가능하며, 쌀보다 넓은 지역에서 생산 가능

(2) **물 자원의 분포** : 건조 기후 지역에서는 강수량보다 증발량이 많아 물을 구하기 쉽지 않음 → 지하수 개발, 해수 담수화 등을 통해 필요한 물을 확보

더 알아보기 식량 자원의 분포와 이동

쌀은 생산지와 소비지가 거의 일치하여 국제적 이동량이 적다. 반면, 밀은 미국, 아르헨티나, 오스트레일리아 등에서 대량으로 생산되어 아시아 지역으로 수출되는 등 국제적 이동이 활발하다.

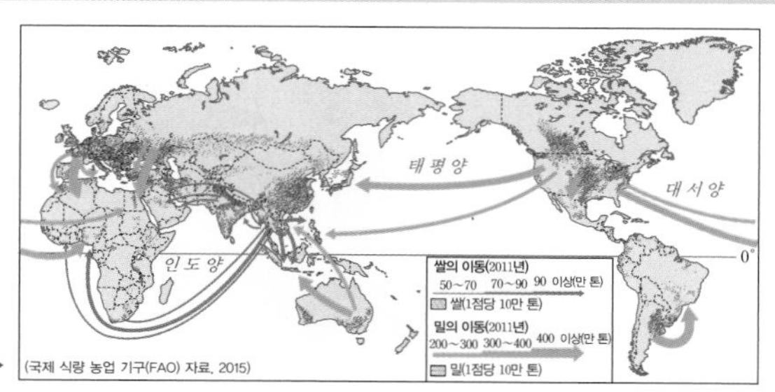

쌀과 밀의 생산지와 국제적 이동 ▶

✚ 자원의 의미

좁은 의미의 자원	자연에서 얻을 수 있는 천연자원만을 포함 예 석유, 쌀
넓은 의미의 자원	천연자원 이외에도 인적 자원(예 노동력)과 문화적 자원(예 문화재)까지도 포함

✚ 천연자원의 개발

천연자원은 기술적으로 개발이 가능하여야 하고, 경제적인 가치가 있어야 자원으로 개발된다.

✚ 화석 연료

오랜 옛날 땅에 파묻힌 동식물의 유해가 화석처럼 변하여 생긴 연료이다.

✚ 자원의 가채 연수

올해와 같이 자원을 생산할 경우 몇 년 동안이나 이 자원을 이용할 수 있는지를 나타내는 지표로, 어떤 자원의 확인된 매장량을 그해의 연간 생산량으로 나눈 값이다.

✚ 석유의 용도

석유는 자동차, 선박, 항공기 연료로 매우 중요한 에너지 자원이며, 난방이나 발전에도 사용된다. 또한 플라스틱, 섬유, 아스팔트 등의 원료로 사용되기도 하는 등 용도가 매우 다양하다.

✚ 해수 담수화 기술

해수 담수화는 바닷물의 염분을 제거하고 민물로 만드는 것을 말한다. 이 기술을 활용하면 필요한 물을 얻을 수 있으나, 많은 시설과 비용이 필요하다.

4 석유 자원을 둘러싼 경쟁과 갈등

(1) **발생 원인** : 석유 자원의 편재성과 유한성, 자원 민족주의의 등장 → 석유 수출국 기구(OPEC)를 결성하여 석유 생산량과 가격 조절에 영향력을 행사

(2) **석유 확보를 위한 경쟁** : 유전 개발, 자원 외교, 새로운 석유 채굴 방식 개발 예 셰일 오일

(3) **석유 확보를 둘러싼 갈등** : 석유 생산 지역 및 송유관, 해상 교통로 등을 둘러싼 갈등 발생 예 페르시아만 연안, 기니만 연안, 카스피해, 동아시아의 해역과 섬 등

집중 탐구 동아시아 지역의 자원 분쟁

우리나라가 속해있는 동아시아 지역은 자원을 둘러싼 분쟁이 많이 발생하는 지역 중 하나이다. 자원 분쟁은 보통 자원이 풍부한 섬이나 해역을 자국의 영토로 주장하는 영유권 분쟁의 형태로 나타난다.

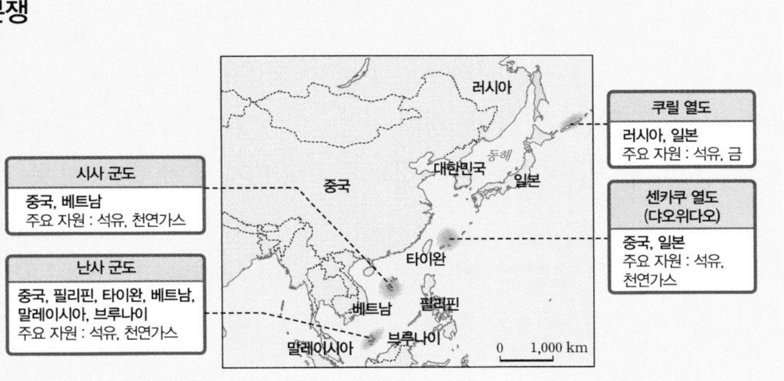

5 물 자원을 둘러싼 경쟁과 갈등

(1) **물 부족 문제의 등장** : 인구 증가와 산업 발달로 물 사용이 증가, 하천과 지하수 오염, 사막화 등으로 세계적인 물 부족 문제가 발생하고 있음

(2) **국제 하천을 둘러싼 물 분쟁** : 상류의 국가가 댐을 건설하거나 오염 물질을 배출하면 하류 지역의 국가가 문제를 겪음 예 유프라테스강, 메콩강, 나일강 등

→ 여러 국가에 걸쳐 흐르는 하천

6 식량 자원 확보를 위한 경쟁과 갈등

(1) **발생 원인** : 인구 증가, 기후 변화로 인한 식량 생산 환경의 변화

(2) **국제 곡물 대기업의 이윤 추구** : 곡물을 수입에 의존하는 국가들의 식량 부족 문제 가속화

(3) **애그플레이션 발생** : 식량 부족으로 인하여 물가 상승 문제가 발생

더 알아보기 세계의 자원 분쟁 지역

여러 지역에서 에너지 자원과 물 자원을 둘러싼 경쟁과 갈등이 치열하게 일어나고 있다. 에너지 자원 분쟁은 섬이나 해역을 중심으로 한 영유권 분쟁이 나타나고, 물 분쟁은 국제 하천의 이용을 둘러싸고 관련 국가들이 서로 대립하는 형태로 나타난다.

+ 자원 민족주의

민족과 국가의 이익을 위해 자국이 가진 자원에 대한 지배권을 확대하고 자원을 무기화하려는 태도를 의미한다.

+ 카스피해 자원 분쟁

석유와 천연가스가 풍부한 카스피해 연안 국가들은 자국의 이익에 따라 카스피해를 바다로 볼 것인지, 호수로 볼 것인지를 놓고 상반된 주장을 펼치고 있다. 또한 국경선을 두고 영토 분쟁도 발생하고 있다.

+ 국제 하천 분쟁 사례

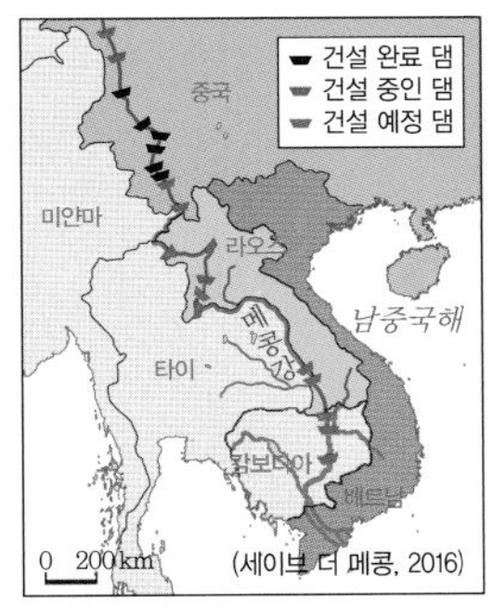

중국과 라오스가 메콩강 상류에 댐 건설을 추진하자 캄보디아와 베트남이 반발하고 있다.

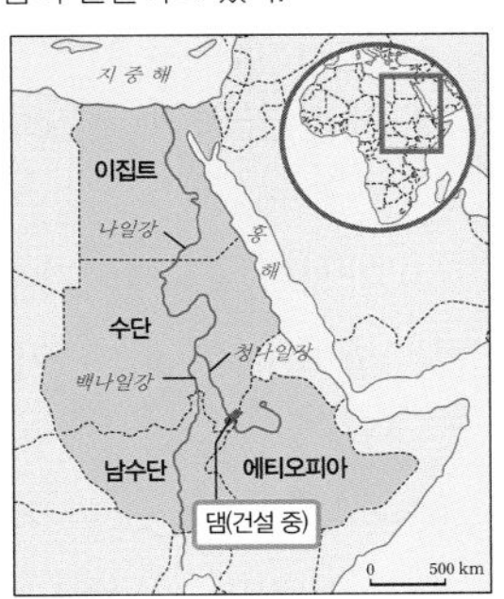

에티오피아가 나일강 상류에 댐을 건설하면서 수단, 이집트와 대립하고 있다.

개념 다지기

정답과 해설 • 34쪽

01 빈칸에 알맞은 말을 쓰시오.

(1) 인간 생활에 유용하게 사용되는 모든 것을 (　　　) (이)라고 한다.
(2) 좁은 의미의 자원은 (　　　)만을 포함한다.
(3) (　　　) 의미의 자원은 문화적 자원과 인적 자원까지도 포함된다.
(4) 석유, 석탄, 천연가스 등은 재생 (　　　) 자원이다.
(5) 자원의 (　　　)란, 올해와 같이 자원을 생산할 경우 몇 년 동안이나 이 자원을 이용할 수 있는지를 나타내는 지표이다.
(6) 자원이 개발되기 위해서는 기술적으로 개발이 가능해야 할 뿐만 아니라, (　　　)적인 가치가 있어야 한다.

02 자원의 특성과 그 의미를 바르게 연결하시오.

(1) 편재성 •　　• ㉠ 공간상에 불균등하게 분포함
(2) 유한성 •　　• ㉡ 매장량이 한정, 재생할 수 없음
(3) 가변성 •　　• ㉢ 시대와 장소, 문화에 따라 가치가 달라짐

03 서남아시아와 북부 아프리카 지역에 집중적으로 분포하는 에너지 자원은?

04 다음 설명에 해당하는 자원을 쓰시오.

(1) 자동차, 선박, 항공기 연료, 플라스틱, 섬유, 아스팔트 등의 원료로 사용되는 자원이다. ········ (　　　)
(2) 제철 공업의 주원료로 사용되며 화력 발전에 이용된다. ········ (　　　)
(3) 아시아 계절풍 기후 지역에서 주로 생산되고 생산지와 소비지가 일치하여 국제적 이동이 비교적 적은 식량 자원이다. ········ (　　　)
(4) 서늘하고 건조한 지역에서도 잘 자라 많은 지역에서 생산되지만 미국, 오스트레일리아, 아르헨티나 등에서 대량으로 생산되어 세계로 수출되는 식량 자원이다. ········ (　　　)

05 다음 설명이 맞으면 ○표, 틀리면 ×표 하시오.

(1) 노동력, 창의성 등은 천연자원에 해당된다. ········ (　　　)
(2) 돼지고기, 소고기 등의 자원은 세계 모든 지역에서 식량 자원으로서의 가치를 갖는다. ········ (　　　)
(3) 화석 연료에는 풍력, 조력, 바이오 에너지 등이 포함된다. ········ (　　　)
(4) 자원 민족주의의 등장으로 석유 자원을 둘러싼 경쟁과 갈등이 많이 해결되었다. ········ (　　　)
(5) 자원 분쟁은 보통 자원이 풍부한 지역을 자국의 영토로 주장하는 영유권 분쟁의 형태로 나타난다. ········ (　　　)
(6) 세계 여러 국가들은 새로운 유전 개발, 자원 외교, 새로운 석유 채굴 방식 개발 등을 통해 석유 확보를 위한 경쟁에 나서고 있다. ········ (　　　)

06 물 부족 문제가 발생하게 된 원인을 〈보기〉에서 있는 대로 고르시오.

보기	
ㄱ. 인구 증가	ㄴ. 사막화 확산
ㄷ. 강수량 증가	ㄹ. 친환경 에너지 개발

07 밑줄 친 부분을 바르게 고쳐 쓰시오.

(1) 물 분쟁은 여러 국가에 걸쳐 흐르는 <u>세계 하천</u>에서 많이 발생한다. ········ (　　　)
(2) 중국과 라오스가 <u>나일강</u> 상류에 댐 건설을 추진하자 하류 국가들이 반발하기도 하였다. ········ (　　　)
(3) <u>지중해</u> 연안에 위치한 러시아, 카자흐스탄, 이란, 투르크메니스탄, 아제르바이잔 등은 이곳을 바다로 볼 것인지, 호수로 볼 것인지를 두고 상반된 주장을 펼치고 있다. ········ (　　　)

08 국제 곡물 대기업이 막강한 영향력을 바탕으로 곡물 가격 상승을 부추기면서 곡물 가격 상승이 식료품을 포함한 전체 물가의 상승으로 이어지는 현상인 (　　　　)이(가) 나타나고 있다.

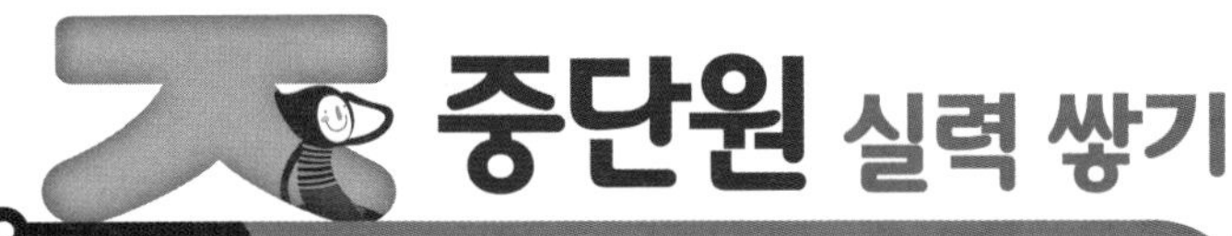

정답과 해설 • 34쪽

01 좁은 의미의 자원에 해당하는 것을 〈보기〉에서 고른 것은?

> 보기
> ㄱ. 석탄 ㄴ. 창의성 ㄷ. 철광석
> ㄹ. 문화재 ㅁ. 옥수수

① ㄱ, ㄴ, ㄹ ② ㄱ, ㄷ, ㅁ ③ ㄴ, ㄷ, ㄹ
④ ㄴ, ㄹ, ㅁ ⑤ ㄷ, ㄹ, ㅁ

02 〈보기〉의 글을 읽고, 해당하는 자원의 특성을 연결한 것으로 옳은 것은?

> 보기
> (가) 사우디아라비아에서는 석유가 풍부하게 생산되지만, 우리나라에서는 거의 생산되지 않는다.
> (나) 한 번 사용한 화석 연료는 다시 사용할 수 없고, 매장량도 한정되어 있다.
> (다) 이슬람교도들은 돼지고기를 먹지 않아 이슬람교도들에게는 식량 자원으로서의 가치가 없다.

	기호	자원의 특성
①	(가)	가변성
②	(가)	유한성
③	(나)	유한성
④	(나)	편재성
⑤	(다)	편재성

03 다음은 여러 자원의 가채 연수를 나타낸 것이다. 자료를 보고 분석한 내용으로 옳은 것은?

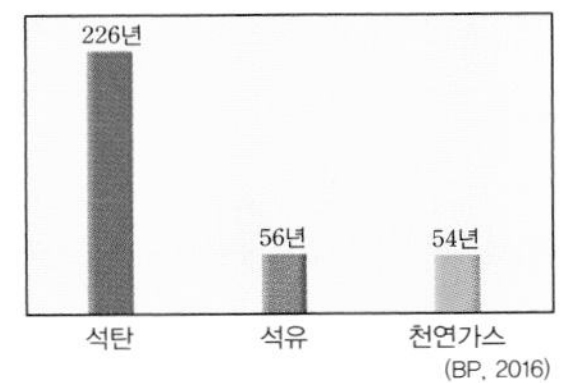

① 자원의 가변성과 관계가 깊은 자료이다.
② 천연가스의 매장량은 석탄 매장량의 약 1/4이다.
③ 가채 연수는 이미 결정된 것이므로 변화하지 않는다.
④ 확인된 매장량이 늘면 석유의 가채 연수가 늘어날 수 있다.
⑤ 가채 연수는 앞으로 자원의 소비가 점점 늘어날 것을 가정하여 계산한다.

[04~05] 에너지 자원의 분포와 이동을 나타낸 지도이다. 이를 보고 물음에 답하시오.

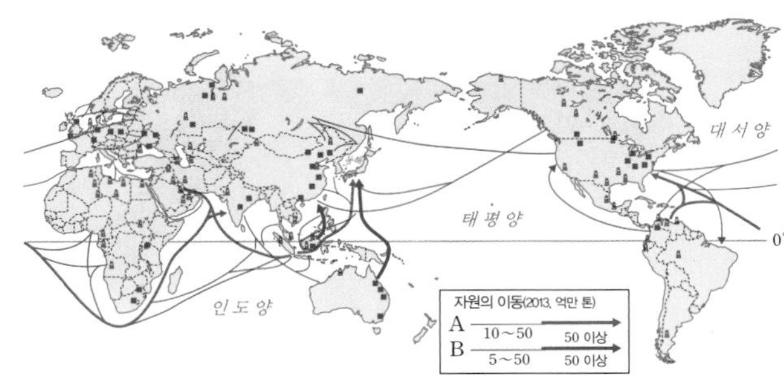

04 위 지도를 분석한 내용으로 옳은 것은?

① A는 B보다 국제적 이동량이 적다.
② B는 A에 비하여 자원의 편재성이 높다.
③ A와 달리 B는 자원의 가채 연수가 짧다.
④ A는 페르시아만 연안에서 수출되는 양이 가장 많다.
⑤ B는 재생 가능하고 친환경적인 에너지 자원이다.

중요
05 A 자원에 대한 옳은 설명을 〈보기〉에서 고른 것은?

> 보기
> ㄱ. 가장 널리 사용되는 에너지 자원이다.
> ㄴ. 우리나라에서도 많이 생산되는 자원이다.
> ㄷ. 에너지 자원 이외에도 다양한 제품을 만드는 원료로 사용된다.
> ㄹ. 탄소 배출이 적고 효율이 뛰어나지만 방사성 물질 누출의 위험이 있다.

① ㄱ, ㄴ ② ㄱ, ㄷ ③ ㄴ, ㄷ
④ ㄴ, ㄹ ⑤ ㄷ, ㄹ

06 다음과 같은 특징을 갖는 식량 자원은?

> • 생산지와 소비지가 대체로 일치하여 국제적 이동이 적음
> • 아시아 계절풍 기후 지역에서 주로 생산

① 쌀 ② 밀 ③ 감자
④ 옥수수 ⑤ 카사바

07 세계의 기후 지역을 구분한 지도이다. 강수량보다 증발량이 많아 물을 구하기 힘든 기후 지역은?

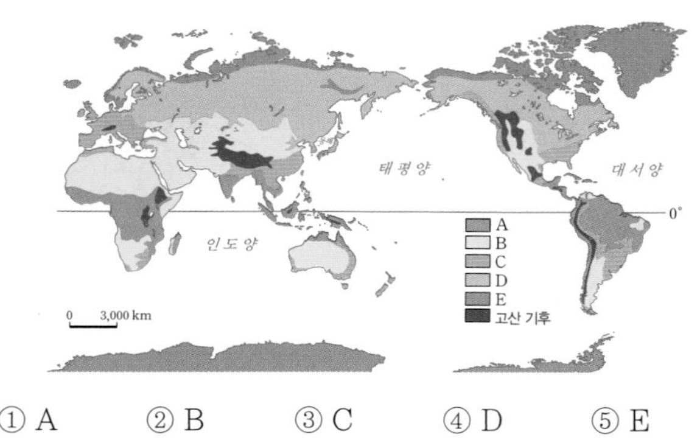

① A ② B ③ C ④ D ⑤ E

08 다음 설명과 관계 깊은 국제기구로 옳은 것은?

> 자원 민족주의란, 민족과 국가의 이익을 위해 자국이 가진 자원에 대한 지배권을 확대하고 자원을 무기화하려는 태도를 의미한다.

① 세계 무역 기구(WTO)
② 국제 통화 기금(IMF)
③ 석유 수출국 기구(OPEC)
④ 유엔 난민 기구(UNHCR)
⑤ 경제 협력 개발 기구(OECD)

중요

09 다음 자료를 보고 분석한 내용으로 옳은 것은?

▲ 동아시아 지역의 자원 분쟁

① 동아시아 지역은 자원 분쟁이 비교적 적다.
② 자원 분쟁의 당사국은 두 나라로 한정된다.
③ 석유를 제외한 자원은 분쟁이 발생하지 않는다.
④ 자원이 풍부한 섬이나 해역을 중심으로 일어난다.
⑤ 우리나라와 러시아 사이에서도 자원 분쟁이 발생하고 있다.

10 밑줄 친 '이곳'을 지도의 A~E에서 고른 것은?

> 석유와 천연가스가 풍부한 이곳 연안 국가들은 자국의 이익에 따라 <u>이곳</u>을 바다로 볼 것인지, 호수로 볼 것인지를 놓고 상반된 주장을 펼치고 있다. 또한 국경선을 두고 영토 분쟁도 발생하고 있다.

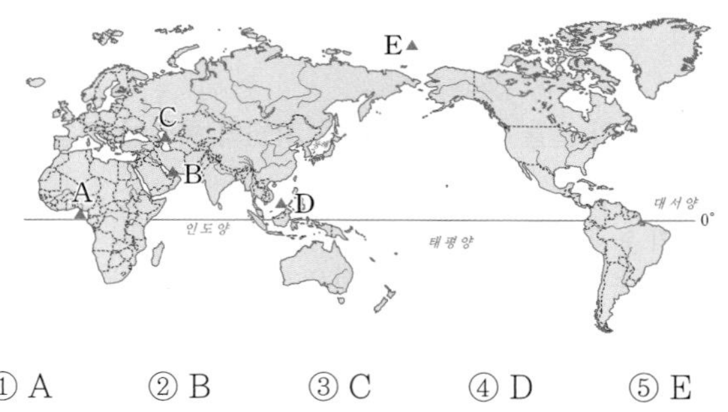

① A ② B ③ C ④ D ⑤ E

중요

11 A, B 두 하천 유역에서 나타나고 있는 물 분쟁 현황을 〈보기〉에서 연결한 것으로 옳은 것은?

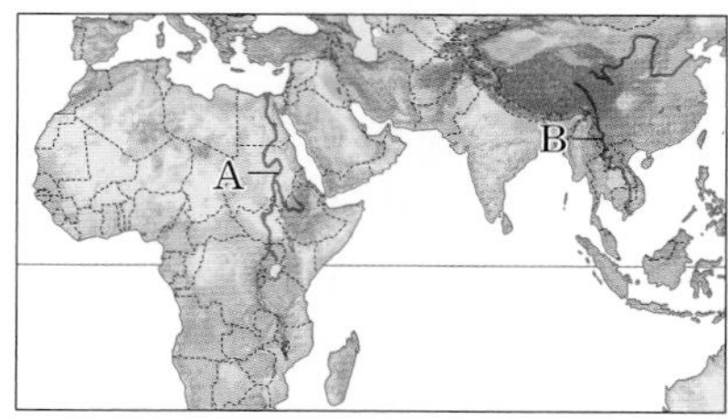

보기

ㄱ. 터키의 댐 건설로 인해 하류에 있는 시리아와 이집트 등과 긴장감이 지속되고 있다.
ㄴ. 상류에 위치한 에티오피아에서 댐 건설을 추진하자 하류에 있는 수단, 이집트 등이 반발하고 있다.
ㄷ. 상류의 중국과 라오스 등이 댐을 집중적으로 건설하여 캄보디아와 베트남의 농업과 어업이 황폐해졌다.
ㄹ. 상류에 위치한 헝가리에서 오염 물질이 흘러나와 하류에 위치한 크로아티아, 세르비아 등이 용수 확보에 어려움을 겪고 있다.

	해당 지역	물 분쟁 현황
①	A	ㄱ
②	A	ㄴ
③	A	ㄷ
④	B	ㄴ
⑤	B	ㄹ

12 국가별 1인당 물 자원의 분포를 나타낸 지도이다. 물 부족 국가나 물 기근 국가에서 나타날 수 있는 문제점을 바르게 설명한 것은?

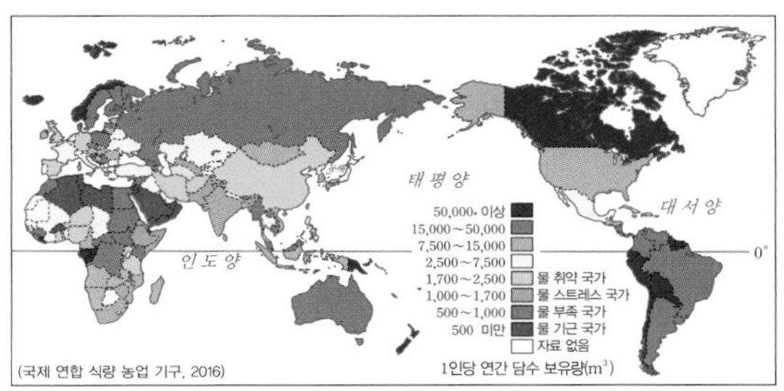

(국제 연합 식량 농업 기구, 2016)

① 대규모 홍수와 태풍 피해가 예상된다.
② 서로 민족과 언어를 두고 갈등을 빚게 된다.
③ 무분별한 지하수 개발로 지하수 고갈과 오염 문제가 우려된다.
④ 사막화된 지역이 축소되면서 물 기근 국가가 물 부족 국가로 변할 것이다.
⑤ 기후 변동으로 인하여 해안가 저지대가 침수되고 농업 지역이 변화할 것이다.

중요

13 다음과 같은 현상이 지속될 경우 나타날 수 있는 식량 문제로 옳은 것을 〈보기〉에서 고른 것은?

> 식량 자원이 풍부한 국가에서는 식량 자원이 부족한 국가로 식량을 수출하는데, 이 과정에서 국제 곡물 대기업이 영향력을 행사하면서 곡물 가격을 올려 식량 문제가 심화되고 있다.

보기

ㄱ. 곡물의 가격 하락이 발생한다.
ㄴ. 식량 가격 상승으로 다른 물가까지도 상승하게 된다.
ㄷ. 곡물 가격이 상승하는 대신 육류와 채소 가격이 하락하게 될 것이다.
ㄹ. 식량 자원이 부족한 국가의 저소득층은 식량 자원을 확보하는 데에 큰 어려움을 겪게 된다.

① ㄱ, ㄴ　② ㄱ, ㄷ　③ ㄴ, ㄷ
④ ㄴ, ㄹ　⑤ ㄷ, ㄹ

서술형·논술형

서술형

01 다음 글에 나타난 자원의 특성이 무엇인지 쓰고, 이러한 특성을 관찰할 수 있는 사례를 한 가지만 서술하시오.

> 자원의 가치는 고정된 것이 아니다. 자원의 가치는 시대와 장소, 과학 기술 수준, 사회·문화적 배경에 따라 달라진다.

논술형

02 다음 글의 뒤에 이어질 내용인 석유 자원의 용도에 대하여 글을 완성하고, 석유 자원을 둘러싼 세계 여러 지역의 경쟁과 갈등 상황을 300자 이내로 논술하시오.

> 석유는 전 세계에서 가장 널리 사용되는 에너지 자원이다. 석유는 페르시아만을 중심으로 한 서남아시아 지역에 집중적으로 분포하며 편재성이 높아 국제적 이동량이 많다. 또한 그 용도도 다양하여…(후략)…

02 자원과 주민 생활 ~ 03 지속 가능한 자원 개발

출제 포인트
- 자원 개발을 통한 경제 발전
- 자원 개발의 부정적 영향
- 지속 가능한 자원 개발

+ 경제 발전
국민 경제의 규모가 확대되고 국가의 부가 증가하는 것을 의미한다.

+ 오스트레일리아의 천연자원

오스트레일리아에는 철광석, 석탄, 은, 구리 등 광물 자원이 매우 풍부하며, 이러한 자원을 세계 각국에 수출하여 많은 소득을 얻고 있다.

+ 북해 유전

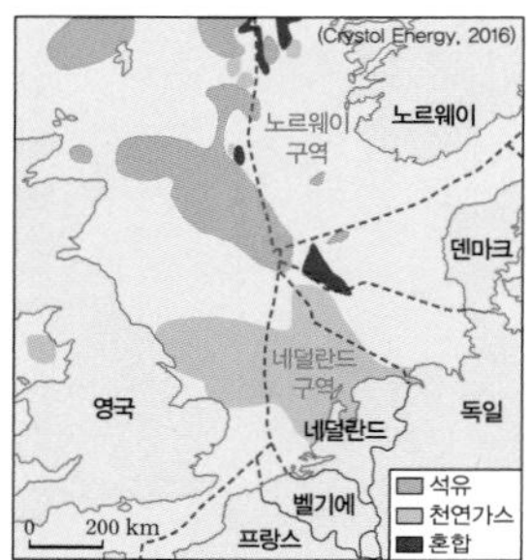

북해 유전에는 석유와 천연가스가 풍부하여 네덜란드와 노르웨이 등 주변 국가들에게 경제적 이익을 가져다 주고 있다.

+ 나이저강 오염

나이지리아는 석유를 채굴할 기술이 부족하여 외국의 석유 회사에 개발을 허용하였다. 이 과정에서 기름이 유출되는 문제가 발생하였다. 나이저강 유역의 오고니 랜드 지역은 과거에 농업과 어업이 발달했지만, 기름 유출로 인해 물과 토양이 오염되면서 농사를 지을 수 없게 되었다.

1 자원 개발과 경제 발전

(1) 자원 개발을 통한 경제 발전
① 자원으로 얻은 소득을 활용하여 각종 시설을 건설하고 경제 발전의 기반을 조성
② 각종 시설과 교육, 의료, 복지 분야에 투자하여 생활 수준을 높이는 데에 사용

(2) 풍부한 자원을 바탕으로 경제가 발전한 국가들

서남아시아의 여러 국가들	• 사우디아라비아, 아랍 에미리트 등 • 현대적인 도시 발달, 항공 · 유통 · 관광 등 다양한 산업에 투자
오스트레일리아	• 풍부한 광물 자원 분포(철광석, 석탄 등) • 자원 채굴 기술 개발을 바탕으로 삶의 질 향상을 도모
노르웨이	• 북해 유전의 석유로 얻은 이익을 국가 공동의 재산으로 규정 • 투명한 정치를 통해 이익 분배 과정을 공개

2 풍부한 자원으로 인해 어려움을 겪는 지역

(1) 자원 개발의 부정적 영향
① 무리한 자원 개발로 대기 · 수질 · 토양 오염 등의 환경 문제가 발생
② 자원 개발과 소유권을 둘러싸고 갈등이나 전쟁을 경험
③ 자원 수출을 통해 얻은 외화를 특정 계층이 독점하여 빈부 격차가 심화
④ 자원 개발과 관련된 산업만 발전하여 산업이 균형 있게 발전하지 못함
⑤ 자원 수출에만 경제를 의존하는 국가는 자원이 고갈되어 주민들의 생활이 어려워짐
　예 콩고 민주 공화국

(2) 자원 개발 과정에서 어려움을 겪는 국가들

네덜란드	1950년대 북해 천연가스 개발 이후 제조업 등 다른 산업이 침체되고 물가가 크게 올라 어려움을 겪었음
나이지리아	나이저강 하구 오고니 랜드 지역에 석유 채굴로 인한 환경 오염 발생
콩고 민주 공화국	휴대폰 등 첨단 제품에 필수적인 콜탄 광산을 두고 오랜 기간 전쟁을 치렀으며 열대 우림 파괴도 심각

(3) 자원 개발의 문제와 우리의 일상생활 : 다른 지역의 문제가 우리의 삶과 밀접한 관계를 맺고 있음을 인식 → 여러 자원들의 원산지와 그 이동 과정에 관심을 가져야 할 필요

집중 탐구 콩고 민주 공화국 분쟁과 스마트폰

▲ 내전으로 갈 곳을 잃은 난민들

'콜탄'은 스마트폰 제조에 꼭 필요한 값비싼 자원이다. 아프리카 중부의 콩고 민주 공화국에서 풍부하게 생산되고 있지만, 콩고 민주 공화국 국민들은 세계에서 가장 가난한 생활을 이어가고 있다. 2003년 이후 계속 이어진 종족 간의 갈등으로 인해 자원 채취로 얻은 소득은 무기 구입에 사용되고 있으며, 콜탄 광산의 노동자들은 열악한 환경에서 낮은 임금으로 노동에 시달리고 있다. 우리가 사용하는 스마트폰에도 콩고 민주 공화국에서 온 콜탄이 포함되어 있을 수 있다. 우리의 소비 행위가 세계 여러 지역에 영향을 끼칠 수 있음을 인식할 필요가 있다.

3 자원의 지속 가능한 활용

(1) **화석 연료 소비 감축 및 자원 절약의 습관화** : 대중교통 이용하기, 일회용품 사용 자제 등

(2) **자원 절약을 위한 정책** : 에너지 소비 효율 등급 표시제, 탄소 성적 표지제 등

(3) **신 · 재생 에너지 개발 및 이용 확대**

더 알아보기 신 · 재생 에너지의 종류

신 · 재생 에너지는 자연에서 재생 가능한 에너지를 얻는 태양광, 태양열, 풍력, 지열, 조력, 바이오 에너지, 소수력 발전 등의 재생 에너지와 새로운 기술 개발을 통해 에너지를 얻는 신에너지로 구성되어 있다. 신에너지에는 연료 전지, 석탄 액화, 석탄 가스화 복합 발전, 수소 에너지 등이 포함된다. 다만 지속 가능한 에너지의 활용을 살펴볼 때에는 재생 에너지를 중심으로 생각하기로 한다.

+ 에너지 소비 효율 등급 표시제

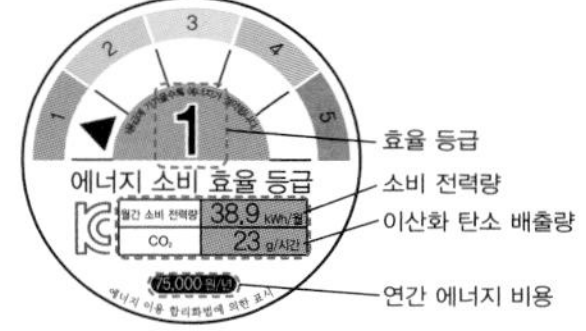

전자 제품이나 자동차가 얼마나 많은 에너지를 소비하는지를 나타내 주는 제도로, 등급이 높을수록 에너지 소비량이 적다.

+ 탄소 성적 표지제

제품 생산 과정에서 탄소를 얼마나 배출했는지를 나타내도록 하는 제도이다.

4 신 · 재생 에너지의 개발

(1) **신 · 재생 에너지의 특징**

① **장점** : 태양, 바람, 물, 지열, 생물 유기체 등에서 에너지를 얻기 때문에 화석 연료를 대체하면서도 탄소 배출이 적고 지속 사용이 가능, 에너지 관련 새로운 일자리를 창출

② **단점** : 초기 개발 비용이 높음, 저장과 수송이 어렵고 자연환경의 영향을 많이 받음

예 태양 에너지 – 맑은 날이 많은 지역에서 개발이 유리

(2) **여러 가지 신 · 재생 에너지의 입지 조건**

구분	입지 조건
태양광, 태양열	맑은 날이 많아 일사량이 충분한 곳
풍력	강한 바람이 지속적으로 부는 곳(산지, 해안 등)
지열	화산 활동이 활발한 곳
조력	조석 간만의 차가 큰 해안 지역
수력	흐르는 물의 양이 풍부하고 낙차가 큰 곳

+ 신 · 재생 에너지

화석 연료를 재활용하거나 태양, 바람, 물 등의 재생 가능한 자원을 변환하여 사용하는 에너지이다.

+ 우리나라의 신 · 재생 에너지

우리나라에서도 자연환경에 알맞은 태양열, 태양광, 조력, 풍력 등 다양한 신 · 재생 에너지를 개발하여 이용하고 있다.

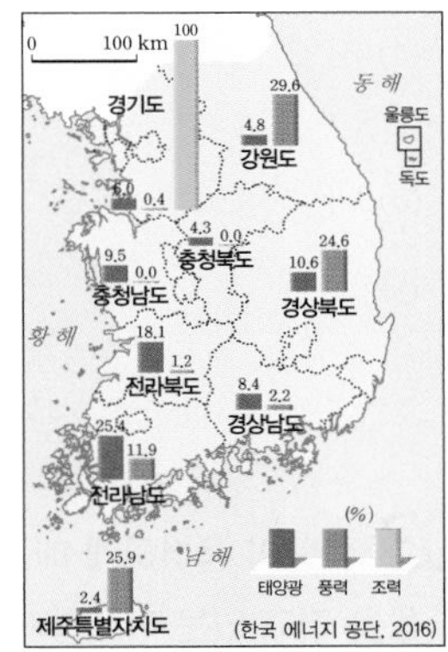

(한국 에너지 공단, 2016)

집중 탐구 세계의 신 · 재생 에너지

▲ 태양광 발전(미국)

▲ 해상 풍력 발전(영국)

▲ 지열 발전(뉴질랜드)

▲ 바이오 에너지 마을(독일)

세계 여러 지역에서는 지역의 자연환경에 알맞은 신 · 재생 에너지를 개발하여 활용하고 있다. 2015년 기준 신 · 재생 에너지를 활용하여 생산된 전력은 전체 전력 생산의 22.8%에 이른다.

(3) **신 · 재생 에너지를 활용할 때 고려해야 할 점**

① 자연환경 및 인간 생활에 미치는 영향을 세심하게 검토 · 연구해야 함

② 신 · 재생 에너지 개발 과정에서 나타날 수 있는 부작용

구분	부작용
풍력	소음 문제, 에너지 생산 효율의 문제 등이 발생
조력	갯벌 소실, 해양 생태계에 부정적인 영향
수력	수몰 지구 발생, 하천 생태계 변화
바이오	식량 생산을 위한 농경지가 줄어들게 되어 곡물 가격이 상승

+ 시화호 조력 발전소

우리나라에 위치한 세계 최대의 조력 발전소로, 조석 간만의 차가 큰 서해안의 자연환경을 활용하여 만들어졌다.

개념 다지기

정답과 해설 • 36쪽

01 빈칸에 알맞은 말을 쓰시오.

(1) 국민 경제의 규모가 확대되고 국가의 부가 증가하는 것을 (　　　)(이)라고 한다.

(2) 석유를 통해 부를 쌓은 사우디아라비아, 아랍 에미리트 등 (　　　)의 여러 국가들은 현대적인 도시가 많이 발달하였고, 항공 · 유통 · 관광 등 다양한 산업에 투자하고 있다.

(3) (　　　)은(는) 북해 유전의 석유로 얻은 이익을 국가 공동의 재산으로 규정하고 투명한 정치를 통해 이익 분배 과정을 공개하여 경제 발전을 이루었다.

(4) 오스트레일리아에는 제철 공업의 주원료인 석탄과 (　　　) 등의 광물 자원이 풍부하다.

(5) 자원이 풍부한 국가들이라도 1인당 (　　　)의 차이는 크게 나타난다.

02 다음 신 · 재생 에너지의 입지를 연결하시오.

(1) 풍력 •　　　• ㉠ 맑은 날이 많은 곳
(2) 조력 •　　　• ㉡ 화산 활동이 활발한 곳
(3) 수력 •　　　• ㉢ 조석 간만의 차가 큰 곳
(4) 지열 •　　　• ㉣ 흐르는 물이 많고 낙차가 큰 곳
(5) 태양광 •　　　• ㉤ 바람이 강하고 지속적으로 부는 곳

03 콜탄이 풍부하게 매장되어 있으나 오랜 전쟁으로 인해 어려움을 겪고 있는 아프리카의 국가는?

04 다음 사례에 해당하는 국가를 쓰시오.

(1) 석유 개발 과정에서 나이저강 유역의 오염이 심각하게 나타났다. ………… (　　　)

(2) 1950년대 북해 천연가스 개발 이후 제조업 등 다른 산업이 침체되고 물가가 크게 올라 어려움을 겪었다. ………… (　　　)

05 다음 설명이 맞으면 ○표, 틀리면 ×표 하시오.

(1) 자원이 풍부한 국가들은 반드시 경제가 빠르게 성장한다. ………… (　　　)

(2) 자원이 풍부한 국가들은 자원 개발이나 소유권을 둘러싼 갈등이나 전쟁을 겪기도 한다. ………… (　　　)

(3) 자원 수출에만 경제를 의존하는 국가들은 자원 고갈 후 급격히 경제 상황이 나빠지기도 한다. ………… (　　　)

(4) 에너지 소비 효율 등급 표시제에 따르면 등급이 높을수록 에너지 소비량이 적다. ………… (　　　)

(5) 신 · 재생 에너지는 재생 불가능한 자원으로, 자원의 편재성이 높다. ………… (　　　)

(6) 신 · 재생 에너지는 초기 개발 비용이 많이 드는 편이다. ………… (　　　)

(7) 화석 연료에 비하여 신 · 재생 에너지는 자연환경의 영향을 많이 받는다. ………… (　　　)

(8) 시화호 조력 발전소는 세계 최대 규모로, 동해안의 자연환경을 활용하여 건설되었다. ………… (　　　)

06 밑줄 친 부분을 바르게 고쳐 쓰시오.

(1) <u>풍력 발전</u>은 바닷물의 흐름을 막아 주변 해양 생태계에 부정적인 영향을 준다. ………… (　　　)

(2) <u>태양광 발전</u>은 화산 활동이 활발한 지역에서 널리 사용될 수 있다. ………… (　　　)

(3) <u>조력 발전</u>은 하천 생태계에 영향을 주며 수몰 지구를 발생시킨다. ………… (　　　)

07 빈칸 ㉠, ㉡에 들어갈 알맞은 말을 각각 쓰시오.

> (㉠) 에너지가 주목받으면서 연료용 옥수수, 사탕수수 등이 많이 재배되고 있다. 이에 따라 (㉡) 생산량이 줄어들어 부족해지는 문제가 발생할 수 있다.

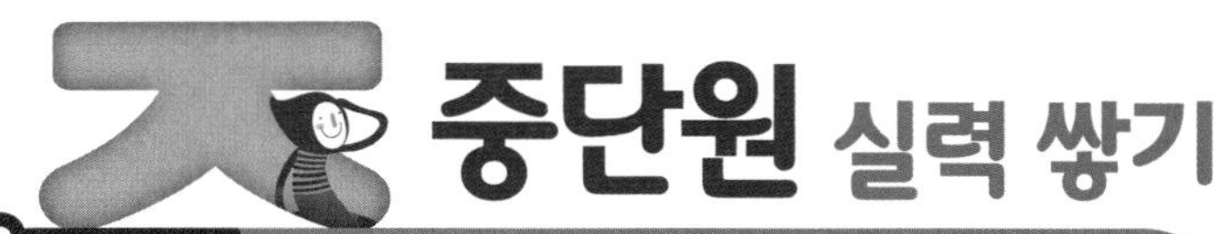

중요

01 다음은 자원이 풍부한 여러 국가들의 1인당 국내 총생산(GDP)을 나타낸 것이다. 지도를 보고 알 수 있는 내용으로 옳은 것은?

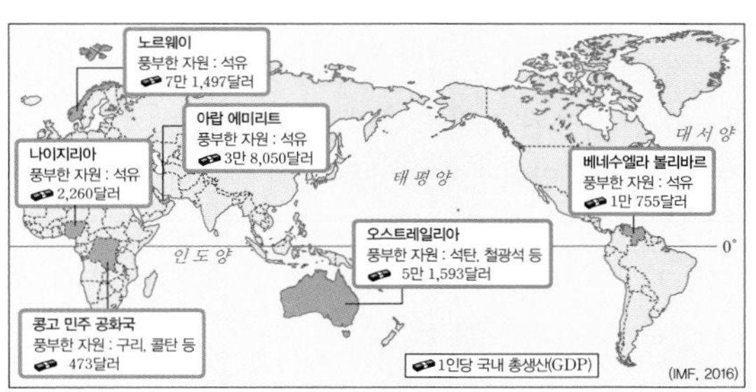

① 제시된 국가들은 자원 수출액이 서로 비슷하다.
② 자원이 풍부하더라도 1인당 GDP가 낮을 수 있다.
③ 자원이 풍부한 국가들은 1인당 GDP가 서로 비슷하다.
④ 오스트레일리아는 풍부한 자원 때문에 경제적으로 어려움을 겪고 있을 가능성이 높다.
⑤ 베네수엘라 볼리바르는 남반구와 북반구의 계절 차이를 자원 수출에 적극적으로 활용하고 있다.

02 다음 설명에 해당하는 지역은?

- 사우디아라비아, 아랍 에미리트 등이 속해 있는 지역
- 유목민이 줄고 현대적인 도시가 발달
- 항공, 유통, 관광 등 다양한 산업에 투자가 활발

① 북부 유럽 지역 ② 동남아시아 지역
③ 서남아시아 지역 ④ 오세아니아 지역
⑤ 중·남부 아프리카 지역

03 다음 설명에 해당하는 지역을 지도의 A～E에서 고른 것은?

북해 유전의 석유 개발로 얻은 이익을 국가 공동의 재산으로 규정하고, 투명한 정치를 통해 이익 분배 과정을 공개하여 경제 발전을 이룬 국가이다.

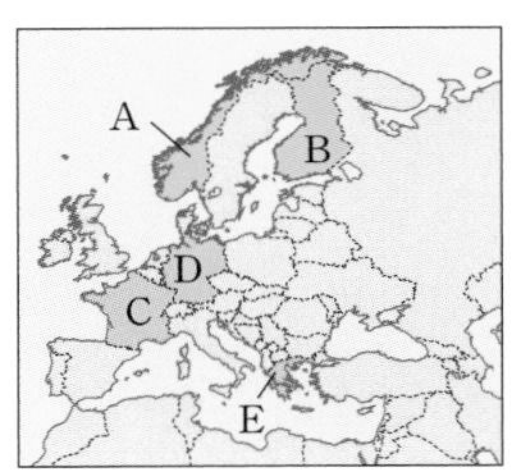

① A
② B
③ C
④ D
⑤ E

04 밑줄 친 ㉠에 해당되는 국가로 옳은 것을 〈보기〉에서 고른 것은?

㉠ 자원의 축복은 풍부한 천연자원을 바탕으로 높은 경제 성장을 이룬 국가를 일컫는 말이다. 이러한 국가들은 높은 삶의 질과 복지 수준을 갖고 있다.

보기
ㄱ. 일본 ㄴ. 노르웨이
ㄷ. 오스트레일리아 ㄹ. 콩고 민주 공화국

① ㄱ, ㄴ ② ㄱ, ㄷ ③ ㄴ, ㄷ
④ ㄴ, ㄹ ⑤ ㄷ, ㄹ

05 다음 사례에서 알 수 있는 내용으로 옳은 것은?

나우루는 비료의 원료로 쓰이는 비싼 자원인 '인광석'이 풍부한 국가였다. 이 인광석을 팔아 나우루는 세계 최고의 부자 국가가 되었다. 걸어서 네 시간이면 섬을 한 바퀴 돌 수 있는데도 집마다 자동차를 두세 대씩 사들였고, 고급 가전제품으로 집을 채웠다. 그러나 2000년대 초반 섬에 있는 인광석이 모두 고갈되면서 국가는 파산 상태에 이르렀고, 농토는 광석 채취로 파괴되고 말았다.

① 산업 발달이 지속되면서 공기와 물 오염이 심각해졌다.
② 자원 개발과 소유권을 둘러싸고 갈등이나 전쟁을 경험하였다.
③ 자원 수출을 통해 얻은 외화를 특정 계층이 독점하여 빈부 격차가 심화되었다.
④ 공정한 소득 분배로 자원 개발의 이익이 전 국민에게 돌아가도록 하면 경제가 더욱 발전한다.
⑤ 자원 수출에만 경제를 의존하는 국가의 경우 자원이 고갈되면 국민들의 생활이 어려워지게 된다.

중요

06 다음은 자원 개발에 따른 부정적 영향을 정리한 표이다. 밑줄 친 ㉠~㉤의 내용 중 옳지 않은 것은?

구 분	변화 모습
소득	㉠ 빈부 격차가 심해질 수 있음
산업	㉡ 자원 관련 산업만 발달하고, 이외의 산업이 발달하지 못할 수 있음
환경	㉢ 무리한 보존으로 도시 개발이 어려워지고 주거지가 부족해짐
사회	㉣ 자원을 두고 민족이나 국가 간의 갈등이 심각해질 수 있음
미래	㉤ 해당 자원이 고갈될 경우 주민 생활이 갑자기 어려움에 처할 수 있음

① ㉠ ② ㉡ ③ ㉢ ④ ㉣ ⑤ ㉤

07 다음과 연관된 지역을 지도의 A~E에서 고른 것은?

> 콜탄은 스마트폰 제조에 꼭 필요한 값비싼 자원이다. 이 지역에서는 콜탄을 두고 2003년 이후 계속 이어진 종족 간의 갈등 과정에서 자원 채취로 얻은 소득이 무기 구입에 사용되고 있으며, 콜탄 광산의 노동자들은 낮은 임금과 열악한 노동 환경에 시달리고 있다.

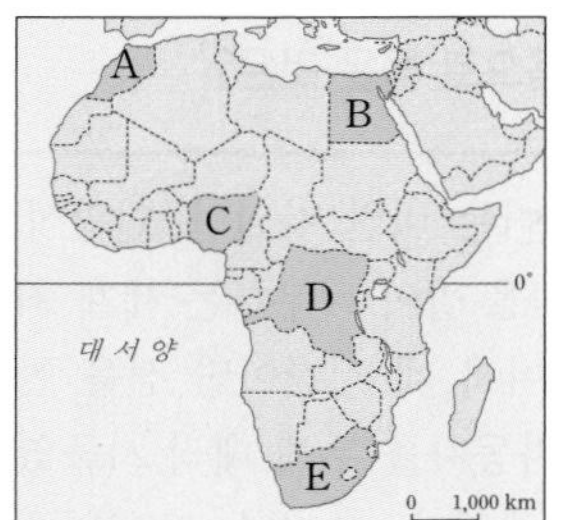

① A
② B
③ C
④ D
⑤ E

08 다음 그림과 같은 정책을 실시하는 이유로 옳은 것은?

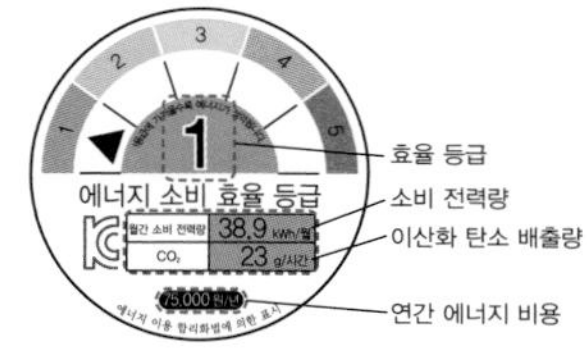

① 물가를 안정시키기 위해
② 제품의 사용이 쉽도록 하기 위해
③ 제품의 가격을 쉽게 알아보도록 하기 위해
④ 에너지를 적게 소모하는 제품을 알리기 위해
⑤ 탄소 배출량이 많은 제품을 구매하도록 하기 위해

09 신·재생 에너지의 특징에 대한 옳은 설명을 <보기>에서 고른 것은?

> 보기
> ㄱ. 오염 물질의 배출이 많다.
> ㄴ. 저장과 수송이 어려운 측면이 있다.
> ㄷ. 한 번 사용된 자원을 다시 쓰기 어렵다.
> ㄹ. 지역의 자연환경에 영향을 많이 받는다.

① ㄱ, ㄴ ② ㄱ, ㄹ ③ ㄴ, ㄷ
④ ㄴ, ㄹ ⑤ ㄷ, ㄹ

10 사진과 같은 신·재생 에너지를 개발하기에 적합한 입지로 옳은 것은?

① 경사가 급하고 그늘이 많은 곳
② 하천의 유량이 많고 낙차가 큰 곳
③ 맑은 날이 많고 일사량이 풍부한 곳
④ 해안선이 복잡하고 산지가 높게 발달한 곳
⑤ 갯벌이 넓게 펼쳐져 있고 해양 생물이 많은 곳

11 (가)~(다) 설명에 해당하는 신·재생 에너지를 연결한 것으로 옳은 것은?

> (가) 지하의 마그마 열기를 활용하여 물을 끓여 전기를 생산
> (나) 가축의 분뇨 등에서 나오는 메테인 가스를 연료로 활용
> (다) 꾸준히 부는 바람의 힘을 이용하여 전력을 생산

	기호	신·재생 에너지
①	(가)	조력
②	(가)	지열 에너지
③	(나)	풍력
④	(나)	태양 에너지
⑤	(다)	바이오 에너지

중요

12 사진과 같은 신·재생 에너지를 개발할 때 유의해야 할 점으로 옳은 것은?

① 자원 고갈의 우려가 없는지 확인한다.
② 하천 생태계에 미칠 영향을 고려한다.
③ 소음 발생 문제 및 전력 생산 효율성에 대하여 깊이 검토한다.
④ 방사성 물질의 누출이나 방사성 폐기물 처리에 대한 대책을 마련한다.
⑤ 방조제 및 발전소 건설 과정에서 교란되는 해양 생태계 보전 대책을 수립한다.

13 글에 나타난 신·재생 에너지가 갖고 있는 문제점으로 옳은 것을 〈보기〉에서 고른 것은?

> 옥수수나 사탕수수를 발효시킨 바이오 에탄올은 자동차 연료로 사용하기에 적합하고, 원료 작물을 대량으로 재배할 수 있어서 미국과 브라질 등에서 주로 생산, 소비되고 있다.

보기

ㄱ. 화석 연료에 비하여 탄소 배출량이 많다.
ㄴ. 식량 생산이 줄어들어 곡물 가격이 상승한다.
ㄷ. 사탕수수 재배를 위해 열대림이 파괴되어 생태계가 훼손된다.
ㄹ. 자동차 연료로 지속적으로 사용하기에는 지나치게 가격이 비싸다.

① ㄱ, ㄴ ② ㄱ, ㄷ ③ ㄴ, ㄷ
④ ㄴ, ㄹ ⑤ ㄷ, ㄹ

서술형·논술형

서술형

01 다음 글에서 설명하고 있는 국가가 어디인지 쓰고, 이 국가가 겪고 있는 어려움을 광산 노동자의 입장에서, 그리고 환경 보호 단체의 입장에서 각각 서술하시오.

> 첨단 제품에 사용되는 콜탄이 풍부하게 매장되어 있는 아프리카 중부 지역의 국가로, 오랜 시간 부족 간의 전쟁을 치르고 있다.

논술형

02 화석 연료에 비하여 신·재생 에너지가 갖는 장점을 두 가지 쓰고, 신·재생 에너지 개발 시 유의해야 할 점을 두 종류 이상의 에너지를 사례를 들어 500자 이내로 논술하시오.

대단원 마무리

01 밑줄 친 ㉠~㉤ 중 천연자원에 해당하는 것을 모두 고른 것은?

선생님 : 오늘은 제철 공업에 대해 알아봅시다. 철광석에서 순수한 철을 뽑아내기 위해서는 어떤 것들이 필요할까요?
현 서 : 가장 기본이 되는 재료는 ㉠ 철광석이에요.
영 현 : ㉡ 석탄을 이용해서 용광로를 높은 온도로 만들어야 한다고 해요.
현 준 : 제련된 철을 사용 가능하게 만들려면 ㉢ 물이 꼭 있어야 할 것 같아요.
정 연 : 공장을 가동시키기 위해서는 많은 ㉣ 노동력도 필요하겠지요.
윤 지 : 공장을 운영하는 데에는 국가의 ㉤ 법과 제도가 뒷받침되어야 해요.

① ㉠, ㉡, ㉢ ② ㉠, ㉢, ㉣ ③ ㉡, ㉢, ㉣
④ ㉡, ㉢, ㉤ ⑤ ㉢, ㉣, ㉤

02 다음은 주요 자원의 가채 연수를 나타낸 것이다. 이 자료와 연관된 자원의 특성으로 옳은 것은?

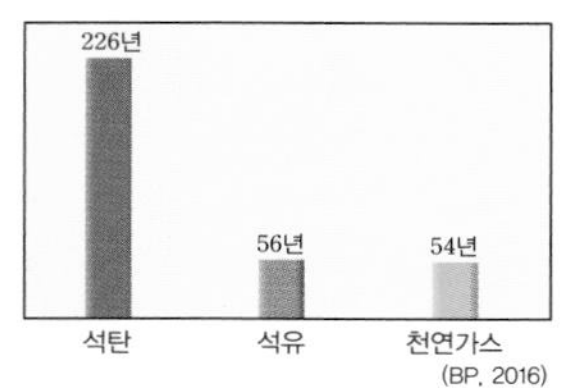

① 자원은 전 세계에 고르게 분포한다.
② 석유는 페르시아만 연안에서 많이 생산된다.
③ 자원의 가치는 시대적 배경에 따라 달라질 수 있다.
④ 언어와 종교, 문화가 다르더라도 자원의 가치는 같다.
⑤ 대부분의 자원은 매장량이 한정되어 있고, 재생하여 사용할 수 없다.

03 다음 설명에 해당하는 자원은?

- 국제적 이동량이 많은 에너지 자원
- 플라스틱, 의약품, 아스팔트 등의 원료로도 사용

① 석탄 ② 석유 ③ 풍력
④ 원자력 ⑤ 천연가스

서술형

04 A와 B 식량 자원이 각각 무엇인지 쓰고, A 자원이 B 자원에 비하여 국제적 이동이 적은 이유를 서술하시오.

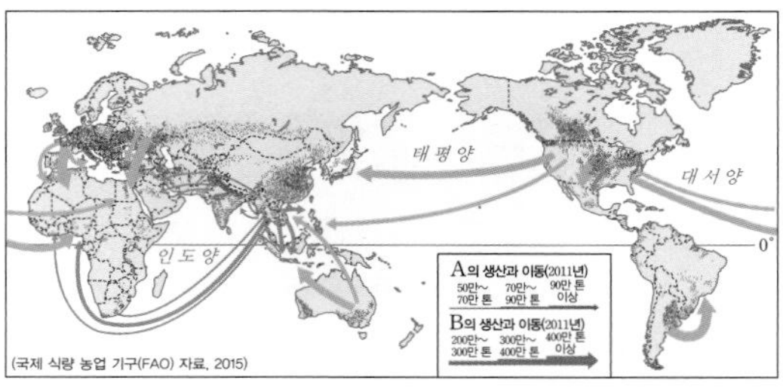

05 다음은 동아시아 지역의 섬과 해역을 둘러싼 영유권 분쟁 현황을 조사한 것이다. 이러한 분쟁이 발생하는 원인으로 옳은 것은?

지역	관련 국가
쿠릴 열도	일본, 러시아
센카쿠 열도(댜오위다오)	중국, 일본
난사(스프래틀리) 군도	중국, 필리핀, 타이완, 베트남, 말레이시아, 브루나이
시사 군도	중국, 베트남

① 종교적 신념에 대한 갈등
② 서로 다른 문화에 대한 갈등
③ 지역의 비옥한 농토를 차지하기 위한 갈등
④ 석유, 천연가스 등의 자원을 차지하기 위한 갈등
⑤ 많은 인구가 살고 있는 도시 지역을 차지하기 위한 갈등

06 다음은 물 분쟁이 나타나고 있는 세계 여러 지역을 나타낸 것이다. 이와 같이 분쟁이 나타나는 하천의 공통점으로 옳은 것은?

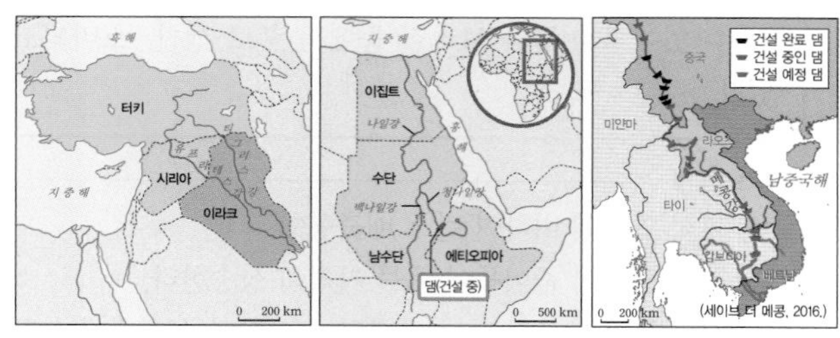

▲ 유프라테스강 ▲ 나일강 ▲ 메콩강

① 대체로 길이가 짧다.
② 폭이 좁고 흐름이 빠르다.
③ 여러 나라에 걸쳐 흐른다.
④ 상류가 북쪽, 하류가 남쪽에 있다.
⑤ 대도시에서 멀리 떨어진 지역으로 흘러간다.

07 다음은 자원이 풍부한 여러 국가들의 1인당 GDP를 나타낸 것이다. 자료를 보고 분석한 내용으로 옳은 것은?

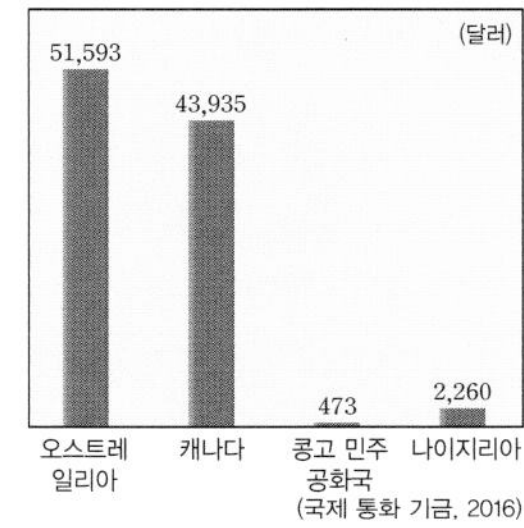

① 콩고 민주 공화국은 경제 성장률이 높다.
② 오스트레일리아는 첨단 산업이 발달하였다.
③ 나이지리아는 캐나다에 비해 자원이 풍부하다.
④ 자원이 풍부한 국가라도 경제 상황에서는 많은 차이가 나타난다.
⑤ 콩고 민주 공화국 주민들은 오스트레일리아 주민들에 비하여 풍요로운 생활을 누릴 것이다.

08 다음과 같은 환경 오염 문제를 겪고 있는 국가는?

① 네덜란드　② 노르웨이
③ 나이지리아　④ 오스트레일리아
⑤ 콩고 민주 공화국

09 자원이 풍부한 지역의 자원 개발 과정에서 나타날 수 있는 부정적 영향에 대한 설명으로 옳지 <u>않은</u> 것은?

① 인구의 급격한 증가로 식량 문제가 발생한다.
② 무리한 자원 개발로 환경 오염이 나타날 수 있다.
③ 자원 개발과 소유권을 둘러싸고 갈등이나 전쟁이 발생할 수 있다.
④ 자원 수출로 얻은 이익을 특정 계층이 독점하여 빈부 격차가 심화될 수 있다.
⑤ 자원 수출에만 경제를 의존하는 국가는 자원이 고갈되어 주민들의 생활이 어려워진다.

[10~11] 다음은 여러 가지 신·재생 에너지를 나타낸 것이다. 자료를 보고 물음에 답하시오.

10 다음과 같은 입지 조건에서 개발하기 유리한 신·재생 에너지의 기호와 이름을 연결한 것으로 옳은 것은?

• 바람의 세기가 강하고 지속적으로 부는 곳
• 산지나 해안 지역에서 유리

	기호	신·재생 에너지
①	(가)	조력
②	(가)	풍력
③	(나)	태양 에너지
④	(다)	지열 에너지
⑤	(라)	바이오 에너지

11 (라)와 같은 신·재생 에너지를 개발할 때 나타날 수 있는 부작용으로 옳은 것은?

① 주변 지역에 소음 피해가 나타난다.
② 갯벌이 사라지고 해양 생태계를 훼손한다.
③ 조석 간만의 차가 줄어들어 어획량이 감소한다.
④ 수몰 지구가 발생하고 하천 생태계가 변화한다.
⑤ 열대림 파괴가 나타나 대기 중 이산화 탄소 농도가 높아진다.

수행 평가 미리보기

● 선생님의 출제 의도 신 · 재생 에너지 마을 만들기를 통해 에너지 활용 이해하기

6단원에서는 자원의 생산과 소비, 자원이 풍부한 지역의 생활 및 지속 가능한 자원 활용에 대하여 학습했는데요. 지구상의 자원은 한정되어 있으며, 자원을 두고 세계 각국이 치열하게 경쟁과 갈등을 빚고 있습니다. 이러한 상황에서 미래 사회의 에너지와 자원 문제는 인류의 생존과 직접 연결된 중요한 문제로 떠오르고 있습니다. 따라서 수행 평가에서는 앞서 배운 다양한 신 · 재생 에너지의 활용에 대하여 실제로 적용하는 활동을 해보고자 합니다. 신 · 재생 에너지를 통해 에너지를 공급받는 마을을 만들어보고, 이를 표현해 봅시다.

수행 평가 문제

모둠별로 실제 신 · 재생 에너지 마을을 조사하고, 주어진 자연환경에 맞는 신 · 재생 에너지 마을을 만들어 봅시다.

A. 활동 계획 세우기

1 신 · 재생 에너지를 적극적으로 활용하고 있는 실제 마을 사례를 조사한다.
2 주어진 자연환경에 맞는 신 · 재생 에너지 마을을 만들어 그림으로 표현하여 발표한다.

B. 활동 단계

1단계 인터넷이나 서적을 통해 신 · 재생 에너지 마을의 사례를 조사한다.(두 곳 이상)
2단계 신 · 재생 에너지 마을에서 활용하고 있는 에너지를 정리한다.
3단계 모둠별로 주어진 마을의 자연환경을 분석하고, 활용할 수 있는 신 · 재생 에너지를 구상한다.
4단계 신 · 재생 에너지를 활용한 마을을 구상하고, 그림으로 표현한다.
5단계 모둠별로 만든 신 · 재생 에너지 마을을 친구에게 소개한다.

C. 활동하기

1 세계의 신 · 재생 에너지 마을 조사하기

예시)

윤데 마을 (독일)	위치 : 독일 니더작센 주 인구 : 750여 명 이용되는 신 · 재생 에너지 : 바이오 에너지(가축 분뇨에서 나오는 메테인을 활용하여 난방, 전력 생산에 활용) 	삼소섬 (덴마크)	위치 : 덴마크 동부 발트해 연안 인구 : 약 4,000명 이용되는 신 · 재생 에너지 : 풍력 에너지(풍력 에너지로 섬 전체의 에너지 자원 충족) 

2 우리나라의 자연환경에 맞는 신 · 재생 에너지 마을 만들기

예시)

마을의 환경	신 · 재생 에너지 활용 방안	신 · 재생 에너지 활용 시 유의해야 할 점
• 농촌 지역으로, 마을에서는 소나 돼지를 기르는 축산업이 발달 • 마을 북쪽으로는 해발 600m 내외의 산이 있음 • 산에는 물이 많이 흐르고 낙차가 큰 계곡이 위치함 • 맑은 날이 많고 일사량이 풍부함	• 윤데 마을의 사례와 같이 바이오 에너지를 활용한다. • 산지의 특성을 활용한 풍력 발전을 실시한다. • 계곡에 댐을 건설하여 수력 발전소를 설치한다. • 태양열 주택, 태양광 발전 시설을 이용한다.	• 수력 발전을 실시할 경우 나타날 하천 생태계 훼손 문제 등에 대하여 토론이 필요하다. • 풍력 발전을 실시할 정도로 바람이 일정하고 강하게 부는 지를 확인하고, 소음 등의 문제가 없는지 논의할 필요가 있다.

3 마을의 에너지를 그림으로 표현하고 발표하기

예시)

채점 기준

평가 영역	채점 기준	배점
신 · 재생 에너지 관련 사례 조사 및 자료 수집	조사한 사례가 신 · 재생 에너지를 충분히 활용하고 있는 사례이며 명확한 정보를 바탕으로 명료하게 전달하였다.	상
	신 · 재생 에너지를 활용하고 있는 사례를 조사하고 정리하였으나, 자료의 정확성이 다소 부족하였다.	중
	사례의 선정이 적절하지 않으며 주어진 일부 항목에 대해서만 내용을 조사하고 정리한 수준도 미흡하였다.	하
신 · 재생 에너지 마을 만들기 구상	자연환경에 대한 정확한 분석을 바탕으로 알맞은 신 · 재생 에너지를 선정하고 활용시 유의사항을 충분히 검토하였다.	상
	신 · 재생 에너지 마을을 구상하였으나 자연환경에 대한 분석 및 신 · 재생 에너지 선정, 유의사항 등의 제반 사항 검토가 다소 부족하였다.	중
	신 · 재생 에너지 마을을 구상 시 자연환경의 일부만을 반영했고 신 · 재생 에너지 선정, 유의사항 등의 제반 사항 검토가 미흡하였다.	하
그림 표현 및 발표	신 · 재생 에너지 마을의 활용 의도를 잘 살려 그림으로 나타내고 이를 명확하고 조리있게 발표하였다.	상
	신 · 재생 에너지 마을을 그림으로 나타냈으나 활용 의도나 발표력이 다소 부족하였다.	중
	신 · 재생 에너지 마을을 그림에서 정확하게 나타내지 못하였다.	하

Ⅶ. 개인과 사회생활

01
사회화와 청소년기

02
사회적 지위와 역할

03
사회 집단과 차별

사회화와 청소년기

출제 포인트
- 사회화의 의미와 기능
- 사회화 기관의 유형
- 청소년기의 특징

1 사회화의 의미와 기능

(1) **의미** : 개인이 자신이 속한 사회의 언어, 행동 양식, 규범, 가치관 등을 배워 가는 과정

(2) **기능** → 사회화 과정을 통해 생물학적 존재에서 사회적 존재로 성장해 간다.

① **개인적 측면** : 자신만의 독특한 개성과 자아를 형성하고, 사회생활에 필요한 행동 양식 및 규범을 익혀 사회 구성원으로 성장함

② **사회적 측면** : 사회 구성원들이 그 사회의 규범과 가치 등을 공유하게 하며, 이를 다음 세대로 전달하여 사회를 유지하고 발전시킴

✚ **사회적 존재로서의 인간**
사회에서 다른 사람들과의 관계를 통해 더불어 살아가며 인간다운 모습을 갖춘 존재

✚ **규범**
인간이 타인과 함께 더불어 생활하는 데 있어 필요한 일정한 행동 양식

2 사회화의 과정

(1) **사회화 기관**

① 의미 : 사회 구성원들의 사회화를 담당하는 집단 또는 기관

② 유형

유형	특징
가정	• 가장 기초적인 사회화 기관으로 기본적인 인성을 형성함 → 태어나서 처음 접하는 사회화 기관 • 언어, 예절, 행동 양식 등 기본적인 생활 습관을 습득함
또래 집단	• 비슷한 연령과 공통의 관심사를 토대로 형성함 → 또래만의 언어와 문화를 형성한다. • 놀이를 통해 집단생활의 질서와 규칙을 습득함
학교	• 사회화를 목적으로 하는 공식적인 사회화 기관 • 사회생활에 필요한 지식, 기능, 가치, 행동 양식 등을 체계적으로 학습함
직장	• 업무에 필요한 지식, 기술, 규칙, 태도 등을 습득함 • 자아실현의 기회를 제공하는 사회화 기관
대중 매체	• 신문, 텔레비전, 인터넷 등을 통해 다양한 지식과 정보, 가치와 규범 등을 전달함 • 현대 사회에서 큰 영향력을 행사하는 사회화 기관

✚ **가정**
태어나서 가장 먼저 접하는 사회화 기관으로 언어, 예절, 의식주 등 기본적인 생활 방식을 습득하며, 기본적인 인성을 형성하는 데 영향을 미친다. '세 살 버릇 여든까지 간다.'라는 말은 유·아동기의 사회화와 사회화 기관으로서 가정의 중요성을 나타낸 것이다.

✚ **또래 집단**
같은 지역이나 공동체 속에서 생활하는 비슷한 나이의 구성원이 주로 놀이를 중심으로 형성한 집단 예 청소년 집단, 학교 친구

집중 탐구 인간의 사회화 과정과 사회화 기관

인간은 생애 각 시기에 따라 주로 영향을 받는 사회화 기관이 다르게 나타난다. 유·아동기에는 가정에서 기본적인 욕구를 충족시키며 기초적인 사회화를 경험한다. 청소년기에는 가정의 영향에서 점차 벗어나 학교에서 지식과 규범을 익히며 자신의 성격과 생활 태도를 형성하는데 또래 집단과 대중 매체의 영향을 많이 받는다. 성인기에 들어서면 직장을 통해 업무에 필요한 지식과 기능을 배우며 직장 생활에 필요한 태도를 형성해 나간다. 노년기에는 사회 변화에 적응하기 위해 노인 대학이나 대중 매체를 통해 재사회화를 경험한다. 이처럼 인간의 사회화는 평생에 걸쳐 다양한 사회화 기관을 통해 이루어진다.

▲ 가정

▲ 또래 집단

▲ 학교

▲ 대중 매체

▲ 직장

▲ 노인 대학

✚ **대중 매체의 영향력**
현대 사회의 급속한 사회 변동에 따라 대량의 지식과 정보를 신속하게 제공하여 그 영향력이 확대되고 있다.

(2) **재사회화**

① 의미 : 사회 변화에 적응하기 위해 지식, 기능, 가치, 태도 등을 새롭게 배우는 과정

② 배경 : 급속한 사회 변화와 평균 수명의 증가로 기존의 지식, 기능, 가치만으로 사회 적응이 어려워져 새롭게 사회화되는 과정이 필요하게 됨 → 사회화는 특정 시기에만 이루어지는 것이 아니라 평생에 걸쳐 이루어지는 과정이다.

③ 사례 : 노인의 정보화 교육, 군대의 신병 교육, 성인의 평생 교육, 다문화 가정의 한국어 교육 등

Q & A

Q 사회화와 재사회화는 어떻게 다른가요?

▲ 사회화

▲ 재사회화

A 인간은 태어나면서부터 부모와 주변 사람들과 관계를 맺고 더불어 살아가며 사회화 과정을 통해 성장해 간다. 사회화는 사회 구성원으로서 성장하기 위해 필요한 기본적인 행동 양식뿐만 아니라 기능, 규범, 가치 등을 배워 나가는 과정을 말한다. 이에 반해 재사회화는 사회 변화에 적응하기 위해 새로운 지식이나 행동 양식을 배움으로써 사회화 과정을 다시 겪는 것으로 노인이 정보화 교육을 받는 것 등이 이에 해당한다. 급속하게 변화하는 현대 사회에서 재사회화의 중요성이 매우 커지고 있다.

3 청소년기의 의미와 특징

(1) **의미** : 아동기와 성인기의 과도기에 해당 → 한 상태에서 다른 상태로 넘어가는 중간 단계의 시기를 말한다.

(2) **특징**

신체적 측면	2차 성징과 같은 신체의 급격한 성장과 함께 외모와 이성에 대한 관심과 호기심이 증대함
심리적 측면	감정의 변화가 심하고 충동적으로 행동하는 등 정서적으로 불안정한 성향이 나타남
인지적 측면	지적 능력이 높아져 추상적·논리적 사고 능력이 향상됨
사회적 측면	부모의 간섭으로부터 벗어나 독립하려는 경향을 보이며, 또래 집단에 대한 강한 유대감을 형성함

더 알아보기 **청소년기의 특징을 나타내는 다양한 표현**

- 주변인 : 어린이와 어른의 어느 쪽에도 속하지 못하는 중간 단계를 일컬음
- 질풍노도의 시기 : '거센 바람과 성난 파도'와 같이 격정적인 감정의 변화로 불안한 심리 상태를 말함
- 심리적 이유기 : 심리적으로 '젖을 뗀다'는 의미로 부모와 기성세대의 보호나 간섭으로부터 벗어나고자 함
- 이유 없는 반항기 : 어른들의 권위에 도전하고 전통적인 가치를 부정하는 성향이 강함

(3) **자아 정체성**

① 의미 : 자신만의 고유한 특성이나 모습 등에 대해 명확하게 이해하는 것 → 자신이 바라보는 자신의 모습뿐만 아니라 '거울에 비친 자아'의 모습도 함께 고려하여 이해하는 것이 필요하다.

② 형성 시기 : 청소년기는 자아 정체성을 형성하는 중요한 시기로 성인기의 삶과 사회에도 영향을 미침 → 자아 정체성의 혼란으로 발생하는 사회 문제를 예방할 수 있다.

③ 바람직한 자아 정체성 형성을 위한 노력

- 자신이 잘하는 것과 원하는 것을 파악하여 건전하고 긍정적인 자아 정체성을 형성하려는 노력이 필요함 → 올바른 자아 정체성의 확립은 자아실현을 가능하게 한다.
- 자신이 원하는 미래의 모습을 이루기 위한 계획 수립과 함께 끊임없는 자기 계발을 해야 함

+ 평생 교육

오늘날은 재사회화의 중요성이 강조되면서 평생 교육을 받는 사람들이 늘어나고 있다. 평생 교육이란 인간의 전 생애에 걸쳐 이루어지는 교육으로 빠르게 변화하는 현대 사회에서 새로운 지식과 기능을 습득하여 적응하는 과정이다.

+ 2차 성징

신체 각 부위에서 나타나는 여성과 남성으로서의 성(性)적 성장

+ 기성세대

사회를 이끌어 가는 세대로 성인을 말하며 변화보다는 안정을 추구하고 보수적인 성향을 보인다.

+ 거울에 비친 자아

거울을 통해서 자신의 모습을 보듯이 주변 사람이 나를 어떻게 생각하는지를 거울삼아 자신을 파악하는 것으로 '거울 자아'라고 한다. 이는 타인과의 상호 작용이 자아 정체성 형성에 영향을 주고 있음을 나타낸다.

+ 긍정적인 자아 정체성 형성을 위한 노력

- 자신의 모습을 인정하고 소중하게 여겨 자아 존중감을 높인다.
- 청소년기의 혼란을 극복할 수 있다는 자신감을 가져야 한다.
- 자아를 찾으려는 본인의 노력과 함께 선생님과 같은 어른으로부터의 조언, 다양한 분야의 독서 등이 도움이 될 수 있다.

개념 다지기

정답과 해설 • 38쪽

01 빈칸에 들어갈 알맞은 말을 쓰시오.

(1) (   )은(는) 사회 구성원으로서 사회생활에 필요한 언어, 행동 양식, 규범, 가치관 등을 배워 가는 과정이다.
(2) 언어, 예절, 기본적인 행동 양식을 배우는 (   )은(는) 가장 기초가 되는 사회화 기관이다.
(3) 사회 변화에 적응하기 위해 기존의 지식, 기능, 가치관 등을 다시 새롭게 배우는 과정을 (   )(이)라고 한다.
(4) (   )은(는) 아동기와 성인기의 과도기에 해당하는 시기로 '주변인'이라고도 한다.

02 다음 설명이 맞으면 ○표, 틀리면 ×표 하시오.

(1) 사회화는 인간의 생애 중 가장 중요한 유년기와 청소년기에 완성된다. ( )
(2) 사회생활에 필요한 지식, 기능, 행동 양식 등을 체계적으로 습득시키는 공식적인 사회화 기관은 학교이다. ( )
(3) 음식 도구의 사용법을 배우는 어린아이의 모습은 재사회화의 사례에 해당한다. ( )
(4) 청소년기에는 부모의 간섭과 보호에서 벗어나려는 경향이 강하다. ( )

03 사회화의 기능으로 개인적 측면에 해당하는 것을 〈보기〉에서 있는 대로 고르시오.

보기
ㄱ. 자신만의 독특한 개성과 자아를 형성한다.
ㄴ. 사회 구성원들의 규범과 가치관을 문화로 공유한다.
ㄷ. 행동 양식 및 규범을 익혀 사회 구성원으로 성장한다.
ㄹ. 문화를 다음 세대로 전달하여 사회를 유지하고 발전시킨다.

04 다음에서 공통적으로 설명하는 사회화 기관을 쓰시오.

- 청소년기에 큰 영향을 미치는 사회화 기관이다.
- 변화의 속도가 빠른 현대 사회에서 영향력이 증대하고 있다.
- 신문, 텔레비전, 인터넷 등을 통해 다양한 지식과 정보를 전달한다.

05 사회화 기관과 그 특징을 바르게 연결하시오.

(1) 가정 • • ㉠ 놀이를 통해 질서와 규칙 습득
(2) 학교 • • ㉡ 업무에 필요한 지식, 기능, 태도 형성
(3) 직장 • • ㉢ 언어, 의식주와 관련된 기본예절 학습
(4) 또래 집단 • • ㉣ 사회화를 목적으로 하는 공식적인 사회화 기관

06 재사회화의 사례에 해당하는 것을 〈보기〉에서 있는 대로 고르시오.

보기
ㄱ. 인터넷 사용법을 익히는 노인
ㄴ. 어학원에서 한글을 배우는 외국인
ㄷ. 부모로부터 옷 입는 방법을 익히는 어린아이
ㄹ. 설날에 웃어른께 세배하는 법을 배우는 초등학생

07 다음 설명에 해당하는 표현을 〈보기〉에서 고르시오.

보기
ㄱ. 주변인 ㄴ. 심리적 이유기
ㄷ. 질풍노도의 시기 ㄹ. 이유 없는 반항기

(1) 부모의 보호와 간섭에서 벗어나고자 한다. ( )
(2) 기성세대의 권위와 질서에 저항하여 갈등을 겪는다. ( )
(3) 어른도 아이도 아닌 중간 위치에 해당하는 시기이다. ( )
(4) 격정적인 감정의 변화를 보이며, 심리적으로 큰 혼란을 겪는다. ( )

08 빈칸에 공통적으로 들어갈 알맞은 말을 쓰시오.

- 자신만의 고유한 특성이나 모습을 명확하게 이해하는 것을 (   )(이)라고 한다.
- 청소년기는 건전하고 긍정적인 (   )을(를) 형성하는 중요한 시기이다.

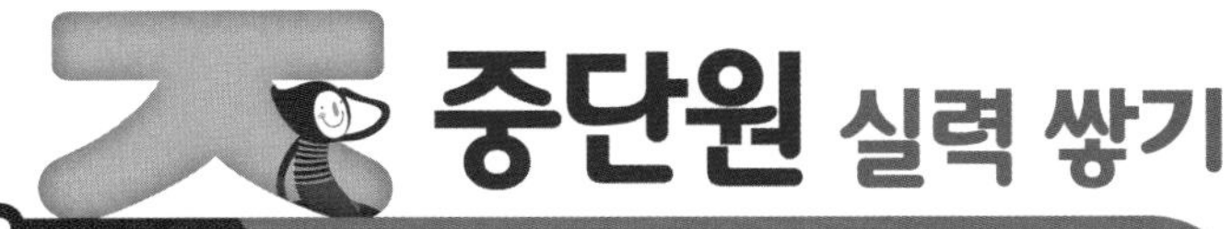

중단원 실력 쌓기

정답과 해설 • 38쪽

01 다음 글을 통해 추론할 수 있는 내용으로 가장 적절한 것은?

> 「정글북」의 모글리에 버금가는 '모글리 소녀'가 인도에서 발견되었다. 8살인 소녀는 네 발로 기어 다니고 '끽끽' 하는 소리를 냈다. 소녀를 발견한 검사관은 "발견 당시 세 마리의 원숭이에게 둘러싸여 있었는데, 인간을 두려워하고 어떠한 언어도 이해하지 못했다."고 말했다.

① 인간은 사회적 존재로 태어난다.
② 인간은 야생에서도 인간답게 성장할 수 있다.
③ 인간은 사회를 떠나 생활했더라도 사회에 쉽게 적응할 수 있다.
④ 인간은 혼자서도 사회생활에 필요한 지식과 기능을 익힐 수 있다.
⑤ 인간은 사회 속에서 사회 구성원과의 상호 작용을 통해 인간다워진다.

02 (가), (나)에 알맞은 말을 바르게 연결한 것은?

구분		((가))
의미		사회생활에 필요한 지식, 기능, 행동 양식과 규범을 배워 가는 과정
기능	개인적 측면	((나))
	사회적 측면	사회 유지 및 발전

	(가)	(나)
①	사회화	개성 형성
②	사회화	문화 공유
③	재사회화	자아 형성
④	재사회화	문화 전달
⑤	사회적 존재	문화 공유

03 다음 사회화 기관의 공통적인 특징을 〈보기〉에서 고른 것은?

> • 학교 • 또래 집단

〈보기〉
ㄱ. 업무에 필요한 지식, 기능, 규범을 습득한다.
ㄴ. 구성원과의 상호 작용을 통해 소속감을 가진다.
ㄷ. 공동체 생활에 필요한 질서, 규칙 등을 학습한다.
ㄹ. 빠르게 변화하는 현대 사회에서 그 영향력이 증대되고 있다.

① ㄱ, ㄴ ② ㄱ, ㄷ ③ ㄴ, ㄷ ④ ㄴ, ㄹ ⑤ ㄷ, ㄹ

04 사례를 통해 유추할 수 있는 내용으로 가장 적절한 것은?

> 어려서 아버지를 여의고 어머니의 손에서 키워진 맹자가 처음 살았던 곳은 공동묘지 근처였다. 맹자는 늘 보던 대로 곡(哭)을 하는 놀이를 하며 지냈다. 이 모습을 지켜본 맹자의 어머니는 안 되겠다 싶어 시장 근처로 이사했더니 이번에는 맹자가 장사꾼 흉내를 내면서 놀았다. 맹자의 어머니는 이곳도 아이와 함께 살 곳이 아니구나 하여 서당 근처로 이사를 하였고, 이에 맹자가 학문에 관심을 가지고 그와 관련된 놀이를 하며 하루를 보냈다. 맹자 어머니는 이곳이야말로 아들과 함께 살 만한 곳이라 생각하고 그곳에 머물러 살았다.

① 사회화는 평생 동안 계속되는 과정이다.
② 인간은 본능에 따라 행동하는 사회적 존재이다.
③ 서당은 태어나서 처음 만나는 최초의 사회화 기관이다.
④ 주변 환경은 개인의 기본 인성을 형성하는 데 큰 영향을 미친다.
⑤ 유아기에는 어떠한 친구를 사귀느냐에 따라 기본 생활 습관이 달라진다.

중요

05 다음 내용과 관련 있는 사회화 기관의 특징으로 옳은 것은?

> • 사회생활에 필요한 지식과 기능을 체계적으로 제공한다.
> • 사회 규범과 가치를 익히며 성격과 생활 태도를 형성한다.

① 다양한 지식과 정보를 신속하게 제공한다.
② 사회화를 목적으로 하는 공식적인 기관이다.
③ 놀이를 통해 집단생활에 필요한 규칙과 질서를 배운다.
④ 업무와 관련된 교육을 받으며 조직 내에서 필요한 규범을 익힌다.
⑤ 최초의 사회화 기관으로 기초 생활 습관을 형성하는 데 큰 영향을 끼친다.

06 다음은 보고서를 작성하기 위한 활동 계획이다. 밑줄 친 (가)에 들어갈 내용으로 가장 적절한 것은?

> 주제 : (가)
>
> 1일차〉 군대의 신입 병사들을 대상으로 설문 조사
> 2일차〉 재취업 과정 강의를 듣고 있는 어느 가장의 모습을 밀착 촬영
> 3일차〉 노인 대학에서 인터넷 사용법을 배우고 있는 노인들을 대상으로 인터뷰

① 사회화의 기능
② 대중 매체의 특징
③ 재사회화의 중요성
④ 실업률 증가의 문제점
⑤ 사회 변화로 인한 세대 갈등

중요
07 사진에 나타난 사회적 현상에 대한 설명으로 옳은 것은?

▲ 김치 담그는 법을 배우는 다문화 가족

① 특정한 시기에 완성되는 과정이다.
② 사회 변화에 소극적으로 대처하는 것이다.
③ 기존의 사회화 과정을 반복하여 겪는 것이다.
④ 사회가 요구하는 새로운 지식과 기술을 습득하는 것이다.
⑤ 변화의 속도가 빠른 사회에서 점차 줄어들고 있는 경향을 보인다.

08 다음 표현과 관련된 시기에 대한 설명으로 옳은 것은?

> • 주변인 • 심리적 이유기
> • 질풍노도의 시기 • 이유 없는 반항기

① 부모에게 지나치게 의존하고자 한다.
② 아동기와 성인기의 중간에 해당한다.
③ 가정에서 언어, 옷 입는 법, 기본예절을 배운다.
④ 직장을 통해 자아실현을 이루고 생계를 유지한다.
⑤ 새롭게 경제 활동을 하거나 여행과 여가 활동을 즐긴다.

중요
09 청소년기의 특징에 해당하는 내용을 〈보기〉에서 고른 것은?

> 보기
>
> ㄱ. 부모의 간섭으로부터 벗어나 독립하고자 한다.
> ㄴ. 지적 능력이 높아져 추상적이고 논리적인 사고력이 향상된다.
> ㄷ. 심리적으로 안정되어 있으며 충동적인 행동을 절제할 수 있다.
> ㄹ. 어른들의 권위와 질서를 존중하고 그들의 조언에 귀를 기울인다.

① ㄱ, ㄴ ② ㄱ, ㄷ ③ ㄴ, ㄷ
④ ㄴ, ㄹ ⑤ ㄷ, ㄹ

10 다음 내용과 관련한 사회학적 개념에 대한 설명으로 옳은 것은?

> • 나는 다른 사람에게 어떠한 사람인가?
> • 내가 다른 사람보다 잘할 수 있는 것은 무엇인가?

① 한번 형성되면 절대 변화하지 않는다.
② 성인기에 시작되어 노년기에 완성된다.
③ 자신보다는 부모님의 의견을 반영하여 확립한다.
④ 자신만의 고유한 특성을 명확하게 이해하는 것이다.
⑤ 타인의 도움 없이 혼자 힘으로 이루도록 해야 한다.

11 대화에서 윤주가 가져야 할 자세로 적절한 것은?

> 서진 : 윤주야 무슨 일 있니? 얼굴이 안 좋아 보여.
> 윤주 : 우리 엄마, 아빠는 언니만 예뻐하는 것 같아.
> 서진 : 왜 그렇게 생각해? 너도 부모님께 자랑스러운 딸이야.
> 윤주 : 아니야, 언니는 공부도 잘하고 운동도 잘해서 인기가 많아. 그런데 나는 잘하는 게 아무것도 없어.

① 부모님이 원하는 직업을 갖도록 최선을 다한다.
② 자신의 모습을 있는 그대로 인정하고 소중하게 여긴다.
③ 외모에 관심을 갖고 유행에 뒤지지 않도록 노력한다.
④ 자신의 생각보다 다른 사람의 평가에 항상 민감하게 반응한다.
⑤ 청소년기에 나타나는 자연스러운 현상이므로 크게 의미를 부여하지 않는다.

정답과 해설 • 38쪽

12 기사 내용을 토대로 우리나라 청소년들이 가져야 할 태도로 가장 적절한 것은?

> ○○신문 20△△년 △월 △일
>
> 우리나라의 정상 체중 청소년 중 절반 이상이 자신의 몸무게를 과체중 등 비정상 상태로 인식하고 있는 것으로 조사되었다. 이처럼 자신을 비정상 체중으로 인식할수록 자아 존중감도 낮아지는 것으로 나타났다. 이러한 인식은 청소년에게 부정적인 영향을 미쳐 간접적으로 자아 존중감을 떨어뜨리는 요인으로 나타났다.

① 긍정적인 자아 정체성을 형성하도록 노력한다.
② 체중을 줄이기 위한 노력을 게을리하지 않는다.
③ 자아 존중감을 높이기 위해 체중을 좀 더 줄인다.
④ 타인의 모습을 기준으로 자신의 모습을 평가한다.
⑤ 외모에 관심을 가지고 겉모습 치장에만 신경 쓴다.

13 밑줄 친 (가)에 들어갈 내용으로 적절하지 <u>않은</u> 것은?

> 청소년기에는 자신의 성격, 능력, 가치관에 대해 진지하게 고민하고 그 답을 찾는 과정에서 자아 정체성을 형성하게 된다. 청소년기는 올바르고 건전한 자아 정체성을 형성해야 하는 중요한 시기이다. 청소년기에 바람직한 자아 정체성의 형성 여부는 ___(가)___ 때문에 매우 중요하다. 많은 청소년들은 자아 정체성을 확립하는 과정에서 혼란을 겪게 되는데 이 시기를 지혜롭게 극복하여 올바른 자아상을 형성하도록 노력해야 한다.

① 자아를 실현하는 데에 도움을 주기
② 성인이 된 후 삶의 모습에도 영향을 미치기
③ 개인의 삶뿐만 아니라 사회에도 영향을 미치기
④ 일생동안 변하지 않고 자신의 삶에 큰 영향을 주기
⑤ 심리적 혼란으로 야기될 수 있는 청소년 문제를 예방할 수 있기

서술형·논술형

정답과 해설 • 39쪽

서술형

01 다음 내용에 해당하는 개념을 쓰고, 그 기능을 개인적·사회적 측면으로 구분하여 서술하시오.

> 인간이 자신이 속한 사회생활에 필요한 지식, 기능, 규범, 행동 양식을 배워 가는 과정이다.

논술형

02 다음은 어느 사회화 기관의 중요성을 나타낸 것이다. 이와 관련된 사회화 기관을 쓰고, 그 특징을 200자 내외로 논술하시오.

사회적 지위와 역할

출제 포인트
- 사회적 지위의 의미와 종류
- 역할과 역할 행동의 의미
- 역할 갈등의 의미와 해결 방안

✚ 사회적 지위

개인은 자신이 소속된 집단이나 사회적 관계 속에서 다양한 사회적 지위를 가진다. 보람이의 여러 사회적 지위 중 딸, 누나는 귀속 지위이며, 학급 회장, 동아리 부원은 성취 지위에 해당한다.

✚ 보상
어떤 행위에 대해 물질이나 칭찬과 같은 긍정적인 대가를 주는 것

✚ 제재
정해진 규칙을 위반한 경우 사회적 비난이나 처벌 등과 같이 그 행동을 제한하거나 금지하는 것

✚ 행동 양식
몸을 움직여 동작하거나 어떤 일을 하는 일정한 모양이나 형식

✚ 학생의 역할 수행
학생으로서 학업에 최선을 다하면 칭찬이나 상을 받지만 학생의 신분에 어긋나는 행동을 했을 때에는 처벌이나 징계와 같은 제재를 받게 된다.

1 사회적 지위

(1) **의미** : 개인이 자신이 속한 사회나 집단 내에서 차지하고 있는 위치

(2) **유형**

① 귀속 지위 → 특정 집단에 소속되는 것을 말한다.
- 개인의 의지와 노력과는 상관없이 자연적으로 주어지는 지위
- 혈통이나 신분을 중시하던 전통 사회에서 중시 예 남자, 여자, 아들, 딸 등

② 성취 지위
- 개인의 능력과 노력에 따라 후천적으로 얻게 되는 지위
- 개인의 능력이 중시되는 현대 사회에서 성취 지위의 중요성이 더 커지고 있음 예 학생, 변호사, 남편, 엄마 등

더 알아보기 노력이 빚어낸 장영실의 성취 지위

열심히 노력하여 노비에서 높은 관직까지 오를 수 있었어요.

▲ 조선 시대 과학자 장영실

조선 시대는 양반, 중인, 상민, 천민이라는 네 개의 계급으로 이루어진 신분 사회로 자신의 의지와 노력과는 상관없이 자연적으로 주어지는 '귀속 지위'가 중시되었다. 노비 출신인 장영실은 뛰어난 관찰력과 손재주를 인정받아 집현전에서 측우기, 자격루, 물시계를 제작하였다. 과학 분야에 큰 공을 세운 장영실은 세종의 총애를 받았고, 종3품이라는 관직까지 올랐다. 이는 폐쇄적인 신분 질서가 유지되던 조선 사회에서 자신의 능력과 노력을 인정받아 '성취 지위'를 얻은 사례이다.

2 사회적 역할

(1) **의미** : 사회적 지위에 따라 기대되는 일정한 행동 양식 → 각각의 사회적 지위가 다르므로 개인에게 기대되는 역할도 각자 다르다.

(2) **역할 행동** → 역할 행동에 대한 보상과 제재를 통해 사회 구성원들이 그 사회가 바라는 역할 행동을 수행하도록 장려한다.

① 의미 : 역할을 수행하는 개인의 구체적인 방식

② 특징
- 역할을 충실하게 수행하면 칭찬과 보상이 주어짐 → 사회의 유지와 안정에 기여함
- 역할을 제대로 수행하지 못하면 사회적 비난과 처벌이라는 제재를 받기도 함 → 사회에 혼란을 초래할 수 있음

집중 탐구 역할 행동에 따른 보상과 제재

같은 사회적 지위라도 모두 같은 방식으로 역할을 수행하는 것은 아니다. 실제로 역할을 수행하는 방식, 즉 '역할 행동'은 개인의 특성과 가치관에 따라 다르게 나타난다. 어떠한 방식으로 역할을 수행했느냐에 따라서 사회적 보상이나 제재를 받을 수 있다. 예를 들어 운동선수가 열심히 훈련에 임하여 경기에서 좋은 성적을 거두면 사회적 인정과 함께 메달 수여라는 보상을 받지만, 약물에 의존하여 결과를 손쉽게 얻으려고 한다면 운동선수라는 지위를 박탈당하거나 사회적 비난이라는 제재를 받을 수 있다.

Q & A

Q 역할은 시대와 사회적 상황이 바뀌면 달라지기도 하나요?

▲ 아버지의 역할 변화　　　▲ 어머니의 역할 변화

A 역할은 사회적으로 기대되는 행동 양식으로 시대나 사회적 상황이 바뀌면 달라지기도 한다. 과거의 아버지는 자녀에게 자신의 생각을 강요하는 권위적인 모습을 보였으나, 시대가 변화하면서 오늘날에는 가사를 분담하거나 친구 같은 자상한 아버지의 모습을 기대하게 되었다. 또한 과거에는 가사와 육아에 전념하는 어머니의 모습이 일반적이었으나, 여성에 대한 사회적 인식이 달라지면서 적극적인 사회 활동을 하는 어머니의 모습도 자연스럽게 받아들이게 되었다. 이처럼 지위에 따른 역할은 고정된 것이 아니라 시대와 사회적 상황이 변화되면 기대하는 역할의 모습이 달라지기도 한다.

3 역할 갈등

→ 다양한 사회적 관계가 형성되면서 구성원의 지위와 역할이 많아지기 때문에 역할 갈등이 증가한다.

(1) **의미** : 개인이 가지는 여러 개의 역할이 서로 충돌하여 갈등을 일으킨 상태

(2) **특징** : 현대 사회가 복잡해지고 다양한 사회적 관계가 형성되면서 역할 갈등이 증가함

(3) **발생 원인** : 개인이 여러 개의 사회적 지위를 가지고 있기 때문에 나타남

더 알아보기 사례로 알아보는 역할 갈등

→ 여성의 사회적 진출이 늘어나면서 직장인으로서의 역할과 어머니로서의 역할이 충돌하는 '역할 갈등'이 증가하고 있다.

회사원이자 한 아이의 엄마인 우신혜 씨는 회사에 출근하자마자 중요한 회의에 참석할 준비를 하고 있었다. 그런데 어린이집으로부터 아이가 아프다는 연락을 받았다. 남편도 해외 지사에서 근무하는 중이라 이 상황을 스스로 해결해야 한다. 우신혜 씨는 회의에 참석해야 할지, 병원에 가야 할지 고민 중이다.

(4) **문제점**

① 개인적 차원 : 역할 갈등이 원만하게 해결되지 않으면 심리적 불안감을 느낌

② 사회적 차원 : 사회 질서가 흔들리면서 사회가 혼란해질 수 있음

(5) **해결 방안**

① 개인적 차원 : 갈등 상황을 명확하게 분석하여 중요한 역할을 하나 선택하거나 우선순위를 정하여 순서대로 수행함 → 합리적 의사 결정에 따라 하나의 역할만을 선택하거나, 우선순위를 정하여 역할을 수행함으로써 갈등을 발생시킨 요인을 제거할 수 있다.

② 사회적 차원 : 구성원들이 겪는 역할 갈등을 합리적으로 해결할 수 있는 법과 제도를 정비함

더 알아보기 역할 갈등을 줄이기 위한 사회적 차원의 노력

▲ 직장 내에 설치된 어린이집

육아와 근로를 병행하는 맞벌이 부부가 증가하면서 아이가 아프거나 아이에게 문제가 생겼을 때 부모와 직장인으로서의 역할이 충돌하여 발생하는 '역할 갈등'도 증가하고 있다. 맞벌이 부부가 겪는 역할 갈등은 한 개인의 문제로 그치는 것이 아니라 사회적으로 해결되어야 하는 문제이다. 직장 내에 설치된 어린이집의 확대나 유급 육아 휴직 제도는 맞벌이 부부의 역할 갈등을 해결하는 데 도움을 준다. 이와 같이 국가는 사회적으로 빈번하게 나타나는 역할 갈등을 해결할 수 있는 법과 제도 정비에 적극적으로 나서야 한다.

+ 학급 회장이라는 지위는 동일한데 왜 학급마다 하는 역할이 다른가?

학급 회장이라는 지위에는 학급 구성원들의 의견을 대변하고 단합된 학급을 이끌어 가는 역할이 기대된다. 하지만 학급 회장마다 행동하는 모습이 다른 것은 개인의 특성과 가치관에 따라 역할 행동이 달라지기 때문이다.

+ 역할 갈등의 합리적인 해결 과정

역할 갈등 원인과 상황을 명확하게 분석한다.

⬇

여러 역할 가운데 무엇이 더 중요한지 기준을 정하여 판단한다.

⬇

하나의 역할을 선택하거나 우선순위를 정하여 중요한 것부터 차례대로 수행한다.

+ 역할 갈등 시 우선순위를 정하는 방법

자신에게 요구되는 각 역할의 중요성을 비교하고 우선순위를 정하여 중요한 것부터 수행하여야 한다. 이때는 자신이나 사회가 강조하는 가치 중에서 더 중요하다고 생각하는 것을 선택의 기준으로 삼는 것이 일반적이다.

+ 유급 육아 휴직 제도

육아 휴직 제도란 만 8세 이하 또는 초등학교 2학년 이하의 자녀가 있는 남녀 근로자가 양육을 목적으로 사업주에 휴직을 신청하는 제도를 말하며, 육아 휴직 중에 월급의 일정 부분을 지급받는 것을 유급 육아 휴직 제도라고 한다.

개념 다지기

정답과 해설 • 40쪽

01 **빈칸에 들어갈 알맞은 말을 쓰시오.**

(1) 개인이 자신이 속한 사회나 집단 내에서 차지하고 있는 위치를 (　　　)(이)라고 한다.
(2) 개인의 능력과 노력에 따라 후천적으로 얻게 되는 지위를 (　　　)(이)라고 한다.
(3) 역할을 수행하는 개인의 구체적인 방식을 (　　　)(이)라고 한다.
(4) 여러 개의 역할이 서로 충돌하여 긴장이나 갈등을 일으킨 상태를 (　　　)(이)라고 한다.

02 **다음 설명이 맞으면 ○표, 틀리면 ×표 하시오.**

(1) 현대 사회로 오면서 귀속 지위의 중요성이 점차 증대되고 있다. ············ (　　)
(2) 사회적 지위에 따라 기대되는 행동 양식을 역할이라 한다. ············ (　　)
(3) 역할을 수행하는 개인의 구체적인 방식을 역할 갈등이라 한다. ············ (　　)
(4) 하나의 사회적 지위에 기대되는 역할 행동은 사람마다 다르게 나타난다. ············ (　　)
(5) 사회가 복잡해지고 다양한 집단이 생겨나면서 역할 갈등은 점차 증가하고 있다. ············ (　　)

03 **성취 지위에 해당하는 것을 〈보기〉에서 있는 대로 고르시오.**

◀ 보기 ▶
ㄱ. 딸　　ㄴ. 남편　　ㄷ. 학생
ㄹ. 남자　　ㅁ. 회사원　　ㅂ. 동아리 회장

04 **밑줄 친 ㉠~㉤ 중 나머지와 성격이 다른 사회적 지위를 고르시오.**

요즘 은서는 너무 바빠 몸이 열 개라도 모자랄 지경이다. 올해 ㉠ 중학생이 된 은서는 ㉡ 선생님의 권유에 따라 ㉢ 밴드부원으로 활동하는데 매일 늦게까지 연습을 하고 집에 가면 어린 ㉣ 동생을 돌본다. 게다가 주말에는 ㉤ 엄마가 하시는 가게에서 일을 도와 드린다.

05 **빈칸에 공통으로 들어갈 사회학적 개념을 쓰시오.**

사회적 지위에 따라 기대되는 행동 양식을 (　　　)(이)라 한다. (　　　)을(를) 충실히 수행하면 그에 따른 칭찬과 보상을 받지만 제대로 수행하지 못하면 사회적 비난이나 처벌과 같은 사회적 제재를 받기도 한다.

06 **다음 상황이 나타내는 사회학적 개념을 쓰시오.**

07 **사회적 지위와 역할에 대한 옳은 설명을 〈보기〉에서 있는 대로 고르시오.**

◀ 보기 ▶
ㄱ. 개인은 동시에 여러 가지 사회적 지위를 가질 수 없다.
ㄴ. 역할 갈등이 심화되면 개인은 심리적 불안감을 느낀다.
ㄷ. 역할 갈등은 개인의 문제이므로 국가가 개입하여 해결하면 안 된다.
ㄹ. 역할은 사회적 상황이나 시대의 변화에 따라 그 내용이 다르게 나타나기도 한다.

08 **빈칸에 들어갈 알맞은 용어를 쓰시오.**

역할 갈등을 해결하기 위해서는 갈등의 원인과 상황을 명확하게 분석하고 (　　　)(을)를 정하여 순서대로 역할을 수행한다.

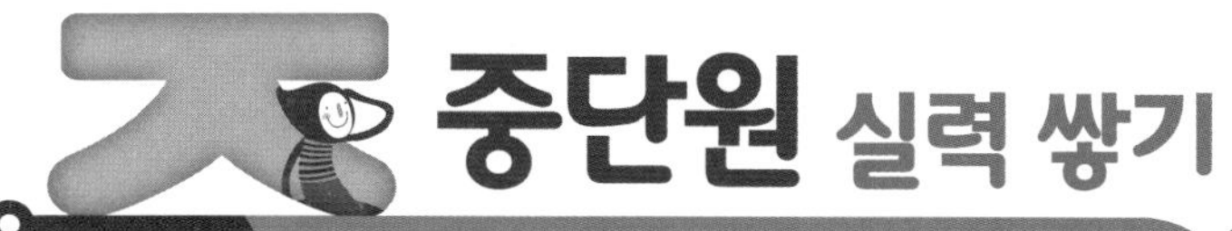

중단원 실력 쌓기

정답과 해설 • 40쪽

01 사회적 지위에 대한 설명으로 옳은 것은?

① 과거에는 성취 지위만 존재하였다.
② 개인은 하나의 지위만을 가질 수 있다.
③ 개인이 집단 내에서 차지하는 위치이다.
④ 현대 사회에서 사회적 지위는 고정되어 있다.
⑤ 모든 지위는 개인의 의지와 상관없이 주어진다.

중요

02 다음과 같은 사회적 지위에 대한 옳은 설명을 〈보기〉에서 고른 것은?

• ◇◇기업 과장
• ○○대학교 학생
• □□동아리 회장

〈보기〉
ㄱ. 성취 지위에 해당한다.
ㄴ. 과거 신분제 사회에서 중시되었다.
ㄷ. 개인의 능력에 따라 얻게 되는 지위이다.
ㄹ. 사회가 복잡해지고 전문화될수록 그 수가 감소한다.

① ㄱ, ㄴ　② ㄱ, ㄷ　③ ㄴ, ㄷ
④ ㄴ, ㄹ　⑤ ㄷ, ㄹ

03 다음은 대학 입학을 위해 쓴 자기 소개서의 일부이다. 밑줄 친 ㉠~㉤ 중 성격이 나머지와 다른 사회적 지위는?

저는 2남 1녀 중에 ㉠ 장남으로 태어나 ㉡ 아버지로부터 책임감이 무엇이고 왜 중요한지 몸소 배우며 성장하였습니다. 중고등학교 때는 여러 번 ㉢ 학급 회장을 하면서 통솔력을 배울 수 있었습니다. 특히 고등학교 때 과학 탐구 ㉣ 동아리 회원으로 활동하면서 다양한 과학적 지식을 습득하였습니다. 이는 본교에 입학하여 ㉤ 대학생이 되었을 때 학업에 많은 도움이 되리라 생각합니다.

① ㉠　② ㉡　③ ㉢
④ ㉣　⑤ ㉤

04 다음 글에 나타난 사회적 지위에 대한 옳은 설명을 〈보기〉에서 고른 것은?

「노상알현도」는 길에서 만난 양반에게 지나가던 상민이 엎드려 절을 하고 있는 모습을 그린 것으로 조선 시대의 엄격한 신분 제도를 잘 보여 주고 있다. 조선 시대에는 신분을 양반, 중인, 상민, 천민으로 구분하였으며, 이러한 신분은 태어나면서부터 주어진 지위였다. 상민과 천민은 과거조차 응시할 수 없었으며, 무거운 세금과 부역에 시달렸다.

〈보기〉
ㄱ. 자신의 의지와 상관없이 주어진다.
ㄴ. 전통 사회에서 중시되었던 지위이다.
ㄷ. 교사, 회사원, 변호사와 같은 성격의 지위이다.
ㄹ. 개인의 노력이나 능력에 의해 얻어지는 지위이다.

① ㄱ, ㄴ　② ㄱ, ㄷ　③ ㄴ, ㄷ
④ ㄴ, ㄹ　⑤ ㄷ, ㄹ

중요

05 밑줄 친 ㉠~㉢에 해당하는 개념을 바르게 연결한 것은?

축구 ㉠ 국가 대표인 A 씨는 올림픽 최종 예선 날짜와 첫아이의 출산 예정일이 겹쳐 아내의 출산을 함께 할지, 국가 대표로서 ㉡ 축구 경기에 나갈지 하나를 선택해야 하는데 쉽지가 않다. 아버지로서 아이의 탄생을 지켜보는 것과 국가 대표로서 최선을 다해 팀을 승리로 이끄는 것 모두 가치 있고 중요한 일이기 때문에 ㉢ 무엇을 선택해야 할지 고민이 깊다.

	㉠	㉡	㉢
①	역할	지위	역할 갈등
②	역할	역할 갈등	지위
③	지위	역할	역할 행동
④	지위	역할	역할 갈등
⑤	역할 행동	지위	역할

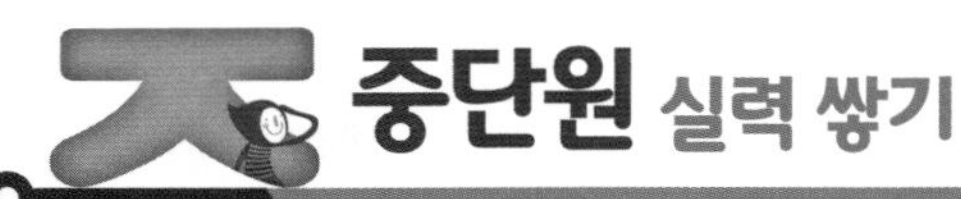

06 역할에 대한 옳은 설명을 〈보기〉에서 고른 것은?

보기
ㄱ. 개인이 가지는 여러 개의 역할들은 항상 조화를 이루고 있다.
ㄴ. 동일한 지위를 가진 사람들은 모두 같은 방식으로 역할을 수행한다.
ㄷ. 사회가 빠르게 변화하면 지위에 기대되는 역할의 모습도 변한다.
ㄹ. 사회가 복잡해지면서 여러 가지 사회적 지위가 나타났고 역할도 다양해지고 있다.

① ㄱ, ㄴ ② ㄱ, ㄷ ③ ㄴ, ㄷ
④ ㄴ, ㄹ ⑤ ㄷ, ㄹ

07 그림을 통해 유추할 수 있는 내용으로 가장 적절한 것은?

▲ 과거

▲ 오늘날

① 동일한 지위에는 같은 역할 행동이 나타난다.
② 현대 사회에서 개인은 여러 지위를 가지고 있다.
③ 역할은 시대나 사회적 상황에 따라 달라지기도 한다.
④ 두 개 이상의 역할이 충돌하여 역할 갈등이 나타난다.
⑤ 현대 사회에서 역할이 변화되는 사례가 점점 감소하고 있다.

08 그림을 통해 알 수 있는 내용으로 옳지 않은 것은?

① 지위에 따라 기대되는 역할 행동에 따른 결과이다.
② 역할을 성실히 수행하면 칭찬과 보상을 받기도 한다.
③ 서로 다른 지위에 따른 역할들이 충돌하여 발생하였다.
④ 역할을 제대로 수행하지 못하면 제재가 따르기도 한다.
⑤ 역할이 같다고 하더라도 실제로 역할을 수행하는 방식은 개인마다 다르다.

중요
09 밑줄 친 부분이 나타내는 사회적 현상에 대한 설명으로 옳지 않은 것은?

> 사랑하는 아들에게
> 아빠가 출장으로 미국에 온 지 일주일이 지났구나. 내일이 너의 생일인데 함께 있어 주지 못해 정말 미안하다. 아빠가 전보다 출장이 잦아져 너와 많은 시간을 보내지 못해 항상 마음이 쓰이는구나. <u>아빠도 너와 여행도 많이 하고 야구도 보러 다니고 싶은데 직장에서 맡은 일에 최선을 다하다 보니 시간이 나질 않아 항상 고민이란다.</u> 아빠가 너를 사랑하는 마음은 변함없다는 것을 알아주렴. 온 마음으로 생일을 축하하고 축복한다.
> 미국에서 아빠가

① 현대 사회로 올수록 점점 증가하고 있는 현상이다.
② 여러 개의 역할들이 조화를 이루지 못하여 발생한다.
③ 하나의 지위에 서로 다른 역할을 기대하기 때문에 나타난다.
④ 개인이 여러 개의 역할을 동시에 할 수 없기 때문에 나타난다.
⑤ 중요한 역할부터 차례로 수행하는 것도 해결 방법 중 하나이다.

10 빈칸 (가)에 들어갈 내용으로 적절한 것은?

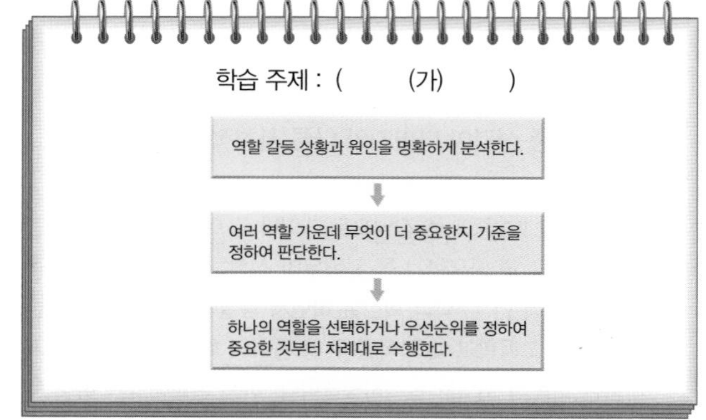

학습 주제 : (　　(가)　　)
역할 갈등 상황과 원인을 명확하게 분석한다.
여러 역할 가운데 무엇이 더 중요한지 기준을 정하여 판단한다.
하나의 역할을 선택하거나 우선순위를 정하여 중요한 것부터 차례대로 수행한다.

① 역할 갈등의 의미 ② 역할 갈등의 특징
③ 역할 갈등의 종류 ④ 역할 갈등의 역기능
⑤ 역할 갈등의 해결 방법

11 다음과 같은 상황이 발생하는 이유로 적절하지 않은 것은?

아이가 아픈데 출근은 해야 하고, 어떡하지?

① 역할 갈등 상황에 처해 있기 때문에
② 개인이 하나의 지위만 가지고 있기 때문에
③ 엄마와 회사원으로서의 역할이 충돌하기 때문에
④ 여러 개의 역할 중 하나를 선택해야 하기 때문에
⑤ 여러 역할 가운데 무엇을 우선해야 하는지 판단해야 하기 때문에

12 밑줄 친 부분에 들어갈 내용으로 적절하지 않은 것은?

> 우리는 많은 사회 집단에 소속되어 생활하면서 여러 개의 지위를 가지게 되고, 이에 요구되는 역할들을 적절하게 수행해야 한다. 이러한 역할들이 서로 조화를 이루지 못하면 ______________________

① 개인의 능력이 발휘되기 어렵다.
② 사회적 혼란이 야기될 수도 있다.
③ 사회 구성원 간의 갈등이 심화될 수 있다.
④ 개인은 심리적으로 불안감을 느끼게 된다.
⑤ 자신의 사회적 지위를 모두 포기하는 것이 합리적이다.

13 다음 내용들을 종합할 수 있는 제목으로 가장 적절한 것은?

> 제목: ______________
> • 육아 휴직을 보장하는 법과 제도를 확대하여 시행해야 한다.
> • 맞벌이 부부의 육아 문제를 해결하기 위해 직장 내 보육 시설을 확충한다.

① 역할 갈등은 왜 일어나는가?
② 지위에 따라 어떻게 행동하는 것이 바람직한가?
③ 역할을 제대로 수행하면 어떤 보상을 받을 수 있는가?
④ 역할 갈등을 줄이기 위한 사회적 차원의 노력은 무엇인가?
⑤ 개인은 역할 갈등을 해결하기 위해 어떤 노력을 해야 하는가?

서술형·논술형

서술형

01 (가)와 (나)에 나타난 사회적 지위의 유형을 각각 쓰고, 그 의미를 서술하시오.

(가)

내가 죽으면
네가 왕이다.

▲ 세자 책봉식

(나)

▲ 대통령 취임식

논술형

02 다음 사례에 나타난 사회적 현상의 원인과 이를 해결하기 위한 합리적 방안에 대해 200자 내외로 논술하시오.

내가 안 가면
친구들이
힘들 텐데.
동생을 데리고
병원에 빨리
가봐야 하는데.

> 승호는 방과 후에 친구들과 함께 사회 보고서를 작성하기로 약속했다. 그런데 승호의 동생이 많이 아프다는 부모님의 연락을 받았다. 승호는 회사일로 바쁜 부모님을 대신하여 아픈 동생을 병원에 데리고 가야 할지, 친구들과의 약속을 먼저 지켜야 할지 고민하고 있다.

사회 집단과 차별

출제 포인트
- 사회 집단의 의미
- 사회 집단의 유형과 특징
- 차별 사례와 해결 방안

✚ 상호 작용
사회 구성원들이 서로에게 영향을 미치는 행동을 주고받는 것

1 사회 집단

→ '2인 이상 + 소속감 + 지속적 상호 작용'이라는 세 가지 요소를 모두 충족해야 사회 집단이 성립한다.

(1) **의미** : 둘 이상의 사람이 모여 소속감과 공동체 의식을 가지고 지속적으로 상호 작용을 하는 집합체 예 가정, 학교, 회사, 정당 등

(2) **특징** : 개인에게 지위와 역할 부여, 개인과 사회를 연결하는 매개체로서의 역할 수행 등

(3) **개인과 사회 집단의 관계**

① 개인은 사회 집단 안에서 다른 구성원과 사회적 관계를 맺고 역할을 수행하면서 사회적 존재로 성장해 나감

② 사회 집단은 개인의 의지나 역할 수행 방법에 따라 변화하고 발전하기도 함 → 개인과 사회 집단은 서로 밀접한 관계를 맺으며 영향을 주고받음 → 개인과 사회 집단은 서로 조화를 이루려고 노력해야 한다.

✚ 개인과 사회 집단의 관계
개인과 사회 집단은 상호 의존적 관계를 형성하고 있다. 개인은 사회 집단에 속함으로써 안정감과 소속감을 느끼며, 자신의 지위에 따른 역할을 수행함으로써 사회 유지와 발전에 이바지한다. 사회 집단은 소속된 개인에 의하여 집단의 규범과 성격이 형성되고 변화되기도 한다.

Q&A

Q 여러 사람들이 모여 있다면 모두 사회 집단으로 볼 수 있나요?

A 출퇴근을 위해 매일 만나는 버스 안의 승객과 축구 경기를 보기 위해 모인 관중은 두 사람 이상이 모인 집합체이나 사회 집단이라고 말할 수 없다. 이는 지속적인 상호 작용이 이루어지지 않으며 '우리'라는 소속감이나 공동체 의식이 없기 때문이다. 이와 달리 수학여행을 가기 위해 한 버스를 타고 있는 학생들이나 특정 축구팀을 응원하는 동아리 회원들의 경우 두 사람 이상이 모인 집합체로 지속적인 상호 작용을 하며, '우리'라는 공동체 의식과 소속감을 가지고 있으므로 사회 집단에 해당한다.

▲ 버스 안의 승객

▲ 축구 경기장의 관중

▲ 수학여행을 가는 학생들

▲ 축구 동아리 회원들

✚ 접촉 방식
한 사회에서 사람 간에 관계를 맺는 방식으로 목적, 수단 등에 따라 다양한 양상이 나타난다.

2 사회 집단의 유형

(1) **구성원의 접촉 방식에 따른 구분**

구분	내용
1차 집단	• 구성원이 친밀하게 접촉하면서 인격적인 관계가 형성된 집단 • 개인의 인성이나 가치관 형성에 영향을 미침 예 가족, 친족, 또래 집단 등
2차 집단	• 특정 목적을 달성하기 위해 형식적이고 수단적인 인간관계가 이루어지는 집단 • 사회가 복잡해지고 전문화되면서 비중이 점차 커지고 있음 예 학교, 회사, 정당 등

→ 내집단을 '우리 집단'이라고도 한다.

(2) **구성원의 소속감 여부에 따른 구분**

구분	내용
내집단	자신이 소속되어 있어 '우리'라는 공동체 의식을 가진 집단 예 우리 반, 우리 팀 등
외집단	• 자신이 소속되지 않아 이질감이나 적대감을 가지는 집단 • 외집단에 대한 적대감이 커질수록 내집단 구성원 간 결속이 강화됨 예 다른 반, 상대 팀 등

→ 외집단을 '그들 집단'이라고도 한다.

→ 내집단과 외집단의 갈등이 사회 문제로까지 심화되면 사회가 발전하는 데 장애가 될 수 있음을 유의해야 한다.

✚ 내집단과 외집단
내집단과 외집단의 구분은 고정된 것이 아니라 상황에 따라 달라질 수 있다. 예를 들면, 반 대항 축구 경기를 할 경우 옆 반은 외집단이지만 학교 대항 축구 경기에서는 옆 반도 내집단이 된다.

(3) **구성원의 결합 의지 유무에 따른 구분**

구분	내용
공동 사회	자신의 의지와 상관없이 자연적으로 형성된 집단 예 가족, 촌락 등
이익 사회	목적을 위해 의도적으로 형성된 집단 예 학교, 회사 등

(4) **준거 집단**

① **의미** : 개인이 행동이나 판단을 할 때 기준으로 삼는 집단

② **특징**

• 소속 집단과 준거 집단이 반드시 일치하는 것은 아님

• 소속 집단과 준거 집단이 일치할 경우 : 소속 집단에 대한 자부심과 만족감이 증대됨

• 소속 집단과 준거 집단이 불일치할 경우 : 소속 집단에 대한 불만과 갈등이 심화됨

→ 개인이 어떤 집단을 준거 집단으로 삼고 있는지는 그 사람을 이해하는 중요한 기준이 됨 → 특히, 청소년기에 어떠한 집단을 준거 집단으로 삼느냐는 개인의 행동과 가치관에 큰 영향을 준다.

집중 탐구 준하의 일기를 통해 본 사회 집단의 유형

오늘 교내 합창 대회에서 우리 반이 대상을 받았다. 한 달 동안 대회를 위해 우리 반이 다른 반보다 열심히 연습해 왔는데 결과가 좋아 무척 행복하다. 오늘이 엄마 생일인데 엄마에게 큰 선물이 될 것 같다. 우리 가족은 아무리 바빠도 가족의 생일을 잊지 않고 챙기며 축하해 준다. 합창 대회로 몸이 많이 피곤했지만 회사에서 일찍 퇴근하신 아빠와 함께 생일 선물을 고르고 생일잔치 준비를 했다. 고단했지만 행복한 하루였다.

우리는 다양한 사회 집단에 속해 살아가고 있다. 사회 집단은 여러 가지 기준에 따라 구분되는데 '우리 반'처럼 자신이 소속된 집단을 내집단이라 하며, 자신이 소속되지 않은 '다른 반'은 외집단이 된다. 자신의 의지와 상관없이 자연적으로 형성된 '가족'은 공동 사회이면서 친밀하고 인격적인 접촉이 이루어지는 1차 집단이다. 이에 반해 특정한 목적을 가지고 의도적으로 형성된 '회사'는 이익 사회이면서 형식적이고 인위적인 접촉이 이루어져 2차 집단에 해당한다.

3 사회 집단에서 나타나는 차별과 갈등

(1) **차별의 의미** : 차이를 이유로 개인이나 집단을 부당하게 대우하는 것 예 성(性)차별, 인종 차별, 학력 차별, 장애인 차별 등 → 차별은 사회 집단 내의 구성원 간뿐만 아니라 사회 집단 간에도 나타난다.

(2) **차별의 문제점** : 구성원 간의 대립과 갈등을 가져와 사회 발전과 통합이 저해됨 → 차별을 받는 사람이 심리적 고통과 소외감을 느끼게 한다.

(3) **차별의 합리적 해결 방안**

① **개인적 측면** : 서로의 차이를 인정하고 다양성을 존중하는 태도 함양

② **사회적 측면** : 사회적 약자를 위한 법과 정책 마련 예 남녀 고용 평등법, 장애인 차별 금지법 등

더 알아보기 우리 사회에서 나타나는 차별의 모습

▲ 성(性)차별 ▲ 인종 차별 ▲ 장애인 차별

✚ 인어 공주의 준거 집단

실제 소속 여부와는 관계없이 개인의 행동이나 판단의 기준이 되는 집단을 '준거 집단'이라 한다. 인어 공주는 인간 세상을 동경하여 인간이 되고자 하였다. 이때, 인어 공주에게 준거 집단은 인간 세상이다. 인어 공주처럼 자신이 소속되어 있는 집단과 준거 집단이 일치하지 않을 경우에는 갈등과 불만이 생길 수 있다.

✚ 차이와 차별

구분	내용
차이	• 서로 같지 않고 다른 것 • 객관적인 기준에 근거 • 자연스러운 현상임 예 성별, 외모, 나이, 피부, 의견 차이 등
차별	• 차이를 이유로 부당하게 대우하는 것 • 사회적 편견과 고정 관념이 원인 • 옳고 그름, 나쁘고 좋음 등 주관적인 판단에 근거함 • 사회 문제로 해결되어야 함 예 성(性)차별, 인종 차별, 학력 차별, 장애인 차별 등

✚ 남녀 고용 평등법

고용에 있어 남녀가 평등한 기회와 대우를 보장받아 남녀 간에 나타나는 고용 차별을 해결하기 위한 법이다. 임금 지급과 승진에 있어 남성과 여성을 동등하게 대하며 여성에게 혼인과 임신, 출산을 이유로 퇴직을 강요할 수 없음을 명시하고 있다.

✚ 장애인 차별 금지법

장애를 이유로 부당한 차별을 금지하고 장애인의 권리를 보호하기 위해 채용, 임금, 승진 등에 있어 차별 금지 및 직무 수행에 필요한 정당한 편의를 제공할 것을 규정하고 있다.

정답과 해설 • 41쪽

01 다음에서 설명하는 개념을 쓰시오.

> 둘 이상의 사람이 모여 공동체 의식과 소속감을 가지고 지속적인 상호 작용을 하는 집합체이다.

02 괄호 안의 내용 중 알맞은 말에 ○표 하시오.

(1) (1차 집단, 2차 집단)은 구성원이 친밀하게 접촉하고 인격적인 관계를 형성하는 집단이다.

(2) (내집단, 외집단)은 자신이 소속되어 있지 않아 이질감이나 적대감을 가지기도 하는 집단이다.

(3) 학교, 회사는 특정한 목적을 달성하기 위해 의도적으로 만든 (공동 사회, 이익 사회)이다.

(4) (차이, 차별)은(는) 다르다는 것을 이유로 사람이나 집단을 부당하게 대우하는 것이다.

03 다음 설명이 맞으면 ○표, 틀리면 ×표 하시오.

(1) 아침마다 같은 버스를 타는 많은 사람들은 사회 집단에 해당한다. ( )

(2) 사회가 복잡해지고 전문화되면서 2차 집단의 비중이 커지고 있다. ( )

(3) 개인이 행동이나 판단을 할 때 기준으로 삼는 집단을 외집단이라고 한다. ( )

(4) 소속 집단과 준거 집단이 일치하지 않는 경우 개인은 심리적 갈등을 겪는다. ( )

(5) 개인과 사회 집단은 서로 영향을 주고받는 상호 의존적 관계를 형성한다. ( )

04 사회 집단에 해당하는 것을 〈보기〉에서 있는 대로 고르시오.

> 보기
> ㄱ. 영화관에 모인 관람객들
> ㄴ. 연예인 A를 향해 환호하는 팬클럽 회원들
> ㄷ. 축구 국가 대항전을 보기 위해 모인 관중
> ㄹ. 수학여행을 가기 위해 버스에 탑승한 같은 중학교 학생들

05 다음에서 설명하는 집단을 〈보기〉에서 있는 대로 고르시오.

> 보기
> ㄱ. 외집단 ㄴ. 내집단 ㄷ. 1차 집단
> ㄹ. 2차 집단 ㅁ. 공동 사회 ㅂ. 이익 사회

(1) 구성원의 소속감 여부에 따라 구분 ( )

(2) 구성원 간의 접촉 방식에 따라 구분 ( )

(3) 구성원의 결합 의지 유무에 따라 구분 ( )

06 밑줄 친 부분을 바르게 고쳐 쓰시오.

(1) <u>외집단</u>은 자신이 소속되어 있어 '우리'라는 공동체 의식을 가진 집단이다. ( )

(2) <u>이익 사회</u>는 자신의 의지와 상관없이 자연적으로 형성된다. ( )

(3) 우리 사회의 차별 문제를 해결하기 위해서 법과 제도를 정비하는 <u>개인적</u> 차원의 노력이 필요하다. ( )

07 1차 집단에 해당하는 것을 〈보기〉에서 있는 대로 고르시오.

> 보기
> ㄱ. 가족 ㄴ. 친족 ㄷ. 학교
> ㄹ. 회사 ㅁ. 정당 ㅂ. 또래 집단

08 빈칸에 공통으로 들어갈 용어를 쓰시오.

> • (　　　)(이)가 자신이 속한 집단과 일치할 경우 개인은 만족감을 느낀다.
> • 개인이 어떤 집단을 (　　　)(으)로 삼고 있는지는 그 사람을 이해하는 중요한 기준이 된다.

09 다음 사례가 차이에 해당하면 '차이', 차별에 해당하면 '차별'이라고 쓰시오.

(1) 임신을 이유로 상사가 회사를 그만둘 것을 권유하였다. ( )

(2) 종교가 다르다는 이유로 대학에 지원하는 기회조차 얻지 못했다. ( )

(3) 이번 달은 야근이 잦아 같은 일을 하는 동료보다 월급을 많이 받았다. ( )

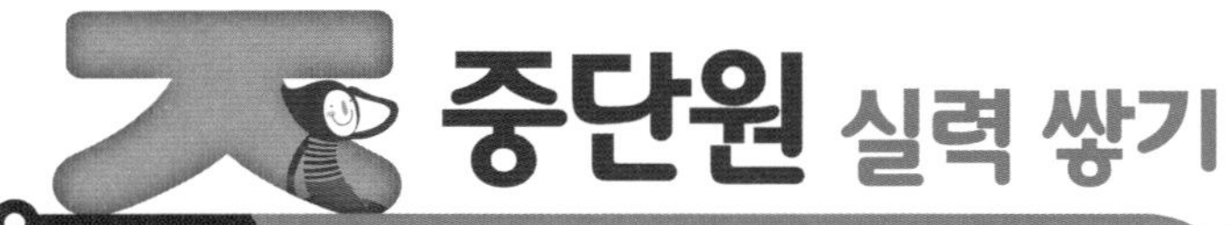

중단원 실력 쌓기

정답과 해설 • 41쪽

01 다음 조건을 모두 만족시키는 집단은?

- 둘 이상의 구성원으로 이루어져 있다.
- 구성원이 일정한 소속감을 가지고 있다.
- 구성원 간의 지속적인 상호 작용이 이루어진다.

① 지하철 안의 시민들
② 중학교 연극부 학생들
③ 마트에 장을 보러 온 사람들
④ 피아노 연주를 경청하는 청중
⑤ 문화유산을 둘러보고 있는 관광객들

02 다음 사회 집단에 대한 공통된 설명으로 옳지 않은 것은?

① 구성원 간의 접촉이 잦은 편이다.
② 정서적 안정감과 만족감을 제공한다.
③ 서로에 대한 이해와 친밀감을 바탕으로 한다.
④ 개인의 인성이나 가치관 형성에 영향을 미친다.
⑤ 사회가 복잡하고 전문화될수록 중요성이 커진다.

03 은주의 하루 일과표이다. 밑줄 친 ㉠~㉤ 중 성격이 나머지와 다른 사회 집단은?

8시 30분 : ㉠ ○○중학교 등교
9~12시 : 수업
12~13시 : ㉡ 댄스 동아리 축제 공연 연습
13~17시 : 수업
17~18시 : ㉢ □□학원에서 보충 수업
18~19시 : ㉣ 가족과의 저녁 식사
19~20시 : ㉤ ◇◇축구팀 활동
20~22시 : 음악 청취 및 휴식

① ㉠ ② ㉡ ③ ㉢
④ ㉣ ⑤ ㉤

04 다음과 같은 사회 집단에 대한 설명으로 옳은 것은?

• ○○중학교 • △△ 주식회사

① 1차 집단에 해당한다.
② 자신의 의지와 상관없이 형성되었다.
③ 친밀하고 인격적인 만남을 토대로 한다.
④ 형식적이고 의도적인 인간관계가 이루어진다.
⑤ 가족, 또래 집단도 같은 유형의 사회 집단이다.

중요

05 다음과 같은 특징을 가지는 사회 집단을 〈보기〉에서 고른 것은?

- 구성원의 의지에 의해 형성되었다.
- 특정한 목적을 달성하기 위해 조직되었다.

보기
ㄱ. 가족 ㄴ. 학교 ㄷ. 회사
ㄹ. 정당 ㅁ. 친족 ㅂ. 또래 집단

① ㄱ, ㄴ, ㄷ ② ㄱ, ㄷ, ㅂ ③ ㄴ, ㄷ, ㄹ
④ ㄴ, ㄹ, ㅁ ⑤ ㄷ, ㄹ, ㅂ

06 표는 (가), (나)의 기준에 따라 사회 집단을 분류한 것이다. (가), (나)에 들어갈 내용으로 옳은 것은?

구분	(가)		(나)	
	1차 집단	2차 집단	공동 사회	이익 사회
가족	✓		✓	
학교		✓		✓
정당		✓		✓

	(가)	(나)
①	구성원의 소속감 여부	구성원 간의 접촉 방식
②	구성원의 소속감 여부	구성원의 결합 의지 유무
③	구성원 간의 접촉 방식	구성원의 소속감 여부
④	구성원 간의 접촉 방식	구성원의 결합 의지 유무
⑤	구성원의 결합 의지 유무	구성원 간의 접촉 방식

07 사회 집단 (가), (나)에 대한 설명으로 옳은 것은?

(가) 자신이 소속되어 있어 공동체 의식이 강한 집단으로 '우리 집단'이라고도 부른다.
(나) 자신이 소속되어 있지 않고 이질감 또는 적대감을 가지는 집단으로 '그들 집단'이라고 한다.

① (가)는 외집단, (나)는 내집단이다.
② (나)는 자아 정체성을 확립하는 데 도움을 준다.
③ (가), (나)는 구성원의 접촉 방식에 따라 구분된다.
④ (가), (나)의 구분은 항상 변하지 않고 고정되어 있다.
⑤ (가)와 (나)의 갈등은 (가)의 결속력을 강화시키기도 한다.

중요
08 다음 글에 대한 설명으로 옳은 것은?

예주는 주변 사람들의 권유에 따라 ㉠ 경영학과에 입학하였으나 전공과 자신의 적성이 맞지 않아 학교생활이 ㉡ 지루하고 힘들기만 하다. 요즘 예주는 ㉢ 의상 디자인과로 다시 입학하는 것을 고민하고 있다. 예주는 자신이 직접 만든 옷을 사람들이 입고 행복해 하는 모습을 보는 것이 꿈이다.

① ㉠은 예주의 외집단에 해당한다.
② ㉠은 예주의 준거 집단에 해당한다.
③ ㉡은 예주의 외집단과 준거 집단의 불일치가 원인이다.
④ ㉢은 예주가 행동이나 판단을 할 때 기준이 되는 집단이다.
⑤ ㉢은 형식적이고 의도적인 만남이 이루어지는 1차 집단에 해당한다.

09 사회 집단인 (가), (나)의 특징을 고려하여 표를 작성하고자 한다. (가), (나)의 위치로 옳은 것은?

(가) 가족 (나) 회사

구분	1차 집단	2차 집단
공동 사회	ㄱ	ㄴ
이익 사회	ㄷ	ㄹ

	(가)	(나)		(가)	(나)
①	ㄱ	ㄴ	②	ㄱ	ㄹ
③	ㄴ	ㄷ	④	ㄴ	ㄹ
⑤	ㄷ	ㄹ			

중요
10 (가), (나)에 해당하는 사회학적 개념에 대한 설명으로 옳은 것은?

(가) 서로 같지 않고 다르다는 것으로 객관적인 기준에 근거한다.
(나) '다르다'는 이유로 사람이나 집단을 부당하게 대우하는 것이다.

① (가)는 사회 구성원 간의 갈등을 일으켜 사회 통합을 저해한다.
② (나)는 고정 관념이나 편견으로 인해 발생한다.
③ (나)를 자연스러운 현상으로 받아들이는 자세가 필요하다.
④ (나)는 사회 집단 내에서만 나타나는 현상으로 사회 집단 간에 일어나기 힘들다.
⑤ (가)는 차별, (나)는 차이이다.

11 차별에 해당하는 사례를 〈보기〉에서 고른 것은?

보기
ㄱ. 주차장마다 장애인을 위한 주차 구역이 있다.
ㄴ. 남자라는 이유로 유치원 교사 채용에 원서 제출을 거절당했다.
ㄷ. 업무 능력을 인정받고도 학력이 낮다는 이유로 승진에서 제외되었다.
ㄹ. 우리나라는 선거법에 의거하여 중·고등학생에게 선거권을 부여하고 있지 않다.

① ㄱ, ㄴ ② ㄱ, ㄷ ③ ㄴ, ㄷ ④ ㄴ, ㄹ ⑤ ㄷ, ㄹ

12 다음 사례에 대한 설명으로 옳지 <u>않은</u> 것은?

(가) ○○기업은 여성에게만 채용 조건으로 만 27세 미만이라는 나이 제한을 두었다.
(나) △△공장 사장은 외국인 근로자에게는 휴일에도 공장에 나와 근무하기를 강요하였다.

① (가)는 성차별, (나)는 인종 차별에 해당한다.
② (가), (나)는 차이를 인정하지 않아 나타난 현상이다.
③ 위와 같은 문제를 해결하기 위해서는 편견에서 벗어나야 한다.
④ (가), (나)는 사회 제도나 구조가 불합리할 경우 발생하기도 한다.
⑤ (가), (나)는 개인의 문제일 뿐 사회 전체의 문제로 간주하면 안 된다.

정답과 해설 • 41쪽

13 다음 광고 포스터가 전달하고자 하는 의미로 가장 적절한 것은?

① 경쟁 사회에서 불가피한 현상이다.
② 서로의 차이를 존중하는 자세가 필요하다.
③ 구성원 간에 차이가 발생하지 않도록 해야 한다.
④ 국민의 의식 개혁보다는 법과 제도 정비에 힘써야 한다.
⑤ 개인보다는 사회 전체의 이익이 항상 우선시되어야 한다.

14 다음은 국민 신문고에 올라온 민원이다. 민원 내용에 나타난 차별 현상을 바르게 이해한 학생은?

> 아이를 마음 편히 키우고 싶어요.
> 출산을 한 달 남겨 두고 있는 8년차 직장 여성입니다. 그런데 직장에서는 출산 이후에 제가 그만두기를 원하고 있습니다. 아이를 낳고 출산 휴가를 사용한 뒤 1년 정도 육아 휴직을 하고 싶다고 한 후에는 상사가 직장을 그만두지 않겠느냐는 이야기를 자주 합니다. 그동안 직장을 위해 최선을 다하여 일했는데 임신과 출산을 이유로 사직을 강요하는 직장을 고발합니다.

① 은서 : 개인의 능력에 따라 스스로 해결해야 해.
② 수인 : 회사와 해결할 일이지 국가가 나설 일은 아니라고 생각해.
③ 승준 : 회사의 이익을 위해 소수의 권리가 침해되더라도 감수해야 해.
④ 태훈 : 국가는 이를 해결하기 위한 법과 제도를 적극적으로 마련해야 해.
⑤ 서현 : 사회를 발전시키기 위해 나타날 수밖에 없는 현상으로 받아들여야 해.

서술형·논술형

정답과 해설 • 43쪽

서술형

01 (가), (나) 중 사회 집단에 해당하는 기호를 쓰고, 그 이유를 사회 집단의 성립 요건을 중심으로 세 가지 서술하시오.

(가) (나)

논술형

02 사례에 나타난 차별의 유형을 쓰고, 이러한 차별로 인해 나타나는 문제점과 해결 방안을 200자 내외로 논술하시오.

> 나는 한국인 아버지와 필리핀 어머니 사이에서 태어난 한국 사람입니다. 나는 한국에서 태어나 자랐고, 김치와 불고기를 좋아하며 한국 가수와 노래를 누구보다 많이 알고 즐겨 부릅니다. 그런데 내가 친구들과 피부색과 얼굴 생김새가 다르다고 친구들은 나를 놀립니다. 그래서 나는 학교에 가는 발걸음이 항상 무겁습니다.

대단원 마무리

01 사회화의 기능 중 사회적 측면에 해당하는 내용을 〈보기〉에서 고른 것은?

보기
ㄱ. 사회 질서를 유지하고 발전시킨다.
ㄴ. 문화를 공유하여 다음 세대에 전달한다.
ㄷ. 자신이 속한 사회의 구성원으로 성장시킨다.
ㄹ. 다른 사람과 구별되는 개성과 자아를 형성하게 한다.

① ㄱ, ㄴ ② ㄱ, ㄷ ③ ㄴ, ㄷ
④ ㄴ, ㄹ ⑤ ㄷ, ㄹ

02 다음에서 설명하는 사회화 기관으로 옳은 것은?

- 비슷한 나이의 구성원으로 이루어짐
- 놀이를 통해 집단생활의 규칙이나 질서를 배움

① 가정 ② 직장 ③ 또래 집단
④ 대중 매체 ⑤ 평생 교육원

03 다음에 해당하는 시기에 대한 설명으로 옳지 않은 것은?

성인의 보호나 간섭으로부터 벗어나 독립적으로 행동하고자 하는 시기로 '심리적 이유기'라고 한다.

① 주변인에 해당하는 시기이다.
② 자아 정체성을 형성하는 시기이다.
③ 신체적으로 급속한 성장을 이룬다.
④ 정서적으로 안정된 모습을 보인다.
⑤ 반발심이 강해 '이유 없는 반항기'라고도 한다.

서술형

04 밑줄 친 ㉠이 나타내고 있는 사회적 현상을 쓰고, 그 등장 배경을 서술하시오.

오늘은 노인 대학에서 인터넷으로 원하는 물건을 고르고 주문하는 방법을 배웠다. 어제는 인터넷 뱅킹으로 공과금을 납부해 보았다. 인터넷을 통해 물건을 사고 은행 업무를 처리할 수 있는 시대가 되었다는 것이 신기하고 놀랍기만 하다. 내일은 어떤 새로운 것을 배우게 될지 기대된다. ㉠ 변화된 시대에 뒤처지지 않기 위해 새로운 것을 배우는 일을 게을리하지 말아야겠다.

05 밑줄 친 ㉠~㉣ 중 성취 지위만 고른 것은?

20○○년 ○월 ○일

오늘 사회 시간에 과제 발표를 잘했다고 ㉠ 선생님께 칭찬을 받았다. 올해 연극반에서 주연을 맡게 되면서 늦게까지 학교에서 연습을 하느라 숙제할 시간이 부족하여 어제는 밤이 새도록 숙제를 했는데 보람이 있었다. ㉡ 학생으로서 가장 중요한 것은 학업이니 연극반 활동을 핑계로 게을리하지 말아야겠다. 그래야 연극반 활동을 반대하셨던 엄마도 나를 믿고 지원해 주실 것이다. 사실 엄마는 ㉢ 첫째 딸인 나에게 많은 기대를 하고 계신다. 내가 학교생활을 잘해야 ㉣ 동생도 나를 따라 학교생활을 잘할 수 있다고 생각하시기 때문인 것 같다.

① ㉠, ㉡ ② ㉠, ㉢ ③ ㉠, ㉣
④ ㉡, ㉢ ⑤ ㉢, ㉣

06 역할에 대한 설명으로 옳은 것은?

① 지위마다 모두 역할이 주어지는 것은 아니다.
② 여러 개의 역할이 충돌하는 것을 역할 행동이라 한다.
③ 중요한 역할은 마지막으로 수행하는 것이 합리적이다.
④ 역할을 성실하게 수행하면 사회적 제재를 받기도 한다.
⑤ 역할이 같아도 수행하는 개인의 능력에 따라 다른 결과가 나타난다.

07 **밑줄 친 ㉠에 대한 내용으로 옳은 것은?**

> 과거에는 유교 사상의 영향으로 부모와 자녀의 관계가 지시와 복종을 중심으로 형성되었다. 그러나 가정마다 자녀의 수가 적어지고 핵가족화가 보편화되면서 권위적인 부모의 모습에서 벗어나 대화가 중심이 되는 관계를 추구하고, 친구같이 편안한 부모를 이상적인 모습으로 받아들이는 ㉠ 사회적 분위기가 형성되었다.

① 부모와 자녀의 수직적 관계가 강화되었다.
② 권위적인 부모의 모습이 더욱 보편화되었다.
③ 부모와 자녀의 세대 갈등이 더욱 증가하였다.
④ 시대가 변하면서 지위에 따른 역할의 모습도 변화하였다.
⑤ 자녀가 부모에게 무조건 순종하는 것이 당연시되는 사회로 변화하였다.

08 **다음에서 설명하는 사회 현상에 대한 해결 방안으로 적절하지 않은 것은?**

> 현대 사회에서 개인이 가지는 사회적 지위가 많아지면서 여러 지위에 따른 역할이 서로 충돌하여 나타난다.

① 지위와 역할을 분석하여 원인을 찾는다.
② 합리적인 해결을 위해 모든 역할을 포기한다.
③ 무엇이 더 중요한 역할인지 우선순위를 정한다.
④ 자신의 가치관에 따라 중요한 역할부터 차례로 수행한다.
⑤ 법과 제도를 마련하여 적극적으로 해결하기 위해 노력한다.

09 **다음 설명에 해당하는 사례를 〈보기〉에서 고른 것은?**

> 두 사람 이상이 모여 소속감과 공동체 의식을 가지고 지속적인 상호 작용을 하는 집합체이다.

보기

ㄱ. 축구장의 관중　　ㄴ. 같은 반 친구들
ㄷ. 등산 동호회 회원들　　ㄹ. 버스에 타고 있는 승객

① ㄱ, ㄴ　② ㄱ, ㄷ　③ ㄴ, ㄷ
④ ㄴ, ㄹ　⑤ ㄷ, ㄹ

서술형

10 **구성원의 접촉 방식에 따라 (가), (나)가 속한 사회 집단의 유형을 각각 쓰고, 그 특징을 비교하여 서술하시오.**

(가)

(나)

11 **차이와 차별에 대한 설명으로 옳지 않은 것은?**

① 차이는 서로 같지 않고 다름을 의미한다.
② 차이를 존중할 때 차별을 방지할 수 있다.
③ 차이는 옳고 그름을 주관적인 근거로 나누는 것이다.
④ 차별은 다르다는 이유로 부당하게 대우하는 것이다.
⑤ 차별은 개인과 사회가 함께 노력하여 해결해야 한다.

12 **마인드맵에 대한 설명으로 옳지 않은 것은?**

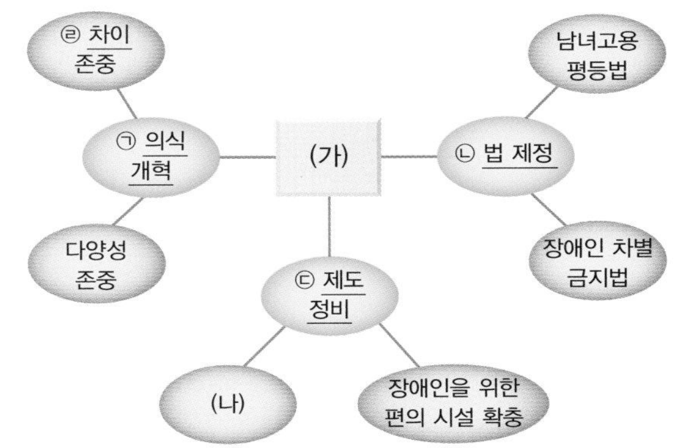

① (가)는 '차별의 합리적 해결 방안'에 해당한다.
② (나)에는 '육아 휴직 제도의 확대'가 들어갈 수 있다.
③ ㉠은 고정 관념과 편견을 버리도록 노력하는 것이다.
④ ㉠~㉢은 모두 개인적 차원의 해결 방안에 해당한다.
⑤ ㉣은 '서로 같지 않고 다른 것'을 의미하며 존중되어야 한다.

수행 평가 미리보기

선생님의 출제 의도 | 동영상 제작을 통해 차별 방지의 합리적 방안을 생각해 보기

우리 사회에는 성별, 인종, 나이 등이 다른 사람들이 더불어 살아가고 있습니다. 그런데 나와 다르다거나 나와 다른 집단에 속해 있다는 이유로 개인 및 집단을 차별하는 사례들이 우리 사회 곳곳에서 나타나고 있습니다. 이러한 차별은 개인에게는 고통과 소외감을 안겨 주며, 사회적으로는 사회 구성원 간의 대립과 갈등을 가져와 사회 통합과 발전을 저해합니다. 이번 수행평가에서는 우리 사회에서 나타나는 차별 문제의 유형과 원인을 살펴보고 개인적 · 사회적 차원의 합리적 해결 방안을 함께 생각해 보고자 합니다.

수행 평가 문제

우리 사회에서 나타나는 차별을 방지하기 위한 홍보 동영상을 모둠별로 제작해 봅시다.

A. 활동 계획 세우기

1 우리 사회에서 나타나는 차별의 사례를 신문, 광고, 드라마 등 다양한 자료를 통해 수집한다.
2 차별의 유형 및 원인을 제시하고 해결 방안을 개인적 · 사회적 측면으로 구분하여 제시한다.
3 차별 방지 동영상 제작에 있어 자신이 잘할 수 있는 역할을 맡아 모둠원과 협력하여 활동한다.

B. 활동 단계

1단계 우리 사회에서 볼 수 있는 차별의 모습을 신문 기사, 광고, 드라마 등 다양한 자료를 통해 찾아본다.
2단계 자료에 나타난 차별의 유형과 원인을 파악하고 이를 해결하기 위한 방안을 탐색한다.
3단계 해결 방안을 중심으로 모둠별로 차별 방지 홍보 동영상을 제작한다.
4단계 모둠별로 스토리보드 구성, 연출, 연기, 촬영, 편집 등 역할을 분담하여 동영상을 제작한다.
5단계 모둠별로 제작한 동영상을 학급에서 상영하고 이에 대한 동료 평가를 실시한다.

C. 활동하기

1 개인별 활동

▶신문 기사, 광고, 드라마 등에 나타난 차별의 내용을 요약하거나 주요 장면을 캡처하여 제시하고 차별의 유형과 원인, 해결 방안을 활동지에 작성한다.

예시)

▶보험 계약 과정에서의 차별 55.6
▶또래 학생들로부터의 차별 48.9
▶취업상 불이익 35.0
▶보육 시설 이용 시 불편 및 차별 26.9
▶초등학교 입·전학 시 불편 및 차별 26.1
▶직장 생활에서 월급의 차별 20.8

▲ 장애인 차별의 유형

차별의 유형	장애인 차별	
차별의 원인	• 장애인을 보호받을 대상이나 무능력자로 인식하는 편견 • 장애인에게 불합리한 사회 제도나 구조	
해결 방안	개인적 차원	• 서로의 차이를 인정하는 자세 함양 • 다양성을 존중하는 태도 함양 • 타인의 권리를 존중하는 자세 함양
	사회적 차원	• 장애인 이해 교육을 통한 인식 변화 유도 • 장애인의 이동을 보장하는 경사로 설치 • 장애인의 권리와 사회 참여를 보장하는 법과 제도 마련

2 모둠별 활동

(1) 개인이 조사한 우리 사회의 다양한 차별 사례 중 하나를 모둠별 토의를 통해 선정한다.

(2) 선정된 차별의 유형 및 원인, 해결 방안을 모둠별로 토의하여 동영상의 주제를 결정한다.

(3) 모둠원들의 의견을 반영하여 역할을 분담하고 각자의 역할을 수행한다.

예시)

장면 번호	스케치 및 배경 그림	자막 내용	음향 및 효과
#1		혼자 힘으로 넘기에는 너무 높아요.	• 장면1~3의 자막은 한 글자씩 보이는 '자막 타이핑'으로 처리 • 장면4의 자막은 영상의 아래쪽부터 한 줄씩 위로 올라가면서 보이는 '스크롤 자막'으로 처리 • 배경 음악은 장면1~3까지는 차분한 분위기의 음악으로 처리하고, 장면4는 밝은 분위기의 음악으로 전환
#2		비장애인과 같은 시험 시간을 주는 건 부당해요.	
#3		업무와 장애는 아무런 상관이 없답니다.	
#4		장애는 나와 조금 다른 차이일 뿐 차별의 대상이 아니랍니다.	

채점 기준

평가 영역		채점 기준	상	중	하
개인별 평가	인지적	주제를 정확하게 파악하여 활동지를 논리적으로 작성하였는가?			
		자료를 적절하게 제시하였으며 차별의 유형 및 원인을 정확하게 파악하고 있는가?			
		해결 방안을 개인적 · 사회적 차원으로 구분하여 균형 있게 제시하였는가?			
	정의적	모둠 토의 과정에 적극적으로 참여하여 활발하게 의사소통을 하였는가?			
		자신이 맡은 역할에 충실히 임하였으며, 모둠원들과 잘 협력하였는가?			
모둠별 평가	인지적	결과물이 독창적이고 참신하여 학급원들의 호응을 이끌었는가?			
		주제를 명확하게 이해하여 동영상을 제작하였는가?			
		내용 전개가 짜임새 있으며 완성도 높은 작품을 제작하였는가?			
	정의적	모둠별 토의 과정에서 모둠원 간의 소통이 원활하게 이루어졌는가?			
		모둠별 역할 분담이 적절하게 이루어져 협력하는 모습을 보였는가?			

수행 평가 꿀 Tip 효과적인 동영상 제작을 위한 노하우

① 촬영 동영상의 편집을 돕는 '동영상 편집 어플리케이션'을 활용하면 쉽고 편리하게 제작할 수 있다.

② 영상과 관련된 자막이나 배경 음악을 삽입하면 동영상의 주제를 효과적으로 전달할 수 있다.

③ 촬영에 필요한 연기자의 의상 및 소품을 준비하여 활용하면 수준 높은 작품이 완성될 수 있다.

④ 동영상 편집 과정에서 실제 촬영 분량이 줄어드는 것을 고려하여 촬영 분량을 여유 있게 확보하도록 한다.

VIII. 문화의 이해

01
문화의 의미와 특징

02
문화를 바라보는 태도

03
대중 매체와 대중문화

문화의 의미와 특징

출제 포인트
- 문화의 의미와 구성
- 문화의 보편성과 특수성
- 문화의 속성

+ 문화(culture)의 어원
문화는 '경작하다', '재배하다'라는 의미의 라틴어 'cultus'에서 유래하였다. 이를 통해 문화란 인간이 주어진 환경에 적응하여 만들어 낸 창조적 결과물임을 알 수 있다.

+ 생활 양식
기본적인 의식주뿐만 아니라 정치, 경제, 사회, 종교 등 모든 영역에 걸쳐 사회 구성원이 공통적으로 갖는 가치, 규범, 사고방식 등을 의미한다.

+ 문화의 구성 요소

학교는 다양한 문화의 구성 요소들로 이루어져 있다. 학교의 교실, 책상 등은 물질문화에 해당한다. 교칙 및 예절 등은 제도문화, 교훈이나 교가 등은 관념 문화에 해당한다.

+ 관습
한 사회에서 오랫동안 지켜 내려와 그 사회 구성원들이 널리 인정하는 풍습이나 절차

+ 보편성
모든 사물이나 현상 등에 두루 미치거나 통하는 성질

1 문화의 의미와 구성 요소

(1) 의미

① 좁은 의미의 문화 : 문학이나 예술 활동과 관련되거나 교양 있고 세련된 모습 예 문화생활, 문화 상품권, 문화인, 문화 시민 등

② 넓은 의미의 문화 : 한 사회의 구성원이 주어진 환경에 적응하여 만들어 낸 공통된 생활 양식 예 한국 문화, 전통 문화, 주거 문화, 청소년 문화 등

(2) 문화인 것과 문화가 아닌 것

문화인 것	문화가 아닌 것
• 후천적으로 학습된 행동 • 공통된 생활 양식 • 반복적이고 지속적인 생활 양식	• 생리적 현상이나 본능에 따른 행동 → 하품, 재채기 등 • 개인 특유의 버릇이나 습관 → 잦은 지각, 손톱 물어뜯기 등 • 자연 현상 및 유전적 체질 → 장마, 한파, 흑인의 곱슬머리 등

(3) 문화의 구성 요소

구분		내용	
물질문화		인간의 기본적 욕구를 충족하고 생존하는 데 필요한 도구나 기술 예 의복, 가옥, 음식 등	각 문화 요소는 서로 밀접하게 관련되어 있음 → 문화의 구성 요소들은 서로 밀접하게 관련되어 있어 물질문화로 인해 제도문화가 만들어지기도 하고, 관념 문화의 산물로 물질문화가 형성되기도 한다.
비물질 문화	제도문화	사회 질서를 유지하기 위한 규범과 제도 예 법, 도덕, 관습 등	
	관념 문화	인간의 삶을 풍요롭게 해 주는 정신적 창조물 예 학문, 종교, 예술 등	

→ 관념 문화를 정신문화, 제도문화를 규범 문화라고도 한다.

Q & A

Q 인간의 모든 행동은 문화에 해당하나요?

▲ 문화가 아닌 것

▲ 문화인 것

A 인간의 모든 행동이 문화에 포함되는 것은 아니다. 인간의 행동 중에서도 학습에 의해 후천적으로 만들어 낸 것이 문화에 포함된다. 예를 들면 아이가 배가 고파 울거나 졸릴 때 하품을 하는 것은 본능에 따른 행동으로 문화가 아니다. 그러나 배우가 눈물을 흘리는 연기를 하거나 입을 가리고 하품을 하는 것은 학습을 통해 나타난 결과로 문화에 해당한다. 또한 문화는 사회 구성원의 공통된 특성이므로 개인의 독특한 버릇이나 습관은 문화로 볼 수 없다.

2 문화의 보편성과 특수성

(1) 보편성

① 의미 : 어느 사회에서나 공통적으로 나타나는 생활 양식이 있음 → 예 종교, 결혼 의식, 장례 의식, 인사 문화 등

② 이유 : 인간의 신체 구조, 기본적인 욕구, 사고방식이 비슷하기 때문에 나타남

(2) 특수성

① 의미 : 각 사회의 문화가 고유한 특징과 독특한 모습을 가짐

② 이유 : 각 사회마다 자연환경과 사회적 상황이 다르기 때문에 나타남

더 알아보기 의복 문화를 통해 본 문화의 보편성과 특수성

외부로부터 자신의 몸을 보호하기 위해 옷을 입는 것은 어느 지역에서나 볼 수 있는 현상으로 문화의 보편성에 해당한다. 건조 기후 지역에서 생활하는 사람들은 많은 일사량과 높은 기온으로 인해 통풍이 잘되는 옷을 입어 자연환경에 적응하였다. 고온다습한 열대 지역은 얇고 가벼운 옷을 입어 기후에 적응하며 생활하였다. 한대 지역에서는 겨울의 추위를 견디기 위해 모피로 된 겉옷과 모자인 샤프카가 발달하였다. 이와 같이 지역마다 각기 다른 자연환경에 적응하여 독특한 형태의 의복 문화가 나타나는 것을 문화의 특수성이라고 한다.

▲ 건조 지역의 의복

▲ 열대 지역의 의복

▲ 한대 지역의 의복

3 문화의 속성 → 문화만이 가지는 독특한 성질로 문화와 문화가 아닌 것을 구분하는 기준이 된다.

(1) **공유성** : 한 사회의 구성원들이 공통적인 생활 양식을 가지고 있음 → 사회 구성원들은 특정한 상황에서 다른 사람들이 어떤 행동을 할지 예측이 가능함

(2) **학습성** : 자신이 속한 사회의 문화를 학습을 통해 후천적으로 습득하게 됨

(3) **축적성** : 이전 세대의 문화가 언어와 문자(→ 언어, 문자는 특정한 의미와 내용을 표현하고 전달하는 데 사용되는 상징체계이다.) 등을 통해 전달·축적되어 다음 세대로 전승됨 → 기존 문화에 새로운 지식이나 기술이 더해져 문화가 더욱 풍부하고 다양해짐

(4) **변동성** : 문화는 고정된 것이 아니라 시대에 따라 끊임없이 변화함 → 사회적 환경과 시대적 상황에 따라 사라지기도 하고 새로 나타나기도 함

(5) **전체성(총체성)** : 문화의 구성 요소들이 상호 긴밀한 관계를 유지하면서 전체를 이룸 → 문화의 한 부분에 변동이 생기면 다른 부분에도 연쇄적으로 영향을 미침

집중 탐구 사례로 알아보는 문화의 속성

• 공유성
중요한 시험을 앞둔 사람에게 합격을 기원하는 의미로 엿이나 찹쌀떡을 선물한다.

• 학습성
부모가 젓가락을 사용하여 식사하는 모습을 보고, 젓가락 사용법을 익힌다.

• 축적성
통화 기능만 있던 휴대 전화가 기술 개발을 통해 문자 전송, 사진 촬영, 음악 청취, 인터넷 검색 등이 가능하게 되었다.

• 변동성
개량 한복은 전통 한복의 불편함을 개선하고 활동의 편리성을 추구하여 시대와 대중의 요구에 부응하였다.

• 전체성
정보 통신 기술의 발달은 전자 투표, 전자 상거래, 원격 화상 수업, 영상 통화 등 정치, 경제, 교육, 문화 등 우리 사회 전반에 걸친 변화를 가져왔다.

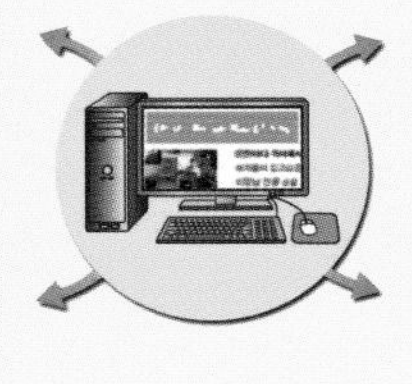

✚ **문화의 공유성**
한 사회의 구성원들은 그 사회의 문화를 공유하고 있기 때문에 특정 상황에 어떻게 행동할지 예측할 수 있다. 이는 원만한 사회관계 유지에 기여한다.

✚ **축적**
지식, 경험, 자금 따위를 모아서 쌓는 행위

✚ **전승**
문화를 이어받아 계승함

✚ **문화의 전체성**
과학 분야의 정보 통신 기술의 발달은 전자 우편, 인터넷 뱅킹, 전자 투표 등 다른 분야에도 연쇄적으로 영향을 미쳤다. 따라서 어떤 사회의 문화를 이해하기 위해서는 문화의 한 부분만을 보는 것이 아니라, 문화 요소 간의 전체적인 연관 관계를 살펴볼 필요가 있다.

✚ **전자 상거래**
컴퓨터나 인터넷 환경을 통해 상품을 사고파는 행위

정답과 해설 • 44쪽

01 빈칸에 들어갈 알맞은 말을 쓰시오.

(1) 한 사회의 구성원이 주어진 환경에 적응하여 만들어 낸 공통된 생활 양식을 (　　　)(이)라고 한다.
(2) 어느 사회에서나 공통적으로 나타나는 문화 요소가 있는 것을 문화의 (　　　)(이)라고 한다.
(3) 문화의 (　　　)(은)는 기존의 문화에 새로운 지식이나 기술이 더해져 문화가 더욱 풍부하고 다양해지는 것을 의미한다.
(4) 문화는 고정된 것이 아니라 시간이 지나면서 끊임없이 변화하는데, 이를 문화의 (　　　)(이)라고 한다.

02 다음 설명이 맞으면 ○표, 틀리면 ×표 하시오.

(1) 문화인, 문화생활, 문화 시민 등은 좁은 의미의 문화에 해당한다. (　　)
(2) 본능에 따른 행동과 개인의 독특한 버릇이나 습관은 문화라고 할 수 없다. (　　)
(3) 사회 구성원들은 문화의 특수성으로 인해 특정 상황에서 상대방의 행동을 예측할 수 있다. (　　)

03 넓은 의미의 문화에 해당하는 것을 〈보기〉에서 있는 대로 고르시오.

보기

ㄱ. 문화 회관	ㄴ. 한국 문화
ㄷ. 의복 문화	ㄹ. 문화 상품권
ㅁ. 문화계 소식	ㅂ. 청소년 문화

04 문화에 해당하는 것을 〈보기〉에서 있는 대로 고르시오.

보기

ㄱ. 초조할 때면 손톱을 물어뜯는다.
ㄴ. 식사하기 전에 먼저 손을 깨끗이 씻는다.
ㄷ. 부모님을 닮아 한쪽 눈에만 쌍꺼풀이 있다.
ㄹ. 한여름이 되면 기다렸다는 듯이 매미가 울어댄다.
ㅁ. 공중 화장실에서 차례대로 줄을 서서 순서를 기다린다.

05 다음에서 설명하는 문화의 특징을 쓰시오.

- 각 사회마다 문화의 고유한 특성을 지니고 있다.
- 각 사회마다 자연환경과 사회적 상황이 다르기 때문에 다양한 문화가 나타난다.
- 한국은 젓가락과 숟가락을 사용하고, 미국은 포크와 나이프를 이용하여 식사를 한다.

06 문화의 속성과 관련 있는 것끼리 바르게 연결하시오.

(1) 공유성 • 　　• ㉠ 이전 세대의 문화에 새로운 문화가 쌓여감
(2) 학습성 • 　　• ㉡ 문화는 후천적으로 습득되는 것임
(3) 축적성 • 　　• ㉢ 문화가 시대에 따라 변화 과정을 겪음
(4) 변동성 • 　　• ㉣ 문화의 요소가 서로 긴밀하게 영향을 미침
(5) 전체성 • 　　• ㉤ 한 사회의 구성원이 공통된 문화를 가지고 있음

07 다음 사례에 해당하는 문화의 속성을 〈보기〉에서 고르시오.

보기

ㄱ. 공유성	ㄴ. 학습성
ㄷ. 축적성	ㄹ. 전체성

(1) 어린아이가 부모로부터 젓가락을 사용하여 식사하는 방법을 배운다. (　　)
(2) 우리나라는 중요한 시험을 앞둔 사람에게 엿을 선물하며 합격을 기원한다. (　　)
(3) 정보 통신 기술의 발달로 인터넷을 통해 은행에 직접 가지 않아도 필요한 은행 업무를 볼 수 있게 되었다. (　　)
(4) 휴대 전화는 지식과 기술이 개발됨에 따라 통화 기능뿐만 아니라 사진 촬영, 영화 감상, 정보 검색까지 가능하게 되었다. (　　)

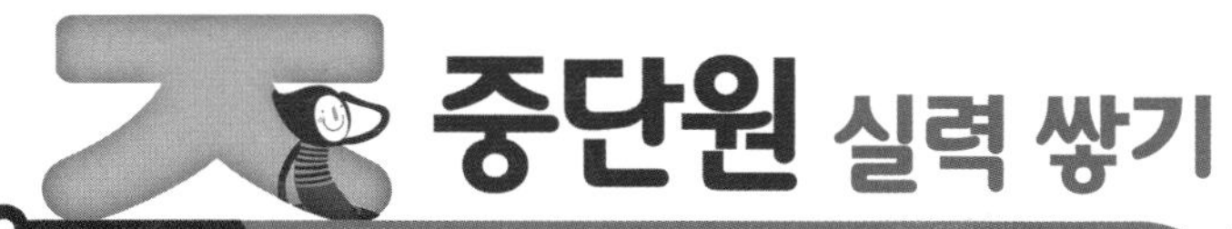

중단원 실력 쌓기

정답과 해설 • 44쪽

01 문화에 해당하는 내용을 〈보기〉에서 고른 것은?

보기
ㄱ. 배에서 자꾸 꼬르륵 소리가 난다.
ㄴ. 공공장소에서는 큰 소리로 떠들지 않는다.
ㄷ. 긴장을 하게 되면 나도 모르게 다리를 떤다.
ㄹ. 길을 가다 웃어른을 만나면 머리를 숙여 인사를 한다.

① ㄱ, ㄴ ② ㄱ, ㄷ ③ ㄴ, ㄷ
④ ㄴ, ㄹ ⑤ ㄷ, ㄹ

02 밑줄 친 '문화'의 의미에 대한 설명으로 옳은 것은?

한 줄 서기는 문화 시민으로서 지켜야 할 약속이야.

① 좁은 의미의 문화에 해당한다.
② 본능에 따른 행동으로 문화가 아니다.
③ 개인의 독특한 습관으로 문화로 볼 수 없다.
④ 자연 현상과 관련된 것으로 문화라고 하지 않는다.
⑤ 교양 있고 세련된 것으로 넓은 의미의 문화에 해당한다.

중요
03 밑줄 친 ㉠~㉤ 중 '문화'의 의미가 나머지와 다른 하나는?

동혁 : 시훈아, 어제 전화 왜 안 받았어?
시훈 : 어제 선물받은 ㉠ 문화 상품권으로 동생과 영화 보는 중에 전화가 와서 못 받았어.
동혁 : 와! 오랜만에 ㉡ 문화생활 좀 했구나. 영화는 재미있었어?
시훈 : 아니, ㉢ 이슬람 문화에 관한 영화였는데 내가 이해하기에는 조금 어려웠어.
동혁 : 그랬구나. 그래도 ㉣ 문화인처럼 여유도 가졌으니 그걸로 됐지 뭐!
시훈 : 맞아, 다음에는 내 수준에 맞는 ㉤ 문화 공연을 찾아 봐야겠어. 그때 같이 가자!

① ㉠ ② ㉡ ③ ㉢
④ ㉣ ⑤ ㉤

중요
04 자료에 나타난 문화의 특징에 대한 옳은 설명을 〈보기〉에서 고른 것은?

- 시대와 장소를 초월하여 공통적으로 나타나는 생활 양식이다.
- 어느 사회에서나 외부의 침입으로부터 자신을 보호하기 위해 집을 짓고 살아간다.

보기
ㄱ. 문화의 보편성에 해당한다.
ㄴ. 각 사회마다 다양한 모습의 문화가 형성된다.
ㄷ. 인간의 신체 구조와 사고방식이 비슷하기 때문에 나타난다.
ㄹ. 각 사회마다 자연환경과 사회적 상황이 달라 고유한 특징과 모습을 지닌다.

① ㄱ, ㄴ ② ㄱ, ㄷ ③ ㄴ, ㄷ
④ ㄴ, ㄹ ⑤ ㄷ, ㄹ

05 (가), (나)에 해당하는 문화의 특징으로 옳은 것은?

(가) 어느 사회에서나 반가움의 표시로 인사를 나눈다.
(나) 한국에서는 머리를 숙여 인사하고, 프랑스에서는 서로 양 볼을 가볍게 맞대며 인사한다.

	(가)	(나)		(가)	(나)
①	상대성	보편성	②	특수성	보편성
③	특수성	상대성	④	보편성	특수성
⑤	공유성	보편성			

06 자료는 여러 지역의 의복 형태를 나타내고 있다. 이에 대한 설명으로 적절하지 않은 것은?

① 의복 형태는 각 지역마다 다르게 나타난다.
② 노출이 많을수록 의복 문화 수준이 낮은 편이다.
③ 어느 지역에서나 사람들은 옷을 입어 몸을 보호한다.
④ 각 지역의 의복 문화는 그 나름의 의미와 가치가 있다.
⑤ 각 지역의 의복 형태는 그 지역의 특수한 자연환경에 따라 형성되었다.

07 다음 내용과 관련된 문화의 속성에 대한 설명으로 가장 적절한 것은?

> • 요즘 아빠로부터 기타 연주법을 배워 연습에 열중하고 있다.
> • 할아버지는 컴퓨터로 문서 작성하는 법을 배우기 위해 복지관에서 컴퓨터 강좌를 듣고 계신다.

① 문화의 각 요소들이 상호 긴밀하게 연결되어 있다.
② 언어와 문자를 통해 문화가 다음 세대로 전해진다.
③ 발명이나 가치관의 변화에 따라 문화의 내용이 달라진다.
④ 다른 사람의 행동을 예측하고 자신의 행동을 결정할 수 있다.
⑤ 자신이 속한 사회의 문화를 학습을 통해 후천적으로 배운다.

08 사례와 관련 있는 문화의 속성으로 가장 적절한 것은?

> 원래 김치는 소금에 절인 백김치 형태였는데 임진왜란 이후 일본으로부터 고추가 전래되면서 고춧가루를 섞게 되었고, 이에 오늘날과 같은 붉은 색을 띠게 되었다.

① 공유성 ② 학습성 ③ 보편성
④ 변동성 ⑤ 전체성

09 (가), (나)와 관련된 문화의 속성으로 옳은 것은?

> (가) 우리나라 사람들은 설날 아침에 떡국을 먹으면 나이가 한 살 더 많아진다고 생각한다.
> (나) 정보 통신 기술의 발달로 인터넷을 통한 전자 우편의 사용이 보편화되면서 거리에서 우체통을 찾기가 어려워졌다.

	(가)	(나)		(가)	(나)
①	공유성	전체성	②	공유성	축적성
③	축적성	학습성	④	변동성	학습성
⑤	전체성	변동성			

10 대화와 관련 있는 문화의 속성에 대한 설명으로 가장 적절한 것은?

오늘이 내 귀빠진 날이야.

정말? 생일 축하해. 미역국은 먹었어?

① 문화는 고정되지 않고 시대에 따라 계속 변화한다.
② 기존 문화에 새로운 지식이 더해져 문화가 발전한다.
③ 문화의 한 부분에 변동이 생기면 다른 부분도 영향을 받는다.
④ 한 사회의 구성원들은 공통된 행동 및 사고방식을 가지고 있다.
⑤ 문화의 구성 요소들은 긴밀한 관계를 유지하면서 전체를 이룬다.

중요

11 보고서의 (가)에 들어갈 문화의 속성에 대한 옳은 설명을 <보기>에서 고른 것은?

> ▣ 주제 : 휴대 전화로 본 문화의 ______(가)______
>
> 1. 조사 목적 : 우리의 일상생활에서 큰 비중을 차지하고 있는 휴대 전화의 역사를 알아보고자 한다.
> 2. 조사 내용
>   • 시대별 휴대 전화의 크기
>   • 시대별 휴대 전화의 디자인
>   • 시대별 휴대 전화의 기능별 특징

보기

ㄱ. 문화는 타고난 것이 아니라 후천적으로 배우는 것이다.
ㄴ. 사회의 구성원들끼리 공통적인 생활 양식을 가지고 있다.
ㄷ. 문화는 고정된 것이 아니라 시대에 따라 끊임없이 변화한다.
ㄹ. 이전의 지식과 경험이 상징체계를 통해 축적되어 다음 세대로 전달된다.

① ㄱ, ㄴ ② ㄱ, ㄷ ③ ㄴ, ㄷ
④ ㄴ, ㄹ ⑤ ㄷ, ㄹ

12 (가)~(다)를 통해 알 수 있는 문화의 속성을 바르게 연결한 것은?

(가) 어른을 공손하게 대하기 위해 높임말과 존대어 사용법을 배운다.
(나) 우리나라 사람들은 뜨거운 국물을 마실 때, 속이 후련하다는 의미로 '시원하다'라고 표현한다.
(다) 과거에는 한복을 평상복으로 입었지만, 현재는 명절이나 특별한 행사가 있을 때만 입는 옷이 되었다.

	(가)	(나)	(다)
①	공유성	축적성	변동성
②	공유성	변동성	학습성
③	학습성	변동성	공유성
④	학습성	공유성	변동성
⑤	전체성	학습성	변동성

중요

13 자료에 나타나 있는 문화의 속성에 대한 설명으로 가장 적절한 것은?

① 문화는 시대와 장소와 관계없이 고정되어 있다.
② 문화는 태어나면서부터 본능적으로 가지고 있다.
③ 문화는 언어와 문자를 통해 다음 세대로 전승된다.
④ 문화를 구성하는 요소들은 각기 독립적으로 존재한다.
⑤ 문화의 한 부분에 변동이 생기면 다른 부분에도 영향을 미친다.

서술형·논술형

서술형

01 (가), (나) 중 문화에 해당하는 것의 기호를 쓰고, 그 이유를 서술하시오.

(가)

(나)

논술형

02 다음 내용과 관련한 문화의 속성을 쓰고, 그러한 속성이 사회 구성원에게 끼치는 영향에 대해 200자 내외로 논술하시오.

청소년들은 자음만 이용한 축약된 언어를 사용하거나 다양한 이모티콘을 섞어서 자신의 감정을 담은 문자를 주고받는다. 이처럼 청소년들은 그들만의 의사소통 방식을 통해 독특한 문화를 형성해 나간다.

문화를 바라보는 태도

출제 포인트
- 문화를 바라보는 다양한 태도
- 바람직한 문화 이해 태도

✚자문화 중심주의와 문화 사대주의

구분	자문화 중심주의	문화 사대주의
차이점	자신의 문화만 우수하고 다른 문화는 열등하다고 봄	다른 문화는 우수하고 자신의 문화는 열등하다고 봄
공통점	문화 간에 우열이 존재한다고 생각함	

✚ 문화 제국주의
경제적·군사적으로 우월한 국가가 다른 문화를 지배하거나 자신의 문화를 강요하는 것

✚ 중화사상
중국의 한(漢)족이 자기 민족이 세계의 중심이며, 가장 발달된 문화를 가지고 있다고 생각하여 주변의 민족을 무시하는 사상

✚ 신사(紳士) 참배
일제강점기에 일본의 신을 모시는 '신사'를 곳곳에 세우고 한국인들로 하여금 강제로 참배하게 한 종교적 의식

✚ 사대
큰 세력을 가진 나라를 섬기는 것

✚ 주체성
남의 간섭을 받지 않고 스스로 자유롭고 자주적인 상태

1 문화를 바라보는 다양한 태도

(1) 자문화 중심주의

① 의미 : 자신의 문화만을 우수하다고 여기며 다른 사회의 문화를 열등하다고 무시하는 태도

② 장점 : 자기 문화에 대한 자부심을 느끼게 하고 집단 내 구성원들의 결속을 강화시킴

③ 한계
- 다른 문화를 배척함으로써 다른 나라와의 갈등이나 국제적 고립을 가져올 수 있음
- 지나칠 경우 문화 제국주의가 나타날 우려가 있음

④ 사례 : 중국의 중화사상, 급진 무장 단체의 문화재 파괴 행위 등

집중 탐구 자문화 중심주의와 문화 제국주의

▲ 고대 유적 하트라 파괴

▲ 일제 강점기의 신사 참배

이슬람 급진 무장 단체가 자신의 종교만이 유일한 것임을 내세우며 메소포타미아 문명의 고대 유적인 하트라를 파괴하였다. 이는 자신의 문화만이 우수하고 다른 사회의 문화는 열등하다고 보는 자문화 중심주의적 태도에 의한 것이다. 이러한 문화 이해 태도는 다른 나라와 갈등을 일으키거나, 지나치면 문화 제국주의로 흐를 위험성이 있다. 일제 강점기에 일본은 신사 참배와 일본식 성명 사용을 조선에 강요하였다. 이는 경제력·군사력을 바탕으로 일본의 문화를 강요하는 문화 제국주의적 태도에 의한 것으로 조선을 문화적 식민지로 삼기 위한 식민 정책이었다.

(2) 문화 사대주의

① 의미 : 다른 사회의 문화를 가치 있는 것으로 여겨 자신의 문화를 낮게 평가하는 태도

② 장점 : 다른 문화의 장점을 수용하여 자기 문화를 발전시키는 계기가 됨

③ 한계 : 외래문화의 무비판적인 수용으로 자기 문화의 주체성과 정체성을 상실할 수 있음
→ 또한, 자기 문화의 창조 능력을 과소평가하여 문화 발전에 장애가 되며, 다른 사회에 문화적으로 종속될 수 있다.

④ 사례 : 천하도 등

집중 탐구

천하도는 조선 시대에 제작된 세계 지도로 지도의 한 가운데에는 중국이 있고 조선 등 주변국은 중국을 둘러싸고 있는 것으로 표현하였다. 이는 당시 중국의 문화를 동경하고 중시하여 '중국이 세계의 중심'이라는 조선의 세계관이 반영된 지도이다.

▲ 천하도

(3) **문화 상대주의**

① **의미** : 한 사회의 문화를 그 사회의 특수한 자연환경, 사회적 상황, 역사적 배경 등을 고려하여 이해하고 존중하는 태도

② **장점**

- 다른 문화를 있는 그대로 존중함으로써 다양한 문화가 공존할 수 있는 기초가 됨
- 다른 문화의 장점과 특징을 수용하여 새로운 문화를 창조하며 발전할 수 있음

③ **한계** : 극단적 문화 상대주의로 치우칠 경우 생명, 인간의 존엄성, 자유와 같은 인류의 보편적 가치가 침해될 수 있음 (→ 중국의 '전족', 이슬람권의 '명예 살인' 등을 사례로 들 수 있다.)

④ **사례** : 힌두교도의 암소 숭배, 이슬람의 돼지고기 금식, 티베트의 조장을 그 사회의 자연환경과 사회적 상황을 고려하여 이해하는 것 등

Q&A

Q 이슬람교도가 돼지고기를 먹지 않고, 힌두교도가 쇠고기를 먹지 않는 이유는 무엇인가요?

▲ 힌두교도의 소 숭배 사상

▲ 이슬람교도의 돼지고기 금식

A 인도의 힌두교도는 쇠고기를 먹지 않고, 이슬람교도는 돼지고기를 먹지 않는다. 인도에서 소는 중요한 농경 수단이며, 특히 암소는 우유와 치즈 등의 원료를 생산하는 중요한 자원이기 때문에 힌두교도는 소를 먹지 않는다. 또한 이슬람교도가 많은 서남아시아는 건조한 기후와 유목 생활에 돼지 사육이 적합하지 않으므로 경전에서 돼지고기를 먹는 것을 금하고 있다. 이처럼 각 사회의 문화를 바르게 이해하려면 그 사회의 자연환경과 사회적 상황을 고려하는 문화 상대주의적 태도를 가지고 바라보아야 한다.

2 바람직한 문화 이해 태도

(1) **문화 상대주의적 태도** : 다른 사회의 문화는 그 사회의 환경과 역사적 상황을 고려하여 각 사회마다 다양한 문화가 존재한다는 점을 이해해야 함 → 문화의 상대성 인정

(2) **개방적인 태도** : 자기 문화에 대한 주체성을 바탕으로 다른 문화를 편견 없이 받아들여야 함

(3) **총체적 · 비교론적 관점** : 한 사회의 문화를 전체적인 맥락에서 바라보고 문화 간의 공통점과 차이점을 비교하여 파악해야 함 → 모든 문화는 보편성과 특수성을 지니고 있기 때문에 다른 문화와의 비교를 통해 자기 문화에 대한 객관적인 이해가 가능해진다.

더 알아보기 명예 살인, 문화 상대주의적 태도로 바라보아야 할까?

◀ 명예 살인을 반대하는 시위

명예 살인(honor killing)은 주로 이슬람권의 일부 지역에서 이어져 온 관습으로, 가족의 명예를 더럽혔다는 이유로 가족 구성원을 살해하는 행위를 말한다. 주로 부모가 정한 결혼을 거부하거나, 정조를 잃었다고 여겨지는 여성이 명예 살인의 대상이 된다. 이는 인간의 보편적 가치인 인간의 존엄성, 자유, 평등을 침해하는 극단적 문화 상대주의로 다른 사회의 문화를 이해하고 존중하는 문화 상대주의적 태도와는 구별되어야 한다.

+ 극단적 문화 상대주의
인류가 지향하는 보편적 가치에 위배되는 문화마저도 상대주의적 관점에서 이해하고 존중하려는 문화 이해 태도

+ 인류의 보편적 가치
인간의 존엄성, 자유, 평등, 정의 등으로 시대와 장소를 초월하여 존중되어야 하는 가치

+ 전족

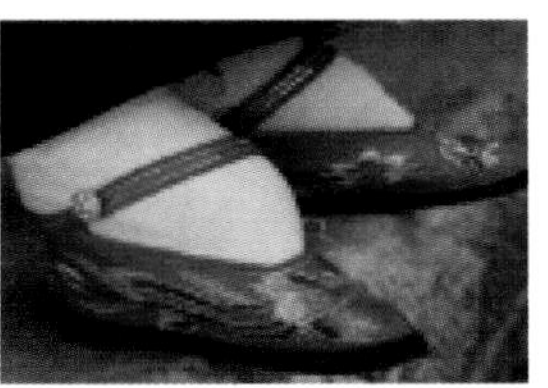

중국에서는 오래 전부터 발이 작은 여자를 미인으로 여겨 어렸을 때부터 여자 아이의 발을 천으로 감싸 자라지 못하도록 하였다. 이러한 전족 풍습은 발이 기형적으로 변하는 등 인간의 존엄성을 침해한다는 비판에 따라 1902년 법으로 금지되었다.

+ 티베트의 조장(鳥葬)
사람이 죽으면 그 시신을 새가 먹도록 하는 장례 풍습으로 야만적이라는 비판을 받고 있다. 티베트는 히말라야 산지의 추운 기후와 험한 지형 때문에 시신을 땅에 묻기 어렵고, 독수리가 시신을 쪼아 먹으면 하늘로 올라가 영원히 산다고 믿는 신념을 가지고 있어 조장이 행해지고 있다.

+ 문화 이해의 관점

상대론적 관점	한 사회의 문화를 그 사회의 독특한 환경과 역사적 맥락에서 이해하고 해석하려는 관점
총체론적 관점	한 사회의 문화를 그 사회의 여러 부분과 연관지어 전체적으로 파악하고 이해하려는 관점
비교론적 관점	한 사회의 문화를 다른 사회의 문화와 비교하여 보다 객관적으로 이해하려는 관점

정답과 해설 • 46쪽

01 괄호 안의 내용 중 알맞은 말에 ○표 하시오.

(1) 자신의 문화만 우수하고 다른 사회의 문화는 열등하다고 보는 문화 이해 태도를 (자문화 중심주의, 문화 사대주의)라고 한다.

(2) (자문화 중심주의, 문화 사대주의)는 다른 사회의 문화를 우수한 것으로 여겨 자신의 문화를 낮게 평가하는 태도이다.

(3) (자문화 중심주의, 문화 사대주의)는 자기 문화에 대한 자부심을 느끼게 하고 구성원들의 결속을 강화시키기도 한다.

(4) 자문화 중심주의와 문화 사대주의는 모두 문화의 (보편성, 상대성)을 인정하지 않는 문화 이해 태도이다.

02 다음에서 설명하는 문화 이해 태도를 쓰시오.

- 한 사회의 문화를 그 사회의 특수한 자연환경, 사회적 상황 등을 고려하여 이해하는 태도이다.
- 문화를 있는 그대로 존중함으로써 다양한 문화가 공존할 수 있는 기초가 된다.

03 문화 이해 태도와 관련 내용을 바르게 연결하시오.

(1) 문화 제국주의 •	• ㉠ 중국의 중화사상
(2) 문화 사대주의 •	• ㉡ 일제의 신사 참배 강요
(3) 자문화 중심주의 •	• ㉢ 천하도에 나타난 세계관

04 다음 사례에 해당하는 문화 이해 태도를 〈보기〉에서 고르시오.

보기
ㄱ. 문화 사대주의 ㄴ. 자문화 중심주의

(1) 손으로 음식을 집어 먹는 인도의 문화를 미개하고 비위생적이라고 생각한다. ( )

(2) 우리나라의 전통 국악보다 외국의 클래식이 더 고급스럽고 교양 있는 음악이라고 여긴다. ( )

05 밑줄 친 부분에 나타난 문화 이해 태도를 쓰시오.

아마존강 유역의 자파테크 부족의 마을에 도착한 유럽의 가톨릭 신부들은 <u>나체로 생활하는 것을 미개하다고 여겨</u> 원주민들에게 옷을 입도록 하였다. 그러자 높은 기온과 습도 때문에 원주민들의 대부분이 피부병에 걸리고 말았다.

06 다음 설명이 맞으면 ○표, 틀리면 ×표 하시오.

(1) 이슬람의 돼지고기 금식 문화를 그 사회의 자연환경과 문화적 상황을 고려하여 이해하는 것을 문화 상대주의적 태도라고 한다. ( )

(2) 이슬람 급진 무장 단체가 자신의 종교만이 유일한 것임을 내세우며 고대 유적지를 파괴하는 행위는 문화 사대주의에 해당한다. ( )

(3) 조선 시대에 제작된 천하도는 자문화 중심주의가 반영된 지도로 중국을 세계의 중심으로 생각하여 상대적으로 크게 표현하였다. ( )

07 다음과 같은 문제가 나타날 수 있는 문화 이해 태도를 〈보기〉에서 고르시오.

보기
ㄱ. 문화 사대주의 ㄴ. 자문화 중심주의
ㄷ. 극단적 문화 상대주의

(1) 인간의 존엄성, 자유, 평등과 같은 인류의 보편적 가치가 침해된다. ( )

(2) 외래문화의 무비판적인 수용으로 자기 문화의 주체성을 상실할 수 있다. ( )

(3) 다른 나라와 갈등을 일으키고, 지나칠 경우 문화 제국주의로 흐를 수도 있다. ( )

08 바람직한 문화 이해 태도를 〈보기〉에서 고르시오.

보기
ㄱ. 문화 간의 공통점과 차이점을 비교하여 우열을 가린다.
ㄴ. 자기 문화에 대한 주체성을 지키기 위해 다른 나라의 문화를 무시한다.
ㄷ. 문화를 그 사회의 특수한 자연환경과 사회적 상황을 고려하여 이해하고 존중한다.

중단원 실력 쌓기

정답과 해설 • 46쪽

01 (가), (나)의 문화 이해 태도에 대한 설명으로 옳은 것은?

> (가) 자신의 문화만을 우수하다고 보고 다른 사회의 문화를 열등하다고 무시하는 태도이다.
> (나) 다른 사회의 문화를 가치 있고 우수한 것으로 여겨 자신의 문화를 낮게 평가하는 태도이다.

① (가)는 문화 사대주의, (나)는 자문화 중심주의이다.
② (가)는 다른 문화의 장점을 수용하는 데 유리하다.
③ (나)를 가질 경우 국제적으로 고립될 우려가 있다.
④ (나)의 태도가 지나칠 경우 문화 제국주의가 나타날 수 있다.
⑤ (가), (나)는 모두 문화의 상대성을 인정하지 않는 태도이다.

중요
02 다음 글에 나타난 문화 이해 태도로 옳은 것은?

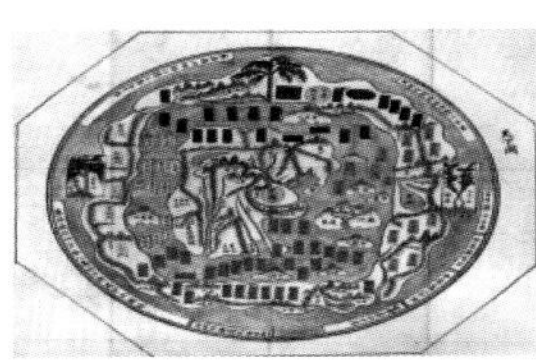

> 천하도는 조선 시대에 제작된 세계 지도로 중국이 지도의 한 가운데에 위치해 있고, 조선 등 주변국은 중국을 둘러싸고 있다. 이는 그 당시 조선 사회에 중국이 세상의 중심이라는 세계관이 널리 반영되어 있었음을 알 수 있다.

① 문화 사대주의 ② 문화 상대주의
③ 문화 제국주의 ④ 자문화 중심주의
⑤ 극단적 문화 상대주의

03 자문화 중심주의가 나타나 있는 발언을 〈보기〉에서 고른 것은?

보기
ㄱ. 한국어 대신 영어를 사용하면 교양 있어 보인다.
ㄴ. 소를 숭상하여 먹지 않는 힌두교도들은 어리석다.
ㄷ. 우리나라와 달리 높임말을 사용하지 않는 나라의 문화는 이해할 수 없다.
ㄹ. 도구를 사용하지 않고 손으로 음식을 집어 먹는 인도 문화는 그 나름의 이유가 있다.

① ㄱ, ㄴ ② ㄱ, ㄷ ③ ㄴ, ㄷ
④ ㄴ, ㄹ ⑤ ㄷ, ㄹ

중요
04 다음 글에 나타난 문화 이해 태도에 대한 옳은 설명을 〈보기〉에서 고른 것은?

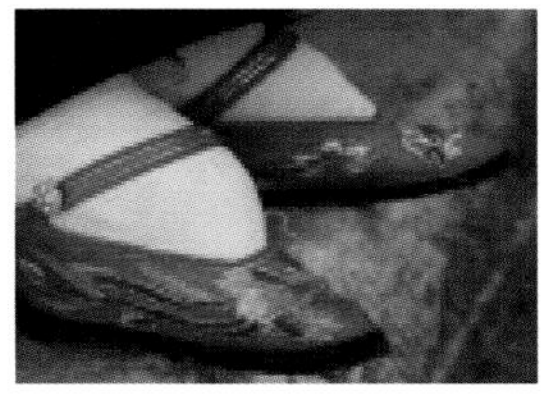

> 전족은 여자아이의 발을 천으로 단단히 감싸 발이 크게 자라지 못하도록 한 중국의 전통적인 풍습이다. 전족은 발을 기형적으로 변화시키는 문제점이 있지만, 발이 작은 여자를 미인으로 여기는 중국인들의 사고방식이므로 존중해 주어야 한다.

보기
ㄱ. 자신의 문화만이 우수하다고 여기는 태도이다.
ㄴ. 다른 사회의 문화를 동경하여 자신의 문화를 낮게 본다.
ㄷ. 인류의 보편적 가치를 무시하는 태도로 비판받아야 한다.
ㄹ. 문화 상대주의가 지나쳐 잘못된 문화도 포용하는 태도이다.

① ㄱ, ㄴ ② ㄱ, ㄷ ③ ㄴ, ㄷ
④ ㄴ, ㄹ ⑤ ㄷ, ㄹ

05 대화에서 두 사람이 가지고 있는 문화 이해 태도의 공통점으로 적절하지 않은 것은?

> 서연 : 도윤아, 주말에 국악 공연에 함께 가지 않을래?
> 도윤 : 난 요즘 클래식의 세련됨에 푹 빠졌어! 국악은 시끄럽기만 하고 촌스러운 음악으로만 느껴져.
> 서연 : 정말? 오히려 나는 클래식 음악이 단조롭고 진부한 음악으로 느껴지는데. 우리의 전통문화를 발전시키기 위해서 서양 음악은 듣지 말아야 한다고 생각해.

① 특정 문화가 우월하다고 생각한다.
② 문화의 상대성을 인정하지 않고 있다.
③ 문화를 평가하는 절대적인 기준이 있다고 본다.
④ 세계화 시대에 지양해야 할 문화 이해 태도이다.
⑤ 그 사회의 사회적 상황을 고려하여 문화를 이해해야 한다고 본다.

06 밑줄 친 부분에 나타난 문화 이해 태도에 대한 설명으로 옳은 것은?

> 미국의 한 유명 매체는 세계에서 가장 혐오스러운 음식으로 몽골의 마유주를 선정하였다. 마유주는 크림색을 띠며 독특한 향을 지닌 술로 몽골 유목민이 즐겨 마신다. 마유주는 말의 젖을 저어서 그대로 며칠 두었다가 효모가 발효하면 이를 걸러서 마시는데, 발효 과정에서 암모니아 향이 강하게 난다.

① 문화 사대주의적 태도이다.
② 자신의 문화를 열등하게 여기고 있다.
③ 특정 사회의 문화를 맹목적으로 수용하고 있다.
④ 문화적 교류를 방해하여 국제적으로 고립될 수 있다.
⑤ 외국의 명품을 무조건적으로 선호하는 것과 같은 태도이다.

07 ㉠에 들어갈 문화 이해 태도에 대한 설명으로 옳은 것은?

> 일제 강점기에 일본은 경제력과 군사력을 바탕으로 조선인들에게 신사 참배와 일본식 성명 사용을 강요하였다. 이는 우리나라를 문화적으로 지배하기 위한 ____㉠____에 해당한다.

① 극단적 문화 상대주의적 태도이다.
② 자문화 중심주의가 지나치면 나타날 수 있다.
③ 자기 문화의 능력을 과소평가할 우려가 있다.
④ 자기 문화에 대한 열등감을 기반으로 나타난다.
⑤ 개방적 문화 이해 태도로 발달된 문화를 빠르게 수용할 수 있다.

08 다음 글에 나타난 문화 이해 태도에 대한 설명으로 옳은 것은?

> • 다른 부족의 사람들은 코를 비비며 인사하는 마오리족의 문화를 우스꽝스럽다고 여긴다.
> • 이슬람 급진 무장 단체는 자신의 종교만이 유일한 것임을 내세우며 고대 유적인 하트라를 파괴하였다.

① 문화의 상대성을 인정하고 있다.
② 다른 사회의 문화를 가치 있는 것으로 여긴다.
③ 자기 문화의 가치를 제대로 인정하지 않고 있다.
④ 다른 사회의 문화에 대한 객관적인 평가가 가능하다.
⑤ 자신의 관점으로 다른 문화를 평가하여 우열을 가리고 있다.

09 바람직한 문화 이해 태도에 대한 옳은 설명을 〈보기〉에서 고른 것은?

> 보기
> ㄱ. 각 사회의 문화는 그 나름의 이유와 가치가 있다.
> ㄴ. 인간의 존엄성을 침해하는 문화도 존중받아야 한다.
> ㄷ. 한 사회의 문화를 다른 문화보다 열등하다고 평가할 수 없다.
> ㄹ. 자기 문화의 입장에서 다른 문화를 이해하려는 자세가 바람직하다.

① ㄱ, ㄴ　② ㄱ, ㄷ　③ ㄴ, ㄷ　④ ㄴ, ㄹ　⑤ ㄷ, ㄹ

중요

10 대화에서 바람직한 문화 이해 태도를 가진 학생은?

> 교사 : 티베트에는 사람이 죽으면 시신을 새가 먹도록 하는 조장이라는 장례 풍습이 있습니다.
> 갑 : 어떻게 새가 시신을 먹도록 할 수 있죠?
> 을 : 티베트 사람들은 우리나라와 달리 야만적인 장례 문화를 가지고 있네요.
> 병 : 험한 지형 때문에 시신을 땅에 묻기 어려워 생긴 풍습으로 이해해야 해요.
> 정 : 그래도 그렇지. 우리나라처럼 땅 속에 시신을 매장하는 장례 문화가 윤리적으로 옳다고 생각해요.
> 무 : 맞아요! 아무리 지형적인 이유 때문이라고 해도 시신을 새가 먹도록 내버려두는 것은 이해가 안돼요.

① 갑　② 을　③ 병　④ 정　⑤ 무

11 다음 글에 나타난 문화 이해 태도에 대한 설명으로 옳지 않은 것은?

> 이슬람교도는 돼지고기를 먹지 않는다. 돼지를 사육하려면 물이 많이 필요한데 중동 지방은 건조한 기후로 인해 물이 부족하여 돼지 사육이 적합하지 않다. 이러한 자연환경 때문에 이슬람교에서 돼지고기 먹는 것을 금한 것이라고 볼 수 있다.

① 문화를 다양한 영역들과 연관하여 파악하고 있다.
② 문화는 옳고 그르다는 평가를 할 수 없다고 여긴다.
③ 문화는 나름의 독특한 의미와 가치를 지니고 있다고 본다.
④ 문화는 그 사회의 자연환경에 적응한 결과라고 생각한다.
⑤ 문화의 우열을 평가하여 열등한 문화를 배척하고 있다.

중요

12 표는 문화 이해 태도를 구분한 것이다. (가)~(다)에 들어갈 문화 이해 태도에 대한 설명으로 옳은 것은? (단, (가), (나), (다)는 각각 문화 사대주의, 문화 상대주의, 자문화 중심주의 중 하나이다.)

내용 \ 문화 이해 태도	(가)		(나)		(다)	
	예	아니요	예	아니요	예	아니요
문화에 우열이 존재한다고 생각하는가?	✓		✓			✓
자신의 문화보다 다른 문화를 열등하다고 보는가?	✓			✓		✓
자신의 문화보다 다른 문화를 동경하여 숭상하는가?		✓	✓			✓

① (가)는 자기 문화의 정체성을 상실할 수 있다.
② (나)는 자기 문화를 가장 우수한 것으로 생각한다.
③ (나)는 다른 나라에 자신의 문화를 강요하는 것이다.
④ (다)는 문화를 그 사회의 맥락에서 이해하려고 한다.
⑤ (다)는 지나칠 경우 문화 제국주의로 이어질 우려가 있다.

13 문화 상대주의적 태도가 나타난 사례로 옳은 것은?

① 유명 외국 상품을 무조건 선호한다.
② 자신의 문화가 세계의 중심이라고 생각한다.
③ 명예 살인도 그 나름의 이유가 있다고 이해한다.
④ 서양의 음식 문화를 우리나라 음식 문화보다 고급스럽다고 여긴다.
⑤ 순록을 날로 먹는 문화는 추운 기후로 인해 나타난 것이라고 이해한다.

14 빈칸 ㉠에 들어갈 내용으로 적절하지 않은 것은?

① 문화에 대한 개방적인 태도
② 문화의 상대성을 인정하는 태도
③ 문화를 비교하여 이해하는 태도
④ 문화의 우열을 가려 이해하는 태도
⑤ 문화를 총체적 관점으로 바라보는 태도

서술형·논술형

서술형

01 자료에서 비판하고 있는 문화 이해 태도를 쓰고, 그러한 태도로 인해 나타날 수 있는 문제점을 서술하시오.

> 미숫가루를 'MSGR'이라고 표기하는 등 카페와 식당에서 한국어 표기 없이 영어로만 메뉴를 소개하는 곳이 늘고 있다. 무분별하게 외국어가 사용되는 곳은 카페, 식당뿐이 아니다. 이번에 건설이 완료된 한 신축 아파트는 관리사무소를 'MANAGEMENT OFFICE', 경로당을 'SENIOR CLUB'이라고 표기하고 별도의 한국어 표기는 하지 않았다. 이렇게 외국어 표기가 늘어나고 있는 배경에 대해 한 홍보 담당자는 영어 등 외국어가 주는 느낌이 더 고급스럽고 신선하기 때문이라고 답하였다. 그러나 소비자가 의미를 파악할 수 없는 상황에서 한국어 표기 없이 외국어를 사용하는 것이 바람직한지 생각해 봐야 한다.

논술형

02 그림에 나타난 두 사람의 공통된 문화 이해 태도를 쓰고, 두 사람에게 요구되는 바람직한 문화 이해 태도를 300자 내외로 논술하시오.

03 대중 매체와 대중문화

출제 포인트
- 대중 매체의 의미와 특징
- 대중문화의 순기능과 역기능
- 대중문화의 비판적 수용

+ 대중
대량 생산과 대량 소비를 특징으로 하는 사회를 구성하는 대다수의 사람

+ 대중 매체의 발달

일방향 매체	신문, 잡지, 텔레비전, 라디오 등

↓

쌍방향 매체	뉴 미디어(인터넷, 스마트폰 등)

+ 뉴 미디어의 특징

새로운 대중 매체의 등장으로 쌍방향 소통이 가능해지면서, 대중은 수동적인 정보 수용자의 위치에서 능동적인 정보 생산자의 역할을 겸하게 되었다.

+ 누리 소통망(Social Network Service)
온라인상에서 불특정 다수와 관계를 맺을 수 있는 미디어 서비스로, 정보를 공유하고 나눌 수 있는 새로운 대중 매체

+ 1인 미디어
컴퓨터, 스마트폰, 인터넷을 이용하여 개인이 혼자서 기획부터 진행, 촬영, 제작, 편집까지 맡아 콘텐츠를 만드는 것으로 개인이 유행을 만들고 수익까지 창출한다.

+ 대중문화의 형성 요인

정치	보통 선거 실시로 대중의 정치적 수준 향상
경제	산업화로 대량 생산과 대량 소비가 가능해져 대중의 생활 수준 향상
사회	의무 교육의 실시로 대중의 교육 수준 향상
문화	대중 매체의 발달로 다수에게 동시에 전파

1 대중 매체와 대중문화

(1) 대중 매체

① 의미 : 다수의 사람에게 대량의 정보를 전달하는 수단

② 특징

→ 전자책, 인터넷 신문 등은 하나의 매체 속에서 인쇄 매체와 전자 매체의 특징이 모두 나타난다.

- 다양한 대중 매체 간 경계가 모호해지고 있으며, 형태나 기능 면에서 서로 융합되고 있음
- 정보 통신 기술의 발달로 정보의 전달 방식이 일방향에서 쌍방향으로 변화함

③ 종류

구분		특징
일방향 매체	인쇄 매체	신문, 잡지, 책 등은 문자와 사진으로 정보 전달
	음성 매체	라디오는 소리로 정보 전달
	영상 매체	텔레비전은 영상과 소리로 정보 전달 → 20세기 들어와 발달한 매체로 정보의 전달 속도를 더욱 빠르게 하였다.
쌍방향 매체	뉴 미디어	• 인터넷, 스마트폰 등을 활용하여 정보를 공유하며 소통하는 매체 • 시간과 공간의 제약을 극복하고 정보를 대량으로 확산시킴 • 쌍방향 의사소통이 가능해져 대중이 문화를 형성하는 생산자로서 참여하게 됨

(일방향 매체: 전통적인 대중 매체이며 정보를 일방적으로 소비자에게 전달한다.)

집중 탐구 새로운 대중 매체, 뉴 미디어가 이끈 대중문화의 변화상

▲ 새로운 댓글 달기 문화

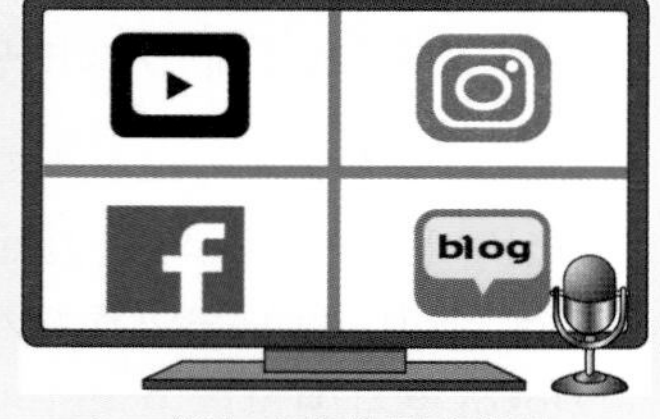

▲ '1인 미디어' 시대 등장

뉴 미디어는 정보 통신 기술의 발달로 새롭게 등장한 인터넷, 스마트폰 등과 같은 쌍방향 매체를 말한다. 뉴 미디어의 발달은 대중문화의 수동적 소비자였던 대중을 새로운 문화를 생산하는 주체로 성장시켰다. 특별한 것으로 인식되던 기부 활동을 인터넷을 통한 소액 기부, 기부 대상을 응원하는 댓글 달기 등 다양한 방법을 통해 손쉽게 이루어지는 기부 활동으로 변화시켰다. 또한 개인이 블로그나 인터넷 방송 등 누리 소통망(SNS)을 통해 기획, 제작, 편집까지 맡아 콘텐츠를 만드는 '1인 미디어'의 시대를 등장시켰다. 이처럼 뉴 미디어는 우리 삶에 큰 영향력을 발휘하면서 새로운 형태의 문화를 탄생시켰다.

(2) 대중문화

→ 대중문화는 계층을 구분하지 않고 같은 내용을 대량으로 보급하기 때문에 보편적인 성격을 지닌다.

① 의미 : 특정 계층이나 집단이 아닌 다수의 사람이 공통으로 즐기고 누리는 문화

② 특징
- 대중 매체를 통해 대중문화가 형성되고 발전함 → 대중문화는 대중 매체와 밀접한 관련이 있다.
- 다수의 취향에 맞게 대량으로 생산되고 다수에 의해 대량으로 소비됨

③ 순기능 → 동일한 문화를 생산하여 사고방식과 행동을 획일화시키는 문제점도 나타난다.
- 문화의 대중화에 기여 : 과거 소수 계층만 누리던 문화를 누구나 쉽게 접할 수 있게 됨
- 정보 전달의 실용성 : 적은 비용으로 유용한 정보를 다수의 사람에게 효과적으로 전달함
- 다양한 오락 제공 : 즐거움과 휴식을 제공하여 삶을 풍요롭게 만듦

④ 역기능

→ 대중 매체가 이윤을 추구하는 기업과 결합하여 소비자의 소비 심리를 자극하는 상품을 만들기 때문이다.

- 상업성 추구 : 대중문화가 상품화되면서 자극적이고 선정적인 내용을 다루어 문화의 질이 낮아지기도 함

대중문화가 다수의 기호에 맞추어 생산되고 대량으로 소비됨으로써 획일화되기 쉽다.

- 문화의 획일화 : 동일한 내용의 문화가 생산되어 개인의 개성이 상실되거나 문화의 다양성이 저하될 수 있음
- 왜곡된 정보 전달 : 잘못된 정보를 전달하여 정보에 오류가 있을 수 있음
- 여론 조작의 우려 : 특정 대상이나 집단에 유리하도록 여론이 조작될 수 있음
- 정치적 무관심 초래 : 오락성에만 치중하여 정치적 현상이나 사회 문제에 무관심해질 수 있음

집중 탐구 대중문화의 양면성

대중문화는 대중 매체를 통해 즐거움과 휴식을 제공하여 대중이 풍요로운 삶을 누릴 수 있도록 하였다. 그러나 지나치게 이윤을 추구하는 과정에서 대중의 흥미만을 자극하는 선정적이고 자극적인 프로그램을 만들거나, 특정 상품을 프로그램 속에서 홍보하는 간접 광고가 늘면서 대중문화는 상업성을 띠게 되었다. 또한 대중문화를 통해 비슷한 생활 양식이 퍼지면서 사람들의 사고방식이나 행동이 획일화되어 개인의 개성과 창의성이 무시되었다.

▲ 방송 속 간접 광고

▲ 획일화된 생활 양식

2 대중문화의 올바른 수용 태도

(1) 비판적 수용

대중문화의 내용이 지나치게 선정적이고 상업적이지 않은지, 제공하는 정보가 과장된 것은 아닌지 살펴보아야 한다.

① 정보를 있는 그대로 받아들이기보다 비판적으로 바라보는 태도

② 대중 매체가 제공하는 정보의 정확성을 여러 매체를 통해 비교 · 검토하는 태도

③ 대중문화가 흥미뿐만 아니라 유의미한 내용을 전달하는 수단임을 인식하는 태도

(2) 능동적 · 주체적 참여

① 대중이 수동적인 소비자에서 벗어나 새로운 대중문화를 생산하는 능동적인 생산자로 참여

② 잘못된 정보에 대한 시정을 요구하거나 의견을 제시하는 적극적인 자세

③ 자신에게 필요한 정보를 주체적으로 수용하려는 적극적인 태도

④ 대중 매체에서 제공하는 정보를 건전하게 활용하려는 태도

더 알아보기 다른 시각의 보도, 비판적으로 들여다보기

□□신문

CCTV의 확대 설치, 범죄 예방 효과 기대

방범용 CCTV의 확대 설치로 범죄 예방 효과가 높아져 시민들의 생명과 재산이 보호될 것으로 기대되고 있다.

○○일보

CCTV의 확대 설치, 사생활 침해 확대 우려

방범용 CCTV의 확대 설치로 개인의 생활 모습이 과잉 노출되고, 이에 따라 사생활 침해가 확대될 우려가 있다.

대중 매체는 같은 사건을 다양한 관점으로 해석하기도 하고, 잘못된 정보를 제공하거나 의도를 가지고 사실을 왜곡하기도 한다. 따라서 대중은 대중 매체가 제공하는 정보를 있는 그대로 수용할 것이 아니라, 다양한 매체별로 비교 · 분석하여 정보가 객관적 사실인지, 균형 있는 시각을 담고 있는지를 비판적으로 수용할 필요가 있다.

+ 대중문화의 상업성

소비 심리를 자극하여 기업의 이윤을 추구하는 '데이 마케팅'에 소비자들은 무비판적인 소비를 하기도 한다.

+ 획일화
대중 매체가 같은 내용을 일방적으로 전달하기 때문에 모두가 같은 방식으로 생각하고 행동하는 경향이 나타난다.

+ 왜곡
사실과 다르게 해석하거나 잘못되게 하는 것

+ 여론
사회 문제에 대한 사회 구성원의 공통된 의견

+ 정치적 무관심
정치적 상황에 대한 주체적인 인식이나 행동이 결여되어 있는 것

+ 비판적
사물의 옳고 그름을 가려 판단하거나 밝히는 것

+ 시정
잘못된 것을 바로 잡는 것

+ 대중문화, 비판적으로 보기

- ✓ 선정적이거나 폭력적인 내용이 있는가?
- ✓ 흥미만을 자극하는 내용으로 이루어져 있지 않은가?
- ✓ 특정 상품을 노출하여 홍보하는 장면이 있는가?
- ✓ 특정 대상이나 집단에 대한 편견이나 고정 관념이 있는가?
- ✓ 정보를 왜곡하여 전달하지 않는가?
- ✓ 소수에 의해 여론이 조작되지 않는가?

정답과 해설 • 48쪽

01 빈칸에 들어갈 알맞은 말을 쓰시오.

(1) 다수의 사람에게 대량의 정보와 지식을 전달하는 수단을 ( )(이)라고 한다.
(2) 일방향 매체에 비해 ( ) 매체는 정보의 생산자와 소비자 간의 의사소통이 활발하다.
(3) 정보 통신 기술이 발달하면서 등장한 인터넷, 스마트폰 등의 매체를 ( )(이)라고 한다.

02 다음 내용이 맞으면 ○표, 틀리면 ×표 하시오.

(1) 신문, 잡지, 라디오, 텔레비전은 쌍방향 매체에 해당한다. ( )
(2) 대중 매체는 대중문화의 형성과 발달에 큰 영향을 미쳤다. ( )
(3) 뉴 미디어의 발달로 대중은 대중문화의 생산자로서 성장하였다. ( )
(4) 최근에는 뉴 미디어에 비해 전통적 매체의 영향력이 더 커지고 있다. ( )

03 다음 내용에 해당하는 대중 매체를 〈보기〉에서 있는 대로 고르시오.

보기
ㄱ. 신문 ㄴ. 잡지 ㄷ. 인터넷
ㄹ. 텔레비전 ㅁ. 스마트폰

(1) 전통적인 매체로 소비자에게 정보를 일방적으로 전달한다. ( )
(2) 정보 통신 기술의 발달로 새롭게 등장한 매체로 쌍방향 소통이 가능하다. ( )

04 뉴 미디어의 특징에 대한 옳은 설명을 〈보기〉에서 있는 대로 고르시오.

보기
ㄱ. 정보 생산자와 소비자의 경계가 불분명하다.
ㄴ. 시간과 공간의 제약에서 벗어나 정보를 제공한다.
ㄷ. 전통적인 매체로 대중에게 정보를 일방적으로 전달한다.
ㄹ. 문자, 사진, 영상 등을 이용하여 복합적인 정보를 제공한다.

05 다음에서 설명하는 개념을 쓰시오.

- 대다수 사람들이 향유하는 옷차림, 행동 양식, 사고방식 등을 포함하는 문화이다.
- 일상생활에서 음악, 드라마, 영화 등과 같이 다수가 쉽게 접하고 즐기는 문화를 일컫는다.

06 괄호 안의 내용 중 알맞은 말에 ○표 하시오.

(1) 대중문화는 (특정 계층, 일반 계층)이 누리는 문화이다.
(2) 경제적으로 상품의 (대량 생산, 소량 생산)이 가능해지면서 대중문화가 발달하였다.
(3) 인쇄 매체, 음성 매체, 영상 매체를 통해 (일방향, 쌍방향) 소통이 가능하다.
(4) 대중문화를 (수동적, 비판적)으로 수용하려는 자세가 필요하다.

07 대중 매체의 발달 과정을 시기 순으로 바르게 나열하시오.

ㄱ. 라디오는 소리로 정보를 전달하며, 적은 비용으로 넓은 범위에 정보를 전달한다.
ㄴ. 정보 통신 기술의 발달로 등장한 인터넷과 스마트폰은 우리의 일상에 많은 변화를 가져왔다.
ㄷ. 신문, 잡지와 같은 인쇄 매체는 정보 전달의 속도는 다소 느리지만 깊이 있는 정보를 전달한다.

08 다음 내용에 해당하는 대중문화의 특징을 〈보기〉에서 고르시오.

보기
ㄱ. 상업성 ㄴ. 오락성 ㄷ. 획일성

(1) 사람들에게 즐거움과 휴식을 제공하고 삶을 풍요롭게 해 준다. ( )
(2) 다수의 취향에 맞춘 동일한 정보를 대량으로 전달하면서 개인의 개성과 창의성이 무시된다. ( )
(3) 이윤을 추구하는 거대 자본에 의해 자극적이고 선정적인 내용을 담아 문화의 질을 떨어뜨릴 수 있다. ( )

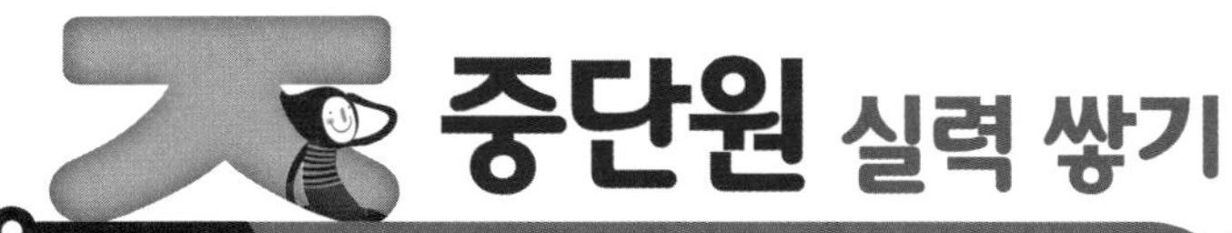

중단원 실력 쌓기

정답과 해설 • 48쪽

01 대중 매체에 대한 옳은 설명을 〈보기〉에서 고른 것은?

보기
ㄱ. 정보와 지식을 신속하게 공유한다.
ㄴ. 의사소통이 쌍방향에서 일방향으로 변하였다.
ㄷ. 최근에는 여러 기능이 융합되는 경향을 보인다.
ㄹ. 특정 계층만이 향유하는 문화를 형성하는 데 기여하였다.

① ㄱ, ㄴ ② ㄱ, ㄷ ③ ㄴ, ㄷ
④ ㄴ, ㄹ ⑤ ㄷ, ㄹ

중요
02 대중 매체인 (가), (나)에 대한 설명으로 옳은 것은?

(가) 전통적인 대중 매체로 정보를 일방적으로 소비자에게 전달한다.
(나) 새롭게 등장한 대중 매체로 대중이 문화의 소비자에서 생산자로서 참여하게 되었다.

① (가)는 인터넷을 활용한 대중 매체이다.
② (가)는 시간과 공간의 제약을 극복하여 정보를 제공한다.
③ (나)는 신문, 텔레비전이 대표적인 예이다.
④ (나)의 발달로 인해 쌍방향 의사소통이 가능하게 되었다.
⑤ (가)는 (나)보다 정보 전달 속도가 더 빠르다.

03 다음은 사회 수행 평가 문제지의 일부이다. 빈칸 ㉠에 들어갈 대중 매체로 옳은 것은?

※ ㉠에 대한 설명으로 옳은 것은 ○표, 옳지 않은 것은 ×표 하시오.

(㉠)의 특징	정답
1. 전통적인 매체이다.	×
2. 쌍방향 소통이 가능하다.	○
3. 시간과 공간의 제약으로부터 자유롭다.	○

① 신문, 잡지 ② 신문, 라디오
③ 영화, 텔레비전 ④ 인터넷, 스마트폰
⑤ 인터넷, 텔레비전

04 다음 글에 나타난 대중 매체에 대한 설명으로 옳은 것은?

'영리한'이라는 뜻을 지닌 스마트(smart) 기기는 이전 기기에 비해 이용자가 자유롭게 기능을 확장하고 재구성할 수 있다. 이와 함께 모바일(mobile) 기기는 '움직일 수 있는'이라는 뜻에서 알 수 있듯이 이동 중 사용이 가능한 휴대용 기기로 작고 가벼운 것이 특징이다.

① 전통적 매체에 속한다.
② 뉴 미디어의 대표적 예이다.
③ 의사소통의 통로가 매우 단조롭다.
④ 대중을 문화의 소비자에 머물러 있게 한다.
⑤ 대중이 수동적으로 정보를 수용하게 만든다.

05 밑줄 친 '누리 소통망'이 우리의 삶에 미친 영향으로 적절하지 않은 것은?

'아이스 버킷 챌린지(Ice Bucket Challenge)'는 루게릭병 환자를 돕기 위해 시작한 기부 운동이다. 참가자들은 자신의 머리에 얼음물을 뒤집어쓰거나, 일정 금액의 기부를 통해 이 운동에 동참한다. 이 운동은 누리 소통망(SNS)을 통해 빠르게 확산되었고, 전 세계인들의 호응을 이끌어 내면서 단기간에 상당한 금액의 기부금이 조성되었다.

① 사회 구성원들의 행동 방식을 변화시켰다.
② 기존 문화와 다른 새로운 문화를 창조하였다.
③ 뉴 미디어로 대중과의 상호 작용이 활발해졌다.
④ 대중을 소극적인 정보의 수용자로 머무르게 하였다.
⑤ 대중 매체가 우리 삶에 미치는 영향력의 범위가 넓어졌다.

06 다음과 같은 대중 매체의 발달로 변화된 삶의 모습으로 옳지 않은 것은?

• 시·공간의 제약을 벗어나 정보와 지식 수용
• 인터넷, 스마트폰, 누리 소통망(SNS)의 발달
• 정보 제공자와 수용자 간에 쌍방향 의사소통 가능

① 인터넷을 통해 필요한 정보를 검색한다.
② 전 세계 사람들의 문화 공유가 쉬워졌다.
③ 정보의 생산자와 소비자가 명확하게 구분된다.
④ 정보 제공자와 이용자 간의 정보 교환이 자유롭다.
⑤ 다양하고 복합적인 정보를 실시간으로 제공받는다.

07 대중문화에 대한 설명으로 옳지 않은 것은?

① 확산 속도가 빠르고 범위도 넓다.
② 대중에게 익숙한 보편적인 문화를 의미한다.
③ 사회 구성원들의 비슷한 행동 양식도 포함된다.
④ 하나의 매체에만 의존하여 전달되는 경향이 강하다.
⑤ 많은 사람들에게 같은 내용을 동시에 전달하기도 한다.

08 (가)에서 (나)로의 변화를 통해 유추할 수 있는 사실로 옳은 것은?

(가)

아무나 이런 문화를 누릴 수 없지.

(나)

발레 공연을 집에서 볼 수 있다니 정말 좋네요.

① 문화의 대중화가 이루어졌다.
② 특정 계층의 삶의 질만 높아졌다.
③ 문화를 향유하는 계층의 범위가 좁아졌다.
④ 고급문화를 누릴 수 있는 기회가 제한되었다.
⑤ 문화를 접하는 데 드는 비용 부담이 더욱 커졌다.

09 다음 글을 통해 알 수 있는 대중문화의 특징으로 가장 적절한 것은?

> 매달 14일이 되면 각종 의미를 부여한 '○○○데이'로 특정 상품의 판촉 행사가 성행한다. 기업들이 상품의 판매량을 늘리기 위해 각종 기념일을 만들고 언론을 부추기며 '데이 마케팅'을 펼치는 것이다. 기업들은 소비자들의 소비 심리를 여러 방법으로 자극하고 있지만 많은 사람들이 이러한 상술을 의식하지 못한 채 기념일이 되면 관련 제품들을 무비판적으로 사고 있다.

① 대중의 개성을 중시한다.
② 선정적인 내용을 생산한다.
③ 정보가 왜곡될 우려가 있다.
④ 이윤 추구를 위해 상업성을 띤다.
⑤ 오락성에 치중한 저급한 문화가 확산된다.

10 대화에 나타난 두 사람의 대중문화 수용 태도에 대한 설명으로 가장 적절한 것은?

> 태준 : 성민아, 저 드라마 주인공의 머리 모양 멋지지?
> 성민 : 응 그러네. 내가 해도 잘 어울릴까?
> 태준 : 그게 뭐가 중요해! 인기 연예인이 한 머리인데 누구든 똑같이 따라하면 저 연예인처럼 되는 거지.
> 성민 : 그럴까? 하긴 연예인이 한 머리 모양이니 하고 가면 다들 부러워할 거야.

① 정치에 무관심하다.
② 특정 정보를 왜곡하고 있다.
③ 선정적인 문화만을 선호하고 있다.
④ 흥미를 자극하는 문화만을 추구한다.
⑤ 정보를 무비판적으로 받아들이고 있다.

중요

11 그림을 통해 알 수 있는 대중문화의 역기능으로 가장 적절한 것은?

저 가방 당장 사러 가야겠다.

① 잘못된 정보를 일방적으로 전달한다.
② 획일화된 문화로 인해 개성이 상실된다.
③ 소수의 힘에 의해 여론이 조작되기도 한다.
④ 특정 집단에 유리하도록 사실을 왜곡시킨다.
⑤ 예술적 가치보다 흥미만을 자극하는 문화를 생산한다.

12 다음은 사회 수행 평가를 실시하기 위한 계획서이다. 밑줄 친 (가)에 들어갈 내용으로 적절한 것은?

> **주　제** : 대중문화의 ___(가)___
> **조사 내용** :
> • 인터넷에 있는 선정적인 기사 내용
> • 청소년 관람 영화에 나타난 폭력적인 장면
> • 텔레비전 드라마에 등장하는 간접 광고 횟수

① 오락성　② 실용성　③ 상업성
④ 획일성　⑤ 편향성

정답과 해설 • 48쪽

13 밑줄 친 (가)에 들어갈 내용으로 적절하지 않은 것은?

> 교사 : 대중문화의 문제점으로는 어떤 것이 있을까요?
> 학생 : 대중문화는 ______(가)______

① 왜곡된 정보를 전달하기도 해요.
② 소수에 의해 여론이 조작될 수도 있어요.
③ 오락에 치중하여 정치적 무관심을 초래하기도 해요.
④ 정보를 일방적으로 전달하여 대중을 수동적으로 만들기도 해요.
⑤ 사회 문제에 대한 사람들의 관심을 불러일으켜 문제가 개선되기도 해요.

14 바람직한 대중문화의 수용 자세로 적절하지 않은 것은?

① 정보의 사실 여부를 매체별로 비교 · 분석해 본다.
② 언론 기관의 공정성을 믿고 정보를 그대로 수용한다.
③ 잘못된 정보에 대해서는 적극적으로 시정을 요구한다.
④ 균형 있는 시각을 담고 있는지 비판적으로 검토해 본다.
⑤ 자신에게 필요한 정보를 주체적으로 수용하는 자세를 가진다.

중요
15 자료를 통해 추론할 수 있는 내용을 〈보기〉에서 고른 것은?

○○신문
20○○년 ○월 ○일
계속되는 집값 하락
집 사는 시기 늦춰야 ……

□□일보
20○○년 ○월 ○일
계속되는 집값 하락
집 사는 시기 서둘러야 ……

〈보기〉
ㄱ. 같은 사실을 동일한 시각으로 보도하고 있다.
ㄴ. 대중 매체를 비판적인 시각으로 바라보아야 한다.
ㄷ. 대중 매체가 전달하는 내용을 선택적으로 받아들여야 한다.
ㄹ. 대중 매체가 전달하는 내용은 무조건 공정하고 신뢰할 만하다고 여긴다.

① ㄱ, ㄴ ② ㄱ, ㄷ ③ ㄴ, ㄷ
④ ㄴ, ㄹ ⑤ ㄷ, ㄹ

서술형·논술형

정답과 해설 • 49쪽

서술형
01 대중 매체인 (가), (나)의 특징을 정보 전달 방식과 대중의 역할을 중심으로 비교하여 서술하시오.

(가) (나)

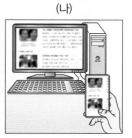

논술형
02 그림의 두 사람이 가진 대중문화 수용 태도의 문제점을 쓰고, 이들에게 필요한 바람직한 대중문화 수용 태도를 200자 이내로 논술하시오.

대단원 마무리

01 밑줄 친 '문화'가 넓은 의미로 쓰인 것은?

① 그는 문화계의 거장으로 불린다.
② 문화 회관에서 피아노 연주회가 있다.
③ 문화 시민이라면 질서를 잘 지켜야 한다.
④ 주말에는 시민들을 위한 문화 공연이 많이 열린다.
⑤ 겨울이 추운 우리나라는 온돌이라는 주거 문화가 적합하다.

02 문화의 구성 요소에 대한 옳은 설명을 〈보기〉에서 고른 것은?

보기

ㄱ. 문화는 물질문화와 비물질 문화로 구분된다.
ㄴ. 문화를 구성하는 요소들은 각기 독립적으로 존재한다.
ㄷ. 제도문화는 법, 도덕, 관습 등으로 사회 질서 유지에 기여한다.
ㄹ. 관념 문화는 인간의 기본적 욕구를 충족하는 데 필요한 도구나 기술을 말한다.

① ㄱ, ㄴ ② ㄱ, ㄷ ③ ㄴ, ㄷ
④ ㄴ, ㄹ ⑤ ㄷ, ㄹ

03 그림은 각 나라의 인사법을 나타낸 것이다. 이에 대한 옳은 설명을 〈보기〉에서 고른 것은?

▲ 일본의 인사법

▲ 프랑스의 인사법

▲ 티베트의 인사법

보기

ㄱ. 어느 사회에서나 반가움의 표시로 인사를 나눈다.
ㄴ. 혀를 내밀어 인사하는 문화는 다른 문화에 비해 열등하다.
ㄷ. 각 지역의 사회적 상황에 따라 다양한 인사법이 나타난다.
ㄹ. 인간의 신체 구조, 사고방식이 비슷하여 문화의 특수성이 나타난다.

① ㄱ, ㄴ ② ㄱ, ㄷ ③ ㄴ, ㄷ
④ ㄴ, ㄹ ⑤ ㄷ, ㄹ

| 서술형

04 밑줄 친 ㉠, ㉡의 '문화'의 의미를 비교하여 서술하시오.

1990년대 말부터 한국 드라마와 대중가요 등의 해외 진출이 꾸준히 늘면서 한국의 ㉠ 공연 문화가 외국에서 활기를 띠고 있다. 이로 인한 열기는 자연스럽게 한복, 한국어, 한국 음식과 역사에 대한 관심으로 발전하여 전반적인 ㉡ 한국 문화가 해외로 전파되고 있다.

05 문화로 볼 수 없는 것은?

① 공공장소에서는 우측으로 통행한다.
② 전날 잠이 부족해서 계속 하품을 한다.
③ 요즘 청소년들 사이에서 유행하는 가방을 산다.
④ 이누이트 족은 추위를 피하기 위해 이글루를 짓는다.
⑤ 서양인은 반가움의 표시로 서로 가볍게 포옹을 한다.

06 (가), (나)에 나타난 문화의 속성을 각각 바르게 연결한 것은?

(가) 우리나라는 김장철이 되면 가까운 친지와 이웃 주민들이 서로의 김장을 함께 하는 '김장 품앗이'라는 전통을 가지고 있다.
(나) 김치는 원래 소금에 절인 백김치의 형태였는데 임진왜란 이후 고추가 전래되면서 고춧가루를 사용하여 붉은색을 띠는 김치가 되었다.

	(가)	(나)
①	변동성	공유성
②	변동성	학습성
③	공유성	변동성
④	공유성	학습성
⑤	축적성	전체성

07 (가), (나)에 나타난 문화 이해 태도로 옳은 것은?

(가) 자기 문화를 절대적인 기준으로 삼아 다른 사회의 문화를 무시한다.
(나) 다른 사회의 문화를 가치 있는 것으로 여기고 자신의 문화를 낮게 평가한다.

	(가)	(나)
①	문화 제국주의	문화 상대주의
②	문화 제국주의	자문화 중심주의
③	문화 사대주의	문화 상대주의
④	자문화 중심주의	문화 사대주의
⑤	자문화 중심주의	문화 상대주의

08 밑줄 친 문화 이해 태도에 대한 설명으로 옳은 것은?

「백인의 짐」은 19세기 미국 잡지에 실린 그림이다. 그림에서 백인은 식민지인을 짊어지고 '문명(civilization)'이라고 표시된 곳을 향해 가고 있다. 이를 통해 서구인들이 식민지의 문화를 이해하는 태도를 엿볼 수 있다.

① 문화 상대주의가 지나칠 때 나타날 수 있다.
② 발달된 문화를 수용하는 데 도움이 되기도 한다.
③ 자기 문화에 대한 주체성과 고유성을 상실할 수 있다.
④ 식민지 문화를 기준으로 자기 문화 수준을 낮게 여긴다.
⑤ 자기 문화를 기준으로 다른 문화를 열등하다고 생각한다.

09 문화 상대주의적 태도를 가진 사람은?

① 갑 : 옷에 한글보다 영어가 쓰여 있어야 더 세련되어 보여.
② 을 : 도구를 사용하지 않고 손으로 음식을 먹는 인도인들은 불결해.
③ 병 : 반가움의 표시로 볼에 입맞춤하는 인사법은 예의에 어긋난 행동이야.
④ 정 : 티베트의 조장 풍습은 그 지역의 자연환경을 고려하여 형성된 문화야.
⑤ 무 : 중국의 전통인 전족도 그 나름의 이유가 있으므로 문화로서 존중해야 해.

| 서술형

10 대화에 나타난 은서의 문화 이해 태도를 쓰고, 그러한 문화 이해 태도의 문제점을 서술하시오.

11 (가), (나)에 대한 설명으로 옳은 것은?

(가) 인터넷, 스마트폰
(나) 신문, 잡지, 라디오, 텔레비전

① (가)는 전통적인 매체로 뉴 미디어이다.
② (가)는 시간과 공간의 제약을 크게 받는다.
③ (가)는 대중을 적극적인 문화 생산자로 변화시켰다.
④ (나)는 대중과의 의사소통이 쌍방향으로 이루어진다.
⑤ (나)는 (가)보다 정보를 신속하게 대중에게 전달한다.

12 빈칸 (가)에 들어갈 검색어로 가장 적절한 것은?

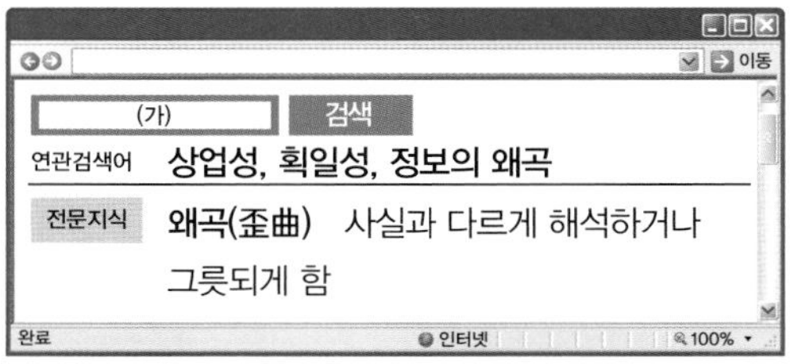

① 문화의 보편성
② 문화의 특수성
③ 문화의 공유성
④ 대중문화의 순기능
⑤ 대중문화의 역기능

수행평가 미리보기

• 선생님의 출제 의도 대중 매체 비판적으로 살펴보기

대중 매체는 같은 사건을 다양한 관점으로 해석하기도 하고, 잘못된 정보를 제공하거나 의도를 가지고 사실을 왜곡하기도 합니다. 또한 지나치게 상업화되고 획일화된 문화를 생산하고 대중의 흥미만을 자극하는 낮은 수준의 문화를 제공하기도 합니다. 이번 수행 평가에서는 대중문화의 능동적이고 주체적인 참여자로서 대중 매체가 제공하는 정보를 비판적으로 수용하는 태도에 대해 살펴보고자 합니다.

수행 평가 문제

대중 매체를 비판적인 시각으로 보고, 대중문화의 문제점과 개선 방안을 제시하여 보고서를 작성해 봅시다.

A. 활동 계획 세우기

1 뉴스, 드라마, 예능 프로그램, 광고 중에서 평소 즐겨 보거나 관심 있는 것을 한 가지 선정한다.
2 선정한 프로그램을 시청하거나 인터넷과 스마트폰을 이용하여 구체적인 소재 및 내용을 찾아본다.
3 프로그램에 나타난 대중문화의 문제점을 찾아 분석하고 비판적으로 해석한다.

B. 활동 단계

1단계 평소 관심 있는 프로그램 중 자신이 분석할 프로그램을 한 가지 선정한다.
2단계 대중문화의 특징과 관련하여 비평할 내용을 평가 항목별로 작성한다.
3단계 평가 항목에 근거하여 선정한 프로그램을 분석하여 비판적으로 해석한다.
4단계 프로그램을 분석한 내용을 토대로 대중문화의 문제점을 생각해 본다.
5단계 대중문화의 문제점과 이를 개선하는 방안을 제시하여 보고서를 작성한다.
6단계 작성한 보고서를 해당 프로그램의 시청자 게시판이나 비평 프로그램에 올린다.

C. 활동하기

1 선정한 프로그램에서 대중문화의 특징과 관련하여 분석할 내용을 평가 항목으로 작성한다.

예시)

상업성	선정적이거나 폭력적인 내용이 포함되어 있는가?
	대중의 흥미만을 자극하는 내용으로 이루어져 있지 않는가?
	특정 상품을 노출하여 광고하는 장면이 있는가?
획일화	개성이나 창의성을 무시하는 생각이나 행동을 강조하지 않는가?
표현의 부적절성	욕설 및 은어, 비속어 등의 표현을 사용하였는가?
	차별적인 언어 및 인격 모독적인 표현이 나타나 있는가?
	특정 대상 및 집단에 대한 편견이나 고정 관념이 나타나 있는가?
정보 전달의 정확성	정보를 왜곡하여 전달하지 않았는가?
	정보가 객관적이고 균형 있는 시각을 담고 있는가?
여론의 조작성	특정 대상이나 집단에 유리하도록 여론을 조작하지 않았는가?
	소수에 의해 사실과 사건이 축소되거나 확대되지 않았는가?

2 평가 항목에 근거하여 해당 프로그램에 나타난 대중문화의 문제점과 개선 방안을 제시하여 보고서를 작성한다.

예시)

프로그램명		분 야	□ 뉴스 □ 드라마 □ 예능 □ 기타 (　　)
방송 일시 및 시간		방송사	
내용 요약			
프로그램 분석 내용	구체적인 사례		문제점
프로그램 개선 방향			

3 작성한 보고서를 해당 프로그램의 시청자 게시판이나 비평 프로그램에 올리고 인증 장면을 제출한다.

채점 기준

평가 영역	채점 기준	상	중	하
문제 해결 능력	프로그램에 나타난 대중문화의 문제점을 구체적인 사례를 들어 제시하였는가?			
	대중문화의 문제점을 개선하는 방안을 합리적으로 제시하였는가?			
	개선 방안을 시청자 게시판이나 비평 프로그램에 올렸는가?			
비판적 사고력	평가 항목에 대중문화의 특징을 반영하였으며 실제로 평가가 가능한 내용인가?			
	평가 항목에 따라 프로그램을 비판적인 시각으로 분석하였는가?			
논리적 타당성	주제를 정확하게 파악하여 보고서를 논리적으로 작성하였는가?			
	자신의 의견과 그에 대한 근거를 타당하게 연결하였는가?			
글의 일관성	전체적인 글의 구성과 짜임새가 매끄러운가?			
	자신의 주장과 근거의 연결이 자연스러운가?			

IX. 정치 생활과 민주주의

01
정치와 정치 생활

02
민주 정치의 발전

03
민주 정치와 정부 형태

01 정치와 정치 생활~ 02 민주 정치의 발전

출제 포인트
- 정치의 의미와 기능
- 고대 아테네, 근대, 현대 민주 정치의 비교
- 민주 정치의 기본 원리

1 정치와 정치 생활

(1) 정치의 의미와 기능

① 정치의 의미 → 정치를 돈, 지위, 명예 등과 같은 여러 가치를 권위적으로 배분하는 것이라고 보는 견해도 있다.

좁은 의미	정치인들이 정치권력을 획득하고 유지하며 행사하는 활동 예 국회에서 법률을 만들거나 고치는 활동, 정부가 정책을 수립하여 집행하는 활동 등
넓은 의미	사회 구성원 간의 대립과 갈등을 조정하여 공공 문제를 해결해 나가는 모든 활동 예 체험 학습 장소를 정하기 위한 학급 회의, 주차 문제 해결을 위한 아파트 주민 회의 등

Q&A

Q 우리 주변에 나타나는 정치의 모습에는 어떤 것들이 있나요?

A 사람들은 흔히 정치라고 하면 국회의 의사를 최종 결정하는 본회의나 정부의 주요 정책을 심의하는 국무 회의 등과 같이 정치인들이 국가와 관련된 일을 하는 것만을 떠올린다. 하지만 정치 현상은 우리의 일상생활에서도 쉽게 나타난다. 정치란 서로 다른 가치관이나 이해관계를 가진 사람들 간의 대립이나 갈등을 조정하는 모든 활동이기 때문이다. 따라서 정치는 정치인의 활동뿐만 아니라 주민 회의, 학급 회의처럼 일상생활에서 발생하는 문제를 해결하기 위한 활동을 모두 포함한다. → 아리스토텔레스는 '인간은 정치적 동물이다.'라고 하였다.

▲ 국회 본회의

▲ 주민 회의

② 정치의 기능
- 대립과 갈등 조정 : 개인 또는 집단 간의 생각과 의견을 조정하여 대립과 갈등을 완화하고 이해관계를 조정함
- 사회 질서 유지 : 사회 질서를 유지하고 사회 통합에 기여하여 사회 구성원들이 조화롭게 살아갈 수 있도록 도와줌
- 사회 발전 방향 제시 : 공동체가 직면한 문제를 인식하고, 그 해결책을 찾는 과정에서 사회가 나아가야 할 방향이 제시됨

집중 탐구 정치는 왜 필요할까?

△△신문

○○도 △△시는 단속 위주의 노점상 관리 정책이 효과가 적다고 판단하였다. 이에 일정한 조건과 규격을 갖춘 노점에 합법적으로 장사를 할 수 있도록 허가하는 '노점 양성화 정책'을 추진하기로 하였다. 그런데 이 정책을 추진하는 과정에서 노점상 연합 단체의 강력한 반대에 부딪혔다. 그래서 전담 부서를 설치하고, 4년 동안 노점상 단체와 200회가 넘는 회의를 하여 서로 다른 의견을 조정하려고 노력하였다. 그 결과 노점상의 크기와 점포수를 줄여 무질서했던 노점 거리가 쾌적해졌다.

제시된 사례에서 △△시는 노점 양성화 정책을 추진하면서 노점상 단체의 강력한 반대에 부딪혔지만, 오랜 시간 동안 노점상 단체와의 대립과 갈등을 조정하기 위해 노력하였다. 이를 통해 정치가 서로 다른 생각과 의견을 조정함으로써 대립과 갈등을 해결하여 사회를 통합하고 질서를 유지하는 데 기여하고 있음을 알 수 있다.

+ 정치권력
국가가 정치적 기능을 수행하기 위해 행사하는 힘

+ 정책
공공의 이익을 실현하기 위하여 정부나 공공 기관이 수행하는 활동 방향이나 계획

+ 공공 문제
일반적으로 사회적 다수와 관련되어 찬반 대립과 같은 갈등이 나타나며 여러 대안 중에서 선택할 수 있는 문제

+ 국무 회의
정부의 권한에 속하는 주요 정책을 심의하는 최고 정책 심의 기구로 대통령, 국무총리, 국무위원으로 구성된다. 대통령은 국무 회의의 의장이 되며, 국무총리는 부의장이 된다.

+ 이해관계
서로의 이익이나 손해에 영향을 미치는 관계

+ 인간은 정치적 동물이다.

▲ 아리스토텔레스

아리스토텔레스는 인간은 본래 불완전한 존재이기 때문에 공동체 안에서만 완전해질 수 있다고 생각했다. 따라서 인간은 공동체를 떠나서는 살아갈 수 없으므로 공동체의 문제를 해결하기 위해서는 정치가 필요하다고 주장했다.

+ 사회 통합
사회 내 집단이나 개인이 서로 적응함으로써 단일의 집합체를 이루어 가는 과정

(2) **정치 생활에서 국가와 시민의 역할** → 국가 권력과 시민의 권리가 조화와 균형을 이룰 때 바람직한 정치 생활이 이루어질 수 있다.

① 국가의 역할

- 시민의 동의와 지지를 바탕으로 권력을 행사해야 함
- 다양한 이해관계를 민주적으로 조정하기 위해 노력해야 함
- 정책을 결정하고 집행하는 과정에서 시민의 요구를 충분히 반영해야 함
- 시민의 자유와 권리를 최대한 보장해야 함

② 시민의 역할

- 국가의 정당한 권위를 존중하며 법을 준수해야 함
- 국가 권력이 올바르게 행사될 수 있도록 감시하고 통제해야 함
- 자신의 의견이 정책에 반영될 수 있도록 적극적으로 노력해야 함
- 공동체 이익과 조화를 이루면서 자신의 자유와 권리를 추구해야 함

더 알아보기 **바람직한 정치 생활을 위한 노력**

▲ 공청회

▲ 주민 참여 예산 제도

▲ 의정 감시단 활동

올바른 정치 생활을 위해서 국가는 시민이 실질적으로 정치에 참여할 수 있는 다양한 제도적 장치를 마련해야 한다. 예를 들면, 공청회를 통해서 시민의 의견을 정책에 반영하거나, 주민 참여 예산 제도를 통해 지방 자치 단체의 예산 편성에 주민이 직접 참여하게 할 수 있다. 한편, 정치 참여를 보장하는 다양한 제도가 있다고 하더라도 시민이 정치에 무관심하다면 정치 발전을 기대하기 어렵다. 따라서 시민은 정치에 적극적으로 참여하여 자신의 의견을 표현해야 한다. 또한 국가 권력이 올바르게 행사될 수 있도록 정책의 결정 및 집행 과정을 감시하고 비판해야 한다.

2 민주 정치의 발전 과정

(1) 고대 아테네의 민주 정치

① 발달 배경 : 영토가 작고 인구가 적은 도시 국가였고, 노예가 대부분의 노동을 담당함 → 시민이 정치에 참여할 시간과 여유가 있음

② 직접 민주 정치

- 모든 시민이 민회에 모여 법률이나 주요 정책을 논의하고 결정함
- 시민들은 추첨제나 윤번제를 통해 누구나 공직에 참여할 기회를 얻음

③ 제한적 민주 정치 : 시민을 자유민인 성인 남성만으로 제한하여 여성, 노예, 외국인은 정치에 참여할 수 없음

Q&A

Q 고대 아테네에서 시행되었던 직접 민주 정치가 오늘날에도 실시되고 있나요?

A 고대 아테네는 영토가 작고 인구가 적은 도시 국가였기 때문에 모든 시민이 국가의 중요한 의사 결정에 직접 참여할 수 있었다. 하지만 오늘날 대부분의 국가에서는 영토가 넓고 인구가 많기 때문에 직접 민주 정치를 적용하기가 쉽지 않다. 따라서 현대에는 국민이 선거를 통해 선출한 대표를 통해 정치에 간접적으로 참여하는 대의 정치를 실시하고 있다.

▲ 아테네의 아고라

+ 공청회
국가 또는 지방 자치 단체의 기관이 일정한 사항을 결정하기 전에 시민의 의견을 공개적으로 듣기 위해 개최되는 회의

+ 의정
국민의 의사를 대표하는 의회가 국정을 운영해 나가는 정치인 '의회 정치'를 줄여 이르는 말

+ 민주 정치
국민의 뜻에 따라 이루어지는 정치

+ 민회
고대 아테네에서 모든 시민들이 참여하여 입법, 행정, 재정 등 국가의 중요한 일을 결정하였던 최고 의결 기관으로 오늘날 의회의 역할을 담당하였다.

+ 윤번제
어떤 임무를 돌아가면서 차례로 맡는 제도

+ 대의 정치
국민이 대표자를 선출하여 의회를 구성하고 의회에서 법이나 정책을 만들도록 하는 정치 제도

+ 시민 혁명
시민들이 왕의 지배에서 벗어나 경제적 자유와 정치적 권리를 얻기 위해 일으킨 혁명

+ 전제 정치
개인이 국가 권력을 장악하여 어떤 제약을 받지 않고 실시하는 정치

+ 참정권 확대 운동
근대 시민 혁명 이후에도 정치에서 배제되었던 사람들은 참정권을 얻기 위해 오랫동안 투쟁해 왔다. 19세기 영국에서는 노동자들이 성인 남성의 보통 선거권, 인구 비례에 따른 평등한 선거구, 비밀 투표 등을 요구하며 차티스트 운동을 벌였다. 20세기에 이르러서는 여성들이나 흑인들도 선거권을 요구하는 운동을 전개하였다. 이를 통해 선거권의 범위가 점차 확대되어 20세기 중엽에는 보통 선거 제도가 확립되었다.

+ 국민 투표
국가의 중대한 사항을 국민이 직접 투표로 결정하는 제도

+ 국민 소환
선거를 통해 선출된 대표 중에서 부적격하다고 생각되는 자를 임기가 끝나기 전에 국민 투표에 의해 파면할 수 있는 제도

(2) 근대 민주 정치

① 발달 배경 : 시민들이 자유와 권리를 찾고자 왕과 귀족에 대항하여 시민 혁명(영국의 명예혁명, 미국의 독립 혁명, 프랑스 혁명)을 일으킴

② 대의 민주 정치
- 시민들이 선거를 통해 대표를 선출하여 국가의 의사 결정에 참여함
- 시민의 대표로 구성된 의회를 중심으로 한 대의 민주 정치가 이루어짐

③ 제한적 민주 정치 : 상공업으로 부를 축적한 남성들만이 정치에 참여할 수 있고, 빈민, 여성, 노동자, 농민 등 다수의 사람들이 정치에서 배제됨

더 알아보기 근대 시민 혁명

▲ 영국의 명예혁명

▲ 미국의 독립 혁명

▲ 프랑스 혁명

시민 혁명은 모든 인간은 자유롭고 평등하게 태어났다는 자연권 사상, 국가는 개인들 간의 합의를 통해 만들어졌다는 사회 계약설 등을 바탕으로 일어났다. 대표적인 시민 혁명으로는 국왕의 전제 정치에 반대하여 의회가 중심이 되어 일어난 영국의 명예혁명, 영국의 부당한 식민 지배에 저항하여 일어난 미국의 독립 혁명, 전제 군주와 구제도의 모순에 반발하여 일어난 프랑스 혁명 등이 있다. 이러한 시민 혁명으로 인간의 존엄성, 자유와 평등의 이념이 널리 퍼졌으며, 근대 민주 정치가 확립되었다.

(3) 현대 민주 정치

① 발달 배경 : 참정권 확대 운동으로 보통 선거가 실시되면서 모든 국민이 정치에 참여할 수 있게 됨

② 특징
- 보통 선거제 확립 : 성별, 신분, 재산 등에 관계없이 일정 연령 이상의 모든 사람들의 선거권을 보장함
- 대의 민주 정치 실시 : 사회의 규모가 커지고 복잡해지면서 대부분의 국가에서 국민의 대표를 통해 나라의 중요한 일을 결정함
- 전자 민주주의의 등장 : 최근 정보 통신 기술의 발달로 인터넷, 스마트폰 등을 통해 시민이 정치에 참여할 수 있는 통로가 확대됨

③ 한계 및 보완책
→ 현대 민주 정치는 대표자를 통해 시민이 간접적으로 정치에 참여하고 있는 대의 민주 정치를 기본으로 하고 있기 때문이다.
- 한계 : 시민들의 의견이 정책에 제대로 반영되기 어렵거나 정치적 무관심 문제가 발생함
- 보완책 : 국민 투표, 국민 소환 등의 정치 참여 제도 마련

더 알아보기 고대 아테네 · 근대 · 현대 민주 정치

구분	고대 아테네 민주 정치	근대 민주 정치	현대 민주 정치
시민의 범위	자유민인 성인 남성	부유한 도시 상공업자	모든 사회 구성원
정치 형태	직접 민주 정치	대의 민주 정치	대의 민주 정치, 전자 민주주의
한계	여성, 노예, 외국인 등의 정치 참여 배제	빈민, 여성, 노동자, 농민 등의 정치 참여 배제	시민의 의견이 정책에 정확하게 반영되기 어려움

3 민주주의의 이념과 기본 원리

(1) 민주주의의 의미
→ 오늘날 민주주의는 정치 형태를 넘어 생활 양식으로 그 의미가 확대되었다.

정치 형태로서의 민주주의	권력을 가진 소수가 아닌 다수의 시민에 의해 국가가 통치되는 정치 형태
생활 양식으로서의 민주주의	비판과 토론, 대화와 타협, 관용, 다수결의 원리 등을 통해 공동체의 문제를 해결하려는 생활 방식

(2) 민주주의의 이념

① 인간의 존엄성 실현 : 모든 사람이 인간이라는 이유만으로 존중받아야 한다는 것 (→ 민주주의의 근본이념)

② 자유와 평등의 보장 → 자유를 지나치게 강조하면 불평등이 심해지고, 평등을 지나치게 강조하면 자유가 침해될 수 있다. 따라서 인간의 존엄성을 실현하기 위해서는 자유와 평등이 조화와 균형을 이루어야 한다.

자유	• 의미 : 국가나 타인의 간섭이나 구속 없이 자신의 뜻에 따라 판단하고 행동하는 것 • 오늘날에는 국가의 부당한 간섭을 받지 않을 자유뿐만 아니라 정치 과정에 참여하고 국가에 인간다운 삶을 요구할 자유도 중시 (→ 소극적 자유, → 적극적 자유)
평등	• 의미 : 성별, 신분, 재산 등에 따라 부당하게 차별받지 않고 동등하게 대우받는 것 • 현대에는 모든 사람들에게 균등한 기회를 부여하는 것뿐만 아니라 선천적·후천적인 차이를 고려한 실질적인 평등도 강조 (→ 형식적 평등, → 실질적 평등을 보장하기 위한 제도로는 장애인 의무 고용 제도, 국민 기초 생활 보장 제도 등이 있다.)

(3) 민주 정치의 기본 원리

① 국민 주권 → 민주주의의 가장 핵심적인 원리
- 의미 : 국가의 의사를 최종적으로 결정하는 최고 권력인 주권이 국민에게 있다는 원리
- 내용 : 국민은 국가의 주인으로서 권리를 행사할 수 있으며, 국가 권력은 국민의 동의와 지지를 바탕으로 형성되고 행사되어야 함

② 국민 자치
- 의미 : 주권을 가진 국민이 스스로 나라를 다스릴 수 있다는 원리
- 실현 방법

직접 민주 정치	모든 국민이 직접 나라의 일을 결정하는 제도 → 국민 자치의 원리를 충실하게 실현
간접 민주 정치	국민이 선출한 대표자가 나라를 다스리게 하는 제도 → 오늘날 대부분의 국가에서 채택

→ 직접 민주 정치는 모든 국민이 참여하여 토론과 결정을 해야 하므로 시간과 비용이 많이 든다는 문제점이 있다.
→ 현대에는 영토가 넓고 인구가 많아 직접 민주 정치를 실시하기가 어렵다.

③ 입헌주의
- 의미 : 헌법에 따라 국가 기관을 구성하고, 정치권력을 행사해야 한다는 원리
- 목적 : 국가 권력의 남용 방지, 국민의 자유와 권리 보장

④ 권력 분립
- 의미 : 국가 권력을 분리하여 독립된 기관이 나누어 맡도록 하는 원리
- 목적 : 국가 기관 간 상호 견제와 균형을 통한 권력의 남용과 횡포 방지 → 국민의 자유와 권리 보장

Q&A

Q 권력 분립의 원리에 따라서 우리나라의 국가 권력은 어떻게 분리되나요?

A 우리나라의 국가 권력은 법을 제정하는 입법권, 법을 집행하는 행정권, 법을 적용하고 판단하는 사법권으로 분리된다. 권력 분립 원리에 따라서 입법권은 입법부(국회)가, 행정권은 행정부(정부)가, 사법권은 사법부(법원)가 행사하도록 하고 있다.

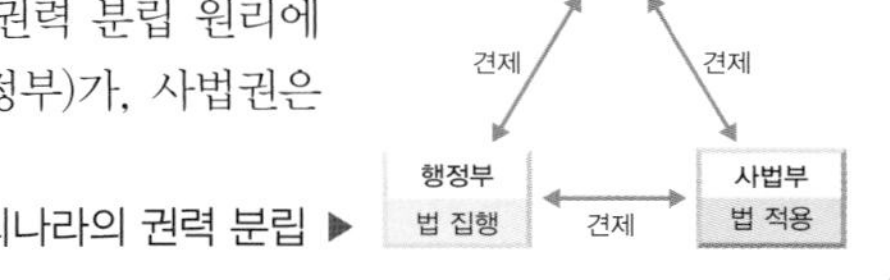

우리나라의 권력 분립 ▶

+ 관용
나와 다른 가치관이나 사고방식을 인정하고 포용하는 태도

+ 다수결의 원리
어떤 문제에 관한 결정을 내릴 때 다수의 의견을 따르는 것

+ 민주주의의 이념

국민의 자유와 평등이 보장되어 인간의 존엄성이 실현될 때 민주주의가 확립될 수 있다.

+ 헌법
한 나라의 최고 법으로 국가 기관의 조직과 기능, 국민의 기본권을 보장하는 내용을 담고 있다.

+ 우리 헌법에 나타난 민주 정치의 기본 원리
- 국민 주권
제1조 ② 대한민국의 주권은 국민에게 있고, 모든 권력은 국민으로부터 나온다.
- 권력 분립
제40조 입법권은 국회에 있다.
제66조 ④ 행정권은 대통령을 수반으로 하는 정부에 속한다.
제101조 ① 사법권은 법관으로 구성된 법원에 속한다.

정답과 해설 • 51쪽

01 다음 내용에 해당하는 개념을 쓰시오.

- 국가 권력의 획득 및 유지, 행사와 관련된 활동이다.
- 한정된 사회적 희소가치를 권위적으로 배분하는 과정이다.
- 이해관계의 대립을 조정하여 공동의 문제를 해결해 나가는 활동이다.

02 좁은 의미의 정치에 해당하는 것을 〈보기〉에서 있는 대로 고르시오.

보기
ㄱ. 국회 본회의 표결
ㄴ. 아파트 주민 회의
ㄷ. 대통령 후보자의 선거 운동
ㄹ. 학생회와 대학의 등록금 협상

03 다음 설명이 맞으면 ○표, 틀리면 ×표 하시오.

(1) 정치는 정치인들이 국가와 관련되어 하는 활동만을 가리킨다. ( )
(2) 정치는 다양한 이해관계를 조정하고 갈등을 해결하는 기능을 한다. ( )
(3) 국가는 시민이 실질적으로 정치에 참여할 수 있는 다양한 방법을 마련해야 한다. ( )
(4) 시민은 자신의 이익을 위해서라면 공동체의 이익을 고려하지 않아도 된다. ( )

04 밑줄 친 부분을 바르게 고쳐 쓰시오.

(1) 고대 그리스 아테네에서는 간접 민주 정치가 발전하였다.
(2) 고대 그리스 아테네 이후 사라졌던 민주 정치는 산업 혁명을 통해 다시 등장하였다.
(3) 근대에는 시민이 선출한 대표로 구성된 의회를 중심으로 직접 민주 정치가 이루어졌다.
(4) 차티스트 운동은 영국의 상공업자들이 선거권 획득을 위해 펼친 운동이다.
(5) 참정권 확대 운동의 결과 20세기에는 대부분의 국가에서 평등 선거 제도가 확립되었다.

05 빈칸에 공통으로 들어갈 알맞은 말을 쓰시오.

민주주의는 ( ) 실현을 근본이념으로 한다. ( )이란 인간은 인간이라는 이유만으로 존중받을 자격을 지닌다는 의미이다.

06 괄호 안의 내용 중 알맞은 말에 ○표 하시오.

(1) 공동체의 문제를 민주적으로 해결하려는 것을 (정치 형태, 생활 양식)(으)로서의 민주주의라고 한다.
(2) (자유, 평등)(이)란 외부의 간섭을 받지 않고 자신이 원하는 대로 판단하고 행동할 수 있는 것을 말한다.
(3) (형식적 평등, 실질적 평등)을 보장하기 위한 제도로는 장애인 의무 고용 제도, 국민 기초 생활 보장 제도 등이 있다.

07 (1)~(4)에 들어갈 민주 정치의 기본 원리를 쓰시오.

(1)	국가의 최고 권력이 국민에게 있다는 원리
(2)	국민이 스스로 나라를 다스려야 한다는 원리
(3)	헌법에 따라 국가 기관을 구성하고 통치해야 한다는 원리
(4)	국가 권력을 서로 독립된 기관이 나누어 맡도록 하는 원리

08 다음 설명이 직접 민주 정치에 해당하면 '직', 간접 민주 정치에 해당하면 '간'이라고 쓰시오.

(1) 대의 정치 제도라고도 한다. ( )
(2) 시간과 비용이 많이 든다는 단점이 있다. ( )
(3) 오늘날 대부분의 국가에서 채택하고 있다. ( )
(4) 국민 자치의 원리를 충실하게 실현하는 방법이다. ( )
(5) 국민의 의사가 제대로 반영되기 어렵다는 문제가 있다. ( )

09 서로 관련 있는 것끼리 바르게 연결하시오.

(1) 법원 • • ㉠ 법을 제정하는 입법권
(2) 의회 • • ㉡ 법을 집행하는 행정권
(3) 정부 • • ㉢ 법을 적용하는 사법권

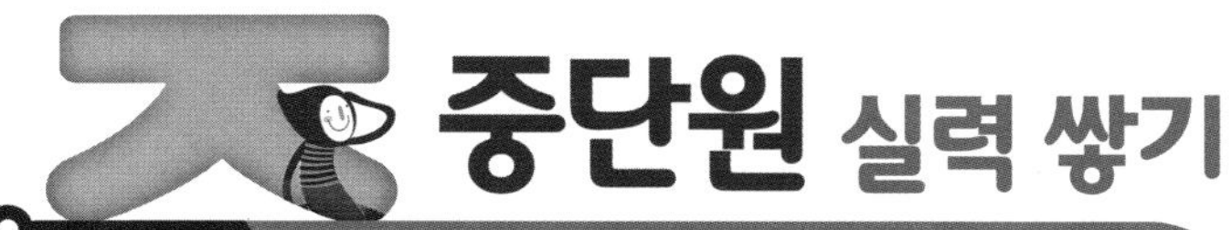

중단원 실력 쌓기

정답과 해설 • 51쪽

중요
01 빈칸에 들어갈 사례로 가장 적절한 것은?

> A : 좁은 의미와 넓은 의미의 정치 사례를 모두 찾았니?
> B : 응. 사회 수행 평가 말이지?
> A : 맞아. 그런데 나는 좁은 의미의 정치 사례를 찾지 못했어.
> B : 그래? 좁은 의미의 정치에는 (   )이(가) 있어.

① 전교 학생회장을 선출하기 위한 선거
② 여름 휴가지를 정하기 위한 가족회의
③ 근로 조건을 타협하기 위한 노사 협상
④ 정부의 주요 정책을 심의하는 국무 회의
⑤ 환경 보호 단체의 자원 재활용 캠페인 활동

02 다음은 정치의 의미에 대한 대화이다. 갑, 을의 관점에 대한 옳은 설명을 〈보기〉에서 고른 것은?

정치란 국회 의원이 법을 만드는 것과 같이 정치인들의 활동만을 의미해.
아니야. 우리가 학급 회의에서 체험 학습 장소를 결정하는 것과 같이 공동의 문제를 해결하는 것도 정치야.
갑
을

〈보기〉
ㄱ. 갑은 정치가 일상생활에서 흔히 나타나는 현상이라고 생각한다.
ㄴ. 을은 정치권력의 획득과 유지 및 행사 과정을 중심으로 정치를 이해한다.
ㄷ. 갑은 을보다 정치의 의미를 좁게 해석하고 있다.
ㄹ. 을은 갑보다 다원화된 현대 사회의 정치 현상을 설명하는 데 적합하다.

① ㄱ, ㄴ ② ㄱ, ㄷ ③ ㄴ, ㄷ
④ ㄴ, ㄹ ⑤ ㄷ, ㄹ

03 정치의 기능으로 적절하지 않은 것은?

① 사회 질서와 안정을 유지한다.
② 사회가 나아가야 할 방향을 제시한다.
③ 특정 집단이나 개인의 이익을 실현한다.
④ 사회 구성원의 대립과 갈등을 완화한다.
⑤ 다양한 이해관계를 합리적으로 조정한다.

04 올바른 정치 생활을 위한 시민의 역할로 적절하지 않은 것은?

① 사회 문제 해결에 주인 의식을 가지고 참여한다.
② 국가 기관이 권력을 올바르게 행사하도록 감시한다.
③ 공동체의 이익을 고려하면서 자신의 이익을 추구한다.
④ 자신의 의견을 정책에 적극적으로 반영하기 위해 노력한다.
⑤ 자신의 권리를 위해서 정당한 국가 권력의 행사를 거부한다.

중요
05 밑줄 친 시대의 정치 모습으로 적절하지 않은 것은?

> 민주주의(democracy)는 '다수의 사람들(demos)'과 '지배(kratos)'라는 낱말이 합쳐진 것으로 '민중에 의한 지배'를 의미한다. 이러한 민주주의에 따른 정치는 <u>고대 그리스 아테네</u>에서 시작되었다.

① 직접 민주 정치가 이루어졌다.
② 의회를 중심으로 한 정치 제도가 마련되었다.
③ 정치에 참여할 수 있는 자격에 제한을 두었다.
④ 추첨제나 윤번제를 통해 공직자를 선출하였다.
⑤ 시민은 누구나 공동체의 중요한 일을 결정할 수 있었다.

06 밑줄 친 부분에 들어갈 수 있는 내용을 〈보기〉에서 고른 것은?

> 고대 아테네에서는 시민이라면 누구나 민회에 참석하여 국가의 중요한 일을 직접 결정할 수 있었다. 이와 같이 고대 아테네에서 직접 민주 정치가 실시될 수 있었던 이유는 ______________________ 때문이다.

〈보기〉
ㄱ. 노예가 대부분의 노동을 담당하였기
ㄴ. 시민이 상공업을 통해 부를 축적할 수 있었기
ㄷ. 아테네가 영토가 작고 인구가 적은 도시 국가였기
ㄹ. 모든 사회 구성원들이 정치에 참여할 자격을 가졌기

① ㄱ, ㄴ ② ㄱ, ㄷ ③ ㄴ, ㄷ
④ ㄴ, ㄹ ⑤ ㄷ, ㄹ

07 밑줄 친 부분에 들어갈 적절한 내용을 〈보기〉에서 고른 것은?

고대 그리스 아테네의 민주 정치는 오늘날의 민주 정치와 많이 달랐대.
맞아. 고대 그리스 아테네에서는 ________

보기
ㄱ. 보통 선거 제도가 확립되었어.
ㄴ. 모든 시민이 정치에 직접 참여했어.
ㄷ. 여자, 노예, 외국인은 참정권을 가질 수 없었어.
ㄹ. 의회를 중심으로 한 대의 민주 정치가 이루어졌어.

① ㄱ, ㄴ　② ㄱ, ㄷ　③ ㄴ, ㄷ
④ ㄴ, ㄹ　⑤ ㄷ, ㄹ

08 근대 민주 정치에 대한 옳은 설명을 〈보기〉에서 고른 것은?

보기
ㄱ. 직접 민주 정치가 보편화되었다.
ㄴ. 의회를 중심으로 한 정치 형태가 등장하였다.
ㄷ. 시민은 정치에 참여할 수 있는 권리를 보장받았다.
ㄹ. 신분이나 재산에 관계없이 모든 사람이 선거권을 부여받았다.

① ㄱ, ㄴ　② ㄱ, ㄷ　③ ㄴ, ㄷ
④ ㄴ, ㄹ　⑤ ㄷ, ㄹ

09 다음 사건들이 민주 정치의 발전에 끼친 영향으로 가장 적절한 것은?

• 영국 명예혁명　• 미국 독립 혁명　• 프랑스 혁명

① 전제 정치의 강화
② 전자 민주주의의 등장
③ 보통 선거 제도의 확립
④ 직접 민주 정치의 실현
⑤ 대의 민주 정치의 형성

10 밑줄 친 부분에 들어갈 내용으로 가장 적절한 것은?

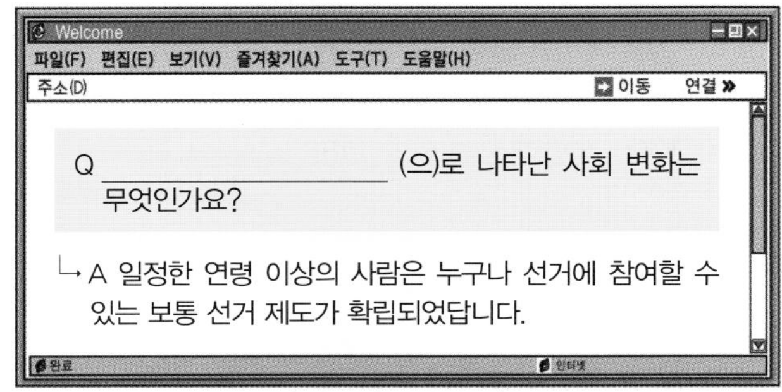

Welcome
파일(F) 편집(E) 보기(V) 즐겨찾기(A) 도구(T) 도움말(H)
주소(D)
이동 연결
Q ________ (으)로 나타난 사회 변화는 무엇인가요?
A 일정한 연령 이상의 사람은 누구나 선거에 참여할 수 있는 보통 선거 제도가 확립되었답니다.
완료
인터넷

① 근대 시민 혁명　② 참정권 확대 운동
③ 전자 민주주의의 등장　④ 직접 민주 정치의 시행
⑤ 대의 민주 정치의 형성

11 표는 시대별 민주 정치를 정리한 것이다. 밑줄 친 ㉠~㉤ 중 옳지 않은 것은?

구분	고대 아테네	근대	현대
시민 범위	㉠ 자유민인 성인 남성	도시 상공업자	모든 사회 구성원
정치 형태	직접 민주 정치	㉡ 직접 민주 정치	㉢ 대의 민주 정치, 전자 민주주의
한계	㉣ 여성, 노예, 외국인 등의 정치 참여 배제	㉤ 빈민, 여성, 노동자, 농민 등의 정치 참여 배제	시민의 의사 왜곡, 정치적 무관심

① ㉠　② ㉡　③ ㉢　④ ㉣　⑤ ㉤

12 자료는 민주 정치의 발전 과정을 나타낸 것이다. (가), (나) 시기의 정치에 대한 옳은 설명을 〈보기〉에서 고른 것은?

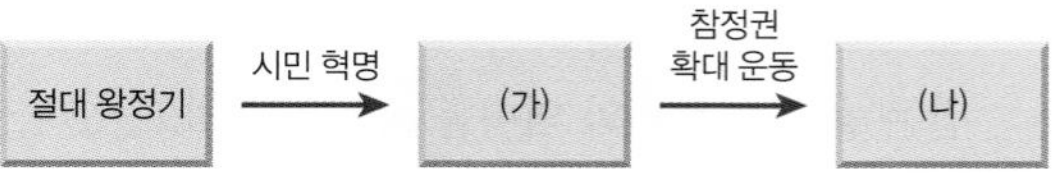

보기
ㄱ. (가)에서는 일정 연령 이상의 모든 사람이 선거에 참여할 수 있었다.
ㄴ. (가)에서는 자유를 '외부로부터의 억압이나 구속이 없는 상태'로만 여겼다.
ㄷ. (나)에서는 국민 자치의 원리에 충실한 직접 민주 정치 제도가 보편화되었다.
ㄹ. (나)에서는 전자 투표, 인터넷 행정 서비스와 같은 전자 민주주의가 발달하였다.

① ㄱ, ㄴ　② ㄱ, ㄷ　③ ㄴ, ㄷ
④ ㄴ, ㄹ　⑤ ㄷ, ㄹ

13 민주 정치의 발달 과정을 순서대로 나열한 것은?

(가) 노동자, 여성 등이 참정권을 얻기 위해 투쟁하였다.
(나) 시민 혁명이 일어나 대의 민주 정치가 형성되었다.
(다) 모든 시민이 민회에 참여하여 국가의 중요한 일을 직접 결정하였다.
(라) 성별, 신분, 재산 등에 관계없이 일정한 나이가 되면 누구나 선거권을 부여받았다.

① (가)-(나)-(다)-(라) ② (나)-(다)-(라)-(가)
③ (나)-(라)-(다)-(가) ④ (다)-(나)-(가)-(라)
⑤ (다)-(라)-(가)-(나)

중요

14 A~C에 대한 설명으로 옳은 것은? (단, A~C는 각각 고대 아테네 민주 정치, 근대 민주 정치, 현대 민주 정치 중 하나이다.)

A와 B는 대의제를 바탕으로 한다는 공통점이 있지만 참정권을 가진 시민의 범위에는 차이가 있다. 한편 일정 연령 이상의 모든 사람들에게 선거권을 부여한 B와 달리 C는 신분과 성별을 기준으로 참정권을 제한하였다.

① A에서는 전자 민주주의가 발달하였다.
② B에서는 시민이 민회에서 국가의 중요한 일을 결정하였다.
③ C에서는 모든 시민이 공직에 참여할 수 있었다.
④ A와 B에서는 모두 보통 선거 제도가 확립되었다.
⑤ A에서는 C와 달리 여성에게도 참정권을 부여하였다.

15 빈칸에 들어갈 개념에 대한 설명으로 옳지 않은 것은?

(　　　　)(은)는 그리스어로 '민중'을 의미하는 '데모스(demos)'와 '지배'를 뜻하는 '크라토스(kratos)'가 합해서 생겨난 말이다.

① 인간의 존엄성 실현을 근본이념으로 한다.
② 자유와 평등이 보장될 때 실현될 수 있다.
③ 소수에 의해 국가가 통치되는 정치 형태를 말한다.
④ 오늘날에는 정치 형태를 넘어 생활 양식으로 그 의미가 확대되었다.
⑤ 일상생활의 문제를 민주적으로 해결하려는 생활 방식을 뜻하기도 한다.

16 공고 내용에 다음과 같은 태도를 보인 학생들에게 충고할 내용으로 가장 적절한 것은?

〈공 고〉

교내 휴대 전화 소지 금지 여부와 관련한 학생, 교사, 학부모 토론 결과에 따라 지난 주 실시한 학생 투표에서 전체 학생 중 82%의 찬성에 따라 다음과 같이 학생 생활 규정이 개정되었음을 알려드립니다.

개정 전	개정 후
교내 휴대 전화 소지 허용	교내 휴대 전화 소지 금지

○○ 중학교 학생회

① 대화와 토론을 통해 문제를 해결하세요.
② 학생 생활 규정을 비판적으로 검토하세요.
③ 민주적 절차에 따른 결정을 존중해야 해요.
④ 학생으로서의 권리를 적극적으로 주장하세요.
⑤ 다수결이라도 소수의 의견을 무시하면 안 돼요.

17 그림은 민주주의의 이념을 나타낸 것이다. ㉠에 대한 옳은 설명을 〈보기〉에서 고른 것은?

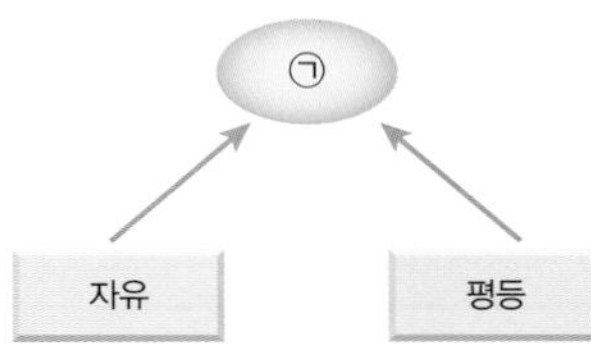

◀ 보기 ▶
ㄱ. 근대 시민 혁명 이전에도 실현되었던 가치이다.
ㄴ. 인간을 목적이 아닌 수단으로 대해야 한다는 의미이다.
ㄷ. 민주주의가 추구하는 궁극적인 목표이자 근본이념이다.
ㄹ. 인간이라는 이유만으로도 존중받아야 한다는 생각에 기초한다.

① ㄱ, ㄴ ② ㄱ, ㄷ ③ ㄴ, ㄷ
④ ㄴ, ㄹ ⑤ ㄷ, ㄹ

18 (가), (나)에 대한 옳은 설명을 〈보기〉에서 고른 것은?

> (가) 국가의 운영에 참여할 수 있는 자유
> (나) 국가로부터 부당한 지배나 억압을 받지 않을 자유

〈보기〉
ㄱ. (가)의 보장이 확대되면서 보통 선거 제도가 시행될 수 있었다.
ㄴ. (나)는 영국의 차티스트 운동을 실시했던 사람들이 원하던 것이다.
ㄷ. (가)는 참정권, (나)는 자유권의 형태로 헌법에 보장되고 있다.
ㄹ. (가)는 근대 사회, (나)는 현대 사회에서 보다 중시되는 가치이다.

① ㄱ, ㄴ ② ㄱ, ㄷ ③ ㄴ, ㄷ
④ ㄴ, ㄹ ⑤ ㄷ, ㄹ

19 실질적 평등을 실현하기 위한 제도로 적절하지 않은 것은?

① 빈곤 계층에게 최저 생계비를 지원한다.
② 소득 정도에 따라 다른 세율을 적용한다.
③ 모든 국민에게 선거권을 동일하게 부여한다.
④ 국가시험에서 장애인에게 시험 시간을 연장해 준다.
⑤ 공직에서 여성이 일정 비율을 차지할 수 있게 한다.

중요

20 다음은 학생의 형성 평가 답안이다. (가)~(마) 중 틀린 항목은?

※ 다음 내용이 직접 민주 정치에 대한 내용이면 '직', 간접 민주 정치에 대한 내용이면 '간'이라고 쓰시오.

항목	사례	답
(가)	고대 그리스 아테네에서 나타났다.	직
(나)	오늘날 대부분의 민주 국가에서 시행하고 있다.	간
(다)	소규모 국가나 지역 사회에서 가능한 정치 형태이다.	직
(라)	국민의 의견이 정책에 제대로 반영되지 않을 가능성이 높다.	직
(마)	국민이 자신을 대신할 대표를 통해 주권을 행사하는 방식이다.	간

① (가) ② (나) ③ (다) ④ (라) ⑤ (마)

21 다음 헌법 조항에 나타난 민주 정치의 기본 원리로 옳은 것은?

> 제1조 ② 대한민국의 주권은 국민에게 있고, 모든 권력은 국민으로부터 나온다.

① 다수결의 원리 ② 입헌주의의 원리
③ 국민 주권의 원리 ④ 국민 자치의 원리
⑤ 권력 분립의 원리

22 밑줄 친 민주 정치의 기본 원리가 실현된 사례를 〈보기〉에서 고른 것은?

> 민주주의 국가에서는 국민 자치의 원리에 따라 주권을 가진 국민이 스스로 나라를 다스릴 수 있다.

〈보기〉
ㄱ. 독거노인과 장애인에게 생계비를 지원한다.
ㄴ. 대통령은 법률안 거부권을 통해 국회를 견제한다.
ㄷ. 시민들이 주민 발의를 통해 조례 제정을 요구한다.
ㄹ. 지역 주민이 자기 지역의 일을 자율적으로 처리하게 한다.

① ㄱ, ㄴ ② ㄱ, ㄷ ③ ㄴ, ㄷ
④ ㄴ, ㄹ ⑤ ㄷ, ㄹ

23 (가), (나)에 대한 옳은 설명을 〈보기〉에서 고른 것은?

> (가) 입헌주의의 원리 (나) 권력 분립의 원리

〈보기〉
ㄱ. (가)는 헌법에 따라 국가가 운영되어야 한다는 원리이다.
ㄴ. (나)는 행정부나 사법부보다 입법부가 가장 중요하다고 본다.
ㄷ. (가), (나)는 모두 국민의 자유와 권리 보장을 목적으로 한다.
ㄹ. (가)는 국가 권력의 강화, (나)는 국가 권력의 남용 방지를 추구한다.

① ㄱ, ㄴ ② ㄱ, ㄷ ③ ㄴ, ㄷ
④ ㄴ, ㄹ ⑤ ㄷ, ㄹ

서술형·논술형

서술형

01 자료는 어떤 시기의 민주 정치가 발달하는 데 영향을 끼친 사건이다. 이 시기의 민주 정치가 가진 특징을 그 의의와 한계를 중심으로 서술하시오.

▲ 미국 독립 혁명

▲ 프랑스 혁명

서술형

02 다음을 보고 물음에 답하시오.

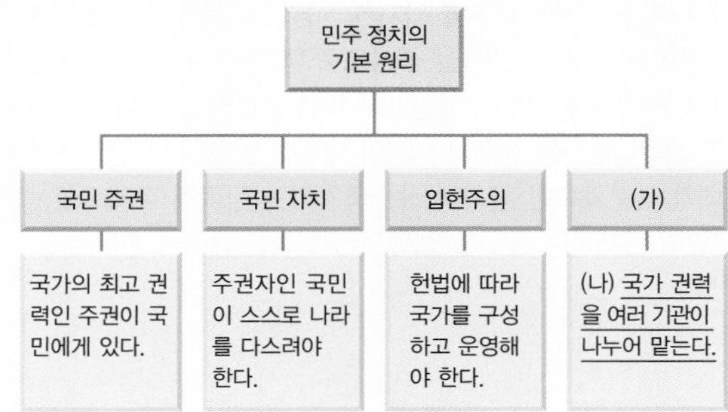

(1) 빈칸 (가)에 들어갈 용어를 쓰시오.

(2) 밑줄 친 (나)의 내용을 구체적으로 서술하시오.

논술형

03 대화를 읽고 (가) ~ (다) 시기를 추론하고, 각 시기에 발달한 민주 정치의 공통점과 차이점을 300자 내외로 논술하시오.

> 보경 : (가) 시기의 모든 시민은 국가의 중요한 의사 결정에 직접 참여할 수 있었고, 추첨을 통해 돌아가며 공직을 맡을 수 있었어. 하지만 누구나 시민이 될 수 있었던 것은 아니야.
>
> 재준 : (나) 시기의 시민은 대표를 통해 정책 결정에 자신의 의견을 반영했어. 하지만 일부 사람들에게는 대표를 선출할 권리와 대표가 될 수 있는 권리를 주지 않았어.
>
> 도윤 : (다) 시기에는 성별, 신분, 재산 등에 관계없이 모든 사회 구성원이 정치에 참여할 수 있어. 시민은 선거를 통해 대표를 선출하고 그 대표를 통해서 정책 결정에 자신의 의견을 반영하지만, 국가의 중요한 일에 대해서는 직접 자신의 의견을 표현할 수 있어.

민주 정치와 정부 형태

출제 포인트
- 정부 형태의 구분
- 의원 내각제와 대통령제의 특징
- 우리나라 정부 형태의 특징

✚ 총리
의원 내각제를 채택하고 있는 국가에서 행정부를 총괄하는 최고 지도자

✚ 내각
국가의 행정권을 담당하는 최고 합의 기관

✚ 내각 불신임권
내각이 정치를 잘못하는 경우 의회가 그에 대한 책임을 물어 내각을 사퇴시킬 수 있는 권한으로, 의원 내각제에서 의회가 내각을 견제할 수 있는 수단이다.

✚ 의회 해산권
의회의 내각 불신임권에 맞설 수 있는 내각의 권한으로 의회를 해산하고 새로 선거를 실시하게 할 수 있다.

✚ 총선거
의회 의원 전부를 한꺼번에 선출하는 선거

✚ 군소 정당
의회에 의석이 없거나 의석 수가 적은 정당

✚ 수반
행정부의 가장 높은 자리에 있는 사람

✚ 법률안 거부권
대통령이 의회에서 의결한 법률안의 승인을 거부할 수 있는 권한이다. 대통령이 법률안 거부권을 행사하면 의회는 해당 법률안을 재의결할 수 있다.

1 의원 내각제 → 오늘날에는 영국에서 의원 내각제의 전형적인 모습을 찾을 수 있다.

(1) **의미** : 입법부와 행정부가 밀접한 관계를 맺고 협력하면서 국정을 운영하는 정부 형태

(2) **구성** : 국민이 선거를 통해 의회 의원을 선출하면 의회 다수당의 대표가 총리(수상)가 되어 행정부인 내각을 구성

(3) **특징**

① 의회 의원이 내각의 각부 장관(각료)을 겸직할 수 있음

② 내각이 의회 의원들로 구성되기 때문에 총리와 내각은 의회에 법률안을 제출할 수 있음

③ 의회는 내각이 국정을 제대로 운영하지 못할 경우 내각 불신임권을 통해 새로운 내각을 구성할 수 있음

④ 내각은 의회 해산권을 통해 의회를 견제할 수 있음 → 의회가 해산되면 총선거를 실시하여 새로운 의회를 구성함

(4) **장단점**

→ 내각은 의회의 신임을 얻어야 계속 존재할 수 있기 때문이다.

장점	단점
• 국민의 정치적 요구에 민감하여 책임 정치를 실현할 수 있음 • 의회와 내각의 협조를 통해 효율적으로 국정을 운영할 수 있음	• 한 정당이 의회와 내각을 모두 장악하는 경우 다수당의 횡포가 우려됨 • 군소 정당이 난립할 경우 국정 운영의 혼란을 초래할 수 있음

집중 탐구 의원 내각제의 행정부 구성

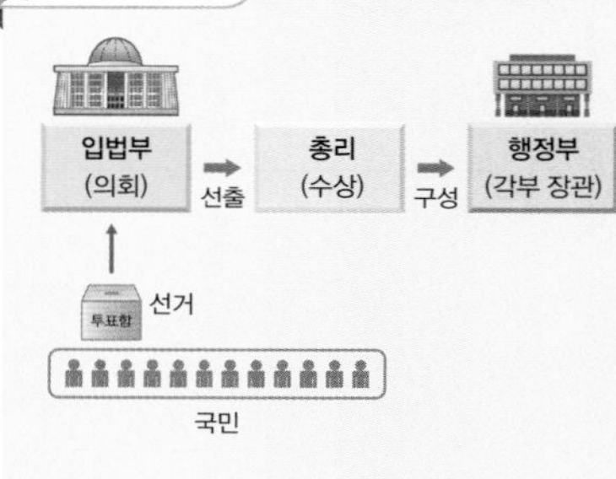

의원 내각제에서는 국민이 선거를 통해 입법부인 의회 의원을 선출한다. 이후 의회에서 다수를 차지한 정당의 대표가 총리 또는 수상이 된다. 총리(수상)는 의원들을 중심으로 행정부인 내각의 각료들을 임명한다. 따라서 행정부는 입법부에 의해 구성되고, 의회 의원이 내각의 각료를 겸한다는 점에서 의회와 내각이 밀접한 관계를 가진다. 의원 내각제를 채택한 국가에서는 국가의 상징적인 존재로서 왕이나 대통령이 존재하는 경우가 있지만, 실질적인 권력은 총리(수상)가 행사한다.

2 대통령제 → 대통령제를 실시하는 대표적인 나라는 미국이다.

(1) **의미** : 입법부와 행정부가 엄격하게 분리되어 견제와 균형을 이루는 정부 형태

(2) **구성** : 국민이 선거를 통해 대통령과 의회 의원을 각각 선출하고, 행정부 수반인 대통령이 행정부를 독립적으로 구성

(3) **특징**

① 의회 의원은 행정부의 장관을 겸직할 수 없음

② 행정부는 의회에 법률안을 제출할 수 없지만, 대통령은 의회에서 의결한 법률안에 대하여 거부권을 행사할 수 있음

③ 의회는 행정부를 불신임할 수 없으며, 행정부도 의회를 해산할 수 없음

④ 의회는 대통령의 권한 행사에 대한 각종 동의권, 탄핵 소추권, 국정 감사권 등을 통해 행정부를 견제할 수 있음

(4) **장단점**

→ 의회가 대통령을 불신임할 수 없어 대통령의 임기가 보장되어 있기 때문이다.

장점	단점
• 대통령의 임기 동안 행정부가 안정되고 정책을 지속적으로 강력하게 추진할 수 있음 • 대통령의 법률안 거부권을 통해 다수당의 횡포를 막을 수 있음	• 대통령에게 권한이 집중되면서 독재가 나타날 우려가 있음 • 행정부와 의회가 대립할 경우 조정이 어려움

집중 탐구 대통령제의 행정부 구성

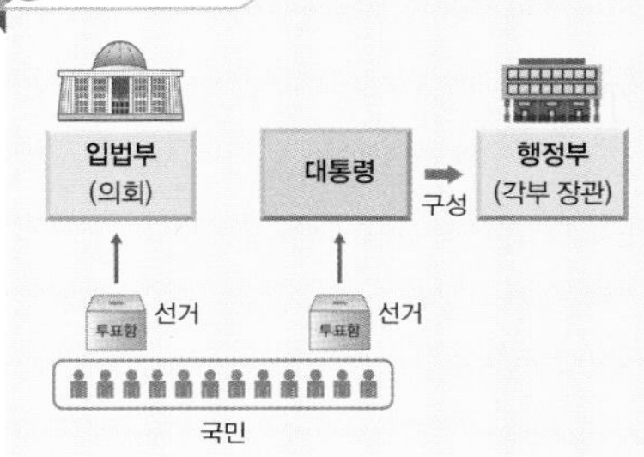

대통령제에서 국민은 선거를 통해 입법부인 의회 의원과 행정부 수반인 대통령을 각각 선출한다. 대통령은 국가를 대표하는 국가 원수로서의 지위를 가지며, 동시에 행정부를 이끄는 최고 지도자로서 장관을 임명하여 행정부를 구성한다. 이때, 대통령은 국정 운영에 있어 국민에 대해 책임을 지지만 의회에 대해서는 책임을 지지 않는다.

3 우리나라의 정부 형태

(1) **정부 형태의 특징** : 대통령제를 기본적인 정부 형태로 채택하고 있으면서 의원 내각제 요소를 일부 도입하고 있음

(2) **기본적인 정부 형태가 대통령제라는 근거**

→ 우리나라 대통령의 임기는 5년이고 중임할 수 없다.

① 국민이 직접 선거를 통해 입법부의 국회 의원과 행정부 수반인 대통령을 각각 선출함

② 대통령은 우리나라를 대표하는 국가 원수이며 동시에 행정부의 수반으로서의 지위를 가짐

③ 대통령이 법률안 거부권 행사를 통해 국회 다수당의 횡포를 견제할 수 있음

④ 국회가 국정 감사 및 조사권, 탄핵 소추권 등을 통해 행정부를 견제할 수 있음

⑤ 국회는 대통령을 불신임할 수 없고, 대통령도 국회를 해산할 수 없음

(3) **의원 내각제 요소** : 국회 의원의 행정부 장관 겸직 가능, 행정부의 법률안 제출 인정, 국무총리 제도 등

더 알아보기 헌법에 나타난 우리나라의 정부 형태

• 제52조 국회 의원과 정부는 법률안을 제출할 수 있다.
• 제66조 ④ 행정권은 대통령을 수반으로 하는 정부에 속한다.
• 제67조 ① 대통령은 국민의 보통·평등·직접·비밀 선거에 의하여 선출한다.
• 제86조 ① 국무총리는 국회의 동의를 얻어 대통령이 임명한다.

헌법 제66조 제④항과 제67조 제①항을 통해 우리나라가 기본적으로 대통령제를 채택하고 있음을 알 수 있다. 한편, 제52조와 제86조 제①항을 통해 의원 내각제 요소를 일부 도입하고 있다는 것을 알 수 있다.

+ 탄핵 소추권
대통령, 행정 각부의 장관 등과 같은 행정부의 고위 공직자나 법관 등 신분이 보장되는 공무원이 직무 집행에 있어서 헌법이나 법률을 위반하는 경우에 국회가 해당 공무원의 위법 행위에 대한 탄핵을 발의하여 파면을 요구할 수 있는 권리

+ 국정 감사권
의회가 국정 전반에 관해 감독하고 감사할 수 있는 권한

+ 독재
1인 또는 소수자에게 정치권력이 집중되어 있는 정치 형태

+ 원수
다른 나라와의 관계에서 우리나라를 대표하는 최고 지도자를 의미한다. 일반적으로 국왕, 대통령 등이 원수의 역할을 한다.

+ 우리나라 정부 형태의 변화
• 1948년 제헌 헌법 : 대통령제로 출발
• 1960년 3차 개헌 : 의원 내각제 정부 성립
• 1962년 5차 개헌 : 대통령제 실시, 대통령 직선제 도입
• 1980년 8차 개헌 : 대통령 간선제 도입, 대통령 7년 단임제 실시
• 1987년 9차 개헌 : 대통령 5년 단임제 및 대통령 직선제 실시

개념 다지기

정답과 해설 • 54쪽

01 빈칸에 들어갈 알맞은 말을 쓰시오.

(1) 정부 형태는 입법부와 행정부의 관계에 따라 (　　　) 와 대통령제로 구분할 수 있다.

(2) 의원 내각제에서는 의회 다수당의 대표가 (　　　)(이)가 되어 행정부인 내각을 구성한다.

(3) 입법부와 행정부가 엄격하게 분리되는 대통령제는 민주 정치의 기본 원리 중 (　　　)(을)를 보다 충실히 실현한다.

02 그림이 나타내는 정부 형태를 각각 쓰시오.

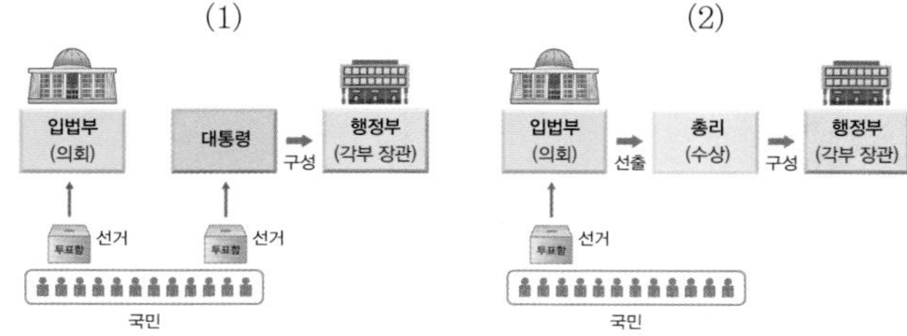

03 괄호 안의 내용 중 알맞은 말에 ○표 하시오.

(1) (의원 내각제, 대통령제)는 입법부와 행정부가 융합된 정부 형태이다.

(2) 의원 내각제에서 행정부가 국정을 잘못 운영하면 의회가 (의회 해산권, 내각 불신임권)을 행사할 수 있다.

(3) 대통령제에서 행정부 수반은 (법률안 제출권, 법률안 거부권)을 통해 의회 다수당의 횡포를 견제할 수 있다.

(4) 우리나라에서 국회 의원이 행정부 장관을 겸직할 수 있는 것은 (대통령제, 의원 내각제)의 요소에 해당한다.

04 밑줄 친 부분을 바르게 고쳐 쓰시오.

(1) 의원 내각제에서 내각의 총리와 장관은 <u>법률안 거부권</u>을 가진다.

(2) <u>대통령제</u>는 국민의 요구에 민감하여 책임 정치를 실현할 수 있다.

(3) 대통령제에서 <u>사법부</u>는 국정 감사를 통해 행정부를 견제할 수 있다.

(4) 우리나라는 국민이 선거를 통해 국회 의원을 선출하고, 행정부 수반인 <u>국무총리</u>도 선출한다.

05 다음 설명이 의원 내각제에 해당하면 '의', 대통령제에 해당하면 '대'라고 쓰시오.

(1) 영국에서 그 전형적인 모습을 찾아볼 수 있다. (　　)

(2) 국민이 선거를 통해 행정부의 수반과 의회 의원을 각각 선출한다. ········ (　　)

(3) 행정부 수반의 임기 동안 강력하고 연속성 있는 정책을 수행할 수 있다. ········ (　　)

(4) 행정부 수반은 의회에서 의결한 법률안에 대해 거부권을 행사할 수 있다. ········ (　　)

(5) 의회에 의해 행정부가 구성되어 입법부와 행정부가 밀접한 관계를 가진다. ········ (　　)

(6) 다수당 없이 소수 정당이 여러 개 존재할 경우 정국이 불안정해질 수 있다. ········ (　　)

06 우리나라의 정부 형태에 대한 설명이 맞으면 ○표, 틀리면 ×표 하시오.

(1) 대통령제를 기본적인 정부 형태로 한다. ········ (　　)

(2) 대통령의 임기는 5년이며 중임할 수 있다. ······ (　　)

(3) 국회 의원은 행정부의 장관을 겸직할 수 있다. (　　)

(4) 대통령은 국회를 해산할 수 있는 권한이 있다. (　　)

(5) 국회는 행정부 수반인 대통령을 불신임할 수 있다. ········ (　　)

07 서로 관련 있는 것끼리 바르게 연결하시오.

(1) 우리나라의 대통령제 요소 •

(2) 우리나라의 의원 내각제 요소 •

• ㉠ 국무총리 제도
• ㉡ 국회의 국정 감사권
• ㉢ 대통령의 법률안 거부권
• ㉣ 행정부의 법률안 제출권

08 우리나라 정부 형태의 특징에 해당하는 것을 〈보기〉에서 있는 대로 고르시오.

보기

ㄱ. 국회가 국정 감사 및 조사권을 가진다.
ㄴ. 국민이 선거를 통해 행정부 수반을 선출한다.
ㄷ. 대통령은 국회에 대하여 정치적 책임을 진다.
ㄹ. 대통령제의 요소를 받아들인 의원 내각제이다.

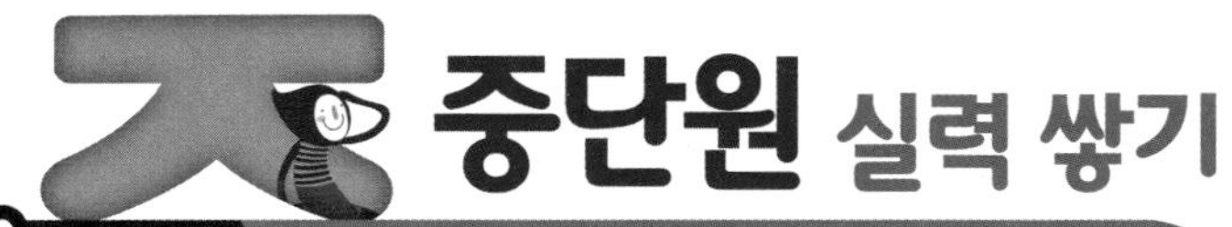

정답과 해설 • 54쪽

01 대통령제와 비교할 때 의원 내각제만이 가지는 특징으로 옳은 것은?

① 권력 분립의 원리에 따라 정부를 구성한다.
② 내각이 의회를 해산할 수 있는 권한을 가진다.
③ 공정한 재판을 위해 사법부의 독립을 보장한다.
④ 국민이 선거를 통해 의회 의원을 직접 선출한다.
⑤ 행정부의 최고 책임자가 법률안 거부권을 가진다.

02 그림은 어떤 정부 형태를 나타낸 것이다. (가), (나)에 들어갈 권한으로 옳은 것은?

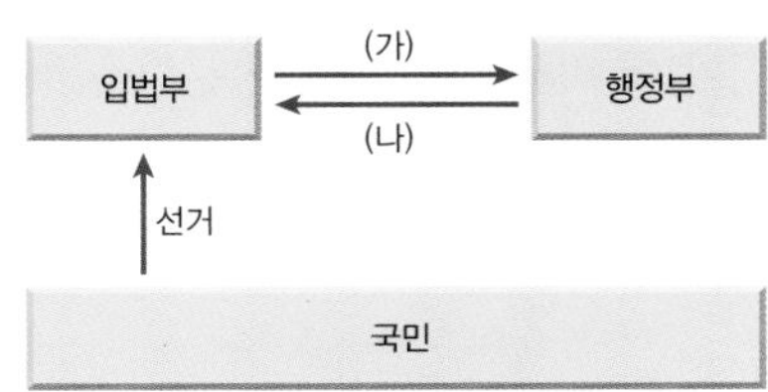

	(가)	(나)
①	내각 불신임권	의회 해산권
②	내각 불신임권	법률안 거부권
③	법률안 거부권	의회 해산권
④	법률안 거부권	법률안 제출권
⑤	법률안 제출권	의회 해산권

03 (가), (나)에 들어갈 내용으로 옳은 것은?

교사 : 자료는 정부 형태를 분석하기 위한 것입니다. 분석하고자 하는 대상이 의원 내각제가 되도록 (가), (나)에 들어갈 내용을 〈질문 상자〉에서 찾아봅시다.

사례	답
(가)	예
(나)	아니요

〈질문 상자〉
ㄱ. 권력 분립의 원리가 적용되나요?
ㄴ. 내각이 의회를 해산시킬 수 있나요?
ㄷ. 의회 의원이 내각의 각료를 겸직할 수 있나요?
ㄹ. 행정부 수반이 법률안 거부권을 가질 수 있나요?

	(가)	(나)		(가)	(나)
①	ㄱ	ㄴ	②	ㄴ	ㄱ
③	ㄴ	ㄷ	④	ㄷ	ㄹ
⑤	ㄹ	ㄱ			

중요
04 다음에서 설명하는 정부 형태의 장점을 〈보기〉에서 고른 것은?

• 행정부가 의회 의원들로 구성되기 때문에 행정부가 의회에 법률안을 제출할 수 있다.
• 의회 다수당의 대표가 총리(수상)로 선출되어 의회 의원 중에서 장관을 뽑아 행정부를 구성한다.

보기
ㄱ. 국민의 정치적 요구에 민감하여 책임 정치를 실현할 수 있다.
ㄴ. 입법부와 행정부의 협조를 통해 효율적으로 국정을 운영할 수 있다.
ㄷ. 행정부 수반의 임기가 보장되기 때문에 강력한 정책을 수행할 수 있다.
ㄹ. 행정부 수반의 법률안 거부권을 통해 의회 다수당의 횡포를 견제할 수 있다.

① ㄱ, ㄴ ② ㄱ, ㄷ ③ ㄴ, ㄷ
④ ㄴ, ㄹ ⑤ ㄷ, ㄹ

05 대통령제에 대한 옳은 설명을 〈보기〉에서 고른 것은?

보기
ㄱ. 미국에서 발전한 정부 형태이다.
ㄴ. 국민이 선거를 통해 행정부 수반을 선출한다.
ㄷ. 군소 정당이 난립할 경우 국정이 혼란할 수 있다.
ㄹ. 입법부와 행정부가 국민의 요구에 민감하게 대처한다.

① ㄱ, ㄴ ② ㄱ, ㄷ ③ ㄴ, ㄷ
④ ㄴ, ㄹ ⑤ ㄷ, ㄹ

06 그림에 나타난 정부 형태의 특징에 대한 설명으로 옳은 것은?

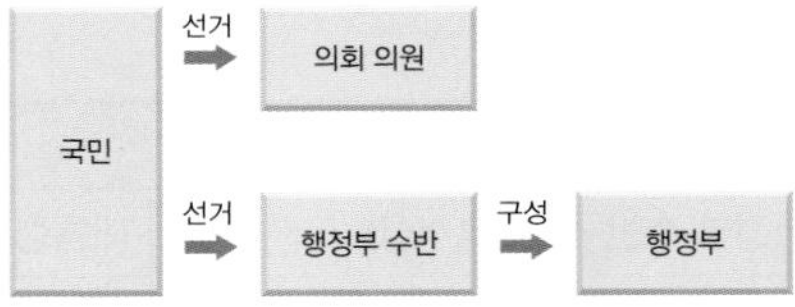

① 행정부가 의회를 해산할 수 있다.
② 의회가 행정부를 불신임할 수 있다.
③ 행정부 수반은 법률안을 거부할 수 없다.
④ 행정부 수반은 법률안을 제출할 수 없다.
⑤ 의회 의원이 행정부 장관을 겸직할 수 있다.

07 그림과 같은 정부 형태에서 (가)가 가지는 권한을 〈보기〉에서 고른 것은?

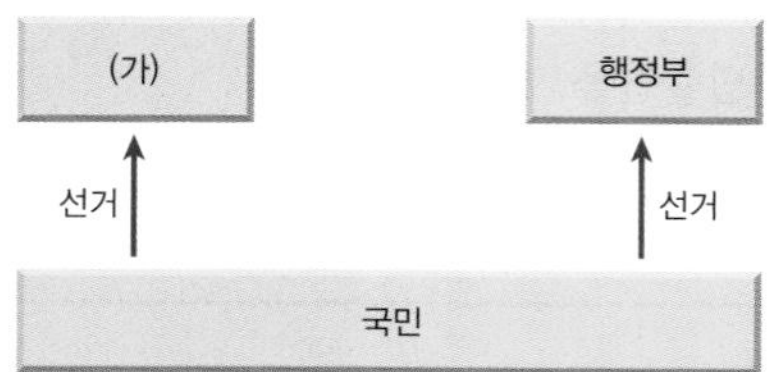

보기
ㄱ. 행정부를 불신임할 수 있다.
ㄴ. 행정부의 장관을 겸직할 수 있다.
ㄷ. 국정 전반에 대해 감사할 수 있다.
ㄹ. 행정부 수반에 대해 탄핵을 소추할 수 있다.

① ㄱ, ㄴ ② ㄱ, ㄷ ③ ㄴ, ㄷ
④ ㄴ, ㄹ ⑤ ㄷ, ㄹ

08 정부 형태 (가)와 비교할 때 (나)가 가지는 장점으로 가장 적절한 것은?

(가) 입법부와 행정부가 밀접한 관계를 맺고 협력하면서 국정을 운영한다.
(나) 입법부와 행정부가 엄격하게 분리되어 있으면서 견제와 균형을 이룬다.

① 책임 정치를 실현할 수 있다.
② 국민의 정치적 요구에 민감하다.
③ 정책 결정과 집행이 빠르고 능률적이다.
④ 강력하고 지속적인 정책을 수행할 수 있다.
⑤ 행정부와 의회가 대립할 경우 조정하기가 쉽다.

09 표는 의원 내각제와 대통령제를 비교한 것이다. 옳지 않은 것은?

	구분	의원 내각제	대통령제
①	행정부 수반	총리(수상)	대통령
②	국가 기관 간의 관계	입법부와 행정부의 긴밀한 협조	입법부와 행정부의 엄격한 분리
③	장점	지속적이고 강력한 정책 수행	국민의 정치적 요구에 민감
④	단점	다수당의 횡포 우려	대통령의 독재 우려
⑤	채택 국가	영국	미국

중요
10 (가), (나)의 정부 형태에 대한 설명으로 옳은 것은?

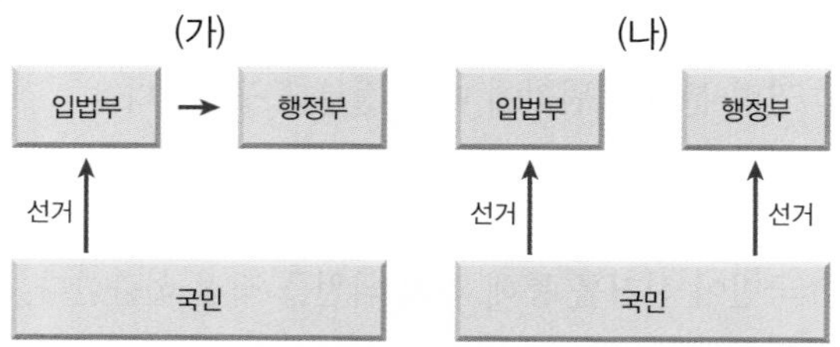

① (가)의 행정부 수반은 법률안을 거부할 수 있다.
② (나)의 정부는 의회에 법률안을 제출할 수 있다.
③ (나)의 의회 의원은 행정부의 장관을 겸직할 수 있다.
④ (나)는 (가)에 비해 엄격한 권력 분립을 추구하고 있다.
⑤ (가)는 대통령제, (나)는 의원 내각제이다.

중요
11 (가), (나)의 정부 형태에 대한 설명으로 옳은 것은?

정부 형태는 입법부와 행정부의 관계에 따라 크게 (가)와 (나)로 구분할 수 있다. (가)는 입법부와 행정부의 권력 융합을 추구하는 반면, (나)는 입법부와 행정부의 엄격한 권력 분립을 추구한다.

① 우리나라는 (가)를 기본적인 정부 형태로 채택하고 있다.
② (나)의 정부는 법률안 제출권을 가진다.
③ (나)의 행정부 수반은 의회에서 선출된다.
④ (가)는 (나)보다 우수한 정부 형태이다.
⑤ (가)는 (나)에 비해 국민의 정치적 요구에 보다 민감하다.

12 우리나라 대통령에 대한 설명으로 옳지 않은 것은?

① 중임할 수 있다.
② 법률안 거부권을 가진다.
③ 국민에 의해 직접 선출된다.
④ 헌법에 의해 임기가 보장된다.
⑤ 국가 원수이자 행정부의 수반이다.

13 우리나라가 도입하고 있는 의원 내각제의 요소를 〈보기〉에서 고른 것은?

보기
ㄱ. 국무총리 제도
ㄴ. 의회의 내각 불신임권
ㄷ. 행정부의 법률안 제출권
ㄹ. 대통령의 법률안 거부권

① ㄱ, ㄴ ② ㄱ, ㄷ ③ ㄴ, ㄷ
④ ㄴ, ㄹ ⑤ ㄷ, ㄹ

중요
14 외국의 한 학생이 한국 친구에게 보낸 전자 우편이다. (가)~(마) 중 옳지 않은 것은?

사회 선생님께서 한국의 정치 형태에 대해 숙제를 내주셔서 작성한 내용이야. 맞는지 확인 좀 해 줄래?

〈대한민국의 정치 형태〉
(가) 국회는 대통령을 불신임할 수 있다.
(나) 대통령이 행정부 수반이자 국가 원수이다.
(다) 대통령은 법률안 거부권을 행사할 수 있다.
(라) 행정부가 국회에 법률안을 제출할 수 있다.
(마) 국회 의원이 행정부 장관을 겸직할 수 있다.

① (가) ② (나) ③ (다) ④ (라) ⑤ (마)

15 다음 내용을 통해 알 수 있는 우리나라 정부 형태의 특징으로 옳은 것은?

정부는 국무총리 주재로 국무 회의를 열어 ○○ 법안을 국회에 제출하기로 했다.

① 국가 원수는 국무총리이다.
② 의원 내각제를 기본으로 한다.
③ 국무총리가 행정부를 구성한다.
④ 정부가 법률안을 제출할 수 있다.
⑤ 의회가 대통령을 불신임할 수 있다.

서술형·논술형

서술형

01 자료는 A국의 정부 형태를 정리한 표이다. A국의 정부 형태를 쓰고, 그 장점을 두 가지만 서술하시오.

정부 형태의 특징	A국
의회는 행정부를 해산시킬 수 있다.	×
행정부 수반은 법률안 거부권을 가진다.	○
정부가 의회에 법률안을 제출할 수 있다.	×
국민이 선거를 통해 행정부 수반을 선출한다.	○

논술형

02 자료는 학생이 수업 시간에 배운 내용을 정리한 것이다. A 정부 형태에 비해 B 정부 형태가 가지는 장점과 단점을 200자 내외로 논술하시오.

구분	A 정부 형태	B 정부 형태
의원의 각료 겸임	원칙적으로 불가능	원칙적으로 가능
의회와 행정부 관계	권력 분립적	권력 융합적
행정부의 의회 견제 수단	법률안 거부권	의회 해산권

대단원 마무리

01 그림은 정치의 의미를 나타낸 것이다. (가)에 해당하는 사례를 〈보기〉에서 고른 것은?

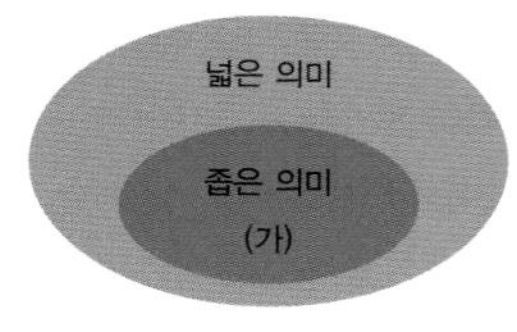

보기
ㄱ. 학급 회의　　　　ㄴ. 노사 협상
ㄷ. 국회 본회의　　　ㄹ. 대통령 선거 운동

① ㄱ, ㄴ　② ㄱ, ㄷ　③ ㄴ, ㄷ
④ ㄴ, ㄹ　⑤ ㄷ, ㄹ

02 다음 글에 나타난 정치를 바라보는 관점에 대한 옳은 설명을 〈보기〉에서 고른 것은?

정치 현상은 정부 활동에서뿐만 아니라 일상생활에서도 흔히 나타난다. 정치는 사회 구성원 간의 대립과 갈등을 조정하여 문제를 해결하는 모든 활동이기 때문이다.

보기
ㄱ. 정치를 국가 고유의 활동만으로 국한한다.
ㄴ. 다원화된 오늘날의 정치 현상을 설명하기에 적합하다.
ㄷ. 정치의 의미를 정치권력을 획득하고 행사하는 것으로 규정한다.
ㄹ. 음식물 쓰레기 처리 문제를 해결하기 위한 주민 회의도 정치로 본다.

① ㄱ, ㄴ　② ㄱ, ㄷ　③ ㄴ, ㄷ
④ ㄴ, ㄹ　⑤ ㄷ, ㄹ

03 고대 아테네 민주 정치에 대한 옳은 설명을 〈보기〉에서 고른 것은?

보기
ㄱ. 직접 민주 정치가 발전하였다.
ㄴ. 여성에게도 참정권이 부여되었다.
ㄷ. 시민은 윤번제나 추첨제를 통해 공직을 맡았다.
ㄹ. 대표자를 선출하여 의회를 통해 정치를 운영하였다.

① ㄱ, ㄴ　② ㄱ, ㄷ　③ ㄴ, ㄷ
④ ㄴ, ㄹ　⑤ ㄷ, ㄹ

04 신문 기사에 나타난 정치의 기능으로 가장 적절한 것은?

□□시는 쓰레기 매립장 후보 지역인 △△ 마을 주민들의 극심한 반대에 부딪혀 사업을 추진하지 못하고 있다. 이에 주민 설명회를 통해 친환경 매립 시설 및 주민 편의 시설을 건립할 것을 약속하면서 △△ 마을 주민들의 합의를 이끌어 냈다.

① 정치권력의 획득과 유지
② 시민의 정치 참여 활성화
③ 국가 주도의 사회 문제 해결
④ 구성원 간의 대립과 갈등 조정
⑤ 지방 자치 단체의 자율성 확보

05 다음 글을 읽고, 물음에 답하시오.

20세기에 들어와서 일정한 나이가 되면 누구나 선거에 참여할 수 있는 (　　㉠　　)가 확립되었다. 그런데 현대 민주 정치는 대의제를 기본으로 하고 있으므로 ㉡ <u>한계</u>를 가지고 있다.

(1) 빈칸 ㉠에 들어갈 제도를 쓰시오.

서술형

(2) 밑줄 친 ㉡에 해당하는 내용을 두 가지만 서술하시오.

06 밑줄 친 ㉠~㉢에 대한 설명으로 옳지 <u>않은</u> 것은?

고대 그리스 아테네에서 모든 ㉠ <u>시민</u>은 국가의 중요한 의사 결정에 직접 참여하였다. 근대 시민 혁명 직후 ㉡ <u>시민</u>은 의회에 진출하여 주권을 행사하였다. 20세기 중반 이후 대부분의 국가에서는 대의 민주 정치를 채택하여 ㉢ <u>시민</u>들의 대표가 나라의 일을 결정하게 되었다.

① ㉠은 추첨을 통해 돌아가며 공직을 맡을 수 있었다.
② ㉡은 왕이나 귀족의 지배에 맞서 권리를 찾고자 투쟁하였다.
③ ㉢의 의견이 정책 결정 과정에 정확히 반영되기 어렵다.
④ ㉠, ㉡에는 모두 여성이 배제되었다.
⑤ ㉡, ㉢은 차별 없이 의원 선거에 입후보할 수 있다.

07 민주주의의 이념에 대한 옳은 설명을 〈보기〉에서 고른 것은?

보기
ㄱ. 오늘날에는 획일적인 평등을 추구한다.
ㄴ. 인간의 존엄성 실현을 근본이념으로 한다.
ㄷ. 현대 사회에서는 적극적인 자유도 중시한다.
ㄹ. 자유와 평등의 가치는 서로 충돌할 가능성이 없다.

① ㄱ, ㄴ ② ㄱ, ㄷ ③ ㄴ, ㄷ
④ ㄴ, ㄹ ⑤ ㄷ, ㄹ

08 밑줄 친 ㉠, ㉡에 대한 설명으로 옳지 않은 것은?

민주주의 국가에서는 국민 자치의 원리에 따라 주권을 가진 국민이 스스로 나라를 다스릴 수 있다. 국민 자치의 원리를 실현하는 방법에는 ㉠ 직접 민주 정치 제도와 ㉡ 간접 민주 정치 제도가 있다.

① ㉠은 고대 그리스 아테네에서 실시되었다.
② ㉡에서는 국민이 대표자를 통해 주권을 행사한다.
③ ㉠은 ㉡에 비하여 공동체의 규모가 작은 국가에 적합한 제도이다.
④ ㉡은 ㉠에 비하여 시민의 의견을 정책에 제대로 반영하기 어렵다.
⑤ 오늘날 대부분의 나라들은 일반적으로 ㉡보다는 ㉠을 채택하고 있다.

09 그림의 ㉠~㉢에 대한 옳은 설명을 〈보기〉에서 고른 것은?

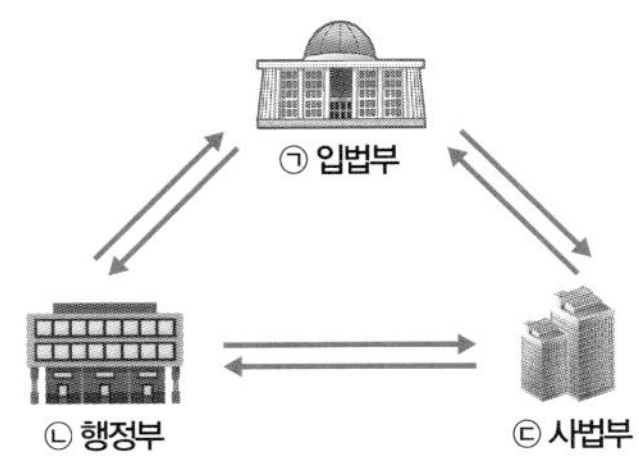

보기
ㄱ. ㉠은 법의 해석과 적용을 담당한다.
ㄴ. ㉡은 법을 집행하는 권한을 갖는다.
ㄷ. ㉢은 법을 제정하는 국가 기관이다.
ㄹ. ㉠, ㉡, ㉢은 상호 견제와 균형을 이룬다.

① ㄱ, ㄴ ② ㄱ, ㄷ ③ ㄴ, ㄷ
④ ㄴ, ㄹ ⑤ ㄷ, ㄹ

10 그림에 나타난 정부 형태의 장점을 〈보기〉에서 고른 것은?

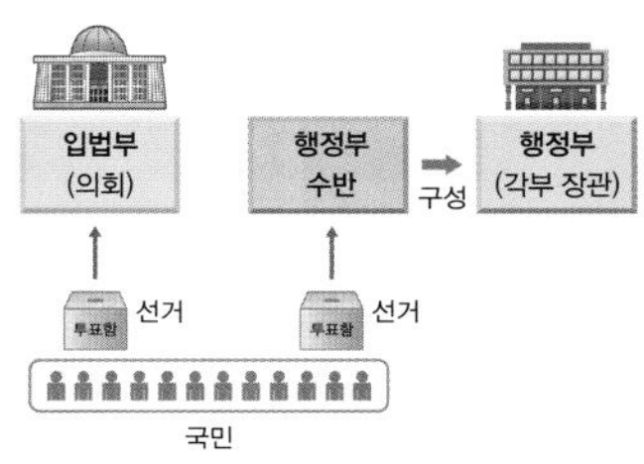

보기
ㄱ. 다수당의 횡포를 견제하는 데 유리하다.
ㄴ. 행정부 수반에 의한 독재를 방지할 수 있다.
ㄷ. 행정부가 안정되어 강력한 정책을 수행할 수 있다.
ㄹ. 의회와 행정부가 충돌하거나 대립할 가능성이 적다.

① ㄱ, ㄴ ② ㄱ, ㄷ ③ ㄴ, ㄷ
④ ㄴ, ㄹ ⑤ ㄷ, ㄹ

11 의원 내각제와 대통령제를 비교하기 위한 질문으로 적절하지 않은 것은?

① 대의 제도를 실시하고 있나요?
② 행정부가 의회를 해산시킬 수 있나요?
③ 행정부의 최고 책임자를 국민이 선출하나요?
④ 입법부와 행정부가 엄격하게 분리되어 있나요?
⑤ 의회 의원이 행정부의 장관을 겸직할 수 있나요?

| 서술형

12 밑줄 친 (가)에 들어갈 내용을 두 가지만 서술하시오.

• 학습 주제 : 우리나라의 정부 형태
• 학습 목표 : 우리나라 정부 형태의 특징을 파악할 수 있다.

〈우리나라의 정부 형태〉
(1) 대통령제 요소 : 행정부 수반인 대통령이 법률안 거부권을 행사할 수 있다. ……
(2) 의원 내각제 요소 : ______(가)______

수행 평가 미리보기

● 선생님의 출제 의도 노래 만들기를 통해 민주주의의 원리 이해하기

9단원에서는 정치의 의미와 기능, 민주 정치의 발전 과정, 민주주의의 이념과 기본 원리, 의원 내각제와 대통령제, 우리나라의 정부 형태 등에 대해서 배웠습니다. 이러한 내용은 사회의 구성원으로서 공동체의 문제를 민주적으로 해결하는 능력을 기르고, 국민으로서 우리나라의 민주 정치 제도를 이해하는 데 도움이 됩니다. 특히, 민주주의가 추구하는 이념과 기본 원리는 이 단원의 전반적인 내용을 꿰뚫는 매우 중요한 개념입니다. 따라서 실제 학교에서는 민주주의의 이념과 기본 원리를 정확하게 파악하고 있는지를 묻는 수행 평가 과제가 출제될 수 있습니다.

수행 평가 문제

모둠별로 민주주의의 이념과 기본 원리를 담은 노래를 만들어 발표해 봅시다.

A. 활동 계획 세우기

1 민주주의의 이념과 민주 정치의 기본 원리를 담을 노래를 만든다.
2 민주주의 연가 콘서트에서 노래를 효과적으로 표현할 수 있는 방법을 모색한다.

B. 활동 단계

1단계 민주주의의 이념과 기본 원리를 담을 수 있는 적절한 노래를 선정한다.
2단계 민주주의의 이념과 민주 정치의 기본 원리가 잘 전달될 수 있도록 개사한다.
3단계 민주주의 연가 콘서트에서 노래를 효과적으로 전달할 수 있는 율동, 복장 등에 관해 토의한다.
4단계 모둠별로 민주주의의 이념과 기본 원리에 관한 노래를 발표하고, 다른 모둠의 노래를 감상한다.
5단계 다른 모둠의 민주주의 연가를 감상한 심사평을 작성한 후에 우수 모둠을 시상한다.

C. 활동하기

1 수행 평가 활동에 필요한 핵심 내용인 '민주주의의 이념과 기본 원리'를 잘 파악하고 있는지 알아보기

예시)

민주주의의 이념	• 인간의 존엄성 : 모든 사람이 인간이라는 이유만으로 존중받아야 한다는 것 • 자유 : 국가나 타인의 간섭이나 구속 없이 자신의 뜻에 따라 판단하고 행동하는 것 • 평등 : 성별, 신분, 재산 등에 따라 부당하게 차별받지 않고 동등하게 대우받는 것
민주 정치의 기본 원리	• 국민 주권 : 국가의 의사를 최종적으로 결정하는 최고 권력인 주권이 국민에게 있다는 원리 • 국민 자치 : 주권을 가진 국민이 스스로 나라를 다스릴 수 있다는 원리 • 입헌주의 : 헌법에 따라 국가 기관을 구성하고, 정치권력을 행사해야 한다는 원리 • 권력 분립 : 국가 권력을 분리하여 독립된 기관이 나누어 맡도록 하는 원리

2 모둠별로 노래를 선정하여 민주주의의 이념과 기본 원리가 잘 전달될 수 있도록 개사하기

예시)

▣ 우리 모둠이 선정한 노래 제목(개사할 노래 제목) : 네모의 꿈

▣ 민주주의 연가 개사

선정한 노래 가사(원곡 가사)		민주주의 이념과 기본 원리를 포함하는 개사한 내용
네모난 침대에서 일어나 눈을 떠보면 네모난 창문으로 보이는 똑같은 풍경 네모난 문을 열고 네모난 테이블에 앉아 네모난 조간 신문 본 뒤 네모난 책가방에 네모 난 책들을 넣고	➡	민주~ 주~의의 이념은 인간 존엄성 자유와 평~등이 보장돼야 실현이 되지 그리고 민주 정치 기본 원리 채택해야지 인간의 존엄성은 뭘까? 인간은 그 자체로 존엄한 존재란 뜻

3 모둠 토의를 통해 민주주의 연가 콘서트에서 노래를 효과적으로 발표하기 위한 방법 모색하기

예시)

▣ 우리 모둠이 새롭게 작성한 노래 제목(개사한 노래 제목) : 민주주의의 꿈

▣ 효과적으로 표현하기 위한 방법(음악, 안무, 기타 준비물 등)
- 음악과 안무 : '네모의 꿈'을 배경 음악으로 모둠이 협의하여 가사에 맞게 안무를 창작한다.
- 기타 준비물 : 8절지 도화지에 '인간의 존엄성', '자유', '평등' 등을 상징하는 그림을 그려 소품으로 활용한다.

채점 기준

평가 영역	채점 기준	배점
개사 활동 (창의적 사고력)	노래 가사에 민주주의의 이념과 기본 원리를 충실히 담고 참신하게 표현하였다.	상
	노래 가사에 민주주의의 이념과 기본 원리를 충실히 담았으나, 참신성이 부족하였다.	중
	노래 가사에 민주주의의 이념과 기본 원리의 내용이 모두 표현되지 못하였다.	하
노래 발표 (의사소통 능력)	노래 가사를 분명하게 전달하고 진지한 자세로 발표하였다.	상
	진지한 태도로 노래 가사를 전달하려고 노력하였으나, 전달력이 부족하였다.	중
	노래 가사를 전달하는 태도가 진지하지 못하고, 전달력도 부족하였다.	하
모둠원의 역할 수행 및 협력 (협업 능력)	민주주의 연가 콘서트를 준비하는 과정에서 다른 모둠원들과 협력하여 자신의 역할을 충실히 수행하였다.	상
	민주주의 연가 콘서트를 준비하는 과정에서 다른 모둠원들과 협력하려고 노력하였으나, 자신의 역할을 충실히 수행하지 못하였다.	중
	민주주의 연가 콘서트를 준비하는 과정에서 다른 모둠원들과 협력하는 태도가 부족하고, 자신의 역할을 제대로 수행하지 못하였다.	하

X. 정치 과정과 시민 참여

01
정치 과정과 정치 주체

02
선거와 정치 참여

03
지방 자치와 시민 참여

정치 과정과 정치 주체

출제 포인트
- 정치 과정의 단계
- 정치 주체의 역할
- 이익 집단, 시민 단체, 정당 비교

1 정치 과정의 이해

(1) 다원화된 현대 사회

① 다양한 이익의 표출
- 현대 사회가 다원화·복잡화·전문화되면서 사람들이 추구하는 가치나 이익 등이 다양해짐
- 민주주의의 발달에 따라 시민의 자유와 권리가 확대되면서 시민이 자신의 의견을 적극적으로 표현하게 됨

② 정치 과정의 필요성
- 구성원들이 다양한 가치와 이익을 추구하는 과정에서 개인 또는 집단 간의 이해관계가 대립 또는 충돌하고, 그 양상도 복잡해짐
- 현대 민주 사회에서는 정치 과정을 통해 사회 구성원 간의 갈등을 조정하면서 사회 문제를 해결함

(2) 정치 과정의 의미와 단계

① 정치 과정의 의미 : 다양한 이해관계가 표출되고 집약되어 정책으로 결정되고 집행되는 과정

② 정치 과정의 단계

다양한 이익 표출	개인이나 집단이 다양한 이해관계나 요구를 여러 가지 방법으로 드러냄
이익 집약	정당이나 언론 등이 사회 구성원의 이익이나 주장을 몇 개의 안으로 수렴하여 여론을 형성함
정책 결정	국민의 다양한 의견을 반영하여 국회나 정부가 정책을 결정함
정책 집행	결정된 정책을 정부가 구체적으로 시행함
정책 평가	정책이 집행된 후에 국민의 평가를 통해 어떤 문제가 발생하는지 파악함
환류	국민의 평가를 반영하여 정책을 수정 또는 보완하기도 함

집중 탐구 정치 과정의 단계

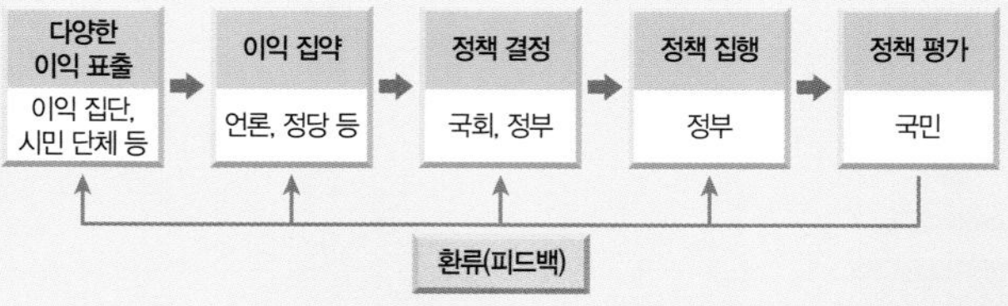

정치 과정은 사회 구성원들의 요구와 지지를 바탕으로 정책이 결정되고 집행되면서 이루어진다. 민주 정치에서는 개인이나 집단이 다양한 이익과 가치를 표출하면 언론 기관이나 정당 등이 이익을 집약한다. 이에 따라 여론이 형성되면 국회나 정부에서 관련 정책을 결정하여 다양한 이해관계를 조정한다. 이렇게 결정된 정책은 정부가 집행하는 과정에서 국민의 평가를 받아 수정·보완되는 환류를 거친다.

(3) 정치 과정의 의의

① 구성원 간의 대립 및 갈등과 사회 문제를 합리적인 방식으로 해결하는 데 기여함

② 다양한 이익과 가치들을 조정하여 사회가 통합·발전할 수 있도록 함

✚ 표출
겉으로 드러내어 나타내는 행위

✚ 이해관계
서로의 이익과 손해가 걸려 있는 관계

✚ 집약
하나로 모아 수렴하는 것

✚ 정책
공적인 문제를 해결하거나 공공 목표를 달성하기 위하여 공공 기관이 수행하는 활동 방향이나 계획

✚ 수렴
의견이나 사상들을 하나로 모아 정리하는 것

✚ 여론
정치적 쟁점이나 사회 문제에 대하여 다수의 시민이 가지는 의견

✚ 환류
어떤 흐름이 진행되다가 다시 원상태로 되돌아와 흐르는 현상

✚ 통합
서로 다른 개인들이 사회의 구성원이라는 소속감을 가지고 서로 적응해 나가는 것

❷ 정치 과정의 참여 주체

(1) **시민(개인)** : 자신의 이익을 실현하기 위해 다양한 방법으로 정치 과정에 참여하는 주체 (→ 가장 기본적이고 중요한 정치 주체)

(2) **이익 집단** → 이익 집단이 지나치게 자기 집단의 이익만을 추구할 경우 사회 전체의 이익과 충돌하거나 정책 결정에 혼란을 가져 올 수 있다.

① 의미 : 이해관계를 같이하는 사람들이 자신의 특수한 이익을 실현하기 위해 만든 단체

② 역할 : 다양한 이익 대변, 전문성을 바탕으로 정책 결정에 도움을 줌, 정당의 기능 보완 등 (→ 이익 집단은 노동조합, 의사 협회 등과 같이 직업적으로 이해를 같이하는 사람들의 모임으로 해당 분야에 대해 전문성을 갖추었기 때문이다.)

(3) **시민 단체** → 예 녹색 소비자 연대, 환경 운동 연합 등

① 의미 : 공익을 실현하기 위해 시민들이 자발적으로 만든 집단

② 역할 : 여론 형성, 정부 활동 감시 및 비판, 사회 문제 해결을 위한 대안 제시 등

(4) **정당**

① 의미 : 정치권력을 획득하기 위해 정치적 의견을 같이하는 사람들이 만든 단체

② 역할 : 여론 형성, 선거에 후보자 추천, 국민의 의견을 국회나 정부에 전달 등

(5) **언론** → 예 라디오, 신문, 텔레비전, 인터넷 등

① 의미 : 정치적 쟁점이나 사회 문제 등 정치 과정 전반에 관한 정보를 제공하는 정치 주체

② 역할 : 여론 형성, 정책에 대한 해설과 비판 제공, 정부 정책의 감시 및 비판 등 (→ 언론은 여론 형성에 주도적인 역할을 한다.)

(6) **국가 기관** → 국가 기관은 헌법에 따라 정책을 공식적으로 결정할 수 있다.

국회	국민의 대표 기관 → 법률 제정 및 개정, 정부 정책 감시 및 비판 등
정부	국회에 법률안 제출, 정책의 수립 및 집행 등
법원	재판을 통해 법률이나 정책과 관련된 분쟁 해결

Q & A

Q 정치 과정의 각 단계에서 어떤 정치 주체가 어떻게 참여하고 있나요?

A 아래 그림에 나타난 '어린이집 CCTV 설치 의무화'와 관련된 정치 과정을 토대로 각 정치 주체의 역할을 알아보자. 우선 이익 표출 단계에서는 개인이나 시민 단체가 어린이집에 CCTV를 설치해야 한다고 요구하였다. 이익 집약 단계에서 정당은 시민의 의견을 수렴하였으며, 정책 결정 단계에서는 국회가 어린이집 CCTV 설치 의무화와 관련된 '영유아보육법'을 개정하였고, 정책 집행 단계에서는 정부가 어린이집 CCTV 설치를 실행에 옮겼다. 이후 정책 평가 단계에서는 어린이집 CCTV 설치로 인해 발생한 문제점을 파악하였다.

✚ 정치 주체
정책 결정 과정에 영향력을 미치는 개인이나 집단으로, 공식적 주체와 비공식적 주체로 구분할 수 있다. 공식적 주체는 정책을 공식적으로 결정할 수 있는 국가 기관이 해당한다. 비공식적 주체는 정책 결정에 공식적인 권한을 가지고 있지 않지만 정치 과정에 영향력을 행사하는 이익 집단, 시민 단체, 정당, 언론 등이 해당한다.

✚ 대변
어떤 사람이나 단체를 대신하여 그의 의견이나 태도를 나타내는 것

✚ 공익
공공의 이익, 사회 구성원 전체의 이익

✚ 쟁점
어떤 상황이나 주제를 둘러싸고 여러 사람의 입장이나 주장이 나뉘어 대립하는 문제

✚ 이익 집단, 시민 단체, 정당 비교

구분	이익 집단	시민 단체	정당
목적	특수 이익 실현	공익 실현	정권 획득
관심 영역	자기 집단 이익 관련 분야	사회 모든 분야	사회 모든 분야
정치적 책임	없음	없음	있음

✚ 어린이집 CCTV 설치 의무화
아동 학대 사건이 연이어 발생함에 따라 영유아의 권리가 훼손되고 어린이집을 이용하고 있는 영유아 보호자들의 우려가 커져 어린이집에 안심하고 아이를 맡길 수 있는 제도적 기반을 조성하고 보육 환경을 개선해 나갈 필요성이 커졌다. 이에 따라 어린이집의 폐쇄 회로 텔레비전(CCTV) 설치 의무화, 아동 학대 행위자에 대한 어린이집 설치 운영 및 근무 제한 강화 등을 포함한 '영유아보육법' 개정안이 2015년 9월부터 시행되었다.

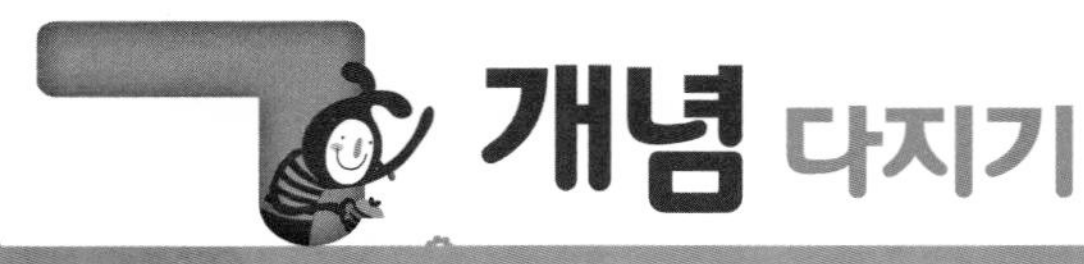

개념 다지기

정답과 해설 • 58쪽

01 빈칸에 공통으로 들어갈 개념을 쓰시오.

현대 민주주의 사회에서는 정치 과정을 통해 다양한 가치와 이익이 조정된다. 정치 과정이란 다양하게 표출된 이해관계를 집약하여 (　　　)(으)로 결정·집행하는 과정을 말한다. 정치 과정을 통해 결정된 경제, 교육, 복지 등과 관련된 (　　　)은(는) 우리의 생활에 큰 영향을 미친다.

02 괄호 안의 내용 중 알맞은 말에 ○표 하시오.

(1) 현대에는 다양한 직업과 집단의 등장으로 사회가 (다원화, 획일화)되면서 사람들이 추구하는 가치나 이익 등이 다양해졌다.

(2) 정치 과정 중 (이익 표출, 이익 집약) 단계에서는 구성원들이 이해관계나 요구를 다양한 방법으로 드러낸다.

(3) (이익 집단, 시민 단체)은(는) 이해관계를 같이하는 사람들이 자신의 특수한 이익을 실현하기 위해 결성한 단체이다.

03 정치 과정의 단계를 순서대로 바르게 나열하시오.

ㄱ. 정부가 정책을 구체적으로 시행한다.
ㄴ. 시민의 다양한 의견을 반영하여 국회나 정부가 정책을 결정한다.
ㄷ. 정책이 집행된 후 국민의 평가를 반영하여 정책을 수정 또는 보완한다.
ㄹ. 개인이나 집단이 다양한 이해관계나 요구를 여러 가지 방법으로 드러낸다.
ㅁ. 정당이나 언론 등이 사회 구성원의 이익이나 주장을 몇 개의 안으로 수렴하여 여론을 형성한다.

04 다음 설명이 맞으면 ○표, 틀리면 ×표 하시오.

(1) 정치 과정에서 한번 결정된 정책은 수정될 수 없다. ( )

(2) 현대 사회에서 가장 기본적이고 중요한 정치 참여 주체는 시민이다. ( )

(3) 정치 과정의 단계에서 정책 집행을 담당하는 정치 주체는 국회이다. ( )

(4) 정치 과정을 통해 다양한 이익 간의 대립과 갈등이 조정되면서 사회가 통합된다. ( )

05 서로 관련 있는 것끼리 바르게 연결하시오.

(1) 시민 단체 •
(2) 이익 집단 •

• ㉠ 노동조합
• ㉡ 의사 협회
• ㉢ 환경 운동 연합
• ㉣ 녹색 소비자 연대

06 빈칸에 들어갈 알맞은 말을 쓰시오.

(1) 국회, (　　　), 법원 등의 국가 기관은 공식적으로 정책을 결정할 수 있는 정치 주체이다.

(2) (　　　)은(는) 전문성을 바탕으로 정책 결정에 도움을 주기도 하지만, 자기 집단의 이익만을 추구할 경우 공익과 충돌하기도 한다.

(3) 언론은 국민의 (　　　)을(를) 형성하는 데 주도적인 역할을 하기 때문에 공정하고 객관적으로 보도해야 한다.

(4) 정당은 (　　　)을(를) 획득하는 것을 목적으로 하기 때문에 국민의 요구를 적극적으로 반영하기 위해 노력한다.

07 (1)~(3)에 들어갈 알맞은 정치 주체를 쓰시오.

구분	(1)	(2)	(3)
목적	특수 이익 실현	공익 실현	정권 획득
관심 영역	자기 집단 이익 관련 분야	사회 모든 분야	사회 모든 분야
정치적 책임	없음	없음	있음

08 다음과 같은 기능을 하는 정치 주체를 〈보기〉에서 고르시오.

보기
ㄱ. 국회　　ㄴ. 법원　　ㄷ. 정부

(1) 재판을 통해 법률이나 정책과 관련된 분쟁을 해결한다. ( )

(2) 국민의 의견을 반영하여 정책을 구체적으로 수립하고 집행한다. ( )

(3) 국민의 대표 기관으로 법률을 제정하거나 개정함으로써 정치 과정에 참여한다. ( )

중단원 실력 쌓기

정답과 해설 • 58쪽

01 오늘날 자료와 같은 현상이 나타나게 된 배경으로 적절하지 않은 것은?

① 사회가 복잡해졌다.
② 시민의 자유와 권리가 확대되었다.
③ 다양한 직업과 집단이 등장하였다.
④ 구성원 간의 대립과 갈등이 줄어들었다.
⑤ 사람들이 추구하는 이익이 다원화되었다.

02 빈칸 ㉠에 공통으로 들어갈 용어에 대한 옳은 설명을 〈보기〉에서 고른 것은?

> 현대 민주주의 사회에서는 (㉠)(을)를 통해 다양한 가치와 이익을 조정하고 있다. (㉠)(이)란 다양하게 표출된 이해관계를 집약하여 정책으로 결정·집행되는 과정을 말한다.

보기
ㄱ. ㉠을 통해 사회 통합이 이루어진다.
ㄴ. ㉠을 통해 결정된 정책은 수정하지 못한다.
ㄷ. 사회 문제를 해결하기 위한 의사 결정 과정이다.
ㄹ. 오늘날에는 국가 기관의 지시와 통제에 의해서 이루어진다.

① ㄱ, ㄴ ② ㄱ, ㄷ ③ ㄴ, ㄷ
④ ㄴ, ㄹ ⑤ ㄷ, ㄹ

03 다음 사례에 해당하는 정치 과정의 단계로 옳은 것은?

> 대학생들이 등록금 인상을 반대하며 대규모 집회를 열었고, 시민 단체들은 대학교의 등록금 인상을 억제하는 법안을 마련해 달라고 요구하고 있다.

① 이익 표출 ② 이익 집약 ③ 정책 결정
④ 정책 집행 ⑤ 정책 평가

중요
04 자료의 (가)~(마)에 대한 설명으로 옳지 않은 것은?

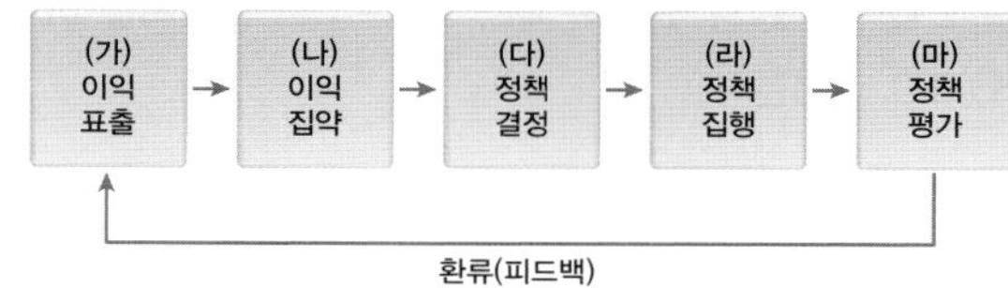

① (가)에서는 개인이나 집단이 각자의 요구와 이익을 다양한 방법으로 나타낸다.
② (나)에서는 사람들의 다양한 요구가 정당, 언론 등에 의해 수렴된다.
③ 시민의 여론이 (다)를 통해 법이나 제도 등으로 나타난다.
④ (라)에서 가장 중요한 역할을 하는 정치 주체는 법원이다.
⑤ (마)를 통해 새로운 요구가 나타나면 시행된 정책이라도 수정될 수 있다.

05 정치 과정의 단계 중 정책 결정에 해당하는 사례로 옳은 것은?

① ○○ 정당은 어린이집 CCTV 설치 의무화 관련 법안을 마련하였다.
② 정부가 전국의 어린이집에 CCTV 설치를 위한 보조금을 지원하였다.
③ 국회는 어린이집 CCTV 설치 의무화와 관련된 '영유아보육법'을 개정하였다.
④ 보육 교사 협회는 어린이집 CCTV 설치로 보육 교사의 사생활이 침해되고 있다고 주장하였다.
⑤ 아동 학대 추방을 위한 시민 모임은 어린이집 CCTV 설치 의무화를 요구하며 서명 운동을 벌였다.

중요
06 이익 집단과 정당을 비교한 내용으로 옳지 않은 것은?

	구분	이익 집단	정당
①	목적	집단의 특수 이익 실현	정치권력의 획득
②	분류	비공식적 주체	공식적 주체
③	관심 영역	집단의 이익과 관련된 영역	사회의 모든 영역
④	역할	다양한 집단의 이해관계 대변	국민 전체를 위한 정책안 마련
⑤	정치적 책임	없음	있음

07 자료는 사회 수행 평가 답안지를 채점한 결과이다. 밑줄 친 (가)에 들어갈 정치 주체로 옳은 것은? (단, 답안지를 바르게 채점했다고 가정한다.)

> 1학년 ○반 ○번 △△△
>
> 문제 : 정치 과정에 참여하는 ____(가)____의 특징을 세 가지만 서술하시오.
>
> 답 : (1) 비공식적인 정치 주체이다. ○
> (2) 자기 집단의 특수 이익을 실현한다. ○
> (3) 정권 획득을 위해 국민의 요구를 받아들인다. ×

① 언론 ② 정당 ③ 행정부
④ 이익 집단 ⑤ 시민 단체

08 밑줄 친 정치 주체의 특징으로 가장 적절한 것은?

> ○○ 단체는 무분별한 개발과 환경 오염으로부터 야생 동식물을 보호하기 위한 목적으로 설립되었다. 이 단체는 환경 문제에는 국경이 없다는 생각으로 국제적 연대에도 적극적으로 참여하고 있다.

① 선거에 후보자를 추천한다.
② 다양한 방법으로 정책을 집행한다.
③ 정책 결정에 공식적으로 참여한다.
④ 사회 전체의 이익을 실현하고자 한다.
⑤ 정치 과정에 대한 정보를 신속하게 전달한다.

중요

09 정치 주체 (가), (나)에 대한 옳은 설명을 〈보기〉에서 고른 것은?

> (가) 참여 연대, 녹색 연합
> (나) 노동조합, 변호사 협회

보기

ㄱ. (가)는 공익 실현을 목적으로 한다.
ㄴ. (나)는 전문성을 바탕으로 정책을 결정한다.
ㄷ. (가)와 (나)는 정치 과정의 비공식적 참여자이다.
ㄹ. (가)는 정치적 책임이 없지만, (나)는 정치적 책임이 있다.

① ㄱ, ㄴ ② ㄱ, ㄷ ③ ㄴ, ㄷ
④ ㄴ, ㄹ ⑤ ㄷ, ㄹ

10 정당에 대한 옳은 설명을 〈보기〉에서 고른 것은?

보기

ㄱ. 정부 활동을 감시하고 비판한다.
ㄴ. 구체적인 정책을 수립하고 집행한다.
ㄷ. 정부와 의회를 연결하는 매개체 역할을 한다.
ㄹ. 특수한 이익을 실현하기 위해 정부에 압력을 행사한다.

① ㄱ, ㄴ ② ㄱ, ㄷ ③ ㄴ, ㄷ
④ ㄴ, ㄹ ⑤ ㄷ, ㄹ

11 그림에 나타난 정치 주체에 대한 옳은 설명을 〈보기〉에서 고른 것은?

보기

ㄱ. 정책에 대한 해설과 비판을 제공한다.
ㄴ. 정책 결정에 대한 정치적 책임을 진다.
ㄷ. 여론을 형성하는 데 핵심적인 역할을 한다.
ㄹ. 정보 전달에 있어 정확성보다 신속성을 중시한다.

① ㄱ, ㄴ ② ㄱ, ㄷ ③ ㄴ, ㄷ
④ ㄴ, ㄹ ⑤ ㄷ, ㄹ

12 빈칸 (가)~(다)에 들어갈 정치 주체를 바르게 연결한 것은?

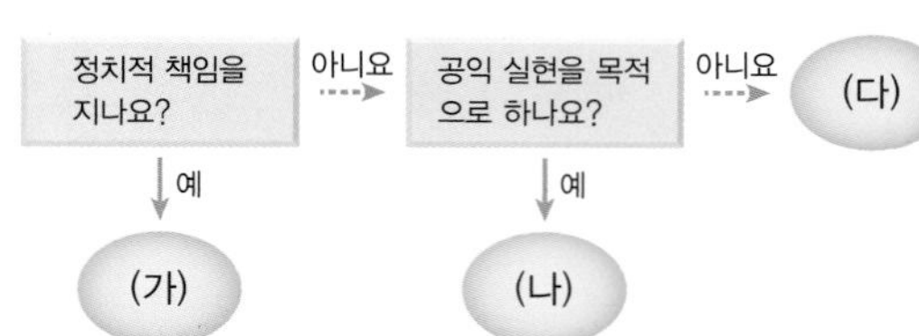

	(가)	(나)	(다)
①	정당	시민 단체	이익 집단
②	정당	이익 집단	시민 단체
③	행정부	정당	이익 집단
④	행정부	이익 집단	시민 단체
⑤	이익 집단	시민 단체	정당

서술형·논술형

중요

13 표는 정치 주체의 특징을 알아보기 위한 것이다. 이에 대한 옳은 설명을 〈보기〉에서 고른 것은? (단, A~C는 각각 정당, 이익 집단, 시민 단체 중 하나이다.)

질문 \ 정치 주체	A	B	C
선거에 후보자를 추천한다.	×	○	×
집단의 특수 이익을 추구한다.	○	×	×
(가)	○	○	○

〈보기〉
ㄱ. A는 시민 단체이다.
ㄴ. B는 정권 획득을 목적으로 한다.
ㄷ. C는 활동 결과에 대한 정치적 책임을 진다.
ㄹ. (가)에는 '정치 과정에 영향력을 행사한다.'가 들어갈 수 있다.

① ㄱ, ㄴ ② ㄱ, ㄷ ③ ㄴ, ㄷ
④ ㄴ, ㄹ ⑤ ㄷ, ㄹ

14 정치 주체를 (가)와 (나)로 구분하기 위한 질문으로 가장 적절한 것은?

(가) 국회, 정부, 법원
(나) 정당, 시민 단체, 이익 집단

① 정치적 책임을 지는가?
② 정권 획득을 목적으로 하는가?
③ 정치 과정에 영향력을 행사하는가?
④ 사회 전체의 이익을 실현하기 위한 집단인가?
⑤ 정치 과정에 참여할 수 있는 공식적인 권한이 있는가?

15 국회에 대한 옳은 설명을 〈보기〉에서 고른 것은?

〈보기〉
ㄱ. 국민의 대표 기관이다.
ㄴ. 법률을 해석하고 적용한다.
ㄷ. 공식적으로 정책을 결정할 수 있다.
ㄹ. 자기 집단의 특수한 이익을 추구한다.

① ㄱ, ㄴ ② ㄱ, ㄷ ③ ㄴ, ㄷ
④ ㄴ, ㄹ ⑤ ㄷ, ㄹ

서술형

01 빈칸 ㉠에 들어갈 개념을 쓰고, 그 의미와 의의를 서술하시오.

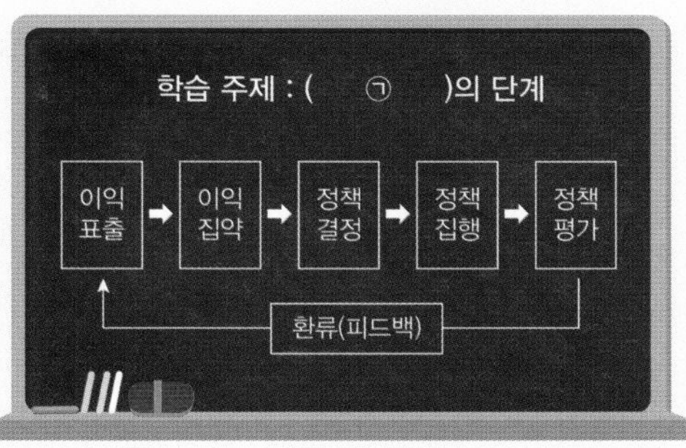

논술형

02 빈칸 ㉠, ㉡에 해당하는 정치 주체를 각각 쓰고, 이러한 정치 주체들이 증가할 경우 정치 과정에 미치는 영향을 긍정적 측면에서 300자 내외로 논술하시오.

㉠ 규약	㉡ 정관
⋮ 제2조(목적) 조합은 조합원의 인간으로서의 존엄성을 유지하고 정치적, 경제적, 사회적 지위를 향상시키며 조합원의 이익 옹호를 목적으로 한다.	⋮ 제2조(목적) 연합은 생명, 생태, 참여를 핵심 가치로 삼고 환경 보호를 통해 현재와 미래 세대를 위한 지속 가능한 세상을 만들어 간다.

02 선거와 정치 참여

출제 포인트
- 선거의 기능
- 민주 선거의 기본 원칙
- 공정한 선거를 위한 제도

1 선거의 의미와 중요성

(1) **의미** : 국민을 대신해 나라의 일을 담당할 대표자를 선출하는 과정
→ 오늘날 대부분의 국가는 영토가 넓고 인구가 많기 때문에 대표자를 선출하여 나라의 일을 맡기는 대의 민주주의를 채택하고 있다.

(2) **중요성**
① 시민이 정치 과정에 참여하는 가장 기본적이고 대표적인 방법
② 대의 민주주의를 유지·발전시키며, 민주 정치의 성공과 실패를 좌우함 → 민주주의의 꽃
→ 대의 민주주의에서는 선거를 통해 어떤 사람이 대표자로 선출되느냐에 따라서 국가의 운영 방향과 정책이 달라질 수 있기 때문이다.

더 알아보기 한 표의 중요성

1839년 미국 매사추세츠 주지사를 선출하는 선거에서 단 한 표가 당락을 좌우했다. 당시 후보로 나선 에드워드 에버렛 주지사는 마지막까지 유권자들에게 투표를 독려하다가 투표장에 5분 늦게 도착하는 바람에 정작 자신은 투표하지 못했다. 그런데 개표 결과 딱 한 표 차이로 상대 후보였던 마커스 몰튼에게 패하고 말았다. 우리나라에서도 2008년에 실시된 지방 보궐 선거에서 단 한 표 차이로 당선자가 결정되는 일이 있었다. 당시 대결에서 두 후보는 모두 4,697표로 동점을 기록했다. 하지만 재검표에서 한 후보자의 한 표가 무효로 처리되었고, 결국 상대 후보가 그 한 표 차이로 승리했다. 이처럼 선거에서는 한 표가 당선자를 결정할 수 있기 때문에 유권자라면 선거에 반드시 참여해야 한다.

2 선거의 기능

(1) **대표자 선출** : 국민의 뜻에 따라 국가의 정치를 담당할 대표자를 선출함

(2) **정치권력에 정당성 부여** : 국민의 지지와 동의를 바탕으로 선출된 대표자는 권위를 인정받아 정당성을 가짐

(3) **정치권력 통제** : 대표자가 맡은 일을 제대로 수행하지 않을 경우 다음 선거에서 책임을 물어 권력을 통제함 → 현재의 대표자가 국정을 잘못 운영할 경우 그 책임을 물어 다음 선거에서 다른 후보자나 정당을 선택하여 교체할 수 있다.

(4) **시민의 의견 수렴** : 시민의 여론을 드러내어 정치 과정에 반영하는 기회를 제공함

(5) **주권 행사 수단** : 국민은 선거를 통해 자신의 의사를 표현하고 주권을 행사하면서 국가의 주인이라는 인식을 갖게 됨

Q & A

Q 우리나라에서 실시되는 선거에는 어떤 것들이 있나요?

A 우리나라에서는 대통령 선거, 국회 의원 선거, 지방 선거 등 다양한 선거를 시행하고 있다. 국가 원수이자 행정부의 수반인 대통령을 선출하는 선거는 5년마다 실시되고, 입법부인 국회를 구성하는 국회 의원을 뽑는 선거는 4년마다 실시된다. 또한 지방 선거는 4년마다 실시되는데, 지방 선거를 통해 지방 의회 의원과 지방 자치 단체장 등을 선출한다.

▲ 대통령 선거

▲ 국회 의원 선거

▲ 지방 선거

+ 선거와 투표
선거는 한 국가나 집단의 대표를 선출하는 것이고, 투표는 어떤 결정을 하기 위해서 자신의 의사를 표현하는 것이다. 일반적으로 선거 과정에서 투표를 하지만, 선거와 관계없는 투표도 있다.

+ 대의 민주주의
선거를 통하여 국민의 대표를 선출하고, 선출된 대표자가 국민을 대신하여 국가를 운영해 나가는 제도

+ 당락
당선(선거에 뽑히는 것)과 낙선(선거에서 떨어지는 것)을 아울러 이르는 말

+ 독려
감독하며 격려함

+ 보궐 선거
선거를 통해 선출된 국민의 대표가 임기 중에 사직, 사망, 자격 상실 등의 이유로 공석이 되었을 때 그 빈자리를 보충하기 위하여 실시하는 선거

+ 정당성
정치권력에 대해 정당하다고 느끼는 관념을 말하며, 국민 다수의 지지를 얻을 때 획득됨

+ 권위
남을 지휘하거나 통솔하여 따르게 하는 힘

+ 주권
국가의 의사를 최종적으로 결정하는 권력

3 민주 선거의 기본 원칙

보통 선거	일정한 연령에 달한 모든 국민에게 선거권을 부여한다는 원칙
평등 선거	모든 유권자는 동등한 가치의 투표권을 행사할 수 있다는 원칙
직접 선거	선거권을 가진 사람이 직접 투표소에 나가 대표자를 선출해야 한다는 원칙
비밀 선거	유권자가 누구에게 투표했는지 다른 사람이 알지 못하도록 비밀을 보장하는 원칙

→ 비밀 선거를 보장하는 이유는 다른 사람으로부터 압력을 받지 않고 본인의 의사에 따라 자유롭게 투표할 수 있도록 하기 위해서이다.

집중 탐구 보통 선거와 평등 선거

민주적인 선거가 이루어지기 위해서는 보통 선거, 평등 선거, 직접 선거, 비밀 선거의 원칙을 지켜야 한다. 선거의 4원칙 중 혼동하기 쉬운 보통 선거와 평등 선거에 대해 알아보자. 예를 들어, 어떤 나라에서 남성에게만 선거권을 부여한다면, 이는 보통 선거와 평등 선거 중 어떤 선거의 원칙에 어긋난 것일까? 선거권을 남성으로만 제한하였기 때문에 보통 선거의 원칙을 지키지 않은 것이다. 한편, 어떤 나라에서 부유한 사람에게는 2표를 행사하게 하고, 가난한 사람에게는 1표만을 행사하게 한다면, 이는 표의 가치에 차등을 둔 것이므로 평등 선거의 원칙에 어긋난 것이다.

▲ 보통 선거

▲ 평등 선거

4 공정한 선거를 위한 제도와 기관

(1) 선거구 법정주의
① 의미 : 의회에서 법률로 선거구를 정하도록 하는 제도
② 목적 : 선거구가 특정 후보자나 정당에게 유리 또는 불리하게 정해지는 것을 방지함

(2) 선거 공영제
① 의미 : 국가 기관에서 선거 과정을 관리하고 선거 운동 비용의 일부를 부담하는 제도
② 목적 : 선거 운동의 과열과 부정 선거 방지, 후보자에게 선거 운동의 균등한 기회 보장

경제적 여건과 상관없이 유능한 후보자에게 당선의 기회를 보장한다.

(3) 선거 관리 위원회
① 의미 : 공정한 선거 관리, 정당 및 정치 자금에 관한 사무 처리를 위한 독립된 국가 기관
② 선거 관리 위원회 위원 : 헌법에 의해 임기와 신분이 보장되고, 정치적 중립을 위해 특정 정당에 가입하거나 정치에 관여할 수 없음
③ 주요 업무 : 후보자 등록 및 선거 운동, 투표·개표 과정 관리, 선거법 위반 행위 예방 및 단속, 선거 관련 정보 제공, 유권자의 선거 참여를 위한 홍보 활동, 정당과 정치 자금에 관한 사무 처리 등

집중 탐구 게리맨더링

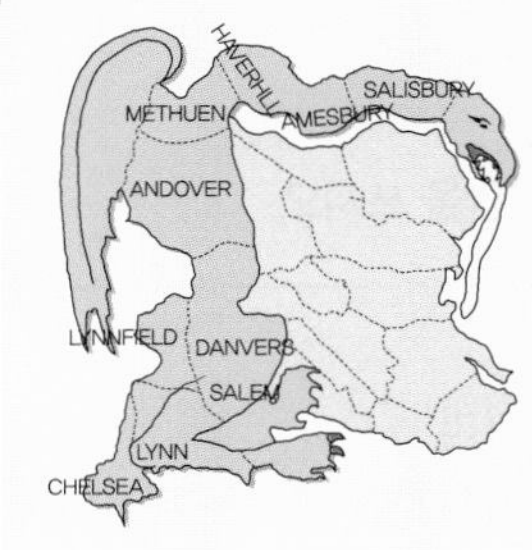

게리맨더링(Gerrymandering)이란 특정 정당이나 후보에게 유리하도록 선거구를 임의로 정하는 것을 말한다. 1812년 미국의 매사추세츠 주지사인 게리가 자기 정당에 유리하게 만든 선거구의 모양이 전설 속의 샐러맨더라는 괴물과 비슷해서 유래한 말이다. 게리가 속한 공화당은 5만 146표를 얻고 29명의 당선자를 낸 데 비하여, 민주당은 5만 1,766표를 얻고도 11명의 당선자밖에 내지 못하였다. 당시 새롭게 획정된 선거구가 공화당에 유리하게 정해졌기 때문에 벌어진 일이었다. 게리맨더링을 방지하기 위해서 우리나라를 비롯한 대부분의 민주 국가에서는 선거구를 의회에서 정하는 선거구 법정주의를 채택하고 있다.

+ 민주 선거의 기본 원칙
- 보통 선거 ↔ 제한 선거
- 평등 선거 ↔ 차등 선거
- 직접 선거 ↔ 대리 선거
- 비밀 선거 ↔ 공개 선거

+ 간접 선거
유권자를 대신해 대리인이 투표하는 대리 선거를 의미하기도 하지만 유권자가 선거인단을 뽑고 선거인단이 대표를 선출하는 제도를 의미하는 경우도 있다.

+ 유권자
선거에 참여할 권리를 가진 사람

+ 선거구
대표자를 선출하는 지역적 단위

+ 선거 운동
선거에서 후보자를 당선시키기 위해서 벌이는 여러 활동

+ 과열
지나치게 활기를 띰

개념 다지기

정답과 해설 • 60쪽

01 다음 내용에 해당하는 개념을 쓰시오.

• 현대 민주주의 국가에서 시민이 정치 과정에 참여하는 가장 기본적이고 대표적인 통로이다.
• 대의 민주제에서 국민을 대신할 대표를 뽑는 절차로, 민주 정치의 성공과 실패를 좌우한다.

02 괄호 안의 내용 중 알맞은 말에 ○표 하시오.

(1) 국민을 대신해 나라의 일을 담당할 대표자를 선출하는 절차를 (선거, 투표)라고 한다.
(2) 선거는 (직접 민주 정치, 대의 민주주의)를 실현하는 중요한 수단이다.
(3) 선거의 가장 기본적인 기능은 대표자를 (선출, 통제) 하는 것이다.

03 다음 설명에 해당하는 선거의 기능을 〈보기〉에서 고르시오.

보기
ㄱ. 대표자 선출　　ㄴ. 대표자 통제
ㄷ. 주권 의식 함양　　ㄹ. 대표자에 정당성 부여

(1) 후보자 중에서 국민을 대신하여 국정을 운영해 나갈 사람을 선택한다. ( )
(2) 국민이 국가의 일에 참여함으로써 국가의 주인이라는 의식을 갖게 된다. ( )
(3) 대표자가 역할을 제대로 수행하지 못할 경우 다음 선거에서 대표자를 교체한다. ( )
(4) 국민의 지지와 동의를 얻어 선출된 대표자는 자신감을 가지고 일을 추진할 수 있다. ( )

04 다음 설명이 맞으면 ○표, 틀리면 ×표 하시오.

(1) 우리나라에서는 국가 원수이자 행정부 수반인 대통령을 선출하는 선거를 4년마다 실시한다. ( )
(2) 우리나라에서는 18세 이상의 국민이라면 누구나 선거에 참여할 수 있는 권리를 가진다. ( )
(3) 성별이나 학력 등에 따라 선거에 참여할 수 있는 권리를 제한하는 것은 평등 선거의 원칙에 위반된다. ( )

05 (1)~(4)에 들어갈 민주 선거의 기본 원칙을 쓰시오.

(1)	일정한 연령에 달한 모든 국민에게 선거권을 부여한다는 원칙
(2)	모든 유권자는 동등한 가치의 투표권을 행사할 수 있다는 원칙
(3)	선거권을 가진 사람이 직접 투표소에 나가 대표자를 선출해야 한다는 원칙
(4)	유권자가 누구에게 투표했는지 다른 사람이 알지 못하도록 비밀을 보장하는 원칙

06 빈칸에 들어갈 알맞은 말을 쓰시오.

(1) 어떤 학급에서 학생들에게 손을 들어 학급 대표를 선출하게 하였다면 ( )의 원칙을 위반한 것이다.
(2) 우리나라를 비롯한 대부분의 국가에서는 선거구를 의회에서 법률로 정하는 ( )(을)를 채택하고 있다.
(3) ( )(은)는 국가가 선거 과정을 관리하고, 국가나 지방 자치 단체가 선거 비용의 일부를 지원하는 제도이다.

07 빈칸에 들어갈 개념을 쓰시오.

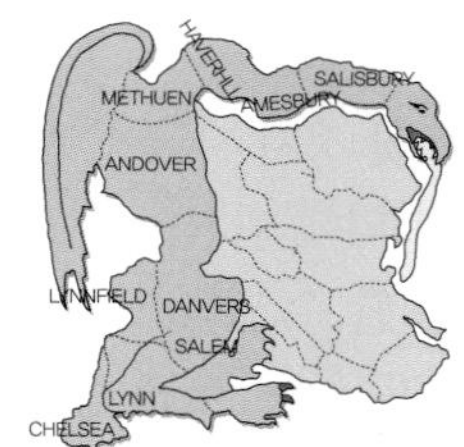

( )(이)란 특정 정당이나 후보자에게 유리하도록 선거구를 임의대로 정하는 것을 말한다. 이 용어는 1812년 미국의 주지사였던 게리가 자신이 속한 정당에 유리하도록 선거구를 정하였는데, 그 모양이 전설 속 괴물인 샐러맨더와 비슷하다고 하여 붙여진 이름이다.

08 다음과 같은 역할을 하는 국가 기관을 쓰시오.

• 선거법 위반 행위 예방 및 단속
• 선거 운동 및 투표 · 개표 과정 관리
• 정당 및 정치 자금에 관한 사무 처리

중단원 실력 쌓기

정답과 해설 • 60쪽

중요

01 자료와 같은 정치 참여 방법에 대한 설명으로 옳지 않은 것은?

① 민주 정치의 성패를 좌우한다.
② 가장 기본적인 정치 참여 행위이다.
③ 민주적이고 공정하게 이루어져야 한다.
④ 국민을 대신할 대표자를 뽑는 과정이다.
⑤ 직접 민주주의를 실현하기 위한 수단이다.

02 빈칸에 들어갈 내용으로 옳지 않은 것은?

> 오늘날 대부분의 민주 국가에서는 국민이 선출한 대표자가 국민을 대신하여 국정을 담당하는 대의 정치를 채택하고 있다. 이때, (　　　) 등과 같은 대표자를 선출하는 절차를 선거라고 한다.

① 대통령　　② 국무총리
③ 국회 의원　　④ 지방 의회 의원
⑤ 지방 자치 단체장

03 선거의 기능에 대한 설명으로 옳지 않은 것은?

① 정치권력에 정당성을 부여한다.
② 시민의 주권을 대표자에게 양도한다.
③ 자질이 부족한 대표자에게 책임을 묻는다.
④ 정당이나 후보자를 중심으로 여론을 수렴한다.
⑤ 국민의 뜻에 따라 국정을 담당할 대표자를 선출한다.

중요

04 다음에서 설명하는 선거의 기능으로 가장 적절한 것은?

> 대표자는 선거를 통해 대표자로서의 지위에 대해 국민의 동의를 얻으며 합법적으로 국민을 대신해서 일할 수 있게 된다. 따라서 선거 과정이 공정하지 못했다면 국민의 대표자로 인정할 수 없다.

① 정치권력의 통제
② 주권 행사의 수단
③ 시민의 여론 수렴
④ 정치권력에 정당성 부여
⑤ 권력 분립의 원리 실현

05 다음 제도들이 공통적으로 추구하는 목적으로 옳은 것은?

> • 선거 공영제
> • 선거구 법정주의
> • 보통 · 평등 · 직접 · 비밀 선거의 원칙

① 게리맨더링 방지
② 선거의 공정성 확보
③ 시민의 참정권 확대
④ 권력 분립 원리의 실현
⑤ 선거 운동의 과열 방지

06 빈칸에 들어갈 민주 선거의 기본 원칙으로 옳지 않은 것은?

> 선거에 국민의 의사가 정확하게 반영되기 위해서는 민주적이고 합법적인 절차에 따라 선거가 공정하게 이루어져야 한다. 이를 위하여 우리나라에서는 헌법에 (　　　) 의 원칙을 규정하고 있다.

① 보통 선거　　② 평등 선거
③ 직접 선거　　④ 비밀 선거
⑤ 제한 선거

중단원 실력 쌓기

07 그림에 나타난 민주 선거의 원칙으로 옳은 것은?

유권자가 행사하는 표의 가치는
똑같아야 해요.

① 보통 선거 ② 평등 선거 ③ 직접 선거
④ 비밀 선거 ⑤ 차등 선거

08 민주 선거의 기본 원칙이 지켜진 사례를 〈보기〉에서 고른 것은?

보기
ㄱ. 18세 이상이라면 누구라도 선거권을 가진다.
ㄴ. 투표용지에 유권자의 신분을 드러나지 않게 한다.
ㄷ. 몸이 불편한 가족을 대신하여 선거에 참여하게 한다.
ㄹ. 고학력자에게는 2표, 저학력자에게는 1표를 행사하게 한다.

① ㄱ, ㄴ ② ㄱ, ㄷ ③ ㄴ, ㄷ
④ ㄴ, ㄹ ⑤ ㄷ, ㄹ

09 밑줄 친 ㉠~㉤ 중 보통 선거의 원칙을 보장하기 위한 내용으로 가장 적절한 것은?

도윤이는 ㉠ 올해 18세가 되어 선거권을 갖게 되었다. 그래서 국회 의원 선거에 참여하기 위해 투표소에 들어가 ㉡ 신분증을 제시하고 선거인 명부에 서명을 하였다. 그리고 ㉢ 지역구와 비례 대표 투표용지 2장을 받아 ㉣ 기표소 안으로 들어가서, 자신이 지지하는 후보자와 정당에 기표한 후, ㉤ 투표용지를 접어 투표함에 넣었다.

① ㉠ ② ㉡ ③ ㉢ ④ ㉣ ⑤ ㉤

중요
10 다음 사례에 나타난 선거 방식의 문제점에 대한 설명으로 옳은 것은?

시민 혁명 이후 프랑스에서는 최소 3일 치의 임금에 해당하는 세금을 낼 수 있는 사람만을 시민으로 보았다. 따라서 경제적 능력을 갖춘 사람만이 선거에 참여할 수 있게 하였다.

① 차등 선거가 실시되고 있다.
② 선거인의 투표 내용을 공개하고 있다.
③ 유권자가 행사한 투표권의 가치가 다르다.
④ 연령 이외의 다른 조건에 따라 선거권을 주고 있다.
⑤ 다른 사람이 선거권을 가진 사람을 대신하여 투표한다.

11 다음과 같은 제도를 실시하는 목적으로 가장 적절한 것은?

대표를 선출하는 지역적 단위인 선거구를 의회에서 법률로 정하고 있다.

① 정치권력을 통제한다.
② 게리맨더링을 방지한다.
③ 대표자에게 정당성을 부여한다.
④ 선거 운동이 과열되는 것을 막는다.
⑤ 후보자에게 당선 기회를 균등하게 보장한다.

12 다음 글에 나타난 문제점을 해결하기 위한 제도로 옳은 것은?

○○당이 대표를 선출하는 지역 단위를 자기 정당에 유리하도록 변경하였다. 이에 따라 ○○당은 △△당보다 적은 표를 얻었는데도 더 많은 의석수를 차지하게 되었다.

① 대의 제도 ② 보통 선거제
③ 선거 공영제 ④ 지방 자치 제도
⑤ 선거구 법정주의

중요

13 선거 공영제를 시행하는 목적을 〈보기〉에서 고른 것은?

보기
ㄱ. 게리맨더링을 방지한다.
ㄴ. 선거 운동이 과열되는 것을 막는다.
ㄷ. 후보자 간에 선거 운동의 기회를 균등하게 보장한다.
ㄹ. 유권자가 동등한 가치의 투표권을 행사할 수 있게 한다.

① ㄱ, ㄴ ② ㄱ, ㄷ ③ ㄴ, ㄷ
④ ㄴ, ㄹ ⑤ ㄷ, ㄹ

14 다음은 우리나라의 헌법 조항이다. 빈칸에 공통으로 들어갈 기관으로 옳은 것은?

제114조 ① 선거와 국민 투표의 공정한 관리 및 정당에 관한 사무를 처리하기 위하여 ( )을(를) 둔다.
④ 위원은 정당에 가입하거나 정치에 관여할 수 없다.
제116조 ① 선거 운동은 각급 ( )의 관리하에 법률이 정하는 범위 안에서 하되, 균등한 기회가 보장되어야 한다.

① 국회 ② 정당
③ 행정부 ④ 공정 거래 위원회
⑤ 선거 관리 위원회

15 자료에 나타난 국가 기관에 대한 설명으로 옳지 않은 것은?

① 선거법 위반 행위를 단속한다.
② 선거구 획정을 위한 법률을 제정한다.
③ 공정한 선거를 위한 홍보 활동을 한다.
④ 투표 및 개표 과정을 공정하게 관리한다.
⑤ 정당과 정치 자금에 관한 사무를 처리한다.

서술형·논술형

서술형

01 빈칸 ㉠, ㉡에 들어갈 민주 선거의 기본 원칙을 각각 쓰고, 그 의미를 서술하시오.

갑 : 동아리 회장 선거에서 장난스럽게 투표하는 회원들이 많아 문제가 되고 있습니다. 이 문제를 해결할 수 있는 방안을 말씀해 주세요.
을 : 고학년 학생에게만 투표권을 부여하는 것은 어떨까요?
병 : 장난을 하지 못하게 누가 어떤 후보자에게 투표했는지 공개하는 것이 좋을 것 같습니다.
갑 : 두 사람의 의견은 모두 해결 방안으로 적절하지 않습니다. 을은 (㉠), 병은 (㉡)의 원칙에 어긋나는 주장을 하고 있기 때문입니다.

논술형

02 빈칸 ㉠에 들어갈 선거 제도를 쓰고, 이를 통해 학교의 선거 문화가 어떻게 바뀌었을지를 ㉠의 목적과 관련지어 200자 내외로 논술하시오.

△△ 신문

○○중학교에서는 지난 22일에 전교 학생회장과 부회장 선거를 치렀다. 이번 선거에서는 최초로 선거 비용을 학교에서 부담하는 (㉠)을(를) 도입하였다. 이에 따라 후보자들은 학교에서 지원하는 한정된 예산 범위 안에서 선거 운동 물품을 구입하였다.

지방 자치와 시민 참여

출제 포인트
- 지방 자치 단체의 구성
- 지방 의회와 지방 자치 단체장의 역할 비교
- 지역 사회의 정치 참여 방법

✚ 중앙 정부
지방 자치 제도가 있는 국가에서 주로 지방 정부와 비교하여 사용하는 말로, 국방과 외교 등과 같이 국가 전체의 일을 처리하는 행정부를 말한다.

✚ 복리
행복과 이익

✚ 지방 자치 제도의 실현 사례

▲ 지하보도 쉼터(인천동구청)
인천광역시의 한 지역에는 잦은 결로 현상과 적은 통행 인구 등으로 방치되어 있던 지하보도가 있었다. 그 지역의 지방 자치 단체는 지하보도를 주민들에게 다양한 볼거리와 편의 시설을 제공하는 휴게 공간으로 조성하였다.

▲ 마중 버스(아산시)
충청남도의 한 지역에서는 최근 인구가 급격히 증가하면서 버스 노선의 신설을 요구하는 민원이 폭주했다. 하지만 운송 원가가 증가하면서 농촌 오지 지역의 버스 운행이 불가능해졌다. 이에 그 지역의 지방 자치 단체는 주민들의 불편함을 해소하기 위해 마중 버스를 운행하여 맞춤형 교통 서비스를 제공하고 있다.

1 지방 자치 제도

(1) **의미** : 일정한 지역에 살고 있는 주민들이 지방 자치 단체를 구성하여 해당 지역의 공공 문제를 자율적으로 처리하는 제도

(2) **필요성**
① 한 나라 안에서도 각 지역마다 실정이 다르고 해결해야 할 지역 문제가 다름
② 중앙 정부가 각 지역에서 일어나는 모든 일을 파악하여 지역 주민의 요구를 수렴하기 어려움
③ 주민 생활과 밀접한 지역 문제는 그 지역의 실정에 밝은 주민이 스스로 해결하는 것이 바람직함

(3) **목적** : 지역 특성에 맞는 업무 처리 → 주민의 복리 증진

(4) **의의**

민주주의의 실천	지역 주민이 지역의 주인으로서 지역 문제를 직접 해결하고 처리하는 과정에서 민주주의를 배우고 실천할 수 있음
권력 분립의 원리 실현	지방 정부가 중앙 정부와 권력을 나누어 맡음으로써 국가의 힘이 중앙 정부에 집중되는 것을 막음
지역 실정에 맞는 정치 실시	지역의 실정과 주민의 필요에 맞는 효율적인 정책을 결정하고 집행할 수 있음
주민의 정치 참여 기회 확대	지역 주민이 정치에 참여할 기회를 확대하고 주인 의식과 책임감을 높임

(5) **성공 조건**
① 중앙 정부가 지방 정부의 자율성을 보장해야 함
② 지역 주민들이 주체적이고 자발적인 자세로 지역 사회의 문제를 해결하는 데 참여해야 함

Q&A

Q 지방 자치 제도를 나타내는 다양한 표현에는 어떤 것들이 있나요?

A 지방 자치 제도를 흔히 '풀뿌리 민주주의'라고 부른다. 풀뿌리가 튼튼해야 식물이 잘 자랄 수 있듯이, 지방 자치 제도가 잘 이루어져야 민주주의가 실현될 수 있다. 즉, 지역 주민이 지방 자치에 자발적으로 참여하여 민주주의의 기초를 만들어 간다는 의미이다. 지방 자치 제도를 '민주주의의 학교'라고 표현하기도 한다. 이는 지역 주민들이 지방 자치를 통해 정치 과정에 참여함으로써 민주 시민으로서의 자질을 함양하고, 민주주의를 직접 체험하고 배울 수 있는 기회를 얻을 수 있기 때문이다. 지방 자치 제도를 나타내는 또 다른 표현에는 '민주주의의 고향', '민주주의의 성공 보증서', '정치의 훈련장' 등이 있다.

2 지방 자치 단체

(1) 종류

① 광역 자치 단체 : 특별시, 광역시, 도, 특별자치도, 특별자치시

② 기초 자치 단체 : 시, 군, 구

(2) 구성 → 지방 자치 단체장과 지방 의회를 구성하는 지방 의회 의원은 주민의 직접 선거를 통해 선출되며, 임기는 4년이다.

구분	지방 의회(의결 기관)	지방 자치 단체장(집행 기관)
역할	• 조례 제정 • 예산안 심의 및 확정 • 지방 자치 단체의 행정 업무 감사	• 규칙 제정 • 지방의 각종 사무 처리 • 지역의 재산 관리 및 예산 집행

지방 자치 단체장은 지역의 살림살이 계획인 예산안을 지방 의회에 제출한다.

집중 탐구 지방 자치 단체의 구성

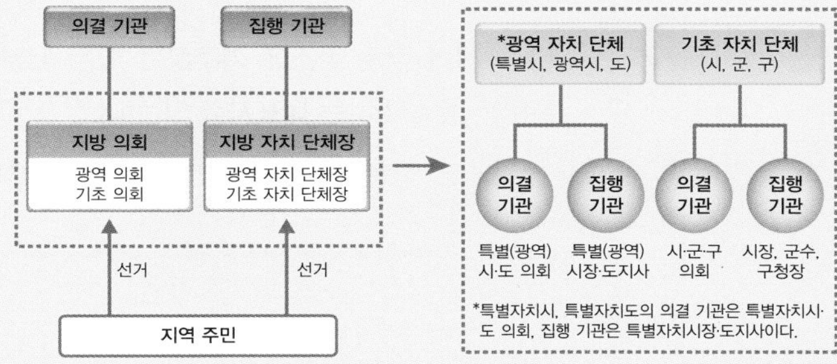

우리나라의 지방 자치 단체는 광역 자치 단체와 기초 자치 단체로 구분되며, 각 지방 자치 단체는 의결 기관인 지방 의회와 집행 기관인 지방 자치 단체장으로 구성된다.

예를 들어 대전광역시 유성구에 거주할 경우, 그 지역의 광역 자치 단체는 대전광역시이고, 기초 자치 단체는 유성구가 된다. 대전광역시의 의결 기관은 대전광역시 의회, 집행 기관은 대전광역시장이고, 유성구의 의결 기관은 유성구 의회, 집행 기관은 유성구청장이다.

3 지역 사회의 문제 해결

(1) 주민의 다양한 정치 참여 방법

지방 선거는 지역 주민이 지방 자치에 참여하는 가장 기본적인 방법이다.

① 지방 선거 : 지방 의회 의원과 지방 자치 단체장을 선출하는 과정

② 주민 투표 : 지역 사회의 주요 현안에 대하여 주민이 직접 투표로 결정하는 제도

③ 주민 발의 : 주민이 직접 조례안을 작성하여 지방 의회에 제출할 수 있는 제도

④ 주민 소환 : 직무를 잘 수행하지 못한 지역 대표를 임기 중에 주민 투표로 해임할 수 있는 제도

⑤ 주민 감사 청구 : 주민이 특정 행정 기관에 대해 감사를 해 달라고 청구하는 제도

⑥ 주민 참여 예산제 : 자치 단체의 예산 편성 과정에 주민이 직접 참여하는 제도

⑦ 주민 청원 : 지방 자치 단체에 지역 사회의 문제를 해결해 달라고 서면으로 요구할 수 있는 제도

⑧ 기타 : 공청회 참석, 행정 기관에 민원 제기, 서명 참여 등

(2) 주민 참여의 중요성 : 주민의 복리 증진과 지역 발전을 위한 지방 자치가 성공적으로 실현하기 위해서는 주민의 적극적인 참여가 필요함

+ 조례 지방 의회가 법률과 명령의 범위 내에서 그 지방의 사무에 관해 제정하는 자치 법규

+ 규칙 지방 자치 단체장이 법령과 조례의 범위 내에서 그 권한에 대해 제정하는 자치 법규

+ 심의 어떤 안건을 자세히 조사하고 논의하여 결정하는 것

+ 해임 어떤 지위나 맡은 임무를 그만두게 하는 것

+ 감사 법적 권한이 있는 기관이 단체나 조직의 업무 상황을 감독하고 조사하는 일

+ 공청회 어떤 정책을 결정하기 전에 해당 분야의 전문가와 이해관계자들의 의견을 듣는 공개 회의

정답과 해설 • 62쪽

01 빈칸에 들어갈 알맞은 개념을 쓰시오.

중앙 정부가 각 지역에서 일어나는 모든 일을 파악하여 지역 주민의 요구를 수렴하는 것은 어려운 일이다. 주민 생활과 밀접한 지역 문제는 그 지역의 실정을 잘 아는 지역 주민이 스스로 해결하는 것이 가장 바람직하다. 따라서 지역 주민이 지방 정부를 구성하여 그 지역의 일을 스스로 처리하도록 하는데, 이러한 제도를 (　　　)(이)라고 한다.

02 다음 설명이 맞으면 ○표, 틀리면 ×표 하시오.

(1) 지방 자치 제도는 지역 주민의 복리 증진을 목표로 한다. ( )

(2) 지방 자치 제도는 지역 주민이 정치에 참여할 기회를 확대한다. ( )

(3) 우리나라에서는 지방 선거를 통해 지방 의회 의원과 지방 자치 단체장을 선출한다. ( )

03 광역 자치 단체의 의결 기관에 해당하는 것을 〈보기〉에서 있는 대로 고르시오.

보기

ㄱ. 중구 의회　　ㄴ. 강원도 의회
ㄷ. 가평군 군수　　ㄹ. 동래구 구청장
ㅁ. 서울특별시 시장　　ㅂ. 대전광역시 의회

04 괄호 안의 내용 중 알맞은 말에 ○표 하시오.

(1) 지방 자치 제도는 국가 권력이 중앙 정부에 집중되는 것을 막아 (권력 분립, 입헌주의)의 원리를 실현할 수 있다.

(2) 우리나라의 시, 군, 구는 (광역 자치 단체, 기초 자치 단체)에 속한다.

(3) 지방 의원과 지방 자치 단체장은 (4년, 5년)에 한 번씩 실시되는 지방 선거로 선출된다.

(4) 지방 의회는 지역 주민의 의견을 바탕으로 지역에 필요한 자치 법규인 (조례, 규칙)(을)를 제정하거나 개정한다.

05 서로 관련 있는 것끼리 바르게 연결하시오.

(1) 지방 의회 •　　　　• ㉠ 의결 기관
(2) 지방 자치 단체장 •　　• ㉡ 집행 기관
• ㉢ 규칙 제정
• ㉣ 조례 제정
• ㉤ 예산 집행
• ㉥ 예산 심의

06 다음과 같은 주소에 거주하고 있는 유권자가 지방 선거를 통해 선출해야 하는 대표자를 있는 대로 쓰시오.

전라남도 담양군 담양읍 ○○로 △△

07 다음 설명에 해당하는 제도를 〈보기〉에서 고르시오.

보기

ㄱ. 주민 투표　　ㄴ. 지방 선거
ㄷ. 주민 발의　　ㄹ. 주민 청원

(1) 지역 주민이 지방 자치에 참여하는 가장 기본적인 방법이다. ( )

(2) 주민이 직접 조례안을 작성하여 지방 의회에 제출할 수 있는 제도이다. ( )

(3) 지역 사회의 주요 현안에 대하여 주민이 직접 투표로 결정하는 제도이다. ( )

(4) 주민이 지역 행정에 관한 요구 사항이나 개선 사항을 문서로 요구하는 것이다. ( )

08 다음 글이 설명하는 주민 참여 제도를 쓰시오.

지방 자치 단체장이나 지방 의회 의원이 주민의 의사에 반하거나 직무를 잘 수행하지 못했을 때 주민 투표를 통해 지역의 공직자를 해임시킬 수 있는 제도이다.

정답과 해설 • 62쪽

중요

01 다음과 같이 표현되는 제도에 대한 옳은 설명을 〈보기〉에서 고른 것은?

• 풀뿌리 민주주의　　• 민주주의의 학교

보기
ㄱ. 지역 주민의 복리 증진을 목적으로 한다.
ㄴ. 중앙 정부가 적극적으로 개입해야 제대로 시행될 수 있다.
ㄷ. 지역 실정에 맞는 정책을 결정하고 집행하는 데 기여한다.
ㄹ. 지방 자치 단체장이 임명한 지방 의회 의원으로 구성된다.

① ㄱ, ㄴ　② ㄱ, ㄷ　③ ㄴ, ㄷ
④ ㄴ, ㄹ　⑤ ㄷ, ㄹ

02 밑줄 친 부분에 들어갈 내용으로 적절한 것을 〈보기〉에서 고른 것은?

선생님, 지방 자치 제도를 실시하는 이유를 알려주세요.
＿＿＿＿＿ 때문에 지역 주민이 지역의 일을 처리하는 것이 바람직해요.

보기
ㄱ. 지역 실정에 따라 해결해야 할 문제가 다르기
ㄴ. 위로부터 아래로의 의사 결정 방식이 바람직하기
ㄷ. 중앙 정부가 각 지역의 구체적인 상황을 파악할 수 없기
ㄹ. 일반 시민이 정치에 참여할 수 있는 유일한 방법이기

① ㄱ, ㄴ　② ㄱ, ㄷ　③ ㄴ, ㄷ
④ ㄴ, ㄹ　⑤ ㄷ, ㄹ

03 지방 자치 제도를 실현하기 위한 조건을 〈보기〉에서 고른 것은?

보기
ㄱ. 중앙 정부의 재정에 의존한다.
ㄴ. 대통령이 지방 자치 단체의 장을 임명한다.
ㄷ. 주민이 지역 문제에 관심을 가지고 자발적으로 참여한다.
ㄹ. 지방 정부가 지역의 문제를 스스로 결정할 수 있는 권한을 가진다.

① ㄱ, ㄴ　② ㄱ, ㄷ　③ ㄴ, ㄷ
④ ㄴ, ㄹ　⑤ ㄷ, ㄹ

[04~05] 자료를 보고 물음에 답하시오.

지방 자치 제도
• 의미 : 지역 주민이 ㉠ 지방 자치 단체를 구성하여 그 지역의 문제를 자율적으로 처리하는 제도
• 목적 : 주민의 복리 증진
• 의의 : ＿＿＿＿＿㉡＿＿＿＿＿

중요

04 밑줄 친 ㉠의 구성에 대한 옳은 설명을 〈보기〉에서 고른 것은?

보기
ㄱ. 지방 자치 단체장은 집행 기관이다.
ㄴ. 광역 자치 단체에는 시, 군, 구 등이 있다.
ㄷ. 지방 의회는 주민이 선출한 의원으로 구성된다.
ㄹ. 지역 대표를 선출하는 지방 선거는 5년마다 실시된다.

① ㄱ, ㄴ　② ㄱ, ㄷ　③ ㄴ, ㄷ
④ ㄴ, ㄹ　⑤ ㄷ, ㄹ

05 밑줄 친 ㉡에 들어갈 내용으로 적절하지 않은 것은?

① 민주주의의 실천
② 권력 분립의 원리 실현
③ 중앙 정부의 권한 강화
④ 지역 실정에 맞는 정치 실시
⑤ 주민의 정치 참여 기회 확대

06 다음 주소에 살고 있는 주민이 지방 선거를 통해 선출할 수 있는 지방 자치 단체장을 〈보기〉에서 고른 것은?

서울특별시 중구 ○○로 △△

보기
ㄱ. 중구청장
ㄴ. 서울특별시장
ㄷ. 중구 의회 의원
ㄹ. 서울특별시 의회 의원

① ㄱ, ㄴ ② ㄱ, ㄷ ③ ㄴ, ㄷ
④ ㄴ, ㄹ ⑤ ㄷ, ㄹ

07 자료의 ㉠, ㉡에 들어갈 기관으로 옳은 것은?

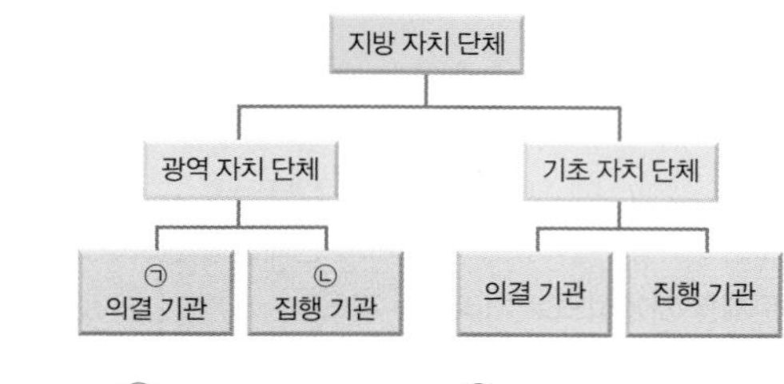

	㉠	㉡
①	□□군수	☆☆구청장
②	○○도지사	◇◇특별시 의회
③	☆☆구의회	△△광역시장
④	○○도의회	◇◇특별시장
⑤	△△광역시 의회	□□군 의회

중요
08 그림의 (가)에 해당하는 기관의 역할을 〈보기〉에서 고른 것은?

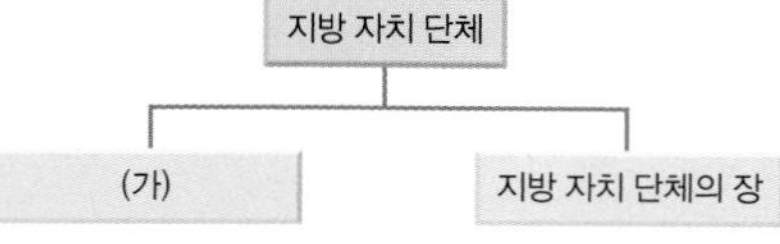

보기
ㄱ. 사무를 관리하고 집행한다.
ㄴ. 주요 정책이나 의사를 결정한다.
ㄷ. 지역의 재산을 관리하고 운영한다.
ㄹ. 법령의 범위 내에서 조례를 제정한다.

① ㄱ, ㄴ ② ㄱ, ㄷ ③ ㄴ, ㄷ
④ ㄴ, ㄹ ⑤ ㄷ, ㄹ

중요
09 밑줄 친 기관의 역할에 대한 설명으로 옳지 않은 것은?

우리나라의 지방 자치 단체는 지방 의회와 지방 자치 단체장으로 구성된다. 지역 주민은 선거를 통해 지방 의회를 구성하는 지방 의회 의원과 지방 자치 단체장을 직접 선출한다.

① 규칙을 제정한다.
② 예산을 집행한다.
③ 지역의 재산을 관리한다.
④ 지역의 행정 업무를 감사한다.
⑤ 지방의 각종 사무를 처리한다.

10 지방 자치 단체가 주민들의 의견을 수렴하는 방법으로 적절하지 않은 것은?

① 주민 설명회를 개최한다.
② 모든 정책을 주민 투표로 결정한다.
③ 지역 주민들을 상대로 여론 조사를 실시한다.
④ 민원 상담 센터와 전자 민원 창구를 운영한다.
⑤ 전문가와 이해 당사자, 지역 주민들을 공청회에 참석하게 한다.

11 사례에 나타난 지역 주민의 정치 참여 방법을 〈보기〉에서 고른 것은?

○○시가 △△지역 아파트 단지를 관통하는 경전철 사업을 추진한다고 밝혔다. 이에 △△지역 주민 4,171명은 ○○시 의회에 노선 변경을 요구하는 내용의 서면을 제출하였다. ○○시는 경전철 노선 변경의 찬반 의견을 주민들에게 직접 물어 과반수의 득표를 얻으면 노선을 변경할 계획이다.

보기
ㄱ. 주민 투표
ㄴ. 주민 발의
ㄷ. 주민 청원
ㄹ. 주민 소환

① ㄱ, ㄴ ② ㄱ, ㄷ ③ ㄴ, ㄷ
④ ㄴ, ㄹ ⑤ ㄷ, ㄹ

12 빈칸에 공통으로 들어갈 지역 주민의 정치 참여 방법으로 옳은 것은?

> ○○공항 건설을 추진하는 ○○군과 이를 반대하는 지역 주민 간의 갈등이 절정에 달했다. 주민들은 결국 군수를 해임하기 위해 (   )(을)를 청구하기에 이르렀다. 주민 대표는 (   )(을)를 청구하는 이유로 공항 유치로 인한 군민 행복 추구권과 재산권 침해, 소통 없는 행정으로 주민 갈등 유발, 홍보비 과다 지출에 따른 군민 혈세 낭비 등을 들었다.

① 지방 선거 ② 주민 발의
③ 주민 소환 ④ 주민 청원
⑤ 주민 감사 청구

13 밑줄 친 '제도'를 시행함에 따라 나타날 수 있는 효과로 적절하지 않은 것은?

> ○○구가 실시하고 있는 주민 참여 제도에 따라 주민은 자치 단체의 예산 편성 과정에 직접 참여할 수 있다. 이 제도에 따라 주민이 사업을 제안하면 구청의 관계 부서에서 그 제안에 대하여 실현 가능성을 검토한다. 이후 심사를 거쳐 최종적으로 주민 투표를 통해 사업 실시 여부를 결정한다.

① 주민의 이익과 행복이 증진될 것이다.
② 주민의 정치 참여가 활성화될 것이다.
③ 지역 문제에 대한 주민의 관심이 커질 것이다.
④ 정책 결정에 중앙 정부의 영향력이 커질 것이다.
⑤ 지역 실정에 맞는 적절한 정책이 집행될 것이다.

14 지역 주민의 바람직한 정치 참여 자세를 〈보기〉에서 고른 것은?

보기
ㄱ. 지방 자치 단체의 활동을 감시한다.
ㄴ. 지역의 정치 문제에 자발적으로 참여한다.
ㄷ. 자신의 권익을 실현하기 위해 정책을 직접 집행한다.
ㄹ. 이해관계가 다른 지역이나 중앙 정부와 대립적인 관계를 가진다.

① ㄱ, ㄴ ② ㄱ, ㄷ ③ ㄴ, ㄷ
④ ㄴ, ㄹ ⑤ ㄷ, ㄹ

서술형·논술형

서술형

01 밑줄 친 부분에 들어갈 내용을 지방 자치 단체장의 역할을 중심으로 세 가지만 서술하시오.

> 우리나라의 지방 자치 단체는 의결 기관인 지방 의회와 집행 기관인 지방 자치 단체장으로 구성된다. 지방 의회는 지역 상황에 맞는 정책을 결정하고, 법률과 명령의 범위 안에서 조례를 제정한다. 또한 예산을 심의하여 확정하고, 지방 자치 단체의 행정 업무에 대한 감사를 진행한다. 지방 자치 단체장은 ______________________

논술형

02 다음 글에 나타난 지역 사회의 문제를 해결하기 위해 청소년들이 실시할 수 있는 정치 참여 방법을 300자 내외로 논술하시오.

> ○○중학교 앞 거리는 항상 지나가는 사람들이 버린 쓰레기로 지저분하다. 쓰레기 무단 투기 금지를 알리는 표지판이 설치되어 있지만 과자 봉지, 음료수 캔, 비닐봉투 등 생활 쓰레기가 넘쳐나고 있다. 이렇게 학교 주변에 쌓여 있는 쓰레기가 거리의 미관을 해칠 뿐 아니라 악취도 발생시키고 있어 등하교 학생들이 큰 불편을 겪고 있다.

대단원 마무리

01 정치 과정의 단계 중 (가)에 해당하는 내용을 나타내는 신문 기사 제목으로 가장 적절한 것은?

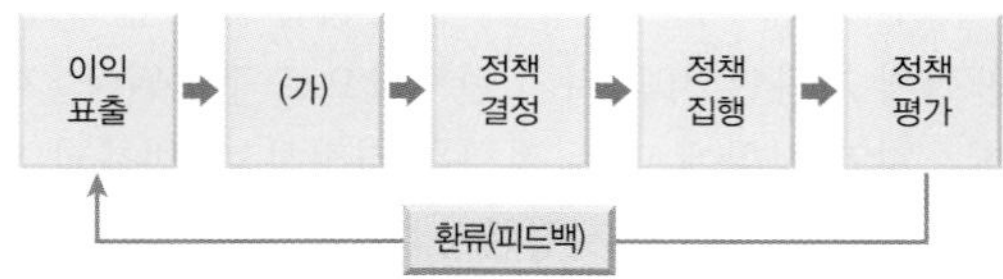

① 장애인 복지를 위한 정당별 공약 발표
② 도·농 간 지역 불균형 해소 위한 법률 제정
③ 오늘부터 공공장소에서 금연 구역 확대 시행
④ 시민 단체, 철도 민영화 반대를 위한 집회 열어
⑤ 정부, 물가 안정을 위한 등록금 상한제 실시하기로

02 (가)~(마)에 대한 설명으로 옳지 <u>않은</u> 것은?

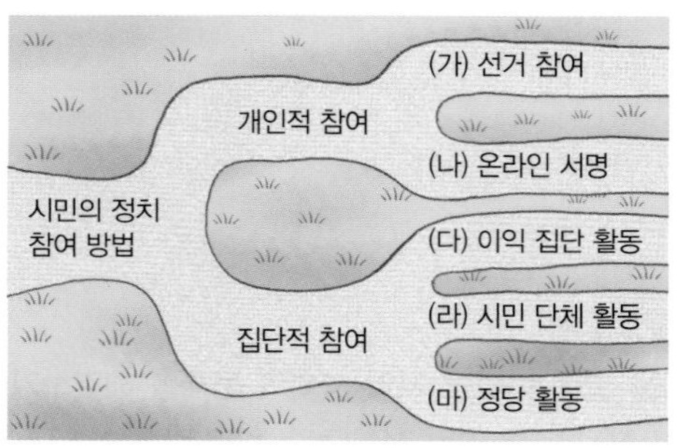

① (가)는 정치 과정에 참여하는 가장 기본적인 방법이다.
② (나)는 인터넷의 발달에 따라 가능해진 참여 방법이다.
③ (다)를 통해 자신의 전문성을 바탕으로 정책 결정에 도움을 줄 수 있다.
④ (라)는 (다), (마)와 달리 자기 집단의 특수한 이익을 추구한다.
⑤ (마)를 통해 정치에 관한 의견이나 입장을 표현할 수 있다.

| 서술형

03 다음과 같은 정치 주체가 무엇인지 쓰고, 이 정치 주체가 정치 과정에 미치는 영향을 긍정적 측면과 부정적 측면으로 나누어 서술하시오.

• 대한 의사 협회 • 전국 경제인 연합회

04 그림은 어떤 정치 주체의 누리집이다. 이 정치 주체에 대한 설명으로 옳은 것은?

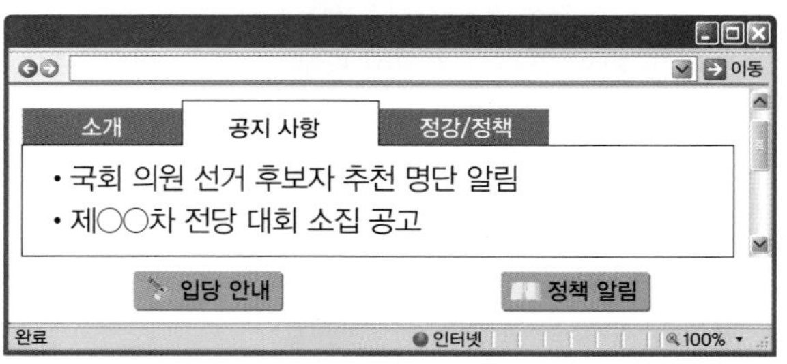

① 국민의 대표 기관이다.
② 공익보다 사익을 추구한다.
③ 정권 획득을 목적으로 한다.
④ 정책을 결정할 수 있는 공식적인 권한이 있다.
⑤ 선거를 공정하게 관리하기 위한 독립적인 국가 기관이다.

05 정치 주체 A, B의 특징에 대한 설명으로 가장 적절한 것은?

> 현대 민주주의 국가에서는 다양한 정치 주체가 정치 과정에 영향력을 행사하고 있다. A는 정치적인 견해를 같이하는 사람들이 정권 획득을 위해 만든 집단이다. B는 공익 실현을 위해 시민들이 자발적으로 결성한 단체이다.

① A는 사익을 실현하기 위해 노력한다.
② B는 국가 기관이 하는 일을 감시·비판한다.
③ A는 B와 달리 정치적 책임을 지지 않는다.
④ B는 A와 달리 선거에 후보자를 추천한다.
⑤ A, B는 모두 정책 결정에 공식적으로 참여할 수 있다.

06 자료에 나타난 선거에 대한 설명으로 옳은 것은?

> 2016년 4월 13일은
> 제20대 국회의원 선거 일입니다.

① 5년마다 실시된다.
② 간접 선거로 진행된다.
③ 행정부 수반을 선출하는 선거이다.
④ 선출되는 대표자는 입법부를 구성한다.
⑤ 연령에 상관없이 국민이라면 누구나 참여할 수 있다.

서술형

07 다음 내용에 해당하는 개념을 쓰고, 그 기능을 두 가지만 서술하시오.

> 오늘날 시민의 가장 기본적인 정치 참여 통로로서 대의 민주주의를 유지하고 발전시키는 데 중요한 역할을 한다.

08 자료는 사회 수업 시간에 학생이 작성한 마인드맵이다. 이에 대한 설명으로 옳지 않은 것은?

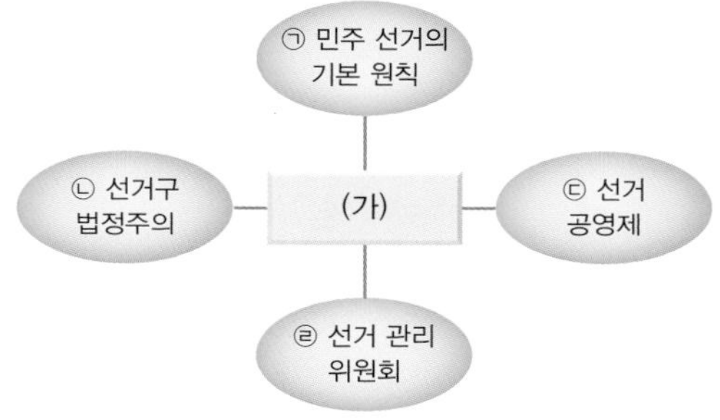

① (가)에는 '공정한 선거'가 들어갈 수 있다.
② ㉠에는 보통 · 평등 · 직접 · 비밀 선거가 있다.
③ ㉡은 선거구를 임의로 조정하는 것을 막기 위한 제도이다.
④ ㉢은 후보자들에게 선거 운동의 기회를 균등하게 보장한다.
⑤ ㉣은 ㉡을 위해 법률을 제정하거나 개정한다.

09 선거구 법정주의에 대한 설명으로 옳지 않은 것은?

① 게리맨더링을 방지하고자 한다.
② 선거구의 공정한 분할을 위한 제도이다.
③ 국민들의 의사가 왜곡될 가능성을 낮춰 준다.
④ 보통 선거의 원칙을 보장하는 것을 목적으로 한다.
⑤ 선거구별로 유권자의 수가 지나치게 차이가 나지 않게 하는 것이 원칙이다.

10 밑줄 친 ㉠~㉤ 중 옳지 않은 것은?

> ㉠ 지역 주민이 지방 자치 단체를 구성하여 그 지역의 일을 처리하는 제도를 지방 자치 제도라고 한다. ㉡ 지방 자치 제도는 권력 분립의 원리와 민주주의의 이념을 실현한다. 또한 ㉢ 주민이 정치에 참여할 수 있는 기회를 확대한다. 지방 자치 제도가 제대로 이루어지려면 ㉣ 지역의 문제를 중앙 정부가 결정할 수 있어야 하고, ㉤ 지방 정부가 재정적으로 자립할 수 있어야 한다.

① ㉠　② ㉡　③ ㉢　④ ㉣　⑤ ㉤

11 (가), (나)에 대한 설명으로 옳은 것은?

① (가)는 규칙을 제정한다.
② (가)는 지방 자치 단체장이다.
③ (나)의 임기는 3년이다.
④ (나)는 지역의 재산을 관리한다.
⑤ (가)는 (나)에 예산안을 제출한다.

12 주민이 지역 사회의 정치 과정에 참여할 수 있는 방법을 〈보기〉에서 고른 것은?

보기

ㄱ. 지역 문제를 해결하기 위한 정책을 집행할 수 있다.
ㄴ. 지방 자치 단체의 업무와 관련하여 감사를 청구할 수 있다.
ㄷ. 지방 자치 단체의 장이 제출한 예산안을 심의 · 확정할 수 있다.
ㄹ. 지역 사회의 주요 현안에 대한 의견을 묻는 주민 투표에 참여할 수 있다.

① ㄱ, ㄴ　② ㄱ, ㄷ　③ ㄴ, ㄷ
④ ㄴ, ㄹ　⑤ ㄷ, ㄹ

수행 평가 미리보기

● 선생님의 출제 의도 **모의 선거를 통해 실제 선거가 이루어지는 과정을 체험하기**

선거는 '민주주의의 꽃'이라고 불릴 만큼 민주 정치의 성패를 좌우하는 중요한 열쇠입니다. 대의 민주주의에서 선거를 통해 어떤 사람이 국민의 대표로 선출되느냐에 따라 정책이나 사회의 발전 방향이 달라지기 때문입니다. 따라서 시민이라면 정치 과정에 참여하는 가장 기본적인 통로인 선거에 반드시 참여하여 자신의 의사를 표현해야 합니다. 이에 미래의 유권자인 학생들이 대의 민주주의를 유지하고 발전시키는 데 선거가 중요하다는 것을 이해하고, 공정한 선거가 이루어지기 위해 필요한 제도를 탐구할 필요가 있습니다. 학교에서는 모의 선거를 통해 실제 선거가 이루어지는 과정을 체험할 수 있는 수행 평가가 출제될 수 있습니다.

수행 평가 문제

모둠별로 선거에 출마하기 위한 후보자를 추천하여 실제 선거 과정을 체험해 봅시다.

A. 활동 계획 세우기

1 모둠별로 선거 후보자를 추천하고, 선거 공약을 작성한다.
2 민주 선거의 기본 원칙을 바탕으로 모의 선거를 실시한다.

B. 활동 단계

1단계 모둠별로 정당을 조직하고, 선거 후보자를 추천한다.
2단계 모둠 토의를 통해서 학급 또는 학교 문제를 해결할 수 있는 선거 공약을 작성하고, 선거 공보를 제작한다.
3단계 모둠별로 공약을 효과적으로 전달할 수 있는 선거 유세 활동을 실시한다.
4단계 투표 절차에 따라 학생들이 선거에 참여한다.
5단계 학생들이 후보자를 선택한 기준에 대해 발표한다.

C. 활동 준비

○ 수행 평가 활동에 필요한 핵심 내용인 민주 선거의 원칙과 선거 공영제를 파악하고 있는지 알아보기

민주 선거의 원칙	• 보통 선거 : 일정한 연령에 달한 모든 국민에게 선거권을 부여한다는 원칙 • 평등 선거 : 모든 유권자는 동등한 가치의 투표권을 행사할 수 있다는 원칙 • 직접 선거 : 선거권을 가진 사람이 직접 투표소에 나가 대표자를 선출해야 한다는 원칙 • 비밀 선거 : 유권자가 누구에게 투표했는지 다른 사람이 알지 못하도록 비밀을 보장하는 원칙
선거 공영제	• 의미 : 국가 기관에서 선거의 진행을 관리하고 선거 운동 비용의 일부를 부담하는 제도 • 목적 : 선거 운동의 과열과 부정 선거 방지, 후보자에게 선거 운동의 균등한 기회 보장

D. 활동하기

1 모둠별로 정당을 구성하여 선거에 출마할 후보자를 추천하고, 선거 공약을 작성하기

예시)

○ 우리 모둠이 구성한 정당 이름 : 시민당

○ 추천 후보자(이름) : 강○○

– 선정 이유 : 자신이 맡은 일을 책임감 있고 성실하게 완수하며 리더십이 강하고 교우 관계가 두터워 후보자의 자질을 충분히 가졌기 때문이다.

○ 학급 또는 학교 문제를 해결하기 위한 선거 공약(3가지)

학급 또는 학교 문제		문제 해결을 위한 선거 공약
급우 간 갈등 문제	▷	급우 간에 친해지도록 한 달에 한 번 마니또 게임을 실시하겠습니다.
쓰레기 무단 투기	▷	모든 학생에게 미니 쓰레기 주머니를 주어 무단 투기를 줄이겠습니다.
욕설 사용	▷	고운말을 사용하는 학생을 선정하여 선물을 주는 제도를 만들겠습니다.

2 모둠 토의를 통해 공약을 효과적으로 전달할 수 있는 선거 유세 방법을 찾기

예시)

○ 우리 모둠이 선정한 선거 유세 방법 : 학생들에게 익숙한 가요의 가사를 후보자와 선거 공약을 알리는 내용으로 개사하여 간단한 동작과 함께 부르기

○ 공약을 효과적으로 전달하기 위해 필요한 준비물 : 팻말, 선거 홍보 전단지, 배경 음악 음원, 미니 확성기 등

채점 기준

평가 영역	채점 기준	배점
공약 작성 (문제 해결력)	모둠 토의를 통해 학급 및 학교에서 발생하는 문제 중 가장 시급하게 해결해야 할 것을 선정하여, 그 내용을 토대로 실현 가능한 공약을 만들었다.	상
	모둠 토의를 통해 학급 및 학교에서 발생하는 문제를 토대로 실현 가능한 공약을 만들었다.	중
	모둠 토의를 통해 학급 및 학교에서 발생하는 문제를 해결하기 위한 공약을 만들었다.	하
선거 참여 (비판적 사고력 및 의사 결정력)	모둠별로 내세운 공약을 분석적으로 평가하여 학급 대표가 되기에 적절한 자질을 가진 후보자를 제대로 선택하였다.	상
	모둠별로 내세운 공약을 평가하여 학급을 대표할 적절한 후보자를 제대로 선택하였다.	중
	모둠별 공약을 바탕으로 학급을 대표할 후보자를 선택하였다.	하
모둠원의 역할 수행 및 협력 (협업 능력)	모둠 활동의 전 과정에서 주어진 역할을 충실하게 이행하고, 모둠별 유세 활동에 적극적으로 참여하였다.	상
	모둠 활동에서 주어진 역할을 성실하게 수행하고, 모둠별 유세 활동에도 참여하였다.	중
	모둠 활동에서 주어진 역할에 따라 유세 활동에 참여하였다.	하

XI. 일상생활과 법

01
법의 의미와 목적

02
법의 유형과 특징

03
재판의 이해

01 법의 의미와 목적~
02 법의 유형과 특징

출제 포인트
- 법과 도덕 비교
- 법의 기능 파악
- 공법, 사법, 사회법의 구분

✚ 관혼상제
인간의 일생 중에서 중요하게 여긴 네 가지 예법인 관례, 혼례, 상례, 제례

✚ 교리
종교적인 원리나 이치를 말하는 것으로 각 종교에서 진리라고 규정한 내용

✚ 법과 도덕

구분	법	도덕
강제성	있음	없거나 약함
판단 기준	행위의 결과	양심과 동기
위반할 경우	국가에 의한 제재	양심의 가책, 사회적 비난

✚ 제재
법이나 규정을 어겼을 때 국가가 처벌이나 금지 등을 행하는 일

✚ 도로 교통법
도로에서 발생하는 위험을 방지하여 안전하고 원활한 교통질서를 확립하기 위해 제정된 법률

✚ 교육 기본법
교육에 관한 국민의 권리, 의무, 국가 및 지방 자치 단체의 책임, 교육 제도와 그 운영에 관한 기본적인 사항을 규정한 법

1 법의 의미와 특성

(1) 사회 규범의 의미와 종류

① 사회 규범 : 사회 구성원들이 지켜야 할 행동의 기준 → 사회 구성원 간의 갈등을 해결하고 사회 질서를 유지하기 위해 사회 규범이 필요하다.

② 사회 규범의 종류

구분	의미	사례
관습	한 사회에서 오랫동안 지켜져 내려온 행동 양식	의식주, 관혼상제 등
종교 규범	특정 종교에서 지키도록 정해 놓은 교리	십계명, 불경 등
도덕	인간이 마땅히 지켜야 할 도리	어른 공경, 효도 등
법	사회 구성원들의 합의에 따라 국가가 제정한 규범	도로 교통법, 교육 기본법 등

(2) 법의 특성

① 강제성 : 사회 구성원이 법을 지키지 않을 경우 국가에 의해 제재를 받음

② 명확성 : 법은 해야 할 일과 하지 말아야 할 일을 구체적으로 명확하게 규정하고 있음

Q & A

Q 비도덕적인 행위도 처벌할 수 있나요?

A 웃어른에게 인사를 하지 않거나 지하철에서 노약자에게 자리를 양보하지 않는다고 해서 처벌받지는 않는다. 하지만 최근 목숨이 위태로울 정도로 곤경에 처한 사람이 주변의 도움을 받지 못해서 안타깝게 사망하는 일이 종종 발생하고 있다. 이에 일부 국가에서는 '착한 사마리아인의 법'을 제정하여 위험에 빠진 사람에게 아무런 구호 조치를 하지 않는 도덕적인 행위를 법으로 처벌하고 있다. '착한 사마리아인의 법'이란 자신에게 특별한 위험이나 피해가 발생하는 것도 아닌데 어려움에 처한 사람을 구하지 않는 행위를 처벌하는 법을 말한다. 이 법의 명칭은 강도를 당해 길에 쓰러졌던 유대인을 사마리아인만이 구해 주었다는 이야기에서 유래되었다. 착한 사마리아인의 법에 찬성하는 사람들은 "법을 통해 위험에 빠진 사람들을 구할 수 있을 것이다."라고 말한다. 반면에 이 법에 반대하는 사람들은 "개인의 도덕적 영역까지 법이 침범하는 것은 개인의 자유를 침해하는 일이다."라고 주장한다.

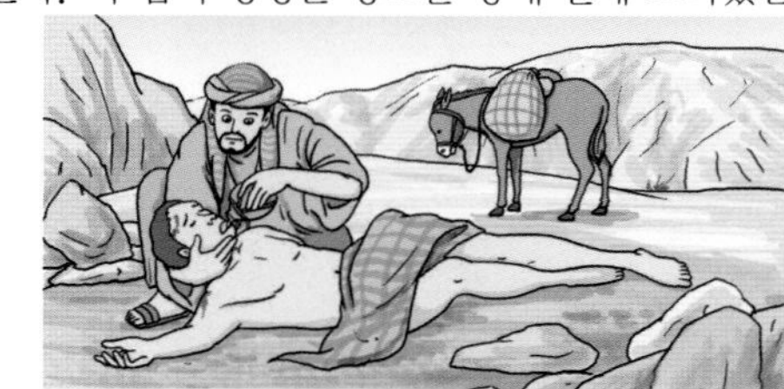

▲ 유대인을 구조해 주는 사마리아인

(3) 일상생활 속의 법

① 법은 판사, 검사, 변호사와 같은 법률 전문가들만의 영역이 아님

② 법은 생활 속에 깊이 스며들어 있어 우리의 일상생활과 밀접한 관계를 맺고 있음

- 도로 교통법 → 등하교할 때 횡단보도에서 안전하게 통행할 수 있음
- 교육 기본법 → 일정한 나이가 되면 학교에 입학하여 의무 교육을 받을 수 있음
- 학교 급식법 → 점심시간에 위생적이고 맛있는 급식을 먹을 수 있음

2 법의 필요성과 목적

(1) **법의 필요성**

① 분쟁의 예방과 갈등 해결 : 분쟁과 갈등을 해결하는 객관적이고 공정한 기준을 명확하게 규정하고 있음

② 개인의 권리 보호 : 개인이 가진 권리의 내용을 명확히 하고, 이를 침해하는 행위를 제재하고 있음

(2) **법의 목적** → 정의를 '같은 것은 같게, 다른 것은 다르게' 대우하는 것이라고도 설명할 수 있다.

① 정의 실현 : 모든 사람이 각자의 능력과 노력에 따라 정당하게 대우를 받는 것

② 공공복리 증진 : 사회 구성원 다수의 행복과 이익을 추구하는 것

더 알아보기 | 정의의 상징

정의를 나타내는 대표적인 상징물로는 정의의 여신상과 해태상이 있다. 일반적으로 정의의 여신상은 눈을 가리거나 감고 있으며, 한 손에는 저울을, 다른 한 손에는 칼을 들고 있다. 두 눈을 가린 것은 공정한 판단을 내리겠다는 뜻이며, 저울은 공평한 법의 판결을, 칼은 법을 엄격하게 집행하겠다는 강제성을 의미한다. 한편, 우리나라 대법원에 있는 정의의 여신상은 다른 나라와 달리 눈을 뜨고 있으며, 칼 대신 법전을 들고 있는 것이 특징이다. 눈을 뜨고 있는 이유는 진실만을 밝혀내겠다는 의지를 나타낸 것이고, 법전은 엄정한 법 집행을 의미한다. 해태는 선악을 구분하고 옳고 그름을 판단한다는 고전 속의 상상의 동물이다. 해태는 머리에 뿔이 하나 달려 있고, 겉모습은 소나 산양, 사슴 등을 닮았다. 중국의 한 문헌에는 재판석 앞에 세운 해태가 죄를 지은 사람에게로 가서 뿔로 들이받는다고 쓰여 있다. 이러한 이유로 해태는 동양에서 정의의 상징으로 여겨지며, 우리나라에서도 국회 의사당이나 검찰청 등 법의 제정과 집행에 관련된 기관 앞에 해태상을 세우고 있다.

▲ 서양의 정의의 여신상

▲ 우리나라의 정의의 여신상

▲ 해태상

3 법의 유형과 특징

법은 규율하는 생활 영역에 따라 공법, 사법, 사회법으로 구분된다.

(1) **공법** → 공법에는 병역법, 세법, 선거법 등도 있다.

① 의미 : 개인과 국가 또는 국가 기관 간의 공적인 생활 관계를 규율하는 법

② 종류 → 헌법은 한 나라의 최고법이다.

헌법	국민의 권리와 의무 및 국가의 통치 구조를 정해 놓은 법
형법	범죄의 유형과 그에 따른 형벌의 내용을 정해 놓은 법
행정법	행정 기관의 조직과 작용 및 구제에 관한 법
소송법	재판이 이루어지는 절차를 규정한 법 예 민사 소송법, 형사 소송법

(2) **사법**

① 의미 : 개인과 개인 사이의 사적인 생활 관계를 규율하는 법

② 종류

민법	개인 간의 가족 관계 및 재산 관계를 규율하는 법 → 민법의 주요 내용에는 재산권과 계약, 손해 배상, 약혼과 혼인, 친족, 유언, 상속 등이 있다.
상법	상거래와 관련된 경제생활 관계를 규율하는 법

+ 정의 실현과 공공복리 증진
- 정의 실현 사례 : 모든 국민에게 균등하게 교육의 기회를 부여하는 것, 능력에 따라 성과급을 지급하는 것 등
- 공공복리 증진 사례 : 공공장소에서 흡연을 규제하여 대다수 사람의 건강을 보호하는 것, 학교 주변에 유해 시설 설치를 금지하여 학생들의 교육 환경을 보호하는 것 등

+ 규율
규칙에 따라 행동하도록 다스리는 것

+ 형벌
국가가 범죄자에게 제재를 가하는 것으로 사형, 징역, 자격 상실, 벌금 등이 있음

+ 구제
자연적인 재해나 사회적인 피해를 당하여 어려운 처지에 있는 사람을 도와줌

+ 상법

상법 제23조 제①항 '누구든지 부정한 목적으로 타인의 영업으로 오인할 수 있는 상호를 사용하지 못한다.'에 따라 다른 가게로 오해할 수 있는 이름을 쓸 수 없다.

✚ 선거 참여와 관련된 법
헌법 제24조 모든 국민은 법률이 정하는 바에 의하여 선거권을 가진다.

✚ 결혼과 관련된 법
민법 제812조 ① 혼인은 「가족 관계의 등록 등에 관한 법률」에 정한 바에 의하여 신고함으로써 그 효력이 생긴다.

✚ 자본주의
이윤 획득을 위한 개인의 자유로운 경제 활동을 보장하는 경제 체제

✚ 최저 임금
근로자에게 그 아래로 지급해서는 안 된다고 정한 임금의 액수

✚ 사회법에 속한 법
- 근로 기준법 : 근로 조건의 기준을 정하여 노동자의 기본적 생활을 보장하고 향상시키며 국민 경제의 균형적인 발전을 위해 만들어진 법
- 노동조합 및 노동관계 조정법 : 노동자의 단결권, 단체 교섭권, 단체 행동권을 보장하고 노동관계를 공정하게 조정하고자 하는 법
- 독점 규제 및 공정 거래에 관한 법률 : 기업의 시장 독점과 횡포를 방지하고, 부당 공동 행위 및 불공정 거래를 규제하기 위해 제정된 법률
- 소비자 기본법 : 소비자의 권익을 보호하기 위한 국가 기관의 구성과 활동을 규정한 법
- 국민 기초 생활 보장법 : 생활이 어려운 사람에게 필요한 급여를 제공하여 이들의 최저 생활을 보장하고 자활을 돕기 위한 법
- 국민 연금법 : 노령, 장애, 사망 등으로 소득이 없을 때 기본적인 생활이 가능하도록 연금을 지급하기 위한 법

✚ 공장법
영국에서 공장 노동자들의 열악한 노동 조건을 개선하기 위하여 시행된 법률의 총칭

Q&A

Q 일상생활에서 공적인 생활 관계와 사적인 생활 관계는 어떻게 구분하나요?

A 국가에 세금을 내거나 선거에 참여하는 것과 같이 개인은 한 국가의 국민으로서 국가와 관련되는데, 이러한 것을 공적인 생활 관계라고 한다. 한편, 개인은 살아가면서 돈을 빌리거나 빌려주기도 하고 결혼을 하여 가족을 이루기도 한다. 이와 같이 개인이 여러 사람과 관련을 맺고 있는 것을 사적인 생활 관계라고 한다.

▲ 공적인 생활 관계

▲ 사적인 생활 관계

(3) 사회법

① 의미 : 개인 간의 생활 영역에 국가가 개입하여 사회·경제적 약자를 보호하기 위한 법 → 사법과 공법의 중간적 성격

② 등장 배경
- 근대 이후 자본주의의 발달로 인해 발생한 빈부 격차, 환경 오염, 노동 문제 등의 사회 문제가 심각해짐
- 사회·경제적 약자의 권리 침해 문제를 국가가 적극적으로 개입하여 해결해야 한다는 주장이 제기됨

③ 목적 : 사회·경제적 약자의 권리 보호 → 모든 국민의 최소한의 인간다운 삶 보장

④ 종류

구분	내용
노동법	• 의미 : 노동자의 권리를 보호하기 위한 법 • 종류 : 근로 기준법, 노동조합 및 노동관계 조정법, 남녀 고용 평등법, 최저 임금법 등
경제법	• 의미 : 공정한 경제 질서를 유지하고 소비자의 권익을 보호하는 법 • 종류 : 독점 규제 및 공정 거래에 관한 법률, 소비자 기본법 등
사회 보장법	• 의미 : 모든 국민의 기본적인 생활을 보장하는 법 • 종류 : 국민 기초 생활 보장법, 국민 연금법, 국민 건강 보험법, 장애인 복지법 등

더 알아보기 사회법의 등장 배경

근대 시민 사회에서는 국가가 사적 생활 영역에 개입하는 것을 최소화하고 개인의 자유와 권리를 최대한 보장하였다. 그러나 산업 혁명 이후 자본주의가 발달하면서 빈부 격차, 노동 착취 등 여러 가지 사회 문제가 발생하였고, 최소한의 인간다운 생활조차 누리기 어려운 사람들이 많아졌다. 심지어 학교에 다녀야 할 아이들이 열악한 환경의 공장이나 광산에서 심한 노동에 시달려야 했다. 산업 혁명으로 기계를 이용한 대량 생산이 가능해지자 숙련된 성인 노동자에 비해 임금이 낮았던 아동 노동자가 근로 현장에서 많이 활용되었기 때문이다. 어린 아이들은 열악한 환경에서 장시간 노동을 하면서도 그에 대한 정당한 대가를 받지 못했다. 이에 1802년 영국에서는 아동의 근로 조건을 개선하기 위한 공장법이 제정되었고, 이 법은 오늘날의 사회법으로 발전하였다.

▲ 산업화 시기의 아동 노동

▲ 광산 노동자

개념 다지기

정답과 해설 • 65쪽

01 서로 관련 있는 것끼리 바르게 연결하시오.

(1) 법 • • ㉠ 오랫동안 지켜 내려온 질서나 풍습

(2) 도덕 • • ㉡ 양심에 따라 지켜야 할 행동의 기준

(3) 관습 • • ㉢ 구성원들의 합의에 따라 국가가 제정한 규범

(4) 종교 규범 • • ㉣ 특정 종교에서 지키도록 정해 놓은 계율이나 의식

02 다음 설명이 맞으면 ○표, 틀리면 ×표를 하시오.

(1) 법은 인간 내면의 양심이나 동기를 중요시한다. ( )

(2) 법은 판사, 검사, 변호사 등과 같은 법률 전문가들만의 영역이다. ( )

(3) 법은 사람들이 해야 할 것과 하지 말아야 할 것을 명확하게 규정한다. ( )

03 빈칸에 들어갈 알맞은 말을 쓰시오.

(1) 모든 사회 구성원이 따라야 할 행동의 기준을 ( )(이)라고 한다.

(2) 법은 사회 구성원 간의 분쟁을 해결하여 ( )(을)를 유지한다.

(3) 법은 ( )을(를) 증진하는 것을 목적으로 하기 때문에 국민 다수의 행복과 이익을 추구한다.

(4) ( )(이)란 모든 사람에게 각자 받아야 할 정당한 몫을 주는 것이다.

(5) 법은 규율하는 생활 영역에 따라 공법, 사법, ( )으로 구분한다.

04 괄호 안의 내용 중 알맞은 말에 ○표 하시오.

(1) (도덕, 법)은 다른 사회 규범과 달리 강제성을 가지고 있다.

(2) (헌법, 형법)은 범죄의 종류와 형벌에 관하여 규정한 법이다.

(3) 사회법은 (공법, 사법) 영역에 국가가 개입하여 새롭게 등장한 법이다.

05 밑줄 친 부분을 바르게 고쳐 쓰시오.

(1) 정의의 여신상이 들고 있는 칼은 법의 <u>명확성</u>을 의미한다.

(2) 개인과 국가, 국가 기관 사이에 일어나는 일을 규정하는 법을 <u>사법</u>이라고 한다.

(3) <u>상법</u>은 개인의 가족 및 재산 관계를 규정하는 대표적인 사법이다.

06 다음 설명이 공법에 해당하면 '공', 사법에 해당하면 '사'라고 쓰시오.

(1) 민법과 상법 등이 있다. ( )

(2) 대표적으로 헌법과 형법을 들 수 있다. ( )

(3) 개인 간에 일어나는 일을 규정하는 법이다. ( )

(4) 국가 공동체와 관련 있는 개인의 생활 영역을 규율한다. ( )

07 빈칸에 들어갈 법을 〈보기〉에서 고르시오.

보기

ㄱ. 헌법 ㄴ. 형법 ㄷ. 소송법 ㄹ. 행정법

(1) ( ) : 재판의 절차와 방법 규정

(2) ( ) : 범죄의 종류와 형벌의 정도 규정

(3) ( ) : 행정 기관의 조직과 작용 및 구제 규정

(4) ( ) : 국가의 통치 구조, 국민의 권리와 의무 규정

08 사회법 영역 중 사회 보장법에 해당하는 법을 〈보기〉에서 있는 대로 고르시오.

보기

ㄱ. 근로 기준법 ㄴ. 최저 임금법

ㄷ. 소비자 기본법 ㄹ. 장애인 복지법

ㅁ. 국민 건강 보험법 ㅂ. 국민 기초 생활 보장법

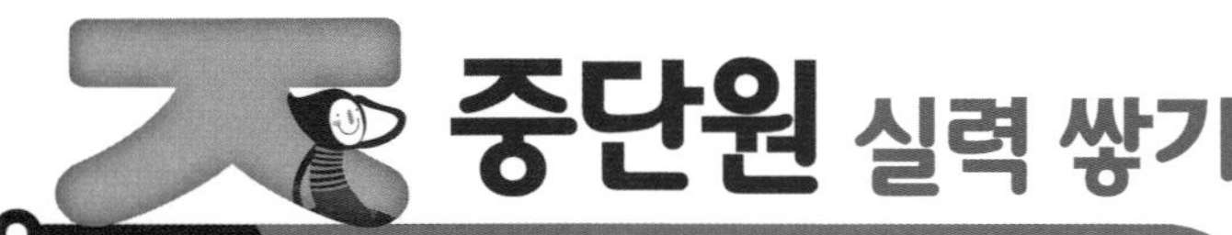

중단원 실력 쌓기

01 다음 규범들의 공통점에 대한 설명으로 옳은 것은?

• 법 • 도덕 • 관습 • 종교 규범

① 국가가 제정하여 강제성을 가진다.
② 위반할 경우 국가의 제재를 받는다.
③ 내면적 양심과 행위의 동기를 규율한다.
④ 양심에 따라 자율적으로 지키도록 하는 규범이다.
⑤ 사람들이 사회생활에서 지켜야 할 행동의 기준이다.

02 다음과 같은 사회 규범에 따라 행동하고 있는 사람은?

한 사회에서 오랜 세월 동안 지켜져 내려와 그 사회 구성원들이 널리 인정하는 질서나 풍습을 말한다.

① 일요일에 예배를 드리는 기독교인
② 아이가 태어나 출생 신고를 하는 부모
③ 신호등의 신호를 지켜 길을 건너는 학생
④ 명절날 고향을 방문하여 성묘를 하는 가족
⑤ 지하철에서 임신부에게 자리를 양보하는 젊은이

중요

03 (가), (나)의 사회 규범에 대한 옳은 설명을 〈보기〉에서 고른 것은?

(가) 어른을 공경해야 한다.
(나) 타인의 재물을 절취한 자는 6년 이하의 징역 또는 1천만 원 이하의 벌금에 처한다.

보기
ㄱ. (가)는 사회 규범 중 관습에 해당한다.
ㄴ. (나)는 겉으로 드러나는 행위의 결과를 중시한다.
ㄷ. (가)는 (나)에 비해 내용을 구체적이고 명확하게 규정한다.
ㄹ. (나)는 (가)와 달리 지키지 않으면 국가로부터 처벌을 받는다.

① ㄱ, ㄴ ② ㄱ, ㄷ ③ ㄴ, ㄷ
④ ㄴ, ㄹ ⑤ ㄷ, ㄹ

04 다음과 같은 사회 규범에 대한 설명으로 옳은 것은?

• 1주일 동안의 근로 시간은 휴게 시간을 제외하고 40시간을 초과할 수 없다.
• 사람을 살해한 자는 사형, 무기 징역 또는 5년 이상의 징역에 처한다.

① 자율성을 가진다.
② 인간의 내면을 규율한다.
③ 선의 실현을 목적으로 한다.
④ 위반할 경우 국가의 처벌을 받는다.
⑤ 행동의 결과보다 동기를 중요시한다.

05 밑줄 친 부분에 들어갈 내용으로 적절하지 <u>않은</u> 것은?

교사 : 일상생활과 관련된 법의 사례를 발표해 볼까요?
학생 : ____________________

① 아기가 태어나면 출생 신고를 해야 해요.
② 길을 건널 때에는 교통 신호를 지켜야 해요.
③ 운행 중인 자동차 안에서는 안전띠를 매야 해요.
④ 음악 파일을 다운로드할 때는 저작권료를 지불해야 해요.
⑤ 대중교통을 이용할 때 노약자에게 자리를 양보해야 해요.

06 그림에 나타나 있는 법률 조항에 대한 두 사람의 입장으로 적절하지 <u>않은</u> 것은?

① 갑은 착한 사마리아인 법 제정에 반대할 것이다.
② 갑은 도덕의 준수 여부를 개인의 자율에 맡겨야 한다고 생각한다.
③ 을은 도덕적인 행위를 법으로 강제할 수 있다고 주장한다.
④ 을은 일상생활에서 도덕보다 법이 우선되어야 한다는 입장이다.
⑤ 갑은 법과 도덕의 명확한 구분을, 을은 법과 도덕의 관련성을 강조한다.

07 다음 사례에 나타난 법의 기능으로 가장 적절한 것은?

> 주택 임대차 보호법에서는 경제적으로 불리한 위치에 있는 세입자의 안정적인 주거 생활을 위해 임대차 계약 기간을 2년간 보장하고 있다.

① 범죄 행위 처벌
② 국민의 생활 규제
③ 공권력의 통치 강화
④ 사회 · 경제적 약자의 권리 보호
⑤ 개인과 국가 기관 간의 분쟁 해결

중요
08 다음 내용을 실현한 사례로 적절하지 <u>않은</u> 것은?

> 모든 사람이 각자의 능력과 노력에 따라 정당하게 대우를 받는 것이다.

① 소득이 높은 사람에게 세금을 더 많이 내도록 한다.
② 범죄자에게 죄의 크기에 상관없이 똑같은 형벌을 내린다.
③ 주간 근무자보다 야간 근무자에게 월급을 더 주도록 한다.
④ 임신부는 야간 근무나 위험한 업무에 종사하지 않도록 한다.
⑤ 공공기관에 장애인이 이용할 수 있는 편의 시설을 설치한다.

09 법의 분류에 대한 설명으로 옳지 <u>않은</u> 것은?

① 공법 영역에는 헌법, 형법, 행정법, 소송법 등이 있다.
② 사법은 개인과 개인 사이의 사적인 생활 관계를 규율한다.
③ 규율하는 생활 영역에 따라 공법, 사법, 사회법으로 구분한다.
④ 사회법은 사법 영역에 국가가 개입하여 만들어진 법 영역이다.
⑤ 현대 복지 국가에서는 공법이나 사회법보다 사법이 더욱 중시되고 있다.

10 밑줄 친 ㉠~㉤ 중 공법의 규율을 받는 생활 모습에 해당하지 <u>않은</u> 것은?

> 20××. ××. ××
> 드디어 우리 집이 생겼다. 엄마, 아빠가 ㉠ <u>아파트를 구입하셨다</u>. 오늘은 국회 의원 선거가 있는 날이라서 부모님은 ㉡ <u>투표</u>하러 나가셨다. 나는 얼마 전 ㉢ <u>군대에 입대한</u> 오빠에게 위문편지를 썼다. 점심을 챙겨 먹은 후 친구 ○○와 문자를 주고받았는데 ○○는 길을 가다가 어떤 사람이 ㉣ <u>소매치기를 하는 것</u>을 보았다고 한다. 텔레비전을 보니까 그런 범죄자들은 법원에서 ㉤ <u>재판을 받고</u> 감옥에 갇히던데 ……. 범죄가 없는 세상이 왔으면 좋겠다.

① ㉠ ② ㉡ ③ ㉢ ④ ㉣ ⑤ ㉤

11 다음 법들의 공통점으로 가장 적절한 것은?

> • 헌법 • 형법 • 행정법 • 소송법

① 사법 영역에 속한다.
② 공적인 생활 관계를 규율한다.
③ 행정 기관의 조직과 작용 등을 다룬다.
④ 재판이 이루어지는 절차와 방법을 규정한다.
⑤ 범죄의 종류와 그에 따른 형벌의 정도를 정한다.

12 자료는 어떤 법 영역을 조사하기 위해서 수집한 것이다. ㉠의 법 영역에 대한 설명으로 옳은 것은?

(㉠)이 규율하는 생활 모습

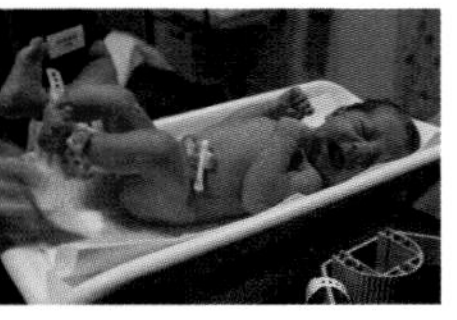

① 대표적으로 헌법과 형법이 있다.
② 개인 간에 일어나는 일을 규정한다.
③ 현대 복지 국가에서 그 중요성이 더욱 커지고 있다.
④ 국가나 공공 단체 등이 공권력을 행사하는 것과 관련된다.
⑤ 모든 국민의 최소한의 인간다운 삶을 보장하는 것을 목적으로 한다.

13 빈칸에 공통으로 들어갈 법으로 옳은 것은?

> 교사 : 공법 영역에 속하는 법에는 어떤 것이 있을까요?
> 학생 : 선생님, (　　　)이 있어요.
> 교사 : 맞아요. (　　　)은 범죄의 종류와 그에 따른 형벌의 정도를 규정하고 있어요.

① 헌법　② 형법　③ 병역법　④ 행정법　⑤ 소송법

14 빈칸 (가)에 들어갈 내용을 〈보기〉에서 있는 대로 고른 것은?

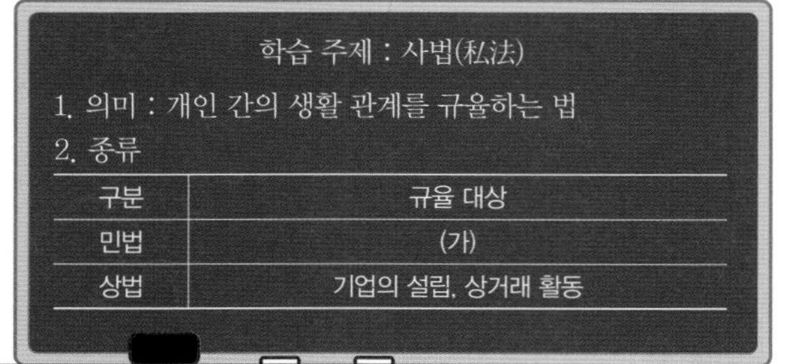

학습 주제 : 사법(私法)

1. 의미 : 개인 간의 생활 관계를 규율하는 법
2. 종류

구분	규율 대상
민법	(가)
상법	기업의 설립, 상거래 활동

〈보기〉
ㄱ. 손해 배상　ㄴ. 가족 관계
ㄷ. 재판의 절차　ㄹ. 재산권과 계약

① ㄱ, ㄷ　② ㄴ, ㄹ　③ ㄱ, ㄴ, ㄹ　④ ㄱ, ㄷ, ㄹ　⑤ ㄴ, ㄷ, ㄹ

중요
15 교사의 질문에 대한 답변으로 가장 적절한 것은?

법은 규율하는 생활 영역에 따라 A, B, C 세 카드에 있는 법 영역으로 구분됩니다. C 영역이 규율하는 생활 모습을 말해 보세요.

① 법원에 민사 소송을 제기하는 경우입니다.
② 강도를 당해 경찰에 신고하는 경우입니다.
③ 무역 회사를 설립하여 운영하는 경우입니다.
④ 국회 의원 선거일에 투표를 하는 경우입니다.
⑤ 토지에 부과된 재산세를 납부하는 경우입니다.

중요
16 다음 글의 (다)에 대한 설명으로 옳지 않은 것은?

> 법은 규율하는 생활 영역에 따라 (가)~(다)로 구분할 수 있다. (가)는 개인과 국가 간의 공적 생활 관계를 규율하는 법이고, (나)는 개인 간의 사적 생활 관계를 규율하는 법이다. 그리고 (다)는 (가)와 (나)의 중간적 성격을 가지는 법이다.

① 현대 복지 국가에서 강조되고 있다.
② 개인의 자유와 권리를 최대한 보장한다.
③ 사법 영역에 국가가 개입하여 등장하였다.
④ 사회 · 경제적 약자를 보호하기 위한 법이다.
⑤ 노동법, 경제법, 사회 보장법 등을 포함한다.

17 밑줄 친 부분에 들어갈 내용으로 적절하지 않은 것은?

> 교사 : 사회법은 근대 이전에는 존재하지 않았답니다. 그렇다면, 사회법이 등장하게 된 배경은 무엇일까요?
> 학생 : 사회법은 ______________________하기 위해 등장한 것입니다.

① 자본주의의 모순을 해소
② 사회 · 경제적 약자를 보호
③ 모든 국민의 최소한의 인간다운 삶을 보장
④ 산업 혁명 이후 나타난 여러 사회 문제를 해결
⑤ 국가가 개인의 사적인 생활 영역을 최대한 보호

18 다음 법 영역의 적용을 받는 경우를 〈보기〉에서 고른 것은?

> 개인과 개인 간의 사적인 생활 관계에 국가가 개입하여 사회 · 경제적 약자를 보호하기 위한 법 영역이다.

〈보기〉
ㄱ. 퇴근길에 집으로 가는 도중에 소매치기 당한 경우
ㄴ. 구입한 물건에 문제가 생겼는데도 환불받지 못한 경우
ㄷ. 부모님의 재산 상속과 관련하여 형제들 간에 분쟁이 생겼을 경우
ㄹ. 환풍기도 없는 작업장에서 하루에 15시간 이상 쉬지 않고 일한 경우

① ㄱ, ㄴ　② ㄱ, ㄷ　③ ㄴ, ㄷ　④ ㄴ, ㄹ　⑤ ㄷ, ㄹ

| 서술형

01 그림을 보고 물음에 답하시오.

(가)

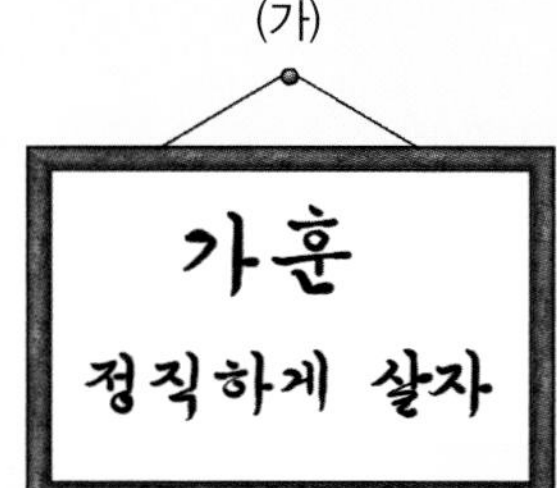
가훈
정직하게 살자

(나)

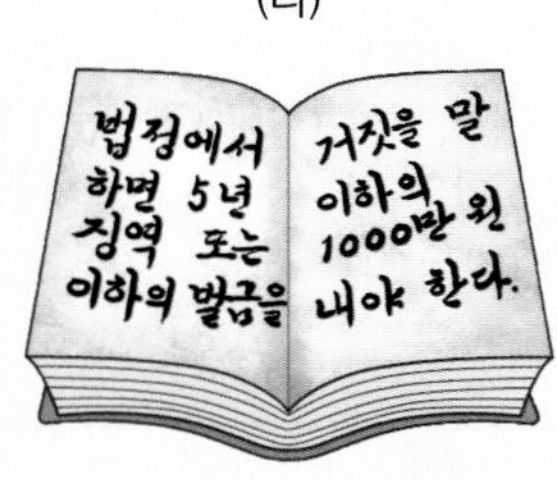
법정에서
하면 5년
징역 또는
이하의 벌금을
거짓을 말
이하의
1000만 원
내야 한다.

(1) 위의 그림 (가), (나)가 나타내는 사회 규범을 각각 쓰시오.

(2) (가), (나)의 차이점을 그 특징을 중심으로 두 가지만 서술하시오.

02 다음은 어떤 사람이 쓴 일기의 일부이다. 밑줄 친 내용을 공통적으로 규율하는 법을 쓰고, 그 의미를 서술하시오.

2010년 11월 3일
오늘 <u>혼인 신고</u>를 하였다. 이제 우리는 법률상으로 정식 부부가 되었다.

2012년 2월 23일
오랫동안 기다리던 우리 아기가 태어났다. 내일은 <u>출생 신고</u>를 해야겠다.

2017년 10월 26일
드디어 우리 집을 샀다. <u>소유권 이전 등기</u>를 하러 갔더니 작성해야 할 서류가 많았다.

| 논술형

03 빈칸 ㉠에 들어갈 법 영역과 ㉡에 들어갈 내용을 쓰고, ㉠의 등장 배경을 사진 자료를 토대로 200자 내외로 논술하시오.

(㉠)

1. 목적 : ㉡
2. 등장 배경

▲ 공장에서 일하는 아동 ▲ 열악한 환경의 노동자

재판의 이해

출제 포인트
• 재판의 종류
• 민사 재판과 형사 재판 내용
• 심급 제도의 내용과 목적

+ 소장
원고가 소송을 제기하기 위하여 법원에 제출하는 서류

+ 증인
소송 당사자가 아니면서 법원의 신문에 대하여 자신의 경험을 진술하는 사람

+ 신문
법원이나 기타 국가 기관이 어떤 사건에 관하여 증인, 당사자, 피고인 등에게 말로 물어 조사하는 일

+ 변론
원고와 피고가 재판 진행 과정에서 자신의 주장을 말하는 것

+ 고소와 고발

고소	범죄 피해자가 범죄 사실을 직접 신고하는 것
고발	제3자가 범죄 사실을 신고하는 것

+ 피의자
범죄 혐의가 있어서 수사를 받고 있지만 아직 공소가 제기되지 않은 사람

+ 공소 제기
검사가 형사 사건에 대해 법원에 재판을 청구하는 것으로 기소라고도 한다.

1 재판의 의미와 종류

(1) **재판의 의미와 기능** → 재판은 법적 분쟁을 해결하는 가장 대표적인 방법이다. 하지만 개인 간에 분쟁이나 문제가 생겼을 때 가장 바람직한 해결 방법은 사건 당사자들끼리 합의하는 것이다.

① 재판 : 법원이 공정하게 법을 적용하여 옳고 그름을 밝히는 과정

② 재판의 기능 : 분쟁 해결, 사회 질서 유지, 국민의 권리 보호, 정의 실현

(2) **재판의 종류** → 재판은 분쟁 또는 사건의 내용이나 성격에 따라 여러 종류로 나뉜다.

민사 재판	개인 간에 일어난 분쟁을 해결하기 위한 재판
형사 재판	범죄 유무를 판단하고 형벌 정도를 결정하는 재판
가사 재판	가족이나 친족 간의 다툼을 해결하기 위한 재판 → 이혼, 상속 등과 관련된 분쟁을 다룬다.
행정 재판	행정 기관이 국민의 권리를 침해하였는지 판단하는 재판
선거 재판	선거와 당선의 유·무효를 결정하는 재판
소년 보호 재판	소년의 범죄나 비행을 다루는 재판

→ 민사 재판은 돈을 빌리고 빌려주는 과정에서 일어난 다툼, 손해에 대한 배상과 같이 개인 사이에서 일어난 분쟁을 해결한다.

→ 형사 재판은 폭행, 절도 등의 범죄가 발생하였을 때 국가가 범죄의 유무와 형벌의 정도를 결정하는 재판이다.

(3) **재판의 참여자**

원고	민사 재판을 청구하는 사람
피고	민사 재판에서 소송을 제기당한 사람
검사	형사 재판을 청구하여 피고인의 처벌을 요구하는 사람
피고인	범죄 혐의가 있어 형사 재판을 받는 사람
변호사	민사 재판에서 원고나 피고의 편에 서서 법률적인 도움을 주는 사람
변호인	형사 재판에서 피고인의 편에 서서 법률적인 도움을 주는 사람
법관	재판에서 판결을 내리는 사람

2 민사 재판과 형사 재판의 절차

(1) **민사 재판의 절차** : 원고의 소장 제출 → 피고의 답변서 제출 → 소송 당사자 소환 → 원고와 피고의 증거 제출 → 원고와 피고의 변론 → 법관의 판결

피고의 잘못이 크니, 피고는 원고에게 피해 보상비 2백만 원을 지급하시오.

▲ 원고의 소장 제출 ▲ 증거 제출 ▲ 증인 신문 및 변론 ▲ 판결 선고

(2) **형사 재판의 절차** : 고소, 고발 → 피의자 수사 → 검사의 공소 제기 → 검사 측 신문 → 피고인 측 변론 → 법관의 판결

피고인 유죄!

▲ 고소, 고발 ▲ 검사의 기소 ▲ 검사 측 신문, 변호인 변론 ▲ 판결 선고

집중 탐구 민사 재판정과 형사 재판정

민사 재판정에는 소송을 제기한 원고와 소송을 제기당한 피고가 참여한다. 이외에도 원고와 피고의 편에서 법률적인 도움을 주는 변호사와 사건에 대해 자기가 경험한 사실을 진술하는 증인도 참여할 수 있다. 법정에서 판사는 원고와 피고의 주장을 듣고 누구의 주장이 옳은지, 책임이 누구에게 있는지 판결을 내린다. 한편, 형사 재판정에는 공소를 제기한 검사와 기소되어 재판을 받는 피고인이 참여한다. 이외에도 피고인의 편에서 법률적인 도움을 주는 변호인과 사건에 대해 자기가 경험한 사실을 진술하는 증인도 참여할 수 있다. 법정에서 판사는 검사의 진술과 증거 및 피고인의 변론을 토대로 피고인의 유무와 형벌의 정도에 대한 판결을 내린다.

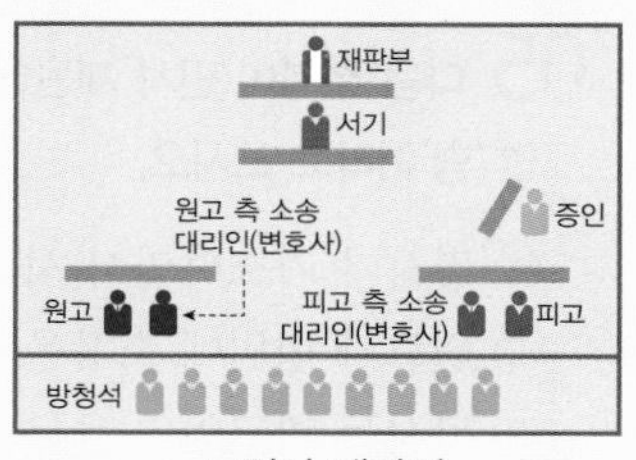

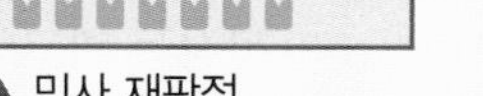

▲ 민사 재판정

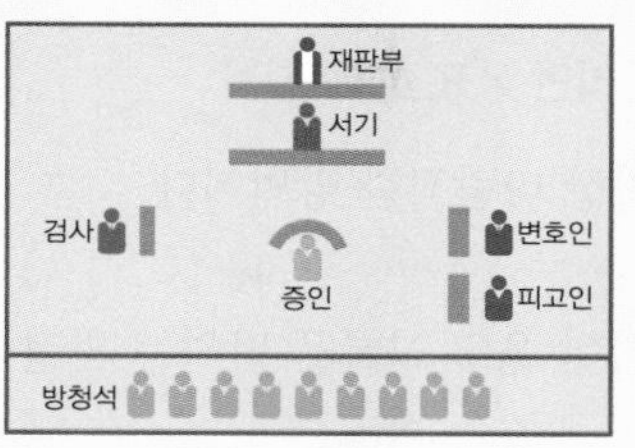

▲ 형사 재판정

3 공정한 재판을 위한 제도

(1) 사법권의 독립

① 의미 : 법원의 조직이나 운영을 다른 국가 기관으로부터 독립하여 외부의 간섭이나 압력을 받지 않도록 하는 것

② 실현 방법 : 재판의 독립, 법원의 독립, 법관의 신분 보장 등

(2) 공개 재판주의와 증거 재판주의

국가의 안전과 관련된 사건이나 재판받는 사람의 인권을 보호해야 하는 경우를 제외하고는 모든 재판은 공개되어야 한다.

공개 재판주의	재판의 과정과 결과를 일반인에게 공개해야 한다는 원칙
증거 재판주의	구체적인 증거를 바탕으로 판결을 해야 한다는 원칙

→ 형사 재판에서 다른 증거 없이 피고인의 자백만으로는 유죄 판결을 내릴 수 없다.

(3) 심급 제도

① 의미 : 법원에 급을 두어 한 사건에 대해 여러 번 재판을 받을 수 있게 하는 제도 → 3심제를 원칙으로 함

② 목적 : 법관의 잘못된 판결로 발생할 수 있는 피해의 최소화, 공정한 재판을 통한 국민의 자유와 권리 보호

③ 상소 : 재판 당사자가 하급 법원의 판결에 불만이 있을 경우 상급 법원에 다시 재판을 청구하는 것 → 판결에 불만이 있는 당사자라면 원고, 피고, 검사, 피고인 누구나 상소할 수 있다.

항소	1심 법원의 판결에 불복하여 2심을 청구하는 것
상고	2심 법원의 판결에 불복하여 3심을 청구하는 것

집중 탐구 심급 제도

우리나라의 재판 제도는 일반적으로 하나의 사건에 대해 세 번까지 재판을 받을 수 있는 3심제를 원칙으로 한다. 민사·형사 사건 중 판사 1명이 처리하는 단독 사건은 '지방 법원 및 지원 단독 판사 → 지방 법원 본원 합의부(항소부) → 대법원'의 순서로 심급 제도가 이루어진다. 한편, 판사 3명이 처리하는 합의 사건은 '지방 법원 및 지원 합의부 → 고등 법원 → 대법원'의 순서로 심급 제도가 이루어진다. 민사 재판에서 소송가액이 1억 원을 초과하는 사건과 형사 재판에서 1년 이상의 형에 해당하는 사건은 1심을 합의부에서 담당하고 그 이하면 단독부에서 맡도록 하고 있다.

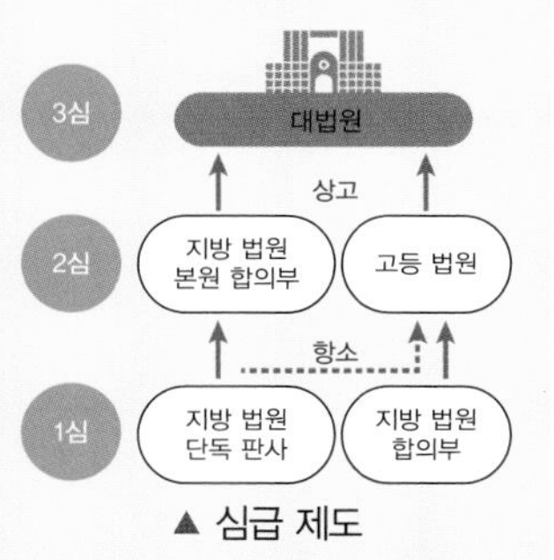

▲ 심급 제도

+ 국민 참여 재판 제도

우리나라에서는 일반 국민이 배심원으로 형사 재판에 참여할 수 있는 국민 참여 재판 제도가 실시되고 있다. 만 20세 이상의 국민으로 구성된 배심원은 피고인의 유·무죄 및 형량에 대한 의견을 제시할 수 있다. 법관은 배심원의 평결을 반드시 따라야 하는 것은 아니지만, 평결을 따르지 않을 경우에는 판결문에 그 이유를 반드시 밝혀야 한다.

+ 사법권의 독립을 규정한 헌법 조항

제101조 ① 사법권은 법관으로 구성된 법원에 속한다.
③ 법관의 자격은 법률로 정한다.
제103조 법관은 헌법과 법률에 의하여 그 양심에 따라 독립하여 심판한다.

+ 3심제

우리나라에서는 민사 재판, 형사 재판, 행정 재판, 가사 재판 등은 3심제로 실시되지만, 특허 재판은 2심제, 선거 재판은 단심제로 실시된다.

+ 불복

재판의 결과를 받아들이지 않는 것

정답과 해설 • 67쪽

01 다음 설명이 맞으면 ○표, 틀리면 ×표 하시오.

(1) 재판은 분쟁을 해결하는 가장 바람직한 방법이다. ( )

(2) 재판은 법원이 법을 적용하여 옳고 그름을 밝히는 과정이다. ( )

(3) 재판은 분쟁을 해결하여 사회 질서를 유지하고 국민의 인권을 보호한다. ( )

02 서로 관련 있는 것끼리 바르게 연결하시오.

(1) 민사 재판 • • ㉠ 가족이나 친족 간의 다툼 해결

(2) 형사 재판 • • ㉡ 범죄의 유무와 형벌의 정도를 결정

(3) 가사 재판 • • ㉢ 개인 간의 권리와 의무에 관한 분쟁 해결

(4) 행정 재판 • • ㉣ 행정 기관의 국민의 권리 침해 여부를 판단

03 다음과 같은 절차에 따라 진행되는 재판의 종류를 쓰시오.

(1) 고소, 고발 → 피의자 수사 → 검사의 공소 제기 → 검사의 진술 → 피고인 변론 → 법관의 판결

(2) 원고의 소장 제출 → 피고의 답변서 제출 → 원고와 피고의 증거 제출 → 증인 신문 및 변론 → 법관의 판결

04 다음 설명에 해당하는 재판의 참여자를 〈보기〉에서 고르시오.

보기

ㄱ. 원고 ㄴ. 검사 ㄷ. 판사
ㄹ. 피고 ㅁ. 피고인 ㅂ. 변호인

(1) 민사 소송을 당하는 사람 ( )

(2) 민사 소송을 제기하는 사람 ( )

(3) 재판에서 판결을 내리는 사람 ( )

(4) 범죄를 수사하고 공소를 제기하는 사람 ( )

(5) 형사 사건으로 기소되어 재판을 받는 사람 ( )

(6) 피고인의 편에서 법률적인 도움을 주는 사람 ( )

05 다음 설명이 민사 재판에 해당하면 '민', 형사 재판에 해당하면 '형'이라고 쓰시오.

(1) 검사가 기소하면서 시작된다. ( )

(2) 원고가 법원에 소장을 제출하면서 시작된다. ( )

(3) 판사는 피고인의 유무죄를 가린 후 형량을 결정한다. ( )

(4) 개인 간의 권리 또는 법률관계에 대한 다툼을 해결한다. ( )

06 괄호 안의 내용 중 알맞은 말에 ○표 하시오.

(1) 우리나라에서는 (민사 재판, 형사 재판)에 일반 국민이 배심원으로 참여할 수 있다.

(2) 형사 재판정에서 검사는 증거를 제시하면서 (피의자, 피고인)의 범죄 사실을 밝힌다.

(3) (공개 재판주의, 증거 재판주의)에 따라 재판의 과정과 결과를 일반인들도 방청할 수 있게 한다.

(4) (항소, 상고)란 1심 법원의 판결에 불복하여 2심을 청구하는 것이다.

07 다음 헌법 내용이 보장하고 있는 제도를 쓰시오.

> 제101조 ① 사법권은 법관으로 구성된 법원에 속한다.
> ③ 법관의 자격은 법률로 정한다.
> 제103조 법관은 헌법과 법률에 의하여 그 양심에 따라 독립하여 심판한다.

08 빈칸에 들어갈 알맞은 말을 쓰시오.

(1) ( )(은)는 법적 분쟁을 해결하는 가장 대표적인 방법이다.

(2) ( )(이)란 일반 국민이 배심원으로 재판에 참여하여 피고인의 유무죄 여부를 판단하는 제도이다.

(3) ( )(은)는 법원이 구체적인 증거를 바탕으로 판결해야 한다는 원칙이다.

(4) ( )(은)는 법원에 급을 두어 한 사건에 대해 여러 번 재판을 받을 수 있게 하는 제도이다.

(5) 우리나라는 ( )(을)를 원칙으로 하여 일반적으로 하나의 사건에 대해 세 번까지 재판을 받을 수 있다.

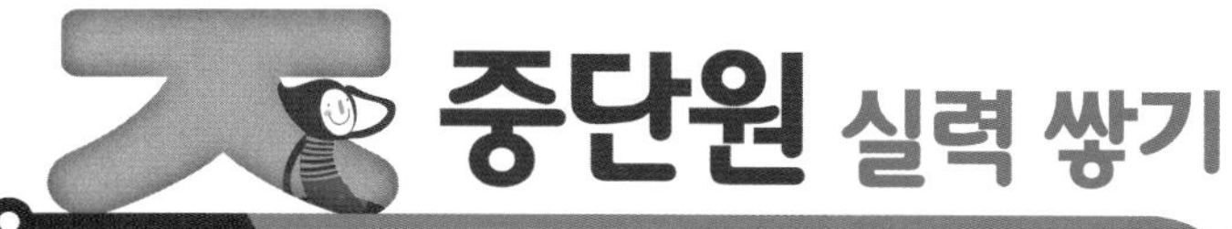

중단원 실력 쌓기

정답과 해설 • 67쪽

01 재판에 대한 옳은 설명을 〈보기〉에서 고른 것은?

보기
ㄱ. 법을 적용하여 옳고 그름을 판단하는 과정이다.
ㄴ. 사회 질서를 유지하고 국민의 권리를 보호한다.
ㄷ. 모든 재판에 국민들이 배심원으로 참여할 수 있다.
ㄹ. 개인 간의 분쟁을 시간과 비용 부담 없이 해결한다.

① ㄱ, ㄴ ② ㄱ, ㄷ ③ ㄴ, ㄷ
④ ㄴ, ㄹ ⑤ ㄷ, ㄹ

02 재판의 종류와 그에 대한 설명으로 옳은 것은?

① 선거 재판 : 당선의 유·무효를 결정한다.
② 행정 재판 : 개인 간에 일어난 분쟁을 해결한다.
③ 형사 재판 : 가족이나 친족 간의 다툼을 해결한다.
④ 가사 재판 : 범죄 유무를 판단하고 형벌 정도를 결정한다.
⑤ 민사 재판 : 행정 기관이 국민의 권리를 침해하였는지를 판단한다.

중요
03 다음은 모의재판을 위해 작성된 대본이다. 대본에 나타난 재판에 대한 옳은 설명을 〈보기〉에서 고른 것은?

갑 : 을에게 오백만 원을 빌려주었는데 약속한 날짜까지 갚지 않아 재판을 청구하게 되었습니다.
을 : 저는 갑에게 돈을 빌린 사실이 없습니다.
갑 : (차용증을 판사에게 내밀며) 여기 을이 저에게 돈을 빌릴 때 쓴 차용증이 있습니다.
판사 : 을이 갑에게 돈을 빌린 사실이 인정됩니다. 을은 갑에게 오백만 원과 이자를 지급하시오.

보기
ㄱ. 재판을 청구한 갑이 원고이다.
ㄴ. 재판을 청구당한 을이 피고인이다.
ㄷ. 법원에서 차용증은 증거로 채택되었다.
ㄹ. 판사는 배심원의 평결에 따라 판결하였다.

① ㄱ, ㄴ ② ㄱ, ㄷ ③ ㄴ, ㄷ
④ ㄴ, ㄹ ⑤ ㄷ, ㄹ

04 빈칸에 들어갈 재판으로 가장 적절한 것은?

남편과 결혼할 당시 부인 정 씨는 아파트와 자동차 구매 대금을 부담했다. 그러나 결혼 6개월 만에 남편이 사망하자 정 씨는 시부모를 상대로 남편의 재산에 대한 상속 권리를 주장하는 (　　　)을 청구하였다.

① 가사 재판 ② 형사 재판
③ 행정 재판 ④ 선거 재판
⑤ 소년 보호 재판

05 민사 재판의 절차를 순서대로 바르게 나열한 것은?

(가) 법관의 판결　(나) 소송 당사자 소환
(다) 원고의 소장 제출　(라) 피고 답변서 제출
(마) 원고와 피고의 변론　(바) 원고와 피고의 증거 제출

① (다)–(나)–(라)–(마)–(가)–(바)
② (다)–(라)–(나)–(바)–(마)–(가)
③ (라)–(나)–(바)–(다)–(가)–(마)
④ (라)–(다)–(마)–(바)–(나)–(가)
⑤ (바)–(라)–(가)–(다)–(나)–(마)

06 밑줄 친 ‘재판’의 종류로 옳은 것은?

A는 사소한 말다툼 끝에 회사 동료인 B를 때려 크게 다치게 하였다. B는 자신이 폭행당한 사실을 경찰에 신고하였고, A는 경찰에서 조사를 받은 후 검찰로 넘겨져 지방 법원에서 재판을 받게 되었다.

① 민사 재판 ② 형사 재판 ③ 가사 재판
④ 헌법 재판 ⑤ 행정 재판

07 그림의 (가)에 대한 옳은 설명을 〈보기〉에서 고른 것은?

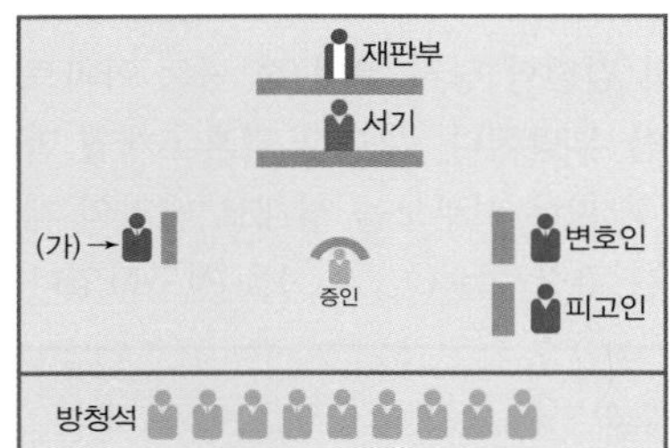

〈보기〉
ㄱ. 피고인에게 직접적인 피해를 당한 자이다.
ㄴ. 판사에게 피고인에 대한 처벌을 요구한다.
ㄷ. 피의자를 상대로 공소를 제기하는 사람이다.
ㄹ. 범죄의 유무와 형벌 정도에 대한 판결을 내린다.

① ㄱ, ㄴ ② ㄱ, ㄷ ③ ㄴ, ㄷ
④ ㄴ, ㄹ ⑤ ㄷ, ㄹ

08 그림은 어떤 사건의 재판 절차를 나타낸 것이다. ㉠~㉣에 대한 옳은 설명을 〈보기〉에서 고른 것은?

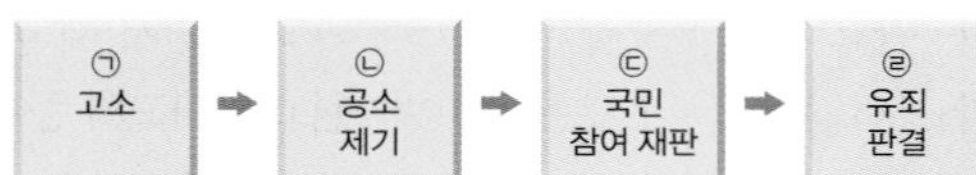

〈보기〉
ㄱ. ㉠은 국가 기관을 대표하여 검사가 실시한다.
ㄴ. ㉡은 피의자를 상대로 재판을 요구하는 것이다.
ㄷ. ㉢에서 법관은 배심원의 평결을 반드시 따라야 한다.
ㄹ. ㉣에 대해 피고인이 불복한다면 일정 기간 내에 상급 법원에 상소할 수 있다.

① ㄱ, ㄴ ② ㄱ, ㄷ ③ ㄴ, ㄷ
④ ㄴ, ㄹ ⑤ ㄷ, ㄹ

09 빈칸에 들어갈 내용으로 적절하지 않은 것은?

검사인 갑은 (　　　)에 대해 공소를 제기하였다. 갑은 증거를 제시하고 판사에게 엄중한 형벌을 요구하였다.

① 회사 동료를 폭행한 A
② 배우자와의 이혼을 거부한 B
③ 자동차로 사람을 치고 달아난 C
④ 인터넷에 허위 사실을 유포한 D
⑤ 다른 사람의 집에서 금품을 훔친 E

10 자료에 나타난 재판에 대한 옳은 설명을 〈보기〉에서 고른 것은?

〈보기〉
ㄱ. 법관은 배심원의 평결에 따라 판결을 선고해야 한다.
ㄴ. 범죄로 피해를 입은 사람은 증인으로 재판에 참석할 수 있다.
ㄷ. 법에 대한 전문적인 지식이 있는 사람만이 배심원이 될 수 있다.
ㄹ. 검사는 법정에서 증거를 제시하면서 피고인의 범죄 사실을 밝히는 사람이다.

① ㄱ, ㄴ ② ㄱ, ㄷ ③ ㄴ, ㄷ
④ ㄴ, ㄹ ⑤ ㄷ, ㄹ

중요

11 표는 민사 재판과 형사 재판을 비교한 것이다. 그 내용이 옳지 않은 것은?

	구분	민사 재판	형사 재판
①	내용	개인의 분쟁 해결	범죄 사건 해결
②	소송의 시작	원고의 소장 제출	검사의 기소
③	당사자	원고, 피고인	검사, 피고
④	관련법	민법, 민사 소송법	형법, 형사 소송법
⑤	사례	보험금 지급 분쟁	사기 사건

12 사법권의 독립을 보장하기 위한 방법을 〈보기〉에서 고른 것은?

〈보기〉
ㄱ. 국민 참여 재판 제도를 실시한다.
ㄴ. 법관의 신분을 법적으로 보장한다.
ㄷ. 재판의 과정이나 결과를 비공개로 한다.
ㄹ. 법원의 조직과 운영에 외부의 영향을 받지 않게 한다.

① ㄱ, ㄴ ② ㄱ, ㄷ ③ ㄴ, ㄷ
④ ㄴ, ㄹ ⑤ ㄷ, ㄹ

정답과 해설 • 67쪽

중요

13 그림은 우리나라의 사법 제도를 나타낸다. 이에 대한 옳은 설명을 〈보기〉에서 고른 것은?

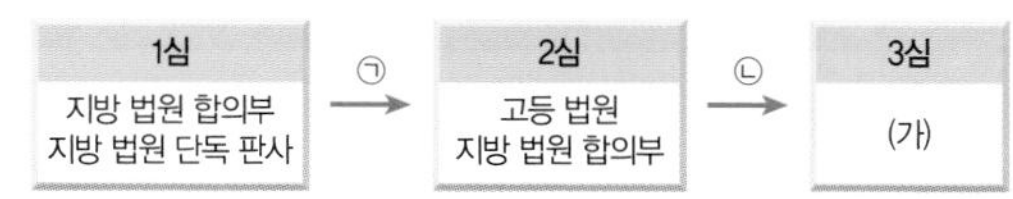

보기

ㄱ. ㉠은 상고, ㉡은 항소이다.
ㄴ. (가)는 우리나라의 최고 법원이다.
ㄷ. 모든 재판에서 위와 같은 3심제가 실시된다.
ㄹ. 억울한 사람에게 다시 재판을 받을 수 있는 기회를 제공한다.

① ㄱ, ㄴ ② ㄱ, ㄷ ③ ㄴ, ㄷ
④ ㄴ, ㄹ ⑤ ㄷ, ㄹ

14 다음 신문 기사 내용에 대한 옳은 설명을 〈보기〉에서 고른 것은?

20××. ××. ×× ◇◇ 일보

S 씨, 허위 사실 유포한 네티즌 고소 공식 입장

… 평소 싫어하던 연예인 S 씨에 대한 허위 사실을 인터넷을 통해 유포한 A 씨가 ○○ 지방 법원 항소심에서 징역 10개월을 선고받았다. …

보기

ㄱ. 연예인 S 씨는 법원에 형사 재판을 청구한 사람이다.
ㄴ. 피고인이 판결에 불복한다면 법원에 상고장을 제출해야 한다.
ㄷ. A 씨가 3심 재판을 원할 경우 고등 법원에서 최종심이 이루어진다.
ㄹ. 이 사건의 1심 판결은 ○○ 지방 법원 단독 판사가 선고하였을 것이다.

① ㄱ, ㄴ ② ㄱ, ㄷ ③ ㄴ, ㄷ
④ ㄴ, ㄹ ⑤ ㄷ, ㄹ

서술형·논술형

정답과 해설 • 68쪽

서술형

01 그림이 나타내는 사법 제도를 쓰고, 그 목적을 서술하시오.

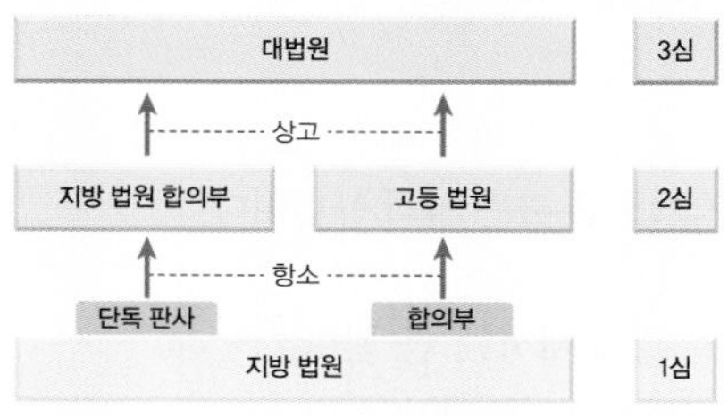

논술형

02 자료는 모의재판을 위한 대본이다. 이를 바탕으로 학생들이 준비해야 하는 재판의 종류를 쓰고, 자료를 토대로 하여 그 근거를 200자 내외로 논술하시오.

재판장 : 2018가합1000호 매매 대금 반환 사건의 원고 최알뜰 씨와 피고 남상인 씨 나오셨나요?
원　고 : 원고 최알뜰 나왔습니다.
피　고 : 피고 남상인도 나왔습니다.
재판장 : 소송 대리인은 어느 분이 나오셨습니까?
원고 측 변호사 : 원고 소송 대리인 김승소 변호사 출석하였습니다.
피고 측 변호사 : 피고 소송 대리인 박유능 변호사 출석하였습니다.
… (중략) …
재판장 : 그럼 지금부터 증인 신문하겠습니다. 증인은 나와 주십시오.
증인 : 네.

대단원 마무리

01 다음 내용에 해당하는 사회 규범의 사례로 적절한 것은?

> 인간이 마땅히 지켜야 할 도리로, 양심에 따라 자율적으로 지키도록 하는 사회 규범이다.

① 우상을 숭배해서는 안 된다.
② 부모님께 효도를 해야 한다.
③ 설날이나 추석에는 성묘를 해야 한다.
④ 장례식장에서는 검은 옷을 입어야 한다.
⑤ 사람의 신체를 상해한 자는 징역 또는 벌금에 처한다.

02 다음 내용에 해당하는 사회 규범에 대한 옳은 설명을 〈보기〉에서 고른 것은?

> • 출생의 신고는 출생 후 1개월 이내에 하여야 한다.
> • 사람의 신체를 상해한 자는 7년 이하의 징역, 10년 이하의 자격 정지 또는 1천만 원 이하의 벌금에 처한다.

◀ 보기 ▶
ㄱ. 내면의 양심과 행위의 동기를 중시한다.
ㄴ. 위반할 경우 국가에 의해 일정한 제재를 받는다.
ㄷ. 해야 할 일과 하지 말아야 할 일을 명확하게 규정한다.
ㄹ. 판사, 검사, 변호사와 같은 법률 전문가들만의 영역이다.

① ㄱ, ㄴ ② ㄱ, ㄷ ③ ㄴ, ㄷ
④ ㄴ, ㄹ ⑤ ㄷ, ㄹ

03 밑줄 친 부분에 들어갈 내용으로 가장 적절한 것은?

사회 규범으로서 (다)가 (가), (나)와 구별되는 가장 큰 특징은 무엇일까요?
(가) 결혼식 후에는 폐백을 드려야 한다.
(나) 어려움에 처한 사람을 도와야 한다.
(다) 남의 물건을 훔치면 징역이나 벌금에 처한다.
(다)는 (가), (나)와 달리 ___________

① 사회 질서를 유지합니다.
② 내면적 양심을 중시합니다.
③ 자연 현상에서도 나타납니다.
④ 위반할 경우 국가에 의해 처벌을 받습니다.
⑤ 사회 구성원 간의 갈등과 분쟁을 해결합니다.

04 자료에 나타난 법의 기능으로 가장 적절한 것은?

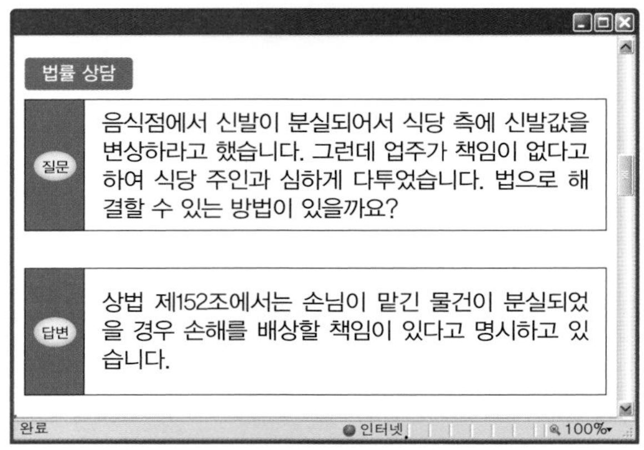

법률 상담
질문
음식점에서 신발이 분실되어서 식당 측에 신발값을 변상하라고 했습니다. 그런데 업주가 책임이 없다고 하여 식당 주인과 심하게 다투었습니다. 법으로 해결할 수 있는 방법이 있을까요?
답변
상법 제152조에서는 손님이 맡긴 물건이 분실되었을 경우 손해를 배상할 책임이 있다고 명시하고 있습니다.
완료
인터넷
100%

① 범죄를 저지른 사람을 처벌한다.
② 사회 · 경제적 약자의 권리를 보호한다.
③ 분쟁 해결의 객관적인 판단 기준을 제시한다.
④ 국가에 의해 침해당한 국민의 권리를 구제한다.
⑤ 시민들이 재판에 참여할 수 있는 기회를 제공한다.

서술형

05 그림의 (가)에 들어갈 법 영역을 쓰고, 그 의미를 서술하시오.

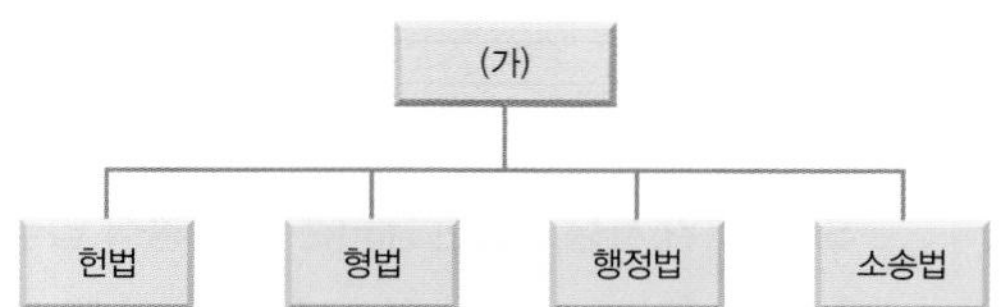

06 다음 학습 주제를 바르게 수행한 모둠은?

> 학습 목표 : 사적 생활 관계를 규율하는 법을 열거할 수 있다.

① 1번 모둠 : 민법, 상법
② 2번 모둠 : 상법, 헌법
③ 3번 모둠 : 형법, 소송법
④ 4번 모둠 : 행정법, 노동법
⑤ 5번 모둠 : 경제법, 사회 보장법

07 다음과 같은 배경에서 등장한 법 영역에 대한 설명으로 옳은 것은?

> 산업화에 따라 빈부 격차, 실업 등이 나타나면서 최소한의 인간다운 생활도 누리지 못하는 사람들이 생겨나게 되었다. 따라서 개인의 사적 생활 영역이라고 하더라도 국가가 개입하여 사회적 약자를 보호해야 할 필요성이 생겼다.

① 민법, 상법 등이 속한다.
② 사법과 공법의 중간적 성격을 가진다.
③ 개인과 국가 간의 공적 생활 관계를 규율한다.
④ 범죄의 종류와 형벌을 정하여 사회 질서를 유지해 준다.
⑤ 가족, 재산 등과 관련된 개인의 권리와 의무를 다룬다.

08 자료는 법 단어 카드이다. (가)~(다)에 대한 옳은 설명을 〈보기〉에서 고른 것은?

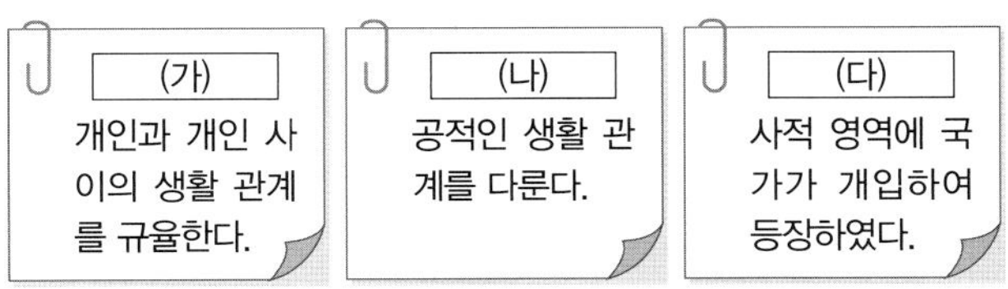

보기
ㄱ. (가)는 사회적 약자를 보호하기 위한 법이다.
ㄴ. (나)에는 헌법, 형법, 행정법, 소송법 등이 있다.
ㄷ. (다)는 개인의 자유를 최대한 보장하고자 한다.
ㄹ. (다)는 (가)와 (나)의 중간적인 성격을 가진다.

① ㄱ, ㄴ ② ㄱ, ㄷ ③ ㄴ, ㄷ
④ ㄴ, ㄹ ⑤ ㄷ, ㄹ

서술형

09 (가), (나)에 해당하는 재판의 종류를 각각 쓰고, 그 차이점을 사건의 내용을 중심으로 서술하시오.

(가)

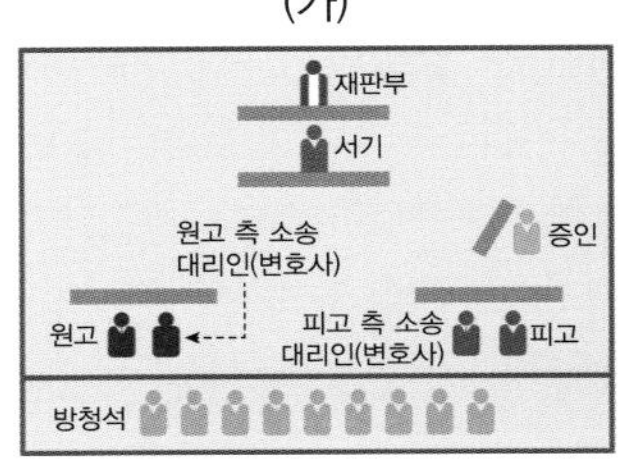

(나)

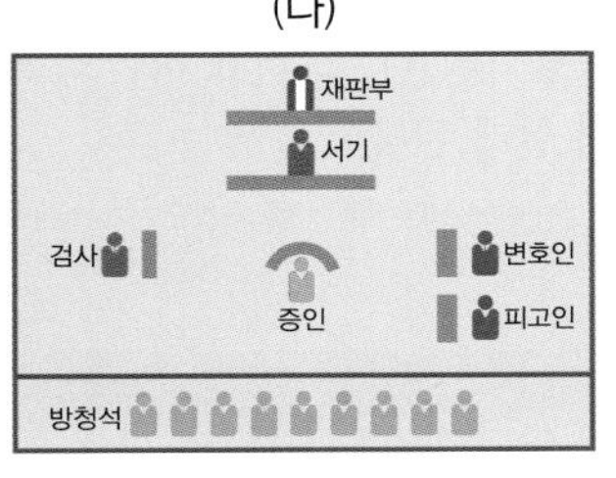

10 밑줄 친 '재판'에 대한 설명으로 옳지 않은 것은?

> 갑은 평소 친분이 있던 을에게 3,000만 원을 빌렸다. 그런데 갑이 빌린 돈을 제 날짜에 갚지 않고, 몇 차례 독촉을 해도 소용이 없자 을은 재판을 청구하였다. 이에 법원은 갑에게 빚을 갚으라는 판결을 내렸다.

① 갑이 원고, 을이 피고이다.
② 증거 재판주의에 따라 이루어진다.
③ 갑과 을 사이에 발생한 분쟁을 해결한다.
④ 갑이 판결에 불복할 경우 항소할 수 있다.
⑤ 원고와 피고의 주장, 답변, 항변 등의 순서로 진행된다.

11 다음은 모의재판을 위한 연극 대본이다. 밑줄 친 (가)에 들어 갈 사람을 〈보기〉에서 고른 것은?

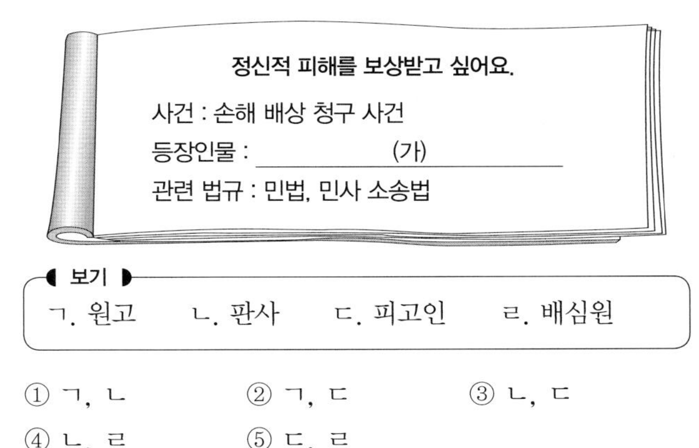

보기
ㄱ. 원고 ㄴ. 판사 ㄷ. 피고인 ㄹ. 배심원

① ㄱ, ㄴ ② ㄱ, ㄷ ③ ㄴ, ㄷ
④ ㄴ, ㄹ ⑤ ㄷ, ㄹ

12 그림과 같은 사법 제도에 대한 설명으로 옳지 않은 것은?

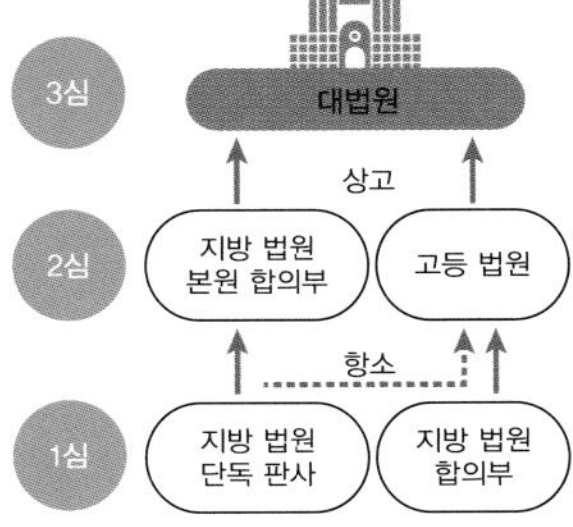

① 재판의 신속성과 효율성을 추구한다.
② 국민의 기본권 보장을 위해 마련되었다.
③ 법관이 잘못된 판결을 내릴 수 있는 가능성을 줄여 준다.
④ 선거 재판이나 특허 재판에서는 적용되지 않을 수 있다.
⑤ 재판 결과가 기대와 다르다고 생각한 소송 당사자가 이용할 수 있다.

수행 평가 미리보기

선생님의 출제 의도 재판 시나리오 작성을 통해 법 사고력 키우기

사람들은 법을 법관, 검사 등과 같은 전문가들만의 영역이라고 생각하기 쉽다. 하지만 우리가 횡단보도에서 안전하게 통행할 수 있는 것은 도로 교통법이 있기 때문이며, 중학교에서 의무 교육을 받을 수 있는 것은 교육 기본법이 있기 때문이다. 이와 같이 법은 우리의 일상생활과 매우 밀접하게 연결되어 있다. 따라서 학생들은 민주 사회의 시민으로서 사회 질서 유지를 위해 준법 자세를 갖추고 법적 쟁점과 관련된 문제를 합리적으로 해결할 수 있는 능력을 키워야 한다. 나아가 법적 제도 내에서 자신의 권리를 올바르게 행사할 수 있는 능력과 자세를 키울 필요가 있다. 이에 이 단원에서는 전래 동화 속에 나타난 법적 분쟁을 선택하고 그것을 해결하기 위한 재판을 찾아보게 하는 수행 평가 과제가 출제될 수 있다.

수행 평가 문제

모둠별로 전래 동화 속 분쟁 또는 사건을 찾아 그것을 해결하기 위한 재판 시나리오를 작성해 봅시다.

A. 활동 계획 세우기

1 제시된 전래 동화 속의 분쟁이나 사건을 찾아 그것을 해결하기 위한 재판을 탐구한다.
2 전래 동화 속 분쟁 또는 사건을 해결하기 위한 재판 시나리오를 작성한다.

B. 활동 단계

1단계 모둠별로 전래 동화 속의 분쟁 또는 사건을 찾는다.
2단계 동화 속 사건 또는 분쟁을 해결하기 위한 재판의 종류를 탐구한다.
3단계 모둠별로 모의재판을 위한 시나리오를 작성하기 위해 역할을 분담한다.
4단계 모둠원과 협력하여 모의재판을 위한 시나리오를 작성한다.

D. 활동하기

1 다음은 전래 동화의 줄거리를 나타낸다. (가)~(다) 중 하나를 선택하여 활동해 보자.

(가) 심청전 : 심봉사는 공양미 삼백 석을 시주하면 눈을 뜰 수 있다는 승려의 말을 듣고는 시주를 하겠다고 덜컥 약속한다. 하지만 공양미를 구하지 못하여 고민하던 중 효녀로 소문난 딸 청이(당시 15세)가 제물로 바칠 처녀를 구하는 무역 상인들에게 자신을 팔아 공양미 삼백 석을 마련한다.

(나) 콩쥐와 팥쥐 : 어린 콩쥐는 친어머니가 돌아가신 후 계모와 계모의 딸인 팥쥐와 함께 살게 된다. 그런데 계모는 친딸인 팥쥐는 애지중지하면서 키우는 반면, 의붓딸인 콩쥐는 미워하면서 제대로 먹이지도 입히지도 않은 채 마치 하인 부리듯 온갖 일을 다 시키며 키운다.

(다) 선녀와 나무꾼 : 나무꾼은 사슴을 구해 준 후 사슴에게서 목욕하는 선녀의 옷을 숨기면 선녀와 결혼할 수 있다는 이야기를 듣고 선녀의 옷을 숨긴다. 그러자 하늘로 올라갈 수 없었던 선녀는 때마침 눈앞에 나타난 나무꾼과 결혼하여 같이 살게 된다.

(1) **모둠이 선택한 전래 동화를 쓰고, 동화에 나타난 사건 또는 분쟁을 두 가지 이상 찾아보자.**

– 우리 모둠이 선택한 전래 동화 : 선녀와 나무꾼

– 동화에 나타난 사건 또는 분쟁 : 사슴이 나무꾼에게 선녀의 옷을 숨기면 선녀와 결혼을 할 수 있다는 이야기를 알려 준 것, 나무꾼이 선녀의 옷을 숨겨 선녀가 하늘로 올라가지 못하게 한 것

(2) **(1)에서 찾은 동화 속 사건 또는 분쟁을 하나 선택한 후 그것을 해결하기 위한 재판의 종류를 쓰고 그 이유를 써 보자.**

– 우리 모둠이 선택한 사건 : 나무꾼이 선녀의 옷을 숨겨 선녀가 하늘로 올라가지 못하게 한 것

– 재판 : 형사 재판, 나무꾼은 선녀의 날개옷을 숨겨 사용하지 못하게 하여 재물 손괴죄를 저질렀고, 그로 인해 선녀가 하늘로 올라가지 못하게 하였으므로 감금죄를 저질렀다. 이에 나무꾼이 저지른 범죄 행위에 대한 처벌 정도를 결정하기 위해서 형사 재판을 실시하여야 한다.

2 모둠이 선정한 전래 동화 속 법적 문제를 해결하기 위한 재판 시나리오를 작성해 보자.

예시)

제목 : 법정으로 간 나무꾼

등장인물 : 검사, 재판장(법관), 피고인(나무꾼), 변호인, 증인(선녀)

[법정 경위] : 곧 재판이 시작될 예정입니다. 재판 중에는 정숙해 주시기 바랍니다. 재판부 입장합니다. 모두 자리에서 일어나 주시기 바랍니다. (전원 기립) (재판부 착석 후) 앉아 주십시오.

[재판장] : 지금부터 ○○고등 법원 5형사 합의 공판을 시작하겠습니다. 사건 번호 ○○ 고등 법원 약취 감금죄 사건의 피고인 나무꾼 앞으로 나오세요.

⋮

채점 기준

평가 영역	채점 기준	배점
법적 분쟁 탐색 (문제 해결력)	전래 동화 속에 나타난 법적 문제와 그것을 해결하기 위한 재판의 종류를 그 이유와 함께 정확하게 찾아 작성하였다.	상
	전래 동화 속에 나타난 법적 문제와 그것을 해결하기 위한 재판의 종류를 썼으나 그 이유를 제시하지 못하였다.	중
	전래 동화 속에 나타난 법적 문제만을 제대로 찾아 작성하였다.	하
시나리오 작성 (창의적 사고력)	전래 동화 속 사건을 합리적으로 해결하기 위한 민사 재판 또는 형사 재판의 절차를 정확히 파악하여 완성도 높은 시나리오를 작성하였다.	상
	전래 동화 속 사건을 합리적으로 해결하기 위한 민사 재판 또는 형사 재판의 절차를 파악하여 시나리오를 완성하였다.	중
	전래 동화 속 사건을 합리적으로 해결하기 위한 민사 재판 또는 형사 재판의 절차를 토대로 시나리오를 작성하였으나, 완성하지는 못하였다.	하
모둠원의 역할 수행 및 협력 (의사소통 및 협업 능력)	재판 시나리오를 작성하는 과정에서 적절하고 타당한 자료를 적극적으로 활용하고 구성원 간의 의견을 조정하는 데 적극적으로 참여하였다.	상
	재판 시나리오를 작성하는 과정에서 다양한 자료를 활용하고, 자신의 의견을 표현하고 타인의 생각도 수용하였다.	중
	재판 시나리오를 작성하는 과정에서 구성원들의 의견을 수용하기 위해 노력하였다.	하

XII. 사회 변동과 사회 문제

01
현대 사회의 변동

02
한국 사회 변동의 최근 경향

03
현대 사회의 사회 문제

현대 사회의 변동

출제 포인트
- 사회 변동의 의미와 요인
- 현대 사회 변동의 특징
- 현대 사회의 변동 양상

✚ 계몽사상
17~18세기 인간의 이성을 통해 불합리한 제도를 개혁하고자 한 사상으로, 시민 혁명에 영향을 주어 근대 사회 형성에 기여하였다.

✚ 현대 사회 변동의 특징
- 물질 영역의 변동은 가치관이나 사고방식과 같은 비물질 영역보다 변동 속도가 더 빠른 편이다.
- 사회 구성 요소들은 상호 밀접한 관련을 맺고 있어 어느 한 영역의 변화는 다른 영역의 변화를 유발하거나 촉진하는 경우가 많다.

✚ 산업 혁명

18세기 후반 영국에서 증기 기관이 발명되어, 이를 방적기와 방직기에 동력으로 사용함으로써 공업이 크게 발달하였으며 대량 생산이 가능해졌다.

✚ 도시화와 도농 격차
도시화란 전체 인구 중에 도시 인구의 비중이 커지면서 도시적 특징과 생활 양식이 증가하고 퍼져 나가는 과정을 말한다. 인구가 대거 유입된 도시는 크게 발전하는 반면, 인구가 유출된 농촌은 발전하지 못해 도시와 농촌 간의 생활 양식의 차이가 심해지는 현상을 '도농 격차'라고 한다.

✚ 인간 소외 현상
인간을 도구적인 가치로 전락시켜 인간의 존엄성이 약화되는 현상

1 사회 변동의 의미와 특징

(1) 사회 변동의 의미와 요인

① 의미 : 사회를 구성하는 제도, 규범, 가치관 등이 부분적 또는 전체적으로 변화하는 현상

② 요인

→ 전통 사회에서는 주로 자연환경의 변화나 무역 등에 의해 사회 변동이 이루어졌지만, 현대 사회에서는 주로 교통·통신 및 과학 기술의 발달에 의해 이루어졌다.

- 교통 · 통신 및 과학 기술의 발달 : 현대 사회 변동을 이끈 주요 요인
- 가치관의 변화 : 계몽사상, 양성평등 사상과 같은 가치관의 변화가 사회 변동을 이끎
- 정부 정책 및 인구 변화 → 외국인 노동자 및 국제결혼 이민자의 증가로 다문화 사회로 변화된다.
- 문화 전파, 전쟁과 교역 등 → 중국의 나침반이 유럽으로 전파되어 유럽의 신항로 개척을 가능하게 하였다.

(2) 현대 사회 변동의 특징

① 빠른 변동 속도 : 현대 사회에 들어서면서 사회 변동 속도가 매우 빠르게 이루어짐

② 광범위한 변동 : 생활 전반에 걸쳐 다차원적이고 광범위한 변동이 일어남

집중 탐구 발명 시계

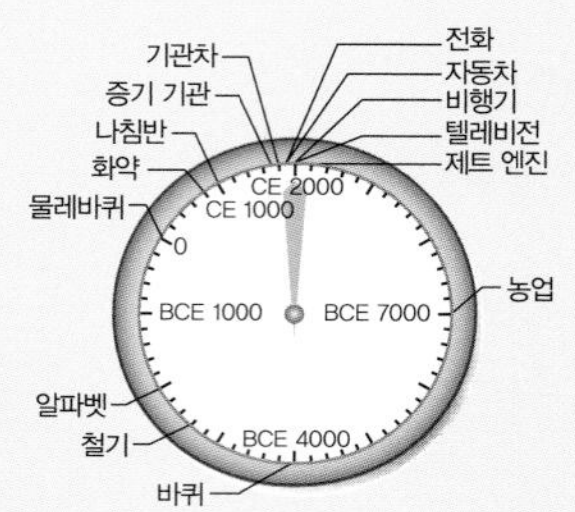

인류가 존재한 약 50만 년 동안, 농업은 겨우 1만 2천 년 전에야 시작되었고, 문명의 시작은 약 6천 년 전에 이루어졌다. 만약 50만 년을 하루로 생각한다면 농업은 밤 11시 56분에 시작되었고, 문명은 11시 57분, 근대 사회의 발전은 11시 59분 30초에 겨우 시작되었다. 하지만 최근 30초 동안의 변화는 나머지 시간 동안 발생한 모든 변화와 맞먹을 정도로 엄청난 것이다. - 앤서니 기든스, 「현대 사회학」 -

인류의 역사를 12시간으로 보았을 때, 마지막 30초에 발생한 변화는 우리의 삶을 크게 변화시켰다. 이는 현대 사회로 올수록 변동의 속도가 점점 빨라지고 있으며, 그 폭도 커지고 있음을 의미한다.

2 현대 사회의 변동 양상

(1) 산업화

① 의미 : 한 사회의 전체 산업에서 공업이 차지하는 비율이 높아지는 현상

② 등장 배경 : 18세기 이후 산업 혁명

③ 영향

구분	내용
정치	대중의 정치 참여 확대
경제	• 기계의 등장으로 대량 생산 · 대량 소비가 가능해지면서 물질적으로 풍요로워짐 • 일자리가 많은 도시로 인구가 집중되어 도시화 현상이 나타남
사회 · 문화	교육의 기회가 확대되어 대중의 사회적 지위가 향상됨

④ 문제점 : 환경 오염, 노동 문제, 빈부 격차, 인간 소외 현상, 가치관의 혼란 등

→ 근로자와 사용자 간의 갈등 (노동 문제)

→ 무분별한 개발에 따라 생산 활동과 소비 활동이 급격하게 늘면서 발생하였다. (환경 오염)

(2) 정보화

① 의미 : 지식과 정보가 중심이 되어 사회의 변화를 이끌어 가는 현상

② 등장 배경 : 정보 통신 기술의 발달

③ 영향

정치	전자 민주주의가 확산되어 시민의 정치 참여가 활발해짐
경제	• 다품종 소량 생산이 가능해져 개인의 선택 폭이 넓어짐 • 전자 상거래와 인터넷 뱅킹 등이 일반화됨
사회 · 문화	• 시간적 · 공간적 제약이 줄어들면서 정보와 지식의 이동이 자유로워짐 • 인간의 개성과 창의력이 중시됨

④ 문제점 : 정보 격차 심화, 인터넷 중독 및 사이버 범죄 증가, 개인 정보 유출로 인한 사생활 침해 등

집중 탐구 인류 사회의 변동 과정

▲ 농업 사회

➡ 산업 혁명

▲ 산업 사회

➡ 정보 혁명

▲ 정보 사회

전통적인 농업 사회는 산업 혁명을 통한 기계의 발명으로 대량 생산이 가능해져 산업 사회로 이행하였다. 산업 사회란 사회의 전체 산업 중에서 공업이 차지하는 비율이 높은 사회를 말한다. 이러한 산업 사회는 정보 통신 기술의 발달에 힘입어 지식과 정보가 중심이 되어 사회 변화를 이끌어 가는 정보 사회로 진입하였다.

(3) 세계화

① 의미 : 국경을 넘어 사람과 물자, 기술, 자본 등이 자유롭게 이동하면서 국가 간의 상호 의존성이 높아지는 현상

② 등장 배경 : 교통 및 정보 통신 기술의 발달 → 정보화는 세계화를 가속화시키는 요인이 되었다.

③ 영향

정치	• 서구 사회의 민주주의 이념과 가치가 확산됨 • 국제 협력을 통해 전 지구적 차원의 문제를 해결할 수 있게 됨
경제	• 자유로운 거래가 이루어지면서 세계가 하나의 시장이 됨 • 소비자의 상품 선택 기회가 확대되고 생산자는 넓은 소비 시장을 확보함
사회 · 문화	문화 교류가 활발해져 다양한 문화를 접할 수 있는 기회가 확대됨

④ 문제점

• 자유 무역의 확대로 인한 지나친 경쟁과 무역 분쟁 발생

• 선진국과 개발 도상국 간의 경제적 격차 심화

• 약소국이나 소수 민족의 문화가 소멸되어 문화의 획일화 초래 → 다국적 기업의 문화가 미치는 영향력이 커지면서 약소국이나 소수 민족의 문화가 소멸되는 결과를 가져오기도 하였다.

Q & A

Q 선진국과 개발 도상국 간의 경제적 격차를 왜 '남북문제'라고 하나요?

A 세계화를 통한 자유 무역의 확대로 선진국과 개발 도상국 간의 빈부 격차가 심화되었다. 선진국과 개발 도상국 간의 경제적 격차와 이에 따른 세계 경제의 여러 문제를 '남북문제'라고 하는데 이는 경제 발전을 이룬 선진국이 주로 북반구에 위치해 있고, 경제 성장을 이루지 못한 개발 도상국이 남반구에 위치해 있는 것을 비유적으로 표현한 것이다.

▲ 선진국

▲ 개발 도상국

+ 전자 민주주의
인터넷을 통해 시민이 정치 과정에 직접 참여하는 민주주의를 말한다. 인터넷을 통한 여론 수렴, 온라인 투표, 선거 캠페인 및 홍보, 정책 결정에 따른 시민의 참여 및 토론 등이 모두 전자 민주주의에 포함된다.

+ 다품종 소량 생산
같은 생산 시설을 이용해서 다른 모양의 제품을 소량으로 생산하는 방식

+ 전자 상거래
컴퓨터나 인터넷 환경을 통해 상품을 사고파는 행위

+ 정보 격차
정보를 활용할 수 있는 능력을 가진 사람과 그렇지 못한 사람 간에 격차가 심화되는 현상

+ 시대별 부의 원천

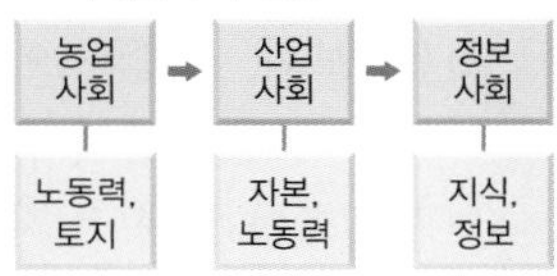

+ 다국적 기업

세계 각지에 회사와 공장을 확보하고 국제적 규모로 생산 · 판매 활동을 하는 기업

정답과 해설 • 70쪽

01 빈칸에 들어갈 알맞은 말을 쓰시오.

(1) 사회를 구성하는 제도, 규범, 가치관 등이 부분적 또는 전체적으로 변화하는 현상을 (　　　)(이)라고 한다.
(2) 인류의 역사는 농업 사회에서 (　　　)(을)를 거쳐 정보 사회로 변화해 왔다.
(3) (　　　)(이)란 한 사회의 전체 산업에서 공업이 차지하는 비율이 높아지는 현상을 말한다.
(4) (　　　)(은)는 지식과 정보가 중심이 되어 사회의 변화를 이끌어 가는 현상이다.
(5) (　　　)(을)를 통해 사람과 물자, 자본 등이 자유롭게 교류된다.

02 다음 설명이 맞으면 ○표, 틀리면 ×표 하시오.

(1) 현대 사회의 변동 속도는 매우 빠르며, 변동 범위도 넓다. ( )
(2) 정보 사회에서는 개인의 개성과 창의성이 중시되면서 소품종 대량 생산이 가능해졌다. ( )
(3) 세계화로 인해 국경의 의미는 강화되었으며 시간과 공간의 제약이 더욱 커졌다. ( )

03 괄호 안의 내용 중 알맞은 말에 ○표 하시오.

(1) (산업화, 정보화)로 도시에 많은 일자리가 생기면서 도시화가 빠르게 진행되었다.
(2) (정보화, 세계화)에 따라 전자 민주주의가 확산되면서 시민의 정치 참여가 활발해졌다.
(3) 세계화를 통해 전 지구적 차원의 문제를 해결하기 위한 국제 협력이 (감소, 증가)하고 있다.
(4) 세계화로 인해 선진국과 개발 도상국 간의 경제적 격차는 (완화, 심화)되었다.

04 다음에서 설명하는 역사적 사건을 쓰시오.

- 18세기 영국에서 시작되어 유럽으로 확대되었다.
- 농업 사회에서 산업 사회로 이행하는 데 영향을 미쳤다.
- 공장제 기계 공업을 통해 대량 생산과 대량 소비를 가능하게 하였다.

05 사회 변동 양상과 그에 따른 문제점을 바르게 연결하시오.

(1) 산업화 •	• ㉠ 환경 오염 심화
(2) 정보화 •	• ㉡ 문화의 획일화
(3) 세계화 •	• ㉢ 사이버 범죄 증가

06 산업화에 따라 나타나는 문제점을 〈보기〉에서 있는 대로 고르시오.

보기
ㄱ. 도시와 농촌 간의 빈부 격차가 심화된다.
ㄴ. 개인 정보의 유출로 사생활 침해가 확대된다.
ㄷ. 약소국과 소수 민족의 문화가 파괴되기도 한다.
ㄹ. 자유 무역의 확대로 국가 간 무역 분쟁이 빈번하다.
ㅁ. 인간이 물질의 수단이 되는 인간 소외 현상이 발생한다.
ㅂ. 불법 복제를 위한 다운로드로 지적 재산권 침해 문제가 심각하다.

07 다음에서 설명하는 사회 변동의 요인을 〈보기〉에서 고르시오.

17~18세기 유럽에서 나타난 계몽사상은 인간의 이성을 통해 미신과 불합리한 제도를 타파하려는 움직임으로 시민 혁명을 일으키는 원동력이 되었다.

보기
ㄱ. 문화 전파　　ㄴ. 인구 변화
ㄷ. 가치관의 변화　　ㄹ. 과학 기술의 발달

08 다음에서 설명하는 용어를 쓰시오.

(1) 정보를 활용할 수 있는 능력을 가진 사람과 그렇지 못한 사람 간에 격차가 심화되는 현상을 말한다. ( )
(2) 경제가 발전한 선진국과 경제 성장을 이루지 못한 개발 도상국 간의 경제적 격차를 일컫는다. ( )

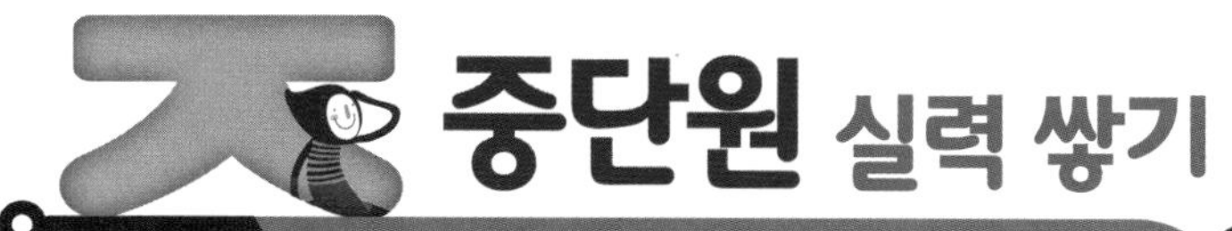

중단원 실력 쌓기

정답과 해설 • 70쪽

01 사회 변동에 대한 옳은 설명을 〈보기〉에서 고른 것은?

보기
ㄱ. 사회 변동의 속도나 양상은 사회마다 모두 동일하다.
ㄴ. 오늘날 사회 변동의 주요 요인은 과학 기술의 발전이다.
ㄷ. 현대 사회로 올수록 변동의 속도는 점점 빨라지고 있다.
ㄹ. 현대 사회의 변동은 과거에 비해 그 범위가 축소되었다.

① ㄱ, ㄴ ② ㄱ, ㄷ ③ ㄴ, ㄷ
④ ㄴ, ㄹ ⑤ ㄷ, ㄹ

02 (가), (나)에 나타난 사회 변동의 요인을 바르게 연결한 것은?

(가) 외국인 노동자의 유입이 증가하여 다문화 사회로 변화되었다.
(나) 중국에서 발명된 나침반이 유럽의 항해술에 영향을 주어 신항로 개척을 가능하게 하였다.

보기
ㄱ. 문화 전파 ㄴ. 인구 변화
ㄷ. 가치관의 변화 ㄹ. 자연환경의 변화

	(가)	(나)		(가)	(나)
①	ㄱ	ㄴ	②	ㄱ	ㄷ
③	ㄴ	ㄱ	④	ㄴ	ㄹ
⑤	ㄷ	ㄹ			

중요
03 도표는 인류 사회의 변동 양상을 나타낸 것이다. (가)에 해당하는 사회의 특징으로 옳은 것은?

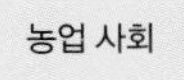  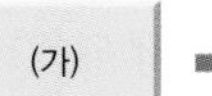 

농업 사회 ➡ (가) ➡ 정보 사회

① 기계 발명을 통해 사회가 변화하였다.
② 정보 통신 관련 기술이 크게 성장하였다.
③ 전체 산업에서 농업이 차지하는 비율이 높다.
④ 지식과 정보가 중심이 되어 변화를 이끌어 간다.
⑤ 국경의 의미가 약화되어 사람과 물자의 교류가 활발하다.

04 빈칸 ㉠, ㉡에 들어갈 내용으로 옳은 것은?

(㉠)으로 인해 농업 중심의 사회에서 공업 중심의 사회로 변화하였다. 삶의 터전은 도시로 옮겨 갔고, (㉡)으로 대량 생산이 가능해졌다. 사회의 생산성이 증가하고, 대량 소비가 가능해지면서 사람들은 물질적으로 풍요로운 생활을 누릴 수 있게 되었다.

	㉠	㉡
①	산업 혁명	공장제 수공업
②	산업 혁명	공장제 기계 공업
③	정보 혁명	공장제 수공업
④	정보 혁명	공장제 기계 공업
⑤	농업 혁명	가내 수공업

중요
05 교사의 질문에 대한 적절한 답을 〈보기〉에서 고른 것은?

18세기 영국은 산업 혁명으로 대기 오염이 심각했습니다. 이 밖에 산업화로 인한 사회 문제로 무엇이 있을까요?

보기
ㄱ. 정보 활용 능력의 격차가 심화되었습니다.
ㄴ. 약소국과 소수 민족의 문화가 소멸되었습니다.
ㄷ. 사용자와 노동자 간의 갈등을 야기하였습니다.
ㄹ. 인간이 수단화되는 인간 소외 현상이 발생하였습니다.

① ㄱ, ㄴ ② ㄱ, ㄷ ③ ㄴ, ㄷ
④ ㄴ, ㄹ ⑤ ㄷ, ㄹ

중단원 실력 쌓기

06 밑줄 친 부분에 해당하는 내용으로 옳지 않은 것은?

> 산업화로 인한 기계의 사용으로 사회 전체의 생산력이 크게 높아져 생활 수준이 향상되었다. 이와 더불어 인구도 급격히 늘어나는 등 사회 모습에도 많은 변화가 나타났다.

① 대중의 사회 · 경제적 지위가 향상되었다.
② 일자리를 찾아 인구가 도시로 집중되었다.
③ 지역 간 불균형과 빈부 격차가 완화되었다.
④ 다수의 사람이 비슷한 생활을 하는 대중 사회가 되었다.
⑤ 교육의 기회가 확대되어 대중의 정치 참여가 가능하게 되었다.

07 다음과 같은 특징을 지닌 사회에 대한 설명으로 옳은 것은?

> 정보 통신 기술의 발달로 지식과 정보의 중요성이 커지고, 이를 생산하고 활용하는 산업이 발달하였다. 누구나 정보를 만들고 사용할 수 있으며, 사회의 모든 영역에 참여하여 영향력을 행사할 수 있게 되었다.

① 산업 혁명이 사회 변동의 요인이다.
② 다품종 대량 생산 체제가 확립되었다.
③ 산업에서 공업이 차지하는 비율이 높다.
④ 이촌 향도 현상으로 도시화가 가속화되었다.
⑤ 시간과 공간의 제약 없이 의사소통이 자유로워졌다.

중요

08 밑줄 친 부분에 들어갈 내용으로 적절한 것을 〈보기〉에서 고른 것은?

> 교사 : 정보화로 인해 나타난 사회의 변화 모습을 말해 볼까요?
> 학생 : ______________________

보기
ㄱ. 전자 상거래가 활성화되었습니다.
ㄴ. 전자 투표로 전자 민주주의가 실현되었습니다.
ㄷ. 도시와 농촌 간의 지역 격차가 심화되었습니다.
ㄹ. 전체 산업 중 제조업의 비율이 증가하였습니다.

① ㄱ, ㄴ　② ㄱ, ㄷ　③ ㄴ, ㄷ
④ ㄴ, ㄹ　⑤ ㄷ, ㄹ

09 그래프는 정보화로 인해 나타난 사회적 현상이다. 이에 대한 설명으로 옳지 않은 것은?

〈학력별 인터넷 이용률〉

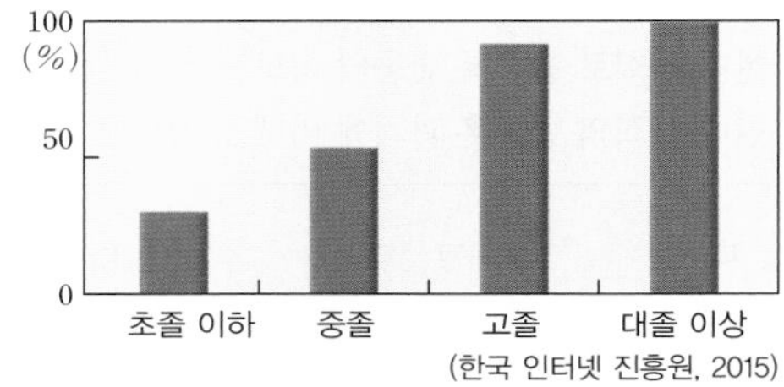

(한국 인터넷 진흥원, 2015)

① 학력이 높을수록 인터넷 이용률이 높다.
② 학력에 따른 정보 격차가 나타나고 있다.
③ 지식과 정보가 중심이 되는 사회에서 나타나는 현상이다.
④ 정보 격차가 클수록 사회가 발전한 것으로 볼 수 있다.
⑤ 정보를 소유하고 활용할 수 있는 능력의 차이를 나타낸다.

10 그림을 통해 알 수 있는 정보 사회의 문제점으로 가장 적절한 것은?

① 인터넷 중독　② 사생활 침해
③ 개인 정보의 유출　④ 사이버 범죄의 증가
⑤ 정보의 독점과 확산

중요

11 다음의 현대 사회 변동 양상에 대한 설명으로 옳은 것은?

> • 사람과 물자, 기술, 자본 등이 국경을 넘어 자유롭게 이동하는 현상이다.
> • 세계가 긴밀하게 연결되어 서로 영향을 주고받으며 전 세계가 하나의 생활 단위가 되었다.

① 국가 간의 경계가 더욱 분명해지고 있다.
② 개인과 국가의 활동 영역이 다소 축소되었다.
③ 국가 간의 경제적 불평등 현상이 완화되었다.
④ 국가 간의 상호 의존성이 점차 약화되고 있다.
⑤ 정보 통신 기술의 발달이 사회 변동을 가속화시켰다.

12 그림을 통해 유추할 수 있는 현대 사회의 변동 모습으로 가장 적절한 것은?

▲ 서울

▲ 파리

① 국경 없는 무한 경쟁이 나타난다.
② 서구의 민주주의 이념이 확산된다.
③ 경제적으로 자유로운 거래가 이루어진다.
④ 비슷한 생활 양식을 공유하는 경향이 강해진다.
⑤ 소비자들에게 다양한 상품 선택의 기회를 제공한다.

13 세계화에 따라 나타난 생활의 모습을 〈보기〉에서 고른 것은?

보기
ㄱ. 인터넷을 통해 은행 업무를 보았다.
ㄴ. 베트남의 전통 음식점을 쉽게 볼 수 있다.
ㄷ. 스마트폰으로 원하는 정보를 쉽게 검색하였다.
ㄹ. 해외 유명 제품을 가까운 매장에서 구입하였다.

① ㄱ, ㄴ ② ㄱ, ㄷ ③ ㄴ, ㄷ
④ ㄴ, ㄹ ⑤ ㄷ, ㄹ

14 질문에 적절한 답변을 하지 못한 사람은?

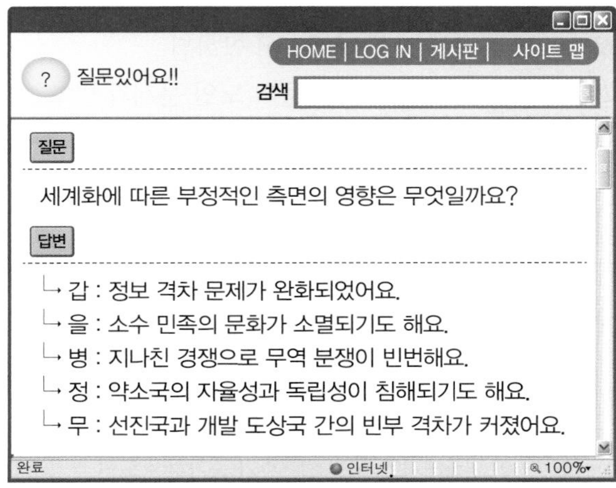

① 갑 ② 을 ③ 병 ④ 정 ⑤ 무

서술형·논술형

서술형

01 자료와 관련된 현대 사회 변동의 양상을 쓰고, 그에 따른 문제점을 두 가지만 서술하시오.

18세기 후반부터 약 100년 동안 영국의 공업은 세계를 주도하는 '세계의 공장'으로 불렸다. 수정궁에는 방적기, 증기 기관 등 당시의 최첨단 기계가 전시되었다. 공장에서는 제품들이 쏟아져 나오고, 기차, 증기선 등의 교통수단은 공장에서 생산한 상품들을 전 세계로 실어 날랐다. 이로 인해 사람들은 물질적 풍요와 여가를 누리게 되었다.

논술형

02 다음 글에 나타난 현대 사회 변동의 양상을 긍정적인 측면과 부정적인 측면으로 구분하여 200자 내외로 논술하시오. (단, 경제적 측면에서만 서술할 것)

구보 씨의 커피를 운반한 화물선은 일본에서 만들어졌으며, 베네수엘라에서 생산된 석유로 운행되었다. 일본의 조선소는 한국산 장철로 그 화물선을 만들었고, 한국의 제철소는 오스트레일리아 서부 헤머슬리 산맥의 원주민 구역에서 채굴된 철광석을 사용하였다.

－「녹색 시민 구보 씨의 하루」－

02 한국 사회 변동의 최근 경향

출제 포인트
- 한국 사회의 변동 과정
- 저출산 · 고령화 현상
- 다문화 사회로의 변화

1 한국 사회의 변동 과정

(1) 급격한 사회 변동

① **농업 사회(1960년 초반)** : 인구의 대부분이 농업에 종사하는 전형적인 농업 사회의 특징을 보임

② **산업 사회(1960년대 중반 이후)** : 정부 주도의 경제 개발로 급속한 산업화가 진행됨

③ **정보 사회(1980년대 이후)** : 정보 통신 기술의 비약적인 발달로 정보 사회로 진입함

(2) 한국 사회 변동의 특징

① **급격한 사회 변동** : 짧은 기간에 산업화와 정보화를 모두 경험함 → 서구 사회가 200여 년에 걸쳐 이룬 산업화를 불과 30여 년 만에 이루어 낸 우리나라의 급속한 경제 발전을 '한강의 기적'이라고 부른다.

② **정부 주도의 경제 개발** : 1960년대 경제 개발 5개년 계획을 통해 급속하게 진행됨

(3) 한국 사회의 변동 모습

→ 급격한 사회 변동으로 사회 각 부문이 균형 있게 성장하지 못하고 양적 발전에 치우치게 되었다.

긍정적 측면	부정적 측면
• 시민 중심의 민주주의 사회로 변화 • 생활 환경 개선으로 삶의 질 향상 • 개인의 능력과 창의력 중시 • 여성의 사회 참여 증가	• 경제적 산업 구조의 불균형 • 빈부 격차와 지역 간 불균형 심화 • 급격한 변동으로 인한 가치관의 혼란 • 환경 오염 문제 발생

✚ **경제 개발 5개년 계획**
1962년부터 1981년까지 국민 경제 발전을 목적으로 5년 단위로 정부가 주도했던 경제 계획을 말한다. 경제 개발 계획이 추진됨에 따라 '한강의 기적'이라 불리는 고도의 성장을 이루었으나, 경제의 대외 의존 심화, 빈부 격차 심화, 대기업 위주의 경제 구조가 출현하는 등의 부작용을 가져오기도 했다.

✚ **비혼**
결혼을 하지 않고 독신을 선택하는 것을 말함

✚ **만혼**
나이가 들어 늦게 하는 결혼을 말함

2 저출산 · 고령화 현상

(1) 의미 : 출생하는 아이의 수는 줄어들고, 전체 인구에서 노인 인구의 비율은 높아지는 현상

(2) 원인

저출산	• 여성의 사회 진출 증가 • 자녀 양육에 대한 경제적 부담 증가 • 결혼에 대한 가치관의 변화로 비혼과 만혼 증가
고령화	생활 수준의 향상과 의료 기술의 발달로 평균 수명 연장

→ 독신 가구 증가 및 초혼 연령 상승, 핵가족의 보편화도 결혼관 변화에 영향을 주었다.

(3) 문제점

→ 생산 가능 인구 가운데 일하고자 하는 의지가 있는 사람을 '경제 활동 인구'라고 하며, 생산 가능 인구의 감소는 곧, 경제 활동 인구의 감소로 이어진다.

① 생산 가능 인구의 감소로 경제 성장이 둔화되고 국가 경쟁력이 약화됨

② 노인 인구 부양 부담이 증가하고 노인 빈곤, 질병, 소외감 등의 노인 문제가 발생함

✚ **저출산 현상의 문제점**

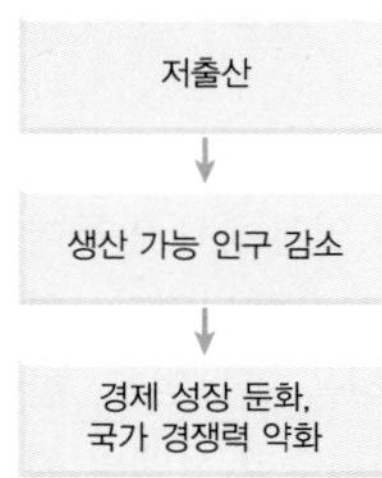

✚ **생산 가능 인구**
15~64세 인구를 말한다. 이중 경제 활동이 가장 활발한 시기인 25~49세에 해당하는 인구를 핵심 생산 인구라고도 한다.

✚ **합계 출산율**
가임 기간인 15~49세 동안 여자 한 명이 평생 낳을 수 있는 평균 자녀 수를 의미한다. 이는 국가별 출산율 수준을 비교하는 주요 지표로 이용된다.

집중 탐구 저출산 · 고령화 사회

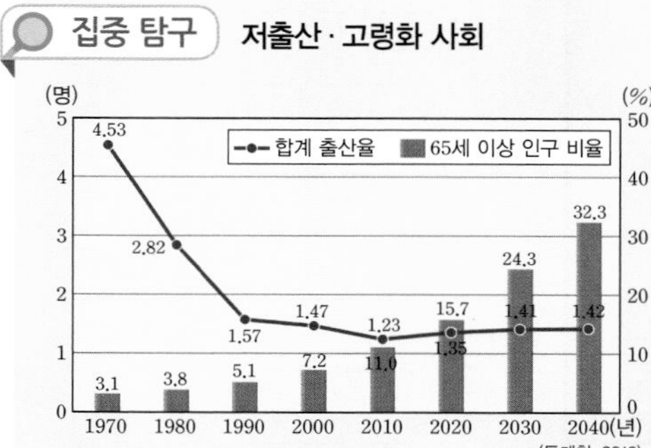

(통계청, 2016)

통계청에 따르면 우리나라의 합계 출산율은 1970년에는 4.53명이었지만, 점차 줄어 2015년에는 1.24명인 것으로 나타났다. 합계 출산율이란 여성 1명이 가임 기간(15~49세) 동안 낳을 것으로 예상되는 평균 자녀의 수이다. 낮은 합계 출산율과 함께 전체 인구에서 노인 인구가 차지하는 비중이 높아져 2000년에 고령화 사회로 진입하였다. 저출산 · 고령화 현상이 지속되면 낮은 출생률로 인해 노동력이 부족해지고, 노인 인구수가 증가하여 노인 부양에 대한 개인과 국가의 경제적 부담이 커진다.

(4) 대응 방안

저출산	• 출산과 양육을 지원하는 정책과 제도 마련 • 육아 휴직 제도 확대 시행, 영유아 보육비 지원 확대 • 양성평등 문화의 확립을 통한 여성의 육아 부담 경감
고령화	• 노년 부양비 감소를 위해 국민 연금과 같은 사회 보장 제도 강화 • 노년층의 경제 활동을 장려하고 활용하는 방안 마련 • 노년기의 삶의 질 향상을 국가 과제로 보는 사회적 인식 마련

→ 노인들을 위한 편의 시설 및 의료·복지 시설과 관련된 실버산업을 확대하는 정책을 마련해야 한다.

Q & A

Q 고령화 사회는 어떻게 구분하나요?

A 65세 이상 노인 인구의 비율이 전체 인구의 7% 이상을 차지하면 고령화 사회, 14% 이상이면 고령 사회, 20% 이상이면 초고령 사회라고 한다. 우리나라는 2000년에 고령화 사회에 진입하였으며, 2018년에는 고령 사회, 2026년에는 초고령 사회에 진입할 것으로 예측되고 있다.

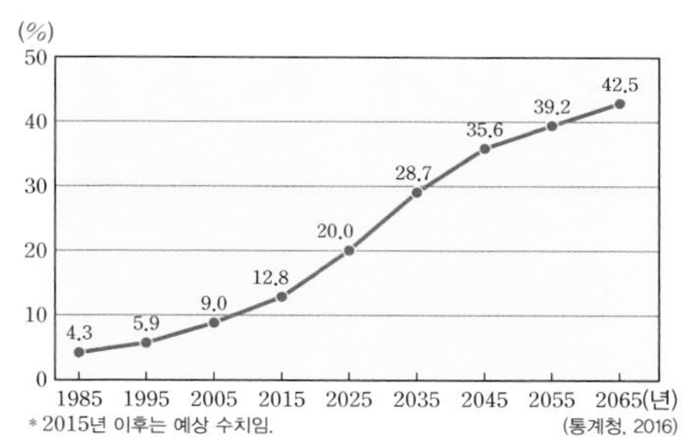

▲ 우리나라 65세 이상 인구 구성 비율

3 다문화 사회로의 변화

(1) **다문화 사회** : 민족, 언어, 문화 등 다양한 배경을 가진 사람들이 함께 어울려 사는 사회

(2) **등장 배경** : 외국인 노동자, 국제결혼 이주민, 외국인 유학생 증가 등

→ 다른 나라나 지역으로 옮겨 가서 살아가는 사람을 말한다.

(3) **영향**

긍정적 측면	부정적 측면
• 저출산·고령화로 인한 노동력 부족 문제 완화 • 문화적 다양성 실현을 통한 문화 발전 토대 마련	• 가치관과 문화 차이로 인한 갈등 • 언어 차이로 인한 의사소통의 어려움 • 이주민들에 대한 고정 관념과 차별로 인한 갈등

→ 외국인 근로자가 저렴하고 풍부한 노동력을 제공하여 국내 인력난 해결에 도움을 준다.

(4) **대응 방안**

① **의식적 측면** : 이주민을 사회의 구성원으로 인정하는 태도, 문화의 다양성을 이해하고 존중하는 자세 등

② **제도적 측면** : 다문화 가족에 대한 복지 확대, 다문화 가족 지원법 강화, 체계적인 다문화 교육 프로그램 마련, 외국인 근로자의 노동 환경 개선을 위한 법률 제정 등

집중 탐구 **다문화 사회로의 변화**

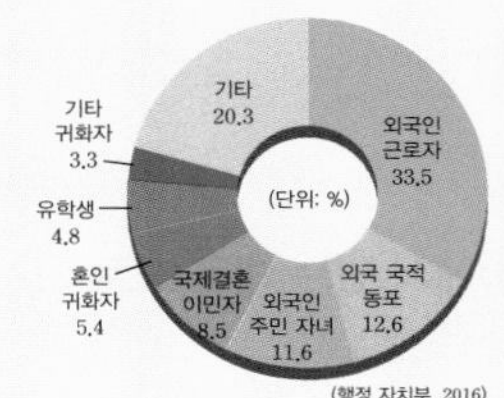

▲ 우리나라에 거주하는 외국인의 유형

국내에 거주하는 외국인은 외국인 근로자, 국제결혼 이민자, 유학생 등으로 구성되어 있다. 특히 취업, 결혼, 유학을 목적으로 국내에 거주하는 외국인 이주민이 증가하였다. 이중 외국인 근로자의 유입은 경제 활동 인구 감소로 인한 국내 노동력 부족 문제를 완화시켜 주고 있다. 또한 결혼관의 변화로 외국인과의 국제결혼이 증가하여 다문화 가정도 크게 증가하였다. 이렇듯 다문화 사회로 이행하고 있는 우리 사회의 변화에 대응하기 위해서는 외국인 이주민들을 사회 구성원으로 인정하고 그들의 문화를 이해하려는 노력이 필요하다.

✚ 노년 부양비
생산 가능 인구(15~64세) 100명이 부양해야 하는 65세 이상 노인 인구의 백분비를 말한다. 고령 인구에 대한 생산 가능 인구의 경제적 부담을 나타내는 지표이다.

✚ 연금
노후 생활의 안정을 위해 적립한 후 은퇴 후에 받는 돈

✚ 사회 보장 제도
빈곤, 실업, 질병과 같은 사회적 위험을 예방하고 국가가 최소한의 인간다운 생활을 보장하기 위해 실시하는 제도

✚ 고령화 사회의 구분

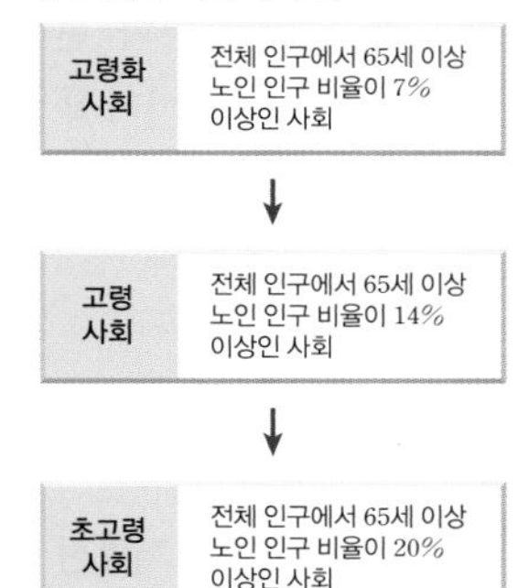

✚ 다문화 가족 지원법
다문화 가족의 안정적인 생활을 위해 제정된 법으로, 다문화 가족이 생활하는 데 필요한 정보 제공 및 지원을 규정하고 있다.

✚ 다문화 교육
다문화 교육은 인종, 민족, 종교, 생활 방식의 차이를 편견 없이 바라보고 다양한 문화를 이해하기 위해 필요한 지식, 태도, 가치를 가르치는 것이다.

개념 다지기

정답과 해설 • 72쪽

01 빈칸에 들어갈 알맞은 말을 넣으시오.

(1) 한국 사회는 경제적으로 농업 사회에서 (　　　) 사회를 거쳐 정보 사회로 변동하였다.
(2) 전체 인구수에서 65세 이상 노인 인구 비율이 높아지는 현상을 (　　　)(이)라고 한다.
(3) 여성 1명이 평생 동안 낳을 것으로 기대되는 평균 출생아 수를 (　　　)(이)라고 한다.
(4) 최근 외국인 노동자, 국제결혼 이주자 등의 국내 유입이 증가하면서 (　　　) 사회로 변화하고 있다.

02 괄호 안의 내용 중 알맞은 말에 ○표 하시오.

(1) (고령화 사회, 고령 사회)란 65세 이상 인구가 총인구의 14% 이상인 사회를 말한다.
(2) 저출산 · 고령화 현상이 지속되면 생산 가능 인구가 (증가, 감소)하여 노동력 부족 문제가 야기될 것이다.
(3) 저출산 · 고령화 현상으로 인해 노인 인구 부양 부담이 (증가, 감소)하고 있다.
(4) 저출산 · 고령화 현상에 따른 문제점을 해결하기 위해서는 (가족계획, 출산 장려) 정책을 시행해야 한다.

03 다음 내용이 저출산 현상의 원인에 해당하면 '저', 고령화 현상의 원인에 해당하면 '고'라고 쓰시오.

(1) 여성의 사회 진출 증가 (　　)
(2) 결혼관의 변화로 비혼과 만혼 증가 (　　)
(3) 의료 기술의 발달로 평균 수명 연장 (　　)
(4) 자녀 양육에 대한 경제적 부담 증가 (　　)

04 저출산 현상의 대책에 해당하는 것을 〈보기〉에서 있는 대로 고르시오.

보기
ㄱ. 실버산업 육성　ㄴ. 양성평등 문화 확립
ㄷ. 국민 연금 제도 개선　ㄹ. 육아 휴직 제도 확대 시행
ㅁ. 영유아 보육비 지원 확대

05 다음 내용이 맞으면 ○표, 틀리면 ×표 하시오.

(1) 우리나라는 1960년대 중반 이후 정보 사회로 진입하였다. (　　)
(2) 한국 사회는 정부 주도의 경제 개발 정책으로 급격한 사회 변동을 겪었다. (　　)
(3) 우리나라는 경제 성장 과정에서 지역 간, 계층 간 빈부 격차가 심화되었다. (　　)
(4) 의료 기술의 발달로 평균 수명이 연장되어 저출산 현상이 심해지고 있다. (　　)
(5) 저출산 · 고령화 현상이 지속되면 경제 성장이 둔화되어 국가 경쟁력이 약화될 수 있다. (　　)
(6) 다문화 사회로 인해 문화 간의 갈등이 일어나기도 하지만, 새로운 문화로 인해 기존 문화가 더 풍성해지기도 한다. (　　)

06 빈칸 ㉠, ㉡에 각각 들어갈 알맞은 말을 쓰시오.

65세 이상 노인 인구의 비율이 전체 인구의 7% 이상을 차지하면 고령화 사회, 14% 이상이면 (㉠), 20% 이상이면 (㉡)(이)라고 한다.

07 다음 설명에 해당하는 용어를 쓰시오.

생산 가능 인구 100명이 부양해야 하는 65세 이상 노인 인구의 백분비로, 고령 인구를 부양하는 데 드는 경제적인 부담을 나타낸다.

08 다문화 사회의 형성 배경을 〈보기〉에서 있는 대로 고르시오.

보기
ㄱ. 세계화　ㄴ. 국제결혼 증가
ㄹ. 의학 기술 발달　ㄷ. 경제 활동 인구 증가

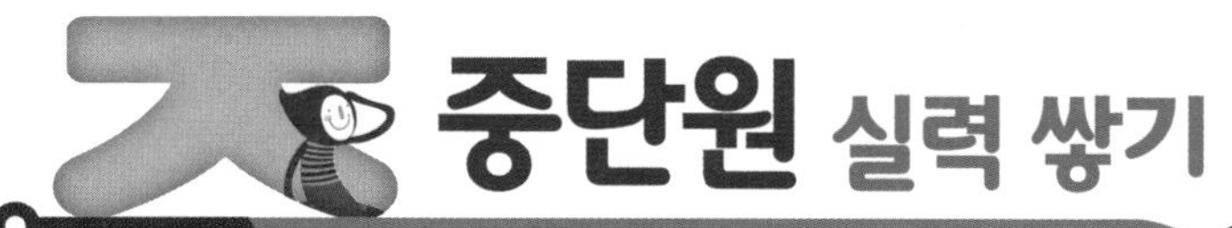

중단원 실력 쌓기

정답과 해설 • 72쪽

01 한국 사회 변동의 특징에 대한 옳은 설명을 〈보기〉에서 고른 것은?

〈보기〉
ㄱ. 서구 사회에 비해 짧은 시간에 걸쳐 산업화를 이루었다.
ㄴ. 농업 사회에서 산업 사회를 거쳐 정보 사회로 변동하였다.
ㄷ. 1980년대 경제 개발 5개년 계획을 통해 산업 사회로 진입하였다.
ㄹ. 민간 주도의 경제 개발 정책 추진으로 급속한 경제 성장을 이룩하였다.

① ㄱ, ㄴ ② ㄱ, ㄷ ③ ㄴ, ㄷ
④ ㄴ, ㄹ ⑤ ㄷ, ㄹ

02 표를 토대로 한국 사회의 변동 양상을 유추한 것으로 적절하지 않은 것은?

연도 \ 인구 비율	도시	농촌
1960년	28.0%	72.0%
2000년	79.7%	20.3%

① 산업화로 도시 인구의 비율이 높아졌을 것이다.
② 이촌 향도로 도시화 현상이 가속화되었을 것이다.
③ 일자리를 찾아 인구가 도시로 집중되었을 것이다.
④ 정보 통신 기술 발달이 사회 변동을 이끌었을 것이다.
⑤ 도시와 농촌 간의 지역 격차가 커졌을 것이다.

03 밑줄 친 부분에 해당하는 내용을 〈보기〉에서 고른 것은?

> 우리나라는 '한강의 기적'이라 부를 만큼 놀라운 경제 성장을 이루었으며, 이후 계속된 발전을 거듭하여 선진국으로 도약하고 있다. 이처럼 눈부신 경제 성장과 함께 <u>한국 사회에는 많은 변화가 나타났다</u>.

〈보기〉
ㄱ. 여성의 사회 진출 기회가 확대되었다.
ㄴ. 지역 및 계층 간의 균형적인 성장이 이루어졌다.
ㄷ. 개성과 창의력이 중시되는 분위기가 조성되었다.
ㄹ. 경제 성장을 위해 권위적인 통치가 더욱 강화되었다.

① ㄱ, ㄴ ② ㄱ, ㄷ ③ ㄴ, ㄷ
④ ㄴ, ㄹ ⑤ ㄷ, ㄹ

04 자료를 통해 알 수 있는 한국 사회 변동의 최근 경향으로 가장 적절한 것은?

▲ 1970년대 초등학교 교실

▲ 2015년 초등학교 교실

① 고령화 현상 ② 저출산 현상
③ 산업의 발달 ④ 정보 사회로의 진입
⑤ 외국인 이주민의 증가

[05~06] 그래프는 우리나라 합계 출산율의 변화를 나타낸 것이다. 이를 보고 물음에 답하시오.

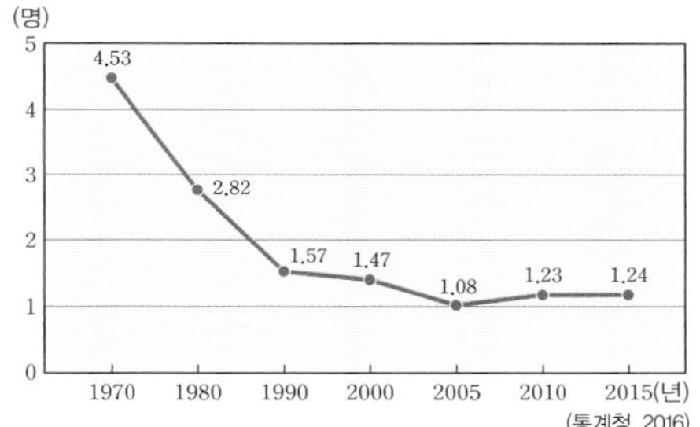

(통계청, 2016)

중요
05 위 그래프를 통해 알 수 있는 한국 사회 변동의 최근 경향으로 적절한 것은?

① 총 인구수는 계속 증가하고 있다.
② 저출산 현상이 뚜렷하게 나타나고 있다.
③ 여성 한 명이 낳는 자녀의 수는 증가하고 있다.
④ 총인구에서 노인 인구의 비율이 낮아지고 있다.
⑤ 경제 활동 인구 증가로 외국인 노동자가 유입되고 있다.

06 위 그래프에 나타난 현상에 대한 적절한 대응책을 〈보기〉에서 고른 것은?

〈보기〉
ㄱ. 연금 제도를 개선한다.
ㄴ. 평생 교육 정책을 실시한다.
ㄷ. 양성평등 문화를 확산시킨다.
ㄹ. 육아 휴직 제도를 확대 시행한다.

① ㄱ, ㄴ ② ㄱ, ㄷ ③ ㄴ, ㄷ
④ ㄴ, ㄹ ⑤ ㄷ, ㄹ

07 그래프를 통해 알 수 있는 내용으로 옳지 <u>않은</u> 것은?

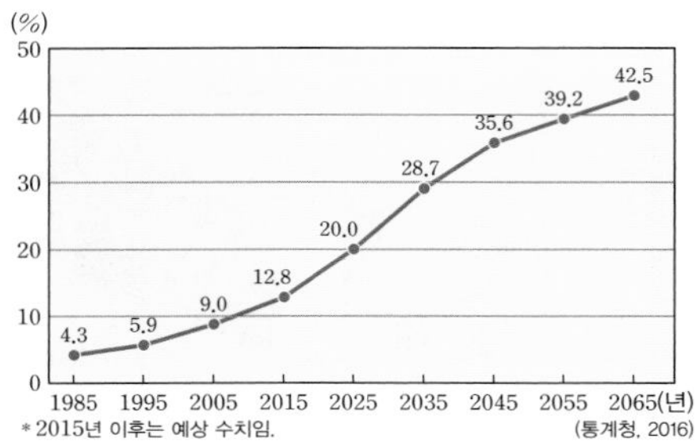

▲ 우리나라 65세 이상 노인 인구 구성 비율

① 고령화 현상이 심화되고 있다.
② 2000년에 고령 사회로 진입하였다.
③ 2015년에는 노인 인구 비율이 10%를 넘어섰다.
④ 2025년에 초고령 사회로의 진입을 예측할 수 있다.
⑤ 총인구에서 노인 인구가 차지하는 비율이 증가하고 있다.

중요
08 (가)에 들어갈 내용으로 적절한 것은?

① 경제 성장 가속화
② 노년 부양비 감소
③ 생산 가능 인구 감소
④ 경제 활동 인구 증가
⑤ 사회 보장 비용 감소

09 고령화 현상을 해결하기 위한 정책을 〈보기〉에서 고른 것은?

보기
ㄱ. 실버산업을 육성한다.
ㄴ. 노인 복지 예산을 감축한다.
ㄷ. 노인을 위한 일자리를 창출한다.
ㄹ. 출산 보조금 지급 범위를 축소한다.

① ㄱ, ㄴ　② ㄱ, ㄷ　③ ㄴ, ㄷ
④ ㄴ, ㄹ　⑤ ㄷ, ㄹ

10 우리나라의 인구 정책이 (가)에서 (나)로 변화한 원인을 〈보기〉에서 고른 것은?

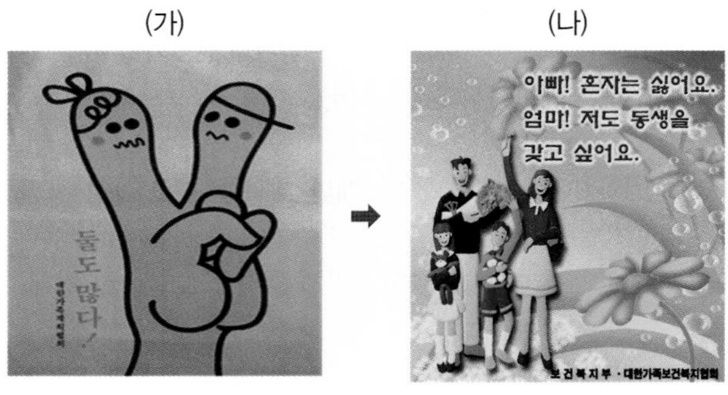

보기
ㄱ. 의료 기술 발달
ㄴ. 비혼과 만혼 증가
ㄷ. 여성의 사회 진출 감소
ㄹ. 자녀 양육에 대한 부담 증가

① ㄱ, ㄴ　② ㄱ, ㄷ　③ ㄴ, ㄷ
④ ㄴ, ㄹ　⑤ ㄷ, ㄹ

11 그래프는 노년 부양비 변화를 나타낸 것이다. 이와 같은 현상이 나타나는 원인으로 옳은 것은?

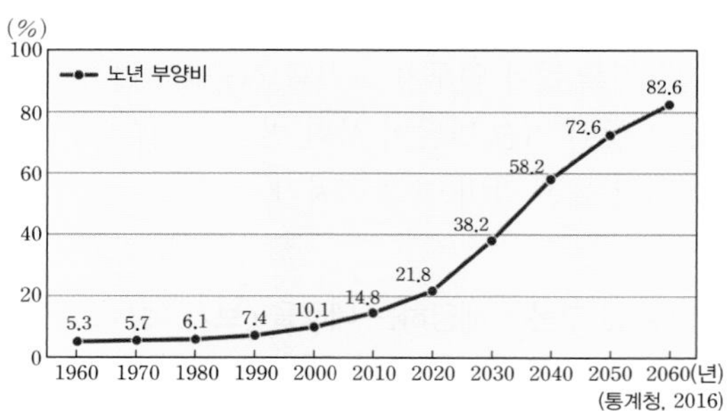

① 다문화 가족 증가　② 외국인 근로자 증가
③ 저출산 · 고령화 현상　④ 급격한 노인 인구 감소
⑤ 결혼 평균 연령 하락

중요
12 저출산 · 고령화 현상의 해결 방안으로 적절하지 <u>않은</u> 것은?

① 영유아 보육비를 지원한다.
② 노년층에 재취업 기회를 제공한다.
③ 가족계획 사업을 적극적으로 시행한다.
④ 양육과 교육에 대한 사회적 지원을 확대한다.
⑤ 노년층의 재사회화를 돕는 교육 기관을 확충한다.

[13~14] 그래프는 국내 체류 외국인 현황을 나타낸 것이다. 이를 보고 물음에 답하시오.

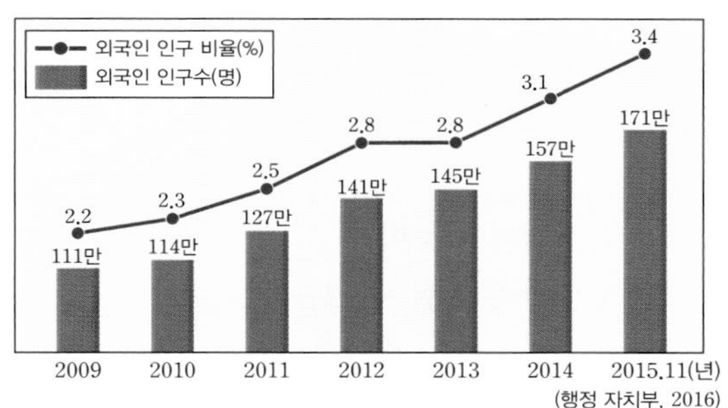

(행정 자치부, 2016)

13 위 그래프와 같은 변화가 나타난 요인을 〈보기〉에서 고른 것은?

보기

ㄱ. 세계화
ㄴ. 국제결혼 감소
ㄷ. 외국인 근로자 유입
ㄹ. 다문화 가정의 감소

① ㄱ, ㄴ ② ㄱ, ㄷ ③ ㄴ, ㄷ
④ ㄴ, ㄹ ⑤ ㄷ, ㄹ

중요

14 위와 같은 변화가 우리 사회에 미치는 영향으로 옳은 것은?

① 노동력 부족 문제를 악화시킨다.
② 총인구가 감소하는 시기를 앞당긴다.
③ 가치관과 문화 차이로 인한 갈등이 완화된다.
④ 이주민 대책 등에 필요한 사회적 비용이 감소한다.
⑤ 다양한 문화 교류를 통해 문화 발전의 원동력이 된다.

15 다문화 가정이 한국에서 겪는 어려움을 해결하기 위한 대책으로 옳지 않은 것은?

① 체계적인 다문화 교육을 실시한다.
② 문화적 차이를 존중하는 자세를 함양한다.
③ 다문화 가정에 대한 복지 제도를 확대한다.
④ 우리나라가 단일 민족 국가임을 긍지로 여긴다.
⑤ 이주민을 사회 구성원으로 인정하는 태도를 가진다.

서술형·논술형

서술형

01 자료에 나타난 최근 한국 사회의 변동 경향을 쓰고, 그에 따른 문제점을 해결하기 위한 제도적 측면의 방안을 두 가지만 서술하시오.

이런 모습, 상상은 해보셨나요?

논술형

02 대화를 읽고 두 사람에게 요구되는 자세를 200자 내외로 논술하시오.

다문화 가정이 늘면서 한민족이라는 의미가 사라지는 것 같아 속상해.
맞아, 단일 민족이라는 자부심이 있었는데 말이야.

현대 사회의 사회 문제

출제 포인트
- 사회 문제의 의미
- 현대 사회의 주요 사회 문제
- 현대 사회 문제의 해결 방안

✚ 사회 문제의 성립 조건
- 발생 원인이 사회에 있음
- 사회 구성원 대다수가 문제라고 여기는 사회 현상
- 인간의 노력으로 해결 가능한 것

✚ 사회 문제로 볼 수 없는 것
- 인간의 의지로 발생한 것이 아니며, 인간의 힘으로 해결하기 어려운 것 예 홍수, 가뭄 등의 자연재해
- 개인적인 문제처럼 대다수의 사회 구성원이 개선의 필요성을 느끼지 않는 것 예 진로 고민, 개인 간의 다툼 등

✚ 사회 문제의 상대성

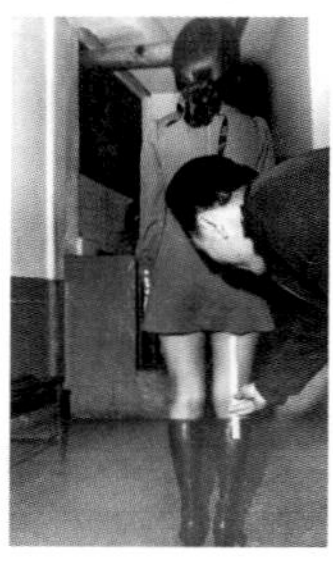

과거에는 사회적 분위기를 해친다는 이유로 짧은 치마를 입은 여성을 단속하였으나, 오늘날에는 개인의 개성을 중시하는 사회로 짧은 치마를 입는 것을 사회 문제로 인식하지 않는다.

✚ 비정규직 노동자의 고용 문제
비정규직 노동자들은 정규직과의 차별 대우, 저임금·장시간 노동 등에 시달린다. 또한 계약 기간이 만료되면 일을 할 수 없다는 고용 불안 등을 겪는다. 최근에는 비정규직 근로자의 고용 문제가 심각한 사회 문제로 대두되고 있다.

✚ 사막화
토지가 사막으로 변화하는 현상으로, 오래 지속된 가뭄과 인간의 무분별한 경지 확장 및 과도한 방목이 주요 원인이다.

1 사회 문제의 의미와 특징

(1) **의미** : 사회 구성원 대다수가 개선되어야 한다고 생각하는 사회 현상

(2) **발생 원인** : 사회 변동이나 가치관의 변화, 사회 구조나 제도의 결함

(3) **특징**

① 발생 원인이 사회에 있고 인간의 노력으로 해결이 가능함 ← 개인에게 국한된 일이나 자연재해 등은 사회 문제가 아니다.

② 사회 구성원의 인식 변화와 사회의 상황에 따라 달라질 수 있음

③ 사회 문제를 원만하게 해결하면 사회가 더욱 발전하는 계기가 됨

2 현대 사회의 주요 사회 문제와 해결 방안

(1) 현대 사회 문제의 유형

① 인구 문제

선진국	저출산·고령화로 인한 노동력 부족, 경제 성장 둔화, 노인 부양 부담 증가 등
개발 도상국	인구 급증으로 인한 식량 부족, 기아, 빈곤, 일자리와 각종 시설 부족 등

② 노동 문제 → 자아실현과 삶의 질을 결정하는 데 직접적인 영향을 주는 사회 문제

실업 문제	고용 감소와 노동 환경 변화로 실업률 증가
노사 갈등	노동자와 사용자 간의 입장 차이로 인한 갈등
임금 차별	외국인·여성·비정규직 노동자에 대한 임금 차별
고용 불안	고용 안정을 보장받지 못한 비정규직 노동자 증가

→ 비정규직 노동자: 근로 기간 및 고용의 지속성 등에서 정규직과 달리 보장을 받지 못하는 계약직, 임시직, 일용직 등을 말한다.

③ 환경 문제
- 자원 고갈 : 석탄, 석유와 같은 화석 연료의 고갈
- 환경 오염 : 산업화에 따른 무분별한 개발로 대기·수질·토양 오염 심화
- 지구 온난화 : 온실가스 배출량의 증가로 이상 기후 현상과 해수면 상승
- 열대림 파괴 : 경제 개발로 인한 열대 우림 감소
- 사막화 : 과도한 농경지와 목축지 개발로 야기
- 오존층 파괴 : 자외선이 그대로 지구에 도달하여 피부암 유발

집중 탐구 환경 문제를 해결하기 위한 다양한 노력

▲ 재활용 분리 배출

▲ 환경세 부과

▲ 국제 협약 체결

현대 사회의 문제를 해결하기 위해서는 개인의 노력, 제도적 지원, 국제적 협력이 함께 이루어져야 한다. 특히 환경 문제는 다양한 요소가 복합적으로 작용하여 발생하므로 문제를 해결하기 위해 여러 각도에서 통합적으로 접근할 필요가 있다. 개인적 차원에서는 재활용 및 쓰레기 분리 배출 등 환경 보호를 위한 실천이 필요하며, 정부는 환경 오염 유발 요인에 대해 세금을 부과하고 환경 보존 요인에 혜택을 부여하는 등 제도적 장치를 마련해야 한다. 또한 환경 문제는 일부 국가의 노력만으로 해결할 수 없으므로 기후 변화 협약 체결과 같은 국가 간의 적극적인 협력이 요구된다.

④ 기타

- 정보화에 따른 문제 : 인터넷 중독, 사이버 범죄, 개인 정보 유출, 정보 격차 등
- 사회 구조적 문제 : 도시 간 · 지역 간 발전을 둘러싼 사회 · 경제적 불평등, 계층 양극화 등
- 사회적 약자에 대한 차별 문제, 빈부 격차 심화, 전쟁과 테러 등

→ 인류의 미래를 위협하는 현대 사회의 주요한 사회 문제

더 알아보기 **지구 온난화가 빼앗아 간 삶의 터전**

남태평양의 섬나라인 투발루는 아홉 개의 섬으로 이루어진 나라로 평균 해발 고도가 낮아 섬 대부분의 지역이 해수면과 높이가 같다. 이러한 투발루가 지구 온난화에 따른 해수면의 상승으로 일부 섬이 바닷물에 잠겨 사라졌고, 나머지 섬들도 가라앉고 있어 2001년 마침내 국토 포기를 선언하였다. 이에 투발루 정부는 자국민들을 이웃 국가에 이주시키는 정책을 시행하고 있으나, 일부 국가들이 받아주기를 거부하면서 투발루의 국민들은 기후 난민이 될 위기에 처해 있다.

지구 온난화는 인간의 거주 지역뿐만 아니라 북극곰의 삶의 터전도 빼앗았다. 지구 온난화로 인한 기온 상승으로 북극의 빙하가 녹아 북극곰의 서식지와 함께 사냥 가능 지역이 줄어들게 되었다. 먹잇감이 부족해진 북극곰은 생존에 위협을 받고 있으며 그 개체도 매년 줄어들고 있다. 결국 2008년 미국 내무부는 북극곰을 멸종 위기에 처한 동물로 지정하였고, 북극곰은 지구 온난화로 인해 세계 최초로 보호를 받는 동물이 되었다.

(2) 현대 사회 문제의 해결 방안

① 의식적 측면

- 사회 구성원의 공동체 의식 함양
- 사회 문제 해결을 위한 적극적인 참여
- 일상생활에서의 실천 노력 및 시민운동 참여

  예 양성평등 의식 확산을 위한 공익 광고 홍보 및 캠페인 활동 등

② 제도적 측면 : 사회 문제 해결에 필요한 정책 및 제도 마련 예 출산 장려금 지급, 육아 휴직 제도 확대, 일자리 창출 정책 등

③ 국제적 측면

- 국제적 차원에서 구체적이고 실질적인 협력 필요 → 환경 문제는 전 지구적인 문제로 국가 간의 협력이 필요하다.
- 최근 환경 문제, 빈곤, 전쟁과 테러에 대한 국제적 협력의 필요성 증대 예 유엔(UN) 기후 변화 협약 체결 등

  → 환경 문제는 지속 가능한 발전을 위한 지구촌 차원의 원칙과 실천 방안을 마련해야 한다.

집중 탐구 **사회 문제의 합리적 해결 절차**

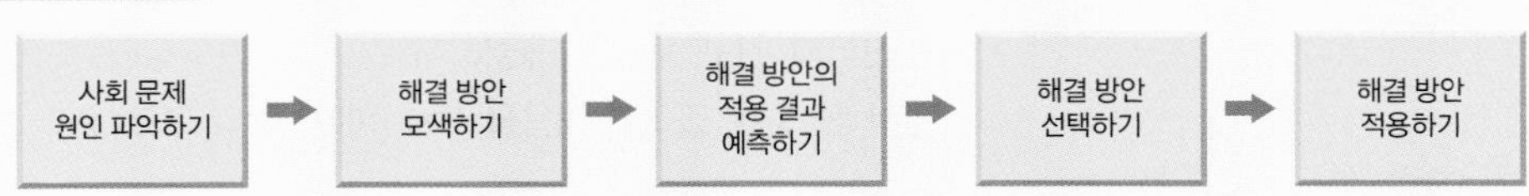

사회 문제를 해결하려면 사회 구성원의 공감과 참여를 유도할 수 있는 합리적인 절차를 모색하는 것이 중요하다. 먼저, 정치, 경제, 사회 등 여러 측면에서 문제의 원인을 파악한다. 이후 문제 당사자의 요구 및 유사 사례의 해결 과정 등을 고려해야 하고, 의식적 측면과 제도적 측면으로 나누어 해결 방안을 모색한다. 제시된 해결 방안에 대한 결과를 예측할 때는 긍정적인 측면과 부정적인 측면, 적용하였을 때 나타날 수 있는 새로운 문제나 집단 간 갈등까지 모두 고려해야 한다. 예측을 토대로 사회 구성원과 사회 전체에 도움이 되는 최선의 해결 방안을 선택하며, 결정된 해결 방안을 시범 적용하면서 새로운 문제가 나타나지 않는지를 평가하고 확대 적용한다.

+ 정보 격차
정보 기술에 접근하여 정보를 소유할 수 있는 능력을 보유한 사람과 보유하지 못한 사람 사이에 경제적 · 사회적 격차가 심화되는 현상

+ 계층 양극화
경제적으로 부유한 계층과 어려움을 겪는 계층 간의 빈부 격차가 더 커지는 현상

+ 기후 난민
환경 파괴로 인한 기후 변화 등으로 생존에 위협을 받아 본래 있던 지역에서 이주한 사람들을 말한다.

+ 전 지구적인 문제
지구 온난화, 황사와 같은 환경 문제와 전쟁과 테러, 빈곤 문제 등은 특정 지역뿐만 아니라 지구 전체에 영향을 미치므로 이를 해결하기 위해서는 전 지구적인 이해와 협력이 필요하다.

+ 지속 가능한 발전
자연과 인간이 조화를 이루는 개발을 통해 미래 세대의 삶의 질을 보장하려는 것이다.

+ 유엔(UN) 기후 변화 협약 '파리 협정'
2015년 파리에서 열린 기후 변화 협약 당사국 총회 본회의에서 195개 당사국이 채택한 협정이다. 산업화 이전 수준 대비 지구 평균 온도가 2℃ 이상 상승하지 않도록 온실가스 배출량을 단계적으로 감축하는 내용을 담고 있다.

개념 다지기

정답과 해설 • 74쪽

01 다음에서 설명하고 있는 사회학적 개념을 쓰시오.

> 사회 구성원 대다수가 개선되어야 한다고 생각하는 사회 현상으로 발생 원인이 사회 내부에 있어 인간의 노력으로 해결이 가능한 것이다.

02 사회 문제에 해당하는 것을 〈보기〉에서 있는 대로 고르시오.

보기

ㄱ. 청년 실업	ㄴ. 태풍 북상
ㄷ. 고령화 현상	ㄹ. 사교육비 증가
ㅁ. 친구와의 갈등	ㅂ. 비만 인구 증가

03 다음 내용이 맞으면 ○표, 틀리면 ×표 하시오.

(1) 홍수, 가뭄과 같은 자연재해도 사회 문제에 해당한다. ( )

(2) 사회 문제는 제도적 차원의 노력만으로도 해결이 가능하다. ( )

(3) 사회 문제를 원만하게 해결한다면 사회는 더욱 발전할 수 있다. ( )

(4) 환경 문제는 지구 전체가 아닌 특정 지역에만 영향을 미친다. ( )

(5) 시대적 상황이나 가치관의 변화에 따라 사회 문제는 상대성을 지닌다. ( )

(6) 현대 사회의 주요 사회 문제로는 인구, 노동, 환경 문제 등이 있다. ( )

04 다음 내용이 선진국의 인구 문제에 해당하면 '선', 개발 도상국의 인구 문제에 해당하면 '개'라고 쓰시오.

(1) 기아 및 빈곤 ( )

(2) 인구의 폭발적 증가 ( )

(3) 노인 부양 부담 증가 ( )

(4) 인구 감소 및 고령화 현상 ( )

05 괄호 안의 내용 중 알맞은 말에 ○표 하시오.

(1) (개발 도상국, 선진국)은 지나치게 높은 출산율로 기아와 빈곤 문제가 발생하고 있다.

(2) 인구 문제를 해결하기 위해 선진국은 (출산 장려, 산아 제한) 정책을 시행해야 한다.

(3) 사회 문제를 해결하기 위해 (개인, 정부)(은)는 다양한 제도와 정책을 마련하고, (개인, 정부)(은)는 공동체 의식을 갖고 사회 문제에 관심을 가져야 한다.

06 현대의 주요 사회 문제와 그 내용을 바르게 연결하시오.

(1) 인구 문제 • • ㉠ 사막화, 지구 온난화

(2) 노동 문제 • • ㉡ 임금 차별, 실업 문제

(3) 환경 문제 • • ㉢ 노동력 부족, 빈곤 문제

07 빈칸에 들어갈 알맞은 말을 쓰시오.

(1) 사막화 등의 ( ) 문제는 국제 협약 체결과 같은 국제적인 공동 대처가 필요하다.

(2) 지구의 평균 온도가 지속적으로 상승하는 ( ) 현상은 온실가스의 증가가 주요 원인이다.

(3) 사회 문제 중 ( ) 문제는 자아를 실현하고 삶의 질을 결정하는 것으로 실업과 고용 불안 등을 예로 들 수 있다.

08 선진국의 인구 문제를 해결하기 위한 방안을 정리한 표이다. 빈칸 ㉠, ㉡에 들어갈 내용을 〈보기〉에서 각각 고르시오.

의식적 차원	(㉠) 의식 함양을 위한 캠페인 전개
제도적 차원	(㉡) 정책 시행

보기

ㄱ. 양성평등	ㄴ. 남아 선호
ㄷ. 산아 제한	ㄹ. 출산 장려

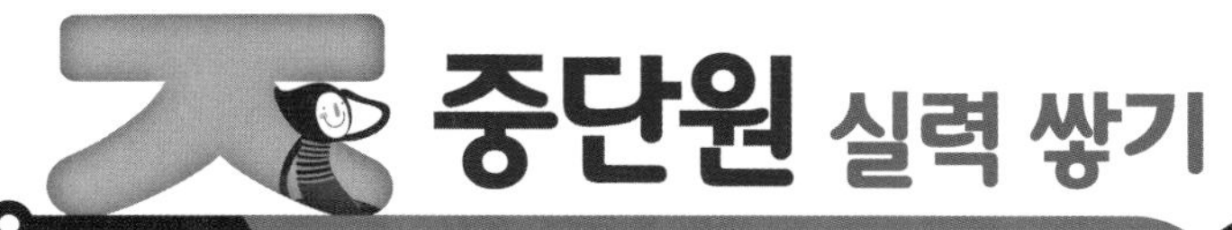

중단원 실력 쌓기

정답과 해설 • 74쪽

01 사회 문제에 해당하는 내용을 〈보기〉에서 고른 것은?

보기
ㄱ. 지진이 발생하여 건물의 일부가 유실되었다.
ㄴ. 아침에 지각을 해서 선생님께 꾸중을 들었다.
ㄷ. 출생률이 낮아져 노동력 부족 현상이 나타났다.
ㄹ. 출산을 이유로 회사 승진에 있어 불이익을 받았다.

① ㄱ, ㄴ ② ㄱ, ㄷ ③ ㄴ, ㄷ
④ ㄴ, ㄹ ⑤ ㄷ, ㄹ

02 자료를 통해 알 수 있는 내용으로 가장 적절한 것은?

일부 서구 국가에서는 비만이 사회 문제로 크게 대두되자, 비만을 유발하는 당류를 다량 함유한 제품에 별도로 세금을 부과하는 정책을 시행하고 있다. 반면, 경제적으로 낙후한 지역에서는 아직도 기아로 고통받는 사람들이 많다. 이들 지역은 가뭄과 내전이 계속되고 있어 국제기구의 구호 활동에도 불구하고 기아 인구는 더 늘어나고 있다.

① 사회 문제는 사회적 상황에 따라 달라진다.
② 사회 문제에는 개인이 겪는 사적인 문제도 포함된다.
③ 사회 문제는 개별 국가의 노력만으로 해결이 가능하다.
④ 현대 사회로 올수록 사회 문제는 단순화되는 경향이 강하다.
⑤ 특정 지역에서만 나타나는 현상으로 사회 문제로 볼 수 없다.

03 다음은 어떤 사회 문제를 해결하기 위한 정책이다. 이를 통해 해결하고자 하는 사회 문제로 가장 적절한 것은?

다자녀 가구의 혜택이 예년보다 올해 더 늘어날 전망이다. 전기·가스 요금 할인과 같은 공공 부문 세제 혜택뿐만 아니라 주택 특별 공급과 자녀가 대학에 입학했을 때 등록금 부담을 경감해 주는 등의 정책을 확대 시행할 계획이다.

① 정보 격차 ② 빈부 격차 ③ 저출산 현상
④ 고령화 현상 ⑤ 인구 급증 현상

중요
04 대화에서 사회 문제의 특징을 바르게 이해하고 있는 사람을 고른 것은?

갑 : 대다수가 해결되어야 한다고 생각하는 문제를 말해.
을 : 태풍과 같은 자연재해도 사회 문제로 볼 수 있어.
병 : 최근에는 전쟁과 테러와 같은 사회 문제가 크게 부각되고 있어.
정 : 사회 문제는 사회적 혼란을 가져오는 부정적 기능만 가지고 있어서 바람직하지 않아.

① 갑, 을 ② 갑, 병 ③ 을, 병
④ 을, 정 ⑤ 병, 정

05 선진국과 개발 도상국의 인구 성장에 대한 옳은 설명을 〈보기〉에서 고른 것은?

보기
ㄱ. 개발 도상국의 인구 성장은 정체되고 있다.
ㄴ. 세계 인구의 성장은 선진국이 주도하고 있다.
ㄷ. 선진국은 고령화 현상으로 사회 보장 비용이 증가하고 있다.
ㄹ. 일부 개발 도상국은 높은 출산율로 인해 실업 문제를 겪고 있다.

① ㄱ, ㄴ ② ㄱ, ㄷ ③ ㄴ, ㄷ
④ ㄴ, ㄹ ⑤ ㄷ, ㄹ

06 갑국의 인구 문제를 해결하기 위한 방안을 〈보기〉에서 고른 것은?

갑국은 생산 가능 인구가 감소하여 경제 성장이 둔화되었으며, 소비 심리가 위축되어 경제 침체가 지속되고 있다. 또한 아동 관련 산업보다는 노인 관련 산업이 활성화되고 있다.

보기
ㄱ. 산아 제한 정책을 시행한다.
ㄴ. 출산 장려금을 확대 지급한다.
ㄷ. 육아 휴직 제도를 확대 실시한다.
ㄹ. 빈부 격차를 해소하기 위한 정책을 마련한다.

① ㄱ, ㄴ ② ㄱ, ㄷ ③ ㄴ, ㄷ
④ ㄴ, ㄹ ⑤ ㄷ, ㄹ

07 현대 사회가 직면한 노동 문제를 〈보기〉에서 고른 것은?

〈보기〉
ㄱ. 개인의 능력에 따른 임금 차이
ㄴ. 노동자와 사용자 간의 잦은 대립
ㄷ. 전체 노동자 중 비정규직이 차지하는 비율 증가
ㄹ. 보다 나은 일자리를 찾기 위한 개인의 구직 활동

① ㄱ, ㄴ ② ㄱ, ㄷ ③ ㄴ, ㄷ
④ ㄴ, ㄹ ⑤ ㄷ, ㄹ

08 그래프를 보고 유추할 수 있는 사회 문제에 대한 설명으로 옳지 않은 것은?

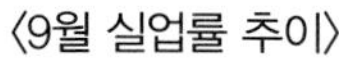
〈9월 실업률 추이〉

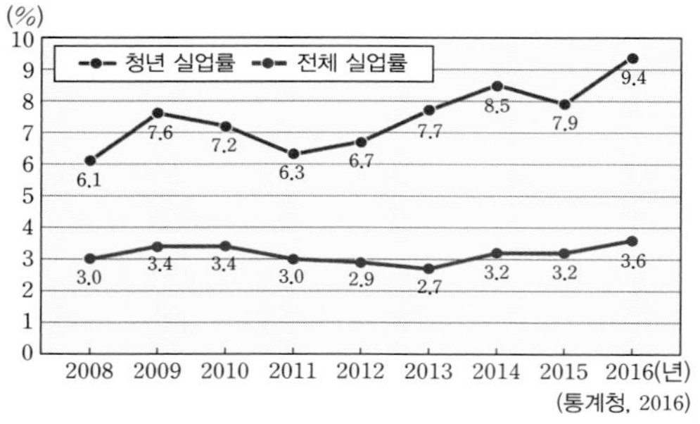

(통계청, 2016)

① 실업 증가에 따른 노동 문제이다.
② 개인의 자아실현 기회를 박탈한다.
③ 사회 발전을 위한 불가피한 현상이다.
④ 인적 자원의 낭비로 경제적 손실을 발생시킨다.
⑤ 일자리 창출을 위한 국가의 정책 마련이 시급하다.

09 신문 기사에 나타난 사회 문제의 해결 방안으로 가장 적절한 것은?

○○ 일보 2017년 ○월 ○○일

○○기업 노동자들은 정규직과의 임금 차별과 장시간 노동 등을 이유로 노동 위원회에 차별 구제 신청을 하였다. 이들은 계약 기간을 연장하기 위해 지금까지 행해져 온 회사 측의 부당한 대우도 감수해 왔다.

① 근로자의 최저 임금을 보장한다.
② 실업자의 재취업 기회를 제공한다.
③ 실업 급여 지급 대상자를 확대한다.
④ 비정규직의 고용 안정책을 마련한다.
⑤ 청년 실업자를 위한 일자리를 창출한다.

10 빈칸 (가)에 들어갈 환경 문제로 가장 적절한 것은?

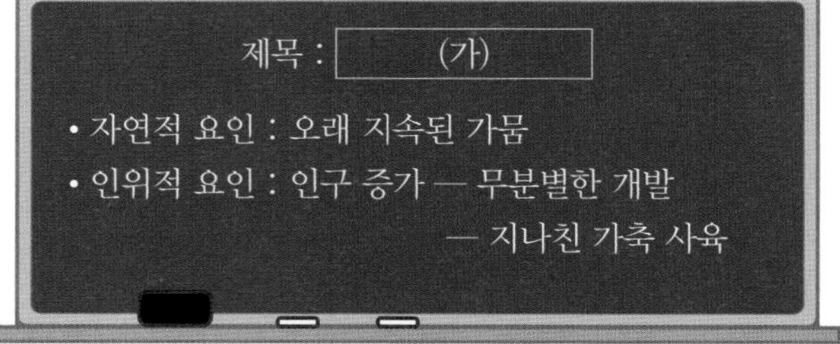

제목 : (가)
• 자연적 요인 : 오래 지속된 가뭄
• 인위적 요인 : 인구 증가 — 무분별한 개발
— 지나친 가축 사육

① 사막화 ② 자원 고갈
③ 오존층 파괴 ④ 지구 온난화
⑤ 열대림 파괴

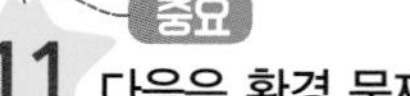

11 다음은 환경 문제를 주제로 한 수업 장면이다. 교사의 질문에 옳게 답한 학생을 〈보기〉에서 고른 것은?

사진과 관련한 환경 문제에 대해
발표해 볼까요?

〈보기〉
갑 : 물 부족으로 나타난 환경 문제입니다.
을 : 과도한 화석 연료의 사용이 원인입니다.
병 : 온실가스 증가로 지구의 온도가 상승하였습니다.
정 : 산업화 과정에서 수질이 오염되어 발생하였습니다.

① 갑, 을 ② 갑, 병 ③ 을, 병
④ 을, 정 ⑤ 병, 정

중요

12 현대 사회 문제의 해결 방안 중 의식적 차원에 해당하는 것은?

① 환경 문제 : 쓰레기를 줄이기 위해 종량제를 실시한다.
② 실업 문제 : 새로운 일자리 창출을 위한 정책을 마련한다.
③ 노사 문제 : 바람직한 노사 관계를 위한 정책을 마련한다.
④ 인구 문제 : 양성평등 문화를 확산시키는 캠페인에 앞장선다.
⑤ 정보 격차 : 소외 계층을 대상으로 정보 활용 교육을 확대한다.

13 환경 보호를 위한 정부의 역할에 해당하는 내용을 〈보기〉에서 고른 것은?

보기
ㄱ. 이산화 탄소 배출량을 규제한다.
ㄴ. 쓰레기 줄이기 및 분리배출을 실천한다.
ㄷ. 이상 기후 변화에 대응하는 연구를 지원한다.
ㄹ. 환경 친화적인 상품을 개발하는 경영 전략을 수립한다.

① ㄱ, ㄴ ② ㄱ, ㄷ ③ ㄴ, ㄷ
④ ㄴ, ㄹ ⑤ ㄷ, ㄹ

14 (가), (나)를 통해 알 수 있는 내용으로 적절하지 않은 것은?

(가) 파리에서 열린 기후 변화 협약 본회의에서 196개국이 산업화 이전 수준에 대비하여 지구 평균 온도가 2℃ 이상 상승하지 않도록 온실가스 배출량을 단계적으로 감축하기로 하였다.
(나) 사막화가 진행되고 있는 몽골 등지에 나무를 심어 방풍림을 조성하는 사업에 우리나라 민간단체들이 대거 참여하고 있다. 이는 우리나라에서 발생하는 황사를 예방하기 위해 몇 년 전부터 실시되고 있는 사업이다.

① 온실가스는 지구의 평균 온도를 상승시킨다.
② 환경 문제는 특정 지역과 국가에만 영향을 미친다.
③ 방풍림 조성은 황사를 완화시키는 데 도움이 된다.
④ 기후 변화 협약을 체결한 국가는 온실가스 배출량을 감축해야 한다.
⑤ 환경 문제는 전 지구적 차원의 문제로 해결하기 위해서는 국가 간 협력이 요구된다.

서술형·논술형

Ⅰ 서술형

01 (가), (나) 중 사회 문제에 해당하는 것의 기호를 쓰고, 그 이유를 (가), (나)를 비교하여 서술하시오.

(가) 한반도에 상륙한 태풍이 경상북도와 울릉도 일대를 휩쓸고 지나갔다. 이번 태풍의 영향으로 사상자가 발생하고 막대한 재산 피해가 났다.
(나) 북극해의 두꺼운 얼음 덩어리의 두께가 점점 얇아지고 있다. 인간에 의해 나타난 지구 온난화가 북극해의 빙하를 녹게 해 북극곰의 생존을 위협하고 있다.

Ⅰ 논술형

02 다음 글에 나타난 노동 문제를 해결하기 위해 필요한 정부의 정책에 관해 200자 내외로 논술하시오.

대학을 졸업한지 2년이 넘도록 취업을 하지 못한 은서는 오늘도 취업 게시판을 보는 것으로 하루를 시작한다. 최근 경기 침체로 기업의 신규 사원 채용 규모가 감소하여 취업하기가 더욱 어려워질 전망이라고 한다. 은서는 오늘도 수십 통의 이력서를 쓴다.

대단원 마무리

01 그림은 인류의 발명을 압축해 놓은 시계이다. 이를 통해 알 수 있는 현대 사회 변동의 특징으로 옳은 것은?

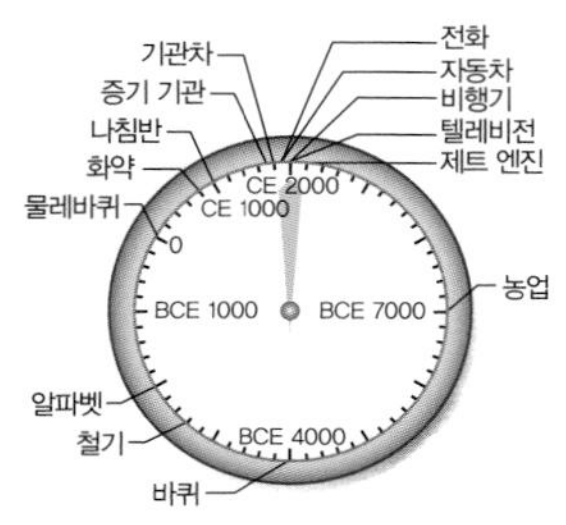

① 변동의 결과를 예측하기 어렵다.
② 변동의 범위가 점차 축소되고 있다.
③ 사회 변동의 주요 요인은 자연환경의 변화이다.
④ 현대 사회로 올수록 변동 속도가 점점 빨라진다.
⑤ 사회 변동이 전 세계에 걸쳐 동시다발적으로 이루어진다.

02 다음과 같은 사회 변동으로 인해 나타난 결과로 옳지 않은 것은?

> 생산 활동의 분업화와 기계화로 대량 생산이 가능해지고 사회 전체의 생산력이 크게 높아져 물질적으로 풍요로워졌다.

① 농업 사회에서 산업 사회로 이행하였다.
② 대중의 정치적 참여 기회가 확대되었다.
③ 시간과 공간의 제약을 극복하게 되었다.
④ 일자리를 찾아 인구가 도시로 이동하였다.
⑤ 교육 기회가 확대되어 대중의 사회적 지위가 향상되었다.

03 빈칸에 들어갈 현대 사회의 변동 양상으로 옳은 것은?

> (　　　　　　)
>
> • 의미 : 사람과 물자, 기술, 자본 등이 자유롭게 이동하면서 국경의 의미가 약화되는 현상
> • 영향 : 민주주의 이념 확산, 자유 무역의 확대
> • 문제점 : 무역 분쟁, 약소국의 독립성 침해

① 산업화　② 도시화　③ 정보화
④ 세계화　⑤ 다문화

서술형

04 자료에 나타난 현대 사회의 변동 양상을 쓰고, 이로 인해 나타나는 문제를 두 가지만 서술하시오.

05 그림의 빈칸 ㉠에 들어갈 내용으로 가장 적절한 것은?

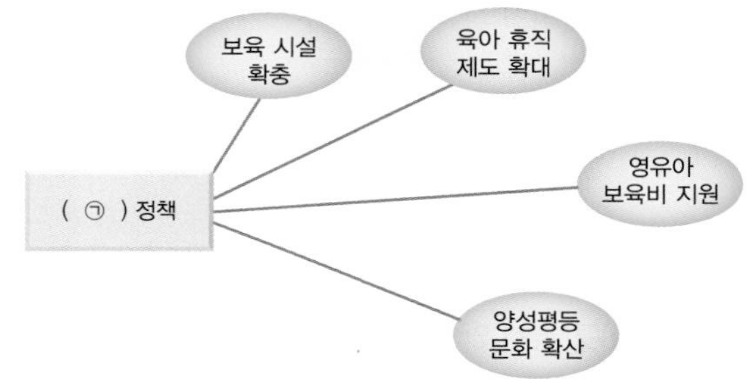

① 다문화　② 출산 장려　③ 산아 제한
④ 노인 복지　⑤ 아동 인권 보호

06 다문화 사회로의 변화에 따른 대응 방안을 〈보기〉에서 고른 것은?

> **보기**
> ㄱ. 다문화 가정에 대한 복지 정책을 확대한다.
> ㄴ. 외국인 이민자를 동등한 사회 구성원으로 인정한다.
> ㄷ. 우리 문화를 기준으로 다른 사회의 문화를 평가한다.
> ㄹ. 우리 사회에 빨리 적응할 수 있도록 외국인 이주민에게 우리 문화를 강요한다.

① ㄱ, ㄴ　② ㄱ, ㄷ　③ ㄴ, ㄷ
④ ㄴ, ㄹ　⑤ ㄷ, ㄹ

서술형

07 자료에 나타난 한국 사회의 최근 변동 경향을 쓰고, 그 원인을 두 가지만 서술하시오.

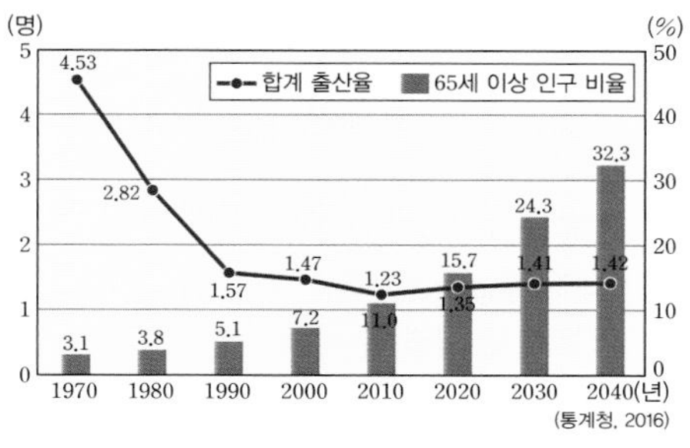

08 다음과 같은 정책을 시행하는 국가에 대한 설명으로 옳은 것은?

- 직장 내 보육 시설을 확충한다.
- 다자녀 가정에 대한 지원을 확대 시행한다.
- 양로 · 요양 시설 확충 등 실버산업을 육성한다.

① 출생률이 높은 편이다.
② 노동력 부족 문제에 직면하고 있다.
③ 인구 부양력이 낮아 빈곤 문제가 나타난다.
④ 병원, 학교, 주택 등 각종 시설이 부족하다.
⑤ 전체 인구에서 노인이 차지하는 비율이 낮다.

09 사회 문제에 대한 옳은 설명을 〈보기〉에서 고른 것은?

보기

ㄱ. 인간의 노력으로 해결할 수 있어야 한다.
ㄴ. 태풍, 지진 등과 같은 자연재해도 포함된다.
ㄷ. 대다수가 바람직하지 않다고 생각하는 현상이다.
ㄹ. 시대나 상황이 변해도 사회 문제는 언제나 동일하다.

① ㄱ, ㄴ　② ㄱ, ㄷ　③ ㄴ, ㄷ
④ ㄴ, ㄹ　⑤ ㄷ, ㄹ

10 밑줄 친 내용과 같은 현상이 발생하는 원인으로 옳은 것은?

① 사막화　② 자원 고갈　③ 수질 오염
④ 토양 오염　⑤ 지구 온난화

11 현대 사회의 주요 사회 문제에 대한 설명으로 옳지 않은 것은?

① 빈부 격차로 인해 사회 통합이 저해되고 있다.
② 환경 문제는 전 지구적인 문제로 국가 간의 협력이 절실하다.
③ 개발 도상국은 저출산으로 인해 인구가 지속적으로 감소하고 있다.
④ 임금 인상과 근로 환경 개선을 둘러싼 노사 간의 갈등이 야기되고 있다.
⑤ 비정규직 노동자들의 임금 차별과 고용 불안이 사회 문제로 대두되고 있다.

12 환경 문제를 해결하기 위한 노력으로 적절하지 않은 것은?

① 쓰레기를 분리 배출한다.
② 환경 친화적인 제품을 사용한다.
③ 대중교통 대신 자가용을 이용한다.
④ 음식물 쓰레기의 양을 최소한으로 줄인다.
⑤ 냉방기를 사용할 때는 적정 온도를 유지한다.

수행 평가 미리보기

• 선생님의 출제 의도 지역 사회 문제 해결을 통해 사회 문제 해결 능력 키우기

우리가 살고 있는 현대 사회는 급격한 사회 변동과 가치관의 변화로 인해 발생하는 다양한 사회 문제로 갈등을 겪고 있습니다. 사회 문제는 사회 구성원에게 혼란이나 피해를 주기도 하지만 이를 합리적으로 해결할 경우 사회가 발전하는 계기가 되기도 합니다. 사회 문제를 원만하게 해결하기 위해서는 사회 구성원의 참여를 유도할 수 있는 합리적 해결 방안을 모색해야 합니다. 이번 수행 평가는 내가 살고 있는 지역 사회의 문제가 무엇인지 파악한 후 이를 해결할 수 있는 방안을 모색하면서 사회 문제를 합리적으로 해결하는 능력을 함양하고자 합니다.

수행 평가 문제

모둠별로 지역 사회의 문제를 파악하고 합리적인 해결 방안을 제시하는 보고서를 작성해 봅시다.

A. 활동 계획 세우기

1 자신이 살고 있는 지역 사회에서 평소 관심이 있었거나 개선할 필요성이 있는 문제를 선택한다.
2 지역 사회의 문제를 다양한 관점에서 파악하고, 해결 방안을 모색하기 위해 다양한 조사 활동을 전개한다.
3 해결 방안에 대한 결과를 예측하고 그중 합리적인 해결 방안을 선택하여 보고서를 작성한다.

B. 활동 단계

1단계 자신이 속한 지역 사회의 문제나 개선되어야 하는 문제점을 인식하고 그중 하나를 선택한다.

2단계 선택한 지역 사회 문제의 현황과 관련된 자료를 수집하고 그 원인을 다양한 관점에서 파악한다.

3단계 해결 방안 모색을 위해 관련자 및 지역 주민을 대상으로 인터뷰 및 설문지 조사 등 다양한 활동을 전개한다.

4단계 해결 방안 적용 시 나타날 수 있는 문제점까지 고려하여 해결 방안에 대한 결과를 긍정적 측면과 부정적 측면으로 나누어 예측한다.

5단계 예측을 토대로 지역 사회에 도움이 되는 합리적인 해결 방안을 선택하고 보고서를 작성한다.

C. 활동하기

1 모둠별로 선정한 지역 사회 문제의 현황 및 발생 원인을 파악하는 활동지를 작성한다.

예시)

쓰레기 무단 투기 문제

현황 : 도로변을 비롯한 골목길에 무단 투기된 각종 생활 쓰레기로 지역의 미관을 해치고 있음. 특히 CCTV가 설치되어 있지 않은 장소나 사각지대에서 쓰레기 무단 투기 현상이 심각한 것으로 나타남

원인 : 지방 자치 단체의 허술한 관리 감독
무단 투기를 단속하는 전담 인력의 부족
쓰레기 무단 투기에 대한 경미한 처벌 기준
지역 주민들의 주인 의식과 환경 의식의 부재

2 지역 사회 문제의 발생 원인을 토대로 해결 방안을 모색하고 결과를 예측하여 해결 방안을 제시한다.

<table>
<tr><td rowspan="3">해결 방안 모색</td><td>1안</td><td colspan="2">쓰레기 무단 투기가 상습적으로 이루어지는 지역에 CCTV를 설치하고, 지방 자치 단체의 철저한 관리 감독을 강화함</td></tr>
<tr><td>2안</td><td colspan="2">현재 쓰레기 무단 투기 시 부과되는 과태료의 금액을 올려 처벌 규정을 강화하고 누적 횟수에 따라 과태료 금액을 가중하여 부과함</td></tr>
<tr><td>3안</td><td colspan="2">주인 의식 고취를 위한 캠페인 활동을 실시하며, 쓰레기 무단 투기가 심한 곳에 화단을 조성하거나 환경 보호 의식을 높이기 위한 현수막을 설치함</td></tr>
<tr><td rowspan="4">해결 방안에 대한 결과 예측</td><td>구분</td><td>긍정적 측면</td><td>부정적 측면</td></tr>
<tr><td>1안</td><td>쓰레기 무단 투기를 사전에 예방할 수 있는 가장 실질적이고 효과적인 방법임</td><td>CCTV 설치로 인한 재정 부담이 크게 늘어나며, 무단 투기가 줄어들지 않는다면 국가 예산 낭비라는 문제점이 나타남</td></tr>
<tr><td>2안</td><td>쓰레기 무단 투기에 대한 처벌을 강화하여 무단 투기 시도를 예방하고 줄일 수 있음</td><td>처벌 강화가 무단 투기를 실질적으로 줄일 수 있을지에 대한 의문과 함께 과태료를 상습적으로 납부하지 않는 경우에 대한 대책이 요구됨</td></tr>
<tr><td>3안</td><td>1, 2안에 비해 사회적 비용 부담이 현저히 낮으며, 개인의 의식 변화를 이끈다는 점에서 장기적이고 실질적인 방안임</td><td>– 캠페인 활동이 지속적으로 이루어지 않을 경우 지역 주민들의 호응과 변화를 이끌어 내지 못함
– 제도적 지원 없이 개인의 의식 변화만으로 문제를 해결하는 데는 한계가 있음</td></tr>
<tr><td>합리적인 해결 방안 선택</td><td colspan="3">선택 : 1안을 구체적으로 시행할 것을 지방 자치 단체에 건의하고, 사회 구성원들의 자발적인 참여를 통해 지역 사회 단체를 구성하여 3안의 캠페인 활동을 지속적으로 전개함
이유 : 쓰레기 무단 투기 문제를 해결하기 위해서는 관련 법규 및 제도적 정비와 함께 개인의 환경 의식 변화를 이끌기 위한 캠페인 활동도 이루어져야 함</td></tr>
</table>

채점 기준

평가 영역	채점 기준	상	중	하
비판적 사고력	지역 사회 문제의 현황과 원인을 파악하여 활동지를 작성하였는가?			
	지역 사회 문제의 해결 방안을 제도적·의식적 차원으로 구분하여 모색하였는가?			
	지역 사회 문제의 해결 방안을 긍정적·부정적 측면으로 구분하여 예측하였는가?			
문제 해결 능력	지역 사회 문제의 해결 방안이 합리적이고 실천 가능한 내용인가?			
	지역 사회 문제의 해결 방안이 지역 사회 구성원의 공감과 참여를 유도할 만한가?			
논리적 타당성	해결 방안을 모색하는 과정에서 실시한 조사 활동이 주제에 부합하는 활동인가?			
	해결 방안을 제시하는 보고서를 논리적으로 작성하였는가?			
참여도	모둠 활동에서 모둠원들과 소통을 원활하게 하며 적극적으로 활동에 참여하였는가?			
	모둠에서 자신의 역할을 충실히 수행하여 협력하였는가?			

MEMO

EBS 중학

뉴런

| 사회 ① |

실전책

| 기획 및 개발 |
박영민 이은희

| 집필 및 검토 |
김용걸(청담고) 김웅(신현고) 김은희(은계중) 조성호(중동고) 조수진(옥정중)

| 검토 |
김연주(지도중) 김은정(부천내동중) 김연화(연무중) 김윤정(동암중) 맹선영(평택중) 박서연(개봉중) 박성윤(세종과학예술영재학교) 박의현(창덕여중) 송승민(남한고)
송윤화(충주예성여고) 송훈섭(저현고) 심희용(매송중) 안진태(양천고) 이용직(명덕여고) 이은규(미사고) 장동민(시흥능곡고) 조민기(청안중) 조성백(오산중)
조수익(고양국제고) 조철민(인천재능중) 하경환(양정고) 황미애(병점고) 황미영(부산대) 황태성(상명고)

교재 정답지, 정오표 서비스 및 내용 문의 EBS 중학사이트  교재학습자료 ➔ 교재 메뉴

EBS 중학

뉴런

| 사회 ① |

실전책

Application 실전책 활용법

'뉴런 개념책'으로 학교 진도에 따라 공부를 마쳤나요?
그렇다면 이제 '뉴런 실전책'으로 실력을 다질 차례입니다.

'뉴런 실전책'으로 공부하는 마무리 3단계

1단계 대단원 개념 채우기

대단원별 핵심이 정리된 표의 빈칸을 채우면서 중요한 개념은 꼭 암기까지 완료하세요.

2단계 대단원 종합 문제

앞서 공부한 핵심 개념을 바탕으로 한 대단원 종합 문제를 풀어보면서 단원별 핵심 문제를 완벽히 대비해 보세요.

3단계 대단원 서술형 · 논술형 문제

중학교 시험에서 비중이 높은 서술형 · 논술형 문제는 연습이 필수! 서술형 · 논술형 문제 만큼은 확실히 다질 수 있도록 개념책에 이어 실전책에도 구성하였으니 활용해 보세요!

☆ 문제가 어렵게 느껴지거나 자신 없는 부분이 있다면?
'뉴런 개념책'으로 돌아가 해당 부분은 다시 공부하기로 해요.

☆ 혼자 공부했는데도 잘 모르는 부분이 있다면?
뉴런 강의가 있으니 걱정 마세요. EBS 중학 사이트에는 언제든지 만날 수 있는 강의가 준비되어 있습니다.

EBS 중학 홈페이지 : mid.ebs.co.kr

Contents 이 책의 차례 실전책

Ⅰ. 내가 사는 세계	김웅	4
Ⅱ. 우리와 다른 기후, 다른 생활	김용걸	10
Ⅲ. 자연으로 떠나는 여행	조성호	16
Ⅳ. 다양한 세계, 다양한 문화	조성호	22
Ⅴ. 지구 곳곳에서 일어나는 자연재해	김용걸	28
Ⅵ. 자원을 둘러싼 경쟁과 갈등	김웅	34
Ⅶ. 개인과 사회생활	김은희	40
Ⅷ. 문화의 이해	김은희	46
Ⅸ. 정치 생활과 민주주의	조수진	52
Ⅹ. 정치 과정과 시민 참여	조수진	58
Ⅺ. 일상생활과 법	조수진	64
Ⅻ. 사회 변동과 사회 문제	김은희	70

교재 및 강의 내용에 대한 문의는 EBS 중학 홈페이지(mid.ebs.co.kr)의 Q&A 서비스를 활용하시기 바랍니다.

대단원 개념 채우기 Ⅰ. 내가 사는 세계

01 다양한 지도 읽기

1 우리가 사는 세계의 모습

대륙과 해양	대륙	❶ □□□, 유럽, 아프리카, 오세아니아, 북아메리카, 남아메리카로 구분
	해양	태평양, 인도양, ❷ □□□으로 구분
주요 산맥, 사막, 섬	산맥	가장 높은 산인 에베레스트산이 위치한 산맥은 ❸ □□□□산맥
	사막	가장 넓은 사막은 ❹ □□□사막
	섬	가장 큰 섬은 덴마크의 그린란드

2 지도에 표현된 다양한 정보 읽기

지도	의미	지표면의 모습을 기호나 문자를 사용해 일정한 비율로 줄여서 나타낸 것	
	지도 읽기	❺ □□	실제 거리를 지도에 줄여 나타낸 비율
		❻ □□	지도에 나타낼 대상을 약속에 따라 표현한 것
		방위	지도에서 방향을 나타내는 것으로, 별도의 표시가 없으면 지도의 위쪽을 ❼ □□으로 함
	일상생활과 지도	여러 매체를 통해 다양한 형태의 지도를 볼 수 있음	
지도에 나타난 환경	❽ □□환경	지형, 기후, 식생, 토양 등	
	❾ □□환경	도시, 인구, 산업, 문화 등	

3 지도의 분류

목적에 따른 분류	일반도	여러 가지 목적으로 사용하기 위해 지표면의 일반적인 사항들을 표현한 지도
	❿ □□□	특정한 목적을 위해 필요한 지표 현상만을 선택적으로 표현한 지도 예 관광 안내도 등
규모에 따른 분류	⓫ □□□ 지도	좁은 지역을 상세하게 표현한 지도 예 지하철역 주변 안내도 등
	소축척 지도	넓은 지역을 간략하게 표현한 지도 예 우리나라 전도 등

02 위치와 인간 생활

1 위치의 표현

큰 규모의 위치 표현	대륙과 해양의 위치를 활용	예 우리나라는 유라시아 대륙의 동쪽에 위치하며 동쪽으로 태평양에 접해 있다.
	위도와 경도를 활용	예 우리나라는 북위 33°~43°, 동경 124°~132° 사이에 위치한다.
작은 규모의 위치 표현	⓬ □□□□를 활용	주변 경관 중 눈에 가장 잘 띄어 위치 파악에 도움을 줌
	행정 구역을 활용	도로명 주소 체계를 이용하여 정확한 위치를 표현할 수 있음 예 경기도 고양시 일산동구 한류월드로 281

2 위도와 경도

위도	의미	⓭ □□를 중심으로 지역의 위치가 남북으로 얼마나 떨어져 있는지를 나타내는 것 → 지구에 가상의 가로선(위선)을 그어 나타냄
	표시 방법	적도보다 북쪽은 북위(N), 적도보다 남쪽은 남위(S)
경도	의미	⓮ □□□□□을 중심으로 지역의 위치가 동서로 얼마나 떨어져 있는지를 나타내는 것 → 지구에 가상의 세로선(경선)을 그어 나타냄
	표시 방법	본초 자오선보다 동쪽은 동경(E), 본초 자오선보다 서쪽은 서경(W)
적도와 본초 자오선	적도	위도 0°, 북극과 남극에서 서로 같은 거리에 위치한 점을 이은 선
	본초 자오선	경선의 기준이 되는 선, 영국 런던의 그리니치 천문대를 지나는 선을 경도 0° 선으로 결정

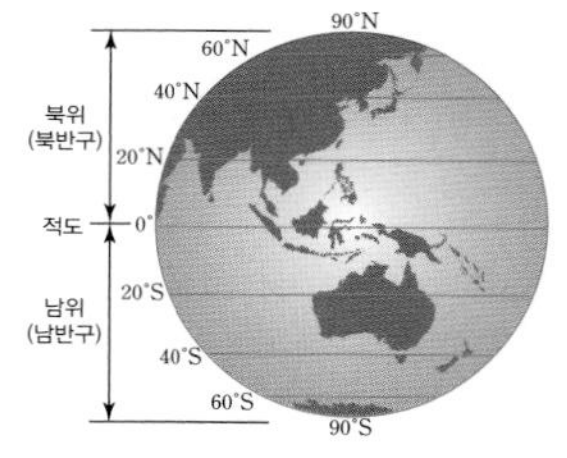

▲ 위도

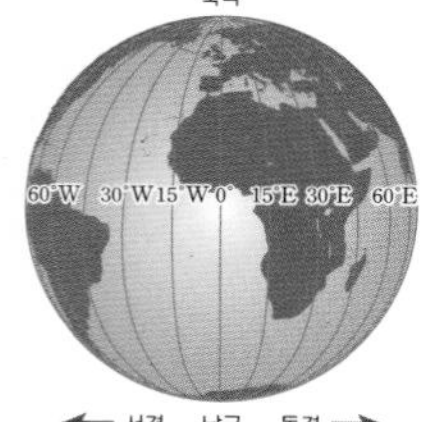

▲ 경도

정답 ❶ 아시아 ❷ 대서양 ❸ 히말라야 ❹ 사하라 ❺ 축척 ❻ 기호 ❼ 북쪽 ❽ 자연 ❾ 인문 ❿ 주제도 ⓫ 대축척 ⓬ 랜드마크 ⓭ 적도 ⓮ 본초 자오선

3 위도와 인간 생활

위도에 따른 기온 차이	❶ □□□	단위 면적당 비추는 태양 에너지의 양이 많아 일 년 내내 기온이 높음 → 통풍이 잘되는 가옥에서 간편한 옷차림으로 생활
	고위도	단위 면적당 비추는 태양 에너지의 양이 적어 일 년 내내 기온이 낮음 → 난방 시설이 갖추어진 가옥에서 두꺼운 옷을 입고 생활
위도에 따른 계절 차이	현상	북반구와 남반구는 서로 계절이 ❷ □□로 나타남
	원인	지구의 자전축이 23.5° 기울어져 태양 주위를 공전하기 때문
	인간 생활에 영향	농작물의 수확 시기가 달라짐, 계절 차이를 이용한 관광 산업에 활용

4 경도와 인간 생활

경도에 따른 시간 차이	시차	의미	지구는 하루 동안 360°를 자전하기 때문에 지역에 따라 시각이 달라지는 시차가 발생
		계산 방법	본초 자오선을 기준으로 15°씩 ❸ □□으로 갈수록 1시간씩 빨라지고, 서쪽으로 갈수록 1시간씩 늦어짐
	❹ □□□□□		본초 자오선의 반대편인 경도 180°선을 기준으로 각국의 영토를 고려하여 태평양에 그어진 선 → 이 선을 동에서 서로 넘어갈 때는 하루를 더하고, 서에서 동으로 넘어갈 때는 하루를 뺌
	표준시		자기 지역을 지나거나, 인근의 경선을 표준 경선으로 정하여 그 경선에서의 시각을 표준시로 사용 예 우리나라 : 동경 135°(+9시간) 미국 뉴욕 : 서경 75°(–5시간)
시차와 인간 생활	해외여행을 떠날 때나 해외로 전화를 할 때는 시차를 고려해야 함 예 해외에서 스포츠 경기가 열릴 때는 선수들이 미리 이동하여 시차 적응 훈련을 실시		
	시차를 이용하여 업무를 처리함 예 미국과 인도 사이에 약 13시간의 시차가 있어 메일을 주고받으며 연속적인 업무 처리		
	키리바시, 사모아 등 남태평양의 국가들은 ❺ □□□ 관광 산업이 발달		
	국토가 동서로 넓은 국가들은 여러 개의 표준시를 사용하기도 함		

03 지리 정보의 이용

1 지리 정보의 의미와 종류

의미	지리적 현상과 관련된 지식과 정보로, 공간적 의사 결정 과정에 많은 영향을 미침	
종류	❻ □□□□	지리 현상이 발생하는 위치에 관한 정보 예 우리 학교는 △△동에 있어.
	❼ □□□□	지리 현상의 특징에 관한 정보 예 우리 학교는 남녀 공학이야.
	❽ □□□□	다른 지리 현상과의 관계에 관한 정보 예 우리 학교는 △△초등학교 옆에 있어.
수집 방법	간접 조사	인터넷, 지도 등을 이용하여 자료를 수집
	직접 조사	지역에 직접 방문하여 관찰, 실측, 면담 및 설문 조사 등을 활용
	❾ □□□□	감지기를 통해 전자기파를 탐지하여 지리 정보를 수집하는 방법

2 지리 정보 시스템(GIS)

의미	다양한 지리 정보를 디지털 자료로 변환시켜 저장·분석·활용하는 종합적인 관리 체계
장점	원하는 정보를 쉽게 추출하고, 이를 사용자의 요구에 맞게 효과적으로 표현
이용	공간적 의사 결정이 필요한 다양한 분야에서 활용

3 생활 속의 지리 정보

위성 위치 확인 시스템(GPS)	인공위성을 이용하여 현재 자신의 위치를 정확하게 알아낼 수 있는 시스템
내비게이션	현 위치에서 목적지까지 이르는 길을 탐색 및 안내
인터넷 지도	포털 사이트에서 제공하는 인터넷, 스마트폰 지도 서비스를 이용
❿ □□□□ (AR)	사용자가 눈으로 보는 현실에 가상의 물체를 겹쳐 보여주는 서비스
지능형 ⓫ □□ 시스템(ITS)	사용자에게 버스 노선 정보, 버스 도착 시각, 도로 상황 등을 제공
일기 예보 서비스	기상청에서 제공하는 기상 정보를 실시간으로 받아 스마트폰 앱으로 확인할 수 있음
공공 지도	교통, 재해, 보육, 관광, 상권 등 다양한 주제에 대한 지도를 인터넷이나 스마트폰으로 제공

정답 ❶ 저위도 ❷ 반대 ❸ 동쪽 ❹ 날짜 변경선 ❺ 해돋이 ❻ 위치 정보 ❼ 속성 정보 ❽ 관계 정보 ❾ 원격 탐사 ❿ 증강 현실 ⓫ 교통

대단원 종합 문제

01 지도의 A～C에 들어갈 지명을 연결한 것으로 옳은 것은?

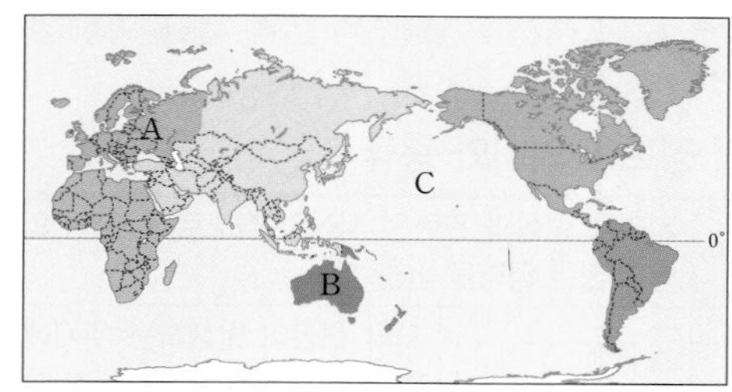

	A	B	C
①	유럽	오세아니아	태평양
②	유럽	아시아	대서양
③	아시아	북아메리카	인도양
④	아시아	남아메리카	태평양
⑤	아프리카	남아메리카	대서양

02 다음 국가와 산맥, 하천이 위치한 대륙으로 옳은 것은?

- 미국, 캐나다, 멕시코
- 로키산맥, 애팔래치아산맥
- 미시시피강, 리오그란데강

① 유럽 ② 아시아
③ 오세아니아 ④ 북아메리카
⑤ 남아메리카

03 지도에 대한 설명으로 옳지 않은 것은?

① 지도는 지표면의 모습을 일정한 비율로 줄여 나타낸 것이다.
② 축척이란 실제 면적을 지도에 줄여서 나타낸 비율을 의미한다.
③ 별도의 방향 표시가 없을 때는 지도의 위쪽을 북쪽으로 판단하고 읽는다.
④ 지도에 나타낼 대상을 약속에 따라 간략하게 표현한 것을 기호라고 한다.
⑤ 일상생활 속에서 책, 신문, 인터넷, 안내판 등 다양한 매체를 통해 지도를 접할 수 있다.

04 (가)～(라) 사진에서 주로 표현된 내용을 자연환경과 인문 환경으로 옳게 구분한 것은?

(가)

(나)

(다)

(라)

	자연환경	인문 환경
①	(가), (나)	(다), (라)
②	(가), (다)	(나), (라)
③	(나), (다)	(가), (라)
④	(나), (라)	(가), (다)
⑤	(다), (라)	(가), (나)

05 두 지도를 보고 설명한 내용으로 옳은 것을 〈보기〉에서 고른 것은?

(가) (나)

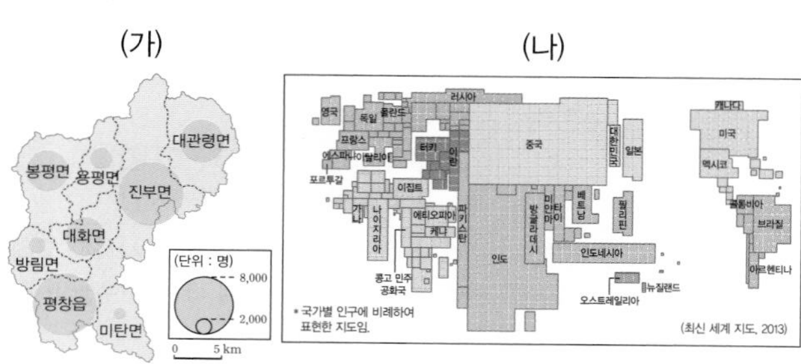

〈보기〉
ㄱ. (가)는 도형 표현도이다.
ㄴ. (나)는 단계 구분도이다.
ㄷ. (가)를 통해 지역의 정확한 인구수를 알 수 있다.
ㄹ. (나)는 땅의 모양과 크기를 변형하여 인구 규모 파악을 쉽게 하고 있다.

① ㄱ, ㄴ ② ㄱ, ㄹ ③ ㄴ, ㄷ
④ ㄴ, ㄹ ⑤ ㄷ, ㄹ

06 영택이는 시청에서 약 500m 떨어진 학교까지 걸어가는 길을 지도를 통해 찾아보려고 한다. 사용하기에 가장 적절한 지도는?

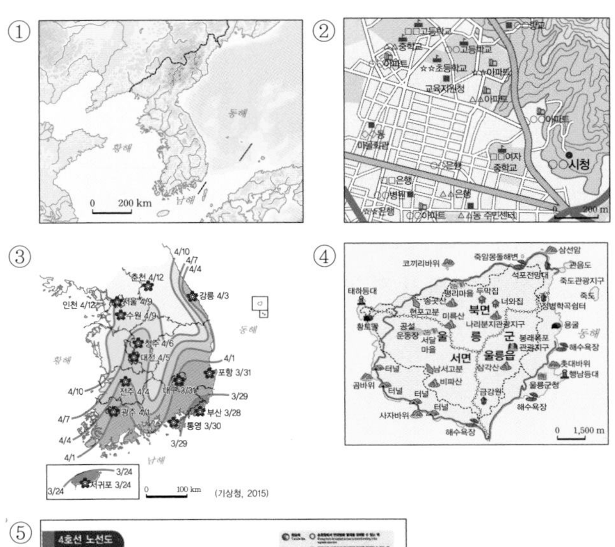

⑤

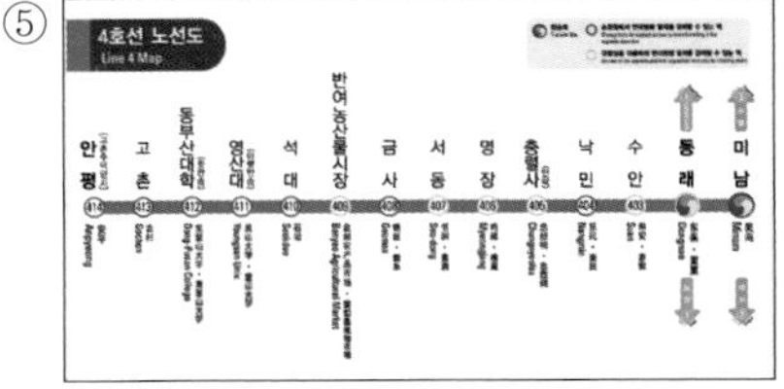

07 다음과 같은 상황에서 사용할 수 있는 위치 표현 방법으로 옳은 것은?

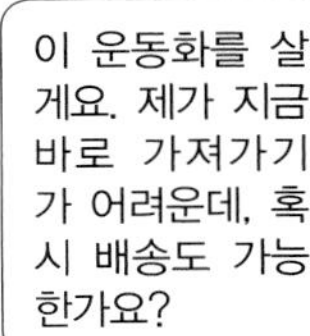

① 랜드마크를 이용한 위치 표현
② 언어와 문화를 이용한 위치 표현
③ 위도와 경도를 이용한 위치 표현
④ 대륙과 해양의 위치를 이용한 위치 표현
⑤ 행정 구역과 도로명 주소를 이용한 위치 표현

08 다음 자료를 보고 설명한 내용으로 옳은 것을 〈보기〉에서 고른 것은?

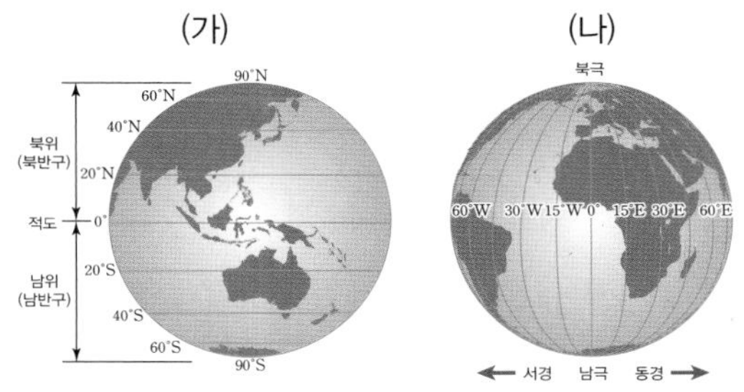

보기

ㄱ. (가)의 적도는 위선의 기준이 된다.
ㄴ. (가)의 숫자가 큰 지역일수록 단위 면적당 받아들이는 태양 에너지의 양이 적어진다.
ㄷ. (나)의 0°선을 날짜 변경선이라고 한다.
ㄹ. (나)는 해당 위치가 양극에서 얼마나 떨어져 있는지를 나타내는 기준선이다.

① ㄱ, ㄴ ② ㄱ, ㄷ ③ ㄴ, ㄷ
④ ㄴ, ㄹ ⑤ ㄷ, ㄹ

09 다음은 오스트레일리아의 크리스마스 풍경이다. 이와 같은 점을 산업 분야에 이용하는 사례로 옳은 것은?

① 백야와 극야 체험 관광 상품을 개발한다.
② 일 년 내내 두꺼운 겨울옷이 가장 잘 팔린다.
③ 7~8월 무더위를 이용한 관광 상품을 개발한다.
④ 북반구와 다른 시기에 밀을 수확하여 수출한다.
⑤ 우리나라와 시차가 큰 점을 이용하여 우리나라에 관광 홍보를 적극적으로 실시한다.

10 표준시와 시차에 대한 설명으로 옳은 것은?

① 한 국가는 하나의 표준시만을 갖는다.
② 위도가 같으면 대체로 같은 시간대를 사용한다.
③ 모든 국가가 본초 자오선에서의 시간을 사용한다.
④ 시차는 지구가 태양 주위를 공전하면서 발생한다.
⑤ 날짜 변경선을 동에서 서로 넘어갈 때는 하루를 더한다.

11 다음은 제시된 지도를 보고 분석한 글이다. 빈칸 ㉠, ㉡에 들어갈 말을 연결한 것으로 옳은 것은?

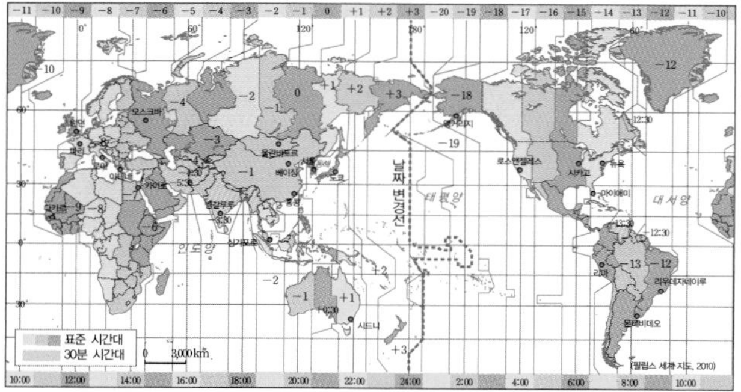

▲ 세계의 시간대

> 인도 뭄바이는 본초 자오선 기준 +5시간 30분의 시간대를 사용하고, 미국 로스앤젤레스는 −8시간의 시간대를 사용하여 두 지역의 시차는 (㉠)이다. 따라서 뭄바이와 로스앤젤레스에 각각 사무실을 두고 두 나라의 담당자가 출·퇴근 시 메일을 주고받으면서 (㉡)으로 업무를 처리하면 효율적이다.

	㉠	㉡
①	8시간	동시적
②	3시간 30분	연속적
③	3시간 30분	동시적
④	13시간 30분	연속적
⑤	13시간 30분	동시적

12 다음은 지리 정보의 종류를 나타낸 것이다. ㉠의 사례로 옳은 것은?

종류	의미
공간 정보	지리 현상이 발생하는 위치에 관한 정보
(㉠)	지리 현상의 특징에 관한 정보
관계 정보	다른 지리 현상과의 관계에 관한 정보

① 우리 학교는 남녀 공학이야.
② EBS 건물은 경기도 고양시에 있어.
③ 우리 학교는 ○○고등학교 옆에 있어.
④ 우리 집 앞에는 넓은 하천이 흐르고 있어.
⑤ 우리나라는 삼면이 바다로 둘러싸여 있어.

13 다음에서 설명하고 있는 지리 정보 기술로 옳은 것은?

> • 시청이나 중앙 정부 부처 등 국가 기관이 시민들에게 제공함
> • 교통, 재해, 보육, 관광, 상권 등 다양한 주제에 대한 지도를 인터넷이나 스마트폰으로 제공

① 증강 현실(AR)　② 공공 지도 서비스
③ 인터넷 예매 서비스　④ 공공기관 평가 서비스
⑤ 위성 위치 확인 시스템(GPS)

14 다음 대화를 읽고 분석한 내용으로 옳은 것을 <보기>에서 고른 것은?

보기
ㄱ. 상권 정보 시스템에서 관련 정보를 얻을 수 있다.
ㄴ. 공공 시설물의 입지를 놓고 지역 간의 대립이 나타나고 있다.
ㄷ. 지능형 교통 시스템(ITS)을 이용하여 최단 거리로 이동하는 방법을 논의하고 있다.
ㄹ. 지리 정보 시스템(GIS)을 통해 중첩 분석을 하면 최적의 빵집 입지를 찾을 수 있다.

① ㄱ, ㄴ　② ㄱ, ㄹ　③ ㄴ, ㄷ
④ ㄴ, ㄹ　⑤ ㄷ, ㄹ

대단원 서술형·논술형 문제

정답과 해설 • 79쪽

01 지도를 참조하여 다음과 같은 상황에서 선호가 우리나라에서 전화를 걸어 통화할 수 있는 시간은 언제부터 언제까지인지 쓰고, 그렇게 판단한 이유를 서술하시오.

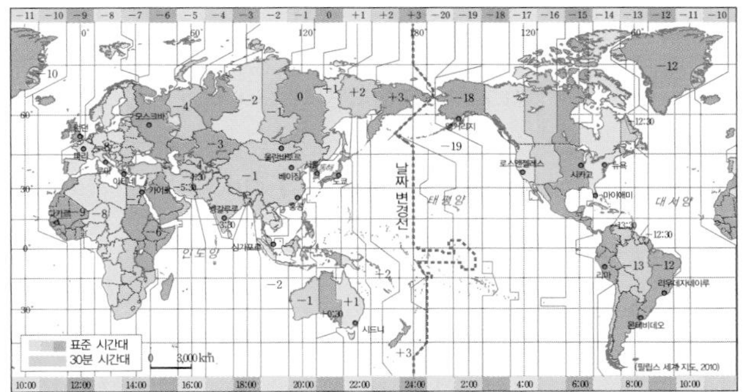

*로마의 표준시는 +1, 우리나라의 표준시는 +9

> 우리나라에 사는 선호는 로마에 계신 친척들에게 선물을 보냈다. 그러나 주소를 잘못 쓴 것을 깨달은 선호는 로마 현지의 배송 업체에 전화를 걸어 주소를 수정하려고 한다. 로마의 배송 업체 운영 시간은 로마 시간 기준으로 오전 11시부터 오후 9시까지이다.

02 다음은 지역 보건소와 중학생들이 함께 참여하여 중학교 주변의 위험 요소를 정리한 지도이다. 이와 같이 사용자가 지도에 정보를 입력하고 공유하는 활동을 무엇이라고 하는지 쓰고, 이러한 활동을 통해 얻을 수 있는 이점에 대하여 서술하시오.

03 다음은 지도에 대하여 간략히 분류한 마인드맵이다. 자신의 일상생활 속에서 활용했던 지도의 사례를 두 가지만 들고 지도가 다른 종류의 자료(글, 도표, 그래프 등)에 비하여 갖고 있는 장점에 대하여 500자 이내로 논술하시오.

지도의 분류
- 통계 지도의 분류: 점 지도, 유선도, 등치선도, 도형 표현도, 단계 구분도
- 목적에 따른 분류: 일반도, 주제도
- 매체에 따른 분류: 종이 지도, 인터넷 전자 지도, 스마트폰 지도, 내비게이션 지도
- 축척에 따른 분류: 대축척 지도, 소축척 지도

대단원 개념 채우기

Ⅱ. 우리와 다른 기후, 다른 생활

01 세계 기후 지역

1 기후의 의미

의미	한 지역에서 여러 해 동안 반복적으로 나타나는 종합적이고 평균적인 대기의 상태
기후 요소	기후를 구성하는 요소(❶ □□, 강수량, 바람 등)
기후 요인	기후 요소의 지역적 차이를 가져오는 원인(위도, 육지와 바다의 분포, 지형, 해류 등)

2 세계의 기온과 강수량 분포

기온	❷ □□의 영향 → 적도에서 가장 높고, 고위도로 갈수록 낮아짐
강수량	• 강수량이 많은 곳 : 적도 부근, 해안가, 난류가 흐르는 지역 등 • 강수량이 적은 곳 : 남·북회귀선 부근, 극지방 등

3 세계의 기후 지역

❸ □□기후	적도 부근, 일사량이 많아 연중 더움, 강수량이 많은 지역에는 밀림 형성
❹ □□기후	남·북위 20°~30° 부근, 연 강수량 500mm 미만, 강수량<증발량, 사막이나 초원 분포
❺ □□기후	중위도 지방, 계절의 변화가 뚜렷함, 기온이 온화하고 강수량이 적당함
냉대 기후	온대 기후 지역보다 위도가 높은 지역에 분포, 기온의 ❻ □□□가 크고, 침엽수림 분포
❼ □□기후	극지방과 가까운 곳, 연중 낮은 기온, 눈과 얼음으로 덮이거나 이끼류가 분포

4 인간 거주와 기후

거주 유리	❽ □□기후 및 냉대 기후 지역	기온과 강수 조건이 농업 활동에 유리, 상공업과 도시 발달 예 서부 유럽
	열대 계절풍 기후 지역	❾ □농사에 유리하여 많은 사람이 거주 예 동남아시아 지역
	열대 ❿ □□기후 지역	적도 부근의 해발 고도가 높은 곳(안데스 산지) → 일 년 내내 봄과 같은 온화한 날씨
거주 불리	열대 기후 지역	연중 덥고 습하며, 밀림으로 덮임
	건조 기후 지역	연 강수량이 부족하여 ⓫ □□에 불리
	한대 기후 지역	기온이 너무 낮아 농업 활동 불리

02 열대 우림 기후 지역의 생활

1 열대 우림 기후 지역의 자연환경

⓬ □□□□ 기후		열대 기후 중에서 일 년 내내 비가 많이 내림	
특징	기온	계절의 변화 없이 연중 더운 날씨, 연교차<일교차	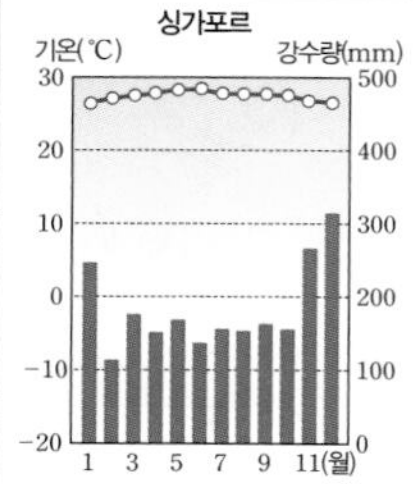
	강수량	연중 강수량이 많고 습함, 열대성 소나기인 ⓭ □□이 거의 매일 내림	
분포		⓮ □□를 중심으로 분포	
식생		열대 우림(다양한 높이의 나무들이 빽빽하게 들어섬)	

2 열대 우림 기후 지역의 주민 생활

의생활	통풍이 잘되는 얇고 간편한 옷		
식생활	음식 변질을 막기 위해 기름에 튀기거나 ⓯ □□□를 사용, 다양한 열대 과일		
주생활	• 개방적 구조, 급경사의 지붕 • ⓰ □□□□ : 지표면에서 전달되는 열기와 습기 차단, 해충과 뱀의 침입 방지		
농업	⓱ □□□	토양이 비옥한 동남아시아 지역의 하천 유역	
	⓲ □□□□□□□	방식	숲에 불을 질러 만든 경작지에서 작물을 재배하다가 지력이 떨어지면 다른 곳으로 이동
		작물	카사바, 얌, 옥수수 등
	⓳ □□□□□	방식	선진국의 기술과 자본+개발 도상국 주민의 노동력 → 상품 작물 대규모 재배
		작물	카카오, 천연고무, 바나나 등
		단점	식량 부족 문제 제기

3 열대 우림 기후 지역의 변화

⓴ □□□□ 면적 감소	원인	도시 건설, 농경지 개간, 자원 개발 등
	문제점	동식물 서식지 파괴, 원주민 생활 근거지 파괴, 지구 온난화 가속화 등
현대적 거주 공간	교통이 편리한 해안을 중심으로 도시 발달 예 싱가포르(중계 무역 및 금융 산업 발달)	

정답 ❶ 기온 ❷ 위도 ❸ 열대 ❹ 건조 ❺ 온대 ❻ 연교차 ❼ 한대 ❽ 온대 ❾ 벼 ❿ 고산 ⓫ 농업 ⓬ 열대 우림 ⓭ 스콜 ⓮ 적도 ⓯ 향신료 ⓰ 고상 가옥 ⓱ 벼농사 ⓲ 이동식 화전 농업 ⓳ 플랜테이션 ⓴ 열대 우림

03 온대 기후 지역의 생활

1 온대 기후의 구분과 특징

온대 ❶□□□ 기후	분포	유라시아 대륙 동안, 북아메리카 대륙 동안
	특징	• 여름 – 고온 다습, 겨울 – 한랭 건조 • 기온의 연교차가 크고, 강수량의 계절 차가 큼
서안 ❷□□□ 기후	분포	서부 유럽, 북아메리카 북서 해안, 뉴질랜드 등
	특징	기온의 ❸□□□가 작고, 계절별 강수량이 고르게 나타남 → ❹□□□과 난류의 영향
❺□□□ 성 기후	분포	지중해 연안, 오스트레일리아 남서부 등
	특징	여름 – ❻□□□□, 겨울 – 온난 습윤

2 온대 기후 지역의 주민 생활

온대 계절풍 기후	농목업	❼□□□ 발달 → 여름철의 고온 다습한 기후
	기타	• 온돌, 대청마루 등이 설치된 가옥 • 쌀을 중심으로 한 음식 문화 발달
서안 해양성 기후	농목업	• ❽□□□□ 발달(곡물 재배+가축 사육) → 서늘하고 습윤한 기후로 목초지 조성에 유리 • 대도시 주변 : 원예 농업, 낙농업 발달
	기타	• 날씨가 맑은 날 일광욕을 즐김 • 빵과 육류 위주의 식생활
지중해성 기후	농목업	• 여름 : ❾□□□□ 발달(포도, 올리브 등) • 겨울 : 곡물 농업 발달(밀, 보리 등)
	기타	강한 햇빛을 막기 위해 건물의 벽을 흰색으로 칠함

04 건조 기후 지역과 툰드라 기후 지역의 생활

1 건조 기후 지역의 자연환경

강수량	연 강수량 500mm 미만, 강수량<❿□□□
기온	⓫□□□가 매우 큼

구분	⓬□□ 기후	⓭□□ 기후
특징	• 연 강수량 250mm 미만 • 자갈 · 암석 사막이 대부분	• 연 강수량 250~500mm 미만 • 짧은 풀이 자라는 초원
분포	남 · 북회귀선 부근, 대륙 내부, 한류 연안 지역	사막 주변 지역

2 건조 기후 지역의 주민 생활

구분	사막 기후	스텝 기후
의생활	온몸을 감싸는 헐렁한 옷	가축의 털, 가죽으로 만든 옷
식생활	·	가축 고기, 유제품
주생활	흙벽돌집, 평평한 지붕, 두꺼운 벽, 작은 창문	이동식 가옥(천막) → 조립과 분해가 쉬움
산업	• 오아시스 농업 • 지하 관개 수로를 통한 관개 농업	• ⓮□□ : 가축을 이끌고 물과 풀을 찾아서 이동 • 기업적 밀농사와 목축업

3 건조 기후 지역의 변화

석유 자원 개발	소득 증대를 통한 산업화, 지역 개발
유목민의 정착 증가	관개 농업 확대, 국경선 설정

4 툰드라 기후 지역의 자연환경

분포		북극해 연안(유라시아 및 북아메리카 대륙 북부, 그린란드 해안 등)
특색	기온	가장 따뜻한 달의 평균 기온이 10℃ 미만
	여름	• 짧은 여름 동안 기온이 0℃ 이상으로 오름 → 짧은 풀이나 ⓯□□류가 자람 • ⓰□□□□(낮이 계속되는 현상) 발생
	겨울	땅이 눈과 얼음으로 덮임, 극야 현상 발생
토양		연중 녹지 않고 얼어 있는 ⓱□□□□□이 발달

5 툰드라 기후 지역의 주민 생활

의생활	동물의 털과 가죽으로 만든 두꺼운 옷과 신발
식생활	• 날고기, 날생선 섭취(비타민과 무기질 보충) • 냉동, 훈제, 염장, 건조 등의 저장 방법 이용
주생활	• 전통 가옥 : 이동에 유리한 천막집 • ⓲□□□□ : 지면이 녹아 가옥이 붕괴되는 것을 막기 위해 기둥을 깊이 박고 지면으로부터 바닥을 띄워 지음
산업	⓳□□ 유목, 사냥, 어업, 채집 등

정답 ❶ 계절풍 ❷ 해양성 ❸ 연교차 ❹ 편서풍 ❺ 지중해 ❻ 고온 건조 ❼ 벼농사 ❽ 혼합 농업 ❾ 수목 농업 ❿ 증발량 ⓫ 일교차 ⓬ 사막 ⓭ 스텝 ⓮ 유목 ⓯ 이끼 ⓰ 백야 현상 ⓱ 영구 동토층 ⓲ 고상 가옥 ⓳ 순록

대단원 종합 문제

01 세계의 기후 지역을 나타낸 지도이다. (가), (나)와 같은 경관이 나타나는 기후 지역을 지도의 A～E에서 고른 것은?

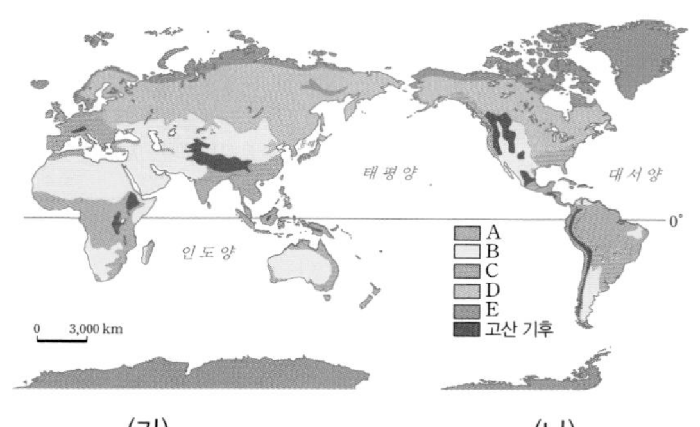

(가)

(나)

	(가)	(나)
①	A	D
②	A	E
③	B	C
④	B	D
⑤	C	E

02 (가), (나) 그래프가 나타내는 기후 지역에 대한 옳은 설명을 〈보기〉에서 고른 것은?

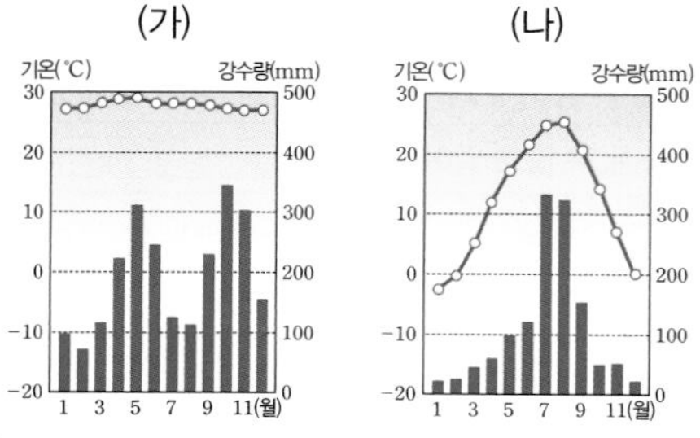

〈보기〉

ㄱ. (가)는 주로 적도 부근에 분포한다.

ㄴ. (가)는 기온의 연교차가 크며 침엽수림이 분포한다.

ㄷ. (나)는 계절의 변화가 뚜렷하게 나타난다.

ㄹ. (나)는 강수량의 계절 차가 커서 식물이 성장하기 어렵다.

① ㄱ, ㄴ ② ㄱ, ㄷ ③ ㄴ, ㄷ
④ ㄴ, ㄹ ⑤ ㄷ, ㄹ

03 제시된 (가)～(라) 지역에 대한 옳은 설명을 〈보기〉에서 고른 것은?

(가) 서부 유럽	(나) 동부 아시아 지역
(다) 시베리아 북부	(라) 아마존강 유역

〈보기〉

ㄱ. (가)는 온대 기후가 나타나 일찍부터 농업과 상공업이 발달하였다.

ㄴ. (나)는 벼농사에 유리한 기후가 나타나 많은 사람이 거주하고 있다.

ㄷ. (다)는 냉대 기후 지역으로 강수량보다 증발량이 많아서 농업에 불리하다.

ㄹ. (라)는 고온 다습하며 숲이 울창해 인간의 거주에 유리하다.

① ㄱ, ㄴ ② ㄱ, ㄷ ③ ㄴ, ㄷ
④ ㄴ, ㄹ ⑤ ㄷ, ㄹ

04 적도 부근에 위치한 두 도시의 기후 그래프를 나타낸 것이다. 이에 대한 옳은 설명을 〈보기〉에서 고른 것은?

〈보기〉

ㄱ. 키토가 벨렝보다 해발 고도가 낮다.

ㄴ. 키토는 연중 봄과 같이 온화한 날씨가 나타난다.

ㄷ. 벨렝은 계절의 변화 없이 연중 더운 날씨가 계속된다.

ㄹ. 벨렝에 비해 키토의 기후 조건이 인간 거주에 불리하다.

① ㄱ, ㄴ ② ㄱ, ㄷ ③ ㄴ, ㄷ
④ ㄴ, ㄹ ⑤ ㄷ, ㄹ

05 지도에 표시된 A 지역에서 나타나는 주민 생활 모습을 〈보기〉에서 고른 것은?

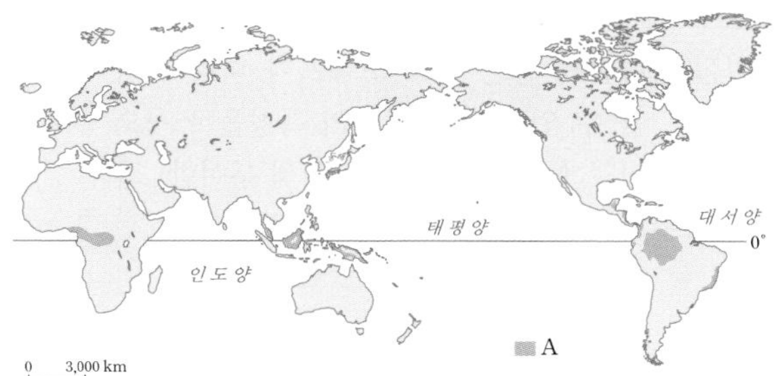

보기
ㄱ. 온몸을 감싸는 헐렁한 옷을 주로 착용한다.
ㄴ. 음식을 조리할 때 기름과 향신료를 많이 사용한다.
ㄷ. 창과 문을 작게 낸 개방적인 가옥 구조가 나타난다.
ㄹ. 이동식 화전 농업을 통해 얌, 카사바 등을 재배한다.

① ㄱ, ㄴ ② ㄱ, ㄷ ③ ㄴ, ㄷ
④ ㄴ, ㄹ ⑤ ㄷ, ㄹ

06 다음과 같은 가옥이 나타나는 지역의 자연환경 특징으로 옳지 않은 것은?

① 연중 강수량이 많아 매우 습하다.
② 열대성 소나기인 스콜이 거의 매일 내린다.
③ 계절의 변화 없이 연중 더운 날씨가 계속된다.
④ 다양한 높이의 나무들이 밀림을 형성하고 있다.
⑤ 기온의 일교차에 비해 연교차가 크게 나타난다.

07 열대 우림 기후 지역의 변화에 대한 옳은 설명을 〈보기〉에서 고른 것은?

보기
ㄱ. 열대 우림이 파괴되면서 생물 종 다양성이 감소한다.
ㄴ. 원주민의 전통 생활 방식이 과거에 비해 강화되고 있다.
ㄷ. 교통이 편리한 해안을 중심으로 도시가 발달하고 있다.
ㄹ. 관광업이 쇠퇴하면서 주민들의 경제 활동이 단순해지고 있다.

① ㄱ, ㄴ ② ㄱ, ㄷ ③ ㄴ, ㄷ
④ ㄴ, ㄹ ⑤ ㄷ, ㄹ

08 다음 기후 그래프의 특징을 바르게 해석한 것을 〈보기〉에서 고른 것은?

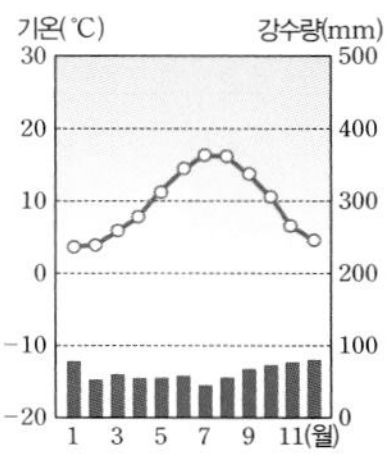

보기
ㄱ. 여름철 기온이 높고 건조하다.
ㄴ. 강수량의 계절 차가 비교적 크게 나타난다.
ㄷ. 비슷한 위도대의 다른 기후에 비해 기온의 연교차가 작다.
ㄹ. 편서풍의 영향을 받는 유라시아 대륙의 서안에서 잘 나타난다.

① ㄱ, ㄴ ② ㄱ, ㄷ ③ ㄴ, ㄷ
④ ㄴ, ㄹ ⑤ ㄷ, ㄹ

09 지도에 표시된 A 지역에서 발달한 농목업의 형태로 가장 적절한 것은?

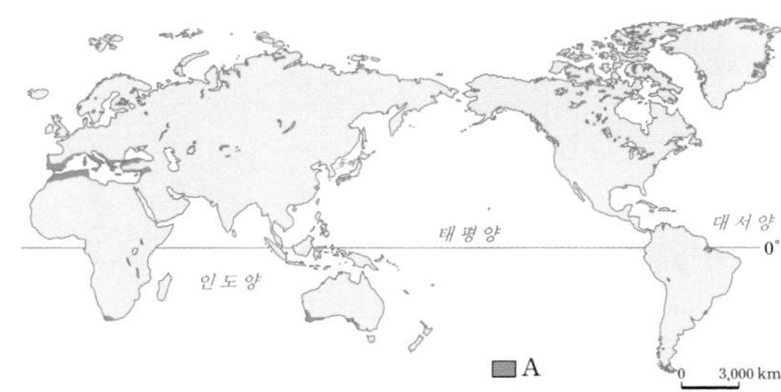

① 여름철 기후를 이용해 벼농사가 활발하다.
② 곡물 재배와 가축 사육 등을 동시에 하는 혼합 농업이 발달하였다.
③ 여름철에 포도, 올리브 나무 등을 재배하는 수목 농업이 발달하였다.
④ 카카오, 천연고무 등을 대규모로 재배하는 플랜테이션이 발달하였다.
⑤ 숲에 불을 질러 만든 경작지에서 옥수수 등을 재배하는 이동식 화전 농업이 발달하였다.

10 서현이는 '서부 유럽 지역 주민들의 생활 모습'을 주제로 수행 평가 보고서를 작성하려고 한다. 보고서에 들어갈 사진으로 옳은 것을 <보기>에서 고른 것은?

보기

ㄱ. ▲ 맑은 날 일광욕을 즐기는 사람들

ㄴ. ▲ 벼농사를 짓는 주민들의 모습

ㄷ. ▲ 실내에 벽난로가 설치된 모습

ㄹ. ▲ 벽을 흰색으로 칠한 가옥의 모습

① ㄱ, ㄴ ② ㄱ, ㄷ ③ ㄴ, ㄷ ④ ㄴ, ㄹ ⑤ ㄷ, ㄹ

11 지도에 표시된 A, B 지역 주민들의 생활 모습으로 옳은 것만을 <보기>에서 있는 대로 고른 것은?

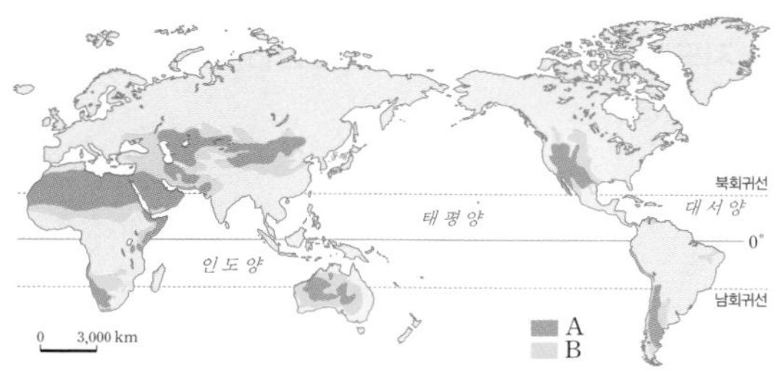

보기

ㄱ. A – 통풍이 잘되는 얇고 간편한 옷을 입는다.
ㄴ. A – 지하 관개 수로를 이용한 관개 농업이 발달했다.
ㄷ. A – 곡물보다는 날고기 중심의 육류를 많이 섭취해 왔다.
ㄹ. B – 주민들이 유목 생활에 편리한 이동식 가옥에 살기도 한다.
ㅁ. B – 일부 지역에서는 기업적 밀농사와 목축업이 이루어지기도 한다.

① ㄱ, ㄹ ② ㄴ, ㅁ
③ ㄱ, ㄷ, ㄹ ④ ㄴ, ㄹ, ㅁ
⑤ ㄱ, ㄴ, ㄷ, ㅁ

12 선생님의 질문에 대해 명수가 제출한 답안이다. 명수가 받게 될 점수로 옳은 것은?

[질문] 다음과 같은 기후 그래프가 나타나는 지역에서 볼 수 있는 전통 가옥의 특징을 쓰시오. (특징을 바르게 적은 문장마다 1점씩 부여함)

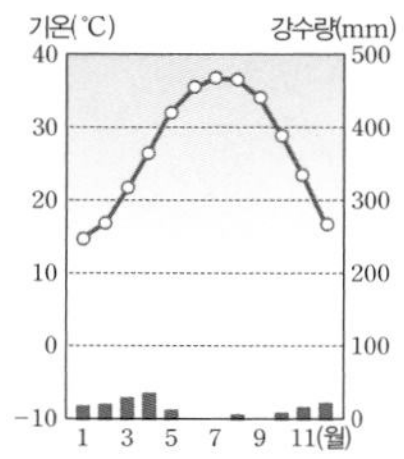

[명수가 제출한 답안]
1. 뜨거운 바람을 막기 위해 창을 작게 낸다.
2. 비가 거의 오지 않아 지붕이 넓고 평평하다.
3. 주변에서 구하기 쉬운 흙을 재료로 사용했다.
4. 큰 일교차를 극복하기 위해 벽의 두께가 얇다.
5. 그늘이 생기게 하기 위해 건물 간 간격이 넓은 편이다.

① 1점 ② 2점 ③ 3점 ④ 4점 ⑤ 5점

13 다음과 같은 경관이 나타나는 지역의 주민 생활 모습으로 옳지 않은 것은?

① 동물의 털, 가죽으로 만든 두꺼운 옷을 입는다.
② 육류보다는 채소와 곡식 중심의 식생활을 한다.
③ 주민들이 사냥, 어업, 채집 등을 하며 살아왔다.
④ 냉동, 훈제, 염장 등의 음식 저장 방법을 사용해 왔다.
⑤ 일부 지역의 유목민들은 이동식 천막에 거주하기도 한다.

14 툰드라 기후 지역의 자연환경에 대한 옳은 설명을 <보기>에서 고른 것은?

보기

ㄱ. 일 년 내내 기온이 영하로 내려간다.
ㄴ. 지하에는 영구 동토층이 분포하고 있다.
ㄷ. 여름철에는 짧은 풀이나 이끼류 등이 자란다.
ㄹ. 여름에는 극야, 겨울에는 백야 현상이 나타난다.

① ㄱ, ㄴ ② ㄱ, ㄷ ③ ㄴ, ㄷ ④ ㄴ, ㄹ ⑤ ㄷ, ㄹ

대단원 서술형·논술형 문제

정답과 해설 • 81쪽

01 다음 글의 밑줄 친 현상으로 인해 나타날 수 있는 문제점을 두 가지 서술하시오.

> 최근 열대 우림 지역에서는 도로 및 도시 건설, 자원 개발, 방목지 조성 등을 위해 삼림 벌채가 이루어져 <u>밀림이 빠르게 훼손되고 있다</u>.

02 서부 유럽에서는 전통적으로 그림과 같은 농업의 형태가 발달해 왔다. 이러한 농업의 명칭을 쓰고, 발달하게 된 이유를 기후적인 측면에서 서술하시오.

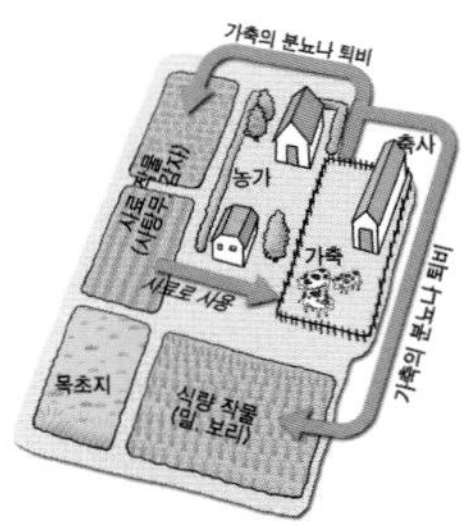

03 다음 글을 토대로 툰드라 기후 지역에 나타나고 있는 변화의 모습을 산업, 자원 개발, 현대 문명 보급 등의 측면에서 350자 이내로 논술하시오.

> 툰드라 기후 지역에는 백야 현상, 빙하, 오로라 등 다른 지역에서는 찾아보기 힘든 신비한 자연 경관을 체험할 수 있는 다양한 관광 자원들이 존재한다.
>
> … (중략) …
>
> 눈과 얼음으로 덮여 있어 오랫동안 인간의 접근이 어려웠던 북극해 주변 지역에 최근 많은 변화가 일어나고 있다. 북극해 인근에 석유와 천연가스가 매장된 사실이 확인되면서 주변 국가들이 앞다투어 개발에 나서고 있다.

대단원 개념 채우기 Ⅲ. 자연으로 떠나는 여행

01 산지 지형으로 떠나는 여행

1 지형의 형성 과정

❶ □□□□의 힘에 의한 작용	• 지구 내부의 열에너지가 지각에 작용하여 지표의 기복을 만드는 작용 • ❷ □□ 운동(융기, 침강), ❸ □□ 운동(습곡, 단층), 화산 활동 등
❹ □□□□의 힘에 의한 작용	• 지구 외부의 ❺ □□ 에너지에 의한 물과 공기의 순환으로 지표가 변형되는 작용 • 침식 · 운반 · 퇴적 작용, 풍화 작용 등

2 세계의 산맥과 산지

❻ □□ 습곡 산지	• 형성 시기 : 주로 고생대 • 오랫동안 ❼ □□을 받아 고도가 낮고 완만함 • 우랄산맥, 그레이트디바이딩산맥, 애팔래치아산맥
❽ □□ 습곡 산지	• 형성 시기 : 중생대 말기 및 신생대 • 해발 고도가 높고 험준하며, 지각 운동이 활발하여 ❾ □□이나 화산 활동이 일어남 • 알프스산맥, 히말라야산맥, 로키산맥, 안데스산맥 등
❿ □□	• 해발 고도가 높지만 기복이 작고 평탄한 지형 • 낮고 평탄했던 지형이 ⓫ □□하거나 화산 활동으로 흘러나온 용암이 굳어져 형성
⓬ □□	지하 또는 해저의 마그마가 분출하여 형성된 지형

3 산지 지역의 주민 생활

산지 지역의 특징	• 낮은 기온, ⓭ □□에 불리, 거주 공간 부족 • 풍부한 지하자원과 삼림 자원 • 경사지를 개간하여 농경지나 목초지로 이용하거나 임산물을 채취함 • 지하자원이 풍부한 산지에는 ⓮ □□ 도시 발달 • 산악 스포츠 및 수려한 환경을 이용한 ⓯ □□ 산업 발달

4 세계 주요 산지의 주민 생활

⓰ □□□ 산지	• 산악 스포츠 및 관광 산업 발달 • 소몰이 축제, 치즈 분배 축제 등
⓱ □□□□ 산지	• 세계적으로 높은 봉우리에 등산객이 몰려들어 관광 산업 발달 • 고산 지역에서는 양이나 야크 등을 방목
⓲ □□□ 산지	• 고산 지역은 일 년 내내 봄처럼 따뜻한 기후 • 고대 문명이 발달 예 마추픽추

02 해안 지형으로 떠나는 여행

1 다양한 해안 지형

⓳ □□ 해안	• 해식애 : 파도의 침식 작용으로 형성된 절벽, 경관이 아름다워 관광지로 이용 • 파식대 : 파도의 침식 작용으로 형성된 해식애 전면에 생긴 완경사의 평탄면 • 해식 동굴 : 파도의 침식 작용으로 해식애에 형성된 동굴 • 시 스택, 시 아치 : 파도의 침식 작용으로 형성된 기암괴석 → 파도의 침식에 의해 주변은 침식되었으나 단단한 암석 부분이 남은 암초를 의미
⓴ □□ 해안	• 사빈 : 파도와 연안류가 해안을 따라 모래를 쌓아 형성된 퇴적 지형 • 해안 사구 : 사빈의 모래가 바람에 의해 이동되어 퇴적된 모래 언덕 • 석호 : 후빙기 해수면 상승으로 해안 저지대가 침수되어 만을 만들고 그 앞에 사주가 발달하여 형성된 호수
㉑ □□	조류의 작용으로 미세한 흙이 퇴적되어 형성된 지형 → 갯벌은 미국 동부 해안, 캐나다 동부 해안, 북해 연안, 우리나라 서해안이 세계적으로 유명함
산호초 해안, 맹그로브 숲	해일이나 파도의 침식에서 해안을 보호하며 다양한 바다 생물의 안식처가 됨

2 세계적으로 유명한 해안 지형

㉒ 송네 □□□ (노르웨이)	빙하의 침식으로 생긴 골짜기에 바닷물이 들어오면서 형성된 만, 수심이 깊은 곳은 약 1,300m에 이름
그레이트 배리어리프 (오스트레일리아)	'대보초'라고도 불리는 세계 최대의 ㉓ □□□ 지대, 산호초의 대부분은 바다에 잠겨 있고, 일부만이 바다 위로 올라와 있음
12사도 바위 (오스트레일리아)	석회암으로 된 바위 절벽이 ㉔ □□의 침식 작용을 받아 해식애와 돌기둥이 형성
코파카바나 해변 (브라질)	리우데자네이루 남부의 코파카바나 해변은 길게 뻗은 모래사장(사빈)이 유명, 세계적인 해안 휴양지

▲ 피오르

▲ 코파카바나 해변

정답 ❶ 지구 내부 ❷ 조륙 ❸ 조산 ❹ 지구 외부 ❺ 태양 ❻ 고기 ❼ 침식 ❽ 신기 ❾ 지진 ❿ 고원 ⓫ 융기 ⓬ 화산 ⓭ 농업 ⓮ 광업 ⓯ 관광 ⓰ 알프스 ⓱ 히말라야 ⓲ 안데스 ⓳ 암석 ⓴ 모래 ㉑ 갯벌 ㉒ 피오르 ㉓ 산호초 ㉔ 파랑

3 해안 지역의 주민 생활

해안 지역의 이용	• 전통적으로 ❶ □□과 양식업에 종사 • 대규모 무역항이나 공업 도시로 성장 • 아름다운 경관을 바탕으로 한 ❷ □□□□ 발달

4 관광 산업이 미친 영향

긍정적 측면	• ❸ □□□ 창출 및 수익 증대 • 주민들의 삶의 질 향상
부정적 측면	• 해수욕장을 따라 방파제나 콘크리트 구조물 조성 • 해안 사구를 훼손하여 도로와 건물 건설 → 해안 생태계 파괴 • 외부 관광객과 지역 주민들 사이에 문화적 갈등 발생
개발과 보존의 균형 추구	• 해안에 대한 시각 변화 : 해안 환경을 보전하고 후대에게 물려주고자 노력 • ❹ □□□□ 방지를 위한 인공 구조물 설치 : 그로인, 모래 포집기 등 • 갯벌 보전을 위한 노력 • 관광 형태의 변화 : 해안 생태계를 체험하고 즐기는 ❺ □□□□으로 변모

03 우리나라의 자연 경관

1 산지 지형

우리나라 산지의 특징		• 국토의 약 70%가 ❻ □□이지만, 대체로 낮고 완만함 → 기후차, 인구 분포, 교통 발달에 영향을 미침 • 높은 산지는 대부분 북동부 지역에 분포하며, ❼ □□□□의 지형이 나타남
돌산과 흙산	돌산	• 주로 ❽ □□□으로 이루어짐 • 땅속 깊은 곳에서 형성된 암석을 덮고 있던 지층이 침식을 받아 제거되면서 땅 위로 드러남 • 금강산, 설악산, 북한산 등
	흙산	• 지층이 오랫동안 풍화와 침식을 받으면서 봉우리가 ❾ □□으로 두껍게 덮임 • 지리산, 덕유산 등
우리나라 하천의 특징		• ❿ □□에 높은 산지가 많아 큰 하천은 대부분 동쪽에서 서쪽으로 흐름 • 일반적으로 상류에서는 산지 사이를 흐르면서 깊은 계곡을 만들고, 하류에서는 넓은 평야 위를 흐름

2 해안 지형

서·남해안	⓫ □□□ 해안	만이 발달하여 해안선의 드나듦이 복잡하고 섬이 많이 분포
	⓬ □□	• 조차가 크기 때문에 썰물 때 넓은 범위에 걸쳐 바닷물이 빠져나가면서 갯벌이 드러남 • 염전, 양식장, 생태 학습장, 관광지로 활용 • 간척 사업을 통해 농경지, 공업 단지로 조성
동해안		• 산맥과 해안선이 평행하게 발달하여 해안선이 단조로운 편 • 조차가 작고 파랑의 작용이 활발하여 다양한 지형 발달 • 모래 해안(사빈, 석호 등), 암석 해안(해식애, 시 스택 등)

3 카르스트 지형

형성과 분포	• 형성 : ⓭ □□□의 주성분인 탄산칼슘이 빗물과 지하수에 의해 녹으면서 형성 • 분포 : 강원도 남부와 충청북도 북동부 일대
⓮ □□□□	• 대표적인 카르스트 지형으로 동굴 내부에 종유석, 석순, 석주 등이 발달함 • 단양의 고수동굴, 삼척의 환선굴, 울진의 성류굴 등

4 화산섬, 제주도

세계 자연 유산	한라산, 성산 일출봉, 거문오름 용암동굴계
한라산	• 전체적으로 경사가 완만하여 방패 모양을 이루나 정상 부분은 급경사를 이룸 • 백록담 : ⓯ □□□
⓰ □□	• 한라산의 산록부에 360여 개 분포 • 주화산의 산록의 틈을 따라 용암이나 가스가 분출하여 형성된 소규모 화산 [그림: 한라산, 기생 화산, 바다, 마그마]
현무암	• 지표수를 구하기 어려워 벼농사가 어려움 → 밭농사 중심의 토지 이용 • ⓱ □□□□ : 용암이 식는 과정에서 형성된 다각형 모양의 절리로, 제주도 해안에 폭포 또는 해안 절벽이 발달함
⓲ □□□□	• 용암이 지하에서 식으면서 냉각 속도의 차이에 의해 형성된 동굴 • 만장굴, 협재굴, 김녕굴 등

정답 ❶ 어업 ❷ 관광 산업 ❸ 일자리 ❹ 해안 침식 ❺ 생태 관광 ❻ 산지 ❼ 동고서저 ❽ 화강암 ❾ 토양 ❿ 동쪽 ⓫ 리아스 ⓬ 갯벌 ⓭ 석회암 ⓮ 석회동굴 ⓯ 화구호 ⓰ 오름 ⓱ 주상 절리 ⓲ 용암동굴

대단원 종합 문제

01 그림과 같은 과정을 통해 형성되는 지형으로 옳은 것을 〈보기〉에서 고른 것은?

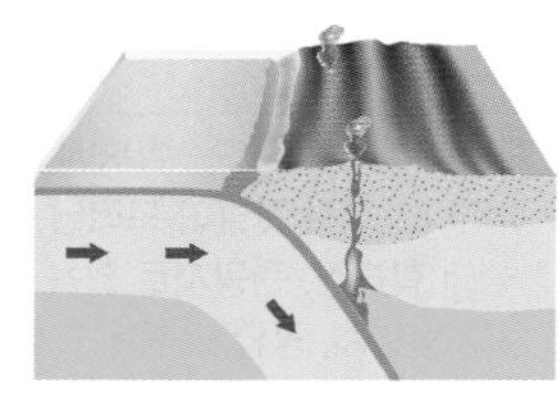

보기
ㄱ. 평야
ㄴ. 화산
ㄷ. 피오르
ㄹ. 습곡 산지

① ㄱ, ㄴ　② ㄱ, ㄷ　③ ㄴ, ㄷ
④ ㄴ, ㄹ　⑤ ㄷ, ㄹ

02 ㉠~㉤에 대한 설명으로 옳지 않은 것은?

주변 지역보다 해발 고도가 (㉠) 경사가 급한 지형을 산지라고 하고, 산지처럼 해발 고도가 높지만 비교적 평탄한 곳을 (㉡)(이)라고 한다. 세계적인 산지는 ㉢ 지각 변동이 활발한 지역에서 습곡 작용, 화산 활동 등으로 형성되었고, 고원은 평탄했던 지형이 ㉣ 융기하여 형성되었다. 이렇게 형성된 산지는 오랜 시간 동안 ㉤ 하천이나 빙하, 강수, 바람 등에 침식되거나 풍화되면서 독특한 모습을 갖추게 되었다.

① ㉠에는 '높고'가 들어갈 수 있다.
② ㉡에는 '평야'가 들어갈 수 있다.
③ ㉢은 지각판의 경계부에서 잘 나타난다.
④ ㉣은 땅덩어리가 주변 지역보다 상승하는 현상이다.
⑤ ㉤을 통해 산지의 기복이 원래보다 완만해진다.

03 사진과 같은 산지의 형성 과정을 옳게 설명한 것은?

① 지하 깊은 곳에서 마그마가 분출하여 산지가 형성되었다.
② 바다 속에서 지각이 갈라지면서 새로운 산지가 솟아났다.
③ 양쪽에서 가해진 압력으로 지층이 휘어지면서 형성되었다.
④ 양쪽에서 잡아당기는 힘에 의해 지층이 갈라지면서 형성되었다.
⑤ 원래 평탄했던 지형인데 주변이 침식에 의해 깎여 나가면서 형성되었다.

04 지도의 (가), (나) 산지로 옳은 것은?

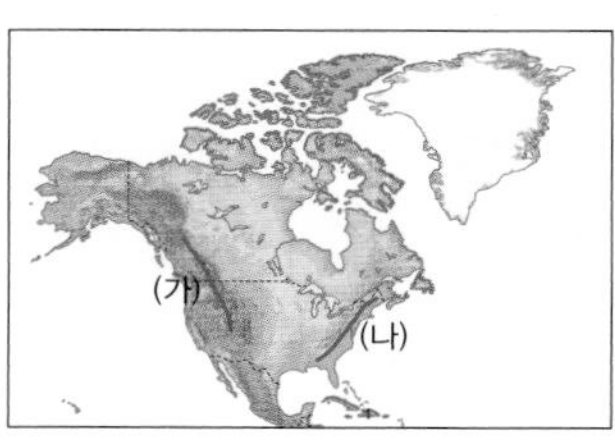

	(가)	(나)
①	로키산맥	애팔래치아산맥
②	로키산맥	안데스산맥
③	애팔래치아산맥	로키산맥
④	애팔래치아산맥	안데스산맥
⑤	안데스산맥	로키산맥

05 (가)와 (나)에 해당하는 산맥을 지도의 A~E에서 고른 것은?

(가) 세계에서 가장 높은 에베레스트산이 위치해 있으며, 해발 고도 8,000m 이상의 봉우리가 14개에 달한다.
(나) 최고봉은 해발 고도 4,807m인 몽블랑이다. 평균 해발 고도는 2,500m 내외이고 4,000m를 넘는 봉우리가 58개나 된다.

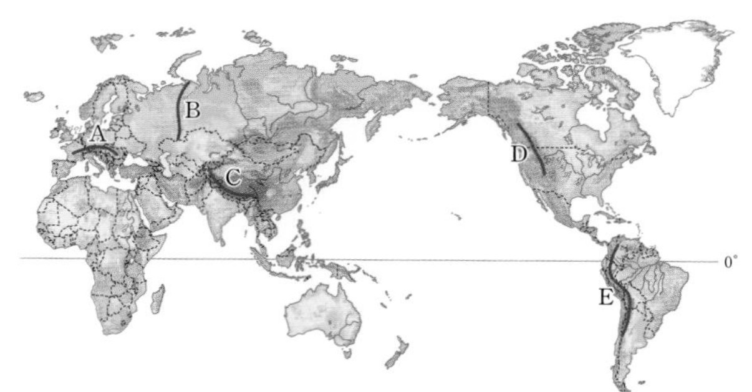

	(가)	(나)
①	A	C
②	B	D
③	C	A
④	C	E
⑤	D	E

06 다음 대화의 빈칸에 들어갈 내용으로 옳은 것은?

난 고산 증세가 나타나는 것 같아. 해발 3,000m가 넘는 곳에 도시를 만든 이유가 뭘까?
여기 쿠스코처럼 안데스 산지에는 고산 도시가 많은데, 그 이유는 ______________.

① 다른 도시들과의 교류에 유리했기 때문이지.
② 사람이 살기에 적당한 기후가 나타나기 때문이지.
③ 하천과 평야가 고산 지역에만 분포하기 때문이지.
④ 열대 기후부터 냉대 기후까지 모든 기후가 나타나기 때문이지.
⑤ 사냥할 수 있는 동물들이 주로 고산 지역에 있었기 때문이지.

07 그림에서 찾아 볼 수 <u>없는</u> 지형은?

① 해식애 ② 시 스택 ③ 시 아치
④ 해식 동굴 ⑤ 해안 사구

08 사진을 보면서 학생들이 나눈 대화 중 옳은 이야기를 한 학생을 고른 것은?

갑 : A는 곶, B는 만에 해당하는 지역이야.
을 : A에서는 퇴적, B에서는 침식 작용이 활발하지.
병 : 주로 A는 암석, B는 모래로 이루어져 있어.
정 : A와 B 지형은 그 형태가 변하지 않을 것 같아.

① 갑, 을 ② 갑, 병 ③ 을, 병
④ 을, 정 ⑤ 병, 정

09 사진에 대한 설명으로 옳은 것은?

① 모래가 해안을 따라 길게 퇴적되면서 만의 입구가 막혀 형성된 호수이다.
② 산호초와 같은 바다 생물의 유해가 쌓여 형성된 것으로 열대 해안에서 주로 나타난다.
③ 열대 지역의 짠물에서 잘 자라는 나무들이 숲을 이루고 있으며 다양한 생물들이 서식한다.
④ 하천이 깎아 낸 골짜기에 바닷물이 차올라 형성된 해안으로 해안선이 복잡하고 섬이 많다.
⑤ 밀물 때 물에 잠기고 썰물 때 드러나는 곳으로 다양한 생물이 공존하며 간척의 대상이 되기도 한다.

10 다음 글의 밑줄 친 내용과 같은 변화를 일으킨 가장 주된 요인으로 옳은 것은?

그레이트오션로드의 끝자락에 있는 12사도 바위는 절벽과 돌기둥이 아름다운 해안 지형으로 유명하다. <u>과거에는 12개의 바위가 있었지만 지금은 8개만 남아 있다</u>.

① 파랑의 침식 작용 ② 파랑의 퇴적 작용
③ 조류의 퇴적 작용 ④ 바람의 침식 작용
⑤ 바람의 퇴적 작용

11 해안과 해양에서 이루어지는 관광 산업 발달의 긍정적인 영향으로 옳은 것을 〈보기〉에서 고른 것은?

보기
ㄱ. 관광 산업 관련 일자리의 증가
ㄴ. 관광객이 버리고 가는 쓰레기 증가
ㄷ. 수익 증대와 주민들의 삶의 질 향상
ㄹ. 지형 경관의 훼손과 해양 생태계 파괴

① ㄱ, ㄴ ② ㄱ, ㄷ ③ ㄴ, ㄷ
④ ㄴ, ㄹ ⑤ ㄷ, ㄹ

12 빈칸에 들어갈 협약은?

> 갯벌은 각종 식물, 어패류, 조류 등 다양한 생물이 서식하는 생태계의 보고이다. 또한 각종 오염 물질을 정화하고 홍수, 태풍, 해일 등 자연재해를 줄여 주기도 한다. 이러한 갯벌이 간척 사업의 대상이 되면서 자연 상태의 갯벌이 파괴되거나 사라지고 있다. 따라서 세계의 갯벌을 보호하기 위해 '물새의 서식지로서 국제적으로 중요한 습지 보호에 관한 협약'인 ____________이 체결되었다.

① 바젤 협약
② 람사르 협약
③ 기후 변화 협약
④ 사막화 방지 협약
⑤ 생물 다양성 협약

13 그림은 우리나라 중부 지방의 지형 단면도이다. 이를 보고 파악한 내용으로 옳지 않은 것은?

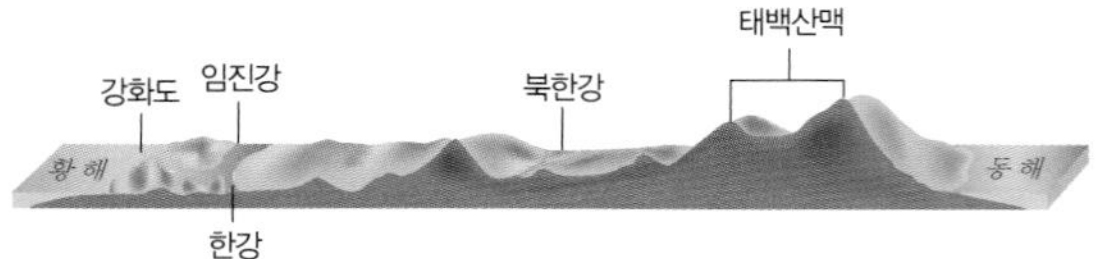

① 높은 산지는 서쪽보다는 동쪽에 치우쳐 있다.
② 태백산맥을 기준으로 서쪽은 동쪽보다 경사가 완만하다.
③ 넓은 평야는 태백산맥을 기준으로 서쪽에 더 잘 발달한다.
④ 태백산맥 서쪽으로 흐르는 하천은 동쪽으로 흐르는 하천보다 유로가 길다.
⑤ 태백산맥 서쪽으로 흐르는 하천은 동쪽으로 흐르는 하천보다 유량이 적다.

14 사진과 같은 지형을 형성하는 암석과 형성 작용을 옳게 짝지은 것은?

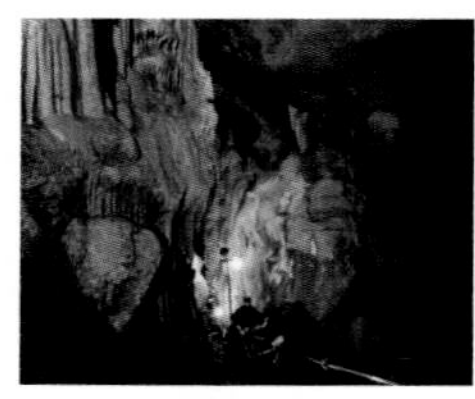

① 화강암 – 하천의 침식 작용
② 석회암 – 파랑의 침식 작용
③ 화강암 – 파랑의 침식 작용
④ 석회암 – 지하수의 용식 작용
⑤ 화강암 – 지하수의 침식 작용

15 다음은 산지 지형과 관련한 스무고개이다. 빈칸에 들어갈 수 있는 내용으로 옳은 것을 〈보기〉에서 고른 것은?

질문	대답
우리나라에서 볼 수 있는 산인가요?	네
국립공원으로 지정되었나요?	네
신기 습곡 산지에 해당하나요?	아니오
섬에 있는 산인가요?	네
화산 활동으로 형성되었나요?	네
______________________	네

보기

ㄱ. 세계 자연 유산으로 등재되었나요?
ㄴ. 정상에는 물이 고여 있는 호수가 있나요?
ㄷ. 화강암으로 이루어진 웅장한 봉우리가 있나요?
ㄹ. 정상이 두터운 토양으로 덮여 있어 부드러운 느낌을 주나요?

① ㄱ, ㄴ
② ㄱ, ㄷ
③ ㄴ, ㄷ
④ ㄴ, ㄹ
⑤ ㄷ, ㄹ

16 (가)~(다) 지형에 관한 설명으로 옳지 않은 것은?

(가)

(나)

(다)

① (가)는 서해안, (나)는 동해안에서 주로 볼 수 있다.
② (가)~(다) 모두 해양 관광 자원으로 널리 활용되고 있다.
③ (다)와 같은 바다는 '섬이 많은 바다(다도해)'라고 불린다.
④ (가)는 퇴적, (나)는 침식 작용이 활발할 때 형성되는 지형이다.
⑤ (가)에 퇴적된 물질은 (나)에 퇴적된 물질보다 평균 입자 크기가 작다.

대단원 서술형·논술형 문제

정답과 해설 • 83쪽

01 다음 (가)와 (나) 산맥을 보고, 형성 시기 및 형성 작용, 경관의 특징을 비교하여 서술하시오.

(가) 히말라야산맥

(나) 애팔래치아산맥

02 다음에 제시된 (가), (나) 해안 지형의 이름을 쓰고, 주요 형성 작용 및 지형의 이용에 대해 서술하시오.

03 다음은 우리나라에서 볼 수 있는 자연 경관 중 하나이다. 이를 우리나라의 매력적인 자연 경관으로 세계 여러 나라에 소개하는 글을 쓰고, 이러한 지형을 보존할 수 있는 방안을 200자 내외로 논술하시오.

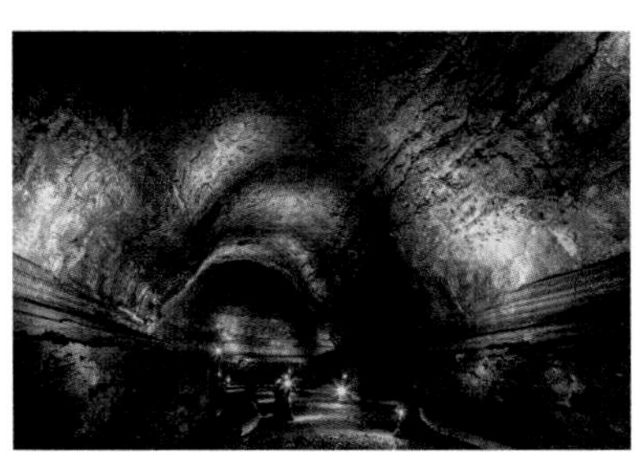

대단원 개념 채우기 · IV. 다양한 세계, 다양한 문화 ·

01 다양한 문화 지역

1 지역마다 다른 문화

❶□□	인간이 자연환경을 극복하고 자연과 상호 작용하는 과정에서 만들어낸 사고방식이나 생활 양식
❷ □□□□	종교 경관, 건축 경관, 축제 등 눈으로 볼 수 있는 형태로 나타나는 문화
문화 지역	• 같은 문화 요소를 공유하거나 유사한 문화 경관이 나타나는 공간적 범위 → ❸ □□□ • 종교, 언어, 민족, 의식주 등 다양한 문화 요소를 기준으로 구분 • 문화 지역은 고정된 것이 아니라 구분 기준에 따라 달라질 수 있음

2 문화 지역의 구분

언어와 문화 지역	• 일반적으로 하나의 민족은 같은 언어를 사용하기 때문에 민족을 구분하는 기준이 되기도 함 • 현재 약 6,000여 종의 언어가 존재하며, 구조나 어법에 따라 비슷한 계통끼리 묶어 몇 가지 어족으로 분류
종교와 문화 지역	• 종교는 개인의 신앙을 넘어 지역의 의식주 생활이나 행동 양식에 많은 영향을 줌 • ❹ □□□□□ 문화 지역 : 높고 뾰족한 십자가를 세운 성당이나 교회 • ❺ □□ 문화 지역 : 사찰, 불상, 탑 등 • ❻ □□□□ 문화 지역 : 둥근 지붕과 뾰족한 탑으로 이루어진 모스크, 돼지고기 금기 등 • ❼ □□□ 문화 지역 : 지역마다 다른 신을 모시는 사원, 소를 숭배하여 소고기를 먹지 않음

3 지역별로 나타나는 문화 차이

자연환경에 따른 문화 차이	의식주 문화	• 의복 : 추운 곳에서는 몸을 감싸는 털옷, 더운 곳에서는 통풍이 잘되는 옷 • 음식 : 환경에 따라 구할 수 있는 재료가 다르기 때문에 조리 방식과 먹는 방법이 다양함 • 가옥 : 주변에서 쉽게 구할 수 있는 재료를 이용하며, 기후 환경을 극복하는 형태로 발달
	농업 방식	• 강수량이 풍부한 동남아시아 지역에서는 주로 ❽ □□□가 이루어짐 • 강수량이 부족한 서남아시아 지역이나 농경에 불리한 극지방은 각기 다른 방식의 ❾ □□이 이루어짐
경제·사회적 환경에 따른 문화 차이	산업 발달, 소득 수준에 따른 차이	• 경제 발전 수준이 높을수록 ❿ □□적인 경관과 현대적인 생활 모습이 나타남 • 인터넷과 교통수단 등이 발달하면서 문화가 서로 교류하여 다양해지고 융합되거나 사라지기도 함
	종교, 언어, 관습 등에 따른 차이	• 이슬람교 : 돼지고기를 먹지 않고, ⓫ □□ 식품만 먹음, 여성은 부르카나 히잡 착용 • 힌두교 : 소를 신성시하여 ⓬ □□□를 먹지 않고, 여성들은 사리를 입음

4 세계의 다양한 문화 지역

⓭ □□ 문화 지역	순록을 유목하는 지역이 있으며, 추운 기후에 적응한 생활 양식이 나타남
⓮ □□ 문화 지역	크리스트교 문화가 발달하였으며, 일찍 산업화를 이룸
⓯ □□□□ 문화 지역	유교, 불교, 한자, 젓가락 문화 등의 공통점이 나타남
⓰ □□ 문화 지역	주로 유목 생활을 하며, 대부분의 주민이 이슬람교를 믿음
⓱ □□ 문화 지역	불교와 힌두교의 발상지로 다양한 종교와 언어가 나타남
⓲ □□□□ 문화 지역	유럽의 식민 지배를 받은 국가가 많으며, 부족 중심의 생활을 함
⓳ □□□□□ 문화 지역	주로 벼농사를 지으며, 인도와 중국의 영향을 많이 받음
⓴ □□□□□ 문화 지역	유럽인이 개척한 지역으로, 원주민 문화의 전통이 남아 있음
㉑ □□□□□□□ 문화 지역	산업이 발달하였으며, 인종 구성이 매우 다양함
㉒ □□□□□□ 문화 지역	인디오, 백인, 흑인, 혼혈족으로 구성되어 독특한 문화를 형성함

건조 문화 지역
주로 유목 생활을 하며, 대부분의 주민들이 이슬람교를 믿는다.
유럽 문화 지역
크리스트교 문화가 발달하였으며, 일찍 산업화를 이루었다.
북극 문화 지역
순록을 유목하며, 추운 기후에 적응한 생활 양식이 나타난다.
앵글로아메리카 문화 지역
산업이 발달하였으며, 인종 구성이 매우 다양하다.
0 3,000 km
아프리카 문화 지역
유럽의 식민 지배를 받았으며, 부족 중심의 생활을 한다.
라틴 아메리카 문화 지역
인디오, 백인, 흑인, 혼혈족으로 구성되어 독특한 문화를 형성한다.
유럽 문화 지역
북극 문화 지역
동아시아 문화 지역
앵글로아메리카 문화 지역
대서양
건조 문화 지역
인도 문화 지역
동남아시아 문화 지역
태평양
0°
아프리카 문화 지역
인도양
오세아니아 문화 지역
라틴 아메리카 문화 지역
(디르케 세계 지도, 2015, 휴먼 지오그래피, 2010)
인도 문화 지역
불교와 힌두교의 발상지로 다양한 종교와 언어가 나타난다.
동남아시아 문화 지역
주로 벼농사를 지으며, 인도와 중국의 영향을 받았다.
동아시아 문화 지역
유교, 불교, 한자, 젓가락 문화 등의 공통점이 나타난다.
오세아니아 문화 지역
유럽인이 개척한 지역으로, 원주민 문화의 전통이 남아 있다.

정답 ❶ 문화 ❷ 문화 경관 ❸ 문화권 ❹ 크리스트교 ❺ 불교 ❻ 이슬람교 ❼ 힌두교 ❽ 벼농사 ❾ 유목 ❿ 인공 ⓫ 할랄 ⓬ 소고기 ⓭ 북극 ⓮ 유럽 ⓯ 동아시아 ⓰ 건조 ⓱ 인도 ⓲ 아프리카 ⓳ 동남아시아 ⓴ 오세아니아 ㉑ 앵글로아메리카 ㉒ 라틴 아메리카

02 세계화와 문화 변용

1 문화 변용

❶ □□□□	서로 다른 문화적 배경을 지닌 개인이나 집단이 문화적인 면에서 지속적으로 접촉하는 것
❷ □□□□	문화 접촉이 반복적으로 이루어지고 시간이 흐르면 한 사회의 문화 요소가 다른 사회로 전해져 정착하게 되는 것
문화 전파에 따른 문화 변용	❸ □□□□ : 서로 다른 두 문화가 함께 존재함 ❹ □□□□ : 하나의 문화는 남고, 다른 문화는 사라짐 ❺ □□□□ : 두 문화가 만나 새로운 문화가 만들어짐
문화 변용에 따른 지역 변화	• 지역 고유의 문화적 특성을 유지하면서 다른 문화를 받아들여 새로운 문화를 창조하기도 함 • 전파된 문화를 선택적으로 받아들여 변형하기도 함 • 접촉하거나 전파된 문화에 ❻ □□ 되어 지역의 고유한 문화적 특성이 사라지기도 함

2 세계화가 문화에 미친 영향

문화의 ❼ □□□	교통과 통신의 발달로 지역 간 상호 작용이 활발해짐
문화의 ❽ □□□	세계화에 따라 지역 간 문화 교류가 늘어나면서 문화가 다양해짐 → 삶이 더욱 풍요로워짐
문화의 ❾ □□□	세계화에 따라 강력한 영향력을 가진 외래문화가 유입되면서 전통문화가 사라짐

3 문화의 세계화가 지역에 미친 영향

문화적 갈등 발생	• 특정 문화가 전 세계로 확산되는 과정에서 지역 간 문화적 차이로 갈등이 나타나기도 함 • 청소년 문화의 급격한 서구화로 세대 간 문화 격차가 커지기도 함
❿ □□□ □로의 획일화	• 지역의 전통문화가 소멸하기도 하고 문화적 다양성이나 정체성이 훼손되기도 함 • 세계화를 계기로 전통문화의 소중함과 가치를 새롭게 인식하기도 함
지역 문화를 창조적으로 발전시키기 위한 노력	• 전통문화에 새로운 문화를 더하여 지역 문화를 창조적으로 발전시키기 위한 시도 • 전통문화를 이용한 축제를 개최하여 전통문화의 가치를 재발견하고 보존하기 위한 노력

03 문화의 공존과 갈등

1 서로 다른 문화의 공존

문화의 공존	오늘날 세계의 각 지역에는 서로 다른 문화를 가진 사람들이 공존하는 곳이 늘고 있음
사례 지역	• ⓫ □□□ : 독일어, 프랑스어, 이탈리아어, 로만슈어를 공용어로 사용 • 싱가포르, 말레이시아 : 서로 다른 민족, 언어, 종교가 공존하는 대표적인 국가 • ⓬ □□□ : 아메리카 원주민, 유럽계 백인, 아프리카계 흑인이 함께 문화를 가꾸어 온 나라

2 문화적 갈등이 나타나는 지역

원인	• 서로 다른 언어와 종교는 조화를 이루면서 공존하기도 하지만, 갈등의 원인이 되기도 함 • 종교 갈등에 영토, 자원, 국제 하천, 교통로 등을 둘러싼 정치적·경제적 이해관계까지 맞물려 갈등이 깊어지기도 함
언어 갈등	• 캐나다 ⓭ □□주 : 프랑스어를 사용하고 프랑스 문화를 유지하며 살아가는 퀘벡주와 캐나다 본토와의 갈등 • ⓮ □□□ : 네덜란드어를 사용하는 북부 지역과 프랑스어를 사용하는 남부 지역 간의 갈등
종교 갈등	• 팔레스타인–이스라엘 분쟁 : ⓯ □□□□를 믿는 팔레스타인과 유대교를 믿는 이스라엘 간의 분쟁 • 카슈미르 분쟁 : 카슈미르 지역을 두고 인도(⓰ □□□)와 파키스탄(⓱ □□□□) 간의 분쟁 • 북아일랜드 분쟁 : 영국(개신교)과 아일랜드(가톨릭교) 간의 분쟁

3 다양한 문화의 공존

문화의 다양성 인정	다양한 삶의 방식을 지닌 개인이나 집단 간의 문화적 차이를 인정 → 사회 통합과 평화를 보장하고 창조적 사고와 사회 발전의 토대가 되기 때문에 중요
국가적 차원의 노력	다민족으로 구성된 국가에서는 여러 개의 공용어를 지정하거나 종교의 자유를 법으로 보장
개인적 차원의 노력	• ⓲ □□□□□□ : 다른 문화의 고유한 가치를 내 입장이 아닌 상대의 처지에서 이해하고 존중하는 태도 • ⓳ □□□□□ : 서로 다른 다양한 문화적 요소를 다수의 힘으로 동화시키기보다 문화적 다양성을 인정하며 공존을 위하여 노력하는 태도

정답 ❶ 문화 접촉 ❷ 문화 전파 ❸ 문화 공존 ❹ 문화 동화 ❺ 문화 융합 ❻ 동화 ❼ 세계화 ❽ 다양화 ❾ 획일화 ❿ 서구 문화 ⓫ 스위스 ⓬ 브라질 ⓭ 퀘벡 ⓮ 벨기에 ⓯ 이슬람교 ⓰ 힌두교 ⓱ 이슬람교 ⓲ 문화 상대주의 ⓳ 다문화주의

대단원 종합 문제

01 문화에 관한 설명으로 옳지 않은 것은?

① 인간과 자연의 상호 작용 속에서 형성된다.
② 시각적으로 관찰할 수 있는 것에 한정된다.
③ 종교 경관, 건축 경관, 축제 등으로 나타난다.
④ 인간이 만들어 낸 사고방식이나 생활 양식이다.
⑤ 다른 문화와 영향을 주고받으며 변화하고 발달한다.

02 문화 지역에 대한 설명 중 옳은 것에만 ✓표를 한 학생을 고른 것은?

	갑	을	병	정	무
같은 문화 요소를 공유하거나 유사한 문화 경관이 나타나는 공간적 범위를 뜻한다.	✓	✓	✓		
구분 기준과 관계없이 하나의 지역은 하나의 문화 지역으로 분류된다.		✓		✓	✓
하나의 지역이 서로 다른 문화 지역으로 나뉘기도 하고 여러 지역이 하나의 문화 지역에 포함되기도 한다.	✓		✓	✓	✓
언어, 종교, 음식 등은 문화 지역을 구분하는 기준이 될 수 있다.		✓	✓		✓

① 갑 ② 을 ③ 병 ④ 정 ⑤ 무

03 다음 글의 사례에 해당하는 축제를 〈보기〉에서 고른 것은?

> 축제는 지역의 문화적 특성을 나타내는 대표적인 문화 경관으로 축제를 통해 그 지역의 문화를 경험할 수 있다. 세계 여러 지역에서 다양한 주제를 바탕으로 축제가 열리는데 지역의 고유한 특산물을 주제로 하는 축제가 열리기도 한다.

〈보기〉
ㄱ. 스웨덴의 하지 축제
ㄴ. 브라질의 리우 카니발
ㄷ. 네덜란드의 튤립 축제
ㄹ. 에스파냐 발렌시아 토마토 축제

① ㄱ, ㄴ ② ㄱ, ㄷ ③ ㄴ, ㄷ
④ ㄴ, ㄹ ⑤ ㄷ, ㄹ

04 지도는 종교를 기준으로 세계를 구분한 지도이다. A~D 종교로 옳은 것은?

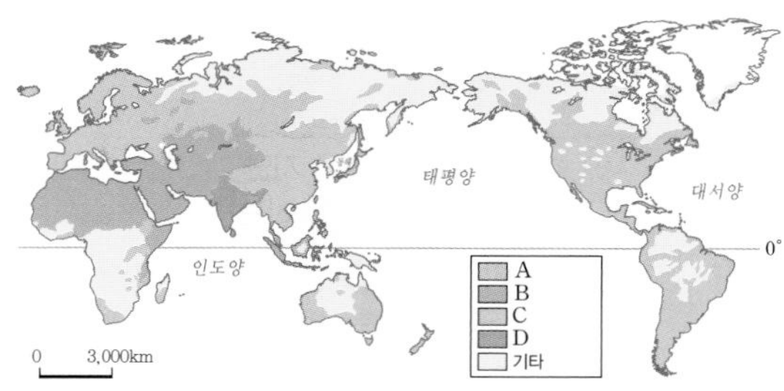

	A	B	C	D
①	불교	크리스트교	이슬람교	힌두교
②	이슬람교	크리스트교	힌두교	불교
③	이슬람교	힌두교	크리스트교	불교
④	크리스트교	불교	힌두교	이슬람교
⑤	크리스트교	이슬람교	불교	힌두교

05 종교와 종교 경관의 특징이 옳게 연결된 것을 〈보기〉에서 고른 것은?

〈보기〉
ㄱ. 힌두교 – 불상이 있는 건물과 탑으로 이루어진 사찰
ㄴ. 이슬람교 – 둥근 지붕과 뾰족한 탑으로 이루어진 모스크
ㄷ. 크리스트교 – 높고 뾰족한 탑에 십자가를 세운 성당, 교회
ㄹ. 불교 – 수많은 신들의 특징에 따라 지역마다 다양하게 세운 사원

① ㄱ, ㄴ ② ㄱ, ㄷ ③ ㄴ, ㄷ
④ ㄴ, ㄹ ⑤ ㄷ, ㄹ

06 빈칸 ㉠, ㉡에 들어갈 말로 옳은 것은?

> 종교에 따라 독특한 생활 양식이 나타나는데 이슬람교 도들은 (㉠)을(를) 금기시하여 먹지 않으며, 힌두교 도들은 (㉡)을(를) 먹지 않는 것이 그 예이다.

	㉠	㉡
①	돼지고기	소고기
②	돼지고기	생선
③	생선	돼지고기
④	소고기	생선
⑤	소고기	돼지고기

07 다음 글의 밑줄 친 내용에 해당하는 종교로 가장 적절한 것은?

> 종교는 세계 전 지역으로 전파되는 보편 종교와 특정 지역의 특정 민족이 믿는 민족 종교로 구분할 수 있다.

① 유교 ② 불교 ③ 힌두교
④ 이슬람교 ⑤ 크리스트교

08 A, B 문화 지역의 특징을 비교한 내용 중 옳은 것을 모두 고른 것은?

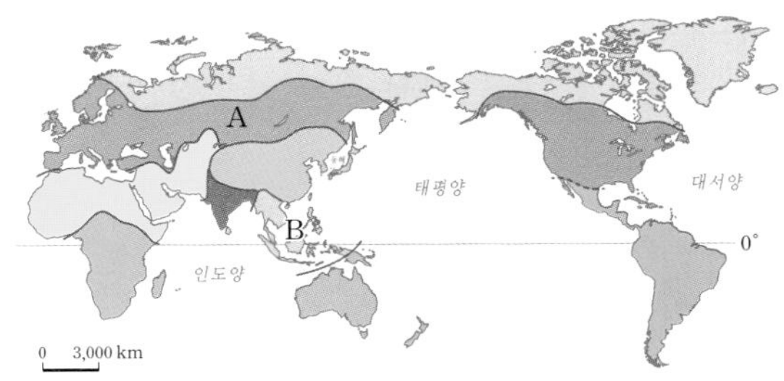

구분	A	B	
종교	크리스트교	불교, 이슬람교	············ ㉠
농업	벼농사	유목	············ ㉡
주식	빵, 육류	밥	············ ㉢

① ㉠ ② ㉡ ③ ㉢
④ ㉠, ㉢ ⑤ ㉡, ㉢

09 다음과 같은 문화의 차이를 가져온 공통적인 요인으로 옳은 것은?

> • 인도 북서부 지역에서는 인도식 빵인 로티와 카레를 함께 먹고, 남부 지방에서는 밥 위에 카레를 얹어서 먹는다.
> • 중국의 북부 지역에서는 밀가루로 만든 국수를 많이 먹고, 남부 지역에서는 쌀로 지은 밥을 먹는다.

① 종교 ② 언어 ③ 기후
④ 지형 ⑤ 경제적 격차

10 지도는 라틴 아메리카의 문화 지역을 구분한 것이다. 구분의 지표로 옳은 것은?

① 언어 ② 민족 ③ 종교
④ 산업 ⑤ 기후

11 다음 글을 통해 파악할 수 있는 내용으로 옳지 않은 것은?

> 중국에서 꽃피운 국수 문화는 아시아의 여러 지역으로 전파되어 벼농사가 활발한 베트남에서는 쌀국수, 부탄과 같은 고산 지대에서는 메밀국수, 일본에서는 우동과 같은 다양한 형태로 변화하였다. 이렇게 아시아에서 주로 발달하였던 국수는 중국과 교류가 활발하였던 이슬람인들이 유럽으로 전했을 것으로 추측된다. 이슬람 문화권에서는 음식을 오랫동안 보관하기 위하여 음식을 건조하였고, 이것이 이탈리아에 전해져 파스타를 만들어냈을 것이다.

① 문화가 전파되면서 원래의 모습이 변형될 수 있다.
② 서로 다른 문화가 지속적으로 접촉하여 영향을 주고받는다.
③ 한 지역에서 시작한 문화가 다른 지역으로 전파되기도 한다.
④ 한 지역의 문화가 다른 지역에서도 공유되어 전 세계적으로 같은 문화를 갖게 된다.
⑤ 문화는 한 지역에 고정된 것이 아니라 사람들의 이동과 교류를 통해 움직이고 변화한다.

12 (가), (나) 사진을 보고 옳게 이야기한 학생만을 〈보기〉에서 있는 대로 고른 것은?

(가) (나)

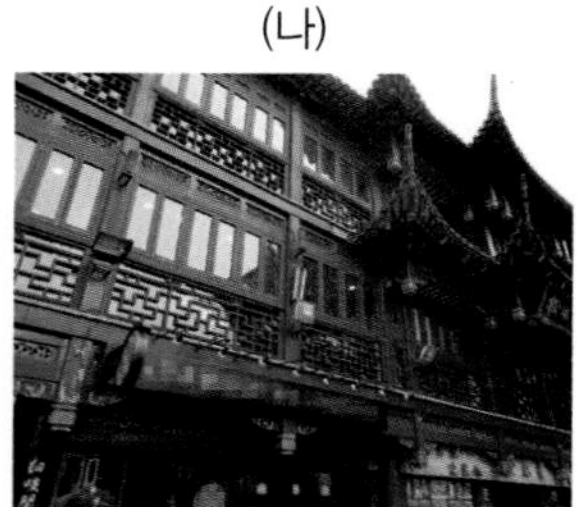

▲ 우리나라의 S커피 전문점 ▲ 중국의 S커피 전문점

보기

백두 : (가), (나)는 '문화의 획일화' 사례가 될 수 있어.
한라 : 커피 전문점의 건물 양식은 지역의 고유한 문화가 반영되었어.
지리 : 커피를 마시는 것은 우리나라와 중국의 고유한 문화인 것 같아.
금강 : 전 세계 사람들은 같은 문화를 공유하면서 동시에 지역마다 특징있는 문화를 만드는 것 같아.

① 백두, 한라 ② 한라, 지리
③ 지리, 금강 ④ 백두, 한라, 금강
⑤ 한라, 지리, 금강

13 문화 변용의 사례가 옳게 짝지어지지 않은 것은?

	개념	사례
①	문화 전파	동남아시아에서는 주로 벼농사를 짓는데 몽골의 초원에서는 가축을 기르는 유목이 성행한다.
②	문화 공존	말레이시아의 믈라카에는 크리스트교, 불교, 이슬람교의 사원이 모두 존재한다.
③	문화 동화	우리나라에서는 과거에 글을 쓸 때 세로쓰기를 하였으나 지금은 가로쓰기로 바뀌었다.
④	문화 융합	우리나라의 온돌과 서양의 침대 문화가 결합하여 돌침대라는 새로운 침대가 나타났다.
⑤	문화의 획일화	청바지와 티셔츠, 양복 차림이 전 세계적으로 널리 보편화되었다.

14 (가), (나) 글에 해당하는 국가로 옳은 것은?

(가) 여러 민족, 언어, 종교가 뒤섞여 종교와 언어 갈등이 심하였으나 서로 다른 문화가 공존할 수 있도록 노력하였다. 정부에서는 다양한 언어로 정부 공식 문서를 작성하고 학교에서는 주로 사용하는 언어 이외에 다른 언어를 하나 이상 의무적으로 배우도록 하였다.

(나) 서로 다른 언어를 사용하는 북부 지역과 남부 지역 간에 갈등이 심하다. 언어에서 비롯된 지역감정으로 인해 언어권별로 신문과 방송이 따로 제작될 정도이다. 언어권별로 국가의 분리 독립 요구가 이어져 정치적 혼란을 겪기도 하였다.

	(가)	(나)
①	스위스	벨기에
②	스위스	싱가포르
③	벨기에	스위스
④	벨기에	싱가포르
⑤	싱가포르	스위스

15 지도의 지역에서 문화적인 갈등이 나타나게 된 가장 근본적인 요인은?

① 자원 분포 ② 지역 격차
③ 종교의 차이 ④ 언어의 차이
⑤ 민족의 차이

16 빈칸에 들어갈 내용으로 옳은 것은?

세계화에 따라 지역 간 문화 교류가 늘어나면서 문화가 다양해지고 있다. 하지만 세계화에 따라 (   )와(과) 같은 문제점이 나타나기도 한다.

① 문화 전파 ② 문화 변용
③ 문화 공존 ④ 문화 확산
⑤ 문화의 획일화

대단원 서술형·논술형 문제

정답과 해설 • 85쪽

01 다음 (가), (나)의 문화 경관을 볼 수 있는 지역의 특징과 문화 경관에 영향을 미친 요인에 대해 서술하시오.

(가)

(나)

02 지도는 스위스의 언어 분포를 나타낸 것이다. 서로 다른 언어를 사용하는 스위스에서 문화가 평화롭게 공존하기 위해 펼치는 노력을 서술하시오.

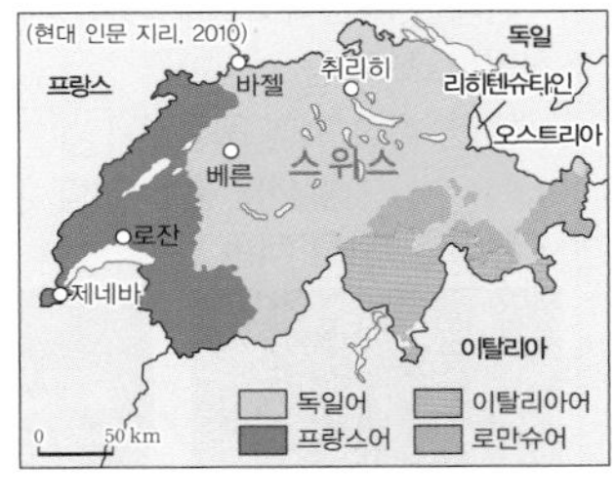

03 지도는 S커피 전문점의 국가별 분포를 나타낸 것이다. 이와 같은 문화 현상에 대해 설명하고, 이러한 문화 현상으로 인해 나타나는 변화를 긍정적인 측면과 부정적인 측면으로 나누어 500자 이내로 논술하시오.

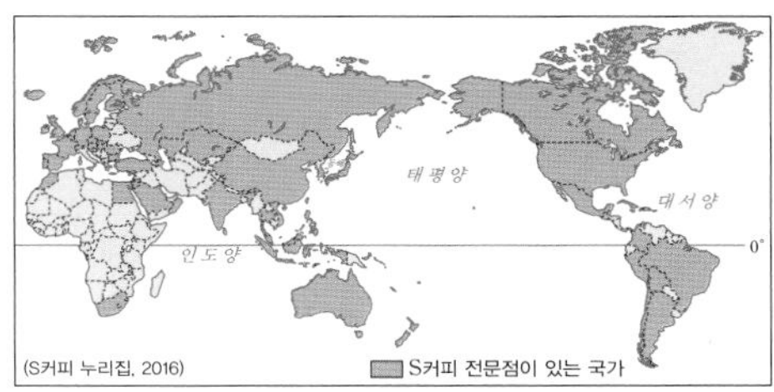

▲ 우리나라의 S커피 전문점

▲ 중국의 S커피 전문점

▲ 아랍 에미리트의 S커피 전문점

대단원 개념 채우기 • V. 지구 곳곳에서 일어나는 자연재해 •

01 자연재해 발생 지역

1 자연재해의 의미와 종류

❶ □□□□	의미	인간과 인간 활동에 피해를 끼치는 자연 현상	
	종류	지각 변동에 의한 재해	화산 활동, 지진, 지진 해일(쓰나미) 등
		❷ □□와 관련된 재해	홍수, 가뭄, 열대 저기압, 폭설, 한파, 토네이도 등

2 지각 변동(지형적 요인)에 의한 재해

❸ □□ 활동	마그마가 지각의 약한 부분을 뚫고 나와 분출하는 현상
❹ □□	지구 내부 힘이 지표면에 전달되면서 땅이 흔들리거나 갈라지는 현상
발생 지역	(알프스·히말라야 조산대, 환태평양 조산대 / 판 경계 • 지진 발생지 ▲ 화산 / 3,000km / (디르케 세계 지도, 2015)) • 지각판의 경계 부근(조산대)에서 주로 발생 • 알프스·히말라야 조산대, ❺ □□□□ 조산대(불의 고리)에서 활발
❻ □□□□(쓰나미)	• 의미 : 해저에서 지진, 화산 폭발 등이 발생하면서 일어나는 대규모 파도가 해안을 덮치는 현상 • 특징 : 매우 빠른 속도로 진행, 발생 지점으로부터 수천 km 떨어진 곳까지 영향

3 기후적 요인에 의한 재해

❼ □□	• 의미 : 많은 비가 내려 하천의 물이 흘러넘쳐 삶의 터전이 잠기는 현상 • 발생 지역 : ❽ □□□ 계절풍 기후 지역, 북극해로 유입되는 하천 유역, 큰 강의 하류 및 저지대
❾ □□	• 의미 : 오랫동안 비가 내리지 않아 땅이 메마르고 물이 부족해지는 현상 • 발생 지역 : ❿ □□ 기후 지역과 그 주변
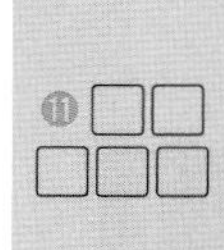 ⓫ □□□□□	• 의미 : 열대 지역의 해상에서 발생하여 중위도 지역으로 이동하는 저기압 • 발생 지역 : 북태평양 서부, 대서양, 인도양 및 아라비아해 저위도 해상 지역 • 명칭 : ⓬ □□(필리핀 부근→동아시아), 사이클론, 허리케인

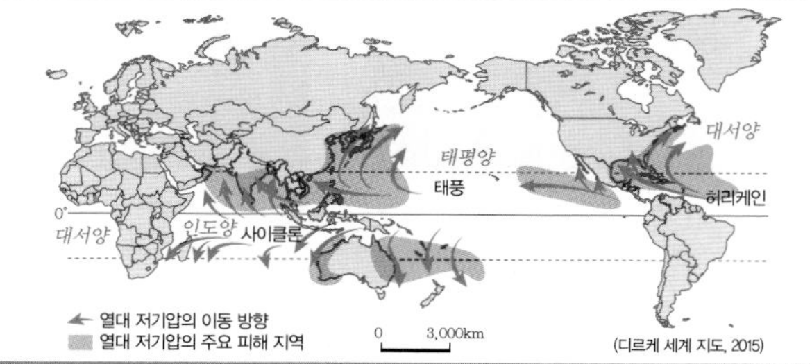

02 자연재해와 주민 생활

1 지각 변동에 의한 재해의 영향

지진	피해	• 건물, 가옥 등의 각종 시설물 붕괴로 인한 인명 및 재산 피해 • 산사태 발생 • 해저에서 지진이 발생할 경우 지진 해일이 일어나 해안 지대에 피해 • 전기 누전 및 화재 발생
화산 활동	피해	• 화산 분출물로 인한 농경지 및 각종 시설물 매립 • 화재, 산사태 발생 • ⓭ □□□ 분출로 인한 햇빛 차단 → 기온 하강, 항공기 운항에 지장
	긍정적 영향	• 비옥한 화산회토를 이용한 농작물 재배 예 벼농사, 커피, 포도 등 • 온천, 화산 지형 등을 ⓮ □□ 산업에 활용 • ⓯ □□ 발전을 통한 전력 생산 • 유황 등 자원 채굴 ▲ 농작물 재배 ▲ 지열 발전

정답 ❶ 자연재해 ❷ 기후 ❸ 화산 ❹ 지진 ❺ 환태평양 ❻ 지진 해일 ❼ 홍수 ❽ 아시아 ❾ 가뭄 ❿ 건조 ⓫ 열대 저기압 ⓬ 태풍 ⓭ 화산재 ⓮ 관광 ⓯ 지열

❷ 기후와 관련된 재해의 영향

홍수	피해	• 농경지, 가옥, 도로 등의 침수 • 산사태 발생, 생태계 파괴 등
	이점	• 물과 영양분의 공급으로 토양이 ❶ □□ 해짐 • 가뭄 해소
가뭄	피해	• 농업 활동에 지장 • 식수 및 각종 용수 부족 • 식량 및 ❷ □ 부족으로 난민 발생 • 산불 발생 위험 증가
열대 저기압	피해	• 강한 ❸ □□과 집중 호우 동반 • 항만 시설, 선박, 제방 등의 파괴 • 해안 저지대 침수 • 홍수, 산사태 발생
	이점	• 무더위 해소 • ❹ □□ 해결 • 바다의 ❺ □□□□ 완화 • 지구의 열적 균형 유지
❻ □□	피해	• 가옥이나 건축물 붕괴 • 교통 대란
	이용	눈을 이용한 축제 개최, 자연환경을 이용한 동계 스포츠 발달

03 자연재해 대응 방안

❶ 인간 활동과 자연재해

인간 활동과 홍수	원인	• 무분별한 산지 및 도시 개발 → 삼림 면적 감소, ❼ □□□□ 증가 40% 증발 / 하천 유입 10% / 토양 흡수 50% 30% 증발 / 하천 유입 55% / 토양 흡수 15% – 삼림 : 빗물이 대부분 토양으로 흡수 – 도시 : 빗물이 대부분 하천으로 유입 → 홍수 발생 가능성 증가 • 하천 변에 도로 및 각종 시설 개발 • 곡류 하천의 직선화 • 산업화로 인한 지구 온난화 심화
	결과	홍수 발생 횟수 및 피해 규모 증가

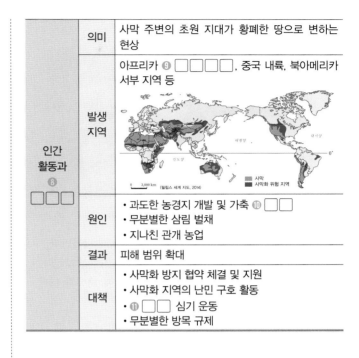

인간 활동과 ❽ □□□	의미	사막 주변의 초원 지대가 황폐한 땅으로 변하는 현상
	발생 지역	아프리카 ❾ □□□□, 중국 내륙, 북아메리카 서부 지역 등 태평양 / 대서양 / 인도양 / 0° / 0 3,000 km (필립스 세계 지도, 2014) / 사막 / 사막화 위험 지역
	원인	• 과도한 농경지 개발 및 가축 ❿ □□ • 무분별한 삼림 벌채 • 지나친 관개 농업
	결과	피해 범위 확대
	대책	• 사막화 방지 협약 체결 및 지원 • 사막화 지역의 난민 구호 활동 • ⓫ □□ 심기 운동 • 무분별한 방목 규제

❷ 자연재해의 대응 방안

지각 변동에 의한 자연재해 대응	지진	• ⓬ □□□□ 건축 의무화 • 정밀한 예보 체계 구축 • 주기적인 대피 훈련 실시 흔들림을 줄일 수 있도록 무게 중심을 잡는 지붕 / 구부러지기 쉽게 철제 구조에 붙여 진 바깥쪽 틀 / 방화 재료 / 지각 운동에 따라 움직이는 철제 창틀 / 기반암에 세워진 기둥과 지진을 흡수하기 위한 고무 충격 흡수재
	화산 활동	• 지속적인 화산 관측 • 거주 지역을 덮치지 않도록 용암을 막기 위한 인공 벽, 인공 하천 건설
기후와 관련된 자연재해 대응	홍수	• ⓭ □□□(숲) 조성 • 다목적 댐, 제방 건설 • 배수 시설 정비 • 하천 변에 홍수 터 조성
	가뭄	숲 조성, 다목적 댐 및 저수 시설 건설, 해수 담수화 시설 구축, 물 절약
	열대 저기압	• 정확한 예보 체계 구축 • ⓮ □□□를 대비한 시설물 점검 및 관리 • 주민 대피 및 외출 자제 • 습지 보존

정답 ❶ 비옥 ❷ 물 ❸ 바람 ❹ 가뭄 ❺ 적조 현상 ❻ 폭설 ❼ 포장 면적 ❽ 사막화 ❾ 사헬 지대 ❿ 방목 ⓫ 나무 ⓬ 내진 설계 ⓭ 녹색 댐 ⓮ 풍수해

대단원 종합 문제

01 지도에 표시된 지역에 대한 옳은 설명을 〈보기〉에서 고른 것은?

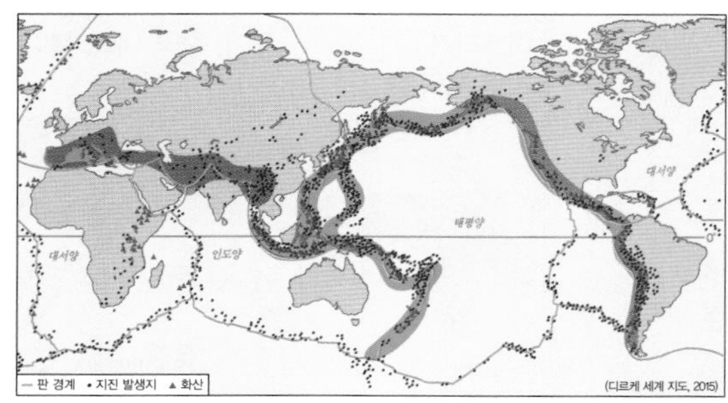

〈보기〉
ㄱ. 판과 판의 경계로 지각이 불안정하다.
ㄴ. 기후적 요인에 의한 자연재해가 활발하게 나타난다.
ㄷ. 지구 온난화의 영향 등으로 기상 이변이 자주 발생한다.
ㄹ. 땅이 흔들리거나 갈라지는 현상에 의해 피해가 나타나기도 한다.

① ㄱ, ㄴ ② ㄱ, ㄹ ③ ㄴ, ㄷ
④ ㄴ, ㄹ ⑤ ㄷ, ㄹ

02 지도에 표시된 지역에서 자주 발생하는 자연재해에 대한 옳은 설명을 〈보기〉에서 고른 것은?

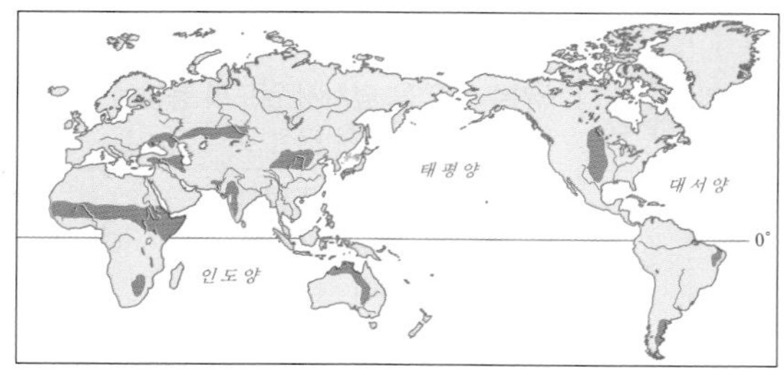

〈보기〉
ㄱ. 건조 기후 지역과 그 주변에서 자주 발생한다.
ㄴ. 진행 속도가 느리고 피해 범위가 넓은 것이 특징이다.
ㄷ. 기상 이변과 관련하여 발생 빈도가 점차 감소하고 있다.
ㄹ. 발생 지역에 따라 부르는 명칭이 다르고 강한 바람과 많은 비를 동반한다.

① ㄱ, ㄴ ② ㄱ, ㄷ ③ ㄴ, ㄷ
④ ㄴ, ㄹ ⑤ ㄷ, ㄹ

03 다음 기사와 관련된 자연재해가 자주 발생하는 지역으로 옳지 않은 것은?

프랑스 파리를 강타한 폭우로 센강이 범람해 강물이 도로로 흘러넘치고 파리 명소는 줄줄이 문을 닫았다. 통상 1~2m인 센강 수위는 5~6m에 이르러 35년 만에 가장 높았다고 전해진다. - ○○뉴스, 2016. 06. 04. -

① 큰 강의 하류 및 저지대
② 북아메리카 중서부 지역
③ 북극해로 유입되는 하천 유역
④ 열대 저기압이 자주 통과하는 지역
⑤ 계절풍의 영향을 받는 아시아 지역

04 위성 사진과 관련된 자연재해에 대한 옳은 설명을 〈보기〉에서 고른 것은?

〈보기〉
ㄱ. 저위도에서 중위도 지역으로 이동한다.
ㄴ. 열대 지역의 해상에서 발생하여 많은 비와 바람을 동반한다.
ㄷ. 인도양과 아라비아해에서 발생할 경우 허리케인이라고 부른다.
ㄹ. 강력한 회오리바람으로 지상의 물체를 감아올려 대평원 지역에 피해를 준다.

① ㄱ, ㄴ ② ㄱ, ㄷ ③ ㄴ, ㄷ
④ ㄴ, ㄹ ⑤ ㄷ, ㄹ

05 지구 곳곳에서 발생하는 자연재해를 (가), (나)와 같이 구분하였다. (나)에 해당하는 자연재해를 〈보기〉에서 고른 것은?

(가) 지형적 요인에 의한 자연재해
(나) 기후적 요인에 의한 자연재해

〈보기〉
ㄱ. 쓰나미 ㄴ. 토네이도 ㄷ. 화산 활동 ㄹ. 열대 저기압

① ㄱ, ㄴ ② ㄱ, ㄷ ③ ㄴ, ㄷ
④ ㄴ, ㄹ ⑤ ㄷ, ㄹ

06 사진 속 자연재해가 주민 생활에 미친 영향으로 옳은 것을 〈보기〉에서 고른 것은?

보기

ㄱ. 산사태를 일으켜 인명 피해가 발생한다.
ㄴ. 땅속의 열을 이용해 전력을 생산할 수 있다.
ㄷ. 강풍과 집중 호우를 동반해 시설물을 파괴한다.
ㄹ. 해저에서 발생할 경우 해일로 저지대가 침수된다.

① ㄱ, ㄴ ② ㄱ, ㄹ ③ ㄴ, ㄷ
④ ㄴ, ㄹ ⑤ ㄷ, ㄹ

07 도현이는 '화산 활동이 인간에게 주는 긍정적인 영향'을 주제로 수행 평가 보고서를 작성하고자 한다. 보고서에 들어갈 사진으로 적절하지 않은 것은?

①

②

③

④

⑤

08 지도는 어떤 자연 현상의 발생 지역을 나타낸 것이다. 관련된 자연 현상의 긍정적 영향만을 〈보기〉에서 있는 대로 고른 것은?

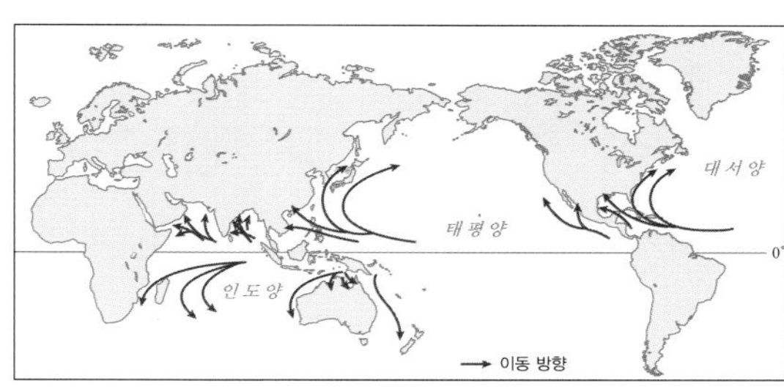

보기

ㄱ. 무더위를 식혀주는 역할을 한다.
ㄴ. 지구의 열적 균형을 맞추어 준다.
ㄷ. 바닷물을 순환시켜 적조 현상을 완화한다.
ㄹ. 경관을 활용해 축제나 스포츠를 개최하기에 유리하다.

① ㄱ, ㄴ ② ㄱ, ㄷ ③ ㄴ, ㄹ
④ ㄱ, ㄴ, ㄷ ⑤ ㄴ, ㄷ, ㄹ

09 사진 속 자연 현상이 주민 생활에 미치는 영향으로 옳은 것만을 〈보기〉에서 있는 대로 고른 것은?

보기

ㄱ. 물과 영양분을 공급하여 토양이 비옥해진다.
ㄴ. 지하수가 고갈되어 각종 용수가 부족해진다.
ㄷ. 생태계를 파괴하고, 산사태 피해를 발생시킨다.
ㄹ. 농작물에 피해를 주고 산불의 위험성이 커진다.

① ㄱ, ㄴ ② ㄱ, ㄷ ③ ㄴ, ㄹ
④ ㄱ, ㄴ, ㄷ ⑤ ㄴ, ㄷ, ㄹ

10 자료의 빈칸에 들어갈 내용으로 적절하지 않은 것은?

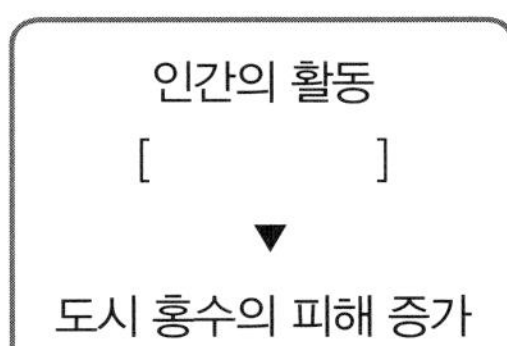

① 삼림 개간
② 하천 변 시설 개발
③ 곡류 하천의 직선화
④ 도로 포장 면적 증가
⑤ 건물 내 저류 시설 설치

11 그림은 삼림 지역과 도시 지역의 빗물 흡수 능력을 비교한 것이다. 이를 해석한 내용으로 옳지 않은 것은?

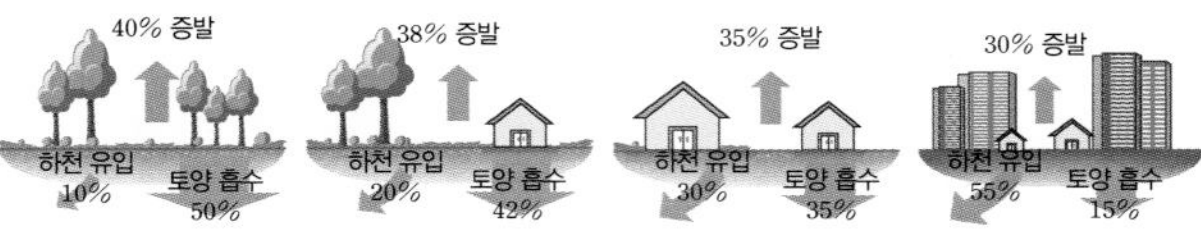

① 도시화가 진행될수록 하천으로 유입되는 빗물이 늘어난다.
② 포장 면적이 감소할수록 땅 위로 흐르는 빗물의 양은 증가한다.
③ 도시의 포장 면적이 증가함에 따라 홍수 피해가 커질 수 있다.
④ 삼림은 빗물을 머금었다 서서히 흘려보내는 녹색 댐의 역할을 해준다.
⑤ 식생 상태와 도시 개발 등 인위적 요소에 의해 홍수 피해가 증가할 수 있다.

12 밑줄 친 부분에 들어갈 주민들의 행동을 <보기>에서 고른 것은?

> 1930년대에 엄청난 모래 폭풍이 불었던 미국 중서부의 대평원 지역을 '더스트 볼(Dust Bowl)'이라고 한다. 미국 중서부 대평원 지역의 주민들은 어려운 경제 상황을 벗어나기 위해 ______________________.
> 가뭄이 지속되자 토양을 고정시켜 주는 역할을 했던 식물들이 거의 다 사라지고 강한 바람에 토양이 날리는 먼지 폭풍이 발생하게 되었다. 많은 사람들이 질병과 굶주림으로 사망하였고, 고향을 떠나는 사람들도 늘어났다.

보기
ㄱ. 더욱 많은 가축들을 방목하게 되었다.
ㄴ. 매장된 다량의 지하자원들을 자주 채굴했다.
ㄷ. 식량 생산을 늘리기 위해 농경지를 개간했다.
ㄹ. 산업화 정책의 추진으로 많은 공장들을 건설했다.

① ㄱ, ㄴ　② ㄱ, ㄷ　③ ㄴ, ㄷ　④ ㄴ, ㄹ　⑤ ㄷ, ㄹ

13 쿠리치바의 사례를 토대로 홍수에 대응하는 적절한 방법을 <보기>에서 고른 것은?

> 대표적인 생태 도시인 쿠리치바는 수십 개의 공원과 광장 등 녹지 공간이 있다. 쿠리치바의 녹지 공간 확보는 홍수 조절 및 배수 처리와 관련 있다. 홍수가 자주 일어나는 하천 주위를 깊이 파서 호수와 도랑을 만들고 유량을 조절할 수 있도록 하였다.

보기
ㄱ. 습지를 개간해 제방을 설치한다.
ㄴ. 숲을 가꾸어 녹색 댐을 조성한다.
ㄷ. 곡류 하천을 정비하여 직선화시킨다.
ㄹ. 하천 변에 홍수터를 조성하고 저류 시설을 마련한다.

① ㄱ, ㄴ　② ㄱ, ㄷ　③ ㄴ, ㄷ　④ ㄴ, ㄹ　⑤ ㄷ, ㄹ

14 다음 글을 해석한 것으로 가장 적절한 것은?

> 2016년 일본과 에콰도르에서 지진이 발생했으나 인명 피해는 큰 차이가 나타났다. 일본에서는 규모 7.3의 지진이 발생하였으나 평소 내진 설계를 의무화하고 대피 훈련을 철저히 실시한 결과 사망 및 실종자가 70여 명 정도였다. 반면 규모 7.8의 지진이 발생한 에콰도르에서는 내진 설계 규제가 엄격하지 않았고 대응이 미흡해 사망 및 실종자가 무려 700여 명에 달했다.

① 지진의 규모가 작을수록 피해가 더 크게 나타난다.
② 인간의 활동으로 인해 자연재해의 피해가 더 커졌다.
③ 지진의 피해를 줄이기 위해 정확한 예보 체계를 마련한다.
④ 지역의 사회·경제적 상황에 따라 지진 피해가 달라질 수 있다.
⑤ 인위적인 대응보다는 자연의 조절 기능을 통해 문제를 해결해야 한다.

대단원 서술형·논술형 문제

정답과 해설 • 88쪽

01 사진과 관련된 자연재해가 자주 발생하는 곳의 지리적 특징을 쓰고, 인간에게 미치는 구체적인 피해를 두 가지 서술하시오.

02 빈칸의 ㉠ 자연재해가 인간에게 미치는 피해를 구체적으로 쓰고, 이에 대한 대응 방안을 두 가지 서술하시오.

○○ 일보

제5호 (㉠) '노루(NORU)'가 8일 오전 9시 현재 일본 도쿄 북서쪽 약 130km 부근 육상에서 중심기압 990 hPa, 시속 31km의 빠른 속도로 동북동진하고 있다고 발표했다. (㉠) '노루'가 일본 남부 규슈 등 일본 열도를 강타하면서 일본에서는 피해가 속출하고 있다.

－○○뉴스, 2017. 08. 08.－

03 아랄해 모습의 변화를 나타낸 위성 사진이다.

1990년 → 2014년

아랄해 및 주변에 나타난 변화와 이러한 변화를 가져온 원인을 쓰시오. 그리고 제시된 사례와 관련된 자연재해의 피해를 막기 위해 이루어지는 여러 노력에 대해 300자 이내로 논술하시오.

대단원 개념 채우기 · Ⅵ. 자원을 둘러싼 경쟁과 갈등 ·

01 자원의 특성과 자원 갈등

1 자원의 의미와 특성

❶ □□	의미	인간 생활에 유용하게 사용되는 모든 것	
		넓은 의미	천연자원, 인적 자원, 문화적 자원을 포함
		좁은 의미	❷ □□□□만 포함
	특성	❸ □□□	공간상에 불균등하게 분포하는 특징
		유한성	대부분의 자원은 재생할 수 없으며 매장량이 한정되어 있음
		❹ □□□	자원의 가치는 시대와 장소, 과학 기술, 사회·문화적 배경에 따라 달라짐
	분류	재생 불가능한 자원	석유·석탄·천연가스와 같은 대부분의 화석 연료
		재생 가능한 자원	태양광, 풍력, 수력 등 지속적으로 사용 가능한 에너지

2 주요 자원의 분포와 소비

에너지 자원	❺ □□	소비 특징	세계에서 가장 많이 소비하는 에너지 자원
		분포	페르시아만을 중심으로 한 서남아시아 지역에 집중적으로 분포
		이동	편재성이 높아 국제적 이동이 많음
		용도	난방, 운송, 전기 생산 용도의 에너지 자원 뿐만 아니라 플라스틱, 섬유, 아스팔트 등의 원료로 사용함
	석탄	소비 특징	산업 혁명 시기부터 본격적으로 사용된 에너지 자원
		분포	석유보다 비교적 고르게 분포함
		용도	화력 발전, ❻ □□ 공업의 원료로 사용

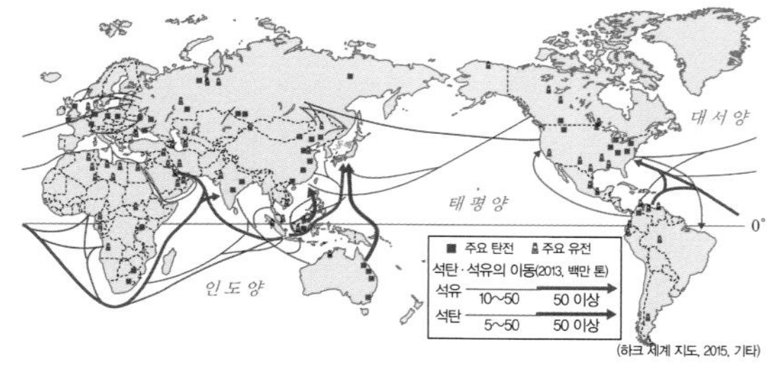

▲ 석탄과 석유의 분포와 이동

식량 자원	❼ □	생산지	아시아 계절풍 기후 지역에서 주로 재배됨
		이동 특징	생산지와 소비지가 일치하여 국제적 이동이 적음
	❽ □	생산지	비교적 서늘하고 건조한 지역에서도 재배됨
		이동 특징	생산지와 소비지가 달라 국제적 이동이 많음
물 자원	분포	❾ □□ 기후 지역에서는 강수량보다 증발량이 많아 물을 쉽게 구하기 어려움	
	확보 노력	지하수 개발, 해수 담수화 등을 통해 필요한 물을 확보하려 노력	

3 자원 확보를 위한 경쟁과 갈등

석유	발생 원인	석유 자원은 편재성이 높고 매장량이 한정되어 있음 → OPEC 등의 기구를 통해 자원 ❿ □□□□의 움직임이 강화	
	경쟁	새로운 유전 개발, 자원 외교, 새로운 석유 채굴 방식 개발(셰일 오일 등)	
	갈등	석유 생산 지역 및 송유관, 해상 교통로 등을 둘러싼 갈등 발생	
	사례 지역	페르시아만 연안, 기니만 연안, 카스피해, 동아시아의 해역과 섬 등	
물	물 부족 문제	인구 증가와 산업 발달로 물 사용이 증가, 하천과 지하수 오염, 사막화로 세계적인 물 부족 문제가 발생	
	⓫ □□□□	의미	여러 국가에 걸쳐 흐르는 하천
		분쟁의 원인	상류 지역의 국가가 댐을 건설하거나 오염 물질을 배출하면 하류 지역의 국가가 문제를 겪음
		사례 지역	유프라테스강, 메콩강, 나일강 등
식량	발생 원인	인구 증가, 기후 변화로 인한 식량 생산 환경의 변화	
	⓬ □□□□□□	식량 가격 상승이 전체 물가의 상승으로 이어지는 현상	

정답 ❶ 자원 ❷ 천연자원 ❸ 편재성 ❹ 가변성 ❺ 석유 ❻ 제철 ❼ 쌀 ❽ 밀 ❾ 건조 ❿ 민족주의 ⓫ 국제 하천 ⓬ 애그플레이션

02 자원과 주민 생활

1 자원 개발과 경제 발전

경제 발전과 자원	• 자원으로 얻은 소득을 활용하여 각종 시설을 건설하고 경제 발전의 기반을 조성 • 각종 시설과 교육, 의료, 복지 분야에 투자하여 생활 수준을 높이는 데에 사용	
사례 지역	서남아시아의 여러 국가들	• 사우디아라비아, 아랍 에미리트 등 • 현대적인 도시 발달, 항공·유통·관광 등 다양한 산업에 투자
	❶ □□□□□□□	• 풍부한 광물 자원 분포(철광석, 석탄 등) • 자원 채굴 기술 개발을 바탕으로 삶의 질 향상을 도모
	❷ □□□□	• 북해 유전의 석유로 얻은 이익을 국가 공동의 재산으로 규정 • 투명한 정치를 통해 이익 분배 과정을 공개

2 풍부한 자원으로 인해 어려움을 겪는 지역

자원 개발의 부정적 영향	• 자원 수출을 통해 얻은 외화를 특정 계층이 독점하여 빈부 격차 심화 • 무리한 자원 개발로 대기·수질·토양 오염 등의 ❸ □□ 문제 발생 • 자원 수출에만 경제를 의존하는 국가는 자원이 ❹ □□되면 주민들의 생활이 어려워짐 • 자원 개발과 소유권을 둘러싸고 갈등이나 전쟁을 경험 • 자원 개발과 관련된 산업만 발전하여 산업이 균형 있게 발전하지 못함	
사례 지역	❺ □□□□	과거 북해 천연가스 개발 이후 제조업 등 다른 산업이 침체되고 물가가 크게 올라 어려움을 겪었음
	❻ □□□□□	나이저강 하구 오고니 랜드 지역에 석유 채굴로 인한 환경 오염 발생
	콩고 민주 공화국	휴대폰 등 첨단 제품에 필수적인 ❼ □□ 광산을 두고 오랜 기간 전쟁을 치렀으며 열대 우림도 파괴됨

03 지속 가능한 자원 개발

1 자원의 지속 가능한 활용

자원 절약	• 화석 연료 소비 감축 및 자원 절약의 습관화 • 에너지 ❽ □□□□ 등급 표시제, 탄소 성적 표지제 효율 등급 / 소비 전력량 / 이산화 탄소 배출량 / 연간 에너지 비용 탄소 배출량 000g CO_2 환경부		
신·재생 에너지 개발	장점	화석 연료를 대체하면서도 탄소 배출이 적고 지속 사용이 가능	
	단점	초기 개발 비용이 높음, 저장과 수송이 어렵고 자연환경의 영향을 받음	
	종류와 입지	태양광, 태양열	맑은 날이 많으며 일사량이 충분한 곳
		❾ □□	강한 바람이 지속적으로 부는 곳(산지, 해안 등)
		지열	화산 활동이 활발한 곳
		⑩ □□	조석 간만의 차가 큰 해안 지역
		수력	흐르는 물의 양이 풍부하고 낙차가 큰 곳
	사례 지역	영국 해상 풍력 발전, 뉴질랜드 지열 발전, 우리나라 ⑪ □□□ 조력 발전소 등	

▲ 태양광 발전

▲ 풍력 발전

▲ 지열 발전

▲ 조력 발전

2 신·재생 에너지를 활용할 때 고려해야 할 점

풍력	소음 문제, 에너지 생산 효율의 문제 등이 발생
조력	⑫ □□ 소실, 해양 생태계에 부정적인 영향
수력	수몰 지구 발생, 하천 생태계 변화
바이오	⑬ □□□, 사탕수수 등을 재배하여 에너지로 활용 → 식량 생산을 위한 농경지가 줄어들게 되어 ⑭ □□ 가격 상승

정답 ❶ 오스트레일리아 ❷ 노르웨이 ❸ 환경 ❹ 고갈 ❺ 네덜란드 ❻ 나이지리아 ❼ 콜탄 ❽ 소비 효율 ❾ 풍력 ⑩ 조력 ⑪ 시화호 ⑫ 갯벌 ⑬ 옥수수 ⑭ 곡물

대단원 종합 문제

01 자원의 편재성에 대한 설명으로 옳지 않은 것은?

① 자원의 공간적 분포와 연관되어 있다.
② 여러 자원이 국제적으로 이동하는 원인이 된다.
③ 자원의 가채 연수를 보면 편재성을 파악할 수 있다.
④ 우리나라에서는 석유가 생산되지 않는 이유를 설명할 수 있다.
⑤ 자원이 일부 지역에 집중되어 있으면 편재성이 높다고 할 수 있다.

02 다음 설명에 나타난 자원의 특성으로 옳은 것은?

- 과거에는 땅에서 솟아나는 악취가 나는 액체에 불과했던 석유가 오늘날은 가장 중요한 에너지 자원이 되었다.
- 이슬람교도들은 돼지고기를 먹지 않아, 이슬람교를 따르는 국가에서는 돼지고기를 식량으로 생각하지 않는다.

① 편재성 ② 가변성
③ 경제성 ④ 유한성
⑤ 상품성

03 빈칸 ㉠에 들어갈 자원으로 옳은 것은?

선호 : 요즘 들어 미세먼지 문제가 심각해지는 것 같아.
영민 : 전력 사용량이 늘어나면서 우리나라와 중국의 화력 발전소에서 나오는 미세먼지가 많이 늘었다고 해.
선호 : 화력 발전을 많이 하면 미세먼지가 나온다고?
영민 : 응, 화력 발전의 에너지 자원으로 널리 쓰이고 있는 (㉠)이 연소되는 과정에서 미세먼지가 많이 배출되는 것으로 알려져 있어.

① 석탄 ② 석회석
③ 원자력 ④ 철광석
⑤ 천연가스

04 지도의 A 식량 자원이 주로 생산되는 지역의 기후로 옳은 것은?

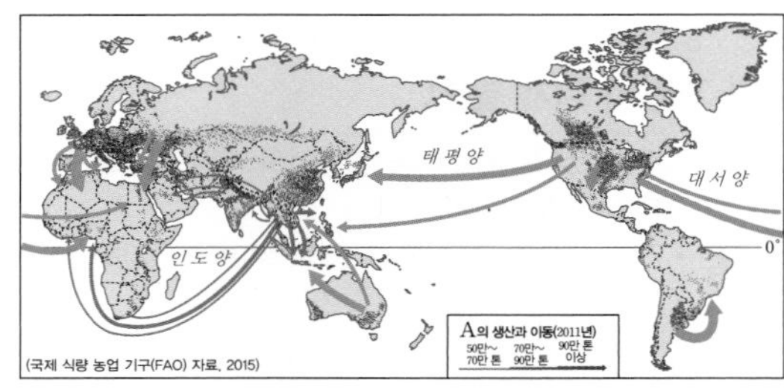

① 일 년 내내 기온이 낮고 습한 기후
② 여름은 고온 건조, 겨울은 온난 습윤한 기후
③ 강수량보다 증발량이 많아 물을 구하기 어려운 기후
④ 여름이 덥고 습하며, 계절에 따라 불어오는 바람의 방향이 서로 다른 기후
⑤ 높은 산 위에 위치하여 산 아래 지역보다 기온이 낮고, 일 년 내내 봄날 같은 날씨가 이어지는 기후

05 글의 내용과 관계 깊은 설명으로 옳은 것은?

1960년 이후 주요 석유 생산국들은 OPEC이라는 단체를 조직하고 석유 생산량과 판매 가격을 조절하려고 하고 있다. 두 차례의 석유 파동(오일 쇼크)을 거치면서 이 국가들의 영향력이 전 세계에 확인되었다. 특히 1978년 이란은 석유 생산량을 1/3 수준으로 낮추었고, 사우디아라비아 역시 석유를 무기화한다고 선언하면서 우리나라를 비롯한 전 세계의 경제가 큰 타격을 입었다.

① 석유의 중요성이 점차 낮아지고 있다.
② 석유보다 효율이 높은 에너지 자원은 없다.
③ 중요 자원을 둘러싼 자원 민족주의의 움직임이 계속되고 있다.
④ 석유 수출을 통해 소득을 얻는 국가들은 국민 소득이 매우 높다.
⑤ OPEC 회원국들은 석유 생산량을 늘리고 판매 가격을 낮추기 위해 노력하고 있다.

06 지도의 A 지역에서 나타나고 있는 분쟁의 원인으로 옳은 것은?

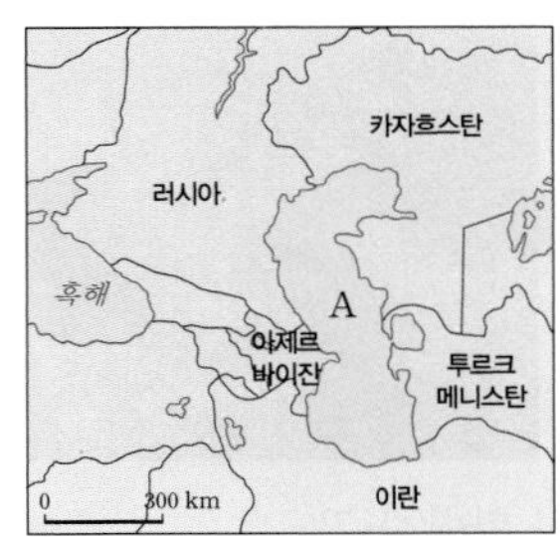

① 숲 개발을 둘러싼 영유권 분쟁
② 이란과 아제르바이잔 사이의 종교 분쟁
③ 러시아와 카자흐스탄 사이의 분리 · 독립 전쟁
④ 이 지역에 매장된 석유와 천연가스를 둘러싼 자원 분쟁
⑤ 석유 수송 선박이 많이 통과하는 해역과 섬을 차지하기 위한 분쟁

07 다음 글에서 설명하고 있는 국가로 옳은 것은?

> 남반구에 위치한 자원 부국이다. 철광석, 석탄, 은, 구리 등 광물 자원이 매우 풍부하며, 이러한 자원을 바탕으로 높은 경제 수준을 유지하고 있다. 자원 채굴 기술 개발을 바탕으로 경제 발전과 복지 향상을 꾀하고 있다.

① 핀란드 ② 노르웨이
③ 아르헨티나 ④ 오스트레일리아
⑤ 사우디아라비아

08 다음은 국제 하천 분쟁을 정리한 표이다. 밑줄 친 ㉠~㉤ 중 옳지 않은 내용은?

의미	㉠ 여러 국가에 걸쳐 흐르는 하천에 대한 분쟁
분쟁의 원인	㉡ 상류의 국가가 댐을 건설할 때 ㉢ 상류 국가가 오염 물질을 배출할 때
분쟁의 모습	㉣ 하류 국가와 상류 국가 간의 갈등과 대립이 발생
사례 지역	㉤ 페르시아만 연안의 아부무사섬, 북극해, 오리노코강 연안 등

① ㉠ ② ㉡ ③ ㉢ ④ ㉣ ⑤ ㉤

09 다음 글에서 설명하고 있는 지역으로 옳은 것은?

> 석유나 천연가스 등이 많이 매장되어 있는 동아시아의 대표적인 자원 분쟁 지역이다. 동중국해 남서쪽에 무인도와 암초로 이루어진 이 지역은 현재 일본이 실효적으로 지배하고 있으나 중국이 영유권을 주장하고 있는 영유권 분쟁 지역이다. 중국 입장에서는 명나라 시기 이후 이 지역을 중국이 통치해왔음을 주장하고 있으며, 일본은 과거 류큐(오키나와) 왕국이 일본으로 편입된 이후 이 지역은 일본의 영역임을 강조하고 있다.

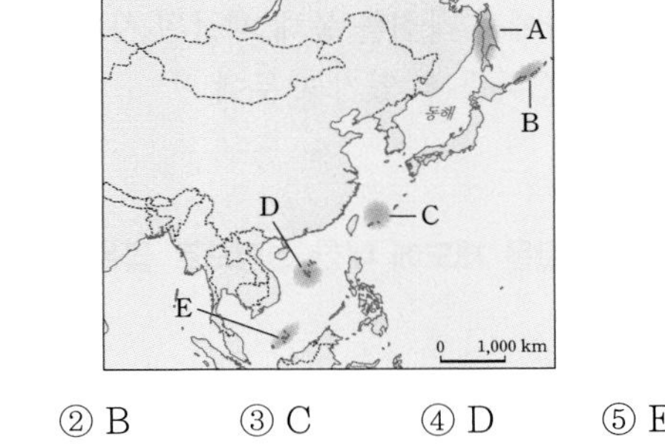

① A ② B ③ C ④ D ⑤ E

10 다음과 같은 문제가 발생하게 된 원인으로 옳은 것은?

> 베네수엘라 볼리바르는 세계적인 석유 생산국이다. 석유 가격이 배럴당 70달러를 넘던 2010년대 초반, 이 국가는 남아메리카에서 가장 빠르게 성장하는 국가였다. 풍부한 자원을 바탕으로 국민들에게 각종 보조금 혜택과 복지 서비스를 제공하였으며 국제 사회에서도 존재감을 드러냈었다.
>
> 그러나 2015년 이후 석유 가격이 배럴 당 30~40달러 수준으로 낮아지자 베네수엘라 볼리바르의 경제 상황은 붕괴하기 시작했다. 석유 수출이 국가 경제의 90% 이상을 차지하면서, 석유 가격이 하락한 데 결정적인 타격을 입은 것이다. 기본적인 교육과 의료가 제공되지 않고 식량마저도 부족하여 범죄가 만연하고 물가가 치솟았다.

① 대기 · 수질 · 토양 오염 등의 환경 문제
② 자원 개발과 소유권을 둘러싼 갈등이나 전쟁
③ 자원에 붙이는 세금이 너무 많아 개발이 중단됨
④ 석유 자원이 고갈되어 주민들의 생활이 어려워짐
⑤ 자원 개발과 관련된 산업만 발전하여 자원 가격에 국민 경제가 영향을 받음

11 밑줄 친 ㉠과 같은 주장의 근거로 옳은 것은?

> 우리는 ㉠ 우리의 소비 행위가 세계 여러 지역에 영향을 끼칠 수 있음을 알고, 반성적으로 소비해야 할 필요가 있다. 우리가 쓰는 스마트폰을 들여다보자. 여기에는 누군가의 가난과 전쟁이 녹아있을지도 모른다.

① 자원이 고갈될 수 있기 때문에
② 낮은 품질의 상품으로 피해를 볼 수 있기 때문에
③ 자원 가격이 상승하여 물가가 오를 수 있기 때문에
④ 지나친 소비로 가정과 국가 경제가 어려워지기 때문에
⑤ 전쟁 상황에서 착취를 통해 채굴된 자원이 국제적 이동을 통해 소비될 수 있기 때문에

12 다음과 같은 제도에 대한 설명으로 옳은 것을 〈보기〉에서 고른 것은?

(가)

(나)

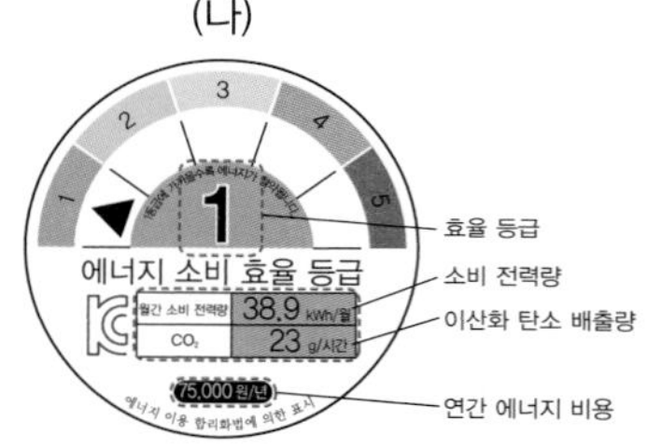

보기
ㄱ. (가)는 탄소 성적 표지제를 나타낸다.
ㄴ. (가)에 표시된 수치가 클수록 친환경적인 상품이다.
ㄷ. (나)에서 에너지 소비 효율 등급이 높은 상품을 구입하면 에너지를 절약할 수 있다.
ㄹ. (가)와 (나)는 모두 에너지 소비를 촉진시키기 위해 만들어진 정책이다.

① ㄱ, ㄴ ② ㄱ, ㄷ ③ ㄴ, ㄷ
④ ㄴ, ㄹ ⑤ ㄷ, ㄹ

13 신·재생 에너지의 장점으로 옳지 않은 것은?

① 고갈의 우려가 비교적 적다.
② 탄소 배출량이 화석 연료보다 적다.
③ 저장과 운송이 화석 연료보다 쉽다.
④ 수입에 의존하지 않고 생산할 수 있다.
⑤ 에너지 개발과 관련된 일자리가 창출된다.

14 사진과 같은 신·재생 에너지가 입지하기에 유리한 자연환경으로 옳은 것은?

① 화산 활동이 활발한 곳
② 강한 바람이 지속적으로 부는 곳
③ 맑은 날이 많아 일사량이 충분한 곳
④ 해안 지역 중 조석 간만의 차가 큰 곳
⑤ 흐르는 물의 양이 풍부하고 낙차가 큰 곳

15 빈칸 ㉠에 들어갈 내용으로 옳은 것을 〈보기〉에서 고른 것은?

> 바이오 에너지는 옥수수, 사탕수수 등을 발효시킨 알코올을 경유에 섞어 사용하거나 유채 등에서 기름을 추출하여 사용하는 신·재생 에너지이다. 원료 작물을 대량으로 재배할 수 있는 미국과 브라질 등에서 주로 생산, 소비되고 있다. 그러나 이러한 바이오 에너지가 식량 부족과 생태계 파괴를 불러올 수 있다는 문제점이 제기되고 있다. 왜냐하면 ______㉠______.

보기
ㄱ. 옥수수의 가격이 점차 하락하기 때문이다.
ㄴ. 옥수수와 사탕수수는 재배가 어렵기 때문이다.
ㄷ. 식량 생산을 위한 농경지가 줄어들기 때문이다.
ㄹ. 에너지 생산용 작물 밭을 만들기 위해 열대림을 파괴하기 때문이다.

① ㄱ, ㄴ ② ㄱ, ㄷ ③ ㄴ, ㄷ
④ ㄴ, ㄹ ⑤ ㄷ, ㄹ

대단원 서술형·논술형 문제

정답과 해설 • 90쪽

01 (가)와 (나)에 나타난 자원의 특징을 각각 쓰고, (가)로 인해 나타날 수 있는 자원 분쟁을 하나의 사례를 들어 서술하시오.

(가) 자원이 공간상에 고르게 분포하지 않고, 일부 지역에 집중적으로 분포하는 특징
(나) 자원의 가치가 시대나 장소, 문화, 종교 등에 따라 달라질 수 있다는 특징

02 사진에 나타난 신·재생 에너지의 입지 조건을 각각 쓰고, 이러한 조건과 관련된 신·재생 에너지의 한계점을 서술하시오.

(가)

(나)

03 자원 개발 과정에서 나타날 수 있는 부정적인 영향으로는 어떤 것이 있는지 쓰고, 이 중 제시문에 나타난 네덜란드는 어떤 어려움을 겪었는지 설명하시오. 그리고 네덜란드가 겪었던 어려움을 극복하기 위해서는 어떤 방안이 있을지 500자 내외로 논술하시오.

네덜란드는 1950년대 말 북해에서 많은 양의 천연가스전이 발견되면서 천연가스 수출로 매년 수십억 달러를 벌어들였다. 경제적으로 부유해진 네덜란드는 값비싼 사치품 등 많은 외국 제품을 수입하였다. 그러나 시간이 흐르면서 네덜란드는 천연가스 판매를 제외한 다른 산업들이 경쟁력을 잃게 되었다. 외국 제품의 수입이 늘어나 물가는 가파르게 상승하였고, 제조업이 쇠퇴하였다. 또한 기업 활동이 위축되고 실업자가 증가하면서 극심한 경기 침체를 겪었다. 네덜란드와 같이 자원 개발 이후 오히려 해당 국가의 경제가 침체되는 현상을 '네덜란드 병'이라고 한다.

대단원 개념 채우기 · Ⅶ. 개인과 사회생활 ·

01 사회화와 청소년기

1 사회화의 의미와 기능

❶ □□□	의미	개인이 자신이 속한 사회의 언어, 행동 양식, 규범, 가치관 등을 배워 가는 과정	
	기능	개인적 측면	개성과 자아 형성
		사회적 측면	• 문화 공유 및 다음 세대로 전달 • 사회 유지 및 발전

2 사회화 기관

❷ □□	• 가장 기초적인 사회화 기관 • 기본적인 생활 습관 형성
또래 집단	놀이를 통해 집단의 규칙과 질서 의식 습득
❸ □□	사회화를 체계적으로 학습시키는 공식적인 사회화 기관
직장	업무에 필요한 지식, 기술, 태도 습득
❹ □□□□	신문, 텔레비전, 인터넷 등을 통해 다양한 지식과 정보 전달

3 재사회화

❺ □□□□	의미	사회 변화에 적응하기 위해 지식, 기술, 가치, 태도 등을 새롭게 배우는 과정
	배경	급속한 사회 변화와 평균 수명의 증가로 기존의 지식, 기능, 가치만으로 사회 적응이 어려워짐
	사례	▲ 노인의 정보화 교육　▲ 성인의 평생 교육

4 청소년기의 의미와 특징

❻ □□□□	의미	아동기와 성인기의 과도기에 해당하는 시기	
	특징	신체적	• 2차 성징과 같은 급격한 신체 성장 • 외모와 이성에 대한 관심 증가
		심리적	• 감정의 기복이 심해 정서적으로 불안정함 • 충동적이며 비판적 성향을 보임
		인지적	추상적·논리적 사고력의 신장
		사회적	• 부모의 간섭으로부터 벗어나 독립하고자 함 • 또래 집단과의 강한 유대감 형성
	청소년기를 나타내는 표현	• ❼ □□□ : 어린이와 어른의 어느 쪽에도 속하지 못하는 중간 단계 • ❽ □□□□의 시기 : 격정적인 감정의 변화로 불안한 심리 상태를 말함 • 심리적 이유기 : 부모의 보호나 간섭으로부터 벗어나고자 함 • 이유 없는 반항기 : 어른들의 권위에 도전하고 전통적 가치를 부정함	

5 자아 정체성의 의미와 중요성

의미	자신만의 고유한 특성이나 모습을 명확하게 이해하는 것
중요성	• 성인기의 삶과 사회에도 영향을 미침 • 청소년기는 ❾ □□ □□□이 형성되는 중요한 시기임 • 긍정적인 자아 정체성을 형성하려는 노력이 필요함

정답 ❶ 사회화 ❷ 가정 ❸ 학교 ❹ 대중 매체 ❺ 재사회화 ❻ 청소년기 ❼ 주변인 ❽ 질풍노도 ❾ 자아 정체성

02 사회적 지위와 역할

1 사회적 지위

❶ □□□□□	의미	개인이 사회나 집단 내에서 차지하는 위치	
	유형	❷ □□ 지위	자신의 의지와 관계 없이 자연적으로 갖게 되는 지위 예 여자, 남자
		❸ □□ 지위	개인의 능력과 노력에 의해 얻게 되는 지위 예 학생, 교사

2 역할과 역할 갈등

❹ □□	의미	사회적 지위에 따라 기대되는 일정한 행동 방식
역할 행동	의미	역할을 수행하는 개인의 구체적인 방식
	특징	• 역할을 충실히 수행하면 칭찬과 보상을 받음 • 역할을 제대로 수행하지 못하면 제재를 받기도 함
❺ □□□□	의미	개인이 가지는 여러 개의 역할이 서로 충돌하여 갈등을 일으킨 상태
	원인	개인이 여러 개의 사회적 지위를 가지고 있기 때문에 나타남
	해결 방법	• 갈등의 원인과 상황을 명확하게 분석함 • 여러 역할 가운데 무엇이 중요한지 기준을 정하여 판단함 • 역할의 우선순위를 정하여 중요한 것부터 차례대로 수행함

03 사회 집단과 차별

1 사회 집단의 의미와 특징

의미	둘 이상의 사람들이 모여 소속감과 공동체 의식을 가지고 지속적인 상호 작용을 하는 집합체
특징	• 개인에게 지위와 역할 부여 • 인간과 사회를 연결하는 매개체

2 사회 집단의 유형

접촉 방식	❻ □□ 집단	친밀하고 인격적인 관계를 중심으로 형성된 집단 예 가족, 또래 집단 등
	❼ □□ 집단	일정한 목적 달성을 위해 형식적 · 수단적 관계가 형성된 집단 예 학교, 회사 등
소속감 여부	내집단	자신이 소속되어 있어 '우리'라는 공동체 의식을 가진 집단 예 우리 반, 우리 팀 등
	❽ □□□	자신이 소속되지 않아 이질감이나 적대감을 가지는 집단 예 다른 반, 상대 팀 등
결합 의지 유무	공동 사회	자신의 의지와 관계없이 자연적으로 형성된 집단 예 가족, 촌락 등
	❾ □□ 사회	특정한 목적을 위해 의도적으로 형성된 집단 예 회사, 정당 등
❿ □□ 집단		• 개인의 행동이나 판단의 기준이 되는 사회 집단 • 소속 집단과 준거 집단이 일치하지 않을 때 갈등과 불만이 생길 수 있음

3 사회 집단에서의 차별과 갈등

⓫ □□	의미	차이를 이유로 개인이나 집단을 부당하게 대우하는 것	
	유형	성(性)차별, 인종 차별, 학력 차별, 장애인 차별 등	
	원인	잘못된 편견이나 고정 관념, 불합리한 사회 구조와 제도	
	영향	개인적	• 인간의 존엄성 침해 • 자아 존중감 저하 • 개인의 잠재 능력 발휘 제한
		사회적	• 구성원 간의 대립과 갈등 야기 • 사회 발전과 통합 방해
	해결 방안	개인적	• 차이의 다양성을 존중하는 태도 • 고정 관념과 사회적 편견 탈피
		사회적	차별을 막는 법과 제도 마련 예 남녀 고용 평등법, 장애인 차별 금지법 등

정답 ❶ 사회적 지위 ❷ 귀속 ❸ 성취 ❹ 역할 ❺ 역할 갈등 ❻ 1차 ❼ 2차 ❽ 외집단 ❾ 이익 ❿ 준거 ⓫ 차별

대단원 종합 문제

01 다음 사례를 통해 유추할 수 있는 내용으로 옳은 것은?

> 프랑스 아베롱의 숲에서 동물들과 함께 생활한 빅토르는 10살 무렵 사람들에게 발견되어 사회생활에 필요한 교육을 받았으나 언어를 제대로 익힐 수 없었으며, 야생에서의 생활 습관을 고치지 못하고 사회 적응에 실패하였다.

① 언어는 결정적 시기를 지나도 쉽게 배울 수 있다.
② 인간은 사회화 과정을 통해 인간다운 모습으로 성장한다.
③ 인간은 야생에서도 사회 구성원으로서 성장할 수 있다.
④ 인간은 사회생활에 필요한 행동 양식을 선천적으로 가지고 태어난다.
⑤ 인간은 사회 구성원과의 상호 작용을 통해 생물학적 존재로 성장한다.

02 다음 글을 통해 알 수 있는 내용으로 옳은 것은?

> 아나이스와 아만다는 각기 미국과 프랑스로 입양되어 25년 동안 각자의 삶을 살아오다 극적으로 재회한 쌍둥이 자매이다. 이들은 외모뿐만 아니라 웃는 모습, 식성까지 닮았으나, 그들이 사용하는 언어, 옷 입는 방법, 인사법, 가치관 등은 매우 달랐다.

① 어느 곳이나 사회화의 과정은 모두 동일하다.
② 사회화는 인간의 유전적인 특징도 변화시킬 수 있다.
③ 성장한 사회 환경이 다르더라도 동일한 행동 양식을 습득할 수 있다.
④ 인간의 사회화 과정은 사회적 환경보다 유전적인 영향이 더 중요하다.
⑤ 어떤 사회에서 성장하였느냐는 개인의 자아를 형성하는 데 영향을 미친다.

03 대중 매체에 대한 설명으로 옳은 것은?

① 가장 기초적인 사회화 기관이다.
② 현대 사회에서 영향력이 증대되고 있다.
③ 놀이를 통해 질서와 규칙을 습득하게 한다.
④ 인간이 태어나면서 가장 처음 접하는 사회화 기관이다.
⑤ 사회생활에 필요한 지식, 기능을 배우기 위해 만들어진 공식적인 기관이다.

04 밑줄 친 부분에 들어갈 말로 가장 적절한 것은?

> 승우 : 요즘도 할머니께 인터넷 사용법을 가르쳐 드리고 있어?
> 수빈 : 응, 이제 할머니는 전자 우편으로 외삼촌과 소식을 주고받으셔.
> 승우 : 그렇구나. 우리 할아버지도 스마트폰으로 친구분들과 문자를 주고받는 것에 푹 빠지셨어.
> 수빈 : 그래, ______________________

① 사회화는 특정 시기에 완성되는 거구나.
② 사회화는 어느 사회에서나 동일하게 나타나.
③ 과거보다 재사회화의 중요성이 많이 감소했어.
④ 인간은 평생에 걸쳐 사회화 과정을 겪는 것 같아.
⑤ 기존의 지식만으로도 사회생활이 가능한 시대가 되었어.

05 다음과 같은 특징이 나타나는 시기에 대한 설명으로 옳은 것은?

> • 질풍노도의 시기에 해당한다.
> • 급격한 신체적 변화가 이루어진다.
> • 자신의 성격과 능력에 대해 진지한 고민을 한다.

① 유아기와 아동기의 과도기에 해당한다.
② 어른들의 권위에 도전하는 성향이 강하다.
③ 감정의 변화 없이 일관된 감정을 유지한다.
④ 심리적으로 불안하여 부모에게 지나치게 의존한다.
⑤ 판단이 미숙하여 자아 정체성을 형성하기에는 이르다.

06 그림의 갑이 가져야 할 태도로 가장 적절한 것은?

① 인기 있는 친구의 모습을 그대로 모방한다.
② 외모에 관심을 가지고 겉치장에 신경 쓴다.
③ 타인의 평가에 전혀 관심을 갖지 않도록 한다.
④ 자신의 모습을 소중히 여기고 자신감을 갖는다.
⑤ 다른 사람의 기준에 따라 자신의 모습을 변화시킨다.

07 다음 사회적 지위의 공통점으로 옳은 것은?

• 교사 • 아나운서 • 회사의 부장

① 전통 사회에서 중시되는 지위이다.
② 개인의 능력을 통해 획득한 귀속 지위이다.
③ 자신의 의지와 관계없이 얻게 되는 지위이다.
④ 엄마와 아빠도 같은 사회적 지위에 해당한다.
⑤ 현대 사회에서 중시되고 있는 선천적 지위이다.

08 다음 자료에 대한 설명으로 옳지 않은 것은?

모범상

제 1학년 1반
성명 한성실

위 학생은 ㉠ 학급 회장으로서 ㉡ 자신의 맡은 바 책임을 다하여 다른 학생의 귀감이 되었기에 이 상장을 수여합니다.

20○○년 ○월 ○일
한국중학교장

① ㉠은 후천적으로 획득한 성취 지위에 해당한다.
② ㉡은 지위에 따라 기대되는 행동 양식인 역할이다.
③ ㉠은 여러 개 가질 수 있으나, ㉡은 하나만 가질 수 있다.
④ 자신의 역할을 성실하게 수행하여 얻은 보상에 해당한다.
⑤ 동일한 역할이라 할지라도 개인에 따라 결과는 다르게 나타난다.

09 사회 집단에 대한 옳은 설명을 〈보기〉에서 고른 것은?

보기
ㄱ. 두 사람 이상이 모이면 모두 사회 집단이다.
ㄴ. 구성원 간에 지속적인 상호 작용이 이루어진다.
ㄷ. 구성원에게 소속감을 부여하여 안정감을 준다.
ㄹ. 개인과 사회 집단은 독립적인 관계를 형성한다.

① ㄱ, ㄴ ② ㄱ, ㄷ ③ ㄴ, ㄷ
④ ㄴ, ㄹ ⑤ ㄷ, ㄹ

10 다음 사례에 대한 설명으로 옳은 것은?

영미 씨는 두 딸의 ㉠ 엄마이면서 무역 회사 영업부 ㉡ 팀장이다. 이번 주 토요일은 가족과 함께 여행을 가기로 한 날인데 갑자기 주요 거래처와의 회의가 결정되었다. 영미 씨의 ㉢ 딸들은 이번 여행을 몇 달 전부터 손꼽아 기다리고 있다. 영미 씨는 ㉣ 아이들과의 약속을 지켜야 할지, 회의에 참석해야 할지 고민하고 있다.

① ㉠은 귀속 지위에 해당한다.
② ㉡은 선천적으로 얻게 되는 지위이다.
③ ㉢은 개인의 노력과 능력에 의해 획득된 지위이다.
④ ㉣은 두 개의 역할이 충돌하면서 나타나는 역할 행동에 해당한다.
⑤ 두 가지 역할 중 중요한 하나를 선택하여 수행함으로써 고민을 해결할 수 있다.

11 밑줄 친 ㉠, ㉡의 특징으로 옳은 것을 〈보기〉에서 고른 것은?

• 오랜만에 부산에 사시는 할머니 댁에 다녀왔다. 일 년 만에 할머니를 뵈니 무척 반가웠다. 게다가 큰아버지와 사촌 형들도 와서 즐거운 시간을 보냈다. ㉠ 친척들을 자주 볼 수 있었으면 좋겠다.
• 오늘은 아빠가 ㉡ 회사에 휴가를 내고 내가 진학하고 싶어 하는 대학교에 함께 가 주셨다. 나는 앞으로 대학에서 미술을 전공하여 유명한 디자이너가 되고 싶다. 오늘 학교를 직접 보고 나니 나의 꿈을 이루기 위해 학업에 더욱 힘써야겠다는 생각이 들었다.

보기
ㄱ. 친밀하고 인격적인 만남을 기초로 한다.
ㄴ. 자신의 의지와 상관없이 자연적으로 형성된다.
ㄷ. 형식적이고 수단적인 인간관계를 토대로 형성된다.
ㄹ. 특정한 목적을 이루기 위해 인위적으로 구성된 집단이다.

	㉠	㉡
①	ㄱ, ㄴ	ㄷ, ㄹ
②	ㄱ, ㄷ	ㄴ, ㄹ
③	ㄱ, ㄹ	ㄴ, ㄷ
④	ㄴ, ㄷ	ㄱ, ㄹ
⑤	ㄷ, ㄹ	ㄱ, ㄴ

12 밑줄 친 ㉠, ㉡에 대한 설명으로 옳은 것은?

> 철수는 반에서 혼자 있는 시간이 많고 학급 일에 항상 무관심한 편이다. 철수는 2학기 초에 ㉠ ○○중학교에서 ㉡ 우리 학교로 전학을 온 친구이다. 철수는 이전 학교를 행동의 기준으로 삼고 이전 학교와 우리 학교의 방식을 비교하며 우리 학교에 불만족하고 있다. 들리는 소문에는 철수가 다시 ○○중학교로 전학을 가고 싶어 하며, 철수 부모님은 철수의 장래를 위해 심각하게 고민 중이라고 한다.

① ㉠은 현재 철수가 속한 내집단이다.
② ㉡은 철수가 속해 있는 외집단이다.
③ ㉠, ㉡은 구성원의 접촉 방식에 따라 1차 집단에 속한다.
④ ㉠은 철수가 행동이나 가치의 기준으로 삼는 준거 집단이다.
⑤ 철수는 준거 집단과 외집단이 일치하지 않아 갈등을 겪고 있다.

13 다음 사례에 나타난 현상에 대한 옳은 설명을 〈보기〉에서 고른 것은?

> • 장애인이 지하철 승강기를 이용할 때 절차가 복잡하여 여전히 불편한 점이 많다.
> • 학력이 높으면 같은 업종에 있어서 일을 빠르고 정확하게 할 것이라고 생각한다.
> • 입사하고자 하는 회사의 지원서에 여성의 경우 결혼 여부를 묻는 항목이 있었다.

보기

ㄱ. 차이를 인정하지 않고 부당하게 대우한 것이다.
ㄴ. 구성원 간의 대립과 갈등을 가져와 사회 발전과 통합을 저해한다.
ㄷ. 개인은 사회적 차별을 방지하기 위한 법과 제도 마련에 힘써야 한다.
ㄹ. 복잡하고 다양한 현대 사회에서 나타나는 자연스러운 현상으로 받아들여야 한다.

① ㄱ, ㄴ ② ㄱ, ㄷ ③ ㄴ, ㄷ
④ ㄴ, ㄹ ⑤ ㄷ, ㄹ

[14~15] 기업 채용 공고문을 읽고 물음에 답하시오.

> ○○주식회사에서 남녀 신입 사원을 모집합니다.
> ◆ 모집 기간 : ○○월 ○○일까지
> ◆ 모집 자격 : 남자는 35세, 여자는 25세 이하
> (단, 여자는 용모 단정한 자, 미혼에 한함)
> ◆ 모집 인원 : ○○명
> ◆ 접수 방법 : 당사 홈페이지를 통한 접수

14 위의 공고문을 통해 알 수 있는 내용으로 옳은 것은?

① 학력 차별 현상이 나타나 있다.
② 객관적 기준에 따른 채용이 이루어지고 있다.
③ 사회적 고정 관념과 편견에서 벗어난 공고문이다.
④ 남녀의 차이를 고려한 합리적인 채용이 이루어지고 있다.
⑤ 개인의 능력과 잠재력을 발휘할 수 있는 기회를 제한하고 있다.

15 공고문에 나타난 사회적 현상을 해결하기 위한 방법으로 옳지 않은 것은?

① 양성평등 교육을 실시한다.
② 남녀의 역할을 구분하여 업무에 차등을 둔다.
③ 남녀 고용 평등법과 같은 법적 개혁이 필요하다.
④ 서로 같지 않고 다름을 인정하는 사회적 분위기를 조성한다.
⑤ 여성은 남성과 동등한 권리가 있음을 알리는 캠페인을 전개한다.

16 다음과 같은 법을 시행하는 목적으로 적절한 것은?

> (가) 장애를 이유로 채용, 임금, 승진 등에 있어 부당한 대우를 받지 않도록 하고, 직무를 수행함에 있어 필요한 편의 시설 등을 제공해야 한다.
> (나) 고용에 있어 남녀의 평등한 기회와 대우를 보장하는 것으로 여성을 채용함에 있어 임금 지급과 승진에서 남성과 동등하게 대하며, 여성의 혼인과 임신, 출산을 이유로 퇴직을 권고할 수 없다.

① 차별을 통한 경제적 효율성을 추구하기 위해
② 사회 구성원 간에 차이가 발생하지 않게 하기 위해
③ 경쟁 사회에 부합하는 기업의 문화를 만들기 위해
④ 차이로 인한 부당한 대우가 일어나는 것을 막기 위해
⑤ 개인의 자유를 제한하여 회사의 이익을 추구하기 위해

대단원 서술형·논술형 문제

정답과 해설 • 92쪽

01 상담 내용을 통해 알 수 있는 청소년기의 특징을 〈보기〉에 제시된 단어 중 가장 적절한 것을 하나 선택하여 서술하시오.

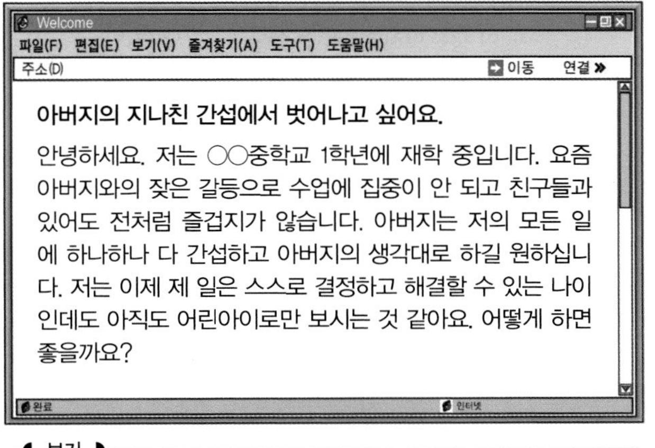

아버지의 지나친 간섭에서 벗어나고 싶어요.

안녕하세요. 저는 ○○중학교 1학년에 재학 중입니다. 요즘 아버지와의 잦은 갈등으로 수업에 집중이 안 되고 친구들과 있어도 전처럼 즐겁지가 않습니다. 아버지는 저의 모든 일에 하나하나 다 간섭하고 아버지의 생각대로 하길 원하십니다. 저는 이제 제 일은 스스로 결정하고 해결할 수 있는 나이인데도 아직도 어린아이로만 보시는 것 같아요. 어떻게 하면 좋을까요?

보기

- 주변인
- 심리적 이유기
- 질풍노도의 시기
- 이유 없는 반항기

02 다음 글에서 민지의 준거 집단이 무엇인지 쓰고, 준거 집단의 의미와 밑줄 친 (가)의 상황이 발생한 이유를 서술하시오.

한식 요리사를 꿈꾸는 민지는 중학교 졸업 후 요리사 양성을 목적으로 하는 A조리고등학교에 진학하고 싶었다. 그러나 B고등학교로 진학하기를 희망하는 부모님을 설득하지 못해 결국 B고등학교에 입학하였다. 민지는 자신과 달리 A조리고등학교에 진학하여 매일 요리 수업을 받고 있는 친구가 무척 부럽다. 또 자신의 장래 희망을 인정해 주지 않는 (가) 부모님이 원망스럽고 지금까지의 학교생활이 무의미하게 느껴진다.

03 사례에 나타난 사회적 현상의 의미와 원인을 서술하고 이를 합리적으로 해결하기 위한 방안에 대해 300자 내외로 논술하시오. (단, 사회적 차원에서의 해결 방안을 중심으로 구체적으로 서술할 것)

저와 남편은 결혼 5년차 맞벌이 부부로 슬하에 두 살이 된 아들 하나를 키우고 있습니다. 두 사람 모두 직장을 다니기 때문에 아이는 어린이집에서 반나절 이상 저희와 떨어져 생활을 하고 있습니다. 문제는 아이가 아프면 누군가 병원을 데리고 가고 병간호를 해야 하는데, 두 사람 모두 직장에 사정을 말하고 아이를 돌보기 쉽지 않은 상황입니다. 양쪽 부모님이 멀리 떨어져 계신 관계로 육아와 관련하여 전혀 도움을 받지 못하고 있습니다. 이런 상황 때문에 아이가 아플 때 부모로서 가장 마음이 아픕니다. 부모로서 아이도 양육해야 하고 직장에서 맡은 일도 해야 하는데 두 가지 모두 해내기가 쉽지 않습니다. 국가가 맞벌이 부부의 어려움을 이해하고 적극적으로 해결해 주었으면 합니다.

대단원 개념 채우기 · VIII. 문화의 이해 ·

01 문화의 의미와 특징

1 문화의 의미와 구성 요소

구분			내용
문화의 의미	좁은 의미		문학이나 예술 활동과 관련된 것 예 문화계 소식, 문화생활
			교양 있고 세련된 모습 예 문화인, 문화 시민
	넓은 의미		한 사회의 구성원이 주어진 환경에 적응하여 만들어 낸 공통된 ❶ □□□□ 예 한국 문화, 청소년 문화
문화가 아닌 것			• 생리 현상과 본능에 따른 행동 • 개인의 독특한 습관이나 버릇 • 자연 현상과 개인의 유전적 특징
문화의 구성 요소	❷ □□ 문화		인간의 기본적 욕구를 충족하고 생존하는 데 필요한 도구나 기술 예 의복, 가옥, 음식 등
	비물질 문화	제도문화	사회 질서 유지를 위한 규범과 제도 예 법, 도덕, 관습 등
		❸ □□ 문화	인간의 삶을 풍요롭게 해 주는 정신적 창조물 예 학문, 종교, 예술 등

2 문화의 보편성과 특수성

구분		내용
문화의 ❹ □□□	의미	어느 사회에서나 공통적으로 나타나는 생활 양식이 있음
	이유	인간의 신체 구조, 기본적인 욕구, 사고방식이 비슷하기 때문에 나타남
문화의 특수성	의미	각 사회의 문화가 독특하고 고유한 특성과 독특한 모습을 가짐
	이유	각 사회마다 자연환경과 사회적 상황이 다르기 때문에 나타남

건조 지역의 의복

열대 지역의 의복

한대 지역의 의복

▲ 각국의 의복 문화를 통해 본 문화의 보편성과 특수성

3 문화의 속성

속성	내용
❺ □□□	한 사회의 구성원들이 공통적인 생활 양식을 가지고 있음 예 중요한 시험을 앞둔 사람에게 합격을 기원하는 의미로 엿이나 찹쌀떡을 선물함
학습성	자신이 속한 사회의 문화를 학습을 통해 후천적으로 습득함 예 어렸을 때부터 젓가락을 사용하여 식사하는 모습을 보고 익힘
❻ □□□	이전 세대의 문화가 언어와 문자 등을 통해 전달·축적되어 다음 세대로 전승됨 예 과거에는 통화 기능만 있던 휴대 전화에 문자 전송, 사진 촬영, 음악 청취, 인터넷 검색 등 다양한 기능이 추가됨
❼ □□□	문화는 고정된 것이 아니라 시대에 따라 끊임없이 변화함 예 개량 한복은 전통 한복의 불편함을 개선하고 활동의 편리성을 추구하는 대중의 요구에 부응하여 나타남
❽ □□□	문화의 구성 요소들이 상호 긴밀한 관계를 유지하면서 전체를 이룸 예 정보 통신 기술의 발달은 전자 투표, 전자 상거래, 원격 화상 수업, 영상 통화 등 정치, 경제, 교육, 문화 등 우리 사회 전반에 변화를 가져옴

정답 ❶ 생활 양식 ❷ 물질 ❸ 관념 ❹ 보편성 ❺ 공유성 ❻ 축적성 ❼ 변동성 ❽ 전체성(총체성)

02 문화를 바라보는 태도

1 문화를 바라보는 다양한 태도

❶ □□□ 중심주의	의미	자신의 문화만을 우수한 것으로 보고 다른 문화를 무시하는 태도
	장점	• 자기 문화에 대한 자부심을 높임 • 집단 내 결속력을 강화시킴
	문제점	• 다른 나라와의 갈등이나 국제적 고립을 야기함 • 지나칠 경우 문화 ❷ □□□□가 나타날 우려가 있음
	사례	• 중국의 중화사상 • 급진 무장 단체의 문화재 파괴 행위 ▲ 유적지 파괴 행위
❸ 문화 □□□□	의미	다른 사회의 문화를 동경하여 자신의 문화를 낮게 평가하는 태도
	장점	다른 문화의 장점을 수용하여 자기 문화를 발전시킬 수 있음
	문제점	무비판적인 문화 수용으로 자기 문화의 주체성이 상실될 수 있음
	사례	▲ 천하도

2 바람직한 문화 이해 태도

❹ 문화 □□□□	의미	한 사회의 문화를 그 사회의 특수한 자연환경, 사회적 상황 등을 고려하여 이해하는 태도
	장점	• 다양한 문화가 공존할 수 있음 • 다른 문화의 장점을 수용하여 문화를 발전시킬 수 있음
	문제점	❺ □□□ 문화 상대주의로 치우칠 경우 인류의 보편적 가치가 침해될 수 있음
	사례	인도의 암소 숭배와 이슬람의 돼지고기 금식을 그 사회의 자연환경과 사회적 상황을 고려하여 이해하는 것

03 대중 매체와 대중문화

1 대중 매체

구분		내용
의미		다수의 사람에게 대량의 정보를 전달하는 수단
특징		• 대중 매체 간 경계가 모호해지고, 형태나 기능 면에서 서로 융합되고 있음 • 정보의 전달 방식이 일방향에서 쌍방향으로 변화함
유형	❻ □□□ 매체	신문, 잡지, 책 등의 인쇄 매체
		라디오 등의 음성 매체
		텔레비전 등의 영상 매체
	쌍방향 매체	• 인터넷, 스마트폰 등의 ❼ □□□□ • 시간과 공간의 제약을 극복 • 쌍방향 소통이 가능해져 대중이 문화의 생산자로 참여 가능

2 대중문화

의미			다수의 사람이 공통으로 즐기고 누리는 문화
특징			• 대중 매체를 통해 형성되고 발전함 • 대량 생산, 대량 소비됨
기능	순기능	문화의 대중화	소수 계층만 누리던 문화를 누구나 누리게 됨
		정보 전달의 실용성	적은 비용으로 유익한 정보를 다수의 사람에게 효과적으로 전달함
		오락 제공	즐거움과 휴식 제공
	역기능	❽ □□□ 추구	자극적이고 선정적인 내용을 다루어 질이 낮은 문화를 생산함
		❾ □□□	개성 상실과 문화의 다양성 저하
		정보 왜곡	잘못된 정보를 전달할 수 있음
		여론 조작의 우려	특정 대상과 집단에 유리하게 여론을 조작할 위험성이 있음
		정치적 무관심 초래	지나치게 몰입할 경우 정치에 무관심할 수 있음

3 대중문화의 올바른 수용 태도

구분	내용
❿ □□□ 수용	정보를 있는 그대로 수용하기보다 사실 여부를 비교·분석하여 수용하는 자세
능동적·주체적 참여	대중이 수동적인 소비자에서 벗어나 문화를 생산하는 주체로 참여

정답 ❶ 자문화 ❷ 제국주의 ❸ 사대주의 ❹ 상대주의 ❺ 극단적 ❻ 일방향 ❼ 뉴 미디어 ❽ 상업성 ❾ 획일화 ❿ 비판적

대단원 종합 문제

01 밑줄 친 ㉠~㉤에 나타난 문화의 의미가 나머지와 다른 하나는?

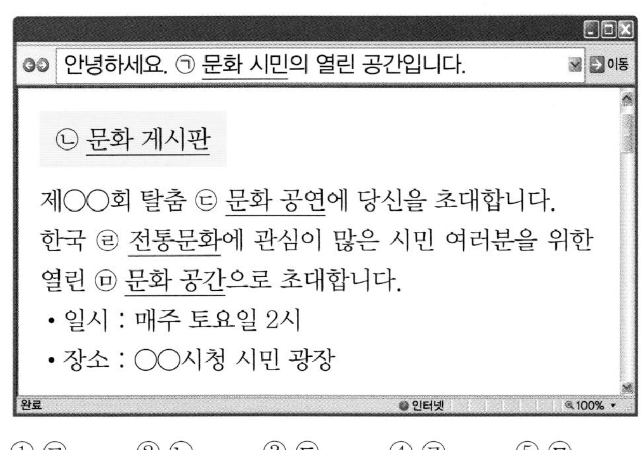
안녕하세요. ㉠ 문화 시민의 열린 공간입니다.

㉡ 문화 게시판

제○○회 탈춤 ㉢ 문화 공연에 당신을 초대합니다.
한국 ㉣ 전통문화에 관심이 많은 시민 여러분을 위한 열린 ㉤ 문화 공간으로 초대합니다.

• 일시 : 매주 토요일 2시
• 장소 : ○○시청 시민 광장

① ㉠ ② ㉡ ③ ㉢ ④ ㉣ ⑤ ㉤

02 다음 내용이 문화에 해당하는 이유를 〈보기〉에서 고른 것은?

• 웃어른을 만나면 공손하게 인사한다.
• 사람이 많은 지하철에서는 큰 소리로 떠들지 않는다.

〈보기〉
ㄱ. 생리적 현상과 본능에 따른 행동이기 때문이다.
ㄴ. 사회 구성원들의 공통된 생활 양식이기 때문이다.
ㄷ. 개인의 독특한 버릇과 습관에 해당하기 때문이다.
ㄹ. 사회화 과정을 통해 후천적으로 학습되었기 때문이다.

① ㄱ, ㄴ ② ㄱ, ㄷ ③ ㄴ, ㄷ
④ ㄴ, ㄹ ⑤ ㄷ, ㄹ

03 문화의 구성 요소에 대한 설명으로 옳은 것은?

(가) 법, 도덕, 관습, 예절 등
(나) 언어, 학문, 종교, 예술, 사상 등

① (가)는 비물질 문화로 관념 문화에 해당한다.
② (가)는 인간의 기본적 욕구를 충족시키는 도구이다.
③ (나)는 행동 기준을 제시하여 사회 질서를 유지한다.
④ (가), (나)는 생존에 필요한 기술로 물질문화에 속한다.
⑤ (가), (나)는 서로 긴밀하게 연결되어 서로 영향을 주고 받는다.

04 다음은 여러 나라 가옥의 모습이다. 이에 대한 옳은 설명을 〈보기〉에서 고른 것은?

▲ 타이의 수상가옥

▲ 몽골의 게르

▲ 알래스카의 이글루

〈보기〉
ㄱ. 어느 사회에서나 공통의 문화 요소가 있다.
ㄴ. 가옥을 짓는 방법은 지역마다 동일하게 나타난다.
ㄷ. 가옥은 각 지역의 자연환경에 따라 독특한 모습을 지닌다.
ㄹ. 각 지역의 주거 문화는 우열을 매겨 좋고 나쁨으로 평가할 수 있다.

① ㄱ, ㄴ ② ㄱ, ㄷ ③ ㄴ, ㄷ
④ ㄴ, ㄹ ⑤ ㄷ, ㄹ

05 다음 글에 나타난 문화의 속성으로 가장 적절한 것은?

정보 통신 기술의 발달과 함께 인터넷은 우리 일상에 많은 영향을 주었다. 정치적으로는 전자 투표가 실시됨으로써 전자 민주주의가 등장하였으며, 경제적으로는 인터넷을 통한 전자 상거래가 활성화되었다. 또한 사회·문화적으로는 원격 화상 교육이 확대되고, 온라인상에서 다양한 인간관계가 형성된다.

① 공유성 ② 학습성 ③ 축적성
④ 변동성 ⑤ 전체성

06 문화의 공유성이 나타나는 사례로 옳은 것은?

① 최근에는 온라인으로 돌잔치 초대장을 주고받는다.
② 어려서부터 자동차를 탈 때는 안전띠를 매야 한다고 배운다.
③ 명절에 고향에 가지 않고 해외여행을 떠나는 사람들이 늘어나고 있다.
④ 중요한 일을 앞둔 사람에게 '파이팅'이라고 말하면 격려의 의미로 이해한다.
⑤ 아파트의 난방 시설은 우리 조상들이 사용한 온돌을 적용하여 발전시킨 것이다.

07 밑줄 친 부분에 나타나 있는 문화 이해 태도에 대한 설명으로 옳은 것은?

> 민호 : 수영아, 부모님과 베트남에 간다더니 잘 다녀왔어?
> 수영 : 응, 그런데 점심에 상점을 닫는 곳이 많아 불편했어.
> 민호 : 무더운 여름에 일의 능률을 높이기 위해 상점을 닫고 잠시 쉬는 것으로 알고 있어.
> 수영 : 그래도 그렇지. 상점 문까지 닫고 낮잠을 자는 베트남 사람들은 정말 게으른 것 같아.

① 문화의 상대성을 이해한 태도이다.
② 문화의 우열을 가릴 수 없다고 생각한다.
③ 문화 상대주의적 태도로 문화를 이해하고 있다.
④ 다른 나라의 문화를 자기 문화의 기준에서 이해하고 있다.
⑤ 문화는 각 사회의 자연환경에 적응하여 발달한 것임을 이해하고 있다.

08 자료에 나타난 문화 이해 태도에 대한 옳은 설명을 〈보기〉에서 고른 것은?

> 중국은 우리보다 우수한 문화를 가지고 있는 나라로, 예로부터 우리는 중국을 정성껏 잘 섬겨 왔고, 오로지 중국의 제도만을 따라왔습니다. (중략) 그런데 우리가 새로운 문자를 만든다면 중국의 기분을 상하게 하고 국가 이익에도 도움이 되지 않습니다. – 최만리의 상소문 –

보기
ㄱ. 자기 문화에 대한 자긍심이 나타나 있다.
ㄴ. 우리 문자인 한글을 높게 평가하고 있다.
ㄷ. 중국의 문화만을 숭상하여 따르려 하고 있다.
ㄹ. 문화의 주체성과 고유성을 상실할 우려가 있다.

① ㄱ, ㄴ ② ㄱ, ㄷ ③ ㄴ, ㄷ
④ ㄴ, ㄹ ⑤ ㄷ, ㄹ

09 자문화 중심주의와 문화 사대주의의 공통점으로 옳은 것은?

① 문화 간에 우열을 가릴 수 있다고 본다.
② 외래문화를 무비판적으로 수용하고 있다.
③ 문화마다 그 나름의 이유와 가치가 있다고 본다.
④ 자기 문화에 대한 자부심과 긍지를 가지고 있다.
⑤ 세계화 시대에 가져야 할 바람직한 문화 이해 태도이다.

10 다음은 사회 형성 평가지의 일부이다. 밑줄 친 부분에 들어갈 내용으로 옳은 것은?

> 문제 : ________의 특징을 세 가지 서술하시오.
> 답:
> (1) 문화의 우열을 가릴 수 없다고 생각한다.
> (2) 문화는 그 나름의 가치와 의미가 있다고 본다.
> (3) 문화를 그 사회의 상황, 역사적 배경 등을 고려하여 이해하는 태도이다.

① 문화 사대주의 ② 문화 상대주의
③ 문화 제국주의 ④ 문화 절대주의
⑤ 자문화 중심주의

11 다음 글에 나타나 있는 문화 이해 태도에 대한 설명으로 옳은 것은?

> 광고나 인터넷에는 외국어를 사용한 표현이 많이 있다. 외국어로 표현하면 고급스럽고 세련된 느낌이라고 생각하여 우리말 대신 외국어의 사용이 증가하는 것이다.

① 자신의 문화만이 우수하다고 생각한다.
② 다른 문화를 동경하여 자신의 문화를 낮게 여긴다.
③ 군사적인 힘을 이용하여 자신의 문화를 강요하는 것이다.
④ 다른 국가와 갈등이 생기거나 국제적으로 고립될 수 있다.
⑤ 그 지역의 사회적 상황을 고려하여 문화를 이해하는 태도이다.

12 대화에서 민주가 가진 문화 이해 태도에 대한 설명으로 옳은 것은?

> 민주 : 부여에는 신분이 높은 사람이 죽으면 노비를 무덤에 같이 묻는 풍습이 있었다고 해.
> 채원 : 노비라는 이유로 산 사람을 무덤에 같이 묻었다는 말이야. 그런 풍습이 있었다는 게 이해가 안 돼.
> 민주 : 넌 그렇게 생각하니? 나는 그 시대 상황에서 그렇게 해야 할 이유가 분명히 있었을 거라 생각해.

① 자문화 중심주의에 해당한다.
② 문화의 상대성을 인정하지 않고 있다.
③ 인류의 보편적 가치에 위배되는 태도이다.
④ 선진 문물을 수용하는 데 도움이 되기도 한다.
⑤ 절대적 기준에 의해 문화의 우열을 가릴 수 있다고 본다.

13 문화 상대주의적 태도를 가진 학생은?

① 정민 : 말젖을 짜서 오랜 기간 발효시킨 마유주는 혐오스러운 음식이야.
② 수연 : 같은 말이라도 영어로 표현하면 세련되고 고급스러워지는 것 같아.
③ 성준 : 인도에서 쇠고기를 먹지 않는 것은 농경을 중시한 사회였기 때문이야.
④ 나은 : 중국의 전통적인 풍습인 전족도 그 나름의 의미와 가치가 있다고 생각해.
⑤ 연우 : 친근감의 표시로 상대방의 얼굴에 침을 뱉는 마사이족의 인사법은 정말 미개한 것 같아.

14 대중 매체에 대한 옳은 설명을 〈보기〉에서 고른 것은?

보기
ㄱ. 정보 공유 방식이 쌍방향에서 일방향으로 변화되었다.
ㄴ. 인쇄 매체에서 영상 매체를 거쳐 뉴 미디어로 발달하였다.
ㄷ. 다양한 대중 매체의 등장으로 기능 면에서 서로 융합되고 있다.
ㄹ. 뉴 미디어의 등장으로 대중이 문화 생산자에서 소비자로 성장하게 되었다.

① ㄱ, ㄴ ② ㄱ, ㄷ ③ ㄴ, ㄷ
④ ㄴ, ㄹ ⑤ ㄷ, ㄹ

15 (가), (나)의 대중 매체에 대한 옳은 설명을 〈보기〉에서 고른 것은?

(가) (나)

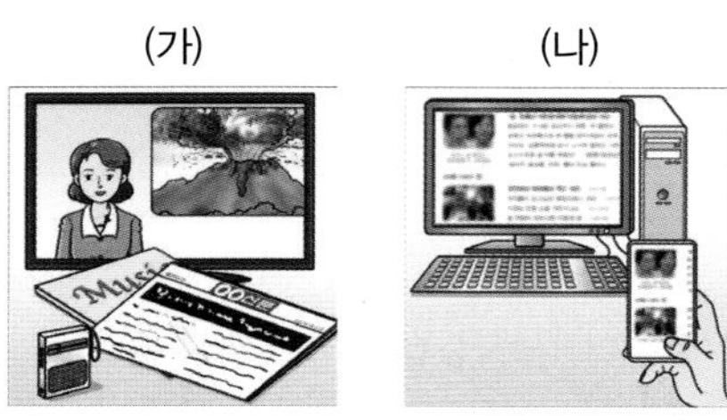

보기
ㄱ. (가)는 뉴 미디어에 해당한다.
ㄴ. (나)는 정보 제공 방식이 쌍방향으로 이루어진다.
ㄷ. (가)를 통해 정보의 생산자와 소비자의 경계가 불분명해졌다.
ㄹ. (나)는 시간과 공간의 제약에서 벗어나 정보를 자유롭게 얻을 수 있다.

① ㄱ, ㄴ ② ㄱ, ㄷ ③ ㄴ, ㄷ
④ ㄴ, ㄹ ⑤ ㄷ, ㄹ

16 다음과 같은 변화가 나타나게 된 배경으로 가장 적절한 것은?

- 개인이 블로그나 인터넷 방송을 통해 기획, 제작, 편집까지 맡아 콘텐츠를 만드는 새로운 대중문화가 등장하였다.
- 인터넷을 통한 소액 기부, 기부 대상을 응원하는 댓글 달기 등 일상생활에서 간편하고 손쉽게 참여할 수 있는 새로운 기부 문화가 형성되었다.

① 영상 매체의 발달 ② 뉴 미디어의 등장
③ 일방향 매체 발달 ④ 대중 사회의 형성
⑤ 대량 생산 체제의 확립

17 다음에서 공통으로 나타난 대중문화의 문제점으로 가장 적절한 것은?

- 최근에는 텔레비전에서 비슷한 방식의 오락 프로그램들이 많이 방송되고 있다.
- 인기 드라마에서 유명 연예인이 입고 나온 옷과 가방이 입소문을 타고 유행이 되면서 비슷한 옷이나 가방을 맨 사람들을 거리에서 쉽게 볼 수 있다.

① 잘못된 정보를 제공하여 여론을 조작한다.
② 정치에 대한 사람들의 무관심을 초래한다.
③ 대중의 흥미를 자극하는 오락성에 치중한다.
④ 대중 매체를 통해 획일화된 문화를 생산한다.
⑤ 대중문화가 상품화되면서 자극적인 문화를 창조한다.

18 대중문화의 올바른 수용 자세를 〈보기〉에서 고른 것은?

보기
ㄱ. 시간과 공간의 제약이 없는 인터넷만 이용하는 것이 옳다.
ㄴ. 지나치게 상업화된 프로그램에 대한 문제점을 시정해 줄 것을 요구한다.
ㄷ. 신문이나 인터넷에서 제공하는 정보가 올바른 것인지 비교·검토하는 자세가 필요하다.
ㄹ. 대중 매체는 잘못된 정보를 전달할 수 있기 때문에 처음부터 이용하지 않는 편이 합리적이다.

① ㄱ, ㄴ ② ㄱ, ㄷ ③ ㄴ, ㄷ
④ ㄴ, ㄹ ⑤ ㄷ, ㄹ

대단원 서술형·논술형 문제

정답과 해설 • 95쪽

01 밑줄 친 ㉠, ㉡에 해당하는 문화의 특징을 쓰고, 각각의 특징이 나타나는 이유를 서술하시오.

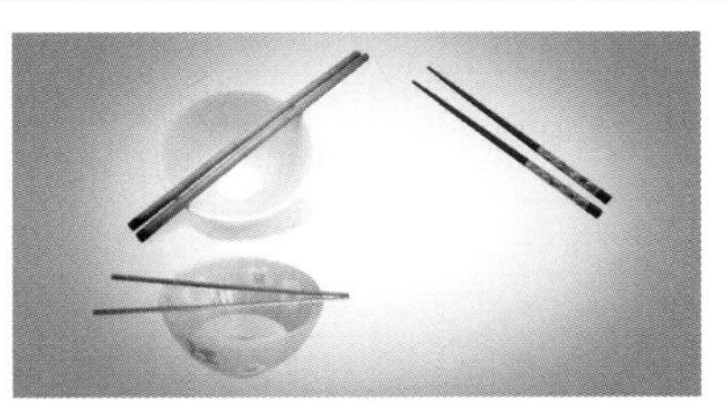

㉠ 한국, 중국, 일본에서는 음식을 먹을 때 공통적으로 젓가락을 사용하고 있다. 한국은 쇠로 만든 젓가락과 함께 숟가락을 사용하는데, 이는 반찬의 종류가 많고 국물이 많은 음식을 먹기 때문이다. 기름진 음식이 많은 중국은 음식을 집기 편하도록 길이가 길고 끝이 뭉뚝한 젓가락을 사용한다. 생선을 즐겨 먹는 일본은 가시를 발라 먹기 좋도록 끝이 뾰족하다. 이처럼 ㉡ 각국에서 사용하는 젓가락의 재질이나 형태는 조금씩 다르게 나타난다.

02 다음 글에서 유럽인들이 가진 문화 이해 태도를 쓰고, 그러한 문화 이해 태도의 장점과 단점을 서술하시오.

유럽인들은 남아메리카 아마존강 유역에서 사는 자파테크족이 나체로 생활하는 것을 미개하다고 여겨 이들에게 옷을 주고 입도록 하였다. 당시 유럽인들은 나체로 생활하는 부족의 문화를 열등하다고 생각한 것이다. 그러자 기온이 높고 습기가 많은 이 지역의 기후로 인해 원주민 대부분이 피부병에 걸리고 말았다.

03 기사에 나타난 대중문화의 부정적 측면을 쓰고, 이러한 문제점을 해결하기 위해 필요한 대중문화 수용 태도에 대해 500자 이내로 논술하시오.

텔레비전의 연예·오락 프로그램에서 욕설이나 비속어가 난무하고 있다. 방송통신심의위원회(방심위)가 방송 언어와 관련해 제재를 의결한 프로그램의 약 10건 중 9건에 욕설이나 비속어가 담겨 있을 정도이다. 상당수 프로그램에서 해당 욕설이나 비속어 부분을 비프음이나 입 모양 모자이크로 처리하기는 했지만, 일부 생방송되는 보도·교양 프로그램에서는 전문가라는 출연자가 비속어나 욕설을 하는 경우도 있다. 다른 사람을 비하하거나 차별적으로 발언하는 표현도 제재 대상으로 지적되었다.

그 외에 폭력적 표현이나 과격한 표현, 과장된 표현, 선정적 표현들도 일부 포함되었다. 방심위의 제재를 받은 프로그램은 연예·오락 부문이 109건으로 대부분(87.2%)을 차지했다. 방심위의 보고서는 "방송의 질적 향상과 청소년에게 미칠 긍정적 영향을 위해 방송에서의 비속한 언어 사용에 주의가 요구된다."고 밝혔다.

– ○○신문, 2017. 04. 26 –

대단원 개념 채우기 • Ⅸ. 정치 생활과 민주주의 •

01 정치와 정치 생활

1 정치의 의미와 기능

❶□□	의미	좁은 의미	정치인들이 정치권력을 획득하고 유지하며 행사하는 활동
		넓은 의미	대립과 갈등을 조정하여 문제를 해결해 나가는 모든 활동
	기능		• 구성원 간의 대립과 갈등 조정 • 사회 질서 유지 • 사회 발전 방향 제시

2 정치 생활에서 국가와 시민의 역할

❷□□의 역할	• 시민의 동의와 지지를 바탕으로 권력을 행사해야 함 • 다양한 이해관계를 민주적으로 조정하기 위해 노력해야 함 • ❸ □□을 결정하고 집행하는 과정에서 시민의 요구를 충분히 반영해야 함 • 시민의 자유와 권리를 최대한 보장해야 함
❹□□의 역할	• 국가의 정당한 권위를 존중하며 법을 준수해야 함 • 국가 권력이 올바르게 행사될 수 있도록 감시하고 통제해야 함 • 자신의 의견이 정책에 반영될 수 있도록 적극적으로 노력해야 함 • 공동체의 이익과 조화를 이루면서 자신의 자유와 권리를 추구해야 함

02 민주 정치의 발전

1 고대 아테네의 민주 정치

발달 배경	• 영토가 작고 인구가 적은 도시 국가 • 노예가 대부분의 노동을 담당함 • 시민이 정치에 참여할 시간과 여유가 있음
❺□□ □□□□ 실시	• 모든 시민이 ❻ □□에 모여 법률이나 주요 정책을 논의하고 결정함 • 시민들은 추첨제나 윤번제를 통해 누구나 공직에 참여할 기회를 얻음
제한적 민주 정치	• 시민을 자유민인 ❼ □□ □□만으로 제한 • 여성, 노예, 외국인은 정치에 참여할 수 없음

2 근대 민주 정치

발달 배경	시민들이 자유와 권리를 찾고자 왕과 귀족에 대항하여 시민 혁명을 일으킴	
시민 혁명	영국의 명예혁명	국왕의 전제 정치에 반대하여 의회가 중심이 되어 일어남
	미국의 ❽□□ □□	영국의 부당한 식민 지배에 저항하여 일어남
	❾□□□ □□	전제 군주와 구제도의 모순에 반발하여 일어남
대의 민주 정치 형성	• 시민들은 선거를 통해 대표를 선출하여 국가의 의사 결정에 참여함 • 시민의 대표로 구성된 ❿ □□를 중심으로 한 대의 민주 정치가 형성됨	
제한적 민주 정치	• 상공업으로 부를 축적한 남성들만이 정치에 참여 • 빈민, 여성, 노동자, 농민 등 다수의 사람들이 정치에서 배제됨	

▲ 영국의 명예혁명

▲ 미국의 독립 혁명

▲ 프랑스 혁명

3 현대 민주 정치

발달 배경	영국의 ⓫ □□□□ □□, 여성 참정권 운동 등의 선거권 확대 운동	
특징	⓬□□ □□ 제도 확립	일정 연령 이상의 모든 사람들이 선거권을 얻게 됨
	대의 민주 정치 실시	• 사회의 규모가 커지고 복잡해짐 • 대부분의 국가에서 국민의 대표를 통해 나라의 중요한 일을 결정함
	⓭□□ □□□□ 등장	최근 정보 통신 기술의 발달로 인터넷, 스마트폰 등을 통해 시민이 정치에 참여할 수 있는 통로가 확대됨
한계	• 시민들의 의견이 정책에 제대로 반영되기 어려움 • 정치적 무관심 문제가 발생함	
보완책	국민 투표, 국민 소환 등의 정치 참여 제도 마련	

정답 ❶ 정치 ❷ 국가 ❸ 정책 ❹ 시민 ❺ 직접 민주 정치 ❻ 민회 ❼ 성인 남성 ❽ 독립 혁명 ❾ 프랑스 혁명 ❿ 의회 ⓫ 차티스트 운동 ⓬ 보통 선거 ⓭ 전자 민주주의

03 민주주의의 이념과 기본 원리

1 민주주의의 의미

정치 형태로서의 민주주의	소수가 아닌 다수의 시민에 의해 국가가 통치되는 정치 형태
❶ □□□□으로서의 민주주의	대화, 토론, 관용 등을 통해 공동체의 문제를 해결하려는 생활 방식

2 민주주의의 이념

인간의 존엄성 실현	모든 사람이 인간이라는 이유만으로 존중받아야 한다는 것		
❷ □□	의미	자신의 뜻에 따라 판단하고 행동하는 것	
	구분	소극적 자유	국가의 부당한 간섭을 받지 않을 자유
		적극적 자유	정치 과정에 참여할 자유, 국가에 인간다운 삶을 요구할 자유
❸ □□	의미	부당하게 차별받지 않고 동등하게 대우받는 것	
	구분	형식적 평등	모든 사람들에게 균등한 기회를 부여하는 것
		❹ □□□□□	선천적·후천적인 차이를 고려하는 것

3 민주 정치의 기본 원리

❺ □□□□	국가의 의사를 최종적으로 결정하는 최고 권력인 주권이 국민에게 있다는 원리	
국민 자치	의미	국민이 스스로 나라를 다스릴 수 있다는 원리
	실현 방법	• 직접 민주 정치 : 국민 자치의 원리를 충실하게 실현하는 제도 • 간접 민주 정치 : 오늘날 대부분의 국가에서 채택하는 제도
❻ □□□□	의미	헌법에 따라 국가 기관을 구성하고, 정치권력을 행사해야 한다는 원리
	목적	국가 권력 남용 방지, 국민의 자유와 권리 보장
❼ □□□□	의미	국가 권력을 분리하여 독립된 기관이 나누어 맡도록 하는 원리
	목적	권력의 남용과 횡포 방지, 국민의 자유와 권리 보장

04 민주 정치와 정부 형태

1 의원 내각제

의미	입법부와 행정부가 융합된 정부 형태	
구성	국민이 선거를 통해 의회 의원 선출 → 의회 다수당 대표가 ❽ □□(수상)가 되어 내각 구성	
특징	• 의회 의원이 내각의 각부 장관 겸직 가능 • 총리와 내각의 법률안 제출권 • 내각 ❾ □□□□, 의회 해산권	
장단점	장점	• 책임 정치 실현 • 효율적인 국정 운영
	단점	• 다수당의 횡포 우려 • 군소 정당 난립 시 국정 혼란 초래

2 대통령제

의미	입법부와 행정부가 엄격히 분리된 정부 형태	
구성	국민이 선거를 통해 의회 의원과 대통령 선출 → 대통령이 행정부를 독립적으로 구성	
특징	• 의회 의원이 내각의 각부 장관 겸직 불가 • 대통령의 ❿ □□□□□□ • 의회의 탄핵 소추권, 국정 감사권 등	
장단점	장점	• 지속적이고 강력한 정책 추진 • 다수당의 횡포 방지
	단점	• 대통령의 ⓫ □□ 우려 • 행정부와 의회 대립 시 조정이 어려움

3 우리나라의 정부 형태

특징	대통령제를 기본적으로 채택하면서 의원 내각제 요소를 일부 도입
대통령제 요소	• 국민이 선거를 통해 국회 의원과 대통령을 각각 선출 • 대통령의 법률안 거부권 행사를 통한 ⓬ □□□□□□ 방지 • 국회가 국정 감사 및 조사권, 탄핵 소추권 등을 통해 행정부 견제
의원 내각제 요소	• 국회 의원이 행정부의 장관 겸직 가능 • 행정부의 ⓭ □□□□□□ • 국무총리 제도

정답 ❶ 생활 양식 ❷ 자유 ❸ 평등 ❹ 실질적 평등 ❺ 국민 주권 ❻ 입헌주의 ❼ 권력 분립 ❽ 총리 ❾ 불신임권 ❿ 법률안 거부권 ⓫ 독재 ⓬ 다수당의 횡포 ⓭ 법률안 제출권

대단원 종합 문제

01 밑줄 친 부분에 해당하는 사례로 가장 적절한 것은?

> 일상생활에서 '정치'는 좁은 의미와 넓은 의미로 다양하게 사용되고 있다. 정치가 무엇인가에 대해 여러 견해가 있지만, 일반적으로 정치에서는 사회 구성원 간의 대립과 갈등을 합리적으로 조정하거나 해결하는 것을 강조한다.

① 노사 회의에서 구조 조정 문제를 논의하였다.
② 선거를 통해 아파트 주민의 대표를 선출하였다.
③ 학급 회의를 통해 체험 학습 장소를 선정하였다.
④ 반상회에서 야간 자율 방범 활동 계획을 세웠다.
⑤ 국회 본회의에서 '정년 60세 연장법'이 통과되었다.

02 (가), (나)는 정치의 사례를 나타낸다. 이에 대한 옳은 설명을 〈보기〉에서 고른 것은?

> (가) 신입생 교복 공동 구매를 안건으로 학교 운영 위원회가 열렸다.
> (나) 예산 관련 법령을 처리하기 위한 임시 국무 회의가 개최되었다.

〈보기〉
ㄱ. (가)는 정치인들의 활동이다.
ㄴ. (나)는 국가 권력을 획득하고 유지하기 위한 것이다.
ㄷ. (가)는 좁은 의미, (나)는 넓은 의미의 정치 활동이다.
ㄹ. 구성원은 (가), (나)를 통해 다양한 이해관계의 대립과 갈등을 조정한다.

① ㄱ, ㄴ ② ㄱ, ㄷ ③ ㄴ, ㄷ
④ ㄴ, ㄹ ⑤ ㄷ, ㄹ

03 정치의 기능에 대한 옳은 설명만을 〈보기〉에서 있는 대로 고른 것은?

〈보기〉
ㄱ. 정치인들의 정치권력을 강화한다.
ㄴ. 구성원 간의 이해관계를 조정한다.
ㄷ. 사회를 통합하고 질서를 유지한다.
ㄹ. 공동체가 직면한 문제를 해결한다.

① ㄱ, ㄴ ② ㄷ, ㄹ ③ ㄱ, ㄴ, ㄷ
④ ㄱ, ㄴ, ㄹ ⑤ ㄴ, ㄷ, ㄹ

04 갑의 입장에서 제시할 수 있는 대안을 〈보기〉에서 고른 것은?

〈보기〉
ㄱ. 정책을 일방적으로 집행하여 공동체의 이익을 추구한다.
ㄴ. 시민이 실질적으로 정치에 참여할 수 있는 다양한 제도를 마련한다.
ㄷ. 개인이나 집단의 갈등을 해결하기 위해 국가 권력을 강제로 행사한다.
ㄹ. 국민의 안정된 생활을 위해 법과 제도를 통해서 사회 질서를 유지한다.

① ㄱ, ㄴ ② ㄱ, ㄷ ③ ㄴ, ㄷ
④ ㄴ, ㄹ ⑤ ㄷ, ㄹ

05 다음은 고대 아테네 민주 정치에 대한 설명이다. 밑줄 친 ㉠~㉤ 중 옳지 않은 것은?

> ㉠ 민주 정치는 고대 그리스 아테네에서 그 기원을 찾을 수 있다. ㉡ 아테네의 시민들은 누구나 민회에 참석하여 공동체의 중요한 일을 결정할 수 있었으며, ㉢ 추첨제나 윤번제를 통해서 공직을 맡을 수 있었다. 하지만 ㉣ 정치에 참여할 수 있는 시민권은 성인 남성에게만 있었고, ㉤ 여성, 빈민, 노동자, 농민 등은 정치에 참여할 수 없었다.

① ㉠ ② ㉡ ③ ㉢ ④ ㉣ ⑤ ㉤

06 근대 시민 혁명에 대한 설명으로 옳지 않은 것은?

① 대의 민주 정치가 등장하는 데 영향을 미쳤다.
② 모든 사회 구성원들에게 선거권을 부여하였다.
③ 시민 계급이 왕이나 귀족의 지배에 맞서 투쟁한 혁명이다.
④ 시민들이 정치에 참여할 권리를 보장받는 계기를 마련하였다.
⑤ 인간의 존엄성, 자유와 평등의 이념이 확산되는 데 기여하였다.

07 **(가), (나)에 대한 설명으로 옳은 것은? (단, (가), (나)는 각각 고대 아테네 민주 정치, 근대 민주 정치 중 하나이다.)**

> • (가)에서는 시민이 의회로 진출하여 국가의 의사 결정에 참여할 수 있게 되었다.
> • (나)에서는 시민이 민회에 참석하여 자유로운 토론을 통해 국가의 중요한 일을 직접 결정하였다.

① (가)에서는 여성에게 정치에 참여할 권리를 부여하였다.
② (나)에서는 시민의 의견이 정책에 정확히 반영되지 않는다는 한계가 있다.
③ (가)는 (나)와 달리 국민 자치의 원리를 충실히 실현하였다.
④ (나)는 (가)와 달리 공동체의 규모가 작아 직접 민주 정치가 가능하였다.
⑤ (가)와 (나)는 모두 공직에 참여할 수 있는 제도로 추첨제와 윤번제를 활용하였다.

08 **그림은 민주 정치의 역사적 발전 형태를 나타낸 것이다. 이에 대한 설명으로 옳지 않은 것은? (단, A~C는 각각 고대 아테네 민주 정치, 근대 민주 정치, 현대 민주 정치 중 하나이다.)**

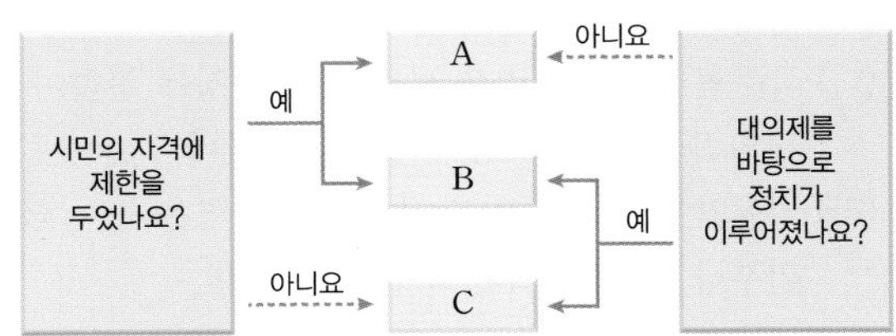

① A에서 직접 민주 정치가 실시되었다.
② B는 시민 혁명을 계기로 등장하였다.
③ A에서와 달리 B에서는 여성이 정치에 참여할 수 있었다.
④ 차티스트 운동은 B에서 C로 발전하는 데 기여하였다.
⑤ C에서는 B에 비하여 참정권을 가진 시민의 범위가 확대되었다.

09 **민주주의의 이념에 대한 설명으로 옳지 않은 것은?**

① 자유를 지나치게 강조하면 불평등을 초래할 수 있다.
② 인간의 존엄성은 민주주의가 추구하는 궁극적인 목표이다.
③ 오늘날에는 소극적 자유뿐만 아니라 적극적 자유도 강조한다.
④ 자유와 평등이 보장되지 않으면 인간의 존엄성은 실현될 수 없다.
⑤ 현대 사회에서 강조하는 평등은 개인의 선천적 차이를 인정하지 않는다.

10 **밑줄 친 '실질적인 평등'을 실현하기 위한 적절한 방안을 〈보기〉에서 고른 것은?**

> 평등이란 합리적인 이유 없이 부당하게 차별받지 않고 동등하게 대우 받는 것을 의미한다. 오늘날에는 모든 사람에게 균등한 기회를 보장하는 것뿐만 아니라 개인의 선천적·후천적 차이를 고려한 실질적인 평등을 보장하기 위해 노력하고 있다.

보기
ㄱ. 보통 선거의 원칙 준수
ㄴ. 장애인 의무 고용 제도 실시
ㄷ. 신입 사원과 경력 사원에게 동일한 임금 지급
ㄹ. 농어촌 지역 학생의 대학 입학 특별 전형 시행

① ㄱ, ㄴ　② ㄱ, ㄷ　③ ㄴ, ㄷ
④ ㄴ, ㄹ　⑤ ㄷ, ㄹ

11 **밑줄 친 내용이 공통으로 나타내는 민주 정치의 원리는?**

> • 국가의 통치권은 국민에게 있다. 어떤 단체나 개인도 국민으로부터 나오지 않은 권력을 행사할 수 없다.
> – 프랑스 인권 선언문 제3조 –
> • 국민의, 국민에 의한, 국민을 위한 정부는 지상에서 절대 사라지지 않을 것입니다.
> – 미국 링컨의 게티즈버그 연설 –

① 입헌주의　② 국민 주권　③ 국민 자치
④ 국민 복지　⑤ 권력 분립

12 그림에 나타난 민주 정치의 원리가 가지는 목적을 〈보기〉에서 고른 것은?

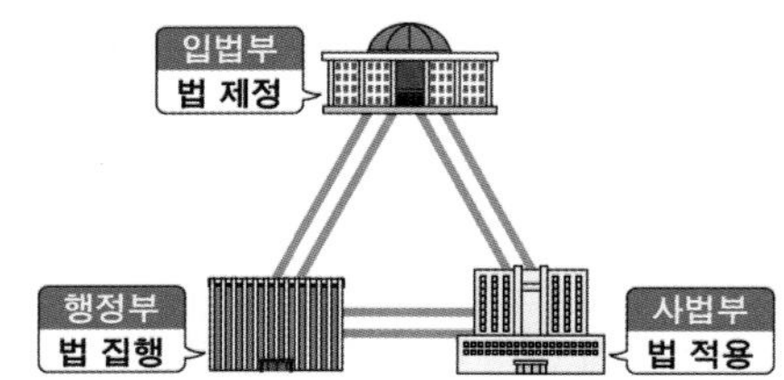

보기
ㄱ. 대의제의 한계 극복
ㄴ. 국가 권력의 남용 방지
ㄷ. 국민의 자유와 권리 보장
ㄹ. 시민의 정치 참여 활성화

① ㄱ, ㄴ ② ㄱ, ㄷ ③ ㄴ, ㄷ
④ ㄴ, ㄹ ⑤ ㄷ, ㄹ

13 의원 내각제에 대한 옳은 설명을 〈보기〉에서 고른 것은?

보기
ㄱ. 국민들이 직접 행정부의 수반을 선출한다.
ㄴ. 국민의 정치적 요구에 민감하게 반응한다.
ㄷ. 의회와 정부의 의견 대립 시 조정이 어렵다.
ㄹ. 의회 의원은 행정부의 각료를 겸직할 수 있다.

① ㄱ, ㄴ ② ㄱ, ㄷ ③ ㄴ, ㄷ
④ ㄴ, ㄹ ⑤ ㄷ, ㄹ

14 그림에 나타난 정부 형태에 대한 설명으로 옳지 않은 것은?

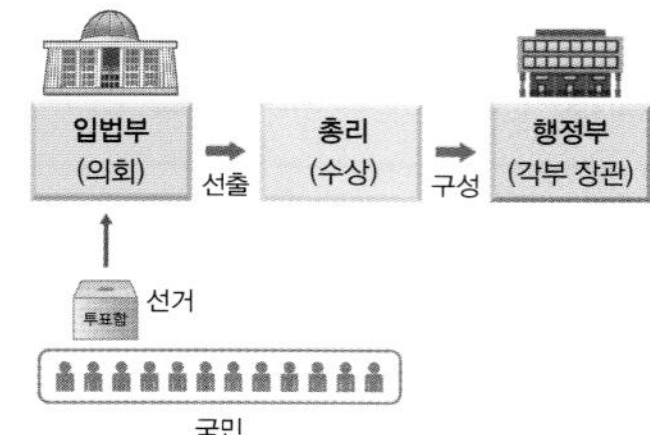

① 영국에서 채택하고 있다.
② 의회가 행정부를 불신임할 수 있다.
③ 행정부 수반이 법률안 거부권을 갖는다.
④ 행정부 장관이 의회 의원을 겸할 수 있다.
⑤ 입법부와 행정부가 융합된 정부 형태이다.

15 대통령제에 대한 설명으로 옳은 것은?

① 행정부는 의회 해산권을 가진다.
② 정부는 법률안 제출권을 가진다.
③ 의회에서 행정부의 최고 책임자가 선출된다.
④ 의회 의원은 행정부의 장관을 겸직할 수 있다.
⑤ 대통령은 법률안 거부권을 통해 입법부를 견제한다.

16 자료는 전형적인 두 정부 형태를 탐구하기 위한 것이다. A, B 정부 형태의 특징에 대한 설명으로 옳은 것은?

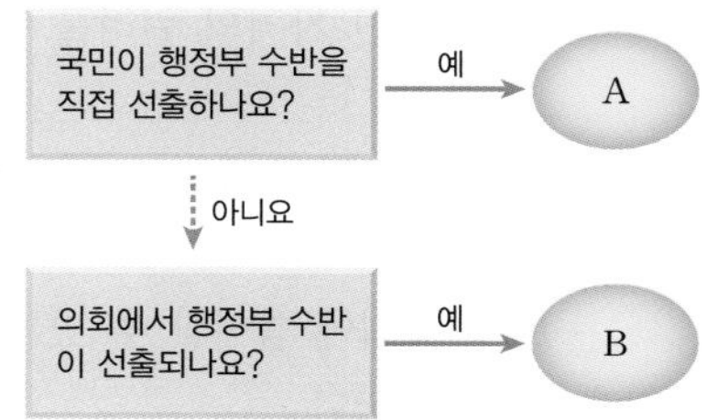

① A의 행정부 수반은 의회를 해산할 수 있다.
② A의 의회 의원은 행정부의 장관을 겸직할 수 있다.
③ B의 행정부 수반은 법률안 거부권을 행사할 수 있다.
④ B의 의회는 행정부 수반에 대해 탄핵 소추권을 가진다.
⑤ A는 B에 비하여 권력 분립의 원리를 충실히 실현할 수 있다.

17 다음은 우리나라의 헌법 조항을 나타낸다. (가)~(라)를 대통령제 요소와 의원 내각제 요소로 옳게 연결한 것은?

(가) 국회 의원과 정부는 법률안을 제출할 수 있다.
(나) 행정권은 대통령을 수반으로 하는 정부에 속한다.
(다) 국무총리는 대통령을 보좌하며, 행정에 관하여 대통령의 명을 받아 행정 각부를 통할한다.
(라) 법률안에 이의가 있을 때에는 대통령은 …… 국회로 환부하고, 그 재의를 요구할 수 있다.

	대통령제 요소	의원 내각제 요소
①	(가), (나)	(다), (라)
②	(가), (다)	(나), (라)
③	(나), (다)	(가), (라)
④	(나), (라)	(가), (다)
⑤	(다), (라)	(가), (나)

대단원 서술형·논술형 문제

정답과 해설 • 97쪽

01 밑줄 친 부분에 들어갈 내용을 고대 그리스 아테네 민주 정치의 한계를 중심으로 구체적인 사례를 들어 서술하시오.

> 민주 정치는 고대 그리스의 아테네에서 그 기원을 찾을 수 있다. 당시 아테네의 시민이라면 누구나 추첨을 통해 돌아가며 공직을 맡을 수 있었고, 민회에 참석하여 국가의 중요한 일을 결정하였다. 하지만 ______________

____

____

____

____

____

02 밑줄 친 ㉠, ㉡의 차이점을 장·단점을 중심으로 비교하여 서술하시오.

> 민주주의 국가에서는 국민 자치의 원리에 따라 주권을 가진 국민이 스스로 나라를 다스릴 수 있다. 국민 자치의 원리를 실현하는 제도에는 ㉠ 직접 민주 정치와 ㉡ 간접 민주 정치가 있다.

____

____

____

____

____

03 (가)의 A, B에 해당하는 정부 형태를 쓰고, 그 특징을 (나) 자료와 관련하여 200자 내외로 논술하시오.

(가)

> 정부 형태는 입법부와 행정부의 관계에 따라 크게 A와 B로 구분됩니다. A는 입법부와 행정부의 권력 융합을 추구하는 반면, B는 입법부와 행정부의 엄격한 권력 분립을 추구합니다.

(나)

A

입법부(의회) → 선출 → 행정부 수반 → 구성 → 행정부(각부 장관)

국민 → 선거(투표함) → 입법부(의회)

B

입법부(의회) / 행정부 수반 → 구성 → 행정부(각부 장관)

국민 → 선거(투표함) → 입법부(의회)

국민 → 선거(투표함) → 행정부 수반

____

____

____

____

____

대단원 개념 채우기 • X. 정치 과정과 시민 참여 •

01 정치 과정의 이해

1 다원화된 현대 사회

다양한 이익 표출 배경	• 사회의 다원화·복잡화 → 가치와 이익의 다양화 • 민주주의의 발달 → 시민의 자유와 권리 확대
정치 과정의 필요성	• 다양한 가치와 이익을 추구하는 과정에서 이해관계가 대립되거나 충돌함 • ❶ □□ □□을 통해 사회 구성원 간의 갈등을 조정하면서 사회 문제를 해결함

2 정치 과정의 의미와 단계

의미	다양한 이해관계가 표출·집약되어 ❷ □□으로 결정·집행되는 과정	
단계	이익 표출	개인이나 집단이 다양한 요구를 여러 가지 방법을 통해 드러냄
	이익 집약	정당이나 언론 등이 사회 구성원의 의견을 수렴하여 ❸ □□을 형성함
	정책 결정	시민의 다양한 의견을 반영하여 국회나 정부가 정책을 결정함
	❹ □□ □□	결정된 정책을 정부가 구체적으로 시행함
	정책 평가	정책이 집행된 후에 국민의 평가를 통해 어떤 문제가 발생하는지 파악함

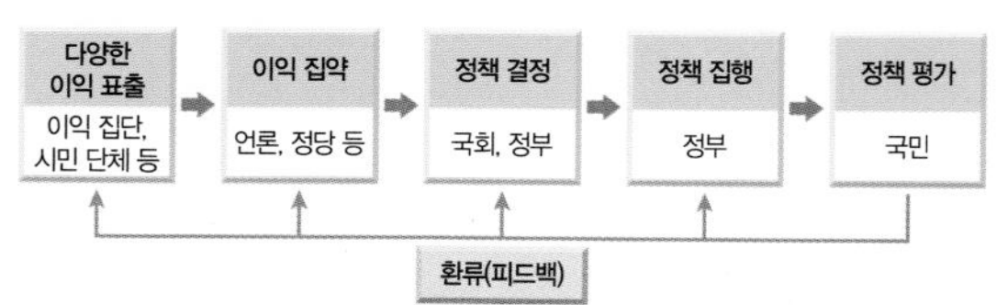

▲ 정치 과정의 단계

02 정치 과정의 참여 주체

1 공식적 참여 주체(국가 기관)

❺ □□	• 국민의 대표 기관으로 법률 제정 및 개정 • 정부 정책 감시 및 비판 등
❻ □□	• 국회에 법률안 제출 • 정책의 수립 및 집행 등
법원	법률이나 정책과 관련된 분쟁 해결

2 비공식적 참여 주체

시민	자신의 이익을 실현하기 위해 다양한 방법으로 정치 과정에 참여하는 주체
❼ □□ □□	• 의미 : 이해관계를 같이하는 사람들이 자신의 특수한 이익을 실현하기 위해 만든 단체 • 역할 : 다양한 이익 대변, 전문성을 바탕으로 정책 결정에 도움, 정당의 기능 보완 등
시민 단체	• 의미 : 공익을 실현하기 위해 시민들이 자발적으로 만든 집단 • 역할 : 시민의 정치 참여 유도, 여론 형성, 국가 기관의 활동 감시, 사회 문제의 대안 제시 등
정당	• 의미 : ❽ □□□□을 획득하기 위해 정치적 의견을 같이하는 사람들이 만든 단체 • 역할 : 여론 형성, 선거에 후보자 추천, 국민의 의견을 국회나 정부에 전달 등
❾ □□	• 의미 : 정치적 쟁점이나 사회 문제 등 정치 과정 전반에 관한 정보를 제공하는 정치 주체 • 역할 : 여론 형성, 정책에 대한 해설과 비판 제공, 정부 정책의 감시 및 비판 등

03 선거와 정치 참여

1 선거의 의미와 기능

의미	국민을 대신해 나라의 일을 담당할 ❿ □□□를 선출하는 과정	
기능	대표자 선출	국민의 뜻에 따라 국가의 정치를 담당할 대표자를 선출함
	정치권력에 ⓫ □□□ 부여	국민의 지지와 동의를 바탕으로 선출된 대표자는 정당성을 가짐
	정치권력 통제	자질이 없는 대표자에게 다음 선거에서 책임을 물어 권력을 통제함
	시민의 의견 수렴	시민의 여론을 드러내어 정치 과정에 반영하는 기회를 제공함
	⓬ □□ 행사 수단	국민은 선거를 통해 자신의 의사를 표현하고 주권을 행사함

정답 ❶ 정치 과정 ❷ 정책 ❸ 여론 ❹ 정책 집행 ❺ 국회 ❻ 정부 ❼ 이익 집단 ❽ 정치권력 ❾ 언론 ❿ 대표자 ⓫ 정당성 ⓬ 주권

2 민주 선거의 기본 원칙

❶ □□□□	일정한 연령에 달한 모든 국민에게 선거권을 부여한다는 원칙
❷ □□□□	모든 유권자는 동등한 가치의 투표권을 행사할 수 있다는 원칙
직접 선거	선거권을 가진 사람이 직접 투표소에 나가 대표자를 선출해야 한다는 원칙
비밀 선거	유권자가 누구에게 투표했는지 다른 사람이 알지 못하도록 하는 원칙

3 공정한 선거를 위한 제도와 기관

선거구 법정주의	의미	의회에서 법률로 선거구를 정하도록 하는 제도
	목적	선거구를 임의로 정하는 ❸ □□□□□ 방지
❹ □□□□□	의미	국가 기관에서 선거를 관리하고 선거 운동 비용의 일부를 부담하는 제도
	목적	• 선거 운동의 과열 및 부정 선거 방지 • 후보자에게 선거 운동의 균등한 기회 보장
❺ □□□□□□□	의미	공정한 선거 관리, 정당, 정치 자금에 관한 사무 처리를 위한 독립된 국가 기관
	업무	• 후보자 등록 및 선거 운동 • 투표 · 개표 과정 관리 • 선거법 위반 행위 예방 및 단속 • 선거 참여를 위한 홍보 활동 • 정당과 관련된 업무 처리 등

04 지방 자치와 시민 참여

1 지방 자치 제도의 의미와 목적

의미	지역 주민들이 지방 자치 단체를 구성하여 지역의 문제를 자율적으로 처리하는 제도
목적	지역 특성에 맞는 업무 처리 → 주민의 ❻ □□ 증진

2 지방 자치 제도의 의의

민주주의의 실천	주민이 지역 문제를 직접 해결하는 과정에서 민주주의를 실천할 수 있음
❼ □□□□의 원리 실현	국가의 힘이 중앙 정부에 집중되는 것을 막음
지역 실정에 맞는 정치 실시	지역 실정과 주민의 필요에 맞는 효율적인 정책을 결정하고 집행할 수 있음
주민의 정치 참여 기회 확대	지역 주민이 정치에 참여할 기회를 확대하고 주인 의식과 책임감을 높임

3 지방 자치 단체의 종류와 구성

종류	❽ □□□□□□	특별시, 광역시, 도, 특별자치도, 특별자치시
	기초 자치 단체	시, 군, 구
구성	지방 의회	• 의결 기관 • ❾ □□ 제정 • 예산안 심의 및 확정 • 지방 자치 단체의 행정 업무 감사
	❿ □□□□□□□	• 집행 기관 • 규칙 제정 • 지방의 각종 사무 처리 • 지역의 재산 관리 및 예산 집행

4 주민의 다양한 정치 참여 방법

⓫ □□□□	지방 의회 의원과 지방 자치 단체장을 선출하는 과정
주민 투표	지역 사회의 주요 현안에 대하여 주민이 직접 투표로 결정하는 제도
주민 발의	주민이 직접 조례안을 작성하여 지방 의회에 제출할 수 있는 제도
⓬ □□□□	직무를 잘 수행하지 못한 지역 대표를 임기 중에 주민 투표로 해임할 수 있는 제도
주민 청원	지방 자치 단체에 지역 사회의 문제를 해결해 달라고 서면으로 요구할 수 있는 제도
기타	주민 감사 청구, 주민 참여 예산제, 공청회 참석, 민원 제기, 서명 참여 등

정답 ❶ 보통 선거 ❷ 평등 선거 ❸ 게리맨더링 ❹ 선거 공영제 ❺ 선거 관리 위원회 ❻ 복리 ❼ 권력 분립 ❽ 광역 자치 단체 ❾ 조례 ❿ 지방 자치 단체장 ⓫ 지방 선거 ⓬ 주민 소환

대단원 종합 문제

01 그림은 정치 과정의 단계를 나타낸다. (가), (나)에 대한 옳은 설명을 〈보기〉에서 고른 것은?

〈보기〉

ㄱ. (가)에서 시민의 의견이 수렴되어 여론이 형성된다.
ㄴ. (가)는 시민이 자신의 이익을 실현하기 위한 활동이다.
ㄷ. (나)는 법을 토대로 구체적인 정책을 시행하는 단계이다.
ㄹ. (나)에서 국가 기관뿐만 아니라 다양한 정치 주체가 참여한다.

① ㄱ, ㄴ ② ㄱ, ㄷ ③ ㄴ, ㄷ
④ ㄴ, ㄹ ⑤ ㄷ, ㄹ

02 (가)~(마)를 정치 과정의 단계에 따라 순서대로 바르게 나열한 것은?

(가) 자유학기제 지원을 규정한 진로 교육법이 국회에서 제정되었다.
(나) 진로 교육에 대한 시민의 요구가 커지고 있다는 언론 보도가 있었다.
(다) 교육부는 진로 전담 교사 배치를 확대하고, 진로 체험 중심의 교육을 실시하였다.
(라) 진로 교사 단체가 학생의 소질과 적성을 계발하기 위한 진로 교육 정책을 강화할 것을 요구하였다.
(마) 시민들은 진로 체험 장소가 부족했지만 학생들이 체험 활동에 대한 만족도가 높았다고 평가하였다.

① (가)－(나)－(마)－(라)－(다)
② (가)－(라)－(다)－(마)－(나)
③ (나)－(라)－(가)－(다)－(마)
④ (라)－(가)－(마)－(나)－(다)
⑤ (라)－(나)－(가)－(다)－(마)

03 정치 주체 A~C에 대한 옳은 설명을 〈보기〉에서 고른 것은? (단, A~C는 각각 시민 단체, 이익 집단, 정당 중 하나이다.)

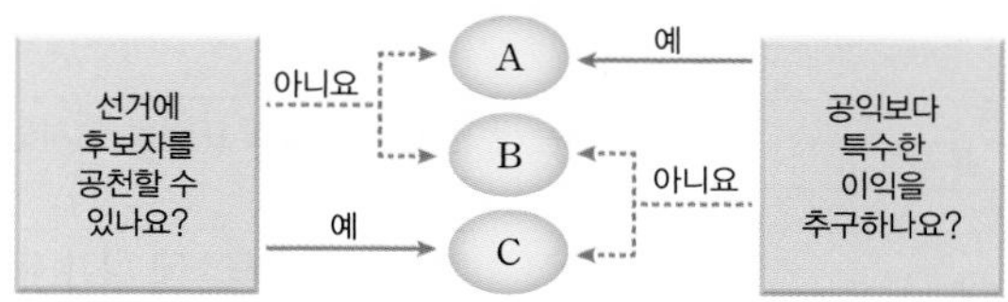

〈보기〉

ㄱ. A는 정부에 압력을 행사하기도 한다.
ㄴ. B는 정치 과정에 시민의 정치 참여를 유도한다.
ㄷ. C는 정책 결정을 담당하는 공식적인 국가 기관이다.
ㄹ. A는 B, C와 달리 정치권력의 획득을 목적으로 한다.

① ㄱ, ㄴ ② ㄱ, ㄷ ③ ㄴ, ㄷ
④ ㄴ, ㄹ ⑤ ㄷ, ㄹ

04 언론에 대한 설명으로 옳지 <u>않은</u> 것은?

① 여론 형성에 중요한 역할을 한다.
② 정치적 쟁점에 대한 정보를 제공한다.
③ 국민의 알 권리를 실현하는 데 기여한다.
④ 공정하고 객관적인 태도로 보도해야 한다.
⑤ 특정 집단의 특수한 이익을 반영하기 위해 노력한다.

05 정치 주체 (가)에 대한 설명으로 옳은 것은?

(가)는 「전기 통신 사업법」을 집행하는 데 필요한 정책을 마련하였다. (가)는 발신 번호를 임의로 변경한 사업자의 통신 서비스 이용을 막고, 불법 광고에 사용된 전화번호를 쓰지 못하도록 하였다.

① 국민의 대표 기관이다.
② 정책을 구체적으로 수립하고 집행한다.
③ 정권 획득을 목적으로 결성된 집단이다.
④ 정부와 의회를 매개하는 기능을 수행한다.
⑤ 재판을 통해 정책과 관련된 분쟁을 해결한다.

06 **선거에 대한 옳은 설명을 〈보기〉에서 고른 것은?**

보기

ㄱ. 민주 정치의 성공 여부를 결정하는 핵심 요소이다.
ㄴ. 자질이 부족한 대표자에게 책임을 묻는 수단이기도 하다.
ㄷ. 우리나라에서는 4년마다 대통령을 선출하는 선거를 실시한다.
ㄹ. 오늘날 시민이 정책 결정에 참여할 수 있는 유일한 방법이다.

① ㄱ, ㄴ ② ㄱ, ㄷ ③ ㄴ, ㄷ
④ ㄴ, ㄹ ⑤ ㄷ, ㄹ

07 **다음과 같은 민주 선거의 원칙에 어긋난 사례로 적절한 것은?**

유권자가 어느 후보자에게 투표하였는지 다른 사람이 알지 못하도록 해야 한다는 원칙이다.

① 여성에게는 선거권을 주지 않았다.
② 세금을 많이 내는 사람에게 투표권을 더 많이 부여하였다.
③ 투표용지에 이름을 기재하고 후보마다 투표함을 따로 두었다.
④ 특정 지역에 거주하는 사람들만 선거에 참여할 수 있게 하였다.
⑤ 건강이 좋지 않은 사람을 위해 가족이나 친구가 대신 투표할 수 있게 하였다.

08 **다음 사례에 공통으로 나타난 문제로 가장 적절한 것은?**

- 서남아시아의 한 국가에서는 이슬람 종파 중 수니파 신도는 2표의 투표권, 시아파 신도는 1표의 투표권을 가진다.
- 1890년대 벨기에에서는 초등학교 졸업자에게 1표, 중학교 졸업자에게 2표, 대학교 졸업자에게는 3표의 투표권을 부여했다.

① 차등 선거가 실시되고 있다.
② 보통 선거의 원칙을 위반하고 있다.
③ 투표 내용을 다른 사람에게 알리고 있다.
④ 대리인에 의해 유권자의 의사가 왜곡되고 있다.
⑤ 일정한 자격을 가진 사람에게만 선거권이 부여되고 있다.

09 **빈칸 ㉠에 대한 설명으로 옳은 것은?**

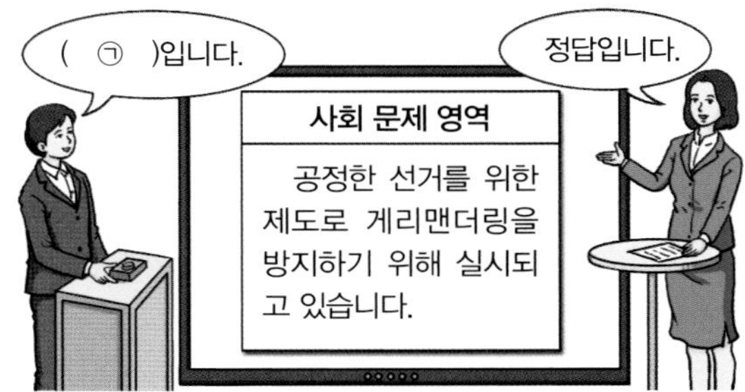

(㉠)입니다.
정답입니다.
사회 문제 영역
공정한 선거를 위한 제도로 게리맨더링을 방지하기 위해 실시되고 있습니다.

① 선거 운동이 과열되는 것을 방지한다.
② 의회에서 제정한 법률로 선거구를 정한다.
③ 일정 연령 이상의 모든 국민에게 선거권을 부여한다.
④ 모든 후보자에게 선거 운동의 기회를 공평하게 보장한다.
⑤ 국가나 지방 자치 단체에서 선거 비용의 일부를 부담한다.

10 **다음에서 설명하는 제도로 옳은 것은?**

국가나 지방 자치 단체에서 선거 비용의 일부를 지원하여 모든 후보자에게 선거 운동의 기회를 균등하게 보장한다.

① 선거 공영제 ② 대의 민주주의
③ 보통 선거 제도 ④ 지방 자치 제도
⑤ 선거구 법정주의

11 **(가), (나) 제도에 대한 옳은 설명을 〈보기〉에서 고른 것은?**

우리나라에서는 선거 운동을 국가 기관이 관리하는 (가)와 선거구를 법률로 획정하는 (나)가 있다.

보기

ㄱ. (가)를 통해 모든 후보자는 선거 비용의 전부를 지원받을 수 있다.
ㄴ. (나)는 게리맨더링을 방지하기 위한 제도이다.
ㄷ. (가)와 (나)는 모두 공정한 선거를 위해 마련되었다.
ㄹ. (가)와 (나)는 선거 운동의 과열을 방지하기 위한 것이다.

① ㄱ, ㄴ ② ㄱ, ㄷ ③ ㄴ, ㄷ
④ ㄴ, ㄹ ⑤ ㄷ, ㄹ

12 다음과 같은 제도에 대한 설명으로 옳지 않은 것은?

> 지역 주민이 지방 정부를 통해 해당 지역의 문제를 자율적으로 처리하는 제도이다.

① 지역 정책을 주민이 원하는 방향으로 추진한다.
② 주민이 정치에 참여할 수 있는 기회를 확대한다.
③ '풀뿌리 민주주의', '민주주의의 학교'라고도 한다.
④ 국가 권력이 중앙 정부에 집중될 때 나타나는 문제를 방지할 수 있다.
⑤ 모든 지역 주민들이 한자리에 모여 지역의 정책을 직접 결정하는 형태이다.

13 다음은 사회 수업에서 학생들이 발표한 내용이다. 이 수업의 학습 주제로 가장 적절한 것은?

> 갑 : 주민이 정치에 참여할 기회를 확대합니다.
> 을 : 국가 권력이 중앙 정부에 집중되는 것을 막아 줍니다.
> 병 : 지역 실정에 맞는 정치를 실시할 수 있습니다.

① 선거의 기능 ② 대의제의 장점
③ 국가 기관의 역할 ④ 정치 과정의 필요성
⑤ 지방 자치 제도의 의의

14 지방 자치 제도를 실현하기 위한 조건으로 적절하지 않은 것은?

① 지방 재정의 자립
② 주민의 자발적인 참여
③ 주민에 의한 지역 대표 선출
④ 지방 자치 단체의 자율성 확보
⑤ 중앙 정부 중심의 정치 과정 실현

15 표는 지방 자치 단체의 구성을 정리한 것이다. 빈칸 ㉠에 들어갈 기관으로 옳은 것은?

구분	광역 자치 단체	기초 자치 단체
지방 의회		㉠
지방 자치 단체장		

① ○○도 의회 ② △△군 의회
③ □□구 구청장 ④ ☆☆특별시 시장
⑤ ◇◇광역시 의회

16 자료는 검색창에 입력된 주소를 나타낸다. 밑줄 친 ㉠, ㉡에 대한 설명으로 옳지 않은 것은?

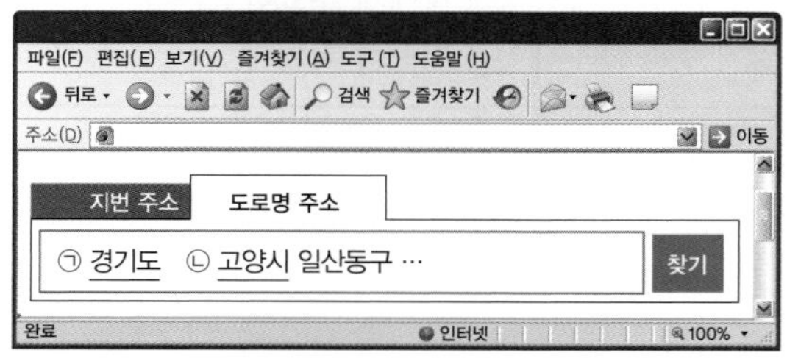

① ㉠은 광역 자치 단체에 해당한다.
② ㉠의 의결 기관은 경기도 의회이다.
③ ㉡은 기초 자치 단체에 해당한다.
④ ㉡의 의결 기관은 고양시 의회이다.
⑤ ㉠, ㉡의 집행 기관은 조례를 제정한다.

17 지역 주민이 지역 사회의 정치 과정에 참여하는 방법으로 옳지 않은 것은?

① 지방 정부의 예산 편성 과정에 참여할 수 있다.
② 규칙안을 작성하여 지방 자치 단체장에게 제출할 수 있다.
③ 지방 선거에 참여하여 지역의 일을 담당할 대표를 선출할 수 있다.
④ 잘못된 행정으로 권익을 침해당한 경우 직접 감사를 청구할 수 있다.
⑤ 자치 단체의 운영에 심각한 문제가 있는 경우 지역의 공직자를 주민 투표를 통해 해임할 수 있다.

대단원 서술형·논술형 문제

정답과 해설 • 100쪽

01 빈칸 ㉠에 들어갈 개념을 쓰고, 그 의미를 서술하시오.

사회 개념 사전 : 정치 영역

(㉠)

:

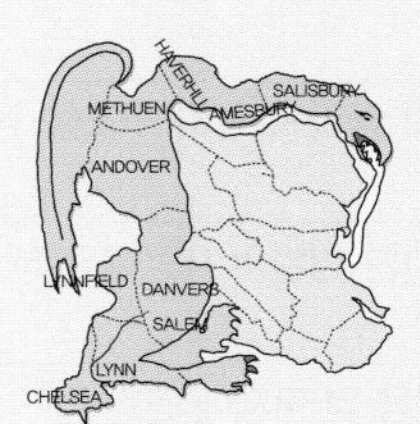

• 유래 : 1812년 미국 매사추세츠 주지사 게리가 자기 정당에 유리하게 만든 선거구 모양이 전설 속의 괴물 샐러맨더와 비슷해서 생긴 말이다.

02 다음에서 설명하는 정치 제도를 쓰고, 그 의미를 서술하시오.

• 지역 주민이 자발적으로 참여하여 민주주의의 기초를 만들어간다는 의미에서 '풀뿌리 민주주의'라고 부른다.
• 지역 주민이 민주 시민으로서의 자질을 함양하고, 민주주의를 직접 체험하고 배울 수 있는 기회를 얻기 때문에 '민주주의의 학교'라고 표현하기도 한다.

03 자료는 '어린이집 CCTV 설치 의무화'의 정치 과정을 단계별로 나타낸 것이다. 자료를 참고하여 현재 실시되고 있는 정책(제도)을 한 가지 선정한 후, 그 정책(제도)의 정치 과정을 각 단계에 따라 논술하시오.

시민 단체가 어린이집 CCTV 설치 의무화를 요구하며 시위를 벌였다.

여론 조사 결과 시민들 대부분이 어린이집 CCTV 설치 의무화를 찬성하는 것으로 나타났다.

국회에서 어린이집 CCTV 설치 의무화와 관련된 '영유아보육법'을 개정하였다.

정부는 결정된 정책을 현실에 맞는 다양한 방법을 통해 구체적으로 실행하였다.

정책 집행 과정에서 발생한 문제점을 파악하고, 그에 대한 해결 방안을 찾았다.

대단원 개념 채우기 • XI. 일상생활과 법 •

01 법의 의미와 목적

1 사회 규범의 의미와 종류

의미	사회 구성원들이 지켜야 할 행동의 기준	
종류	❶□□	한 사회에서 오랫동안 지켜져 내려온 행동 양식
	종교 규범	특정 종교에서 지키도록 정해 놓은 교리
	❷□□	인간이 마땅히 지켜야 할 도리
	법	사회 구성원들의 합의에 따라 국가가 제정한 규범

2 법의 특성

❸□□□	사회 구성원이 법을 지키지 않을 경우 국가에 의해 제재를 받음
명확성	해야 할 일과 하지 말아야 할 일을 구체적으로 명확하게 규정하고 있음

3 법과 도덕

구분	❹□	도덕
강제성	있음	없거나 약함
판단 기준	행위의 결과	양심과 동기
위반할 경우	국가에 의한 제재	양심의 가책, 사회적 비난

4 법의 필요성과 목적

필요성	❺□□ 해결	분쟁을 해결하는 객관적이고 공정한 기준을 명확하게 규정함
	개인의 권리 보호	권리의 내용을 명확히 하고, 권리를 침해하는 행위를 제재함
목적	❻□□ 실현	모든 사람이 각자 능력과 노력에 따라 정당하게 대우받는 것
	공공복리 증진	사회 구성원 다수의 행복과 이익을 추구하는 것

02 법의 유형과 특징

1 공법의 의미와 종류

의미	개인과 국가 또는 국가 기관 간의 공적인 생활 관계를 규율하는 법	
종류	❼□□	국민의 권리와 의무 및 국가의 통치 구조를 정해 놓은 법
	❽□□	범죄의 유형과 그에 따른 형벌의 내용을 정해 놓은 법
	행정법	행정 기관의 조직과 작용 및 구제에 관한 법
	소송법	재판이 이루어지는 절차를 규정한 법

2 사법의 의미와 종류

의미	개인과 개인 사이의 ❾□□□ □□ □□를 규율하는 법	
종류	❿□□	개인 간의 가족 관계 및 재산 관계를 규율하는 법
	상법	상거래와 관련된 경제생활 관계를 규율하는 법

▲ 공적인 생활 관계

▲ 사적인 생활 관계

3 사회법의 의미와 목적

의미	개인 간의 생활 영역에 ⓫□□가 개입하여 사회·경제적 약자를 보호하기 위한 법
특징	사법과 공법의 중간적 성격
등장 배경	근대 이후 자본주의의 발달로 인해 발생한 빈부 격차, 환경 오염, 노동 문제 등의 사회 문제가 심각해짐
목적	사회·경제적 약자의 ⓬□□ 보호 → 모든 국민의 최소한의 인간다운 삶 보장

정답 ❶ 관습 ❷ 도덕 ❸ 강제성 ❹ 법 ❺ 분쟁 ❻ 정의 ❼ 헌법 ❽ 형법 ❾ 사적인 생활 관계 ❿ 민법 ⓫ 국가 ⓬ 권리

❹ 사회법의 종류

구분		내용
❶ □□□	의미	노동자의 권리를 보호하기 위한 법
	종류	근로 기준법, 노동조합 및 노동관계 조정법, 남녀 고용 평등법, 최저 임금법 등
경제법	의미	공정한 경제 질서를 유지하고 ❷ □□□의 권익을 보호하는 법
	종류	독점 규제 및 공정 거래에 관한 법률, 소비자 기본법 등
❸ □□□□□	의미	모든 국민의 기본적인 생활을 보장하는 법
	종류	국민 기초 생활 보장법, 국민 연금법, 국민 건강 보험법, 장애인 복지법 등

03 재판의 이해

❶ 재판의 의미와 종류

구분		
의미	❹ □□이 공정하게 법을 적용하여 옳고 그름을 밝히는 과정	
기능	분쟁의 해결, 사회 질서의 유지, 국민의 권리 보호, 정의 실현	
종류	❺ □□□□	개인 간에 일어난 분쟁을 해결하기 위한 재판
	❻ □□□□	범죄 유무를 판단하고 형벌의 정도를 결정하는 재판
	가사 재판	가족이나 친족 간의 다툼을 해결하기 위한 재판
	행정 재판	행정 기관이 국민의 권리를 침해하였는지 판단하는 재판
	선거 재판	선거와 당선의 유·무효를 결정하는 재판
	소년 보호 재판	소년의 범죄나 비행을 다루는 재판

❷ 민사 재판과 형사 재판의 절차

구분	절차
민사 재판	❼ □□의 소장 제출 → 피고의 답변서 제출 → 증거 제출 → 증인 신문 및 변론 → 판결
❽ □□□□	고소 또는 고발 → 경찰 수사 → 검사의 공소 제기 → 검사의 진술, 피고인의 변론 → 판결

❸ 민사 재판과 형사 재판의 참여자

구분	재판을 청구한 자	재판을 청구당한 자
민사 재판	원고	피고
형사 재판	❾ □□	피고인

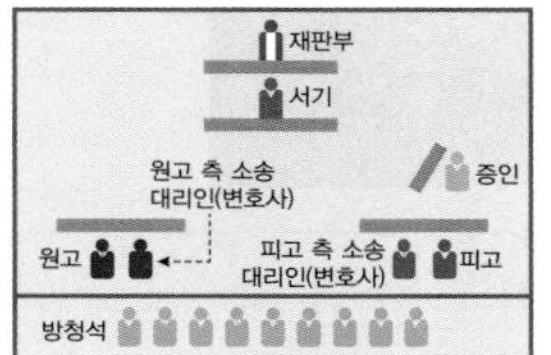

▲ 민사 재판정

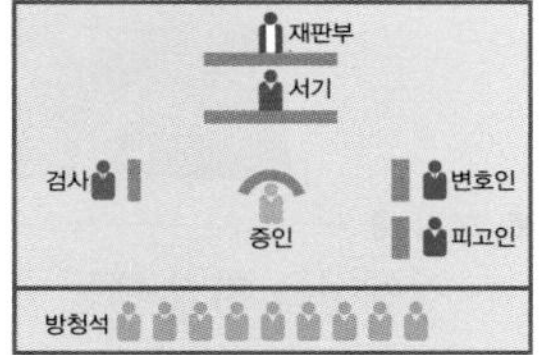

▲ 형사 재판정

❹ 공정한 재판을 위한 제도

구분			내용
사법권의 독립	의미		법원의 조직이나 운영에 외부의 간섭이나 압력을 받지 않도록 하는 것
	실현 방법		재판의 독립, 법원의 독립, 법관의 신분 보장 등
공개 재판주의			재판의 과정과 결과를 일반인에게 공개해야 한다는 원칙
❿ □□□□□□			구체적인 증거를 바탕으로 판결을 해야 한다는 원칙
⓫ □□□□	의미		법원에 급을 두어 한 사건에 대해 여러 번 재판을 받을 수 있게 하는 제도 → 3심제를 원칙으로 함
	목적		법관의 잘못된 판결로 발생할 수 있는 피해 최소화, 공정한 재판을 통해 국민의 자유와 권리 보호
	상소	⓬ □□	1심 법원의 판결에 불복하여 2심을 청구하는 것
		상고	2심 법원의 판결에 불복하여 3심을 청구하는 것

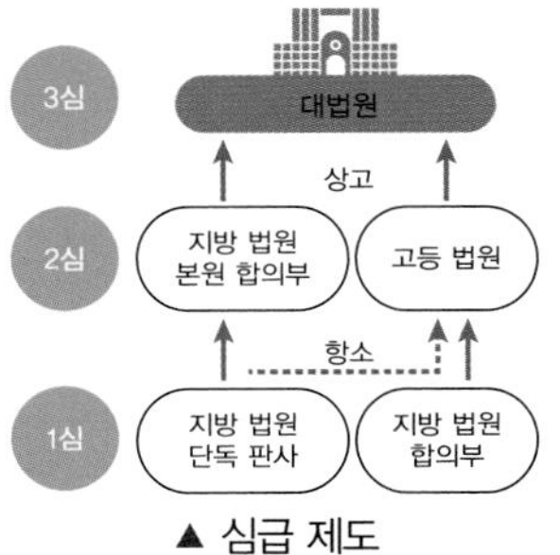

▲ 심급 제도

정답 ❶ 노동법 ❷ 소비자 ❸ 사회 보장법 ❹ 법원 ❺ 민사 재판 ❻ 형사 재판 ❼ 원고 ❽ 형사 재판 ❾ 검사 ❿ 증거 재판주의 ⓫ 심급 제도 ⓬ 항소

대단원 종합 문제

01 사진이 나타내는 사회 규범에 대한 옳은 설명을 <보기>에서 고른 것은?

보기

ㄱ. 강제성을 지닌 행동 규범이다.
ㄴ. 다른 사회 규범에 비해 내용이 명확하다.
ㄷ. 한 사회에서 오랫동안 반복되면서 형성된다.
ㄹ. 혼례나 장례 의식 등과 같은 종류의 사회 규범이다.

① ㄱ, ㄴ ② ㄱ, ㄷ ③ ㄴ, ㄷ
④ ㄴ, ㄹ ⑤ ㄷ, ㄹ

02 다음 글에 나타난 법의 특징으로 가장 적절한 것은?

도배업자인 갑은 을의 집에서 도배 공사를 하던 중에 수표와 현금을 훔쳤다. 며칠 후에 갑은 양심의 가책을 느껴 을에게 돈을 돌려주었다. 그러나 갑은 절도 혐의로 기소되어 징역 선고를 받았다.

① 내면적 양심을 규율한다.
② 개인이 자율적으로 지키도록 한다.
③ 개인이 지켜야 할 행동의 기준이 된다.
④ 사회 구성원의 합의를 통해 만들어졌다.
⑤ 겉으로 드러나는 행위의 결과를 중요시한다.

03 표는 법과 도덕을 비교한 것이다. 빈칸 ㉠~㉤에 들어갈 내용으로 옳은 것은?

구분	법	도덕
규율 대상	행위의 (㉠) 중시	행위의 (㉡) 중시
특징	㉢	㉣
위반 시	㉤	양심의 가책, 사회적 비난

① ㉠ – 동기 ② ㉡ – 결과
③ ㉢ – 자율성 ④ ㉣ – 강제성
⑤ ㉤ – 국가의 처벌

04 그림에 나타난 법의 기능으로 가장 적절한 것은?

① 분쟁 해결 ② 행위의 동기 규율
③ 개인의 자유 보장 ④ 비도덕적인 행위 처벌
⑤ 사회적 약자의 권리 보호

05 밑줄 친 ㉠, ㉡에 해당하는 사례로 옳은 것은?

우리 사회에는 여러 종류의 법이 있고, 각각의 법이 규율하는 내용도 다르다. 하지만 법은 공통적으로 ㉠ 정의 실현과 ㉡ 공공복리 증진을 목적으로 한다.

① ㉠ – 공공장소에서 흡연하는 것을 금지한다.
② ㉠ – 회사 승진 시험에서 남자에게만 가산점을 부여한다.
③ ㉠ – 체육 실기 평가에서 남학생과 여학생의 만점 기준을 다르게 정한다.
④ ㉡ – 고소득자에게 소득세를 더 많이 부과한다.
⑤ ㉡ – 청각 장애인 수험생에게 영어 듣기 평가 대신 지필 평가를 보게 한다.

06 밑줄 친 법 영역에 적용되는 사례를 <보기>에서 고른 것은?

국가와 개인 간, 국가 기관 간의 공적인 생활 관계를 규율하는 법으로 헌법과 형법, 행정법 등이 있다.

보기

ㄱ. 친구에게 돈을 빌려주었다.
ㄴ. 국회 의원 선거에 출마하였다.
ㄷ. 아버지의 사망으로 재산을 상속받았다.
ㄹ. 국방의 의무를 이행하기 위해 입대하였다.

① ㄱ, ㄴ ② ㄱ, ㄷ ③ ㄴ, ㄷ
④ ㄴ, ㄹ ⑤ ㄷ, ㄹ

07 다음 조항을 규정하고 있는 법에 대한 설명으로 옳은 것은?

> 제333조(강도) 폭행 또는 협박으로 타인의 재물을 강취하거나 기타 재산상의 이익을 취득하거나 제삼자로 하여금 이를 취득하게 한 자는 3년 이상의 유기 징역에 처한다.

① 우리나라 최고 법이다.
② 재판을 진행하는 절차를 다룬다.
③ 국민의 권리와 의무를 담고 있다.
④ 범죄 종류와 처벌의 기준을 정한다.
⑤ 행정의 조직과 작용 및 구제에 관한 법이다.

[08~09] 그림은 생활 관계에 따라 법을 구분한 것이다. 물음에 답하시오.

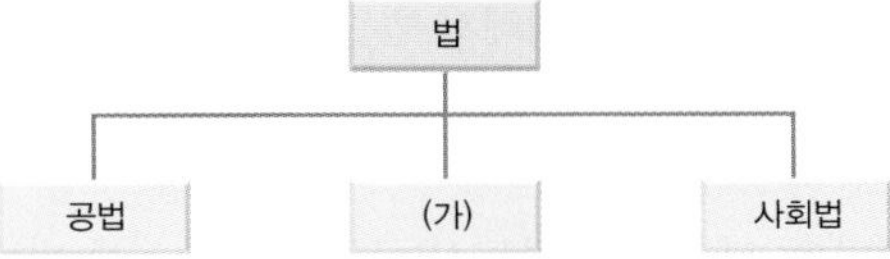

08 위 그림의 (가) 영역에 대한 옳은 설명을 〈보기〉에서 고른 것은?

보기
ㄱ. 민법과 상법 등이 대표적이다.
ㄴ. 개인 간의 생활 관계를 규율한다.
ㄷ. 국민의 최소한의 인간다운 삶을 보장하고자 한다.
ㄹ. 국가나 공공 단체 등이 공권력을 행사하는 것과 관련된다.

① ㄱ, ㄴ ② ㄱ, ㄷ ③ ㄴ, ㄷ
④ ㄴ, ㄹ ⑤ ㄷ, ㄹ

09 (가) 영역에 적용되는 사례로 적절하지 않은 것은?

① 결혼 후 혼인 신고를 한다.
② 범죄를 저질러 재판을 받는다.
③ 아기가 태어나 출생 신고를 한다.
④ 회사를 설립하여 물건을 판매한다.
⑤ 집을 사면 소유권 이전 등기를 한다.

10 다음은 각 모둠이 탐구 주제와 관련하여 조사한 법률의 일부이다. 탐구 주제로 가장 적절한 것은?

A 모둠: 이 법은 헌법에 따라 근로 조건의 기준을 정함으로써 근로자의 기본적 생활을 보장, 향상시키며 균형 있는 국민 경제의 발전을 꾀하는 것을 목적으로 한다.

B 모둠: 이 법은 생활이 어려운 자에게 필요한 급여를 행하여 이들의 최저 생활을 보장하고 자활을 조성하는 것을 목적으로 한다.

C 모둠: 이 법은 사업자의 시장 지배적 지위의 남용과 …… 부당한 공동 행위 및 불공정 거래 행위를 규제하여 ……소비자를 보호함과 아울러 국민 경제의 균형 있는 발전을 도모함을 목적으로 한다.

① 공법을 대표하는 법에는 어떤 것이 있을까?
② 개인 간의 생활 관계를 규율하는 법에는 무엇이 있을까?
③ 사회적 약자를 보호하기 위한 법에는 어떤 것이 있을까?
④ 공적인 생활 관계를 규정하는 법에는 어떤 종류가 있을까?
⑤ 국가와 개인 간의 생활 영역을 다루는 법에는 무엇이 있을까?

11 밑줄 친 '소송'을 다루는 재판의 종류로 옳은 것은?

> K 씨는 지난해 여름 ○○ 지역의 한 도로에서 이혼 소송을 하려고 집을 나선 아내를 자신의 택시에 태우고 문을 잠근 채 30분간 감금한 혐의로 기소되었다. 그러나 피해자인 아내가 처벌을 원하지 않아 K 씨는 감금죄에 대해서는 기소 유예되었지만 운전면허가 취소되었다. 이에 생계를 위해 택시 운전을 해야만 하는 K 씨는 운전면허 취소가 지나친 처분이라고 생각하여 소송을 준비하고 있다.

① 민사 재판 ② 형사 재판 ③ 가사 재판
④ 행정 재판 ⑤ 선거 재판

12 밑줄 친 '재판'에 참여할 수 없는 사람은?

> B 씨의 자녀가 집 밖에서 놀던 중 옆집에서 키우던 개에게 팔을 물려 크게 다쳤다. B 씨는 개 주인인 P 씨에게 자녀의 치료비와 수술비를 줄 것을 요구하였으나 P 씨는 책임이 없다고 주장하였다. 이에 B 씨는 P 씨를 상대로 법원에 재판을 청구하였다.

① 피고 ② 원고 ③ 검사
④ 판사 ⑤ 변호사

13 그림에 나타난 재판으로 해결할 수 있는 사건을 〈보기〉에서 고른 것은?

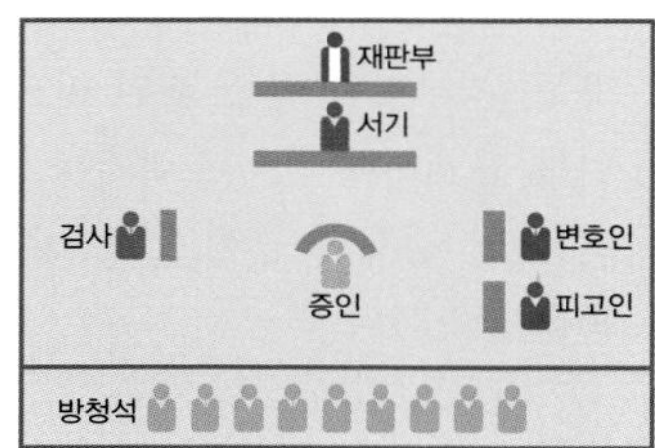

〈보기〉
ㄱ. 이혼에 따른 위자료 및 재산 분할을 요구한 경우
ㄴ. 학교 폭력의 피해자가 경찰에 가해자를 고소한 경우
ㄷ. 채권자가 돈을 갚지 않는 채무자와 다투다 폭행으로 상해를 입은 경우
ㄹ. 유명 연예인이 자신의 초상권을 침해한 성형외과를 상대로 손해 배상을 청구한 경우

① ㄱ, ㄴ ② ㄱ, ㄷ ③ ㄴ, ㄷ
④ ㄴ, ㄹ ⑤ ㄷ, ㄹ

14 표는 민사 재판과 형사 재판을 비교한 것이다. 빈칸 (가)~(라)에 들어갈 용어로 옳은 것은?

구분	재판을 청구한 자	재판을 청구당한 자
민사 재판	(가)	(나)
형사 재판	(다)	(라)

	(가)	(나)	(다)	(라)
①	원고	피고인	검사	피고
②	원고	피고	검사	피고인
③	검사	피고	원고	피고인
④	검사	피고인	원고	피고
⑤	피고	원고	피고인	검사

15 밑줄 친 ㉠~㉤ 중 옳지 않은 것은?

> 절도 혐의로 기소된 박△△ 씨에 대한 국민 참여 재판에서 "㉠ 피고인은 절도의 상습성이 인정된다."며 ㉡ 법관은 징역 3년을 선고했다. 국민 참여 재판이란 ㉢ 형사 재판에 한하여 국민이 배심원으로 참여하는 제도를 말한다. ㉣ 배심원은 만 20세 이상의 대한민국 국민이라면 누구나 될 수 있다. 또한 ㉤ 법관은 배심원의 평결을 반드시 따라야 한다.

① ㉠ ② ㉡ ③ ㉢ ④ ㉣ ⑤ ㉤

16 (가)~(라)에 대한 옳은 설명을 〈보기〉에서 고른 것은?

> (가) 심급 제도 (나) 사법권의 독립
> (다) 공개 재판주의 (라) 증거 재판주의

〈보기〉
ㄱ. (가)에 따라 모든 재판은 3심제를 원칙으로 한다.
ㄴ. (나)를 실현하기 위해서 법관의 신분을 보장하고 있다.
ㄷ. (다)를 위해 형사 재판에서 국민을 배심원으로 참석하게 하고 있다.
ㄹ. (라)는 재판에서 반드시 구체적인 증거를 바탕으로 판결을 내려야 한다는 원칙이다.

① ㄱ, ㄴ ② ㄱ, ㄷ ③ ㄴ, ㄷ
④ ㄴ, ㄹ ⑤ ㄷ, ㄹ

17 그림은 심급 제도를 나타낸 것이다. 이에 대한 설명으로 옳은 것은?

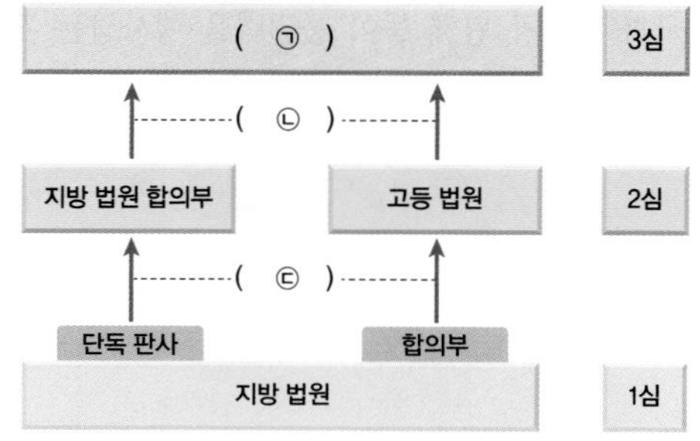

① ㉠은 헌법 재판소이다.
② ㉡은 항소이고, ㉢은 상고이다.
③ 상황에 따라 ㉡을 ㉢보다 먼저 청구할 수 있다.
④ 우리나라에서 실시되는 모든 재판은 3심제로 실시된다.
⑤ 재판 과정의 오류나 잘못된 판결에 따른 피해를 방지하고자 한다.

대단원 서술형·논술형 문제

정답과 해설 • 101쪽

01 그림에서 교사의 질문에 대한 학생의 답변을 서술하시오.

우리의 일상생활과 관련한 법은
어떤 기능을 가지고 있을까요?
두 가지를 말해 봅시다.
• 법의 의미와 기능
– 의미 : 국가가 제정한 사회 규범
– 기능 : ?

02 밑줄 친 내용에 따라 진행되는 재판의 종류를 쓰고, 그 의미를 서술하시오.

> 갑은 친구들과 놀던 중, 장난으로 한 친구의 얼굴을 때리는 흉내를 냈다. 을은 이 장면을 휴대 전화 카메라로 촬영하여 SNS에 올렸다. 결국 동영상은 학교 폭력을 소재로 한 인터넷 사이트에 소개되어 많은 사람에게 알려지게 되었다. <u>갑은 자신의 명예가 훼손되었다고 생각하여 을을 고소하였다</u>.

03 아래와 같은 상황에서 재판이 이루어진다면 어떤 일이 발생할지 생각해 보고, 그러한 문제를 해결하기 위해서 어떤 사법 제도가 필요할지 400자 내외로 논술하시오.

법관이 외부의 압력에 영향을 받아 판결을 내린다면?

법관이 잘못된 판결을 내린다면?

재판을 비공개로 진행한다면?

증거 없이 자백만으로 유죄 판결을 내린다면?

대단원 개념 채우기 XII. 사회 변동과 사회 문제

01 현대 사회의 변동

1 사회 변동

구분	내용
의미	사회를 구성하는 제도, 규범, 가치관 등이 부분적 또는 전체적으로 변화하는 현상
요인	• 교통·통신 및 ❶ □□□□의 발달 • 사회 구성원의 가치관 변화
현대 사회 변동의 특징	• 급속한 사회 변동 • 생활 전반에 걸친 광범위한 변동 • 정부 정책 및 인구 변화 • 문화 전파, 전쟁과 교역
인류의 변동 과정	농업 사회 —산업 혁명→ 산업 사회 —정보 혁명→ 정보 사회

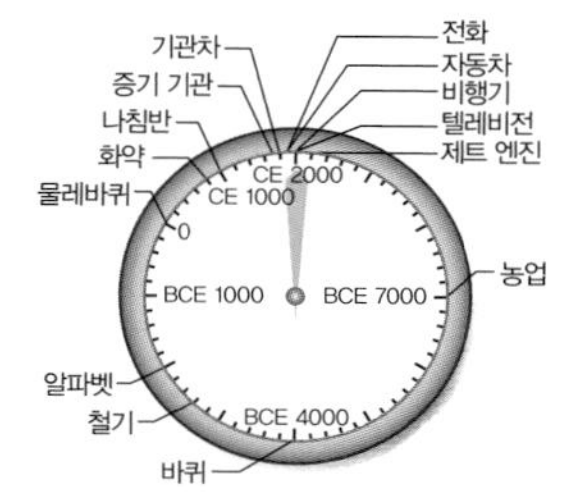

▲ 발명 시계를 통해 본 사회 변동의 가속성

2 현대 사회의 변동 양상

구분			내용
❷ □□□	의미		한 사회의 전체 산업에서 공업이 차지하는 비율이 높아지는 현상
	등장 배경		18세기 이후 ❸ □□□□
	영향	정치	대중의 정치 참여 확대
		경제	• ❹ □□□□·대량 소비 • 도시화 진행
		사회 문화	• 교육의 기회 확대 • 대중의 사회적 지위 향상
	문제점		• 환경 오염 • 노동 문제 • 빈부 격차 • 인간 소외 현상

구분			내용
❺ □□□	의미		지식과 정보가 중심이 되어 사회의 변화를 이끌어 가는 현상
	등장 배경		정보·통신 기술의 발달
	영향	정치	❻ □□□□□□의 실현
		경제	• 다품종 소량 생산 • 전자 상거래, 인터넷 뱅킹 발달
		사회 문화	• 시간적·공간적 제약에서 벗어남 • 인간의 개성과 창의력이 중시됨
	문제점		• 정보 격차 • 사이버 범죄 • 개인 정보 유출 • 사생활 침해
❼ □□□	의미		국경을 넘어 사람과 물자, 기술, 자본 등이 이동하여 국가 간의 상호 의존성이 높아지는 현상
	등장 배경		교통 및 정보·통신 기술의 발달
	영향	정치	민주주의 이념과 가치 확산
		경제	• 자유 무역의 확대 • 무한 경쟁 초래 • 소비자의 상품 선택 기회 확대 • 생산자는 넓은 소비 시장 확보
		사회 문화	문화 교류가 활발해져 다양한 문화를 접할 수 있게 됨
	문제점		• 지나친 경쟁으로 무역 분쟁 발생 • 선진국과 ❽ □□□□□ 간의 빈부 격차 심화 • 문화의 획일화로 약소국과 소수 민족의 문화 소멸

02 한국 사회 변동의 최근 경향

1 한국 사회의 변동 과정

구분	내용
농업 사회 (1960년대 초반)	인구 대부분이 농업에 종사하는 전형적인 농업 사회
❾ □□ 사회 (1960년대 중반 이후)	정부 주도의 경제 개발로 빠르게 산업 사회로 이행
정보 사회 (1980년대 이후)	정보 통신 기술의 발달로 정보 사회 진입

정답 ❶ 과학 기술 ❷ 산업화 ❸ 산업 혁명 ❹ 대량 생산 ❺ 정보화 ❻ 전자 민주주의 ❼ 세계화 ❽ 개발 도상국 ❾ 산업

2 저출산·고령화 현상

의미	출생하는 아이의 수는 줄어들고, 전체 인구에서 노인 인구의 비율은 높아지는 현상	
원인	❶ □□□	• 여성의 사회 진출 증가 • 자녀 양육에 대한 경제적 부담 증가 • 결혼과 출산에 대한 가치관 변화
	❷ □□□	• 생활 수준 향상 • 의료 기술 발달 • 평균 수명 연장
문제점	• 생산 가능 인구 감소로 노동력 부족 • 경제 성장 둔화로 국가 경쟁력 약화 • 노인 빈곤과 질병 및 소외 문제 발생 • 노년 부양비 및 사회 복지 비용 증가	
대응 방안	저출산	❸ □□□□□ 정책 시행 • 육아 휴직 제도 확대 • 양성평등 문화 확립
	고령화	• 사회 안전망 확립 • 노인 일자리 창출 • 실버산업 육성

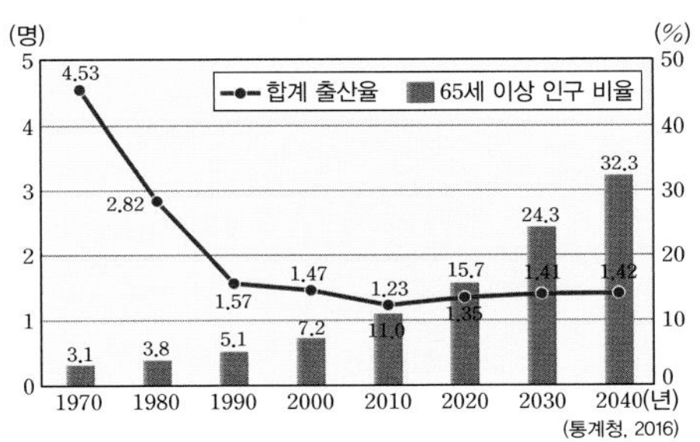

(통계청, 2016)

3 ❹ □□□ 사회로의 변화

의미	민족, 언어, 종교, 문화 등 다양한 배경을 가진 사람들이 함께 어울려 사는 사회	
등장 배경	• 외국인 노동자의 유입 • 국제결혼 이주민 증가	
영향	긍정적	• 국내 노동력 부족 문제 완화 • 문화 다양성 실현을 통한 문화 발전
	부정적	• 가치관과 문화 차이로 인한 갈등 • 이주민들에 대한 고정 관념과 차별로 인한 갈등
대응 방안	의식적	• 이주민을 사회 구성원으로 인정 • 문화의 다양성을 인정하고 존중
	제도적	• 다문화 가정에 대한 복지 확대 • 다문화 교육 프로그램 마련

03 현대 사회의 사회 문제

1 사회 문제의 의미와 특징

의미	사회 구성원 대다수가 개선되어야 한다고 생각하는 사회 현상
발생 원인	• 사회 변동이나 가치관의 변화 • 사회 구조나 제도의 결함
특징	• 발생 원인이 사회에 있고, 인간의 노력으로 해결 가능함 • 시대와 장소, 사회의 상황에 따라 달라지는 상대성을 지님 • 사회 문제를 원만하게 해결하면 사회가 발전하는 계기가 됨

2 현대 사회의 주요 사회 문제

인구 문제	❺ □□□	• 저출산·고령화 사회 • 노동력 부족, 경제 성장 둔화 • 노인 부양 부담 증가
	개발 도상국	• 폭발적인 인구 증가 • 빈곤 및 기아 문제 • 일자리와 각종 시설 부족
❻ □□ 문제	실업 문제	고용 감소로 실업률 증가
	노사 갈등	노동자와 사용자 간의 갈등
	임금 차별	외국인·여성·비정규직 근로자의 임금 차별
	고용 불안	비정규직 노동자의 증가
환경 문제	자원 고갈	화석 연료의 가채 연수 감소
	대기·수질·토양 오염	산업화로 인한 무분별한 개발로 발생
	❼ □□ □□□	• 이산화 탄소와 같은 온실가스가 주요 원인 • 이상 기후와 해수면 상승 등을 야기
	열대림 파괴	경제 개발로 인한 열대 우림의 감소
	❽ □□□	농경지와 목축지의 과잉 개발로 초래
	오존층 파괴	자외선이 그대로 지구로 도달

3 현대 사회 문제의 해결 방안

의식적 차원	• 사회 구성원의 공동체 의식 함양 • 사회 문제 해결 과정에 적극적인 참여
❾ □□□ 차원	사회 문제 해결에 필요한 정책 및 제도 마련
국제적 차원	환경 문제, 빈곤, 전쟁과 테러 등에 대한 국제적 협력의 필요성 증대

정답 ❶ 저출산 ❷ 고령화 ❸ 출산 장려 ❹ 다문화 ❺ 선진국 ❻ 노동 ❼ 지구 온난화 ❽ 사막화 ❾ 제도적

대단원 종합 문제

01 현대 사회 변동의 특징으로 옳은 설명을 〈보기〉에서 고른 것은?

보기
ㄱ. 다차원적이고 광범위한 변동이 일어나고 있다.
ㄴ. 자연환경의 변화가 사회 변동을 주도하고 있다.
ㄷ. 과거에 비해 변동의 속도가 점점 빨라지고 있다.
ㄹ. 각 사회마다 사회 변동의 방향과 속도가 일정하다.

① ㄱ, ㄴ ② ㄱ, ㄷ ③ ㄴ, ㄷ
④ ㄴ, ㄹ ⑤ ㄷ, ㄹ

02 다음 글에 나타난 현대 사회 변동의 주요 요인은?

2000년대 개발된 스마트폰은 우리의 일상생활에 큰 변화를 가지고 왔다. 스마트폰으로 물건을 사고 은행 업무를 보며 정치적 의견을 교환하는 등 이전에는 생각하지 못했던 일들이 가능하게 되었다.

① 문화 전파 ② 정부의 정책
③ 가치관의 변화 ④ 과학 기술의 발달
⑤ 사회 구조의 변화

03 도식은 인류 사회의 변동 방향을 나타낸 것이다. ㉠, ㉡에 대한 옳은 설명을 〈보기〉에서 고른 것은?

보기
ㄱ. ㉠은 정보 혁명, ㉡은 산업 혁명이다.
ㄴ. ㉠을 통해 다품종 소량 생산이 가능해졌다.
ㄷ. ㉡을 통해 시간과 공간의 제약에서 벗어나게 되었다.
ㄹ. ㉠, ㉡은 모두 사회 변동 요인 중 과학 기술의 발전에 해당한다.

① ㄱ, ㄴ ② ㄱ, ㄷ ③ ㄴ, ㄷ
④ ㄴ, ㄹ ⑤ ㄷ, ㄹ

04 자료를 통해 알 수 있는 한국 사회의 변동 특징에 대한 설명으로 옳은 것은?

〈우리나라 산업 구조의 변화〉

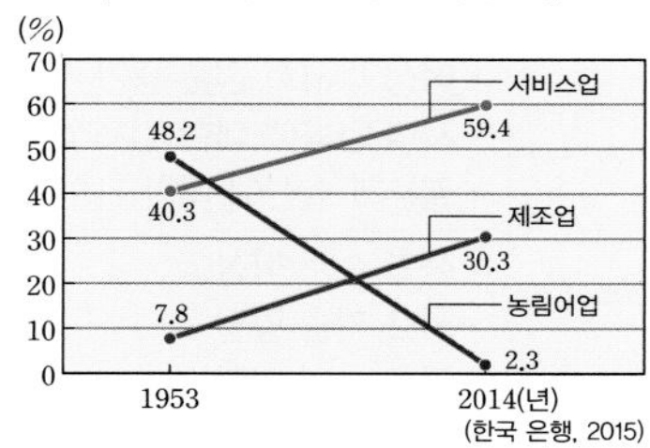

① 농림어업의 비중은 계속 증가하고 있다.
② 짧은 기간에 사회가 급격하게 변동하였다.
③ 산업 사회에서 농업 사회로 빠르게 이행하였다.
④ 토지와 노동력이 중요시되는 사회로 변화되었다.
⑤ 제조업과 서비스업의 종사자 비율이 크게 감소하였다.

05 빈칸에 들어갈 현대 사회의 변동 양상으로 옳은 것은?

(　　　　　)의 영향
• 정치 : 대중의 정치적 참여 확대
• 경제 : 대량 생산을 통한 물질적 풍요
• 사회 · 문화 : 교육의 기회 확대

① 산업화 ② 도시화 ③ 세계화
④ 정보화 ⑤ 개방화

06 그림을 통해 알 수 있는 현대 사회 변동의 모습으로 가장 적절한 것은?

① 전자 민주주의가 발달하였다.
② 대량 생산 체제가 확립되었다.
③ 공업과 제조업 종사자의 비중이 크다.
④ 노동력과 자본이 가장 중요한 자원이다.
⑤ 사람들 간의 직접적인 접촉이 늘어났다.

07 다음과 같은 변화로 나타난 현대 사회의 모습으로 적절하지 않은 것은?

> 오늘날 세계는 교통 · 통신 수단의 발달로 사람과 물자, 기술, 자본 등이 자유롭게 이동하게 되었다. 국가 간의 경계가 불분명해져 세계가 하나의 사회처럼 긴밀하게 연결되는 현상이 나타났다.

① 자유 무역의 확대로 경쟁이 치열해졌다.
② 소비자의 상품 선택 기회가 확대되었다.
③ 서구의 민주주의 이념과 원리가 확산되었다.
④ 생산자는 넓은 소비 시장을 확보하게 되었다.
⑤ 선진국과 개발 도상국 간의 빈부 격차가 완화되었다.

08 한국 사회 변동의 특징에 대한 옳은 설명을 〈보기〉에서 고른 것은?

〈보기〉
ㄱ. 중소 기업 위주로 경제가 발전하였다.
ㄴ. 지역 간의 균형 있는 발전을 도모하였다.
ㄷ. 경제 성장의 혜택이 일부 계층에 집중되었다.
ㄹ. 짧은 기간에 산업화와 정보화를 모두 이루어냈다.

① ㄱ, ㄴ ② ㄱ, ㄷ ③ ㄴ, ㄷ
④ ㄴ, ㄹ ⑤ ㄷ, ㄹ

09 우리나라의 인구 변화를 나타낸 통계 자료이다. 우리 정부가 실시해야 하는 인구 정책을 나타낸 표어로 적절한 것은?

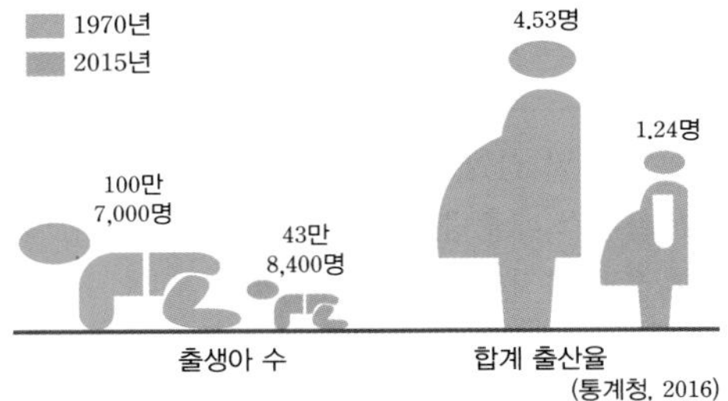

(통계청, 2016)

① 셋부터는 부끄럽습니다.
② 하나씩만 낳아도 삼천리는 초만원.
③ 자녀에게 가장 좋은 선물은 동생입니다.
④ 딸 · 아들 구별 말고 둘만 낳아 잘 기르자.
⑤ 덮어 놓고 낳다 보면 거지꼴을 못 면한다.

10 다음과 같은 현상이 나타난 원인을 〈보기〉에서 고른 것은?

> 우리나라는 2000년에 노인 인구의 비율이 전체 인구의 7% 이상을 차지하여 고령화 사회로 진입하였으며, 2018년에는 고령 사회, 2026년에 초고령 사회로 진입할 것으로 예측하고 있다.

〈보기〉
ㄱ. 초혼 연령 하락　　ㄴ. 의학 기술 발달
ㄷ. 평균 수명 연장　　ㄹ. 자녀 양육비 감소

① ㄱ, ㄴ ② ㄱ, ㄷ ③ ㄴ, ㄷ
④ ㄴ, ㄹ ⑤ ㄷ, ㄹ

11 다음은 사회 형성 평가지의 일부이다. 밑줄 친 부분에 들어갈 용어로 옳은 것은?

> 문제 : ______________의 특징을 세 가지 서술하시오.
>
> 답 :
> (1) 문화의 다양성을 존중하는 자세가 요구된다.
> (2) 다양한 배경을 가진 사람들이 함께 살아가는 사회이다.
> (3) 외국인 노동자의 유입과 국제결혼의 증가로 빠르게 진입하였다.

① 산업 사회 ② 정보 사회 ③ 대중 사회
④ 다문화 사회 ⑤ 고령화 사회

12 A국의 인구 정책 토론회 모습이다. 토론 내용을 토대로 유추할 수 있는 A국의 인구 문제로 적절하지 않은 것은?

① 생산 가능 인구가 감소하고 있다.
② 노인 부양 부담이 증가하고 있다.
③ 경제 활동 인구가 감소하고 있다.
④ 인구 급증으로 일자리가 부족하다.
⑤ 노동력을 확보하는 데 어려움을 겪고 있다.

13 밑줄 친 부분에 들어갈 내용으로 옳지 않은 것은?

> 국제 연합의 발표에 따르면 2016년을 기준으로 세계 인구가 약 74억 명에 이르고, 2030년에는 85억 명, 2050년에는 97억 명으로 늘어날 전망이다. 이러한 인구 증가는 아프리카와 아시아 일부 국가의 높은 출산율에서 비롯된 것으로, 이들 국가들은 ______________

① 세계 인구 성장을 주도하고 있다.
② 빈곤과 기아 등의 문제에 직면해 있다.
③ 주택, 병원, 학교 등 각종 시설이 부족하다.
④ 가족계획 정책을 통해 인구 문제를 해결해야 한다.
⑤ 노동 인구가 감소하여 경제 성장이 둔화될 것이다.

14 (가)~(다)의 내용으로 옳은 것을 〈보기〉에서 고른 것은?

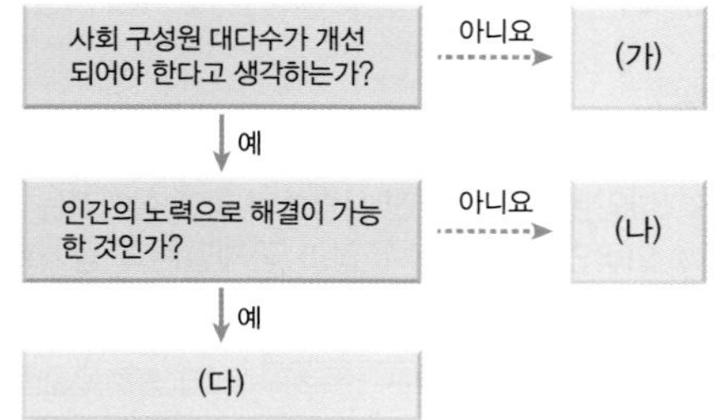

〈보기〉
ㄱ. (가)는 개인의 학업 문제, 진로 고민 등이 포함된다.
ㄴ. (나)는 사회 문제로 발생 원인이 사회에 있다.
ㄷ. (다)는 시대와 장소에 따라 달라질 수 있다.
ㄹ. (다)와 달리 (가)와 (나)는 사회 문제에 해당한다.

① ㄱ, ㄴ ② ㄱ, ㄷ ③ ㄴ, ㄷ
④ ㄴ, ㄹ ⑤ ㄷ, ㄹ

15 다음은 어떤 사회 문제를 해결하기 위한 방안이다. 이와 관련한 사회 문제로 가장 적절한 것은?

- 기업과 노동자는 분쟁을 해결하려는 자세를 가진다.
- 대화와 타협을 통해 서로 협력하는 태도를 가져야 한다.
- 정부는 분쟁 발생 시 합리적으로 조정하는 역할을 담당해야 한다.

① 도시 문제 ② 실업 문제 ③ 노사 문제
④ 환경 문제 ⑤ 인구 문제

16 현대 사회 문제의 특징으로 옳은 내용을 〈보기〉에서 고른 것은?

〈보기〉
ㄱ. 현대 사회 문제는 종류가 단순하고 진행 속도도 느리다.
ㄴ. 세계화로 전 지구적 차원의 사회 문제가 늘어나고 있다.
ㄷ. 과거에 비해 여러 분야의 요인들이 결합하여 발생하는 경향을 보인다.
ㄹ. 환경 오염, 전쟁과 테러 등의 문제는 개별 국가만의 노력으로도 해결이 가능하다.

① ㄱ, ㄴ ② ㄱ, ㄷ ③ ㄴ, ㄷ
④ ㄴ, ㄹ ⑤ ㄷ, ㄹ

17 밑줄 친 현상의 원인에 해당하지 않는 것은?

> ○○ 신문 ○○○○년 ○월 ○일
>
> **가라앉고 있는 아름다운 섬, 투발루**
>
> 남태평양에 위치한 투발루가 해수면의 상승으로 일부 섬이 바다 속으로 가라앉았고, 나머지 섬들도 조금씩 가라앉고 있다. 이에 투발루 정부는 국민들을 이웃 국가로 이주시키는 정책을 펴고 있다.

① 해양 오염 ② 지구 온난화
③ 급속한 산업화 ④ 온실가스의 증가
⑤ 과도한 화석 연료의 사용

18 (가)~(다)는 환경 문제를 해결하기 위한 노력이다. (가)~(다)와 같은 노력을 하는 주체로 옳은 것은?

> (가) 재활용 및 친환경 제품을 사용한다.
> (나) 온실가스 배출량을 규제하고 관리 감독한다.
> (다) 환경 친화적인 상품을 개발하기 위해 노력한다.

	(가)	(나)	(다)
①	개인	기업	정부
②	개인	정부	기업
③	정부	기업	개인
④	정부	개인	기업
⑤	기업	정부	개인

대단원 서술형·논술형 문제

정답과 해설 • 104쪽

01 자료에 나타난 현대 사회 변동 양상과 그 의미를 쓰고, 이러한 변동 양상에 따른 영향을 정치적 측면에서 서술하시오.

정보 통신 기술의 발달로 인터넷과 스마트폰과 같은 뉴미디어를 통한 쌍방향 소통이 활발하게 일어나고 있다.

02 빈칸 ㉠에 들어갈 환경 문제를 쓰고, 밑줄 친 ㉡에 해당하는 대답을 서술하시오.

'지구촌 불끄기 행사'라고 알고 있어?
응, (㉠)의 심각성을 알리기 위한 환경 운동이야.
온실가스를 줄여 지구의 평균 기온 상승을 막는 것이 목적이라고 해.
㉡ 많은 나라가 이러한 운동에 함께 참여하는 이유는 무엇일까?

03 자료에 나타난 한국 사회 변동의 최근 경향을 쓰고, 그에 따른 원인과 문제점, 해결 방안을 500자 내외로 서술하시오. (단, 해결 방안은 의식적, 제도적 측면을 모두 고려하여 서술할 것)

연도(년)	합계 출산율(명)	65세 이상 인구 비율(%)
1970	4.53	3.1
1980	2.82	3.8
1990	1.57	5.1
2000	1.47	7.2
2010	1.23	11.0
2020	1.35	15.7
2030	1.41	24.3
2040	1.42	32.3

(통계청, 2016)

MEMO

MEMO

MEMO

MEMO

MEMO

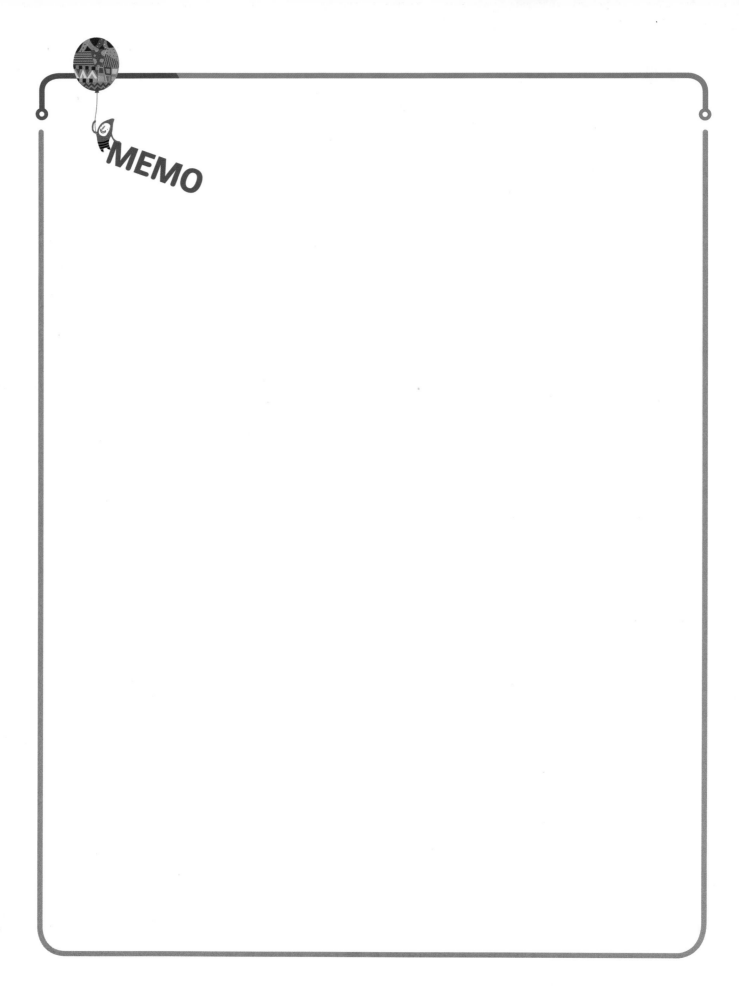

세상에 없던 새로운 공부법

EBS 중학

| 사회 ① |

실전책

중학도 역시 EBS

세상에 없던 새로운 공부법

EBS 중학

사회 ①

정답과 해설

뉴런 사회 ①

정답과 해설

개념책

정답과 해설 ● 개념책

I. 내가 사는 세계

01 다양한 지도 읽기

개념 다지기 본문 10쪽

01 (1) 70 (2) 아시아 (3) 히말라야 (4) 고원 (5) 사하라 (6) 황해 (7) 유라시아 **02** (1) ㉡ (2) ㉢ (3) ㉠ **03** (1) 자연환경 (2) 인문 환경 **04** ㄱ, ㄹ **05** 통계 지도 **06** (1) × (2) ○ (3) × (4) ○ (5) ○ (6) × **07** (1) 지도 (2) 도형 표현도 **08** ㉠ 등치선도 ㉡ 점 지도 **09** 유선도

중단원 실력 쌓기 본문 11쪽

01 ② **02** ③ **03** ① **04** ⑤ **05** ②
06 ⑤ **07** ⑤ **08** ③ **09** ② **10** ⑤
11 ④ **12** ⑤

01 우리나라는 아시아에 속해 있으며, 그중에서도 동아시아에 속한다.
오답 피하기 A는 유럽, B는 아시아, C는 북아메리카, D는 남아메리카이다.

02 나일강은 이집트, 에티오피아, 수단, 남수단, 우간다 등을 가로지르는 강이다. 또한 사하라사막도 모로코, 모리타니, 말리, 알제리, 튀니지, 리비아, 니제르 등 아프리카 북부에 걸쳐 있는 사막이다.

03 ㄱ. 방위를 나타내는 기호가 따로 없을 때에는 지도의 위쪽을 북쪽으로 본다.
ㄴ. 기호는 지표면에 나타나는 여러 가지 현상을 지도에 간단하게 표현하는 일종의 약속이다.
오답 피하기 ㄷ. 일상생활에서 지도는 주변 안내도나 인터넷, 스마트폰 앱 등으로 별다른 비용 없이 이용할 수 있다.
ㄹ. 지도는 지표면의 모습을 축소하여 나타낸 것이고, 지표면의 실제 거리를 축소한 비율을 축척이라고 한다.

04 (가)는 지하철 노선도, (나)는 관광 안내 지도이다. 이러한 지도는 실제 지형의 모습을 그대로 전달하기보다는 필요한 정보를 강조하여 표현한다. (가) 지도의 경우 노선과 경유하는 역 정보, 환승 노선 등을 간략하게 나타내며, (나) 지도는 관광지의 위치와 이동 방법을 중심으로 표현한다.
오답 피하기 ② (가) 지도는 지하철역이나 지하철 내부에서 볼 수 있는 지도이다.
④ (가) 지도만으로는 한 가지 이동 경로만 볼 수 있다.

05 자연환경에 속하는 지리 정보로는 기후, 지형, 식생, 토양 등이 있으며 인문 환경에 속하는 지리 정보로는 인구, 도시, 문화, 산업 등이 있다. ㉠은 기후, ㉡은 인구, ㉢은 지형, ㉣은 토양, ㉤은 산업에 대한 설명이다.

06 (가)는 일반도, (나)는 주제도이다. 일반도는 지형, 주요 시설, 마을, 도로망 등 일반적으로 널리 사용되는 지리 정보를 담고 있으며, 주제도는 지도의 목적에 따라 필요한 정보만을 표시한다. (나) 지도는 주요 관광지와 도로망을 중심으로 표시한 주제도이다.

07 제시된 지도는 단계 구분도이다. 단계 구분도는 자료의 사례와 같이 여러 단계로 되어 있는 통계 자료의 지역별 비교를 하고 싶을 때 쓰는 지도이다.
오답 피하기 ①은 유선도를 사용하기에 유리한 상황이다.
②는 도로 지도 혹은 일반도를 통해 쉽게 파악할 수 있다.
③은 점 지도를 통해 나타내면 효과적이다.
④를 위해서는 시간 흐름에 따른 여러 장의 지도가 필요하다.

08 제시된 지도는 우리나라 벚꽃의 개화 일자가 같은 날을 연결하여 표현한 등치선도이다.

09 (가)는 도표 자료, (나)는 도형 표현도이다.
오답 피하기 ㄴ. (가) 자료의 인구를 모두 더하면 총인구를 알 수 있다.
ㄹ. 지도에는 인구수가 제시되지 않아 대략적인 규모만을 알 수 있다.

10 중국과 브라질은 같은 색상으로 표시되어 있다. 두 국가는 모두 1인당 국내 총생산이 2,500~10,000달러 사이라고 되어 있는데, 두 국가 중 1인당 국내 총생산이 더 높은 국가를 지도만 보고서는 알 수 없다.

11 신문 기사에서 다루고 있는 내용은 아시아 산림 협력 기구가 메콩강 유역의 산림 복원 프로젝트를 진행하고 있다는 내용이다. 독자들에게 낯설 수 있는 메콩강의 위치와 그 주변 국가들을 지도를 사용하여 보여줌으로써 기사의 내용을 효과적으로 전달할 수 있다.

12 (가)는 대전광역시의 일부 지역을 나타낸 대축척 지도이고, (나)는 우리나라 전체의 모습을 나타낸 소축척 지도이다. 소축척 지도는 넓은 지역을 대략적으로 표현한다.

서술형·논술형

본문 13쪽

01 **예시 답안** 세계에서 가장 넓은 대륙은 아시아이고, 가장 넓은 해양은 태평양이다. 또한 아프리카 대륙을 대표하는 하천으로는 나일강(혹은 콩고강)이 있고, 사막으로는 사하라사막이 있다.

필수 키워드 아시아, 태평양, 나일강, 사하라사막

평가 기준

상	네 가지 필수 키워드를 모두 정확히 밝힌 경우
중	네 가지 필수 키워드 중 세 가지를 정확히 밝힌 경우
하	네 가지 필수 키워드 중 두 가지 이하를 정확히 밝힌 경우

02 **예시 답안** 두 지도에서 공통적으로 나타나고 있는 지리 정보로는 울릉도의 형태, 도로망, 산의 위치, 울릉군청의 위치 등이 있다. (가) 지도는 일반도로, 다양한 지리 정보를 담아 일반적인 상황에서 널리 사용할 수 있도록 만들어졌다. 반면 (나) 지도는 주제도로, 특정한 목적을 위해 제작된 지도이다. 이 지도는 주요 관광지의 위치와 연결된 도로를 중심으로 표현하여 관광객들이 쉽게 알아볼 수 있도록 제작되었다.

평가 기준

평가 항목	평가 내용
평가 충실도	정해진 분량 기준을 충족시킴 (단, 제시된 질문과 전혀 상관없는 내용으로 답변했을 시에는 분량 기준을 충족시키지 못한 것으로 간주함)
고차적 인지 능력	지도의 차이점에 주목하여 두 지도가 갖는 목적의 차이를 잘 나타내고 있음
지리 도해력	두 지도에 공통적으로 나타나 있는 지리 정보를 잘 파악해 냄
글의 논리성	전체적인 글의 구성과 짜임새가 매끄러우며, 비교와 대조에 있어 자연스러움

02 위치와 인간 생활

개념 다지기

본문 16쪽

01 (1) 태평양 (2) 위도 (3) 경선 (4) 본초 자오선 (5) 북위
02 랜드마크 **03** ㄱ, ㄷ **04** ㄴ, ㄷ, ㄹ **05** (1) ㉡ (2) ㉢ (3) ㉠ **06** (1) × (2) × (3) × (4) × (5) × (6) ○ (7) ○ (8) ○
07 ㉠ 키리바시 ㉡ 해돋이 **08** (1) 한 개 (2) 동경

중단원 실력 쌓기

본문 17쪽

01 ⑤ **02** ② **03** ③ **04** ⑤ **05** ④
06 ② **07** ③ **08** ③ **09** ② **10** ⑤
11 ③ **12** ②

01 지도 아래에 나온 설명은 유라시아 대륙, 태평양 등 대륙과 해양의 위치를 중심으로 우리나라의 위치를 설명하고 있다.

오답 피하기 ①, ②, ④ 랜드마크나 행정 구역, 도로명 주소 체계 등은 국가와 같이 큰 규모의 위치를 표현하는 데에 적합하지 않다.

02 ㉠은 위선, ㉡은 적도이다.

오답 피하기 ㄴ. 위선의 기준은 적도이다.
ㄹ. 적도에서는 북극점과 남극점에 이르는 거리가 서로 같다.

03 자료에 제시된 오페라 하우스, 자유의 여신상 등은 지역의 대표적인 상징물인 랜드마크이다. 랜드마크는 비교적 작은 규모의 위치를 표현할 때 적합하며, 지역 사람들이라면 대체로 랜드마크의 위치를 알고 있으므로 랜드마크를 이용하여 위치를 설명하는 것은 매우 유용하다.

04 도로명 주소를 표기할 때에는 큰 단위의 행정 구역부터 쓴다. ㉯ 경기도 고양시 일산동구 한류월드로 281 EBS 디지털 통합사옥

05 A 지역은 일 년 내내 기온이 낮은 한대 기후가 나타나는 지역이다. 이 지역에서는 난방과 보온이 중요하다. ①, ②, ③, ⑤의 설명은 대체로 열대 기후 지역에서 관찰되는 생활 모습이다.

06 자료에 제시된 국가 중 오스트레일리아를 제외한 모든 국가들은 북반구에 위치하고 있다. 남반구와 북반구는 서로 계절이 반대여서 남반구 밀 수확 시기는 북반구와 반대이다. 남반구와 북반구가 계절이 서로 반대로 나타나는 까닭은 지구의 자전축이 23.5° 기울어진 채 태양 주위를 1년에 한 바퀴씩 공전하기 때문이다.

07 대화의 밑줄 친 ㉠은 고위도 지역에서 관찰할 수 있는 백야 현상이다. 고위도 지역에서 여름철에는 밤늦도록 해가 지지 않는 백야 현상이 나타나고, 겨울철에는 반대로 한낮에도 해가 잠시 떴다 바로 지는 극야 현상이 나타난다.

오답 피하기 ①, ④ 저위도 지역에 대한 설명이다.
②, ⑤ 중위도 지역에서는 백야 현상을 관찰할 수 없다.

08 지구는 24시간에 한 바퀴를 자전한다. 지구는 둥근 공 모

양을 띠고 있으므로, 한 바퀴는 곧 360°이다. 360°를 24시간으로 나누면 15°가 된다. 따라서 각 지역의 시차는 경도 15°마다 1시간이 된다.

09 제시된 표준시에 따라 각 지역의 표준 경선을 구해 보면 다음과 같다. 우리나라는 동경 135°, 미국 뉴욕은 서경 75°, 러시아 모스크바는 동경 45°, 아르헨티나 부에노스아이레스는 서경 45°, 영국 런던은 경도 0°이다.

오답 피하기 ㄴ. 모스크바는 우리나라에 비해 늦은 시각을 사용하므로 우리나라보다 서쪽에 위치하고 있음을 알 수 있다.
ㄹ. 모스크바는 부에노스아이레스보다 6시간 빠른 시간대를 사용하고 있다.

10 제시된 자료를 보면 로스앤젤레스는 −8, 우리나라는 +9 시간대를 사용하고 있다. 따라서 로스앤젤레스와 우리나라의 시차는 17시간이며, 우리나라가 17시간 빠른 시간대를 사용하고 있음을 알 수 있다.

오답 피하기 ② 중국은 영토가 동서로 길지만 전국이 본초 자오선 기준 +8시간을 동일하게 사용한다.
③ 오스트레일리아, 러시아, 미국 등 동서로 긴 국가들은 여러 시간대를 사용하기도 한다.

11 키리바시는 태평양에 흩어진 여러 섬을 영토로 한다. 1995년까지는 날짜 변경선이 키리바시의 섬들을 둘로 나누어 같은 나라임에도 날짜가 서로 달랐다. 이 때문에 업무 처리나 공휴일 제정, 통신 등에서 불편함이 컸다. 이에 따라 날짜 변경선을 동쪽으로 꺾어 전 국토가 같은 날짜를 사용하게 되었다.

12 제시된 자료에서 미국과 인도는 13시간 30분의 시차가 있어 양쪽의 담당자들이 메일을 주고받으며 업무를 연속적으로 처리할 수 있다. 미국 담당자가 퇴근 시에 메일을 보내 두면 인도 담당자가 출근하여 업무를 이어받는 것이다. 정보 통신 기술의 발달로 인해 이러한 업무 형태가 가능해지게 되었으며, 특히 미국과 인도는 영어를 널리 사용하는 국가이므로 의사소통이 원활하여 자료와 같은 형태의 업무를 어려움없이 실시할 수 있다.

서술형·논술형

본문 19쪽

01 **예시 답안** (가)는 열대 기후 지역, (나)는 한대 기후 지역이다. 이러한 기후의 차이가 나타나는 까닭은 위도에 따라 받는 태양 에너지의 양이 서로 다르기 때문이다.

필수 키워드 열대 기후, 한대 기후, 태양 에너지

평가 기준

상	두 기후 지역을 정확히 쓰고, 위도에 따른 태양 에너지의 차이를 서술한 경우
중	두 기후 지역을 정확히 쓰고, 위도에 따른 태양 에너지의 차이를 서술하였으나 그 내용이 다소 미흡한 경우
하	두 기후 지역만 쓴 경우

02 **예시 답안** 국토가 동서로 넓은 러시아, 미국 등에서는 같은 국가 안에서도 오전과 오후, 낮과 밤 등이 지역마다 다를 수 있으므로 여러 개의 표준시를 사용한다. 반면 중국은 동서로 넓은 국토를 갖고 있지만 하나의 표준시만을 사용한다. 교통, 통신, 기상 등의 분야에서 지역별로 시간을 변환하여 사용하지 않으면서 경제적인 효과가 있었고, 다민족으로 이루어진 국가를 통합하는 데에도 긍정적인 면이 있었다. 그러나 중국 동부 지역에 치우쳐진 표준시로 인해 중국 서부에서는 실제 생활과 시간의 차이가 크게 나타나 생활의 불편함이 나타나게 되었다.

평가 기준

평가 항목	평가 내용
평가 충실도	정해진 분량 기준을 충족시킴 (단, 제시된 질문과 전혀 상관없는 내용으로 답변했을 시에는 분량 기준을 충족시키지 못한 것으로 간주함)
고차적 인지 능력	동서로 넓은 국가가 표준시를 여러 개 사용하는 이유를 정확하게 지적하고, 중국의 사례와 비교·대조하였음
추론 능력	동서로 넓은 국가가 하나의 시각을 사용할 때의 문제점을 잘 추론해 냄
글의 논리성	전체적인 글의 구성과 짜임새가 매끄러우며, 비교와 대조에 있어 자연스러움

03 지리 정보의 이용

개념 다지기

본문 22쪽

01 (1) 공간 정보 (2) 속성 정보 (3) 관계 정보 **02** (1) × (2) ○ (3) ○ (4) × (5) ○ (6) × **03** ㄷ－ㄴ－ㄹ－ㄱ **04** 지리 정보 시스템(GIS) **05** 7칸 **06** ㄱ, ㄴ, ㄷ, ㅁ **07** (1) 증강 현실(AR) (2) 커뮤니티 매핑

중단원 실력 쌓기

본문 23쪽

01 ② **02** ⑤ **03** ④ **04** ① **05** ⑤
06 ⑤ **07** ② **08** ② **09** ③ **10** ④
11 ③

01 ㉠은 건물 지하 1층이라고 하는 수영장의 위치를 나타낸 정보이다. 이와 같이 대상의 위치를 나타낸 지리 정보를 공간 정보라고 한다. 또한 ㉡은 수영장의 규모와 같은 특징을 나타내는 속성 정보에 해당한다.

02 ㄱ. 제시된 정보들은 여행을 떠나기 전에 수집한 간접 조사의 내용이다. 직접 조사로도 얻을 수 있는 정보이다.
ㄴ. 여행 전에도 인터넷이나 문헌을 통해 다양한 지리 정보를 모두 얻을 수 있다.

03 제시된 자료는 항공 사진의 촬영 방법과 인공위성을 통해 관측한 북극 빙하의 사진이다. 실제로 그 지역에 가지 않고도 정보를 수집하는 방법인 원격 탐사를 통해 획득한 지리 정보이다.

04 제시된 자료는 지리 정보 시스템에서 중첩 분석을 하는 과정을 간략하게 나타낸 것이다. 실제 지리 정보 시스템에서는 훨씬 많은 조건과 복잡한 지역에 대한 분석을 손쉽게 해낼 수 있다. 제시된 조건에 해당되지 않는 지역을 하나씩 제외하면서 최적의 입지를 찾도록 한다.

오답 피하기 ② B는 임대료가 140만 원 이상이다.
③ C는 같은 구역 안에 피자 가게가 있고, 인구가 200~300명이며 임대료가 120~140만 원이다.
④, ⑤ D와 E는 인구가 300~400명이다.

05 도시 철도의 노선과 역을 정하는 과정은 공간적 의사 결정이다. 공간을 둘러싸고 다양한 이해관계가 얽힌 쟁점에 대하여 토의하는 과정이기 때문이다.

06 인공위성을 통해 자신의 위치를 파악할 수 있도록 하는 시스템을 위성 위치 확인 시스템(GPS)이라고 한다.

07 현실 세계에 가상의 물체를 겹쳐 각종 정보와 검색 기능을 제공하는 것을 증강 현실(AR)이라고 한다. 현실 공간이 아닌 완전히 새로운 공간을 구성하여 체험하게 하는 가상 현실(VR)과는 구분된다.

08 인터넷 지도는 지도의 확대와 축소가 자유롭고, 원하는 지점을 쉽게 찾을 수 있다. 교통수단별로 목적지까지 도달하는 최단 경로를 알 수 있어 일상생활에서 널리 이용되고 있다.

오답 피하기 ㄴ. 인터넷 지도 서비스는 PC나 스마트폰 등 다양한 기기를 통해 제공받을 수 있다.
ㄷ. 대부분의 지도 서비스는 대중들이 무료로 이용할 수 있다.

09 각 상황에서 사용된 지리 정보 서비스는 다음과 같다.
07:00 한별이 – 일기 예보 서비스
08:00 아버지 – 내비게이션 서비스
08:10 오빠 – 지능형 교통 시스템(ITS)
14:00 어머니 – GIS를 활용한 상권 분석

10 제시된 자료는 커뮤니티 매핑의 사례이다. 커뮤니티 매핑은 사용자가 직접 지도에 내용을 표시하고 공유하여 의미 있는 내용을 구성하는 활동을 의미한다. ④ 지리 정보 시스템이 발달하면서 이러한 활동이 더욱 손쉽게 되었다.

11 제시된 자료는 서울특별시와 문화재청이 제공하는 지도 서비스이다. 이처럼 국가 기관이 제공하는 지도 서비스를 공공 지도 서비스라고 한다.

서술형·논술형

본문 25쪽

01 **예시 답안** 제시된 내용은 지리 정보 시스템(GIS)에 관한 설명이다. 이러한 지리 정보 기술을 이용하면 원하는 정보를 쉽게 추출하고, 이를 사용자의 요구에 맞게 효과적으로 표현할 수 있게 된다.

필수 키워드 지리 정보 시스템, 정보 추출, 사용자의 요구

평가 기준

상	지리 정보 시스템을 정확히 쓰고, 정보의 추출과 표현에 대하여 서술한 경우
중	지리 정보 시스템을 정확히 쓰고, 정보의 추출과 표현 중 하나만 서술한 경우
하	지리 정보 시스템만 서술한 경우

02 **예시 답안** 지난주 금요일에 나는 인터넷 지도 서비스를 이용하여 동아리 활동 장소에 대하여 검색하였다. 인터넷 지도 서비스를 이용하면 원하는 장소까지 이동하는 경로와 이동 시간을 쉽게 검색할 수 있고, 주변 지역 정보도 알 수 있어 편리하였다. 또 나는 매일 아침 버스를 타고 등교하는데 지능형 교통 시스템(ITS)을 활용한다. 버스 도착 예정 시각을 파악하여 버스 도착 시각에 맞게 버스 정류장에 나갈 수 있고, 좌석이 얼마나 여유로운지도 알 수 있었다.

평가 기준

평가 항목	평가 내용
평가 충실도	정해진 분량 기준을 충족시킴 (단, 제시된 질문과 전혀 상관없는 내용으로 답변했을 시에는 분량 기준을 충족시키지 못한 것으로 간주함)
내용 전달	자신의 경험을 다른 사람이 쉽게 알 수 있도록 조리있게 전달함
글의 논리성	전체적인 글의 구성과 짜임새가 매끄러우며, 경험에 따른 장점의 연결이 자연스러움

대단원 마무리

본문 26쪽

01 ②	02 ③	03 ①	04 ⑤	05 ④
06 ①	07 예시 답안 참조		08 ②	09 ③
10 ⑤	11 ④	12 ⑤		

01 세계에서 가장 넓은 영토를 가진 나라는 러시아이고, 가장 넓은 해양은 태평양이다. 또한 가장 높은 산은 히말라야산맥에 위치한 에베레스트산이다.

02 ㄴ. 강수량은 기후를 결정하는 요인 중 하나로, 자연환경에 속한다. ㄷ. 침엽수림과 같이 지표면을 덮고 있는 상태에 대한 내용은 식생에 대한 정보로, 자연환경에 속한다.
ㄱ. 인구에 대한 정보는 인문 환경이다. ㄹ. 산업과 경제 활동은 인문 환경에 속한다.

03 다양한 지리 정보를 표현하고 일반적인 목적으로 활용되는 지도를 일반도라고 한다.

오답 피하기 ② 주제도는 특정한 목적을 위해 특별한 지리 정보만을 표시한 지도이다.
③, ④, ⑤는 통계 지도로, 주제도의 일종이다.

04 (가)는 소축척 지도, (나)는 대축척 지도이다. 소축척 지도는 넓은 지역의 대략적인 모습을 알 수 있으며, 대축척 지도는 좁은 지역의 자세한 모습을 알 수 있다. (나) 지도에는 각종 시설의 위치나 도로 등이 비교적 자세하게 표현된다.

05 지표면의 가상의 가로선(위선)과 세로선(경선)을 그어 숫자를 통해 위치를 표현하는 것을 위도와 경도를 이용한 위치 표현이라고 한다. 이러한 방법에 따라 우리나라의 위치를 표시하면 우리나라는 북위 33°~43°, 동경 124°~132° 사이에 위치한다.

오답 피하기 ①을 통해 대략적인 위도를 알 수는 있으나, 경도를 알 수는 없다.
② 대륙과 해양의 위치에 따른 위치 표현 방법이다.
③ 주변 국가와의 관계를 통해 위치를 표현하는 방법이다.
⑤ 우리나라의 행정 구역을 나타낸 것으로, 이것으로는 우리나라의 위치를 알 수 없다.

06 위선의 기준이 되는 선은 적도, 경선의 기준이 되는 선은 본초 자오선이다.

적도	위도 0°, 북극과 남극에서 서로 같은 거리에 위치한 점을 이은 선
본초 자오선	경선의 기준이 되는 선, 이전에는 나라마다 다른 자오선을 사용하였으나 1884년 영국 런던의 그리니치 천문대를 지나는 경선을 경도 0° 선으로 결정

07 **예시 답안** 북반구와 남반구는 계절이 서로 반대이다. 이러한 계절의 차이에 의해 농작물의 수확 시기가 달라 이를 농작물 수출에 활용하기도 한다. 또한 추운 겨울을 피해 북반구에 사는 사람들이 남반구로 관광을 떠나는 등 관광 산업에도 영향을 끼치고 있다.

필수 키워드 계절 반대, 농작물 수출, 관광 산업

평가 기준

상	계절이 반대임을 밝히고, 산업 활동에의 영향 두 가지를 정확히 쓴 경우
중	계절이 반대임을 밝히고, 산업 활동에의 영향 한 가지를 정확히 쓴 경우
하	계절이 반대라는 점을 밝힌 경우

08 A는 날짜 변경선으로, 경도 180°선을 기준으로 한다. 그러나 각국의 영토와 영해를 고려하여 지그재그로 그어져 있다.

오답 피하기 ③ 우리나라와 일본은 같은 시간대이므로 시차가 없다.
④ 중국은 우리나라 표준시 기준 −1시간대를 사용하므로 우리나라보다 1시간 늦다.
⑤ 시카고는 우리나라 표준시 기준 −15, 뉴욕은 −14시간대를 사용하고 있으므로 1시간의 시차가 있다.

09 우리나라는 영국 런던에 비해 9시간 빠르다. 광고에 나온 영국 현지 시각이 4월 2일 오후 7시(19시)이므로, 여기에서 9시간을 더하면 4월 3일 오전 4시가 된다.

10 지리 현상이 발생하는 위치에 대한 정보를 공간 정보라고 하고, 지리 현상의 특징을 나타내는 정보를 속성 정보라고 한다. 다른 지리 현상과의 관계를 나타내는 정보는 관계 정보라고 한다.

11 지리 정보의 수집, 입력·저장, 분석을 거치는 지리 정보 기술을 지리 정보 시스템(GIS)이라고 한다.

12 첫 번째 장면에서는 위치 기반 일기 예보 서비스를 활용하고 있으며, 두 번째 장면에서는 인터넷 지도를 통해 이동 경로를 확인하고 있다. 마지막 장면에서는 버스 정류장의 전광판에 나오는 도착 예정 시각을 확인하는 지능형 교통 시스템(ITS)을 활용하고 있다.

Ⅱ. 우리와 다른 기후, 다른 생활

01 세계 기후 지역

개념 다지기 본문 34쪽

01 (1) 기후 (2) 위도 (3) 강수량 02 (1) ㉠ (2) ㉢ (3) ㉣ (4) ㉡
03 ㄹ－ㄱ－ㄴ－ㄷ 04 (1) ○ (2) × (3) ○ (4) ○ (5) ○
05 (1) 한대 (2) 적도 지방 (3) 열대 06 (1) ㉠ (2) ㉢ (3) ㉡
07 (가) 열대 기후 (나) 건조 기후 08 (1) 유리 (2) 불리 (3) 유리 (4) 유리 09 (1) 기후 요인 (2) 난류 (3) 냉대 기후 (4) 한대 기후

중단원 실력 쌓기 본문 35쪽

01 ②	02 ②	03 ④	04 ④	05 ①
06 ①	07 ④	08 ④	09 ③	10 ②
11 ②	12 ⑤	13 ②	14 ①	

01 세계의 연평균 기온은 위도에 따라 일사량이 다르기 때문에 적도에서 고위도로 갈수록 낮아진다. 즉 적도에 가까울수록 높고, 극지방에 가까울수록 낮아지는 것이다. 또한 연평균 등온선은 위도와 대체로 평행하게 나타난다.
오답 피하기 ㄴ. 등온선은 대체로 위도와 평행하게 나타난다.
ㄷ. 일반적으로 중위도 지역의 기온이 고위도 지역보다 높다.

02 세계의 강수량 분포는 위도에 따라 차이가 크게 나는데 적도 부근, 성질이 다른 공기가 만나는 중위도 지역은 강수량이 많은 편이다. 반면 위도 20°~30°의 남·북회귀선 부근과 극지방은 강수량이 적다.
오답 피하기 ㄴ, ㄹ. 적도 부근, 위도 40°~60° 부근(중위도 지역)은 〈보기〉에 제시된 나머지 지역보다 비가 많이 오는 지역이다.

03 강수량은 위도, 육지와 바다의 분포, 해류, 지형 등에 따라 다르게 나타난다. 일반적으로 같은 해안 지역이라도 난류가 흐르는 지역은 강수량이 많고, 한류가 흐르는 지역은 강수량이 적다.

04 제시된 지도는 세계의 기후 지역을 구분하여 나타낸 것이다. 세계의 기후는 기온과 강수량의 특성에 따라 다양하게 분포한다. A는 열대 기후, B는 건조 기후, C는 온대 기후, D는 냉대 기후, E는 한대 기후이다. 온대 기후를 벗어나 위도가 높아질수록 겨울이 춥고 긴 냉대 기후가 나타나는데, 냉대 기후는 기온의 연교차가 크며(가장 추운 달의 평균 기온이 −3℃ 미만이고, 가장 더운 달의 평균 기온이 10℃ 이상), 타이가라는 침엽수림이 분포하는 것이 특징이다.

05 제시된 사진은 열대 우림이다. 일 년 내내 기온이 높고 연중 강수량이 풍부한 열대 기후에서는 상층부는 키 큰 나무들이 빽빽하게 뻗어 있고, 하층부는 키 작은 나무들과 덩굴들이 자라는 밀림이 발달하였다. 제시된 지도의 A는 열대 기후를 나타낸 것이다.

06 B는 건조 기후 지역으로 건조 기후는 연 강수량이 500mm 미만이며, 강수량에 비해 증발량이 많아 식물이 잘 자라기 어렵다. C는 온대 기후 지역으로 중위도 지방을 중심으로 분포하며 계절의 변화가 뚜렷한 것이 특징이다. 온대 기후는 기온이 온화하고 강수량이 풍부한 편이다.
오답 피하기 ㄷ. D는 냉대 기후 지역으로 겨울이 춥고 길게 나타나며 기온의 연교차가 크게 나타난다.
ㄹ. E는 한대 기후 지역으로 나무가 자랄 수 없을 정도로 기온이 매우 낮다. 눈과 얼음으로 덮이거나, 짧은 여름철에 풀과 이끼류가 자라기도 한다. 연중 봄과 같이 온화한 날씨가 나타나는 것은 열대 고산 기후의 특징에 해당한다.

07 (가)는 열대 기후, (나)는 온대 기후, (다)는 냉대 기후, (라)는 건조 기후, (마)는 한대 기후 지역의 기후 그래프를 나타낸 것이다. 제시된 경관은 사막으로 비가 적게 내리고, 증발량이 많은 건조 기후 지역에서 볼 수 있다.

08 (마)는 한대 기후 지역의 기후 그래프를 나타낸 것이다. 일 년 내내 기온이 매우 낮으며, 눈과 얼음으로 덮인 곳이 많다. 북극해 주변의 툰드라 기후 지역에서는 짧은 여름철에 이끼와 풀이 자라기도 한다.
오답 피하기 ①은 밀림을 나타낸 경관으로 열대 기후, ②는 벼농사가 활발하게 이루어지고 있는 경관으로 열대 계절풍 혹은 온대 계절풍 기후, ③은 대규모 침엽수림을 나타낸 경관으로 냉대 기후, ⑤는 혼합림을 나타낸 경관으로 주로 온대 기후에서 볼 수 있는 경관이다.

09 세계의 기후 지역은 적도에서 극지방으로 가면서 일반적으로 열대, 건조, 온대, 냉대, 한대 기후 지역이 차례로 나타난다. 따라서 제시된 기후 그래프를 (가)−(라)−(나)−(다)−(마)의 순으로 배열할 수 있다.

10 ㉠은 온대 기후의 특징을, ㉡은 열대 기후의 특징을 나타낸 것이다. 온대 기후는 기온이 온화하고 강수량이 적당하며, 사계절이 뚜렷하여 계절에 따른 자연 경관 변화가 잘 나타난다. 열대 기후는 일 년 내내 기온이 높은 것이 특징이며, 연 강수량이 많은 곳에는 열대 우림이 빽빽하게 우거져 있다.

11 온대 기후가 나타나는 서부 유럽 지역은 일찍부터 농업과 상공업이 발달하여 인구가 밀집하였다. 열대 계절풍 기후가 나타나는 동남아시아 지역은 여름철에 기온이 높고 비가 많이 내려 벼농사에 유리하여 많은 사람이 살고 있다. 또한 일부 안데스 고산 지역에서는 일 년 내내 온화한 열대 고산 기후가 나타나 인간의 거주에 유리하다. 반면 아마존강 유역은 너무 덥고, 열대 우림으로 덮여 있어 사람이 살기에 불리하다. 사하라사막 주변의 건조 기후 지역은 물이 부족하기 때문에 농업에 부적합하여 인구가 적은 편이다. 문항 1, 5만 정답이고 2, 3, 4는 오답이므로 시안이가 획득한 점수는 2점이다.

12 제시된 지도는 열대 고산 기후가 나타나는 지역을 표시한 것이다. 적도 부근의 해발 고도가 높은 곳에서는 일 년 내내 봄과 같이 온화한 날씨가 나타나며, 인간의 거주에 유리하여 고산 도시가 발달하기도 했다.

오답 피하기 ①은 한대 기후, ②는 열대 기후, ③은 건조 기후, ④는 온대 기후의 특징을 설명한 것이다.

13 지도의 A는 서부 유럽 지역, B는 사하라사막, C는 동아시아 지역, D는 아마존강 유역, E는 그린란드 내륙이다. 서부 유럽과 동아시아 지역은 온대 기후가 나타나며, 기후가 온화하고 비가 적당히 내려 일찍부터 농업이 발달하였다. B는 건조 기후, D는 열대 기후, E는 한대 기후가 나타나며 모두 인간의 거주에 불리하다.

14 인간은 과거부터 기온이 온화하고 강수량이 충분하여 농업 활동에 유리한 지역을 중심으로 터전을 잡고 살아왔다. 그러나 극지방처럼 기온이 낮아 너무 추운 지역, 사막처럼 연 강수량이 매우 적어 건조하고 물이 부족한 지역은 농업에 불리하여 인구가 적은 편이다.

서술형·논술형

본문 37쪽

01 **예시 답안** 키토가 인간의 거주에 더 유리하다. 벨렝은 적도 부근의 저지대에 위치해 덥고 습한 기후가 나타나지만, 키토는 해발 고도가 높은 곳에 위치해 일 년 내내 봄과 같이 온화한 날씨가 지속되기 때문이다.

필수 키워드 해발 고도, 온화한 날씨

평가 기준

상	인간의 거주에 유리한 곳을 맞게 쓰고, 그 이유를 열대 고산 기후의 특징과 관련지어 서술한 경우
하	인간의 거주에 유리한 곳만 맞게 쓴 경우

02 **예시 답안** 지도의 A는 열대 기후, B는 건조 기후, C는 온대 기후, D는 냉대 기후, E는 한대 기후이다. 이 중 온대 기후와 냉대 기후 지역은 대체로 인간의 거주에 유리하고, 열대 기후, 건조 기후, 한대 기후 지역은 인간의 거주에 불리하다고 볼 수 있다.

온대 기후 지역과 냉대 기후(남부) 지역은 계절의 변화가 뚜렷하고, 기온과 강수 조건이 농업 활동에 적합하여 인간 거주에 유리해 많은 인구가 밀집하였다.

열대 기후는 너무 덥고 강수량이 많으며, 열대 우림으로 덮인 곳이 많아 인간이 거주하기에 불리하다. 건조 기후 지역은 강수량이 적고 증발량이 많아 농업 활동에 부적합하여 인간의 거주에 불리하다. 한대 기후 지역은 연중 기온이 낮아 매우 추우며, 농업 활동이 어려워 인구가 희박하다.

평가 기준

평가 항목	평가 내용
평가 충실도	정해진 분량 기준을 충족시킴 (단, 제시된 질문과 전혀 상관없는 내용으로 서술했을 시에는 분량 기준을 충족시키지 못한 것으로 간주함)
논제의 이해	기온과 강수량을 토대로 한 각 기후의 특성을 근거로 세계의 기후 지역을 인간 거주에 유리한 지역과 불리한 지역으로 구분하여 설명할 수 있음
설명의 타당성	유·불리를 판단한 이유와 이를 뒷받침하는 근거의 내용이 논리적이고 정확하게 연결되어 있음
글의 논리성	전체적인 글의 구성과 짜임새가 매끄러우며, 설명과 뒷받침 내용의 연결이 논리적이며 자연스러움

02 열대 우림 기후 지역의 생활

개념 다지기

본문 40쪽

01 (1) 적도 (2) 스콜 (3) 고상 가옥 **02** (1) ○ (2) × (3) × (4) × (5) ○ **03** 열대 우림 **04** (1) 급하다 (2) 개방적 (3) 크다 **05** 이동식 화전 농업 **06** (1) ㉠ (2) ㉡ (3) ㉠ **07** (가) ㄷ, ㄹ, ㅂ (나) ㄱ, ㄴ, ㅁ **08** ㉠ 자본 ㉡ 노동력 ㉢ 플랜테이션 **09** (1) 열대 (우림) 기후 (2) (냉방 시설이 갖추어진) 현대화된 주택 (3) 상업적 농업

중단원 실력 쌓기

본문 41쪽

01 ④ **02** ② **03** ④ **04** ① **05** ④
06 ② **07** ① **08** ⑤ **09** ⑤ **10** ②
11 ⑤ **12** ② **13** ①

01 지도에 표시된 지역에서 나타나는 기후는 열대 우림 기후이다. 열대 우림 기후는 주로 적도를 중심으로 분포하며, 일 년 내내 더운 날씨가 지속되고, 연중 강수량이 매우 많고 고르게 내리는 것이 특징이다.

오답 피하기 ① 열대 우림 기후 지역은 연중 강수량이 매우 많고 습하다.

② 열대 우림 기후 지역은 계절을 구분하는 것이 의미가 없을 정도로 연중 더운 날씨가 이어진다. 중위도 지역을 중심으로 분포하는 온대 기후 지역에서 계절의 변화가 뚜렷하게 나타난다.

③ 강수량보다 증발량이 많은 것은 건조 기후의 특징이다.

⑤ 열대 우림 기후 지역은 기온의 연교차보다 일교차가 더 크게 나타난다.

02 제시된 사진은 열대 우림의 모습을 나타낸 것이다. 열대 우림 지역은 비가 많이 내려 나무가 잘 자랄 수 있는 환경을 제공하여 다양한 종류의 나무들이 빽빽하게 들어서 밀림을 이룬다. 열대 우림은 다양한 동물의 서식지가 될 뿐만 아니라, 온실 효과를 억제하여 지구 온난화를 방지해 주기도 한다.

오답 피하기 ㄴ. 다양한 종류의 나무와 풀이 우거져 밀림을 이루고 있다.

ㄹ. 키가 큰 나무와 작은 나무가 어우러져 여러 층의 구조를 형성한다.

03 오전에는 날씨가 맑고, 기온이 점점 올라가 찌는 듯이 더워지며 오후에는 비구름이 형성되어 열대성 소나기인 스콜이 내린다. 이후 해가 지고 나서는 다시 맑은 날씨가 된다. 이러한 날씨가 일 년 내내 반복되는 기후는 열대 우림 기후이다.

04 열대 우림 기후 지역에서 거의 매일 오후에 내리는 소나기를 스콜이라고 부른다. 짧은 시간에 집중적으로 쏟아지며 한낮의 더위를 식혀주기도 한다.

오답 피하기 ㄷ. 열대 우림 기후는 연중 기온이 높고 강수량이 많은 기후로 나무가 잘 자랄 수 있는 환경이 조성되어 밀림을 형성하고 있다.

ㄹ. 적도 부근의 해발 고도가 높은 곳에서는 연중 봄과 같이 온화한 날씨가 나타나는데 이를 열대 고산 기후라고 한다.

05 제시된 기후 그래프는 열대 우림 기후를 나타낸 것이다. 열대 우림 기후 지역의 주민들은 얇고 간편한 옷을 입으며, 음식을 조리할 때 기름이나 향신료를 많이 사용한다. 또한 집을 지을 때는 통풍이 잘되도록 벽을 얇게 하고 창문을 크게 낸다. 열대 우림 기후 지역은 비가 많이 내려 흙속의 영양분이 빠져나가 토양의 비옥도가 떨어지고 나무가 우거져 농사에 부적합하다. 따라서 밀림의 나무를 태운 뒤 경지를 만들어 얌과 카사바 등을 재배한다.

오답 피하기 ㄱ. 사막 기후 지역의 주민들은 온몸을 감싸는 헐렁한 옷을 착용한다.

ㄷ. 열대 우림 기후 지역에서는 전통적으로 주변에서 쉽게 구할 수 있는 나무, 풀 등을 사용해 집을 지었다.

06 열대 우림 지역은 비가 많이 와 흙속의 양분이 빠져나가 농사짓기에 부적합하다. 또한 나무가 우거져 농경지를 개간하기도 쉽지가 않다. 따라서 일부 원주민들은 숲에 불을 질러 만든 밭에서 이동식 화전 농업을 하고 있다. 여러 해 농사를 짓고 나면 토양이 척박해져 다른 장소로 이동하여 새로운 경지를 만든다.

오답 피하기 ① 이동식 화전 농업을 통해 카사바, 얌, 옥수수 등을 재배한다.

③ 열대 우림 기후 지역의 플랜테이션이 확대되면 식량 작물 재배지가 줄어들어 식량 부족 문제가 제기될 수 있다.

④, ⑤ 플랜테이션에 대한 설명이다.

07 열대 우림 기후 지역에서는 바람이 잘 통하도록 가옥의 벽을 얇게 하고 문과 창을 크게 내는 것이 특징이다. 또한 지붕을 가파르게 하여 폭우가 쏟아져도 빗물이 쉽게 흘러내리도록 하였다. 전통적으로 주민들은 지면의 열기, 습기를 피하고 해충과 뱀의 침입 등을 막기 위해 바닥을 지면에서 띄워 지은 고상 가옥에서 생활해 왔다.

오답 피하기 ① 통풍에 유리하도록 단순하고 개방적인 구조가 나타나며, 창과 문을 크게 낸다.

08 열대 우림 기후 지역에서는 유럽인의 식민 지배 이후 선진국의 자본과 기술, 개발 도상국 원주민들의 노동력을 결합하여 상품 작물을 대규모로 재배하는 플랜테이션이 발달했다. 플랜테이션을 통해 천연고무, 바나나, 카카오, 야자나무 등을 대량으로 재배하여 전 세계로 수출하고 있다. 플랜테이션이 확대될 경우, 상품 작물을 집중적으로 재배하게 되고 이 지역은 식량 작물의 재배지가 줄어들게 되어 식량 부족 문제가 제기될 수 있다.

오답 피하기 ㄱ. 플랜테이션은 상품 작물을 대량으로 재배하는 상업적 농업의 형태이다.

ㄴ. 열대 우림 기후가 나타나는 일부 지역에서 이루어지는 이동식 화전 농업에 대한 설명이다.

09 열대 우림 기후 지역의 식생활 문화를 나타낸 글이다. 열대 우림 기후 지역에서는 다양한 열대 과일을 즐겨 먹으며, 기름에 튀긴 음식, 뜨거운 음식, 독특한 향신료를 사용한 음식을 주로 먹는다. 특히 열대 우림 기후가 나타나는 동남아시아의 하천 주변 평야에서는 토양이 비옥하고 물 공급이 원활하여 세계적인 벼농사 지대를 이루고 있다. 그 결과 동남아시아에서는 쌀을 중심으로 한 음식 문화가 발달했다. 나시 고렝은 인도네시아의 대표적인 음식이다.

오답 피하기 ⑤ 건조 기후 중 스텝 기후가 나타나는 지역에 대한 설명이다.

10 제시된 그림은 이동식 화전 농업의 원리를 보여주고 있다. 열대 우림 기후 지역에서는 숲을 태워 만든 농경지에 카사바, 얌, 옥수수 등을 재배한다. 농사를 지은 후 토양이 척박해지면 새 경작지를 만들기 위해 다른 곳으로 이동한다.

오답 피하기 ㄴ, ㄹ. 플랜테이션을 통해 재배하는 작물에 해당한다.

11 최근 열대 우림 지역은 자원 개발, 도시 건설, 농경지 조성 등으로 인해 삼림 벌채가 이루어지고 있다. 열대 우림이 빠르게 감소하면서 원주민들의 생활 근거지가 파괴되었으며, 토착 문화가 계속해서 사라지고 있다. 교통이 편리한 해안이나 강가에서는 일찍부터 무역이 이루어져 도시가 발달하기도 했다. 한편 열대 우림 기후 지역은 생태 관광 등 다양한 관광 상품을 개발하여 관광객 유치를 위해 노력하고 있다.

12 ㉠은 열대 우림 기후 지역 주민들의 의생활, ㉡은 주로 서안 해양성 기후 지역에서 발달한 목초지, ㉢은 열대 우림 기후 지역의 전통 가옥인 고상 가옥, ㉣은 열대 우림 기후 지역에서 오후에 거의 매일 내리는 소나기인 스콜, ㉤은 열대 우림 기후 지역의 주민들이 자주 먹는 향신료, 야채, 고기 등을 섞어서 만든 볶음밥을 나타낸 것이다. 따라서 ㉡은 '열대 우림 기후 지역의 자연환경과 주민 생활'이라는 주제의 보고서에 들어갈 사진으로 적절하지 않다.

13 교통이 편리한 열대 우림 지역의 해안이나 강가에서는 일찍부터 무역이 번성해 도시가 발달했다. 싱가포르는 태평양과 인도양을 연결하는 교통의 요충지로 오래전부터 중계 무역이 발달하여 국제 중계 무역의 중심지가 되었다. 오늘날에는 세계적인 금융업의 중심지로 자리 잡고 있다.

서술형·논술형

본문 43쪽

01 **예시 답안** 다양한 동식물들의 서식지로 생태계의 보고이다. 이산화 탄소를 흡수하고 산소를 공급해주며 온실 효과를 억제하여 지구 온난화를 방지해준다. 식량 자원 및 의약품의 원료 공급지로 경제적 가치를 지닌다.

필수 키워드 및 어구 다양한 동식물 서식지, 온실 효과 억제, 식량 자원 및 의약품의 원료 공급지 등

평가 기준

상	열대 우림의 역할 및 중요성을 두 가지 모두 서술한 경우
하	열대 우림의 역할 및 중요성을 한 가지만 서술한 경우

02 **예시 답안** 열대 우림 기후 지역에서는 유럽인의 식민 지배 이후, 제시된 사진 속 천연고무 농장과 같이 플랜테이션이 발달하였다. 플랜테이션은 선진국의 자본과 기술, 개발 도상국 원주민의 노동력을 결합하여 천연고무, 카카오, 바나나 등의 상품 작물을 대규모로 재배하는 농업 형태이다. 플랜테이션이 확대될 경우 상품 작물을 집중적으로 재배하게 되고 식량 작물 재배지가 줄어 해당 지역에 식량 부족 문제가 나타날 수 있다. 과거의 단일 경작 체제에서 최근에는 현지 주민이 직접 운영하는 다각적 경영으로 변화하고 있다.

평가 기준

평가 항목	평가 내용
평가 충실도	정해진 분량 기준을 충족시킴 (단, 제시된 질문과 전혀 상관없는 내용으로 서술했을 시에는 분량 기준을 충족시키지 못한 것으로 간주함)
논제의 이해	플랜테이션의 경작 방식에 대해 설명하고, 플랜테이션의 증가로 인해 해당 지역에 발생할 수 있는 문제점과 운영 주체 및 재배 작물의 범위에 있어서 최근 변화를 연결하여 설명할 수 있음
설명의 타당성	각 항목별 설명과 이를 뒷받침하는 내용이 정확하고 타당하게 연결되어 있음
글의 논리성	전체적인 글의 구성과 짜임새가 매끄러우며, 설명과 뒷받침 내용의 연결이 논리적이며 자연스러움

03 온대 기후 지역의 생활

개념 다지기

본문 46쪽

01 온대 기후 **02** (1) 계절풍 (2) 편서풍 (3) 낙농업 (4) 수목 농업 (5) 혼합 농업 **03** (1) 여름 (2) 서안 (3) 편서풍 **04** (1) ㄷ (2) ㄴ (3) ㄱ **05** (1) 고온 다습 (2) 서안 해양성 기후 **06** ㉠ 편서풍 ㉡ 난류 **07** (1) ㉡ (2) ㉢ (3) ㉠ **08** (1) × (2) ○ (3) × **09** (1) ㄷ (2) ㄴ (3) ㄱ

중단원 실력 쌓기

본문 47쪽

01 ② **02** ④ **03** ④ **04** ② **05** ② **06** ① **07** ① **08** ② **09** ⑤ **10** ② **11** ⑤ **12** ③

01 지도에 표시된 지역에서 나타나는 기후는 온대 기후이다. 온대 기후는 중위도 지역을 중심으로 분포하고 있다. 계절의 변화가 뚜렷하고, 기온이 온화하며 강수량이 적당해 인간 생활에 유리하다.

오답 피하기 ㄴ. 건조 기후의 특징에 해당한다.
ㄷ. 연교차에 비해 일교차가 크게 나타나는 것은 열대 우림 기후의 특징이다.

02 지도에서 확인할 수 있는 것처럼 계절에 따라 주기적으로 방향이 바뀌는 바람을 계절풍이라고 한다. 계절풍은 아시아 대륙의 동부와 남부에서 뚜렷하게 나타난다. 여름에는 바다에서 대륙으로, 겨울에는 대륙에서 바다로 바람이 불어온다.

오답 피하기 ① 열대 해상에서 발생하여 중위도 지역으로 이동하는 열대성 저기압이다.
② 양극 지방에서 고위도 지역으로 불어오는 한랭 건조한 바람이다.
③ 중위도에서 적도 쪽으로 부는 동풍이다.
⑤ 중위도 지방에서 일 년 내내 서쪽에서 동쪽으로 부는 바람이다.

03 우리나라의 기후 특성을 설명한 글이다. 유라시아 대륙 동쪽에 위치한 우리나라는 계절풍의 영향을 많이 받는다. 여름에는 북태평양 쪽에서 바람이 불어와 고온 다습하며, 겨울에는 유라시아 대륙 쪽에서 바람이 불어와 한랭 건조한 것이 특징이다. 이러한 이유로 비슷한 위도의 대륙 서안에 비해 기온의 연교차가 크고 여름철에 강수가 집중된다. 대륙의 영향을 많이 받아 연교차가 큰 기후를 대륙성 기후라고 부른다.

오답 피하기 ㉣ 우리나라는 비슷한 위도의 대륙 서안에 비해 기온의 연교차가 크게 나타난다.

04 (가)는 온대 계절풍 기후가 나타나는 지역을 표시한 것이다. ①은 서안 해양성 기후, ③은 지중해성 기후, ④는 건조 기후 중 사막 기후, ⑤는 열대 고산 기후가 나타나는 지역의 기후 그래프이다.

05 (나)는 서안 해양성 기후가 나타나는 지역을 표시한 것이다. 서안 해양성 기후는 서부 유럽, 북아메리카 북서 해안, 뉴질랜드 등에서 나타난다. 바다에서 불어오는 편서풍의 영향으로 여름에는 서늘하고 겨울에는 따뜻하여 기온의 연교차가 작고, 계절별 강수량이 고르게 나타나는 것이 특징이다.

오답 피하기 ㄴ. (나)는 (다)에 비해 여름철에 더 서늘하다.
ㄹ. (나)는 연중 편서풍의 영향을 받아 겨울에는 따뜻한 편이다. 겨울에 한랭 건조한 것은 온대 계절풍 기후의 특징이다.

06 (다)는 지중해성 기후가 나타나는 지역을 표시한 것이다. 지중해성 기후는 지중해 연안을 비롯하여 미국 캘리포니아 일대, 오스트레일리아 남서부 일대에서도 나타난다. 여름에는 기온이 높고 강수량이 적으며, 겨울에는 강수량이 많고 비교적 따뜻한 편이다.

오답 피하기 ② 지중해성 기후가 나타나는 지역의 여름은 기온이 높고, 비가 적게 와서 건조하다.
③, ⑤는 서안 해양성 기후의 특징이다.

07 제시된 (가)는 온대 기후 중 서안 해양성 기후 그래프를, (나)는 온대 계절풍 기후 그래프를 나타낸 것이다. 온대 계절풍 기후는 비슷한 위도의 다른 지역보다 강수량의 계절차와 기온의 연교차가 크게 나타나는 것이 특징이다.

오답 피하기 ㄷ. (나)가 (가)보다 강수량의 계절 차가 크게 나타난다. (가)의 경우 연중 비가 고르게 내리는 것이 특징이다.
ㄹ. (가)가 (나)보다 대륙 서안에 위치하며, 편서풍의 영향을 더 강하게 받는다.

08 제시된 그림은 혼합 농업을 나타낸 것이다. 혼합 농업은 가축을 사육하면서 식량 작물과 사료 작물을 함께 재배하는 농업으로 서부 유럽에서 일찍부터 발달해 왔다. 서부 유럽은 여름이 서늘하고 습윤한 편이라 비교적 서늘한 기후에서도 잘 자라는 밀과 보리 등을 재배하면서 목초지를 따로 조성해 가축을 함께 기르는 혼합 농업이 발달할 수 있었다.

오답 피하기 ① 여름철이 서늘하고 습윤하기 때문이다.
③ 서안 해양성 기후가 나타나는 서부 유럽은 연중 강수량이 고른 편이라 겨울에도 습윤하다.
④ 서부 유럽 지역은 계절에 따른 강수량의 차이가 작게 나타난다.
⑤ 서부 유럽의 대도시 주변에서는 인구가 늘어나고 교통이 편리하여, 낙농업과 원예 농업이 발달하였다.

09 제시된 기후 그래프는 지중해성 기후를 나타낸 것이다. 지중해성 기후는 고온 건조한 여름철에도 잘 자라는 포도, 올리브, 오렌지 등을 재배하는 수목 농업이 발달하였다. 비교적 따뜻하고 강수량이 많은 겨울에는 밀, 보리와 같은 곡물을 재배한다.

오답 피하기 ① 온대 계절풍 기후 지역에서는 여름철의 고온 다습한 기후를 이용하여 벼농사가 활발하게 이루어진다.
② 사막 기후가 나타나는 일부 지역에서는 지하 관개 수로를 이용해 다른 지역에서 물을 끌어와 관개 농업을 하고 있다.
③ 혼합 농업은 서안 해양성 기후가 나타나는 서부 유럽에서 발달한 전통적인 농업의 형태이다.
④ 플랜테이션은 주로 열대 기후 지역에서 발달한 농업 형태이다.

10 (가)~(다)는 온대 기후 지역에서 이루어지고 있는 다양한 농업 활동이다. 대화 (가)는 서부 유럽에서 발달한 혼합 농업, (나)는 동부 아시아 지역에서 발달한 벼농사, (다)는 지중해 연안에서 여름철에 이루어지는 수목 농업을 나타낸 것이다.

11 ① 서안 해양성 기후 지역에서는 혼합 농업이 발달하여 빵과 함께 육류를 자주 먹는다.
② 온대 계절풍 기후 지역에서는 벼농사의 영향을 받아 쌀을 중심으로 한 음식 문화가 발달하였다.
③ 지중해 연안에서는 올리브가 많이 재배되어 이 지역의 주민들이 먹는 음식에는 올리브가 거의 빠지지 않고 들어

간다.
④ 서안 해양성 기후 지역은 흐리고 비가 내리는 날이 많아 날씨가 맑은 날이면 사람들이 공원 등에서 일광욕을 즐긴다.
⑤ 서안 해양성 기후 지역에서는 집안의 습기를 제거하고 온도를 높이기 위해 실내에 벽난로를 설치한 가정들이 많다.

12 〈사진 1〉은 하얀색으로 외벽을 칠한 지중해 연안 지역의 가옥 모습이다. 여름철의 강한 햇빛을 막고 빛의 흡수를 줄이기 위해 벽을 흰색으로 칠했다. 〈사진 2〉는 목초지가 잘 조성되어 가축 사육이 이루어지고 있는 모습을 나타낸 것이다. 서안 해양성 기후 지역은 서늘하고 습한 기후가 나타나 풀이 자라는 데 유리하기 때문에 곡물 재배와 함께 가축 사육을 동시에 하는 혼합 농업이 발달했다. 〈사진 3〉은 벼농사 지대를 나타낸 것으로 벼의 재배는 여름철에 덥고 비가 많이 내리는 온대 계절풍 기후 지역에서 주로 이루어진다. 지도에 표기된 A는 서부 유럽 지역으로 서안 해양성 기후가, B는 지중해 연안으로 지중해성 기후가, C는 동부 아시아 지역으로 온대 계절풍 기후가 나타난다. 찍은 사진들을 토대로 했을 때 민호는 B → A → C의 경로로 여행을 했음을 알 수 있다.

서술형·논술형

본문 49쪽

01 **예시 답안** 연중 바다에서 불어오는 편서풍과 난류인 북대서양 해류의 영향을 받기 때문이다.
필수 키워드 및 어구 편서풍, 난류
평가 기준

상	편서풍, 난류의 영향 두 가지를 모두 서술한 경우
하	편서풍, 난류의 영향 중 한 가지만 서술한 경우

02 **예시 답안** (가)는 온대 계절풍 기후로, 온대 계절풍 기후가 잘 나타나는 동부 아시아 지역에서는 기온이 높고 강수량이 많은 여름철 기후를 이용하여 벼농사를 짓는다.
(나)는 서안 해양성 기후로, 여름이 서늘하고 습윤한 편이라 비교적 서늘한 기후에서도 잘 자라는 밀과 보리 등을 재배하면서 목초지를 따로 조성해 가축을 함께 기르는 혼합 농업이 발달했다.
(다)는 지중해성 기후로, 여름철에는 고온 건조한 날씨에도 잘 자라는 포도, 올리브, 오렌지 등을 재배하는 수목 농업이 발달하였다. 그리고 비교적 따뜻하고 강수량이 많은 겨울에는 밀, 보리와 같은 곡물을 재배하고 있다.

평가 기준

평가 항목	평가 내용
평가 충실도	정해진 분량 기준을 충족시킴 (단, 제시된 질문과 전혀 상관없는 내용으로 서술했을 시에는 분량 기준을 충족시키지 못한 것으로 간주함)
논제의 이해	제시된 기후 그래프를 통해 온대 계절풍 기후, 서안 해양성 기후, 지중해성 기후의 기온과 강수 특징을 파악한 후, 각 기후 지역에서 발달하게 된 농목업의 형태와 그 원인을 기후의 특성을 토대로 설명할 수 있음
설명의 타당성	해당 농목업이 나타나는 이유와 이를 뒷받침하는 근거 및 사례의 내용이 논리적이고 정확하게 연결되어 있음
글의 논리성	전체적인 글의 구성과 짜임새가 매끄러우며, 설명과 이를 뒷받침하는 내용의 연결이 논리적이며 자연스러움

04 건조 기후 지역과 툰드라 기후 지역의 생활

개념 다지기

본문 52쪽

01 (1) 스텝 (2) 일교차 (3) 250mm (4) 여름 (5) 폐쇄적 (6) 사냥·어업 **02** 사막 **03** (1) ㉡ (2) ㉠ (3) ㉡ **04** (1) 유목 (2) 지하 관개 수로 (3) 석유 **05** (1) 좁게 (2) 벽이 두껍고 창을 작게 (3) 대추야자(혹은 밀) (4) 여름 **06** (1) 영구 동토층 (2) 백야 현상 (3) 순록 **07** (1) ㉡ (2) ㉠ (3) ㉠ **08** (1) × (2) × (3) × (4) × (5) ○

중단원 실력 쌓기

본문 53쪽

01 ②	02 ④	03 ③	04 ①	05 ④
06 ⑤	07 ②	08 ⑤	09 ④	10 ⑤
11 ②	12 ②	13 ⑤	14 ⑤	15 ②

01 지도에 표시된 지역에서는 건조 기후가 나타나는데 A는 사막 기후, B는 스텝 기후이다. 건조 기후는 연 강수량이 500mm 미만으로 강수량보다 증발량이 많으며, 기온의 일교차가 매우 큰 것이 특징이다. 사막 기후 지역은 연 강수량이 250mm 미만으로 식생이 빈약하며 모래, 바위, 자갈 등으로 덮여 있다. 스텝 기후 지역은 연 강수량이 250~500mm 미만으로 짧은 풀이 자라 초원을 이룬다.
오답 피하기 ㄴ. A 지역은 강수량이 매우 적어 식생이 빈약하고 모래, 바위, 자갈 등으로 덮여 있다.
ㄷ. 건조 기후 지역은 낮에는 지표면이 빠르게 가열되지만 밤이 되면 기온이 급격히 내려가 기온의 일교차가 매우 크게 나타난다.

02 제시된 기후 그래프는 사막 기후를 나타낸 것이다. 사막 기후 지역은 남·북회귀선 부근, 대륙 내부, 한류가 흐르는

해안 등에서 주로 나타난다.

오답 피하기 ㄱ, ㄷ은 강수량이 많은 지역에 해당한다.

03 사막 기후 지역은 비가 매우 적게 내리므로 식생이 빈약하고 풀조차 자라기 어려우며 주로 모래, 바위, 자갈 등으로 덮여 있는 곳이 많다.

오답 피하기 ① 냉대 기후 지역, ② 툰드라 기후 지역, ④ 스텝 기후 지역, ⑤ 열대 사바나 기후 지역의 경관 특징이다.

04 제시된 사진은 모래사막의 경관을 나타낸 것이다. 사막 기후 지역에 사는 사람들은 강한 햇볕과 모래바람으로부터 피부를 보호하기 위해 온몸을 감싸는 헐렁한 옷을 입는다. 또한 물을 구할 수 있는 오아시스를 중심으로 밀이나 대추야자를 재배하기도 한다.

오답 피하기 ㄷ. 열대 우림 기후 지역의 주민들은 통풍에 유리하도록 개방적인 형태의 가옥을 짓는다.
ㄹ. 툰드라 기후 지역에 사는 사람들은 냉동, 훈제, 염장, 건조 등의 방법을 사용해 남은 음식물을 저장한다.

05 건조 기후 지역에서 볼 수 있는 흙벽돌집의 모습이다. 사막 기후 지역의 주민들은 주변에서 구하기 쉬운 흙으로 흙벽돌을 만들어 집을 짓는다. 비가 거의 오지 않으므로 지붕을 평평하게 만들며, 한낮에 더위를 피하고 밤에는 추위를 막기 위해 벽은 두껍고 창은 작게 만든다. 또한 그늘이 생기도록 건물을 다닥다닥 붙여서 짓는다.

오답 피하기 ④ 사막 기후 지역에서는 큰 일교차를 극복하기 위해서 가옥의 벽을 두껍게 만든다.

06 제시된 사진은 스텝 기후 지역의 이동식 가옥을 나타낸 것이다. 키가 작은 풀들이 자라 초원을 이루는 스텝 지역에서는 전통적으로 말, 양, 염소 등의 가축을 이끌고 물과 풀을 찾아서 이동하는 유목 생활을 했다.

오답 피하기 ① 툰드라 기후 지역의 전통적인 식생활, ② 열대 우림 기후 지역의 의생활, ③ 열대 우림 기후 지역의 농업 활동, ④ 사막 기후 지역의 주생활에 대한 설명이다.

07 제시된 기후 그래프는 스텝 기후를 나타낸 것이다. 스텝 기후 지역에서 유목 생활을 하는 주민들의 경우 가축의 가죽이나 털로 만든 옷을 입기도 하며, 가축의 젖을 가공한 유제품이나 고기를 주로 먹는다. 또한 나무와 가축의 털 또는 가죽을 이용해 만든 이동식 가옥에서 생활하기도 한다.

오답 피하기 ㄴ. 툰드라 기후 지역에서는 기온이 너무 낮아 농사를 지을 수가 없어서 주민들이 순록 유목, 사냥, 어업 등의 활동을 하며 살아간다.
ㄹ. 사막 기후 지역의 주민들은 오아시스를 중심으로 밀이나 대추야자 등을 재배하기도 한다.

08 ① 갑 : 서남아시아와 북부 아프리카의 건조 지역에서는 석유의 개발로 급격히 산업화가 진행되면서 유목민의 생활에 변화가 나타났다.
② 을 : 사막 기후 지역은 낮 동안 일사량이 풍부하기 때문에 태양광 발전에 유리하다.
③ 병 : 일부 스텝 기후 지역에서는 관개 시설을 확충하여 대규모로 밀을 재배하거나 가축을 방목하기도 한다.
④ 정 : 최근 아프리카의 사헬 지대를 비롯한 사막 주변의 초원 지역이 황폐화되어 불모지로 변하는 사막화 현상이 심화되고 있다.
⑤ 무 : 관개 농업 지역이 확대되면서 일정한 곳에 정착하여 생활하는 유목민의 비중이 늘어나고 있다.

09 유목, 오아시스 농업, 흙벽돌집, 지하 관개 수로 모두 건조 기후 지역에서 볼 수 있는 경관이다.
④ 열대 우림 기후 지역에서 볼 수 있는 주민 생활 모습이다.

10 지도에 표시된 지역에서는 툰드라 기후가 나타난다. 툰드라 기후 지역은 겨울이 매우 춥고 길다. 하지만 짧은 여름 동안에는 기온이 0℃ 이상으로 올라 짧은 풀이나 이끼류 등이 자란다. 툰드라 기후 지역은 강수량은 적은 편이나, 기온이 낮아 증발량이 많지 않아 지표가 습한 편이다.

오답 피하기 ㄱ. 일반적으로 사계절의 변화가 가장 뚜렷하게 나타나는 기후는 온대 기후이다.
ㄴ. 평균 기온이 0℃를 밑도는 달이 많지만, 2~3개월 지속되는 짧은 여름철에는 기온이 영상으로 올라간다.

11 제시된 사진은 순록과 개 썰매를 나타낸 것으로 툰드라 기후 지역에서 볼 수 있는 경관이다. 툰드라 기후 지역에서는 여름철 밤에도 해가 지지 않는 백야 현상이 나타나며, 땅속에는 일 년 내내 녹지 않고 얼어붙은 영구 동토층이 존재한다.

오답 피하기 ㄴ. 툰드라 기후 지역은 기온이 너무 낮아 나무가 자라기 어렵다. 키가 크고 잎이 뾰족한 나무는 침엽수림으로, 냉대 기후 지역에 분포하고 있는 식생이다.
ㄹ. 툰드라 기후 지역에서는 여름철에 땅의 표면이 녹으면서 땅속으로 스며들지 못한 물이 습지를 만들기도 한다.

12 제시된 지역에서는 툰드라 기후가 나타난다.
① 툰드라 기후 지역에서는 오로라 등의 독특한 자연 경관을 볼 수 있다. 오로라는 태양에서 방출된 전기 성질의 입자가 대기 중의 공기와 반응하여 빛을 내는 현상을 말하며, 극지방에 가까운 고위도 지방에서 관찰할 수 있다.
③ 지구의 자전축이 23.5° 기울어져 자전하기 때문에 툰드라 기후 지역의 겨울철에는 하루 종일 해가 뜨지 않는 극야 현상이 나타난다.

④ 툰드라 기후 지역은 기온이 너무 낮아 농사를 지을 수 없어 주민들이 순록을 유목하며 살아가기도 한다. 순록은 북극해 연안에서 이끼를 먹고 사는 사슴의 일종이다.
⑤ 툰드라 지역의 땅속에서는 일 년 내내 녹지 않고 얼어붙은 영구 동토층이 분포한다.
오답 피하기 ② 냉대 기후 지역에서 발달한 침엽수림을 타이가라고 부른다.

13 제시된 기후 그래프는 툰드라 기후를 나타낸 것이다. 툰드라 기후 지역에 사는 사람들은 추위를 견디기 위해 두꺼운 털가죽으로 만든 옷을 입고 여러 겹의 가죽으로 만든 신발을 신는다. 툰드라 기후 지역의 주민들은 비타민과 무기질을 보충하기 위해 생선과 고기를 날로 먹고, 남은 것은 냉동, 훈제, 염장, 건조 등의 방법을 이용해 저장하기도 한다.
오답 피하기 ㄱ. 툰드라 지역은 기온이 너무 낮아 농사를 지을 수가 없다. 혼합 농업은 서안 해양성 기후가 나타나는 서부 유럽에서 발달한 전통적인 농업 형태이다.
ㄴ. 툰드라 기후 지역의 가옥은 찬바람을 막기 위해 벽을 두껍게 하고, 창문은 작게 만든다.

14 여름철 기온이 오르거나 파이프라인 등에서 나오는 인공 열에 의해 얼었던 땅이 녹아 송유관이 기울어지거나 붕괴될 수 있기 때문에 기둥을 땅속 깊숙이 박고 지면에서부터 바닥을 높게 띄워 송유관을 설치한다.

15 ㉠ 석유, 천연가스 등의 자원을 개발하면서 강물이 오염되기도 하고, 도로 및 파이프라인 등이 건설되는 과정에서 환경 파괴 문제가 발생하고 있다.
㉡ 툰드라 지역의 개발 과정에서 이끼류가 훼손되면서 순록을 유목하며 살아가던 사람들이 전통적인 생활 방식을 버리고 도시로 이주하여 정착하는 경우가 점점 늘고 있다.
㉢ 북극 지역은 항공 교통의 요지로 최근 그 중요성이 더욱 확대되고 있다.
㉣ 빙하, 오로라, 백야 현상 등 툰드라 지역의 신비한 자연 경관을 체험하기 위해 많은 관광객이 찾아오고 있다.
㉤ 툰드라 지역 주민들의 이동 수단으로 과거에는 순록이나 개가 끄는 썰매를 이용했으나, 오늘날에는 전동 썰매(스노모빌)를 많이 이용한다.

서술형·논술형

본문 55쪽

01 **예시 답안** (가)－부족한 비타민과 무기질을 보충하기 위해서이다.
(나)－기온이 매우 낮으며 겨울이 춥고 길기 때문에 추위를 견디기 위해서이다.
(다)－기온이 매우 낮아 농사를 지을 수 없었기 때문이다.
필수 키워드 및 어구 비타민과 무기질 보충, 추위를 견디기 위해, 농사를 지을 수 없어서

평가 기준

상	(가)~(다)의 이유를 세 가지 모두 바르게 서술한 경우
중	(가)~(다)의 이유 중 두 가지를 바르게 서술한 경우
하	(가)~(다)의 이유 중 한 가지를 바르게 서술한 경우

02 **예시 답안** (가)는 사막 기후에서 볼 수 있는 흙벽돌집의 모습이다. 사막 기후 지역은 비가 거의 오지 않으므로 지붕을 평평하게 만들며, 한낮에 더위를 피하고 밤에는 추위를 막기 위해 벽은 두껍고 창은 작게 만든다. 또한 그늘이 생기도록 건물을 다닥다닥 붙여서 짓는다.
(나)는 스텝 기후 지역에서 볼 수 있는 이동식 천막의 모습이다. 짧은 우기 동안 풀이 자라 초원을 이루는 스텝 지역에서는 전통적으로 가축을 이끌고 물과 풀을 찾아서 이동하는 유목 생활을 해왔는데 이 때문에 조립과 분해가 쉬운 이동식 가옥이 등장하게 되었다.
(다)는 툰드라 기후 지역에서 볼 수 있는 고상 가옥의 모습이다. 짧은 여름철에 기온이 영상으로 오르거나 인공 열로 인해 건물이 기울어지거나 붕괴되는 것을 막기 위해 가옥을 건설할 때 기둥을 땅속 깊이 박고 지면에서부터 바닥을 높게 띄운다.

평가 기준

평가 항목	평가 내용
평가 충실도	정해진 분량 기준을 충족시킴 (단, 제시된 질문과 전혀 상관없는 내용으로 서술했을 시에는 분량 기준을 충족시키지 못한 것으로 간주함)
논제의 이해	제시된 사진을 통해 사막 기후, 스텝 기후, 툰드라 기후 지역의 가옥 특징을 파악하고, 이러한 특징이 나타나게 된 원인을 해당 지역 기후의 특성을 토대로 설명할 수 있음
설명의 타당성	해당 특징이 나타나는 이유와 이를 뒷받침하는 근거의 내용이 논리적이고 정확하게 연결되어 있음
글의 논리성	전체적인 글의 구성과 짜임새가 매끄러우며, 설명과 이를 뒷받침하는 내용의 연결이 논리적이며 자연스러움

대단원 마무리

본문 56쪽

01 ②	**02** ③	**03** ④	**04** ④
05 예시 답안 참조		**06** ③	**07** ⑤
08 예시 답안 참조		**09** ②	**10** ①

01 지도의 A는 열대 기후, B는 건조 기후, C는 온대 기후, D는 냉대 기후, E는 한대 기후이다. 열대 기후 지역은 일사

량이 많아 일 년 내내 덥고, 강수량이 많은 곳에는 밀림이 형성되어 있다. 건조 기후 지역은 강수량보다 증발량이 많아 식물이 잘 자라기 어려우며 주로 사막이나 초원이 분포한다. 온대 기후 지역은 계절의 변화가 뚜렷하여 기온이 온화하고 강수량이 적당한 편이다. 냉대 기후 지역은 기온의 연교차가 크고 대규모 침엽수림이 분포하고 있다. 한대 기후 지역은 연중 기온이 낮으며 눈과 얼음으로 덮여 있거나, 일부 지역에서는 짧은 여름철에 이끼류가 자라기도 한다.

오답 피하기 ② 건조 기후 지역은 강수량에 비해 증발량이 많아 나무가 자라기 어려우며, 주로 사막이나 초원이 분포한다.

02 제시된 기후 그래프는 냉대 기후를 나타낸 것이다. 냉대 기후는 온대 기후 지역보다 위도가 높은 지역에 나타나며, 기온의 연교차가 크고 대규모 침엽수림(타이가)이 분포한다. ③은 대규모 침엽수림의 경관을 나타낸 것이다.

오답 피하기 ① 열대 기후 지역, ② 건조 기후 지역, ④ 한대 기후 지역, ⑤ 열대 계절풍 기후 혹은 온대 계절풍 기후 지역에서 볼 수 있는 경관 모습이다.

03 지도에 표시된 A는 사하라사막, B는 동부 아시아 지역, C는 시베리아, D는 안데스 산지이다. 계절풍의 영향을 받는 동부 아시아 지역은 온대 기후가 나타나며 벼농사에 유리해 많은 사람들이 거주하고 있다. 또한 안데스 고산 지역과 같이 적도 부근의 해발 고도가 높은 곳에서는 일 년 내내 봄과 같이 날씨가 온화한 열대 고산 기후가 나타나 인간의 거주에 유리하다.

오답 피하기 A는 건조 기후가 나타나는 곳으로, 연 강수량이 매우 적어 농업에 부적합하기 때문에 인구가 적게 분포한다. C는 한대 기후가 나타나는 곳으로, 일 년 내내 기온이 매우 낮아 농업 활동이 어려워 인간의 거주에 불리하다.

04 지도에 표시된 지역에서는 열대 우림 기후가 나타난다. 열대 우림 기후 지역에서는 계절의 변화 없이 연중 더운 날씨가 지속되며, 기온의 연교차보다 일교차가 더 크게 나타난다. 또한 연중 강수량이 많아 매우 습하고, 열대성 소나기인 스콜이 거의 매일 내린다. 덥고 습한 기후가 나무들이 잘 자랄 수 있는 환경을 제공하여 다양한 높이의 나무들이 빽빽하게 들어서 밀림을 형성하고 있다. 이러한 열대 우림은 다양한 동물들의 서식지로 생태계의 보고 역할을 한다.

오답 피하기 ㄱ. 열대 우림 기후 지역은 건기와 우기의 구분이 없이 연중 강수량이 매우 많은 편이다.

ㄷ. 열대 우림 기후 지역에서는 기온의 연교차보다 일교차가 더 크게 나타난다.

05 **예시 답안** 고상 가옥이라 부르며, 지면으로부터 올라오는 열기와 습기를 피하고 해충이나 뱀 등의 침입을 막을 수 있기 때문이다.

필수 키워드 및 어구 고상 가옥, 열기 및 습기 차단, 해충 및 뱀의 침입 방지 등

평가 기준

상	가옥을 부르는 명칭을 쓰고, 사진 속 표시된 부분처럼 가옥을 짓는 원인을 서술한 경우
하	가옥을 부르는 명칭만 쓴 경우

06 제시된 기후 그래프는 열대 우림 기후를 나타낸 것이다. 열대 우림 기후가 나타나는 지역에서는 이동식 화전 농업, 플랜테이션, 벼농사 등의 농업 활동이 이루어지고 있다. 이동식 화전 농업은 숲에 불을 질러 만든 경작지에서 카사바, 얌 등의 작물을 재배하다가 지력이 떨어지면 다른 곳으로 이동하여 새롭게 밭을 만드는 경작 방식이다. 또한 유럽인의 식민 지배 이후 선진국의 자본과 개발 도상국 주민들의 노동력을 결합하여 카카오, 바나나, 천연고무 등의 상품 작물을 대규모로 재배하는 플랜테이션이 행해지고 있다. 한편, 동남아시아의 하천 주변 평야에서는 토양이 비옥하고 물 공급이 원활해 벼농사가 활발하게 이루어진다.

오답 피하기 ③ 플랜테이션은 상품 작물을 대규모로 재배하는 상업적인 농업 방식이다.

07 제시된 기후 그래프는 온대 계절풍 기후를 나타낸 것이다. 온대 계절풍 기후는 계절풍의 영향을 강하게 받는 유라시아 대륙 동안, 북아메리카 대륙 동안에서 주로 나타난다. 계절풍은 계절에 따라 주기적으로 방향이 바뀌는 바람을 말하며, 여름에는 바다에서 육지로, 겨울에는 육지에서 바다로 불어온다. 따라서 여름은 기온이 높고 비가 많이 내리며, 겨울은 춥고 건조한 편이다. 온대 계절풍 기후가 나타나는 지역은 비슷한 위도의 대륙 서안에 비해 기온의 연교차와 강수량의 계절 차가 크게 나타나는 특징이 있다.

오답 피하기 ㄱ. 온대 계절풍 기후 지역은 강수량의 계절 차가 크게 나타난다.

ㄴ. 그래프를 통해 알 수 있듯이 온대 계절풍 기후가 나타나는 지역의 겨울은 기온이 낮고 비가 적게 내린다(한랭 건조).

08 **예시 답안** 지중해성 기후 지역의 여름철은 고온 건조하여 이러한 날씨에 잘 견디는 포도, 올리브 등을 재배하는 수목 농업이 발달하였다. 겨울철은 온난 습윤하여 밀, 보리 등을 재배하는 곡물 농업이 발달하였다.

필수 키워드 및 어구 고온 건조, 수목 농업, 온난 습윤, 곡물 농업

평가 기준

상	지중해성 기후가 나타나는 지역의 여름과 겨울의 농업 활동을 모두 바르게 서술한 경우
하	지중해성 기후가 나타나는 지역의 여름과 겨울의 농업 활동 중 한 가지만 바르게 서술한 경우

09 (가)는 사막 기후, (나)는 스텝 기후를 나타낸 것이다. 사막 기후가 나타나는 지역의 주민들은 모래바람과 강한 햇빛으로부터 피부를 보호하기 위해 온몸을 감싸는 헐렁한 옷을 입는다. 또한 일부 주민들은 물을 얻을 수 있는 오아시스를 중심으로 밀이나 대추야자를 재배하며 살기도 한다. 스텝 기후가 나타나는 지역의 주민들은 가축을 이끌고 물과 풀을 찾아 이동하는 유목 생활을 하기도 한다. 유목 생활을 하는 주민들은 조립과 분해가 쉬운 이동식 가옥에서 살고 있다.

오답 피하기 ㄴ. (가) 사막 기후 지역의 주민들은 물을 얻을 수 있는 오아시스를 중심으로 밀이나 대추야자를 재배하며 살기도 한다.
ㄷ. (나) 스텝 기후가 나타나는 아메리카와 오세아니아 등의 일부 지역에서는 관개 시설을 확충해 기업적 밀농사와 목축업을 하고 있다.

10 지도에 표시된 지역에서는 툰드라 기후가 나타난다. 툰드라 기후 지역에 사는 사람들은 추위를 견디기 위해 털가죽으로 만든 옷을 입는다. 툰드라 기후 지역의 주민들은 기온이 너무 낮아 농사를 지을 수 없어 순록을 유목하거나 물고기, 바다표범 등을 사냥하며 살아간다. 이 지역의 주민들은 비타민과 무기질을 보충하기 위해 생선과 고기를 날로 먹으며 냉동, 훈제, 염장 등의 방법을 이용하여 남은 음식을 저장하기도 한다. 또한 지반이 약해져 가옥이 붕괴되는 것을 막기 위해 기둥을 깊숙이 박고 지상으로부터 바닥을 띄우는 고상 가옥을 짓는다.

오답 피하기 ㄷ. 열대 우림 기후 지역에서는 음식이 쉽게 상하는 것을 막기 위해 향신료를 많이 사용해 조리한다.
ㄹ. 툰드라 기후 지역에서는 건물이 기울어지거나 붕괴되는 것을 막기 위해 건물을 건설할 때 기둥을 땅속 깊이 박고 지면에서부터 바닥을 높게 띄운다.

Ⅲ. 자연으로 떠나는 여행

01 산지 지형으로 떠나는 여행

개념 다지기 본문 64쪽

01 (1) 산지 (2) 산맥 (3) 고원 (4) 습곡 **02** (1) ○ (2) × (3) × (4) ○ (5) ○ (6) ○ (7) ○ (8) ○ **03** 안데스(산맥) **04** 히말라야(산맥) **05** (1) 신기 습곡 산지 (2) 고기 습곡 산지 **06** (1) ㉢ (2) ㉠ (3) ㉡ **07** (1) 낮다 (2) 고원 (3) 단층 (4) 안데스산맥 **08** ㄴ, ㄹ **09** (1) ㄱ (2) ㄴ (3) ㄷ

중단원 실력 쌓기 본문 65쪽

01 ①	02 ⑤	03 ③	04 ④	05 ④
06 ①	07 ①	08 ②	09 ①	10 ④
11 ①	12 ④	13 ③	14 ⑤	

01 지구 내부 에너지에 의한 지형 형성 작용으로는 습곡, 단층, 화산 등이 있다.

오답 피하기 ㄷ, ㄹ. 풍화와 침식 등은 퇴적, 운반 등과 더불어 지구 외부 에너지에 의한 지형 형성 작용에 속한다.

02 산지는 주변 지역에 비해 해발 고도가 높고 경사가 급한 것이 특징이다. 주로 습곡이나 단층, 화산 등에 의해 형성된다.

오답 피하기 ⑤ 산지는 형성된 이후 지구 외부 에너지에 의한 영향을 지속적으로 받아 그 모양이나 형태가 변화하게 된다.

03 지도의 A는 유럽 대륙에 있는 알프스산맥, B는 아시아 대륙의 히말라야산맥, C는 북아메리카 대륙의 로키산맥, D는 남아메리카 대륙의 안데스산맥이다. 네 산맥 모두 신기 습곡 산지에 속한다.

04 그림은 두 개의 대륙 지각(판)이 충돌하면서 습곡 산지가 형성되는 과정을 보여주고 있다. 이와 같은 과정을 통해 형성된 산맥은 히말라야산맥이다.

오답 피하기 ①, ⑤ 고기 습곡 산지에 해당한다.
②, ③ 해양 지각(판)과 대륙 지각(판)이 충돌하는 과정에서 형성된 습곡 산지이다.

05 신기 습곡 산지는 고기 습곡 산지에 비해 늦게 형성된 산지로 평균 해발 고도가 높고 험준하다.

오답 피하기 ㄱ. 고기 습곡 산지가 먼저 형성되었다.
ㄷ. 화산이나 지진은 신기 습곡 산지 주변에서 자주 일어난다.

06 히말라야산맥은 신기 습곡 산지, 애팔래치아산맥은 고기 습곡 산지에 해당한다. 평균 해발 고도는 신기 습곡 산지가 더 높다.

오답 피하기 ② 고기 습곡 산지가 더 먼저 형성되었다.
③ 두 산지 모두 습곡 작용으로 형성된 습곡 산지이다.
④, ⑤ 신기 습곡 산지는 지각판의 경계부에 위치하고 있으며 이 때문에 화산과 지진이 활발하게 일어난다.

07 사진을 보면 산지 내부에 습곡 작용을 받아 휘어진 지층이 보인다. 습곡 작용은 산지를 형성하는 대표적인 작용이다.

08 고원은 해발 고도가 높지만 지형의 높낮이가 작아 평탄한 지형을 말한다. 고원은 지반이 융기하거나 마그마가 흘러넘쳐 굳으면서 형성된다.

오답 피하기 ① 평야는 평탄한 지형이지만 대체로 해발 고도가 낮은 지형이다.

09 (가)는 뾰족한 봉우리를 갖고 있는 산으로 빙하에 의해 침식 작용을 받아 형성된 산지이다. (나)는 분화구를 갖고 있는 원뿔 모양의 화산이다.

오답 피하기 ㄷ. 해발 고도가 비교적 낮고 경사가 완만한 고기 습곡 산지에 대한 설명이다.

10 고산 도시는 열대 기후가 나타나는 지역의 고산 지대에 위치한 도시이다. 해발 고도가 낮은 곳에서는 열대 기후가 나타나지만, 해발 고도가 높은 산지에서는 우리나라의 봄철과 같은 선선한 날씨가 나타나 일찍부터 사람들이 거주하면서 도시가 형성된 것이다. 이와 같은 고산 도시가 잘 발달한 지역은 남아메리카의 안데스 산지이다.

11 제시된 글은 히말라야 산지에서 생활하는 모습과 알프스 산지에서 생활하는 모습을 소개하고 있다.

12 산지 지역은 평야 지역에 비해 경지의 경사가 급하고 기온이 낮아 농업 활동에 유리하지 않다.

13 에베레스트산을 찾는 등산객이 많아지면서 여러 가지 부작용이 나타나고 있다. 환경 오염, 지형의 파괴, 농경지 훼손 등이 대표적인 예에 해당한다. 등산객이 많아지면서 관광 산업이 발달하므로 인구가 줄어든다고 보기 어렵다.

14 높은 해발 고도임에도 불구하고 소금 사막이 나타나는 곳은 볼리비아의 우유니 사막이다. 공중의 도시로 불리는 마추픽추는 페루에 있다.

서술형·논술형

본문 67쪽

01 **예시 답안** 여름에 시원한 산지에서 기르던 가축을 겨울이 되기 전에 산 아래로 몰고 오기 때문에 이를 기념하는 축제가 열린다.

필수 키워드 여름, 산지, 가축

평가 기준

상	계절의 변화와 산지에서의 이동을 모두 서술한 경우
중	계절의 변화에 대한 언급 없이 산지에서 가축의 이동만을 서술한 경우
하	계절과 산지에 대한 언급 없이 가축의 이동만을 언급한 경우

02 **예시 답안** 높은 산지에서는 해발 고도가 높아짐에 따라 기온의 변화가 나타난다. 안데스 산지에서도 해발 고도가 높아짐에 따라 기온이 낮아진다. 농작물들은 자라기에 적당한 온도가 있으므로 안데스 산지에서는 기온에 맞게 다양한 작물들을 재배하고 있다.

평가 기준

평가 항목	평가 내용
평가 충실도	정해진 분량 기준을 충족시킴 (단, 제시된 질문과 전혀 상관없는 내용으로 서술했을 시에는 분량 기준을 충족시키지 못한 것으로 간주함)
고차적 인지 능력	해발 고도의 차이에 따른 기온의 변화와 농작물의 생육 특성을 제시함
글의 타당성	기온 변화에 따른 적절한 작물 선택을 서술함
글의 논리성	전체적인 글의 구성과 짜임새가 매끄러우며 논리의 비약이 없음

02 해안 지형으로 떠나는 여행

개념 다지기

본문 70쪽

01 (1) 파랑 (2) 조류 (3) 맹그로브 (4) 갯벌 (5) 양식업 (6) 람사르 협약 **02** (1) 석호 (2) 모래사장(사빈) (3) 시 아치, 시 스택 **03** 생태 관광 **04** (1) 침식 (2) 퇴적 (3) 퇴적 **05** (1) ㉢ (2) ㉠ (3) ㉡ **06** (1) × (2) ○ (3) ○ (4) × (5) ○ (6) ○ (7) ○ (8) ○ (9) ○ **07** (1) ㄱ (2) ㄷ (3) ㄹ (4) ㄴ

중단원 실력 쌓기

본문 71쪽

01 ① **02** ⑤ **03** ④ **04** ③ **05** ⑤
06 ② **07** ① **08** ① **09** ③ **10** ①
11 ⑤ **12** ⑤ **13** ①

01 해안은 육지와 바다가 만나는 지형이다. 해안선에는 굴곡이 있는데 바다 쪽으로 돌출한 지형은 곶, 안쪽으로 들어간 지형은 만이다.

02 곶에서는 파랑의 침식 작용이 활발하여 해식애와 해식 동굴, 시 스택, 시 아치 등이 형성된다. 만에서는 파랑의 퇴적 작용이 활발하여 모래사장(사빈)이나 석호 등이 형성된다.

03 파랑의 침식 작용을 받아 형성된 절벽에서 암석이 분리되어 돌기둥 모양의 지형을 형성하기도 하는데 이를 시 스택(D)이라고 한다. A는 해식애, B는 사빈, C는 해식 동굴, E는 석호이다.

04 바닷가에 있는 호수로 사주에 의해 바다와 분리된 것을 석호라고 한다.

오답 피하기 ② 모래사장 뒤쪽에 형성되는 모래 언덕이다. 바람에 의해 사빈의 모래가 날려와서 형성된다.

05 사진은 입자의 크기가 작은 물질들이 퇴적되어 형성된 갯벌이다. 갯벌은 파랑보다는 조류의 영향을 많이 받아 형성된다. 밀물 때는 잠기고 썰물 때는 드러나는 것이 특징이다. 갯벌은 입자가 고운 물질이 퇴적되는 지형이므로 파랑의 영향을 적게 받는 만의 안쪽이나 섬의 뒤쪽 등에서 발달한다.

06 사진은 모래가 쌓여 형성된 사빈(모래사장)이다. 사빈은 파랑의 퇴적 작용으로 형성되며 사진에서 보는 것처럼 해수욕장으로 이용될 수 있다.

오답 피하기 을 : 갯벌에 대한 설명이다.
정 : 파랑 에너지가 집중되면 해식애와 같은 침식 지형이 나타난다.

07 모래 해안은 파랑의 퇴적 작용으로 형성되는 지형이다. 파랑의 침식 작용으로 형성되는 지형에는 해식애, 해식 동굴, 시 스택 등이 있다.

오답 피하기 ② 파랑의 퇴적 작용으로 형성된다.
③, ④ 절벽과 돌기둥은 파랑의 침식 작용으로 형성된다.
⑤ 파랑의 침식 작용을 계속 받게 되면 돌기둥이 더 늘어날 수도 있고 줄어들 수도 있다.

08 사진에 보이는 지형은 바위로 된 절벽과 돌기둥, 아치처럼 생긴 바위 등이다. 이와 같은 지형은 파랑의 침식 작용을 받아 형성된 것으로 파랑의 에너지가 집중되는 곳에서 형성된다.

오답 피하기 병, 정. 파랑에 의한 퇴적 작용과 관련된 이야기이다.

09 긴 수로처럼 생긴 피오르 해안은 빙하에 의한 침식 작용으로 형성되는 것이다. 빙하가 깎아낸 골짜기에 바닷물이 들어와서 형성된 지형이 피오르이다.

10 피오르 해안을 볼 수 있는 곳은 과거에 빙하의 영향을 많이 받았던 지역이다. 주로 북극이나 남극과 가까운 고위도 지역에서 이런 지형을 볼 수 있다.

11 (가)는 산호초 해안이고, (나)는 맹그로브 해안이다. 두 지형 모두 관광 자원으로 개발될 수 있으며 일부 지역에서는 이미 관광 자원으로 활용되고 있다.

오답 피하기 ③, ④ (가)는 산호의 성장, (나)는 나무의 성장에 의해 발달하는데 수온이 높은 열대 기후 지역에서 잘 발달한다.

12 해안 지역은 육지와 바다가 만나는 곳으로 다양한 생물 종이 서식하는 공간이기도 하다. 해안 지역은 다양한 경관이 나타나며 이러한 지형은 관광 자원으로 활용될 수 있다. 맹그로브 숲은 열대 기후의 해안 지역에서 볼 수 있는 것으로 농경지의 면적에는 영향을 미치지 않는다.

오답 피하기 ㉠ 해안에 위치한 모래 언덕은 강한 바람이나 높은 파도를 막아주는 역할을 하기도 한다.

13 바덴해의 갯벌은 세계적으로 유명한데 과거 간척 사업을 통해 넓은 면적의 갯벌이 훼손되었다가 지금은 복원 사업을 통해 옛 모습을 많이 되찾았다. 지나친 개발은 생태계는 물론 자연환경을 훼손할 수 있으며, 자연환경을 보전하기 위해서는 많은 노력이 필요하다.

오답 피하기 ㄷ. 자연을 이익 추구의 수단으로만 간주한다면 자연환경은 훼손되거나 파괴될 가능성이 높다.
ㄹ. 한 번 파괴된 자연환경은 원래의 모습으로 돌아오기 어렵다. 따라서 개발에 앞서 개발이 환경에 미칠 영향을 깊이 살펴보아야 한다.

서술형·논술형

본문 73쪽

01 **예시 답안** 관광지를 개발하는 과정에서 자연환경이 훼손될 수 있다. 관광객에 의해 유입되는 외부 문화와 전통문화가 충돌할 가능성이 있다. 관광객이 버리고 가는 쓰레기가 늘어나면서 환경을 오염시킬 수 있다.

필수 키워드 및 어구 환경, 훼손, 오염, 문화

평가 기준

상	관광 산업의 발달 과정에서 나타나는 문제점을 정확하게 서술한 경우
중	환경 오염, 환경 파괴 등과 같이 개념의 서술에 그친 경우
하	오염, 파괴 등과 같이 단어만 서술한 경우

02 **예시 답안** • 개발에 찬성하는 입장－관광 산업은 굴뚝 없는 공장이라고 불릴 만큼 환경에 끼치는 부담이 적고 많

은 수익을 올릴 수 있는 산업이다. 따라서 아름다운 자연 환경의 특징을 잘 살려 관광 산업을 발전시키면 일자리가 생기는 것은 물론이고 소득도 많아질 수 있다.

- 신중한 개발을 해야 한다고 보는 입장–관광 산업이 발달하면 일자리가 늘어나고 소득도 높아질 수 있지만 환경 오염과 파괴라는 문제를 벗어날 수 없다. 특히 우리나라는 국토 면적이 좁아 쓰레기를 갖다 버리거나 땅에 묻기도 어렵다. 따라서 개발에 앞서 관광 산업의 발달이 환경에 미칠 영향을 고려하여 결정할 필요가 있다.

평가 기준

평가 항목	평가 내용
평가 충실도	정해진 분량 기준을 충족시킴 (단, 제시된 질문과 전혀 상관없는 내용으로 서술했을 시에는 분량 기준을 충족시키지 못한 것으로 간주함)
고차적 인지 능력	제시된 상황에 나타난 지역 개발의 명과 암을 정확하게 인식함
글의 타당성	자기주장과 그에 대한 근거가 타당하게 연결되어 있음
글의 논리성	전체적인 글의 구성과 짜임새가 매끄러우며, 주장과 근거의 연결이 자연스러움

03 우리나라의 자연 경관

개념 다지기 (본문 76쪽)

01 (1) 제주도 (2) 자연 유산 (3) 현무암 (4) 석회암 (5) 리아스 (6) 갯벌 **02** (1) ○ (2) ○ (3) ○ (4) ○ (5) × **03** 다도해 해상 국립공원 **04** 석호 **05** (1) ㉠ (2) ㉢ (3) ㉡ **06** (1) × (2) ○ (3) ○ **07** ㄱ, ㄷ **08** (1) 서해안, 동해안 (2) 석회동굴 (3) 황해(혹은 남해), 동해 **09** (1) ㄷ (2) ㄱ (3) ㄴ

중단원 실력 쌓기 (본문 77쪽)

01 ② **02** ② **03** ① **04** ① **05** ②
06 ① **07** ① **08** ③ **09** ② **10** ④
11 ① **12** ② **13** ① **14** ④

01 지도는 제주도에서 한라산, 거문오름과 용암동굴, 성산 일출봉 등을 표현한 것으로 이는 유네스코 세계 자연 유산으로 등재된 지역이다. 이 지형들은 모두 화산 활동으로 형성되었으며, 인류 공동의 유산으로 보전되어야 할 가치를 인정받아 세계 유산에 등재된 것이다.

오답 피하기 ㄴ. 일부 지역의 경우 접근에 제한이 있을 수 있으나 유산 전체 지역에 접근이 불가능한 것은 아니다.
ㄹ. 전국 어디에서나 쉽게 볼 수 있는 지형이 아니다.

02 화산섬인 제주도는 전체적으로 완만한 경사를 갖고 있는데 이는 비교적 묽은 용암이 분출하여 지표면을 넓게 덮으면서 흘렀기 때문이다. 중심 부근에 한라산이 형성된 이후 한라산의 산록 부근에서는 소규모 화산의 분화 활동이 일어나서 오름이라 불리는 작은 화산들이 형성되었다.

오답 피하기 ㄴ. 갯벌은 우리나라의 서·남해안에서 잘 발달한다.
ㄷ. 제주도에는 석회암이 분포하지 않으므로 석회동굴이 발달하지 않았다.

03 한라산 형성 이후 한라산의 산록 부근에서 소규모 분화 활동을 통해 형성된 작은 화산이 기생 화산이다. 제주어로는 '오르다'라는 의미에서 '오름'이라고 부른다.

04 제주도에는 여러 용암동굴이 분포하는데 주로 현무암질 용암이 분출할 때 형성된다. 현무암질 용암은 유동성이 커서 잘 흐르는 성질이 있는데 분출한 용암이 흐르다가(가), 공기와 접하는 표면 부분부터 굳기 시작한 후(나), 표면 아래쪽에 있어서 덜 굳은 용암이 흘러나가 버리면(다) 용암동굴이 형성된다.

05 (가)는 화강암이 드러난 돌산, (나)는 암석 위에 두꺼운 토양층이 덮여 있는 흙산이다.

오답 피하기 ㄴ. 설악산은 우리나라의 대표적인 돌산이고, 지리산은 흙산이다.
ㄹ. (가)와 (나) 산지는 기반암이 서로 다른 암석이므로 (나) 산지가 (가)처럼 변하기는 어렵다.

06 우리나라는 동쪽이 높고 서쪽이 상대적으로 낮은 동고서저의 지형을 이루고 있기 때문에 대부분의 큰 하천은 동쪽에서 서쪽으로 흐른다.

오답 피하기 ⑤ 하천은 대부분 산지에서 발원하여 평야 지대를 지나 바다로 흘러들어 간다. 하천이 산지 사이를 흐를 때는 깊은 골짜기를 이루지만 하류 쪽으로 오면서 골짜기의 폭이 넓어진다.

07 지도는 북한산을 비롯하여 설악산, 지리산, 한라산 등 우리나라의 유명한 지형 경관인 국립공원을 나타낸 것이다. 우리나라는 산지가 많기 때문에 국립공원 중에도 산지가 큰 비중을 차지하지만 바다와 해변, 해안선 등이 아름다워 국립공원으로 지정된 곳들도 있다.

08 (가)는 서해안의 갯벌, (나)는 동해안의 석호와 사빈이다. 두 지형 모두 많은 관광객이 찾는 관광 자원이며, 갯벌은 사빈보다 입자의 크기가 작은 물질들이 퇴적되어 형성된 지형이다.

오답 피하기 ㄱ. 갯벌은 조차가 큰 서해안에서 주로 발달한다.
ㄹ. 파랑의 에너지가 크게 작용하면 입자가 작은 물질은 퇴적되기 어렵다. 갯벌은 파랑보다는 조류의 퇴적 작용으로 형성되는 지형이다.

09 (가)는 용암동굴, (나)는 석회동굴이다. 용암동굴은 주로 현무암질 용암과 같이 점성이 작은 용암이 흐르다가 굳는 과정에서 형성되며, 석회동굴은 석회암이 지하수에 의해 녹는 과정에서 형성된다.

10 용암동굴은 분출한 용암이 식는 과정에서 먼저 굳은 표면에 비해 표면 아래쪽의 용암이 덜 굳은 상태에서 계속 흘러감에 따라 형성되는 동굴이므로 내부 구조는 매우 단순한 것이 특징이다. 석회동굴은 석회암이 지하수에 의해 오랜 시간에 걸쳐 녹는 과정에서 형성된 것이다. 동굴 내부가 매우 복잡할 뿐 아니라 동굴이 형성된 이후에도 석회암이 다시 굳는 과정을 통해 종유석이나 석순과 같은 다양하고 작은 지형들이 형성되므로 용암동굴에 비해 매우 복잡한 것이 특징이다.

오답 피하기 ② 제주도는 화산 활동으로 형성된 섬이므로 석회동굴보다 용암동굴이 더 잘 발달한다.

11 울릉도는 화산 활동으로 형성된 섬이며 성인봉은 울릉도의 최고봉이다. 제주도의 한라산도 화산 활동으로 형성되었다.

오답 피하기 ㄷ. 북한산의 인수봉은 화강암으로 이루어진 봉우리이다. 화강암은 마그마가 지하 깊은 곳에서 천천히 식으면서 굳어진 암석이다.
ㄹ. 지리산은 대표적인 흙산으로 암석이 오랫동안 풍화와 침식을 받아 형성된 두꺼운 토양이 덮인 산이다.

12 석회암은 이산화 탄소가 포함되어 있는 물에 녹는 성질이 있다. 이 때문에 석회암 분포 지역에는 석회암이 물에 녹는 과정에서 형성된 독특한 지형들이 나타나는데 이를 카르스트 지형이라고 한다.

13 우리나라의 서·남해안은 해안선이 복잡하여 리아스 해안을 이룬다. 피오르 해안은 과거에 빙하의 침식을 받아 형성된 U자곡에 바닷물이 차올라 긴 수로 형태의 만이 발달한 해안이다.

오답 피하기 ② 신생대에는 여러 차례에 걸친 빙하기와 간빙기가 있었다. 지금은 마지막 빙기가 끝나고 찾아온 후빙기에 해당한다. 후빙기에는 기온이 높아지면서 해수면이 상승하여 다양한 지형이 형성되었다.

14 넓은 갈대숲과 갯벌 등으로 람사르 등록 습지인 곳은 순천만이다. 석회동굴은 석회암이 분포하는 지역에서 볼 수 있는데, 우리나라에서 석회암은 강원도 남부와 충청북도 북부, 경상북도 북부 지역 등에 주로 분포한다.

서술형·논술형

본문 79쪽

01 **예시 답안** 후빙기에 해수면이 상승하면서 하천의 하구 부근이 침수되어 만의 형태가 나타나게 된다. 이후 파랑의 퇴적 작용에 의해 만의 입구에 사주가 형성되면서 바다와 분리된 호수가 형성된다.

필수 키워드 해수면 상승, 하구, 파랑의 퇴적

평가 기준

상	해수면 상승, 하구 부근의 침수, 파랑의 퇴적 작용 등을 순서에 맞게 서술한 경우
중	해수면 상승, 하구 부근의 침수, 파랑의 퇴적 작용 중 두 가지를 맞게 서술한 경우
하	파랑의 퇴적 작용만 언급한 경우

02 **예시 답안** 우리나라는 동쪽에 높은 산지가 발달해 있어 동쪽이 높고 경사가 급하며 서쪽은 경사가 완만하고 고도가 낮은 동고서저의 지형을 이룬다. 대부분의 큰 하천은 동쪽의 높은 산지에서 발원하여 서쪽이나 남쪽으로 흐르며 동쪽으로 흐르는 하천은 유로가 짧고 경사가 급하다.

평가 기준

평가 항목	평가 내용
평가 충실도	정해진 분량 기준을 충족시킴 (단, 제시된 질문과 전혀 상관없는 내용으로 답변했을 시에는 분량 기준을 충족시키지 못한 것으로 간주함)
고차적 인지 능력	동고서저의 경동 지형을 인식하고 있음
글의 타당성	동고서저의 지형으로 인해 나타나는 하천의 특색을 설명하고 있음
글의 논리성	전체적인 글의 구성과 짜임새가 매끄러움

대단원 마무리

본문 80쪽

01 ⑤	**02** ⑤	**03** ⑤	**04** ⑤	**05** ④
06 ②	**07** ②	**08** ⑤	**09** ②	**10** ③
11 ②	**12** 예시 답안 참조			

01 지구 내부 에너지에 의해 일어나는 습곡, 단층, 융기, 침강 등과 같은 작용에 의해 규모가 큰 지형이 형성된다. 이렇게 형성된 지형은 지구 외부 에너지에 의해 일어나는 풍화, 침식·운반·퇴적 등과 같은 작용에 의해 변화된다.

02 지구 내부 에너지에 의해 형성된 지형은 지속적으로 지구 외부 에너지에 의한 작용을 받는다.

오답 피하기 ② 지구 내부 에너지에 의해 형성되는 지형은 일반적으로 규모가 크고 울퉁불퉁하여 기복이 큰 지형들이다. 이러한 지형은 지구 외부 에너지의 작용, 즉 풍화, 침식·운반·퇴적 등의 작용을 받아 울퉁불퉁한 기복들이 줄어들게 된다. 뾰족했던 부분은 점점 무디어지게 되고 움푹 패였던 부분에는 퇴적이 일어나면서 지표면의 기복이 점차 완만해지게 된다.
③ 풍화와 침식 등은 기후 환경과도 밀접한 관련이 있다. 기온과 습도, 강수량 등은 이런 작용에 큰 영향을 미친다.

03 (가)는 대륙 지각(판)과 대륙 지각(판)이 충돌하는 모습이다. (나)는 양쪽 지반이 서로 다른 방향으로 작용하는 압력(장력)을 받아 단층 작용이 일어나는 모습이다. 두 가지 모두 지구 내부 에너지의 영향을 받아 지형이 형성되는 과정을 보여준다.
오답 피하기 ③ 지각판이 서로 다른 방향으로 움직이면서 깊은 골짜기와 산지가 길게 발달하게 된다.

04 인도·오스트레일리아판과 유라시아판의 충돌로 인해 형성된 산맥은 히말라야산맥이다. 세계에서 가장 높고 험준한 산맥으로 알려져 있는데, 판의 충돌 과정에서 두 대륙 사이에 끼어 있던 바다와 그 밑의 퇴적층이 융기하여 높은 산 위에서 해양 생물의 화석을 볼 수 있다.

05 판과 판의 충돌로 형성된 산지는 대부분 습곡 산지이다. 히말라야산맥과 그에 속한 에베레스트산, 알프스산맥과 그에 속한 몽블랑산 등이 대표적인 사례이다. 화산 활동으로 형성된 산지로는 일본의 후지산, 에콰도르의 코토팍시산, 하와이의 마우나로아산, 탄자니아의 킬리만자로산 등이 대표적이다.

06 A는 모래가 쌓여 있는 모래사장(사빈), B는 파랑의 침식 작용으로 형성된 시 아치이다.
오답 피하기 ㄹ. 밀물과 썰물의 영향을 받아 형성되는 지형은 갯벌이다.

07 제시된 글은 그레이트배리어리프(대보초)라고 불리는 거대한 산호초 지역으로 죽은 산호의 유해가 쌓여 섬을 이루기도 한다. 스쿠버 다이빙, 스노클링 등 다양한 해양 스포츠를 즐길 수 있는 관광지이다.
오답 피하기 ㄴ. 모래나 자갈이 아니라 산호가 퇴적되어 형성된다.
ㄹ. 수심이 얕고 수온이 높은 수역에서 형성된다.

08 해안 지역을 개발하게 되면 수입이 늘어나고 일자리가 증가하는 등 긍정적인 영향도 있지만, 환경 오염과 생태계 파괴 등 부정적인 영향도 나타나게 된다. ⑤ 서비스업 관련 소득 비중이 증가하는 것을 문제점이라고 볼 수 없다.

09 하나의 하천에서 촬영한 사진이므로 (가)는 (나)보다 상류에 위치한 지점이다. (가)의 강물이 (나)로 흘러가게 되며 래프팅을 하기에는 경사가 급하고 주변 경관이 아름다운 (가)가 더 적합하다.
오답 피하기 ㄴ. 유량은 하류 지역이 더 많다.
ㄹ. 강 바닥의 경사는 상류 지역이 더 급하다.

10 제시된 그림은 용암동굴이 형성되는 과정을 보여주는 것이다. 용암동굴을 형성하는 용암은 유동성이 커서 잘 흐르는 성질을 갖고 있는데 제주도의 현무암이 그런 특성을 갖는다. 동굴 내부에 종유석, 석순, 석주 등이 발달하는 동굴은 석회암 지대에서 볼 수 있는 석회동굴이다.

11 그림은 석회동굴의 형성 과정을 보여주는 것이다. 우리나라의 강원도 남부와 충청북도 북부 지역에 석회암이 많이 분포하며 이 지역에서 주로 석회동굴을 볼 수 있다.
오답 피하기 ㉣ 현재 우리나라에서 유네스코 세계 자연 유산으로 등재된 것은 제주도의 화산 지형이다.

12 **예시 답안** 용암이 식는 과정에서 부피가 줄어들게 되는데 이때 다각형 모양으로 균열이 생겨 기둥 모양의 지형이 나타난다.
필수 키워드 및 어구 용암, 식는 과정, 다각형, 기둥 모양
평가 기준

상	용암의 냉각과 수축에 따른 균열 형성 과정을 모두 설명한 경우
중	용암의 수축에 따른 균열 형성 과정만 설명한 경우
하	용암의 냉각만 서술한 경우

Ⅳ. 다양한 세계, 다양한 문화

01 다양한 문화 지역

개념 다지기 본문 88쪽

01 (1) 문화 (2) 문화 지역(문화권) (3) 크리스트교 (4) 중국, 일본 (5) 벼 (6) 건조 (7) 라틴 아메리카 **02** (1) ○ (2) × (3) ○ **03** 축제 **04** (1) ㉠ (2) ㉡ (3) ㉢ **05** (1) ㄱ (2) ㄷ (3) ㄴ (4) ㄹ **06** 에스파냐어, 크리스트교 **07** (1) ㉡ (2) ㉠ (3) ㉢ **08** ㉠ 돼지고기 ㉡ 소

중단원 실력 쌓기 본문 89쪽

01 ③	**02** ①	**03** ③	**04** ①	**05** ⑤
06 ④	**07** ④	**08** ③	**09** ⑤	**10** ①
11 ①	**12** ②	**13** ③		

01 문화는 어떤 지역에서 나타나는 공통적인 생활 양식인데 문화권의 경계가 대륙의 경계와 일치하지는 않는다. 문화권을 나누는 기준에 따라 문화권의 경계가 달라진다.

02 (가)는 유목민들의 이동식 천막 가옥이고, (나)는 건조 지역에서 볼 수 있는 흙벽돌집이다.

오답 피하기 ㄷ. 열대 기후 지역에서는 땅에서 일정한 높이를 띄워서 지은 고상 가옥을 볼 수 있다.

03 같은 인도이지만 북부 지역과 남부 지역의 음식 문화가 다른 것은 주로 재배하는 작물의 종류와 관계가 깊다. 지역에 따라 작물의 종류가 달라지는 데 가장 큰 영향을 미친 것은 기후이다.

04 문화 지역을 구분하는 요소는 다양하지만 가장 대표적인 것이 언어와 종교이다.

05 같은 지중해성 기후가 나타나는 지역이라도 종교와 언어 등 문화를 구성하는 요소의 차이에 따라 다른 문화가 나타난다.

06 (가)는 앵글로아메리카, (나)는 라틴 아메리카 지역이다. 두 지역 모두 유럽에서 많은 이주민이 유입된 곳으로 유럽 문화의 영향을 많이 받았다.

오답 피하기 ② 원주민과 앵글로색슨족의 비중이 높은 지역은 앵글로아메리카이다.
⑤ 라틴 아메리카는 북부 유럽보다 에스파냐와 포르투갈 등 남부 유럽 지역의 영향을 더 많이 받았다.

07 크리스트교는 유럽과 유럽 문화의 영향을 많이 받은 지역에서 주로 신봉된다. 불교는 아시아, 이슬람교는 건조 문화 지역에서 주로 신봉된다.

08 우리나라, 중국, 일본은 한자를 사용하고 유교의 영향을 받았다는 점에서 동일한 문화권으로 볼 수도 있지만, 사용하는 젓가락의 종류와 용도, 전통 복장 등에서는 서로 차이점을 보이고 있다.

09 A는 유럽 문화 지역이다. 언어와 종교적으로 영향을 많이 받은 지역은 앵글로아메리카 문화 지역(D), 라틴 아메리카 문화 지역(E), 오세아니아 문화 지역(F)이다.

10 B 문화권은 건조 문화 지역으로, 건조한 기후의 영향으로 농경 문화보다는 유목 문화가 발달하였다.

오답 피하기 ② 건조 문화 지역의 상징(특징)이다.
③, ⑤ 앵글로아메리카(D)와 오세아니아(F) 문화 지역은 유럽 문화 지역의 영향을 강하게 받았다.
④ 유럽 문화 지역이 라틴 아메리카 문화 지역에 강한 영향을 미쳤다.

11 천연 에어컨은 덥고 건조한 지역에 필요한 장치이다. 여성들이 히잡을 쓰는 것은 건조 문화 지역의 특징이다.

12 (가)는 한대 기후 지역, (나)는 건조 기후 지역, (다)는 열대 기후 지역의 가옥이다. (가)는 낮은 기온 때문에 가옥이 폐쇄적이다. (나)와 같이 흙벽돌로 집을 짓고 지붕의 경사가 거의 없는 것은 건조 기후 지역의 특징이다.

오답 피하기 ㄴ. 낙타는 건조 기후 지역에서, 순록은 한대 기후 지역에서 주로 볼 수 있다.
ㄹ. 유목 문화는 농경이 어려운 건조 기후 지역과 한대 기후 지역에서 주로 이루어진다.

13 (가)는 크리스트교, (나)는 이슬람교, (다)는 불교의 종교 경관이다.

오답 피하기 ㄷ. 소 숭배는 힌두교와 관련이 있다.

서술형·논술형 본문 91쪽

01 **예시 답안** 모스크 → 크리스트교의 교회나 성당
필수 키워드 모스크, 크리스트교, 교회, 성당

평가 기준

상	모스크를 제시하고 크리스트교의 교회나 성당을 모두 정확하게 서술한 경우
중	모스크를 제시하고 크리스트교라고 서술한 경우
하	크리스트교라고 서술한 경우

02 **예시 답안** 지중해는 아시아, 유럽, 아프리카로 둘러싸인 바다로 지중해 주변 지역들은 여름에는 고온 건조하고 겨울에는 온난 습윤한 기후 환경이 비슷하게 나타난다. 하지만 지중해 주변에는 다양한 문화가 나타난다. 지중해의 북쪽은 크리스트교와 유럽 문화가 나타나며, 남쪽은 이슬람교와 아랍어, 그리고 유목 중심의 이슬람 문화가 나타난다. 한편 지중해의 동쪽에 있는 터키는 유럽의 정치·교육 제도와 문자를 받아들였지만 이슬람교를 주로 믿는다.

평가 기준

평가 항목	평가 내용
평가 충실도	정해진 분량 기준을 충족시킴 (단, 제시된 질문과 전혀 상관없는 내용으로 서술했을 시에는 분량 기준을 충족시키지 못한 것으로 간주함)
고차적 인지 능력	제시된 조건인 비슷한 자연환경을 갖고 있지만 서로 다른 문화가 나타나는 지역이라는 조건을 충족했는지의 여부
글의 타당성	사례 지역으로 제시한 지역의 문화를 정확하게 서술했는지의 여부
글의 논리성	전체적인 글의 구성과 짜임새가 매끄러운지의 여부

02 세계화와 문화 변용

개념 다지기 본문 94쪽

01 (1) 문화 접촉 (2) 문화 전파 (3) 문화 변용 (4) 융합 (5) 획일화 **02** (1) 세계화 (2) 커지기도 (3) 획일화 **03** (1) 문화 공존 (2) 문화 동화 (3) 문화 융합 **04** (1) ○ (2) × (3) ○ (4) ○ (5) ○ (6) ○ (7) × **05** (1) ㄱ (2) ㄷ (3) ㄴ

중단원 실력 쌓기 본문 95쪽

01 ②	**02** ②	**03** ①	**04** ④	**05** ①
06 ④	**07** 라틴	**08** ④	**09** ④	**10** ④
11 ①	**12** ③	**13** ②		

01 미국에서 시작된 힙합 문화가 우리나라를 비롯하여 전 세계로 퍼져나가서 누구나 향유할 수 있는 문화가 되었다. 이는 문화 전파의 사례에 해당한다.

02 미국의 청바지 문화와 유목민의 이동식 가옥이 전 세계로 널리 전파되었다.

오답 피하기 ③ 접촉에 의해서만 주변 지역으로 퍼져나간 것이 아니다.

03 서로 다른 문화를 가진 집단이 만나는 것은 문화 접촉에 해당하고, 한 집단의 문화가 다른 집단으로 전해지는 것을 문화 전파라고 한다.

오답 피하기 ② 문화 공존은 서로 성격이 다른 문화가 함께 존재하는 것을 의미한다.

04 축구와 크리켓은 영국에서 처음 시작되어 세계로 퍼져나갔다. 축구를 즐기는 사람들과 국가는 크리켓을 즐기는 사람들과 국가보다 훨씬 많은데 이는 축구가 크리켓보다 전파되기 쉬운 속성을 갖고 있었기 때문이다. 크리켓을 즐기는 국가라고 해서 축구를 받아들이지 않았다고 볼 수 없다.

05 그림은 서로 다른 문화가 상호 작용을 통해 변화하는 모습을 보여주는 것으로 모두 문화 변용에 해당한다. (가)는 두 개의 문화가 공존하는 것이고, (나)는 하나의 문화만 남고 나머지 하나는 사라진 모습이다. (다)는 두 문화가 만나 새로운 문화로 탈바꿈한 모습이다.

오답 피하기 ㄷ. 서로 다른 문화가 공존하는 경우도 있으므로 획일화라고 볼 수 없다.
ㄹ. (다)와 관계 깊은 설명이다.

06 제시된 자료는 베트남이 프랑스와 유럽 문화를 선택적으로 받아들인 결과를 보여주는 것이다.

오답 피하기 ㄱ. 주변국들에 대한 언급은 나와 있지 않다.
ㄷ. 프랑스 문화와 베트남 문화가 결합한 것이다.

07 아메리카 대륙은 리오그란데강을 기준으로 북쪽은 앵글로 아메리카, 남쪽은 라틴 아메리카로 나뉜다.

08 라틴 아메리카는 남부 유럽의 영향을 많이 받은 문화 지역이다. 유럽의 문화가 원주민의 문화와 결합하여 독특한 문화 경관을 만들어냈다. 토착 원주민의 문화가 완전히 사라진 것은 아니다.

09 커리는 인도에서 처음 만들어진 음식이지만 지금은 전 세계로 전파되었으며, 각 국가들의 특성에 맞게 변형되어 다양한 형태로 변화하였다.

오답 피하기 ㄷ. 동일한 재료로 만든 것이 아니라 국가의 특성에 맞게 변형된 것이다.

10 여러 국가의 음식점을 한 장소에서 볼 수 있게 된 것은 문화의 세계화 사례라고 볼 수 있다.

11 아프리카의 고원 지대에서 처음 생산되기 시작하여 전 세계로 퍼져나간 대표적인 음료는 커피이다. 전 세계인들이 커피를 마시기 때문에 문화의 획일화를 나타내는 사례가 되기도 한다.

12 재즈는 흑인 문화와 미국의 음악 문화가 결합하여 만들어진 새로운 문화이다. 지금은 전 세계로 널리 전파되었으며 흑인들만의 문화로 남은 것이 아니다.

13 한류는 세계로 뻗어 나가고 있는 우리나라의 다양한 문화를 의미한다. 문화의 세계화 사례가 될 수 있으며 문화가 널리 뻗어 나간다고 해서 문화의 정체성이 사라지는 것이라고 볼 수는 없다.

서술형·논술형

본문 97쪽

01 **예시 답안** 햄버거 안에 들어가는 고기 패티 대신에 우리나라의 전통 음식인 불고기를 넣은 햄버거가 탄생하였다.
필수 키워드 햄버거, 전통
평가 기준

상	전통 음식을 활용하여 새로운 햄버거를 만든 사례를 바르게 제시한 경우
중	독특한 햄버거의 이름만 제시한 경우
하	햄버거를 새롭게 만들었다는 내용만 서술한 경우

02 **예시 답안** 문화의 세계화가 이루어지면서 세계 여러 지역은 활발하게 문화를 교류할 수 있게 되지만 전 세계의 문화가 획일화될 가능성이 높다. 또한 일부 지역에서는 전통문화가 사라지게 될 가능성도 있다. 세계 어디에서나 똑같은 음식과 의복을 입게 된다는 것은 개성이 사라지는 일이라고 볼 수 있다. 결국 세계화를 통해 각 민족, 국가, 우리들의 정체성을 잃어버릴 수도 있다.
평가 기준

평가 항목	평가 내용
평가 충실도	정해진 분량 기준을 충족시킴 (단, 제시된 질문과 전혀 상관없는 내용으로 답변했을 시에는 분량 기준을 충족시키지 못한 것으로 간주함)
고차적 인지 능력	세계화의 의미를 인식하고 있음
글의 타당성	세계화로 인해 나타날 수 있는 문제점을 정확하게 제시하였음
글의 논리성	전체적인 글의 구성과 짜임새가 매끄러우며, 주장과 근거의 연결이 자연스러움

03 문화의 공존과 갈등

개념 다지기

본문 100쪽

01 (1) 스위스 (2) 프랑스어 02 (1) ○ (2) ○ (3) × (4) ○ (5) ○ 03 문화 상대주의 04 (1) ㄱ (2) ㄷ (3) ㄴ 05 (1) ㉡ (2) ㉢ (3) ㉠ 06 (1) 카슈미르 (2) 팔레스타인 (3) 벨기에 07 ㄱ, ㄴ 08 (1) ㄴ, ㄷ (2) ㄱ, ㄹ

중단원 실력 쌓기

본문 101쪽

01 ① 02 ④ 03 ③ 04 ④ 05 ⑤
06 ① 07 ③ 08 ④ 09 ④ 10 ⑤
11 ④ 12 ④ 13 ③ 14 ④

01 여러 민족과 언어가 공존하고 있는 인도에서는 화폐에 다양한 언어를 모두 인쇄하여 누구나 화폐를 사용할 수 있도록 하였다. 이는 다양한 문화가 공존하는 사례에 해당한다.
오답 피하기 ④ 문화의 우열을 가리게 되면 열등한 문화는 사라질 수도 있으므로 문화 공존이 어렵게 된다.

02 말레이시아는 다양한 언어를 사용하는 여러 민족으로 구성되어 있으며 과거에 중국과 유럽, 이슬람 세력 등의 영향을 받았다. 이 때문에 말레이시아에서는 다양한 문화를 체험할 수 있으며 문화가 조화롭게 공존하는 대표적인 사례 지역이 되었다. 자기와 다른 종교, 문화를 가진 사람들을 존중하는 태도를 가질 때 문화 공존이 가능하다.

03 벨기에는 네덜란드어를 사용하는 북부와 프랑스어를 사용하는 남부 지역 간의 갈등이 나타나고 있다. 캐나다 퀘벡주는 프랑스어를 사용하는 퀘벡주와 캐나다 본토와의 갈등이 나타나고 있다.

04 브라질은 여러 인종과 민족 등이 어울려 살아가는 국가로 서로 다른 문화가 공존할 수 있음을 보여주는 사례이다.

05 흑인 인권 운동가였던 넬슨 만델라는 남아프리카 공화국 사람이다.

06 전 세계 사람들이 커피를 주로 마시는 것은 문화의 획일화 사례로 볼 수 있다.

07 팔레스타인은 유대교를 믿는 이스라엘 사람들이 들어와서 국가를 세우면서 갈등을 겪게 되었다. 팔레스타인 사람들

은 주로 이슬람교를 믿는다.

08 싱가포르는 실력주의와 실용주의를 바탕으로 여러 문화가 공존하는 사례에 해당한다.

09 종교와 언어 문제로 갈등을 겪고 있는 국가(지역)는 팔레스타인(주로 종교)과 프랑스의 퀘벡주(주로 언어)이다.

오답 피하기 ㄱ. 일본은 종교와 언어를 둘러싼 갈등이 크지 않다.
ㄷ. 말레이시아는 문화 상대주의를 바탕으로 다문화가 공존하는 모범적인 사례에 해당한다.

10 문화 지역 간의 갈등은 언어나 종교 문제에서 비롯되는 경우가 많지만 이러한 갈등이 영토, 자원, 경제적 격차 등의 문제와 결합되면 갈등이 더욱 심해지고 해결하기 어려운 경우도 발생하게 된다. 벨기에도 언어 문제가 심각하지만 두 지역의 경제적 격차가 심해지면서 갈등이 심화되고 있는 사례이다.

11 크리스트교, 이슬람교, 유대교 등 세 종교의 성지인 도시는 예루살렘이다.

12 에스파냐의 카탈루냐 지방은 고유한 언어를 사용하면서 에스파냐로부터 독립을 꾀하고 있지만 아직 성사되지는 못했다. 이는 다문화주의의 사례에 해당하지 않는다.

13 전 세계 사람들은 다양한 전통 복장처럼 다양한 문화를 가지고 있으며 이것은 틀린 것이 아니라 다른 것임을 보여주고 있다. 이는 문화의 다양성과 관련이 깊다.

14 여러 문화를 접하고 느껴보는 활동을 통해 문화의 다양성을 인정하고 그 사회의 입장에서 이해할 수 있는 태도를 갖게 된다.

서술형·논술형

본문 103쪽

01 **예시 답안** 세계 문화의 다양성을 인정하고 각 문화는 독특한 자연환경과 역사적·사회적 상황에서 이해해야 한다는 견해이다.

필수 키워드 및 어구 다양성

평가 기준

상	독특한 환경 하에서 다양한 문화가 존재하고 이를 이해해야 한다는 점을 서술한 경우
중	문화가 다양하고 이를 이해해야 한다는 점을 서술한 경우
하	문화가 다양하다는 점만 서술한 경우

02 **예시 답안** 싱가포르는 지리적인 위치의 특성상 옛날부터 무역이 발달한 곳이었다. 이 때문에 많은 사람들이 싱가포르를 드나들었고 노동력 확보를 위해 이민 정책도 적극적으로 펼치게 되었다. 그 결과 중국계, 말레이계, 인도계 등의 민족과 불교, 크리스트교, 이슬람교, 힌두교 등의 종교가 공존하게 되었다. 싱가포르 정부는 헌법을 통하여 민족 간 평등주의를 명시하고, 종교별로 균등하게 법정 공휴일을 지정하도록 하였다. 이러한 문화 상대주의적인 정책 때문에 민족과 종교의 공존을 당연하게 여기는 분위기가 조성되었다.

평가 기준

평가 항목	평가 내용
평가 충실도	정해진 분량 기준을 충족시킴 (단, 제시된 질문과 전혀 상관없는 내용으로 답변했을 시에는 분량 기준을 충족시키지 못한 것으로 간주함)
고차적 인지 능력	제시된 상황에 나타난 문화 이해 태도를 명확하게 확인할 수 있음
글의 타당성	자기주장과 그에 대한 근거가 타당하게 연결되어 있음
글의 논리성	전체적인 글의 구성과 짜임새가 매끄러우며, 주장과 근거의 연결이 자연스러움

대단원 마무리

본문 104쪽

01 ②	02 ①	03 ③	04 ②	05 ①
06 ③	07 ③	08 ①	09 ⑤	
10 예시 답안 참조		11 ①		

01 제시된 그림은 국가별로 서로 다른 형태의 모자를 착용한 모습을 나타낸 것이다. 이들 국가들에는 모자를 사용한다는 공통적인 문화가 있지만 각 지역의 자연환경이나 인문환경의 영향을 받아 그 형태는 다르게 나타나고 있다.

오답 피하기 을 : 러시아의 모자와 다른 국가들의 모자 사이에 공통점이나 유사점을 찾아보기 어렵다.
정 : 제시된 세 국가의 모자들의 색깔이나 형태가 서로 다르므로 획일화의 사례로 보기 어렵다.

02 같은 문화 지역이라 하더라도 또 다른 기준에 따르면 서로 다른 문화 지역으로 나뉠 수도 있다. 같은 유럽 문화 지역이라 하더라도 자연환경의 차이에 따라 가옥의 건축 재료는 다를 수 있다.

오답 피하기 ㄷ. 문화 사이의 상호 영향에 대한 내용은 나타나 있지 않다.
ㄹ. 제시된 글은 서로 다른 자연환경에서 나타나는 현상에 대한 내용이다.

03 제시된 지도는 세계의 종교 지역을 나타낸 것으로 유럽과 남·북아메리카, 오스트레일리아 등에서 넓은 분포를 보이는 크리스트교, 서남아시아 지역과 북부 아프리카 지역에 분포하는 이슬람교, 인도의 힌두교, 동아시아와 인도차이나 반도 등에 분포하는 불교 등의 분포 지역을 나타낸 것이다.

04 A는 유럽 문화 지역, B는 동아시아 문화 지역, C는 라틴 아메리카 문화 지역이다. B 문화 지역에서는 중국어와 한국어, 일본어 등 다양한 언어가 사용된다.

오답 피하기 ①, ④, ⑤ 유럽 문화는 아메리카와 오세아니아 지역에 언어와 종교 등에서 큰 영향을 미쳤다.

05 (가)~(다) 모두 문화의 변용 현상을 나타낸 것이다. 여러 언어가 동시에 사용되고 있는 내용을 담고 있는 (가)는 문화 공존, 대부분의 국민들이 크리스트교를 믿게 된 것은 문화 동화, 자동차 문화와 현지의 고유한 디자인 문화가 결합한 (다)는 문화 융합 현상을 나타내는 사례이다.

06 문화 공존은 서로 다른 문화가 함께 존재하는 것을 의미하므로 첫 번째 진술은 옳다. 문화 접촉을 통해 하나의 문화만 남고 하나는 사라지게 되는 것은 문화 동화에 해당한다. 따라서 두 번째 진술은 옳지 않다. 두 문화가 만나 새로운 문화를 만들어 내는 것은 문화 융합에 해당하므로 세 번째 진술은 옳다. 따라서 옳은 것에만 ✓표를 한 학생은 병이다.

07 제시된 글을 통해 파악할 수 있는 핵심 키워드는 해상 교통의 중심지, 이슬람교 등 여러 종교의 영향, 다문화가 조화롭게 자리 잡은 지역 등이다. 이와 같은 조건을 충족하는 지역은 동남아시아 지역이다.

08 싱할라족과 타밀족 사이의 갈등이 일어나고 있는 국가는 스리랑카이다. 스리랑카는 식민 지배를 벗어나 독립한 이후에 서로 다른 종교를 갖고 있는 민족들 간에 갈등을 빚어 왔다.

09 아시아에 속하면서 영토 갈등을 겪고 있는 국가들은 여럿이다. 그 중 이민족의 이주로 인한 갈등, 전쟁과 테러 등의 문제가 발생하고 있는 지역은 팔레스타인 지역이다. 따라서 5번 문항에는 팔레스타인과 관련된 내용이 들어가야 한다. 팔레스타인 사람들은 이슬람교를 믿는데 유대교를 믿는 유대인들이 들어와서 이스라엘이라는 국가를 세우면서 갈등이 시작되었다. 국제 사회의 중재 노력도 있었지만 아직 문제가 완전히 해결되지는 않았다.

10 **예시 답안** 영어, 말레이어, 중국어, 타밀어 등이 공용어로 사용된다. 학교에서 다문화 교육을 실시한다. 종교별로 적어도 하나 이상의 법정 공휴일을 지정하고 있다.

필수 키워드 및 어구 영어, 말레이어, 중국어, 타밀어, 공용어, 다문화 교육, 종교별 법정 공휴일

평가 기준

상	여러 개의 공용어를 사용하는 정책, 학교에서의 다문화 정책, 종교별 법정 공휴일 정책 중 하나를 정확하게 서술한 경우
중	여러 개의 언어 사용, 다양한 문화가 섞여 있음 등으로 서술한 경우
하	다문화 국가라는 사실만 서술한 경우

11 서로 다른 민족, 언어, 종교 등은 평화롭게 공존할 수도 있지만 끊임없이 갈등을 일으키는 원인이 되기도 한다. 서로 다른 종교와 언어 등의 문화적인 차이로 발생한 갈등은 상호 이해와 존중이 부족하여 발생하는 것이 일반적이다. 이러한 갈등이 영토, 자원, 물, 교통로 등을 둘러싼 정치적·경제적 이해관계까지 맞물려 갈등이 깊어지는 경우도 있다. 서로 다른 문화를 인정하는 태도는 문화 갈등을 줄일 수 있는 요인이다.

오답 피하기 ⑤ 자신의 문화가 다른 문화보다 우월하다는 자문화 중심주의는 문화 갈등의 주요 원인 중 하나이다.

V. 지구 곳곳에서 일어나는 자연재해

01 자연재해 발생 지역

개념 다지기 (본문 112쪽)

01 (1) 자연재해 (2) 지진 (3) 환태평양 (4) 아시아 (5) 건조 (6) 열대 저기압 **02** (1) ㄱ, ㅂ (2) ㄴ, ㄷ, ㄹ, ㅁ **03** (1) × (2) ○ (3) × (4) × (5) × **04** 사헬 지대 **05** (1) ㉠ (2) ㉡ (3) ㉢ (4) ㉣ **06** 지진 해일(쓰나미) **07** (1) ㉢ (2) ㉡ (3) ㉠ **08** (1) 기후적 요인 (2) 가뭄 (3) 계절풍 (4) 적도(저위도)

중단원 실력 쌓기 (본문 113쪽)

01 ③ **02** ② **03** ③ **04** ② **05** ①
06 ② **07** ① **08** ② **09** ④ **10** ③
11 ④ **12** ② **13** ①

01 자연재해는 인간과 인간 활동에 피해를 입히는 자연 현상을 말한다. 자연재해는 기후적 요인에 의한 재해와 지형적 요인에 의한 재해로 구분할 수 있다. 지형적 요인에 의한 자연재해로는 화산 활동, 지진, 지진 해일 등이 있으며, 기후적 요인에 의한 자연재해로는 홍수, 가뭄, 열대 저기압, 폭설, 한파, 토네이도 등이 있다.

오답 피하기 ㄱ, ㄹ은 기후적 요인에 의한 재해에 해당한다.

02 제시된 자료의 (가)는 홍수, (나)는 지진을 나타낸 것이다. 홍수는 한꺼번에 많은 비가 내려 하천, 호수 등의 물이 흘러넘쳐 삶의 터전이 잠기는 현상을 말하며, 지진은 지구 내부 힘이 지표면에 전달되면서 땅이 흔들리거나 갈라지는 현상을 말한다.

오답 피하기 ① 지구 온난화 등의 영향으로 기상 이변이 발생하고 있으며, 세계 곳곳에서 기후적 요인에 의한 자연재해가 자주 발생하고 있다.
③ 지진은 지각판의 경계 부근에서 빈번하게 발생한다.
④ 지진은 갑자기 발생하므로 예측하기 어려운 특성이 있다.
⑤ (가)는 기후적 요인에 의한 재해, (나)는 지형적 요인에 의한 재해에 해당한다.

03 그림은 지진 해일(쓰나미)을 나타낸 것이다. 지진 해일은 해저에서 지진이나 화산 폭발이 발생하면서 일어나는 대규모 파도가 해안을 덮치는 현상이다. 지진 해일은 매우 빠른 속도로 진행되며 발생 지점으로부터 멀리 떨어진 곳까지 영향을 미친다.

오답 피하기 ㄱ. 지형적 요인에 의해 발생하는 자연재해이다.
ㄹ. 해안에 가까워지면서 파도의 속도는 느려지지만 높이가 점점 높아져 큰 해일이 발생하게 된다.

04 화산 활동과 지진은 판들이 서로 만나거나 분리될 때 나타나기 때문에 지각판의 경계 부근인 조산대에서 자주 발생한다. 태평양을 둘러싸고 있는 환태평양 조산대와 알프스산맥과 히말라야산맥을 잇는 알프스·히말라야 조산대가 대표적이다.

05 제시된 지도는 세계의 조산대를 나타낸 것이다. A는 환태평양 조산대로 화산 활동과 지진이 자주 발생하여 '불의 고리'라고 불리기도 한다. 조산대는 지각판의 충돌 현상이 나타나 지각이 불안정하다. 화산 활동과 지진은 지각 변동에 의해 발생하는 자연재해에 해당한다.

06 지진 발생과 이로 인한 피해 상황을 나타낸 신문 기사이다.

오답 피하기 ㄴ. ㉡에 들어갈 말은 환태평양 조산대이다. 지진과 화산 활동이 자주 발생하는 곳을 지도상에 나타내보면 거대한 띠 모양으로 이어져 조산대와 대체로 일치한다.
ㄷ. 지진은 판의 경계 부근에서 자주 발생한다. 판들이 지구 내부의 힘에 의해 움직이는 과정에서 부딪치거나 분리되는데 이때 땅이 흔들리는 현상이 지진이다.

07 지도에 표시된 지역은 홍수의 피해가 자주 발생하는 곳이다. ② 홍수는 기후적 요인에 의한 자연재해에 해당하며, ③ 고온 다습한 계절풍의 영향을 받아 집중 호우가 내리는 동남아시아나 동아시아 대하천 하류에서 자주 발생한다. ⑤ 북극해 연안의 고산 지역에서 겨울철에 쌓였던 눈이 녹아 봄철에 갑자기 강으로 흘러들어 홍수가 발생하기도 한다.

오답 피하기 ① 강수량이 적고 증발량이 많은 건조 기후 지역과 그 주변에서는 가뭄의 피해가 자주 나타난다.

08 제시된 자료는 가뭄을 나타낸 것으로, 가뭄은 오랫동안 비가 내리지 않아 땅이 메마르고 물이 부족해지는 현상을 말한다. 가뭄은 진행 속도가 느리며 오랜 시간에 걸쳐 넓은 범위에서 발생한다는 특징이 있다. 가뭄은 아프리카 사헬 지대, 중국 내륙, 북아메리카 중서부 지역 등에서 발생하고 있다.

오답 피하기 ㄴ. 지구 온난화 현상이 심화되면서 지구촌 곳곳에서 가뭄, 홍수, 폭설 등의 기상 재해 발생 빈도가 증가하고 있다.
ㄷ. 가뭄은 강수량이 적고 증발량이 많은 건조 기후 지역과 그 주변에서 자주 발생한다.

09 방글라데시는 매년 홍수로 국토의 일부분이 물에 잠기고 많은 인명 피해가 나타난다. 방글라데시는 큰 강의 하류 지

역에 위치하고 있으며 국토의 대부분이 해발 고도가 낮은 평야로 이루어져 침수 가능성이 높다. 또한 바다에서 불어오는 습한 계절풍과 사이클론의 영향을 받는 지역이기 때문에 홍수 발생 가능성은 더욱 커진다.

오답 피하기 ㄱ. 방글라데시는 큰 강의 하류 지역에 위치한 국가이다.
ㄷ. 여름철에 바다에서 불어오는 습윤한 계절풍의 영향을 받아 홍수가 발생한다.

10 가뭄에 대해 설명한 1번~5번 문장 중 바르게 된 것은 2번, 4번이며, 잘못된 것은 1번, 3번, 5번이다. 따라서 민호가 제출한 답안을 살펴보면 1번 오답, 2번 오답, 3번 정답, 4번 정답, 5번 정답으로 모두 3문제를 맞추었다.

오답 피하기 1번 문장 : 가뭄은 기후적 요인에 의해 발생한 자연재해이다.
3번 문장 : 가뭄은 오랜 시간에 걸쳐 넓은 범위에서 발생한다.
5번 문장 : 지구 온난화 현상이 가속화되면서 특정 지역뿐 아니라 지구촌 곳곳에서 가뭄의 피해가 발생하기도 한다.

11 (가)는 홍수, (나)는 가뭄을 나타낸 사진 자료이다. (가) 홍수는 한꺼번에 많은 비가 내려 하천의 물이 범람해 생활 터전이 잠기는 현상을 말한다. (나) 가뭄은 오랫동안 비가 내리지 않아 땅이 메마르고 물이 부족해지는 현상을 말한다. 가뭄으로 인한 피해는 사막 주변과 수분 공급이 원활하지 않은 내륙 지역에서 많이 발생한다.

오답 피하기 ① 오랫동안 피해가 지속되며, 피해 지역이 넓게 나타나는 것은 (나) 가뭄의 특징이다.
② 증발량이 강수량보다 많은 건조 기후 지역에서는 (나) 가뭄이 자주 발생한다.
③ (나)는 기후적 요인에 의한 자연재해에 해당한다.
⑤ 지구 온난화 현상이 심화되면서 홍수, 가뭄 등의 발생 횟수는 늘어나고 있으며 피해 규모도 커지고 있다.

12 열대 저기압은 발생하는 지역에 따라 이름이 다르다. 인도양과 아라비아해에서 발생하는 것을 사이클론, 북태평양 필리핀 동부 해상에서 발생하는 것을 태풍, 대서양에서 발생하는 것을 허리케인이라고 한다.

13 지도는 열대 저기압의 발생 지역과 이동 경로를 나타낸 것이다. 열대 저기압은 열대 지역의 해상에서 발생해 중위도 지역으로 이동하는 저기압을 말한다. 강한 바람과 집중 호우를 동반하며 영향을 미치는 범위가 넓은 것이 특징이다.

오답 피하기 ② 우리나라는 여름철에서 초가을 사이에 태풍의 영향을 받는다.
③ 열대 지역에서 발생해 중위도 지역으로 이동한다.
④ 열대 저기압은 기후적 요인에 의한 자연재해로 지각 변동에 의해 발생하는 지진 해일과는 관련이 없다.
⑤ 열대 저기압은 이동 경로를 예측하기 어려워 큰 피해가 발생하기도 한다.

서술형·논술형

본문 115쪽

01 **예시 답안** 지각판과 지각판이 만나는 경계 지역인 조산대에 위치하고 있어 지각이 불안정하다.

필수 키워드 지각판의 경계, 조산대

평가 기준

상	지각판과 지각판의 경계라는 내용과 조산대라는 명칭을 모두 쓰고 지각이 불안정하다는 내용을 서술한 경우
하	조산대라고만 쓰거나 단순히 지각이 불안정한 지역이라고만 서술한 경우

02 **예시 답안** 방글라데시는 매년 홍수로 인한 피해가 자주 발생하는 국가이다. 방글라데시에 홍수 피해가 자주 나타나는 이유를 지형적 요인과 기후적 요인의 측면에서 설명하면 다음과 같다. (가)에서 알 수 있듯이 방글라데시는 큰 강들의 하류에 위치하고, 상류에는 히말라야산맥이 분포하여 비가 내리면 하천의 상류에서 흘러들어온 물이 모여 유량이 빠르게 증가한다. 또한 국토의 대부분이 해발 고도가 낮은 평야로 이루어져 침수의 위험성이 더욱 크다. (나)를 보면 방글라데시는 여름에 바다로부터 습윤한 계절풍이 불어와 히말라야산맥을 타고 넘으면서 많은 양의 비가 내리고, 열대 저기압(사이클론)의 영향을 받는 지역이기도 해 홍수가 발생할 가능성은 더욱 커진다. 습윤한 계절풍과 열대 저기압의 영향으로 짧은 기간에 강수량이 집중되기 때문에 홍수의 피해가 커지게 되는 것이다.

평가 기준

평가 항목	평가 내용
평가 충실도	정해진 분량 기준을 충족시킴 (단, 제시된 질문과 전혀 상관없는 내용으로 서술했을 시에는 분량 기준을 충족시키지 못한 것으로 간주함)
논제의 이해	제시된 두 자료를 통해 방글라데시에 홍수 피해가 자주 나타나는 요인을 추론한 후 이를 지형적 요인과 기후적 요인으로 구분하여 바르게 설명할 수 있음
설명의 타당성	각 요인에 대한 설명과 이를 뒷받침하는 내용이 정확하고 타당하게 연결되어 있음
글의 논리성	전체적인 글의 구성과 짜임새가 매끄러우며, 설명과 뒷받침 내용의 연결이 논리적이며 자연스러움

02 자연재해와 주민 생활

개념 다지기 본문 118쪽

01 (1) 화산 활동 (2) 홍수 (3) 열대 저기압 (4) 폭설 **02** (1) 지열 (2) 지진(화산 활동) (3) 가뭄 (4) 적조 현상 **03** 홍수 **04** (가) ㄷ, ㄹ (나) ㄱ, ㄴ **05** (1) ㉣ (2) ㉠ (3) ㉡ (4) ㉢ **06** (1) × (2) ○ (3) ○ (4) × (5) × **07** (1) 하강하게 (2) 지열 발전 (3) 홍수 (4) 열대 저기압

중단원 실력 쌓기 본문 119쪽

01 ③ **02** ⑤ **03** ② **04** ② **05** ③ **06** ① **07** ② **08** ④ **09** ⑤ **10** ② **11** ② **12** ②

01 사진과 같은 현상을 일으키는 자연재해는 지진이다. 지진이 발생할 경우 산사태가 일어나고 각종 시설물이 붕괴하여 인명과 재산 피해가 발생한다. 지진의 충격으로 수도·전기·가스·통신망 등이 파괴되어 피해가 커질 수 있다. 지진이 발생하면 짧은 시간 안에 넓은 지역에 걸쳐 피해가 나타나며, 지진은 갑자기 발생하여 예측하기 어려운 특성이 있다.

02 지진이 발생하면 산사태가 일어나고, 건물과 가옥 등의 각종 시설물이 무너져 인명과 재산 피해가 나타나게 된다. 또한 지진이 해일을 동반하게 되면 피해가 더욱 커진다.

오답 피하기 ⑤ 가뭄으로 인해 발생하게 되는 피해이다.

03 화산 활동은 땅속의 마그마가 지각의 약한 부분을 뚫고 나와서 분출하는 현상을 말한다. 화산이 폭발하면 각종 화산 분출물이 시설물, 농경지, 삼림 등을 덮쳐 많은 인명과 재산 피해가 나타난다. 또한 화산재가 대기 중으로 확산되어 시야를 흐리게 하여 항공기 운항에 지장을 준다.

오답 피하기 ㄴ. 열대 저기압은 강한 바람과 집중 호우를 동반하는데 이로 인해 홍수와 산사태 등의 발생 가능성이 커진다.
ㄹ. 화산재가 대기 중으로 확산될 경우 오랫동안 햇빛을 차단하여 대기의 온도를 낮게 하는 등 기후 변화가 일어나기도 한다.

04 화산은 인간 생활에 유리하게 활용되기도 한다. 화산재가 쌓인 토양은 비옥하여 농업 활동에 도움을 주며 화산 주변 지역에서는 벼농사를 짓거나 포도, 커피 등을 재배하기도 한다. 또한 화산 폭발로 형성된 독특한 화산 지형과 온천은 관광 자원으로 이용되며, 땅속의 열에너지를 이용한 지열 발전을 통해 전기를 생산하기도 한다. 이 밖에 화산 주변의 주민들은 유황 등의 광물 자원을 채굴하여 경제적 이익을 얻는 경우도 있다.

오답 피하기 ② 지구의 열적 균형을 유지시켜 주는 긍정적인 효과가 있는 것은 열대 저기압이다.

05 제시된 사진 자료는 지열 발전을 통해 전기를 생산하는 모습, 화산 활동으로 형성된 독특한 화산 지형과 온천이 관광 자원으로 활용되는 모습, 화산 주변에서 주민들이 유황을 채굴하는 모습, 화산재가 쌓여 비옥해진 토양에서 농업 활동을 하는 주민들의 모습을 나타낸 것이다. 이처럼 화산 활동이 자주 발생하는 지역의 주민들은 불리한 자연환경에 적응하거나 그 자연환경을 극복하며 살아가고 있다.

06 ㉠ 지진이 발생하면 산사태가 일어나고 각종 건물과 시설 등이 붕괴되어 인명 및 재산 피해가 나타난다. ㉡ 화산 활동이 발생하면 그 영향으로 화재, 산사태 등이 일어나고 화산에서 분출되는 여러 물질들이 마을과 농경지를 덮친다. 또한 화산재가 상공을 뒤덮어 시야를 흐리게 하여 항공기 운항에 지장을 주기도 한다.

07 제시된 사진은 비가 많이 내려 도로와 교통수단이 물에 잠긴 모습을 나타낸 것으로 홍수로 인한 피해를 보여주고 있다. 홍수가 나면 농경지, 가옥, 도로 등이 물에 잠기고 산사태가 일어나는 등 많은 재산과 인명 피해가 발생한다. 하지만 한꺼번에 많은 물을 공급해 가뭄을 해소하고, 토양에 영양분을 공급해 땅을 비옥하게 만들어주기도 한다.

오답 피하기 ㄴ. 가뭄이 오랫동안 지속되면 산불 발생의 위험성이 높아진다.
ㄹ. 가뭄이 지속되면 하천수와 지하수 고갈로 농업 활동에 어려움을 겪을 수 있다.

08 과거 이집트에서는 나일강이 주기적으로 범람하여 상류로부터 영양분이 많은 퇴적물을 공급받아 하천 주변에 비옥한 평야를 형성하였고 일찍부터 농경과 문명이 발달할 수 있었다. 현재도 이집트 인구의 대부분은 전 국토 면적의 극히 일부분(약 3%)에 해당하는 나일강 유역에 모여서 살고 있다.

09 지도에 표시된 지역은 가뭄의 피해가 자주 발생하는 곳이다. 가뭄이 지속되면 하천수가 부족해져 농업 활동이 어려워지며 일부 지역에서는 식량과 물 부족으로 난민이 발생하기도 한다. 또한 가뭄이 오랫동안 이어지면 산불의 발생 위험성이 높아진다.

오답 피하기 ㄱ. 홍수가 발생하면 산사태가 일어나기도 해 많은 재산과 인명 피해를 입는다.
ㄴ. 홍수로 인해 하천이 범람하면 물과 영양분이 공급되어 토양이 비옥해지기도 한다.

10 제시된 자료는 열대 저기압의 위성 사진을 나타낸 것이다. 열대 저기압은 많은 비를 동반해 무더위를 식혀 주고 가뭄을 해결해 주기도 한다. 또한 강풍으로 인해 풍랑이 일게 되면 바닷물을 순환시켜 적조 현상을 완화하는 한편, 지구의 열 균형을 유지해 주는 등의 긍정적인 효과가 있다.

오답 피하기 ㄴ. 토양의 산성화를 막아주는 것은 황사의 긍정적인 측면에 해당한다.
ㄷ. 열대 저기압은 무더위를 식혀 주는 역할을 한다.

11 폭설은 짧은 기간 동안 많은 양의 눈이 내리는 현상으로 특히 겨울철 습한 공기가 많이 유입되는 지역에서 발생한다. 폭설로 인해 가옥이나 건축물이 붕괴되고 교통이 마비되기도 한다. 하지만 근래에는 스키장과 같은 시설이 들어서고 눈을 활용한 축제를 개최하는 등 관광 산업이 발전하고 있다. 캐나다 로키산맥 주변은 세계적으로 눈이 많이 내리는 지역으로 이러한 자연환경을 이용해 스키와 같은 동계 스포츠가 발달하였다.

12 지도는 열대 저기압의 발생 지역과 이동 경로를 나타낸 것이다. 열대 저기압은 강한 바람과 집중 호우를 동반한다. 항만 시설, 선박 등이 큰 피해를 입을 수 있고 해일로 인해 저지대가 침수되기도 한다. 강풍으로 차량, 가옥, 각종 시설물이 파괴되고 집중 호우로 홍수와 산사태의 발생 가능성도 커진다.

오답 피하기 ㄱ. 열대 저기압은 많은 비를 동반하여 가뭄을 해결해 주기도 한다.
ㄹ. 열대 저기압은 기후적 요인에 의한 자연재해로 해저 지진의 발생과는 관련이 없다.

서술형·논술형

본문 121쪽

01 **예시 답안** 화산재가 쌓여서 비옥해진 토양을 이용해 농업 활동(벼농사를 짓거나 포도, 커피 등의 작물을 재배)을 한다. 화산 활동으로 형성된 독특한 화산 지형이나 온천 등을 이용해 관광 산업이 발달한다. 땅속의 열에너지를 이용한 지열 발전을 통해 전기를 생산한다. 화산 주변 주민들이 유황, 구리 등의 광물 자원을 채굴하여 경제적 이익을 얻기도 한다.

필수 키워드 및 어구 비옥한 토양, 관광 산업, 지열 발전, 자원 채굴 등

평가 기준

상	화산 활동이 인간 생활에 유리하게 작용하는 점을 두 가지 모두 바르게 서술한 경우
하	화산 활동이 인간 생활에 유리하게 작용하는 점을 한 가지만 바르게 서술한 경우

02 **예시 답안** 홍수가 나면 강물이 순식간에 불어나 가옥, 농경지, 도로, 시설물 등이 물에 잠기고 산사태가 일어나는 등 많은 인명 피해와 재산 피해가 발생한다. 또한 생태계가 파괴되는 문제가 나타나기도 한다.
그러나 홍수로 하천이 범람하게 되면 한꺼번에 많은 물을 공급하여 가뭄을 해소할 수도 있고, 퇴적물을 통해 토양에 영양분을 공급하여 땅을 비옥하게 만들기도 한다. 실제 이집트의 나일강은 주기적으로 범람하면서 상류로부터 많은 퇴적물을 공급받아 하천 주변에 비옥한 평야를 형성하였고, 일찍부터 농경과 문명이 발달할 수 있어 4대 문명의 발상지 중 하나가 되었다. 자료에 제시된 것처럼 이집트인들은 나일로 미터를 활용하여 나일강의 홍수를 예측하고 대비하는 한편, 농사 시기를 조절하였다고 한다.

평가 기준

평가 항목	평가 내용
평가 충실도	정해진 분량 기준을 충족시킴 (단, 제시된 질문과 전혀 상관없는 내용으로 서술했을 시에는 분량 기준을 충족시키지 못한 것으로 간주함)
논제의 이해	홍수가 인간 생활에 미치는 피해를 구체적으로 제시하고, 홍수가 인간 생활에 미치는 긍정적인 영향을 고대 문명의 형성 과정과 연결지어 설명할 수 있음
설명의 타당성	항목별 설명과 이를 뒷받침하는 내용이 정확하고 타당하게 연결되어 있음
글의 논리성	전체적인 글의 구성과 짜임새가 매끄러우며, 설명과 뒷받침 내용의 연결이 논리적이며 자연스러움

03 자연재해 대응 방안

개념 다지기

본문 124쪽

01 (1) 포장 면적 (2) 사막화 (3) 사헬 지대 (4) 내진 설계 (5) 홍수 **02** 녹색 댐 **03** (1) 감소 (2) 비워두고, 생태 하천 (3) 축소 (4) 화산 활동 (5) 높은 **04** (가) ㄷ, ㄹ (나) ㄱ, ㄴ **05** (1) ㉡ (2) ㉢ (3) ㉠ (4) ㉣ **06** (1) ○ (2) × (3) ○ (4) ○ **07** 지진 **08** (1) 삼림 지역(숲) (2) 사막화 방지 협약 (3) 보존하는

중단원 실력 쌓기

본문 125쪽

01 ②	02 ①	03 ⑤	04 ④	05 ③
06 ⑤	07 ②	08 ③	09 ④	10 ⑤
11 ③	12 ⑤	13 ③	14 ④	15 ③

01 홍수는 인간의 활동으로 발생 횟수가 늘고 그 피해도 커지고 있다. 무분별한 도시 개발로 숲이 사라지고 건물과 도로의 건설로 포장 면적이 늘어나면서 빗물이 하천으로 빠르게 흘러들어 홍수 피해가 커질 수 있다. 또한 곡류하던 하천을 곧게 만들면서 유속이 빨라져 하류 지역에 홍수 발생 가능성이 커졌다.

오답 피하기 ㄴ. 저수지나 유수지 등을 조성하는 것은 홍수를 예방하기 위한 대책 중 하나이다.

ㄹ. 도시화가 진행되면서 콘크리트와 아스팔트로 포장된 면적이 늘어나 빗물이 토양에 잘 흡수되지 못하게 된다.

02 삼림 지역에서는 빗물이 땅속으로 스며들어 하천으로 유입되는 양이 많지 않다. 그러나 콘크리트와 아스팔트로 포장된 지역은 빗물이 땅속으로 잘 흡수되지 않고 대부분 땅 위로 흘러 하천으로 유입된다. 즉, 도시화에 따라 지표의 녹지 면적이 줄어들면서 하천으로 유입되는 빗물의 양이 많아져 홍수 발생 위험이 커진다.

오답 피하기 ② 도시 지역에 내리는 비는 대부분 땅 위로 흘러 하천으로 유입된다.

③ 도시화가 진행될수록 홍수가 발생할 위험이 높아진다.

④ 삼림 지역에 내리는 비는 많은 양이 토양으로 스며들게 된다.

⑤ 도시화가 진행되면서 녹지 면적이 줄어들고 빗물의 상당량이 하천으로 유입되어 홍수 발생 가능성이 높아진다.

03 습지는 집중 호우 시 빗물을 저장하여 홍수와 가뭄을 예방하는 역할을 해준다. 습지를 개간할 경우 하천의 유량 조절 및 홍수 예방 기능이 줄어든다. 곡류 하천을 직선화하거나 하천 변에 도로 및 각종 시설을 개발하는 등의 행위는 홍수의 피해를 가져온다. 인간의 개발 행위로 숲이 사라지면서 빗물이 토양에 흡수되지 못하고 하천으로 빠르게 흘러들어 홍수 피해 가능성이 커지게 된다.

오답 피하기 ㄱ. 인간 활동으로 도시가 개발되면서 자연 상태에 비해 하천의 유량 조절 기능이 떨어지게 된다.

ㄴ. 무분별한 개발로 삼림이 황폐해지면서 홍수나 산사태의 발생 위험이 커진다.

04 뉴올리언스의 사례는 인간 활동에 의해 자연재해의 피해가 더 커질 수 있다는 것을 보여준다. 뉴올리언스는 제방 건설, 도시 건설 등의 행위로 지반이 침하되어 해수면보다 낮은 사발 모양의 지형으로 변하면서 홍수의 피해가 자주 발생하게 되었다.

05 제시된 자료는 사헬 지대의 사막화가 매우 심각한 상황임을 보여주는 지도이다. 지도에 표시된 사하라사막 남쪽의 사헬 지대를 비롯하여 중국 내륙, 북아메리카 대륙 서부 지역 등에서는 사막화가 심각하게 나타나고 있다. 사막화는 사막 주변의 초원 지대가 인간의 지나친 개발과 가뭄으로 사막처럼 농사를 지을 수 없는 황폐한 땅으로 변하는 현상을 말한다.

06 사막화는 오랜 가뭄 등 기후 변화의 영향도 있지만 인구 증가로 인한 과도한 농경지 개발 및 가축 방목, 무분별한 삼림 벌채, 지나친 지하수 개발 등 인간의 활동으로 그 피해가 가속화되고 있다.

오답 피하기 ⑤ 지도에 표시된 지역들은 산업화의 정도가 낮고 공업의 발달이 미약한 곳들이 많다.

07 제시된 자료는 사막화의 진행 과정을 나타낸 것이다. 사막화가 진행되면 주변 토지가 황폐해지고 생태계가 파괴된다. 물의 증발로 염분이 들어 있는 여러 가지 물질들이 토양에 집적하는 토양의 염류화 현상이 나타나기도 한다. 또한 식량 생산이 감소하고, 질병과 기아가 발생하여 해당 지역에 거주하는 많은 사람이 생존을 위협받게 된다.

08 지도는 사막화 피해 지역의 분포를 나타낸 것이다. 사막화로 인한 피해를 줄이고자 사막화 방지 협약을 체결하여 사막화 문제를 겪고 있는 개발 도상국을 지원하고 있으며, 사막화 지역에 나무 심기 운동 및 난민 구호 활동 전개 등의 다양한 노력을 기울이고 있다.

오답 피하기 ㄱ. 사막화로 인한 피해를 줄이기 위해 무분별한 방목을 규제해야 할 필요가 있다.

ㄹ. 건조 지역에서 지하수를 지나치게 개발하여 관개 농업을 실시할 경우 사막화 현상이 심화될 수 있다.

09 전 세계 육지 면적의 약 40%에 이르는 지역에서 사막화가 진행되고 있으며 특히 사헬 지대, 중앙아시아 초원, 중국 내륙, 북아메리카 대륙 서부 등지에서 심각하게 나타나고 있다. 사막화는 과도한 목축이나 농경지 개발 등으로 인해 피해가 더욱 가속화되고 있다. 사막화로 인한 피해를 줄이기 위해 세계 각국은 사막화 방지 협약을 체결하고 나무 심기 운동과 같은 방지 노력에 적극 참여하고 있다.

오답 피하기 ④ 사막화는 오랜 가뭄 등 기후 변화의 영향도 있지만 인간의 활동으로 최근 들어 그 피해 범위가 확대되고 있다.

10 나무를 심고 녹지 공간을 확보하면 삼림의 녹색 댐 기능을

강화시킬 수 있다. 또한 건물 지하에 저류 시설을 설치하면 집중 호우 시 빗물을 저장하여 홍수의 발생을 줄일 수 있다. 이밖에 홍수의 피해를 줄이기 위해서 다목적 댐이나 제방을 건설하고 배수 시설을 정비하는 노력을 기울이고 있다.
ⓜ 집중 호우 시 빗물을 저장해 주는 습지가 제거되면 하천의 유량 조절 기능이 줄어들고, 홍수의 위험성이 높아진다.

11 저류 시설을 설치하게 되면 집중 호우 시 빗물을 저장하여 홍수의 발생을 줄이는 데 효과가 있다. 도로 포장 시 투수성 재료를 사용하면 토양의 빗물 흡수율을 높여 홍수의 피해를 줄일 수 있다. 사방댐은 빗물의 유속을 줄여 주고 토사의 흐름을 차단하는 기능을 하여 산사태나 홍수의 피해를 줄여준다.

12 열대 저기압은 강한 바람과 많은 비를 동반하며 이동 경로를 예측하기 어려워 철저한 대비가 필요하다. 강풍이나 해일에 대비하여 제방이나 시설물을 관리하고 이동 경로와 영향권 등을 예보하여 주민들이 대비할 수 있도록 해야 한다. 늪이나 갯벌과 같은 습지를 보존하는 것도 대책이 될 수 있다.

13 제시된 자료는 지진으로 인해 시설물 등이 붕괴된 것을 나타낸 사진이다. 지진 발생 시 대피 정보를 주의 깊게 청취하며, 전기 누전 및 화재 위험성이 있기 때문에 대피 시 전열 기구를 끄고 가스 밸브를 잠그는 것이 좋다.

오답 피하기 ③ 지진 해일이 일어나면 해안 가까운 곳에서는 즉시 높은 지대로 대피하여야 한다.

14 제시된 국가들은 환태평양 조산대 부근에 위치하고 있어 지진과 화산 활동이 빈번하게 발생한다. 따라서 지진의 피해를 최소화하기 위해 건물을 지을 때 내진 설계 방식을 이용하며, 지진에 대비한 대피 훈련을 주기적으로 실시하고 있다. 또한 화산 활동 시 분출하는 용암이 거주 지역을 덮치지 않도록 인공 벽이나 인공 하천을 건설하기도 한다.

오답 피하기 ④ 강풍에 대비한 제방이나 시설물 점검은 열대 저기압에 대응하는 주민들의 모습에 해당한다.

15 ㄴ. 칠레는 내진 설계를 의무화하고 지진 대비 교육을 주기적으로 실시해 왔기 때문에 평소 지진에 대한 준비를 철저히 해왔다고 볼 수 있다. ㄷ. 일반적으로 생활 수준이 높은 지역에서 자연재해의 피해를 줄이기 위한 철저한 대비 훈련을 실시하고 각종 대비 시설, 의료시설 구축 등을 위해 노력하기 때문에 인명 및 재산 피해가 작게 나타난다.

오답 피하기 ㄱ. 일반적으로 지진의 규모가 커질수록 사망자 수는 늘어난다.

ㄹ. 아이티에 비해 칠레에서 발생한 지진 규모가 크다. 따라서 칠레에서 발생한 지진의 강도가 더 세다.

서술형·논술형

본문 127쪽

01 **예시 답안** 일본은 지각이 불안정하고 지진이 빈번하게 발생하기 때문에 이에 대비하기 위해 건물을 지을 때 내진 설계 방식을 의무화하고 있다. 또한 지진 발생 시 대피를 돕고자 난간 일부를 쉽게 뚫을 수 있는 합판으로 막아 놓고 있다.

필수 키워드 및 어구 지각 불안정, 지진, 내진 설계 등

평가 기준

상	지진이 자주 발생한다는 내용과 함께 지진에 대비하기 위한 자료 속 가옥의 특징을 모두 서술한 경우
하	'지진이 자주 발생해서'와 같이 내용을 단편적으로 서술한 경우

02 **예시 답안** 라인강의 옛 물길 복원 사업은 생태계의 복원을 통해 자연재해의 피해를 줄이고자 노력한 사례이다. 자연과 공존하면서 긍정적인 상호 작용 속에 자연 스스로 피해를 조절할 수 있는 능력을 발휘하도록 해주는 것이 중요하다는 것을 알려준다.
홍수의 피해를 줄이기 위해서는 자연 댐의 역할을 해주는 숲을 잘 가꾸고, 물을 많이 저장할 수 있는 습지를 잘 보존하는 한편 도시 내 녹지 면적을 늘리도록 해야 한다. 하천에 홍수터를 만들어 자연스럽게 범람하도록 정비하는 것이 필요하다.

평가 기준

평가 항목	평가 내용
평가 충실도	정해진 분량 기준을 충족시킴 (단, 제시된 질문과 전혀 상관없는 내용으로 서술했을 시에는 분량 기준을 충족시키지 못한 것으로 간주함)
논제의 이해	제시된 사례(옛 물길 복원 사업)가 주는 시사점에 대해 본인의 생각을 밝히고, 홍수의 피해를 막기 위한 대응책을 사례와 연결지어 제시할 수 있음
설명의 타당성	시사점 및 대응책에 대한 설명과 이를 뒷받침하는 내용이 타당하고 적절하게 연결되어 있음
글의 논리성	전체적인 글의 구성과 짜임새가 매끄러우며, 설명과 이를 뒷받침하는 내용의 연결이 논리적이며 자연스러움

대단원 마무리

본문 128쪽

01 ③ **02** ④ **03** ③ **04** ①
05 예시 답안 참조 **06** ④ **07** ⑤ **08** ②
09 예시 답안 참조 **10** ④

01 자연재해는 인간과 인간 활동에 피해를 입히는 자연 현상을 말하며, 기후적 요인에 의한 재해와 지형적 요인에 의한 재해로 구분할 수 있다. 제시된 (가)는 지진, (나)는 홍수, (다)는 가뭄, (라)는 화산 활동을 나타낸 사진이다. 이 중 (가), (라)는 지형적 요인(지각 변동)에 의한 재해이며, (나), (다)는 기후적 요인에 의한 자연재해에 해당한다.

02 지도는 지각판과 지각판의 경계인 조산대를 나타낸 것이다. ① 지각판의 경계 부근에서는 조산 운동이 활발하게 나타난다. ② A는 환태평양 조산대로 화산 활동과 지진이 자주 발생해 '불의 고리'라고 불린다. ③ 조산대에서는 지각판의 충돌 현상이 나타나 지각이 불안정하다. ④ 강풍과 폭우로 인한 피해는 열대 저기압에 의해 나타난다. ⑤ 지진과 화산 활동은 지각판의 경계 부근에서 자주 발생한다.

03 홍수는 계절풍과 열대 저기압의 영향을 받는 아시아 지역, 해발 고도가 낮은 큰 강 하류 등에서 발생한다. 북극해로 유입되는 하천에서는 겨울철에 내렸던 눈이 봄에 일시적으로 녹으면서 홍수가 발생하기도 한다.

04 지도는 열대 저기압의 발생 지역과 이동 경로를 나타낸 것이다. 열대 저기압은 열대 지역의 해상에서 발생하여 중위도 지역으로 이동하면서 강한 바람과 비를 동반하는 저기압을 말한다. 열대 저기압은 발생 지역에 따라 불리는 이름이 다른데 A 지역에서 발생하여 이동하는 경우 태풍이라고 한다.

오답 피하기 ㄷ. 열대 저기압은 적도 부근의 해상에서 발생하여 이동하기 때문에 고위도보다는 저위도 지역에서 그 피해가 크게 나타난다. 열대 저기압은 고위도로 이동하면서 육지를 만나고 해수의 온도가 낮아져 세력이 약화된다.

ㄹ. 기후적 요인에 의한 재해는 맞지만 열대 저기압은 조산대가 아니라 바닷물 온도가 높은 적도 부근의 해상에서 자주 발생한다.

ㅁ. 열대 저기압은 저지대에 침수 피해를 주지만 해저 지진을 동반하지는 않는다.

05 **예시 답안** 여름철 무더위를 해소하고 많은 비를 동반하여 가뭄을 해결해 주기도 한다. 바닷물을 순환시켜 적조 현상을 완화한다. 저위도의 열을 중위도로 이동시켜 지구의 열 균형을 유지시킨다.

필수 키워드 및 어구 무더위 해소, 가뭄 해결, 적조 현상 완화, 열 균형 유지 등

평가 기준

상	열대 저기압이 인간 생활에 미치는 긍정적인 영향을 두 가지 모두 바르게 서술한 경우
하	열대 저기압이 인간 생활에 미치는 긍정적인 영향을 한 가지만 바르게 서술한 경우

06 제시된 사진 (가)는 가뭄의 피해, (나)는 홍수의 피해를 나타낸 것이다. 홍수로 인해 농경지, 가옥, 도로 등이 침수되면 많은 재산 및 인명 피해가 발생한다. 하지만 하천의 범람으로 물과 영양분이 공급되어 토양이 비옥해지기도 한다. 가뭄이 나타나면 하천수와 지하수가 고갈되어 농업 활동에 어려움을 겪으며, 식량 및 물 부족으로 인한 난민이 발생하기도 한다.

오답 피하기 ㄱ. (나) 홍수가 발생할 때 생태계 파괴 및 산사태 등의 피해가 나타난다.

ㄷ. (가) 가뭄으로 하천수가 부족해질 경우 농작물에 피해를 주는 한편, 가뭄이 지속될 경우 산불의 위험성도 높아진다.

07 ① 화산 주변에 독특한 자연 경관이나 온천 등은 관광 산업을 발달시키기도 한다. ② 화산 활동으로 분출하는 화산재는 영양분이 많아 비옥한 토양을 만들어 농경지 조성에 유리하다. 주민들은 화산회토를 이용해 포도, 커피, 바나나 등을 재배하기도 한다. ③ 지열 발전을 통해 전력을 생산해 난방이나 산업 발전에 사용할 수 있다. ④ 화산 지역에는 구리, 유황 등의 여러 지하자원이 매장되어 이를 채굴하여 경제적 이익을 얻을 수 있다.

오답 피하기 ⑤ 과거 이집트의 문명 형성에 도움을 준 것은 홍수로 나일강이 주기적으로 범람하면서 상류로부터 많은 퇴적물을 공급받아 하천 주변의 토양이 비옥해지게 되었다.

08 지도는 사막화의 피해가 나타나는 지역을 표시한 것으로 A 지역은 사헬 지대이다. 사하라사막 남쪽에 위치한 사헬 지대에서는 사막화 현상이 심각하게 나타나고 있다. 사막화는 사막 주변의 초원 지역이 과도한 목축과 농경지 개발, 지속된 가뭄 등으로 인해 사막과 같이 황폐한 땅으로 변하는 현상을 말한다.

오답 피하기 ㄹ. 사헬 지대에서 농경지 확대는 사막화 현상을 가속화시킬 것이다.

ㅁ. 사막화는 느리게 진행되지만 피해 면적이 넓고 서서히 악화되는 특징이 있다.

09 **예시 답안** 사막화를 막기 위해 사막화 지역에 나무 심기, 과도한 방목 활동 규제, 국제적 차원의 협약(사막화 방지 협약) 체결 및 피해 국가 지원, 사막화 지역의 난민 구호 등의 다양한 노력을 하고 있다.

필수 키워드 및 어구 나무 심기, 국제 협약 체결, 난민 구호, 방목 규제 등

평가 기준

상	사막화를 해결하기 위한 노력을 두 가지 모두 바르게 서술한 경우
하	사막화를 해결하기 위한 여러 가지 노력 중 한 가지만 바르게 서술한 경우

10 제시된 자료는 지진이 발생했을 때의 대처 요령을 나타낸 그림이다. 지진의 피해를 막기 위해서 건물을 지을 때 내진 설계를 의무화하고 평상시에 지진 대비 훈련을 철저히 해야 한다. 또한 지진 해일이 발생할 수 있으므로 이에 대한 관측과 경보 전파 체계를 구축하고 대피 안내 표지판을 설치해 두어야 한다.

오답 피하기 ㄱ. 화산 활동으로 분출하는 용암이 거주 지역을 덮치지 않도록 하기 위한 대책에 해당한다.

ㄷ. 습지는 집중 호우 시 빗물을 저장하여 홍수와 가뭄을 예방하는 역할을 해준다. 습지를 개간할 경우 하천의 유량 조절 및 홍수 예방 기능이 줄어들기 때문에 홍수의 피해를 막기 위해서는 이를 개간하지 않고 보존하는 것이 좋다.

Ⅵ. 자원을 둘러싼 경쟁과 갈등

01 자원의 특성과 자원 갈등

개념 다지기

본문 136쪽

01 (1) 자원 (2) 천연자원 (3) 넓은 (4) 불가능한 (5) 가채 연수 (6) 경제 **02** (1) ㉠ (2) ㉡ (3) ㉢ **03** 석유 **04** (1) 석유 (2) 석탄 (3) 쌀 (4) 밀 **05** (1) × (2) × (3) × (4) × (5) ○ (6) ○ **06** ㄱ, ㄴ **07** (1) 국제 하천 (2) 메콩강 (3) 카스피해 **08** 애그플레이션

중단원 실력 쌓기

본문 137쪽

01 ②	**02** ③	**03** ④	**04** ④	**05** ②
06 ①	**07** ②	**08** ③	**09** ④	**10** ③
11 ②	**12** ③	**13** ④		

01 좁은 의미의 자원에는 화석 연료, 식량 자원, 광물 자원 등의 천연자원만 해당된다.

오답 피하기 ㄴ의 창의성은 인적 자원, ㄹ의 문화재는 문화적 자원에 해당된다.

02 제시문의 (가)는 석유 자원이 공간상으로 불균등하게 분포함을 설명하고 있다. 이는 자원의 편재성과 관계가 깊다. (나)는 자원의 유한성 사례를 들고 있다. (다)는 자원의 가치가 시대, 문화, 종교 등에 따라 달라질 수 있음을 나타내는 자원의 가변성과 관계있는 설명이다.

03 자원의 가채 연수는 올해와 같이 자원을 소비할 경우 몇 년 동안이나 이 자원을 이용할 수 있는지를 나타내는 지표로, 어떤 자원의 확인된 매장량을 그해의 연간 생산량으로 나눈 값이다. 따라서 확인된 자원의 양이 늘어나면 가채 연수는 달라질 수 있다.

오답 피하기 ① 자원의 가채 연수는 자원의 특성 중 유한성과 연관된 자료이다.

② 천연가스의 사용량과 석유의 사용량을 알 수 없으므로, 이 자료만으로는 매장량을 추론할 수 없다.

⑤ 가채 연수는 자원 소비가 올해 수준일 경우 앞으로의 사용 기한을 예측한 것이다.

04 제시된 지도에서 A는 석유, B는 석탄이다. 석유는 석탄보다 국제적 이동량이 많으며 서남아시아의 페르시아만에 집

중적으로 분포하여 편재성이 높은 자원이다. 석유와 석탄은 모두 화석 연료로, 재생이 불가능하고 탄소를 배출하는 자원이다.

05 석유는 오늘날 가장 중요한 에너지 자원으로 손꼽히고 있다. 특히 자동차, 선박, 항공기 연료로 매우 중요한 에너지 자원이며, 난방이나 발전에도 사용된다. 또한 플라스틱, 섬유, 아스팔트 등의 원료로 사용되기도 하는 등 용도가 매우 다양하다.

오답 피하기 ㄹ. 방사성 물질 누출의 위험이 있는 에너지 자원은 원자력이다.

06 자료의 설명은 쌀에 대한 것이다. 쌀은 우리나라를 비롯한 아시아 계절풍 기후 지역에서 많이 생산되고 해당 지역에서 많이 소비되어 밀에 비해 국제적 이동량이 적다.

07 제시된 지도는 세계의 기후 지역을 구분한 지도이다. A는 열대 기후, B는 건조 기후, C는 온대 기후, D는 냉대 기후, E는 한대 기후를 나타낸다. 이 중에서 물을 구하기 어려운 기후 지역은 증발량이 강수량보다 많은 건조 기후 지역이다.

08 1970년대 이후 본격적으로 나타난 자원 민족주의의 움직임은 자원을 이용하여 국제 사회에서의 영향력을 확대하고 자국의 이익을 극대화하기 위한 것이다. 이러한 움직임과 연관된 국제기구로는 석유 생산국들의 모임인 석유 수출국 기구(OPEC)가 있다.

09 동아시아 지역에는 자원이 풍부한 섬과 해역을 중심으로 자원 분쟁이 일어나고 있다. 특히 해당 지역을 자국의 영토로 주장하는 영유권 분쟁이 많이 나타난다.

오답 피하기 ① 제시된 자료에서도 네 곳의 자원 분쟁이 나타나고 있다.
② 난사(스프래틀리) 군도의 경우 많은 국가가 관련되어 있다.
③ 석유 이외에도 천연가스, 금 등의 자원을 두고 갈등이 발생한다.
⑤ 우리나라와 러시아 사이에서 관찰되는 분쟁은 없다.

10 바다인지 호수인지에 따라 연안 국가들의 이익이 달라지는 곳은 카스피해이다. A는 기니만 연안, B는 아부무사섬, D는 난사(스프래틀리) 군도, E는 북극해이다.

11 제시된 지도에서 A는 나일강 유역, B는 메콩강 유역이다. 나일강 유역 물 분쟁에는 에티오피아, 수단, 이집트 등이 관련되어 있다.

오답 피하기 ㄱ. 티그리스강·유프라테스강 유역의 물 분쟁에 대한 설명이다.
ㄷ. 메콩강에 대한 설명이다.
ㄹ. 동유럽의 다뉴브강에 대한 설명이다.

12 물 부족 국가 혹은 물 기근 국가에서는 필요한 용수 확보를 위해 지하수를 개발하여 사용한다. 그러나 무분별한 지하수 사용은 지하수의 고갈과 오염을 불러오기도 한다.

13 제시문은 국제 식량 대기업(곡물 메이저)에 대한 설명이다. 곡물의 수출과 수입 과정에 뛰어들어 막강한 영향력을 행사하고 있는 이들 기업이 곡물 가격을 통제하고 조절하여 많은 이익을 얻고 있다. 특히 식량이 부족한 개발 도상국의 저소득층 주민들은 식량 확보에 많은 어려움을 겪고 있다. 또한 곡물 가격 상승이 다른 상품의 물가까지 상승시키는 애그플레이션 현상도 관찰된다.

서술형·논술형

본문 139쪽

01 **예시 답안** 자료에 나타난 자원의 특성은 '자원의 가변성'이다. 이러한 특성이 나타나는 사례로 우리나라에서는 돼지고기가 식량 자원으로서의 가치를 갖고 있지만, 이슬람교도들에게는 그렇지 않다는 것을 들 수 있다.

필수 키워드 가변성, 자원으로서의 가치

평가 기준

상	자원의 가변성을 쓰고, 그 사례가 정확한 경우
중	자원의 가변성을 쓰고, 그 사례에 대한 설명이 미흡한 경우
하	자원의 가변성만 쓴 경우

02 **예시 답안** 자동차, 선박, 항공기 연료로 매우 중요한 에너지 자원이며, 난방이나 발전에도 사용된다. 또한 플라스틱, 섬유, 아스팔트 등의 원료로 사용되기도 하며 용도가 매우 다양하여 중요한 에너지 자원이다. 세계 각국은 이러한 석유를 확보하기 위하여 새로운 유전 개발, 자원 외교, 새로운 석유 채굴 방식 개발 등으로 경쟁하고 있다.
한편, 페르시아만 연안, 기니만 연안, 카스피해, 동아시아의 해역과 섬 등에서는 석유 생산 지역 및 송유관, 해상 교통로 등을 둘러싼 갈등이 발생하고 있다.

평가 기준

평가 항목	평가 내용
평가 충실도	정해진 분량 기준을 충족시킴 (단, 제시된 질문과 전혀 상관없는 내용으로 답변했을 시에는 분량 기준을 충족시키지 못한 것으로 간주함)
고차적 인지 능력	석유 확보를 위한 경쟁과 갈등을 잘 구분하여 서술함
사례의 풍부성	석유 자원을 둘러싼 경쟁과 갈등 사례를 풍부하게 제시하여 주장을 잘 뒷받침함
글의 논리성	전체적인 글의 구성과 짜임새가 매끄러우며, 비교와 대조에 있어 자연스러움

02 자원과 주민 생활 ~ 03 지속 가능한 자원 개발

개념 다지기

본문 142쪽

01 (1) 경제 발전 (2) 서남아시아 (3) 노르웨이 (4) 철광석 (5) 국내 총생산 **02** (1) ㉤ (2) ㉢ (3) ㉣ (4) ㉡ (5) ㉠ **03** 콩고 민주 공화국 **04** (1) 나이지리아 (2) 네덜란드 **05** (1) × (2) ○ (3) ○ (4) ○ (5) × (6) ○ (7) ○ (8) × **06** (1) 조력 발전 (2) 지열 발전 (3) 수력 발전 **07** ㉠ 바이오 ㉡ 식량

중단원 실력 쌓기

본문 143쪽

01 ② **02** ③ **03** ① **04** ③ **05** ⑤
06 ③ **07** ④ **08** ④ **09** ④ **10** ③
11 ② **12** ③ **13** ③

01 제시된 지도를 보면 노르웨이(1인당 국내 총생산 71,497달러), 오스트레일리아(51,593달러)와 같이 소득이 높은 나라도 있으나, 콩고 민주 공화국(473달러), 나이지리아(2,260달러)와 같이 1인당 국내 총생산이 비교적 낮은 나라들도 있음을 알 수 있다.

02 사우디아라비아, 아랍 에미리트 등 석유가 많이 나는 페르시아만 연안의 지역은 서남아시아 지역으로 분류한다.

03 제시된 글에 소개된 국가는 노르웨이이다. 북해 유전 개발을 통해 많은 소득을 올리고 이를 투명하게 집행하여 국민들의 삶의 질이 크게 향상된 국가이다. 지도에서 노르웨이의 위치는 A이다.

오답 피하기 지도의 B는 핀란드, C는 프랑스, D는 독일, E는 그리스이다.

04 자원을 통해 경제 발전을 이룬 국가들에 대하여 '자원의 축복'을 받았다고 표현하기도 한다. 반대말로는 '자원의 저주'라는 표현이 있다. 자원의 축복을 받은 국가로 손꼽을 수 있는 국가는 〈보기〉에서 오스트레일리아, 노르웨이 등이 있다.

오답 피하기 ㄱ. 일본은 경제 수준이 높은 국가이지만, 자원이 풍부하다고 볼 수는 없다.

05 나우루 공화국은 오세아니아에 위치한 섬나라로, 인광석을 통해 부유한 국가가 되었으나, 2000년대 이후 인광석이 고갈되면서 최빈국으로 전락하고 말았다. 이러한 일이 발생하게 된 것은 국가 경제가 자원 수출에만 지나치게 의존하고 있었기 때문이다.

06 자원 개발을 진행하는 과정에서 여러 부작용이 나타날 수 있다. 환경적인 측면에서는 광산 개발이나 새로운 주거지 개발을 하는 과정에서 숲이 훼손되고 주변 생태계가 파괴되는 문제점을 지적할 수 있다.

07 콜탄 광산을 두고 오랜 기간 내전을 겪고 있는 국가는 콩고 민주 공화국(D)이다.

오답 피하기 지도의 A는 모로코, B는 이집트, C는 나이지리아, E는 남아프리카 공화국이다.

08 제시된 자료는 에너지 소비 효율 등급 표시이다. 자동차나 가전제품 등 에너지 소비가 많은 제품에 표시되며, 소비자들에게 에너지 소비량을 등급으로 보여주어 에너지 소비가 적은 제품을 알아보고 구매할 수 있도록 하기 위해 제정되었다.

09 신·재생 에너지는 재생 가능한 자원으로 고갈의 우려가 없고, 탄소 배출 등 환경 오염에 미치는 영향이 적은 장점이 있다. 그러나 지역의 자연환경에 많은 영향을 받으며, 저장과 수송이 힘들다는 단점이 지적되기도 한다.

10 제시된 자료는 태양광 발전에 대한 것이다. 태양광 발전은 맑은 날이 많고 일사량이 풍부한 곳에 적합한 신·재생 에너지이다.

11 (가)는 지하의 열기를 활용하는 지열 발전의 방식을 설명한 것이다. (나)는 독일 윤데 마을 등에서 적극적으로 활용하고 있는 바이오 에너지에 대한 설명이다. (다)는 풍력 발전의 원리를 설명하고 있다.

12 사진의 신·재생 에너지는 풍력 발전이다. 풍력 발전은 소음 문제와 바람 강도가 약할 때 효율이 떨어진다는 단점이 지적되고 있다.

오답 피하기 ① 신·재생 에너지는 지속적인 사용이 가능하여 고갈의 우려가 적은 편이다.
② 하천 생태계와 연관된 신·재생 에너지는 수력 발전이다.
④ 방사성 물질의 누출이나 방사성 폐기물 처리에 대한 대책이 필요한 것은 원자력 발전이다.
⑤ 방조제를 건설해야 하는 신·재생 에너지는 조력 발전이다.

13 바이오 에너지는 석유의 대체 연료로 널리 사용되고 있으

나. 식량 생산에 사용될 옥수수밭을 연료 용도로 사용함으로써 식량 생산이 감소하고 곡물 가격 상승을 불러오기도 한다. 또한 사탕수수를 활용할 경우 사탕수수밭을 만들기 위해 열대림을 파괴하는 등의 문제도 안고 있다.

서술형·논술형

본문 145쪽

01 예시 답안 설명하고 있는 국가는 콩고 민주 공화국이다. 콩고 민주 공화국의 광산 노동자들은 전쟁 가운데서 열악한 대우를 받으며 혹사당하고 있다. 또한 환경 보호론자들은 무리한 콜탄 광산 개발로 인해 열대림이 파괴되고 생태계가 훼손되었다고 주장한다.

필수 키워드 및 어구 콩고 민주 공화국, 열악한 대우, 열대림 파괴

평가 기준

상	국가 이름을 정확히 쓰고, 두 측면에서의 어려운 점을 조리있게 서술한 경우
중	국가 이름을 정확히 쓰고, 두 측면 중 한 측면에서의 어려운 점을 조리있게 서술한 경우
하	국가의 이름만 쓴 경우

02 예시 답안 화석 연료에 비하여 신·재생 에너지가 갖는 장점은 다음과 같다. 첫째, 고갈의 우려가 적다. 화석 연료는 재생이 불가능하지만 신·재생 에너지는 재생이 가능하기 때문이다. 둘째, 탄소 배출이 적다. 화석 연료는 연소 과정에서 많은 양의 이산화 탄소가 배출되지만 신·재생 에너지는 그렇지 않아 친환경적이다.

그러나 신·재생 에너지를 개발할 때에도 유의해야 할 점이 있다. 예를 들어 조력 발전소를 설치할 경우 주변 해양 생태계에 미치는 영향에 대하여 꼼꼼하게 검토하고 생태계 훼손을 최소로 하도록 건설해야 한다. 또한 바이오 에너지를 활용하기로 결정했을 때에는 식량 부족 문제나 곡물 가격 상승이 발생하지 않는지 살펴볼 필요가 있다.

평가 기준

평가 항목	평가 내용
평가 충실도	정해진 분량 기준을 충족시킴 (단, 제시된 질문과 전혀 상관없는 내용으로 답변했을 시에는 분량 기준을 충족시키지 못한 것으로 간주함)
고차적 인지 능력	신·재생 에너지의 장점과 단점을 명확하게 비교, 대조하여 나타냄
추론 능력	신·재생 에너지의 특징과 자연환경에 미치는 영향을 정확하게 추론함
글의 논리성	전체적인 글의 구성과 짜임새가 매끄러우며, 비교와 대조에 있어 자연스러움

대단원 마무리

본문 146쪽

01 ① **02** ⑤ **03** ② **04** 예시 답안 참조
05 ④ **06** ③ **07** ④ **08** ③ **09** ①
10 ② **11** ②

01 철광석, 석탄, 물 등은 자연에서 얻을 수 있는 천연자원이다. ㉣ 노동력은 인적 자원, ㉤ 법과 제도는 문화적 자원에 속한다.

02 자원의 가채 연수는 자원의 유한성과 연관되어 있다. 특히 석탄, 석유 등의 화석 연료는 재생이 불가능하고 매장량이 한정되어 있다.

오답 피하기 ①은 자원의 편재성을 고려하지 않은 잘못된 설명이다. ②는 자원의 편재성을 나타내는 대표적인 사례이다. ③, ④는 자원의 가변성에 대한 설명이다.

03 석유는 가장 널리 사용되는 에너지 자원이지만, 동시에 자원의 편재성이 높아 국제적 이동이 매우 활발하다. 또한 각종 석유 화학 공업의 원료로도 중요한 위치를 차지하고 있다.

04 예시 답안 A는 쌀, B는 밀이다. 쌀이 밀보다 국제적 이동이 적은 까닭은 쌀의 생산지와 소비지가 대체로 일치하기 때문이다.

필수 키워드 쌀, 밀, 생산지, 소비지

평가 기준

상	두 자원의 명칭을 정확히 쓰고, 국제적 이동이 적은 까닭을 바르게 서술한 경우
중	두 자원의 명칭을 정확히 쓴 경우
하	하나의 자원 명칭만 쓴 경우

05 제시된 지역들은 석유, 천연가스, 금 등이 풍부하게 매장된 섬이나 해역으로, 대표적인 자원을 둘러싼 영유권 분쟁 지역이다. 이 지역에 많은 인구가 거주하거나, 비옥한 농토가 위치해 있지는 않다.

06 세 하천은 모두 국제 하천으로, 여러 나라에 걸쳐 흐르며 상류 국가와 하류 국가 간의 물 분쟁이 발생하기도 한다. 유프라테스강, 티그리스강은 터키, 시리아, 이라크에 걸쳐 흐르며 나일강은 에티오피아, 남수단, 수단, 이집트에 걸쳐 흐른다. 메콩강은 중국, 라오스, 베트남, 캄보디아, 타이를 지나 흐른다.

07 제시된 자료를 보면 자원이 풍부한 국가라고 하더라도 1인당 국내 총생산에는 많은 차이를 보임을 알 수 있다.

오답 피하기 ① 경제 성장률은 이 자료로는 알 수 없다.
② 오스트레일리아의 1인당 GDP가 높은 것은 관찰할 수 있지만, 이것이 첨단 산업 발달 때문인지를 설명할 수는 없다.
③ 나이지리아와 캐나다에 있는 자원 중 어느 쪽이 풍부한지를 파악할 수 없다.
⑤ 콩고 민주 공화국은 오스트레일리아보다 1인당 GDP가 훨씬 낮기 때문에 경제 상황이 더 어려울 가능성이 높다.

08 제시된 사진은 나이저강 유역의 오염을 나타내고 있다. 나이지리아를 지나는 나이저강은 주변의 유전 지대에서 유출된 석유로 인해 심하게 오염되었고, 특히 오고니 랜드 지역의 주민들은 생활에 큰 어려움을 겪고 있다.

09 자원이 풍부한 지역은 자원을 활용하여 경제가 발전하고 인구가 증가하기도 한다. 그러나 자원이 풍부한 지역이라고 하여 반드시 인구가 증가하는 것은 아니며, 자원 개발로 경제가 발전하여 인구가 증가한 지역은 식량 문제가 나타난다고 보기 어렵다.

10 (가)는 풍력 발전, (나)는 태양광 발전, (다)는 지열 발전, (라)는 조력 발전 장면을 사진으로 나타낸 것이다. 바람의 세기가 강하고 지속적으로 부는 곳에서 개발하기 유리한 신·재생 에너지는 풍력이다.

11 조력 발전을 위해서는 방조제를 건설하고 바닷물의 흐름을 차단한다. 따라서 갯벌이 줄어들고 바닷물이 오염되어 해양 생태계에 나쁜 영향을 주게 된다.

Ⅶ. 개인과 사회생활

01 사회화와 청소년기

개념 다지기 본문 154쪽

01 (1) 사회화 (2) 가정 (3) 재사회화 (4) 청소년기 **02** (1) × (2) ○ (3) × (4) ○ **03** ㄱ, ㄷ **04** 대중 매체 **05** (1) ㉢ (2) ㉣ (3) ㉡ (4) ㉠ **06** ㄱ, ㄴ **07** (1) ㄴ (2) ㄹ (3) ㄱ (4) ㄷ **08** 자아 정체성

중단원 실력 쌓기 본문 155쪽

01 ⑤	**02** ①	**03** ③	**04** ④	**05** ②
06 ③	**07** ④	**08** ②	**09** ①	**10** ④
11 ②	**12** ①	**13** ④		

01 인간은 사회화 과정에서 다른 사람과의 상호 작용을 통해 사회생활에 필요한 지식, 기능, 규범, 가치 등을 배움으로써 인간다운 생활을 할 수 있다.
오답 피하기 ① 인간은 본능에 의해 행동하는 생물학적 존재로 태어난다.
② 인간은 사회 속에서 사회적 존재로 성장한다.
③ 인간으로서 배워야 할 언어, 기본적인 행동 양식 및 규범은 결정적 시기를 놓치면 학습하는 데 오랜 시간이 걸리며 그 수준도 매우 낮다.
④ 인간은 사회 속에서 다른 사람과의 상호 작용을 통해서 인간다워질 수 있다.

02 사회화의 기능은 개인적·사회적 측면으로 구분할 수 있다. 개인적으로는 개인만의 독특한 개성과 자아를 형성하며, 사회생활에 필요한 행동 양식 및 규범을 익혀 사회 구성원으로서 성장한다. 사회적으로는 사회 구성원들의 규범과 가치 등을 문화로 공유하고 이를 다음 세대로 전달하여 사회를 유지하고 발전시킨다.

03 또래 집단과 학교는 구성원 간에 지속적인 상호 작용을 통해 소속감과 안정감을 가지며, 공동체 생활에 필요한 질서와 규칙 등을 학습하는 사회화 기관이다.
오답 피하기 ㄱ. 업무에 필요한 지식과 기능을 배우는 곳은 회사이다.
ㄹ. 대중 매체는 대량의 지식과 정보를 신속하게 제공해 주어 현대 사회에서 그 영향력이 증대되고 있는 사회화 기관이다.

04 제시된 사례는 '맹모삼천지교(孟母三遷之敎)'라는 중국의 고사성어와 관련된 내용이다. 아들의 교육을 위해 맹자의

어머니가 이사를 세 번 했다는 내용으로 인간을 둘러싼 환경이 개인의 인성 형성과 사회화에 영향을 준다는 사실을 담고 있다.

오답 피하기 ③ 최초의 사회화 기관은 가정이다.

05 제시문에서 설명하고 있는 사회화 기관은 학교로 사회생활에 필요한 지식과 기능, 규범 및 가치관을 체계적으로 배우는 공식적인 사회화 기관이다.

오답 피하기 ① 대중 매체에 대한 설명이다.
③ 또래 집단은 비슷한 연령대로 구성되어 있어 놀이를 통해 규칙이나 질서를 배운다.
④ 업무에 필요한 지식과 기능, 규범을 배우는 직장에 대한 설명이다.
⑤ 최초의 사회화 기관은 가정으로 기초 생활 습관을 형성하는 데 큰 영향을 미친다.

06 군대의 병사, 재취업 과정을 듣고 있는 가장, 인터넷 사용법을 배우고 있는 노인은 모두 변화된 사회에 적응하기 위해 새롭게 사회화 과정을 겪고 있다.

07 사진은 한국 사회에 이주해 온 다문화 가족이 한국의 전통 음식 문화를 배우고 있는 모습이다. 이처럼 변화된 사회의 모습에 적응하기 위해 새로운 지식, 기능, 규범, 태도 등을 배우는 과정을 '재사회화'라고 한다.

오답 피하기 ① 사회화는 평생에 걸쳐 이루어지는 과정이다.
② 사회의 변화에 적응하기 위해 적극적으로 대처하고 있는 모습이다.
③ 기존의 사회화를 통해 얻은 지식과 기능으로는 적응하기 어렵기 때문에 새롭게 사회화 과정을 겪는 것이다.
⑤ 변화의 속도가 빠른 현대 사회에서는 재사회화의 필요성이 커지고 있다.

08 제시문은 청소년기를 나타내는 다양한 표현들이다. 청소년기는 아이도 어른도 아닌 중간적 단계에 해당하는 주변인의 시기이다.

오답 피하기 ① 청소년기는 심리적 이유기로 부모의 간섭으로부터 벗어나 독립하고자 하는 성향이 강하다.
③ 가정을 통해 기초적인 행동 양식을 배우고 기본 생활 습관을 형성하는 유아기에 대한 설명이다.
④ 직장을 통해 자아를 실현하고 생계를 유지하는 성인기에 대한 설명이다.
⑤ 은퇴 이후에 새로운 경제 활동을 하거나 여가 활동을 즐기는 노년기에 대한 설명이다.

09 청소년기에는 2차 성징을 통해 급격한 신체적 변화가 일어나며, 부모의 간섭으로부터 벗어나 독립하고자 한다. 또한 지적 능력이 높아져 추상적이고 논리적인 사고력이 향상된다.

오답 피하기 ㄷ. 청소년기는 질풍노도의 시기로 감정의 변화가 심하고 정서적으로 불안정한 모습을 보이며 충동적인 행동을 하기도 한다.
ㄹ. 청소년기에는 기성세대의 권위에 도전하고 전통적인 가치와 질서에 도전하는 성향을 보인다.

10 자아 정체성은 '나는 누구인가?', '나는 어떠한 사람인가?'와 같은 질문을 통해 자신만의 고유한 특성이나 모습 등을 명확하게 이해하는 것을 말한다.

오답 피하기 ① 자아 정체성은 청소년기에 형성되기 시작하여 계속적인 변화 과정을 겪는다.
② 청소년기에는 자신에 대한 끊임없는 질문을 통해 자아 정체성을 형성하기 시작한다.
③ 자신의 모습을 진지하게 탐색함으로써 자아 정체성을 형성하기 시작한다.
⑤ 자아 정체성을 형성함에 있어 선생님이나 부모님 등의 조언이나 다양한 분야의 독서를 통해서도 도움을 받을 수 있다.

11 대화에서 윤주는 자아 존중감이 매우 낮은 상태로 자신의 모습을 있는 그대로 인정하고 소중하게 여기는 '긍정적인 자아 정체성'을 형성하도록 노력해야 한다.

12 기사를 통해 우리나라 청소년들이 지나치게 자신의 외모에 부정적인 생각을 가지고 있음을 알 수 있다. 이러한 왜곡된 자아상은 낮은 자아 존중감을 갖게 하고 긍정적인 자아 정체성을 형성하는 데 부정적인 영향을 끼친다.

13 청소년기는 긍정적인 자아 정체성을 형성하는 중요한 시기이다. 청소년기에 어떠한 자아 정체성을 형성했느냐는 성인이 되어서의 삶과 개인뿐만 아니라 사회적으로도 영향을 미친다. 특히 긍정적인 자아 정체성의 형성은 청소년기의 심리적 혼란으로 인해 나타날 수 있는 사회 문제를 예방할 수 있다.

서술형·논술형

본문 157쪽

01 **예시 답안** 사회화, 사회화는 개인적 측면으로는 개인의 독특한 개성과 자아를 형성하고 사회 구성원으로 성장하게 한다. 사회적 측면으로는 사회의 문화를 공유하여 다음 세대로 전달함으로써 사회를 유지하고 발전시킨다.

필수 키워드 사회화, 개성과 자아 형성, 사회 구성원, 문화 공유, 사회 유지·발전

평가 기준

상	사회화의 개념을 명확히 쓰고, 사회화의 기능을 개인적 측면과 사회적 측면에서 모두 서술한 경우
중	사회화의 개념을 명확히 쓰고, 사회화의 기능을 개인적 측면과 사회적 측면 중 한 가지만 서술한 경우
하	사회화의 개념만을 명확히 쓴 경우

02 **예시 답안** 가정, 가정은 태어나서 처음으로 접하는 사회화 기관으로, 가정에서 언어, 예절, 의식주 등 기본적인 행동

양식과 생활 습관을 형성하게 된다. 그림은 가정에서 이루어진 사회화가 어른이 되어서까지도 영향을 미친다는 의미로 사회화 기관으로서 가정의 중요성을 나타낸 것이다. 이처럼 가정은 개인의 인성을 형성하여 일생 동안 영향력을 크게 미치는 가장 기초적인 사회화 기관이다.

평가 기준

평가 항목	평가 내용
평가 충실도	정해진 분량 기준을 충족시킴 (단, 제시된 질문과 전혀 상관없는 내용으로 답변했을 시에는 분량 기준을 충족시키지 못한 것으로 간주함)
고차적 인지 능력	그림이 가정의 중요성을 나타내는 것임을 명확하게 이해하여 가정의 특징을 서술함
글의 타당성	자기 의견과 그에 대한 근거가 제시된 사례와 타당하게 연결되어 있음
글의 논리성	전체적인 글의 구성과 짜임새가 매끄러우며, 의견과 근거의 연결이 자연스러움

02 사회적 지위와 역할

개념 다지기

본문 160쪽

01 (1) 사회적 지위 (2) 성취 지위 (3) 역할 행동 (4) 역할 갈등
02 (1) × (2) ○ (3) × (4) ○ (5) ○ **03** ㄴ, ㄷ, ㅁ, ㅂ **04** ㉣
05 역할 **06** 역할 갈등 **07** ㄴ, ㄹ **08** 우선순위

중단원 실력 쌓기

본문 161쪽

01 ③ **02** ② **03** ① **04** ① **05** ④
06 ⑤ **07** ③ **08** ③ **09** ③ **10** ⑤
11 ② **12** ⑤ **13** ④

01 사회적 지위는 개인이 사회나 집단 내에서 차지하는 위치를 말한다.

오답 피하기 ① 과거에도 귀속 지위가 존재하였다.
② 개인은 여러 집단에 속해 있어 다양한 사회적 지위를 가지고 있다.
④ 현대 사회에서는 개인의 능력과 노력을 통해 사회적 지위를 획득할 수 있다.
⑤ 개인의 의지와 상관없이 자연적으로 주어지는 지위는 귀속 지위이며 개인의 노력과 능력을 통해 얻어지는 지위는 성취 지위이다.

02 과장, 학생, 동아리 회장은 개인의 능력과 노력에 의해 획득되는 '성취 지위'로 후천적 지위이다.

오답 피하기 ㄴ. 과거 신분제 사회에서는 개인의 의지와 상관없이 자연스럽게 주어지는 귀속 지위가 중시되었다.
ㄹ. 전문화되고 복잡한 현대 사회에서 다양한 집단이 생김에 따라 사회적 지위도 증가하고 있다.

03 ㉠ 장남은 태어나면서 자연스럽게 얻어지는 '귀속 지위'이다. ㉡~㉤은 개인의 노력과 능력에 따라 후천적으로 획득되는 '성취 지위'이다.

04 조선 시대는 부모의 신분 계급을 그대로 물려받았으며 자신의 능력과 노력을 통해 신분 이동이 제한된 폐쇄적인 사회였다. 이처럼 전통 사회에서는 귀속 지위가 중시되었다.

오답 피하기 ㄷ과 ㄹ은 성취 지위에 대한 설명이다.

05 국가 대표와 아버지는 A 씨의 사회적 지위이다. A 씨는 국가 대표와 아버지라는 지위에 기대되는 두 개의 역할이 조화를 이루지 못해 충돌한 '역할 갈등'을 겪고 있다.

06 역할이란 사회적 지위에 기대되는 일정한 행동 양식을 말한다. ㄷ. 빠르게 변화하는 현대 사회에서 지위에 기대되는 역할도 시대와 사회적 상황에 따라 변화하였다. ㄹ. 복잡하고 전문화된 현대 사회에서는 다양한 사회적 지위가 생겨나면서 그에 따른 역할도 다양해졌다.

오답 피하기 ㄱ. 현대 사회에서 개인이 가지는 역할이 여러 개가 되면서 서로 조화를 이루지 못하는 역할 갈등이 빈번하게 발생한다.
ㄴ. 동일한 지위를 가졌다 하더라도 개인의 능력과 자질에 따라 다른 모습으로 역할을 수행한다.

07 과거에는 대부분의 아버지들이 권위적이어서 자녀와 부모 간에 수직적인 관계가 형성되었다. 그러나 오늘날에는 가정마다 자녀의 수가 줄어들고 핵가족이 보편화되면서 기존의 권위적인 아버지에서 친구처럼 편안하고 자상한 아버지의 모습을 기대하게 되었다. 이는 시대와 사회적 상황이 변화함에 따라 역할도 함께 변화함을 보여 주고 있다.

08 역할 행동이란 역할을 수행하는 개인의 일정한 행동 양식을 말한다. 역할을 성실히 수행하면 칭찬이나 보상이 주어지고, 역할을 제대로 수행하지 못하면 사회적 비난이나 처벌과 같은 제재가 뒤따르기도 한다. ③은 역할 갈등에 대한 설명이다.

09 아버지와 직장인이라는 두 개의 지위에 따른 역할이 조화를 이루지 못하고 서로 충돌하여 갈등을 일으킨 '역할 갈등'을 나타내고 있다.

10 제시된 자료는 역할 갈등을 합리적으로 해결하는 방법에 대해 순차적으로 서술하고 있다.

11 그림 속 주인공은 엄마라는 지위와 회사원이라는 지위에 부여되는 역할이 서로 충돌하여 갈등하고 있는 역할 갈등의 상황에 놓여 있다. 역할 갈등을 합리적으로 해결하기 위해서는 먼저 갈등의 원인과 상황을 분석하고 중요한 역할이 무엇인지 기준을 정하여 판단한 뒤 하나의 역할을 선택하거나 우선순위를 정하여 순서대로 역할을 수행해야한다.

12 역할 갈등을 원만하게 해결하지 않으면 개인은 심리적으로 불안감을 가지게 되며 사회 질서가 흔들려 사회가 혼란해질 수 있다.

13 맞벌이 부부는 근로와 육아라는 두 개의 역할을 수행함에 있어 역할 갈등을 자주 경험하게 된다. 이러한 역할 갈등은 개인의 문제에 그치지 않으므로 사회가 나서서 역할 갈등을 해결하려는 노력이 필요하다. 이를 위해 직장 내 어린이집을 확충하고 육아 휴직을 법으로 보장하는 것이다.

오답 피하기 ⑤ 직장 내 어린이집 확대와 육아 휴직의 법적 보장은 개인이 아닌 사회적 차원의 노력이다.

서술형·논술형

본문 163쪽

01 **예시 답안** (가)는 귀속 지위로 개인의 의지와 상관없이 자연스럽게 얻어지는 지위이다. 귀속 지위는 신분이 중요한 전통 사회에서 중시되었다. (나)는 성취 지위로 개인의 능력과 노력을 통해 후천적으로 획득하는 지위이다. 현대 사회에서 그 비중이 커지고 있다.

필수 키워드 귀속 지위, 성취 지위, 능력과 노력, 후천적

평가 기준

상	(가)와 (나)의 개념을 명확히 쓰고, 귀속 지위와 성취 지위의 특징을 모두 서술한 경우
중	(가)와 (나)의 개념을 명확히 쓰고, 귀속 지위와 성취 지위의 특징 중 한 가지만 서술한 경우
하	(가)와 (나)의 개념만을 명확히 쓴 경우

02 **예시 답안** 승호가 가지고 있는 여러 지위에 따른 역할이 서로 충돌하여 역할 갈등이 일어났다. 역할 갈등을 합리적으로 해결하기 위해서는 역할 갈등의 원인과 상황을 명확하게 분석하고 중요한 역할이 무엇인지 기준을 정해 판단한 뒤, 하나의 역할을 선택하거나 우선순위를 정하여 순서대로 역할을 수행하여 갈등을 해결할 수 있다.

평가 기준

평가 항목	평가 내용
평가 충실도	정해진 분량 기준을 충족시킴 (단, 제시된 질문과 전혀 상관없는 내용으로 답변했을 시에는 분량 기준을 충족시키지 못한 것으로 간주함)
고차적 인지 능력	제시된 사례가 역할 갈등에 해당함을 명확히 이해하고 이를 해결하기 위한 방안을 단계별로 제시하여 서술함
글의 타당성	자기 의견과 그에 대한 근거가 제시된 사례와 타당하게 연결되어 있음
글의 논리성	전체적인 글의 구성과 짜임새가 매끄러우며, 의견과 근거의 연결이 자연스러움

03 사회 집단과 차별

개념 다지기

본문 166쪽

01 사회 집단 **02** (1) 1차 집단 (2) 외집단 (3) 이익 사회 (4) 차별 **03** (1) × (2) ○ (3) × (4) ○ (5) ○ **04** ㄴ, ㄹ **05** (1) ㄱ, ㄴ (2) ㄷ, ㄹ (3) ㅁ, ㅂ **06** (1) 내집단 (2) 공동 사회 (3) 사회적(국가적) **07** ㄱ, ㄴ, ㅂ **08** 준거 집단 **09** (1) 차별 (2) 차별 (3) 차이

중단원 실력 쌓기

본문 167쪽

01 ②	**02** ⑤	**03** ④	**04** ④	**05** ③
06 ④	**07** ⑤	**08** ④	**09** ②	**10** ②
11 ③	**12** ⑤	**13** ②	**14** ④	

01 사회 집단이란 둘 이상의 구성원이 소속감과 공동체 의식을 가지고 지속적인 상호 작용을 하는 집합체를 말한다.

오답 피하기 ①, ③, ④, ⑤는 둘 이상의 구성원으로 이루어져 있으나 지속적인 상호 작용이 이루어지지 않아 사회 집단으로 볼 수 없다.

02 가정과 또래 집단은 구성원 간의 접촉 방식이 친밀하고 인격적으로 이루어지는 1차 집단이다. 1차 집단은 구성원에게 정서적 안정감과 만족감을 제공하며, 자아 형성 및 사회 유지에 기여한다. ⑤ 사회가 복잡해지고 전문화될수록 2차 집단의 영향력이 더욱 커진다.

03 ㉣은 구성원이 친밀하게 접촉하면서 인격적인 관계가 형성되는 1차 집단이다.

오답 피하기 ㉠, ㉡, ㉢, ㉤은 목적을 이루기 위해 인위적으로 형성된 2차 집단에 해당한다.

04 학교와 회사는 특정한 목적을 달성하기 위해 인위적이고 형식적인 만남이 이루어지는 2차 집단이다.

오답 피하기 ① 학교와 회사는 2차 집단이다.
② 특정한 목표를 이루기 위한 의도성을 가지고 조직되었다.
③ 의도적이고 형식적인 만남이 이루어진다.
⑤ 가족, 또래 집단은 1차 집단에 해당한다.

05 제시된 내용은 이익 사회에 대한 설명이다. ㄴ, ㄷ, ㄹ이 이익 사회에 해당한다.

오답 피하기 ㄱ, ㅁ, ㅂ은 자신의 의지와 상관없이 자연스럽게 형성된 공동 사회이다.

06 구성원 간의 접촉 방식에 따라 1차 집단과 2차 집단으로 구분하며, 구성원의 결합 의지에 따라 공동 사회와 이익 사회로 구분한다. 가족은 친밀하고 인격적인 접촉이 이루어지는 1차 집단이면서 의도가 없이 자연적으로 형성된 공동 사회이다. 이와 달리 학교, 정당은 특정 목표를 이루기 위해 의도적으로 형성된 이익 사회이면서 형식적이고 인위적인 만남이 이루어지는 2차 집단이다.

오답 피하기 구성원의 소속감 여부에 따라 사회 집단을 내집단과 외집단으로 구분할 수 있다.

07 구성원의 소속감 여부에 따라 (가) 내집단, (나) 외집단으로 구분된다. ⑤ 외집단과의 갈등은 내집단의 결속력을 강화시키기도 한다.

오답 피하기 ① (가)는 내집단, (나)는 외집단이다.
② 개인의 자아 정체성을 형성하는 데 기여하는 사회 집단은 자신이 소속되어 있는 (가) 내집단이다.
③ (가)와 (나)는 구성원의 소속감 여부에 따라 구분된다.
④ 내집단과 외집단은 고정된 것이 아니라 외집단이 내집단이 될 수도 있다. 예를 들면 내가 응원하는 축구팀과 경기하는 상대팀은 외집단에 해당하지만, 국가별 대항 경기를 할 때는 상대 팀도 우리나라 팀이 되어 내집단이 될 수 있다.

08 개인의 행동이나 판단의 기준이 되는 집단을 준거 집단이라 하며, 예주의 준거 집단은 의상 디자인과이다.

오답 피하기 ①, ② ㉠은 예주가 소속되어 있는 내집단이다.
③ ㉡은 예주의 내집단과 준거 집단이 일치하지 않아 불만과 갈등이 나타난 것이다.
⑤ ㉢은 형식적이고 의도적인 만남이 이루어지는 2차 집단에 해당한다.

09 (가) 가족은 1차 집단이면서 공동 사회이며, (나) 회사는 2차 집단이면서 이익 사회에 해당한다.

10 (가)는 차이, (나)는 차이를 인정하지 않고 개인과 집단을 부당하게 대우하는 차별에 해당한다. 차별은 차이에 대한 고정 관념이나 편견으로 발생하는 현상이다.

오답 피하기 ① (나) 차별은 사회 구성원 간의 갈등을 야기하여 사회 통합을 저해한다.
③ (가) 차이는 자연스러운 현상으로 존중받아야 하지만 (나) 차별은 개인과 사회가 함께 해결해야 하는 사회 문제이다.
④ (나) 차별은 사회 집단 내부에서 뿐만 아니라 사회 집단과 집단 간에도 발생한다.
⑤ (가)는 차이, (나)는 차별이다.

11 차별은 차이를 인정하지 않고 부당하게 대우하는 것으로 ㄴ, ㄷ이 그 사례이다. ㄱ, ㄹ은 서로 같지 않고 다르다는 차이를 인정해 준 사례이다.

12 (가)는 성(性)차별, (나)는 인종 차별에 해당하는 사례이다. ⑤ 차별은 개인뿐만 아니라 사회도 함께 해결하기 위해서 노력해야 하는 사회 문제이다. 다양한 차이를 인정하고 존중하는 사회적인 분위기를 형성하기 위한 교육에 앞장서고 차별을 막기 위한 법과 제도를 정비하는 데 적극적으로 나서야 한다.

오답 피하기 ② 차별은 차이를 인정하지 않아 나타난 현상이다.
③ 차별 문제를 해결하기 위해서는 차이에 대한 고정 관념과 사회적 편견에서 벗어나야 한다.
④ 차별은 개인의 잘못된 의식 때문에 나타나기도 하지만 사회의 불합리한 제도와 구조 때문에 발생하기도 한다.

13 서로의 차이를 이해하고 다양성을 존중하자는 내용의 공익 광고 포스터이다.

오답 피하기 ① 서로의 차이를 이해하고 존중하는 사회가 되어야 한다.
③ 차이는 '서로 같지 않고 다르다'는 것으로 자연스러운 현상이다.
④ 우리 사회의 차별을 해결하기 위해서는 개인의 의식 개혁과 함께 차별을 막기 위한 법과 제도의 정비가 이루어져야 한다.
⑤ 개인과 사회의 이익이 조화를 이루는 것이 바람직하다.

14 차별은 차이를 이유로 개인이나 집단을 부당하게 대우하는 것으로 해결해야 하는 사회 문제이다. 차별 문제를 해결하기 위해서는 개인적으로 차이를 이해하고 존중하는 자세가 필요하며, 사회적으로 차별을 방지할 수 있는 법과 제도를 마련해야 한다.

오답 피하기 ① 차별을 해결하기 위해서는 개인과 사회가 함께 노력해야 한다.
② 국가는 차별을 방지하기 위한 법과 제도를 마련하여 이를 해결하는 데 힘써야 한다.
③, ⑤ 차별은 개인에게 심리적인 불안감을 주고, 사회적으로는 사회 통합과 발전을 저해하는 사회 문제이다.

서술형·논술형

본문 169쪽

01 **예시 답안** 사회 집단은 (나)이다. 사회 집단은 두 사람 이상이 모여 '우리'라는 소속감과 공동체 의식을 가지고 지속적으로 상호 작용을 하는 집합체이다.

필수 키워드 및 어구 두 사람 이상, 소속감, 공동체 의식, 지속적인 상호 작용

평가 기준

상	(나)를 사회 집단이라 쓰고, 사회 집단의 성립 요건을 세 가지 모두 서술한 경우
중	(나)를 사회 집단이라 쓰고, 사회 집단의 성립 요건을 두 가지만 서술한 경우
하	(나)를 사회 집단이라 쓰고, 사회 집단의 성립 요건을 한 가지만 서술한 경우

02 **예시 답안** 피부색의 차이를 인정하지 않고 부당하게 대우한 인종 차별에 해당한다. 차별은 개인에게는 심적인 고통을 안겨 주고 사회적으로는 혼란과 갈등을 일으켜 사회 발전을 저해한다. 따라서 차별 문제를 해결하기 위해서는 개인적으로는 서로의 차이를 인정하고 다양성을 존중하는 의식을 함양하며, 사회적으로는 사회적 약자를 보호할 수 있는 법과 제도를 마련해야 한다.

평가 기준

평가 항목	평가 내용
평가 충실도	정해진 분량 기준을 충족시킴 (단, 제시된 질문과 전혀 상관없는 내용으로 답변했을 시에는 분량 기준을 충족시키지 못한 것으로 간주함)
고차적 인지 능력	제시된 사례가 인종 차별에 해당함을 명확히 이해하고, 인종 차별로 인해 나타나는 문제점과 해결 방안을 개인적·사회적 측면으로 구분하여 서술함
글의 타당성	자기 의견과 그에 대한 근거가 제시된 사례와 타당하게 연결되어 있음
글의 논리성	전체적인 글의 구성과 짜임새가 매끄러우며, 의견과 근거의 연결이 자연스러움

대단원 마무리

본문 170쪽

01 ①	**02** ③	**03** ④	**04** 예시 답안 참조	
05 ①	**06** ⑤	**07** ④	**08** ②	**09** ③
10 예시 답안 참조		**11** ③	**12** ④	

01 사회화는 개인적으로는 타인과 구별되는 독특한 개성과 자아를 형성하게 하며, 자신이 속한 사회의 구성원으로 성장하게 한다. 사회적으로는 한 사회의 문화를 공유하여 다음 세대로 전달하며, 사회 질서를 유지하고 발전시킨다.

오답 피하기 ㄷ, ㄹ은 사회화의 기능 중 개인적 측면에 해당한다.

02 제시된 사회화 기관은 또래 집단이다. 또래 집단은 비슷한 연령으로 이루어진 사회화 기관으로 놀이를 통해 집단의 규칙이나 질서를 배운다.

03 청소년기에 해당하는 설명이다. 청소년기는 '질풍노도의 시기'라고 불리는 시기로 감정의 기복이 크고 심리적으로 불안한 상태를 보이기도 한다.

오답 피하기 ① 청소년기는 아이도 어른도 아닌 주변인에 해당하는 시기이다.
② 자신의 고유한 특성을 명확하게 이해하여 자아 정체성을 확립해야 하는 중요한 시기이다.
③ 2차 성징과 같은 급격한 신체적 성장이 이루어진다.
⑤ 기성세대의 권위와 질서에 도전하는 성향을 보이는 시기이다.

04 **예시 답안** 재사회화, 급속한 사회 변화로 인해 기존의 지식, 기능, 규범만으로는 사회 적응이 어려워 다시 사회화되는 과정이 필요하게 되었다.

필수 키워드 재사회화, 급속한 사회 변화, 다시 사회화되는 과정

평가 기준

상	재사회화의 개념을 명확히 쓰고, 급속한 사회 변화로 사회 적응이 어려워 사회화 과정이 필요함을 서술한 경우
중	재사회화의 개념을 명확히 쓰고, 사회 적응이 어려워 다시 사회화 과정이 필요함을 서술한 경우
하	재사회화라고만 쓴 경우

05 ㉠, ㉡은 개인의 능력과 노력으로 획득한 성취 지위에 해당한다. ㉢, ㉣은 태어나면서 자연스럽게 주어지는 귀속 지위이다.

06 역할이란 사회적 지위에 기대되는 일정한 행동 양식으로 개인의 능력과 자질에 따라 역할 수행이 다르게 나타난다.

오답 피하기 ① 모든 사회적 지위마다 기대되는 행동 양식인 역할이 주어진다.
② 역할 갈등에 대한 설명이다.
③ 여러 개의 역할은 중요한 것부터 우선순위를 두어 차례대로 수행하는 것이 바람직하다.
④ 역할을 성실히 수행하면 보상과 칭찬을 받는다.

07 시대와 사회적 상황이 변하면 역할도 함께 변화한다. 과거에는 자녀와 부모 간에 수직적인 관계가 형성되어 자녀는 부모에게 복종하고 부모는 권위적인 모습을 보였다. 그러나 핵가족화 현상이 보편화되면서 친구같이 자상한 아버지의 역할을 바라는 사회적 분위기가 형성되었다.

08 제시문의 사회적 현상은 역할 갈등으로 개인이 여러 개의 지위를 가지게 되면서 역할이 서로 충돌하여 나타난다. 역

할 갈등은 중요한 역할부터 차례로 수행하여 해결하거나, 중요도에 따른 우선순위를 정해 해결할 수 있다.

오답 피하기 ① 역할 갈등이 발생하게 된 원인과 상황을 분석하여 해결 방안을 모색한다.
⑤ 국가는 빈번하게 나타나는 역할 갈등을 줄이기 위한 법과 제도를 마련하는 데 힘써야 한다.

09 사회 집단은 두 사람이 모여 '우리'라는 공동체 의식과 소속감을 가지고 지속적인 상호 작용을 하는 집합체로 ㄴ, ㄷ이 이에 해당한다.

오답 피하기 ㄱ, ㄹ은 두 사람 이상이 모여 있는 집합체이나 지속적인 상호 작용이 이루어지지 않으므로 사회 집단으로 볼 수 없다.

10 **예시 답안** (가)는 가족으로 구성원 간에 친밀하고 인격적인 접촉이 이루어지는 1차 집단이다. 이에 반해 (나)의 회사는 구성원 간에 형식적이고 인위적인 접촉이 이루어지는 2차 집단이다.

필수 키워드 가족, 회사, 친밀, 인격적, 형식적, 인위적, 1차 집단, 2차 집단

평가 기준

상	(가)와 (나)의 사회 집단의 유형을 명확히 쓰고, 그 특징을 모두 바르게 서술한 경우
중	(가)와 (나)의 사회 집단의 유형을 명확히 썼지만, 그 특징을 한 가지만 바르게 서술한 경우
하	(가)와 (나)의 사회 집단의 유형만을 명확히 쓴 경우

11 차이는 서로 같지 않고 다름을 의미하며 차별은 차이를 인정하지 않고 개인과 집단을 부당하게 대우하는 것을 말한다. 차이는 서로 다름을 객관적인 기준에 의해 나누는 것이다.

12 마인드맵은 차별을 합리적으로 해결하기 위한 방안을 나타낸 것이다. 차별은 개인적·사회적으로 모두 해결하기 위해 노력해야 하는 사회 문제이다. ㉡, ㉢은 사회적 차원의 해결 방안에 해당한다.

오답 피하기 ② 육아 휴직을 제도적으로 보장하여 여성이 임신과 육아를 이유로 차별을 겪지 않도록 해야 한다.

Ⅷ. 문화의 이해

01 문화의 의미와 특징

개념 다지기

본문 178쪽

01 (1) 문화 (2) 보편성 (3) 축적성 (4) 변동성 **02** (1) ○ (2) ○ (3) × **03** ㄴ, ㄷ, ㅂ **04** ㄴ, ㅁ **05** 문화의 특수성(문화의 다양성) **06** (1) ㉤ (2) ㉡ (3) ㉠ (4) ㉢ (5) ㉣ **07** (1) ㄴ (2) ㄱ (3) ㄹ (4) ㄷ

중단원 실력 쌓기

본문 179쪽

01 ④ **02** ① **03** ③ **04** ② **05** ④
06 ② **07** ⑤ **08** ④ **09** ① **10** ④
11 ⑤ **12** ④ **13** ⑤

01 문화는 후천적으로 학습된 행동 및 공통된 생활 양식으로 지속적이고 계속적으로 반복되는 것을 말한다. 생리적 현상이나 본능에 따른 행동, 개인의 독특한 습관 및 버릇, 자연 현상 및 유전적 체질은 문화에 해당하지 않는다. ㄴ, ㄹ은 학습을 통해 후천적으로 나타난 행동으로 문화에 해당한다.

오답 피하기 ㄱ. 생리적 현상에 따라 나타난 것이다. ㄷ. 개인의 독특한 버릇에 해당한다.

02 문화는 좁은 의미의 문화와 넓은 의미의 문화로 구분할 수 있다. 좁은 의미의 문화는 교양 있고 세련된 모습과 예술 활동과 관련된 것을 말한다. 넓은 의미의 문화는 한 사회의 구성원이 공통으로 가지고 있는 전반적인 생활 양식을 의미한다.

03 ㉢은 이슬람 사회의 구성원이 만들어 낸 공통된 생활 양식으로 넓은 의미의 문화에 해당한다.

오답 피하기 ㉠, ㉡, ㉤은 문학이나 예술 활동과 관련되며, ㉣은 교양 있고 세련된 것으로 모두 좁은 의미의 문화에 해당한다.

04 문화의 특징은 보편성과 특수성으로 구분된다. 문화의 보편성이란 어느 사회에서나 공통적으로 나타나는 생활 양식을 말한다. 문화의 특수성이란 각 사회의 문화가 고유한 특징과 독특한 모습을 지니고 있는 것을 말한다. 제시문은 문화의 보편성에 대한 설명으로 ㄱ, ㄷ이 이에 해당한다. ㄷ은 문화의 보편성이 나타나는 이유이다.

오답 피하기 ㄴ, ㄹ은 문화의 특수성에 관한 설명이다.

05 (가) 어느 사회에서나 반가움과 호감의 표시로 인사를 하는 것은 문화의 보편성에 해당한다. (나) 각 나라마다 사회적 상황 및 역사적 배경에 따라 고유의 인사법이 발달한다는 것으로 문화의 특수성을 보여 주는 예이다.

06 사람들은 외부 환경으로부터 자신의 몸을 보호하기 위해 옷을 입으며, 각 지역마다 독특한 자연환경에 적응하여 고유의 의복 문화를 형성하였다. ② 그 사회의 자연환경, 사회적 상황을 고려하여 문화를 이해하고 존중해야 한다. 따라서 각 지역의 문화는 우열을 가려 평가할 수 없다.

오답 피하기 ①, ⑤ 각 지역의 독특한 의복 형태는 그 지역의 자연환경에 적응하여 발달한 것으로 문화의 특수성을 보여 주는 예이다.
③ 어느 사회에서나 외부 환경으로부터 몸을 보호하기 위해 옷을 입는 것은 문화의 보편성과 관련이 있다.
④ 문화는 그 나름의 의미와 가치가 있다는 문화의 상대성에 관한 설명이다.

07 제시된 사례는 모두 문화의 학습성과 관련한 것들이다.

오답 피하기 ① 문화의 구성 요소들은 긴밀한 관계를 유지하면서 전체를 이룬다는 전체성에 관한 설명이다.
② 이전 세대의 문화가 언어와 문자 등을 통해 다음 세대로 전승된다는 축적성에 관한 설명이다.
③ 문화는 고정된 것이 아니라 시대에 따라 끊임없이 변화한다는 변동성에 관한 설명이다.
④ 한 사회 구성원들은 공통적인 생활 양식을 가지고 있으며, 이를 통해 다른 사람들의 행동을 예측할 수 있다는 공유성에 관한 설명이다.

08 제시문은 김치가 원래 백김치의 형태였는데, 임진왜란 이후 고추가 전래되어 붉은 색으로 변화했다는 문화의 변동성과 관련한 사례이다.

09 (가)는 한 사회의 구성원이 공통된 생활 양식을 가지고 있다는 문화의 공유성에 해당하는 사례이다. (나)는 과학 분야의 정보 통신 기술의 발달로 인터넷이 보편화되었고, 이러한 과학 분야의 발달이 경제, 사회, 문화에도 영향을 주었다는 문화의 전체성에 해당하는 사례이다.

10 우리나라 사람들은 생일을 '귀빠진 날'이라고도 표현하며, 생일을 맞은 사람은 미역국을 먹는 풍습을 공유하고 있다. 이는 사회 구성원 간에 공통된 생활 양식을 가지고 있다는 문화의 공유성에 해당하는 사례이다.

오답 피하기 ① 문화의 변동성에 관한 설명이다.
② 문화의 축적성에 관한 설명이다.
③, ⑤ 문화의 전체성에 관한 설명이다.

11 보고서는 휴대 전화의 크기, 디자인, 기능이 기술 발전을 통해 시대별로 변화되었음을 설명하고 있다. 이는 기존의 기술력에 새로운 기술력이 결합하여 변화한 것으로 문화의 변동성(ㄷ)을 보여 주는 예이다. 이러한 변화는 언어와 문자라는 상징체계를 통해 축적되어 전달되었다는 문화의 축적성(ㄹ)과 관련된다.

오답 피하기 ㄱ. 문화의 학습성, ㄴ. 문화의 공유성에 해당하는 설명이다.

12 (가) 높임말과 존대어를 배운다는 것은 문화의 학습성, (나) 뜨거운 국물로 속이 후련해진다는 의미를 사회 구성원들이 이해한다는 것은 문화의 공유성, (다) 과거에는 한복을 평상복으로 입었지만 현대에는 특별한 날에만 입게 되었다는 것은 문화의 변동성에 해당하는 사례이다.

13 제시된 자료는 과학 분야의 정보 통신 기술의 발달로 인터넷 사용이 보편화되었으며, 이는 과학 분야뿐만 아니라 정치, 경제, 사회·문화 등 다른 분야에도 영향을 미쳤다는 것으로, 문화의 전체성(총체성)에 해당한다. 정치적으로는 인터넷을 통한 정치 참여, 경제적으로는 전자 상거래, 사회·문화적으로는 영상 통화 및 원격 화상 교육을 가능하게 하였다.

서술형·논술형

본문 181쪽

01 **예시 답안** (나)만 문화에 해당한다. (가)는 생리적 현상과 본능에 의한 행동으로 문화로 볼 수 없다. (나)는 사회화 과정을 통해 후천적으로 학습된 생활 양식으로 문화에 해당한다.

필수 키워드 생리적 현상, 본능에 의한 행동, 학습, 생활 양식

평가 기준

상	(나)가 문화에 해당한다고 쓰고, 문화인 것과 문화가 아닌 것의 이유를 (가), (나)를 비교하여 서술한 경우
중	(나)가 문화에 해당한다고 쓰고, (가)가 문화가 아닌 이유 또는 (나)가 문화인 이유 중 하나만 서술한 경우
하	(나)가 문화에 해당한다고만 쓴 경우

02 **예시 답안** 사회의 구성원들이 공통적인 생활 양식을 가지고 있다는 문화의 공유성에 관련된 내용이다. 사회 구성원들이 문화를 서로 공유하고 있기 때문에 특정 상황에서 상대방이 어떻게 행동하고 생각할지 예측이 가능하며, 이에 따라 자신의 행동을 결정할 수 있다.

평가 기준

평가 항목	평가 내용
평가 충실도	정해진 분량 기준을 충족시킴 (단, 제시된 질문과 전혀 상관없는 내용으로 답변했을 시에는 분량 기준을 충족시키지 못한 것으로 간주함)
고차적 인지 능력	제시된 자료가 문화의 공유성과 관련 있으며, 사회 구성원에게 끼치는 영향을 명확하게 인식할 수 있음
글의 타당성	자기 의견과 그에 대한 근거가 제시된 사례와 타당하게 연결되어 있음
글의 일관성	전체적인 글의 구성과 짜임새가 매끄러우며, 의견과 근거의 연결이 자연스러움

02 문화를 바라보는 태도

개념 다지기 (본문 184쪽)

01 (1) 자문화 중심주의 (2) 문화 사대주의 (3) 자문화 중심주의 (4) 상대성 **02** 문화 상대주의 **03** (1) ㉡ (2) ㉢ (3) ㉠ **04** (1) ㄴ (2) ㄱ **05** 자문화 중심주의 **06** (1) ○ (2) × (3) × **07** (1) ㄷ (2) ㄱ (3) ㄴ **08** ㄷ

중단원 실력 쌓기 (본문 185쪽)

01 ⑤ **02** ① **03** ③ **04** ⑤ **05** ⑤
06 ④ **07** ② **08** ⑤ **09** ② **10** ③
11 ⑤ **12** ④ **13** ⑤ **14** ④

01 (가)는 자신의 문화만이 우수하다고 생각하고 다른 사회의 문화를 무시하는 자문화 중심주의에 해당한다. (나)는 다른 사회의 문화를 동경하고 자신의 문화를 낮게 평가하는 문화 사대주의에 해당한다. ⑤ (가), (나)는 모두 문화 간에 우열이 있다고 생각하여 문화의 상대성을 인정하지 않는 태도이다.

오답 피하기 ① (가)는 자문화 중심주의, (나)는 문화 사대주의적 태도에 대한 설명이다.
② 문화 사대주의의 장점에 해당한다.
③ 자문화 중심주의의 단점에 해당한다.
④ 자문화 중심주의가 지나치면 문화 제국주의가 나타날 수 있다.

02 천하도는 조선 시대에 제작된 지도로 한 가운데에 중국이 있고, 조선 등 주변국은 중국을 둘러싸고 있는 것으로 표현하였다. 이는 중국의 문화를 동경하고 중시하여 세계의 중심이 중국이라 여기는 문화 사대주의가 반영된 것이다.

03 ㄴ, ㄷ은 자기의 문화를 기준으로 다른 사회의 문화를 낮게 평가하고 있는 자문화 중심주의의 예이다.

오답 피하기 ㄱ은 문화 사대주의, ㄹ은 문화 상대주의가 나타난 사례이다.

04 중국의 전통 풍습인 전족은 인간의 존엄성이라는 인류의 보편적 가치를 침해하는 것이다. 따라서 전족을 하는 풍습을 존중해야 한다는 태도는 극단적 문화 상대주의적 태도로 문화 상대주의와는 구별되어야 한다.

오답 피하기 ㄱ은 자문화 중심주의, ㄴ은 문화 사대주의에 대한 설명이다.

05 서연이의 문화 이해 태도는 자기 나라의 문화만을 우수한 것으로 여겨 다른 사회의 문화를 낮게 여기는 자문화 중심주의이다. 반면 도윤이는 다른 나라의 문화를 동경하고 중시하여 자신의 문화를 낮게 평가하는 문화 사대주의적 태도를 갖고 있다.

오답 피하기 ①, ②, ③, ④ 자문화 중심주의와 문화 사대주의는 특정 문화를 기준으로 다른 문화를 평가하며, 문화 간에 우열이 존재하다고 보는 태도로 세계화 시대에 국제적 고립이나 자기 문화의 주체성을 상실할 수 있으므로 지양해야 한다.

06 제시문의 유명 매체는 자기 문화를 기준으로 다른 문화의 우열을 가리는 자문화 중심주의적 태도를 가지고 있다. 자문화 중심주의는 자신의 문화만이 옳다고 생각하여 다른 문화와의 교류가 어렵고 국제적 고립이나 다른 나라와의 갈등이 야기될 수 있다.

오답 피하기 ②, ③ 문화 사대주의에 관한 설명이다.
⑤ 외국의 명품을 무비판적으로 수용하는 자세는 문화 사대주의에 해당하는 사례이다.

07 ㉠에 들어갈 용어는 문화 제국주의이다. 문화 제국주의란 경제적·군사적으로 우월한 국가가 다른 문화를 지배하거나 자신의 문화를 강요하는 사상으로, 자문화 중심주의가 지나칠 때 나타난다. 일제 강점기에 일본이 조선을 정치적 식민지뿐만 아니라 문화적 식민지로 만들기 위해 신사 참배와 일본식 성명 사용을 강요한 것은 문화 제국주의의 사례이다.

오답 피하기 ③ 문화 사대주의의 문제점에 해당한다.
④ 문화 사대주의의 특징이다.
⑤ 문화 사대주의의 장점에 대한 설명이다.

08 제시된 자료는 모두 자신의 문화를 기준으로 다른 나라의 문화를 열등하다고 생각하는 자문화 중심주의의 사례이다.

오답 피하기 ① 자문화 중심주의는 문화의 상대성을 인정하지 않고 문화의 우열을 가릴 수 있다고 보는 태도이다.
② 문화 사대주의에 대한 설명이다.
③ 자신이 생각하는 특정 기준에 의해 주관적으로 문화의 우열을 가려 평가하고 있다.

09 바람직한 문화 이해 태도는 한 사회의 문화를 그 사회의 특수한 자연환경, 사회적 상황, 역사적 배경을 고려하여 그 나름의 의미와 가치를 인정하는 문화 상대주의적 태도를 의미한다.

오답 피하기 ㄴ. 인류의 보편적 가치인 인간의 존엄성을 침해하는 문화도 나름의 이유와 가치가 있다고 보는 극단적 문화 상대주의적 태도이다. 이는 바람직하지 않은 문화 이해 태도로, 문화 상대주의적 태도와는 구별되어야 한다.
ㄹ. 자문화 중심주의로, 문화에 우열이 있다고 보는 바람직하지 않은 문화 이해 태도이다.

10 병은 티베트의 장례 문화인 조장을 히말라야 산지의 험한 지형으로 인해 땅에 시신을 묻지 않고 새가 먹도록 했다고 이해하고 있다. 이는 문화를 그 사회의 특수한 자연환경과 사회적 상황을 고려하여 이해하는 문화 상대주의적 태도로, 우리가 가져야 할 바람직한 문화 이해 태도이다.

오답 피하기 갑, 을, 정, 무는 모두 자기 문화를 기준으로 다른 문화를 열등하다고 여기는 자문화 중심주의적 태도를 가지고 있다.

11 제시문에는 이슬람교도가 돼지고기를 먹지 않는 이유를 그 지역의 자연환경과 연관하여 이해하는 문화 상대주의적 태도가 나타나 있다. ⑤는 자문화 중심주의 또는 문화 사대주의에 해당하는 설명이다.

12 (가)는 자문화 중심주의, (나)는 문화 사대주의, (다)는 문화 상대주의이다. ④ 문화 상대주의는 다른 문화를 그 사회의 자연환경, 사회적 상황, 역사적 맥락에서 이해하는 태도이다.

오답 피하기 ① 문화 사대주의의 문제점에 관한 설명이다.
②, ⑤ 자문화 중심주의의 특징과 문제점에 관한 설명이다.
③ '문화 제국주의'에 대한 설명이다. 문화 제국주의란 자문화 중심주의가 지나쳐 자신의 문화를 강요하는 태도이다.

13 ⑤ 순록을 익히지 않고 날로 먹는 이유를 그 지역의 추운 기후에 적응한 결과로 이해하는 것은 문화 상대주의적 태도에 해당한다.

오답 피하기 ①, ④는 문화 사대주의, ②는 자문화 중심주의, ③은 극단적 문화 상대주의에 해당한다.

14 문화를 이해하는 바람직한 태도에는 자기 문화에 대한 주체성을 바탕으로 다른 문화를 편견 없이 받아들이는 개방적 자세, 문화 간에 우열을 가릴 수 없다고 보는, 즉 문화의 상대성을 인정하는 문화 상대주의적 태도, 문화 간의 공통점과 차이점을 비교하여 문화가 지닌 보편성과 특수성을 파악하는 비교론적 관점, 한 사회의 문화를 제대로 이해하기 위해서는 그 사회의 생활 양식을 전체적인 맥락에서 보아야 한다는 총체론적 관점이 있다. ④ 특정한 기준으로 문화의 우열을 가리는 태도는 세계화 시대의 시민으로서 지양해야 할 태도이다.

서술형·논술형

본문 187쪽

01 **예시 답안** 제시문은 문화 사대주의를 비판하고 있다. 이러한 문화 사대주의는 특정 문화를 동경하고 숭상하여 자신의 문화를 낮게 여기는 태도로, 자기 문화의 주체성과 고유성을 상실할 위험이 있다.

필수 키워드 문화 사대주의, 주체성 및 고유성 상실

평가 기준

상	문화 사대주의를 명확히 쓰고, 문화 사대주의의 문제점을 서술한 경우
하	문화 사대주의만 명확히 쓴 경우

02 **예시 답안** 그릇을 들고 식사하는 문화를 예의 없다고 보는 태도와 그릇을 식탁에 내려놓고 식사하는 문화를 미개하다고 보는 태도는 모두 자문화 중심주의에 해당한다. 자문화 중심주의는 자신의 문화를 우수하다고 보고 다른 문화를 업신여기는 태도이다. 음식 문화는 나라마다 다양하기 때문에 자기 문화의 관점에서 이해할 것이 아니라 그 사회의 특수한 자연환경과 사회적 상황 등을 고려하여 이해하는 문화 상대주의적 태도가 필요하다.

평가 기준

평가 항목	평가 내용
평가 충실도	정해진 분량 기준을 충족시킴 (단, 제시된 질문과 전혀 상관없는 내용으로 답변했을 시에는 분량 기준을 충족시키지 못한 것으로 간주함)
고차적 인지 능력	그림에 나타난 태도가 자문화 중심주의적 태도임을 이해하고, 이에 요구되는 바람직한 문화 이해 태도를 명확하게 인식할 수 있음
글의 타당성	자기 의견과 그에 대한 근거가 제시된 사례와 타당하게 연결되어 있음
글의 일관성	전체적인 글의 구성과 짜임새가 매끄러우며, 의견과 근거의 연결이 자연스러움

03 대중 매체와 대중문화

개념 다지기 본문 190쪽

01 (1) 대중 매체 (2) 쌍방향 (3) 뉴 미디어 **02** (1) × (2) ○ (3) ○ (4) × **03** (1) ㄱ, ㄴ, ㄹ (2) ㄷ, ㅁ **04** ㄱ, ㄴ, ㄹ **05** 대중문화 **06** (1) 일반 계층 (2) 대량 생산 (3) 일방향 (4) 비판적 **07** ㄷ－ㄱ－ㄴ **08** (1) ㄴ (2) ㄷ (3) ㄱ

중단원 실력 쌓기 본문 191쪽

01 ②	**02** ④	**03** ④	**04** ②	**05** ④
06 ③	**07** ④	**08** ①	**09** ④	**10** ⑤
11 ②	**12** ③	**13** ⑤	**14** ②	**15** ③

01 대중 매체는 정보와 지식을 신속하게 제공하며, 최근에는 다양한 기능들이 서로 융합되는 특징을 보이고 있다.

오답 피하기 ㄴ. 정보를 일방적으로 전달하는 일방향 매체에서 정보 제공자와 수용자 간의 쌍방향 소통이 가능한 쌍방향 매체로 변화되었다.
ㄹ. 대중 매체는 특정 계층만 향유하던 문화가 일반 대중이 누릴 수 있는 대중문화로 발달하는 데 영향을 미쳤다.

02 (가)는 신문, 잡지, 라디오, 텔레비전과 같은 일방향 매체의 특징이다. (나)는 쌍방향 소통이 가능한 인터넷, 스마트폰과 같은 뉴 미디어의 특징이다.

오답 피하기 ①은 뉴 미디어인 (나)에 대한 설명이다.
② (나)의 뉴 미디어는 시간과 공간의 제약에서 비교적 자유로워 실시간으로 정보를 제공한다.
③ 신문, 텔레비전은 (가)의 대표적인 예이다.
⑤ (나)의 뉴 미디어는 전통적인 매체에 비해 정보 전달 속도가 빠르고 전달 범위도 넓다.

03 ㉠에 들어갈 대중 매체는 뉴 미디어이다. 뉴 미디어는 새롭게 등장한 대중 매체로 전통적 매체와 달리 쌍방향으로 의사소통이 가능하며, 이전 기기에 비해 많은 기능을 지니고 있어 사용자가 자유롭게 기능을 확장하고 재구성할 수 있다. 또한 시간과 공간의 제약으로부터 비교적 자유롭다. ④ 인터넷과 스마트폰은 뉴 미디어의 대표적인 예이다.

04 제시문은 뉴 미디어인 스마트 기기와 모바일 기기의 특징에 대한 설명이다.

오답 피하기 ① 전통적 매체는 신문, 잡지, 라디오, 텔레비전 등과 같이 일방향으로 소통하는 매체이다. 뉴 미디어는 쌍방향으로 소통하는 새로운 매체이다.
③ 뉴 미디어는 의사소통의 통로가 광범위하다.
④, ⑤ 뉴 미디어는 대중이 수동적인 정보의 소비자에 머물지 않고 적극적인 생산자로서 성장하게 하였다.

05 뉴 미디어의 하나인 누리 소통망은 온라인상의 불특정 다수와 관계를 맺을 수 있는 미디어 서비스이다. 대중들은 누리 소통망을 통해 새로운 기부 문화와 '1인 미디어' 시대를 형성하였으며 누리 소통망은 우리의 삶에 큰 변화를 가져왔다. ④ 누리 소통망을 통해 대중이 정보를 일방적으로 수용하는 소극적인 소비자에서 정보를 적극적으로 생산하는 참여자로 변화하였다.

06 제시문은 뉴 미디어의 특징에 관한 설명이다. 뉴 미디어는 시간과 공간의 제약으로부터 벗어나 원하는 정보를 자유롭게 검색할 수 있게 하였으며, 이를 통해 세계의 다양한 정보와 문화 공유를 가능하게 하였다. ③ 뉴 미디어의 등장으로 정보의 생산자와 소비자의 경계가 불명확해졌다.

07 특정 계층이나 집단이 아닌 다수의 사람이 공통으로 즐기는 문화를 대중문화라고 한다. 대중 매체는 소수만 누리던 문화를 다수에게 전파함으로써 대중문화를 발달시키는 데 기여하였다. ④ 대중 매체에는 신문, 책과 같은 인쇄 매체, 라디오와 같은 음성 매체, 텔레비전과 같은 영상 매체 등이 있다. 이처럼 다양한 대중 매체에 의해 대중문화가 전달된다. 최근에는 인터넷, 스마트폰과 같은 뉴 미디어를 통해 더 많은 정보를 빠르게 전달하고 있다.

오답 피하기 ①, ⑤ 대중문화는 대중 매체를 통해 다수에게 같은 내용을 동시에 전달함으로써 확산 속도가 빠르고 공유되는 범위도 넓다.
② 대중문화는 특정 계층만이 향유하는 문화가 아닌 대다수의 사람들이 누리는 보편적인 문화이다.
③ 대중문화는 일상생활에서 즐기는 음악, 드라마뿐만 아니라 대다수 사람들이 향유하는 옷차림, 행동 양식, 사고방식 등을 포함한다.

08 보통 선거의 실시, 산업화를 통한 대량 생산 체제, 교육의 확대로 인해 귀족과 같은 특권 계층만이 누리던 고급문화를 대중도 누릴 수 있는 대중 사회가 형성되었다. ① 대중 매체는 대중문화를 빠르고 광범위하게 전달함으로써 문화의 대중화를 촉진하였다.

오답 피하기 ②, ③ 대중문화는 특정 계층이 아닌 대다수의 사람들이 문화를 향유하는 것으로, 이를 통해 대중의 삶의 질이 높아졌다.
④, ⑤ 과거에 비해 저렴한 비용으로 고급문화를 누릴 수 있는 기회가 대중에게 확대되었다.

09 제시문은 '데이 마케팅'을 통해 대중의 소비 심리를 자극하여 기업의 이윤을 추구하는 대중문화의 상업성과 관련된

사례이다. ④ 대중 매체는 이윤을 추구하는 기업과 결합하여 소비자의 소비 심리를 자극하는 상품을 만들어 지나치게 상업화를 추구하기도 한다.

오답 피하기 ① 대중문화는 다수의 기호에 맞추어 생산되고 대량으로 소비됨으로써 획일화된 문화를 생산하여 개인의 개성과 창의성이 무시되기도 한다.

②, ⑤ 대중문화가 대중의 흥미만을 자극하는 선정적이고 폭력적인 내용을 다루거나, 지나치게 오락성만 추구할 경우 문화의 질이 낮아지기도 한다.

③ 대중문화는 소수에 의해 여론이 조작되거나 정보가 왜곡될 수도 있다.

10 자신의 개성을 고려하지 않고 연예인의 머리 모양을 그대로 모방하는 것은 대중문화를 아무런 비판 없이 수용하는 태도이다.

11 기업은 상업성을 추구하는 과정에서 특정 상품을 프로그램에 개연성 없이 과다 노출함으로써 광고 효과를 누리기도 한다. 이는 대중의 소비 심리를 자극하여 자신의 취향에 관계없이 구매하게 함으로써 획일화된 문화를 생산하기도 한다.

12 대중의 흥미만을 자극하는 선정적이고 폭력적인 문화와 특정 상품을 노출하여 광고하는 간접 광고는 대중문화의 상업성을 알 수 있는 사례이다.

13 대중문화의 문제점으로는 잘못된 정보를 전달하여 사실을 왜곡시키거나, 특정 대상이나 집단에 유리하도록 여론을 조작하는 것을 들 수 있다. 또한 대중문화는 대중의 흥미만을 자극하는 문화를 생산함으로써 사회 문제나 정치에 무관심하게 만들기도 한다. ⑤ 대중문화의 순기능에 해당한다.

14 대중 매체는 같은 현상을 다른 시각으로 보도하거나 잘못된 정보를 일방적으로 전달하기도 한다. 따라서 대중 매체를 통해 전달되는 내용에 오류가 없는지, 한쪽으로 치우친 관점은 아닌지 비판적인 시각을 가져야 한다. 또한 여러 매체가 제공하는 내용을 비교·검토하는 자세를 가지고, 잘못된 내용은 시정을 요구하는 적극적인 자세를 가져야 하며 많은 정보 중에서 자신에게 필요한 정보를 선별하여 주체적으로 수용하는 태도를 함양하도록 해야 한다.

15 두 신문은 같은 사실을 다른 시각에서 보도하고 있다. 대중 매체가 제공하는 정보를 그대로 수용하기보다 비판적인 시각으로 바라보고 자신에게 필요한 내용을 선택하여 주체적으로 수용하는 태도가 필요하다.

서술형·논술형

본문 193쪽

01 **예시 답안** (가)는 전통적 대중 매체이고, (나)는 뉴 미디어이다. (가)는 획일적인 내용을 일방적으로 전달하여 대중을 문화의 소비자에 머물게 한다. 반면, (나)는 정보 제공자와 이용자 간에 쌍방향적인 의사소통을 가능하게 하여 대중이 문화를 형성하는 능동적인 생산자로 참여하게 한다.

필수 키워드 일방적, 수동적 소비자, 쌍방향, 능동적 생산자

평가 기준

상	(가), (나)의 대중 매체의 특징을 정보 전달 방식과 대중의 역할을 비교하여 바르게 서술한 경우
중	(가), (나)의 대중 매체의 특징을 정보 전달 방식과 대중의 역할을 비교하여 서술하였으나 그 내용이 불충분한 경우
하	(가), (나)의 대중 매체의 특징을 정보 전달 방식과 대중의 역할 중 하나만 바르게 서술한 경우

02 **예시 답안** 두 사람은 대중문화의 내용을 아무런 비판 없이 그대로 수용하고 있다. 대중문화를 비판적인 시각으로 분석하여 자신에게 필요한 정보만을 선별적으로 받아들이는 주체적인 자세가 요구된다. 또한 대중문화에 대한 의견 제시 및 문제점의 시정 요구 등과 같이 문화 생산자로서 능동적으로 참여해야 한다.

평가 기준

평가 항목	평가 내용
평가 충실도	정해진 분량 기준을 충족시킴 (단, 제시된 질문과 전혀 상관없는 내용으로 답변했을 시에는 분량 기준을 충족시키지 못한 것으로 간주함)
고차적 인지 능력	제시된 자료에 나타난 대중문화 수용 태도의 문제점을 명확히 쓰고, 바람직한 대중문화 수용 태도를 명확하게 인식할 수 있음
글의 타당성	자기 의견과 그에 대한 근거가 제시된 사례와 타당하게 연결되어 있음
글의 일관성	전체적인 글의 구성과 짜임새가 매끄러우며, 의견과 근거의 연결이 자연스러움

대단원 마무리

본문 194쪽

01 ⑤ **02** ② **03** ② **04** 예시 답안 참조
05 ② **06** ③ **07** ④ **08** ⑤ **09** ④
10 예시 답안 참조 **11** ③ **12** ⑤

01 교양 있고 세련된 모습이나 예술 활동과 관련된 것은 좁은 의미의 문화에 해당한다. 한편, 한 사회 구성원이 공통으로 가지고 있는 전반적인 생활 양식은 넓은 의미의 문화에 해

당한다. ⑤ 주거 문화는 사회의 공통된 생활 양식으로 넓은 의미의 문화에 속한다.

오답 피하기 ①, ②, ④의 '문화'는 예술과 관련된 활동으로 좁은 의미로 쓰였다.
③의 '문화'는 교양 있고 세련된 모습이라는 좁은 의미로 쓰였다.

02 문화의 구성 요소는 물질문화와 비물질 문화로 구분된다. 물질문화는 인간의 기본적 욕구를 충족하는 데 필요한 도구나 기술을 말한다. 비물질 문화는 제도문화와 관념 문화로 나누어진다. 제도문화는 법, 도덕, 관습을 말하며 사회 질서 유지에 기여한다. 관념 문화는 학문, 종교, 예술 등으로 인간의 삶을 풍요롭게 해 주는 정신적 창조물이다.

오답 피하기 ㄴ. 문화의 구성 요소는 서로 밀접하게 관련되어 있다.
ㄹ. 인간의 기본적 욕구를 충족하고 생존하는 데 필요한 도구는 물질문화이다.

03 각 나라의 인사법을 통해 어느 사회에서나 공통적인 생활 양식이 나타난다는 문화의 보편성과 각 사회의 문화가 고유한 특징과 독특한 모습이 있다는 문화의 특수성을 알 수 있다. ㄱ. 문화의 보편성에 대한 설명이다. ㄷ. 문화의 특수성에 대한 설명이다.

오답 피하기 ㄴ. 문화는 그 나름의 가치와 의미가 있으므로 우열을 가려 평가할 수 없다.
ㄹ. 인간의 신체 구조와 기본적인 욕구, 사고방식이 비슷하기 때문에 문화는 보편성을 지닌다.

04 **예시 답안** ㉠의 '문화'는 예술 활동과 관련된 것으로 좁은 의미의 문화에 해당한다. ㉡의 '문화'는 한 사회의 구성원이 주어진 환경에 적응하여 만들어 낸 공통된 생활 양식으로 넓은 의미의 문화에 해당한다.

필수 키워드 예술 활동, 좁은 의미의 문화, 공통된 생활 양식, 넓은 의미의 문화

평가 기준

상	㉠, ㉡의 '문화'가 가지는 의미를 명확히 구분하여 그 의미를 정확하게 서술한 경우
중	㉠, ㉡의 '문화'가 가지는 의미를 명확히 구분하였으나 그 중 한 가지의 의미만 정확하게 서술한 경우
하	㉠, ㉡의 '문화'가 가지는 의미만 명확히 구분하여 쓴 경우

05 문화는 인간이 주어진 환경에 적응하여 만들어 낸 공통된 생활 양식을 말한다. 또한 후천적으로 학습되거나 반복적이고 지속적으로 이루어지는 행동이다. ②는 생리적 현상으로 문화로 볼 수 없다.

06 (가)는 우리나라 사람들이 '김장 품앗이'라는 공통된 생활 양식을 가지고 있다는 내용으로 문화의 공유성에 해당하는 사례이다. (나)는 김치의 변화에 관한 내용으로 문화의 변동성에 해당하는 사례이다.

07 (가)는 자문화 중심주의, (나)는 문화 사대주의에 대한 설명이다.

08 「백인의 짐」은 미국이 자신의 문화를 기준으로 식민지의 문화를 판단하여 미개하고 열등하게 여기고 있음을 상징적으로 나타낸 사례이다. 이는 자신의 문화만이 우월하다고 여기며 다른 나라의 문화를 열등하고 낮게 평가하는 자문화 중심주의에 해당한다.

오답 피하기 ① 문화 상대주의가 지나치면 극단적 문화 상대주의가 나타난다.
②, ③ 문화 사대주의는 발달된 문화를 수용하는 데 도움이 되는 장점이 있지만, 자기 문화의 고유성과 주체성이 상실될 위험성도 있다.
④ 식민지 문화를 기준으로 자신의 문화를 낮게 여기는 태도는 문화 사대주의에 해당한다.

09 문화 상대주의적 태도는 각 사회의 문화를 독특한 자연환경, 사회적 상황, 역사적 배경을 고려하여 이해하는 태도이다. ④ 티베트의 장례 풍습을 히말라야의 험한 지형과 추운 기후를 고려하여 이해한 것으로 문화 상대주의적 태도가 나타나 있다.

오답 피하기 ① 문화 사대주의적 태도가 나타나 있다.
②, ③ 자문화 중심주의적 태도가 나타나 있다.
⑤ 인류의 보편적 가치를 침해하는 문화도 나름의 이유와 가치가 있다고 이해하는 극단적 문화 상대주의가 나타나 있다.

10 **예시 답안** 은서는 인간의 존엄성을 침해하는 이슬람권의 명예 살인도 그 나름의 이유와 가치가 있다고 생각하는 극단적 문화 상대주의로 문화를 이해하고 있다. 극단적 문화 상대주의는 인권, 생명 존중과 같은 인류의 보편적 가치를 침해할 우려가 있다.

필수 키워드 인류의 보편적 가치, 인간의 존엄성, 극단적 문화 상대주의

평가 기준

상	극단적 문화 상대주의임을 명확히 쓰고, 그 문제점을 정확하게 서술한 경우
하	극단적 문화 상대주의라고만 쓴 경우

11 (가)는 새롭게 등장한 뉴 미디어로 쌍방향 매체이다. (나)는 전통적 대중 매체로 일방향 매체이다. ③ 뉴 미디어를 통해 대중이 문화의 소비자에서 능동적인 생산자로 참여하게 되었다.

오답 피하기 ① (가)는 새롭게 등장한 뉴 미디어이다.
② (가) 뉴 미디어는 시간과 공간의 제약에서 비교적 자유로운 매체이다.
④ (가) 뉴 미디어에 대한 설명이다.

⑤ 뉴 미디어는 전통적인 대중 매체보다 대량의 정보를 전달하며 공유하는 범위도 넓다.

12 (가)에 들어갈 검색어는 '대중문화의 역기능'이다. 대중문화는 대중 매체를 통해 동일한 정보를 대중에게 일방적으로 전달하여 사람들의 사고나 취향을 획일화시키는 역기능을 가지고 있다. 또한 소비자의 흥미를 자극하기 위해 선정적인 내용을 다루어 상업화되거나 특정 집단에 유리하도록 정보를 왜곡하기도 한다.

Ⅸ. 정치 생활과 민주주의

개념 다지기 본문 204쪽

01 정치 02 ㄱ, ㄷ 03 (1) × (2) ○ (3) ○ (4) × 04 (1) 직접 민주 정치 (2) 시민 혁명 (3) 간접 민주 정치(대의제) (4) 노동자 (5) 보통 선거 제도 05 인간의 존엄성 06 (1) 생활 양식 (2) 자유 (3) 실질적 평등 07 (1) 국민 주권 (2) 국민 자치 (3) 입헌주의 (4) 권력 분립 08 (1) 간 (2) 직 (3) 간 (4) 직 (5) 간 09 (1) ㉢ (2) ㉠ (3) ㉡

중단원 실력 쌓기 본문 205쪽

01 ④	02 ⑤	03 ③	04 ⑤	05 ②
06 ②	07 ③	08 ③	09 ⑤	10 ②
11 ②	12 ④	13 ④	14 ③	15 ③
16 ③	17 ⑤	18 ②	19 ③	20 ④
21 ③	22 ⑤	23 ②		

01 좁은 의미의 정치란 정치권력을 획득하고 유지, 행사하기 위한 활동을 말한다. 반면에 넓은 의미의 정치는 사회 구성원 간의 대립과 갈등을 조정하여 해결해 나가는 모든 활동을 뜻한다.

오답 피하기 ①, ②, ③, ⑤ 일상생활에서 발생하는 공공의 문제를 해결하기 위한 활동으로 넓은 의미의 정치에 해당하는 사례이다.

02 갑은 정치를 정치권력을 획득하고 유지, 행사하기 위한 활동만으로 생각한다. 반면 을은 정치를 일상생활에서 발생하는 구성원 간의 대립과 갈등을 조정하여 해결해 나가는 모든 활동이라고 보고 있다. 즉, 갑은 정치를 좁은 의미로, 을은 정치를 넓은 의미로 이해하고 있다.

오답 피하기 ㄱ. 갑은 정치를 대통령이나 국회 의원 등과 같은 정치인들만이 하는 활동이라고 생각한다. 정치가 일상생활에서 흔히 나타나는 보편적인 현상이라고 보는 사람은 을이다.
ㄴ. 정치를 정치권력을 획득하고 유지, 행사하기 위한 활동이라고 생각하는 사람은 갑이다.

03 정치는 사회를 통합하고 질서를 유지하여 구성원이 조화롭게 살아갈 수 있도록 돕는다. 또한 구성원은 정치 과정을 통해서 공동체가 직면한 문제를 인식하고 해결책을 찾음으

로써 사회가 나아가야 할 방향을 모색한다. ③ 정치는 특정 집단이나 개인의 이익을 실현하는 것이 아니라 공동체가 직면한 문제를 해결하여 사회가 나아가야 할 방향을 모색하는 기능을 한다.

04 민주 정치를 실현하기 위해 시민은 정치에 적극적으로 참여하여 자신의 의견을 표현해야 한다. 또한 국가의 정책 집행 과정을 감시하고 비판하며, 문제의 개선을 요구할 필요가 있다. ⑤ 시민이 정치에 참여하는 과정에서 정당한 국가 권력의 행사를 거부하거나 사회 전체의 이익을 고려하지 않고 이익만을 주장한다면 올바른 정치가 이루어질 수 없다.

05 고대 그리스 아테네는 모든 시민이 국가의 중요한 의사 결정에 직접 참여하는 직접 민주 정치가 발전하였다. ② 시민의 대표로 구성된 의회를 중심으로 한 대의 민주 정치는 근대 시민 혁명 이후에 확립되었다.

오답 피하기 ③ 고대 그리스 아테네에서는 정치에 참여할 수 있는 시민을 자유민인 성인 남자만으로 국한하였기 때문에 여성, 외국인, 노예는 정치에서 배제되었다.

⑤ 시민이라면 누구나 민회에 참석하여 법률 제정 및 세금 납부 등 국가의 주요 정책을 결정하였다.

06 고대 그리스 아테네에서 민주 정치가 발달할 수 있었던 이유는 당시 아테네가 영토가 작고 인구가 적은 도시 국가였고, 노예가 대부분의 노동을 담당하고 있어 시민이 정치에 참여할 시간과 여유가 있었기 때문이다.

오답 피하기 ㄴ. 상공업을 통해 부를 축적한 시민 계급이 정치에 참여할 수 있었던 시기는 근대 시민 혁명 이후이다.

ㄹ. 고대 그리스 아테네에서 정치에 참여할 수 있는 사람은 자유민인 성인 남성에 국한되었고, 여성, 노예, 외국인 등은 정치에 참여할 수 없었다.

07 민주 정치가 발전한 고대 그리스 아테네에서는 시민권을 가진 성인 남성이 직접 국가의 중요한 일을 결정하였다. 하지만 여성, 노예, 외국인 등은 정치에 참여할 수 없었다는 한계를 가진다.

오답 피하기 ㄱ. 성별, 신분, 재산 등에 관계없이 일정 연령 이상의 구성원에게 선거권을 부여한 보통 선거 제도는 20세기 중반에 확립되었다.

ㄹ. 대의 민주 정치는 국민이 대표자를 선출하여 의회를 구성하고 의회에서 법이나 정책을 만들도록 하는 정치 제도를 말한다. 대의 민주 정치는 근대에 등장하였다.

08 근대에는 시민 혁명을 통해 성장한 시민 계급의 끊임없는 노력으로 왕권이 제한되고, 시민이 정치에 참여할 수 있는 권리를 보장받게 되었다.

오답 피하기 ㄱ. 근대에는 직접 민주 정치를 실시했던 고대 아테네와 달리 시민의 대표로 구성된 의회를 중심으로 한 대의 민주 정치가 이루어졌다.

ㄹ. 근대에는 정치에 참여할 수 있는 자격이 성별이나 신분, 재산의 정도 등을 기준으로 제한되었다. 일정 규모 이상의 토지를 소유하거나 세금을 많이 내는 귀족, 상공업자 등만이 정치에 참여할 수 있었고, 여성, 노동자, 농민은 정치에서 배제되었다.

09 제시된 사건들은 시민들이 왕의 지배에서 벗어나 경제적 자유와 정치적 권리를 얻기 위해 일으킨 시민 혁명이다. 시민 혁명을 통해 시민들은 자유와 권리를 보장받고 선거를 통해 대표를 선출하여 국가의 의사 결정에 참여할 수 있는 대의 민주 정치가 등장하였다.

오답 피하기 ③ 시민 혁명 직후에도 여성, 빈민, 노동자, 농민 등과 같은 다수의 사람들은 참정권을 얻지 못하였다. 일정 연령 이상의 모든 사람에게 선거권을 부여하는 보통 선거 제도가 확립된 것은 20세기 중반부터이다.

④ 직접 민주 정치는 고대 그리스 아테네에서 실시되었다.

10 시민 혁명 후에도 정치에 참여할 수 있는 사람은 재산이 많은 일부 시민에 불과했기 때문에 19세기에 들어 노동자, 농민, 여성들이 선거권을 요구하기 시작하였다. 이러한 참정권 확대 운동으로 20세기 중반에는 일정한 연령에 도달한 사람이라면 누구에게나 선거권을 보장하는 보통 선거 제도가 확립될 수 있었다.

11 고대 아테네는 직접 민주 정치가 발달하였으나 자유민인 성인 남성에게만 시민의 자격을 부여하였다. 근대에는 시민 혁명을 통해 시민의 자유와 권리가 확대되어 대의 민주 정치가 등장하였으나 부를 축적한 상공업자들만이 정치에 참여할 수 있었다. 참정권 확대 운동으로 보통 선거 제도가 확립되어 현대에는 일정 연령 이상의 모든 사회 구성원들이 참정권을 가질 수 있게 되었다. ② 고대 아테네와 달리 근대에는 시민의 대표로 구성된 의회를 중심으로 한 대의 민주 정치가 이루어졌다.

12 (가)는 근대 사회, (나)는 현대 사회에 해당한다. 시민 혁명으로 확립된 근대 민주 정치는 대의제가 등장하였고, 참정권 확대 운동을 통해 현대에는 보통 선거 제도가 확립되었다.

오답 피하기 ㄱ. 근대에는 부를 축적한 도시의 상공업자들만이 시민의 자격을 얻었고, 여성, 노동자, 농민, 빈민 등은 여전히 참정권을 얻을 수 없었다.

ㄷ. 현대에는 영토가 넓고 인구가 많아서 직접 민주 정치를 적용하기 어렵다. 따라서 국민의 대표를 통해 나라의 일을 다스리게 하는 간접 민주 정치가 발달하였다.

13 (가)는 근대 시민 혁명 이후 일어났던 참정권 확대 운동에 대한 설명이다. (나)는 근대 시민 혁명 직후에 나타난 정치

형태의 모습을 나타낸다. (다)는 고대 그리스 아테네의 정치 모습에 해당한다. (라)는 보통 선거 제도의 확립으로 나타난 현대 민주 정치의 모습에 대한 설명이다. 이와 같이 민주 정치는 (다)-(나)-(가)-(라)의 순서로 전개되었다.

14 제시문에서 A와 B는 대의제를 바탕으로 한다고 하였고, B는 모든 사람들에게 선거권을 부여한다고 하였으므로 A는 근대 민주 정치, B는 현대 민주 정치에 해당한다. C는 정치에 참여할 수 있는 시민의 자격에 제한을 두고 있으므로 고대 아테네 민주 정치에 해당한다. ③ 고대 아테네에서는 모든 시민이 추첨제나 윤번제를 통해 공직에 참여할 수 있었다.

오답 피하기 ① 전자 민주주의가 발달한 것은 현대 민주 정치(B)이다.
② 민회에서 국가의 중요한 일을 결정한 것은 고대 아테네 민주 정치(C)의 특징이다.
④ 보통 선거 제도가 확립된 것은 현대 민주 정치(B)이다.
⑤ 고대 아테네 민주 정치(C)와 근대 민주 정치(A)는 모두 여성에게 참정권을 부여하지 않았다.

15 빈칸에 들어갈 개념은 민주주의이다. 민주주의는 인간의 존엄성 실현, 자유와 평등을 이념으로 한다. ③ 민주주의란 권력을 가진 소수가 아닌 다수의 시민에 의해 국가가 통치되는 정치 형태를 말한다.

오답 피하기 ④ 오늘날에는 민주주의가 비판과 토론, 대화와 타협, 다수결의 원리 등을 통해 공동체의 문제를 해결하려는 생활 방식을 의미하기도 한다.

16 오늘날에는 민주주의가 정치 형태를 넘어 생활 양식으로 그 의미가 확대되었다. 생활 양식으로서의 민주주의는 일상생활에서 발생하는 여러 가지 문제를 민주적으로 해결하려는 생활 태도 및 행동 양식을 말한다. 사회적 의사 결정에서 최종 결정이 자신의 의견과 일치하지 않는다 하더라도 그 결정 과정이 민주적이었다면 결정에 따라야 한다. 교칙 개정 과정에서 학생, 교사, 학부모의 토론과 투표 절차는 민주적 절차로 볼 수 있다.

17 ㉠에 들어갈 민주주의의 이념은 인간의 존엄성이다. 인간의 존엄성이란 인간은 인간이라는 이유만으로 존중받을 자격을 지닌다는 의미이다. 인간의 존엄성이 실현되려면 개인의 자유와 평등이 보장되어야 한다.

오답 피하기 ㄱ. 인간의 존엄성, 자유와 평등과 같은 민주주의의 이념은 근대 시민 혁명을 통해 널리 확산되었다.
ㄴ. 인간의 존엄성은 인간을 수단이 아닌 목적으로 대해야 한다는 의미이다.

18 (가)는 적극적 의미의 자유, (나)는 소극적 의미의 자유를 나타낸다. 우리나라 헌법에서는 (가)를 참정권의 형태로, (나)를 자유권의 형태로 보장하고 있다. ㄱ. 정치에 참여할 권리가 보장되면서 보통 선거 제도가 시행되고 대중 민주주의가 발달하였다.

오답 피하기 ㄴ. 영국의 차티스트 운동은 노동자들이 국가의 운영에 참여할 수 있는 자유, 즉 참정권 확대를 요구하면서 벌였던 운동이다.
ㄹ. 근대 사회는 국가로부터 간섭을 받지 않을 소극적 자유가 중시되었지만, 오늘날에는 정치 과정에 참여하거나 국가에 인간다운 삶을 요구할 적극적 자유를 강조하고 있다.

19 실질적 평등이란 개인이 지닌 선천적 · 후천적 차이를 고려하여 대우하는 것으로, 이를 실현하기 위한 제도로는 국민 기초 생활 보장 제도, 장애인 고용 촉진 제도, 여성 할당제, 누진세 제도 등이 있다. ③ 모든 사람들에게 균등하게 선거권을 부여하는 것이므로 형식적 평등을 실현하기 위한 제도에 해당한다.

20 직접 민주 정치는 모든 국민이 직접 나라의 일을 결정하는 제도이다. 간접 민주 정치는 국민이 선출한 대표자가 나라를 다스리게 하는 제도이다. ④ 간접 민주 정치는 국민이 그들의 대표를 통해 주권을 간접적으로 행사하는 방식이기 때문에 국민의 의사가 대표에 의해 정책 결정에 반영되지 않거나 왜곡될 가능성이 있다.

오답 피하기 ① 고대 그리스 아테네는 영토가 작고 인구가 적은 도시 국가였기 때문에 모든 시민이 정치에 직접 참여할 수 있었다.
② 오늘날 대부분의 국가는 영토가 넓고 인구가 많기 때문에 직접 민주 정치를 운영하기 어렵다. 따라서 국민이 선거를 통해 대표를 선출하고, 국민의 대표가 의회와 행정부를 구성하여 법률과 정책을 결정하는 간접 민주 정치 또는 대의 민주주의를 채택하고 있다.

21 제시된 헌법 조항은 국가의 최고 권력인 주권이 국민에게 있다는 국민 주권의 원리를 나타낸다.

오답 피하기 ① 공동체의 문제를 해결할 때 구성원 다수의 의견에 따라 전체의 의사를 결정하는 원리이다.
② 헌법에 따라 국가 기관을 구성하고 정치권력을 행사해야 한다는 원리이다.
④ 주권을 가진 국민이 스스로 나라를 다스려야 한다는 원리이다.
⑤ 국가 권력을 입법권, 행정권, 사법권으로 분리하여 독립된 기관이 나누어 맡도록 하는 원리이다.

22 국민 자치의 원리를 실현하기 위해서는 국민이 정치 과정에 활발하게 참여할 수 있도록 지방 자치 제도, 국민 투표, 주민 발의 등을 시행해야 한다. ㄹ. 지방 자치 제도에 대한 설명이다.

오답 피하기 ㄱ. 사회적 약자인 독거노인과 장애인의 삶의 질을 높이는 것이므로 국민의 복지를 실현하기 위한 것이다.
ㄴ. 행정부의 수반인 대통령이 입법부인 국회를 견제하는 것이므로 권력 분립의 원리를 실현한 사례이다.

23 (가) 입헌주의의 원리는 헌법에 따라 국가 기관을 구성하고, 정치권력을 행사해야 한다는 원리이다. (나) 권력 분립의 원리는 국가 권력을 입법권, 행정권, 사법권으로 분리하여 독립된 기관이 나누어 맡도록 하는 원리이다.

오답 피하기 ㄴ. 권력 분립의 원리는 국가 기관 간 상호 견제와 균형을 추구하므로, 특정 국가 기관을 중시하지는 않는다.
ㄹ. 입헌주의의 원리와 권력 분립의 원리는 모두 국가 권력의 남용을 방지하는 것을 목적으로 한다.

서술형·논술형

본문 209쪽

01 **예시 답안** 시민 혁명으로 등장한 근대 민주 정치에서는 시민의 대표로 구성된 의회를 중심으로 한 대의 민주 정치가 이루어졌다. 하지만 부를 축적한 상공업자들만이 정치에 참여할 수 있었다는 한계가 있다.

필수 키워드 근대 민주 정치, 대의 민주 정치, 부를 축적한 상공업자

평가 기준

상	근대 민주 정치의 의의와 한계를 모두 바르게 서술한 경우
중	근대 민주 정치의 의의 또는 한계 중 하나만을 서술한 경우
하	근대 민주 정치가 성립되었다는 내용만을 서술한 경우

02 **예시 답안** (1) 권력 분립
(2) 법을 제정하는 입법권을 입법부(의회), 법을 집행하는 행정권을 행정부(정부), 법을 적용하는 사법권을 사법부(법원)가 행사하도록 한다.

필수 키워드 입법권, 행정권, 사법권

평가 기준

상	입법권은 의회, 행정권은 정부, 사법권은 법원에 있다는 내용을 모두 바르게 서술한 경우
중	입법권은 의회, 행정권은 정부, 사법권은 법원에 있다는 내용 요소 중 두 개만을 서술한 경우
하	입법권은 의회, 행정권은 정부, 사법권은 법원에 있다는 내용 요소 중 한 개만을 서술한 경우

03 **예시 답안** (가)는 고대 아테네, (나)는 근대, (다)는 현대를 나타낸다. 고대 아테네에서는 직접 민주 정치가 발달하여 모든 시민이 직접 국가의 중요한 일을 결정할 수 있었던 반면, 사회 규모가 커지고 복잡해지면서 근대와 현대에는 시민이 선거를 통해 선출한 대표를 통해 정치에 간접적으로 참여하는 대의제가 실시되었다. 한편, 고대 아테네와 근대에는 시민을 각각 성인 남성과 부유한 상공업자로 제한하여 사회 구성원 중에서 정치에 참여할 수 없는 사람이 있었다는 공통점이 있다. 반면 현대에는 보통 선거 제도의 확립으로 일정한 연령 이상의 모든 사회 구성원이 정치에 참여하게 되었다.

평가 기준

평가 항목	평가 내용
평가 충실도	정해진 분량 기준을 충족시킴 (단, 제시된 질문과 전혀 상관없는 내용으로 답변했을 시에는 분량 기준을 충족시키지 못한 것으로 간주함)
비판적 사고력	고대 아테네, 근대, 현대 민주 정치의 공통점과 차이점을 분석적으로 평가할 수 있음
논리성과 타당성	전체적인 글의 구성과 흐름이 매끄러우며, 주장과 그에 대한 근거가 타당함

03 민주 정치와 정부 형태

개념 다지기

본문 212쪽

01 (1) 의원 내각제 (2) 총리(수상) (3) 권력 분립의 원리
02 (1) 대통령제 (2) 의원 내각제 **03** (1) 의원 내각제 (2) 내각 불신임권 (3) 법률안 거부권 (4) 의원 내각제 **04** (1) 법률안 제출권(의회 해산권) (2) 의원 내각제 (3) 입법부(의회) (4) 대통령
05 (1) 의 (2) 대 (3) 대 (4) 대 (5) 의 (6) 의 **06** (1) ○ (2) × (3) ○ (4) × (5) × **07** (1) ㉡, ㉢ (2) ㉠, ㉣ **08** ㄱ, ㄴ

중단원 실력 쌓기

본문 213쪽

01 ②	**02** ①	**03** ④	**04** ①	**05** ①
06 ④	**07** ⑤	**08** ④	**09** ③	**10** ④
11 ⑤	**12** ①	**13** ②	**14** ①	**15** ④

01 정부 형태는 행정부와 입법부의 관계에 따라 대통령제와 의원 내각제로 구분할 수 있다. 대통령제는 입법부와 행정부가 엄격히 분리되어 있는 정부 형태이며, 의원 내각제는 입법부와 행정부가 긴밀한 협조 관계를 유지하고 있는 정부 형태이다. ② 의원 내각제에서는 내각이 의회 해산권을 통해 의회를 견제할 수 있다.

오답 피하기 ① 대통령제와 의원 내각제 모두 권력 분립의 원리에 따라 정부를 구성한다. 다만, 의원 내각제보다 대통령제가 입법부와 행정부가 엄격히 분리되기 때문에 권력 분립의 원리를 충실히 실현할 수 있다.
④ 대통령제와 의원 내각제에서는 국민이 선거를 통해 의회 의원을 선출한다.
⑤ 대통령제만이 가지는 특징이다.

02 그림은 의원 내각제를 나타낸다. 의원 내각제는 입법부와 행정부가 융합된 정부 형태이다. 의원 내각제에서 입법부는

행정부에 내각 불신임권을 가지며, 행정부는 입법부에 의회 해산권과 법률안 제출권을 가진다. (가)는 입법부가 행정부에 대하여 가지는 권한이므로, 내각 불신임권이 이에 해당한다. (나)는 행정부가 입법부에 대하여 가지는 권한이므로, 의회 해산권이나 법률안 제출권이 이에 해당한다.

오답 피하기 ②, ③, ④ 법률안 거부권은 대통령제에서 행정부 수반인 대통령이 의회에서 의결한 법률안을 거부할 수 있는 권한을 말한다.

03 의원 내각제는 입법부와 행정부가 엄격하게 분리된 정부 형태는 아니지만, 권력 분립의 원리를 적용하여 운영되고 있다. 또한 내각이 의회를 해산시킬 수 있고, 의회 의원이 내각의 각료를 겸직할 수 있다. 하지만 행정부 수반이 법률안을 거부할 권한을 가지고 있지 않다. 따라서 자료에서 답변이 '예'로 나오기 위한 질문에 해당하는 것은 ㄱ, ㄴ, ㄷ이고, '아니요'로 나오기 위한 질문에 해당하는 것은 ㄹ뿐이다.

04 제시문이 설명하고 있는 정부 형태는 의원 내각제이다. ㄱ. 의원 내각제에서 내각은 의회의 신임을 얻어야 계속 존재할 수 있기 때문에 국민의 정치적 요구에 민감하여 책임 정치를 실현할 수 있다. ㄴ. 의원 내각제는 입법부와 행정부가 융합된 정부 형태이기 때문에 신속하고 효율적인 정책 수행이 가능하다.

오답 피하기 ㄷ. 의원 내각제에서는 내각이 국정을 제대로 운영하지 못한 경우 의회의 내각 불신임권을 통해 새로운 내각이 구성될 수 있기 때문에 행정부 수반인 총리(수상)의 임기가 보장되지 않는다.

ㄹ. 의원 내각제에서 행정부 수반인 총리(수상)는 법률안 거부권을 행사할 수 없다.

05 대통령제는 입법부와 행정부의 권력을 엄격히 분리하는 정부 형태이다. ㄱ. 미국은 독립 전쟁 이후 연방 정부를 구성하는 과정에서 대통령제가 등장하였다. ㄴ. 대통령제에서는 국민이 선거를 통해 행정부의 수반인 대통령과 의회의 구성원인 의원을 각각 선출하고, 대통령이 행정부를 독립적으로 구성한다.

오답 피하기 ㄷ, ㄹ. 의원 내각제의 특징에 대한 설명이다.

06 의회 의원과 행정부 수반을 선출하는 선거가 따로 실시되므로 그림에 나타난 정부 형태는 대통령제이다. ④ 대통령제는 입법부와 행정부가 엄격히 분리되기 때문에 행정부 수반이 의회에 법률안을 제출할 수 없다.

오답 피하기 ①, ② 대통령제는 행정부가 의회를 해산할 수 없고, 의회도 행정부를 불신임할 수 없다.

③ 대통령제에서 행정부 수반은 의회가 의결한 법률안을 거부할 권리가 있다.

⑤ 대통령제에서 의회 의원은 행정부 장관을 겸직할 수 없다.

07 그림은 대통령제를 나타내며, (가)는 입법부에 해당한다. 대통령제에서 입법부(의회)는 대통령의 권한 행사에 대한 각종 동의권, 탄핵 소추권, 국정 감사권 등을 통해 행정부를 견제할 수 있다.

오답 피하기 ㄱ. 대통령제에서 의회는 행정부를 불신임할 수 없으며, 행정부도 의회를 해산할 수 없다.

ㄴ. 대통령제는 입법부와 행정부가 엄격하게 분리되기 때문에 의회 의원은 행정부의 장관을 겸직할 수 없다.

08 (가)는 의원 내각제, (나)는 대통령제에 대한 설명이다. ④ 대통령제에서 대통령은 임기가 보장되기 때문에 비교적 안정적으로 정책을 결정하고 집행할 수 있다.

오답 피하기 ①, ② 의원 내각제에서 내각은 의회의 신임을 얻어야 계속 존재할 수 있기 때문에 국민의 정치적 요구에 민감하여 책임 정치를 실현할 수 있다.

③ 의원 내각제는 의회와 내각이 매우 밀접한 관계를 가지므로 정책을 능률적이고 원활하게 수행할 수 있다.

⑤ 대통령제는 권력 분립이 엄격히 이루어지기 때문에 행정부와 의회가 대립할 경우 조정이 어렵다는 단점이 있다.

09 의원 내각제는 입법부와 행정부가 융합된 정부 형태이며, 대통령제는 입법부와 행정부가 엄격히 분리되는 정부 형태이다. ③ 의원 내각제는 국민의 요구를 정책에 잘 반영하며, 책임 있는 정치를 실현할 수 있다는 장점을 가진다. 대통령제는 대통령의 임기 동안은 정국이 안정되며, 일관성과 지속성 있는 정책을 시행할 수 있다는 장점이 있다.

10 (가)는 국민이 입법부의 의회 의원을 선출하고, 입법부에서 행정부를 구성하므로 의원 내각제를 나타낸다. (나)는 입법부의 의회 의원과 행정부 수반을 별도의 선거를 통해 각각 선출하고 있으므로 대통령제이다. ④ 의원 내각제는 입법부와 행정부의 긴밀한 협조를 통해 국정을 운영하는 정부 형태로서 권력 융합을 특징으로 한다. 반면, 대통령제는 입법부와 행정부의 권력을 엄격히 분리하는 정부 형태이다.

오답 피하기 ① (가) 의원 내각제의 행정부 수반인 총리(수상)는 법률안 거부권을 가지지 않는다.

② (나) 대통령제에서 정부는 의회에 법률안을 제출할 수 없다.

③ (나) 대통령제는 입법부와 행정부가 엄격하게 분리되기 때문에 의회 의원이 행정부의 장관을 겸직할 수 없다.

⑤ (가)는 의원 내각제, (나)는 대통령제이다.

11 제시문에서 (가)는 의원 내각제이며, (나)는 대통령제이다. ⑤ 의원 내각제에서 내각은 의회의 신임을 얻어야 계속 존재할 수 있기 때문에 국민의 정치적 요구에 민감하여 책임 정치를 실현할 수 있다.

오답 피하기 ① 우리나라는 기본적인 정부 형태로 대통령제를 채택하여 운영하고 있다.

② 입법부와 행정부를 엄격히 분리하는 대통령제에서는 입법권을 가진 고유한 기관이 의회가 되므로, 정부가 법률안을 제출할 수 없다.
③ 대통령제에서 행정부의 최고 책임자는 국민에 의해 선출된다.
④ 대통령제와 의원 내각제는 각각 장단점을 가지고 있기 때문에 어떤 것이 더 우수하다거나 열등하다고 판단할 수는 없다.

12 우리나라는 기본적으로 대통령제를 채택하고 있기 때문에 국민에 의해 선출된 대통령이 행정부를 구성하고 국정을 운영한다. ① 우리나라에서는 대통령 단임제를 시행하고 있기 때문에 대통령직을 수행한 사람은 다음 대통령 선거에 출마할 수 없다.
오답 피하기 ② 우리나라는 기본적으로 대통령제를 채택하고 있으므로, 대통령은 법률안 거부권을 통해 국회 다수당의 횡포를 견제할 수 있다.
③ 우리나라에서는 국민이 직접 선거를 통해 입법부의 국회 의원과 행정부 수반인 대통령을 각각 선출한다.
④ 우리나라에서는 의회가 대통령을 불신임할 수 없기 때문에 대통령의 임기가 헌법에 의해 보장된다.
⑤ 대통령은 대외적으로 국가를 대표하는 국가 원수의 지위와 행정권을 행사하는 행정부 수반의 지위를 동시에 가진다.

13 우리나라는 기본적으로 대통령제를 채택하고 있다. 하지만 일반적인 대통령제와 달리 의원 내각제의 요소를 일부 운영하고 있다. 우리나라가 도입하고 있는 의원 내각제의 요소로는 국무총리 제도, 행정부의 법률안 제출권, 국회의 국무총리 임명 동의권 등이 있다.
오답 피하기 ㄴ. 우리나라의 국회는 내각(행정부)을 불신임할 수 없다.
ㄹ. 대통령의 법률안 거부권은 대통령제의 요소에 해당한다.

14 우리나라의 정부 형태는 국민의 선거를 통해 선출된 대통령이 행정부를 구성하는 대통령제이다. 그러나 일반적인 대통령제와 달리 의원 내각제 요소를 일부 도입하고 있다. ① 우리나라의 정부 형태에서는 대통령이 국회를 해산할 수 없고, 국회는 대통령을 불신임할 수 없다.
오답 피하기 ② 대통령은 대외적으로 국가를 대표하는 국가 원수의 지위와 행정권을 행사하는 행정부 수반의 지위를 동시에 가진다.
③ 대통령은 의회에서 의결한 법률안에 대하여 거부권을 행사할 수 있다.
④, ⑤ 의원 내각제 요소에는 국무총리 제도, 행정부의 법률안 제출권, 국회 의원의 행정부 장관 겸직 가능 등이 있다.

15 제시문에는 일반적인 대통령제와 달리 우리나라 정부가 법안을 국회에 제출하는 내용이 나타나 있다. 이러한 행정부의 법률안 제출권은 우리나라가 도입한 의원 내각제 요소에 해당한다.
오답 피하기 ① 우리나라의 국가 원수는 대통령이다.
② 기본적인 정부 형태로 대통령제를 채택하고 있다.
③ 행정부 수반인 대통령이 행정부를 구성한다.
⑤ 의회는 대통령을 불신임할 수 없다.

서술형·논술형

본문 215쪽

01 **예시 답안** 대통령제, 대통령의 임기 동안 행정부가 안정되고 정책을 지속적으로 강력하게 추진할 수 있다. 대통령의 법률안 거부권을 통해 다수당의 횡포를 방지할 수 있다.
필수 키워드 대통령제, 지속적이고 강력한 정책 추진, 다수당의 횡포 방지

평가 기준

상	대통령제라고 쓰고, 그 장점 두 가지를 바르게 서술한 경우
중	대통령제라고 쓰고, 그 장점을 한 가지만 서술한 경우
하	대통령제라고만 쓴 경우

02 **예시 답안** A 정부 형태는 대통령제, B 정부 형태는 의원 내각제이다. 대통령제에 비하여 의원 내각제는 국민의 정치적 요구에 민감하여 책임 정치를 실현할 수 있다. 또한 의회와 내각의 협조를 통해 국정을 효율적으로 운영할 수 있다. 반면에 의원 내각제에서 한 정당이 의회와 내각을 모두 장악하는 경우에 다수당의 횡포가 우려된다. 또한 군소 정당이 난립할 경우 국정 운영의 혼란을 초래할 수 있다는 단점이 있다.

평가 기준

평가 항목	평가 내용
평가 충실도	정해진 분량 기준을 충족시킴 (단, 제시된 질문과 전혀 상관없는 내용으로 답변했을 시에는 분량 기준을 충족시키지 못한 것으로 간주함)
비판적 사고력	의원 내각제의 특징을 정확히 파악하여 그 장점과 단점을 분석적으로 평가할 수 있음
논리성과 타당성	전체적인 글의 구성과 흐름이 매끄러우며, 주장과 그에 대한 근거가 타당함

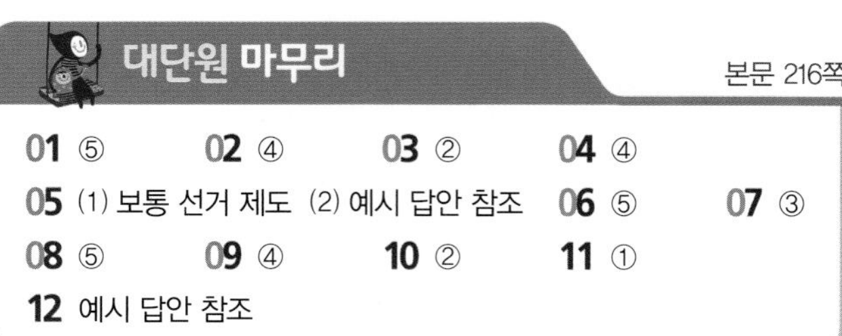

대단원 마무리

본문 216쪽

01 ⑤ **02** ④ **03** ② **04** ④
05 (1) 보통 선거 제도 (2) 예시 답안 참조 **06** ⑤ **07** ③
08 ⑤ **09** ④ **10** ② **11** ①
12 예시 답안 참조

01 좁은 의미의 정치는 정치인들이 국가와 관련된 법률이나 정책을 결정하는 활동을 말한다. ㄷ, ㄹ. 국회 본회의나 대통령 선거 운동은 정치권력을 획득하고, 유지·행사하기 위한 활동에 해당하므로 좁은 의미의 정치에 해당한다.

오답 피하기 ㄱ, ㄴ. 일상생활에서 발생하는 구성원 간의 대립과 갈등을 조정하여 해결해 나가는 활동으로 넓은 의미의 정치에 해당한다.

02 제시문에서는 정치를 모든 사회 집단에서 나타나는 보편적인 현상으로 보고 있다. 이와 같이 정치를 폭넓게 이해하고 있는 관점은 다원화된 현대 사회의 정치적 특징을 설명하는 데 적합하다. 또한 일상생활에서 발생하는 갈등을 해결하기 위한 학급 회의, 주민 회의 등도 정치 현상으로 본다.

오답 피하기 ㄱ. 제시문에 나타난 정치에 관한 관점에 의하면 정치 현상에는 국가 고유의 활동뿐만 아니라 일상생활에서 발생하는 구성원 간의 대립과 갈등을 조정하여 해결해 나가는 활동 등도 포함된다.
ㄷ. 제시문에서는 정치의 의미를 구성원 간의 갈등과 대립을 조정하여 공공의 문제를 해결하는 과정이라고 규정하고 있다.

03 고대 아테네에서는 시민이라면 누구나 추첨을 통해 돌아가며 공직을 맡을 수 있었고, 민회에 참석하여 국가의 중요한 일을 결정하였다.

오답 피하기 ㄴ. 고대 아테네에서 정치에 참여할 수 있는 시민은 성인 남자만으로 국한되었기 때문에 여성, 외국인, 노예는 정치에 참여할 수 없었다.
ㄹ. 고대 아테네는 영토가 작고 인구가 적은 도시 국가였기 때문에 모든 시민이 정치에 직접 참여할 수 있었다.

04 기사는 쓰레기 매립장 건립을 두고 □□시와 △△마을 주민 간의 대립과 갈등이 조정되었다는 내용을 나타낸다.

오답 피하기 ① 대통령이나 국회 의원 등과 같은 정치인들이 정치권력의 획득과 유지를 위해 국가와 관련하여 수행하는 활동은 정치를 좁은 의미로 이해한 것이다.
③ 제시문에는 □□시가 △△마을 주민과 함께 사회 문제를 해결하는 내용이 나타나 있다.

05 **예시 답안** 대의제는 시민이 직접 정책을 결정하는 것이 아니기 때문에 시민의 의견이 정책에 정확하게 반영되기 어렵거나 대표자에 의해 왜곡될 가능성이 크다.

필수 키워드 시민의 의견, 정책, 왜곡

평가 기준

상	대의제의 한계를 두 가지 모두 서술한 경우
하	대의제의 한계를 한 가지만 서술한 경우

06 고대 그리스 아테네에서 시민은 자유민인 성인 남성으로만 제한되었고, 근대 시민 혁명 직후에는 부를 축적한 도시의 상공업자들만이 시민의 자격을 얻을 수 있었다. ⑤ 근대 시민 혁명 직후 의회에 진출하여 정치에 참여할 수 있는 사람은 부를 축적한 상공업자로 제한되었다.

오답 피하기 ② ㉡은 절대적인 권력을 휘두르는 왕과 특권 귀족에 대항하여 자신들의 권리를 지키고자 시민 혁명을 일으켰다.
③ 현대 민주 정치는 대의 민주 정치를 기본으로 하고 있기 때문에 시민의 의견이 대표자에 의해 왜곡되거나 정책에 정확히 반영되기 어렵다.

07 민주주의는 인간의 존엄성 실현과 자유, 평등을 이념으로 한다. ㄴ. 인간의 존엄성이란 인간은 인간이라는 이유만으로 존중받을 자격을 가진다는 의미이다. ㄷ. 현대 사회에서는 국가의 부당한 간섭을 받지 않을 소극적 자유뿐만 아니라, 정부의 정책 결정에 참여하고 국가에 최소한의 인간다운 삶을 요구할 수 있는 적극적인 자유도 중시한다.

오답 피하기 ㄱ. 차이와 다양성을 인정하지 않는 획일적인 평등은 오히려 인간의 존엄성 실현에 방해가 될 수 있다.
ㄹ. 자유를 지나치게 강조하면 불평등이 심해지고, 평등을 지나치게 강조하면 자유가 침해될 수 있다. 따라서 인간의 존엄성을 실현하기 위해서는 자유와 평등이 조화와 균형을 이루어야 한다.

08 ㉠ 직접 민주 정치는 모든 국민이 직접 나라의 일을 결정하는 제도이다. ㉡ 간접 민주 정치는 국민이 선출한 대표자가 나라를 다스리게 하는 제도이다. ⑤ 직접 민주 정치는 모든 국민이 토론에 참가하여 법이나 정책을 결정해야 하기 때문에 많은 시간과 비용이 든다는 문제가 있다. 따라서 영토가 넓고 인구가 많은 대부분의 현대 국가에서는 간접 민주 정치(대의 정치)를 실시하고 있다.

오답 피하기 ③ 모든 구성원이 직접 정치에 참여하는 직접 민주 정치 제도는 영토가 작고 인구가 적은 국가에 적합하다.
④ 간접 민주 정치는 시민이 직접 정책을 결정하는 것이 아니기 때문에 시민의 의견이 정책에 정확하게 반영되기 어렵거나 대표자에 의해 왜곡될 가능성이 크다.

09 그림은 권력 분립의 원리를 나타낸다. 권력 분립의 원리는 국가 권력을 입법, 행정, 사법으로 분리하여 나누어 맡도록 하고, 각 기관 간에 상호 견제와 균형을 추구하는 원리이다.

오답 피하기 ㄱ. ㉠ 입법부(국회)는 법을 제정하는 입법권을 가진다. 법의 해석과 적용을 담당하는 기관은 ㉢ 사법부(법원)이다.
ㄷ. ㉢ 사법부(법원)는 법을 해석하고 적용하여 분쟁이나 사건을 해결하는 사법권을 가지는 국가 기관이다. 법을 제정하거나 개정하는 국가 기관은 ㉠ 입법부(국회)이다.

10 그림은 의회 의원과 행정부 수반을 선출하는 별도의 선거를 실시하고 있으므로 대통령제를 나타낸다. ㄱ. 대통령제에서 행정부 수반인 대통령은 의회에서 의결된 법률안을 거부함으로써 의회 다수당의 횡포를 막을 수 있다. ㄷ. 대통령제에서 국민에 의해 선출된 대통령은 임기가 보장되기 때문에 행정부가 안정되고, 국가 정책을 지속적으로 강력하게 추진할 수 있다.

오답 피하기 ㄴ. 대통령제에서는 대통령에게 권한이 집중되면서 독재가 나타날 우려가 있다. ㄹ. 대통령제는 권력 분립이 엄격히 이루어지기 때문에 의회와 행정부가 대립할 경우 국정이 장기간 마비될 수 있다.

11 ① 대부분의 민주주의 국가에서는 국민의 대표를 선출하여 정치를 담당하게 하는 대의 제도를 실시하고 있다. 따라서 대의 제도의 실시 여부는 의원 내각제와 대통령제를 구분하는 기준이 될 수 없다.

오답 피하기 ② 의원 내각제에서 행정부는 의회를 해산할 수 있지만, 대통령제에서 행정부는 의회를 해산시킬 수 없다.

③ 의원 내각제에서는 행정부 최고 책임자인 총리(수상)가 의회에서 선출되는 반면, 대통령제에서는 행정부 수반인 대통령이 국민의 선거를 통해 선출된다.

④ 의원 내각제는 입법부와 행정부의 융합을 추구하고, 대통령제는 입법부와 행정부의 엄격한 분립을 추구한다.

⑤ 의원 내각제에서는 의회 의원이 행정부의 장관을 겸직할 수 있지만, 대통령제에서는 의회와 행정부가 엄격히 분리되기 때문에 의회 의원이 행정부 장관을 겸직할 수 없다.

12 **예시 답안** 행정 각부를 총괄하는 국무총리를 두고 있다. 행정부가 국회에 법률안을 제출할 수 있다.

필수 키워드 국무총리, 행정부의 법률안 제출

평가 기준

상	우리나라가 도입하고 있는 의원 내각제 요소를 두 가지로 서술한 경우
하	우리나라가 도입하고 있는 의원 내각제 요소를 한 가지만 서술한 경우

X. 정치 과정과 시민 참여

01 정치 과정과 정치 주체

개념 다지기 본문 224쪽

01 정책 **02** (1) 다원화 (2) 이익 표출 (3) 이익 집단
03 ㄹ–ㅁ–ㄴ–ㄱ–ㄷ **04** (1) × (2) ○ (3) × (4) ○
05 (1) ㉢, ㉣ (2) ㉠, ㉡ **06** (1) 정부(행정부) (2) 이익 집단 (3) 여론 (4) 정권(정치권력) **07** (1) 이익 집단 (2) 시민 단체 (3) 정당 **08** (1) ㄴ (2) ㄷ (3) ㄱ

중단원 실력 쌓기 본문 225쪽

01 ④	02 ②	03 ①	04 ④	05 ③
06 ②	07 ④	08 ④	09 ②	10 ②
11 ②	12 ①	13 ④	14 ⑤	15 ②

01 자료는 다양한 가치와 이익을 실현하기 위해 개인이나 집단이 자신의 의견을 표출하고 있는 모습이다. ④ 사회가 다원화, 복잡화되면서 사회 구성원들이 다양한 생각과 가치관을 지니게 되었고, 이러한 이익과 이해관계의 차이로 인해 구성원 사이에 의견 대립과 갈등이 빈번하게 나타난다.

02 빈칸 ㉠에 들어갈 용어는 정치 과정이다. ㄱ. 정치 과정을 통해 대립과 갈등이 조정되면서 사회 통합이 이루어진다. ㄷ. 구성원 간의 갈등으로 사회 문제가 발생하면 민주적이고 합리적인 절차에 따라 해결하는 정치 과정이 필요하다.

오답 피하기 ㄴ. 정책은 집행된 이후에도 국민의 평가를 통해 수정되거나 보완되기도 한다.

ㄹ. 정치 과정은 과거에는 주로 국가 기관을 중심으로 이루어졌다. 그러나 현대 사회에서는 수많은 정치 주체들이 정치 과정에 참여하고 있다.

03 제시문은 대학생들과 시민 단체들이 등록금 인상을 반대하는 입장을 나타내고 있으므로 이익 표출 단계에 해당한다.

오답 피하기 ② 이익 집약이란 시민의 다양한 의견과 이익을 하나로 모아 수렴하는 것을 말한다. 이익 집약은 주로 정당이나 언론이 담당한다.

04 ④ 정부는 정치 과정의 정책 집행 단계에서 법을 토대로 구체적인 정책을 수립하고 시행한다.

오답 피하기 ① 현대 사회에서는 시민, 이익 집단, 시민 단체 등 다양한 정치 주체들이 참여하여 자신들의 이익을 표출하고 있다.

⑤ (마)는 정치 과정 중 정책 평가 단계이다. 정책에 대한 평가로 새로운 요구와 지지가 나타나면 정부는 이미 결정된 정책이더라도 계속해서 수정·보완해 나가야 한다.

05 ③ 국회가 '영유아보육법' 개정을 통해 어린이집 CCTV 설치 의무화를 결정하였으므로 정책 결정 단계에 해당하는 사례이다.

오답 피하기 ① ○○ 정당이 국민의 의견을 수렴하여 어린이집 CCTV 설치 의무화 관련 법안을 마련하고 있으므로 이익 집약 단계에 해당하는 사례이다.
② 정부가 어린이집 CCTV 설치 의무화와 관련된 정책을 구체적으로 실행하고 있으므로 정책 집행 단계에 해당하는 사례이다.
④ 어린이집 CCTV 설치 이후에 보육 교사 협회가 보육 교사의 사생활이 침해되고 있다는 주장을 하고 있으므로 정책 평가 단계에 해당하는 사례이다.
⑤ 아동 학대 추방을 위한 시민 모임이 자신의 의견을 요구하며 서명 운동을 실시하고 있으므로 이익 표출 단계에 해당하는 사례이다.

06 ② 정당과 이익 집단은 모두 비공식적 주체로서 정책 결정 과정에 영향력을 행사한다는 공통점이 있다.

오답 피하기 ① 이익 집단은 이해관계를 같이하는 사람들이 자신의 특수한 이익을 실현하기 위해 만든 단체이다. 정당은 정치적 의견이 같은 사람들이 정치권력을 획득할 목적으로 만든 단체이다.
③ 이익 집단은 자기 집단의 특수한 이익과 관련된 영역에만 관심을 가지는 반면, 정당은 국민의 지지를 받아 정권을 획득해야 하므로 사회의 모든 영역에 관심을 가진다.
④ 이익 집단은 직업적인 전문성을 중심으로 결성된 단체로서 다양한 집단의 이해관계를 대변한다. 반면 정당은 국민을 위한 다양한 분야의 정책안을 마련하여 국가 기관에 전달하는 역할을 수행한다.
⑤ 정당은 선거에서 국민의 심판을 받음으로써 정치적 책임을 진다.

07 비공식적인 정치 참여 주체이면서 자기 집단의 특수한 이익을 실현하는 정치 주체는 이익 집단이다.

오답 피하기 ① 언론은 공정하고 객관적인 보도를 통해 정책이 결정되고 집행되는 과정을 감시하고 비판한다.
② 정당은 정권 획득을 목적으로 하기 때문에 사회 전체의 이익을 추구한다.
③ 행정부는 정책을 결정하고 집행할 수 있는 공식적인 권한을 가진다.
⑤ 시민 단체는 사회 문제를 해결하고 공익을 실현하기 위한 정치 주체이다.

08 밑줄 친 정치 주체는 환경 분야에서 활동하는 시민 단체이다. ④ 시민 단체는 특정 개인이나 집단의 이익이 아니라 사회 전체의 공익을 실현하기 위한 집단이다.

오답 피하기 ① 정당에 대한 설명이다.
② 행정부에 대한 설명이다.
③ 시민 단체는 정책 결정에 공식적으로 참여할 수 있는 권한을 가지지 않는다.
⑤ 언론에 대한 설명이다.

09 (가)는 시민 단체, (나)는 이익 집단에 해당한다. ㄱ. (가) 시민 단체는 사회의 여러 가지 문제를 해결하고 공익을 추구하는 것을 목적으로 한다. ㄷ. 시민 단체와 이익 집단은 모두 정책을 결정할 수 있는 공식적인 권한이 없는 비공식적 정치 주체이다.

오답 피하기 ㄴ. 정책을 결정할 수 있는 권한을 가진 정치 주체는 국회와 정부이다.
ㄹ. 시민 단체와 이익 집단은 모두 정치적 책임을 지지 않는다.

10 ㄱ. 정당은 국가 기관이 정책을 잘 집행할 수 있도록 감시하고 비판한다. ㄷ. 정당은 국민의 다양한 의견을 모아 여론을 형성하고, 이를 국회나 정부에 전달하여 정책에 반영하기 위해 노력한다.

오답 피하기 ㄴ. 행정부에 대한 설명이다.
ㄹ. 이익 집단에 대한 설명이다.

11 자료에 나타난 정치 주체는 언론이다. 언론은 신문, 방송, 인터넷 등의 매체를 통해 정치 과정 전반에 관한 정보를 제공한다. 또한 공정하고 객관적인 보도를 통해 정부의 정책을 감시하고 비판하여 여론을 형성하는 데 영향을 미친다.

오답 피하기 ㄴ. 정책을 결정할 수 있는 권한이 있으며, 그에 대한 책임을 지는 정치 주체는 국회와 정부이다.
ㄹ. 언론은 정보를 신속하게 제공하는 것도 중요하지만 정확하지 않거나 잘못된 정보를 제공해서는 안 된다. 언론을 통해 정치 과정에 대한 정보가 왜곡되거나, 시민의 여론이 조작된다면 국민의 뜻이 정책에 정확하게 반영될 수 없기 때문이다.

12 정당, 시민 단체, 이익 집단은 모두 비공식적 주체이다. 하지만 정당은 정치적 책임을 지고 시민 단체와 이익 집단은 정치적 책임을 지지 않는다. 한편, 시민 단체는 사회 전체의 이익을 실현하는 것을 목적으로 하지만, 이익 집단은 자기 집단의 특수한 이익을 실현하는 것을 목적으로 한다. 따라서 (가)는 정당, (나)는 시민 단체, (다)는 이익 집단이다.

13 A는 이익 집단, B는 정당, C는 시민 단체이다. ㄴ. 정당은 정치적 견해를 같이하는 사람들이 정치권력을 획득하기 위해 결성한 집단이다. ㄹ. 이익 집단, 정당, 시민 단체는 모두 정치 과정에 영향력을 행사하는 정치 주체이다.

오답 피하기 ㄱ. A는 이익 집단이다.
ㄷ. 활동 결과에 대한 정치적 책임을 지는 정치 주체는 정당이다.

14 (가)는 정치 과정에 공식적으로 참여할 수 있는 정치 주체이고, (나)는 정치 과정에 참여할 수 있는 공식적인 권한이 없는 정치 주체이다.

오답 피하기 ① 국가 기관과 정당은 정치적 책임을 진다.
② 정권 획득을 목적으로 하는 정치 주체는 정당이다.

③ (가), (나)의 정치 주체는 모두 정치 과정에 영향력을 행사한다.
④ (나)의 이익 집단은 특수한 이익을 실현하기 위해 형성되었다.

15 ㄱ. 국회는 국민의 대표인 국회 의원으로 구성된다. ㄷ. 국회는 국가 기관으로서 공식적으로 정책을 결정할 수 있다.
오답 피하기 ㄴ. 법원에 대한 설명이다. 국회는 국민의 다양한 의사를 반영하여 법률을 제정하거나 개정한다.
ㄹ. 이익 집단에 대한 설명이다. 국회는 국민의 대표인 국회 의원으로 구성되기 때문에 정치 과정에서 사회 전체의 이익을 반영하기 위해 노력한다.

서술형·논술형

본문 227쪽

01 **예시 답안** 정치 과정, 정치 과정이란 다양한 이해관계가 표출·집약되어 정책으로 결정되고 집행되는 과정을 말한다. 정치 과정은 구성원 간의 대립과 갈등을 조정하여 사회가 통합되고 발전하는 데 기여한다.
필수 키워드 정치 과정, 정책, 대립과 갈등 조정
평가 기준

상	정치 과정이라고 쓰고, 그 의미와 의의를 모두 바르게 서술한 경우
중	정치 과정이라고 쓰고, 그 의미와 의의 중 하나만을 서술한 경우
하	정치 과정이라고만 쓴 경우

02 **예시 답안** ㉠은 이익 집단, ㉡은 시민 단체이다. 이익 집단이 증가할 경우 각 직업군의 다양한 이익이 정책에 반영되고, 국가가 정책을 결정하는 데 전문적인 지식이나 정보를 제공받을 수 있다. 시민 단체가 증가할 경우 시민의 정치 참여가 활성화되고 사회 문제의 해결을 위한 대안이 제시되어 국가의 정책 결정에 도움이 될 수 있다. 이러한 이익 집단과 시민 단체가 많아지면 사회 문제에 대한 다양한 측면의 해결책이 제시되고, 그것을 해결하기 위한 정책에 보다 많은 시민의 의견이 반영될 수 있다. 또한 정부의 정책 결정 과정을 감시하게 되어 정부의 책임 있는 정책 결정과 집행을 유도할 수 있다.
평가 기준

평가 항목	평가 내용
평가 충실도	정해진 분량 기준을 충족시킴 (단, 제시된 질문과 전혀 상관없는 내용으로 답변했을 시에는 분량 기준을 충족시키지 못한 것으로 간주함)
비판적 사고력	이익 집단과 시민 단체의 역할이 정치 과정에 미치는 영향을 분석적으로 평가함
창의적 사고력	비공식적 정치 주체의 증가가 정책의 결정과 집행 과정에 끼치는 영향을 긍정적 측면에서 새롭게 구상함
논리성과 타당성	전체적인 글의 구성과 흐름이 매끄러우며, 주장과 그에 대한 근거가 타당함

02 선거와 정치 참여

개념 다지기

본문 230쪽

01 선거 **02** (1) 선거 (2) 대의 민주주의 (3) 선출 **03** (1) ㄱ (2) ㄷ (3) ㄴ (4) ㄹ **04** (1) × (2) ○ (3) ×
05 (1) 보통 선거 (2) 평등 선거 (3) 직접 선거 (4) 비밀 선거
06 (1) 비밀 선거 (2) 선거구 법정주의 (3) 선거 공영제
07 게리맨더링 **08** 선거 관리 위원회

중단원 실력 쌓기

본문 231쪽

01 ⑤	02 ②	03 ②	04 ④	05 ②
06 ⑤	07 ②	08 ①	09 ①	10 ④
11 ②	12 ⑤	13 ③	14 ⑤	15 ②

01 사진에 나타난 정치 참여 방법은 선거이다. ⑤ 선거는 대의 민주주의에서 국민을 대신할 대표를 선출하는 절차이다.
오답 피하기 ① 대의 민주주의에서 선거를 통해 누가 대표로 선출되느냐에 따라 정책이나 사회의 발전 방향이 결정되기 때문에 선거는 민주 정치의 성공과 실패를 좌우한다.

02 행정부 수반인 대통령을 선출하는 선거는 5년, 입법부인 국회의 구성원을 선출하는 선거는 4년마다 실시한다. 또한 지방 의회 의원과 지방 자치 단체장을 뽑는 지방 선거는 4년마다 실시한다. ② 국무총리는 대통령을 보좌하여 행정 각부를 총괄하며, 대통령 자리가 공석일 경우 대통령의 권한을 대행한다. 국무총리는 국회의 동의를 얻어 대통령이 임명한다.

03 ② 시민은 선거를 통해 자신의 의사를 표현하고 주권을 행사하는 것이지 대표자에게 주권을 양도하는 것이 아니다.
오답 피하기 ① 국민의 지지와 동의를 얻어 선출된 대표는 정당성을 가지고 일을 추진할 수 있다.
③ 현재의 대표자가 국정 운영을 잘못한다면 다음 선거에서 책임을 물어 교체할 수 있다.
④ 시민은 선거를 통해 자신의 의사를 표현하고 여론을 형성한다.
⑤ 민주 정치에서 선거의 가장 중요한 기능은 대표자를 선출하는 것이다.

04 제시문은 선거가 대표자에게 권력의 정당성을 부여한다는 내용이다. ④ 선거를 통해 국민의 지지와 동의를 바탕으로 선출된 대표자는 임기 동안 대표로서 정당성을 인정받는다.

오답 피하기 ① 대표자가 국민과 한 약속을 제대로 지키지 못하면 국민은 다음 선거에서 다른 대표자를 선출함으로써 책임을 물을 수 있다.

05 ② 제시된 제도들은 모두 공정한 선거를 실시하기 위해 마련되었다.

오답 피하기 ① 선거구 법정주의에만 해당하는 내용이다. 게리맨더링이란 특정 정당이나 후보에게 유리하도록 선거구를 임의로 정하는 것을 가리킨다.
⑤ 선거 공영제에만 해당하는 내용이다. 우리나라는 선거 운동의 과열이나 부정 선거를 방지하고, 모든 후보자에게 선거 운동의 기회를 균등하게 보장하기 위해서 선거 공영제를 시행하고 있다.

06 민주 선거의 원칙은 보통 선거, 평등 선거, 직접 선거, 비밀 선거이다. ⑤ 제한 선거는 성별, 종교, 인종, 재산 등을 기준으로 선거권에 제한을 두는 것으로 보통 선거의 원칙에 어긋난다.

07 ② 자료에 나타난 민주 선거의 기본 원칙은 평등 선거이다. 평등 선거의 원칙이란 모든 유권자가 동등한 가치의 투표권을 행사할 수 있다는 원칙이다.

오답 피하기 ① 일정한 연령에 달한 모든 국민에게 선거권을 부여한다는 원칙이다.
③ 선거권을 가진 사람이 직접 대표자를 선출해야 한다는 원칙이다.
④ 유권자가 누구에게 투표했는지 다른 사람이 알지 못하게 하는 원칙이다.
⑤ 평등 선거의 반대말로, 신분, 재산, 학력, 종교 등에 따라 선거권에 차등을 두는 선거를 말한다.

08 우리나라에서는 공정한 선거를 위해 보통 선거, 평등 선거, 직접 선거, 비밀 선거의 원칙을 보장하고 있다. ㄱ은 보통 선거, ㄴ은 비밀 선거의 원칙이 지켜진 사례이다.

오답 피하기 ㄷ. 직접 선거의 원칙이 지켜지지 않은 사례이다. 대리 선거가 실시되면 유권자의 의사가 대리인에 의해 왜곡될 수 있다.
ㄹ. 평등 선거의 원칙이 지켜지지 않은 사례이다. 유권자가 가진 표의 가치가 동등하지 않기 때문이다. 선거권을 가진 사람이라면 누구나 똑같이 한 표씩 투표하게 해야 한다.

09 ① ㉠ 우리나라에서는 18세 이상의 국민이라면 누구에게나 선거권을 부여하는 보통 선거의 원칙을 지키고 있다.

오답 피하기 ㉡은 직접 선거, ㉢은 평등 선거, ㉣, ㉤은 비밀 선거의 원칙을 지키기 위한 것이다.

10 제시문은 경제적 능력을 기준으로 선거권을 제한하고 있으므로 보통 선거의 원칙을 위반한 사례이다. ④ 연령 이외에 재산, 교육, 종교, 성별 등을 기준으로 유권자의 자격에 제한을 두는 것을 제한 선거라고 한다.

오답 피하기 ② 비밀 선거에 반대되는 공개 선거에 대한 설명이다.
③ 평등 선거에 반대되는 차등 선거에 대한 설명이다.
⑤ 직접 선거에 반대되는 대리 선거에 대한 설명이다.

11 제시문은 선거구 법정주의를 나타낸다. ② 선거구 법정주의는 특정 개인이나 정당이 선거구를 자신에게 유리하게 정하는 게리맨더링을 방지하기 위해서 선거구를 법률로 미리 정해 놓는 제도이다.

오답 피하기 ①, ③ 선거의 기능에 대한 설명이다.
④, ⑤ 선거 공영제의 목적에 대한 설명이다.

12 제시문에서 ○○당이 자기 당에 유리하도록 선거구를 획정하였다. 이러한 게리맨더링을 방지하기 위해서 우리나라에서는 선거구 법정주의를 실시하고 있다. 선거구 법정주의란 특정 개인이나 정당이 선거구를 자신에게 유리하게 정하는 것을 막기 위해서 선거구를 법률로 미리 정해 놓은 제도이다. 선거구 법정주의를 통해 선거구별로 인구가 지나치게 차이가 나거나 선거구가 불합리한 방식으로 결정되는 것을 방지할 수 있다.

13 선거 공영제는 선거 운동의 과열과 부정 선거를 방지하고, 모든 후보자에게 선거 운동의 기회를 균등하게 보장하는 것을 목적으로 한다.

오답 피하기 ㄱ. 선거구 법정주의를 실시하는 목적이다.
ㄹ. 평등 선거의 원칙을 실시하는 이유이다.

14 빈칸에 들어갈 기관은 선거 관리 위원회이다. 선거 관리 위원회는 공정한 선거 관리와 정당 및 정치 자금에 관한 사무 처리를 위한 독립된 국가 기관이다. 선거 관리 위원회는 중립성을 지켜야 하므로 특정 정당에 가입하거나 정치 활동에 관여할 수 없다.

오답 피하기 ④ 공정 거래 위원회는 독점 및 불공정 거래에 관한 사안을 심의·의결하기 위해 설립된 기관이다.

15 자료는 중앙 선거 관리 위원회의 누리집을 나타낸 것이다. 선거 관리 위원회는 국민의 뜻이 선거를 통해 있는 그대로 반영될 수 있도록 선거를 공정하게 관리하는 독립된 국가 기관이다. 선거 관리 위원회는 후보자 등록, 선거 운동 및 투표·개표 과정 관리, 유권자의 선거 참여를 위한 홍보 활동 등을 한다. 또한 정당 및 정치 자금에 관한 각종 사무를 처리하고 있다. ② 법률을 제정하는 국가 기관은 국회이다.

서술형·논술형

본문 233쪽

01 **예시 답안** ㉠ 보통 선거, ㉡ 비밀 선거, 보통 선거의 원칙이란 일정한 연령에 달한 모든 국민에게 선거권을 부여한다는 원칙이다. 비밀 선거의 원칙이란 유권자가 누구에게 투표했는지 다른 사람이 알지 못하도록 비밀을 보장하는 원칙이다.

필수 키워드 보통 선거, 비밀 선거

평가 기준

상	㉠, ㉡에 들어갈 개념을 각각 쓰고, 그 의미를 모두 정확하게 서술한 경우
중	㉠, ㉡에 들어갈 개념을 모두 쓰고, ㉠, ㉡ 중 하나의 의미만을 정확하게 서술한 경우
하	㉠, ㉡에 들어갈 개념만을 모두 바르게 쓴 경우

02 **예시 답안** ㉠ 선거 공영제, 선거 공영제를 통해서 선거 비용을 학교에서 부담하게 되어 전교 학생회장 선거에 입후보한 학생과 그 학부모에게 경제적인 부담감을 덜어 주었을 것이다. 이에 따라 경제력에 상관없이 유능한 후보자에게 선거 운동의 기회를 균등하게 보장하고, 선거 운동이 과열되는 것을 방지했을 것이다. 이와 같이 선거 공영제는 전교 학생회장 선거에서 보다 공정한 선거 문화가 확산되는 데 기여하였을 것이다.

평가 기준

평가 항목	평가 내용
평가 충실도	정해진 분량 기준을 충족시킴 (단, 제시된 질문과 전혀 상관없는 내용으로 답변했을 시에는 분량 기준을 충족시키지 못한 것으로 간주함)
비판적 사고력	선거 공영제가 공정한 선거 문화를 확산하는 데 기여한 점을 분석할 수 있음
논리성과 타당성	전체적인 글의 구성과 흐름이 매끄러우며, 주장과 그에 대한 근거가 타당함

03 지방 자치와 시민 참여

개념 다지기

본문 236쪽

01 지방 자치 제도 02 (1) ○ (2) ○ (3) ○ 03 ㄴ, ㅂ
04 (1) 권력 분립 (2) 기초 자치 단체 (3) 4년 (4) 조례 05 (1) ㉠, ㉣, ㉥ (2) ㉡, ㉢, ㉤ 06 전라남도의회 의원, 전라남도지사, 담양군의회 의원, 담양군수 07 (1) ㄴ (2) ㄷ (3) ㄱ (4) ㄹ
08 주민 소환

중단원 실력 쌓기

본문 237쪽

01 ②	02 ②	03 ⑤	04 ②	05 ③
06 ①	07 ④	08 ④	09 ④	10 ②
11 ②	12 ③	13 ④	14 ①	

01 제시된 내용은 모두 지방 자치 제도를 가리키는 표현이다. 지방 자치 제도란 지역 주민이나 지방 정부 스스로 자기 지역의 일을 처리하도록 하는 제도이다.

오답 피하기 ㄴ. 지방 자치 제도가 성공하기 위해서는 중앙 정부가 가진 권한을 지방 정부로 분산시켜 지방 정부의 독립성을 유지하는 것이 중요하다.
ㄹ. 지방 자치 단체를 구성하는 지방 의회 의원과 지방 자치 단체장은 모두 지방 선거를 통해 주민에 의해 선출된다.

02 중앙 정부가 지방 곳곳에서 일어나는 모든 일을 파악하여 지역 주민의 요구를 수렴하기란 쉬운 일이 아니다. 또한 지역 문제는 그 지역의 실정을 잘 아는 지역 주민이 스스로 해결하는 것이 바람직하다.

오답 피하기 ㄴ. 지방 자치 제도는 아래로부터 위로의 의사 결정 방식이 이루어지게 한다.
ㄹ. 오늘날 시민들은 선거나 국민 투표 참여, 이익 집단·시민 단체·정당에 가입, 언론 투고 등을 통해서 다양한 방법으로 정치에 참여할 수 있다.

03 지방 자치 제도가 성공하기 위해서는 지방 정부가 중앙 정부로부터 자율성을 가져야 하며, 지역 주민들은 지역 사회의 문제를 해결하기 위해 주체적이고 자발적으로 참여해야 한다.

오답 피하기 ㄱ. 지방 자치가 성공적으로 실현되기 위해서는 지방이 중앙 정부로부터 재정적으로 독립해야 한다.
ㄴ. 지방 자치가 제대로 이루어지려면 기본적으로 지역 대표를 지역 주민이 직접 선출해야 한다.

04 ㄱ. 우리나라의 지방 자치 단체는 의결 기관인 지방 의회와 집행 기관인 지방 자치 단체장으로 구성된다. ㄷ. 지방 의회는 주민이 선출한 의회로 구성되며, 지역 정책과 예산을 결정하고 조례를 제정한다.

오답 피하기 ㄴ. 지방 자치 단체는 특별시, 광역시, 도, 특별 자치도, 특별 자치시와 같은 광역 자치 단체와 시, 군, 구와 같은 기초 자치 단체로 구분된다.
ㄹ. 지방 의원과 지방 자치 단체장은 4년마다 실시되는 지방 선거를 통해 선출된다.

05 지방 자치 제도를 통해 지방 정부는 지역의 필요에 맞는 정치를 할 수 있으며, 지역 주민은 스스로 문제를 해결하고

처리하는 민주주의 학습의 장을 갖게 된다. ③ 지방 자치 제도를 통해 지방 정부가 중앙 정부와 권력을 나누어 맡음으로써 권력 분립의 원리를 실현할 수 있다.

06 제시된 주소를 바탕으로 할 때 서울특별시장과 중구청장이 집행 기관인 지방 자치 단체장이 된다.

오답 피하기 ㄷ, ㄹ. 서울특별시 의회 의원과 중구 의회 의원은 의결 기관인 지방 의회를 구성한다.

07 우리나라의 지방 자치 단체는 특별시, 광역시, 도, 특별 자치도, 특별 자치시에 해당하는 광역 자치 단체와 시, 군, 구에 해당하는 기초 자치 단체로 구분된다. 그리고 각 자치 단체는 의결 기관인 지방 의회와 집행 기관인 자치 단체장으로 나뉜다.

오답 피하기 ① □□군수와 ☆☆구청장은 기초 자치 단체의 집행 기관에 해당한다.
② ○○도지사는 광역 자치 단체의 집행 기관, ◇◇특별시 의회는 광역 자치 단체의 의결 기관에 해당한다.
③ ☆☆구의회는 기초 자치 단체의 의결 기관, △△광역시장은 광역 자치 단체의 집행 기관에 해당한다.
⑤ △△광역시 의회는 광역 자치 단체의 의결 기관, □□군 의회는 기초 자치 단체의 의결 기관에 해당한다.

08 (가)는 의결 기관인 지방 의회이다. 지방 의회는 지역 주민의 의견을 바탕으로 지역에 필요한 자치 법규인 조례를 제정하거나 개정하는 일을 한다. 또한 지역의 예산을 어떻게 사용할지 심의하여 확정하고, 집행 기관이 역할을 잘 하고 있는지 견제하고 감시한다.

오답 피하기 ㄱ, ㄷ. 집행 기관인 지방 자치 단체장의 역할에 대한 설명이다.

09 집행 기관인 지방 자치 단체장은 지역 내의 행정권을 행사하며 지역의 재산을 관리하고 예산을 집행한다. 또한 조례의 범위 내에서 주민 복지에 필요한 규칙을 제정한다. ④ 의결 기관인 지방 의회의 역할에 해당한다.

10 지방 자치 단체는 주민과 관련 단체의 다양한 의견을 수렴하여 문제 해결에 필요한 정책을 결정하고 집행한다. ② 지방 자치 단체에서 실시하는 모든 정책을 주민 투표로 결정하는 것은 현실적으로 가능하지 않다.

11 △△ 지역 주민이 노선 변경을 요구하는 내용의 서면을 제출한 것은 주민 청원을 나타낸다. 또한 ○○시가 주민들에게 경전철 노선 변경의 찬반 의견을 묻는다는 것은 주민 투표를 의미한다.

오답 피하기 ㄴ. 주민이 직접 조례안을 작성하여 지방 의회에 제출할 수 있는 제도이다.
ㄹ. 직무를 잘 수행하지 못한 지역 대표를 임기 중에 주민 투표로 해임할 수 있는 제도이다.

12 제시문은 주민 소환의 사례에 대한 내용이다.

오답 피하기 ① 지방 의회 의원과 지방 자치 단체장을 선출하는 과정이다.
② 주민이 직접 조례안을 작성하여 지방 의회에 제출할 수 있는 제도이다.
④ 지방 자치 단체에 지역 사회의 문제를 해결해 달라고 서면으로 요구할 수 있는 제도이다.
⑤ 주민이 특정 행정 기관에 대해 감사를 해 달라고 청구하는 제도이다.

13 주민 참여 예산 제도를 시행하면 지역 사회 문제에 대한 주민의 관심이 증가하여 정치 참여가 확대될 것이다. 또한 지역 상황에 맞는 방식으로 정책을 결정·집행함으로써 주민의 복리를 증진할 수 있을 것이다. ④ 지방 자치 제도는 국가의 권력이 중앙 정부에 집중되는 것을 막아 주어 권력 분립의 원리를 실현한다.

14 지방 자치를 성공적으로 실현하기 위해서는 주민이 지역 사회에 대한 관심과 공동체 의식을 가지고 지역의 정치 문제에 자발적으로 참여하려는 자세가 필요하다.

오답 피하기 ㄷ. 정책을 집행하는 기관은 지방 자치 단체의 장이다.
ㄹ. 다른 이해관계를 가진 주민이나 중앙 정부와의 갈등을 원만하게 해결하려는 자세가 필요하다.

서술형·논술형

본문 239쪽

01 **예시 답안** 지방 의회의 의결 사항을 실행하며, 법령과 조례의 범위 안에서 규칙을 제정한다. 그리고 지방 자치 단체의 사무를 처리하며, 그 지역의 재산을 관리하고 예산을 집행한다.

필수 키워드 규칙 제정, 지방 자치 단체의 사무 처리, 예산 집행

평가 기준

상	지방 자치 단체장의 역할을 세 가지 서술한 경우
중	지방 자치 단체장의 역할을 두 가지만 서술한 경우
하	지방 자치 단체장의 역할을 한 가지만 서술한 경우

02 **예시 답안** 학교 앞에 무단으로 버려진 쓰레기를 줄이기 위해서 등하굣길에 학교 주변에서 쓰레기 무단 투기를 방지하는 캠페인 활동을 벌일 수 있다. 또한 쓰레기 무단 투기의 심각성에 대해 사람들에게 알리기 위해서 언론 기관에 관련 내용을 제보할 수도 있다. 지방 자치 단체에 쓰레기를 무단으로 투기하는 사람들을 철저히 단속할 수 있도록

CCTV 설치 등을 건의할 수 있다. 더 나아가 깨끗한 거리 환경을 조성하여 사람들이 함부로 쓰레기를 버리지 않게 하기 위해서 쓰레기통을 놓거나 학교 담장이나 골목길에 벽화 등을 그리는 것을 제안할 수 있다.

평가 기준

평가 항목	평가 내용
평가 충실도	정해진 분량 기준을 충족시킴 (단, 제시된 질문과 전혀 상관없는 내용으로 답변했을 시에는 분량 기준을 충족시키지 못한 것으로 간주함)
창의적 사고력	쓰레기 무단 투기를 해결하기 위한 청소년의 정치 참여 방법을 다양한 측면에서 창의적으로 제시함
논리성과 타당성	전체적인 글의 구성과 흐름이 매끄러우며, 주장과 그에 대한 근거가 타당함

대단원 마무리

본문 240쪽

01 ①	02 ④	03 예시 답안 참조	04 ③
05 ②	06 ④	07 예시 답안 참조	08 ⑤
09 ④	10 ④	11 ④	12 ④

01 (가)는 이익 집약에 해당한다. 이익 집약 단계에서는 정당이나 언론 등이 사회 구성원의 이익이나 주장을 몇 개의 안으로 수렴하여 여론을 형성한다. ① 정당이 시민의 의견을 수렴하여 장애인 복지를 위한 공약을 발표한 것이므로 이익 집약에 해당한다.

오답 피하기 ② 정책의 바탕이 되는 법률을 제정한 것이므로 정책 결정에 해당한다.
③ 공공장소에서 금연 구역이 확대 시행된다는 내용이므로 정책 집행에 해당한다.
④ 시민 단체가 철도 민영화에 대한 반대 입장을 표현하고 있으므로 이익 표출에 해당한다.
⑤ 정부가 등록금 상한제를 실시한다는 내용이므로 정책 집행에 해당한다.

02 현대 사회에서 시민은 가장 기본적이고 중요한 정치 참여 주체이다. ④ 시민 단체는 공익 실현을 위해 시민들이 자발적으로 결성한 단체이다. 따라서 시민 단체 활동은 이익 집단과 달리 공익을 추구한다.

오답 피하기 ① 현대 민주주의 국가에서 시민이 정치 과정에 참여하는 가장 기본적이고 대표적인 방법은 선거이다.
③ 이익 집단은 자신이 속한 분야의 전문적인 지식을 토대로 사회 문제에 대한 해결책을 제시한다.
⑤ 정당은 정치에 관한 의견이나 입장이 같은 사람들이 모여 만든 단체이다.

03 **예시 답안** 이익 집단이다. 이익 집단은 자기 집단의 이익을 대변하며 전문성을 바탕으로 사회 문제에 대한 해결책을 제시한다. 그러나 자기 집단의 이익을 지나치게 강조할 경우 공익과 충돌하거나 정책 결정에 혼란을 초래할 수 있다.

필수 키워드 이익 집단, 이익 대변, 공익과 충돌

평가 기준

상	이익 집단이라고 쓰고, 이익 집단이 정치 과정에 미치는 영향을 긍정적 측면과 부정적 측면으로 나누어 서술한 경우
중	이익 집단이라고 쓰고, 이익 집단이 정치 과정에 미치는 영향을 긍정적 측면과 부정적 측면 중 하나만 서술한 경우
하	이익 집단이라고만 쓴 경우

04 자료는 정당의 누리집을 나타낸다. ③ 정당이란 정치권력을 획득하기 위해 정치적 의견을 같이하는 사람들이 만든 단체이다.

오답 피하기 ① 국회에 대한 설명이다.
② 정당은 국민의 지지를 얻기 위해 노력하기 때문에 사회 전체의 이익에 관심을 둔다.
④ 정당은 비공식적인 주체이다.
⑤ 선거 관리 위원회에 대한 설명이다.

05 A는 정당, B는 시민 단체이다. ② 시민 단체는 공익 실현을 위해 정책이 올바르게 결정되고 집행되는지 감시하고 비판하는 역할을 한다.

오답 피하기 ① 정당은 사익이 아니라 국민 전체의 이익을 추구한다.
③ 정당은 국민의 다양한 의견을 정책에 반영하려고 노력하며, 활동 결과에 관해 정치적 책임을 진다.
④ 선거에 후보자를 추천하는 정치 주체는 정당이다.
⑤ 정당과 시민 단체는 국가 기관과 달리 정책 결정에 공식적으로 참여할 수 있는 권한을 가지지 않는다.

06 자료에 나타난 선거는 입법부인 국회를 구성하는 국회 의원을 선출하는 선거이다.

오답 피하기 ① 국회 의원 선거는 4년마다 실시된다.
② 우리나라에서는 직접 선거의 원칙에 따라서 선거권을 가진 사람이 직접 투표소에 나가 대표자를 선출하고 있다. 간접 선거란 유권자를 대신해 대리인이 투표하는 대리 선거를 의미하기도 하지만 유권자가 선거인단을 뽑고 선거인단이 대표를 선출하는 제도를 의미하는 경우도 있다.
③ 행정부 수반을 선출하는 선거는 대통령 선거이다.
⑤ 현재 우리나라에서는 18세 이상의 국민에게 선거권을 부여하고 있다.

07 **예시 답안** 선거, 국정을 담당할 대표자를 선출하고, 정치권력에 정당성을 부여하며 대표자를 통제하는 기능을 한다.

필수 키워드 선거, 대표자 선출, 대표자 통제

평가 기준

상	선거라고 쓰고, 그 기능을 두 가지 서술한 경우
중	선거라고 쓰고, 그 기능을 한 가지만 서술한 경우
하	선거라고만 쓴 경우

08 ⑤ 법률을 제정하거나 개정하는 기관은 국회이다.

오답 피하기 ① 자료는 공정한 선거를 위한 제도를 나타낸다.
② 국민의 의사를 정확히 반영할 수 있는 공정한 선거를 위해서 보통 선거, 평등 선거, 직접 선거, 비밀 선거의 기본 원칙을 헌법에 규정하고 있다.
③ 선거구 법정주의는 선거구가 특정 정당이나 후보자에게 유리하게 정해지는 게리맨더링을 방지하기 위해 도입되었다.
④ 선거 공영제는 선거 관리 위원회가 선거 운동을 관리하고, 국가나 지방 자치 단체에서 선거 비용의 일부를 지원하는 제도이다. 이를 통해 경제력에 상관없이 유능한 후보자에게 당선의 기회를 보장하고, 선거 운동의 과열을 방지한다.

09 선거구 법정주의는 의회에서 선거구를 법률로 정하도록 하는 제도이다. 선거구가 특정 후보자나 정당에 유리하게 정해지는 것을 막기 위하여 법률에 따라 선거구를 정하는 선거구 법정주의를 채택하고 있다. ④ 선거구 법정주의는 선거구별로 유권자가 지나치게 차이가 나는 것을 방지하여 개인이 행사하는 투표권의 가치를 같게 하는 것이므로 평등 선거의 원칙을 보장하는 것과 관련이 깊다.

10 지방 자치 제도가 성공하기 위해서는 지방 정부가 중앙 정부로부터 자율성을 가져야 하며, 지역 주민들은 지역 사회의 문제를 해결하기 위해 주체적이고 자발적으로 참여해야 한다. ④ 지방 자치가 제대로 이루어지려면 지역의 문제를 지방 정부와 주민 스스로 결정할 수 있는 권한이 있어야 한다.

11 (가)는 지방 의회, (나)는 지방 자치 단체장이다. ④ 지방 자치 단체장은 지역의 각종 사무를 처리하며, 그 지역의 재산을 관리하고 예산을 집행한다.

오답 피하기 ① 지방 의회는 법률과 명령의 범위 안에서 조례를 제정한다.
③ 지방 의회 의원과 지방 자치 단체장의 임기는 4년이다.
⑤ 지방 자치 단체장이 지방 의회에 예산안을 제출하면, 지방 의회가 예산안을 심의하고 확정한다.

12 주민은 지역 사회의 정치 과정에 지방 선거, 주민 투표, 주민 발의, 주민 소환, 공청회 참석 등의 다양한 방법으로 참여할 수 있다. ㄴ은 주민 감사 청구, ㄹ은 주민 투표에 대한 설명이다.

오답 피하기 ㄱ. 지방 자치 단체장, ㄷ. 지방 의회의 역할에 해당한다.

XI. 일상생활과 법

01 법의 의미와 목적~ 02 법의 유형과 특징

개념 다지기

본문 249쪽

01 (1) ㉢ (2) ㉡ (3) ㉠ (4) ㉣ **02** (1) × (2) × (3) ○
03 (1) 사회 규범 (2) 사회 질서 (3) 공공복리 (4) 정의 (5) 사회법
04 (1) 법 (2) 형법 (3) 사법 **05** (1) 강제성 (2) 공법 (3) 민법
06 (1) 사 (2) 공 (3) 사 (4) 공 **07** (1) ㄷ (2) ㄴ (3) ㄹ (4) ㄱ
08 ㄹ, ㅁ, ㅂ

중단원 실력 쌓기

본문 250쪽

01 ⑤	02 ④	03 ④	04 ④	05 ⑤
06 ④	07 ④	08 ②	09 ⑤	10 ①
11 ②	12 ②	13 ②	14 ③	15 ③
16 ②	17 ⑤	18 ④		

01 제시문은 사회 규범의 종류를 나타낸다. 사회 규범이란 사회에서 사람들이 해야 할 일과 하지 말아야 할 일을 정해 놓은 행동의 기준을 말한다.

오답 피하기 ①, ② 법에 대한 설명이다. 사회 규범 중 법은 강제성이 있기 때문에 지키지 않으면 처벌을 받는다.
③, ④ 도덕에 대한 설명이다.

02 제시문은 관습에 대한 설명이다. ④ 명절에 성묘를 하는 것은 우리나라에서 오랫동안 지켜져 온 관습에 따른 행동이다.

오답 피하기 ①은 종교 규범, ②, ③은 법, ⑤는 도덕에 따라 행동하고 있는 모습을 나타낸다.

03 (가)는 도덕, (나)는 법에 해당한다. ㄴ. 도덕은 내면의 양심과 행위의 동기를 중시하는 반면 법은 겉으로 드러나는 행동과 그 행동의 결과를 중시한다. ㄹ. 도덕을 위반할 경우 양심의 가책을 느끼거나 사회적 비난을 받는 것에 그치지만, 법을 위반할 경우에는 국가에 의해 제재를 받는다.

오답 피하기 ㄱ. (가)는 사회 규범 중 도덕에 속한다.
ㄷ. 관습, 도덕, 종교 규범은 그 내용이 명확하지 않은 경우가 많지만 법은 해야 할 일과 하지 말아야 할 일을 명확하게 규정하고 있다.

04 제시문은 각각 우리나라의 근로 기준법 제50조 ①항과 형법 제250조의 내용이다. 법 규범은 다른 사회 규범과 달리 강제성을 가진다는 특징이 있다.

오답 피하기 ① 강제성을 가진다.
② 겉으로 드러나는 행동의 결과를 규율한다.
③ 정의의 실현을 목적으로 한다.
④ 행동의 동기보다는 행동의 결과를 중요시한다.

05 ⑤ 노약자에게 자리를 양보하는 것은 법이 정한 행동이 아니라 인간이라면 마땅히 지켜야 할 도리인 도덕에 따른 행동이다.
오답 피하기 ① 출생 신고는 '가족관계의 등록 등에 관한 법률'에 따른 것이다.
②, ③ 교통 신호 준수와 안전띠 착용은 '도로교통법'에 따른 것이다.
④ 음악 파일에 대한 저작권료 지불은 '저작권법'에 따른 것이다.

06 판서된 법률 조항은 착한 사마리아인 법을 나타낸다. ④ 법과 도덕은 모두 인간의 사회생활에 필요한 보편적인 규범이다. 을이 착한 사마리아인 법 제정을 찬성하고 있다고 해서 도덕보다 법을 중시하고 있다고 단정할 수 없다.
오답 피하기 ① 갑은 국가가 개인의 내면적 양심 문제에 개입하는 것이 옳지 않다고 했으므로, 비도덕적인 행위를 처벌하는 착한 사마리아인 법 제정에 반대할 것이다.

07 법은 개인의 권리를 보호하고, 분쟁을 예방 또는 해결하여 사회의 질서를 유지하는 기능을 한다. ④ 주택 임대차 보호법은 국민 주거 생활의 안정을 보장하고자 제정된 법으로 자기 집이 없이 전세나 월세로 살아가는 사람들의 권리를 보호하고 있다.

08 정의는 사회 구성원에게 각자가 받아야 할 정당한 몫을 주는 것으로, '같은 것은 같게, 다른 것은 다르게' 대우하는 것이다. ② 정의 실현은 무조건 똑같이 대한다고 이루어지는 것이 아니다. 범죄자에게 그가 저지른 죄의 크기만큼 형벌을 받도록 하는 것이 정의를 실현하는 것이다.

09 법은 규율하는 생활 영역에 따라 공법, 사법, 사회법으로 구분된다. 공법에는 헌법, 형법, 행정법, 소송법 등이 있고, 사법에는 민법과 상법 등이 있다. 사회법에는 노동법, 경제법, 사회 보장법 등이 있다. ⑤ 오늘날과 같은 복지 국가에서는 사회법의 중요성이 강조되고 있다.

10 공법은 공적인 생활 관계를 규율한다. 선거 참여, 군 입대, 범죄 발생, 재판 참여 등은 개인과 국가 기관 간의 공적인 생활 영역에 해당하므로 공법의 규율을 받는다. ① ㉠ 아파트 구입은 개인 간의 경제생활에 해당하는 사적인 생활 영역이므로 사법의 규율을 받는다.

11 제시된 법들은 공법에 속한다. 공법은 국가와 개인 간, 국가 기관 간의 공적인 생활 관계를 규율하는 법이다.
오답 피하기 ① 공법 영역에 속하는 법들이다.
③은 행정법에만 해당하는 설명이다.
④는 소송법에만 해당하는 설명이다.
⑤는 형법에만 해당하는 설명이다.

12 자료에 나타난 사진은 각각 결혼하는 모습과 아기가 태어난 모습이다. 이는 사적인 생활 관계를 나타내므로 ㉠에 들어갈 법 영역은 사법이다.
오답 피하기 ①, ④ 공법에 대한 설명이다.
③, ⑤ 사회법에 대한 설명이다.

13 대화의 빈칸에 들어갈 법은 형법이다.
오답 피하기 ① 헌법은 국민의 권리와 의무 및 국가의 통치 구조 등 국가의 기본 원리를 규정한 한 나라의 최고법이다.
③ 병역법은 국민의 병역 의무에 관한 사항을 규정한 법률이다.
④ 행정법은 행정 기관의 조직과 작용 및 행정으로 인한 국민의 권리 침해에 따른 구제 방법을 다룬 법이다.
⑤ 소송법은 재판이 이루어지는 절차와 방법을 규정한 법이다.

14 사법 중 민법은 주로 개인의 가족 및 친족 관계, 재산 및 거래 관계, 손해 배상 등을 다룬다.
오답 피하기 ㄷ. 재판의 절차는 공법 중 소송법의 규율 대상이다.

15 사법은 개인과 개인 사이의 사적인 생활 관계를 규율하는 법이다. 사적인 생활 영역에는 다른 사람에게 돈을 빌리거나 결혼을 하여 가족을 이루는 것 등이 포함된다. ③ 사법 영역 중 상거래와 관련된 경제생활 관계를 규정한 상법에 관련된다.
오답 피하기 ①, ②, ④, ⑤는 공법이 규율하는 공적인 생활 영역에 해당한다.

16 공적 생활 관계를 규율하는 (가)는 공법이고, 사적 생활 관계를 규율하는 (나)는 사법이다. 그리고 공법과 사법의 중간적 성격을 가지는 (다)는 사회법이다. ④ 근대 시민 사회에서 국가가 개인의 자유와 권리를 최대한 보장한 결과 여러 문제점이 발생하였고, 그러한 문제를 해결하기 위해서 국가가 개인의 사적인 생활 영역에 적극적으로 개입함으로써 나타난 법 영역이 사회법이다.

17 사회법은 근대 자본주의의 문제점을 해결하고, 사회·경제적 약자의 권리를 보호하여 모든 국민에게 최소한의 인간다운 삶을 보장하기 위하여 등장하였다. ⑤ 사회법은 사적인 생활 영역에 국가가 개입하면서 만들어진 새로운 유형의 법이다. 근대 시민 사회에서 국가가 개인의 자유와

권리를 최대한 보장한 결과 여러 문제점이 발생하였고, 그러한 문제를 해결하기 위해서 국가가 개인의 사적인 생활 영역에 적극적으로 개입함으로써 나타난 법 영역이 사회법이다.

18 제시문은 사회법에 대한 설명이다. ㄴ은 사회법 영역 중 경제법, ㄹ은 노동법의 적용을 받는 경우이다.
오답 피하기 ㄱ. 공법 영역 중 형법의 적용을 받는 경우이다.
ㄷ. 사법 영역 중 민법의 적용을 받는 경우이다.

서술형·논술형

본문 253쪽

01 **예시 답안** (1) (가) 도덕, (나) 법
(2) 도덕은 내면의 양심이나 행위의 동기를 중시하고, 법은 겉으로 드러나는 행위의 결과를 중시한다. 도덕을 지키지 않을 경우 양심의 가책을 느끼거나 사회적 비난을 받는 것으로 끝나지만 법은 강제성을 가지기 때문에 이를 위반할 경우 국가에 의해 제재를 받는다.
필수 키워드 도덕, 법, 행위의 결과 중시, 강제성
평가 기준

상	도덕과 법의 특징을 비교하여 그 차이점을 두 가지 모두 바르게 서술한 경우
중	도덕과 법의 특징을 비교하여 그 차이점을 한 가지만 서술한 경우
하	도덕 또는 법의 특징을 한 가지만 서술한 경우

02 **예시 답안** 민법, 민법은 혼인이나 출생, 소유권 이전 등기와 같은 개인의 가족 관계 및 재산 관계 등을 다룬다.
필수 키워드 민법, 가족 관계, 재산 관계
평가 기준

상	민법이라고 쓰고, 그 의미를 바르게 서술한 경우
중	민법이라고 쓰고, 그 의미를 서술하였으나 내용이 미흡한 경우
하	민법이라고만 쓴 경우

03 **예시 답안** ㉠ 사회법, ㉡ 사회·경제적 약자를 보호하여 모든 국민의 최소한의 인간다운 삶을 보장하도록 한다. 근대 시민 사회에서는 국가의 개입을 최소화하고 개인의 자유로운 경제 활동을 최대한 보장하는 것을 중요하게 여겼다. 그러나 산업 혁명 이후 자본주의가 발달하면서 노동 착취, 환경 오염, 빈부 격차 등 여러 가지 사회 문제가 발생하여 최소한의 인간다운 생활조차 누리기 어려운 사람들이 많아졌다. 이에 그러한 문제점을 해결하기 위해 사적인 생활 영역에 국가가 개입하여 사회적 약자를 보호하도록 하는 사회법이 등장하였다.

평가 기준

평가 항목	평가 내용
평가 충실도	정해진 분량 기준을 충족시킴 (단, 제시된 질문과 전혀 상관없는 내용으로 답변했을 시에는 분량 기준을 충족시키지 못한 것으로 간주함)
문제 해결력	사회법의 등장 배경을 자료에 나타난 사진 자료를 토대로 구체적으로 서술함
논리성과 타당성	전체적인 글의 구성과 흐름이 매끄러우며, 주장과 그에 대한 근거가 타당함

03 재판의 이해

개념 다지기

본문 256쪽

01 (1) × (2) ○ (3) ○ **02** (1) ㉢ (2) ㉡ (3) ㉠ (4) ㉣ **03** (1) 형사 재판 (2) 민사 재판 **04** (1) ㄹ (2) ㄱ (3) ㄷ (4) ㄴ (5) ㅁ (6) ㅂ **05** (1) 형 (2) 민 (3) 형 (4) 민 **06** (1) 형사 재판 (2) 피고인 (3) 공개 재판주의 (4) 항소 **07** 사법권의 독립 **08** (1) 재판 (2) 국민 참여 재판 (3) 증거 재판주의 (4) 심급 제도 (5) 3심제

중단원 실력 쌓기

본문 257쪽

01 ① **02** ① **03** ② **04** ① **05** ②
06 ② **07** ③ **08** ④ **09** ② **10** ④
11 ③ **12** ④ **13** ④ **14** ④

01 재판이란 분쟁이 발생했을 때 법원이 일정한 절차를 거쳐 내리는 공적인 판단이다.
오답 피하기 ㄷ. 국민들이 배심원으로 참여하는 국민 참여 재판 제도는 현재는 형사 재판에 한하여 실시된다.
ㄹ. 재판은 분쟁을 해결하기까지 시간과 비용이 많이 소요된다는 단점이 있다.

02 ① 선거 재판은 선거와 관련한 위법 사실을 판결한다.
오답 피하기 ② 행정 재판은 행정 기관이 국민의 권리를 침해하였는지를 판단하는 재판이다.
③ 형사 재판은 범죄 유무를 판단하고 형벌의 정도를 결정하는 재판이다.
④ 가사 재판은 가족이나 친족 간의 다툼을 해결하는 재판이다.
⑤ 민사 재판은 개인 간에 일어난 분쟁을 해결하는 재판이다.

03 제시된 대본에 나타난 모의재판은 갑과 을의 채권·채무에 관한 다툼을 해결하기 위한 민사 재판이다.

오답 피하기 ㄴ. 피고인은 검사에 의해 기소되어 형사 재판을 받는 사람을 말한다. 민사 재판에서 재판을 청구당한 사람을 피고라고 부른다.
ㄹ. 대본에는 배심원이 등장하지 않는다. 또한 판사는 배심원의 평결을 참고할 뿐 그대로 따를 필요는 없다.

04 제시문에서 정 씨와 시부모 사이에 상속 문제와 관련된 분쟁이 발생하여 정 씨가 재판을 청구한 것임을 알 수 있다. 이와 같이 가족이나 친족 간의 다툼을 해결하기 위한 재판은 가사 재판이다.

05 민사 재판은 '원고의 소장 제출 → 피고 답변서 제출 → 소송 당사자 소환 → 원고와 피고의 증거 제출 → 원고와 피고 측 변론 → 법관의 판결' 순으로 진행된다.

06 제시문은 A가 B를 폭행하여 일어난 사건에 대한 것이다. A는 상해죄에 해당하는 범죄를 저질렀기 때문에 그에 따른 처벌 정도를 결정하는 형사 재판을 받게 된다.
오답 피하기 ④ 헌법 재판은 입법부에 의해 만들어진 법률이나 국가 기관의 작용이 헌법에 위배되거나 국민의 기본권을 침해했는지 여부를 심판하는 재판이다. 헌법 재판은 헌법의 해석과 관련된 재판이므로 헌법재판소가 담당한다.

07 그림의 (가)는 검사이다. 검사는 범죄를 수사하고 공소를 제기하여 피고인의 처벌을 요구하는 사람이다.
오답 피하기 ㄱ. 범죄로 피해를 입은 사람은 재판의 직접 당사자가 아니며, 증인으로 재판에 참여할 수 있다.
ㄹ. 재판에서 판결을 내리는 사람은 판사이다.

08 그림은 형사 재판의 절차를 나타낸다. ㄴ. 공소 제기란 검사가 형사 사건에 대해 법원에 재판을 청구하는 것을 말한다. ㄹ. 재판 당사자가 하급 법원의 판결에 불만이 있을 경우 상급 법원에 다시 재판을 청구할 수 있다.
오답 피하기 ㄱ. 고소란 피해자가 수사 기관에 범죄 사실을 신고하여 범죄를 처벌해 달라고 요구하는 것이다.
ㄷ. 국민 참여 재판에서 법관은 배심원의 결정을 무조건 따라야 하는 것은 아니다.

09 제시문은 형사 재판의 절차에 대해 설명하고 있다. 따라서 빈칸에 들어갈 사람은 범죄 혐의가 있어 검사에 의해 기소되어 재판을 받는 피고인이어야 한다. ② 이혼과 관련된 분쟁은 가사 재판에서 다룬다.

10 자료는 국민이 배심원으로 참여하고 있는 형사 재판정의 모습이다. 우리나라에서는 형사 재판에 일반 국민이 배심원으로 참여할 수 있는 국민 참여 재판 제도를 시행하고 있다.
오답 피하기 ㄱ. 배심원의 평결은 구속력이 없으므로 법관이 반드시 배심원의 평결에 따라야 하는 것은 아니다.
ㄷ. 배심원은 만 20세 이상의 국민을 대상으로 무작위로 뽑힌 시민으로 구성된다.

11 민사 재판에서 소송을 당한 사람을 피고라 하고, 형사 재판에서 범죄 혐의가 있어 재판을 받는 사람을 피고인이라 한다.
오답 피하기 ⑤ 민사 재판은 손해 배상 청구 사건이나 보험금 지급 분쟁 사건 등과 같이 개인과 개인 사이의 분쟁을 해결한다. 한편, 형사 재판은 폭행, 절도, 사기 사건 등과 같이 범죄가 발생했을 때 범죄의 유무와 형벌의 정도를 결정한다.

12 우리나라에서는 사법권의 독립을 보장하여 법원의 조직이나 운영이 외부의 간섭이나 압력을 받지 않도록 하고 있다. 사법권의 독립을 위해서는 법관의 신분이 보장되고, 법원의 독립이 유지되어야 한다.
오답 피하기 ㄱ. 국민 참여 재판 제도는 사법의 민주적 정당성과 신뢰를 확보하기 위한 제도이다.
ㄷ. 우리나라에서는 공개 재판주의를 채택하고 있다.

13 그림은 심급 제도를 나타낸다. 심급 제도란 법원에 급을 두어 한 사건에 대해 여러 번 재판을 받을 수 있게 하는 제도이다. 심급 제도는 법관의 잘못된 판결로 발생할 수 있는 국민의 피해를 최소화하고 공정하고 정확한 재판을 통해 국민의 자유와 권리를 보호하기 위해 마련되었다.

14 제시된 신문 기사에 나타난 재판은 형사 재판이다. S 씨가 허위 사실 유포죄로 A 씨를 고소하여 이루어졌기 때문이다. ㄴ. 제시문에서 A 씨는 지방 법원 항소심에서 징역을 선고받았으므로 피고인인 A 씨가 판결에 불복한다면 법원에 상고장을 제출해야 한다. ㄹ. 제시문의 재판은 2심인데도 고등 법원이 아닌 지방 법원에서 진행되었다. 이는 지방 법원 합의부에서 이루어졌기 때문이다. 따라서 1심 판결은 지방 법원 단독 판사에 의해 이루어졌을 것으로 유추할 수 있다.
오답 피하기 ㄱ. 형사 재판에서 재판을 청구할 수 있는 사람은 피해 당사자인 S 씨가 아니라 검사이다.
ㄷ. 피고인이 판결에 불복한다면 상고장을 제출할 수 있고, 최종심은 대법원에서 이루어질 것이다.

서술형·논술형

본문 259쪽

01 **예시 답안** 심급 제도, 법관의 잘못된 판결로 인한 국민의 피해를 최소화하고 공정하고 정확한 재판을 통해 국민의 자유와 권리를 보호하는 것이 목적이다.

필수 키워드 심급 제도, 공정한 재판, 국민의 자유와 권리 보호

평가 기준

상	심급 제도라고 쓰고, 그 목적을 바르게 서술한 경우
중	심급 제도라고 쓰지 못하고, 그 목적만 서술한 경우
하	심급 제도만 쓴 경우

02 **예시 답안** 학생들이 준비해야 하는 재판은 개인과 개인 사이의 분쟁을 해결하기 위한 민사 재판이다. 대본에 나타난 재판장의 대사를 보면 재판이 다루게 될 사건이 최알뜰과 남상인 사이의 매매 대금 반환과 관련된 분쟁 사건임을 알 수 있기 때문이다. 또한 민사 재판을 제기한 원고와 원고의 주장에 의해 민사 재판을 받게 되는 피고가 등장하고 있기 때문이다.

평가 기준

평가 항목	평가 내용
평가 충실도	정해진 분량 기준을 충족시킴 (단, 제시된 질문과 전혀 상관없는 내용으로 답변했을 시에는 분량 기준을 충족시키지 못한 것으로 간주함)
비판적 사고력	자료에 제시된 재판이 민사 재판이라는 것을 대본에 나타난 다양한 정보를 근거로 들어 논리적으로 논술함
논리성과 타당성	전체적인 글의 구성과 흐름이 매끄러우며, 주장과 그에 대한 근거가 타당함

대단원 마무리

본문 260쪽

01 ②	**02** ③	**03** ④	**04** ③
05 예시 답안 참조	**06** ①	**07** ②	**08** ④
09 예시 답안 참조	**10** ①	**11** ①	**12** ①

01 제시문은 도덕에 대한 설명이다.

오답 피하기 ① 종교 규범에 해당하는 사례이다. 종교 규범이란 특정 종교에서 지키도록 정해 놓은 교리를 말한다.

③, ④ 관습에 해당하는 사례이다. 관습은 한 사회에서 오랫동안 지켜져 내려온 행동 양식이다.

⑤ 법에 해당하는 사례이다. 법은 사회 구성원들의 합의에 따라 국가가 제정한 규범이다.

02 제시문은 사회 규범 중 법의 사례로서 각각 가족관계의 등록 등에 관한 법률 제44조 제①항, 형법 제257조 제①항이다. ㄴ. 도덕을 위반할 경우 양심의 가책을 느끼거나 사회적 비난을 받는 것에 그치지만, 법을 위반할 경우에는 국가에 의해 제재를 받는다. ㄷ. 관습, 도덕, 종교 규범은 그 내용이 명확하지 않은 경우가 많지만 법은 해야 할 일과 하지 말아야 할 일을 명확하게 규정하고 있다.

오답 피하기 ㄱ. 도덕은 내면의 양심과 행위의 동기를 중시하는 반면에 법은 겉으로 드러나는 행동의 결과를 중시한다.

ㄹ. 사람들은 법을 법률 전문가들만의 영역이라고 생각하기 쉽지만, 법은 우리의 일상생활과 매우 밀접하게 연결되어 있다.

03 판서 내용의 (가)는 관습, (나)는 도덕, (다)는 법에 해당한다. ④ 법은 다른 사회 규범과 달리 지키지 않을 경우 국가에 의해 강제적으로 처벌을 받는다.

오답 피하기 ①, ⑤는 사회 규범의 기능이므로 (가)~(다)에 모두 해당한다.

② 법은 내면적인 양심이 아닌 겉으로 드러나는 행위의 결과를 중시한다.

③ 자연 현상 속에서 나타나는 것은 자연 법칙이다.

04 자료는 식당에서 신발을 분실한 손님과 업주 사이의 분쟁을 해결하는 기준이 상법에 규정되고 있다는 사실을 나타낸다. 이와 같이 법은 사회 구성원들이 지켜야 할 행위나 판단의 기준을 명확하게 제시하여 분쟁을 예방하거나 해결하는 기능을 한다.

05 **예시 답안** 공법, 개인과 국가 또는 국가 기관 간의 공적인 생활 관계를 규율하는 법이다.

필수 키워드 공법, 공적인 생활 관계 규율

평가 기준

상	공법을 쓰고, 그 의미를 바르게 서술한 경우
하	공법이라고만 쓴 경우

06 사적 생활 관계를 규율하는 법 영역은 사법이다. ① 사법에 속하는 법에는 민법, 상법 등이 있다.

오답 피하기 ② 상법은 사법 영역, 헌법은 공법 영역에 속한다.

③ 형법, 소송법은 공법 영역에 속한다.

④ 행정법은 공법 영역, 노동법은 사회법 영역에 속한다.

⑤ 경제법과 사회 보장법은 사회법 영역에 속한다.

07 제시문은 사회법의 등장 배경에 대한 설명이다. ② 사회법은 사법과 공법의 중간 영역으로서 국민들의 실질적 평등을 보장하기 위해 등장하였다.

오답 피하기 ①, ⑤ 사법 영역에 대한 설명이다.

③ 공법 영역에 대한 설명이다.

④ 공법 영역 중 형법에 대한 설명이다.

08 (가)는 사법, (나)는 공법, (다)는 사회법이다. ㄹ. 사회법은 개인 간의 생활 영역에 국가가 개입하여 등장한 법이기 때문에 사법과 공법의 중간적인 성격을 가진다.

오답 피하기 ㄱ. 사회적 약자를 보호하기 위한 법은 (다) 사회법이다.

ㄷ. 사회법은 사적인 생활 영역에 국가가 개입하면서 만들어진 새로운 유형의 법이다. 근대 시민 사회에서 국가가 개인의 자유와 권리를 최대

한 보장한 결과 여러 문제점이 발생하였고, 그러한 문제를 해결하기 위해서 국가가 개인의 사적인 생활 영역에 적극적으로 개입함으로써 나타난 법 영역이 사회법이다.

09 **예시 답안** (가)는 민사 재판, (나)는 형사 재판이다. 민사 재판은 개인 간에 발생한 분쟁을 해결하고, 형사 재판은 범죄의 유무를 판단하고 그 형벌 정도를 결정한다.

필수 키워드 민사 재판, 형사 재판, 개인 간 분쟁 해결, 범죄 유무 및 형벌 정도 결정

평가 기준

상	(가) 민사 재판, (나) 형사 재판이라고 쓰고, (가)와 (나)의 차이점을 사건의 내용을 중심으로 서술한 경우
중	(가) 민사 재판, (나) 형사 재판이라고 쓰고, (가) 또는 (나)의 특징만 서술한 경우
하	(가) 민사 재판, (나) 형사 재판이라고만 쓴 경우

10 밑줄 친 재판은 을이 갑에게 빌려 준 돈을 돌려받지 못해 청구한 것이므로 민사 재판이다. ① 을이 갑을 상대로 재판을 청구하였으므로, 을이 원고이고 갑이 피고이다.

오답 피하기 ② 증거 재판주의는 법원이 구체적인 증거를 바탕으로 판결해야 한다는 원칙이다. 공정한 재판을 위해 재판은 증거 재판주의에 따라서 이루어져야 한다.

③ 채무자인 갑과 채권자인 을 사이에 발생한 분쟁을 해결하기 위한 재판이다.

④ 제시문에서 을이 갑을 상대로 처음으로 소송을 하였으므로, 재판은 1심으로 진행되었다. 만약 갑이 법원의 판결을 받아들이지 못할 경우 상급 법원에 항소할 수 있다.

⑤ 민사 재판은 '원고의 소장 제출 → 피고의 답변서 제출 → 소송 당사자 소환 → 원고와 피고의 증거 제출 → 원고와 피고 측 변론 → 법관의 판결' 순으로 진행된다.

11 자료에서 손해 배상 청구 사건, 민법, 민사 소송법 등이 나타나 있으므로 연극 대본은 민사 재판을 위한 것이다. 민사 재판에 참여하는 사람들은 원고, 피고, 증인, 변호사, 판사 등이 있다.

오답 피하기 ㄷ. 피고인은 형사 재판의 참여자로 범죄 혐의가 있어 검사로부터 기소를 당한 사람을 말한다.

ㄹ. 배심원은 법률 전문가가 아닌 일반 국민 가운데 선출되어 심리나 재판에 참여하고 사실 인정에 대하여 판단을 내리는 사람을 말한다. 우리나라에서는 형사 재판에 한하여 일반 국민이 배심원으로 참여할 수 있다.

12 그림은 공정한 판단을 위해 여러 번 재판을 받을 수 있도록 하는 심급 제도를 나타낸다. ① 심급 제도는 같은 사건을 세 번 재판하기 때문에 재판의 신속성과 효율성이 낮아지는 대신 재판의 공정성과 객관성을 높일 수 있다.

오답 피하기 ④ 민사 재판, 형사 재판, 행정 재판, 가사 재판 등은 3심제로 실시되지만, 선거 재판은 단심제, 특허 재판은 2심제로 실시된다.

XII. 사회 변동과 사회 문제

01 현대 사회의 변동

개념 다지기 본문 268쪽

01 (1) 사회 변동 (2) 산업 사회 (3) 산업화 (4) 정보화 (5) 세계화
02 (1) ○ (2) × (3) × **03** (1) 산업화 (2) 정보화 (3) 증가 (4) 심화 **04** 산업 혁명 **05** (1) ㉠ (2) ㉢ (3) ㉡ **06** ㄱ, ㅁ
07 ㄷ **08** (1) 정보 격차 (2) 남북문제

중단원 실력 쌓기 본문 269쪽

01 ③	02 ③	03 ①	04 ②	05 ⑤
06 ③	07 ⑤	08 ①	09 ④	10 ④
11 ⑤	12 ④	13 ④	14 ①	

01 ㄴ. 과거에는 주로 가뭄이나 홍수와 같은 자연환경의 변화, 전쟁이나 교역과 같은 상황에 따라 사회 변동이 이루어졌다. 최근에는 컴퓨터나 인터넷과 같은 과학 기술의 발달로 사회 변동이 나타나고 있다. ㄷ. 과거에 비해 현대 사회의 변동 속도는 점점 빨라지고 있다.

오답 피하기 ㄱ. 사회 변동의 속도나 양상은 사회마다 달라 과거에는 사회 변동이 천천히 이루어졌으나, 현대에는 사회 변동이 매우 빠르게 일어나고 있다.

ㄹ. 특정 영역에서 발생한 변화가 급속도로 퍼져 사회 전반으로 범위가 확대되었다. 대표적인 예로 정보 통신 기술의 발달로 시작된 인터넷 상용화가 과학 분야뿐만 아니라 정치, 경제, 사회·문화에까지 영향을 끼친 것을 들 수 있다.

02 (가)는 인구 구성의 변화에 따라 사회가 변동된 사례이다. (나)는 중국에서 발명된 나침반이 유럽으로 전파되면서 항해술의 발달과 신항로 개척에 영향을 준 사례이다.

오답 피하기 ㄷ. 17~18세기 유럽에서 등장한 계몽사상은 인간의 이성의 힘을 강조하여 구제도와 미신을 타파하고자 하였으며, 이는 시민 혁명을 이끄는 원동력이 되었다.

ㄹ. 과거에는 홍수나 가뭄과 같은 자연환경의 변화를 통해 사회가 크게 변동되었다.

03 인류는 농업 사회에서 산업 사회를 거쳐 정보 사회로 발전해 왔다. 18세기 영국에서 일어난 산업 혁명으로 농업 사회에서 (가) 산업 사회로 이행되었다. ① 산업 혁명은 기계가 면직물 분야의 동력원으로 사용됨에 따라 대량 생산이 가능해지면서 시작된 커다란 변화이다.

오답 피하기 ②, ④ 정보 통신 기술의 발달로 산업 사회가 정보 사회로 이동하였다. 정보 사회는 지식과 정보가 중심이 되어 사회의 변화를 이끌어 가는 사회이다.
③ 산업 사회란 한 사회의 전체 산업에서 제조업과 서비스업이 중심이 되는 사회를 말한다.
⑤ 국경을 초월하여 사람, 물자, 자본, 기술 등이 자유롭게 교류되는 현상을 세계화라고 한다.

04 산업 사회는 한 사회의 산업이 농업 중심에서 공업 중심으로 이행한 사회를 말한다. 산업 사회에서는 인구가 공장이 많은 도시로 대거 이동하면서 도시화 현상이 촉진되었다. 또한 공장에서 기계를 이용하여 제품을 생산하는 공장제 기계 공업이 발달하여 대량 생산이 가능하게 되었다.
오답 피하기 ⑤ 인류가 수렵·채집 경제에서 생산 경제를 기반으로 하는 농경 사회로 이행한 역사적 사건을 농업 혁명이라 한다. 인류는 농업 혁명을 통해 이동 생활에서 정착 생활이 가능해졌다.

05 18세기 영국의 산업 혁명은 기계의 발명을 통해 대량 생산과 대량 소비를 가능하게 하여 물질적인 풍요를 가져왔다. 또한 시민의 사회·경제적 지위가 향상되어 정치에 참여하는 대중 사회의 발달을 가져왔다. 그러나 산업화는 대기 오염 및 각종 환경 오염을 초래하였으며, 노사 갈등, 인간 소외 현상을 야기했다.
오답 피하기 ㄱ. 정보를 소유하고 활용하는 능력의 격차, 즉 정보 격차는 정보 사회의 문제점이다.
ㄴ. 국경을 초월하여 사람, 물자, 자본, 기술 등이 자유롭게 이동하는 세계화에 따른 문제점이다. 세계화는 다양한 문화가 교류하는 데 기여하였으나, 문화의 획일화로 약소국이나 소수 민족의 문화가 약화되는 측면도 있다.

06 산업 혁명을 통해 공장제 기계 공업이 발달하였으며, 이를 통해 대량 생산·대량 소비가 가능하게 되면서 사람들의 생활이 풍요로워졌다. 공업의 발달로 일자리를 찾아 인구가 도시로 이동함으로써 도시화가 촉진되었다. 또한 교육의 기회가 확대되어 대중의 정치적 참여가 가능해졌으며, 대중의 사회·경제적 지위가 향상되어 대중 사회로 이행하였다. ③ 도시화 과정에서 도시와 농촌 간의 경제적 격차가 커지고 빈부 격차도 심화되었다.

07 제시문은 정보 통신 기술의 발달로 지식과 정보가 중심이 되는 정보 사회에 대한 내용이다. ⑤ 정보 사회에서는 시간과 공간의 제약으로부터 벗어나 자유로운 의사소통이 가능해졌다.
오답 피하기 ① 정보 사회는 정보 혁명을 통해 이루어졌다.
② 정보 사회는 개인의 개성과 창의성을 중시하면서 다품종 소량 생산이 가능해졌다.
③ 정보 사회에서는 지식과 정보가 중심이 되는 산업이 크게 발달하였다. 공업의 비중이 높은 것은 산업 사회의 특징이다.
④ 산업 사회에서 나타난 변화이다.

08 정보 사회는 지식과 정보가 중심이 되는 사회로, 시간과 공간의 제약에서 벗어나 인터넷상의 전자 상거래가 활성화되었다. 또한 전자 투표, 정치적 의견 개진 등이 가능해지면서 전자 민주주의가 실현되었다.
오답 피하기 ㄷ. 도시와 농촌 간의 지역 격차, 즉 도농 격차가 심화되는 것은 산업화 과정에서 나타나는 현상으로 산업 사회의 특징에 해당한다.
ㄹ. 전체 산업에서 제조업의 비율이 높은 사회는 산업 사회이다.

09 그래프는 학력 수준에 따른 정보 격차 현상을 나타낸 그래프로 학력 수준이 높을수록 인터넷을 활용하는 능력이 높음을 알 수 있다. 지식과 정보가 중심이 되는 정보 사회에서는 정보를 소유하고 활용하는 능력이 중시된다. ④ 정보 격차의 문제를 해결함으로써 사회는 균형 있게 성장할 수 있다.

10 정보 사회는 정보 통신 기술의 발달로 인터넷을 통한 자유로운 의사소통 및 전자 민주주의의 발달 등 긍정적인 변화가 나타났다. 그러나 개인 정보의 유출로 사생활이 침해되거나 인터넷 중독, 사이버 범죄, 정보 격차와 같은 부정적인 변화도 나타난다. 인터넷상의 악플을 통한 명예 훼손 및 불법 다운로드는 사이버 범죄의 사례이다.

11 사람, 물자, 기술, 자본 등이 국경을 넘어 자유롭게 이동하여 세계가 긴밀하게 연결되는 현상을 세계화라고 한다. 정보 통신 기술의 발달은 세계화를 가속화시키는 요인이 된다.
오답 피하기 ① 세계화로 국가 간의 경계가 약화되고 세계가 긴밀하게 연결되었다.
②, ④ 세계화를 통해 개인과 국가의 활동 영역이 확대되었으며, 국가 간의 상호 의존성은 심화되었다.
③ 자유 무역의 확대로 무역 경쟁이 치열해졌으며, 이 과정에서 선진국과 개발 도상국 간의 빈부 격차가 더욱 심화되었다.

12 세계화에 따라 국제 교류가 증가하면서 여러 나라의 문화를 쉽게 접할 수 있게 되고, 그 과정에서 문화적으로 영향력이 강한 문화가 세계 곳곳에 퍼지면서 문화의 다양성이 파괴되고 문화가 획일화되고 있다.
오답 피하기 ①, ②, ③, ⑤ 모두 세계화와 관련된 특징이나 그림과 가장 밀접한 것은 ④이다.

13 세계화는 교통 및 정보 통신 기술의 발달로 시간과 공간적 한계를 벗어나 세계가 하나의 생활 단위로 통합되어 가는

현상을 말한다. 세계화로 국가 간에 교류가 많아지고 상호 의존성이 커지면서 소비자는 세계 각국에서 생산된 다양한 제품을 접할 수 있으며 생산자는 더 넓은 소비 시장을 확보하게 되었다.

오답 피하기 ㄱ, ㄷ. 정보화에 따른 생활 모습이다.

14 세계화로 자유 무역이 확대되면서 치열한 경쟁 속에서 선진국과 개발 도상국 간의 빈부 격차가 확대되었다. 또한 선진국이나 거대 기업의 문화가 미치는 영향력이 커지면서 약소국이나 소수 민족의 문화가 파괴되고, 자율성과 독립성이 침해되는 부작용도 초래되었다. ① 정보 격차는 정보화에 따른 문제점이다.

서술형·논술형

본문 271쪽

01 **예시 답안** 산업화, 산업화가 진행되는 과정에서 환경 오염이 심해졌으며, 계층 간의 빈부 격차가 심화되었다. 또한 도시로의 인구 집중으로 도시 문제와 인간이 물질의 수단으로 전락하는 인간 소외 현상이 발생하였다.

필수 키워드 산업화, 환경 오염, 빈부 격차, 도시 문제, 인간 소외 현상

평가 기준

상	산업화라는 개념을 정확히 쓰고, 산업화로 인한 문제점을 두 가지 서술한 경우
중	산업화라는 개념을 정확히 쓰고, 산업화로 인한 문제점을 한 가지만 서술한 경우
하	산업화라고만 쓴 경우

02 **예시 답안** 세계화로 자유 무역이 확대되면서 소비자는 다양한 상품을 선택할 수 있게 되었고, 생산자는 더 넓은 소비 시장을 확보할 수 있게 되었다. 하지만 무한 경쟁으로 선진국과 개발 도상국 간의 빈부 격차가 심화되는 문제가 나타났다.

평가 기준

평가 항목	평가 내용
평가 충실도	정해진 분량 기준을 충족시킴 (단, 제시된 질문과 전혀 상관없는 내용으로 답변했을 시에는 분량 기준을 충족시키지 못한 것으로 간주함)
고차적 인지 능력	제시된 자료가 세계화와 관련이 있으며, 세계화의 긍정적·부정적 영향을 명확하게 인식할 수 있음
글의 타당성	자기 의견과 그에 대한 근거가 제시된 사례와 타당하게 연결되어 있음
글의 일관성	전체적인 글의 구성과 짜임새가 매끄러우며, 의견과 근거의 연결이 자연스러움

02 한국 사회 변동의 최근 경향

개념 다지기

본문 274쪽

01 (1) 산업 (2) 고령화 (3) 합계 출산율 (4) 다문화 **02** (1) 고령 사회 (2) 감소 (3) 증가 (4) 출산 장려 **03** (1) 저 (2) 저 (3) 고 (4) 저 **04** ㄴ, ㄹ, ㅁ **05** (1) × (2) ○ (3) ○ (4) × (5) ○ (6) ○ **06** ㉠ 고령 사회 ㉡ 초고령 사회 **07** 노년 부양비 **08** ㄱ, ㄴ

중단원 실력 쌓기

본문 275쪽

01 ①	**02** ④	**03** ②	**04** ②	**05** ②
06 ⑤	**07** ②	**08** ③	**09** ②	**10** ④
11 ③	**12** ③	**13** ②	**14** ⑤	**15** ④

01 한국 사회는 1960년대 초까지는 전형적인 농업 사회였으며, 1960년대 중반 이후 정부가 주도하는 경제 개발 정책을 통해 빠르게 산업 사회로 이행하였다. 이후 1980년대 정보 통신 기술이 비약적으로 발달하면서 정보 사회로 진입하였다.

오답 피하기 ㄷ. 경제 개발 5개년 계획은 1960년대에 추진되었다.
ㄹ. 한국 사회는 정부가 주도하는 경제 개발을 통해 급속한 경제 성장을 이루었다.

02 표는 인구가 농촌에서 도시로 이동하는 이촌 향도 현상과 관련된 것이다. 이촌 향도 현상은 산업화 과정에서 일자리가 많은 도시로 인구가 이동한 현상으로 도시와 농촌 간에 지역 격차를 발생시켰다. ④ 정보 통신 기술의 발달은 정보 사회로의 변화 요인이다.

03 우리나라는 세계에서 유래를 찾아보기 어려울 만큼 빠른 경제 성장을 이루었다. 한국 사회는 경제 분야에서뿐만 아니라 정치, 사회, 문화 분야에서도 커다란 변화를 겪었다. ㄱ, ㄷ. 상대적으로 소외되었던 여성의 사회 참여가 확대되고, 개인의 능력과 창의성이 중시되었다.

오답 피하기 ㄴ. 경제 성장을 우선하는 국가 정책으로 도시와 농촌, 대기업과 중소기업, 부유층과 빈곤층 간의 격차가 커지면서 불균형적인 성장을 해 왔다.
ㄹ. 권위주의적인 통치가 시민들의 저항을 통해 점차 약화되어 정치 분야에서도 민주주의가 이루어졌다.

04 자료는 우리나라의 저출산 현상을 보여 주고 있다. 출생률이 낮아지면서 해마다 초등학교를 입학하는 학생의 수가

감소하고 있다.

05 합계 출산율이란 여성 한 명이 가임 기간 동안 출산할 것으로 예상되는 평균 자녀의 수로, 국가별 출산율 수준을 비교하는 주요 지표이다. ② 우리나라의 합계 출산율은 1.2명 수준으로 매우 낮아 저출산 국가에 해당한다.

오답 피하기 ① 저출산으로 총 인구수는 계속 감소하고 있다.
③ 여성 한 명이 낳는 자녀의 수는 감소하고 있다.
④ 제시된 그래프를 통해서는 노인 인구의 비율을 알 수 없다.
⑤ 생산 가능 인구 가운데 일하고자 하는 의지가 있는 경제 활동 인구수가 감소하고 있다.

06 ㄷ, ㄹ. 저출산 현상을 극복하기 위해 정부는 출산 장려 정책의 일환으로 육아 휴직 제도와 출산 장려금 지급을 확대하고, 여성이 편히 일할 수 있는 사회 분위기를 조성하기 위해 양성평등 문화 의식을 확산시켜야 한다.

오답 피하기 ㄱ, ㄴ. 고령화 현상에 대한 대응책에 해당한다.

07 그래프는 우리나라의 고령화 현상을 나타낸 것이다. 65세 이상 노인 인구의 비율이 전체 인구의 7% 이상을 차지하면 고령화 사회, 14% 이상이면 고령 사회, 20% 이상이면 초고령 사회라고 한다. 우리나라는 2000년에 고령화 사회에 진입하였으며, 2018년에는 고령 사회, 2026년에는 초고령 사회에 진입할 것으로 예상되고 있다.

08 고령화 현상은 경제 활동이 가장 활발한 시기에 해당하는 15~64세의 생산 가능 인구와 생산 가능 인구 중 일하고자 하는 의지가 있는 경제 활동 인구를 감소시켜 경제 성장을 둔화시킨다.

오답 피하기 ②, ⑤ 고령화 현상으로 생산 가능 인구가 부양해야 하는 노인 인구가 늘어나면서 노인 부양비는 증가한다. 또한 노인들을 위한 사회 시설 및 의료 서비스 등을 지원하기 위한 사회 보장 비용이 증가한다.

09 고령화 현상에 대한 대책으로 노인들을 위한 양로·요양 시설 및 의료 기관 확충 등 실버산업을 육성하고 노인들이 재취업할 수 있는 일자리 창출에 힘써야 한다.

오답 피하기 ㄴ, ㄹ. 고령화 현상을 해결하기 위해서는 국가가 출산 보조금 지급을 확대하는 등 출산 장려 정책을 시행하여 전체 인구에서 노인 인구의 비율이 낮아지도록 해야 한다.

10 (가)는 출산율을 감소시키기 위한 가족계획과 관련된 포스터이고, (나)는 출산율을 증가시키기 위한 출산 장려 포스터이다. 산업화 이후 여성의 사회 진출이 확대되고 결혼관이 변화하였으며 자녀 양육에 대한 경제적 부담으로 아이를 적게 출산하려는 사회적 분위기가 조성되면서 저출산 문제가 심각해졌다. 인구 정책이 (가)에서 (나)로 변화한 것은 출산을 장려하여 저출산 문제를 해결하기 위해서이다.

오답 피하기 ㄱ. 평균 수명을 연장시켜 고령화 현상을 가져온 요인이다.
ㄷ. 여성의 사회 진출이 증가하면서 결혼과 자녀에 대한 가치관이 변화되어 저출산 문제를 초래하였다.

11 노년 부양비가 증가하는 것은 저출산·고령화 현상으로 생산 가능 인구가 고령 인구를 부양해야 하는 경제적 부담이 커진다는 것을 의미한다.

12 저출산·고령화 현상을 해결하기 위해서는 정부가 출산 장려 정책과 함께 노인 복지 정책을 적극적으로 시행해야 한다. ③ 가족계획 사업은 높은 출생률이 사회 문제가 되는 국가가 시행하는 정책이다.

오답 피하기 ①, ④는 출산 장려 정책, ②, ⑤는 노인 복지 정책에 해당한다.

13 국내에 체류하는 외국인이 증가하고 있는 그래프를 통해 우리나라가 다문화 사회로 진입하였음을 알 수 있다. 이는 국가 간에 사람, 물자, 자본이 자유롭게 이동하는 세계화와 관련이 있으며, 국제결혼 증가, 외국인 근로자 유입, 유학생 증가 등에 의한 것이다.

오답 피하기 ㄴ, ㄹ. 국제결혼이 늘면서 다문화 가정은 계속 증가하고 있다.

14 다문화 사회로의 변화는 문화적 다양성을 실현함으로써 우리 문화 발전의 토대가 되고 있다.

오답 피하기 ① 외국인 근로자들이 증가하면서 저출산·고령화 현상으로 야기된 노동력 부족 문제가 완화되고 있다.
② 우리나라 총 인구수가 증가하는 데 기여할 것으로 기대된다.
③ 다양한 문화를 가진 민족이 어울려 살게 됨으로써 문화적 갈등이 증가하고 있다.
④ 외국인 이주민이 한국 사회에 적응하기 위해 필요한 복지 비용이 증가하고 있다.

15 다문화 사회를 살아가는 우리에게 요구되는 자세는 외국인 이민자들을 사회의 구성원으로 인정하고 그들의 문화를 존중하는 것이다. 한편, 정부는 체계적으로 다문화 교육을 실시하고 다문화 가정이 사회에 적응할 수 있도록 복지 제도를 확대해야 한다.

서술형·논술형

본문 277쪽

01 **예시 답안** 저출산·고령화로 인한 문제를 해결하기 위해서는 출산 장려 정책을 적극적으로 시행해야 한다. 예컨대 출

산 장려금 지급과 육아 휴직 제도를 확대하고, 직장 내 어린이집을 확충하는 등의 정책을 마련해야 한다. 이러한 출산 장려 정책과 함께 고령화 사회에서 나타나는 노년 부양비 증가 문제를 해결하기 위해 국민 연금과 같은 사회 안전망을 확립하고 노년층의 경제 활동을 장려하는 정책을 적극적으로 시행해야 한다.

필수 키워드 저출산·고령화, 출산 장려 정책, 출산 장려금, 육아 휴직, 직장 내 어린이집

평가 기준

상	저출산·고령화 사회라는 개념을 명확히 쓰고, 제도적 측면의 해결 방안을 두 가지로 서술한 경우
중	저출산·고령화 사회라는 개념을 명확히 쓰고, 제도적 측면의 해결 방안을 한 가지만 서술한 경우
하	저출산·고령화 사회라는 개념만 쓴 경우

02 **예시 답안** 다문화 사회의 변화에 대응하려면 우리나라가 단일 민족 국가라는 인식에서 벗어나, 다문화 가정의 증가를 사회 변동에 따른 자연스러운 현상으로 받아들이는 인식의 변화가 필요하다. 또한 이주민을 사회 구성원으로 인정하는 태도를 가지고, 그들의 문화와 생활 방식을 편견 없이 바라보고 문화적 차이를 존중하는 자세가 요구된다.

평가 기준

평가 항목	평가 내용
평가 충실도	정해진 분량 기준을 충족시킴 (단, 제시된 질문과 전혀 상관없는 내용으로 답변했을 시에는 분량 기준을 충족시키지 못한 것으로 간주함)
고차적 인지 능력	다문화 시대에 요구되는 바람직한 자세에 대해 명확하게 인식할 수 있음
글의 타당성	자기 의견과 그에 대한 근거가 제시된 사례와 타당하게 연결되어 있음
글의 일관성	전체적인 글의 구성과 짜임새가 매끄러우며, 의견과 근거의 연결이 자연스러움

03 현대 사회의 사회 문제

개념 다지기 본문 280쪽

01 사회 문제 **02** ㄱ, ㄷ, ㄹ, ㅂ **03** (1) × (2) × (3) ○ (4) × (5) ○ (6) ○ **04** (1) 개 (2) 개 (3) 선 (4) 선 **05** (1) 개발 도상국 (2) 출산 장려 (3) 정부, 개인 **06** (1) ㉢ (2) ㉡ (3) ㉠ **07** (1) 환경 (2) 지구 온난화 (3) 노동 **08** ㉠ ㄱ ㉡ ㄹ

중단원 실력 쌓기 본문 281쪽

01 ⑤ **02** ① **03** ③ **04** ② **05** ⑤
06 ③ **07** ③ **08** ③ **09** ④ **10** ①
11 ③ **12** ④ **13** ② **14** ②

01 사회 문제는 사회 구성원 대다수가 개선되어야 한다고 생각하는 사회 현상으로, 발생 원인이 사회에 있고 인간의 노력으로 해결이 가능한 것이어야 한다.

오답 피하기 ㄱ. 지진은 자연 재해로 발생 원인이 사회 내부에 있지 않으며, 인간의 노력으로 해결할 수 없으므로 사회 문제가 아니다.
ㄴ. 사회 문제는 대다수가 개선되어야 한다고 보는 문제로, 개인에 관련된 문제는 사회 문제가 아니다.

02 사회 문제는 시대나 사회적 상황에 따라 상대성을 지니고 있다. 예컨대 서구 사회에서는 비만이 사회 문제이지만 경제적으로 낙후한 국가에서는 기아와 빈곤이 사회 문제이다.

03 다자녀 가구에 대한 혜택을 늘려 저출산 문제를 해결하기 위한 출산 장려 정책을 시행하고 있다.

04 사회 문제는 대다수가 해결되어야 한다고 인식하는 문제로, 최근에는 전쟁과 테러의 위협이 심각한 사회 문제로 대두되고 있다.

오답 피하기 을. 태풍과 같은 자연재해는 발생 원인이 사회에 있지 않고 인간의 노력으로 해결할 수 없기 때문에 사회 문제로 볼 수 없다.
정. 사회 문제는 사회 혼란을 야기하는 부정적인 측면도 있지만 합리적으로 해결할 경우 사회가 발전하는 계기가 되기도 한다.

05 선진국은 낮은 출생률과 낮은 사망률로 인구가 정체되거나 감소하고 있다. 이는 생산 가능 인구 감소로 이어져 노동력 부족과 노인 복지를 위한 사회 보장 비용 증가라는 문제가 나타날 수 있다. 반면, 개발 도상국은 높은 출생률과 낮은 사망률로 인구가 급증하고 있으며 세계 인구 성장을 주도하고 있다. 이러한 개발 도상국의 인구 급증은 인구 과잉 문제로 이어져 일자리, 주택 부족 등의 사회 문제가 나타날 수 있다.

06 갑국에서 나타나는 현상은 출생률이 낮은 데서 기인하므로 출산 장려 정책을 시행해야 한다. 즉, 출산 장려금을 지급하여 자녀 양육에 대한 부담을 덜어 주고, 육아 휴직 제도를 확대 실시하여 맞벌이 부부의 자녀 양육을 지원해야 한다.

오답 피하기 ㄱ, ㄹ은 인구가 급증하고 있는 국가에서 필요한 정책이다.

07 현대 사회에서는 비정규직의 고용 불안과 임금 차별이 사회 문제로 대두되고 있다. 또한 노동자와 사용자 간에 임금이나 근로 환경을 둘러싸고 대립하여 노사 갈등을 일으키는 것도 주요 사회 문제이다.

08 그래프를 통해 전체 실업률 중에서 청년 실업률이 차지하는 부분이 크다는 것을 알 수 있다. 실업은 개인적으로는 자아실현의 기회를 박탈하고 국가적으로는 인적 자원의 낭비로 경제적 손실을 발생시킨다. ③ 실업률 증가에 따른 실업 문제는 개인과 국가 발전을 위해 해결되어야 하는 사회 문제이다.

09 비정규직의 고용 불안과 정규직과의 차별 문제를 기사로 다루고 있다.

10 판서 내용은 사막화 현상과 관련된다. 사막화는 오래 지속된 가뭄과 함께 인구 증가로 인한 지나친 가축 사육과 경지 확장으로 인해 사막이 아닌 지역이 사막으로 변해 가는 현상을 말한다.

11 자료는 지구 온난화로 빙하가 줄어들고 있는 환경 문제를 나타내고 있다. 지구 온난화는 화석 연료를 과도하게 사용함으로써 온실가스인 이산화 탄소가 대량으로 방출되어 지구의 평균 기온이 상승하는 현상을 말한다.

12 현대 사회 문제를 해결하기 위해서는 제도적·의식적 측면의 방안을 함께 고려해야 한다. 사회 문제를 해결하기 위한 정부의 정책 및 제도 마련은 제도적 측면의 방안에 해당하며, 공익 광고나 캠페인 활동을 하는 것은 의식적 측면의 방안에 해당한다.

오답 피하기 ①, ②, ③, ⑤ 사회 문제를 해결하는 제도적 측면의 방안이다.

13 정부는 친환경 상품을 개발하는 기업을 지원해 주고 환경 오염 물질을 배출하는 기업에 법적인 제재를 가함으로써 환경을 보호할 수 있다.

오답 피하기 ㄴ은 개인의 역할, ㄹ은 기업의 역할에 해당한다.

14 (가)는 온실가스 배출량을 감축하기 위해 세계 여러 나라가 참가했던 기후 변화 협약에 관한 내용이다. (나)는 사막화의 피해를 줄이기 위해 주변 나라들이 함께 협력하는 모습이다. 이는 환경 문제가 개별 국가에 한정된 문제가 아니라, 이를 해결하는 데 국가 간에 긴밀한 협력이 필요하다는 것을 보여 주는 사례이다.

서술형·논술형

본문 283쪽

01 **예시 답안** (나)만 사회 문제에 해당한다. (가)는 자연재해로 발생 원인이 사회 내부에 있지 않고 인간의 노력으로 해결할 수 없기 때문에 사회 문제가 아니다. 반면, (나)는 사회 구성원 대다수가 개선되어야 한다고 생각하며, 발생 원인이 사회에 있고 인간의 노력으로 해결이 가능하기 때문에 사회 문제이다.

필수 키워드 발생 원인, 인간의 노력, 해결 가능

평가 기준

상	(나)를 사회 문제라고 쓰고, 사회 문제의 의미를 정확하게 서술한 경우
중	(나)를 사회 문제라고 쓰고, 사회 문제의 의미를 불충분하게 서술한 경우
하	(나)를 사회 문제라고만 쓴 경우

02 **예시 답안** 노동은 자아실현의 과정이자 생존에 필요한 소득을 얻는 행위이면서 사회의 유지와 발전을 위한 중요한 활동이다. 정부는 실업 문제를 해결하기 위해서 일자리를 창출하는 정책을 실시하고 구직자에게 다양한 취업 정보를 제공해야 한다.

평가 기준

평가 항목	평가 내용
평가 충실도	정해진 분량 기준을 충족시킴 (단, 제시된 질문과 전혀 상관없는 내용으로 답변했을 시에는 분량 기준을 충족시키지 못한 것으로 간주함)
고차적 인지 능력	노동 문제 중에서 실업에 해당함을 정확히 이해하고, 그에 대한 정부의 정책을 명확하게 인식할 수 있음
글의 타당성	자기 의견과 그에 대한 근거가 제시된 사례와 타당하게 연결되어 있음
글의 일관성	전체적인 글의 구성과 짜임새가 매끄러우며, 의견과 근거의 연결이 자연스러움

대단원 마무리

본문 284쪽

01 ④	**02** ③	**03** ④	**04** 예시 답안 참조
05 ②	**06** ①	**07** 예시 답안 참조	**08** ②
09 ②	**10** ⑤	**11** ③	**12** ③

01 발명 시계는 12,000년 동안을 압축해 놓은 것으로 사회를 변화시킨 주요 발명들이 근대 이후에 집중되어 있음을 알 수 있다. 또한 현대 사회를 변화시킨 요인이 과학 기술이며 변화 속도가 매우 빠르다는 것을 알 수 있다.

오답 피하기 ② 최근에는 특정 지역에서 발생한 변화가 급속도로 퍼져 사회 전반의 변동으로 이어진다.
③ 사회 변동을 이끈 주요 요인은 과학 기술의 발전이다.

02 제시문은 산업화로 인한 사회 변동에 관한 내용이다. 산업화 과정에서 기계화로 인해 대량 생산, 대량 소비가 가능해지고 농업 사회에서 산업 사회로 이행하였다. 또한 농촌에서 도시로 인구가 증가하면서 도시화 현상이 촉진되고 교육 기회가 확대되어 대중이 정치에 참여할 수 있는 기회도 주어졌다. ③ 시간과 공간의 제약에서 벗어난 것은 정보 사회의 특징이다.

03 국경을 초월하여 사람, 자본, 물자가 이동하는 현상을 세계화라고 한다.

04 **예시 답안** 정보화, 정보화로 인해 사이버 공간에서의 범죄가 증가하고 개인의 정보가 유출되어 사생활 침해의 우려가 커졌다.

필수 키워드 정보화, 사이버 범죄, 개인 정보 유출, 사생활 침해

평가 기준

상	정보화를 정확하게 쓰고, 정보화로 인해 나타나는 문제를 두 가지 모두 서술한 경우
중	정보화를 정확하게 쓰고, 정보화로 인해 나타나는 문제를 한 가지만 서술한 경우
하	정보화라고만 쓴 경우

05 보육 시설 확충, 육아 휴직 제도 확대, 영유아 보육비 지원은 제도적 측면의 출산 장려 정책에 해당하며, 양성평등 문화 확산은 의식적 측면의 출산 장려 정책에 해당한다.

06 다문화 사회에서는 이주민들의 문화를 그대로 존중해 주는 자세가 필요하다.

07 **예시 답안** 저출산·고령화, 저출산·고령화 현상이 나타난 이유는 여성의 사회 진출이 확대되면서 결혼 시기가 늦어지고 자녀 양육에 대한 부담이 증가했기 때문이다. 또한 생활 수준 향상과 의료 기술의 발달로 평균 수명이 연장된 것도 그 원인이다.

필수 키워드 저출산·고령화, 여성의 사회 진출, 자녀 양육 부담, 생활 수준 향상, 의료 기술 발달, 평균 수명 연장

평가 기준

상	저출산·고령화 현상을 정확히 쓰고, 그 원인을 두 가지 모두 서술한 경우
중	저출산·고령화 현상을 정확히 쓰고, 그 원인을 한 가지만 서술한 경우
하	저출산·고령화 현상이라고만 쓴 경우

08 직장 내 보육 시설을 확충하고 다자녀 가정에 대한 지원을 확대하는 것은 저출산 문제를 해결하기 위한 방안이다. 양로·요양 시설과 같은 실버산업을 육성하는 것은 고령화의 문제를 해결하기 위한 방안이다. 따라서 저출산·고령화 현상을 겪고 있는 국가에서 시행하고 있는 정책임을 알 수 있다. ② 노동력 부족은 저출산·고령화 사회에서 나타나는 문제이다.

오답 피하기 ①, ③, ④ 인구가 급증하는 개발 도상국에 대한 내용이다.

⑤ 저출산·고령화 사회에서는 전체 인구에서 노인이 차지하는 비율이 높다.

09 사회 문제는 사회 구성원 대다수가 바람직하지 못하다고 생각하는 문제로, 그 원인이 사회에 있고 인간의 노력으로 해결이 가능한 것이다.

오답 피하기 ㄴ. 자연재해는 사회 문제가 아니다.

ㄹ. 사회 문제는 시대나 상황에 따라 상대성을 지닌다.

10 남태평양의 섬나라인 투발루는 지구 온난화로 인한 해수면 상승으로 일부 섬이 가라앉고 있다.

11 환경 문제는 국가 간의 협력을 통해 해결해야 하는 전 지구적인 문제이다. ③ 저출산으로 인구가 감소하고 있는 지역은 선진국이다.

12 ③ 대중교통 대신 자가용을 이용하는 것은 대기 오염을 심화시키는 원인이 된다.

뉴런 사회 ①

정답과 해설

실전책

정답과 해설 실전책

I 내가 사는 세계

대단원 종합 문제 본문 6쪽

01 ①	02 ④	03 ②	04 ②	05 ②
06 ②	07 ⑤	08 ①	09 ④	10 ⑤
11 ④	12 ①	13 ②	14 ②	

01 A는 유럽, B는 오세아니아, C는 태평양이다. 세계의 대륙은 유럽, 아시아, 아프리카, 오세아니아, 북아메리카, 남아메리카로 구분된다. 또한 세계의 해양은 태평양, 인도양, 대서양, 북극해, 남극해로 구분한다.

02 미국, 캐나다, 멕시코가 포함되어 있는 대륙은 북아메리카이다. 로키산맥은 미국과 캐나다 서부에 발달한 산맥이고 애팔래치아산맥은 반대로 동부에 위치한 산맥이다. 미시시피강은 미국을 남북으로 가로질러 흐르는 강이고, 리오그란데강은 미국과 멕시코의 국경을 흐르는 강이다.

03 ② 축척은 실제 거리를 지도에 줄여서 나타낸 비율을 의미한다. 축척을 숫자로 표시할 때, 1:50,000이라고 표기되어 있다면 이는 지도상의 1cm가 실제 거리는 50,000cm(=500m)에 해당됨을 뜻한다. 널리 사용되는 축척자의 경우에도 거리를 줄여 나타낸 비율을 의미한다.

04 (가)는 사막 지형, 건조 기후, 사막 식생 등을 나타내고 있어 자연환경을 중점적으로 드러낸 사진이다. (나)는 도시의 모습을 담아 인문 환경에 초점을 두었고, (다)는 피오르와 같이 아름다운 지형을 촬영하여 자연환경을 중심으로 나타낸 사진이다. (라)는 지열 발전소인데, 인간 활동으로 만들어진 시설물에 대한 사진이므로 인문 환경에 가깝다고 볼 수 있다.

05 (가)는 도형 표현도, (나)는 왜상 통계 지도이다.

오답 피하기 ㄴ. 여러 색상으로 칠해져 있어 단계 구분도로 보일 수도 있지만, 이 지도에서 색상은 국가와 대륙을 구분하기 위한 것이고 인구 규모는 각국의 땅 넓이로 표현하였다.

ㄷ. (가)를 통해서 각 지역의 대략적인 인구수를 알 수 있지만, 정확한 인구수는 표시되지 않았다.

06 500m 정도 떨어진 가까운 거리를 찾아볼 수 있는 지도는 대축척 지도이다. ①, ③은 각각 우리나라 전체를 표현한 일반도와 통계 지도로, 소축척 지도이다. ④는 관광 안내도로, 울릉도 전체를 나타내고 있으며 관공서는 표현되어 있으나 학교 정보가 빠져 있다. ⑤는 지하철 안내도로 학교나 관공서 정보가 없고 걸어갈 수 있는 길에 대해서도 표현되지 않는다.

07 우편물이나 화물 운송에는 도로명 주소를 꼭 사용해야 한다. 도로명 주소는 큰 단위의 행정 구역부터 점차 작은 단위 순으로 써야 한다. 예 경기도 고양시 일산동구 한류월드로 281

08 (가)는 위도와 위선을 나타낸 그림, (나)는 경도와 경선을 나타낸 그림이다. ㄴ. (가)에서 숫자가 크면 고위도 지역임을 나타낸다. 고위도 지역은 단위 면적당 받아들이는 태양 에너지의 양이 적어 일 년 내내 기온이 낮다.

오답 피하기 ㄷ. (나)의 0°선은 경도 0°, 본초 자오선을 의미한다.

09 제시된 사진은 12월에 여름을 맞은 오스트레일리아의 크리스마스 풍경이다. 이처럼 남반구에 위치한 오스트레일리아는 북반구의 주요 밀 수출국과 밀 수확 시기가 달라 11월에서 1월 사이에 수확된 밀을 수출한다.

오답 피하기 ①과 ②는 일 년 내내 기온이 낮은 고위도 지역에 해당되는 설명이다.

③ 7, 8월은 오스트레일리아에서는 겨울철이기 때문에 무더위 체험 관광은 어렵다.

⑤ 오스트레일리아와 우리나라는 시차가 작고, 제시된 사진과 시차는 밀접한 관련이 없다.

10 날짜 변경선을 동에서 서로 넘을 때는 하루를 더하고, 서에서 동으로 넘을 때는 하루를 뺀다.

오답 피하기 ① 여러 개의 표준시를 갖는 나라도 있다. (러시아, 미국 등)

② 위도는 시간대와 관계가 없다.

③ 세계 각 지역은 자기 지역이나 인근의 경선을 기준으로 하는 별도의 표준시를 갖고 있다.

④ 시차는 지구가 24시간에 한 바퀴씩 자전하는 것과 관계가 깊다.

11 뭄바이는 영국보다 5시간 30분 빠르고, 로스앤젤레스는 영국보다 8시간 느리다. 따라서 두 지역의 시차는 13시간 30분이 된다. 이러한 시차를 이용하여 인도와 미국에 각각 사무실을 두고 업무를 메일로 주고받으면서 연속적으로 업무를 처리할 수 있다. 예를 들어 미국 담당자가 오후 6시에 퇴근하면서 메일을 보내면 인도에서는 그 시각이 오전 7시

30분이어서 담당자가 출근하며 바로 받아 업무를 이어갈 수 있게 된다.

12 ㉠에 해당되는 말은 속성 정보로 지리적 현상의 특징을 나타내는 것이다. ②는 공간 정보, ③, ④, ⑤는 관계 정보에 해당된다.

13 공공 기관이 시민들에게 각종 지리 정보를 제공하기 위해 공공 지도 서비스를 구축하고 있다. 대표적인 공공 지도 서비스로는 서울특별시의 '함께 서울 지도' 등이 있다.

14 ㄱ. 상권 정보 시스템을 활용하면 주변 인구 및 같은 업종의 상점 위치 등을 알 수 있어 빵집을 개업하는 데에 필요한 정보를 얻을 수 있다. ㄷ. 아버지, 딸, 아들이 말한 내용이 컴퓨터에 저장되어 있다면 지리 정보 시스템(GIS) 중첩 분석을 통해 최적 입지를 찾을 수 있게 된다.

대단원 서술형·논술형 문제 본문 9쪽

01 **예시 답안** 선호가 전화 통화를 할 수 있는 시간은 오후 7시부터 오전 5시까지이다. +1시간대를 쓰는 로마와 +9시간대를 쓰는 우리나라 사이의 시차는 8시간이다. 로마의 배송 업체 운영 시간을 우리나라 시각으로 바꿔보면 오전 11시는 오후 7시, 오후 9시는 다음날 오전 5시가 된다.

필수 키워드 오후 7시-오전 5시, 시차, 8시간

평가 기준

상	두 개의 시간을 정확히 쓰고, 시차가 8시간인 이유를 밝힌 경우
중	두 개의 시간을 정확히 쓰고, 시차에 대한 설명이 다소 미흡할 때
하	두 개의 시간을 정확히 썼을 때

02 **예시 답안** 지도와 같은 활동을 커뮤니티 매핑이라고 한다. 지방 자치 단체와 국가는 커뮤니티 매핑을 통해 지역 사회의 문제를 인식하고 이에 대한 대책을 수립하는 데에 도움을 받을 수 있다.

필수 키워드 커뮤니티 매핑, 지역 사회 문제 인식, 대책 수립

평가 기준

상	커뮤니티 매핑 명칭을 정확히 쓰고, 지역의 문제 인식과 대책 수립이라는 측면에서 이점을 조리있게 밝힌 경우
중	커뮤니티 매핑 명칭을 정확히 쓰고, 커뮤니티 매핑의 장점을 서술하였으나 그 내용이 다소 미흡한 경우
하	커뮤니티 매핑 명칭만 쓴 경우

03 **예시 답안** 나는 인터넷 지도를 이용하여 맛집, 극장, 지하철 노선 등을 검색하여 친구들과 약속 장소를 잡고 낯선 지역에서도 길을 찾는다. 또한 세계 여러 지역이 궁금할 때에는 사회과 부도에 있는 세계 지도와 대륙별 지도를 보면서 나라 이름과 수도 등을 익히고, 인터넷으로 그 나라에 대한 정보를 찾기도 한다.
이처럼 지도는 땅의 생김새와 분포, 거리 등을 한눈에 알아볼 수 있게 해주는 장점이 있다. 글이나 도표, 그래프 등의 자료와는 달리 지표 공간의 모습을 보여줌으로써 많은 내용을 한눈에 파악할 수 있게 해주고 공간에 대한 이해를 돕는다.

평가 기준

평가 항목	평가 내용
평가 충실도	정해진 분량 기준을 충족시킴 (단, 제시된 질문과 전혀 상관없는 내용으로 답변했을 시에는 분량 기준을 충족시키지 못한 것으로 간주함)
고차적 인지 능력	지도의 장점을 다른 자료와 비교 및 대조하면서 탐구하였음
글의 타당성	자기 주장과 그에 대한 근거가 타당하게 연결되어 있음
글의 논리성	전체적인 글의 구성과 짜임새가 매끄러우며, 주장과 근거의 연결이 자연스러움

Ⅱ 우리와 다른 기후, 다른 생활

대단원 종합 문제

본문 12쪽

01 ④	02 ②	03 ①	04 ③	05 ④
06 ⑤	07 ②	08 ⑤	09 ③	10 ②
11 ④	12 ③	13 ②	14 ③	

01 지도의 A는 열대 기후, B는 건조 기후, C는 온대 기후, D는 냉대 기후, E는 한대 기후이다. (가)는 모래사막을 나타낸 경관으로 건조 기후에서 볼 수 있으며, (나)는 대규모 침엽수림을 나타낸 경관으로 냉대 기후에서 볼 수 있다.

02 (가)는 열대 기후, (나)는 온대 기후를 나타낸 것이다. 열대 기후는 적도 부근에 주로 분포한다. 일사량이 많아 일 년 내내 덥고, 강수량이 많은 곳에는 밀림이 형성되어 있다. 온대 기후는 중위도 지방에 분포하며 계절의 변화가 뚜렷하게 나타난다. 비교적 기온이 온화하고 강수량이 적당한 편이다.

오답 피하기 ㄴ. 기온의 연교차가 크고, 침엽수림이 분포하는 것은 냉대 기후 지역의 특징이다.
ㄹ. 온대 기후 지역은 강수량이 적당한 편이며, 다양한 종류의 식생이 분포하고 있다.

03 (가), (나)는 온대 기후, (다)는 한대 기후, (라)는 열대 기후가 나타난다. 온대 기후 지역은 기온과 강수 조건이 농업에 유리하여 인구가 밀집해 있다. 반면 기온이 매우 낮은 한대 기후 지역은 농업 활동에 불리해 인구가 적게 분포한다. 또한 적도 부근의 열대 기후가 나타나는 지역은 너무 덥고, 열대 우림으로 덮여 있는 곳들이 많아 사람들이 살기에 불리하다.

오답 피하기 ㄷ. (다)는 한대 기후 지역에 해당하며, 기온이 낮아 증발량이 많지 않다.
ㄹ. (라)는 덥고 밀림이 형성되어 있어 인간의 거주에 불리하다.

04 아프리카 동부 고원 지대나 남아메리카 적도 부근의 안데스 산지에는 열대 고산 기후가 나타나 많은 사람들이 거주하고 있다. 적도 부근의 해발 고도가 높은 곳에는 일 년 내내 봄과 같이 온화한 날씨가 이어진다. 키토와 벨렝은 비슷한 위도에 위치하지만, 해발 고도의 차이로 인해 서로 다른 기후 특징이 나타난다. 벨렝은 적도 부근의 저지대로 기온이 높고, 기온의 연교차 또한 작다.

오답 피하기 ㄱ. 기후 그래프에서 키토의 기온이 온화한 것으로 보아, 키토가 벨렝에 비해 해발 고도가 높음을 알 수 있다.
ㄹ. 키토의 기후는 비슷한 위도의 저지대에 비해 인간이 거주하기에 유리한 편이다.

05 지도에 표시된 지역은 열대 우림 기후가 나타난다. 열대 우림 기후 지역의 주민들은 덥고 습한 날씨 탓에 얇고 간편한 옷을 입으며, 음식을 조리할 때 기름이나 향신료를 많이 사용한다. 또한 집을 지을 때는 통풍이 잘되도록 벽을 얇게 하고 창문을 크게 낸다. 열대 우림 기후 지역은 비가 많이 내려 토양이 비옥하지 않고 나무가 빽빽하게 우거져 농사에 부적합하다. 따라서 밀림의 나무를 태운 뒤 경지를 만들어 카사바, 얌, 옥수수 등을 재배한다.

오답 피하기 ㄱ. 사막 기후 지역의 주민들이 강한 햇볕과 모래바람으로부터 피부를 보호하기 위해 온몸을 감싸는 헐렁한 옷을 입는다.
ㄷ. 열대 우림 기후 지역에서는 집을 지을 때 통풍이 잘 이루어지도록 창과 문을 크게 낸다.

06 열대 우림 기후 지역의 주민들은 전통적으로 지표면의 열기와 습기를 피하고, 해충과 뱀의 침입 등을 막기 위해 바닥을 지면에서 띄워 지은 고상 가옥에서 생활해 왔다.
열대 우림 기후 지역은 계절의 변화가 거의 없이 연중 더운 날씨가 지속되어 기온의 연교차가 작다. 또한 연중 강수량이 많아 매우 습하고, 열대성 소나기인 스콜이 거의 매일 내린다. 덥고 습한 기후가 나무들이 잘 자랄 수 있는 환경을 제공하여 다양한 높이의 나무들이 빽빽하게 들어서 밀림을 형성하고 있다.

오답 피하기 ⑤ 열대 우림 기후 지역에서는 계절의 변화 없이 연중 더운 날씨가 지속되며, 기온의 연교차보다 일교차가 더 크게 나타난다.

07 최근 열대 우림 지역은 자원 개발, 도시 건설, 농경지 조성 등으로 인해 밀림이 파괴되고 있다. 열대림이 빠르게 감소하면서 원주민들의 생활 근거지가 파괴되고 있으며, 토착 문화가 계속해서 사라지고 있다. 또한 다양한 동식물의 서식지가 파괴되어 동식물의 다양성이 감소하고 있다. 교통이 편리한 해안이나 강가에서는 일찍부터 무역이 이루어져 도시가 발달하기도 했다. 한편 열대 우림 기후 지역은 생태 관광 등 다양한 관광 상품을 개발하여 관광객 유치를 위해 노력하고 있으며, 관광업에 종사하는 주민들의 수가 늘어나고 있다.

오답 피하기 ㄴ. 열대 우림의 파괴로 원주민들이 생활 터전을 잃고 농장 노동자가 되거나 도시 빈민이 되어 살아가는 등 전통적인 생활 방식에 변화가 나타나고 있다.
ㄹ. 최근 열대 우림 기후 지역에서는 관광 산업, 무역과 금융 산업 등이 발달하며 다양한 경제 활동이 이루어지고 있다.

08 제시된 기후 그래프는 서안 해양성 기후를 나타낸 것이다. 서안 해양성 기후는 서부 유럽, 북아메리카 북서 해안, 뉴질

랜드 등에서 나타나며, 바다에서 불어오는 편서풍의 영향으로 여름에는 서늘하고 겨울에는 따뜻하여 기온의 연교차가 작고, 계절별 강수량이 고르게 나타나는 것이 특징이다.

오답 피하기 ㄱ. 서안 해양성 기후 지역은 여름철이 서늘한 편이다. 여름철 기온이 높고 건조한 것은 지중해성 기후 지역의 특징이다.
ㄴ. 서안 해양성 기후보다는 온대 계절풍 기후에서 강수량의 계절 차가 크게 나타난다.

09 지도에 표시된 지역에서는 지중해성 기후가 나타난다. 지중해성 기후 지역에서는 고온 건조한 여름철에도 잘 자라는 포도, 올리브, 오렌지 등을 재배하는 수목 농업이 발달하였다. 그리고 비교적 따뜻하고 강수량이 많은 겨울에는 밀, 보리와 같은 곡물을 재배하고 있다.

오답 피하기 ①은 열대 계절풍 혹은 온대 계절풍 기후 지역, ②는 서안 해양성 기후 지역, ④와 ⑤는 열대 우림 기후 지역에서 발달한 농업이다.

10 서부 유럽은 주로 서안 해양성 기후가 나타나는 지역이다. 서안 해양성 기후 지역은 흐리고 비가 내리는 날이 많아 날씨가 맑은 날이면 사람들이 공원 등에서 일광욕을 즐긴다. 또한 집안의 습기를 제거하고 온도를 높이기 위해 실내에 벽난로를 설치한 가정들이 많다.

오답 피하기 ㄴ. 벼농사는 여름철에 덥고 비가 많이 내리는 온대 계절풍 기후 지역에서 주로 이루어진다.
ㄹ. 지중해 연안에서는 여름철의 강한 햇볕을 막고 빛의 흡수를 줄이기 위해 벽을 흰색으로 칠하는 경우가 많다.

11 지도에 표시된 지역에서는 건조 기후가 나타나는데 A는 사막 기후, B는 스텝 기후이다. 사막 기후 지역에 사는 사람들은 강한 햇볕과 모래바람으로부터 피부를 보호하기 위해 온몸을 감싸는 헐렁한 옷을 입는다. 사막 지역에서는 농사를 짓기에 매우 불리하지만 비교적 물을 쉽게 얻을 수 있는 오아시스를 중심으로 밀, 목화, 대추야자 등을 재배하며, 일부 지역에서는 지하 관개 수로를 이용하여 관개 농업을 하기도 한다.
스텝 기후가 나타나는 지역의 주민들은 전통적으로 가축을 이끌고 물과 풀을 찾아 이동하는 유목 생활을 하였다. 유목 생활을 하는 주민들은 조립과 분해가 쉬운 이동식 가옥에서 살고 있다. 아메리카와 오세아니아 등의 일부 스텝 지역에서는 관개 시설을 확충해 기업적 밀농사와 목축업을 하고 있다.

오답 피하기 ㄱ. 통풍이 잘되는 얇고 간편한 옷은 열대 우림 기후 지역에 사는 사람들이 주로 입는다.
ㄷ. 날고기 중심의 육류 섭취는 툰드라 기후 지역 주민들의 식생활과 관련된 설명이다.

12 제시된 기후 그래프는 사막 기후를 나타낸 것이다. 사막 기후 지역의 주민들은 주변에서 구하기 쉬운 흙으로 흙벽돌을 만들어 집을 짓는다. 비가 거의 오지 않으므로 지붕을 넓고 평평하게 만들며, 한낮에 더위를 피하고 밤에는 추위를 막기 위해 벽은 두껍고 창은 작게 만든다. 또한 그늘이 생기도록 건물을 다닥다닥 붙여서 짓는다. 따라서 명수가 제출한 답안 중 1, 2, 3만 바르게 서술되었으므로 총 3점을 받게 된다.

오답 피하기 4번 답안 : 큰 일교차를 극복하기 위해서 벽을 두껍게 만든다.
5번 답안 : 그늘이 생기도록 건물을 다닥다닥 붙여서 짓는다.

13 제시된 사진은 개 썰매와 순록을 나타낸 것으로 모두 툰드라 기후 지역에서 볼 수 있는 경관이다. 툰드라 기후 지역에 사는 사람들은 추위를 견디기 위해 두꺼운 털가죽으로 만든 옷을 입는다. 툰드라 기후 지역의 주민들은 비타민과 무기질을 보충하기 위해 생선과 고기를 날로 먹고, 남은 것은 냉동, 훈제, 염장, 건조 등의 방법을 이용해 저장하기도 한다. 또한 툰드라 기후 지역에서는 기온이 너무 낮아 농사를 지을 수가 없어서 주민들이 순록 유목, 사냥, 어업 등의 활동을 하며 살아간다.

오답 피하기 ② 툰드라 기후 지역은 기온이 낮아 농사가 어렵기 때문에 사냥, 어업 활동, 순록 유목 등이 발달했다. 따라서 식생활 중 육류가 차지하는 비중이 크다.

14 툰드라 기후 지역은 겨울이 매우 춥고 길다. 하지만 짧은 여름 동안에는 기온이 0℃ 이상으로 올라 짧은 풀이나 이끼류 등이 자란다. 이곳에서는 여름철 밤에도 해가 지지 않는 백야 현상이 나타나며, 땅속에는 일 년 내내 녹지 않고 얼어붙은 영구 동토층이 분포한다.

오답 피하기 ㄱ. 평균 기온이 0℃를 밑도는 달이 많지만 2~3개월 지속되는 짧은 여름철에는 기온이 영상으로 올라간다.
ㄹ. 지구의 자전축이 23.5° 기울어져 공전하기 때문에 툰드라 기후 지역의 여름철에는 백야 현상, 겨울철에는 극야 현상이 나타난다.

대단원 서술형·논술형 문제

본문 15쪽

01 **예시 답안** 다양한 동식물의 서식지가 사라지면서 생물 종 다양성이 감소하고 있다. 원주민들의 생활 터전이 파괴되고 그들의 토착 문화가 사라지고 있다. 대기 중의 이산화 탄소를 산소로 바꾸는 기능이 약해져 지구 온난화 현상이 심화되고, 이상 기후가 나타난다.

필수 키워드 생물 종 다양성 감소, 원주민의 생활 터전 파괴, 지구 온난화 심화 등

평가 기준

상	열대 우림 파괴로 인해 나타날 수 있는 문제점을 두 가지 서술한 경우
하	열대 우림 파괴로 인해 나타날 수 있는 문제점을 한 가지만 서술한 경우

02 **예시 답안** 서부 유럽 지역에서는 혼합 농업이 발달해 왔다. 여름철이 서늘하고 습윤하기 때문에 목초 재배에 유리해 곡물 재배와 가축 사육을 함께 하는 농업이 발달할 수 있었다.

필수 키워드 혼합 농업, 서늘하고 습윤한 여름철, 목초 재배 유리 등

평가 기준

상	발달한 농업의 명칭을 맞게 쓰고, 그 이유를 서안 해양성 기후의 특징과 관련지어 서술한 경우
하	발달한 농업의 명칭만 맞게 쓴 경우

03 **예시 답안** 툰드라 기후 지역은 백야 현상, 오로라, 빙하 등 독특한 자연 경관을 체험하기 위해 많은 관광객들이 찾고 있다. 이로 인해 관광 시설이 확충되고 관광업에 종사하는 주민들이 늘어나고 있다.

또한 시베리아와 알래스카 등 일부 지역에서는 석유와 천연가스 등이 개발되면서 자원 수송을 위한 도로, 철도, 파이프라인 등이 건설되고 사람들이 모여들어 도시가 발달하기도 한다. 하지만 개발 과정에서 주변 환경이 파괴되고 있고, 흘러나오는 기름으로 강물이 오염되는 한편, 이끼류가 훼손되어 전통적으로 순록을 유목하며 살아가던 사람들이 도시로 이주해 정착하는 경우가 늘고 있다.

툰드라 지역에도 현대 문명이 보급됨에 따라 카약과 썰매를 대신하여 모터보트와 스노모빌 등을 이용하는 주민들이 늘어나고, 많은 주민이 전통 가옥이 아닌 현대화된 주택에 거주하고 있으며, 가공된 음식을 즐겨 먹고 있다.

평가 기준

평가 항목	평가 내용
평가 충실도	정해진 분량 기준을 충족시킴 (단, 제시된 질문과 전혀 상관없는 내용으로 서술했을 시에는 분량 기준을 충족시키지 못한 것으로 간주함)
논제의 이해	제시된 자료를 토대로 툰드라 기후 지역에 나타나고 있는 변화의 원인을 파악하고, 관광 산업의 발달, 석유 및 천연가스 자원의 개발, 환경 문제, 현대 문명 보급 등의 측면에서 구체적인 변화 모습을 설명할 수 있음
설명의 타당성	각 항목에 대한 설명과 이를 뒷받침하는 사례 및 내용들이 정확하고 타당하게 연결되어 있음
글의 논리성	전체적인 글의 구성과 짜임새가 매끄러우며, 설명과 뒷받침 내용의 연결이 논리적이며 자연스러움

III 자연으로 떠나는 여행

대단원 종합 문제

본문 18쪽

01 ④	02 ②	03 ③	04 ①	05 ③
06 ②	07 ⑤	08 ②	09 ③	10 ①
11 ②	12 ②	13 ⑤	14 ④	15 ①
16 ④				

01 제시된 그림은 해양 지각(판)이 대륙 지각(판) 밑으로 들어가는 과정을 나타낸 것이다. 이를 통해 습곡 산지가 형성되고 화산 활동, 지진 등이 활발하게 발생하게 된다.

오답 피하기 ㄷ. 피오르는 빙하의 침식 작용을 받아 형성된 좁고 긴 형태의 골짜기에 바닷물이 들어와서 형성된 협만이다.

02 주변보다 고도가 높고 경사가 큰 지형을 산지라고 한다. 산지는 습곡, 단층, 화산 등의 활동에 의해 형성되며 형성된 이후에 지속적으로 지구 외부 에너지에 의한 풍화, 침식·운반·퇴적 작용을 받아 그 모양이 변화하게 된다.

03 제시된 산지는 지층이 휘어지는 작용을 받아 형성된 것으로 산지의 단면을 통해 습곡 작용을 확인할 수 있다.

04 북아메리카 대륙에서 (가)는 신기 습곡 산지인 로키산맥, (나)는 고기 습곡 산지인 애팔래치아산맥이다.

05 (가)는 에베레스트산이 위치한 히말라야산맥, (나)는 최고봉이 몽블랑인 알프스산맥이다. 히말라야산맥은 아시아 대륙, 알프스산맥은 유럽 대륙에 위치하고 있다.

오답 피하기 B는 우랄산맥, D는 로키산맥, E는 안데스산맥이다. A~E 중 우랄산맥은 고기 습곡 산지이고, 나머지는 모두 신기 습곡 산지이다.

06 학생들이 대화를 나누고 있는 쿠스코라는 도시는 페루의 안데스 산지에 위치한 고산 도시이다. 열대 기후 지역의 고산 지역은 저지대에 비해 기온이 서늘하여 인간이 거주하기에 유리하다. 이 때문에 오래전부터 고산 지역에는 취락이 발달하였다.

07 제시된 그림은 파랑의 에너지가 집중하여 침식 작용이 활발하게 일어나는 암석 해안이다. 암석이 파랑의 침식을 받으면 해식애라는 절벽이 형성되고 동굴이 형성되기도 한다. 한편 일부 바윗덩어리가 떨어져 나가면서 아치 모양의 지형이나 돌기둥 형태의 지형이 나타나게 된다.

오답 피하기 ⑤ 해안 사구는 모래사장(사빈) 뒤쪽에 나타나는 지형으로 모래사장으로부터 바람에 의해 모래가 날려 와서 쌓인 언덕 모양의 지형이다.

08 사진에서 A는 바다 쪽으로 돌출한 곶, B는 안쪽으로 들어간 만에 해당한다. 곶에서는 침식 작용이 활발하고 만에서는 퇴적 작용이 활발하다.

오답 피하기 정 : 해안 지역은 파랑과 연안류에 의한 영향을 지속적으로 받고 있기 때문에 지형 변화가 매우 활발하게 나타난다.

09 제시된 사진은 해안 지역에 위치한 식생(지표면 위를 덮고 있는 식물)이다. 주로 열대 기후 지역에서 짠물에서도 자랄 수 있는 나무들이 군락을 이루고 있는 모습이다.

오답 피하기 ① 석호에 대한 설명이다.
② 산호초 해안에 대한 설명이다.
④ 리아스 해안에 대한 설명이다.
⑤ 갯벌에 대한 설명이다.

10 해식애와 돌기둥 등은 파랑의 침식 작용을 받는 해안에서 볼 수 있는 경관이다. 파랑의 에너지가 강한 곳에서는 침식 작용에 의해 지형의 변화가 심하게 나타날 수 있다.

11 해양과 해안 지역은 사람들이 여가를 보내기에 매우 적합한 지역이므로 관광 산업이 발달한 지역이 많다. 관광 산업이 발달하게 되면 관련 산업의 일자리가 증가하게 되고 소득이 높아진다는 점이 긍정적인 영향이라고 볼 수 있다.

12 물새 서식지로서 국제적으로 중요한 습지를 보호하기 위해 체결된 협약은 람사르 협약이다. 람사르는 이란의 도시 이름이다.

오답 피하기 ① 바젤 협약은 유해 폐기물의 국제적인 이동을 방지하기 위한 협약이다.

13 우리나라는 동쪽이 높고 서쪽이 낮은 동고서저의 지형을 이루고 있다. 따라서 하천은 주로 동쪽에서 서쪽이나 남쪽으로 흐르고, 넓은 평야는 서쪽 지방에 주로 위치한다. 태백산맥의 동쪽으로 흐르는 하천은 서쪽이나 남쪽으로 흐르는 하천에 비해 유로 길이가 짧고 경사가 급하며 유량이 적은 편이다.

14 지하 동굴에 종유석이 많이 자라고 있는 모습은 석회동굴 내부의 모습이다. 석회동굴은 석회암이 지하수에 의해 녹는(용식되는) 과정을 통해 형성되었다.

15 국립공원이면서 섬에 위치하고 있으며, 산이면서 화산 활동으로 형성된 것은 한라산이다. 따라서 질문에는 한라산에 관련된 내용이 들어가야 한다. 한라산은 세계 자연 유산으로 등재되어 있으며 정상에는 백록담이라는 호수가 있다.

오답 피하기 ㄷ. 설악산, 금강산, 북한산 등의 산지가 이에 해당한다.
ㄹ. 지리산, 덕유산 등의 산지가 이에 해당한다.

16 (가)는 서해안에서 주로 볼 수 있는 갯벌, (나)는 동해안에서 볼 수 있는 석호, (다)는 남해안의 섬이 많은 해안 지역이다. 이와 같은 해안 지형들은 매우 아름답기 때문에 관광 자원으로 널리 이용된다. (나)는 바닷물이 들어온 만 입구에 파도의 퇴적 작용으로 발달한 사주에 의해 만 입구가 막혀 형성된 호수이다.

대단원 서술형·논술형 문제 본문 21쪽

01 **예시 답안** (가)는 히말라야산맥, (나)는 애팔래치아산맥이다. (가)는 신생대에 형성된 신기 습곡 산지이며, (나)는 고생대에 형성된 고기 습곡 산지이다. (가)는 형성된 지 오래되지 않아 높고 험준하며, 지각 운동이 활발하여 지진이나 화산 활동이 일어나기도 한다. 반면 (나)는 오랜 시간 동안 풍화와 침식을 받아 비교적 고도가 낮고 경사가 완만하다.

필수 키워드 (가) 신기 습곡 산지, (나) 고기 습곡 산지

평가 기준

상	(가)와 (나)의 개념을 쓰고, 형성 시기, 형성 작용, 경관의 특징을 모두 명확하게 서술한 경우
중	(가)와 (나)의 개념을 쓰고, 형성 시기, 형성 작용, 경관의 특징 중 두 가지를 명확하게 서술한 경우
하	(가)와 (나)의 개념만을 쓰고, 형성 시기, 형성 작용, 경관의 특징 중 한 가지만 명확하게 서술한 경우

02 **예시 답안** (가)는 시 스택, (나)는 시 아치이다. 파도의 침식 작용으로 육지와 분리된 돌기둥을 시 스택이라고 하며, 파도의 침식 작용으로 형성된 아치 모양의 지형을 시 아치라고 한다. 이들 지형은 경관이 아름답기 때문에 관광 자원으로 이용된다.

필수 키워드 (가) 시 스택, (나) 시 아치, 파도의 침식 작용, 관광 자원

평가 기준

상	(가)와 (나)의 이름, 형성 작용, 지형의 이용에 대해 모두 명확히 서술한 경우
중	(가)와 (나)의 이름, 형성 작용, 지형의 이용에 대해 두 가지만 명확히 서술한 경우
하	(가)와 (나)의 이름만 명확히 쓴 경우

03 **예시 답안** 사진은 제주도의 용암동굴이다. 용암동굴은 분출한 용암이 흘러가다가 표면은 먼저 굳어서 돌이 된 상태

에서 아래쪽의 용암이 계속해서 흘러가면서 형성된 것이다. 우리나라의 제주도에는 이런 용암동굴이 매우 많이 분포하고 있으며 그중 일부는 유네스코의 세계 자연 유산에 등재되기도 하였다.

평가 기준

평가 항목	평가 내용
평가 충실도	주어진 요소를 제시하면서 정해진 분량 기준을 충족시킴(단, 제시된 질문과 전혀 상관없는 내용으로 답변했을 시에는 분량 기준을 충족시키지 못한 것으로 간주함)
글의 타당성	개인적인 의견(주장)과 그에 대한 근거가 타당하게 연결되어 있음
글의 논리성	전체적인 글의 구성과 짜임새가 매끄러우며, 지형의 형성 작용을 이해하기 쉽게 서술하였음

Ⅳ 다양한 세계, 다양한 문화

대단원 종합 문제

본문 24쪽

01 ② **02** ③ **03** ⑤ **04** ⑤ **05** ③
06 ① **07** ③ **08** ④ **09** ③ **10** ①
11 ④ **12** ④ **13** ① **14** ① **15** ③
16 ⑤

01 문화는 어떤 지역에서 나타나는 공통적인 생활 양식인데 시각적인 것에만 국한되지 않으며 종교, 음식, 음악 등 그 범위가 매우 넓다.

02 문화 지역은 같은 문화 요소를 공유하거나 유사한 문화 경관이 나타나는 공간적 범위를 의미한다. 문화 지역은 고정된 것이 아니며 어떤 기준으로 바라보느냐에 따라 하나의 문화 지역이 여러 개로 나뉠 수도 있고, 여러 문화 지역이 하나로 묶일 수도 있다. 언어와 종교, 음식 등은 문화 지역을 구분하는 중요한 기준이 될 수 있다.

03 세계에는 다양한 형태와 주제의 축제가 열린다. 네덜란드에서는 특산물인 튤립을 이용한 축제, 에스파냐의 발렌시아에서는 토마토를 이용한 축제가 열린다.

오답 피하기 ㄱ. 하지 축제는 일 년 중 낮이 가장 긴 하지의 특징을 이용한 축제이다.

ㄴ. 브라질의 리우 카니발은 매년 사순절 전날까지 5일 동안 열리는 축제로 종교와 관계가 깊다. 브라질의 리우 카니발은 유럽, 아메리카, 아프리카의 다양한 문화가 집결되는 과정에서 형성되어 오늘날 브라질의 전통과 문화를 대표하는 축제가 되었다.

04 크리스트교(A)는 유럽과 아메리카, 오스트레일리아 등에서 비중이 높다. 불교는 아시아, 이슬람교는 서남아시아 지역과 북부 아프리카 지역에서 비중이 높다.

05 모든 종교는 각각의 독특한 종교 경관을 갖는다. 이슬람교는 둥근 지붕과 첨탑이 있는 모스크가 특징이다. 크리스트교는 십자가를 세운 교회나 성당 등이 대표적인 종교 경관이다.

오답 피하기 ㄱ. 불상과 탑 등은 불교의 종교 경관이다.

ㄹ. 수많은 신들의 특징에 맞게 세워진 사원은 힌두교의 종교 경관이다.

06 종교에 따라 음식 금기가 나타나기도 하는데 이슬람교에서는 돼지고기를 금기시하며, 힌두교에서는 소를 숭배하여 소고기를 금기시한다.

07 종교는 보편 종교와 민족 종교로 구분할 수 있는데 민족 종교 중에서 가장 대표적인 사례는 인도의 힌두교이다.
오답 피하기 ① 유교는 종교적 성격이 약한 편이다.
②, ④, ⑤ 보편 종교에 해당한다.

08 A는 유럽 문화 지역, B는 동남아시아 문화 지역이다. 유럽은 크리스트교 문화 지역에 속하고 동남아시아는 불교와 이슬람교를 믿는 사람들이 많다. 유럽에서 가장 대표적인 농업 방식은 밀 재배와 가축 사육이며, 빵과 육류를 주로 먹는다. 벼 재배가 가능한 동남아시아 지역에서는 대부분 밥을 먹는다.

09 민족과 종교, 언어 등에서 동일한 문화 지역에 속하더라도 음식이나 의복, 가옥 구조 등에서는 다른 문화를 나타낼 수 있다. 특히 기후의 차이가 이런 문화적인 차이를 가져오는 경우가 많다. 기후가 다를 경우 재배하는 작물이 다르며 가옥 구조도 달라진다.

10 지도는 라틴 아메리카 지역이다. 유럽의 라틴 문화 영향을 많이 받았기 때문에 붙여진 이름이다. 지도에서 대부분의 지역과 달리 브라질, 가이아나, 수리남, 기아나(프) 등만 다른 색으로 나타나고 있는데 이는 언어를 통해 구분한 문화 지역에 해당한다. 포르투갈어를 사용하는 브라질을 제외한 대부분 국가에서는 에스파냐어를 사용한다.

11 중국의 국수 문화가 세계 여러 지역으로 전파되어 각 지역의 문화와 결합하였고 그 결과 세계에서는 다양한 국수 문화가 나타나게 되었다. 세계적으로 다양한 국수 문화를 하나의 동일한 문화라고 보기는 어렵다.

12 전 세계 사람들이 누구나 할 것 없이 커피를 많이 마시게 된 것은 문화의 획일화 사례라고 볼 수 있다. 하지만 (가), (나)처럼 같은 커피 전문점이라 하더라도 각 지역의 전통문화와 결합하여 다양한 모습을 갖게 되었다.

13 동남아시아에서는 벼농사를 짓고 몽골에서는 유목을 하는 것은 각 지역의 자연환경에 맞게 인간이 적응해서 살아가는 모습에 해당하므로 문화 전파로 설명하기 어렵다.

14 국가 내에서 여러 언어가 사용되고 있지만 정부의 노력을 통해 그 어려움을 극복하고 있는 대표적인 국가는 스위스이다. 반면, 언어의 차이와 지역 간 격차가 맞물리면서 심각한 위기 상황을 맞고 있는 국가는 벨기에이다.

15 지도에 제시된 지역은 카슈미르 지역이다. 원래 카슈미르는 많은 주민이 이슬람교를 믿기 때문에 인도가 영국으로부터 독립할 때 파키스탄의 땅이 될 예정이었다. 그러나 힌두교를 믿던 카슈미르의 지배 계층이 통치권을 인도에 넘기면서 이 지역을 놓고 인도와 파키스탄이 갈등을 빚게 되었다.

16 세계화에 따라 각 지역 간 교류가 늘어나면서 문화의 획일화나 상대적으로 세력이 약한 문화가 사라질 수도 있는 등의 부정적인 영향이 나타날 수 있다.

대단원 서술형·논술형 문제

본문 27쪽

01 **예시 답안** (가)는 건조 기후 지역에서 볼 수 있는 흙(흙벽돌)으로 만든 가옥이다. 주변에서 흙을 쉽게 구할 수 있고 강수량이 적기 때문에 흙으로 가옥을 지으며, 일사량이 많고 일교차가 커서 벽이 두껍고 창문이 작다. (나)는 한대 기후 지역에서 볼 수 있는 의복 차림이다. 동물의 털이나 가죽 등으로 옷을 만들어 추위를 피하고자 한다. (가), (나)의 문화 경관은 자연환경, 즉 기후 조건의 차이에 따라 형성된 문화 경관이다.
필수 키워드 (가) 건조 기후, 흙(흙벽돌) (나) 한대 기후, 털, 가죽

평가 기준

상	(가)와 (나)의 문화 경관을 볼 수 있는 지역의 특징을 모두 명확히 쓰고, 문화 경관에 영향을 미치는 요인을 정확히 서술한 경우
중	(가)와 (나)의 문화 경관에 영향을 미치는 요인을 모두 명확히 쓴 경우
하	(가)와 (나)의 문화 경관에 차이를 미치는 요인을 정확히 서술한 경우

02 **예시 답안** 스위스는 여러 민족으로 구성되고, 독일어, 프랑스어, 이탈리아어, 로만슈어를 공용어로 사용하는 다언어 국가이지만 이로 인한 갈등은 적은 편이다. 스위스 정부가 균형적이고 다양한 언어 정책을 펼쳐 서로 다른 문화가 공존할 수 있도록 노력하기 때문이다. 정부는 공식 문서를 4개의 언어로 작성하고, 학교에서는 주로 사용하는 언어 이외에 다른 언어를 하나 이상 의무적으로 배우도록 한다.
필수 키워드 다언어, 문화 공존

평가 기준

상	스위스의 다양한 언어 사용, 정부 및 학교의 정책에 대해 구체적으로 서술한 경우
중	스위스 정부 및 학교의 정책에 대해 구체적으로 서술한 경우
하	스위스의 다양한 언어 사용에 대해서만 서술한 경우

03 **예시 답안** 세계 여러 국가에 매장이 있는 S 커피 전문점은 모두 같은 간판과 상표로 되어 있는데, 이는 문화의 세계화로 설명할 수 있다. 교통과 통신이 발달하면서 국경을 초월하여 지역 간 상호 작용이 활발해지는 것을 세계화라고 하며, 세계화로 각 지역의 문화가 점차 유사해지는 현상을 문화의 세계화라고 한다. 세계화에 따라 지역 간 문화 교류가 늘어나면 문화가 다양해지고, 그에 따라 삶은 풍요로워질 수 있다. 세계 각국의 음식, 스포츠, 음악, 영화 등 다양한 문화를 향유할 수 있다. 그러나 세계화에 따라 강력한 영향력을 가진 외래문화가 유입되면 전통문화가 사라지면서 문화가 획일화될 우려가 있다. 청바지나 티셔츠, 양복 차림이 보편화되면서 전통 복장인 한복은 명절이나 행사 때만 입는 옷으로 바뀌고 있다.

평가 기준

평가 항목	평가 내용
평가 충실도	주어진 요소를 포함하여 정해진 분량 기준을 충족시킴 (단, 제시된 질문과 전혀 상관없는 내용으로 답변했을 시에는 분량 기준을 충족시키지 못한 것으로 간주함)
고차적 인지 능력	제시된 지도를 분석하여 문화 현상을 명확하게 인지할 수 있음
글의 타당성	문화의 세계화에 따른 긍정적·부정적 측면을 간단한 사례를 들어 설명함
글의 논리성	전체적인 글의 구성과 짜임새가 매끄러우며, 연결이 자연스러움

V 지구 곳곳에서 일어나는 자연재해

대단원 종합 문제

본문 30쪽

01 ②	02 ①	03 ②	04 ①	05 ④
06 ②	07 ③	08 ④	09 ②	10 ⑤
11 ②	12 ②	13 ④	14 ④	

01 제시된 지도는 세계의 조산대를 나타낸 것이다. 조산대는 지각판과 지각판의 경계 지역으로, 판의 충돌 현상이 나타나 지각이 불안정하며 화산 활동과 지진이 자주 발생하고 있다.

오답 피하기 ㄴ. 지형적 요인(지각 변동)에 의한 자연재해인 지진과 화산 활동이 빈번하게 나타난다.
ㄷ. 최근 지구 온난화의 심화로 지구 곳곳에서 기상 이변이 자주 발생하지만 제시된 지도와는 관련이 없다.

02 지도에 표시된 지역은 가뭄의 피해가 자주 발생하는 곳이다. 가뭄은 오랫동안 비가 내리지 않아 땅이 메마르고 물이 부족한 현상을 말하며, 아프리카 사헬 지대, 중국 내륙, 인도 서부, 북아메리카 중서부 지역 등의 건조 기후 지역과 그 주변에서 발생한다. 가뭄은 진행 속도가 느리며, 오랜 시간에 걸쳐 넓은 범위에서 발생한다는 특징이 있다.

오답 피하기 ㄷ. 지구 온난화 현상이 심화되면서 지구촌 곳곳에서 가뭄, 홍수 등의 자연재해 발생 빈도가 증가하고 있다.
ㄹ. 발생 지역에 따라 부르는 명칭이 다르고 강한 바람과 많은 비를 동반하는 것은 열대 저기압에 대한 설명이다.

03 제시된 기사와 관련된 자연재해는 홍수이다. 홍수는 한꺼번에 많은 비가 내려 하천의 물이 범람해 삶의 터전이 잠기는 현상을 말한다. 홍수는 큰 강의 하류 및 저지대, 계절풍과 열대 저기압의 영향을 받는 아시아 지역, 북극해로 유입되는 하천 유역 등에서 발생한다. ② 북아메리카 중서부 지역에서는 가뭄의 피해가 자주 발생한다.

04 제시된 자료는 열대 저기압의 위성 사진을 나타낸 것이다. 열대 저기압은 열대 지역의 해상에서 발생해 중위도 지역으로 이동하는 저기압이다. 강한 바람과 집중 호우를 동반하며 발생하는 지역에 따라 이름이 다르다. 인도양과 아라비아해에서 발생하는 것을 사이클론, 북태평양 필리핀 동부 해상에서 발생하는 것을 태풍, 대서양에서 발생하는 것을 허리케인이라고 부른다.

오답 피하기 ㄷ. 인도양과 아라비아해에서 발생하는 열대 저기압을 사이클론이라고 한다.

ㄹ. 미국 중남부 대평원에서 자주 발생하는 토네이도에 대한 설명이다.

05 자연재해는 크게 기후적 요인에 의한 재해와 지형적 요인에 의한 재해로 구분할 수 있다. 지형적 요인에 의한 자연재해로는 화산 활동, 지진, 지진 해일(쓰나미) 등이 있으며, 기후적 요인에 의한 자연재해로는 홍수, 가뭄, 열대 저기압(사이클론, 태풍, 허리케인), 폭설, 한파, 토네이도 등이 있다.

오답 피하기 ㄱ, ㄷ은 (가)에 해당하는 자연재해이다.

06 사진과 같은 피해를 일으키는 자연재해는 지진이다. 지진이 발생할 경우 산사태가 일어나고 각종 시설물이 붕괴하여 인명 및 재산 피해가 발생한다. 또한 지진의 충격으로 수도·전기·가스·통신망 등이 파괴되어 피해가 더 커질 수 있다. 해저에서 지진이 발생할 경우 지진 해일을 동반해 해안 지대에는 큰 피해가 나타나기도 한다.

오답 피하기 ㄴ. 화산 활동이 자주 발생하는 지역에서는 땅속의 열을 이용해 전력을 생산(지열 발전)하고 있다.

ㄷ. 강풍과 집중 호우를 동반해 각종 시설물을 파괴하는 것은 열대 저기압에 의한 피해이다.

07 화산은 인간 생활에 유리하게 활용되기도 한다. 독특한 화산 지형과 온천은 관광 자원으로 이용되며(사진 ①), 화산재가 쌓인 토양은 비옥하여 농업 활동에 도움을 주기 때문에 벼농사를 짓거나 포도, 커피 등을 재배하기도 한다(사진 ②). 또한 땅속의 열에너지를 이용한 지열 발전을 통해 전기를 생산하기도 한다(사진 ④). 화산 지역에는 구리, 유황 등의 여러 지하자원이 매장되어 이를 채굴하여 경제적 이익을 얻을 수 있다(사진 ⑤).

오답 피하기 제시된 사진 ③은 폭설이 발생하는 지역의 주민 생활과 관련된 것으로 캐나다의 눈을 활용한 축제인 윈터 카니발의 모습이다.

08 지도는 열대 저기압의 발생 지역과 이동 경로를 나타낸 것이다. 열대 저기압은 많은 비를 동반해 여름철 무더위를 식혀 주고 가뭄을 해결해 주기도 한다. 또한 강풍으로 풍랑이 일게 되면 바닷물을 순환시켜 적조 현상을 완화하고, 저위도에 집중된 태양 에너지를 중위도 지역으로 전달해 지구의 열 균형을 유지해 주는 긍정적인 효과도 있다.

09 제시된 사진은 홍수의 피해를 나타낸 것이다. 홍수로 인해 농경지, 가옥, 도로 등이 침수되면 많은 재산 및 인명 피해가 발생한다. 또한 생태계 파괴 및 산사태 등의 피해가 나타날 수 있다. 하지만 하천의 범람으로 물과 영양분이 공급되어 토양이 비옥해지기도 한다.

오답 피하기 ㄴ, ㄹ은 가뭄에 의한 피해를 나타낸 것이다.

10 무분별한 도시 개발로 삼림(숲)이 사라지고, 도로의 포장 면적이 증가하게 되면 집중 호우 시 지면에서 빗물을 흡수하는 비율이 낮아져 홍수가 발생할 가능성이 커진다. 저지대에 주택을 짓고 하천 주변에 도로나 주차장을 만드는 행위 등도 홍수의 피해를 증가시키고 있다. 또한 하천을 곧게 만들면 유속이 빨라져 급격히 불어난 물로 인해 하류 지역에서는 홍수의 위험성이 커진다. ⑤ 건물 지하에 저류 시설을 설치하면 집중 호우 시 빗물을 저장하여 홍수의 발생 위험을 줄일 수 있다.

11 숲이 잘 조성되어 있는 삼림 지역은 비가 내리더라도 빗물이 토양으로 스며드는 비율이 높아 홍수의 피해가 줄어들 수 있다. 숲은 빗물을 흡수하였다가 서서히 흘려보내는 역할을 하면서 홍수와 가뭄을 조절해 주어 마치 인공 댐과 같은 역할을 한다고 하여 녹색 댐이라고 불린다. 그러나 아스팔트나 콘크리트로 덮여 있는 도시 지역에서는 빗물이 토양으로 거의 흡수되지 못하고 많은 양이 하천으로 유입되기 때문에 홍수의 위험성이 높아진다. 도시화의 진행으로 삼림 면적이 감소하고 도로의 포장 면적이 증가하면서 홍수의 피해는 더욱 커질 수 있다. ② 포장 면적이 줄어들수록 땅 위로 흘러 하천으로 바로 유입되는 빗물의 양은 감소한다.

12 제시된 미국의 '더스트 볼(Dust Bowl)' 사례는 사막화와 관련 있다. 사막화는 초원 지대가 인간의 지나친 개발과 가뭄으로 사막처럼 농사를 지을 수 없는 황폐한 땅으로 변하는 현상을 말한다. 인구 증가로 인한 과도한 농경지 개발 및 가축 방목, 무분별한 삼림 벌채, 관개 농업 확대에 따른 지나친 지하수 개발 등 인간의 활동으로 그 피해가 증가하고 있다.

오답 피하기 ㄴ, ㄹ. 제시된 지역의 주민들은 어려운 경제 상황을 벗어나기 위해 가축 방목과 식량 생산을 늘렸으며, 허술하게 토지를 관리하여 지력이 제대로 보존되지 못했다. 지하자원 채굴, 산업화로 인한 공장 건설은 1930년대 당시 해당 지역의 상황과는 거리가 멀다.

13 쿠리치바의 사례에서 알 수 있듯이 자연과 공존하면서 긍정적 상호 작용 속에 홍수 피해 대응책을 마련하는 것이 필요하다. 홍수의 피해를 줄이기 위해서는 녹색 댐의 역할을 하는 숲을 잘 가꾸고, 하천 변에는 홍수터를 두어 하천이 자연스럽게 범람할 수 있도록 여유를 두는 것이 좋다. 또한 유수지, 저수지, 빗물 저장 시설 등을 설치해 하천으로 유입되는 물의 양을 조절하는 대책이 필요하다.

오답 피하기 ㄱ. 습지는 집중 호우 시 빗물을 저장하는 역할을 해 홍수를 예방해 준다. 그러나 습지를 개간해 제방을 설치할 경우 하천의 유량 조절 및 홍수 예방 기능이 감소한다.
ㄷ. 곡류하는 하천을 곧게 만들면 유속이 빨라져 집중 호우 발생 시 급격히 불어난 물로 인해 하류 지역에서는 홍수의 위험성이 커진다.

14 제시된 일본과 에콰도르의 사례는 자연재해의 피해 정도가 자연적인 조건뿐만 아니라 발생 지역의 사회·경제적 상황에 따라 달라질 수 있음을 보여준다. 일반적으로 생활 수준이 높은 지역은 자연재해의 피해를 줄이기 위해 철저한 대비 훈련을 실시하고, 많은 비용을 들여 피해 방지 대책을 마련하고 있으며, 의료 시설과 통신 시설 등을 잘 갖추고 있어 대응에 유리하다. 반면 정치적으로 불안정하거나 생활 수준이 낮은 경우 대비 체계가 미흡해 피해가 크게 나타난다.

대단원 서술형·논술형 문제

본문 33쪽

01 **예시 답안** 화산 활동은 지각이 불안정한 지각판의 경계 부근에서 자주 발생한다. 화산이 폭발하면 화산에서 분출되는 용암이나 화산재 등이 마을과 농경지 등을 덮쳐 많은 인명과 재산 피해가 발생한다. 화산 활동의 영향으로 화재나 산사태가 발생하기도 한다. 또한 화산재에 의해 상공의 시야가 흐려져 항공기 운항에 지장을 주기도 하며, 햇빛을 차단하여 대기의 온도가 낮아지기도 한다.

필수 키워드 지각판의 경계, 마을과 농경지 매립, 화재 및 산사태 발생, 항공기 운항 지장, 대기 온도 하강 등

평가 기준

상	화산 활동이 자주 발생하는 곳의 지리적 특징과 함께 화산 활동이 인간에게 미치는 피해를 두 가지 모두 서술한 경우
중	화산 활동이 자주 발생하는 곳의 지리적 특징과 함께 화산 활동이 인간에게 미치는 피해를 한 가지만 서술한 경우
하	화산 활동이 자주 발생하는 곳의 지리적 특징만을 서술하거나 화산 활동이 인간에게 미치는 피해를 한 가지만 서술한 경우

02 **예시 답안** 열대 저기압은 강한 바람과 집중 호우를 동반하는데 이로 인해 가옥 및 시설물 등이 파괴될 수 있으며, 홍수나 산사태의 발생 가능성이 커진다. 또한 바닷가에서는 해일이 발생하여 저지대가 침수되기도 하며, 해안가의 항만과 제방 등이 파괴되는 피해가 나타난다.
열대 저기압으로 인해 발생하는 강풍이나 해일에 대비하여 제방이나 시설물을 점검 및 관리하고, 이동 경로와 영향권 등을 정확히 예보하여 주민들이 대비할 수 있도록 해야 한다. 늪이나 갯벌과 같은 습지를 보존하는 것도 열대 저기압의 피해를 줄이는 대책이 될 수 있다.

필수 키워드 • 피해 : 강풍, 집중 호우, 항만 및 제방 파괴, 저지대 침수, 시설물 파괴, 홍수 및 산사태 발생 등
• 대응 방안 : 정확한 예보 체계, 시설물 점검 및 관리, 습지 보존 등

평가 기준

상	열대 저기압이 인간에게 미치는 피해와 함께 열대 저기압에 대한 대응 방안을 두 가지 모두 서술한 경우
중	열대 저기압이 인간에게 미치는 피해와 함께 열대 저기압에 대한 대응 방안을 한 가지만 서술한 경우
하	열대 저기압이 인간에게 미치는 피해만을 서술하거나 열대 저기압에 대한 대응 방안을 한 가지만 서술한 경우

03 **예시 답안** 위성 사진을 통해 알 수 있듯이 아랄해의 호수 면적은 점차 줄어들고 있으며 주변 지역으로 사막이 확대되고 있다. 그 이유는 아랄해로 흘러드는 강물을 과도하게 끌어다가 농업용수로 사용하였기 때문이다.
제시된 사례와 관련된 자연재해는 사막화이다. 사막화로 인한 피해를 줄이고자 사막화 지역에 나무 심기 운동을 전개하고 있으며, 과도한 방목 활동이 이루어지는 것을 규제하고 있다. 또한 국제적 차원의 사막화 방지 협약을 체결하여 피해를 겪고 있는 개발 도상국을 재정적·기술적으로 지원해 주고 있으며, 사막화 지역의 난민 구호 활동을 전개하는 등 다양한 노력을 기울이고 있다.

평가 기준

평가 항목	평가 내용
평가 충실도	정해진 분량 기준을 충족시킴 (단, 제시된 질문과 전혀 상관없는 내용으로 서술했을 시에는 분량 기준을 충족시키지 못한 것으로 간주함)
논제의 이해	제시된 자료를 토대로 해당 지역이 변화하게 된 원인 및 관련된 자연재해가 무엇인지 파악하고, 이를 해결하려는 노력을 제시할 수 있음
설명의 타당성	지역의 변화 원인에 대한 설명을 정확하게 하고 사막화에 대응하는 여러 노력들이 타당하고 적절하게 제시되어 있음
글의 논리성	전체적인 글의 구성과 짜임새가 매끄러우며, 설명과 이를 뒷받침하는 내용의 연결이 논리적이며 자연스러움

VI 자원을 둘러싼 경쟁과 갈등

 대단원 종합 문제

본문 36쪽

01 ③	02 ②	03 ①	04 ④	05 ③
06 ④	07 ④	08 ⑤	09 ③	10 ⑤
11 ⑤	12 ②	13 ③	14 ①	15 ⑤

01 자원의 편재성은 자원이 공간상에 균등하게 분포하지 않음을 나타내는 특징이다. 따라서 자원은 풍부한 지역에서 그렇지 않은 지역으로 국제적 이동이 나타나기도 한다.

오답 피하기 ③ 자원의 가채 연수는 자원의 유한성과 연관된 자료이다.

02 과거 사용되지 않았던 석유 자원은 기술의 발달로 중요한 에너지 자원이 되었고, 돼지고기와 같은 식량 자원도 특정 종교를 믿는 사람들에게서는 가치가 없다. 자원의 가치가 시대나 장소, 문화에 따라 변화할 수 있다는 특성을 자원의 가변성이라고 한다.

03 화력 발전과 제철 공업의 원료로 널리 사용되는 에너지 자원은 석탄이다. 석탄은 연소 과정에서 미세먼지가 많이 배출되어 환경 문제의 원인으로 손꼽힌다.

04 A 자원은 생산지와 소비지가 일치하여 국제적 이동이 적은 쌀을 나타낸다. 쌀은 아시아 계절풍 기후 지역에서 주로 생산되는데, 이 지역은 덥고 습한 여름 날씨 및 계절에 따라 바람 방향이 달라지는 특징이 있다.

오답 피하기 ① 한대 기후에 대한 설명이다.
② 지중해성 기후에 대한 설명이다.
③ 건조 기후에 대한 설명이다.
⑤ 고산 기후에 대한 설명이다.

05 제시문은 OPEC 등의 국제기구가 자원 민족주의를 바탕으로 국제적 영향력을 행사했던 사례를 나타내고 있다. 이들은 석유 생산량을 조절하여 판매 가격을 되도록 높게 하기 위해 노력하고 있다.

06 제시된 지도의 A 지역은 카스피해를 나타낸다. 카스피해에서는 주변 국가들이 이곳에 풍부하게 매장된 석유와 천연가스를 두고, 카스피해를 바다로 볼 것인지, 호수로 볼 것인지를 다투고 있다.

07 오스트레일리아는 1인당 국내 총생산이 5만 달러가 넘을 정도로 경제적으로 높은 수준을 유지하고 있는 국가이다. 이곳에는 다양한 광물 자원이 풍부하고 최근에는 석유도 개발되었다. 또한 앞선 자원 채굴 기술을 다른 나라에 수출하기도 한다.

08 국제 하천 분쟁은 상류 국가의 댐 건설, 오염 물질 배출 등으로 인해 나타나는 물 분쟁이다. 대표적인 국제 하천 분쟁 지역은 나일강, 메콩강, 유프라테스·티그리스강 등이 있다.

오답 피하기 ⑤ 석유 분쟁이 나타나고 있는 지역이다.

09 제시문은 일본과 중국 사이에서 갈등을 빚고 있는 센카쿠 열도(중국명 댜오위다오)에 대한 설명이다. 한편, 아래 지도에 나타난 지역은 A는 사할린섬, B는 쿠릴 열도, C는 센카쿠 열도, D는 시사 군도, E는 난사 군도이다.

10 베네수엘라 볼리바르는 국가 경제의 대부분을 석유에 의존하여 석유 가격이 떨어지자 매우 큰 위기를 맞았다. 이는 자원 개발과 관련된 산업만 발전하여 자원 가격에 국민 경제가 영향을 받았기 때문이다.

오답 피하기 ① 나이지리아에서 겪고 있는 어려움이다.
② 콩고 민주 공화국, 시에라리온 등이 겪고 있는 문제이다.
③ 세금에 대한 문제는 자료를 통해 알 수 없다.
④ 석유가 아직 고갈된 상태는 아니다.

11 콩고 민주 공화국은 콜탄 광산을 두고 종족 간의 치열한 전쟁을 겪으면서 국민들의 생활이 크게 어려워진 국가이다. 이 과정에서 콜탄을 판 돈으로 불법 무기와 마약을 사들이고, 소년병을 징집하는 등 반인륜적 범죄가 이어졌다. 이렇게 채굴된 자원이 국제적 이동을 통해 우리가 사용하는 스마트폰의 원료로 사용되는 등, 일상생활에 사용될 수 있음을 인식할 필요가 있다.

12 (가)는 탄소 성적 표지, (나)는 에너지 소비 효율 등급 표시이다.

오답 피하기 ㄴ. 탄소 성적 표지에 적힌 수치가 낮을수록 탄소 배출량이 적은 친환경적 상품이다.
ㄹ. 두 제도는 모두 에너지 소비를 줄이기 위해 만들어진 정책이다.

13 신·재생 에너지는 태양, 바람, 물, 지열, 생물 유기체 등에서 에너지를 얻기 때문에 화석 연료를 대체하면서도 탄소 배출이 적고 지속 사용이 가능하다. 또한 에너지 관련 일자리를 창출하는 데에도 도움이 된다. 그러나 초기 개발 비용이 높고 저장과 수송이 어렵고 자연환경의 영향을 많이 받는다는 단점이 지적된다.

14 제시된 사진은 화산이 발달한 지역(아이슬란드, 뉴질랜드 등)에서 널리 활용하는 지열 발전소를 나타낸 사진이다.

오답 피하기 ② 풍력 발전에 대한 설명이다.
③ 태양 에너지에 대한 설명이다.
④ 조력 발전에 대한 설명이다.
⑤ 수력 발전에 대한 설명이다.

15 바이오 에너지가 식량 문제를 일으킨다는 지적이 있다. 연료용 작물의 재배 면적이 넓어지면 식량으로 사용될 곡물 생산을 위한 농경지가 줄어들기 때문이다. 또한 바이오 에너지의 원료가 되는 사탕수수를 재배하려면 열대림을 베어 내고 밭을 일구어야 하기 때문에 환경을 파괴시킨다.

대단원 서술형·논술형 문제

본문 39쪽

01 **예시 답안** (가)는 자원의 편재성, (나)는 자원의 가변성이다. 자원의 편재성으로 인해 나타날 수 있는 자원 분쟁의 사례로는 석유, 천연가스 등을 둘러싼 동아시아 지역의 영유권 분쟁, 하천의 사용 문제로 인해 발생하는 국제 하천 분쟁, 카스피해에 매장된 석유와 천연가스 등을 둘러싼 카스피해 분쟁 등이 있다.

필수 키워드 (가)는 편재성, (나)는 가변성, 석유, 천연가스, 국제 하천

평가 기준

상	(가)와 (나)의 개념을 명확히 쓰고, 자원 분쟁의 사례를 정확히 서술한 경우
중	(가)와 (나)의 개념을 명확히 쓴 경우
하	(가)와 (나) 둘 중 하나의 개념만을 명확히 쓴 경우

02 **예시 답안** (가)의 입지 조건은 맑은 날이 많고 일사량이 풍부한 지역이다. (나)의 입지 조건은 조석 간만의 차가 큰 지역이다. 이와 같은 조건을 볼 때 신·재생 에너지는 지역의 자연환경에 큰 영향을 받는다는 한계점이 있다.

필수 키워드 (가) 맑은날·일사량, (나) 조석 간만의 차, 자연환경에 영향

평가 기준

상	(가)와 (나)의 입지 조건을 명확히 쓰고, 이와 관련된 신·재생 에너지의 한계점을 밝힌 경우
중	(가)와 (나)의 입지 조건을 명확히 쓴 경우
하	(가)와 (나) 둘 중 하나의 입지 조건만을 명확히 쓴 경우

03 **예시 답안** 자원을 개발하는 과정에서 무리한 자원 개발로 환경 오염 문제가 발생하고, 소유권을 둘러싼 갈등이나 분쟁이 나타나며 특정 계층이 개발의 이익을 독점하여 빈부 격차가 생긴다.

네덜란드는 1950년대 북해의 석유와 천연가스 등의 개발 이후 제조업 등 다른 산업이 침체되고 물가가 크게 올라 어려움을 겪었다. 이는 자원 개발과 관련된 산업만 발전하여 산업이 균형 있게 발전하지 못하였기 때문이다. 이러한 어려움을 극복하기 위해서는 자원 개발의 이익을 신·재생 에너지 개발, 자원 채굴 기술 개발, 첨단 산업 발달 등 다른 산업에 활용하는 것이 바람직하다.

평가 기준

평가 항목	평가 내용
평가 충실도	정해진 분량 기준을 충족시킴 (단, 제시된 질문과 전혀 상관없는 내용으로 답변했을 시에는 분량 기준을 충족시키지 못한 것으로 간주함)
고차적 인지 능력	제시된 상황에 나타난 자원으로 인해 겪는 어려움을 명확하게 파악하고, 대응 방안을 모색할 수 있음
글의 타당성	자기 주장과 그에 대한 근거가 타당하게 연결되어 있음
글의 논리성	전체적인 글의 구성과 짜임새가 매끄러우며, 주장과 근거의 연결이 자연스러움

VII 개인과 사회생활

대단원 종합 문제

본문 42쪽

01 ②	02 ⑤	03 ②	04 ④	05 ②
06 ④	07 ④	08 ③	09 ③	10 ⑤
11 ①	12 ④	13 ①	14 ⑤	15 ②
16 ④				

01 인간은 사회 속에서 사회 구성원들과의 상호 작용을 통해 사회생활에 필요한 지식, 기능, 규범, 행동 양식 등을 배워 가는 사회화 과정을 겪으면서 사회적 존재로 성장해 간다.

오답 피하기 ① 인간은 발달 과정에 맞게 사회 속에서 사회생활에 필요한 기본적인 행동 양식을 습득해야 한다. 특히 언어는 발달 과정의 결정적 시기를 지나면 학습하는 데 많은 시간이 걸리며 제대로 완성되기 어렵다.
③ 인간은 사회 속에서 사람들과의 상호 작용을 통해 사회화 과정을 거치며 사회 구성원으로 성장해 나간다.
④ 인간은 본능에 의해 행동하는 생물학적 존재로 태어나 사회화를 통해 사회생활에 필요한 행동 양식을 습득해 간다.
⑤ 인간은 사회 구성원 간의 상호 작용을 통해 사회적 존재로 성장한다.

02 각기 다른 나라로 입양되어 25년을 떨어져 지내다가 우연한 계기로 재회를 하게 된 쌍둥이 자매의 실제 이야기이다. 이들은 외모, 웃는 모습, 식성 등 많은 부분이 닮아 있었으나, 각자의 사회에서 다른 사회화 과정을 거치면서 서로 다른 언어, 옷 입는 법, 인사법, 가치관 등을 학습하였다. ⑤ 사회화를 통해 개인은 자신만의 독특한 개성과 자아를 형성한다.

오답 피하기 ① 사회화의 내용은 개인이 성장한 사회의 모습에 따라 결정된다. 언어, 가치관, 규범, 행동 양식 등은 나라와 지역마다 다르게 나타나며 이에 따라 개인은 서로 다른 사회화 과정을 거치게 된다.
② 사회화는 개인이 가지고 있는 유전적인 특징을 변화시킬 수 없다.
③ 사회 환경이 다르면 각기 다른 행동 양식을 습득하게 된다.
④ 개인이 속해 있는 사회의 행동 양식, 규범, 가치관 등이 사회화 과정에 큰 영향을 미친다.

03 신문, 텔레비전, 인터넷 등의 대중 매체는 다양한 지식과 정보를 신속하게 전달하는 사회화 기관으로, 현대 사회에서 그 영향력이 증대되고 있다.

오답 피하기 ① 가장 기초적인 사회화 기관은 가정이다.
③ 놀이를 통해 질서와 규칙을 습득하는 사회화 기관은 또래 집단이다.
④ 태어나 처음 접하게 되는 사회화 기관은 가정으로, 개인의 기본 인성을 형성하는 데 영향을 미친다.
⑤ 학교는 사회화를 목적으로 만들어진 공식적인 사회화 기관으로 사회생활에 필요한 지식, 기능, 규범, 가치 등을 체계적으로 학습시킨다.

04 사회가 빠르게 변화함에 따라 기존의 지식, 기능, 가치로는 사회에 적응하기 어려워 재사회화 과정을 경험한다. ④ 인간의 사회화는 평생에 걸쳐 이루어진다.

오답 피하기 ① 사회화는 특정 시기에 완성되는 것이 아니라 인간의 전 생애에 걸쳐 끊임없이 이루진다.
② 사회화의 내용은 시대나 사회에 따라 다르게 나타난다.
③, ⑤ 현대 사회의 변화 속도가 과거보다 빨라지면서 기존에 습득한 지식, 기능, 가치 등으로 생활하기 어려워지고, 재사회화의 중요성이 커지고 있다.

05 제시문은 청소년기의 특징에 대한 내용이다. ② 청소년기는 '이유 없는 반항기'로 어른들의 권위에 도전하고 기존 질서에 저항하는 경향을 보인다.

오답 피하기 ① 청소년기는 아동기와 성인기의 중간 단계에 해당한다.
③ '질풍노도의 시기'로 격정적인 감정의 변화를 겪으며 심리적으로 불안정한 상태를 보인다.
④ 부모와 기성세대의 보호와 간섭으로부터 벗어나고자 하는 성향을 보이는 '심리적 이유기'에 해당한다.
⑤ 청소년기는 자신만의 고유한 특성을 명확하게 이해하여 긍정적인 자아 정체성을 형성해야 하는 시기이다.

06 그림의 갑은 낮은 자아 존중감을 가지고 있다. 청소년기에는 긍정적인 자아 정체성을 형성하도록 노력해야 한다. 긍정적인 자아 정체성은 자기 모습을 있는 그대로 인정하고 소중히 여김으로써 높은 자아 존중감을 형성한다. 긍정적인 자아 정체성은 다른 사람과 구별되는 자신의 모습을 찾아가려는 노력과 타인과의 상호 작용을 통해 형성된다.

07 교사, 아나운서, 부장 등은 개인의 노력과 능력을 통해 획득한 성취 지위이다.

오답 피하기 ①, ⑤ 성취 지위는 현대 사회에서 중요시되는 지위이며, 전통 신분 사회에서는 귀속 지위가 중시되었다.
② 개인의 능력과 노력을 통해 획득한 지위는 성취 지위이다.
③ 자신의 의지와 관계없이 자연스럽게 가지는 지위는 귀속 지위이다.

08 ③ 사회가 복잡해짐에 따라 개인이 가지는 사회적 지위가 많아지며 그에 따른 역할도 다양해진다.

오답 피하기 ① ㉠은 개인의 능력과 노력에 의해 얻게 된 성취 지위로 후천적 지위라고도 한다.
② 사회적 지위에 따라 기대되는 행동 양식을 역할이라 한다.
④ 상장은 역할을 성실히 수행함으로써 받은 보상이다.
⑤ 동일한 역할을 가지고 있더라도 개인의 능력과 자질에 따라 역할 수행의 결과는 다르게 나타난다.

09 사회 집단은 두 사람 이상이 모여 일정한 소속감과 공동체 의식을 가지고 지속적인 상호 작용을 하는 집합체를 말한다.

오답 피하기 ㄱ. 두 사람 이상이 모여 있더라도 버스를 타고 있는 사람들이나 영화관에 모여 있는 관객들처럼 소속감이 없고 지속적인 상호 작용을 하지 않으면 사회 집단이라고 하지 않는다.
ㄹ. 사회 집단은 개인에게 소속감과 안정감을 주고 개인은 자신에게 부여된 역할을 수행하면서 사회 집단의 발전에 기여하기도 한다. 이처럼 개인과 사회 집단은 밀접한 관계를 맺으며 서로 영향을 주고받는다.

10 개인은 다양한 사회 집단에 소속되어 있기 때문에 여러 개의 사회적 지위와 역할을 가지게 된다. 제시된 사례는 회사원으로서의 역할과 엄마로서의 역할이 충돌하여 발생한 역할 갈등에 해당한다. ⑤ 여러 개의 역할이 충돌할 때는 중요도에 따라 여러 개의 역할 중 하나를 선택하거나, 우선순위를 정하여 차례대로 수행함으로써 갈등을 해소할 수 있다.
오답 피하기 ①, ② ㉠ 엄마와 ㉡ 팀장은 개인의 능력과 노력에 따라 후천적으로 획득된 성취 지위에 해당한다.
③ ㉢ 딸은 태어나면서 자연스럽게 가지게 되는 귀속 지위로 선천적 지위라고 한다.
④ ㉣은 두 개 이상의 역할이 조화를 이루지 못하고 충돌하면서 나타난 현상으로 역할 갈등이라고 한다.

11 ㉠ 친척은 자신의 의지와 상관없이 자연적으로 형성된 집단으로 공동 사회에 해당하며 구성원 간에 친밀하고 인격적인 접촉이 이루어진다. ㉡ 회사는 특정한 목적을 달성하기 위해 형성된 집단으로 이익 사회에 해당하며 구성원 간에 형식적이고 의도적인 접촉이 이루어진다.

12 ④ ㉠은 철수의 행동이나 판단 기준이 되는 준거 집단이다.
오답 피하기 ①, ② ㉠은 철수가 소속되지 않은 외집단이고, ㉡은 철수가 소속된 내집단이다.
③ ㉠, ㉡은 구성원의 접촉 방식을 기준으로 구분할 때 형식적이고 수단적인 만남을 토대로 하는 2차 집단에 해당한다.
⑤ 철수는 내집단과 준거 집단이 일치하지 않아 어려움을 겪고 있다. 이처럼 내집단과 준거 집단이 일치하지 않으면 갈등과 불만이 생길 수 있다.

13 ㄱ. 제시된 사례는 차이를 인정하지 않고 개인과 집단을 부당하게 대우하는 것으로 차별의 사례이다.
ㄴ. 차별은 사회적으로 사회 구성원 간의 대립과 갈등을 야기하여 사회 통합과 발전을 저해한다.
오답 피하기 ㄷ. 차별 문제를 해결하기 위해 개인적으로는 서로의 차이를 인정하고 다양성을 존중하는 태도를 함양하며, 사회적으로는 차별을 막을 수 있는 법과 제도를 마련하는 데 힘써야 한다.
ㄹ. 차이는 서로 같지 않고 다르다는 것으로 자연스러운 현상으로 받아들일 수 있지만, 차별은 개인과 사회가 함께 합리적으로 해결해야 할 사회 문제이다.

14 제시된 채용 공고문은 여성의 나이와 외모, 기혼 여부에 부당한 차등을 둔 성(性)차별에 해당한다. ⑤ 차별은 개인이 발휘할 수 있는 기회 자체를 제한하여 능력과 잠재력을 발휘하기 힘들게 한다.
오답 피하기 ① 성(性)차별에 해당한다.
② 차별은 옳고 그름, 좋고 나쁨 등의 주관적인 판단에 의해 이루어진다.
③ 차별은 사회적 고정 관념이나 편견에 의해 나타난다.
④ 여성을 부당하게 대우하는 차별 현상이 나타난 채용이다.

15 차별 문제를 해결하기 위해 개인은 차이를 인정하고 다양성을 존중하는 자세가 필요하다. 사회적으로는 차별을 막을 수 있는 법과 제도적 개혁이 필요하며, 사회 구성원의 의식 개혁을 위한 교육과 캠페인에 앞장서야 한다.

16 (가)는 장애인 차별 금지법, (나)는 남녀 고용 평등법으로 차별을 막고 사회적 약자를 위한 법이다.
오답 피하기 ② 차이는 서로 다른 구성원들이 함께 생활하는 사회에서 나타나는 자연스러운 현상으로 발생 자체를 막을 수 없으며, 차이를 인정하고 존중하는 자세가 필요하다.

대단원 서술형·논술형 문제 본문 45쪽

01 **예시 답안** 청소년기는 부모나 기성세대의 보호와 간섭으로부터 벗어나 독립하려는 경향을 보이는 심리적 이유기에 해당한다.
필수 키워드 부모(기성세대), 간섭, 독립, 심리적 이유기
평가 기준

상	부모(기성세대)의 간섭(보호)으로부터 벗어나 독립하려는 경향을 보이는 심리적 이유기임을 서술한 경우
하	심리적 이유기를 선택하여 서술하였으나, 그 특징을 정확하게 서술하지 못한 경우

02 **예시 답안** A조리고등학교는 민지의 준거 집단으로 민지의 행동과 판단의 기준이 되는 집단이다. 민지가 소속된 내집단과 준거 집단이 일치하지 않기 때문에 (가)와 같은 갈등(불만)이 나타난 것이다.
필수 키워드 A조리고등학교, 내집단, 준거 집단, 불일치
평가 기준

상	준거 집단을 정확하게 쓰고 그 의미를 바르게 서술하였으며, (가)가 내집단과 준거 집단의 불일치로 나타난 현상임을 서술한 경우
중	준거 집단을 정확하게 쓰고 그 의미를 바르게 서술하였으나, (가)의 상황이 나타난 이유를 바르게 서술하지 못한 경우
하	준거 집단을 정확하게 쓰거나, 그 의미만을 바르게 서술한 경우

03 **예시 답안** 부모와 직장인이라는 사회적 지위에 따른 두 개의 역할이 충돌하는 역할 갈등으로 개인이 동시에 두 가지 역할을 해낼 수 없기 때문에 나타난 것이다. 육아와 근로를 병행하는 맞벌이 부부가 증가하면서 이러한 역할 갈등도

함께 증가하고 있는데, 이는 한 개인의 문제가 아니라 사회적으로 해결해야 하는 사회 문제이다. 이를 해결하기 위한 방안으로 직장 내에 설치된 어린이집의 확대나 유급 육아 휴직 제도의 활성화 등을 들 수 있다.

평가 기준

평가 항목	평가 내용
이해력	논제가 요구하는 바를 정확하게 이해하여 글의 논지를 서술함
고차적 인지 능력	제시된 사례가 역할 갈등임을 이해하고 그 원인과 해결 방안을 사회적 차원에서의 법과 제도적 개혁을 중심으로 서술함
논리적 타당성	역할 갈등의 해결 방안을 사회적 차원에서 법과 제도적 개혁으로 제시하였으며, 구체적인 사례를 통해 논리적으로 서술함
논리적 일관성	전체적인 글의 구성과 짜임새가 매끄러우며, 주장과 근거의 연결이 자연스러움

Ⅷ 문화의 이해

대단원 종합 문제

본문 48쪽

01 ④	02 ④	03 ⑤	04 ②	05 ⑤
06 ④	07 ④	08 ⑤	09 ①	10 ②
11 ②	12 ③	13 ③	14 ③	15 ④
16 ②	17 ④	18 ③		

01 문화는 좁은 의미와 넓은 의미로 구분할 수 있다. 좁은 의미의 문화는 교양 있고 세련된 모습과 예술 활동과 관련된 것을 말한다. 넓은 의미의 문화는 한 사회 구성원이 공통으로 가지고 있는 전반적인 생활 양식을 의미한다. ㉣은 넓은 의미의 문화로 사용되었다.

오답 피하기 ㉠, ㉡, ㉢, ㉤은 교양 있고 세련된 것, 예술 활동으로 좁은 의미의 문화에 해당한다.

02 ㄴ. 문화는 후천적으로 학습된 것으로 공통된 생활 양식을 말한다. ㄹ. 인간은 사회화 과정을 통해 사회생활에 필요한 지식, 기능, 행동 양식 등을 배워 나간다.

오답 피하기 ㄱ. 생리적 현상과 본능에 따라 이루어진 행동은 문화가 아니다.
ㄷ. 개인의 독특한 버릇이나 습관은 문화로 볼 수 없다.

03 문화의 구성 요소는 물질문화와 비물질 문화로 나누어진다. (가)는 제도문화, (나)는 관념 문화로 모두 비물질 문화에 해당한다. ⑤ 문화의 각 구성 요소는 서로 긴밀하게 연결되어 서로 영향을 주고받는다.

오답 피하기 ① (가)는 비물질 문화로 제도문화이다.
② 인간의 기본적 욕구를 충족시키고 생존하는 데 필요한 도구나 기술은 물질문화에 속한다.
③ 행동 기준을 제시하여 사회 질서를 유지시키는 것은 (가) 제도문화이다.
④ (가), (나)는 비물질 문화에 속한다.

04 어느 사회나 외부의 침입과 추위로부터 몸을 보호하기 위해 집을 짓고 살아간다. 이처럼 어느 사회에서나 공통적인 생활 양식이 나타나는 것을 문화의 보편성이라고 하는데 인간의 신체 구조와 사고방식, 기본적 욕구가 비슷하기 때문에 나타난다.

오답 피하기 ㄴ. 각 지역의 자연환경, 사회적 상황, 역사적 배경이 다르기 때문에 가옥의 모습은 모두 다르게 나타난다. 이를 문화의 특수성이라고 한다.
ㄹ. 각 지역의 주거 문화는 그 사회의 환경에 적응하여 발달한 것으로 옳고 그름, 좋고 나쁨 등의 우열을 가려 평가할 수 없다.

05 과학 분야의 정보 통신 기술의 발달로 인터넷 사용이 보편화되었다. 제시문은 이러한 변화가 과학 분야뿐만 아니라 정치, 경제, 사회, 문화 등 다른 분야에도 영향을 미쳤다는 문화의 전체성(총체성)에 대한 설명이다.

06 문화의 공유성은 한 사회의 구성원이 공통적인 생활 양식을 가지고 있다는 의미이다. 외국에서는 '파이팅'의 의미가 '나와 싸우자.'의 의미로 해석되지만, 한국에서는 '파이팅'의 의미를 '힘을 내라.'는 격려의 의미인 것으로 이해하고 있다.

오답 피하기 ①, ③ 문화는 고정된 것이 아니라 시대에 따라 끊임없이 변화한다는 문화의 변동성에 대한 사례이다.
② 자신이 속한 사회의 문화를 학습을 통해 후천적으로 습득한다는 문화의 학습성에 대한 사례이다.
⑤ 이전 세대의 문화가 언어와 문자 등을 통해 전달 · 축적되어 다음 세대로 전승된다는 문화의 축적성에 대한 사례이다.

07 수영이는 베트남의 낮잠 문화가 고온 다습한 기후에 적응하여 발달한 것임을 이해하지 못하고 있다. 즉, 수영이는 자문화 중심주의적 태도를 가지고 있다. ④ 자문화 중심주의는 자기 문화의 기준에서 다른 나라의 문화를 낮게 평가하는 것이다.

오답 피하기 ①, ②, ③, ⑤ 문화는 그 사회의 자연환경, 사회적 상황, 역사적 맥락에서 이해해야 하며, 우열을 가려 평가할 수 없다는 문화 상대주의에 대한 설명이다.

08 자료는 한글 창제 당시 최만리가 세종대왕에게 올린 상소문의 일부이다. 최만리는 중국의 문화만을 숭상하여 따르려는 나머지 우리 고유의 문자인 한글을 낮게 평가하여 한자만을 사용해야 한다고 주장하였다. 이는 당시 문화 사대주의적 문화 이해 태도를 보여 주고 있다. 문화 사대주의는 특정 문화를 숭상함으로써 자기 문화의 고유성과 주체성을 상실할 수 있다.

오답 피하기 ㄱ. 자기 문화만을 우수한 것으로 이해하는 자문화 중심주의의 장점이다.
ㄴ. 중국에 대한 사대(事大)로 한글의 우수성을 낮게 평가하고 있다.

09 자문화 중심주의와 문화 사대주의는 문화 간에 우열이 존재한다고 생각하는 문화 이해 태도이다.

오답 피하기 ② 외래문화를 무비판적으로 수용하는 것은 문화 사대주의의 문제점으로 볼 수 있다.
③, ⑤ 세계화 시대에 가져야 할 바람직한 문화 이해 태도는 문화마다 그 나름의 이유나 가치가 있다고 존중하는 문화 상대주의적 태도이다.
④ 자문화 중심주의적 태도의 장점이다.

10 빈칸에 들어갈 문화 이해 태도는 문화 상대주의이다.

11 제시문은 우리말 대신 외국어를 사용하는 것이 더 고급스럽고 세련된 것이라고 생각하는 문화 사대주의에 해당한다. ② 문화 사대주의는 다른 문화를 동경하여 자신의 문화를 낮게 여기는 태도이다.

오답 피하기 ① 자문화 중심주의에 해당한다.
③ 문화 제국주의에 해당한다.
④ 자문화 중심주의의 문제점에 해당한다.
⑤ 문화 상대주의적 태도에 해당한다.

12 대화에서 민주가 가진 문화 이해 태도는 극단적 문화 상대주의이다. 극단적 문화 상대주의는 인류의 보편적 가치인 인간의 존엄성, 자유, 평등 등을 침해하는 문화도 그 나름의 가치와 이유가 있다고 보는 태도이다.

13 ③ 인도에서 소를 숭상하여 먹지 않는 문화를 농경 사회의 주요한 자원인 소를 먹을 수 없었던 사회적 상황을 고려하여 이해하고 있다. 이는 문화 상대주의적 태도에 해당한다.

오답 피하기 ①, ⑤는 자문화 중심주의, ②는 문화 사대주의에 해당한다.
④ 인간의 존엄성을 침해하여 비판받고 있는 전족을 그 나름의 가치가 있다고 생각하는 것은 극단적 문화 상대주의에 해당하는 문화 이해 태도이다.

14 ㄴ. 대중 매체는 신문, 책과 같은 인쇄 매체, 텔레비전과 같은 영상 매체, 인터넷과 스마트폰 등 뉴 미디어의 순으로 발달하였다. ㄷ. 뉴 미디어의 등장으로 전자 책, 인터넷 신문 등과 같이 다양한 기능이 융합되는 특징을 보이고 있다.

오답 피하기 ㄱ. 정보를 일방적으로 전달하는 일방향 대중 매체에서 쌍방향으로 의사소통이 가능한 쌍방향 대중 매체가 발달하였다.
ㄹ. 뉴 미디어의 등장으로 대중이 정보의 소비자에서 정보를 창출하는 적극적인 생산자로 성장하였다.

15 (가)는 전통적 대중 매체, (나)는 뉴 미디어이다. ㄴ, ㄹ. 뉴 미디어를 통해 정보를 일방적으로 전달하는 일방향 소통에서 쌍방향 소통이 이루어졌으며, 대중이 정보의 소비자에서 생산자로 변화하게 되었다.

오답 피하기 ㄱ. (가)는 전통적 대중 매체이다.
ㄷ. (나)를 통해 정보의 생산자와 소비자의 경계가 불분명해졌다.

16 뉴 미디어의 발달로 개인이 기획 및 연출, 촬영, 편집까지 맡아 콘텐츠를 만드는 '1인 미디어 시대'가 등장하였다. 또한 기존의 기부 문화에서 인터넷을 통해 손쉽게 참여할 수 있는 기부 문화로 변화되었다.

17 대중문화가 다수의 기호에 맞추어 생산되고 대중 매체를 통해 대량 소비되다 보니 행동이나 사고방식이 획일화되고 개성과 창의성을 잃게 되기 쉽다.

18 대중 매체는 같은 현상을 다른 시각으로 보도하기도 하고, 잘못된 정보나 한쪽으로 편향된 정보를 전달하기도 한다. 따라서 대중 매체가 제공하는 대중문화를 있는 그대로 받아들이는 것이 아니라 비판적인 시각을 가지고 잘못된 정보가 없는지, 균형 있는 시각으로 정보를 전달하고 있는지를 살펴볼 필요가 있다. 필요하다면 잘못된 정보와 내용을 시정하도록 요구할 수 있다.

대단원 서술형·논술형 문제

본문 51쪽

01 **예시 답안** ㉠은 문화의 보편성, ㉡은 문화의 특수성에 해당한다. 문화의 보편성이 나타나는 이유는 인간의 신체적 구조와 기본적 욕구, 사고방식이 비슷하기 때문이다. 문화의 특수성이 나타나는 이유는 각 나라의 자연환경이나 사회적 상황이 달라 이에 적응하여 발달한 문화 또한 고유한 특성과 독특한 모습으로 나타나기 때문이다.

필수 키워드 문화의 보편성, 문화의 특수성, 비슷한 사고방식, 자연환경, 사회적 상황

평가 기준

상	㉠, ㉡에 해당하는 문화의 특징을 명확히 쓰고, 각각의 특징이 나타나는 이유를 정확하게 서술한 경우
중	㉠, ㉡에 해당하는 문화의 특징을 명확히 쓰고, 둘 중 한 가지만 골라 그 특징이 나타나는 이유를 서술한 경우
하	㉠, ㉡에 해당하는 문화의 특징만을 명확히 쓴 경우

02 **예시 답안** 유럽인의 문화 이해 태도는 자문화 중심주의로 자신의 문화만이 우월하다고 보고 다른 문화를 낮게 평가하는 태도이다. 자문화 중심주의는 자기 문화에 대한 자부심을 높이는 데 도움이 되지만, 다른 나라와의 갈등을 야기하거나 원만한 문화 교류를 저해하여 국제적 고립을 초래할 수 있다.

필수 키워드 자문화 중심주의, 자부심, 갈등, 국제적 고립

평가 기준

상	자문화 중심주의를 명확히 쓰고, 그 장점과 단점을 모두 서술한 경우
중	자문화 중심주의를 명확히 쓰고, 그 장점과 단점 중 한 가지만 서술한 경우
하	자문화 중심주의만을 명확히 쓴 경우

03 **예시 답안** 대중문화를 생산하는 사람들은 이윤을 추구하는 과정에서 대중들의 흥미를 끌 수 있는 자극적인 언어 표현이나 차별적이고 인격 모독적인 표현들을 사용한 프로그램을 만들어 낸다. 이처럼 예술적 가치나 유용한 내용보다는 흥미만을 추구하는 작품만을 만들어 냄으로써 문화의 질을 떨어뜨리기도 한다. 따라서 우리는 다양한 대중 매체를 통해 접하는 대중문화를 있는 그대로 받아들이기보다 비판적인 시각으로 바라보고, 자신의 관점에서 해석하고 검토해 보아야 한다. 또한 잘못된 정보나 내용을 바로잡도록 적극적으로 요구해야 하며, 주체적인 문화 생산자로서 바람직한 문화를 창조하고 대중 매체를 올바르게 활용하려는 자세도 가져야 한다.

평가 기준

평가 항목	평가 내용
평가 충실도	정해진 분량 기준을 충족시킴 (단, 제시된 질문과 전혀 상관없는 내용으로 답변했을 시에는 분량 기준을 충족시키지 못한 것으로 간주함)
고차적 인지 능력	제시된 기사를 통해 대중문화의 부정적 측면을 이해하고, 이에 요구되는 바람직한 대중문화 이해 태도를 명확하게 인식할 수 있음
글의 타당성	자기 의견과 그에 대한 근거가 제시된 사례와 타당하게 연결되어 있음
글의 논리성	전체적인 글의 구성과 짜임새가 매끄러우며, 의견과 근거의 연결이 자연스러움

IX 정치 생활과 민주주의

대단원 종합 문제

본문 54쪽

01 ⑤	02 ④	03 ⑤	04 ④	05 ⑤
06 ②	07 ④	08 ③	09 ⑤	10 ④
11 ②	12 ③	13 ④	14 ③	15 ⑤
16 ⑤	17 ④			

01 정치를 좁은 의미로 보면, 국가 권력을 획득하고 유지하기 위해 정치인이 하는 활동이라고 할 수 있다. 그러나 넓은 의미로 보면, 일상생활에서 구성원 간에 발생하는 의견 대립을 당사자들이 직접 조정하고 해결하는 활동도 정치라고 할 수 있다. 즉, 정치 현상은 정치인의 활동에서뿐만 아니라 모든 시민의 일상적인 삶 속에서도 나타나는 것이다. ⑤ 국회 의원의 입법 활동, 정부의 정책 수립 활동 등은 좁은 의미의 정치에 해당한다.

오답 피하기 ①, ②, ③, ④ 일상생활에서 발생하는 구성원 간의 대립과 갈등을 조정하여 해결해 나가는 활동으로 넓은 의미의 정치에 해당한다.

02 (가)는 신입생 교복 공동 구매와 관련하여 학교 구성원 간의 의견을 조정하는 활동에 해당하므로 넓은 의미의 정치의 사례이다. (나)는 예산 관련 법령을 처리하기 위한 활동이므로 좁은 의미의 정치의 사례이다.

오답 피하기 ㄱ. 학교 운영 위원회에 속한 위원들은 학부모, 교원, 지역 인사 등으로 구성된다. 정치인들의 활동을 나타낸 것은 (나)이다.

ㄷ. (가)는 일상생활에서 흔히 나타나는 현상으로 넓은 의미의 정치 활동에 해당하며, (나)는 정치인들이 국가와 관련된 일을 하는 것으로 좁은 의미의 정치 활동에 해당한다.

03 정치는 구성원 간의 대립과 갈등을 완화하고 이해관계를 조정함으로써 사회 질서를 유지하는 기능을 한다. 또한 공동의 의사 결정을 통해 사회 문제를 해결함으로써 사회의 발전 방향을 제시하기도 한다.

04 국가 권력과 시민의 권리가 조화와 균형을 이룰 때 바람직한 정치 생활이 이루어질 수 있다.

오답 피하기 ㄱ. 국가는 국민의 동의와 지지를 바탕으로 정책을 집행해야 한다.

ㄷ. 국가는 개인과 집단 간의 갈등을 해결하기 위해 권력을 강제로 행사하기보다는 구성원 간의 의견 차이를 좁히고 합의에 이를 수 있도록 중재자 역할을 해야 한다.

05 민주 정치가 등장한 고대 아테네에서는 시민권을 가진 성인 남성이 직접 국가의 중요한 일을 결정하였다. 하지만 여성, 노예, 외국인 등은 정치에 참여할 수 없었다는 한계를 가진다. ⑤ ㅁ 근대 시민 혁명 직후에도 여전히 여성, 빈민, 노동자, 농민 등은 정치에 참여할 수 없었다.

06 근대 시민 혁명은 시민 계급의 주도로 절대 왕정을 타도하고, 시민 스스로 사회의 주인으로 등장한 역사적 사건이다. 시민 혁명으로 시민은 정치에 참여할 권리를 보장받게 되었으나, 부를 축적한 도시 상공업자들만이 시민의 자격을 얻을 수 있었다. 시민 혁명의 결과 시민의 자유와 권리가 확대되었고, 민주주의의 기틀이 마련되었다. ② 근대 시민 혁명 이후에도 여전히 노동자, 여성, 농민, 빈민 등은 참정권을 얻을 수 없었다.

오답 피하기 ① 근대 시민 혁명 이후 시민의 대표로 구성된 의회를 중심으로 한 대의 민주 정치가 등장하였다.

07 (가)는 근대 민주 정치, (나)는 고대 아테네 민주 정치이다. 근대에는 대의제를 바탕으로 한 민주 정치가 이루어졌고, 고대 아테네에서는 직접 민주 정치가 이루어졌다. ④ 고대 그리스 아테네에서 직접 민주 정치가 가능했던 이유는 인구가 적고 영토가 작았기 때문이다.

오답 피하기 ① 고대 아테네와 근대에는 모두 여성의 참정권을 인정하지 않았다.

② 직접 민주 정치를 실시했던 고대 아테네에서는 시민의 의견이 정책에 정확히 반영될 수 있었다.

③ 국민 자치의 원리를 충실히 실현하는 방법은 직접 민주 정치를 실시하는 것이다.

⑤ 추첨제와 윤번제를 통해 공직자를 선출한 것은 고대 아테네 민주 정치의 특징이다.

08 A는 고대 그리스 아테네의 민주 정치, B는 근대 민주 정치, C는 현대 민주 정치에 해당한다. ③ 고대 그리스 아테네와 근대에는 정치에 참여할 수 있는 시민의 자격에 제한을 두어 여성에게 참정권을 부여하지 않았다.

오답 피하기 ① 고대 그리스 아테네에서는 모든 시민이 직접 국가의 중요한 일을 결정할 수 있었다.

② 고대 그리스 아테네 이후 사라졌던 민주 정치는 시민 혁명을 통해 다시 등장하였다.

④ 영국의 노동자들이 선거권 확대를 요구하여 벌였던 차티스트 운동은 보통 선거 제도가 확립되는 데 크게 기여하였다.

⑤ 근대에는 여성, 노동자, 농민, 빈민 등에게 정치에 참여할 기회를 주지 않았지만, 현대에는 일정 연령 이상의 모든 사회 구성원들에게 참정권을 부여하였다.

09 민주주의는 인간의 존엄성 실현과 자유, 평등을 이념으로 한다. ⑤ 현대 사회에서는 형식적 평등뿐만 아니라 개인의

선천적·후천적 차이를 존중하는 실질적 평등도 강조하고 있다.

오답 피하기 ① 자유를 지나치게 강조하면 불평등이 심해지고, 평등을 지나치게 강조하면 자유가 침해될 수 있다. 따라서 인간의 존엄성을 실현하기 위해서는 자유와 평등이 조화와 균형을 이루어야 한다.
④ 자유와 평등은 인간의 존엄성을 실천하기 위한 이념이다.

10 실질적 평등이란 선천적으로 주어진 신체적 능력이나 재산, 교육 수준 등과 같은 후천적 차이로 나타나는 불평등을 해소하기 위해 사회적 약자를 배려하는 것을 말한다. ㄴ. 장애인 의무 고용 제도는 비장애인에 비하여 취업 기회를 갖기 어려운 장애인의 고용 기회를 확대하기 위해 기업에서 일정 비율 이상의 장애인을 고용하도록 하는 제도를 말한다. ㄹ. 농어촌 특별 전형이란 도시 지역에 비해 열악한 교육 환경을 가진 농어촌 학생들의 입시를 돕기 위해 마련된 제도이다.

오답 피하기 ㄱ, ㄷ. 일정 연령 이상의 모든 사람들에게 선거권을 부여하는 것이나 경력에 관계없이 모든 사원에게 동일한 임금을 지급하는 것은 모든 구성원에게 균등한 기회를 부여하는 것으로 형식적인 평등을 실현하는 사례에 해당한다.

11 프랑스 인권 선언문 제3조의 '국가의 통치권은 국민에게 있다.'는 내용은 최고 권력인 주권이 국민에게 있다는 국민 주권의 원리를 나타낸다. 링컨의 게티즈버그 연설 내용에서 '국민의 정부'는 주권이 국민에게 있다는 것을 의미한다.

오답 피하기 ③ 링컨의 게티즈버그 연설 내용에서 '국민에 의한 정부'는 주권을 가진 국민이 국가를 다스려야 한다는 국민 자치의 원리를 나타낸다.
④ 링컨의 게티즈버그 연설 내용에서 '국민을 위한 정부'는 정부가 국민의 행복한 삶, 즉 복지를 추구해야 한다는 것을 뜻한다.

12 그림은 권력 분립의 원리를 나타낸다. 권력 분립의 원리는 국가 권력을 여러 기관으로 분산시켜 서로 견제와 균형을 유지하는 민주 정치의 원리이다. 이 원리가 추구하는 궁극적인 목적은 국가 권력의 남용을 방지함으로써 국민의 자유와 권리를 최대한 보장한 민주주의를 실현하는 것이다.

13 의원 내각제는 입법부와 행정부가 밀접한 관계를 맺고 협력하면서 국정을 운영하는 정부 형태이기 때문에 권력의 융합을 추구한다. ㄴ. 의원 내각제에서 내각은 의회의 신임을 얻어야 계속 존재할 수 있기 때문에 국민의 정치적 요구에 민감하여 책임 정치를 실현할 수 있다. ㄹ. 의원 내각제에서는 의회 의원이 내각의 각부 장관을 겸직하기 때문에 의회와 내각이 매우 밀접한 관계를 가진다.

오답 피하기 ㄱ. 의원 내각제에서는 의회 다수당의 대표가 행정부의 수반인 총리(수상)가 된다.
ㄷ. 의원 내각제에서는 의회를 중심으로 입법부와 행정부가 긴밀한 관계를 가지기 때문에 의회와 내각이 잘 협조하여 정책을 능률적이고 원활하게 수행할 수 있다.

14 선거를 통해 의회 의원이 선출되고 의회에서 총리(수상)가 선출되어 행정부를 구성하고 있으므로 제시된 그림은 의원 내각제의 정부 형태를 나타낸 것이다. ③ 행정부 수반이 법률안 거부권을 갖는 정부 형태는 대통령제이다.

오답 피하기 ① 의원 내각제는 영국에서 먼저 시작되었다.
② 의원 내각제에서 의회는 내각이 국정을 잘못 운영하면 내각 불신임권을 통해 새로운 내각을 구성할 수 있다.

15 대통령제는 입법부와 행정부의 권력을 엄격히 분리하는 정부 형태이다. ⑤ 대통령제에서는 행정부의 수반인 대통령이 의회에서 제정한 법률안을 거부할 수 있는 권한을 가진다.

오답 피하기 ①, ②, ③, ④ 의원 내각제에 대한 설명이다.

16 국민이 행정부 수반을 직접 선출하는 정부 형태는 대통령제이며, 의회에서 행정부 수반이 선출되는 정부 형태는 의원 내각제이다. 따라서 그림에서 A는 대통령제, B는 의원 내각제에 해당한다. ⑤ 대통령제가 의원 내각제에 비해 입법부와 행정부가 엄격히 분리되므로 권력 분립의 원리를 더욱 충실히 실현할 수 있다.

오답 피하기 ① 대통령제에서 행정부 수반은 의회를 해산시킬 수 없다.
② 대통령제에서 의회 의원은 행정부의 장관을 겸직할 수 없다.
③ 의원 내각제에서 행정부 수반인 총리(수상)는 의회에서 의결한 법률안을 거부할 권한이 없다.
④ 의원 내각제에서 의회는 탄핵 소추권을 가지지 않는다.

17 (가) 정부의 법률안 제출권을 인정하는 조항이므로 의원 내각제 요소에 속한다. (나) 대통령을 행정부의 수반으로 규정하고 있으므로 대통령제 요소이다. (다) 국무총리 제도에 대한 조항이므로 의원 내각제 요소이다. (라) 대통령의 법률안 거부권을 규정한 것이므로 대통령제 요소이다.

대단원 서술형·논술형 문제

본문 57쪽

01 **예시 답안** 시민을 자유민인 성인 남성만으로 제한하여 여성, 노예, 외국인 등은 정치에 참여할 수 없었다.

필수 키워드 시민, 자유민인 성인 남성

평가 기준

상	정치에 참여할 수 있는 시민을 자유민인 성인 남성만으로 제한하였다는 내용으로 서술한 경우
하	'제한적인 민주 정치였다.' 또는 '모든 사회 구성원이 정치에 참여할 수 없었다.'라는 내용만으로 서술한 경우

02 **예시 답안** 직접 민주 정치는 국민 자치의 원리가 충실히 실현될 수 있지만 모든 국민이 국가의 의사 결정 과정에 참여해야 하기 때문에 시간과 비용이 많이 든다는 문제점이 있다. 반면 간접 민주 정치는 대규모 국가에서 실시가 가능하지만 국민의 의사가 대표에 의해 왜곡되거나 정책에 제대로 반영되지 않을 가능성이 많다.

필수 키워드 국민 자치의 원리 실현, 시간과 비용 소요, 대규모 국가 실시, 국민의 의사 왜곡

평가 기준

상	직접 민주 정치와 간접 민주 정치의 장·단점을 모두 바르게 서술한 경우
중	'직접 민주 정치의 장점', '직접 민주 정치의 단점', '간접 민주 정치의 장점', '간접 민주 정치의 단점'의 4개 내용 요소 중 2~3가지만 바르게 서술한 경우
하	'직접 민주 정치의 장점', '직접 민주 정치의 단점', '간접 민주 정치의 장점', '간접 민주 정치의 단점'의 4개 내용 요소 중 1가지만 바르게 서술한 경우

03 **예시 답안** A는 의원 내각제, B는 대통령제이다. A는 국민이 선거를 통해 의회 의원을 선출하면, 의회 다수당의 대표가 총리(수상)가 되어 행정부인 내각을 구성한다. B는 국민이 의회 의원과 행정부의 수반인 대통령을 별도의 선거를 통해 각각 선출하면 대통령이 행정부를 독립적으로 구성한다.

평가 기준

평가 항목	평가 내용
평가 충실도	정해진 분량 기준을 충족시킴 (단, 제시된 질문과 전혀 상관없는 내용으로 답변했을 시에는 분량 기준을 충족시키지 못한 것으로 간주함)
비판적 사고력	의원 내각제와 대통령제의 정부 구성 방식의 차이점을 비교하여 분석적으로 평가할 수 있음
논리성과 타당성	전체적인 글의 구성과 흐름이 매끄러우며, 주장과 그에 대한 근거가 타당함

X 정치 과정과 시민 참여

대단원 종합 문제

본문 60쪽

01 ③	02 ⑤	03 ①	04 ⑤	05 ②
06 ①	07 ③	08 ①	09 ②	10 ①
11 ③	12 ⑤	13 ⑤	14 ⑤	15 ②
16 ⑤	17 ②			

01 (가)는 이익 표출, (나)는 정책 집행에 해당한다. ㄴ. 이익 표출 단계에서 시민은 자신의 다양한 가치와 이익을 실현하기 위해 의견을 표출한다. ㄷ. 정책 집행 단계에서는 국회에서 제정한 법을 토대로 정부가 정책을 시행한다.

오답 피하기 ㄱ. 시민의 의견이 수렴되는 단계는 이익 집약 단계이다.
ㄹ. 정책 집행을 담당하는 정치 주체는 정부이다.

02 정치 과정은 '이익 표출-이익 집약-정책 결정-정책 집행-정책 평가'의 순으로 이루어진다. (가)는 정책 결정 단계에 해당한다. (나)는 이익 집약 단계에 해당한다. (다)는 정책 집행 단계에 해당한다. (라)는 이익 표출 단계에 해당한다. (마)는 정책 평가 단계에 해당한다.

03 자료에서 A는 이익 집단, B는 시민 단체, C는 정당이다. ㄱ. 이익 집단은 자기 집단의 특수한 이익을 실현하기 위해 정부나 국회에 압력을 행사하기도 한다. ㄴ. 시민 단체는 정치 과정에 시민의 참여를 유도하면서 공익을 실현하기 위해 노력한다.

오답 피하기 ㄷ. 정당은 국민의 다양한 의견을 반영하여 정책안을 마련한다. 하지만 정책을 결정할 수 있는 공식적인 권한을 가진 국가 기관은 국회와 정부이다.
ㄹ. 정치권력을 획득하는 것을 목적으로 하는 정치 주체는 정당이다.

04 언론이란 신문, 텔레비전, 인터넷 등의 대중 매체를 통해 어떤 사실을 알리거나 여론을 형성하는 활동을 말한다. ⑤ 이익 집단에 대한 설명이다.

오답 피하기 ② 사회적으로 주목받는 정치적 쟁점이나 사회 문제에 대한 정보를 제공하고, 정책에 대한 해설과 의견을 제시한다.
④ 언론은 공정하고 객관적인 보도를 통해 여론을 올바르게 형성하기 위해 노력해야 한다.

05 제시문의 (가)는 정부이다. ② 정부는 국회가 만든 법률을 기반으로 정책을 구체적으로 수립하고 집행한다.

오답 피하기 ① 국회에 대한 설명이다.
③, ④ 정당에 대한 설명이다. 정당은 국민의 다양한 의견을 모아 여론을 형성하고, 이를 국회나 정부에 전달하여 정책에 반영시키려고 노력한다.
⑤ 법원에 대한 설명이다.

06 선거란 대통령, 국회 의원, 지방 자치 단체장, 지방 의회 의원 등과 같은 국민의 대표자를 선출하는 절차이다. ㄱ. 대의 민주주의에서 선거를 통해 누가 대표로 선출되느냐에 따라 정책이나 사회의 발전 방향이 결정되기 때문에 선거는 민주 정치의 성공과 실패를 좌우한다. ㄴ. 대표자가 국민과 한 약속을 제대로 지키지 못하면 국민은 다음 선거에서 다른 대표자를 선출함으로써 책임을 물을 수 있다.

오답 피하기 ㄷ. 우리나라에서 대통령을 선출하는 선거는 5년마다 실시된다.
ㄹ. 시민은 선거에 참여하는 것 이외에도 행정 기관에 청원이나 민원을 제출하거나 이익 집단, 시민 단체, 정당 등에 가입하여 활동할 수 있다.

07 제시문은 비밀 선거의 원칙을 나타낸다. 투표용지에 이름을 쓰게 하고 후보마다 투표함을 따로 두는 것은 공개 선거에 해당한다.

오답 피하기 ① 여성이라는 이유로 선거권을 제한하는 것은 보통 선거에 어긋난다.
② 모든 유권자는 동등한 가치의 투표권을 행사할 수 있다는 평등 선거의 원칙에 어긋난다.
④ 특정 지역 거주자에게만 선거권을 부여하는 것은 보통 선거에 어긋난다.
⑤ 대리 선거에 해당하는 것으로 직접 선거에 어긋난다.

08 제시된 내용은 각각 종교와 학력에 따라 표의 가치를 다르게 하는 차등 선거의 사례이다.

오답 피하기 ② 평등 선거의 원칙을 어기고 있다.
③은 공개 선거, ④는 대리 선거, ⑤는 제한 선거에 대한 내용이다.

09 ㉠에 들어갈 제도는 선거구 법정주의이다. 선거구 법정주의는 특정 개인이나 정당이 선거구를 자신에게 유리하게 정하는 것을 막기 위해서 선거구를 법률로 미리 정해 놓는 제도이다.

오답 피하기 ①, ④, ⑤ 선거 공영제에 대한 설명이다.
③ 보통 선거의 원칙에 대한 설명이다.

10 제시문은 선거 공영제에 대한 설명이다. 선거 공영제란 국가 기관에서 선거 운동을 관리하고, 국가 기관이 후보자의 선거 비용 일부를 부담하는 제도이다.

오답 피하기 ② 선거를 통하여 국민의 대표를 선출하고, 선출된 대표자가 국민을 대신하여 국가를 운영해 나가는 제도이다.
③ 일정한 연령에 달한 모든 국민에게 선거권을 부여하는 원칙이다.
④ 지역 주민들이 지방 자치 단체를 구성하여 해당 지역의 공공 문제를 자율적으로 처리하는 제도이다.
⑤ 의회에서 법률로 선거구를 정하도록 하는 제도이다.

11 (가)는 선거 공영제, (나)는 선거구 법정주의에 해당한다. ㄴ. 선거구 법정주의는 특정 정당이나 후보에게 유리하도록 선거구를 임의로 정하는 게리맨더링을 방지하기 위한 것이다. ㄷ. 우리나라에서는 공정하고 민주적인 선거를 치르기 위해 선거 공영제, 선거구 법정주의 등을 실시하고 있다.

오답 피하기 ㄱ. 선거 공영제에 따라 후보자는 국가나 지방 자치 단체에서 선거 비용의 일부를 지원받을 수 있다.
ㄹ. 선거 운동이 과열되는 것을 막는 제도는 선거 공영제이다.

12 제시문에 나타난 제도는 지방 자치 제도이다. ⑤ 지방 자치 제도는 지역 주민들이 그들을 대신할 지역 대표를 선출하여 지역의 일을 맡기는 형태이다.

오답 피하기 ③ 지역 주민이 지방 자치에 자발적으로 참여하여 민주 의의의 기초를 만들어 간다는 의미에서 지방 자치 제도를 '풀뿌리 민주주의'라고 한다. 또한 지역 주민들이 지방 자치를 통해 정치 과정에 참여함으로써 민주 시민으로서의 자질을 함양하고, 민주주의를 직접 체험하고 배울 수 있는 기회를 얻을 수 있기 때문에 지방 자치 제도를 '민주주의의 학교'라고도 표현한다.

13 학생들의 발표 내용은 모두 지방 자치 제도의 의의에 대한 내용이다. 지방 자치 제도를 통해 지방 정부는 지역의 필요에 맞는 정치를 할 수 있으며, 지역 주민들은 스스로 문제를 해결하고 처리하는 민주주의 학습의 장을 갖게 된다. 또한 지방 자치 제도를 통해 지방 정부가 중앙 정부와 권력을 나누어 맡음으로써 권력 분립의 원리를 실현할 수 있다.

14 지방 자치 제도가 성공하기 위해서는 지방 정부가 중앙 정부로부터 자율성을 가져야 하며, 지역 주민들은 지역 사회의 문제를 해결하기 위해 주체적이고 자발적으로 참여해야 한다. ⑤ 정치 과정이 중앙 정부를 중심으로 이루어지면 지역의 실정이나 요구가 제대로 반영되기 어렵다.

15 우리나라의 지방 자치 단체는 광역 자치 단체와 기초 자치 단체로 구분된다. 광역 자치 단체는 특별시, 광역시, 도, 특별 자치도, 특별 자치시 등으로 구분되며 기초 자치 단체는 시, 군, 구로 구분된다. ㉠에 들어갈 자치 단체에는 시 의회, 군 의회, 구 의회가 있다.

오답 피하기 ①, ⑤ 광역 자치 단체의 지방 의회이다.
③ 기초 자치 단체의 지방 자치 단체장이다.
④ 광역 자치 단체의 지방 자치 단체장이다.

16 ⑤ 경기도와 고양시의 집행 기관은 각각 경기도지사와 고양시장이며, 지방 자치 단체장은 규칙을 제정할 수 있는 권한을 가진다.

17 주민은 지방 선거, 주민 투표, 주민 발의, 주민 소환 등의 다양한 방법으로 지역 사회의 정치 과정에 참여할 수 있다.

② 주민은 조례안을 작성하여 지방 의회에 제출할 수 있는데, 이를 주민 발의라고 한다.

오답 피하기 ① 주민 참여 예산제, ③ 주민 투표, ④ 주민 감사 청구, ⑤ 주민 소환에 대한 설명이다.

대단원 서술형·논술형 문제 본문 63쪽

01 **예시 답안** 게리맨더링, 게리맨더링이란 특정 정당이나 후보자에게 유리하도록 선거구를 임의로 정하는 것을 말한다.

필수 키워드 게리맨더링, 선거구

평가 기준

상	게리맨더링이라고 쓰고, 그 의미를 바르게 서술한 경우
중	게리맨더링이라고 쓰지는 못했으나, 그 의미는 바르게 서술한 경우
하	게리맨더링이라고만 쓴 경우

02 **예시 답안** 지방 자치 제도, 지방 자치 제도란 일정한 지역에 살고 있는 주민들이 지방 자치 단체를 구성하여 해당 지역의 공공 문제를 자율적으로 처리하는 제도를 말한다.

필수 키워드 지방 자치 제도, 주민, 자율

평가 기준

상	지방 자치 제도라고 쓰고, 그 의미를 바르게 서술한 경우
중	지방 자치 제도라고는 쓰지 못했으나, 그 의미는 바르게 서술한 경우
하	지방 자치 제도라고만 쓴 경우

03 **예시 답안** '선행 학습 금지 제도'의 정치 과정을 각 단계에 따라서 제시해 보고자 한다. '이익 표출' 단계에서 시민 단체는 선행 학습 금지법 제정을 위해 국민 서명 운동을 추진하였다. 한편 학원 연합은 선행 학습 금지가 학생들의 학습권을 침해한다며 반대하였다. '이익 집약' 단계에서 언론사에서 실시한 여론 조사 결과, 선행 학습 금지에 대해 시민들 대부분이 찬성하는 것으로 나타났다. '정책 결정' 단계에서는 국회에서 '선행 학습 금지법'을 통과시켰다. '정책 집행' 단계에서는 정부는 결정된 정책을 현실에 맞는 다양한 방법을 통해 구체적으로 실행하였다. '정책 평가' 단계에서는 정책 집행 과정에서 발생한 문제를 해결하기 위한 개선 방안을 찾았다.

평가 기준

평가 항목	평가 내용
평가 충실도	정해진 분량 기준을 충족시킴 (단, 제시된 질문과 전혀 상관없는 내용으로 답변했을 시에는 분량 기준을 충족시키지 못한 것으로 간주함)
비판적 사고력	실생활과 관련 깊은 정책을 선정하여, 그 정책의 정치 과정을 단계별로 제시함
논리성과 타당성	전체적인 글의 구성과 흐름이 매끄러우며, 주장과 그에 대한 근거가 타당함

XI 일상생활과 법

대단원 종합 문제 본문 66쪽

01 ⑤	02 ⑤	03 ⑤	04 ①	05 ③
06 ④	07 ④	08 ①	09 ②	10 ③
11 ④	12 ③	13 ③	14 ②	15 ⑤
16 ④	17 ⑤			

01 사진은 제사를 지내는 모습으로 한 사회에서 오랫동안 지켜져 내려온 행동 양식인 관습을 나타낸다.

오답 피하기 ㄱ. 관습을 지키지 않았다고 국가의 처벌이 뒤따르지는 않는다.

ㄴ. 관습은 해야 할 일과 하지 말아야 할 일에 대한 규정이 명확하지 않은 경우가 많다.

02 제시문에서 도배업자 갑은 을의 수표와 현금을 훔친 것을 후회하여 을에게 돈을 돌려주었다. 하지만 법을 위반하였으므로 기소되어 재판을 받았다. 이를 통해 법은 내면적 양심이나 동기보다는 겉으로 드러나는 행위의 결과를 중시한다는 사실을 알 수 있다.

03 법은 행위의 결과를 중시하고, 강제성이 있기 때문에 법을 지키지 않으면 국가로부터 제재를 받는다. 반면, 도덕은 양심에 따라 자율적으로 지키도록 하는 사회 규범으로 행위의 동기를 중시한다.

04 그림은 법이 자동차의 통행 방법을 정하여 분쟁을 예방하거나 해결하는 기능을 가지고 있음을 나타내고 있다. 법은 관습이나 도덕 등 다른 사회 규범에 비해 내용이 명확하여 누구에게나 일관적으로 적용될 수 있기 때문에 분쟁을 해결하는 객관적이고 공정한 기준이 된다.

오답 피하기 ④ 법은 도덕을 바탕으로 하는 상해, 살인 등과 같은 비도덕적인 행위를 처벌하기도 한다. 하지만 제시된 그림에서 도로교통법을 어긴 행동을 비도덕적이라고 볼 수는 없다.

05 정의란 모든 사람이 각자의 능력과 노력에 따라 정당한 대우를 받는 것을 의미한다. 한편, 공공복리 증진이란 국민 다수의 행복과 이익을 추구하는 것을 말한다.

오답 피하기 ① 공공장소에서의 금연은 공공복리를 증진하기 위한 것이다.

② 회사 승진 시험에서 남성에게만 가산점을 부여하는 것은 여성에 대한 차별에 해당한다.

④ 누진세 적용은 정의를 실현하기 위한 것이다.

⑤ 청각 장애를 가진 수험생에게 영어 듣기 평가 대신 지필 평가를 보게

한 것은 정의를 실현하기 위한 것이다.

06 제시문의 밑줄 친 법 영역은 공법이다. ㄴ은 공법 영역 중 선거법, ㄹ은 병역법이 적용되는 사례이다.

오답 피하기 ㄱ, ㄷ. 모두 사적 생활 관계로 민법이 적용되는 사례이다. 민법이란 개인 간의 가족 관계 및 재산 관계를 규율하는 법이다.

07 제시된 법 조항은 형법의 일부이다. 형법은 범죄의 종류와 그에 따른 형벌의 정도를 규정한 법이다.

오답 피하기 ①, ③은 헌법에 대한 설명이다.
② 소송법에 대한 설명이다.
⑤ 행정법에 대한 설명이다.

08 그림의 (가)는 사법 영역에 해당한다. 사법은 개인 간의 생활 관계를 규율하는 법으로 민법과 상법 등이 대표적이다.

오답 피하기 ㄷ. 사회법에 대한 설명이다.
ㄹ. 공법에 대한 설명이다.

09 사법은 개인과 개인 사이의 사적인 생활 관계를 규율하는 법이다. ② 국가와 개인이 관련을 맺는 것으로 공법 영역에 적용되는 사례이다.

오답 피하기 ① 혼인 신고, ③ 출생 신고, ④ 회사 설립, ⑤ 소유권 이전 등기 등은 모두 개인의 삶에 관련된 것이므로 사법 영역에 적용된다.

10 A 모둠은 근로 기준법, B 모둠은 국민 기초 생활 보장법, C 모둠은 독점 규제 및 공정 거래에 관한 법률을 조사한 것이다. 이러한 법은 모두 사회법에 속한 것들이다.

11 행정 재판이란 행정 기관이 국민의 권리를 침해하였는지 판단하는 재판이다. K 씨가 제기하려는 소송은 지방 경찰청장이 내린 운전면허 취소 처분에 대한 취소를 요구하는 것이므로 행정 재판에서 다루어진다.

12 제시문은 민사 재판에 대한 설명이다. 민사 재판에 참여하는 사람에는 소송을 제기한 원고, 소송을 제기당한 피고, 판결을 내리는 판사, 원고나 피고 편에 서서 법률적인 도움을 주는 변호사 등이 있다. ③ 검사는 범죄 사실을 수사하고, 소송을 제기하여 피고인의 처벌을 요구하는 사람으로 형사 재판에 참여한다.

13 검사와 피고인이 나타나 있으므로, 그림에 나타난 재판은 형사 재판이다. 형사 재판은 폭행, 절도 등의 범죄가 발생하였을 때 국가가 범죄의 유무와 형벌의 정도를 결정하는 재판이다.

오답 피하기 ㄱ은 가사 재판, ㄹ은 민사 재판에서 다루어질 수 있는 사건이다.

14 민사 재판에서 소송을 제기한 사람을 원고라고 부르며, 소송을 당한 사람을 피고라고 부른다. 형사 재판에서는 검사가 피의자를 상대로 소송을 제기하며, 공소 이후에는 피의자를 피고인이라고 부른다.

15 ⑤ ㉤ 법관은 배심원의 의견을 존중해야 하지만 배심원의 평결을 반드시 따를 필요는 없다.

오답 피하기 ① ㉠ 제시문의 재판은 절도 사건을 다루었으므로 형사 재판에 해당한다. 형사 재판에서 기소되어 재판을 받는 사람이 피고인이다.
② ㉡ 형사 재판에서 법관은 범죄의 유무와 그에 따른 형량을 결정한다.

16 (가)~(라)는 모두 공정한 재판을 위한 제도이다.

오답 피하기 ㄱ. 민사 재판, 형사 재판, 행정 재판, 가사 재판 등은 3심제로 실시되지만, 선거 재판은 단심제, 특허 재판은 2심제로 실시된다.
ㄷ. 공개 재판주의에 따라서 일반인도 재판의 과정과 결과를 볼 수 있도록 법정에 방청석을 마련하고 있다.

17 심급 제도는 하나의 사건에 대해 여러 번 재판을 함으로써 법관이 잘못된 판결을 내릴 가능성을 줄여 국민의 자유와 권리를 보호하기 위해 마련되었다.

오답 피하기 ① ㉠은 대법원이다.
② ㉡은 상고이고, ㉢은 항소이다.
③ 1심 재판에 불복할 경우 항소를 통해 2심 재판을 받을 수 있고, 2심 재판에도 불복할 경우 상고를 통해 3심 재판을 받을 수 있다.
④ 민사 재판, 형사 재판, 행정 재판, 가사 재판 등은 3심제로 실시되지만, 선거 재판은 단심제, 특허 재판은 2심제로 실시된다.

대단원 서술형·논술형 문제 본문 69쪽

01 **예시 답안** 법은 사람들이 사회생활에서 지켜야 할 행동 기준을 명확히 제시하여 분쟁을 원만하게 해결합니다. 또한 국가에 대한 국민의 권리와 의무를 규정하여 개인의 권리를 보호합니다.

필수 키워드 분쟁 해결, 권리 보호

평가 기준

상	법의 기능으로 '분쟁의 해결', '개인의 권리 보호' 등을 모두 바르게 서술한 경우
중	법의 기능으로 '분쟁의 해결', '개인의 권리 보호' 등을 서술하였으나 내용이 미흡한 경우
하	법의 기능으로 '분쟁의 해결', '개인의 권리 보호' 중 하나만을 서술한 경우

02 **예시 답안** 형사 재판, 범죄의 유무를 판단하고 형벌의 정도를 결정하는 재판이다.

필수 키워드 형사 재판, 범죄 유무 판단, 형벌 정도 결정

평가 기준

상	형사 재판이라고 쓰고, 그 의미를 '범죄 유무 판단'과 '형벌 정도 결정'을 모두 포함하여 서술한 경우
중	형사 재판이라고 쓰고, 그 의미를 '범죄 유무 판단' 또는 '형벌 정도 결정' 중 하나만을 포함하여 서술한 경우
하	형사 재판이라고만 쓴 경우

03 **예시 답안** 법관이 외부의 압력에 영향을 받는다면 공정하지 못한 판결을 내릴 가능성이 높다. 또한 재판에서 법관이 잘못된 판결을 내린다면 재판을 받는 당사자는 자신이 당한 피해나 억울함을 해결할 수 없을 것이다. 그리고 재판이 비공개로 진행된다면 공정하게 이루어지지 못할 것이다. 증거 없이 자백만으로 유죄 판결을 내린다면 죄를 저지르지 않은 사람이 억울하게 처벌받을 수 있다. 이처럼 재판이 공정하게 진행되지 않는다면 국민의 자유와 권리가 제대로 보장되기 어렵다. 따라서 우리나라에서는 사법권의 독립, 공개 재판주의와 증거 재판주의, 심급 제도 등을 두어 재판이 공정하게 이루어지도록 하고 있다.

평가 기준

평가 항목	평가 내용
평가 충실도	정해진 분량 기준을 충족시킴 (단, 제시된 질문과 전혀 상관없는 내용으로 답변했을 시에는 분량 기준을 충족시키지 못한 것으로 간주함)
문제 해결력	자료에 나타난 상황의 문제점을 파악하고 그것을 해결할 수 있는 사법 제도를 제시함
논리성과 타당성	전체적인 글의 구성과 흐름이 매끄러우며, 주장과 그에 대한 근거가 타당함

XII 사회 변동과 사회 문제

대단원 종합 문제

본문 72쪽

01 ②	02 ④	03 ⑤	04 ②	05 ①
06 ①	07 ⑤	08 ⑤	09 ③	10 ③
11 ④	12 ④	13 ⑤	14 ②	15 ③
16 ③	17 ①	18 ②		

01 현대 사회는 사회 변동 속도가 매우 빠르며 특정 영역에서 발생한 변화가 급속히 퍼져 사회 전반으로 범위가 확대되는 특징을 보인다. 그 대표적인 예로는 정보 통신 기술의 발달로 인터넷을 통한 삶의 변화가 과학 분야뿐만 아니라 정치, 경제, 사회 · 문화까지 영향을 끼친 것이다.

오답 피하기 ㄴ. 과거에는 자연환경과 인구의 변화가 사회 변동을 이끄는 주요 원인이었다.

ㄹ. 현대 사회는 시대와 사회적 상황에 따라 사회 문제였던 것이 사회 문제로 인식되지 않기도 한다.

02 현대 사회 변동을 이끄는 주요 요인은 과학 기술의 발전이다. 정보 통신 기술의 발달로 인한 인터넷의 상용화로 전자 상거래, 인터넷 뱅킹, 전자 민주주의가 실현되었다.

03 인류 사회는 일반적으로 농업 사회에서 산업 사회를 거쳐 정보 사회로 이동하였다. 산업 혁명은 농업 사회를 산업 사회로 이행시켰고, 정보 혁명은 산업 사회를 정보 사회로 이동하게 하였다. ㄷ. ㉠ 산업 혁명은 기계의 발명으로 대량 생산 체제를 확립하게 하였으며, ㉡ 정보 혁명은 시간과 공간의 제약에서 벗어나 자유로운 의사소통을 가능하게 하였다. ㄹ. ㉠과 ㉡은 모두 과학 기술의 발전이 사회 변동의 요인이다.

오답 피하기 ㄱ. ㉠은 산업 혁명, ㉡은 정보 혁명이다.

ㄴ. ㉠의 산업 혁명은 기계를 통한 소품종 대량 생산을 가능하게 하였다.

04 제시된 그래프는 2차, 3차 산업의 비중이 커진 우리나라 산업 구조의 변화를 나타낸 것이다. 이를 통해 우리나라는 짧은 기간에 산업화를 이루어 내는 급격한 사회 변동을 경험하였음을 알 수 있다. 우리나라는 1960년 초반까지 전형적인 농업 사회의 특징을 보이다가 1960년대 중반 이후 정부 주도의 경제 개발로 급속한 산업화를 이루었다.

오답 피하기 ①, ⑤ 농림어업의 비중은 감소하고, 제조업과 서비스업의 비중은 증가하였다.

③ 우리나라는 산업화를 통해 농업 사회에서 산업 사회로 이행하였다.

④ 토지와 노동력은 농업 사회에서 중요시되는 가치이다.

05 빈칸에 들어갈 사회 변동의 양상은 산업화이다. 산업화는 대량 생산 체제를 통해 경제적·물질적 풍요를 가져왔다. 또한 교육의 기회가 확대되어 대중의 사회적 지위가 향상되었으며, 정치에 참여할 수 있는 기회가 늘어났다.

06 그림은 시민이 인터넷을 통해 전자 투표를 하거나 정치적 의견을 개진하는 등 정치 과정에 참여하는 전자 민주주의를 나타낸 것이다. 전자 민주주의는 시민의 적극적인 정치 참여를 가능하게 하였다.

오답 피하기 ②, ③, ④는 모두 산업화에 대한 내용이다. 산업화는 한 사회의 전체 산업에서 공업이 차지하는 비율이 높아지는 현상으로 대량 생산 체제를 가능하게 하였다. 산업 사회에서는 노동력과 자본이 중요한 사회적 자원이 된다.
⑤ 정보화는 시간과 공간적 제약에서 자유롭고 의사소통이 활발한 온라인상의 새로운 인간관계를 형성하였다.

07 제시문은 세계화에 관련된 내용이다. 세계화는 자유 무역의 확대를 통해 물자, 자본, 기술의 이동을 활발하게 하였다. 이를 통해 소비자는 자유롭게 상품을 선택할 수 있는 기회를 가지게 되었고 생산자는 넓은 소비 시장을 확보하게 되었다. 또한 세계화는 정치적으로 민주주의 이념과 원리를 확산시켰다.

오답 피하기 ⑤ 자유 무역의 확대는 치열한 무역 경쟁 체제를 가져와 경제적으로 유리한 선진국과 개발 도상국 간의 경제적 격차를 심화시켰다.

08 한국 사회는 50년 남짓한 짧은 기간에 산업화와 정보화를 모두 이루어 내는 급격한 사회 변동을 경험하였다. 그 결과 생활 환경이 개선되고 국민들의 삶의 질이 향상되었지만 정부 주도의 경제 개발로 산업 구조가 불균형해지고 빈부 격차와 지역 격차가 커지는 등의 문제점이 나타나기도 하였다.

오답 피하기 ㄱ, ㄴ. 정부가 주도하는 성장 거점 방식으로 경제 성장이 이루어져 대기업 위주로 크게 성장하였으며, 서울과 부산을 축으로 하는 지역이 발전하는 불균형적 발전 양상을 보였다.

09 우리나라는 합계 출산율이 낮은 수준으로 저출산 현상을 겪고 있으며, 전체 인구에서 노인의 비율이 7%가 넘는 고령화 사회로 진입하였다. 따라서 정부는 출산을 장려하는 인구 정책을 실시해야 한다.

오답 피하기 ①, ②, ④, ⑤ 높은 출생률이 사회 문제가 되는 국가에서 시행하는 가족계획 사업과 관련된다.

10 우리나라는 전체 인구 중에서 노인 인구의 비율이 7% 이상이 되는 고령화 사회이다. 이는 의학 기술의 발달과 생활 수준의 향상으로 평균 수명이 연장되었기 때문이다.

11 다문화 사회는 민족, 언어, 종교, 문화 등이 다양한 사람들이 어울려 살아가는 사회를 말한다. 세계화로 인해 사람의 이동이 활발해지면서 외국인 노동자의 유입과 국제결혼의 증가로 다문화 사회로의 변화를 가능하게 하였다.

12 A국은 합계 출산율이 낮아 출생률이 저조하며, 노인 인구의 비율이 높은 저출산·고령화 사회의 특징을 보인다. ④ 인구가 급증하여 일자리가 부족한 국가는 개발 도상국이다. 개발 도상국은 출생률이 높고 사망률이 낮아 인구가 급증하고 있다.

오답 피하기 ①, ②, ③ 저출산·고령화 현상이 나타나는 국가에서는 생산 가능 인구와 경제 활동 인구가 감소하여 노동력이 부족하게 되고 경제 활동이 둔화될 것이다. 또한 노인 인구의 비율이 높아 노년 부양비는 증가할 것이다.

13 출생률이 높고 사망률이 낮아 인구가 급증하는 단계에 있다. ⑤ 출생률이 낮은 국가는 노동 인구가 감소하여 경제 성장이 둔화되는 모습을 보인다.

오답 피하기 ① 아프리카와 아시아의 일부 국가는 폭발적인 인구 증가로 세계 인구 성장을 주도하고 있다.
② 늘어나는 인구에 비해 인구 부양력이 낮아 빈곤, 기아 문제를 겪고 있다.
③ 인구수에 비해 학교, 병원, 주택 등 각종 시설이 부족하다.

14 사회 문제는 발생 원인이 사회 내부에 있고 사회 구성원 대다수가 개선되어야 한다고 생각하는 문제로, 인간의 노력으로 해결이 가능한 것이다. 따라서 (다)만 사회 문제이다. (가)는 개인적인 문제이며, (나)는 자연 재해로 사회 문제로 볼 수 없다. ㄷ. 사회 문제는 시대와 장소, 사회적 상황에 따라 사회 문제로 인식되던 것이 사회 문제로 인식되지 않을 수도 있다.

오답 피하기 ㄴ. 자연 재해는 발생 원인이 사회 내부에 있지 않으므로 사회 문제라고 볼 수 없다.
ㄹ. (다)만 사회 문제이다.

15 제시된 내용은 노동 문제 중에서도 노사 갈등을 해결하기 위한 방안이다. 노사 갈등이란 노동자와 사용자 간에 임금 인상이나 근로 환경 개선 등을 두고 서로 다른 의견 차이를 보일 때 발생한다.

16 현대 사회는 변화의 속도가 빠르고 다양한 가치가 존중받으며 복잡한 이해관계가 나타나는 사회이다. 또한 과거에 비해 여러 분야의 요인들이 결합하여 사회 문제가 나타나는 경향이 있으며, 환경 오염과 전쟁, 테러와 같이 전 지구적인 문제를 국제적인 협력을 통해 해결해야 하는 필요성이 커졌다.

17 투발루는 지구 온난화로 해수면이 상승하여 일부 섬이 바다 속으로 가라앉았고, 나머지 섬들도 침수될 위기에 처한 국가이다. 지구 온난화는 산업화 과정에서 과도한 화석 연료의 사용이 문제가 되면서 온실가스인 이산화 탄소가 증가하여 발생한 현상이다.

18 환경 문제는 어느 한 주체만의 노력으로 해결할 수 없는 사회 문제로 개인, 기업, 정부가 함께 해결해야 한다.

대단원 서술형·논술형 문제

본문 75쪽

01 **예시 답안** 정보화, 정보화는 지식과 정보가 중심이 되어 사회의 변화를 이끌어 가는 현상을 말한다. 정보화는 정치적으로 전자 투표, 인터넷상의 정치적 의견 개진 등을 통한 전자 민주주의를 실현시켜 시민의 정치 참여 기회를 확대시켰다.

필수 키워드 정보화, 전자 민주주의, 정치 참여

평가 기준

상	정보화와 그 의미를 명확히 쓰고, 정치적 측면의 영향을 전자 민주주의의 실현이 들어가게 서술한 경우
중	정보화와 그 의미를 명확히 쓰고, 정치적 측면의 영향을 전자 민주주의의 실현과 상관없는 내용으로 서술한 경우
하	정보화와 그 의미만 서술한 경우

02 **예시 답안** 지구 온난화, 지구 온난화 현상은 개별 국가만의 노력으로 해결될 수 없는 사회 문제이다. 환경 문제는 특정 국가만의 노력으로 해결될 수 없기 때문에 국제적인 협력을 통해 전 세계가 함께 해결하기 위해 노력하는 것이다.

필수 키워드 지구 온난화, 국제적인 협력

평가 기준

상	지구 온난화를 명확히 쓰고, 이를 해결하기 위해 국제적 협력이 필요함을 서술한 경우
하	지구 온난화라고만 쓴 경우

03 **예시 답안** 저출산·고령화 현상이 나타나고 있다. 저출산은 여성의 사회적 진출이 증가하고 자녀 양육에 대한 부담이 증가하면서 나타났다. 또한 고령화는 생활 수준의 향상과 의료 기술의 발전을 통해 평균 수명이 연장되어 전체 인구 중에 노인 인구의 비율이 높아져 나타났다. 이러한 저출산·고령화 현상은 생산 가능 인구를 감소시켜 노동력 부족 문제를 야기하고 경제 성장을 둔화시킨다. 또한 생산 가능 인구가 부담해야 하는 노년 부양비와 사회 복지 비용을 증가시킨다. 저출산·고령화 현상을 해결하기 위해 정부는 출산 장려 정책을 적극적으로 시행해야 한다. 특히 출산 장려금을 지급하고 직장 내 어린이집을 확대함으로써 양육 부담을 덜어주어야 한다. 또한 개인은 양성평등 의식을 확립하여 남성과 여성이 양육에 대한 책임을 함께하는 사회적 분위기가 형성되도록 노력해야 한다.

고령화 사회에서 나타나는 노년 부양비 증가 문제를 해결하기 위해 국민 연금과 같은 사회 안전망을 확립하고 노년층의 경제 활동을 장려하는 정책을 시행해야 한다. 이와 함께 고령화 현상을 모든 국민이 겪게 될 노년기의 삶의 질의 문제로 바라보는 사회적 인식이 뒷받침되어야 한다.

평가 기준

평가 항목	평가 내용
평가 충실도	정해진 분량 기준을 충족시킴 (단, 제시된 질문과 전혀 상관없는 내용으로 답변했을 시에는 분량 기준을 충족시키지 못한 것으로 간주함)
고차적 인지 능력	그래프 해석을 통해 저출산·고령화 현상이라고 명확하게 이해하여 그 원인과 문제점, 해결 방안을 제시할 수 있음
글의 타당성	자기 주장과 그에 대한 근거가 타당하게 연결되어 있음
글의 논리성	전체적인 글의 구성과 짜임새가 매끄러우며, 주장과 근거의 연결이 자연스러움

EBS 중학

뉴런 미니북

사회① 핵심 족보

Ⅰ. 내가 사는 세계	2
Ⅱ. 우리와 다른 기후, 다른 생활	6
Ⅲ. 자연으로 떠나는 여행	10
Ⅳ. 다양한 세계, 다양한 문화	13
Ⅴ. 지구 곳곳에서 일어나는 자연재해	17
Ⅵ. 자원을 둘러싼 경쟁과 갈등	20
Ⅶ. 개인과 사회생활	23
Ⅷ. 문화의 이해	26
Ⅸ. 정치 생활과 민주주의	29
Ⅹ. 정치 과정과 시민 참여	32
Ⅺ. 일상생활과 법	35
Ⅻ. 사회 변동과 사회 문제	38

I. 내가 사는 세계

01 다양한 지도 읽기

1. 우리가 사는 세계의 모습

(1) **대륙** : 지구 표면의 약 30%를 차지하며 아시아, 유럽, 아프리카, 오세아니아, 북아메리카, 남아메리카로 구분

(2) **해양** : 지구 표면의 약 70%를 차지하며 태평양, 인도양, 대서양, 남극해, 북극해로 구분

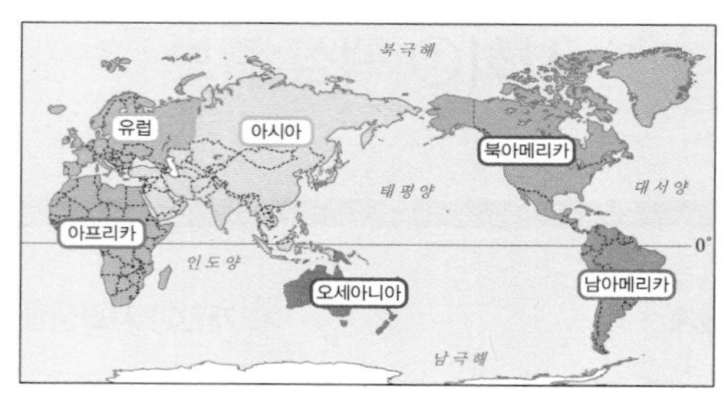

▲ 세계의 대륙과 해양

2. 지도에 표현된 다양한 정보 읽기

(1) **지도** : 지표면의 모습을 기호나 문자를 사용해 일정한 비율로 줄여서 나타낸 것

(2) **지도 읽기**

구분	의미	예시
축척	실제 거리를 지도에 줄여 나타낸 비율	1:50,000, 0 ▬▬ 1km (지도상의 1cm는 실제 50,000cm, 0.5km)
기호	지도에 나타낼 대상을 약속에 따라 표현한 것	• : 학교 • : 도로 • : 논 • : 철도
방위	지도에서 방향을 나타내는 것으로, 별도의 표시가 없으면 지도의 위쪽을 북쪽으로 함	북, 서, 동, 남 / 북, 북서, 북동, 서, 동, 남서, 남, 남동

(3) **일상생활과 지도** : 책, 신문, 텔레비전, 인터넷 등 여러 매체를 통해 다양한 형태의 지도를 볼 수 있음 예 지하철 노선도, 관광 안내도, 약도, 일기 예보 지도 등

3. 지도의 분류

목적에 따른 분류	일반도	여러 가지 목적으로 사용하기 위해 지표면의 일반적인 사항들을 표현한 지도
	주제도	특정한 목적을 위해 필요한 지표 현상만을 선택적으로 표현한 지도
규모에 따른 분류	대축척 지도	좁은 지역을 상세하게 표현한 지도
	소축척 지도	넓은 지역을 간략하게 표현한 지도

02 위치와 인간 생활

1. 위치의 표현

큰 규모의 위치 표현	대륙과 해양의 위치를 활용	예 우리나라는 유라시아 대륙의 동쪽에 위치하며 동쪽으로 태평양에 접해 있다.
	위도와 경도를 활용	예 우리나라는 북위 33°~43°, 동경 124°~132° 사이에 위치한다.
작은 규모의 위치 표현	랜드마크를 활용	주변 경관 중 눈에 가장 잘 띄어 위치 파악에 도움을 줌
	행정 구역을 활용	도로명 주소 체계를 이용하여 정확한 위치를 표현할 수 있음

2. 위도와 경도

위도	적도를 중심으로 지역의 위치가 남북으로 얼마나 떨어져 있는지를 나타내는 것 → 지구에 가상의 가로선(위선)을 그어 나타냄	
경도	본초 자오선을 중심으로 지역의 위치가 동서로 얼마나 떨어져 있는지를 나타내는 것 → 지구에 가상의 세로선(경선)을 그어 나타냄	
적도와 본초 자오선	적도	위도 0°, 북극과 남극에서 서로 같은 거리에 위치한 점을 이은 선
	본초 자오선	경선의 기준이 되는 선, 영국 런던의 그리니치 천문대를 지나는 선을 경도 0° 선으로 결정

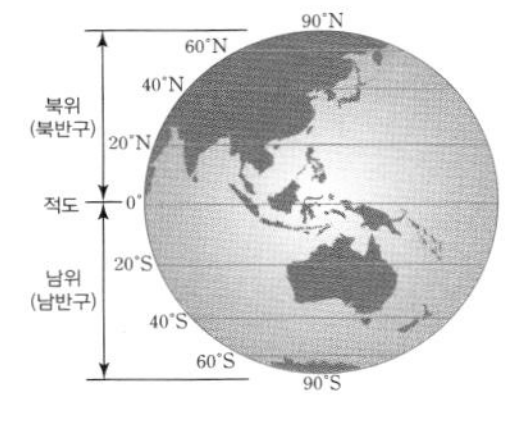

▲ 위도

▲ 경도

3. 위도와 인간 생활

위도에 따른 기온 차이	저위도	단위 면적당 비추는 태양 에너지의 양이 많아 일 년 내내 기온이 높음 → 통풍이 잘되는 가옥에서 간편한 옷차림으로 생활
	고위도	단위 면적당 비추는 태양 에너지의 양이 적어 일 년 내내 기온이 낮음 → 난방 시설이 갖추어진 가옥에서 두꺼운 옷을 입고 생활
위도에 따른 계절 차이	현상	북반구와 남반구는 서로 계절이 정반대로 나타남
	원인	지구의 자전축이 23.5° 기울어져 태양 주위를 공전하기 때문
	인간 생활에 영향	농작물의 수확 시기가 달라짐, 계절 차이를 이용한 관광 산업에 활용

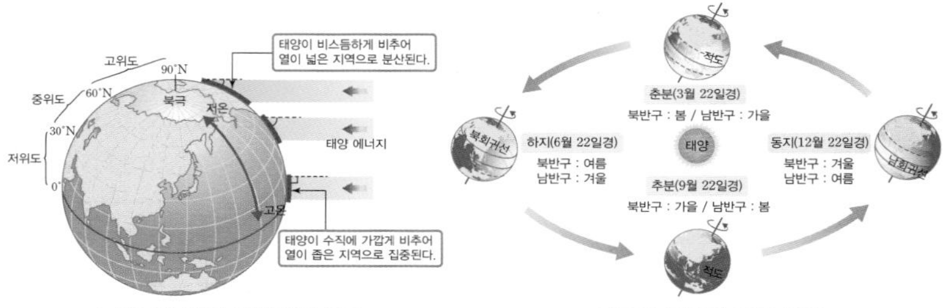

▲ 위도에 따른 일사량의 차이

▲ 지구의 공전과 계절 변화

4. 경도와 인간 생활

(1) 경도에 따른 시간 차이

시차의 계산	본초 자오선을 기준으로 15°씩 동쪽으로 갈수록 1시간씩 빨라지고, 서쪽으로 갈수록 1시간씩 늦어짐
날짜 변경선	본초 자오선의 반대편인 경도 180°선을 기준으로 각국의 영토를 고려하여 태평양에 그어진 선 → 이 선을 동에서 서로 넘어갈 때는 하루를 더하고, 서에서 동으로 넘어갈 때는 하루를 뺌
표준시	자기 지역을 지나거나, 인근의 경선을 표준 경선으로 정하여 그 경선에서의 시각을 표준시로 사용

(2) 시차와 인간 생활

① 해외여행을 떠날 때나 해외로 전화를 할 때는 시차를 고려해야 함

② 해외에서 경기가 열릴 때는 선수들이 미리 이동하여 시차 적응 훈련 실시

③ 미국과 인도 사이에는 약 13시간의 시차가 있어 연속적으로 업무를 처리

④ 키리바시 등 날짜 변경선 근처에 위치한 국가들은 해돋이 관광 산업이 발달

03 지리 정보의 이용

1. 지리 정보의 종류와 수집 방법

종류	공간 정보	지리 현상이 발생하는 위치에 관한 정보 예 우리 학교는 △△동에 있어.
	속성 정보	지리 현상의 특징에 관한 정보 예 우리 학교는 남녀 공학이야.
	관계 정보	다른 지리 현상과의 관계에 관한 정보 예 우리 학교는 △△초등학교 옆에 있어.
수집 방법	간접 조사	인터넷, 지도, 문헌 등을 이용해 지역을 방문하지 않고 자료를 수집하는 방법
	직접 조사	지역에 직접 방문하여 관찰, 실측, 면담 및 설문 조사 등을 활용하는 방법
	원격 탐사	멀리 떨어진 곳의 정보를 수집하기 위해 인공위성이나 항공기 등에 있는 감지기를 통해 전자기파를 탐지하는 방법

2. 지리 정보 시스템(GIS)

의미	다양한 지리 정보를 디지털 자료로 변환시켜 저장 · 분석 · 활용하는 종합적인 관리 체계
장점	원하는 정보를 쉽게 추출하고, 이를 사용자의 요구에 맞게 효과적으로 표현
이용	시설물과 사업체의 입지 선정 등 공간적 의사 결정이 필요한 다양한 분야에서 활용

▲ 지리 정보 시스템의 활용

3. 생활 속의 지리 정보

위성 위치 확인 시스템(GPS)	인공위성을 이용하여 현재 자신의 위치를 정확하게 알아낼 수 있는 시스템
내비게이션	현 위치에서 목적지까지 이르는 가장 빠른 길을 탐색 및 안내
인터넷 지도	포털 사이트에서 제공하는 인터넷, 스마트폰 지도 서비스를 이용
증강 현실(AR)	사용자가 눈으로 보는 현실에 가상의 물체를 겹쳐 보여주는 서비스
공공 서비스	지능형 교통 시스템(ITS), 일기 예보 서비스, 공공 지도

Ⅱ. 우리와 다른 기후, 다른 생활

01 세계 기후 지역

1. 세계의 기온과 강수량 분포

기온	위도의 영향 → 적도에서 가장 높고, 고위도로 갈수록 낮아짐
강수량	• 강수량이 많은 곳 : 적도 부근, 해안가, 난류가 흐르는 지역 등 • 강수량이 적은 곳 : 남 · 북회귀선 부근, 극지방, 한류가 흐르는 지역 등

2. 세계의 기후 지역

열대 기후	적도 부근, 일사량이 많아 연중 더움, 밀림 형성
건조 기후	남 · 북위 20°~30° 부근, 연 강수량 500mm 미만, 강수량<증발량, 사막 · 초원 분포
온대 기후	중위도 지방, 계절의 변화가 뚜렷함, 기온이 온화하고 강수량이 적당함
냉대 기후	온대 기후 지역보다 위도가 높은 지역에 분포, 기온의 연교차가 큼, 침엽수림 분포
한대 기후	극지방과 가까운 곳, 연중 낮은 기온, 눈과 얼음으로 덮이거나 이끼류가 분포

▲ 열대 기후 지역

▲ 건조 기후 지역

▲ 냉대 기후 지역

▲ 한대 기후 지역

3. 인간 거주에 유리한 기후 지역

온대 기후 및 냉대 기후 지역	• 기온과 강수 조건이 농업 활동에 유리 • 상공업과 도시 발달 예 서부 유럽
열대 계절풍 기후 지역	벼농사에 유리하여 많은 사람이 거주 예 동남아시아 지역
열대 고산 기후 지역	• 적도 부근의 해발 고도가 높은 곳 예 안데스 산지 • 일 년 내내 봄과 같은 온화한 날씨 → 고산 도시 발달

4. 인간 거주에 불리한 기후 지역

열대 기후 지역	연중 덥고 습하며, 밀림으로 덮임 예 아마존강 유역
건조 기후 지역	연 강수량이 부족하여 농업에 불리
한대 기후 지역	기온이 너무 낮아 농업에 불리 예 시베리아 북부, 남극 대륙

02 열대 우림 기후 지역의 생활

1. 열대 우림 기후 지역의 자연환경

특징	기온	• 가장 추운 달의 평균 기온이 18℃ 이상 • 계절의 변화 없이 연중 더운 날씨 지속 • 연교차 < 일교차	싱가포르 기온(℃) 30, 20, 10, 0, −10, −20 강수량(mm) 500, 400, 300, 200, 100, 0 1 3 5 7 9 11(월)
	강수량	• 연중 강수량이 많아 매우 습함 • 열대성 소나기인 스콜이 거의 매일 내림	
분포	적도를 중심으로 분포(아프리카의 콩고 분지, 남아메리카의 아마존강 유역, 동남아시아의 인도네시아 등)		
식생	열대 우림(다양한 높이의 나무들이 빽빽하게 들어섬) → 다양한 동물의 서식지, 온실 효과 억제 등		

2. 열대 우림 기후 지역의 주민 생활

의생활	통풍이 잘되는 얇고 간편한 옷	
식생활	음식 변질을 막기 위해 기름에 튀기거나 향신료를 많이 사용, 다양한 열대 과일	
주생활	• 개방적 구조, 급경사의 지붕 • 고상 가옥 : 바닥을 지면에서 떨어지게 지어 지표면에서 전달되는 열기와 습기 차단, 해충과 뱀의 침입 방지	
농업	벼농사	토양이 비옥한 동남아시아 지역의 하천 유역
	이동식 화전 농업	숲에 불을 질러 만든 경작지에서 작물을 재배하다가 지력이 떨어지면 다른 곳으로 이동, 카사바와 얌 등을 재배
	플랜테이션	선진국의 기술과 자본 + 개발 도상국 주민들의 노동력 → 카카오, 천연고무, 바나나 등 상품 작물을 대규모로 재배

3. 열대 우림 기후 지역의 변화

열대 우림 면적 감소	• 원인 : 도시 건설, 농경지 개간, 자원 개발 등 • 문제점 : 동식물 서식지 파괴, 원주민 생활 근거지 파괴, 지구 온난화 가속화 등
현대적 거주 공간	• 교통이 편리한 해안을 중심으로 도시 발달 예 싱가포르 • 열대 해안 지역에 세계적 휴양 도시 건설 • 생태 관광 발달, 다양한 관광 상품 개발을 통한 관광지 건설 등

Ⅱ. 우리와 다른 기후, 다른 생활

03 온대 기후 지역의 생활

1. 온대 기후의 구분과 특징

구분	내용
온대 계절풍 기후	• 분포 : 유라시아 대륙 동안, 북아메리카 대륙 동안 • 특징 : 여름은 고온 다습, 겨울은 한랭 건조 → 기온의 연교차가 크고, 강수량의 계절 차가 큼
서안 해양성 기후	• 분포 : 서부 유럽, 북아메리카 북서 해안, 뉴질랜드 등 • 특징 : 기온의 연교차가 작고, 계절별 강수량이 고르게 나타남 → 편서풍과 난류의 영향
지중해성 기후	• 분포 : 지중해 연안, 미국 캘리포니아, 오스트레일리아 남서부 등 • 특징 : 여름은 고온 건조, 겨울은 온난 습윤

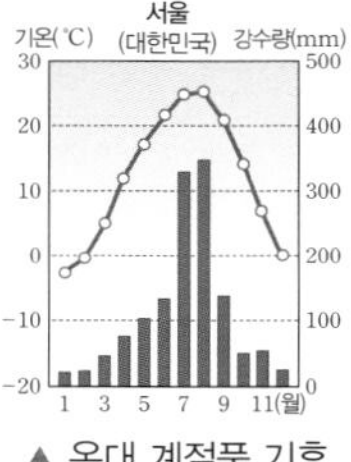

▲ 온대 계절풍 기후

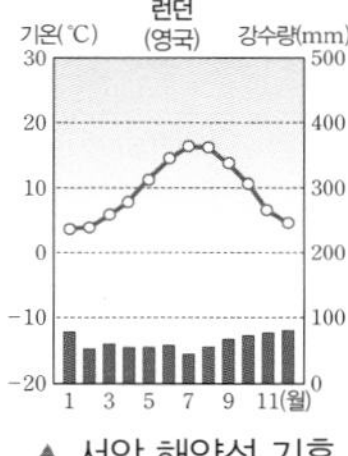

▲ 서안 해양성 기후

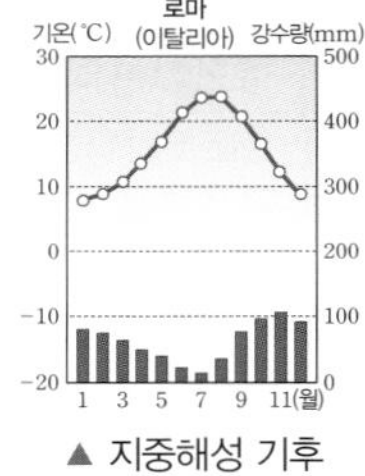

▲ 지중해성 기후

2. 온대 기후 지역의 주민 생활

온대 계절풍 기후	농목업	벼농사 발달 → 여름철의 고온 다습한 기후
	기타	• 온돌, 대청마루 등이 설치된 가옥 • 쌀을 중심으로 한 음식 문화 발달
서안 해양성 기후	농목업	• 혼합 농업 발달(곡물 재배+가축 사육) → 서늘하고 습윤한 기후로 목초지 조성에 유리 • 선선한 여름 날씨에 잘 자라는 밀, 호밀, 감자 등을 재배 • 대도시 주변 : 원예 농업, 낙농업 발달
	기타	• 날씨가 맑은 날 일광욕을 즐김 • 빵과 육류 위주의 식생활
지중해성 기후	농목업	• 여름 : 수목 농업 발달(포도, 올리브 등) • 겨울 : 곡물 농업 발달(밀, 보리 등)
	기타	강한 햇빛을 막기 위해 건물의 벽을 흰색으로 칠한 경우가 많음

04 건조 기후 지역과 툰드라 기후 지역의 생활

1. 건조 기후 지역의 자연환경

특징	• 강수량 : 연 강수량 500mm 미만, 강수량 < 증발량 • 기온 : 일교차가 매우 큼
구분	• 사막 기후 : 연 강수량 250mm 미만, 자갈 · 암석 사막이 대부분 • 스텝 기후 : 연 강수량 250~500mm, 짧은 풀이 자라 초원을 이룸
분포	• 사막 기후 : 남 · 북회귀선 부근, 대륙 내부, 한류가 흐르는 해안 등 • 스텝 기후 : 사막을 둘러싼 지역에 분포

2. 건조 기후 지역의 주민 생활

구분	사막 기후	스텝 기후
의생활	온몸을 감싸는 헐렁한 옷	가축의 털이나 가죽으로 만든 옷
주생활	흙벽돌집, 평평한 지붕, 두꺼운 벽, 작은 창문	이동식 가옥 → 조립과 분해가 쉬운 천막의 형태
농업	• 오아시스 농업 • 지하 관개 수로를 통한 관개 농업	• 유목 : 가축을 이끌고 물과 풀을 찾아서 이동 • 기업적 밀농사, 기업적 목축업

3. 툰드라 기후 지역의 자연환경

분포	북극해 연안을 중심으로 한 고위도 지역
특징	• 기온 : 가장 따뜻한 달의 평균 기온이 10℃ 미만 • 강수량 : 강수량 적음, 증발량이 많지 않아 지표가 습함 • 여름 : 짧은 여름 동안 기온이 0℃ 이상으로 오름 → 짧은 풀이나 이끼류가 자람, 백야 현상(낮이 계속되는 현상) 발생 • 겨울 : 땅이 눈과 얼음으로 덮임, 극야 현상(밤이 계속되는 현상) 발생

4. 툰드라 기후 지역의 주민 생활

의생활	동물의 털과 가죽으로 만든 두꺼운 옷과 신발
식생활	• 날고기 · 날생선 섭취(비타민과 무기질 보충) • 냉동 · 훈제 · 염장 · 건조 등의 저장 방법 이용
주생활	• 전통 가옥 : 이동에 유리한 천막집 • 고상 가옥 : 지면이 녹아 가옥이 붕괴되는 것을 막기 위해 지면으로부터 띄워 지음
산업	순록 유목, 사냥, 어업, 채집 등

Ⅲ. 자연으로 떠나는 여행

01 산지 지형으로 떠나는 여행

1. 지형의 형성 작용

지구 내부의 힘에 의한 작용	• 지구 내부의 열에너지가 지각에 작용하여 지표의 기복을 만드는 작용 • 조륙 운동(융기, 침강) 조산 운동(습곡, 단층), 화산 활동 등
지구 외부의 힘에 의한 작용	• 지구 외부의 태양 에너지에 의한 물과 공기의 순환으로 지표가 변형되는 작용 • 침식 · 운반 · 퇴적 작용, 풍화 작용 등

2. 세계의 산맥과 산지

고기 습곡 산지	• 오랫동안 침식을 받아 고도가 낮고 완만함 • 대표 산지 : 우랄산맥, 그레이트디바이딩산맥, 애팔래치아산맥 등
신기 습곡 산지	• 해발 고도가 높고 험준하며, 지진이나 화산 활동 활발 • 대표 산지 : 알프스산맥, 히말라야산맥, 로키산맥, 안데스산맥 등
고원	• 해발 고도가 높지만 기복이 작고 평탄한 지형 • 낮고 평탄했던 지형이 융기하거나, 화산 활동으로 흘러나온 용암이 굳어져 형성
화산	지하 또는 해저의 마그마가 분출하여 형성된 지형

▲ 세계 주요 산맥의 분포

3. 산지 지역의 주민 생활

알프스 산지	산악 스포츠 및 관광 산업 발달, 소몰이 축제와 치즈 분배 축제
히말라야 산지	• 세계적으로 높은 봉우리에 등산객이 몰려들어 관광 산업 발달 • 고산 지역에서는 양이나 야크 등을 방목하는 목축업 발달
안데스 산지	• 고산 지역은 일 년 내내 봄처럼 따뜻한 기후 • 고대 문명 발달(마추픽추), 라틴 아메리카의 주요 도시는 고산 지역에 분포

02 해안 지형으로 떠나는 여행

1. 다양한 해안 지형

암석 해안	• 해식애 : 파도의 침식 작용으로 형성된 절벽, 관광지로 주로 이용 • 파식대 : 파도의 침식 작용으로 형성된 해식애 전면에 생긴 완경사의 평탄면 • 해식 동굴 : 파도의 침식 작용으로 해식애에 형성된 동굴 • 시 스택, 시 아치 : 파도의 침식 작용으로 형성된 기암괴석
모래 해안	• 사빈 : 파도와 연안류가 해안을 따라 모래를 쌓아 형성된 퇴적 지형 • 해안 사구 : 사빈의 모래가 바람에 의해 이동되어 퇴적된 모래 언덕 • 석호 : 후빙기 해수면 상승으로 해안 저지대가 침수되어 만을 만들고 그 앞에 사주가 발달하여 형성된 호수
갯벌	조류의 작용으로 미세한 흙이 퇴적되어 형성된 지형
기타	산호초 해안, 맹그로브 숲 : 해일이나 파도의 침식에서 해안을 보호하며 다양한 바다 생물의 안식처가 됨

2. 세계적으로 유명한 해안 지형

송네 피오르 (노르웨이)	빙하의 침식으로 생긴 골짜기에 바닷물이 들어오면서 형성된 만으로, 수심이 깊은 곳은 약 1,300m에 이름
그레이트 베리어리프 (오스트레일리아)	• '대보초'라고도 불리는 세계 최대의 산호초 지대 • 산호초의 대부분은 바다에 잠겨 있고, 일부만이 바다 위로 올라와 있음
12사도 바위 (오스트레일리아)	석회암으로 된 바위 절벽이 파랑의 침식 작용을 받아 해식애와 돌기둥이 형성됨
코파카바나 해변 (브라질)	리우데자네이루 남부의 코파카바나 해변은 길게 뻗은 모래사장(사빈)이 유명하며, 세계적인 해안 휴양지임

3. 해안 지역의 주민 생활

(1) 해안 지역의 이용

① 어업과 양식업에 종사

② 대규모 무역항이나 공업 도시로 성장

③ 아름다운 경관을 바탕으로 한 관광 산업 발달

(2) 관광 산업이 미친 영향

① **긍정적 측면** : 일자리 창출 및 수익 증대, 주민들의 삶의 질 향상

② **부정적 측면** : 해안 생태계 파괴, 관광객과 주민 사이에 문화적 갈등 발생

03 우리나라의 자연 경관

1. 산지 지형

우리나라 산지의 특징	• 국토의 약 70%가 산지이지만, 대체로 낮고 완만함 • 높은 산지는 대부분 북동부 지역에 분포, 동고서저의 지형
우리나라 하천의 특징	동쪽에 높은 산지가 많아 큰 하천은 대부분 동쪽에서 서쪽으로 흐름

2. 해안 지형

서 · 남해안	• 리아스 해안 : 만이 발달하여 해안선의 드나듦이 복잡하고 섬이 많이 분포 • 조차가 커서 썰물 때 바닷물이 빠져나가면서 넓은 갯벌이 드러남 • 염전, 양식장, 관광지로 활용하거나 간척 사업을 통해 농경지, 공업 단지로 조성
동해안	• 산맥과 해안선이 평행하게 발달하여 해안선이 단조로운 편 • 조차가 작고 파랑의 작용이 활발하여 다양한 지형이 발달 • 모래 해안(사빈, 석호 등), 암석 해안(해식애, 시 스택 등)

3. 카르스트 지형

(1) **형성** : 석회암의 주성분인 탄산칼슘이 빗물과 지하수에 의해 녹으면서 형성

(2) **분포** : 강원도 남부와 충청북도 북동부 일대

(3) **석회동굴** : 대표적인 카르스트 지형으로 동굴 내부에 종유석, 석순, 석주 등이 발달

4. 화산섬, 제주도

세계 자연 유산	한라산, 성산 일출봉, 거문오름 용암동굴계
한라산	전체적으로 경사가 완만하여 방패 모양을 이루나 정상 부분은 급경사를 이룸, 백록담(화구호)
오름	화산 활동에 의해 형성된 소규모 화산, 한라산에 360여 개 분포
현무암	지표수를 구하기 어려워 벼농사가 어려움 → 밭농사 중심의 토지 이용
용암동굴	용암이 지하에서 식으면서 냉각 속도의 차이에 의해 형성된 동굴

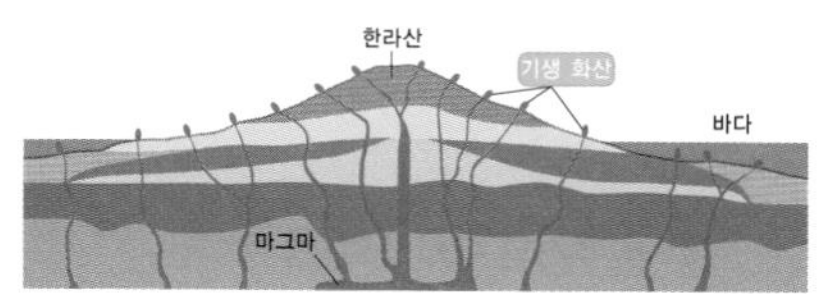

▲ 오름(기생 화산)

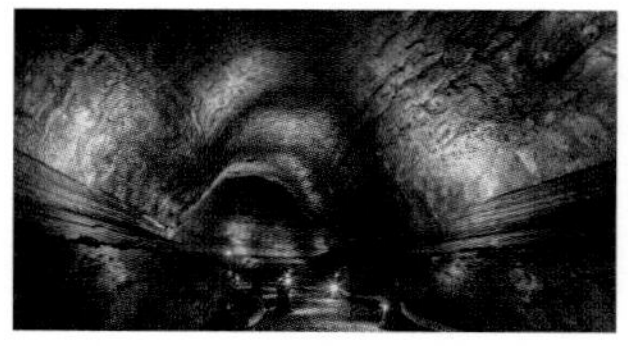

▲ 용암동굴(만장굴)

Ⅳ. 다양한 세계, 다양한 문화

01 다양한 문화 지역

1. 지역마다 다른 문화

(1) **문화** : 인간이 자연환경을 극복하고 자연과 상호 작용하는 과정에서 만들어 낸 사고방식이나 생활 양식

(2) **문화 지역의 의미와 구분**

구분		내용
의미		• 같은 문화 요소를 공유하거나 유사한 문화 경관이 나타나는 공간적 범위 → 문화권 • 종교, 언어, 민족, 의식주 등 다양한 문화 요소를 기준으로 구분 • 문화 지역은 고정된 것이 아니라 구분 기준에 따라 달라질 수 있음
구분	언어와 문화 지역	일반적으로 하나의 민족은 같은 언어를 사용하기 때문에 민족을 구분하는 기준이 되기도 함
	종교와 문화 지역	• 크리스트교 문화 지역 : 높고 뾰족한 십자가를 세운 성당이나 교회 • 불교 문화 지역 : 사찰, 불상, 탑 등 • 이슬람교 문화 지역 : 둥근 지붕과 뾰족한 탑으로 이루어진 모스크, 돼지고기 금기 등 • 힌두교 문화 지역 : 소를 숭배하여 소고기를 먹지 않음

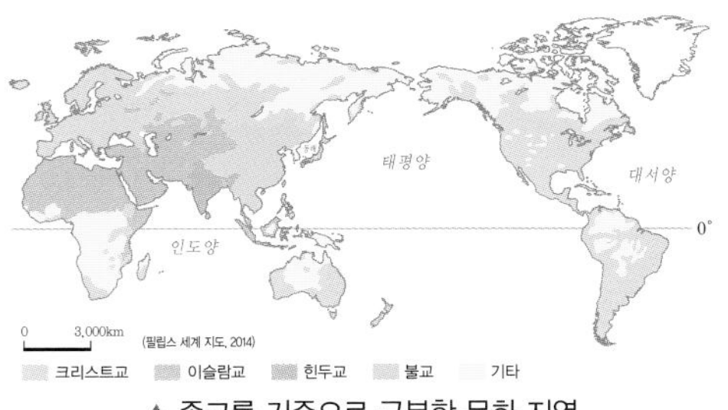

▲ 종교를 기준으로 구분한 문화 지역

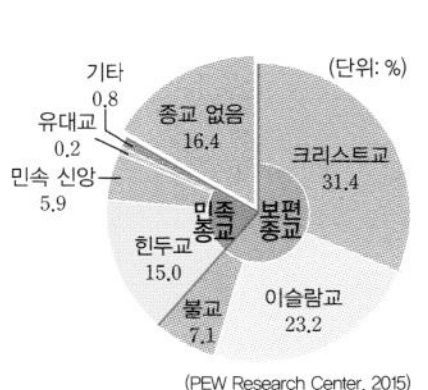

▲ 세계의 종교 인구

2. 지역별로 문화 차이가 발생하는 이유

(1) **자연환경에 따른 문화의 지역 차**

구분	내용
의식주 문화	• 의복 : 추운 곳에서는 몸을 감싸는 털옷, 더운 곳에서는 통풍이 잘되는 옷 • 음식 : 환경에 따라 구할 수 있는 재료가 달라 조리 방식과 먹는 방법이 다양 • 가옥 : 주변에서 쉽게 구할 수 있는 재료를 이용, 기후 환경을 극복하는 형태
농업 방식	• 강수량이 풍부한 지역 : 주로 벼농사(동남아시아) • 강수량이 부족한 지역 : 유목(서남아시아, 극지방)

(2) 경제 · 사회적 환경에 따른 문화의 지역 차

산업 발달, 소득 수준에 따른 차이	• 경제 발전 수준이 높을수록 인공적인 경관이 두드러지며 현대적인 생활 모습이 나타남 • 인터넷과 교통수단 등이 발달하면서 문화가 서로 교류하여 다양해지고 융합되거나 사라지기도 함
종교, 언어, 관습 등에 따른 차이	• 이슬람교 : 돼지고기와 술을 먹지 않고 할랄 식품만 먹음, 여성들은 부르카나 히잡 착용 • 힌두교 : 소를 신성시하여 소고기를 먹지 않고, 여성들은 사리를 입음

3. 세계의 다양한 문화 지역

북극 문화 지역	순록 유목, 추운 기후에 적응한 생활 양식
유럽 문화 지역	크리스트교 문화 발달, 일찍 산업화
동아시아 문화 지역	유교, 불교, 한자, 젓가락 문화 등의 공통점
건조 문화 지역	서남아시아와 북부 아프리카 지역, 주로 유목 생활, 대부분 이슬람교 신봉, 아랍어 사용
인도 문화 지역	불교와 힌두교의 발상지, 다양한 종교와 언어
아프리카 문화 지역	유럽의 식민 지배, 부족 중심의 생활
동남아시아 문화 지역	주로 벼농사, 인도와 중국의 영향
오세아니아 문화 지역	유럽인이 개척한 지역, 원주민 문화의 전통
앵글로아메리카 문화 지역	산업 발달, 인종 구성이 매우 다양
라틴 아메리카 문화 지역	인디오, 백인, 흑인, 혼혈족으로 구성, 독특한 문화 형성, 라틴계 백인의 영향, 가톨릭교 신봉

건조 문화 지역
주로 유목 생활을 하며, 대부분의 주민들이 이슬람교를 믿는다.
유럽 문화 지역
크리스트교 문화가 발달하였으며, 일찍 산업화를 이루었다.
북극 문화 지역
순록을 유목하며, 추운 기후에 적응한 생활 양식이 나타난다.
앵글로아메리카 문화 지역
산업이 발달하였으며, 인종 구성이 매우 다양하다.
0 3,000 km
북극 문화 지역
유럽 문화 지역
대서양
아프리카 문화 지역
유럽의 식민 지배를 받았으며, 부족 중심의 생활을 한다.
동아시아 문화 지역
앵글로아메리카 문화 지역
라틴 아메리카 문화 지역
인디오, 백인, 흑인, 혼혈족으로 구성되어 독특한 문화를 형성한다.
건조 문화 지역
인도 문화 지역
동남아시아 문화 지역
태평양
0°
아프리카 문화 지역
인도양
라틴 아메리카 문화 지역
오세아니아 문화 지역
(디르케 세계 지도, 2015, 휴먼 지오그래피, 2010)
인도 문화 지역
불교와 힌두교의 발상지로 다양한 종교와 언어가 나타난다.
동남아시아 문화 지역
주로 벼농사를 지으며, 인도와 중국의 영향을 받았다.
동아시아 문화 지역
유교, 불교, 한자, 젓가락 문화 등의 공통점이 나타난다.
오세아니아 문화 지역
유럽인이 개척한 지역으로, 원주민 문화의 전통이 남아 있다.

02 세계화와 문화 변용

1. 문화 변용

(1) **문화 접촉** : 서로 다른 문화적 배경을 지닌 개인이나 집단이 문화적인 면에서 지속적으로 접촉하는 것

(2) **문화 전파** : 문화 접촉이 반복적으로 이루어지고 시간이 흐르면 한 사회의 문화 요소가 다른 사회로 전해져 정착하게 되는 것

(3) **문화 전파에 따른 문화 변용**

문화 공존	서로 다른 두 문화가 함께 존재함
문화 동화	하나의 문화는 남고, 다른 문화는 사라짐
문화 융합	두 문화가 만나 새로운 문화가 만들어짐

(4) **문화 변용에 따른 지역 변화** : 지역마다 다양한 모습으로 나타남

① 지역 고유의 문화적 특성을 유지하면서 다른 문화를 받아들여 새로운 문화를 창조하기도 함

② 전파된 문화를 선택적으로 받아들여 변형하기도 함

③ 접촉하거나 전파된 문화에 동화되어 지역의 고유한 문화적 특성이 사라지기도 함

2. 세계화가 문화에 미친 영향

(1) **세계화에 따른 문화 변용**

문화의 세계화	교통과 통신의 발달로 지역 간 상호 작용이 활발해짐
문화의 다양화	세계화에 따라 지역 간 문화 교류가 늘어나면서 문화가 다양해짐 → 삶이 더욱 풍요로워짐
문화의 획일화	세계화에 따라 강력한 영향력을 가진 외래문화가 유입되면서 전통문화가 사라짐

(2) **문화의 세계화가 지역에 미친 영향**

문화적 갈등 발생	지역 간 문화적 차이로 갈등이 나타나기도 하며, 청소년 문화의 급격한 서구화로 세대 간 문화 격차가 커지기도 함
서구 문화로의 획일화	지역의 전통문화가 소멸하기도 하고 문화적 다양성이나 정체성이 훼손되기도 함
지역 문화의 창조적 발전	전통문화에 새로운 문화를 더하여 지역 문화를 창조적으로 발전시키기 위한 시도

03 문화의 공존과 갈등

1. 서로 다른 문화의 공존

(1) **문화의 공존** : 오늘날 세계의 각 지역에는 서로 다른 문화를 가진 사람들이 공존하는 곳이 늘고 있음

(2) **사례 지역**

스위스	독일어, 프랑스어, 이탈리아어, 로만슈어를 공용어로 사용
싱가포르, 말레이시아	서로 다른 민족, 언어, 종교가 공존하는 대표적인 국가
브라질	아메리카 원주민, 유럽계 백인, 아프리카계 흑인이 함께 문화를 가꾸어 온 나라
남아프리카 공화국	넬슨 만델라가 집권하면서 인종 차별 철폐를 추진

2. 문화적 갈등이 나타나는 지역

(1) **원인** : 언어와 종교의 차이

(2) **언어 갈등**

캐나다 퀘벡주	프랑스어를 사용하고 프랑스 문화를 유지하며 살아가는 퀘벡주와 캐나다 본토와의 갈등
벨기에	네덜란드어를 사용하는 북부 지역과 프랑스어를 사용하는 남부 지역 간의 갈등

(3) **종교 갈등**

팔레스타인-이스라엘 분쟁	이슬람교를 믿는 팔레스타인과 유대교를 믿는 이스라엘 간의 분쟁
카슈미르 분쟁	카슈미르 지역을 두고 인도(힌두교)와 파키스탄(이슬람교) 간의 분쟁
북아일랜드 분쟁	영국(개신교)과 아일랜드(가톨릭교) 간의 분쟁

3. 다양한 문화의 공존

(1) **문화의 다양성 인정** : 다양한 삶의 방식을 지닌 개인이나 집단 간의 문화적 차이를 인정

(2) **국가적 차원의 노력** : 다민족으로 구성된 국가에서는 여러 개의 공용어를 지정하거나 종교의 자유를 법으로 보장

(3) **개인적 차원의 노력** : 문화 상대주의와 다문화주의의 태도를 지녀야 함

V. 지구 곳곳에서 일어나는 자연재해

01 자연재해 발생 지역

1. 자연재해의 의미와 종류

의미	인간과 인간 활동에 피해를 끼치는 자연 현상	
종류	지각 변동에 의한 재해	화산 활동, 지진, 지진 해일(쓰나미) 등
	기후와 관련된 재해	홍수, 가뭄, 열대 저기압, 폭설, 한파, 토네이도 등

2. 지각 변동에 의한 재해

(1) **화산 활동 및 지진**

① **화산 활동** : 마그마가 지각의 약한 부분을 뚫고 나와 분출하는 현상

② **지진** : 지구 내부 힘이 지표면에 전달되면서 땅이 흔들리거나 갈라지는 현상

③ **발생 지역** : 지각판의 경계 부근(조산대)에서 주로 발생, 알프스·히말라야 조산대와 환태평양 조산대(불의 고리)에서 활발

(2) **지진 해일** : 해저에서 지진, 화산 폭발 등이 발생하면서 일어나는 대규모 파도가 해안을 덮치는 현상

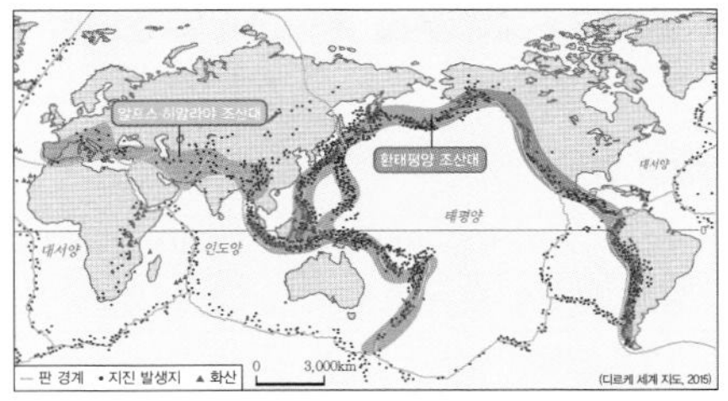

▲ 지진과 화산 활동이 자주 발생하는 지역

3. 기후적 요인에 의한 재해

홍수	• 의미 : 많은 비가 내려 하천의 물이 흘러넘쳐 삶의 터전이 잠기는 현상 • 발생 지역 : 아시아 계절풍 기후 지역, 북극해로 유입되는 하천 유역 등
가뭄	• 의미 : 오랫동안 비가 내리지 않아 땅이 메마르고 물이 부족해지는 현상 • 발생 지역 : 건조 기후 지역과 그 주변
열대 저기압	• 의미 : 열대 지역의 해상에서 발생하여 중위도 지역으로 이동하는 저기압 • 발생 지역 : 북태평양 서부, 대서양, 인도양 및 아라비아해 저위도 해상 지역 • 명칭 : 태풍(필리핀 부근 → 동아시아), 사이클론, 허리케인

02 자연재해와 주민 생활

1. 지각 변동에 의한 재해의 영향

지진	피해	• 시설물 붕괴로 인한 인명 및 재산 피해 • 산사태 발생 • 지진 해일이 일어나 해안 지대에 피해 • 전기 누전 및 화재 발생
화산 활동	피해	• 농경지 및 각종 시설물 매립 • 화재, 산사태 발생 • 화산재 분출로 인한 햇빛 차단 → 기온 하강, 항공기 운항에 지장
	긍정적 영향	• 비옥한 화산재 토양을 이용한 농작물 재배 • 온천, 화산 지형 경관을 이용한 관광 산업 발달 • 지열 발전을 통한 전력 생산 • 유황 등 자원 채굴

▲ 농작물 재배

▲ 지열 발전

▲ 관광 산업

▲ 유황 채굴

2. 기후와 관련된 재해의 영향

홍수	피해	농경지 · 가옥 · 도로 등의 침수, 산사태 발생, 생태계 파괴 등
	이점	물과 영양분의 공급으로 토양이 비옥해짐, 가뭄 해소
가뭄	피해	• 농업 활동에 지장 • 식수 및 각종 용수 부족 • 산불 발생 위험 증가
열대 저기압	피해	• 강한 바람과 집중 호우 동반 • 항만 시설, 선박, 제방 등의 파괴 • 해안 저지대 침수, 홍수, 산사태 발생
	이점	• 무더위 해소, 가뭄 해결 • 바다의 적조 현상 완화 • 지구의 열적 균형 유지
폭설	피해	가옥이나 건축물 붕괴, 교통 대란
	이용	눈을 이용한 축제 개최, 동계 스포츠 발달

03 자연재해 대응 방안

1. 인간 활동과 자연재해

(1) 인간 활동과 홍수

① 원인 : 무분별한 산지 및 도시 개발, 곡류 하천의 직선화, 지구 온난화 심화

② 결과 : 홍수 발생 횟수 및 피해 규모 증가

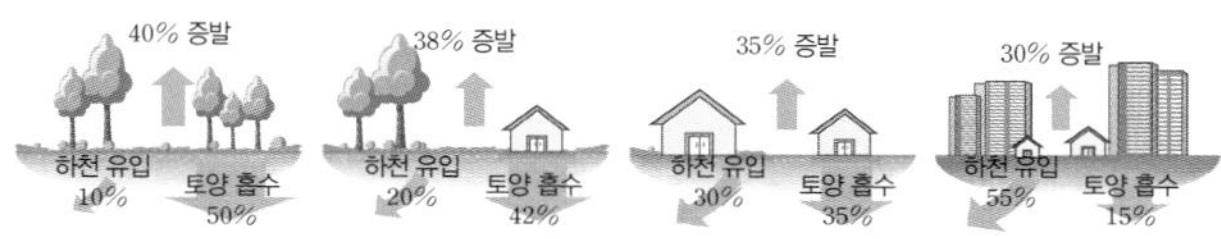

▲ 삼림 지역과 도시 지역의 빗물 흡수 능력 비교

(2) 인간 활동과 사막화

① 의미 : 사막 주변의 초원 지대가 황폐해진 땅으로 변하는 현상

② 발생 지역 : 아프리카 사헬 지대, 중국 내륙, 북아메리카 대륙 서부 지역 등

③ 원인 및 대책

원인	• 과도한 농경지 개발 및 가축 방목 • 무분별한 삼림 벌채, 지나친 관개 농업
대책	• 사막화 방지 협약 체결, 사막화 지역의 난민 구호 활동 • 나무 심기 운동, 무분별한 방목 규제

2. 자연재해의 대응 방안

(1) 지각 변동에 의한 자연재해 대응

지진	• 내진 설계 건축 의무화 • 정밀한 예보 체계 구축, 주기적인 대피 훈련 실시
화산 활동	• 지속적인 화산 관측 • 용암을 막기 위한 인공 벽이나 인공 하천 건설

(2) 기후와 관련된 자연재해 대응

홍수	• 녹색 댐(숲) 조성, 다목적 댐이나 제방 건설 • 배수 시설 정비, 하천 변에 홍수터 조성
가뭄	숲 조성, 다목적 댐 및 저수 시설 건설, 물 절약
열대 저기압	• 정확한 예보 체계 구축 • 풍수해를 대비한 시설물 점검 및 관리 • 습지 보존

Ⅵ. 자원을 둘러싼 경쟁과 갈등

01 자원의 특성과 자원 갈등

1. 자원의 의미와 특성

(1) **의미** : 인간 생활에 유용하게 사용되는 모든 것

(2) **특성**

편재성	공간상에 불균등하게 분포하는 특징
유한성	대부분의 자원은 재생할 수 없으며, 매장량이 한정되어 있음
가변성	자원의 가치는 시대와 장소, 과학 기술, 사회 · 문화적 배경에 따라 달라짐

2. 주요 자원의 분포와 소비

(1) **에너지 자원의 분포와 소비**

석유	소비 특징	세계에서 가장 많이 소비하는 에너지 자원
	분포	페르시아만을 중심으로 한 서남아시아 지역에 집중적으로 분포
	이동	편재성이 높아 국제적 이동이 많음
	용도	난방, 운송, 전기 생산 용도의 에너지 자원 뿐만 아니라 플라스틱, 섬유, 아스팔트 등의 원료로 사용되기도 함
석탄	소비 특징	산업 혁명 시기부터 본격적으로 사용된 에너지 자원
	분포	석유보다 비교적 고르게 분포함
	용도	화력 발전, 제철 공업의 원료로 사용

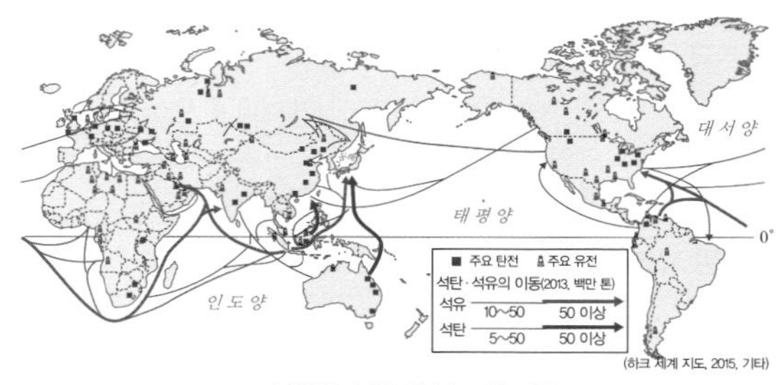

▲ 석유와 석탄의 분포와 이동

(2) **식량 자원의 분포**

① 쌀 : 아시아 계절풍 기후 지역에서 주로 생산

② 밀 : 서늘하고 건조한 기후에서도 재배가 가능하여 넓은 지역에서 재배

3. 자원 확보를 위한 경쟁과 갈등

<table>
<tr><td rowspan="4">석유</td><td>발생 원인</td><td colspan="2">석유 자원의 편재성과 유한성, 자원 민족주의의 등장 → 석유 수출국 기구(OPEC)를 결성하여 석유 생산량과 가격 조절에 영향력 행사</td></tr>
<tr><td>경쟁</td><td colspan="2">새로운 유전 개발, 자원 외교, 새로운 석유 채굴 방식 개발(셰일 오일 등)</td></tr>
<tr><td>갈등</td><td colspan="2">석유 생산 지역 및 송유관, 해상 교통로 등을 둘러싼 갈등 발생</td></tr>
<tr><td>사례 지역</td><td colspan="2">페르시아만 연안, 기니만 연안, 카스피해, 동아시아의 해역과 섬 등</td></tr>
<tr><td rowspan="4">물</td><td>물 부족 문제</td><td colspan="2">• 인구 증가와 산업 발달로 물 사용이 증가
• 하천과 지하수 오염, 사막화로 세계적인 물 부족 문제가 발생</td></tr>
<tr><td rowspan="3">국제 하천</td><td>의미</td><td>여러 국가에 걸쳐 흐르는 하천</td></tr>
<tr><td>분쟁 원인</td><td>상류 지역의 국가가 댐을 건설하거나 오염 물질을 배출하면 하류 지역의 국가가 문제를 겪음</td></tr>
<tr><td>사례 지역</td><td>유프라테스강, 메콩강, 나일강 등</td></tr>
<tr><td rowspan="2">식량</td><td>발생 원인</td><td colspan="2">인구 증가, 기후 변화로 인한 식량 생산 환경의 변화</td></tr>
<tr><td>애그플레이션</td><td colspan="2">식량 가격 상승이 전체 물가의 상승으로 이어지는 것</td></tr>
</table>

02 자원과 주민 생활

1. 자원 개발과 경제 발전

(1) 자원 개발을 통한 경제 발전

① 자원으로 얻은 소득을 활용하여 각종 시설을 건설하고 경제 발전의 기반 조성

② 각종 시설과 교육, 의료, 복지 분야에 투자하여 생활 수준을 높이는 데에 사용

(2) 사례 지역

서남아시아의 여러 국가들	• 사우디아라비아, 아랍 에미리트 등 • 현대적인 도시 발달, 항공 · 유통 · 관광 등 다양한 산업에 투자
오스트레일리아	• 풍부한 광물 자원 분포(철광석, 석탄 등) • 자원 채굴 기술 개발을 바탕으로 삶의 질 향상을 도모
노르웨이	• 북해 유전의 석유로 얻은 이익을 국가 공동 재산으로 규정 • 투명한 정치를 통해 이익 분배 과정을 공개

2. 풍부한 자원으로 인해 어려움을 겪는 지역

(1) 자원 개발의 부정적 영향

① 무리한 자원 개발로 대기 · 수질 · 토양 오염 등의 환경 문제 발생

② 자원 개발과 소유권을 둘러싸고 갈등이나 전쟁을 경험

③ 자원 수출을 통해 얻은 외화를 특정 계층이 독점 → 빈부 격차 심화

④ 자원 개발과 관련된 산업만 발전하여 산업이 균형 있게 발전하지 못함

⑤ 자원 수출에만 경제를 의존하는 국가는 자원이 고갈되어 주민들의 생활이 어려워짐

(2) 사례 지역

나이지리아	나이저강 하구 오고니 랜드 지역에 석유 채굴로 인한 환경 오염 발생
콩고 민주 공화국	휴대폰 등 첨단 제품에 필수적인 콜탄 광산을 두고 오랜 기간 전쟁을 치렀으며 열대 우림도 파괴됨

03 지속 가능한 자원 개발

1. 자원의 지속 가능한 활용

(1) **화석 연료 소비 감축 및 자원 절약의 습관화** : 대중교통 이용 등

(2) **자원 절약 정책** : 에너지 소비 효율 등급 표시제, 탄소 성적 표지제 등

2. 신 · 재생 에너지의 개발

(1) **장점** : 화석 연료를 대체하면서도 탄소 배출이 적고 지속적인 사용이 가능

(2) **단점** : 초기 개발 비용이 높으며 저장과 수송이 어렵고, 자연환경의 영향을 많이 받음

(3) 종류와 입지

태양광, 태양열	맑은 날이 많아 일사량이 충분한 곳
풍력	강한 바람이 지속적으로 부는 곳(산지, 해안 등)
지열	화산 활동이 활발한 곳
조력	조석 간만의 차가 큰 해안 지역
수력	흐르는 물의 양이 풍부하고 낙차가 큰 곳

(4) **사례 지역** : 영국 해상 풍력 발전, 뉴질랜드 지열 발전, 우리나라 시화호 조력 발전소 등

Ⅶ. 개인과 사회생활

01 사회화와 청소년기

1. 사회화의 의미와 기능

(1) **의미** : 개인이 자신이 속한 사회의 언어, 행동 양식, 규범, 가치관 등을 배워 가는 과정

(2) **기능**

① 개인적 측면 : 개성과 자아 형성

② 사회적 측면 : 문화 공유 및 다음 세대로 전달, 사회 유지 및 발전

2. 사회화 기관

가정	가장 기초적인 사회화 기관, 기본적인 생활 습관 습득
또래 집단	놀이를 통해 집단의 규칙과 질서 의식 습득
학교	사회화를 목적으로 하는 공식적인 사회화 기관
직장	업무에 필요한 지식, 기술, 태도 습득
대중 매체	신문, 텔레비전, 인터넷 등을 통해 다양한 지식과 정보 전달

3. 재사회화

(1) **의미** : 사회 변화에 적응하기 위해 지식, 기술, 가치, 태도 등을 새롭게 배우는 과정

(2) **배경** : 급속한 사회 변화와 평균 수명의 증가로 기존의 지식, 기능, 가치만으로 사회 적응이 어려워짐

(3) **사례** : 노인의 정보화 교육, 성인의 평생 교육 등

4. 청소년기의 의미와 특징

(1) **의미** : 아동기와 성인기의 과도기에 해당하는 시기

(2) **특징** : 2차 성징과 같은 급격한 신체 성장, 감정의 기복이 심해 정서적으로 불안정하거나 충동적임, 추상적·논리적 사고력 신장, 또래 집단과의 강한 유대감 형성

(3) **청소년기를 나타내는 표현** : 주변인, 질풍 노도의 시기, 심리적 이유기, 이유 없는 반항기

5. 자아 정체성의 의미와 중요성

(1) **의미** : 자신만의 고유한 특성이나 모습을 명확하게 이해하는 것

(2) **중요성**

① 성인기의 삶과 사회에도 영향을 미침

② 청소년기는 자아 정체성이 형성되는 중요한 시기임

③ 긍정적인 자아 정체성을 형성하려는 노력이 필요함

02 사회적 지위와 역할

1. 사회적 지위

(1) **의미** : 개인이 사회나 집단 내에서 차지하는 위치

(2) **유형**

귀속 지위	• 자신의 의지와 관계없이 자연적으로 갖게 되는 지위 예 여자, 남자 등 • 전통 사회에서 중요시
성취 지위	• 개인의 능력과 노력에 의해 얻게 되는 지위 예 학생, 교사 등 • 현대 사회에서 중요시

2. 역할과 역할 갈등

(1) **역할의 의미** : 사회적 지위에 따라 기대되는 일정한 행동 양식

(2) **역할 행동**

의미	역할을 수행하는 개인의 구체적인 방식
특징	• 역할을 충실히 수행하면 칭찬과 보상을 받음 • 역할을 제대로 수행하지 못하면 제재를 받기도 함

(3) **역할 갈등**

의미	개인이 가지는 여러 개의 역할이 서로 충돌하여 갈등을 일으킨 상태
원인	개인이 여러 개의 사회적 지위를 가지고 있기 때문에 나타남
해결 방법	• 갈등의 원인과 상황을 명확하게 분석함 • 여러 역할 가운데 무엇이 중요한지 기준을 정하여 판단함 • 역할의 우선순위를 정하여 중요한 것부터 차례대로 수행함 • 사회적으로 역할 갈등을 합리적으로 해결할 수 있는 법과 제도 정비

03 사회 집단과 차별

1. 사회 집단의 의미와 특징

(1) **의미** : 둘 이상의 사람들이 모여 소속감과 공동체 의식을 가지고 지속적인 상호 작용을 하는 집합체

(2) **특징** : 개인에게 지위와 역할 부여, 개인과 사회를 연결하는 매개체

2. 사회 집단의 유형

접촉 방식에 따라	1차 집단	친밀하고 인격적인 관계를 중심으로 형성된 집단 예 가족, 또래 집단 등
	2차 집단	일정한 목적를 달성하기 위해 형식적·수단적 인간 관계가 이루어지는 집단 예 학교, 회사 등
소속감 여부에 따라	내집단	자신이 소속되어 있어 '우리'라는 공동체 의식을 가진 집단 예 우리 반, 우리 팀 등
	외집단	자신이 소속되지 않아 이질감이나 적대감을 가지는 집단 예 다른 반, 상대 팀 등
결합 의지 유무에 따라	공동 사회	자신의 의지와 관계없이 자연적으로 형성된 집단 예 가족, 촌락 등
	이익 사회	특정한 목적을 위해 의도적으로 형성된 집단 예 회사, 정당 등
준거 집단	• 개인의 행동이나 판단의 기준이 되는 사회 집단 • 소속 집단과 준거 집단이 일치하지 않을 때 갈등과 불만이 생길 수 있음	

3. 사회 집단에서의 차별과 갈등

(1) **차별의 의미** : 차이를 이유로 개인이나 집단을 부당하게 대우하는 것

(2) **유형** : 성(性)차별, 인종 차별, 학력 차별, 장애인 차별 등

(3) **원인** : 잘못된 편견이나 고정 관념, 불합리한 사회 구조와 제도

(4) **영향**

개인적 측면	인간의 존엄성 침해, 자아 존중감 저하 등
사회적 측면	구성원 간의 대립과 갈등 야기, 사회 발전과 통합 저해

(5) **해결 방안**

① 개인적 측면 : 다양성을 존중하는 태도 함양, 고정 관념과 사회적 편견 탈피

② 사회적 측면 : 차별을 막는 법과 제도 마련 예 남녀 고용 평등법, 장애인 차별 금지법 등

Ⅷ. 문화의 이해

01 문화의 의미와 특징

1. 문화의 의미와 구성 요소

(1) 문화의 의미

좁은 의미	• 문학이나 예술 활동과 관련된 것 예 문화계 소식, 문화생활 등 • 교양 있고 세련된 모습 예 문화인, 문화 시민 등
넓은 의미	한 사회의 구성원이 주어진 환경에 적응하여 만들어 낸 공통된 생활 양식 예 한국 문화, 청소년 문화 등

(2) 문화의 구성 요소

물질 문화	인간의 기본적 욕구를 충족하고 생존하는 데 필요한 도구나 기술 예 의복, 가옥, 음식 등	
비물질 문화	제도문화	사회 질서 유지를 위한 규범과 제도 예 법, 도덕, 관습 등
	관념 문화	인간의 삶을 풍요롭게 해 주는 정신적 창조물 예 학문, 종교, 예술 등

2. 문화의 보편성과 특수성

보편성	의미	어느 사회에서나 공통적으로 나타나는 생활 양식이 있음
	이유	인간의 신체 구조, 기본적인 욕구, 사고방식이 비슷하기 때문에 나타남
특수성	의미	각 사회의 문화가 독특하고 고유한 특성이 나타남
	이유	각 사회마다 자연환경과 사회적 상황이 다르기 때문에 나타남

3. 문화의 속성

공유성	• 한 사회의 구성원들이 공통적인 생활 양식을 가지고 있음 • 다른 사람들이 어떤 행동을 할지 예측이 가능함
학습성	자신이 속한 사회의 문화를 학습을 통해 후천적으로 습득함
축적성	이전 세대의 문화가 언어와 문자 등을 통해 전달 · 축적되어 다음 세대로 전승됨
변동성	문화는 고정된 것이 아니라 시대에 따라 끊임없이 변화함
전체성	• 문화의 구성 요소들이 상호 긴밀한 관계를 유지하면서 전체를 이룸 • 문화의 한 부분에 변동이 생기면 다른 부분에도 영향을 미침

02 문화를 바라보는 태도

1. 문화의 우열을 가리는 태도

자문화 중심주의	의미	자신의 문화만을 우수한 것으로 보고 다른 문화를 무시하는 태도
	장점	• 자기 문화에 대한 자부심을 높임 • 집단 내 결속력을 강화시킴
	문제점	• 다른 나라와의 갈등이나 국제적 고립을 야기함 • 지나칠 경우 문화 제국주의가 나타날 우려가 있음
	사례	중국의 중화사상, 급진 무장 단체의 문화재 파괴 행위 등
문화 사대주의	의미	다른 사회의 문화를 동경하여 자신의 문화를 낮게 평가하는 태도
	장점	다른 문화의 장점을 수용하여 자기 문화를 발전시킬 수 있음
	문제점	무비판적인 문화 수용으로 자기 문화의 주체성이 상실될 수 있음
	사례	천하도 등

▲ 천하도

2. 문화 상대주의

(1) **의미** : 한 사회의 문화를 그 사회의 특수한 자연환경, 사회적 상황 등을 고려하여 이해하는 바람직한 태도

(2) **장점**

① 다양한 문화가 공존할 수 있음

② 다른 문화의 장점을 수용하여 문화를 발전시킬 수 있음

(3) **문제점** : 극단적 문화 상대주의로 치우칠 경우 인류의 보편적 가치가 침해될 수 있음

(4) **사례** : 힌두교도의 암소 숭배와 이슬람의 돼지고기 금식을 그 사회의 자연환경과 사회적 상황을 고려하여 이해하는 것 등

3. 바람직한 문화 이해 태도 : 문화 상대주의적 태도, 개방적인 태도, 총체론·비교론적 관점

03 대중 매체와 대중문화

1. 대중 매체

(1) **의미** : 다수의 사람에게 대량의 정보를 전달하는 수단

(2) **특징**

① 대중 매체 간 경계가 모호해지고 있으며, 형태나 기능 면에서 서로 융합되고 있음

② 정보의 전달 방식이 일방향에서 쌍방향으로 변화함

(3) **유형**

일방향 매체	• 신문, 잡지, 책 등의 인쇄 매체 • 라디오 등의 음성 매체 • 텔레비전 등의 영상 매체
쌍방향 매체	• 인터넷, 스마트폰 등의 뉴 미디어 • 시간과 공간의 제약 극복 • 쌍방향 소통이 가능해져 대중이 문화의 생산자로 참여

2. 대중문화

(1) **의미** : 다수의 사람이 공통으로 즐기고 누리는 문화

(2) **특징** : 대중 매체를 통해 형성되고 발전함, 대량 생산 · 대량 소비됨

(3) **기능**

① 순기능

문화의 대중화에 기여	과거 소수 계층만 누리던 문화를 누구나 쉽게 접하게 됨
정보 전달의 실용성	적은 비용으로 유익한 정보를 다수의 사람에게 효과적으로 전달함
다양한 오락 제공	즐거움과 휴식을 제공하여 삶을 풍요롭게 만듦

② 역기능

상업성 추구	자극적이고 선정적인 내용을 다루어 질이 낮은 문화를 생산함
문화의 획일화	개인의 개성이 상실되어 문화의 다양성이 저하될 수 있음
왜곡된 정보 전달	잘못된 정보를 전달하는 정보의 오류가 있을 수 있음
여론 조작의 우려	특정 대상과 집단에 유리하게 여론을 조작할 위험성이 있음
정치적 무관심 초래	지나치게 몰입할 경우 정치에 무관심할 수 있음

(4) **대중문화의 올바른 수용 자세** : 비판적 수용, 능동적 · 주체적 참여

Ⅸ. 정치 생활과 민주주의

01 정치와 정치 생활

1. 정치의 의미

좁은 의미	정치인들이 정치권력을 획득하고 유지하며 행사하는 활동
넓은 의미	대립과 갈등을 조정하여 문제를 해결해 나가는 모든 활동

2. 정치의 기능 : 구성원 간의 대립과 갈등 조정, 사회 질서 유지, 사회 발전 방향 제시

02 민주 정치의 발전 과정

1. 고대 아테네의 민주 정치

직접 민주 정치 실시	• 모든 시민이 민회에 모여 법률이나 주요 정책을 논의하고 결정함 • 시민들은 추첨제나 윤번제를 통해 누구나 공직에 참여할 기회를 얻음
제한적 민주 정치	• 시민을 자유민인 성인 남성만으로 제한 • 여성, 노예, 외국인은 정치에 참여할 수 없음

2. 근대 민주 정치

시민 혁명	영국의 명예혁명	국왕의 전제 정치에 반대하여 의회가 중심이 되어 일어남
	미국의 독립 혁명	영국의 부당한 식민 지배에 저항하여 일어남
	프랑스 혁명	전제 군주와 구제도의 모순에 반발하여 일어남
대의 민주 정치 형성	• 시민들이 선거를 통해 대표를 선출하여 국가의 의사 결정에 참여함 • 시민의 대표로 구성된 의회를 중심으로 한 대의 민주 정치가 형성됨	
제한적 민주 정치	• 상공업으로 부를 축적한 남성들만이 정치에 참여 • 빈민, 여성, 노동자, 농민 등 다수의 사람들이 정치에서 배제됨	

3. 현대 민주 정치

특징	보통 선거 제도 확립	일정 연령 이상의 모든 사람들이 선거권을 얻게 되었음
	대의 민주 정치 실시	• 사회의 규모가 커지고 복잡해짐 • 대부분의 국가에서 국민의 대표를 통해 나라의 중요한 일을 결정함
	전자 민주주의 등장	최근 정보 통신 기술의 발달로 인터넷, 스마트폰 등을 통해 시민이 정치에 참여할 수 있는 통로가 확대됨
한계	• 시민들의 의견이 정책에 제대로 반영되기 어려움 • 정치적 무관심 문제가 발생함	

03 민주주의의 이념과 기본 원리

1. 민주주의의 의미

정치 형태로서의 민주주의	소수가 아닌 다수의 시민에 의해 국가가 통치되는 정치 형태
생활 양식으로서의 민주주의	대화, 토론, 관용 등을 통해 공동체의 문제를 해결하려는 생활 방식

2. 민주주의의 이념

인간의 존엄성 실현	모든 사람이 인간이라는 이유만으로 존중받아야 한다는 것		
자유	의미	자신의 뜻에 따라 판단하고 행동하는 것	
	구분	소극적 자유	국가의 부당한 간섭을 받지 않을 자유
		적극적 자유	정치 과정에 참여할 자유, 국가에 인간다운 삶을 요구할 자유
평등	의미	부당하게 차별받지 않고 동등하게 대우받는 것	
	구분	형식적 평등	모든 사람들에게 균등한 기회를 부여하는 것
		실질적 평등	선천적 · 후천적인 차이를 고려하는 것

3. 민주 정치의 기본 원리

국민 주권	국가의 의사를 최종적으로 결정하는 최고 권력인 주권이 국민에게 있다는 원리	
국민 자치	의미	국민이 스스로 나라를 다스릴 수 있다는 원리
	실현 방법	• 직접 민주 정치 : 국민 자치의 원리를 충실하게 실현하는 제도 • 간접 민주 정치 : 오늘날 대부분의 국가에서 채택하는 제도
입헌주의	의미	헌법에 따라 국가 기관을 구성하고, 정치권력을 행사해야 한다는 원리
	목적	국가 권력 남용 방지, 국민의 자유와 권리 보장
권력 분립	의미	국가 권력을 분리하여 독립된 기관이 나누어 맡도록 하는 원리
	목적	권력의 남용과 횡포 방지, 국민의 자유와 권리 보장

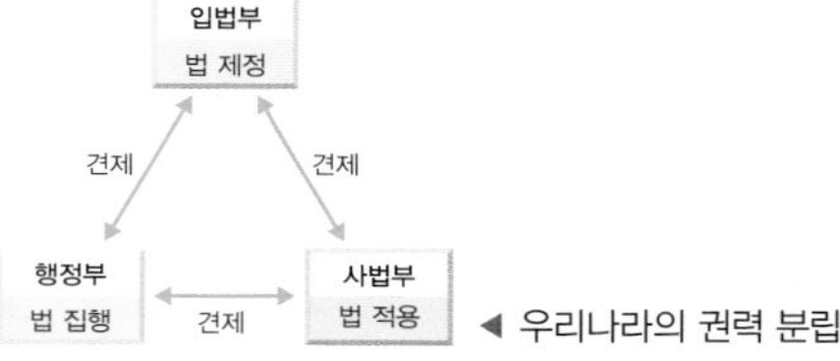

◀ 우리나라의 권력 분립

04 민주 정치와 정부 형태

1. 의원 내각제

<table>
<tr><td>의미</td><td colspan="2">입법부와 행정부가 융합된 정부 형태</td></tr>
<tr><td>구성</td><td colspan="2">국민이 선거를 통해 의회 의원 선출 → 의회 다수당 대표가 총리(수상)가 되어 내각 구성</td></tr>
<tr><td>특징</td><td colspan="2">• 의회 의원이 내각의 각부 장관 겸직 가능
• 총리와 내각의 법률안 제출권
• 내각 불신임권, 의회 해산권</td></tr>
<tr><td rowspan="2">장단점</td><td>장점</td><td>책임 정치 실현, 효율적인 국정 운영</td></tr>
<tr><td>단점</td><td>다수당의 횡포 우려, 군소 정당 난립 시 국정 혼란 초래</td></tr>
</table>

2. 대통령제

<table>
<tr><td>의미</td><td colspan="2">입법부와 행정부가 엄격히 분리된 정부 형태</td></tr>
<tr><td>구성</td><td colspan="2">국민이 선거를 통해 의회 의원과 대통령 선출 → 대통령이 행정부를 독립적으로 구성</td></tr>
<tr><td>특징</td><td colspan="2">• 의회 의원이 내각의 각부 장관 겸직 불가
• 대통령의 법률안 거부권
• 의회의 탄핵 소추권, 국정 감사권 등</td></tr>
<tr><td rowspan="2">장단점</td><td>장점</td><td>지속적이고 강력한 정책 추진, 다수당의 횡포 방지</td></tr>
<tr><td>단점</td><td>대통령의 독재 우려, 행정부와 의회 대립 시 조정이 어려움</td></tr>
</table>

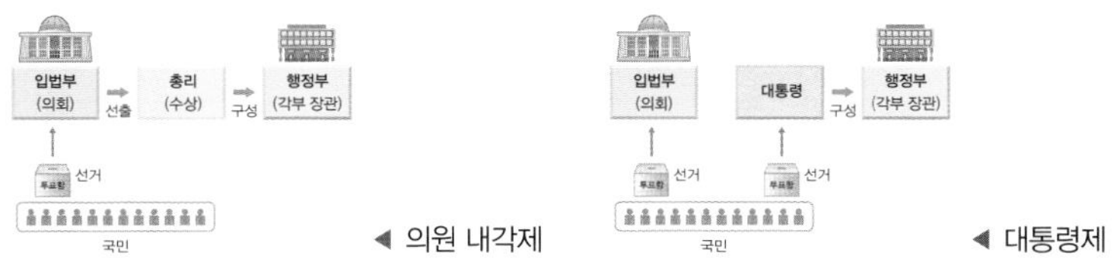

◀ 의원 내각제 ◀ 대통령제

3. 우리나라의 정부 형태

특징	대통령제를 기본적으로 채택하고 있으면서 의원 내각제 요소를 일부 도입
대통령제 요소	• 국민이 선거를 통해 국회 의원과 대통령을 각각 선출 • 대통령의 법률안 거부권 행사를 통한 다수당의 횡포를 방지 • 국회가 국정 감사 및 조사권, 탄핵 소추권 등을 통해 행정부 견제
의원 내각제 요소	• 국회 의원의 행정부의 장관 겸직 가능 • 행정부의 법률안 제출권 • 국무총리 제도

X. 정치 과정과 시민 참여

01 정치 과정의 의미와 단계

의미	다양한 이해관계가 표출 · 집약되어 정책으로 결정 · 집행되는 과정	
단계	이익 표출	개인이나 집단이 다양한 요구를 여러 가지 방법으로 드러냄
	이익 집약	정당이나 언론 등이 사회 구성원의 의견을 수렴하여 여론을 형성함
	정책 결정	시민의 다양한 의견을 반영하여 국회나 정부가 정책을 결정함
	정책 집행	결정된 정책을 정부가 구체적으로 시행함
	정책 평가	정책이 집행된 후에 국민의 평가를 통해 어떤 문제가 발생하는지 파악함

◀ 정치 과정

02 정치 과정의 참여 주체

1. 공식적 참여 주체(국가 기관)

국회	국민의 대표 기관 → 법률 제정 및 개정, 정부 정책 감시 및 비판 등
정부	국회에 법률안 제출, 정책의 수립 및 집행 등
법원	법률이나 정책과 관련된 분쟁 해결

2. 비공식적 참여 주체

시민	자신의 이익을 실현하기 위해 다양한 방법으로 정치 과정에 참여하는 주체
이익 집단	• 의미 : 이해관계를 같이하는 사람들이 자신의 특수한 이익을 실현하기 위해 만든 단체 • 역할 : 다양한 이익 대변, 전문성을 바탕으로 정책 결정에 도움, 정당의 기능 보완 등
시민 단체	• 의미 : 공익을 실현하기 위해 시민들이 자발적으로 만든 집단 • 역할 : 시민의 정치 참여 유도, 여론 형성, 국가 기관의 활동 감시, 사회 문제의 대안 제시 등
정당	• 의미 : 정치권력을 획득하기 위해 정치적 의견을 같이하는 사람들이 만든 단체 • 역할 : 여론 형성, 선거에 후보자 추천, 국민의 의견을 국회나 정부에 전달 등
언론	• 의미 : 쟁점이나 사회 문제 등 정치 과정 전반에 관한 정보를 제공하는 정치 주체 • 역할 : 여론 형성, 정책에 대한 해설과 비판 제공, 정부 정책 감시 및 비판 등

03 선거와 정치 참여

1. 선거의 의미와 기능

(1) **의미** : 국민을 대신해 나라의 일을 담당할 대표자를 선출하는 과정

(2) **기능**

대표자 선출	국민의 뜻에 따라 국가의 정치를 담당할 대표자를 선출함
정치권력에 정당성 부여	국민의 지지와 동의를 바탕으로 선출된 대표자는 정당성을 가짐
정치권력 통제	자질이 없는 대표자를 다음 선거에서 책임을 물어 권력을 통제함
시민의 의견 수렴	시민의 여론을 드러내어 정치 과정에 반영하는 기회를 제공함
주권 행사 수단	국민은 선거를 통해 자신의 의사를 표현하고 주권을 행사함

2. 민주 선거의 기본 원칙

보통 선거	일정한 연령에 달한 모든 국민에게 선거권을 부여한다는 원칙
평등 선거	모든 유권자가 동등한 가치의 투표권을 행사할 수 있다는 원칙
직접 선거	선거권을 가진 사람이 직접 투표소에서 대표자를 선출해야 한다는 원칙
비밀 선거	유권자가 누구에게 투표했는지 다른 사람이 알지 못하도록 하는 원칙

3. 공정한 선거를 위한 제도와 기관

(1) **선거구 법정주의**

① 의미 : 의회에서 법률로 선거구를 정하도록 하는 제도

② 목적 : 선거구를 임의로 정하는 게리맨더링 방지

(2) **선거 공영제**

① 의미 : 국가 기관이 선거를 관리하고 선거 운동 비용의 일부를 부담하는 제도

② 목적 : 선거 운동의 과열 및 부정 선거 방지, 후보자에게 선거 운동의 균등한 기회 보장

(3) **선거 관리 위원회**

① 의미 : 공정한 선거 관리, 정당, 정치 자금에 관한 사무 처리를 위한 독립된 국가 기관

② 업무 : 후보자 등록 및 선거 운동, 투표 · 개표 과정 관리, 선거법 위반 행위 예방 및 단속, 선거 참여를 위한 홍보 활동 등

04 지방 자치와 시민 참여

1. 지방 자치 제도의 의미와 목적

(1) **의미** : 지역 주민들이 지방 자치 단체를 구성하여 지역의 문제를 자율적으로 처리하는 제도

(2) **목적** : 지역 특성에 맞는 업무 처리 → 주민의 복리 증진

2. 지방 자치 제도의 의의

민주주의의 실천	주민이 지역 문제를 직접 해결하는 과정에서 민주주의를 실천할 수 있음
권력 분립의 원리 실현	국가의 힘이 중앙 정부에 집중되는 것을 막음
지역 실정에 맞는 정치 실시	지역 실정과 주민의 필요에 맞는 효율적인 정책을 결정하고 집행할 수 있음
주민의 정치 참여 기회 확대	지역 주민이 정치에 참여할 기회를 확대하고 주인 의식과 책임감을 높임

3. 지방 자치 단체의 종류와 구성

(1) **종류**

광역 자치 단체	특별시, 광역시, 도, 특별자치도, 특별자치시
기초 자치 단체	시, 군, 구

(2) **구성**

지방 의회	• 의결 기관 • 조례 제정, 예산안 심의 및 확정, 지방 자치 단체의 행정 업무 감사
지방 자치 단체장	• 집행 기관 • 규칙 제정, 지방의 각종 사무 처리, 지역의 재산 관리 및 예산 집행

4. 주민의 다양한 정치 참여 방법

지방 선거	지방 의회 의원과 지방 자치 단체장을 선출하는 과정
주민 투표	지역 사회의 주요 현안에 대하여 주민이 직접 투표로 결정하는 제도
주민 발의	주민이 직접 조례안을 작성하여 지방 의회에 제출할 수 있는 제도
주민 소환	직무를 잘 수행하지 못한 지역 대표를 임기 중에 주민 투표로 해임할 수 있는 제도
주민 청원	지방 자치 단체에 지역 사회의 문제를 해결해 달라고 서면으로 요구할 수 있는 제도

XI. 일상생활과 법

01 법의 의미와 목적

1. 사회 규범

(1) **의미** : 사회 구성원들이 지켜야 할 행동의 기준

(2) **종류**

관습	한 사회에서 오랫동안 지켜져 내려온 행동 양식 예 관혼상제
종교 규범	특정 종교에서 지키도록 정해 놓은 교리 예 십계명
도덕	인간이 마땅히 지켜야 할 도리 예 효도
법	사회 구성원들의 합의에 따라 국가가 제정한 규범 예 도로 교통법

2. 법의 특성

강제성	사회 구성원이 법을 지키지 않을 경우 국가에 의해 제재를 받음
명확성	법은 해야 할 일과 하지 말아야 할 일을 구체적으로 명확하게 규정하고 있음

3. 법과 도덕

구분	법	도덕
강제성	있음	없거나 약함
판단 기준	행위의 결과	양심과 동기
위반할 경우	국가에 의한 제재	양심의 가책, 사회적 비난

4. 법의 필요성과 목적

(1) **필요성**

① 분쟁 해결 : 분쟁을 해결하는 객관적이고 공정한 기준을 명확하게 규정함

② 개인의 권리 보호 : 권리의 내용을 명확히 하고, 권리를 침해하는 행위를 제재함

(2) **목적**

① 정의 실현 : 모든 사람이 각자 능력과 노력에 따라 정당하게 대우받는 것

② 공공복리 증진 : 사회 구성원 다수의 행복과 이익을 추구하는 것

02 법의 유형과 특징

1. 공법의 의미와 종류

(1) **의미** : 개인과 국가 또는 국가 기관 간의 공적인 생활 관계를 규율하는 법

(2) **종류**

헌법	국민의 권리와 의무 및 국가의 통치 구조를 정해 놓은 법
형법	범죄의 유형과 그에 따른 형벌의 내용을 정해 놓은 법
행정법	행정 기관의 조직과 작용 및 구제에 관한 법
소송법	재판이 이루어지는 절차를 규정한 법

2. 사법의 의미와 종류

(1) **의미** : 개인과 개인 사이의 사적 생활 관계를 규율하는 법

(2) **종류**

민법	개인 간의 가족 관계 및 재산 관계를 규율하는 법
상법	상거래와 관련된 경제 생활 관계를 규율하는 법

3. 사회법의 의미와 목적

의미	개인 간의 생활 영역에 국가가 개입하여 사회 · 경제적 약자를 보호하기 위한 법
특징	사법과 공법의 중간적 성격
등장 배경	근대 이후 자본주의의 발달로 인해 발생한 빈부 격차, 환경 오염, 노동 문제 등의 사회 문제가 심각해짐
목적	사회 · 경제적 약자의 권리 보호 → 모든 국민의 최소한의 인간다운 삶 보장

4. 사회법의 종류

노동법	의미	노동자의 권리를 보호하기 위한 법
	종류	근로 기준법, 노동조합 및 노동관계 조정법, 남녀 고용 평등법, 최저 임금법 등
경제법	의미	공정한 경제 질서를 유지하고 소비자의 권익을 보호하는 법
	종류	독점 규제 및 공정 거래에 관한 법률, 소비자 기본법 등
사회 보장법	의미	모든 국민의 기본적인 생활을 보장하는 법
	종류	국민 기초 생활 보장법, 국민 연금법, 국민 건강 보험법, 장애인 복지법 등

03 재판의 이해

1. 재판의 의미와 종류

(1) **의미** : 법원이 공정하게 법을 적용하여 옳고 그름을 밝히는 과정

(2) **기능** : 분쟁 해결, 사회 질서 유지, 국민의 권리 보호, 정의 실현

(3) **종류**

구분	내용
민사 재판	개인 간에 일어난 분쟁을 해결하기 위한 재판
형사 재판	범죄의 유무를 판단하고 형벌의 정도를 결정하는 재판
가사 재판	가족이나 친족 간의 다툼을 해결하기 위한 재판
행정 재판	행정 기관이 국민의 권리를 침해하였는지 판단하는 재판
선거 재판	선거와 당선의 유·무효를 결정하는 재판
소년 보호 재판	소년의 범죄나 비행을 다루는 재판

2. 민사 재판과 형사 재판의 절차

(1) **민사 재판**

원고의 소장 제출 → 피고의 답변서 제출 → 원고와 피고의 증거 제출 → 증인 신문 및 변론 → 법관의 판결

(2) **형사 재판**

고소, 고발 → 피의자 수사 → 검사의 공소 제기 → 검사의 진술 → 피고인 변론 → 법관의 판결

3. 공정한 재판을 위한 제도

<table>
<tr><td rowspan="2">사법권의 독립</td><td>의미</td><td colspan="2">법원의 조직이나 운영을 외부의 간섭이나 압력을 받지 않도록 하는 것</td></tr>
<tr><td>실현 방법</td><td colspan="2">재판의 독립, 법원의 독립, 법관의 신분 보장 등</td></tr>
<tr><td>공개 재판주의</td><td colspan="3">재판의 과정과 결과를 일반인에게 공개해야 한다는 원칙</td></tr>
<tr><td>증거 재판주의</td><td colspan="3">구체적인 증거를 바탕으로 판결을 해야 한다는 원칙</td></tr>
<tr><td rowspan="5">심급 제도</td><td>의미</td><td colspan="2">법원에 급을 두어 한 사건에 대해 여러 번 재판을 받을 수 있게 하는 제도 → 3심제를 원칙으로 함</td></tr>
<tr><td>목적</td><td colspan="2">• 법관의 잘못된 판결로 발생할 수 있는 피해 최소화
• 공정한 재판을 통한 국민의 자유와 권리 보호</td></tr>
<tr><td rowspan="3">상소</td><td>의미</td><td>재판 당사자가 하급 법원의 판결에 불만이 있을 경우 상급 법원에 다시 재판을 청구하는 것</td></tr>
<tr><td>항소</td><td>1심 법원의 판결에 불복하여 2심을 청구하는 것</td></tr>
<tr><td>상고</td><td>2심 법원의 판결에 불복하여 3심을 청구하는 것</td></tr>
</table>

XII. 사회 변동과 사회 문제

01 현대 사회의 변동 양상

1. 산업화

의미	한 사회의 전체 사회 산업에서 공업이 차지하는 비율이 높아지는 현상	
등장 배경	18세기 이후 산업 혁명	
영향	정치	대중의 정치 참여 확대
	경제	대량 생산 · 대량 소비, 도시화 진행
	사회 · 문화	교육의 기회 확대, 대중의 사회적 지위 향상
문제점	환경 오염, 노동 문제, 빈부 격차, 인간 소외 현상	

2. 정보화

의미	지식과 정보가 중심이 되어 사회의 변화를 이끌어 가는 현상	
등장 배경	정보 및 교통 · 통신 기술의 발달	
영향	정치	전자 민주주의 실현
	경제	• 다품종 소량 생산 • 전자 상거래, 인터넷 뱅킹 발달
	사회 · 문화	• 시간적 · 공간적 제약에서 벗어남 • 인간의 개성과 창의력이 중시됨
문제점	정보 격차, 사이버 범죄, 개인 정보 유출, 사생활 침해	

3. 세계화

의미	국경을 넘어 사람과 물자, 기술, 자본 등이 이동하여 국가 간의 상호 의존성이 높아지는 현상	
등장 배경	교통 및 정보 통신 기술의 발달	
영향	정치	민주주의 이념과 가치 확산
	경제	자유 무역의 확대, 무한 경쟁 초래, 소비자의 상품 선택 기회 확대, 생산자는 넓은 소비 시장 확보
	사회 · 문화	문화 교류가 활발해져 다양한 문화를 접할 수 있게 됨
문제점	지나친 경쟁으로 무역 분쟁 발생, 선진국과 개발 도상국 간의 빈부 격차 심화, 문화의 획일화로 약소국과 소수 민족의 문화 소멸	

02 한국 사회 변동의 최근 경향

1. 저출산 · 고령화 현상

(1) **의미** : 출생하는 아이의 수는 줄어들고, 전체 인구에서 노인 인구의 비율은 높아지는 현상

(2) **원인**

저출산 현상	• 여성의 사회 진출 증가 • 자녀 양육에 대한 경제적 부담 증가 • 결혼과 출산에 대한 가치관 변화
고령화 현상	• 생활 수준의 향상 • 의료 기술의 발달 • 평균 수명의 연장

(3) **문제점과 대응 방안**

문제점	• 생산 가능 인구 감소로 노동력 부족 • 경제 성장 둔화로 국가 경쟁력 약화 • 노인 빈곤과 질병 및 소외 문제 발생 • 노년 부양비 및 사회 복지 비용 증가	
대응 방안	저출산	출산 장려 정책 시행, 육아 휴직 제도 확대, 양성평등 문화 확립
	고령화	사회 안전망 확립, 노인 일자리 창출, 실버 산업 육성

2. 다문화 사회로의 변화

(1) **의미** : 민족, 언어, 종교, 문화 등 다양한 배경을 가진 사람들이 함께 어울려 사는 사회

(2) **등장 배경** : 외국인 노동자의 유입, 국제결혼 이주민 증가

(3) **영향**

긍정적 측면	• 국내 노동력 부족 문제 완화 • 문화 다양성 실현을 통한 문화 발전
부정적 측면	• 가치관과 문화 차이로 인한 갈등 • 이주민들에 대한 고정 관념과 차별

(4) **대응 방안**

의식적	이주민을 사회 구성원으로 인정, 문화의 다양성을 인정하고 존중
제도적	다문화 가정에 대한 복지 확대, 다문화 교육 프로그램 마련

03 현대 사회의 사회 문제

1. 사회 문제의 의미와 특징

(1) **의미** : 사회 구성원 대다수가 개선되어야 한다고 생각하는 사회 현상

(2) **원인** : 사회 변동이나 가치관의 변화, 사회 구조나 제도의 결함

(3) **특징**

- 발생 원인이 사회에 있고, 인간의 노력으로 해결 가능함
- 시대와 장소, 사회의 상황에 따라 달라지는 상대성을 지님
- 사회 문제를 원만하게 해결한다면 사회가 더욱 발전하는 계기가 됨

2. 현대 사회의 주요 사회 문제

(1) **인구 문제**

구분	내용
선진국	저출산 · 고령화 사회, 노동력 부족, 경제 성장 둔화, 노인 부양 부담 증가
개발 도상국	폭발적인 인구 증가, 빈곤 및 기아, 일자리와 각종 시설 부족

(2) **노동 문제**

구분	내용
실업 문제	고용 감소로 실업률 증가
노사 갈등	노동자와 사용자 간의 갈등
임금 차별	외국인 · 여성 · 비정규직 근로자의 임금 차별
고용 불안	비정규직 노동자의 증가

(3) **환경 문제**

구분	내용
자원 고갈	화석 연료의 가채 연수 감소
대기 · 수질 · 토양 오염	산업화로 인한 무분별한 개발로 발생
지구 온난화	• 이산화탄소와 같은 온실가스가 주요 원인 • 이상 기후와 해수면 상승 등을 야기함
열대림 파괴	경제 개발로 인한 열대 우림의 감소
사막화	농경지와 목축지의 과잉 개발이 주요 원인
오존층 파괴	자외선이 그대로 지구에 도달함

3. 현대 사회 문제의 해결 방안

구분	내용
의식적 차원	사회 구성원의 공동체 의식 함양, 사회 문제 해결 과정에 적극적인 참여
제도적 차원	사회 문제 해결에 필요한 정책 및 제도 마련
국제적 차원	환경 문제, 빈곤, 전쟁과 테러에 대한 국제적 협력의 필요성 증대